개정증보판

세법상 특수관계인 범위와 과세문제

세무사 안성희 저

SAMIL | 삼일인포마인

www.**samil*i***.com 사이트 **제품몰** 코너에서 본 도서 **수정사항**을 클릭하시면
정오표 및 중요한 수정 사항이 있을 경우 그 내용을 확인하실 수 있습니다.

머리말

오늘날 법인과 개인의 경제활동에서 발생하는 거래는 급변하는 경제환경과 함께 갈수록 복잡하고 다변화되고 있어 각종 거래에 대한 과세문제 판단도 난해해지고 있습니다. 세법상 개인과 법인의 각종 거래에 대한 과세문제를 판단하기 위해서는 반드시 개별세법상 특수관계인 범위와 적용시가에 대한 정확한 판단이 선행되어야 하고 실무에서 각종 주요 거래 시 거래주체별, 특수관계 성립 여부에 대한 과세문제가 정리되어야 하지만 그동안 이를 중점적으로 설명하고 있는 해설서가 없었는바 실무자에게 도움이 될 해설서의 필요성을 느껴 본서를 집필하게 되었습니다.

세법상 특수관계인 간 거래 시 과세 여부와 과세금액에 대한 판단기준이 되는 세법상 시가에 대한 범위는 거의 매년 개정이 있는 부분으로 2023.1.1. 이후부터는 증여 취득 시 시가인정액으로 취득세가 과세되는 것으로 개정되었는바 그 중요성을 고려하여 증여취득세 개정 사항에 대해 추가정리 하였습니다.

세법상 특수관계인 범위는 2012.2.2. 개정 이후 큰 변동사항이 없다가 2023.3.1.부터 국민의 친족의식에 대한 변화를 감안하여 특수관계인으로 보는 친족의 범위가 축소되는 역사적인 개정이 있었습니다. 이러한 친족 범위의 축소는 세법뿐만 아니라 「공정거래법」, 「독점규제 및 공정거래에 관한 법률」 등 타법률에서도 동시에 개정되었습니다. 다만 「지방세기본법」은 친족의 범위를 축소하지 않는 대신 경영지배관계 특수관계인 범위를 국세기본법과 동일하게 조정하여 특수관계인 범위가 크게 확대된 특이점이 있습니다.

본서에서는 개별세법상 특수관계인 범위와 개별세법상 시가에 대해 이론적인 측면보다는 실무적인 측면에 집중하여 적용사례와 쟁점이 될 수 있는 내용을 구체적으로 설명하고 있으며, 실제 거래에서 발생할 수 있는 과세문제를 거래구분별로 설명하고 있습니다.

필자가 본서를 집필하면서 중점적으로 정리하여 실무자들에게 도움을 주고자 하는 내용은 다음과 같습니다.

첫째, 세법에서 축약적으로 단순열거하고 있는 특수관계인 범위에 근거해 실제 거래에서 특수관계인 여부를 판단하는 것은 매우 어려울 뿐만 아니라 하나의 거래에 대해 각 개별세법상 특수관계인 여부를 판단할 필요가 있는 경우 각 개별세법상 특수관계인 범위의 차이를 인지하여 특수관계 성립 여부를 판단하는 것은 난해한 측면이 있습니다. 저자는 풍부한 사례를 통해 특수관계 성립 여부를 설명함으로써 실제 거래에서 특수관계인 여부를 판단하는 데 있어 도움이 될 수 있도록 하였으며, 국세기본법을 기준으로 개별세법상 특수관계인 범위의 차이를 비교분석하여 정리하였습니다.

둘째, 각 개별세법상 시가에 대해 설명하면서 각 개별세법상 적용시가의 차이를 비교분석하여 정리하였으며, 자산뿐만 아니라 최근 과세문제가 부각되고 있는 용역, 자본거래 시의 시가에 대해서도 정리하였습니다.

셋째, 세법상 과세문제가 발생하는 주요거래는 자산거래, 용역거래, 자본거래, 금전대여·차입거래, 부동산 임대·임차거래로 구분할 수 있고 거래의 주체는 법인과 법인, 법인과 개인, 개인과 법인, 개인과 개인인 경우로 구분할 수 있습니다.

본서에서는 실무에서 발생할 수 있는 모든 주요거래를 거래주체별로 구분한 후 특수관계인 거래와 비특수관계인 간 거래인 경우로 나누어 과세문제를 비교설명함으로써 실제 거래 발생 시 발생하는 모든 과세상 쟁점과 과세문제를 거래구분별로 체크할 수 있도록 하였습니다.

다만, 기존 실무서에서 정리되지 않은 내용을 저자가 처음으로 정리하는 과정에서 해석상 오류의 한계가 있으므로 실제 과세문제 발생 시에는 반드시 질의 등을 통해 정확하게 과세문제를 확인하실 필요가 있다는 점 당부드립니다.

2021년 초판이 발행된 후 어느 덧 개정 4판을 출간하게 되었습니다. 그간 미흡한 교재에 관심을 갖고 문의해주신 독자분들에게 진심으로 감사드리고 항상 충분하지 못한 답변에도 응원 보내주신 점 다시 한번 감사드립니다. 향후에도 많은 지적과 충고 부탁드리며 실무에 더 도움이 될 수 있는 보다 더 나은 개정판으로 인사드리겠습니다. 마지막으로 이 책이 출판되기까지 아낌없는 도움을 주신 삼일인포마인의 임직원분들에게 충심으로 감사의 말씀을 드리며, 아낌없는 응원을 보내준 사랑하는 딸 규림이에게 미안한 마음을 전하고 싶습니다.

저자 안성희

차례

제1편 세법상 특수관계인 판단 시 쟁점

제1장 세법상 특수관계인에 대한 개관 / 61

제2장 국세기본법상 특수관계인 판단 시 쟁점 / 70

제5장 국제조세조정에 관한 법률상 특수관계인 판단 시 쟁점 / 320

제2편 세법상 시가판단 시 쟁점

제3장 소득세법상 시가 / 573

제3편 특수관계인 간 거래와 비특수관계인 간 거래에 대한 과세문제

제1장 자산거래에 대한 과세문제 / 615

제6장 금전 대여 · 차입거래에 대한 과세문제 / 956

제1편

세법상 특수관계인 판단 시 쟁점

제1장

세법상 특수관계인에 대한 개관

제1절 세법상 특수관계인 판단의 중요성

일반적이고 통상적인 거래라 할 수 있는 비특수관계인 간 거래는 거래당사자 각각의 이익을 극대화하기 위한 목적에서 이루어진다. 따라서 경제적 합리성이 있는 객관적인 교환가치가 반영된 가격으로 거래된다.

반면 특수관계인 간 거래는 거래당사자 각각의 이익을 극대화하기 위한 목적보다는 특정 목적 달성 또는 일방의 특수관계인에게 이익을 분여하기 위한 목적이 더 클 수 있다. 따라서 경제적 합리성이 결여된 객관적인 교환가치가 반영되지 않은 비정상적인 가격으로 거래되는 경우가 더 많을 수 있다.

특수관계인 간에 비정상적인 가격에 의한 거래의 결과는 어느 한 당사자에게는 비특수관계인 간 거래보다 낮은 이익이 귀속되어 조세회피로 이어지는 결과가 되며, 어느 한 당사자에게는 증여세 등의 세 부담 없이 무상으로 이익을 이전받게 되는 결과가 된다.

이러한 조세회피를 방지하기 위하여 세법은 특수관계인 간 거래에 대해서는 별도의 조세회피방지 조항을 두거나 많은 거래에 대한 과세문제를 규정함에 있어 특수관계인 간 거래와 비특수관계인 간 거래로 이분하여 과세요건과 과세금액을 달리 규정하고 있다.

또한 세법은 지배주주, 과점주주, 대주주등 판단 시 일정관계 이내의 특수관계인의 경우 경제적 동일체로 보아 특수관계인의 지분율을 합산하여 판단하도록 규정하고 있다.

따라서 세법상 과세문제를 명확하게 규명하는 데 있어 특수관계 여부에 대한 판단은 가장 기본적이고 중요한 사항이며, 특수관계 여부를 잘못 판단하는 경우에는 과세문제가 완전히 달라질 수 있으므로 특수관계인 여부에 대한 판단은 중요한 의미가 있다.

제2절 세법상 특수관계인 판단기준

 학설

모든 거래는 거래당사자와 거래상대방과의 의사의 합치로 성립한다. 특수관계인 여부에 대한 판단은 동일한 사실관계임에도 거래당사자의 입장에서만 판단하는 일방관계설적 입장과 거래상대방의 입장까지 고려하여 판단하는 쌍방관계설적 입장에 따라 특수관계 성립 여부가 완전히 달라질 수 있다.

1. 일방관계설

가. 개념

특수관계인 여부 판단 시 본인을 기준으로 거래상대방이 세법에서 규정하고 있는 본인의 특수관계인에 해당하는 경우에만 특수관계가 성립하는 것으로 보는 입장이다. 즉, 거래당사자의 입장에서 거래상대방이 본인의 특수관계인에 해당하는지만을 고려하여 특수관계인 여부를 판단하는 것이다.

나. 일방관계설적 입장에서 판단 사례

법인의 비소액주주등(법인에 1% 이상 출자한 자)과 법인이 30% 이상 출자한 법인을 특수관계인으로 규정하고 있는 사안에서 거래당사자인 주주가 상대법인에 5%를 출자한 경우 일방관계설적 입장에서는 거래당사자인 주주의 입장에서 상대법인이 본인의 특수관계인에 해당하는지만을 고려하여 특수관계 여부를 판단한다.

따라서 거래당사자인 주주의 입장에서만 판단하면, 거래당사자인 주주는 상대법인에 5%를 출자하여 30%에 미달하게 출자하였으므로 상대법인과 특수관계가 성립하지 않는다.

다. 평가

일방관계설적 입장은 거래당사자의 입장에서 거래상대방이 본인의 특수관계인에 해당하는지 여부만 검토하면 되므로 일반적으로 인지 가능한 정보의 범위 내에서 특수관계 여부를 판단할 수 있다.

따라서 예측가능한 범위 내에서 특수관계인 여부를 판단할 수 있으며 특수관계인 범위가 지나치게 확장되지 않는 측면이 있다.

2. 쌍방관계설

가. 개념

거래당사자의 입장에서는 거래상대방이 본인의 특수관계인에 해당하지 않더라도 거래상대방의 입장에서 본인이 거래상대방의 특수관계인에 해당하는 경우에는 쌍방 간에 특수관계가 성립하는 것으로 보는 입장이다.

즉, 거래당사자 기준 또는 거래상대방 기준 중 어느 한쪽에서만 특수관계가 성립하면 쌍방 간에 특수관계가 성립하므로 특수관계인 범위가 일방관계설적 입장보다 훨씬 넓게 된다.

나. 쌍방관계설적 입장에서 판단 사례

같은 사례를 가정 시 일방관계설적 입장에서는 거래당사자인 주주가 상대법인에 5%만 출자하였으므로 피출자법인과 특수관계가 성립하지 않는다.

하지만 쌍방관계설적 입장에서 본인이 거래상대방의 특수관계인에 해당하는지 여부를 판단하면, 거래당사자인 주주는 상대법인에 5%를 출자하여 상대법인의 비소액주주등에 해당하므로 거래상대방의 특수관계인에 해당한다.

따라서 거래당사자 기준에서는 거래상대방이 본인의 특수관계인에 해당하지 않더라도 거래상대방의 기준에서는 본인이 거래상대방의 특수관계인에 해당하므로 쌍방 간에 특수관계가 성립한다.

다. 평가

거래상대방의 입장에서 본인이 거래상대방의 특수관계인에 해당함에도 불구하고 거래당사자 기준으로 거래상대방이 본인의 특수관계인에 해당하지 않는다고 하여 특수관계가 성립하지 않는다고 보는 것은 동일한 사실관계에 대해 누구의 입장에서 판단하느냐에 따라 특수관계 여부가 달라지는 모순이 있을 수 있다.

따라서 동일한 사실관계와 동일한 법규정하에 누구의 입장에서 판단하는지와 관계없이 특수관계가 성립하는 쌍방관계설적 입장은 특수관계인 간 거래와 비특수관계인 간 거래를 구분하여 과세문제를 규정하고 있는 세법의 취지와 좀 더 부합하는 측면이 있다.

하지만 거래상대방의 정보를 정확하게 파악할 수 없는 정보의 한계로 인해 예측가능성이 침해될 수 있으며 특수관계인의 범위가 지나치게 확장되는 측면이 있다.

 특수관계인 판단 기준에 대한 연혁

1. 2011. 7. 20. 이전

1991. 5. 28. 대법원 88누7248 판결에서는 "납세의무자인 어느 법인이 그 법인에 대하여 출자자의 지위에 있는 타법인 또는 개인과 거래를 한 경우에 있어서 이들 사이에 법인세법 시행령 제46조 제1항 제1호 소정의 특수관계가 성립함은 물론이려니와, 반대로 납세의무자인 당해 법인이 스스로 출자자의 지위에 서서 그 출자를 받은 타법인을 상대방으로 하여 거래를 한 경우에 있어서도 위 특수관계는 성립한다."라고 설시하여 쌍방관계설적 입장에서 특수관계 여부를 판단하여야 하는 것으로 판결한 바 있다.

또한 종전의 과세실무는 본인의 입장에서 거래상대방이 본인의 특수관계인에 해당하지 않더라도 거래상대방의 입장에서 본인이 거래상대방의 특수관계인에 해당하는 경우에는 쌍방 간에 특수관계가 성립하는 것으로 보는 입장에서 특수관계인 여부를 판단하여 과세하였다.

2. 2011. 7. 21.부터 2012. 2. 1.까지

2011. 7. 21. 대법원 2008두150 전원합의체 판결에서는 구 법인세법 시행령 제87조 제1항 제4호(제1호 또는 제8호에 해당하는 법인이 발행주식총수 또는 출자총액의 100분의 30 이상을 출자하고 있는 다른 법인)에서 법인이 30% 이상 출자한 법인만이 특수관계인에 해당하는지 아니면 법인이 30% 이상 출자하지 않았더라도 거래상대방이 당해 법인에 30% 이상 출자한 경우에는 쌍방 간에 특수관계가 성립하는지 여부에 대한 사안에서 "납세의무자인 법인의 주주가 발행주식총수의 100분의 30 이상을 출자하고 있는 다른 법인을 특수관계자로 규정하고 있는바, 납세의무자인 법인의 주주가 발행주식총수의 100분의 30 이상을 출자하고 있는 다른 법인만이 특수관계자에 해당하고, 납세의무자인 법인의 주주가 발행주식총수의 100분의 30 미만을 출자하고 있는 다른 법인은 그 법인의 주주가 납세의무자인 법인의 발행주식총수의 100분의 30 이상을 소유하고 있다 하더라도 특수관계자에 해당하지 않는다."라고 판결하였다.

동 판결에서는 **납세의무자인 법인과 같은 항 각호의 1의 관계에 있는 자를 특수관계자로 규정하고 있으므로, 문언상 납세의무자인 법인을 기준으로 하여 그와 각호 1의 관계에 있는 자만이 특수관계자에 해당한다고 보아야 하는 것으로 설시하고 있다.** 또한 특수관계자의 범위를 어떻게 정할지는 입법정책의 문제이므로 확장해석하거나 유추해석하여 특수관계자의 범위를 넓혀서는 안되므로 쌍방관계설적 입장이 아닌 일방관계설적 입장에서 특수관계자의 범위를 판단하여야 하는 것으로 판결하였다.

【대법원 2008두150, 2011. 7. 21.】 전원합의체 판결
구 법인세법(2010. 12. 30. 법률 제10423호로 개정되기 전의 것, 이하 '법'이라 한다) 제52조 제1항은 납세의무자인 법인이 특수관계자와 한 거래 또는 그로 인한 소득금액의 계산을 부당행위계산부인 대상으로 규정하면서 특수관계자의 범위를 대통령령에 위임하고 있고, 그 위임에 따라 구 법인세법 시행령(2002. 12. 30. 대통령령 제17826호로 개정되기 전의 것, 이하 '시행령'이라 한다) 제87조 제1항은 납세의무자인 법인과 같은 항 각호의 1의 관계에 있는 자를 특수관계자로 규정하고 있으므로, 문언상 납세의무자인 법인을 기준으로 하여 그와 각호 1의 관계에 있는 자만이 특수관계자에 해당한다고 보아야 한다. 이와 달리 납세의무자인 법인과 거래를 한 상대방을 기준으로 납세의무자인 법인이 각호 1의 관계에 있는 경우에 위 거래상대방이 특수관계자에 해당한다고 보는 것은 위 시행령 조항의 문언에 반하여 허용될 수 없다. 뿐만 아니라, 특수관계자의 범위를 어떻게 정할지는 입법정책의 문제이므로 위 시행령 조항을 문언과 달리 확장해석하거나 유추해석하는 방법으로 특수관계자의 범위를 넓혀야 할 이유도 없음.

※ 2012. 2. 1. 이전 거래에 대한 일방관계설적 입장에서의 판례

【대법원 2011두11990, 2013. 9. 12.】
상증세법 시행령 제26조 제4항 제1호, 제19조 제2항 제2호 등이 규정한 '특수관계에 있는 자'인 '사용인'이나 '출자에 의하여 지배하고 있는 법인의 임원'은 증여세 납세의무자인 고가양도에서의 양도자 또는 저가양수에서의 양수자를 기준으로 하여 그의 사용인이나 그가 출자에 의하여 지배하고 있는 법인의 임원을 의미한다고 보는 것이 타당하므로 고가양도에서의 양도자 또는 저가양수에서의 양수자가 그 거래상대방의 사용인이나 그 거래상대방이 출자에 의하여 지배하고 있는 법인의 임원에 해당한다고 하여 그 거래상대방을 위 규정상의 '특수관계에 있는 자'에 해당한다고 볼 수는 없음.

3. 2012. 2. 2. 이후

대법원 2008두150 전원합의체 판결에서 일방관계설적 입장에서 특수관계 여부를 판단하여야 하는 것으로 판결함에 따라 2011. 12. 31. 법률 제11124호로 특수관계인 판단 시 쌍방관계설적 입장에서 판단하여야 하는 점을 명문화하여 국세기본법 제2조 제20호에 "이 경우 이 법 및 세법을 적용할 때 본인도 그 특수관계인의 특수관계인으로 본다."가 신설되었다.

또한 2012. 2. 2. 대통령령 제23589호로 법인세법 시행령 제87조 제1항 후단에 "이 경우 본인도「국세기본법」제2조 제20호 각목 외의 부분 후단에 따라 특수관계인의 특수관계인으로 본다."가 신설되었으며, 2012. 2. 2. 대통령령 제23591호로 상속세 및 증여세법 시행령 제12조의2 제1항 후단에 "이 경우 본인도「국세기본법」제2조 제20호 각목 외의 부분 후단에 따라 특수관계인의 특수관계인으로 본다."가 신설되었다.

따라서 2012. 2. 2. 이후 세법상 특수관계인 여부를 판단 시에는 본인을 기준으로 거래상대방이 본인의 특수관계인에 해당하는지 여부뿐만 아니라 거래상대방을 기준으로 본인이 거래상대방의 특수관계인에 해당하는지 여부까지 검토하여야 하는 쌍방관계설적 입장에서 판단하여야 한다.

제3절 세법상 특수관계인 판단 시 주의점

쌍방관계설적 입장에서 판단

특수관계인 판단은 본인의 입장에서 거래상대방이 본인의 특수관계인에 해당하는 경우에만 특수관계가 성립하는 것으로 보는 일방관계설적 입장과 본인을 기준으로는 거래상대방이 본인의 특수관계인에 해당하지 않더라도 거래상대방의 입장에서 본인이 거래상대방의 특수관계인에 해당하는 경우에는 쌍방 간에 모두 특수관계가 성립하는 것으로 보는 쌍방관계설적 입장에 따라 특수관계 성립 여부가 완전히 달라진다.

2011. 12. 31. 국세기본법 및 2012. 2. 2. 개별세법 시행령 개정으로 특수관계인 판단 시에는 쌍방관계설적 입장에서 판단하여야 하는 점이 명확해졌으므로 세법상 특수관계인 판단 시 가장 중요한 점은 본인의 입장에서 거래상대방이 본인의 특수관계인에 해당하는지 여부는 물론이고 거래상대방의 입장에서 본인이 거래상대방의 특수관계인에 해당하는지 여부

까지 파악하여 판단하는 것이라 할 수 있다.(예외: 상증법 제45조의5 과세시 특정법인의 지배주주와 특수관계인 판단은 지배주주 입장에서 일방관계에 따라 판단)

 친족관계 등으로 구분 판단 및 순차적 판단

1. 구분 판단

세법상 특수관계인은 혈족·인척 등의 관계에 있는 자를 기준으로 정하고 있는 친족관계에 있는 자, 임원·사용인 등 경제적으로 연관관계에 있는 자에 있는 자를 기준으로 정하고 있는 경제적 연관관계에 있는 자, **일정 지분율 이상 출자**하는 등 경영을 지배하는 관계에 있는 자를 기준으로 정하고 있는 경영지배관계에 있는 자로 나누어 규정하고 있다.

따라서 친족관계, 경제적 연관관계, 경영지배관계 중 어느 관계인지를 먼저 구분한 후 판단할 필요가 있다.

2. 순차적 판단

세법은 특수관계인의 범위를 규정함에 있어 친족관계, 경제적 연관관계, 경영지배관계로 구분한 후 친족관계에 있는 자를 제일 먼저 판단한 후 친족관계에 있는 자까지를 고려하여 경제적 연관관계에 있는 자를 판단하도록 규정하고 있으며, 친족관계와 경제적 연관관계에 있는 자를 판단한 후 친족관계와 경제적 연관관계에 있는 자까지를 고려하여 경영지배관계에 있는 자를 판단하도록 규정하고 있다.[1)]

즉, 특수관계인 판단에 있어서는 친족관계에 있는 자를 판단하여야 경제적 연관관계에 있는 자를 정확하게 판단할 수 있고, 친족관계와 경제적 연관관계에 있는 자를 판단하여야 경영지배관계에 있는 자를 정확하게 판단할 수 있으므로 선순위로 규정하고 있는 특수관계인을 먼저 판단한 후 순차적으로 다음 순위 특수관계인을 판단하여야 한다.

따라서 경제적 연관관계에 있는 자를 판단할 경우에는 친족관계에 있는 자를 먼저 판단한 후 경제적 연관관계에 있는 자를 판단하여야 하며, 경영지배관계에 있는 자를 판단할

---

1) 다만, 법인은 친족관계가 성립할 수 없으므로 법인세법의 경우 친족관계가 아닌 사실상 영향력을 행사하는 자와 친족을 선순위 판단 특수관계인으로 규정하고 있어 이들의 출자지분율을 고려하여 지배적 영향력을 행사하는 법인을 판단하여야 하며, 상속세 및 증여세법의 경우 사실상 영향력을 행사하는 관계에 있는 특수관계인과 특수관계가 성립되는 비영리법인을 선순위 판단 특수관계인으로 규정하고 있어 이들의 출자지분율을 고려하여 출자에 의해 경영지배관계에 있는 법인을 판단하여야 한다.

경우에는 본인과의 경영지배관계만 고려해서는 안 되며 친족관계, 경제적 연관관계에 있는 자를 먼저 판단한 후 본인과 친족관계, 경제적 연관관계에 있는 자의 지분율 등까지 고려하여 경영지배관계에 있는 자를 판단하여야 한다.

 지분율 판단 시 주의점

1. 특수관계인의 지분율 합산하여 판단

세법상 특수관계인 판단 시 가장 오류가 많이 발생하는 것은 지분율에 의해 특수관계가 성립하는 경영지배관계에 있는 특수관계인 판단이라 할 수 있다.

경영지배관계에 있는 특수관계인의 범위에 대해서는 본인이 출자하지 않더라도 본인의 특수관계인이 일정 지분율 이상 출자하고 있는 경우에는 특수관계가 성립하는 것으로 규정하고 있다. 즉, 본인은 아무런 출자관계가 없는 경우에도 지분율 합산대상인 특수관계인이 일정 지분율 이상 출자하고 있는 경우에는 거래상대방과 특수관계가 성립하는 것이다.[2)]

따라서 지분율에 의한 특수관계 판단 시에는 본인의 지분율만으로 판단해서는 안 되며 본인과 일정관계에 있는 특수관계인의 지분율까지 파악한 후 이를 합산하여 판단하여야 한다.

이 경우 본인을 기준으로 본인과 일정관계에 있는 특수관계인의 지분율을 파악하여 판단하는 것은 어렵지 않을 수 있으나 쌍방관계에 의해 거래상대방을 기준으로 거래상대방의 특수관계인을 파악한 후 이들의 출자지분율까지 고려하여 특수관계인 여부를 판단하는 것은 정보의 한계로 인해 현실적으로 어려운 측면이 있다.

지분율에 의해 경영지배관계가 성립하는 특수관계인 판단 시 가장 다툼이 많이 발생하는 부분은 거래상대방의 입장에서 본인이 지분율에 의해 거래상대방의 특수관계인에 해당하는 경우라 할 수 있다.

---

2) 조세심판원(2019중3517, 2021. 3. 22.)에서는 국세기본법 시행령 제1조의2 제3항 제1호 가목의 '본인이 직접 또는 그와 친족관계 또는 경제적 연관관계에 있는 자를 통하여'를 '본인이 직접 또는 본인의 친족관계 또는 경제적 연관관계에 있는 자가'로 볼 수 없는 이상 본인은 그 주식 등을 소유하지 아니한 채 그와 친족관계 있는 자만이 그 주식 등을 소유한 법인은 특수관계인에 해당하지 않는다고 결정한 바 있다.
따라서 해당 결정에 의할 경우 국세기본법상 특수관계인 판단과 국세기본법과 유사하게 규정(해당 법인이 직접 또는 그와 제1호부터 제3호까지의 관계에 있는 자를 통해)하고 있는 법인세법상 특수관계인 판단 시에도 본인 또는 법인이 직접 출자하지 않은 경우에는 출자지분율에 의한 특수관계가 성립하지 않는다.
하지만 해당 사안에 대해 기획재정부(기획재정부 조세법령운용과-759, 2022. 7. 15.)에서 본인이 출자하지 않고 본인의 친족만이 30% 이상 출자한 경우에도 경영지배관계에 있는 특수관계가 성립하는 것으로 해석하였으므로 본인이 출자하지 않고 지분율 합산 특수관계인만이 30% 이상 출자한 경우에도 해당 특수관계인의 지분율을 합산하여 판단하여야 한다.

2. 개별세법별 지분율 합산 특수관계인 준용

직접 출자지분율 판단 시 지분율을 합산하는 특수관계인에 대해 국세기본법의 경우 친족관계(본인이 개인인 경우), 경제적 연관관계에 있는 자와 법인에 지배적 영향력을 행사하는 자(지분율 30% 이상인 주주등, 사실상 영향력을 행사하는 자 등)의 지분율을 합산하여 판단한다.

법인세법의 경우 경제적 연관관계에 있는 자(1% 이상의 비소액주주등 포함), 사실상 영향력을 행사하는 자와 친족의 지분율을 합산하여 판단한다.

상속세 및 증여세법은 친족관계, 경제적 연관관계에 있는 자, 사실상 영향력을 행사하는 관계에 있는 자, 특수관계에 있는 비영리법인의 지분율은 합산하지만 법인의 주주등의 지분율(법인에 사실상 영향력을 행사하는 경우 제외)은 합산하지 않는 차이가 있다.

또한 지분율 합산대상이 되는 친족관계에 있는 자, 경제적 연관관계에 있는 자, 사실상 영향력을 행사하는 관계에 있는 자에 대해서는 개별세법에서 각각 달리 규정하고 있다.

따라서 각 개별세법상 특수관계인 판단 시에는 먼저 개별세법상 지분율 합산대상이 되는 특수관계인을 정확하게 판단한 후 지분율에 의해 특수관계가 성립하는 경영지배관계에 있는 법인을 판단하여야 한다.

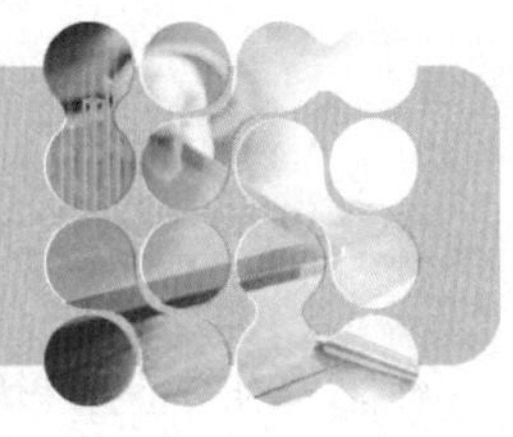

제2장

국세기본법상 특수관계인 판단 시 쟁점

제1절 개요와 구별의 실익

개요

국세기본법은 특수관계인에 대해 정의하면서 각 개별세법상 특수관계인 판단 시 기준이 되는 사항을 규정하고 있다. 각 개별세법은 국세기본법상 특수관계인 범위를 준용하되 각 개별세법의 취지상 범위조정이 필요한 부분만 추가하는 방식으로 규정하고 있으므로 국세기본법상 특수관계인 범위는 중요한 의미가 있다.

한편 소득세법의 경우 특수관계인 범위를 규정하지 않은 채 국세기본법상 특수관계인 범위를 준용하는 것으로 규정하고 있으며, 부가가치세법과 조세특례제한법도 개인사업자의 특수관계인 범위 판단 시 국세기본법상 특수관계인 범위를 준용하도록 규정하고 있다. 또한 지방세기본법은 2023. 3. 14.부터 경제적 연관관계, 경영지배관계에 있는 특수관계인 범위에 대해서는 국세기본법과 동일하게 규정하면서 친족관계에 있는 특수관계인 범위만 국세기본법과 다르게 규정하고 있다.

따라서 국세기본법상 특수관계인 범위를 명확하게 파악하는 경우 소득세법상 특수관계인 범위, 부가가치세법상 개인사업자의 특수관계인 범위, 조세특례제한법상 개인사업자의 특수관계인의 범위, 지방세기본법상 특수관계인 범위를 파악할 수 있게 된다.

각 개별세법상 특수관계인 범위를 판단하는 데 있어 가장 유용한 접근법은 국세기본법상 특수관계인 범위를 기준점으로 하여 국세기본법과의 차이점을 구별하는 방식으로 파악하는 것이라 할 수 있다.

Ⅱ 구별의 실익

1. 제2차 납세의무를 부담하는 과점주주 판단

유한회사, 주식회사의 주주는 유한책임을 지는 것이 원칙이므로 법인의 체납세금에 대해 주주가 납세의무를 지지는 않지만, 본인과 특수관계인의 지분을 합한 지분율이 50%를 초과하여 과점주주에 해당하는 경우에는 법인을 사실상 지배하는 것으로 보아 법인이 납부 후 부족한 세금에 대해 출자자가 각자의 지분율만큼 제2차 납세의무를 지게 된다(국기법 §39).

따라서 법인이 부담할 세금에 제2차 납세의무를 부담하는 과점주주를 판단하는 데 있어 구별의 실익이 있다.

이 경우 특수관계인의 범위는 특수관계인의 범위를 규정하고 있는 국세기본법 시행령 제1조의2를 준용하지 않고 국세기본법 시행령 제18조의2를 준용하여 판단한다.

국세기본법 시행령 제18조의2에서 규정하고 있는 특수관계인 범위는 ① 지배적 영향력을 행사하는 경우에 해당하는 지분율을 30%가 아닌 50%로 규정하고 있는 점, ② 1차 직접적으로 경영을 지배하는 법인과만 경영지배관계에 있는 특수관계가 성립하는 점, ③ 기업집단소속기업과는 특수관계가 성립하지 않는 점을 제외하고는 국세기본법 시행령 제1조의2에서 규정하고 있는 특수관계인 범위와 동일하다.

국세기본법 제39조 【출자자의 제2차 납세의무】

법인(대통령령으로 정하는 증권시장에 주권이 상장된 법인은 제외한다. 이하 이 조에서 같다)의 재산으로 그 법인에 부과되거나 그 법인이 납부할 국세 및 강제징수비에 충당하여도 부족한 경우에는 그 국세의 납세의무 성립일 현재 다음 각 호의 어느 하나에 해당하는 자는 그 부족한 금액에 대하여 제2차 납세의무를 진다. 다만, 제2호에 따른 과점주주의 경우에는 그 부족한 금액을 그 법인의 발행주식 총수(의결권이 없는 주식은 제외한다. 이하 이 조에서 같다) 또는 출자총액으로 나눈 금액에 해당 과점주주가 실질적으로 권리를 행사하는 주식 수(의결권이 없는 주식은 제외한다) 또는 출자액을 곱하여 산출한 금액을 한도로 한다.

국세기본법 시행령 제18조의2
【짜고 한 거짓 계약으로 추정되는 계약의 특수관계인의 범위】 (2012. 2. 2. 제목개정)
법 제35조 제6항 각호 외의 부분 후단에서 "특수관계인 중 대통령령으로 정하는 자"란 해당 납세자와 다음 각호의 어느 하나에 해당하는 관계에 있는 자를 말한다. (2020. 2. 11. 개정)
1. 친족관계 (2012. 2. 2. 개정)
2. 경제적 연관관계 (2012. 2. 2. 개정)
3. 경영지배관계 중 제1조의2 제3항 제1호 가목 및 같은 항 제2호 가목 및 나목의 관계. 이 경우 같은 조 제4항을 적용할 때 같은 항 제1호 가목 및 제2호 나목 중 "100분의 30"은 "100분의 50"으로 본다. (2012. 2. 2. 개정)

2. 국세에 우선되는 설정계약 판단

국세 및 강제징수비는 다른 공과금 그 밖의 채권에 우선하여 징수하지만 법정기일 전에 설정된 전세권등에는 우선하지 않는다(국기법 §35①3호).

이 경우 법정기일 전 설정된 전세권등이라 하더라도 법정기일 전 1년 이내에 특수관계인과 전세권 설정계약 등을 한 경우에는 짜고 한 거짓 계약으로 추정되어 국세가 우선하게 된다(국기법 §35⑥).

따라서 법정기일 전 설정된 전세권등 중 국세가 우선하는 특수관계인 간 전세권 설정계약등을 판단하는 데 있어 구별의 실익이 있다.

이 경우의 특수관계인의 범위도 특수관계인의 범위를 규정하고 있는 국세기본법 시행령 제1조의2를 준용하지 않고 국세기본법 시행령 제18조의2를 준용하여 판단한다.

따라서 국세기본법을 적용함에 있어 국세기본법상 특수관계인 범위를 준용하는 경우는 없다.

국세기본법 제35조 【국세의 우선】
⑥ 세무서장은 납세자가 제3자와 짜고 거짓으로 재산에 다음 각 호의 어느 하나에 해당하는 계약을 하고 그 등기 또는 등록을 하거나 「주택임대차보호법」 제3조의2 제2항 또는 「상가건물 임대차보호법」 제5조 제2항에 따른 대항요건과 확정일자를 갖춘 임대차 계약을 체결함으로써 그 재산의 매각금액으로 국세를 징수하기가 곤란하다고 인정할 때에는 그 행위의 취소를 법원에 청구할 수 있다. 이 경우 납세자가 국세의 법정기일 전 1년 내에 특수관계인 중 대통령령으로 정하는 자와 전세권 · 질권 또는 저당권 설정계약, 임대차 계약, 가등기

설정계약 또는 양도담보 설정계약을 한 경우에는 짜고 한 거짓 계약으로 추정한다.
1. 제1항 제3호 가목에 따른 전세권·질권 또는 저당권의 설정계약
2. 제1항 제3호 나목에 따른 임대차 계약
3. 제1항 제3호 다목에 따른 가등기 설정계약
4. 제42조 제3항에 따른 양도담보 설정계약

3. 개별세법상 특수관계인 범위 판단 시 준용

내국세법 중에서는 국세기본법, 법인세법, 상속세 및 증여세법, 국제조세조정에 관한 법률에서만 특수관계인 범위를 규정하고 있다. 특수관계인 범위를 규정하고 있지 않은 소득세법, 부가가치세법, 조세특례제한법 등을 적용 시 본인이 개인인 경우에는 국세기본법상 특수관계인 범위를 준용하고 있으며 그 외 일부 조항에 대한 과세문제에서도 국세기본법상 특수관계인 범위를 준용하고 있다. 또한 법인세법의 경우 국세기본법상 지배적 영향력을 행사하는 경우를 준용하여 경영지배관계에 있는 자를 판단한다.

따라서 국세기본법상 특수관계인 범위의 취지는 특수관계인 범위에 대한 기본적이고 공통적인 사항을 규정함으로써 특수관계인 범위를 규정하고 있지 않은 개별세법상 과세문제 판단 시 준용할 수 있도록 하기 위해서라고 할 수 있다.

 국세기본법상 특수관계인 범위

세법상 특수관계인에 대한 정의는 2011. 12. 31. 법률 제11124호로 국세기본법 제2조 제20조에 신설되었다.

국세기본법에서는 2012년부터 특수관계인을 친족관계, 경제적 연관관계, 경영지배관계로 구분하여 규정하고 있으며 특수관계인에 대해 본인과 혈족·인척 등 친족관계에 있는 자, 임원·사용인 등 경제적 연관관계에 있는 자, 주주·출자자 등 경영지배관계에 있는 자로 정의하고 있다.

국세기본법은 이 법 및 세법을 적용할 때 본인도 그 특수관계인의 특수관계인에 해당하는 것으로 규정하고 있어 쌍방관계에 의해 특수관계인을 판단하여야 하는 점을 명확하게 하고 있다.

국세기본법 제2조 【정의】

20. "특수관계인"이란 본인과 다음 각목의 어느 하나에 해당하는 관계에 있는 자를 말한다. 이 경우 이 법 및 세법을 적용할 때 본인도 그 특수관계인의 특수관계인으로 본다.
    가. 혈족·인척 등 대통령령으로 정하는 친족관계
    나. 임원·사용인 등 대통령령으로 정하는 경제적 연관관계
    다. 주주·출자자 등 대통령령으로 정하는 경영지배관계

1. 친족관계에 있는 자

혈족·인척 등 대통령령으로 정하는 친족관계에 있는 자란 다음 중 어느 하나에 해당하는 자를 말한다.[3] 여기서 친족이란 배우자, 혈족, 인척을 말한다.[4]

민법 제777조는 친족의 범위에 대해 규정하면서 민법 또는 다른 법률에 규정이 없는 한 민법상 친족의 범위를 준용하도록 규정하고 있지만, 국세기본법은 친족의 범위를 별도로 규정하고 있어 민법상 친족의 범위를 준용하지 않는다.

친족관계에 있는 자의 범위는 2012. 2. 2. 시행령이 개정된 이후로 개정사항이 없다가 친족간 범위에 대한 국민의식 변화를 반영하기 위한 취지로 2023. 2. 28. 대통령령 제33276호에 의해 친족관계에 해당하는 혈족과 인척의 범위를 축소하고 혼외 출생자의 생부와 생모를 추가하는 것으로 개정되었다.[5]

---

3) 2012. 2. 2. 이전에는 부계와 모계에 따라 친족의 범위를 다음과 같이 달리 규정하고 있었다.
   국세기본법 시행령 제20조 【친족, 그 밖의 특수관계인의 범위】 (2012. 2. 2. 이전)
   1. 6촌 이내의 부계혈족과 4촌 이내의 부계혈족의 아내
   2. 3촌 이내의 부계혈족의 남편 및 자녀
   3. 3촌 이내의 모계혈족과 그 배우자 및 자녀
   4. 아내의 2촌 이내의 부계혈족 및 그 배우자
   5. 배우자(사실상 혼인관계에 있는 사람을 포함한다)
   6. 입양자의 생가(生家)의 직계존속
   7. 출양자 및 그 배우자와 출양자의 양가(養家)의 직계비속
   8. 혼인외의 출생자의 생모

4) **민법 제767조 【친족의 정의】** 배우자, 혈족 및 인척을 친족으로 한다.

5) 공정거래법상 대기업집단 총수의 친족의 범위도 6촌 이내의 혈족, 4촌 이내의 인척에서 4촌 이내의 혈족, 3촌 이내의 인척으로 수정되고 동일인이 인지한 혼인의 출생자의 생부, 생모가 포함되는 것으로 개정되었으며 독점규제 및 공정거래에 관한 법률에서 기업집단 판단시 지분율 합산하는 동일인 관련자의 친족의 범위등으로 동일하게 개정되었다.

국세기본법 시행령 제1조의2 【특수관계인의 범위】 (2012. 2. 2.부터 2023. 2. 28.까지)

① 법 제2조 제20호 가목에서 "혈족·인척 등 대통령령으로 정하는 친족관계"란 다음 각호의 어느 하나에 해당하는 관계(이하 "친족관계"라 한다)를 말한다.

1. 6촌 이내의 혈족
2. 4촌 이내의 인척
3. 배우자(사실상의 혼인관계에 있는 자를 포함한다)
4. 친생자로서 다른 사람에게 친양자 입양된 자 및 그 배우자·직계비속

국세기본법 시행령 제1조의2 【특수관계인의 범위】 (2023. 3. 1.부터 적용)

① 법 제2조 제20호 가목에서 "혈족·인척 등 대통령령으로 정하는 친족관계"란 다음 각호의 어느 하나에 해당하는 관계(이하 "친족관계"라 한다)를 말한다.

1. 4촌 이내의 혈족
2. 3촌 이내의 인척
3. 배우자(사실상의 혼인관계에 있는 자를 포함한다)
4. 친생자로서 다른 사람에게 친양자 입양된 자 및 그 배우자·직계비속
5. 본인이 「민법」에 따라 인지한 혼인외 출생자의 생부나 생모(본인의 금전이나 그 밖의 재산으로 생계를 유지하는 사람 또는 생계를 함께하는 사람으로 한정한다)

민법 제777조 【친족의 범위】

친족관계로 인한 법률상 효력은 이 법 또는 다른 법률에 특별한 규정이 없는 한 다음 각호에 해당하는 자에 미친다.

1. 8촌 이내의 혈족
2. 4촌 이내의 인척
3. 배우자

가. 4촌 이내의 혈족

○ 2023. 3. 1.부터

4촌 이내의 부계·모계 자연혈족, 법정혈족

- 자연혈족: 혼인 중의 출생, 혼인외의 출생
- 법정혈족: 입양자, 친양자 입양자

> ○ 2012. 2. 2.부터 2023. 2. 28.까지
> 6촌 이내의 부계·모계 자연혈족, 법정혈족
> -자연혈족: 혼인 중의 출생, 혼인외의 출생
> -법정혈족: 입양자, 친양자 입양자

4촌 이내의 부계혈족과 모계혈족은 세법상 친족으로 특수관계인에 해당한다(국기령 §1조의2①1호). 국세기본법과 달리 민법은 8촌 이내의 혈족까지 친족에 해당한다(민법 §177).

2023. 2. 28. 이전에는 6촌 이내의 혈족이 특수관계인으로 보는 친족에 해당하였지만 2023. 3. 1.부터는 4촌 이내의 혈족까지만이 특수관계인으로 보는 친족에 해당한다.[6)]

(1) 혈족의 정의

혈족이란 성이 같은 자연적인 출생관계 또는 법률상으로 맺어진 혈연관계에 있는 자를 말하는 것이다.

(2) 혈족의 구분

혈족은 직계혈족과 방계혈족, 자연혈족과 법정혈족, 부계혈족과 모계혈족으로 나눌 수 있다.

가) 직계혈족과 방계혈족

직계혈족과 방계혈족은 다음과 같다.[7)]

① 직계혈족

직계혈족은 위아래 수직적으로 연결되는 혈족을 의미하며, 항렬이 낮은 직계비속(자녀, 손자녀, 증손자녀)과 항렬이 높은 직계존속(부모, 조부모, 증조부모)이 이에 해당한다.

② 방계혈족

방계혈족은 수평적, 수평적·수직적으로 연결되는 혈족을 의미하며, 수평적으로 연결되는 형제자매, 수평적·수직적으로 연결되는 형제자매의 직계비속(조카), 수직적·수평적

6) 참고로 2012. 2. 1. 이전에는 부계와 모계에 따라 친족의 범위를 다르게 규정하여 6촌 이내의 부계혈족과 3촌 이내의 모계혈족이 친족에 해당하지만 2012. 2. 2. 이후부터는 부계, 모계혈족 모두 6촌 이내의 혈족은 친족에 해당한다.

7) 민법 제768조【혈족의 정의】
자기의 직계존속과 직계비속을 직계혈족이라 하고 자기의 형제자매와 형제자매의 직계비속, 직계존속의 형제자매 및 그 형제자매의 직계비속을 방계혈족이라 한다.

으로 연결되는 직계존속의 형제자매(삼촌·이모 및 고모), 수직적·수평적·수직적으로 연결되는 직계존속의 형제자매의 직계비속(사촌)이 이에 해당한다.

나) 자연혈족과 법정혈족

자연혈족과 법정혈족은 다음과 같으며, 세법은 자연혈족과 법정혈족을 동일하게 취급하고 있다.

① 자연혈족

자연혈족은 출생관계로 맺어진 자연적인 혈연관계가 있는 혈족을 의미한다. 혼인관계에 있는 부모와 자녀, 조부모, 형제자매 등이 대표적인 자연혈족이라 할 수 있다.

출생관계로 혈족이 성립되므로 혼외 출생자의 경우 출생과 동시에 생모와 자연혈족 관계가 성립하며, 부와는 인지에 의해 출생 시로 소급하여 혈족관계가 성립한다.[8)]

② 법정혈족

법정혈족은 출생관계 없이 법률적으로 혈연관계가 맺어진 혈족을 의미한다. 입양에 의해 발생하는 양친자관계와 친양자입양에 의해 발생하는 친양자관계가 법정혈족에 해당한다.

입양은 「가족관계의 등록 등에 관한 법률」에서 정한 바에 따라 신고함으로써 그 효력이 생기며 입양이 성립한 때부터 양부모의 친생자와 같은 지위를 갖게 되어 혈족관계가 성립되므로 양자와 양부모 간, 양자와 양부모의 혈족 간, 양부모와 양자의 직계존비속 간에 혈족관계가 성립한다.[9)] 이 경우 입양 후 부모 중 한명이 재혼한 경우 재혼한 배우자와 양자 사이에는 양친자관계가 아닌 인척관계가 성립한다. 또한 입양하더라도 양부모 및 양부모의 혈족과 친생부모는 친생부모의 혈족 사이에는 혈족관계가 성립하지 않는다.

입양으로 성립된 법정혈족관계는 입양이 취소되거나 파양하는 경우 종료된다.[10)]

---

8) 민법 제855조 【인지】
① 혼인외의 출생자는 그 생부나 생모가 이를 인지할 수 있다. 부모의 혼인이 무효인 때에는 출생자는 혼인외의 출생자로 본다.
② 혼인외의 출생자는 그 부모가 혼인한 때에는 그때로부터 혼인 중의 출생자로 본다.
민법 제860조 【인지의 소급효】
인지는 그 자의 출생시에 소급하여 효력이 생긴다. 그러나 제삼자의 취득한 권리를 해하지 못한다.

9) 민법 제878조 【입양의 성립】
입양은 「가족관계의 등록 등에 관한 법률」에서 정한 바에 따라 신고함으로써 그 효력이 생긴다.
민법 제882조의2 【입양의 효력】
① 양자는 입양된 때부터 양부모의 친생자와 같은 지위를 가진다.

10) 민법 제908조의7 【친양자 입양의 취소·파양의 효력】
① 친양자 입양이 취소되거나 파양된 때에는 친양자관계는 소멸하고 입양 전의 친족관계는 부활한다.

③ 계모자 관계와 적모서자 관계

1990. 1. 13. 민법개정에 의해 계모자(繼母子)관계(부모 한쪽이 친부모가 아닌 가족의 형태)와 적모서자(嫡母庶子)관계(혼인외의 출생자)는 법정혈족이 아니라 인척관계에 해당한다.

다만 증여재산공제 적용시 직계존속의 범위에는 수증자의 직계존속과 혼인(사실혼 제외) 중인 배우자를 포함하므로 생부, 생모과 혼인 중에 있는 계모, 계부로부터 증여받는 경우에도 증여재산공제는 가능하다(상증법 §53 2호).[11)]

다) 부계혈족과 모계혈족

4촌 이내의 혈족은 4촌 이내의 부계혈족, 4촌 이내의 모계혈족 모두를 의미하는 것이다.[12)]

① 부계혈족

부계혈족은 아버지와 혈족관계에 있는 자를 말하는 것으로 친조부모, 백부, 숙부, 고모 등이 이에 해당한다.

② 모계혈족

모계혈족은 어머니와 혈족관계에 있는 자를 말하는 것으로 외조부모, 외숙부, 이모 등이 이에 해당한다.

(3) 혈족의 촌수계산

혈족에 대한 촌수계산은 직계혈족의 경우 본인으로부터 직계존속, 직계비속에 이르러 계산하고 방계혈족의 경우 동원의 직계존속에 이르는 세수와 본인으로부터 그 동원의 직계존속으로부터 직계비속으로 이르는 세수를 통산하여 직계비속과 직계존속은 1촌을 가산하고 형제자매는 2촌을 가산하여 계산한다.[13)]

11) 상속세 및 증여세법 제53조【증여재산공제】
  2. 직계존속[수증자의 직계존속과 혼인(사실혼은 제외한다. 이하 이 조에서 같다) 중인 배우자를 포함한다]으로부터 증여를 받은 경우: 5천만 원. 다만, 미성년자가 직계존속으로부터 증여를 받은 경우에는 2천만 원으로 한다.

12) 참고로 2012. 2. 1. 전에는 부계와 모계에 따라 혈족의 범위를 다르게 규정하고 있었지만 2012. 2. 2. 시행령 개정에 의해 특수관계가 성립하는 부계와 모계의 혈족범위가 동일하게 개정되었다.

13) 민법 제770조【혈족의 촌수의 계산】
  ① 직계혈족은 자기로부터 직계존속에 이르고 자기로부터 직계비속에 이르러 그 세수를 정한다.
  ② 방계혈족은 자기로부터 동원의 직계존속에 이르는 세수와 그 동원의 직계존속으로부터 그 직계비속에 이르는 세수를 통산하여 그 촌수를 정한다.

예를 들어 본인의 부모는 1촌이 가산되고 부모의 형제자매는 2촌이 가산되어 3촌이 되며, 부모의 형제자매의 자녀는 1촌이 추가 가산되어 4촌이 된다. 따라서 4촌 혈족을 예로 들면 형제자매(2촌)의 직계비속(1촌)의 직계비속(1촌) 또는 엄마(1촌)의 언니(2촌)의 직계비속(1촌)을 들 수 있다. 양자의 경우도 혈족의 촌수는 동일하게 계산한다.[14)]

■ 4촌 이내의 혈족

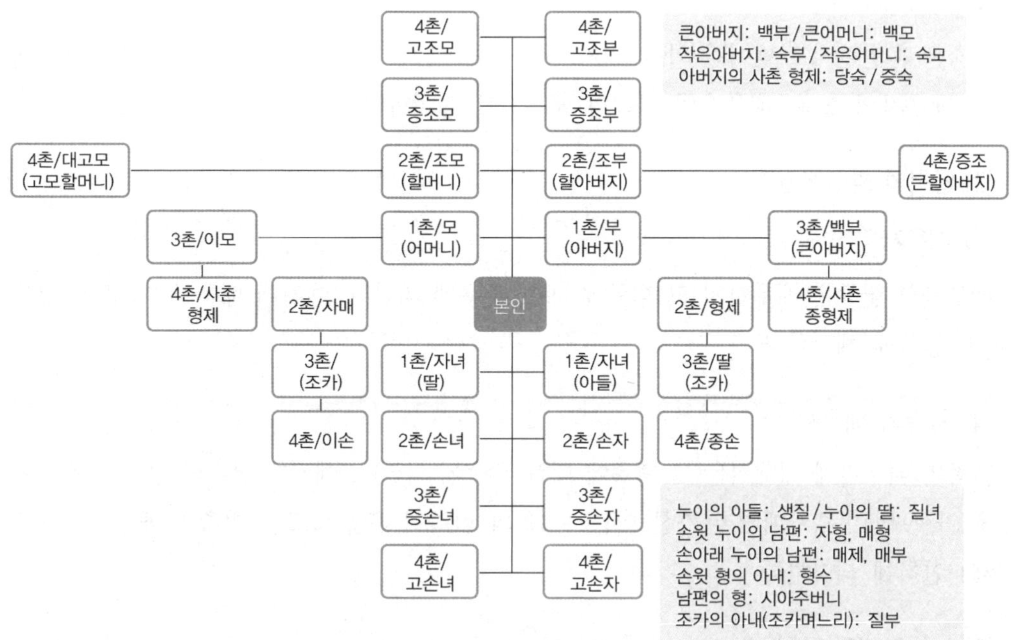

나. 3촌 이내의 인척

○ 2023. 3. 1.부터
- 본인의 3촌 이내의 혈족의 배우자
- 배우자의 3촌 이내의 혈족
- 배우자의 3촌 이내의 혈족의 배우자

---

14) 민법 제772조【양자와의 친계와 촌수】
① 양자와 양부모 및 그 혈족, 인척사이의 친계와 촌수는 입양한 때로부터 혼인 중의 출생자와 동일한 것으로 본다.
② 양자의 배우자, 직계비속과 그 배우자는 전항의 양자의 친계를 기준으로 하여 촌수를 정한다.

○ 2012. 2. 2.부터 2023. 2. 28.까지
- 본인의 4촌 이내의 혈족의 배우자
- 배우자의 4촌 이내의 혈족
- 배우자의 4촌 이내의 혈족의 배우자

(1) 인척의 정의

인척은 혼인관계로 맺어진 외척, 처가, 시가 등을 종합한 관계로서 성이 다른 혈족의 배우자, 배우자의 혈족, 배우자의 혈족의 배우자를 의미한다.[15)]

(2) 인척의 촌수계산[16)]

가) 배우자의 혈족

배우자의 혈족은 배우자의 그 혈족에 대한 촌수에 의한다. 예컨대 배우자의 3촌인 경우 3촌인 인척에 해당한다.

나) 혈족의 배우자

혈족의 배우자에 대해서는 그 혈족에 대한 촌수에 의한다. 예컨대 삼촌의 경우 직계존속(1촌 가산)의 형제자매(2촌 가산)이므로 3촌의 혈족이지만, 숙모는 혈족의 배우자이므로 3촌의 인척에 해당한다.

(3) 3촌 이내의 인척

3촌 이내의 인척은 국세기본법상 특수관계가 성립하는 친족에 해당한다(국기령 §1조의2①2호). 반면 민법은 4촌 이내의 인척을 친족으로 보는 차이가 있다.

2023. 2. 28. 이전에는 4촌 이내의 인척까지를 특수관계가 성립하는 인척으로 보았지만 2023. 3. 1.부터는 3촌 이내의 인척까지만이 특수관계가 성립하는 인척에 해당하는 것으로 인척의 범위가 축소되었다.[17)]

---

15) 민법 제769조【인척의 계원】
혈족의 배우자, 배우자의 혈족, 배우자의 혈족의 배우자를 인척으로 한다.

16) 민법 제771조【인척의 촌수의 계산】
인척은 배우자의 혈족에 대하여는 배우자의 그 혈족에 대한 촌수에 따르고, 혈족의 배우자에 대하여는 그 혈족에 대한 촌수에 따른다.
민법 제775조【인척관계 등의 소멸】
① 인척관계는 혼인의 취소 또는 이혼으로 인하여 종료한다.
② 부부의 일방이 사망한 경우 생존 배우자가 재혼한 때에도 제1항과 같다.

인척관계의 경우 결혼으로 성립된 관계이므로 이혼하거나 배우자 사망 후 재혼하는 때에는 인척관계가 종료된다.[18)]

따라서 혈족관계의 경우 특수관계인에 해당했던 자가 특수관계인에 해당하지 않게 되는 경우는 **친양자 입양이 취소되거나 파양되는 경우**를 제외하고는 없으나, 인척관계의 경우 특수관계인에 해당하였다가 해당하지 않게 되는 경우가 있을 수 있다.

3촌인 인척을 예로 들면 본인의 3촌 혈족의 배우자나 배우자의 3촌 혈족 또는 배우자의 3촌 혈족의 배우자가 이에 해당한다.

가) 3촌 이내의 혈족의 배우자

본인을 기준으로 본인의 3촌 이내 혈족의 배우자는 3촌 이내의 인척에 해당한다. 이 경우 혈족의 배우자에는 사실혼 관계에 있는 배우자는 해당하지 않는다.

【서면-2016-법령해석기본-5939, 2017. 3. 8.】
사실혼 관계에 있는 배우자란 당사자의 배우자에 한하는 것이므로 혈족의 사실혼 배우자는 「국세기본법 시행령」 제1조의2 제1항 제2호의 4촌 이내의 인척에 해당하지 아니함.

나) 배우자의 3촌 이내의 혈족

배우자를 기준으로 배우자의 3촌 이내의 혈족은 3촌 이내의 인척에 해당한다. 여기에서 배우자는 본인의 배우자를 의미하므로 사실혼 관계에 있는 자도 포함된다.

따라서 사실혼 관계에 있는 배우자의 3촌 이내의 혈족도 특수관계인에 해당하는 점에 주의하여야 한다.

다) 배우자의 3촌 이내의 혈족의 배우자

배우자를 기준으로 배우자의 3촌 이내의 혈족에 해당하는 자의 배우자도 3촌 이내의 인척에 해당한다. 이 경우 배우자에는 사실혼의 관계에 있는 자도 해당하지만, 혈족의 배우자에는 사실혼 관계에 있는 자는 해당하지 않는다.

---

17) 참고로 2012. 2. 1. 이전에는 특수관계인에 해당하는 인척을 4촌 이내의 부계혈족의 아내, 3촌 이내의 부계혈족의 남편 및 자녀, 3촌 이내의 모계혈족의 그 배우자 및 자녀, 아내의 2촌 이내의 부계혈족 및 배우자로 규정하고 있어 부족(夫族)과 처족(妻族)에 따라 특수관계가 성립하는 인척의 범위를 달리 규정하고 있었지만 2012. 2. 2. 이후부터는 부족이든 처족이든 4촌 이내의 인척은 동일하게 특수관계인에 해당한다.

18) 민법 제775조 【인척관계 등의 소멸】
① 인척관계는 혼인의 취소 또는 이혼으로 인하여 종료한다.
② 부부의 일방이 사망한 경우 생존 배우자가 재혼한 때에도 제1항과 같다.

Key Point

❑ **사실혼 관계에 있는 배우자의 혈족의 인척 해당 여부**

배우자의 3촌 이내의 혈족과 배우자의 3촌 이내의 혈족의 배우자는 3촌 이내 인척에 해당하여 국세기본법상 특수관계인에 해당한다.

이 경우 특수관계가 성립하는 배우자는 사실혼 관계에 있는 배우자를 포함하므로 사실혼 관계에 있는 배우자의 3촌 이내의 혈족과 사실혼 관계에 있는 배우자의 3촌 이내의 혈족의 배우자도 3촌 이내의 인척에 해당하여 특수관계인에 해당한다.

❑ **증여재산공제에서 1천만 원 증여재산공제 가능한 친족의 범위**

국세기본법상 특수관계가 성립하는 친족의 범위가 축소되었지만 증여재산공제 가능한 친족의 범위는 축소되지 않아 6촌 이내의 혈족, 4촌 이내의 인척으로부터 증여받는 경우 10년간 1천만 원의 증여재산공제가 가능하다[19](상증법 §53 4호).

| 국세기본법상 친족 VS 증여재산공제 적용시 친족 범위 |

<table>
<tr><th colspan="2">국세기본법상 특수관계가 성립하는 친족</th><th>증여재산공제 가능한 친족</th></tr>
<tr><td>2012. 2. 2.부터 2023. 2. 28.까지</td><td>2023. 3. 1. 이후</td><td rowspan="2">• 6촌 이내 혈족
• 4촌 이내 인척</td></tr>
<tr><td>• 6촌 이내 혈족
• 4촌 이내 인척</td><td>• 4촌 이내 혈족
• 3촌 이내 인척</td></tr>
</table>

19) 상속세 및 증여세법 제53조【증여재산공제】

4. 제2호 및 제3호의 경우 외에 6촌 이내의 혈족, 4촌 이내의 인척으로부터 증여를 받은 경우: 1천만 원

3촌 이내의 인척

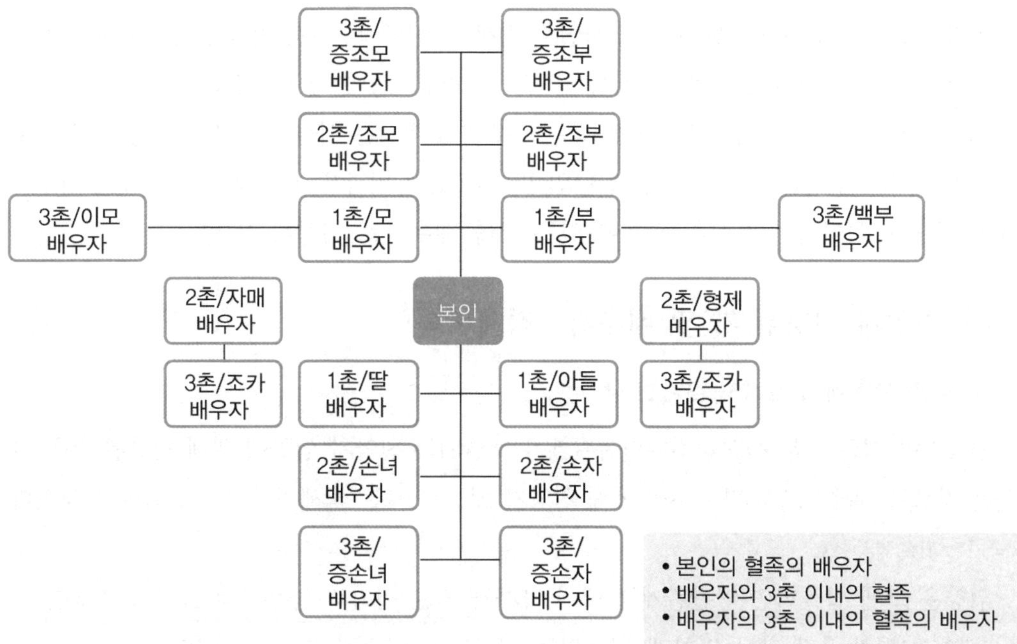

사돈의 특수관계 해당 여부

사돈은 배우자가 아닌 직계비속(1촌)의 배우자(1촌 인척)의 직계존속(1촌 인척의 1촌 혈족)·형제자매(1촌 인척의 2촌 혈족)로 본인의 배우자의 3촌 이내 혈족이나 배우자의 3촌 이내 혈족의 배우자가 아니므로 국세기본법상 특수관계인에 해당하지 않는다.

【법령해석재산-0179, 2017. 8. 30.】
주식을 양도하는 자를 기준으로 사돈은 특수관계인에 해당하지 않으므로 사돈의 주식을 합산하여 대주주 여부를 판단할 수 없는 것임.

【징세-1093, 2012. 10. 12.】
본인과 사촌 여동생의 배우자 사이에는 국세기본법 제2조 제20호에 규정하고 있는 특수관계인에 해당. ⇒ (4촌의 인척에 해당)

【징세-511, 2011. 5. 9.】
본인과 당숙모 동생의 배우자는 「국세기본법」 제2조 제20호에 따른 특수관계인에 해당되지 아니함. ⇒ [당숙(5촌)의 동생(7촌)의 인척에 해당하므로 특수관계 아님.]

다. 배우자

민법은 중혼을 인정하지 않고 있어 사실혼 관계에 있는 배우자는 친족에 해당하지 않는다. 하지만 세법은 사실혼 관계에 있는 배우자도 친족에 해당한다(국기령 §1조의2①3호).

세법상 각종 공제 등 세법상 혜택을 받는 경우에 있어서는 사실혼 관계에 있는 자를 배우자로 인정하지 않지만, 과세에 대한 판단인 1세대 1주택 비과세 판정 및 특수관계인 여부에 대한 판단에 있어서는 사실혼 관계에 있는 자를 배우자로 인정하고 있다.

라. 친양자 입양된 자 및 배우자 · 직계비속

(1) 다른 사람에게 친양자 입양된 자

친양자란 기존 친부모와의 직계혈족관계가 소멸되는 친양자 입양에 의해 입양된 자를 말하는 것으로 친생자로서 다른 사람에게 친양자 입양된 자는 국세기본법상 친족에 해당한다(국기령 §1조의2①4호).

입양은 크게 법률적인 연관관계를 맺어 양자가 되는 입양과 양부모의 자녀로 출생한 것이 되어 '제2의 출생'과 동일하게 취급되는 친양자 입양으로 나눌 수 있다.

가) 양자 입양

양친자관계 입양은 양부모의 양자가 되어 양부모의 친생자와 같은 지위를 갖는 것으로 입양이 성립되면서부터 양부모와 혈족관계가 성립하며 친생부모와의 입양 전 혈족관계 · 친족관계도 그대로 유지된다.[20)]

즉, 양자의 경우 친생부모, 양부모와 모두 직계혈족관계가 성립하는 것이다.

따라서 양자로 입양된 경우에는 입양 후에도 친생부모와 1촌 혈족관계 및 그 외 혈족관계가 유지되므로 특수관계인 범위에 별도로 규정할 필요가 없다. 이러한 이유로 국세기본법 시행령 제1조의2 제1항 제4호는 친생자로서 다른 사람에게 친양자 입양된 자 및 그 배우자 · 직계비속만 특수관계인으로 규정하고 있다.

---

20) 민법 제882조의2【입양의 효력】
① 양자는 입양된 때부터 양부모의 친생자와 같은 지위를 가진다.
② 양자의 입양 전의 친족관계는 존속한다.

Key Point

양자 입양된 자는 친생부모와의 1촌 혈족관계가 그대로 유지되므로 국세기본법 시행령 제1조의2의 특수관계인 범위에서 규정하고 있지 않더라도 친생부모와 특수관계가 성립한다.

【대법원 2014두44847, 2017. 12. 22.】
양자의 경우 친양자와 달리 입양 전의 친족관계가 그대로 존속하므로 양가뿐만 아니라 생가를 기준으로도 특수관계에 있는지를 판단하여야 함.

나) 친양자 입양

양부모의 성과 본을 따르고 가족관계등록부에도 친생자로 기록되는 친양자 입양은 법률상 양부모의 혼인 중 출생한 자로 다루어지며 입양 전의 혈족관계는 친양자로 입양이 확정된 때에 종료한다.[21] 즉, 친양자 입양된 자의 경우 친생부모와의 직계혈족관계가 소멸되므로 세법상 특수관계도 소멸되는 결과가 된다.[22]

따라서 실질적으로 친생부모와 밀접한 관계가 있는 경우에 대해 세법상 특수관계인으로 보아 과세하기 위해서는 특수관계인 범위에 별도로 규정하여야만 한다. 이러한 이유로 친생자로서 다른 사람에게 친양자 입양된 자만 특수관계인으로 규정하고 있다.

(2) 친양자 입양된 자의 배우자 및 직계비속

친양자 입양된 자뿐만 아니라 친양자 입양된 자의 배우자와 직계비속도 특수관계인에 해당한다.

---

21) 민법 제908조의3【친양자 입양의 효력】
① 친양자는 부부의 혼인중 출생자로 본다.
② 친양자의 입양 전의 친족관계는 제908조의2 제1항의 청구에 의한 친양자 입양이 확정된 때에 종료한다. 다만, 부부의 일방이 그 배우자의 친생자를 단독으로 입양한 경우에 있어서의 배우자 및 그 친족과 친생자간의 친족관계는 그러하지 아니하다.

22) 친양자 입양이 취소되거나 파양되는 경우에는 친족관계가 부활한다.
민법 제908조의7【친양자 입양의 취소 · 파양의 효력】
① 친양자 입양이 취소되거나 파양된 때에는 친양자관계는 소멸하고 입양 전의 친족관계는 부활한다.

마. 본인이 「민법」에 따라 인지한 혼인외 출생자의 생부나 생모

(1) 혼인외 출생자

혼인외 출생자란 부모가 법정혼인 관계에 있지 않은 상태에서 출생한 자를 의미하는 것으로 혼인이 무효가 된 경우의 출생자와 사실혼 관계에 있는 상태에서 출생한 자도 혼인외 출생자에 해당한다.

혼인외 출생자는 생부 또는 생모가 인지하여 「가족관계의 등록 등에 관한 법률」에 정하는 바에 의하여 신고함으로써 인지의 효력이 발생하며 부의 성과 본을 따를 수 있게 된다[23](민법 §781, §855, §855조의2, §859).

이 경우 생모는 당연히 혼인외 출생자의 출생과 동시에 혼인외 출생자를 인지하게 되는바 생모와는 출산과 동시에 1촌의 혈족관계가 성립(대법원 67다1791, 1967. 10. 4. 판결)하므로 인지에 의해 혈족관계가 성립하는 것은 생부와의 관계에 적용되는 것이라 할 수 있다.

이러한 인지는 출생시부터 소급하여 효력이 발생하므로 생부 또는 생모가 인지하여 인지의 효력이 발생하는 경우 혼인외 출생자와 생부, 생모는 출생시부터 1촌 혈족관계가 성립하게 된다[24](민법 §860).

따라서 인지한 혼인외 출생자와 생부, 생모관계는 개정 전부터 국세기본법상 특수관계인에 해당한다.

---

23) **민법 제781조【자의 성과 본】** ⑤ 혼인외의 출생자가 인지된 경우 자는 부모의 협의에 따라 종전의 성과 본을 계속 사용할 수 있다. 다만, 부모가 협의할 수 없거나 협의가 이루어지지 아니한 경우에는 자는 법원의 허가를 받아 종전의 성과 본을 계속 사용할 수 있다.
민법 제855조【인지】 ① 혼인외의 출생자는 그 생부나 생모가 이를 인지할 수 있다. 부모의 혼인이 무효인 때에는 출생자는 혼인외의 출생자로 본다.
② 혼인외의 출생자는 그 부모가 혼인한 때에는 그때로부터 혼인 중의 출생자로 본다.
민법 제855조의2【인지의 허가 청구】 ① 생부(生父)는 제844조 제3항의 경우에 가정법원에 인지의 허가를 청구할 수 있다. 다만, 혼인 중의 자녀로 출생신고가 된 경우에는 그러하지 아니하다.
② 제1항의 청구가 있는 경우에 가정법원은 혈액채취에 의한 혈액형 검사, 유전인자의 검사 등 과학적 방법에 따른 검사결과 또는 장기간의 별거 등 그 밖의 사정을 고려하여 허가 여부를 정한다.
③ 제1항 및 제2항에 따라 허가를 받은 생부가 「가족관계의 등록 등에 관한 법률」 제57조 제1항에 따른 신고를 하는 경우에는 제844조 제1항 및 제3항의 추정이 미치지 아니한다.
민법 제859조【인지의 효력발생】 ① 인지는 「가족관계의 등록 등에 관한 법률」의 정하는 바에 의하여 신고함으로써 그 효력이 생긴다.
② 인지는 유언으로도 이를 할 수 있다. 이 경우에는 유언집행자가 이를 신고하여야 한다.

24) **민법 제860조【인지의 소급효】** 인지는 그 자의 출생시에 소급하여 효력이 생긴다. 그러나 제삼자의 취득한 권리를 해하지 못한다.

(2) 혼인외 출생자의 생부 또는 생모로서 생계를 함께하거나 생계를 유지하는 자

혼인외 출생자를 인지한 본인인 생부 또는 생모와 혼인외 출생자의 생모(생부가 인지한 경우) 또는 생부(생모가 인지한 경우[25])로서 본인과 생계를 함께하거나 생계를 유지하는 자는 2023. 3. 1.부터 국세기본법상 특수관계가 성립하는 친족에 해당한다.

즉, 무조건 본인과 혼인외 출생자의 생모(생부가 인지한 경우) 또는 생부(생모가 인지한 경우)가 특수관계가 성립하는 것이 아닌 본인과 생계를 유지하거나 생계를 함께하는 경우에만 특수관계가 성립하는 친족에 해당한다.

본인인 생부 또는 생모가 혼인외 출생자를 인지한 경우 인지상정에 의해 혼인외 출생자의 생모(생부가 인지한 경우) 또는 생부(생모가 인지한 경우)와 서로 간에 생활비등을 지원하여 생계를 유지하는 관계에 있거나 생계를 함께하는 관계에 있을 수 있으므로 이렇게 밀접한 관계를 유지하는 경우에는 특수관계가 성립하는 것으로 새롭게 규정한 것이라 이해할 수 있다.

이 경우 혼인외 출생자의 생모(생부가 인지한 경우) 또는 생부(생모가 인지한 경우)와 실제 사실혼 관계에 있는 경우가 있을 수 있는데 사실혼 관계에 있는 경우에는 혼인외 출생자의 생부 또는 생모의 관계로서 특수관계가 성립하기 전에 사실혼 관계에 있는 배우자에 해당하는 자로서 특수관계가 성립하므로 사실혼 관계에 있는 자의 3촌 이내 혈족, 3촌 이내 혈족의 배우자와도 특수관계가 성립하게 된다.

다만 이 경우 혼인외 출생자를 인지한 본인인 생부 또는 생모와 법정혼인관계에 있는 자는 혼인외 출생자와 적모서자관계에 있으므로 혼인외 출생자는 물론 혼인외 출생자의 생모(생부가 인지한 경우) 또는 생부(생모가 인지한 경우)와 특수관계가 성립하지 않는다.

| 국세기본법상 특수관계가 성립하는 친족의 범위 |

2012. 2. 2. 이후 부터 2023. 2. 28.까지	2023. 3. 1. 이후
• 6촌 이내의 혈족 • 4촌 이내의 인척 • 배우자(사실혼 관계에 있는 자 포함) • 친생자로서 친양자 입양된 자 및 배우자, 직계비속	• 4촌 이내의 혈족 • 3촌 이내의 인척 • 배우자(사실혼 관계에 있는 자 포함) • 친생자로서 친양자 입양된 자 및 배우자, 직계비속

25) 현실적으로 생모가 혼인외 출생자의 출생 이후에 혼인외 출생자의 출생을 인지하는 경우는 없을 것으로 생각된다.

2012. 2. 2. 이후 부터 2023. 2. 28.까지	2023. 3. 1. 이후
	• 민법에 따라 인지한 혼인외 출생자의 생부, 생모(생계를 유지하거나 생계를 함께하는 경우 한정)

2. 경제적 연관관계에 있는 자

○ 임원, 사용인
○ 임원, 사용인 외 생계를 유지하는 자
○ 위의 자들과 생계를 함께하는 친족

임원・사용인 등 대통령령으로 정하는 경제적 연관관계에 있는 자란 다음 중 어느 하나에 해당하는 자를 말한다.[26)]

국세기본법 시행령 제1조의2 【특수관계인의 범위】
② 법 제2조 제20호 나목에서 "임원・사용인 등 대통령령으로 정하는 경제적 연관관계"란 다음 각호의 어느 하나에 해당하는 관계(이하 "경제적 연관관계"라 한다)를 말한다.
1. 임원과 그 밖의 사용인
2. 본인의 금전이나 그 밖의 재산으로 생계를 유지하는 자
3. 제1호 및 제2호의 자와 생계를 함께하는 친족

가. 임원

임원은 경제적으로 연관관계에 있는 특수관계인에 해당한다(국기령 §1조의2②1호).

구 국세기본법 시행령 제20조의2에서는 임원에 대해 "법인의 회장・부회장・사장・부사장・이사 등 실질적으로 법인의 경영에 참여하는 직위에 있는 자와 감사를 말한다."로 정의하고 있었지만 1998. 12. 31. 대통령령 제15968호의 개정으로 삭제되었으며 현재는 임원에

26) 2012. 2. 1. 이전에는 사용인, 주주・유한책임사원과 생계를 유지하는 자와 생계를 함께하는 사람은 특수관계인에 해당하는 반면 사용인등과 생계를 함께하는 친족은 특수관계인에 해당하지 않는다.
국세기본법 시행령 제20조 【친족, 그 밖의 특수관계인의 범위】 (2012. 2. 1. 이전)
9. 사용인이나 그 밖에 고용관계에 있는 자
10. 주주등의 금전이나 그 밖의 재산으로 생계를 유지하는 사람과 생계를 함께하는 사람

대해 별도로 정의하지 않고 있다.

세법상 임원의 범위에 대해 규정하고 있는 것은 법인세법 시행령 제40조 제1항이 유일하며 소득세법, 상속세 및 증여세법에서는 임원의 범위가 필요한 경우 법인세법상 임원의 범위를 준용하고 있다.

국세기본법은 법인세법 시행령 제40조 제1항을 준용하는 것으로 규정하고 있지 않지만 등기 여부와 관련 없이 임원의 명칭을 사용하면서 임원에 준하는 업무를 하는 자로 보아야 할 것이다.

법인세법과 상속세 및 증여세법은 임원에 대해서는 특수관계인 범위를 확대하여 규정하고 있어 임원과 사용인의 구별에 대한 실익이 있지만 국세기본법의 경우 임원과 사용인을 동일하게 취급하고 있어 특수관계인 판단 시 임원과 사용인의 구별에 대한 실익이 없다.

법인세법 시행령 제40조 【기업업무추진비의 범위】 (2023. 2. 28. 제목개정)
① 주주 또는 출자자(이하 "주주등"이라 한다)나 다음 각 호의 어느 하나에 해당하는 직무에 종사하는 자(이하 "임원"이라 한다) 또는 직원이 부담하여야 할 성질의 기업업무추진비를 법인이 지출한 것은 이를 기업업무추진비로 보지 아니한다. (2023. 2. 28. 개정)
1. 법인의 회장, 사장, 부사장, 이사장, 대표이사, 전무이사 및 상무이사 등 이사회의 구성원 전원과 청산인 (2018. 2. 13. 신설)
2. 합명회사, 합자회사 및 유한회사의 업무집행사원 또는 이사 (2018. 2. 13. 신설)
3. 유한책임회사의 업무집행자 (2018. 2. 13. 신설)
4. 감사 (2018. 2. 13. 신설)
5. 그 밖에 제1호부터 제4호까지의 규정에 준하는 직무에 종사하는 자 (2018. 2. 13. 신설)

나. 사용인

사용인은 고용관계에 의해 근로를 제공하면서 대가를 받는 사람으로서 임원이 아닌 자를 의미한다.

급여를 지급하고 급여를 지급받는 관계에 있는 사용자와 사용인, 즉 근로기준법상 근로자에 해당하는 자는 경제적 연관관계에 있는 특수관계인에 해당한다[27](국기령 §1조의2②1호).

27) 근로기준법 제2조 【정의】
① 이 법에서 사용하는 용어의 뜻은 다음과 같다.
1. "근로자"란 직업의 종류와 관계없이 임금을 목적으로 사업이나 사업장에 근로를 제공하는 자를 말한다.

■ 임원과 사용인 간, 사용인 간, 임원 간 특수관계 해당 여부

사용자(법인, 개인사업자)와 임원, 사용자(법인, 개인사업자)와 사용인의 관계에 있는 경우에만 특수관계인에 해당하며 임원과 사용인 간, 임원 간, 사용인 간에는 국세기본법상 특수관계가 성립하지 않는다.

따라서 법인의 대표이사라 하더라도 임・직원과 친족관계에 있지 않는 한 임・직원과 특수관계가 성립하지 않으며 친한 직장 동료의 관계에 있더라도 서로 간에 친족관계에 있지 않는 한 국세기본법상 특수관계가 성립하지 않는다.

【서면-2017-부동산-1530, 2017. 12. 28.】

「국세기본법 시행령」 제1조의2 제1항, 제2항 및 같은 조 제3항 제1호의 관계에 해당하지 않는 같은 법인의 서로 다른 임원 간의 관계는 특수관계인에 해당하지 않는 것임.

【부동산납세과-674, 2014. 9. 5.】

「소득세법」 제101조에서 "특수관계인"이란 같은 영 제98조 제1항의 규정을 따르는 것으로 「국세기본법 시행령」 제1조의2 제1항, 제2항 및 같은 조 제3항 제1호에 해당하지 않는 같은 법인의 서로 다른 임원 간의 관계는 이에 해당하지 않음.

【징세-471, 2012. 4. 27.】

소득세법 제41조 및 제101조를 적용함에 있어서 단순히 특정법인의 서로 다른 일원이라는 사유만으로는 특수관계 있는 자에 해당하지 아니함.

【서이46012-11902, 2003. 10. 31.】

소득세법 제41조 및 제101조를 적용함에 있어서 단순히 특정법인의 서로 다른 일원이라는 사유만으로는 같은 법 시행령 제98조 제1항이 정하는 특수관계 있는 자에 해당하지 아니하는 것이나 주주 1인 및 그와 특수관계에 있는 자가 30% 이상 출자하여 지배하고 있는 법인의 사용인은 상속세 및 증여세법 시행령 제13조 제6항 제2호의 규정에 의하여 당해 주주 등의 사용인으로서 특수관계자에 해당하는 것임.

다. 임원・사용인 외 생계를 유지하는 자

고용관계에 있지 않더라도 어느 한 사람이 제공한 금전, 재산 또는 그 금전, 재산을 운용한 운용수입을 생활비의 주 원천으로 하여 생활하는 자는 경제적 연관관계가 있는 특수관계인에 해당한다(국기령 §1조의2②2호).

즉, "생계를 유지하는 것"의 의미는 어느 한 사람이 생활비를 지원하여 그 돈으로 생활하는 것, 즉 생활비만 지원받는 관계를 의미하는 것으로 일상생활을 공동으로 영위할 필요는 없다.

국세기본법 기본통칙 39－20…3 【생계를 유지하는 자】
영 제20조 제10호에서 "생계를 유지하는 자"란 당해 주주 등으로부터 지급받은 금전, 기타의 재산 및 그 지급받은 금전이나 기타 재산의 운용에 의하여 발생하는 수입을 일상생활비의 주된 원천으로 하고 있는 자를 말한다.

라. 생계를 함께하는 친족

임원, 사용인, 임원·사용인 외 생계를 유지하는 자의 친족이 모두 특수관계인에 해당하는 경우 특수관계인 범위가 지나치게 확장될 수 있으므로 임원, 사용인, 임원·사용인 외 생계를 유지하는 자의 친족 중 이들과 생계를 함께하는 친족만이 특수관계인에 해당한다(국기령 §1조의2②3호).

여기서 "생계를 함께하는"의 의미는 주민등록표상 세대를 같이 하지 않더라도 동일한 생활자금으로 공동으로 생활을 영위하는 것을 의미하는 것으로 일상생활을 공동으로 영위하는 점에서 생계를 유지하는 것과 차이가 있다.

【대법원 83누44, 1983. 4. 26.】
"생계를 같이 한다"는 것은 반드시 주민등록표상 세대를 같이 함을 요하지 않으나, 일상생활에서 볼 때 유무상통하여 동일한 생활자금에서 생활하는 단위를 의미함.

법인의 임원인 딸의 결혼으로 분가한 딸과의 국세기본법상 특수관계 성립 여부

A법인의 임원인 甲의 딸 乙은 재작년 결혼하여 대기업에 다니는 남편과 세대를 구성하고 있다. 이 경우 A법인과 A법인의 임원 甲의 딸 乙과의 특수관계 성립 여부

법인과 임원은 경제적 연관관계 있는 특수관계가 성립하지만 임원의 친족은 생계를 함께하는 경우에 한하여 특수관계가 성립한다. 해당 사례에서 딸 乙은 결혼하여 경제적으로 독립된 세대를 이루고 있는 상태이므로 생계를 함께하는 경우에 해당하지 않으므로 딸 乙이 임원 甲과 1촌 관계에 있는 친족이라고 하더라도 A법인과 乙은 특수관계가 성립하지 않는다.

Key Point

❑ 사용인에 대한 개별세법의 명칭

○ 국세기본법

임원과 사용인(국기령 §1조의2)

○ 소득세법

법에서 특별히 임원을 제외하고 있는 경우 외에는 근로자에 임원 포함(소득세법 통칙 12-0…1)

○ 법인세법

임원과 직원(법인령 §2⑤)

○ 상속세 및 증여세법

사용인(임원, 상업사용인, 그 밖에 고용계약관계에 있는 자)

임원으로 규정할 필요가 있는 경우에만 임원으로 별도 표기(상증령 §2조의2)

Key Point

❑ 근로기준법상 근로자와 사용자

○ 근로자

사업이나 사업장에 근로를 제공하는 사람(근로기준법 §2①1호)

○ 사용자

사업주를 위하여 행위하는 자(근로기준법 §2①1호)

근로기준법 제2조【정의】

① 이 법에서 사용하는 용어의 뜻은 다음과 같다.

1. “근로자”란 직업의 종류와 관계없이 임금을 목적으로 사업이나 사업장에 근로를 제공하는 사람을 말한다.
2. “사용자”란 사업주 또는 사업 경영 담당자, 그 밖에 근로자에 관한 사항에 대하여 사업주를 위하여 행위하는 자를 말한다.

Key Point

❑ 상법상 회사와 이사에 관한 사항

○ 회사와 이사와의 관계
「민법」상 위임규정 준용(상법 §382)

○ 이사의 해임
언제든지 주주총회 특별결의로 해임 가능(상법 §385①)

○ 이사의 보수
정관이나 주주총회 결의로 결정(상법 §388)

상법 제382조【이사의 선임, 회사와의 관계 및 사외이사】

① 이사는 주주총회에서 선임한다.

② 회사와 이사의 관계는 「민법」의 위임에 관한 규정을 준용한다.

상법 제385조【해임】 ① 이사는 언제든지 제434조의 규정에 의한 주주총회의 결의로 이를 해임할 수 있다. 그러나 이사의 임기를 정한 경우에 정당한 이유없이 그 임기만료 전에 이를 해임한 때에는 그 이사는 회사에 대하여 해임으로 인한 손해의 배상을 청구할 수 있다.

민법 제680조【위임의 의의】 위임은 당사자 일방이 상대방에 대하여 사무의 처리를 위탁하고 상대방이 이를 승낙함으로써 그 효력이 생긴다.

상법 제388조【이사의 보수】 이사의 보수는 정관에 그 액을 정하지 아니한 때에는 주주총회의 결의로 이를 정한다.

3. 경영지배관계에 있는 자

주주·출자자 등 대통령령으로 정하는 경영지배관계에 있는 자란 다음 중 어느 하나에 해당하는 자를 말한다.[28)]

경영지배관계에 있는 자에 대한 판단은 친족관계, 경제적 연관관계에 있는 자에 대한 판단보다 더 많은 점을 고려하여야 하므로 세법상 특수관계 여부에 대한 다툼은 경영지배관계에 있는 자에 대한 판단에서 가장 많이 발생한다.

경영지배관계에 있는 자에 대해서는 개인과 법인으로 구분하여 달리 규정하고 있으므로

28) 2012. 2. 1. 이전에는 지배적 영향력을 행사하는 경우에 대한 규정이 없어 사실상 영향력을 행사하는 관계에 의해서는 특수관계가 성립하지 않으므로 출자지분율에 의해서만 특수관계가 성립하며 일방관계에 의해 특수관계인을 판단하여야 하므로 본인을 기준으로 일정 지분율 이상 출자한 법인만이 특수관계인에 해당한다.

개인과 법인으로 구분하여 그 요건을 검토하여야 하며 본인과 특수관계인의 지배력을 합산하여 판단하여야 하는 점에 주의하여야 한다.

가. 지배적 영향력을 행사하는 경우

국세기본법은 일정관계에 있는 특수관계인과 함께 지배적인 영향력을 행사하는 경우에는 경영지배관계에 있는 특수관계인에 해당하는 것으로 규정하면서 "지배적인 영향력을 행사하는 경우"에 대해서는 영리법인과 비영리법인으로 나누어 별도로 규정하고 있다.

따라서 경영지배관계에 있는 특수관계인을 판단하기 위해서는 지배적인 영향력을 행사하는 경우에 대해 먼저 파악할 필요가 있다.

지배적 영향력을 행사하는 경우에 해당하는 경우 경영지배관계에 있는 특수관계인으로 보는 것은 법인세법에서도 그대로 준용하고 있다.

국세기본법 시행령 제1조의2 【특수관계인의 범위】

④ 제3항 제1호 각목, 같은 항 제2호 가목부터 다목까지의 규정을 적용할 때 다음 각호의 구분에 따른 요건에 해당하는 경우 해당 법인의 경영에 대하여 지배적인 영향력을 행사하고 있는 것으로 본다.

1. 영리법인인 경우
   가. 법인의 발행주식총수 또는 출자총액의 100분의 30 이상을 출자한 경우
   나. 임원의 임면권의 행사, 사업방침의 결정 등 법인의 경영에 대하여 사실상 영향력을 행사하고 있다고 인정되는 경우
2. 비영리법인인 경우
   가. 법인의 이사의 과반수를 차지하는 경우
   나. 법인의 출연재산(설립을 위한 출연재산만 해당한다)의 100분의 30 이상을 출연하고 그 중 1인이 설립자인 경우

(1) 영리법인의 경우

○ "30% 이상의 출자관계"에 있는 경우
○ "사실상 영향력을 행사"하고 있다고 인정되는 경우

가) 30% 이상 출자한 경우

본인과 일정 특수관계인의 출자지분율을 합하여 30% 이상 출자한 경우에는 쌍방 간에

특수관계가 성립한다(국기령 §1조의2④1호).

각 개별세법(국제조세조정에 관한 법률, 상속세 및 증여세법상 2차 간접출자지분율 판단 시 제외)에서도 경영지배관계에 의해 특수관계가 성립하는 1차 직접 출자지분율은 30% 이상으로 규정하고 있다.[29)]

따라서 영리법인의 경우 "30% 이상"의 출자관계에 있는 경우만을 지배적 영향력을 행사하는 것으로 보고 있으므로 29%까지의 출자관계는 특수관계가 성립하지 않는다.

나) 사실상 영향력을 행사하는 경우

은행법과 금융지주회사법에서는 경영전략, 조직변경 등 주요 의사결정이나 업무집행에 지배적인 영향력을 행사하는 경우에는 사실상 영향력을 행사하는 것으로 보아 출자지분율이 없더라도 지분율을 가진 출자자와 동일하게 취급하여 주요출자자로 본다(금융지주회사법 §2①10호, 은행법 §2①10호).[30)]

세법에서는 법인세법이 1998. 12. 31. 대통령령 제15970호로 1999년부터 법인에 사실상 영향력을 행사하는 자도 법인을 사실상 지배하는 자로 보고 있으며, 상속세 및 증여세법은 1999. 12. 31. 대통령령 제16660호로 2000년부터 법인에 사실상 영향력을 행사하는 경우에는 법인을 사실상 지배하는 자로 보고 있다.

국세기본법은 2012. 2. 2. 대통령령 제23592호로 사실상 영향력을 행사하는 경우를 30% 이상 출자한 경우와 동일하게 법인의 경영을 지배하는 것으로 보는 것으로 개정되었다.

---

29) 다만, 국제조세조정에 관한 법률과 지방세기본법은 50%이며 법인세법의 경우 본인의 단독지분율 기준으로 1% 이상의 출자관계에 있는 경우에는 경제적 연관관계에 있는 특수관계가 성립한다. 또한 지방세기본법의 경우 223. 3. 13.까지는 경영지배관계가 성립하는 출자지분율이 50%였지만 2023. 3. 14.부터 30%로 낮아졌으며 상속세 및 증여세법의 경우 특수관계가 성립하는 2차 간접출자지분율은 30%가 아닌 50%인 차이가 있다.

30) **금융지주회사법 시행령 제3조의3 【사실상 영향력 행사 및 경영 관여의 기준】**

① 법 제2조 제1항 제10호 나목에 따라 주요 경영사항에 대하여 사실상의 영향력을 행사하는 자는 다음 각 호의 어느 하나에 해당하는 자로 한다.

1. 단독으로 또는 다른 주주와의 합의·계약 등으로 금융지주회사(법 제2조 제1항 제10호 나목의 경우에는 은행지주회사를 말한다)의 대표자 또는 이사의 과반수 이상을 선임한 주주
2. 경영전략·조직변경 등 금융지주회사 및 그 자회사와 손자회사[법 제2조 제1항 제10호 나목의 경우에는 은행지주회사 및 그 자회사와 손자회사(이하 "은행지주회사등"이라 한다)를 말한다]의 주요 의사결정이나 업무집행에 지배적인 영향력을 행사한다고 인정되는 자로서 금융위원회가 지정한 자

은행법 시행령 제1조의6 【사실상 영향력 행사 기준 및 경영 관여 기준】

① 법 제2조 제1항 제10호 나목에 따라 은행의 주요 경영사항에 대하여 사실상 영향력을 행사하는 자는 다음 각호의 어느 하나에 해당하는 자로 한다.

1. 단독으로 또는 다른 주주와의 합의·계약 등으로 은행장 또는 이사의 과반수를 선임한 주주
2. 경영전략, 조직변경 등 주요 의사결정이나 업무집행에 지배적인 영향력을 행사한다고 인정되는 자로서 금융위원회가 지정한 자

따라서 출자관계에 있지 않더라도 임원의 임면권의 행사 등을 통해 법인의 경영에 사실상 영향력을 행사하고 있다고 인정되는 경우에는 법인에 지배적 영향력을 행사하고 있는 것으로 보므로 본인이 직접 또는 일정 특수관계인을 통하여 사실상 영향력을 행사하는 관계에 있는 경우에는 쌍방 간에 특수관계가 성립한다(국기령 §1조의2④1호).

Key Point

❑ 지분율만으로 경영지배관계 있는 자로 판단해서는 안됨

출자관계에 있지 않더라도 임원의 임면권의 행사 등을 통해 법인의 경영에 사실상 영향력을 행사하고 있다고 인정되는 경우에는 지배적 영향력을 행사하고 있는 것으로 보므로 지분율만으로 특수관계인 여부를 판단해서는 안되며 사실상 영향력을 행사하는지 여부까지 고려하여 특수관계인 여부를 판단하여야 하는 점에 주의하여야 한다.

(2) 비영리법인의 경우

- ○ **이사의 과반수를 차지하는 경우**
- ○ **설립 시 출연재산의 30% 이상을 출연하고 그 중 1인이 설립자인 경우**

비영리법인의 경우 이사의 과반수를 차지하거나 **설립 시** 출연재산의 30% 이상을 출연하고 그 중 1인이 설립자인 경우에는 쌍방 간에 특수관계가 성립한다(국기령 §1조의2④2호).[31]

재산출연요건을 설립 시 출연한 경우로 한정하고 있으므로 설립 후 재산을 출연하여 총출연재산의 30% 이상을 출연한 경우에 해당하는 경우에는 특수관계인에 해당하지 않는 점을 주의하여야 한다.

또한 비영리법인 중 재단법인의 경우 재산출연이 재단설립의 불가결한 요소이지만 사단법인은 재산출연을 요건으로 하지 않으므로 재산출연보다는 정관작성 등 법인설립행위에 참여한 설립자에 해당하는 것이 특수관계 성립의 핵심요소이다.

따라서 특수관계 있는 비영리법인 판단 시 특수관계인과 함께 100% 재산을 출연하였다

31) 2012. 2. 1. 이전에는 비영리법인의 발행주식총수등의 20%를 소유하거나 출자하고 있는 친족관계, 경제적 연관관계에 있는 자가 이사의 과반수이거나 그들 중 1인이 설립자인 비영리법인이 특수관계인에 해당한다.
국세기본법 시행령 제20조【친족, 그 밖의 특수관계인의 범위】(2012. 2. 1. 이전)
13. 주주등 및 그와 제1호부터 제8호까지의 관계에 있는 사람이 이사의 과반수이거나 그들 중 1명이 설립자인 비영리법인. 다만, 그들이 해당 비영리법인의 발행주식총수등의 100분의 20 이상을 소유하거나 출자한 경우만 해당한다.

고 하더라도 재산을 출연한 것만으로는 특수관계가 성립하지 않으며 재산을 출연한 자 중 1인이 정관작성 등 설립행위에 참여하여 비영리법인을 설립한 설립자가 된 경우에 한하여 특수관계가 성립하는 점에 주의하여야 한다.

나. 개인이 지배적 영향력을 행사하는 법인

본인이 개인인 경우에는 본인이 직접 또는 그와 친족관계・경제적 연관관계에 있는 자를 통하여 1차 직접적・2차 간접적으로 지배적인 영향력을 행사하는 법인과 특수관계가 성립한다.[32)]

국세기본법 시행령 제1조의2 【특수관계인의 범위】

③ 법 제2조 제20호 다목에서 "주주・출자자 등 대통령령으로 정하는 경영지배관계"란 다음 각호의 구분에 따른 관계(이하 "경영지배관계"라 한다)를 말한다. (2012. 2. 2. 신설)

1. 본인이 개인인 경우 (2012. 2. 2. 신설)
   가. 본인이 직접 또는 그와 친족관계 또는 경제적 연관관계에 있는 자를 통하여 법인의 경영에 대하여 지배적인 영향력을 행사하고 있는 경우 그 법인 (2012. 2. 2. 신설)
   나. 본인이 직접 또는 그와 친족관계, 경제적 연관관계 또는 가목의 관계에 있는 자를 통하여 법인의 경영에 대하여 지배적인 영향력을 행사하고 있는 경우 그 법인 (2012. 2. 2. 신설)

(1) 본인은 출자하지 않고 특수관계인만 출자한 경우 특수관계 성립 여부

가) 입법연혁

2012. 2. 1. 이전에는 주주등이 개인인 경우 경영지배관계에 있는 법인에 대해 "주주등이 개인인 경우에는 그 주주등과 그와 제1호부터 제10호까지의 관계에 있는 자들의 소유주식수 또는 출자액(이하 "소유주식수등"이라 한다)의 합계가 50% 이상인 법인"으로 규정하고 있어 해석상 본인인 개인이 출자하지 않고 본인의 특수관계인만이 50% 이상 출자한 경우에는 경영지배관계에 있는 법인에 해당하지 않는 점이 명확하였다.

---

32) 2012. 2. 1. 이전에는 주주등이 개인인 경우 경영을 지배하는 법인 판단 시 50% 이상 출자 여부로 판단하였으며 개인이 특수관계인과 함께 50% 이상 1차 직접 출자한 법인만이 경영지배관계에 있는 특수관계인에 해당한다.

국세기본법 시행령 제20조 【친족, 그 밖의 특수관계인의 범위】 (2012. 2. 1. 이전)

11. 주주등이 개인인 경우에는 그 주주등과 그와 제1호부터 제10호까지의 관계에 있는 자들의 소유주식수 또는 출자액(이하 "소유주식수등"이라 한다)의 합계가 발행주식총수 또는 출자총액(이하 "발행주식총수등"이라 한다)의 100분의 50 이상인 법인

2012. 2. 2. 대통령령 제23592호로 본인이 개인인 경우 "본인이 직접 또는 그와 친족관계 또는 경제적 연관관계에 있는 자를 통하여 지배적 영향력을 행사하고 있는 경우 그 법인"으로 개정되어 본인인 개인이 출자하지 않은 경우에도 본인의 지분율 합산 특수관계인이 30% 이상 출자한 경우에는 경영지배관계가 성립되는 것으로 과세되어 왔다.[33]

하지만 최근 조세심판원, 서울고등법원에서 본인이 출자하지 않고 본인의 특수관계인만 30% 이상 출자한 경우에는 경영지배관계에 있는 특수관계가 성립할 수 없다고 결정・판결함에 따라 본인이 출자하지 않고 본인의 특수관계인만 일정 지분율 이상 출자한 경우 특수관계 성립 여부가 중요 쟁점사항이 되고 있다.

나) 본인의 특수관계인만 출자한 경우 경영지배관계 불성립하는 것으로 본 판례 등

○ 조심2019중3517, 2021. 3. 22. 결정

■ 사실관계

아들 甲이 甲의 아버지 乙이 30% 이상 출자한 A법인(甲의 지분율: 0)에게 甲이 소유하고 있는 B법인 주식을 저가 양도

■ 쟁점

본인은 출자하지 않고 본인의 친족인 아버지만 30% 이상 출자한 법인과 본인과의 특수관계 성립 여부

■ 납세자 주장

국세기본법 제2조 제20호 특수관계인에 대한 정의에서 "주주, 출자자등 경영지배관계"로 규정하고 있으므로 본인이 주주등에 해당하는 경우에 한하여 특수관계가 성립함. "통하여"의 사전적 의미는 배후에서 조정하여 법인과 실질적인 경영지배관계를 형성하는 것을 의미하는 것으로 본인이 실질적 지배자인 것을 전제로 함.

■ 판단

"과세당국은 쟁점조항의 개정이유에 대해 '세법상 특수관계인의 범위를 통합・단순화하기 위하여 특수관계인의 정의규정을 신설하였다'고 밝히고 있는 점 등에 비추어, 쟁점조항은 종전조항을 단순히 문구정리한 것에 지나지 아니하여 종전조항과 다른 의미

---

33) 당시 개정이유에서는 본인이 출자하지 않고 본인의 특수관계인만 출자한 경우에도 특수관계가 성립하는 것으로 하는 것에 대한 내용은 밝히지 않고 "세법상 특수관계인의 범위를 통합・단순화하기 위하여 특수관계인의 정의규정을 신설하는 등의 내용으로 「국세기본법」이 개정(법률 제11124호, 2011. 12. 31. 공포, 2012. 1. 1. 시행)됨에 따라 특수관계인에 해당하는 친족관계, 경제적 연관관계, 경영지배관계의 범위를 경제현실의 변화와 관련 법령의 개정에 맞추어 합리적으로 조정하는 등 법률에서 위임한 사항과 그 시행에 필요한 사항을 정하는 것임."으로만 밝히고 있다.

로 해석할 것은 아니고, 쟁점조항의 '본인이 직접 또는 그와 친족관계 또는 경제적 연관관계에 있는 자를 통하여'를 '본인이 직접 또는 본인의 친족관계 또는 경제적 연관관계에 있는 자가'로 볼 수 없는 이상 종전조항에서와 같이 본인이 단독으로 또는 본인의 친족관계 등에 있는 자와 함께 소유한 주식 등의 합계가 총발행주식수 등의 100분의 30 이상인 법인이어야 하고, 본인은 그 주식 등을 소유하지 아니한 채 그와 친족관계 있는 자만이 그 주식 등을 소유한 법인은 개정조항의 특수관계인에 해당하지 않음.

○ 서울고등법원 2020누33673, 2020. 8. 28. 판결

■ 사실관계

- A법인(부동산 보유)
  남편 甲(이사, A법인에 사실상 영향력 행사, 29.03% 주주)
  아내 乙(15.17% 주주)
- B법인-아내 乙(80% 주주), 甲·乙의 자녀 丙·丁(20% 주주)
- A법인은 乙, 丙, 丁으로부터 B법인 주식 양수

■ 쟁점

乙은 A법인에 사실상 영향력을 행사하는 자인 甲의 친족에 해당하므로 乙이 50% 이상 출자한 법인인 B법인과 A법인이 지방세기본법상 특수관계가 성립하는지 여부

■ 판단

본인은 출자하지 않고 본인의 친족만이 출자한 경우 경영지배관계에 있는 법인으로 볼 수 있는지에 대한 사안에 대해 "① 법인에 지배적인 영향력을 행사하는 주체는 어디까지나 '본인'으로 해석되어야 하고, 본인이 직접 영향력을 행사하지 않고 친족관계 등에 있는 자를 통하여 영향력을 행사하는 경우에는 이를 본인이 직접 행사하는 것과 동등하게 평가할 수 있는 정도에 이르러야 본인과 법인이 경영지배관계에 있다고 인정할 수 있고, ② '통하다'의 사전적 의미가 '어떤 사람을 매개로 하거나 중개하게 하다'인 점을 더하여 보면, 본인이 그와 친족관계 등에 있는 자를 통하여 법인의 경영에 대하여 지배적인 영향력을 행사한다고 인정되기 위해서는, 본인이 그와 친족관계 등에 있는 자의 의사결정을 좌우함으로써 본인이 법인에 직접 지배적 영향력을 행사하는 것과 동등하게 볼 수 있을 정도에 이르러야 하고, 이때 '본인과 친족관계 등에 있는 자'는 본인이 법인에 대하여 행사하고자 하는 영향력을 그 중간에서 매개하는 역할을 수행하는 경우를 의미한다고 해석되어야 하는 것이지, '본인과 친족관계 등에 있는 자'가 본인의 영향 없이 독자적으로 법인에 대하여 영향력을 행사하는 경우를 의미하는 것이라고는 해석할 수 없으며, ③ 시행령 조항의 문언과 체계 등에 비추어 볼 때, 본인이 단독으로는

법인에 지배적인 영향력을 행사하지 못하고 단지 '본인과 친족관계 등에 있는 자'와 공동으로 하여서만 그 영향력을 행사한다고 볼 수 있는 경우에도 본인과 법인이 위와 같은 경영지배관계에 있다는 해석이 당연히 도출된다고 볼 수는 없고, 우리나라 비상장법인의 경우 친족, 친지 등을 주주로 하여 구성된 소규모의 폐쇄회사가 많다는 사정을 고려하더라도 '친족관계의 존재' 자체만으로 곧바로 본인이 그와 친족관계에 있는 자에게 법인의 경영에 관하여 영향력을 행사하는 관계에 있다고 추단할 수도 없음." (하급심 인천지방법원 2019구합50766, 2020. 1. 10.도 동일한 취지로 판결)

【대법원 2020두49324, 2021. 5. 7.】

(위 서울고등법원 2020누33673, 2020. 8. 28. 판결에 대한 상급심)

■ 판단

하급심에서의 쟁점사항인 남편인 甲이 A법인에 영향력을 행사하고 있더라도 A법인에 사실상 영향력을 행사하지 않는 甲의 친족인 乙, 丙, 丁은 A법인과 특수관계가 성립하지 않는다라는 점에 대해서는 판단하지 않고, 甲은 A법인의 임원이고 乙, 丙, 丁은 A법인의 임원인 甲과 생계를 함께하는 친족이므로 경제적 연관관계가 있는 특수관계가 성립함에도 불구하고 경영지배관계 있는 특수관계가 성립하지 않는다고 본 것은 잘못임.

⇒ 대법원에서는 본인은 출자하지 않고 본인의 특수관계인만 30% 이상 출자한 경우 특수관계 성립 여부에 대해서는 언급하지 않고 乙, 丙, 丁이 A법인의 임원인 甲의 친족에 해당하므로 특수관계가 성립하는 것으로 판결하여 해당 쟁점에 대한 대법원의 판결은 없는 상태이다.

다) 본인의 특수관계인만 출자한 경우도 경영지배관계 성립하는 것으로 본 판례 등

○ 서울고등법원 2019누57598, 2020. 5. 15.

(전심 서울행정법원 2018구합7518, 2019. 8. 23. 판결)

■ 사실관계

• A법인

대표이사 甲 ⇒ B비영리법인에 100% 출연

A법인은 B비영리법인에 자금대여

34) 법인세법도 경영지배관계에 있는 법인에 대해 국세기본법과 유사하게 "해당 법인이 직접 또는 그와 제1호부터 제3호까지의 관계에 있는 자를 통해 어느 법인의 경영에 대해 「국세기본법 시행령」 제1조의2 제4항에 따른

■ 쟁점

A법인은 출연하지 않고 대표이사 甲만 100% 출연한 비영리법인에 A법인이 자금을 대여하는 경우 가지급금 인정이자 대상이 되는지 여부[34)]

■ 판단

원고는 2016 사업연도 기간 동안 대표이사이자 주주인 甲을 통하여 A법인이 출연재산 100%를 출연하여 설립한 B복지재단의 경영에 지배적인 영향력을 행사하고 있었다고 할 것이므로, B복지재단은 A법인의 특수관계인에 해당한다고 봄이 상당하고, 특수관계인에 대한 금원을 업무무관가지급금으로 보아 이 사건 인정이자를 산정하여 익금에 산입한 피고의 세무조정에 어떠한 위법이 있다고 보이지 않음.

○ 조심2018서3956, 2019. 4. 8.

■ 사실관계

- A법인
  대표이사 甲(A법인의 지분을 30% 이상 보유한 대주주)
- B법인
  甲의 아내 乙이 직원(甲, 乙은 주주 아님)
- A법인은 B법인에게 자금대여

■ 쟁점

A법인이 B법인에게 자금대여하는 경우 가지급금 인정이자 대상이 되는지 여부

■ 판단

A법인과 B법인이 쟁점대여금 관련 금전소비대차계약을 체결할 당시 A법인의 대표이사이자 대주주인 甲의 처 乙은 B법인의 사용인이었고(「법인세법 시행령」 제87조 제1항 제3호 및 제4호), 甲은 A법인의 주식 30% 이상 보유하고 있는 대주주이므로(「국세기본법 시행령」 제1조의2 제4항 제1호 가목), B법인의 사용인인 乙과 그와 친족관계에 있는 A법인의 대표이사 겸 대주주인 甲이 A법인의 발행주식총수의 30% 이상을 출자한 경우에 해당하여, B법인과 A법인은 B법인의 사용인인 乙과 그와 친족인 甲을 매개로 하여 「법인세법」상 특수관계에 해당한다고 해석하는 것이 타당함.

지배적인 영향력을 행사하고 있는 경우 그 법인"으로 규정하고 있다.

【법인세과-143, 2014. 3. 28.】
갑법인이 을법인과 정법인에 30% 이상을 출자하고, 병법인에 8% 이상을 출자한 경우로서 을, 병법인 간 또는 을, 정법인 간에 「법인세법 시행령」 제87조 제1항 제4호 또는 같은 조 제1항 제7호의 규정에 해당하는 경우에는 특수관계인에 해당하는 것이며, 이 경우 같은 조 제1항 후단의 규정에 의하여 본인도 특수관계인의 특수관계인에 해당하는 것임.

【재법인46012-13, 2002. 1. 18.】
미국법인 'C'가 미국법인 'B'와 'E'에 각각 100% 출자관계이고, 미국법인 'B'와 'E'는 각각 내국법인 'A'와 'D'에 100% 출자관계인 경우, 내국법인 'A'와 'D'는 특수관계자에 해당함.

【서면-2015-법인-2325, 2016. 2. 25.】
정부가 100% 출자하고 있는 A, B법인은 두 법인 간 출자관계가 없는 경우에도 특수관계인에 해당하는 것임.

라) 기획재정부

2022. 7. 15. 기획재정부는 본인은 출자하지 않고 본인의 특수관계인만 30% 이상 출자한 경우 본인과 본인의 특수관계인이 30% 이상 출자한 법인 간에 국세기본법상 특수관계가 성립하는지 여부에 대해 본인이 출자하지 않은 경우라도 본인과 친족관계 있는 자가 특정법인에 30% 이상 출자한 경우에는 본인과 그 특정법인의 사이에 경영지배관계에 따른 특수관계가 성립하는 것으로 해석하였다.

【기획재정부 조세법령운용과-759, 2022. 7. 15.】
본인이 특정 법인의 주식을 보유하고 있지 않더라도 그와 친족관계에 있는 자가 그 특정법인에 30% 이상 출자한 경우, 본인과 그 특정 법인 사이에도 「국세기본법 시행령」 제1조의2 제3항 제1호 가목에서 정하는 경영지배관계에 따른 특수관계가 성립하는 것임.

마) 결론

국세기본법, 법인세법, 지방세기본법은 경영지배관계에 있는 법인을 규정함에 있어 "본인(법인)이 직접 또는 그와 친족관계 또는 경제적 연관관계 등에 있는 자를 통하여" 그 법인의 경영에 지배적 영향력을 행사하는 법인으로 규정하고 있다.

이 중 "통하여"를 해석함에 있어 조세심판원, 서울고등법원, 서울행정법원, 인천지방법원은 본인(법인)이 직접 출자하지 않고 본인(법인)의 특수관계인만 출자한 경우에는 본인

(법인)과 경영지배관계가 성립되지 않는 것으로 보는 반면, 다른 서울행정법원과 조세심판원의 판결, 결정에서는 본인(법인)이 출자하지 않고 본인(법인)의 특수관계인만 출자한 경우에도 본인(법인)과 경영지배관계가 성립되는 것으로 보고 있지만 대법원에서 해당 사안을 쟁점으로 한 판결은 없는 상태이다.

국세청 과세실무에서는 본인이 출자하지 않고 본인의 친족 등 특수관계인을 통하여 30% 이상 출자한 법인도 경영지배관계에 있는 특수관계가 성립하는 것으로 보아 과세하고 있고 2022. 7. 15. 기획재정부가 해당 사안에 대해 특수관계가 성립하는 것으로 명확하게 해석하였으므로 본인의 특수관계인만이 30% 이상 출자한 법인과 거래시에는 국세기본법・법인세법상 특수관계가 성립하는 것으로 보아 과세문제를 판단하여야 한다.

Key Point

❑ 본인의 특수관계인만 출자한 경우 개별세법상 특수관계 판단

국세기본법, 소득세법

2012. 2. 1. 이전(국기령 §20)	2012. 2. 2. 이후(국기령 §2조의2③)
11. "주주 또한 유한책임사원이 개인인 경우에는 그 주주 또는 유한책임사원과 그와 제1호 내지 제10호의 관계에 있는 자들의 소유주식금액 또는 출자액(이하 "소유주식금액등"이라 한다)의 합계액"이 발행주식총액 또는 출자총액(이하 "발행주식총액등"이라 한다)의 100분의 50 이상인 법인	1. 본인이 개인인 경우 (2012. 2. 2. 신설) 가. "본인이 직접 또는 그와 친족관계 또는 경제적 연관관계에 있는 자를 통하여" 법인의 경영에 대하여 지배적인 영향력을 행사하고 있는 경우 그 법인 (2012. 2. 2. 신설) 나. 본인이 직접 또는 그와 친족관계, 경제적 연관관계 또는 가목의 관계에 있는 자를 통하여 법인의 경영에 대하여 지배적인 영향력을 행사하고 있는 경우 그 법인
○ 본인은 출자하지 않고 본인의 친족관계, 경제적 연관관계에 있는 자만 출자한 경우 ⇒ 특수관계 성립 안 함. (대법원 2015두52241, 2016. 1. 28. 판결)	○ 본인은 출자하지 않고 본인의 친족관계, 경제적 연관관계에 있는 자만 출자한 경우 ⇒ 특수관계 성립 안 함. (조심2019중3517, 2021. 3. 2.; 서울고등법원 2020누33673, 2020. 8. 28. 판결) ⇒ 특수관계 성립함. (기획재정부 조세법령운용과-759, 2022. 7. 15.; 서울행정법원 2018구합7518, 2019. 8. 23. 판결; 조심2018서3956, 2019. 4. 8.)

법인세법

2012. 2. 1. 이전(법령 §87①)	2012. 2. 2. 이후(법령 §2⑤)
4. 제1호 내지 제3호에 해당하는 자가 발행주식총수 또는 출자총액의 100분의 30 이상을 출자하고 있는 다른 법인 5. 제4호 또는 제8호에 해당하는 법인이 발행주식총수 또는 출자총액의 100분의 50 이상을 출자하고 있는 다른 법인	4. 해당 법인이 직접 또는 그와 제1호부터 제3호까지의 관계에 있는 자를 통해 어느 법인의 경영에 대해 「국세기본법 시행령」 제1조의2 제4항에 따른 지배적인 영향력을 행사하고 있는 경우 그 법인 5. 해당 법인이 직접 또는 그와 제1호부터 제4호까지의 관계에 있는 자를 통해 어느 법인의 경영에 대해 「국세기본법 시행령」 제1조의2 제4항에 따른 지배적인 영향력을 행사하고 있는 경우 그 법인
○ 본인은 출자하지 않고 본인의 경제적 연관관계에 있는 자만 출자한 경우 ⇒ 특수관계 성립할 수 있음.	○ 법인은 출자하지 않고 법인의 경제적 연관관계에 있는 자만 출자한 경우 ⇒ 특수관계 성립 안 함. (조심2019중3517, 2021. 3. 2.; 서울고등법원 2020누33673, 2020. 8. 28. 판결) ⇒ 특수관계 성립함. (기획재정부 조세법령운용과-759, 2022. 7. 15.; 서울행정법원 2018구합7518, 2019. 8. 23. 판결; 조심2018서3956, 2019. 4. 8.)

상속세 및 증여세법

2012. 2. 1. 이전(상증령 §19)	2012. 2. 2. 이후(상증령 §2조의2①)
6. 주주등 1인과 제1호 내지 제5호의 자가 발행주식총수 등의 100분의 30 이상을 출자하고 있는 법인 7. 주주등 1인과 제1호 내지 제6호의 자가 발행주식총수 등의 100분의 50 이상을 출자하고 있는 법인	6. 본인, 제1호부터 제5호까지의 자 또는 본인과 제1호부터 제5호까지의 자가 공동으로 발행주식총수 또는 출자총액(이하 "발행주식총수등"이라 한다)의 100분의 30 이상을 출자하고 있는 법인 7. 본인, 제1호부터 제6호까지의 자 또는 본인과 제1호부터 제6호까지의 자가 공동으로 발행주식총수등의 100분의 50 이상을 출자하고 있는 법인
○ 본인은 출자하지 않고 본인의 친족관계, 경제적 연관관계에 있는 자 등만 출자한 경우 ⇒ 특수관계 성립 안 함. (대법원 2015두52241, 2016. 1. 28. 판결)	○ 본인은 출자하지 않고 본인의 친족관계, 경제적 연관관계에 있는 자 등만 출자한 경우 ⇒ 본인, 제1호부터 제6호까지의 자 또는 본인과 제1호부터 제6호까지의 "자가"로 규정되어 있으므로 특수관계 성립

조세심판원 2019중3517 결정의 문제점

❑ 2차 간접출자법인 판단의 문제점

2차 간접출자법인(국기령 §1조의2③1호나목)에 대해서는 "본인이 직접 또는 그와 친족관계, 경제적 연관관계 또는 가목의 관계에 있는 자(지배적 영향력을 행사하는 법인)를 통하여 법인의 경영에 대하여 지배적인 영향력을 행사하고 있는 경우 그 법인"으로 규정하고 있다. 조심2019중3517에 따를 경우, 본인이 1차 지배적 영향력을 행사하는 법인이 30% 이상 출자한 경우에도 본인이 출자하지 않는 경우에는 특수관계가 성립하는 2차 간접출자법인에 해당하지 않는 문제점이 있다(2021. 2. 1. 이전에는 2차 간접출자법인은 특수관계 있는 경영지배관계 있는 법인으로 규정하지 않고 있다).

❑ 사실상 영향력을 행사하는 법인 판단의 문제점

경영지배관계가 성립하는 지배적 영향력을 행사하는 경우는 30% 이상 출자한 경우뿐만 아니라 임원등의 임면, 경영권 행사에 사실상 영향력을 행사하는 경우도 해당한다.
출자와 달리 사실상 영향력을 행사하는 경우는 공동으로 사실상 영향력을 행사하는 경우를 가정하기 어렵고 이에 대한 판단도 어려울 수 있다.
조심2019중3517에 따를 경우, 국세기본법과 법인세법에서는 본인이 사실상 영향력을 행사하는 경우에만 경영지배관계에 있는 특수관계가 성립하며 본인의 친족관계에 있는 자등만이 사실상 영향력을 행사하는 경우에는 특수관계가 성립하지 않는 문제점이 있다.

(2) 1차 직접 지배적 영향력 행사법인

가) 영리법인

○ 본인 또는 친족관계 또는 경제적 연관관계에 있는 자를 통하여 30% 이상 출자하거나 사실상 영향력을 행사하는 법인

- 개인
- 친족관계에 있는 자
- 경제적 연관관계에 있는 자

(30% 이상 출자)
(사실상 영향력 행사) ➡ 법인

본인이 개인인 경우 ① 본인이 단독으로, ② 본인과 친족관계 또는 경제적 연관관계가 있는 자가 공동으로, ③ 본인이 아닌 친족관계 또는 경제적 연관관계에 있는 자(기획재정부 조세법령운용과-759, 2022. 7. 15.)가 30% 이상 출자하거나 사실상 영향력을 행사하는 법인은 개인이 지배적 영향력을 행사하는 법인에 해당한다(국기령 §1조의2③1호가목).

30% 이상 출자 여부와 사실상 영향력 행사 여부를 판단 시에는 본인뿐만 아니라 친족관계, 경제적 연관관계에 있는 자의 출자 여부와 사실상 영향력 행사 여부까지 고려하여야 하는 점에 주의하여야 한다.

개인의 1차 직접출자 지분율 판단 시 지분율 합산대상자

① 개인

② 친족관계에 있는 자

4촌 이내의 혈족, 3촌 이내의 인척, 배우자(사실상의 혼인관계에 있는 자를 포함), 친생자로서 다른 사람에게 친양자 입양된 자 및 그 배우자 · 직계비속, 민법에 의해 인지한 혼인외 출생자의 생부 또는 생모로서 생계를 유지하거나 생계를 함께하는 자

③ 경제적 연관관계에 있는 자

임원과 그 밖의 사용인 · 본인의 금전이나 그 밖의 재산으로 생계를 유지하는 자, 이들과 생계를 함께하는 친족

■ 甲이 A법인에 35%를 출자한 경우 甲의 사촌인 乙과 A법인의 특수관계 성립 여부

경영지배관계가 성립하는 출자지분율 판단 시 "본인이 직접 또는 그와 친족관계 또는 경제적 연관관계에 있는 자를 통하여"라고 규정하고 있다.

甲 입장에서 보면, 甲의 사촌인 乙은 출자하지 않았으므로 甲만 단독으로 출자한 경우에 해당한다. 하지만 乙 입장에서 보면, 乙은 乙의 친족인 甲을 통하여 A법인에 35%를 출자한 경우에 해당한다.

따라서 乙은 乙의 친족인 甲을 통하여 A법인에 35%를 출자하고 있으므로 A법인은 乙이 지배적 영향력을 행사하는 법인에 해당한다.

(조심2019중3517 결정에 의해 판단하는 경우)

甲의 사촌인 乙은 A법인에 직접 출자하지 않았으므로 사촌인 甲이 30% 이상 출자하였다고 하더라도 국세기본법상 특수관계가 성립하지 않는다. 하지만 기획재정부에서 해당 사안에 대해 명확하게 특수관계가 성립하는 것으로 해석하였으므로 실무에서는 특수관계가 성립하는 것으로 판단하여 의사결정하여야 한다(기획재정부 조세법령운용과-759, 2022. 7. 15.).

■ 甲은 A법인에 출자하지 않았지만 A법인에 임원의 임면권의 행사 등 주요 경영의사결정에 사실상 영향력을 행사하고 있다. 이 경우 甲의 子인 乙과 A법인의 특수관계 성립 여부

甲은 A법인에 사실상 영향력을 행사하고 있으므로 A법인은 甲이 지배적 영향력을 행사

하는 법인에 해당한다. 출자관계에 있지 않더라도 친족관계 있는 자를 통하여 사실상 영향력을 행사하는 경우에는 경영지배관계에 있는 특수관계가 성립하므로 甲의 子인 乙과 A법인은 특수관계가 성립한다.

(조심2019중3517 결정에 의해 판단하는 경우)

본인인 乙은 A법인에 사실상 영향력을 행사하지 않고 乙의 父인 甲만 사실상 영향력을 행사하고 있으므로 국세기본법상 특수관계가 성립하지 않는다.

하지만 기획재정부에서 해당 사안에 대해 명확하게 특수관계가 성립하는 것으로 해석하였으므로 실무에서는 특수관계가 성립하는 것으로 판단하여야 한다(기획재정부 조세법령운용과-759, 2022. 7. 15.).

나) 비영리법인

○ **본인 또는 친족관계 또는 경제적 연관관계에 있는 자를 통하여 이사의 과반수를 차지하거나 설립 시 출연재산의 30% 이상을 출연하고 그 중 1인이 설립자인 비영리법인**

• 개인 • 친족관계에 있는 자 • 경제적 연관관계에 있는 자	(이사의 과반수) (30% 이상 출연 & 설립자)	➡	비영리법인

본인이 개인인 경우 ① 본인이 단독으로, ② 본인과 친족관계 또는 경제적 연관관계가 있는 자가 공동으로, ③ 본인이 아닌 친족관계 또는 경제적 연관관계에 있는 자(기획재정부 조세법령운용과-759, 2022. 7. 15.)가 이사의 과반수를 차지하거나 설립 시 출연재산의 30% 이상을 출연하고 그 중 1인이 설립자인 비영리법인은 개인이 지배적 영향력을 행사하는 법인에 해당한다(국기령 §1조의2③1호가목).

(3) 2차 간접 지배적 영향력 행사법인

국세기본법은 2차 간접 경영지배관계에 있는 자까지 특수관계인으로 규정하고 있으므로 2차 간접 경영지배관계까지 파악하여 특수관계인 여부를 판단하여야 한다.

가) 영리법인

○ 본인 또는 친족관계 또는 경제적 연관관계에 있는 자와 지배적 영향력을 행사하는 법인이 30% 이상 출자하거나 사실상 영향력을 행사하는 법인

• 개인
• 친족관계에 있는 자
• 경제적 연관관계에 있는 자
&
• 지배적인 영향력을 행사하는 법인

(30% 이상 출자)
(사실상 영향력 행사) ➡ 법인

본인이 개인인 경우 ① 본인 또는 친족관계에 있는 자 또는 경제적 연관관계에 있는 자와 지배적 영향력을 행사하는 법인이 공동으로, ② 본인이 지배적 영향력을 행사하는 법인(기획재정부 조세법령운용과-759, 2022. 7. 15.)이 단독으로 30% 이상 출자하거나 사실상 영향력을 행사하는 법인은 개인이 2차 간접적으로 지배적 영향력을 행사하는 법인에 해당한다(국기령 §1조의2③1호나목).

2차 간접적으로 지배적 영향력을 행사하는 법인 판단 시에는 개인이 지배적 영향력을 행사하는 법인의 지배적 영향력 행사 여부까지 고려하여야 하는 점을 주의하여야 한다.

■ 甲의 사촌인 乙은 A법인에 35%를 출자하였다. 甲은 B법인에 7%를 출자하고 A법인은 B법인에 25%를 출자하였다. 이 경우 甲과 B법인의 특수관계 성립 여부

乙은 甲과 친족관계에 있는 자이므로 A법인에 대한 甲의 출자지분율 판단 시에는 乙의 출자지분율을 합산하여 판단하여야 한다. 합산하여 판단 시 甲은 A법인에 35%를 출자하였으므로 A법인은 甲이 지배적 영향력을 행사하는 법인에 해당한다.

갑의 B법인에 대한 출자지분율 판단 시에는 갑의 출자지분율 7%와 甲이 지배적 영향력을 행사하고 있는 A법인의 출자지분율 25%를 합산하여 판단하여야 한다.

합산하여 판단 시 甲은 B법인에 32%를 출자하였으므로 B법인은 甲이 2차 간접적으로 지배적 영향력을 행사하는 법인에 해당하므로 국세기본법상 특수관계가 성립한다.

(조심2019중3517 결정에 의해 판단하는 경우)

甲은 A법인에 직접 출자하지 않았으므로 A법인과 특수관계가 성립하지 않고, B법인에는 7%를 출자하여 30% 미만 출자하였으므로 B법인과도 국세기본법상 특수관계가 성립하지 않는다.

하지만 기획재정부에서 해당 사안에 대해 명확하게 특수관계가 성립하는 것으로 해석하였으므로 실무에서는 특수관계가 성립하는 것으로 판단하여야 한다(기획재정부 조세법령운용과-759, 2022. 7. 15.).

■ 甲은 A법인의 주식을 보유하고 있지 않지만 A법인에 임원의 임면권의 행사 등 주요경영에 대한 의사결정에 사실상 영향력을 행사하고 있다. A법인은 B법인에 42%를 출자하였다. 이 경우 甲과 B법인의 특수관계 성립 여부

甲은 A법인에 사실상 영향력을 행사하고 있으므로 A법인은 甲이 지배적 영향력을 행사하는 법인에 해당한다. 甲이 지배적 영향력을 행사하는 법인인 A법인이 B법인에 30% 이상 출자하였으므로 甲은 지배적 영향력을 행사하는 법인을 통해 B법인에 30% 이상 출자하고 있다.

따라서 B법인은 甲이 2차 간접적으로 지배적 영향력을 행사하는 법인에 해당하므로 국세기본법상 특수관계가 성립한다.

(조심2019중3517 결정에 의해 판단하는 경우)

甲은 A법인에 사실상 영향력을 행사하고 있으므로 A법인은 甲이 지배적 영향력을 행사하는 법인에 해당한다. A법인은 B법인에 30% 이상 출자하였으므로 B법인은 A법인이 지배적 영향력을 행사하는 법인에 해당하지만 甲은 직접 B법인에 직접 출자하지 않았으므로 甲과 B법인은 국세기본법상 특수관계가 성립하지 않는다.

하지만 기획재정부에서 해당 사안에 대해 명확하게 특수관계가 성립하는 것으로 해석하였으므로 실무에서는 특수관계가 성립하는 것으로 판단하여야 한다(기획재정부 조세법령운용과-759, 2022. 7. 15.).

나) 비영리법인

○ 본인 또는 친족관계 또는 경제적 연관관계에 있는 자와 지배적 영향력을 행사하는 법인이 이사의 과반수를 차지하거나 설립 시 출연재산의 30% 이상을 출연하고 그 중 1인이 설립자인 비영리법인

• 개인 • 친족관계에 있는 자 • 경제적 연관관계에 있는 자 & • 지배적인 영향력을 행사하는 법인	(이사의 과반수) (설립시 30% 이상 출연 & 설립자)	➡	비영리법인

본인이 개인인 경우 ① 본인 또는 친족관계에 있는 자 또는 경제적 연관관계에 있는 자와 지배적 영향력을 행사하는 법인이 공동으로, ② 본인이 지배적 영향력을 행사하는 법인(기획재정부 조세법령운용과-759, 2022. 7. 15.)이 단독으로 이사의 과반수를 차지하거나 설립 시 출연재산의 30% 이상을 출연하고 그 중 1인이 설립자로 되어 있는 비영리법인은 개인이 2차 간접적으로 지배적 영향력을 행사하는 법인에 해당한다(국기령 §1조의2③1호나목).

다. 법인이 지배적 영향력을 행사하는 법인

법인의 경우 일정 특수관계인의 지분을 합산하여 1차 직접적・2차 간접적으로 지배적인 영향력을 행사하는 법인과는 쌍방 간에 특수관계가 성립한다.[35)]

다만, 개인과 달리 법인의 경우 지분율 합산하는 특수관계인의 범위에 법률적으로 성립할 수 없는 친족관계에 있는 자는 제외하지만 법인에 지배적인 영향력을 행사하는 자는 포함하는 차이가 있다.[36)]

국세기본법 시행령 제1조의2 【특수관계인의 범위】

③ 법 제2조 제20호 다목에서 "주주・출자자 등 대통령령으로 정하는 경영지배관계"란 다음 각호의 구분에 따른 관계(이하 "경영지배관계"라 한다)를 말한다. (2012. 2. 2. 신설)

2. 본인이 법인인 경우 (2012. 2. 2. 신설)

가. 개인 또는 법인이 직접 또는 그와 친족관계 또는 경제적 연관관계에 있는 자를 통하

---

35) 2012. 2. 1. 이전에는 출자지분율에 의한 특수관계 판단 시 50% 이상 여부로 판단하였으며 1차 출자관계만으로 경영지배관계에 의한 특수관계를 판단하였다. 또한 사실상 영향력을 행사하는 법인은 경영지배관계에 있는 특수관계인에 해당하지 않는다.

국세기본법 시행령 제20조 【친족, 그 밖의 특수관계인의 범위】 (2012. 2. 1. 이전)

12. 주주등이 법인인 경우에는 다음 각목의 어느 하나에 해당하는 법인 또는 개인

가. 해당 주주등의 소유주식수등이 발행주식총수등의 100분의 50 이상인 법인(정부가 주주인 경우에 정부는 제외한다)

나. 소유주식수등이 해당 주주등의 발행주식총수등의 100분의 50 이상인 법인(정부가 주주인 경우에 정부는 제외한다) 또는 개인

36) 본인이 개인인 경우 경영지배관계에 있는 자는 소득세법상 과세문제 판단 시 준용하지만 본인이 법인인 경우 경영지배관계에 있는 자는 법인세법이 법인세법상 특수관계인 범위를 별도로 규정하고 있어 거의 준용하여 판단하는 경우가 없다.

현재 본인이 법인인 경우 국세기본법상 경영지배관계에 있는 특수관계인 범위를 준용하는 것은 소득세법 제94조 제1항 다목 2)의 해당 법인이 직접 또는 간접으로 보유한 다른 법인의 주식가액에 그 다른 법인의 부동산등 보유비율을 곱하여 산출한 가액 판단 시 소득세법 시행령 제158조 제7항에서 다른 법인이 보유하고 있는 「국세기본법 시행령」 제1조의2 제3항 제2호 및 같은 조 제4항에 따른 경영지배관계에 있는 법인이 발행한 주식가액에 그 경영지배관계에 있는 법인의 부동산등 보유비율을 곱하여 산출한 가액으로 판단하는 경우를 들 수 있다.

여 본인인 법인의 경영에 대하여 지배적인 영향력을 행사하고 있는 경우 그 개인 또는 법인 (2012. 2. 2. 신설)

나. 본인이 직접 또는 그와 경제적 연관관계 또는 가목의 관계에 있는 자를 통하여 어느 법인의 경영에 대하여 지배적인 영향력을 행사하고 있는 경우 그 법인 (2012. 2. 2. 신설)

다. 본인이 직접 또는 그와 경제적 연관관계, 가목 또는 나목의 관계에 있는 자를 통하여 어느 법인의 경영에 대하여 지배적인 영향력을 행사하고 있는 그 법인 (2012. 2. 2. 신설)

(1) 당해 법인에 지배적 영향력을 행사하는 자

당해 법인에 지배적 영향력을 행사하는 개인 또는 법인은 특수관계인에 해당한다(국기령 §1조의2③2호가목).

이 경우 법인에 지배적 영향력을 행사하는 자 판단 시에는 개인인 경우 개인과 친족관계, 경제적 연관관계에 있는 자의 지배적 영향력 행사 여부도 고려하여야 하고, 법인인 경우 법인과 경제적 연관관계에 있는 자의 지배적 영향력 행사 여부도 고려하여 판단하여야 한다.

이는 법인이 지배적 영향력을 행사하는 법인 판단 시 고려하는 특수관계인 범위와 다르므로 주의하여야 한다.

- **당해 영리법인에 30% 이상 출자하거나 사실상 영향력을 행사하는 개인 또는 법인**
- **당해 비영리법인의 이사의 과반수를 차지하거나 설립 시 출연재산의 30% 이상을 출연하고 그 중 1인이 설립자인 자**

법인 ⬅ (30% 이상 출자) (사실상 영향력 행사) (이사의 과반수) (설립시 30% 이상 출연 & 설립)

- 개인 또는 친족관계 또는 경제적 연관관계에 있는 자
- 법인 또는 경제적 연관관계에 있는 자

가) 본인이 개인인 경우

본인이 개인인 경우에는 당해 법인에 ① 본인이 단독으로, ② 본인과 친족관계 또는 경제적 연관관계에 있는 자가 공동으로, ③ 본인이 아닌 친족관계 또는 경제적 연관관계에 있는 자(기획재정부 조세법령운용과-759, 2022. 7. 15.)가 지배적 영향력을 행사하는 경우에는 법인에 지배적 영향력을 행사하는 자에 해당한다.

나) 본인이 법인인 경우

본인이 법인인 경우에는 당해 법인에 ① 법인이 단독으로, ② 법인과 경제적 연관관계에 있는 자가 공동으로, ③ 법인이 아닌 경제적 연관관계에 있는 자(기획재정부 조세법령운용과-759, 2022. 7. 15.)가 당해 법인에 지배적 영향력을 행사하는 경우에는 법인에 지배적 영향력을 행사하는 법인에 해당한다.

다) 30% 이상 지분율을 가진 주주등만이 법인의 특수관계인

법인의 주주등이기만 하면 무조건 법인의 특수관계인이 되는 것이 아니라 주주등 중 일정 특수관계인의 지분율을 합산하여 30% 이상 지분율을 가진 주주등만이 특수관계인에 해당한다.[37]

따라서 국세기본법상으로는 법인에 30% 이상 출자한 자만 법인의 특수관계인이 되므로 예컨대 개인이 친족관계, 경제적 연관관계에 있는 자를 통하여 법인에 29%를 출자한 자는 법인의 특수관계인에 해당하지 않는다. 다만 지분율 30% 미만 주주인 경우에도 해당 주주가 사실상 영향력을 행사하는 경우에는 특수관계인에 해당하므로 반드시 사실상 영향력 행사 여부까지 검토하여야 하는 점을 주의하여야 한다.

법인에 30% 이상 출자한 자 판단 시 지분율 합산대상자

① 개인 또는 친족관계 또는 경제적 연관관계에 있는 자
② 법인 또는 경제적 연관관계에 있는 자

조심2019중3517 결정에 의하는 경우 본인 또는 법인이 출자하지 않고 지분율 합산대상 특수관계인만 출자한 경우는 법인에 지배적 영향력을 행사하는 자에 해당하지 않지만 기획재정부에서 특수관계가 성립하는 것으로 해석(조세법령운용과-759, 2022. 7. 15.)하였으므로 실무상 특수관계 여부 판단시에는 특수관계가 성립하는 것으로 보아 의사결정하여야 함.

---

37) 법인에 출자하는 형태는 주식회사의 경우 주주, 조합형태 회사의 경우 출자자 또는 조합원, 기타 회사의 경우 사원이 될 수 있으므로 주주등으로 표현하기로 한다.

Key Point

❑ **국세기본법상 법인의 주주등 중 특수관계인이 되는 자**

법인의 주주등은 특수관계인의 지분율을 합산하여 30% 이상 지분율을 가진 주주등만이 국세기본법상 법인의 특수관계인이 된다. 다만 지분율 30% 미만인 주주등이라도 법인에 사실상 영향력을 행사하는 경우에는 예외적으로 특수관계가 성립한다.

주주 간에 특수관계 성립 여부

쌍방 간에 직접·간접 출자 관계에 있는 경우에 한해 특수관계가 성립하는 것으로 주주들 간에는 지분율과 관계없이 주주들 간에 친족관계, 경제적 연관관계에 해당하지 않는 한 법인에 대한 출자지분율과 관계없이 국세기본법상 특수관계가 성립하지 않는다.

【법규재산2013-0495, 2013. 12. 10.】

「소득세법」 제101조에 따른 양도소득의 부당행위계산부인 규정을 적용함에 있어 법인의 주주 1인과 친족관계 없는 법인의 다른 주주인 대표이사의 子(법인의 임원인 子 포함, 주식소유하지 않음)는 특수관계인에 해당하지 않음.

주주와 임원·사용인 간 특수관계 성립 여부

임원과 사용인 간, 사용인 간, 임원 간, 주주와 임원·사용인 간에는 서로 친족관계 또는 경제적 연관관계가 있지 않는 한 주주의 출자지분율과 관계없이 국세기본법상 특수관계가 성립하지 않는다.

【조심2016중3172, 2017. 1. 17.】

국세기본법 시행령 제1조의2 제2항 제1호에서는 "임원과 그 밖의 사용인"으로만 규정하고 있어서 단순히 같은 법인의 서로 다른 일원이거나 대표이사가 출자하여 지배하는 법인의 사용인에 불과한 청구인들과 거래상대방은 소득세법 시행령 제98조에 따른 특수관계인으로 보기 어려운 점 등에 비추어 이 건 처분은 잘못임.

【징세-144, 2013. 2. 1.】

특수관계인에 해당되는지 여부는 국세기본법 제2조 제20호 각목에 해당되는 경우를 말하는 것으로, 법인의 주주 1인이 그 법인의 임원인 주주의 자녀(경제적 연관관계 없는 자)에게 주식을 양도하는 경우는 특수관계인에 해당되지 아니함.

■ 법인의 지분을 100% 보유한 대표이사와 법인의 임원 또는 사용인과의 특수관계 성립 여부

임·직원 간, 주주와 임·직원 간에는 특수관계가 성립하지 않으므로 법인의 지분을 100% 보유한 대표이사라 하더라도 법인의 대표이사와 해당 법인의 임원 또는 사용인 간에는 국세기본법상 특수관계가 성립하지 않는다.

【서면-2019-자본거래-2575, 2020. 3. 23.】
「소득세법」 제101조에서 "특수관계인"이란 같은 법 시행령 제98조 제1항에 따르는 것으로 같은 법인의 대표이사이자 100% 지분을 가진 주주와 사용인은 「국세기본법 시행령」 제1조의2 제1항, 제2항 및 같은 조 제3항 제1호에 따른 특수관계인에 해당하지 않는 것임.

■ A법인에 32%를 출자한 주주 甲의 사촌인 乙과 A법인의 특수관계 성립 여부

甲은 A법인에 30% 이상을 출자한 주주이므로 A법인의 특수관계인에 해당한다. 乙의 A법인에 대한 출자지분율 판단 시에는 乙의 친족인 甲의 지분율을 합산하여 판단하여야 하므로 乙의 A법인에 대한 출자지분율은 32%가 된다.

따라서 A법인은 乙이 지배적 영향력을 행사하는 법인에 해당하므로 乙과 A법인은 특수관계가 성립한다(기획재정부 조세법령운용과-759, 2022. 7. 15.).

■ B법인의 출자임원인 甲은 A법인에 25%, 甲의 사촌인 乙은 A법인에 2%, 甲의 사용인인 丙은 A법인에 2%를 출자하고 있는 경우 甲과 A법인의 특수관계 성립 여부

甲의 A법인에 대한 출자지분율 판단 시에는 친족관계에 있는 乙과 경제적 연관관계에 있는 丙의 지분율을 합산하여 판단하여야 한다.

합산하여 판단하여도 A법인에 대한 甲의 출자지분율은 29%로서 30%에 미달하므로 甲은 A법인에 지배적 영향력을 행사하는 자에는 해당하지 않는다.

(2) 1차 직접 지배적 영향력 행사법인

가) 영리법인

○ 거래당사자 기준

○ **법인 또는 경제적 연관관계에 있는 자 또는 법인에 지배적 영향력을 행사하는 자를 통하여 30% 이상 출자하거나 사실상 영향력을 행사하는 법인**

• 법인 • 경제적 연관관계에 있는 자 • **법인에 지배적 영향력을 행사하는 자(지분율 30% 이상 주주등)**	(30% 이상 출자) (사실상 영향력 행사)	➡	법인

본인이 법인이 경우 ① 법인이 단독으로, ② 법인이 경제적 연관관계에 있는 자 또는 법인에 지배적 영향력을 행사하는 자와 공동으로, ③ 법인이 아닌 경제적 연관관계에 있는 자 또는 법인에 지배적 영향력을 행사하는 자(기획재정부 조세법령운용과-759, 2022. 7. 15.)가 30% 이상 출자하거나 사실상 영향력을 행사하는 법인은 법인이 지배적 영향력을 행사하는 법인에 해당한다(국기령 §1조의2③2호나목).

법인의 타법인에 대한 출자지분율 판단 시 경제적 연관관계에 있는 자의 지분율은 무조건 합산하지만 당해 법인의 주주나 출자자의 지분율은 당해 법인에 30% 이상 출자한 자의 지분율만 합산하여 판단하는 점을 주의하여야 한다.

법인의 1차 직접 출자지분율 판단 시 지분율 합산대상자

① 법인
② 경제적 연관관계에 있는 자
임원과 사용인, 임원・사용인 외 생계를 유지하는 자・이들과 생계를 함께하는 친족
③ **법인에 지배적 영향력을 행사하는 자**(지분율 30% 이상인 주주등, 법인의 실질적 지배자등)

Key Point

❑ 지분율 합산대상자 판단 시 주의점

국세기본법상 법인의 타법인 출자에 대한 지분율 판단 시에는 법인의 출자지분율과 ① 법인의 주주등 중 지분율 30% 이상인 주주등 또는 법인에 사실상 영향력을 행사하는 자(영리법인의 경우)와 ② 이사의 과반수를 차지하는 자 또는 설립 시 출연재산의 30% 이상을 출연하고 그 중 1인이 설립자인 자(비영리법인의 경우)의 출자지분율을 합산하여야 한다.

○ 거래상대방 기준

○ **당해 법인에 본인 또는 친족관계 또는 경제적 연관관계에 있는 자 또는 법인에 지배적 영향력을 행사하는 자(지분율 30% 이상인 주주등 또는 법인의 실질적인 지배자등)를 통하여 지배적 영향력을 행사하는 개인 또는 법인**

법인 ⬅	(30% 이상 출자) (사실상 영향력 행사)	• 개인 또는 친족관계 또는 경제적 연관관계에 있는 자 • 법인 또는 경제적 연관관계에 있는 자 • **해당 법인에 지배적 영향력을 행사하는 자**

① 본인이 개인인 경우

당해 법인에 30% 이상 출자한 자, 당해 법인을 실질적으로 실질적 지배하는 자는 개인 또는 법인이 될 수 있으므로 쌍방관계에 의해 판단 시에는 개인도 당해 법인의 특수관계인이 될 수 있다.

쌍방관계에 의해 판단 시 본인이 개인인 경우에는 당해 법인에 ① 본인이 단독으로, ② 본인과 친족관계 또는 경제적 연관관계에 있는 자가 공동으로, ③ 본인이 아닌 친족관계 또는 경제적 연관관계에 있는 자(기획재정부 조세법령운용과-759, 2022. 7. 15.)가 30% 이상 출자하거나 사실상 영향력을 행사하는 경우에는 당해 법인에 지배적 영향력을 행사하는 자에 해당한다.

② 본인이 법인인 경우

본인이 법인인 경우에는 당해 법인에 ① 법인이 단독으로, ② 법인과 경제적 연관관계에 있는 자 또는 해당 법인에 지배적 영향력을 행사하는 자가 공동으로, ③ 법인이 아닌 경제적 연관관계에 있는 자 또는 법인에 지배적 영향력을 행사하는 자(기획재정부 조세법령운용과-759, 2022. 7. 15.)가 30% 이상 출자하거나 사실상 영향력을 행사하는 경우에는 당해 법인에 지배적 영향력을 행사하는 법인에 해당한다.

지분율 합산대상자인 법인에 지배적 영향력을 행사하는 법인 판단 시와 다른 점은 주주등 중 지분율 30% 이상인 주주등과 법인의 실질적 지배자의 지분율까지 합산하여 판단하는 점이다.

③ 쌍방관계에 의한 판단 시 주의점

쌍방관계에 의해 거래상대방 기준에서 판단 시 주의하여야 할 점은 거래상대방의 출자지분율뿐만 아니라 거래상대방의 친족관계, 경제적 연관관계에 있는 자의 지분율과 상대법인에 30% 이상 출자하거나 사실상 영향력을 행사하는 개인 또는 법인의 지분율까지 합산하여 판단하여야 하는 점이다.

거래당사자 입장에서 본인을 기준으로 본인의 친족관계, 경제적 연관관계에 있는 자, 법인에 지배적 영향력을 행사하는 자를 파악하는 것은 어렵지 않을 수 있지만 거래상대방의 입장에서 지분율 합산대상인 특수관계인을 파악한 후 이들의 출자지분율까지 파악하여 합산하는 것은 정보의 한계가 있어 현실적으로 어려운 점이 있다.

실무상 경영지배관계에 있는 특수관계인 판단에 대한 오류는 거래상대방 입장에서 본인이 거래상대방의 특수관계인에 해당하는 경우에 가장 많이 발생한다.

■ A법인의 임원 甲이 B법인에 40% 출자한 경우 A법인과 B법인의 특수관계 성립 여부

A법인의 임원은 A법인의 경제적 연관관계에 있는 특수관계인에 해당한다. 따라서 A법인의 B법인에 대한 출자지분율 판단 시에는 A법인의 임원인 甲의 출자지분율을 합산하여 판단하여야 한다.

합산하여 판단 시 A법인의 B법인에 대한 지분율은 40%로서 30% 이상이므로 B법인은 A법인이 지배적 영향력을 행사하는 법인에 해당한다.

(조심2019중3517 결정에 의해 판단하는 경우)

A법인이 B법인에 직접 출자하지 않고 A법인의 임원인 甲만이 B법인에 출자하였으므로 A법인과 B법인은 국세기본법상 특수관계가 성립하지 않는다.

하지만 기획재정부는 이러한 사안에 대해 명확하게 특수관계가 성립하는 것으로 해석하였으므로 실무에서는 특수관계가 성립하는 것으로 판단하여야 한다(기획재정부 조세법령운용과-759, 2022. 7. 15.).

■ A법인의 임원 甲은 B법인에 25%를 출자하고 B법인의 임원 乙은 A법인에 31%를 출자하고 있는 경우 A법인과 B법인의 특수관계 성립 여부

임원은 법인과 경제적 연관관계에 있는 자로서 법인의 타법인에 대한 출자지분율 판단 시에는 임원의 지분율을 합산하여 판단하여야 한다.

거래당사자 입장에서 보면, A법인의 임원 甲은 B법인에 25%만을 출자하고 있어 B법인에 대한 A법인의 지분율은 30% 미만이므로 A법인 입장에서 B법인은 지배적 영향력을 행

사하는 법인에 해당하지 않는다.

하지만 거래상대방의 입장에서 보면, B법인의 임원 乙은 A법인에 31%를 출자하였으므로 B법인의 A법인에 대한 출자지분율은 30% 이상이 되어 A법인은 B법인이 지배적 영향력을 행사하는 법인에 해당한다.

따라서 B법인 입장에서는 A법인이 특수관계인에 해당하므로 A법인과 B법인은 쌍방 간에 국세기본법상 특수관계가 성립한다.

(조심2019중3517 결정에 의해 판단하는 경우)

A법인은 B법인에 직접 출자하지 않고 B법인도 B법인의 임원 乙을 통하여 출자하였을 뿐 B법인이 A법인에 직접 출자하지 않았으므로 A법인과 B법인은 국세기본법상 특수관계가 성립하지 않는다.

하지만 기획재정부에서 해당 사안에 대해 명확하게 특수관계가 성립하는 것으로 해석하였으므로 실무에서는 특수관계가 성립하는 것으로 판단하여야 한다(기획재정부 조세법령운용과-759, 2022. 7. 15.).

B법인은 A법인에 23%를 출자하고 B법인의 임원 甲은 A법인에 8%를 출자한 경우 특수관계 성립 여부

B법인의 임원 甲은 B법인의 경제적 연관관계에 있는 자로 B법인의 A법인에 대한 출자지분율 판단 시에는 甲의 지분율을 합산하여 판단하여야 한다.

합산하여 판단 시 B법인의 A법인에 대한 출자지분율은 31%로서 30% 이상이므로 A법인과 B법인은 쌍방 간에 국세기본법상 특수관계가 성립한다.

A법인에 15% 출자한 주주 甲이 B법인에 80% 출자한 경우 A법인과 B법인의 특수관계 성립 여부

A법인에 30% 미만 출자한 주주 甲은 출자지분율 판단 시 지분율 합산하는 특수관계인에 해당하지 않으므로 A법인의 B법인에 대한 출자지분율 판단 시 A법인의 주주인 甲의 지분율은 합산하지 않는다.

따라서 주주 甲이 B법인에 80%를 출자하였더라도 A법인의 B법인에 대한 출자지분율은 0%이므로 쌍방 간에 국세기본법상 특수관계가 성립하지 않는다.

A법인에 37% 출자한 주주 甲이 B법인에 40% 출자한 경우 A법인과 B법인의 특수관계 성립 여부

甲은 A법인에 30% 이상 출자였으므로 A법인의 B법인에 대한 출자지분율 판단 시에는

甲의 지분율을 합산하여 판단하여야 한다.

합산하여 판단 시 A법인은 B법인에 40%를 출자하였으므로 A법인과 B법인은 쌍방 간에 국세기본법상 특수관계가 성립한다.

(조심2019중3517 결정에 의해 판단하는 경우)

A법인은 B법인에 직접 출자하지 않고 A법인에 30% 이상 출자한 주주 甲만이 B법인에 30% 이상 출자하였으므로 A법인과 B법인은 특수관계가 성립하지 않는다.

하지만 기획재정부에서 해당 사안에 대해 명확하게 특수관계가 성립하는 것으로 해석하였으므로 실무에서는 특수관계가 성립하는 것으로 판단하여야 한다(기획재정부 조세법령운용과-759, 2022. 7. 15.).

A법인은 B법인에 25%를, A법인에 24% 출자한 주주 甲은 B법인에 4%를, A법인의 임원 乙은 B법인에 6%를 출자하고 있는 경우 A법인과 B법인의 특수관계 성립 여부

A법인의 B법인에 대한 출자지분율 판단 시 A법인에 30% 미만 출자한 甲의 출자지분율은 합산하지 않지만 경제적 연관관계에 있는 자인 임원 乙의 지분율은 합산하여 판단하여야 한다.

합산하여 판단 시 A법인의 B법인에 대한 출자지분율은 31%(25%+6%)로서 30% 이상이므로 A법인과 B법인은 쌍방 간에 국세기본법상 특수관계가 성립한다.

나) 비영리법인

○ 거래당사자 기준

○ **법인 또는 경제적 연관관계에 있는 자 또는 법인에 지배적 영향력을 행사하는 자가 이사의 과반수를 차지하거나 설립 시 출연재산의 30% 이상을 출연하고 그 중 1인이 설립자인 비영리법인**

• 법인 • 경제적 연관관계에 있는 자 • **법인에 지배적 영향력을 행사하는 자** (지분율 30% 이상인 주주등, 법인의 실질적 지배자등)	(이사의 과반수) (30% 이상 출연 & 설립자)	➡	비영리법인

본인이 법인인 경우 ① 법인이 단독으로, ② 법인과 경제적 연관관계에 있는 자 또는 법인에 지배적인 영향력을 행사하는 자가 공동으로, ③ 법인이 아닌 경제적 연관관계에 있는 자 또는 법인에 지배적인 영향력을 행사하는자(기획재정부 조세법령운용과-759, 2022. 7. 15.)가 이사의 과반수를 차지하거나 **설립** 시 출연재산의 30% 이상을 출연하고 그 중 1인이 설립자인 비영리법인은 지배적 영향력을 행사하는 법인에 해당한다(국기령 §1조의2③2호나목).

(3) 2차 간접 지배적 영향력 행사법인

가) 영리법인

○ 거래당사자 기준

> ○ **법인 또는 경제적 연관관계에 있는 자 또는 법인에 지배적 영향력을 행사하는 자와 지배적 영향력을 행사하는 법인을 통하여 지배적 영향력을 행사하는 법인**

- 법인
- 경제적 연관관계에 있는 자
- 법인에 지배적 영향력을 행사하는 자

&

- 법인이 지배적 영향력을 행사하는 법인

(30% 이상 출자)
(사실상 영향력 행사) ➡ 법인

본인이 법인인 경우 ① 법인 또는 법인과 경제적 연관관계에 있는 자 또는 법인에 지배적 영향력을 행사하는 자와 법인이 지배적 영향력을 행사하는 법인이 공동으로, ② 법인이 지배적 영향력을 행사하는 법인(기획재정부 조세법령운용과-759, 2022. 7. 15.)이 단독으로 30% 이상 출자하거나 사실상 영향력을 행사하는 법인은 2차 간접적으로 지배적 영향력을 행사하는 법인에 해당한다(국기령 §1조의2③2호다목).

거래당사자가 법인인 경우 경영지배관계에 있는 특수관계 판단 시에는 ① 1차로 당해 법인에 30% 이상을 출자한 자(사실상 영향력을 행사하는 자 포함)를 파악하고, ② 2차로 30% 이상의 주주(사실상 영향력을 행사하는 자 포함)와 경제적 연관관계에 있는 자와 함께 30% 이상 출자한 법인(사실상 영향력을 행사하는 경우 포함)을 파악해야 하며, ③ 3차로 30% 이상 출자한 법인(사실상 영향력을 행사하는 경우 포함)과 경제적 연관관계에 있는 자, 당해 법인에 사실상 영향력을 행사하는 자와 함께 30% 이상 출자한 법인(사실상 영향력을 행사하는 경우 포함)을 파악하여야 하므로 개인과 달리 3단계의 출자관계를 모두 파악하여 특수관계 여부를 판단하여야 한다.

법인의 간접 출자지분율 판단 시 지분율 합산대상자

① 법인
② 경제적 연관관계에 있는 자
임원과 사용인, 임원·사용인 외 생계를 유지하는 자, 이들과 생계를 함께하는 친족
③ **법인에 지배적 영향력을 행사하는 자**(지분율 30% 이상인 주주등, 법인의 실질적 지배자등)
④ **법인이 지배적 영향력을 행사하는 법인**(법인이 30% 이상 출자하거나 사실상 영향력을 행사하는 법인등)

Key Point

❑ 거래당사자가 법인인 경우 출자관계 파악 순서

• 1차 – 당해 법인에 30% 이상 출자한 자 파악
• 2차 – 위의 자, 경제적 연관관계에 있는 자와 함께 30% 이상 출자한 법인 파악
• 3차 – 위의 자들과 함께 30% 이상 출자한 법인 파악
* 사실상 영향력을 행사하는 경우 포함

■ A법인의 임원 甲은 B법인에 33%를 출자하였다. B법인은 C법인에 7%를 출자하였고 A법인의 주식을 27%를 가진 주주 乙은 C법인에 80%를 출자하였다. 이 경우 A법인과 C법인의 특수관계 성립 여부

A법인의 임원 甲은 B법인에 33%를 출자하였으므로 B법인은 A법인이 지배적 영향력을 행사하는 법인에 해당한다.

A법인의 C법인에 대한 출자지분율 판단 시 A법인의 주식을 30% 미만 보유하고 있는 주주 乙의 지분율은 합산하지 않는다.

따라서 A법인은 지배적 영향력을 행사하는 B법인을 통해 C법인에 7%만을 출자하고 있어 출자지분율이 30% 미만이므로 A법인과 C법인은 국세기본법상 특수관계가 성립하지 않는다.

(조심2019중3517 결정에 의해 판단하는 경우)

A법인은 B법인에 직접 출자하지 않고 A법인의 임원 甲만이 B법인에 30% 이상 출자하였으므로 A법인과 B법인은 특수관계가 성립하지 않고, C법인에도 직접 출자하지 않았으므로 C법인과도 특수관계가 성립하지 않는다.

○ 거래상대방 기준

○ **법인에 본인 또는 친족관계 또는 경제적 연관관계에 있는 자 또는 법인에 지배적 영향력을 행사하는 자와 본인이 지배적 영향력을 행사하는 법인을 통하여 30% 이상 출자하거나 사실상 영향력을 행사하는 개인 · 법인**

법인 ⬅	(30% 이상 출자) (사실상 영향력 행사)	• 개인 또는 친족관계 또는 경제적 연관관계에 있는 자 • 법인 또는 경제적 연관관계에 있는 자 • 법인에 지배적 영향력을 행사하는 자 & • 개인 또는 법인이 지배적 영향력을 행사하는 법인

① 본인이 개인인 경우

쌍방관계에 의해 판단 시 개인인 경우에는 당해 법인에 ① 본인 또는 친족관계 또는 경제적 연관관계에 있는 자와 개인이 지배적 영향력을 행사하는 법인이 공동으로, ② 본인이 지배적 영향력을 행사하는 법인(기획재정부 조세법령운용과-759, 2022. 7. 15.)이 단독으로 30% 이상 출자하거나 사실상 영향력을 행사하는 경우에는 당해 법인에 2차 간접적으로 지배적 영향력을 행사하는 자에 해당한다.

② 본인이 법인인 경우

쌍방관계에 의해 판단 시 법인인 경우에는 당해 법인에 ① 법인 또는 경제적 연관관계에 있는 자 또는 법인에 지배적 영향력을 행사하는 자와 법인이 지배적 영향력을 행사하는 법인이 공동으로, ② 법인이 지배적 영향력을 행사하는 법인(기획재정부 조세법령운용과-759, 2022. 7. 15.)이 단독으로 30% 이상 출자하거나 사실상 영향력을 행사하는 경우에는 당해 법인에 2차 간접적으로 지배적 영향력을 행사하는 법인에 해당한다.

③ 쌍방관계에 의한 판단 시 주의점

거래상대방 기준에서 2차 간접 출자관계에 있는 특수관계인 판단 시에는 법인주주가 있는 경우 해당 법인에 특수관계인과 함께 30% 이상 출자하거나 사실상 영향력을 행사하는 개인 또는 법인의 출자지분율까지 합산하여 판단하여야 하는 점을 주의하여야 한다.

나) 비영리법인

○ 거래당사자 기준

○ **법인 또는 경제적 연관관계에 있는 자 또는 법인에 지배적 영향력을 행사하는 자와 지배적 영향력을 행사하는 법인이 지배적 영향력을 행사하는 비영리법인**

• 법인
• 경제적 연관관계에 있는 자
• 법인에 지배적 영향력을 행사하는 자
&
• 법인이 지배적 영향력을 행사하는 법인

(이사의 과반수)
(30% 이상 출연 & 설립자)

➡ 비영리법인

본인이 법인인 경우 ① 법인 또는 경제적 연관관계에 있는 자 또는 법인에 지배적인 영향력을 행사하는 자와 법인이 지배적인 영향력을 행사하는 법인이 공동으로, ② 법인이 지배적인 영향력을 행사하는 법인(기획재정부 조세법령운용과-759, 2022. 7. 15.)이 단독으로 이사의 과반수를 차지하거나 출연재산의 30% 이상을 출연하고 그 중 1인이 설립자로 되어 있는 비영리법인은 2차 간접적으로 지배적 영향력을 행사하는 법인에 해당한다.

라. 기업집단에 속하는 계열회사 및 임원

법인이 「독점규제 및 공정거래에 관한 법률」에 따른 기업집단에 속해 있는 경우 기업집단에 속하는 계열회사와 임원은 특수관계인에 해당한다(국기령 §1조의2③2호라목).

기업집단과 그 계열회사 및 임원을 특수관계인으로 보는 것은 법인세법, 상속세 및 증여세법도 동일하다.

(1) 기업집단의 의미

기업집단이란 동일인이 회사인 경우에는 동일인과 동일인이 사실상 사업내용을 지배(독점규제 및 공정거래에 관한 법률 시행령 §4)하는 하나 이상의 회사의 집단을 의미하며 동일인이 회사가 아닌 경우에는 동일인이 사실상 사업내용을 지배하는 2개 이상의 회사의 집단을 의미한다(독점규제 및 공정거래에 관한 법률 §2 11호).

(2) 세법상 특수관계가 성립하는 기업집단

통상 세법상 특수관계 판단 시 기업집단과 관련한 특수관계인에 대해서는 대규모 기업집단만 해당하는 것으로 보아 간과할 수 있다.

하지만 여기서 기업집단은 「독점규제 및 공정거래에 관한 법률」 제2조 제11호(동법 시행령 제4조에 따라 사실상 사업내용을 지배하는 경우)에 따른 것을 의미하는 것으로서 대규모 기업집단으로 대상을 한정하고 있지 않다.

따라서 개인이 사실상 사업내용을 지배하는 2개 이상의 회사 또는 법인이 사실상 사업내용을 지배하는 하나 이상의 회사에 해당하는 경우에는 기업집단에 해당하여 계열회사 및 임원과 특수관계가 성립하는 점을 주의하여야 한다.

(3) 기업집단에서 제외되는 경우

「독점규제 및 공정거래에 관한 법률」 제2조 제11호(동법 시행령 4조)의 기업집단에 해당하는 경우에도 「독점규제 및 공정거래에 관한 법률 시행령」 제5조 각호에 해당하는 회사로서 동일인이 그 사업내용을 지배하지 않는다고 인정되는 회사에 대해 이해관계자가 기업집단에서 제외할 것을 요청하는 경우에는 공정거래위원회가 기업집단의 범위에서 제외할 수 있다(독점규제 및 공정거래에 관한 법률 시행령 §5). 또한 동일인의 친족이 경영하는 회사가 기업집단의 범위에서 제외된 경우 해당 독립경영친족 및 독립경영친족관련자등을 동일인 관련자에서 제외할 수 있다(독점규제 및 공정거래에 관한 법률 시행령 §6).

다만 세법상 특수관계 범위 판단시 이해관계자의 요청에 따라 공정거래위원회에서 기업집단 범위에서 제외하여 특수관계가 성립하지 않는 것으로 본 사례는 없으므로 해당 사례에 해당하는 경우에는 반드시 질의등을 통해 특수관계 여부에 대해 명확하게 판단한 후 진행할 필요가 있다.

○ 기업집단

- 동일인이 회사인 경우

  동일인과 동일인이 사실상 사업내용을 지배하는 하나 이상의 회사의 집단

  ⇒ 동일인이 법인인 경우 하나의 법인만 사실상 지배하여도 기업집단에 해당

  (※ 동일인이 법인인 경우에는 하나의 회사만 사실상 지배하여도 피지배법인과 지배법인이 기업집단에 해당하는 점 주의)

- 동일인이 회사가 아닌 경우

  동일인이 사실상 사업내용을 지배하는 2개 이상의 회사의 집단

⇒ 동일인이 개인인 경우 동일인이 2개 이상의 회사를 동시에 사실상 지배하는 경우, 사실상 지배를 받는 2개 이상의 회사가 기업집단에 해당

독점규제 및 공정거래에 관한 법률 제2조 【정의】

11. "기업집단"이라 함은 동일인이 다음 각목의 구분에 따라 대통령령이 정하는 기준에 의하여 사실상 그 사업내용을 지배하는 회사의 집단을 말한다.
   가. 동일인이 회사인 경우: 그 동일인과 그 동일인이 지배하는 하나 이상의 회사의 집단
   나. 동일인이 회사가 아닌 경우 그 동일인이 지배하는 2 이상의 회사의 집단

(4) 계열회사의 의미

계열회사란 2 이상의 회사가 동일한 기업집단에 속하는 경우 서로의 상대방 회사를 계열회사라 한다.

독점규제 및 공정거래에 관한 법률 제2조 【정의】

12. "계열회사"란 둘 이상의 회사가 동일한 기업집단에 속하는 경우에 이들 각각의 회사를 서로 상대방의 계열회사라 한다.

(5) 사실상 사업내용을 지배하는 회사의 의미

가) 개요

사실상 사업내용을 지배하는 회사는 ① 동일인이 단독으로 또는 동일인과 친족 등의 관계에 있는 동일인 관련자와 합하여 해당 법인의 주식을 30% 이상 보유하면서 최대출자자에 해당하거나, ② 지분을 가지고 있지 않더라도 해당 회사의 경영에 지배적 영향력을 행사하는 회사를 의미하는 것으로 독점규제 및 공정거래에 관한 법률 시행령 제4조에서 규정하고 있다.

여기서 지배적 영향력 행사의 의미는 지분율을 보유하고 있지는 않지만 대표이사 또는 임원의 50% 이상을 선임할 수 있는 등 사실상 영향력을 행사하는 것을 의미하는 것이다.

나) 발행주식수의 30% 이상을 소유하는 경우로서 최다출자자인 경우

동일인이 단독으로 또는 동일인이 동일인 관련자와 함께 발행주식총수의 30% 이상을 소

유한 경우로서 최다출자자인 회사는 동일인이 사실상 사업내용을 지배하는 회사에 해당한다(독점규제 및 공정거래에 관한 법률 시행령 §4 1호).

여기서 동일인 관련자란 ① 배우자, 4촌 이내의 혈족, 3촌 이내의 인척, 동일인이 지배하는 국내회사 발행주식총수의 1% 이상을 소유하고 있는 5촌, 6촌인 혈족이나 4촌인 인척, 동일인이 민법에 따라 인지한 혼외 출생자의 생부나 생모(2022. 12. 27.부터[38]), ② 동일인이 단독으로 또는 동일인 관련자와 합하여 출연금액의 30% 이상을 출연한 경우로서 최다출연자이거나 동일인 및 동일인 관련자 중 1인이 설립자인 비영리법인 또는 단체, ③ 동일인이 직접 또는 동일인 관련자를 통해 임원의 구성이나 사업운용 등에 대해 지배적인 영향력을 행사하는 비영리법인 또는 단체, ④ 동일인이 사실상 사업내용을 지배하고 있다고 인정되는 회사, ⑤ 동일인 및 동일인과 ②~④의 관계에 해당하는 자의 사용인(법인은 임원, 개인은 상업사용인 및 고용계약에 있는 자)을 의미한다.

다) 회사의 경영에 대해 지배적 영향력을 행사하고 있다고 인정되는 회사

당해 회사의 임원의 임명권에 영향력을 행사하는 등 사실상 지배하는 다음에 해당하는 회사는 회사의 경영에 대해 지배적인 영향력을 행사하는 것으로 보아 사실상 사업내용을 지배하는 회사에 해당한다.

① **임원의 임명권에 영향력을 행사**하는 회사

동일인이 다른 주주와의 계약 또는 합의에 의하여 대표이사를 임면하거나 임원의 100분의 50 이상을 선임하거가 선임할 수 있는 회사

② 조직변경 또는 신규사업에의 투자등 **주요의사결정등에 영향력을 행사**하는 회사

동일인이 직접 또는 동일인 관련자를 통하여 회사의 조직변경 또는 신규사업에의 투자등 주요의사결정이나 업무집행에 지배적인 영향력을 행사하고 있는 회사

③ 동일인이 지배하는 회사(동일인이 회사인 경우 동일인 포함)와 당해 회사 간에 다음의 **인사교류가 있는 회사**

- 동일인이 지배하는 회사와 해당 회사 간에 임원의 겸임이 있는 경우
- 동일인이 지배하는 회사의 임직원이 해당 회사의 임원으로 임명되었다가 동일인이 지배하는 회사로 복직하는 경우(동일인이 지배하는 회사 중 당초의 회사가 아닌 회사로 복직하는 경우 포함)

38) 2022. 12. 26. 이전은 배우자(사실혼 관계는 제외), 6촌 이내의 혈족, 4촌 이내의 인척인 자가 동일인 관련자로 보는 친족에 해당한다.

- 당해 회사의 임원이 동일인이 지배하는 회사의 임직원으로 임명되었다가 당해 회사 또는 당해 회사의 계열회사로 복직하는 경우

④ 사회통념상 경제적 동일체로 인정되는 회사

통상적인 범위를 초과하여 동일인 또는 동일인 관련자와 자금, 자산, 상품, 용역 등의 거래를 하고 있거나 채무보증을 하거나 채무보증을 받고 있는 회사, 기타 당해 회사가 동일인의 기업집단의 계열회사로 인정될 수 있는 영업상의 표시행위를 하는 등 사회통념상 경제적 동일체로 인정되는 회사

⑤ 그밖에 해당 회사가 동일인의 기업집단으로 인정될 수 있는 영업상의 표시행위를 하는 등 사회통념상 경제적 동일체로 인정되는 회사

○ 사실상 지배하는 회사(독점규제 및 공정거래에 관한 법률 시행령 §4)
- 동일인이 단독으로 또는 동일인이 동일인 관련자와 함께 30% 이상 출자하고 최대출자자인 회사
- 동일인이 대표이사 또는 임원의 50% 이상을 선임할 수 있는 회사, 주요의사결정등에 영향력을 행사하는 회사, 동일인이 지배하는 회사와 인사교류가 있는 회사, 경제적 동일체로 인정되는 회사

| 동일인 관련자 |

① (2022. 12. 27.부터)

배우자, 4촌 이내 혈족, 3촌 이내 인척, 동일인이 지배하는 국내회사 발행주식총수의 1% 이상을 소유하고 있는 5촌, 6촌인 혈족이나 4촌인 인척, 동일인이 민법에 따라 인지한 혼외 출생자의 생부나 생모

VS (2022. 12. 26. 이전) 배우자(사실혼 관계는 제외), 6촌 이내의 혈족, 4촌 이내의 인척

② 동일인이 단독으로 또는 동일인이 동일인 관련자와 함께 출연 금액의 30% 이상을 출연한 최다출연자이거나 동일인등 중 1인이 설립자인 비영리법인

③ 동일인이 직접 또는 동일인 관련자를 통하여 임원의 구성이나 사업운용 등에 대해 지배적인 영향력을 행사하는 비영리법인 또는 단체

④ 동일인이 사실상 사업내용을 지배하는 회사

⑤ 동일인 및 ②~④ 회사의 사용인(법인의 임원, 개인의 상업사용인 및 피용자)

⇒ 생계유지자와 생계를 함께하는 친족은 제외

■ 甲은 A법인에 28%, 甲의 사촌인 乙은 A법인에 54%를 출자하고 있어 A법인의 최대출자자에 해당한다. 또한 甲은 B법인에 5%, 甲이 임원의 50% 이상을 선임할 수 있는 법인 C는 B법인에 46%를 출자하고 있어 B법인의 최대출자자에 해당한다. 이 경우 A법인과 B법인의 임원 丙 간에 특수관계 성립 여부

甲은 동일인 관련자인 사촌 乙과 함께 A법인에 30% 이상 출자하고 최대출자자에 해당하며 동일인 관련자인 임원의 50% 이상을 선임할 수 있는 지배적 영향력을 행사할 수 있는 법인 C와 함께 B법인에 30%를 출자하고 최대출자자에 해당하므로 A법인과 B법인은 甲이 사실상 사업내용을 지배하는 둘 이상의 회사집단으로서 기업집단에 해당하며 각각 서로 상대방 회사의 계열회사에 해당한다.

따라서 A법인과 B법인은 특수관계가 성립하며 A법인은 기업집단의 계열회사인 B법인의 임원 丙과도 특수관계가 성립한다.

■ A법인은 B법인에 40%를, A법인의 대표이사인 甲은 B법인에 35%를 출자하고 있어 A법인은 B법인의 최대출자자에 해당한다. 이 경우 A법인과 B법인의 임원 乙과의 특수관계 성립 여부

동일인이 회사인 경우에는 동일인이 사실상 사업내용을 지배하는 하나 이상의 회사만 있어도 동일인인 회사와 해당 회사는 기업집단에 해당한다.

따라서 A법인과 B법인은 기업집단에 해당하며 기업집단에 속한 B법인의 임원은 기업집단소속기업의 임원에 해당하므로 특수관계가 성립한다.

30% 이상 출자하여 출자에 의해 지배하는 법인의 임원과 특수관계가 성립하는 것은 상속세 및 증여세법에 한하여 특수관계가 성립되는 것으로 알고 있지만 법인이 타법인을 30% 이상 출자한 경우로서 최대출자자에 해당하여 기업집단에 해당하는 경우에는 국세기본법, 법인세법에 의해서도 특수관계가 성립하는 점을 주의하여야 한다.

■ A, B, C법인의 주주현황은 다음과 같다. A법인, B법인, C법인 간의 특수관계 성립 여부

A법인	B법인	C법인
甲 80% 甲의 자녀 20%	A법인 60% 甲의 자녀 40%	甲 80% 甲의 자녀 20%

甲은 A법인에 甲의 자녀와 함께 100% 출자하고 있고, 甲이 사실상 사업내용을 지배하는 A법인을 통하여 B법인을 사실상 지배하고 있으며, C법인에 甲의 자녀와 함께 100% 출자하고 있으므로 A법인, B법인, C법인은 기업집단에 해당한다.

따라서 A법인, B법인, C법인 간에는 특수관계가 성립하며, A법인, B법인, C법인과 해당 법인의 임원 간에는 특수관계가 성립한다.

A법인의 임원 갑은 B법인의 상무이사를 겸임하고 있다. 이 경우 A법인과 B법인의 특수관계 성립 여부

동일인이 회사인 경우 동일인이 사실상 사업내용을 지배하는 하나 이상의 회사는 기업집단에 해당한다. 사실상 사업내용을 지배하는 회사는 30% 이상 출자한 경우로서 최대출자자에 해당하는 경우와 회사의 경영에 지배적 영향력을 행사하고 있다고 인정되는 회사가 이에 해당한다. 이 경우 회사의 경영에 지배적 영향력을 행사하고 있다고 인정되는 회사 중 동일인이 지배하는 회사와 해당 회사와 인사교류가 있는 회사 판단시 동일인이 회사인 경우에는 동일인이 지배하는 회사에 동일인이 포함되므로 동일인이 회사인 경우 어떤 회사와 임원의 겸임 또는 회사 서로 간에 임원으로 임명되었다가 복귀하는 관계에 있는 경우에는 회사의 경영에 지배적 영향력을 행사하는 회사에 해당하여 기업집단에 해당한다.

따라서 A법인과 B법인은 특수관계가 성립한다. 둘 이상의 회사에 임원으로 겸임하는 경우는 실무적으로 많이 볼 수 있는 사례이므로 이에 해당하는 경우에는 기업집단에 해당하여 특수관계인간 거래가 되는 점을 주의하여야 한다.

독점규제 및 공정거래에 관한 법률 시행령 제4조 【기업집단의 범위】

① 법 제2조 제11호 각 목 외의 부분에서 "대통령령으로 정하는 기준에 따라 사실상 그 사업내용을 지배하는 회사"란 다음 각 호의 회사를 말한다.

1. 동일인이 단독으로 또는 다음 각 목의 자(이하 "동일인관련자"라 한다)와 합하여 해당 회사의 발행주식(「상법」 제344조의3 제1항에 따른 의결권 없는 주식은 제외한다. 이하 이 조, 제5조, 제33조 제2항 및 제34조 제2항에서 같다)총수의 100분의 30 이상을 소유하는 경우로서 최다출자자인 회사
   가. 동일인과 다음의 관계에 있는 사람(이하 "친족"이라 한다)
      1) 배우자
      2) 4촌 이내의 혈족
      3) 3촌 이내의 인척
      4) 동일인이 지배하는 국내 회사 발행주식총수의 100분의 1 이상을 소유하고 있는 5촌·6촌인 혈족이나 4촌인 인척
      5) 동일인이 「민법」에 따라 인지한 혼인외 출생자의 생부나 생모
   나. 동일인이 단독으로 또는 동일인관련자와 합하여 총출연금액의 100분의 30 이상을 출연한 경우로서 최다출연자이거나 동일인 및 동일인관련자 중 1인이 설립자인 비

영리법인 또는 단체(법인격이 없는 사단 또는 재단으로 한정한다. 이하 같다)

다. 동일인이 직접 또는 동일인관련자를 통해 임원의 구성이나 사업운용 등에 지배적인 영향력을 행사하고 있는 비영리법인 또는 단체

라. 동일인이 이 호 또는 제2호에 따라 사실상 사업내용을 지배하는 회사

마. 동일인 및 동일인과 나목부터 라목까지의 관계에 있는 자의 사용인(법인인 경우에는 임원, 개인인 경우에는 상업사용인 및 고용계약에 따른 피고용인을 말한다)

2. 다음 각 목의 회사로서 동일인이 해당 회사의 경영에 대해 지배적인 영향력을 행사하고 있다고 인정되는 회사

가. 동일인이 다른 주요 주주와의 계약 또는 합의에 따라 대표이사를 임면한 회사 또는 임원의 100분의 50 이상을 선임하거나 선임할 수 있는 회사

나. 동일인이 직접 또는 동일인관련자를 통해 해당 회사의 조직변경 또는 신규사업에 대한 투자 등 주요 의사결정이나 업무집행에 지배적인 영향력을 행사하고 있는 회사

다. 동일인이 지배하는 회사(동일인이 회사인 경우에는 동일인을 포함한다. 이하 이 목에서 같다)와 해당 회사 간에 다음의 경우에 해당하는 인사교류가 있는 회사

1) 동일인이 지배하는 회사와 해당 회사 간에 임원의 겸임이 있는 경우

2) 동일인이 지배하는 회사의 임직원이 해당 회사의 임원으로 임명되었다가 동일인이 지배하는 회사로 복직하는 경우(동일인이 지배하는 회사 중 당초의 회사가 아닌 다른 회사로 복직하는 경우를 포함한다)

3) 해당 회사의 임원이 동일인이 지배하는 회사의 임직원으로 임명되었다가 해당 회사 또는 해당 회사의 계열회사로 복직하는 경우

라. 동일인 또는 동일인관련자와 해당 회사 간에 통상적인 범위를 초과하여 자금·자산·상품·용역 등의 거래 또는 채무보증이 있는 회사

마. 그 밖에 해당 회사가 동일인의 기업집단의 계열회사로 인정될 수 있는 영업상의 표시행위를 하는 등 사회통념상 경제적 동일체로 인정되는 회사

② 제1항 제1호 라목에도 불구하고 동일인과 같은 호 마목의 관계에 있는 자 중 「상법」 제382조 제3항에 따른 사외이사가 경영하고 있는 회사로서 제5조 제1항 제3호 각 목의 요건을 모두 갖춘 회사는 동일인이 지배하는 기업집단의 범위에서 제외한다.

【사전-2021-법령해석법인-1030, 2021. 8. 31.】

A법인이 B법인의 사업대표로서 권리와 의무를 갖고 B법인의 사업내용 또는 A법인의 대표이사가 A법인을 통해 B법인의 사업내용을 사실상 지배하는 경우 A법인과 B법인은 기업집단에 속하는 것임.

Ⅳ 국세기본법상 특수관계인 범위 법률 연혁

1. 1975. 1. 1.부터 1998. 12. 31.까지

1974. 12. 21. 법률 제2679호로 제정된 국세기본법은 법 제39조(출자자의 제2차 납세의무)의 제2차 납세의무를 지는 과점주주 판단 시 지분율 합산하는 특수관계인 범위에 대해 1974. 12. 31. 대통령령 제7459호로 제정된 시행령 제20조에 규정하고 있었다.

1974. 12. 31. 제정되어 시행된 시행령 제20조의 특수관계인의 범위는 1998. 12. 31.까지 개정사항이 없었다.

국세기본법 시행령 제20조 【친족 기타 특수관계인의 범위】

법 제39조 제2호에서 "대통령령이 정하는 친족 기타 특수관계에 있는 자"라 함은 다음 각호의 1에 해당하는 자를 말한다. 다만, 주주 또는 유한책임사원이 출가녀인 경우에는 제9호 내지 제13호의 경우를 제외하고 그 남편과의 관계에 의한다. (1974. 12. 31. 제정)

1. 6촌 이내의 부계혈족과 4촌 이내의 부계혈족의 처 (1974. 12. 31. 제정)
2. 3촌 이내의 부계혈족의 남편 및 자녀 (1974. 12. 31. 제정)
3. 3촌 이내의 모계혈족과 그 배우자 및 자녀 (1974. 12. 31. 제정)
4. 처의 2촌 이내의 부계혈족 및 그 배우자 (1974. 12. 31. 제정)
5. 배우자(사실상 혼인관계에 있는 자를 포함한다) (1974. 12. 31. 제정)
6. 입양자의 생가의 직계존속 (1974. 12. 31. 제정)
7. 출양자 및 그 배우자와 출양자의 양가의 직계비속 (1974. 12. 31. 제정)
8. 혼인외의 출생자의 생모 (1974. 12. 31. 제정)
9. 사용인 기타 고용관계에 있는 자 (1974. 12. 31. 제정)
10. 주주 또는 유한책임사원의 금전 기타의 재산에 의하여 생계를 유지하는 자와 생계를 함께하는 자 (1974. 12. 31. 제정)
11. 주주 또한 유한책임사원이 개인인 경우에는 그 주주 또는 유한책임사원과 그와 제1호 내지 제10호의 관계에 있는 자들의 소유주식금액 또는 출자액(이하 "소유주식금액등"이라 한다)의 합계액이 발행주식총액 또는 출자총액(이하 "발행주식총액등"이라 한다)의 100분의 50 이상인 법인 (1974. 12. 31. 제정)
12. 주주 또는 유한책임사원이 법인인 경우에는 그 법인의 소유주식 금액등이 발행주식 총액등의 100분의 50 이상인 법인(정부가 주주인 경우에는 정부를 제외한다)과 소유주식금액등이 당해 법인의 발행주식총액등의 100분의 50 이상인 법인(정부가 주주인 경우에는 정부를 제외한다) 또는 개인 (1974. 12. 31. 제정)
13. 주주 또는 유한책임사원 및 그와 제1호 내지 제8호의 관계에 있는 자가 이사의 과반수

이상이거나 그 1인이 설립자인 비영리법인. 다만, 당해 법인의 발행주식총액등의 100분의 20 이상 소유한 경우에 한한다. (1974. 12. 31. 제정)

2. 1999. 1. 1.부터 2012. 2. 1.까지

1998. 12. 31. 대통령령 제15968호로 지분율에 의한 특수관계 판단 시 종전 금액기준에 의한 판단이 주식수 기준으로 판단하는 것으로 개정되었다.

국세기본법 시행령 제20조 【친족, 그 밖의 특수관계인의 범위】 (2010. 2. 18. 제목개정)
법 제39조 제2항에서 "대통령령으로 정하는 친족이나 그 밖의 특수관계에 있는 자"란 다음 각호의 어느 하나에 해당하는 자를 말한다. 다만, 주주 또는 유한책임사원(이하 이 조에서 "주주등"이라 한다)이 결혼한 여성이면 제9호부터 제13호까지의 경우를 제외하고는 그 남편과의 관계에 따른다. (2010. 2. 18. 개정)
1. 6촌 이내의 부계혈족과 4촌 이내의 부계혈족의 아내 (2010. 2. 18. 개정)
2. 3촌 이내의 부계혈족의 남편 및 자녀 (2010. 2. 18. 개정)
3. 3촌 이내의 모계혈족과 그 배우자 및 자녀 (2010. 2. 18. 개정)
4. 아내의 2촌 이내의 부계혈족 및 그 배우자 (2010. 2. 18. 개정)
5. 배우자(사실상 혼인관계에 있는 사람을 포함한다) (2010. 2. 18. 개정)
6. 입양자의 생가(生家)의 직계존속 (2010. 2. 18. 개정)
7. 출양자 및 그 배우자와 출양자의 양가(養家)의 직계비속 (2010. 2. 18. 개정)
8. 혼인외의 출생자의 생모 (2010. 2. 18. 개정)
9. 사용인이나 그 밖에 고용관계에 있는 자 (2010. 2. 18. 개정)
10. 주주등의 금전이나 그 밖의 재산으로 생계를 유지하는 사람과 생계를 함께하는 사람 (2010. 2. 18. 개정)
12. 주주등이 법인인 경우에는 다음 각목의 어느 하나에 해당하는 법인 또는 개인 (2010. 2. 18. 개정)
   가. 해당 주주등의 소유주식수등이 발행주식총수등의 100분의 50 이상인 법인(정부가 주주인 경우에 정부는 제외한다) (2010. 2. 18. 개정)
   나. 소유주식수등이 해당 주주등의 발행주식총수등의 100분의 50 이상인 법인(정부가 주주인 경우에 정부는 제외한다) 또는 개인 (2010. 2. 18. 개정)
13. 주주등 및 그와 제1호부터 제8호까지의 관계에 있는 사람이 이사의 과반수이거나 그들 중 1명이 설립자인 비영리법인. 다만, 그들이 해당 비영리법인의 발행주식총수등의 100분의 20 이상을 소유하거나 출자한 경우만 해당한다. (2010. 2. 18. 개정)

3. 2012. 2. 2. 이후

국세기본법상 특수관계인 범위는 1974. 12. 21. 법률 제정되어 1975. 1. 1. 시행된 이후 큰 개정사항이 없었으나 2011. 12. 31. 법률 제11124호와 2012. 2. 2. 대통령령 제23592호로 전면 개정되었다.[39]

가. 정의 신설 및 쌍방관계설에 의한 판단 명확화

2011. 12. 31. 법률 제11124호로 법 제2조 제20호에 특수관계인에 대한 정의를 신설하여 특수관계인 범위에 대한 세법상 통일성을 확보하였으며 후단에 "이 경우 이 법 및 세법을 적용할 때 본인도 그 특수관계인의 특수관계인으로 본다."를 규정함에 따라 쌍방관계설 입장에서 특수관계인 여부를 판단하는 점을 명확히 하였다.

나. 친족관계, 경제적 연관관계, 경영지배관계로 구분 규정

2011. 12. 31. 법률 제11124호와 2012. 2. 2. 대통령령 제23592호로 그동안 열거식으로 규정하던 특수관계인 범위를 친족관계, 경제적 연관관계, 경영지배관계로 구분하여 규정하는 방식으로 개정되었다.

국세기본법 제2조 【정의】

20. "특수관계인"이란 본인과 다음 각목의 어느 하나에 해당하는 관계에 있는 자를 말한다. 이 경우 이 법 및 세법을 적용할 때 본인도 그 특수관계인의 특수관계인으로 본다. (2011. 12. 31. 신설)
    가. 혈족·인척 등 대통령령으로 정하는 친족관계 (2011. 12. 31. 신설)
    나. 임원·사용인 등 대통령령으로 정하는 경제적 연관관계 (2011. 12. 31. 신설)
    다. 주주·출자자 등 대통령령으로 정하는 경영지배관계 (2011. 12. 31. 신설)

다. 친족관계에 있는 자

친족관계는 민법상 친족의 범위 및 타 법률과의 통일성을 고려하고 남녀 차별적 규정을 개선하는 방식으로 개정되었다.

---

39) 시행령 제20조에서 규정하고 있던 특수관계인의 범위는 시행령 제1조의2가 신설되면서 시행령 제1조의2로 이관되었다.

○ 2012. 2. 1. 이전

2012. 2. 1. 이전에는 친족에 해당하는 혈족 및 인척을 부계와 모계로 나누어 6촌 이내의 부계혈족과 4촌 이내의 부계혈족의 아내, 3촌 이내의 부계혈족의 남편 및 자녀, 3촌 이내의 모계혈족과 그 배우자 및 자녀, 아내의 2촌 이내의 부계혈족 및 그 배우자로 규정하고 있었다.

○ 2012. 2. 2. 이후

민법상 친족의 범위를 준용하고 **남녀차별적 조항을 개선하는 취지로** 부계와 모계로 나누어 규정하던 혈족관계와 인척관계를 부계와 모계의 구분 없이 6촌 이내의 혈족, 4촌 이내의 인척으로 통일하였다.

2012. 2. 1. 이전	2012. 2. 2. 이후
국세기본법 시행령 제20조 【친족, 그 밖의 특수관계인의 범위】 법 제39조 제2항에서 "대통령령으로 정하는 친족이나 그 밖의 특수관계에 있는 자"란 다음 각 호의 어느 하나에 해당하는 자를 말한다. 다만, 주주 또는 유한책임사원(이하 이 조에서 "주주등"이라 한다)이 결혼한 여성이면 제9호부터 제13호까지의 경우를 제외하고는 그 남편과의 관계에 따른다. 1. 6촌 이내의 부계혈족과 4촌 이내의 부계혈족의 아내 2. 3촌 이내의 부계혈족의 남편 및 자녀 3. 3촌 이내의 모계혈족과 그 배우자 및 자녀 4. 아내의 2촌 이내의 부계혈족 및 그 배우자 5. 배우자(사실상 혼인관계에 있는 사람을 포함한다) 6. 입양자의 생가(生家)의 직계존속 7. 출양자 및 그 배우자와 출양자의 양가(養家)의 직계비속 8. 혼인외의 출생자의 생모	국세기본법 시행령 제1조의2 【특수관계인의 범위】 ① 법 제2조 제20호 가목에서 "혈족·인척 등 대통령령으로 정하는 친족관계"란 다음 각호의 어느 하나에 해당하는 관계(이하 "친족관계"라 한다)를 말한다. 1. 6촌 이내의 혈족 2. 4촌 이내의 인척 3. 배우자(사실상의 혼인관계에 있는 자를 포함한다) 4. 친생자로서 다른 사람에게 친양자 입양된 자 및 그 배우자·직계비속

라. 경제적 연관관계에 있는 자

○ 2012. 2. 1. 이전

2012. 2. 1. 이전에는 주주와 유한책임사원을 특수관계인으로 규정하고 사용인보다 법인

과 더 경제적 연관관계가 있는 것으로 보아 사용인과 고용관계에 있는 자의 경우 사용인과 고용관계에 있는 자만 특수관계인에 해당하지만 주주와 유한책임사원의 경우 주주, 유한책임사원과 생계를 유지하는 자와 이들과 생계를 함께하는 자도 특수관계에 해당하였다.

○ 2012. 2. 2. 이후

주주등(단, 출자지분율 30% 이상인 주주등은 경영지배관계에 있는 특수관계인으로 규정)과 유한책임사원은 특수관계인 범위에서 제외되고 임원·사용인 또는 임원·사용인 외 생계를 유지하는 자, 이들과 생계를 함께하는 친족이 경제적 연관관계에 있는 특수관계인에 해당하는 것으로 개정되었다.

2012. 2. 1. 이전	2012. 2. 2. 이후
국세기본법 시행령 제20조 【친족, 그 밖의 특수관계인의 범위】 9. 사용인이나 그 밖에 고용관계에 있는 자 10. 주주등의 금전이나 그 밖의 재산으로 생계를 유지하는 사람과 생계를 함께하는 사람	국세기본법 시행령 제1조의2 【특수관계인의 범위】 ② 법 제2조 제20호 나목에서 "임원·사용인 등 대통령령으로 정하는 경제적 연관관계"란 다음 각호의 어느 하나에 해당하는 관계(이하 "경제적 연관관계"라 한다)를 말한다. 1. 임원과 그 밖의 사용인 2. 본인의 금전이나 그 밖의 재산으로 생계를 유지하는 자 3. 제1호 및 제2호의 자와 생계를 함께하는 친족

마. 경영지배관계에 있는 자

(1) 지배적 영향력 행사에 대한 의미 신설

2012. 2. 1. 이전에는 50% 이상 출자한 법인만이 특수관계인에 해당하여 출자지분율로만 특수관계 여부를 판단하였지만 2012. 2. 2. 이후에는 지배적 영향력을 행사하는 경우를 별도로 규정하고 지배적 영향력을 행사하는 경우에 해당하는 경우 경영지배관계에 있는 특수관계가 성립하는 것으로 개정되었다.

가) 특수관계 성립하는 출자지분율 하향

○ 2012. 2. 1. 이전

2012. 2. 1. 이전에는 특수관계가 성립하는 출자지분율이 50% 이상이었다.

○ 2012. 2. 2. 이후

지배적 영향력을 행사하는 경우에 해당하는 출자지분율이 30% 이상이므로 특수관계가 성립하는 출자지분율이 30% 이상으로 하향되었다.

나) 실질지배의 경우에도 특수관계 성립

○ 2012. 2. 1. 이전

2012. 2. 1. 이전에는 일정비율 이상 출자한 경우에만 영리법인과 경영지배관계에 있는 특수관계가 성립하였다.

○ 2012. 2. 2. 이후

지배적 영향력 행사하는 경우에 대한 의미가 30% 이상 출자하거나 임원의 임면권의 행사 등 사업방침에 사실상 영향력을 행사하는 경우이므로 출자하지 않더라도 사실상 영향력을 행사하는 경우에는 경영지배관계에 의한 특수관계가 성립하는 것으로 개정되었다.

다) 비영리법인

○ 2012. 2. 1. 이전

2012. 2. 1. 이전에는 본인 및 특수관계에 있는 자를 통하여 비영리법인의 발행주식총수 등의 20% 이상을 보유한 자가 이사의 과반수를 차지하거나 그 중 1인이 설립자인 비영리법인이 특수관계인에 해당하였다.

○ 2012. 2. 2. 이후

비영리법인에 대해 지배적 영향력을 행사하는 경우를 이사의 과반수를 차지하거나 설립 시 출연재산의 30% 이상을 출연하고 그 중 1인이 설립자인 경우로 규정하고 있어 이사의 과반수를 차지하거나 설립 시 출연재산의 30% 이상을 출연하고 그 중 1인이 설립자인 비영리법인이 특수관계인에 해당한다.

(2) 특수관계 성립하는 출자관계 확대

○ 2012. 2. 1. 이전

2012. 2. 1. 이전에는 개인이 일정 특수관계인과 함께 1차 직접 출자한 법인, 법인이 1차 직접 출자한 법인, 법인에 1차 직접 출자한 자가 특수관계인에 해당하였다.

○ 2012. 2. 2. 이후

2012. 2. 2. 이후에는 개인이 일정 특수관계인과 함께 2차 간접적으로 지배적 영향력을

행사하는 법인, 법인이 일정 특수관계인과 함께 2차 간접적으로 지배적 영향력을 행사하는 법인, 법인에 2차 간접적으로 지배적 영향력을 행사하는 자까지 특수관계인에 해당하는 것으로 경영지배관계에 있는 특수관계인 범위가 확대되었다.

(3) 피출자법인과 주주등의 특수관계인과의 특수관계 성립 여부

○ 2012. 2. 1. 이전

2012. 2. 1. 이전에는 출자지분율에 의한 특수관계 판단 시 주주등이 개인인 경우에는 ["주주등과 그와 제1호부터 제10호까지의 관계에 있는 자"들의 소유주식수 또는 출자액(이하 "소유주식수등"이라 한다)의 합계가]로 규정하고 있었다.

따라서 주주등의 특수관계인이 주주등과 공동으로 출자한 경우에만 피출자법인과 특수관계가 성립하고 주주등만 출자하고 주주등의 특수관계인은 출자하지 않은 경우 주주등의 특수관계인은 피출자법인과 특수관계가 성립하지 않는다.

주주등이 법인인 경우에는 "해당 주주등의" 소유주식수등이 발행주식총수등의 100분의 50 이상인 법인, 소유주식수등이 "해당 주주등의" 발행주식총수등의 100분의 50 이상인 법인"으로 규정하고 있어 주주등이 단독으로 출자한 출자지분율만으로 피출자법인과의 특수관계 성립 여부를 판단하였다.

○ 2012. 2. 2. 이후

2012. 2. 2. 이후에는 본인이 개인인 경우에는 "본인이 직접 또는 그와 친족관계 또는 경제적 연관관계에 있는 자를 통하여"로 규정하고 본인이 법인인 경우에는 "개인 또는 법인이 직접 또는 그와 친족관계 또는 경제적 연관관계에 있는 자를 통하여", "본인이 직접 또는 그와 경제적 연관관계, 가목 또는 나목의 관계에 있는 자를 통하여"로 규정하고 있다.

당초 입법취지는 본인은 출자하지 않고 본인의 친족등 특수관계인만 출자한 경우에도 특수관계가 성립하는 것으로 규정하려고 했던 것으로 보이나 개정이유에서 이에 대한 사항에 대해 밝히지 않고 있고, 조세심판원(2019중3517)에서는 본인의 특수관계인만 출자하고 본인이 출자하지 않은 경우에는 특수관계가 성립하지 않는 것으로 결정하고 있어 본인이 출자하지 않은 경우로서 특수관계인만 출자한 경우 특수관계 성립 여부는 사전답변 등을 통해 명확하게 확인한 후 진행할 필요가 있다.

(4) 기업집단의 계열회사와 임원 신설

주주등이 법인인 경우로서 법인이 「독점규제 및 공정거래에 관한 법률」에 따른 기업집단에 속하는 경우에는 그 기업집단에 속하는 다른 계열회사 및 그 임원은 특수관계인에 해당하는 것으로 특수관계인 범위에 추가되었다.

2012. 2. 1. 이전	2012. 2. 2. 이후
국세기본법 시행령 제20조 【친족, 그 밖의 특수관계인의 범위】 11. 주주등이 개인인 경우에는 그 주주등과 그와 제1호부터 제10호까지의 관계에 있는 자들의 소유주식수 또는 출자액(이하 "소유주식수등"이라 한다)의 합계가 발행주식총수 또는 출자총액(이하 "발행주식총수등"이라 한다)의 100분의 50 이상인 법인 12. 주주등이 법인인 경우에는 다음 각목의 어느 하나에 해당하는 법인 또는 개인 가. 해당 주주등의 소유주식수등이 발행주식총수등의 100분의 50 이상인 법인(정부가 주주인 경우에 정부는 제외한다) 나. 소유주식수등이 해당 주주등의 발행주식총수등의 100분의 50 이상인 법인(정부가 주주인 경우에 정부는 제외한다) 또는 개인 13. 주주등 및 그와 제1호부터 제8호까지의 관계에 있는 사람이 이사의 과반수이거나 그들 중 1명이 설립자인 비영리법인. 다만, 그들이 해당 비영리법인의 발행주식총수등의 100분의 20 이상을 소유하거나 출자한 경우만 해당한다.	국세기본법 시행령 제1조의2 【특수관계인의 범위】 ③ 법 제2조 제20호 다목에서 "주주・출자자 등 대통령령으로 정하는 경영지배관계"란 다음 각 호의 구분에 따른 관계(이하 "경영지배관계"라 한다)를 말한다. 1. 본인이 개인인 경우 가. 본인이 직접 또는 그와 친족관계 또는 경제적 연관관계에 있는 자를 통하여 법인의 경영에 대하여 지배적인 영향력을 행사하고 있는 경우 그 법인 나. 본인이 직접 또는 그와 친족관계, 경제적 연관관계 또는 가목의 관계에 있는 자를 통하여 법인의 경영에 대하여 지배적인 영향력을 행사하고 있는 경우 그 법인 2. 본인이 법인인 경우 가. 개인 또는 법인이 직접 또는 그와 친족관계 또는 경제적 연관관계에 있는 자를 통하여 본인인 법인의 경영에 대하여 지배적인 영향력을 행사하고 있는 경우 그 개인 또는 법인 나. 본인이 직접 또는 그와 경제적 연관관계 또는 가목의 관계에 있는 자를 통하여 어느 법인의 경영에 대하여 지배적인 영향력을 행사하고 있는 경우 그 법인 다. 본인이 직접 또는 그와 경제적 연관관계, 가목 또는 나목의 관계에 있는 자를 통하여 어느 법인의 경영에 대하여 지배적인 영향력을 행사하고 있는 그 법인 라. 본인이 「독점규제 및 공정거래에 관한 법률」에 따른 기업집단에 속하는 경우 그 기업집단에 속하는 다른 계열회사 및 그 임원 ④ 제3항 제1호 각목, 같은 항 제2호 가목부터 다목까지의 규정을 적용할 때 다음 각호의 구분에 따른 요건에 해당하는 경우 해당 법인의 경

2012. 2. 1. 이전	2012. 2. 2. 이후
	영에 대하여 지배적인 영향력을 행사하고 있는 것으로 본다. (2012. 2. 2. 신설) 1. 영리법인인 경우 가. 법인의 발행주식총수 또는 출자총액의 100분의 30 이상을 출자한 경우 나. 임원의 임면권의 행사, 사업방침의 결정 등 법인의 경영에 대하여 사실상 영향력을 행사하고 있다고 인정되는 경우 2. 비영리법인인 경우 가. 법인의 이사의 과반수를 차지하는 경우 나. 법인의 출연재산(설립을 위한 출연재산만 해당한다)의 100분의 30 이상을 출연하고 그 중 1인이 설립자인 경우

국세기본법 제2조 【정의】

20. "특수관계인"이란 본인과 다음 각목의 어느 하나에 해당하는 관계에 있는 자를 말한다. 이 경우 이 법 및 세법을 적용할 때 본인도 그 특수관계인의 특수관계인으로 본다.
  가. 혈족·인척 등 대통령령으로 정하는 친족관계
  나. 임원·사용인 등 대통령령으로 정하는 경제적 연관관계
  다. 주주·출자자 등 대통령령으로 정하는 경영지배관계

국세기본법 시행령 제1조의2 【특수관계인의 범위】

① 법 제2조 제20호 가목에서 "혈족·인척 등 대통령령으로 정하는 친족관계"란 다음 각호의 어느 하나에 해당하는 관계(이하 "친족관계"라 한다)를 말한다. (2012. 2. 2. 신설)
1. 6촌 이내의 혈족 (2012. 2. 2. 신설)
2. 4촌 이내의 인척 (2012. 2. 2. 신설)
3. 배우자(사실상의 혼인관계에 있는 자를 포함한다) (2012. 2. 2. 신설)
4. 친생자로서 다른 사람에게 친양자 입양된 자 및 그 배우자·직계비속 (2012. 2. 2. 신설)

② 법 제2조 제20호 나목에서 "임원·사용인 등 대통령령으로 정하는 경제적 연관관계"란 다음 각호의 어느 하나에 해당하는 관계(이하 "경제적 연관관계"라 한다)를 말한다. (2012. 2. 2. 신설)
1. 임원과 그 밖의 사용인 (2012. 2. 2. 신설)
2. 본인의 금전이나 그 밖의 재산으로 생계를 유지하는 자 (2012. 2. 2. 신설)
3. 제1호 및 제2호의 자와 생계를 함께하는 친족 (2012. 2. 2. 신설)

③ 법 제2조 제20호 다목에서 "주주·출자자 등 대통령령으로 정하는 경영지배관계"란 다

음 각호의 구분에 따른 관계(이하 "경영지배관계"라 한다)를 말한다. (2012. 2. 2. 신설)

1. 본인이 개인인 경우 (2012. 2. 2. 신설)
   가. 본인이 직접 또는 그와 친족관계 또는 경제적 연관관계에 있는 자를 통하여 법인의 경영에 대하여 지배적인 영향력을 행사하고 있는 경우 그 법인 (2012. 2. 2. 신설)
   나. 본인이 직접 또는 그와 친족관계, 경제적 연관관계 또는 가목의 관계에 있는 자를 통하여 법인의 경영에 대하여 지배적인 영향력을 행사하고 있는 경우 그 법인 (2012. 2. 2. 신설)
2. 본인이 법인인 경우 (2012. 2. 2. 신설)
   가. 개인 또는 법인이 직접 또는 그와 친족관계 또는 경제적 연관관계에 있는 자를 통하여 본인인 법인의 경영에 대하여 지배적인 영향력을 행사하고 있는 경우 그 개인 또는 법인 (2012. 2. 2. 신설)
   나. 본인이 직접 또는 그와 경제적 연관관계 또는 가목의 관계에 있는 자를 통하여 어느 법인의 경영에 대하여 지배적인 영향력을 행사하고 있는 경우 그 법인 (2012. 2. 2. 신설)
   다. 본인이 직접 또는 그와 경제적 연관관계, 가목 또는 나목의 관계에 있는 자를 통하여 어느 법인의 경영에 대하여 지배적인 영향력을 행사하고 있는 그 법인 (2012. 2. 2. 신설)
   라. 본인이 「독점규제 및 공정거래에 관한 법률」에 따른 기업집단에 속하는 경우 그 기업집단에 속하는 다른 계열회사 및 그 임원 (2012. 2. 2. 신설)

④ 제3항 제1호 각목, 같은 항 제2호 가목부터 다목까지의 규정을 적용할 때 다음 각호의 구분에 따른 요건에 해당하는 경우 해당 법인의 경영에 대하여 지배적인 영향력을 행사하고 있는 것으로 본다. (2012. 2. 2. 신설)

1. 영리법인인 경우 (2012. 2. 2. 신설)
   가. 법인의 발행주식총수 또는 출자총액의 100분의 30 이상을 출자한 경우 (2012. 2. 2. 신설)
   나. 임원의 임면권의 행사, 사업방침의 결정 등 법인의 경영에 대하여 사실상 영향력을 행사하고 있다고 인정되는 경우 (2012. 2. 2. 신설)
2. 비영리법인인 경우 (2012. 2. 2. 신설)
   가. 법인의 이사의 과반수를 차지하는 경우 (2012. 2. 2. 신설)
   나. 법인의 출연재산(설립을 위한 출연재산만 해당한다)의 100분의 30 이상을 출연하고 그 중 1인이 설립자인 경우 (2012. 2. 2. 신설)

국세기본법 시행령 제18조의2

【짜고 한 거짓 계약으로 추정되는 계약의 특수관계인의 범위】 (2012. 2. 2. 제목개정)

법 제35조 제4항 후단에서 "특수관계인 중 대통령령으로 정하는 자"란 해당 납세자와 다음 각호의 어느 하나에 해당하는 관계에 있는 자를 말한다. (2012. 2. 2. 개정)

1. 친족관계 (2012. 2. 2. 개정)
2. 경제적 연관관계 (2012. 2. 2. 개정)
3. 경영지배관계 중 제1조의2 제3항 제1호 가목 및 같은 항 제2호 가목 및 나목의 관계. 이 경우 같은 조 제4항을 적용할 때 같은 항 제1호 가목 및 제2호 나목 중 "100분의 30"은 "100분의 50"으로 본다. (2012. 2. 2. 개정)

4. 2023. 3. 1. 이후

국세기본법상 특수관계인 범위는 2012. 2. 2. 개정 후 개정사항이 없다가 2023. 2. 28. 대통령령 제33276호로 변화된 친족에 대한 인식을 반영하기 위한 취지로 친족으로 보는 혈족과 인척의 범위가 축소되고 「민법」에 따라 인지한 혼외 출생자의 생부, 생모로서 생계를 유지하거나 생계를 함께하는 자도 특수관계가 성립하는 친족에 해당하는 것으로 추가되었다.

2012. 2. 2.부터 2023. 2. 28.까지	2023. 3. 1. 이후
국세기본법 시행령 제1조의2 【특수관계인의 범위】 ① 법 제2조 제20호 가목에서 "혈족·인척 등 대통령령으로 정하는 친족관계"란 다음 각호의 어느 하나에 해당하는 관계(이하 "친족관계"라 한다)를 말한다. 1. 6촌 이내의 혈족 2. 4촌 이내의 인척 3. 배우자(사실상의 혼인관계에 있는 자를 포함한다) 4. 친생자로서 다른 사람에게 친양자 입양된 자 및 그 배우자·직계비속	국세기본법 시행령 제1조의2 【특수관계인의 범위】 ① 법 제2조 제20호 가목에서 "혈족·인척 등 대통령령으로 정하는 친족관계"란 다음 각 호의 어느 하나에 해당하는 관계(이하 "친족관계"라 한다)를 말한다. (2012. 2. 2. 신설) 1. 4촌 이내의 혈족 (2023. 2. 28. 개정) 2. 3촌 이내의 인척 (2023. 2. 28. 개정) 3. 배우자(사실상의 혼인관계에 있는 자를 포함한다) (2012. 2. 2. 신설) 4. 친생자로서 다른 사람에게 친양자 입양된 자 및 그 배우자·직계비속 (2012. 2. 2. 신설) 5. 본인이 「민법」에 따라 인지한 혼인외 출생자의 생부나 생모(본인의 금전이나 그 밖의 재산으로 생계를 유지하는 사람 또는 생계를 함께하는 사람으로 한정한다)

국세기본법상 특수관계인 범위 요약

<table>
<tr><th colspan="3">관계</th><th>특수관계인 범위</th></tr>
<tr><td colspan="3">친족관계</td><td>• 4촌 이내의 혈족
• 3촌 이내의 인척
• 배우자(사실상의 혼인관계에 있는 자 포함)
• 친생자로서 다른 사람에게 친양자 입양된 자 및 그 배우자와 직계비속
• 「민법」에 따라 인지한 혼외 출생자의 생부, 생모로서 생계를 유지하거나 생계를 함께하는 자</td></tr>
<tr><td colspan="3">경제적 연관관계</td><td>• 임원 · 사용인
• 임원 · 사용인 외의 자로서 생계를 유지하는 자
• 위의 자들과 "생계를 함께"하는 친족</td></tr>
<tr><td rowspan="5">경영 지배 관계</td><td rowspan="2">1차 지배적 영향력 행사</td><td>개인</td><td>• 본인 또는 친족관계 또는 경제적 연관관계에 있는 자
⇒ 지배적 영향력을 행사하는 법인</td></tr>
<tr><td>법인</td><td>• 법인에 지배적 영향력을 행사하는 자(지분율 30% 이상인 주주등 또는 법인에 사실상 영향력을 행사하는 자 등)
• 법인 또는 경제적 연관관계에 있는 자 또는 법인에 지배적 영향력을 행사하는 자
⇒ 지배적 영향력을 행사하는 법인</td></tr>
<tr><td rowspan="2">2차 지배적 영향력 행사</td><td>개인</td><td>• 본인 또는 친족관계 또는 경제적 연관관계에 있는 자와 지배적 영향력을 행사하는 법인
⇒ 지배적 영향력을 행사하는 법인</td></tr>
<tr><td>법인</td><td>• 본인 또는 경제적 연관관계에 있는 자 또는 법인에 지배적 영향력을 행사하는 자와 법인이 지배적 영향력을 행사하는 법인
⇒ 지배적 영향력을 행사하는 법인</td></tr>
<tr><td colspan="3">법인이 「독점규제 및 공정거래에 관한 법률」에 따른 기업집단에 속하는 경우 그 기업집단에 속하는 다른 계열회사 및 그 임원</td></tr>
</table>

* 지배적 영향력 행사
- 영리법인 - 30% 이상 출자 또는 사실상 영향력 행사
- 비영리법인 - 이사의 과반수 또는 30% 이상 출연 & 그 중 1인이 설립자

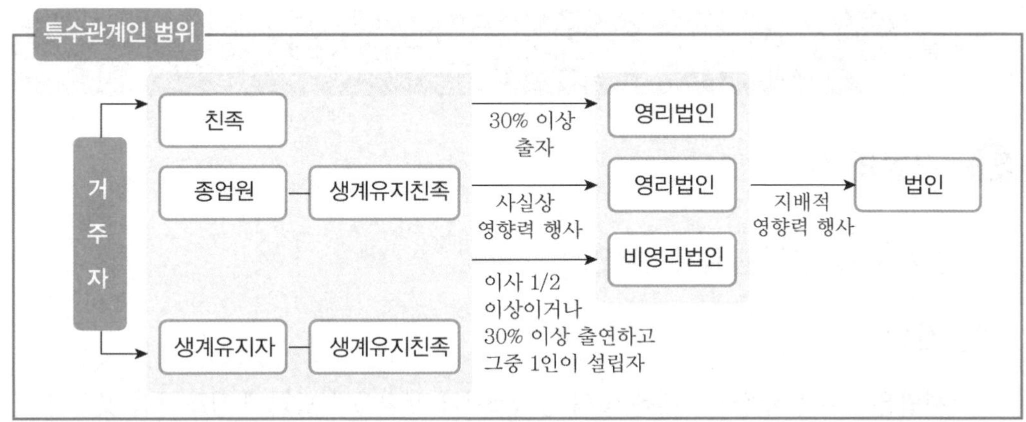

| 거래구분별로 국세기본법상 특수관계 성립 근거조항 |

구분	근거조항
개인과 개인의 특수관계 성립	국세기본법 시행령 제1조의2 제1항, 제2항
개인과 법인의 특수관계 성립	국세기본법 시행령 제1조의2 제2항, 제3항
법인과 법인의 특수관계 성립	국세기본법 시행령 제1조의2 제3항 제2호 (소득세법, 법인세법, 상속세 및 증여세법에 대한 과세문제에서 적용되는 경우가 거의 없으나 소득세법 제94조의 부동산 과다보유법인등 판정 시 다른 법인의 부동산등 비율판정 시 준용[40])

40) **소득세법 시행령 제158조【과점주주의 범위 등】**(2017. 2. 3. 제목개정)

⑦ 법 제94조 제1항 제4호 다목 2) 전단에 따른 다른 법인의 부동산등 보유비율은 다음 계산식에 따라 계산한 부동산등 보유비율로 한다. (2020. 2. 11. 개정)

다른 법인의 부동산등 보유비율

= (A + B + C)/D

A: 다른 법인이 보유하고 있는 법 제94조 제1항 제1호의 자산가액

B: 다른 법인이 보유하고 있는 법 제94조 제1항 제2호의 자산가액

C: 다른 법인이 보유하고 있는 「국세기본법 시행령」 제1조의2 제3항 제2호 및 같은 조 제4항에 따른 경영지배관계에 있는 법인이 발행한 주식가액에 그 경영지배관계에 있는 법인의 부동산등 보유비율을 곱하여 산출한 가액

D: 다른 법인의 자산총액

제2절 소득세법상 특수관계인 범위

 구별의 실익

1. 종합소득 부당행위계산부인

가. 개요

소득세법은 특수관계인과 거래를 통해 종합소득세 부담을 부당하게 감소시킨 것을 방지하기 위해 공동사업에서 출자비율에 따라 받는 분배금, 소득세법 제19조 제1항의 사업소득, 소득세법 제21조의 기타소득금액 계산 시 특수관계인 간에 시가를 벗어난 가액(시가와 대가와의 차액이 시가의 5% 이상 또는 3억 원 이상인 경우에 한함)으로 거래한 경우로서 조세의 부담을 부당하게 감소시킨 것으로 인정되는 경우에는 시가를 기준으로 소득금액을 재계산하도록 규정하고 있다(소법 §41).

소득세법상 특수관계인 여부 구별에 대한 가장 큰 실익은 부당행위계산부인 적용에 있다고 할 수 있다.

사업소득 부당행위계산 부인

○ 대상거래
  ① 시가와 거래가액의 차액 ≥ 시가의 5%, 3억 원 이상인 경우
    • 특수관계인으로부터 자산의 고가 매입, 특수관계인에게 자산의 저가 양도
    • 특수관계인으로부터 금전, 자산 또는 용역을 높은 이율 등으로 차용하거나 제공받은 경우
    • 특수관계인에게 금전, 자산 또는 용역을 무상 또는 낮은 이율등으로 대부하거나 제공한 경우
      (직계존비속에게 주택을 무상으로 사용하게 하고 직계존비속이 실제 거주하는 경우 제외)
  ② 무수익 자산을 매입하여 비용부담한 경우
    ※ 자본거래는 대상 아님.

○ 시가 ⇒ 법인세법 시행령 제89조 준용
○ 특수관계인 ⇒ 국세기본법 시행령 제1조의2 준용

나. 시가

사업소득 또는 기타소득에 대한 부당행위계산부인시 소득금액계산과 시가는 법인세법 시행령 제89조를 준용한다(소령 §98).

다. 특수관계인

소득세법상 부당행위계산부인 적용시 특수관계인은 「국세기본법 시행령」 제1조의2 제1항, 제2항 및 같은 조 제3항 제1호에 따른 특수관계인을 말한다(소령 §98①).

소득세법 제41조 【부당행위계산】

① 납세지 관할 세무서장 또는 지방국세청장은 배당소득(제17조 제1항 제8호에 따른 배당소득만 해당한다), 사업소득 또는 기타소득이 있는 거주자의 행위 또는 계산이 그 거주자와 특수관계인과의 거래로 인하여 그 소득에 대한 조세 부담을 부당하게 감소시킨 것으로 인정되는 경우에는 그 거주자의 행위 또는 계산과 관계없이 해당 과세기간의 소득금액을 계산할 수 있다.

소득세법 시행령 제98조 【부당행위계산의 부인】

② 법 제41조에서 조세 부담을 부당하게 감소시킨 것으로 인정되는 경우는 다음 각호의 어느 하나에 해당하는 경우로 한다. 다만, 제1호부터 제3호까지 및 제5호(제1호부터 제3호까지에 준하는 행위만 해당한다)는 시가와 거래가액의 차액이 3억 원 이상이거나 시가의 100분의 5에 상당하는 금액 이상인 경우만 해당한다. (2010. 2. 18. 개정)

1. 특수관계인으로부터 시가보다 높은 가격으로 자산을 매입하거나 특수관계인에게 시가보다 낮은 가격으로 자산을 양도한 경우 (2012. 2. 2. 개정)
2. 특수관계인에게 금전이나 그 밖의 자산 또는 용역을 무상 또는 낮은 이율 등으로 대부하거나 제공한 경우. 다만, 직계존비속에게 주택을 무상으로 사용하게 하고 직계존비속이 그 주택에 실제 거주하는 경우는 제외한다. (2012. 2. 2. 개정)
3. 특수관계인으로부터 금전이나 그 밖의 자산 또는 용역을 높은 이율 등으로 차용하거나 제공받는 경우 (2012. 2. 2. 개정)
4. 특수관계인으로부터 무수익자산을 매입하여 그 자산에 대한 비용을 부담하는 경우 (2012. 2. 2. 개정)
5. 그 밖에 특수관계인과의 거래에 따라 해당 과세기간의 총수입금액 또는 필요경비를 계산할 때 조세의 부담을 부당하게 감소시킨 것으로 인정되는 경우 (2012. 2. 2. 개정)

③ 제2항 제1호의 규정에 의한 시가의 산정에 관하여는 「법인세법 시행령」 제89조 제1항 및 제2항의 규정을 준용한다. (2005. 2. 19. 개정)

④ 제2항 제2호 내지 제5호의 규정에 의한 소득금액의 계산에 관하여는 「법인세법 시행령」

제89조 제3항 내지 제5항의 규정을 준용한다. (2005. 2. 19. 개정)

2. 양도소득 부당행위계산부인

특수관계인에게 시가보다 낮은 가격으로 양도소득세 과세대상자산을 양도하거나 특수관계인으로부터 시가보다 높은 가액으로 자산을 양수하는 경우에는 양도소득세 부당감소의 결과로 이어진다.

따라서 소득세법은 특수관계인과의 거래를 통해 양도소득세 부담을 부당하게 감소시킨 것으로 인정되는 경우(시가와 거래가액과의 차액이 시가의 5% 이상이거나 3억 원 이상인 경우에 한하여 적용)에는 양도소득금액을 재계산하도록 규정하고 있다(소법 §101).

양도소득에 대한 부당행위계산부인시 시가는 상속세 및 증여세법 제60조부터 제66조를 준용하되 평가기준일 전후 6개월(증여재산은 평가기준일 전 6개월 평가기준일 후 3개월) 이내의 기간은 양도일 또는 취득일 전후 각 3개월의 기간으로 한다(소령 §167⑤). 다만 주권상장법인주식의 시가는 법인세법 시행령 제89조를 준용(시가와 거래가액의 차액 5% 또는 3억 원 요건 미적용)한다(소령 §167⑤).

양도소득 부당행위계산 부인

○ 대상거래

시가와 거래가액의 차액 ≥ 시가의 5%, 3억 원 이상인 경우

- 특수관계인으로부터 양도소득세 과세대상 자산의 고가 매입
  (고가로 양수한 양수자의 양도시 적용되는 취득가액 ⇒ 시가)
- 특수관계인에게 양도소득세 과세대상 자산 저가 양도

○ 시가 ⇒ 상속세 및 증여세법 제60조 준용(양도일, 취득일 전후 3개월)

- 부당행위계산 대상 거래 여부 판단
  계약체결일 당시 시가
- 양도차익 산정
  양도일, 취득일(잔금청산일 기준)
- 주권상장법인 주식
  법인세법 시행령 제89조 준용(시가와 거래가액의 차액 5% 또는 3억 원 요건 미적용)
  ⇒ 특수관계인외 불특정 다수인과 계속적으로 거래한 가격
  또는 특수관계 아닌 제3자간에 일반적으로 거래된 가격

○ 특수관계인 ⇒ 국세기본법 시행령 제1조의2 준용

소득세법 제101조 【양도소득의 부당행위계산】
① 납세지 관할 세무서장 또는 지방국세청장은 양도소득이 있는 거주자의 행위 또는 계산이 그 거주자의 특수관계인과의 거래로 인하여 그 소득에 대한 조세 부담을 부당하게 감소시킨 것으로 인정되는 경우에는 그 거주자의 행위 또는 계산과 관계없이 해당 과세기간의 소득금액을 계산할 수 있다.

3. 증여 후 양도 시 양도소득금액 재계산

특수관계인 간에는 양도소득세 부담을 낮추기 위해 특수관계인으로부터 시가로 증여받아 취득가액을 높인 후 양도하여 양도소득세 부담을 낮추는 조세회피시도가 가능하다.

따라서 소득세법은 특수관계인에게 증여 후 증여받은 자가 10년(2023년 이전 증여받은 경우 5년) 이내 양도한 경우로서 해당 증여세와 양소소득세 부담의 합이 증여자가 직접 양도한 경우의 양도소득세보다 적은 경우에는 증여자가 직접 양도한 것으로 보아 양도소득세를 부담하도록 규정하고 있다(소법 §101②).

다만, 소득세법 제97조의2 제2항이 적용되는 경우(배우자등에 대한 이월과세: 배우자 또는 직계존비속에게 증여 후 10년(2023년 이전 증여받은 경우 5년) 이내 양도하는 경우 증여자의 취득가액을 취득가액으로 의제)와 양도소득이 수증자에게 실제 귀속된 경우에는 소득세법 제101조 제2항을 적용하지 않는다.

소득세법 제101조 【양도소득의 부당행위계산】
② 거주자가 제1항에서 규정하는 특수관계인(제97조의2 제1항을 적용받는 배우자 및 직계존비속의 경우는 제외한다)에게 자산을 증여한 후 그 자산을 증여받은 자가 그 증여일부터 10년 이내에 다시 타인에게 양도한 경우로서 제1호에 따른 세액이 제2호에 따른 세액보다 적은 경우에는 증여자가 그 자산을 직접 양도한 것으로 본다. 다만, 양도소득이 해당 수증자에게 실질적으로 귀속된 경우에는 그러하지 아니하다. (2022. 12. 31. 개정)
⇒ 2023. 1. 1. 이후 증여받은 자산을 양도하는 분부터 적용
1. 증여받은 자의 증여세(「상속세 및 증여세법」에 따른 산출세액에서 공제・감면세액을 뺀 세액을 말한다)와 양도소득세(이 법에 따른 산출세액에서 공제・감면세액을 뺀 결정세액을 말한다. 이하 제2호에서 같다)를 합한 세액 (2009. 12. 31. 개정)
2. 증여자가 직접 양도하는 경우로 보아 계산한 양도소득세 (2009. 12. 31. 개정)

소득세법 제97조의2 【양도소득의 필요경비 계산 특례】
① 거주자가 양도일부터 소급하여 10년 이내에 그 배우자(양도 당시 혼인관계가 소멸된 경우를 포함하되, 사망으로 혼인관계가 소멸된 경우는 제외한다. 이하 이 항에서 같다) 또는 직계존비속으로부터 증여받은 제94조 제1항 제1호에 따른 자산이나 그 밖에 대통령령으로 정하는 자산의 양도차익을 계산할 때 양도가액에서 공제할 필요경비는 제97조 제2항에 따르되, 취득가액은 그 배우자 또는 직계존비속의 취득 당시 제97조 제1항 제1호에 따른 금액으로 한다. 이 경우 거주자가 증여받은 자산에 대하여 납부하였거나 납부할 증여세 상당액이 있는 경우에는 제97조 제2항에도 불구하고 필요경비에 산입한다.
⇒ 2023. 1. 1. 이후 증여받은 자산을 양도하는 분부터 적용

4. 공동사업 합산과세

사업소득이 발생하는 사업을 공동으로 경영하고 그 손익을 공동으로 분배하는 경우에는 해당 사업을 경영하는 장소를 1거주자로 보아 공동사업장별로 소득금액을 계산하며 약정된 손익분배비율에 의하여 각 공동사업자별로 소득금액을 분배한다(소법 §43②).

다만, 생계를 같이하는 특수관계인 간 공동사업을 영위하는 경우로서 손익비율을 거짓으로 하는 등의 사유가 있는 경우에는 공동사업에서 발생한 소득금액 전체를 손익분배비율이 큰 자의 소득금액으로 본다(소법 §43③). 이 경우 특수관계인 해당 여부는 과세기간 종료일 현재의 상황에 의한다(소령 §100③).

소득세법 제43조 【공동사업에 대한 소득금액 계산의 특례】
③ 거주자 1인과 그의 대통령령으로 정하는 특수관계인이 공동사업자에 포함되어 있는 경우로서 손익분배비율을 거짓으로 정하는 등 대통령령으로 정하는 사유가 있는 경우에는 제2항에도 불구하고 그 특수관계인의 소득금액은 그 손익분배비율이 큰 공동사업자(손익분배비율이 같은 경우에는 대통령령으로 정하는 자로 한다. 이하 "주된 공동사업자"라 한다)의 소득금액으로 본다. (2012. 1. 1. 개정)

소득세법 시행령 제100조 【공동사업합산과세 등】
③ 제2항에 따른 특수관계인에 해당하는지 여부는 해당 과세기간 종료일 현재의 상황에 의한다.

5. 비거주자의 자본거래를 통한 국내원천 기타소득 과세

거주자의 경우 특수관계인과의 증자, 감자, 합병등 자본거래를 통해 가치가 증가함으로써 발생하는 소득은 소득세 과세대상에 해당하지 않는다.

반면 비거주자의 경우 국내에서 과세권을 확보하기 위해 특수관계인과 법인세법 시행령 제89조 제1항 제8호 및 제8호의2에 해당하는 자본거래를 통해 주주등인 비거주자가 특수관계에 있는 다른 주주등으로부터 이익을 분여받아 발생하는 소득은 국내원천기타소득으로 규정하고 있다(소법 §119 12호 자목, 소령 §179⑯).

이 경우 비거주자가 자본거래를 통해 얻은 소득을 국내원천기타소득으로 과세하는 특수관계인의 범위는 국세기본법을 준용하지 않고 국제조세조정에 관한 법률 시행령 제2조 제2항에 따른 특수관계인과 비거주자 또는 외국법인과 소득세법 시행령 제26조의2 제2항 제1호 가목 및 나목에 따른 특수관계인 범위를 준용한다(소령 §179⑮).

소득세법 제119조 【비거주자의 국내원천소득】

12. 국내원천 기타소득: 제1호부터 제8호까지, 제8호의2, 제9호부터 제11호까지의 규정에 따른 소득 외의 소득으로서 다음 각 목의 어느 하나에 해당하는 소득
    자. 대통령령으로 정하는 특수관계에 있는 비거주자(이하 제156조에서 "국외특수관계인"이라 한다)가 보유하고 있는 내국법인의 주식 또는 출자지분이 대통령령으로 정하는 자본거래로 인하여 그 가치가 증가함으로써 발생하는 소득 (2012. 1. 1. 개정)

소득세법 시행령 제179조 【비거주자의 국내원천소득의 범위】

⑮ 법 제119조 제12호 자목에서 "대통령령으로 정하는 특수관계에 있는 비거주자"란 다음 각 호의 어느 하나에 해당하는 관계에 해당하는 비거주자를 말한다.

1. 거주자 또는 내국법인과 「국제조세조정에 관한 법률 시행령」 제2조 제2항에 따른 특수관계
2. 비거주자 또는 외국법인과 제26조의2 제2항 제1호 가목 또는 나목에 따른 특수관계

⑯ 법 제119조 제12호 자목에서 "대통령령으로 정하는 자본거래로 인하여 그 가치가 증가함으로써 발생하는 소득"이란 「법인세법 시행령」 제88조 제1항 제8호 각 목의 어느 하나 또는 같은 항 제8호의2에 해당하는 거래로 인하여 주주등인 비거주자가 제15항 각 호에 따른 특수관계에 있는 다른 주주등으로부터 이익을 분여받아 발생한 소득을 말한다.

소득세법 시행령 제26조의2 【집합투자기구로부터의 배당소득 등】

② 제1항에도 불구하고 「자본시장과 금융투자업에 관한 법률」 제9조 제19항에 따른 사모집합투자기구로서 다음 각 호의 요건을 모두 갖춘 집합투자기구에 대해서는 제1항에 따른 집합투자기구로 보지 않고 법 제4조 제2항을 적용한다.

1. 투자자가 거주자(비거주자와 국내사업장이 없는 외국법인을 포함한다. 이하 이 조에서 같다) 1인이거나 거주자 1인 및 그 거주자의 「국세기본법 시행령」 제1조의2 제1항부터 제3항까지의 규정에 따른 특수관계인(투자자가 비거주자와 국내사업장이 없는 외국법인인 경우에는 다음 각 목의 어느 하나에 해당하는 관계에 있는 자를 말한다)으로 구성된 경우
   가. 비거주자와 그의 배우자·직계혈족 및 형제자매인 관계
   나. 일방이 타방의 의결권 있는 주식의 100분의 50 이상을 직접 또는 간접으로 소유하고 있는 관계

6. 기타주주 범위 판단

가. 양도소득세 과세대상이 되는 대주주 범위 판단

2023. 1. 1. 이후 주권상장법인·코스닥시장 상장법인의 주주가 주식을 양도하는 경우에는 특수관계인의 지분을 합산하지 않고 본인이 단독으로 1% 이상(코스닥시장 2%[41]) 또는 시가총액 10억 원 이상을 보유한 경우에 한하여 양도소득세 과세대상이 되는 대주주에 해당한다(소법 §93①3호가목, 소령 §157④1호,2호).

다만 이 경우 양도소득세 과세대상이 되는 대주주 판정시 직전 사업연도 종료일 현재 주주 1인 및 법인세법 시행령 제43조 제8항 제1호에 따른 특수관계인(법인세법상 지배주주 판정시 지분율 합산하는 특수관계인)의 소유주식 비율합계가 법인의 주주등 중 최대인 경우에는 주주 본인의 단독지분율로 판단하지 않고 주식등의 양도일이 속하는 직전 사업연도 종료일 현재 기타주주에 해당하는 자의 지분율과 시가총액을 합산하여 판단한다(소령 §157④1호).

이 경우 주권상장법인의 주주등 중 보유주식비율이 최대인 경우로서 1% 이상 지분율 또는 보유주식의 시가총액 10억 원 이상 판단시 지분율 합산하는 기타주주의 범위는 2023. 1. 1.부터 국세기본법상 특수관계인 범위를 그대로 준용하지 않고 그 범위를 축소하여 다음에 해당하는 자만 해당한다.

① 국세기본법상 친족관계에 있는 자

4촌 이내 혈족, 3촌 이내 인척, 배우자(사실혼 관계에 있는 자 포함), 친생자로서 친양자 입양된 자 및 직계비속과 배우자, 혼외 출생자의 생부 또는 생모로서 생계를 함께하거나

41) 코넥스시장 4%

생계를 유지하는 자

② 1차 직접 지배적 영향력 행사법인

본인인 개인이 직접 또는 본인과 친족관계, 경제적 연관관계에 있는 자와 함께 또는 본인이 아닌 친족관계, 경제적 연관관계에 있는 자가 지배적 영향력 행사하는 법인

③ 2차 간접 지배적 영향력 행사법인

개인과 친족관계, 경제적 연관관계에 있는 자와 1차 직접 지배적 영향력 행사법인이 공동으로 또는 1차 직접 지배적 영향력 행사법인이 단독으로 지배적 영향력 행사하는 법인

나. 주권비상장법인 대주주 범위 판단

주권상장법인 · 코스닥 상장법인 주식과 다르게 주권비상장법인 주식을 양도함으로써 발생하는 소득은 모두 양도소득세 과세대상에 해당한다.

이 경우 대주주에 해당하지 않는 경우에는 중소기업 주식의 경우 10%, 비중소기업의 주식을 양도하는 경우에는 20%의 세율이 적용되지만 대주주에 해당하는 경우에는 20%(과세표준 3억 원 미만), 25%(과세표준 3억 원 초과), 30%(1년 미만 단기양도)의 세율이 적용된다(소법 §104①11호).

이 경우 주권비상장법인의 대주주는 보유주식비율 합계가 법인의 주주등 중 최대인지를 불문하고 본인과 위 가.에 해당하는 기타주주의 지분율 및 보유주식가액을 합하여 지분율 4% 이상 또는 시가총액 10억 원 이상인 자를 말한다(소령 §167조의8①2호).

다. 과점주주 범위 판단

주식을 양도하는 경우에는 일반적인 양도소득세 세율이 아닌 10%에서 30%까지의 주식양도에 대한 양도소득세율이 적용된다.

다만 이 경우 법인의 자산총액 중 부동산등(소법 §94①4호다목)이 차지하는 비율이 50% 이상인 경우로서 과점주주에 해당하는 자가 50% 이상의 주식을 과점주주외의 자에게 양도하는 경우에는 주식양도시의 세율이 아닌 16%에서 최고 55%의 부동산등 양도시의 세율이 적용된다(소법 §104).

이 경우 과점주주 범위 판단시에는 주주 1인과 위 가.의 기타주주의 지분율을 합하여 50% 초과하는 지분율을 보유한 주주를 의미한다(소령 §158①).

 특수관계인 범위

소득세법은 소득세법상 특수관계인 범위에 대해 별도로 규정하지 않고 소득세법 시행령 제98조 제1항 및 소득세법 시행령 제100조 제1항에서 국세기본법상 특수관계인의 범위를 준용하는 것으로 규정하고 있다.

따라서 소득세법상 특수관계인의 범위는 국세기본법 시행령 제1조의2 제1항, 제2항, 제3항 제1호에서 규정하고 있는 자(국세기본법상 특수관계인의 범위 중 친족관계에 있는 자, 경제적 연관관계에 있는 자, 본인이 개인인 경우 경영지배관계에 있는 자)와 동일하다.

소득세법 시행령 제100조 【공동사업합산과세 등】

② 법 제43조 제3항에서 "대통령령으로 정하는 특수관계인"이란 거주자 1인과 「국세기본법 시행령」 제1조의2 제1항부터 제3항까지의 규정에 따른 관계에 있는 자로서 생계를 같이 하는 자를 말한다. (2012. 2. 2. 개정)

소득세법 시행령 제98조 【부당행위계산의 부인】

① 법 제41조 및 제101조에서 "특수관계인"이란 「국세기본법 시행령」 제1조의2 제1항, 제2항 및 같은 조 제3항 제1호에 따른 특수관계인을 말한다. (2012. 2. 2. 개정)

【서면-2016-부동산-5960, 2017. 3. 8.】

양도소득의 부당행위계산부인 규정을 적용할 때 "특수관계인"이란 「국세기본법 시행령」 제1조의2 제1항(친족관계), 제2항(경제적 연관관계), 제3항(경영지배관계)에 따른 특수관계인을 말함.

【서면-2015-부동산-0164, 2015. 7. 13.】

양도소득세 과세대상인 상장주식의 양도 시 대주주 판단에 있어 주주 1인과 특수관계에 해당하는지 여부는 국기법 시행령 제1조의2 제1항 및 제3항 제1호에 따라 판단하는 것임.

소득세법 집행기준 41-98-2 【생계를 유지하는 자의 범위】

거주자의 금전 기타자산에 의하여 생계를 유지하는 자와 이들과 생계를 같이하는 친족의 범위는 다음과 같다.

1. '생계를 유지하는 자'라 함은 해당 거주자로부터 지급받는 금전·기타의 재산수입과 해당 금전·기타 재산의 운용에 의하여 생기는 수입을 일상생활비의 주된 원천으로 하고 있는 자를 말한다.
2. '생계를 같이하는 친족'이라 함은 제1호의 생계를 유지하는 자와 일상생활을 공동으로 경영하는 친족을 말한다.

소득세법 집행기준 41－98－3 【특수관계인에 해당하는 대표자의 범위 등】
① '거주자와 해당 거주자가 대표자인 법인'은 특수관계인에 해당되는 것이며, 여기에서 '대표자'라 함은 법인 등기부상 대표자로 등재되어 있는지 여부와 관계없이 임원의 임면권의 행사, 사업방침의 결정 등 법인의 경영에 대하여 사실상의 영향력을 행사하고 법인을 실질적으로 지배하고 있는 사실상의 대표자를 말한다.
② 거주자가 해당 법인의 주식 또는 출자지분을 소유하지 아니한 경우에도 해당 거주자가 직접 또는 그와 친족관계, 경제적 연관관계에 있는 자를 통하여 법인의 경영에 지배적인 영향력을 행사하는 경우 해당 거주자는 특수관계인에 해당한다.

특수관계 성립 여부 판단 사례

■ A법인의 주식을 100% 가지고 있는 대표이사인 甲은 동 회사의 직원 乙에게 A법인 주식 2,000주를 시가보다 낮은 가액으로 양도하려고 한다. 이 경우 특수관계 성립 여부

소득세법상 특수관계 여부는 국세기본법을 준용하여 판단하여야 한다. 국세기본법을 준용하여 판단 시 출자임원과 직원 간에는 출자임원과 직원 간에 직접적으로 친족관계 또는 경제적 연관관계에 있지 않는 한 출자임원의 지분율과 관계없이 특수관계가 성립하지 않으므로 甲과 乙은 소득세법상 경제적 연관관계에 있는 특수관계가 성립하지 않는다.

따라서 甲은 취득가액과 양도가액과의 차액에 대해 양도소득세를 부담할 뿐 양도소득세 부당행위계산부인이 적용되어 시가를 기준으로 양도소득세가 과세되는 문제는 발생하지 않는다.

다만, 상속세 및 증여세법상으로는 30% 이상 출자하여 출자에 의해 지배하는 법인의 사용인과 특수관계가 성립하므로 양도자인 대표이사인 甲은 과세문제가 없지만 저가로 양수한 乙은 시가보다 낮은 가액으로 주식을 양수한 경우로서 일정 요건을 충족한 경우에는 이 전받은 이익상당액에 대해 상속세 및 증여세법 제35조에 의해 증여세가 과세된다.[42)]

42) 특수관계 있는 자로부터 시가보다 낮은 가액으로 재산을 양수한 경우로서 시가와 대가와의 차액이 시가의 30% 또는 3억 원 이상인 경우에는 시가와 대가와의 차액에서 시가의 30%와 3억 원 중 적은 금액을 차감한 금액에 대해 증여세가 과세된다(상증법 §35①).

【서면-2019-자본거래-2575, 2020. 3. 23.】
「소득세법」 제101조에서 "특수관계인"이란 같은 법 시행령 제98조 제1항에 따르는 것으로 같은 법인의 대표이사이자 100% 지분을 가진 주주와 사용인은 「국세기본법 시행령」 제1조의2 제1항, 제2항 및 같은 조 제3항 제1호에 따른 특수관계인에 해당하지 않는 것임.

A법인의 주식을 25% 가지고 있는 주주 甲은 본인의 주식을 소각목적 외의 목적으로 A법인에게 시가보다 낮은 가액으로 양도하려고 한다. 이 경우 甲의 과세문제는?

국세기본법을 준용하여 판단 시 甲은 A법인에 30% 이상 미만을 출자하였으므로 甲과 A법인은 소득세법상 경영지배관계에 있는 특수관계가 성립하지 않는다.

따라서 甲은 취득가액과 양도가액과의 차액에 대해 양도소득세를 부담할 뿐 그 외 과세문제는 발생하지 않는다.

다만, 해당 사례에서 甲과 A법인은 소득세법상으로는 특수관계가 성립하지 않지만 A법인 입장에서 甲은 A법인의 비소액주주등에 해당하므로 법인세법상 甲과 A법인은 쌍방 간에 법인세법상 특수관계가 성립한다.[43]

법인의 경우 특수관계인으로부터 유가증권을 시가보다 낮은 가액으로 양수한 경우에는 시가와 대가와의 차액을 익금산입하여야 하므로 A법인은 시가와 대가와의 차액을 익금산입하여야 하는 과세문제가 발생한다(법법 §15②1호).

A법인의 주식을 100% 가지고 있는 주주 甲은 A법인의 대표이사인 乙에게 시가보다 낮은 가액으로 본인 소유주식 전부를 양도하면서 경영권 일체를 넘겨주려고 한다. 이 경우 특수관계 성립 여부

甲주주가 A법인의 주식을 100% 보유하고 있더라도 소득세법상 주주와 임직원 간에는 경제적 연관관계에 있는 특수관계가 성립하지 않으므로 소득세법상 甲과 乙은 특수관계가 성립하지 않는다. 따라서 시가보다 낮은 가액으로 주식을 양도하더라도 양도소득세 부당행위계산부인 문제는 발생하지 않는다.

다만, 상속세 및 증여세법상 乙은 甲이 출자에 의해 지배하는 법인에 사용인에 해당하여 상속세 및 증여세법상으로는 특수관계가 성립하므로 일정요건을 충족한 경우에는 저가로 양수한 乙에게 상속세 및 증여세법 제35조에 의해 증여세가 과세된다.

43) 법인에 1% 이상 출자한 비소액주주등은 법인세법상 법인과 특수관계가 성립한다(법령 §2⑤).

소득세법상 특수관계인 범위

소득세법 집행기준 41－98－1 【특수관계인의 범위】

① '특수관계인'이란 다음 중 어느 하나의 관계에 있는 자를 말한다.

구분	특수관계인의 범위
친족	1. 4촌 이내의 혈족 2. 3촌 이내의 인척 3. 배우자(사실상의 혼인관계에 있는 자 포함한다) 4. 친생자로서 다른 사람에게 친양자 입양된 자 및 그 배우자·직계비속 5. 본인이 「민법」에 따라 인지한 혼인외 출생자의 생부나 생모(본인의 금전이나 그 밖의 재산으로 생계를 유지하는 사람 또는 생계를 함께하는 사람으로 한정한다)
경제적 연관관계	5. 임원과 그 밖의 사용인 6. 본인의 금전이나 그 밖의 재산으로 생계를 유지하는 자 7. 5. 및 6.의 자와 생계를 함께하는 친족
경영지배관계	8. 본인이 직접 또는 그와 친족관계 또는 경제적 연관관계에 있는 자를 통하여 법인의 경영에 대하여 지배적인 영향력*을 행사하고 있는 경우 그 법인 9. 본인이 직접 또는 그와 친족관계, 경제적 연관관계 또는 8의 관계에 있는 자를 통하여 법인의 경영에 대하여 지배적인 영향력*을 행사하고 있는 경우 그 법인

* 지배적인 영향력

1) 영리법인인 경우: 법인의 발행주식총수 또는 출자총액의 100분의 30 이상을 출자한 경우와 임원 임면권의 행사, 사업방침의 결정 등 법인의 경영에 대하여 사실상 영향력을 행사하고 있다고 인정되는 경우
2) 비영리법인인 경우: 법인의 이사의 과반수를 차지하는 경우와 법인의 출연재산(설립을 위한 출연재산만 해당한다)의 100분의 30 이상을 출연하고 그 중 1인이 설립자인 경우

제3절 부가가치세법상 특수관계인 범위

구별의 실익

1. 과세되는 부동산 임대용역 판단

전단계세액공제법을 취하고 있는 우리나라 부가가치세법은 무상공급에 대한 과세에 있어 재화의 무상공급은 재화의 공급으로 보아 부가가치세를 과세하지만 용역의 무상공급은 용역의 공급으로 보지 않고 있다.

다만, 용역의 무상공급 중 특수관계인에게 부동산 임대용역을 무상으로 공급하는 경우에는 용역의 공급으로 보아 부가가치세를 과세하고 있다(부법 §12②).

> **부가가치세법 제12조 【용역 공급의 특례】**
> ② 사업자가 대가를 받지 아니하고 타인에게 용역을 공급하는 것은 용역의 공급으로 보지 아니한다. 다만, 사업자가 대통령령으로 정하는 특수관계인(이하 "특수관계인"이라 한다)에게 사업용 부동산의 임대용역 등 대통령령으로 정하는 용역을 공급하는 것은 용역의 공급으로 본다. (2013. 6. 7. 개정)

2. 과세표준의 재계산

특수관계인에게 재화 또는 용역을 시가보다 낮은 가액으로 공급하여 조세의 부담을 부당하게 감소시킬 것으로 인정되는 경우에는 공급한 재화 또는 용역의 시가를 공급가액으로 하여 부가가치세가 과세된다(부법 §29④).

> **부가가치세법 제29조 【과세표준】**
> ④ 제3항에도 불구하고 특수관계인에 대한 재화 또는 용역(수탁자가 위탁자의 특수관계인에게 공급하는 신탁재산과 관련된 재화 또는 용역을 포함한다)의 공급이 다음 각 호의 어느 하나에 해당하는 경우로서 조세의 부담을 부당하게 감소시킬 것으로 인정되는 경우에는 공급한 재화 또는 용역의 시가를 공급가액으로 본다. (2021. 12. 8. 개정)
> 1. 재화의 공급에 대하여 부당하게 낮은 대가를 받거나 아무런 대가를 받지 아니한 경우

(2013. 6. 7. 개정)
2. 용역의 공급에 대하여 부당하게 낮은 대가를 받는 경우 (2013. 6. 7. 개정)
3. 용역의 공급에 대하여 대가를 받지 아니하는 경우로서 제12조 제2항 단서가 적용되는 경우 (2013. 6. 7. 개정)

Ⅱ 특수관계인 범위

부가가치세법은 특수관계인의 범위에 대해 별도로 규정하지 않고 개인사업자의 경우 소득세법상 특수관계인 범위를 준용하고 법인사업자의 경우 법인세법상 특수관계인의 범위를 준용하는 것으로 규정하고 있다(부령 §26①).

소득세법상 특수관계인의 범위는 국세기본법상 특수관계인의 범위 중 본인이 개인인 경우의 특수관계인 범위를 준용하므로 부가가치세법상 개인사업자의 특수관계인 범위는 국세기본법 시행령 제1조의2 제1항, 제2항, 제3항 제1호에서 규정하고 있는 자(국세기본법상 특수관계인의 범위 중 친족관계에 있는 자, 경제적 연관관계에 있는 자, 본인이 개인인 경우 경영지배관계에 있는 자)와 동일하다.

또한 법인사업자의 특수관계인의 범위는 법인세법 시행령 제2조 제8항에서 규정하고 있는 자와 동일하다.

부가가치세법 시행령 제26조
【용역의 공급으로 보는 특수관계인에 대한 사업용 부동산의 임대용역】
① 법 제12조 제2항 단서에서 "대통령령으로 정하는 특수관계인"이란 「소득세법 시행령」 제98조 제1항 또는 「법인세법 시행령」 제2조 제5항 각호에 따른 자(이하 "특수관계인"이라 한다)를 말한다.

부가가치세법상 특수관계인 범위

○ 개인사업자
국세기본법 시행령 제1조의2 제1항, 제2항, 제3항 제1호 준용

○ 법인사업자
법인세법 시행령 제2조 제8항 준용

제4절 조세특례제한법상 특수관계인 범위

구별의 실익

조세특례제한법은 정책적인 목적으로 개인사업자 및 법인사업자에게 다양한 조세혜택을 부여하고 있다. 이러한 조세혜택 중 상생협력을 위한 기금 출연 등에 대한 세액공제, 기술이전 및 기술취득에 대한 과세특례 등의 조세혜택을 적용 시 특수관계인 간 거래에 대해서는 조세지원의 취지를 감안하여 과세특례를 배제하는 것으로 규정하고 있다.

따라서 조세특례제한법상 특수관계인 여부 판단에 대한 구별의 실익은 조세특례적용가능 여부로 귀결된다.

※ 아래의 조항 이외의 다수 조항에서도 개인사업자 및 법인사업자에 대한 조세특례를 적용 시에는 특수관계인 간 거래에 대해서는 조세특례를 배제하고 있다.

조세특례제한법 제8조의3 【상생협력을 위한 기금 출연 등에 대한 세액공제】

① 내국법인이 「대・중소기업 상생협력 촉진에 관한 법률」 제2조 제3호 또는 「자유무역협정체결에 따른 농어업인 등의 지원에 관한 특별법」 제2조 제19호에 따른 상생협력을 위하여 2025년 12월 31일까지 다음 각 호의 어느 하나에 해당하는 출연을 하는 경우에는 해당 출연금의 100분의 10에 상당하는 금액을 출연한 날이 속하는 사업연도의 법인세에서 공제한다. 다만, 해당 출연금이 대통령령으로 정하는 특수관계인을 지원하기 위하여 사용된 경우 그 금액에 대해서는 공제하지 아니한다.

조세특례제한법 제12조 【기술이전 및 기술취득 등에 대한 과세특례】

① 중소기업 및 대통령령으로 정하는 중견기업이 대통령령으로 정하는 자체 연구・개발한 특허권, 실용신안권, 기술비법 또는 기술(이하 이 조에서 "특허권등"이라 한다)을 2023년 12월 31일까지 내국인에게 이전(대통령령으로 정하는 특수관계인에게 이전한 경우는 제외한다)함으로써 발생하는 소득에 대하여는 해당 소득에 대한 소득세 또는 법인세의 100분의 50에 상당하는 세액을 감면한다.

조세특례제한법 제12조의3 【기술혁신형 합병에 대한 세액공제】

① 내국법인이 2024년 12월 31일까지 대통령령으로 정하는 기술혁신형 중소기업을 다음 각 호의 요건을 모두 갖추어 합병(대통령령으로 정하는 특수관계인과의 합병은 제외한다)하는 경우 합병법인이 피합병법인에게 지급한 양도가액(이하 이 조에서 "양도가액"이라 한다) 중 대통령령으로 정하는 기술가치 금액의 100분의 10에 상당하는 금액을 해당 사업연

도의 법인세에서 공제한다.

조세특례제한법 제12조의4 【기술혁신형 주식취득에 대한 세액공제】
① 내국법인(이하 이 조에서 "인수법인"이라 한다)이 2021년 12월 31일까지 대통령령으로 정하는 기술혁신형 중소기업(이하 이 조에서 "피인수법인"이라 한다)의 주식 또는 출자지분(이하 이 조에서 "주식등"이라 한다)을 다음 각호의 요건을 모두 갖추어 취득(대통령령으로 정하는 특수관계인으로부터 취득한 경우는 제외한다)하는 경우 매입가액 중 대통령령으로 정하는 기술가치 금액의 100분의 10에 상당하는 금액을 해당 사업연도의 법인세에서 공제한다.

조세특례제한법 제13조의2 【내국법인의 벤처기업 등에의 출자에 대한 과세특례】
① 대통령령으로 정하는 내국법인이 2025년 12월 31일까지 다음 각 호의 어느 하나에 해당하는 주식 또는 출자지분을 취득하는 경우 주식 또는 출자지분 취득가액의 100분의 5에 상당하는 금액을 해당 사업연도의 법인세에서 공제한다. 다만, 대통령령으로 정하는 특수관계인의 주식 또는 출자지분을 취득하는 경우 그 금액에 대해서는 공제하지 아니한다.

⋮

그 외 생략

 특수관계인 범위

조세특례제한법은 특수관계인 범위를 별도로 규정하지 않고 개인사업자의 경우 소득세법 시행령 제98조를 준용하고 법인의 경우 법인세법상 특수관계인 범위를 규정하고 있는 법인세법 시행령 제2조 제8항을 준용하되 비소액주주등 판정에 대해서만 지분율을 달리 적용하여 판단하도록 규정하고 있다.

개인사업자의 경우 특수관계인 판단은 소득세법 시행령 제98조를 준용하므로 조세특례제한법상 개인사업자의 특수관계인의 범위는 국세기본법 시행령 제2조의2 제1항, 제2항, 제3항 제1호에서 규정하고 있는 자(국세기본법상 특수관계인의 범위 중 친족관계에 있는 자, 경제적 연관관계에 있는 자, 본인이 개인인 경우 경영지배관계에 있는 자)와 동일하며 법인사업자의 경우 법인세법 시행령 제2조 제8항에 해당하는 자와 동일하다.

조세특례제한법 시행령 제11조 【기술비법의 범위 등】
① 법 제12조 제1항, 같은 조 제2항 전단 및 같은 조 제3항에서 "대통령령으로 정하는 특수관계인"이란 「법인세법 시행령」 제2조 제5항 및 「소득세법 시행령」 제98조 제1항에 따

른 특수관계인을 말한다. 이 경우 「법인세법 시행령」 제2조 제5항 제2호의 소액주주등을 판정할 때 「법인세법 시행령」 제50조 제2항 중 "100분의 1"은 "100분의 30"으로 본다.

조세특례제한법 시행령 제7조의2 【협력중소기업의 범위 등】
① 법 제8조의3 제1항 각호 외의 부분 단서 및 같은 조 제2항에서 "대통령령으로 정하는 특수관계인"이란 각각 「법인세법 시행령」 제2조 제5항에 따른 특수관계인을 말한다. (2019. 2. 12. 개정)

조세특례제한법 시행령 제11조의3 【기술혁신형 합병에 대한 세액공제】
② 법 제12조의3 제1항 각호 외의 부분에서 "대통령령으로 정하는 특수관계인"이란 「법인세법 시행령」 제2조 제5항에 따른 특수관계인을 말한다.

조세특례제한법 시행령 제11조의4 【기술혁신형 주식취득에 대한 세액공제】
③ 법 제12조의4 제1항 각호 외의 부분에서 "대통령령으로 정하는 특수관계인"이란 「법인세법 시행령」 제2조 제5항 각호의 어느 하나에 해당하는 관계에 있는 자(이하 이 조에서 "특수관계인"이라 한다)를 말한다. 이 경우 특수관계인 여부는 취득일을 기준으로 판단한다.

조세특례제한법 시행령 제12조의2 【내국법인의 벤처기업 등에의 출자에 대한 과세특례】
② 법 제13조의2 제1항 각호 외의 부분 단서에서 "대통령령으로 정하는 특수관계인"이란 「법인세법 시행령」 제2조 제5항에 따른 특수관계인을 말한다.

⋮

그 외 생략

【서면-2016-법령해석국조-4065, 2016. 9. 20.】
조특법상 특수관계인 여부는 외국인근로자가 내국법인에 근무하는 경우에는 「국세기본법 시행령」 제1조의2 제3항 제1호에 따른 경영지배관계로 판단하는 것으로 외국인근로자가 직접 또는 경제적 연관관계에 있는 자를 통하여 간접으로 내국법인의 경영에 대하여 지배적인 영향력을 행사하고 있는지 여부로 판단하는 것임.

조세특례제한법상 특수관계인 범위

○ 개인사업자
국세기본법 시행령 제1조의2 제1항, 제2항, 제3항 제1호 준용

○ 법인사업자
법인세법 시행령 제2조 제8항 준용

제5절 지방세기본법상 특수관계인 범위

 구별의 실익

1. 제2차 납세의무 부담하는 과점주주 판단

주식회사의 주주, 유한회사의 유한책임사원은 유한책임을 지는 것을 원칙으로 하지만 법인의 발행주식총수 또는 출자총액의 50%를 초과하여 보유하고 있는 과점주주는 법인을 사실상 지배하는 것으로 보아 법인의 재산으로 납세의무 성립일 현재 법인에게 부과될 지방세를 납부하지 못하는 경우 부족액에 대하여 지분율에 해당하는 금액만큼 납세의무를 지도록 규정하고 있다(지기법 §46).

2차 납세의무를 지는 발행주식총수의 50%를 초과하여 보유하고 있는 과점주주 판단 시에는 본인의 지분율뿐만 아니라 일정 특수관계인의 지분을 합산하여 판단하여야 한다.

따라서 2차 납세의무를 부담하는 과점주주를 판단하는 데 있어 구별의 실익이 있다.

이 경우 과점주주 판단시 지분율 합산하는 특수관계인의 범위는 지방세기본법상 특수관계인 범위를 그대로 준용하지 않고 2023. 1. 1. 이후 납세의무 성립분부터는 지방세기본법상 특수관계인의 범위 중 경영지배관계에 있는 자의 범위를 축소하여 적용하고 있다(지기령 §24②, 부칙 §3).

제2차 납세의무를 부담하는 과점주주 판단시 지분율 합산대상자(지기령 §24②)

① 지방세기본법상 친족관계에 있는 자
〔6촌 이내 혈족, 4촌 이내 인척, 배우자(사실혼 관계에 있는 자 포함), 친생자로서 친양자 입양된 자 및 그 배우자와 직계비속〕

② 지방세기본법상 경제적 연관관계에 있는 자
(ⓐ 임원, 사용인, ⓑ 임원, 사용인외 생계유지자, ⓒ ⓐ,ⓑ외 생계를 유지하는 자)

③ 본인이 직접 본인과 친족관계 또는 경제적 연관관계에 있는 자를 통하여 지배적 영향력을 행사하는 법인(지배적 영향력 행사지분율 50%)

④ 본인이 직접 또는 본인과 친족관계 또는 경제적 연관관계에 있는 자를 통하여 당해 법인의 경영에 지배적 영향력을 행사하는 개인 또는 법인(지배적 영향력 행사지분율 50%)

⑤ 법인이 직접 또는 법인이 위 ②, ④에 해당하는 자를 통하여 법인의 경영에 지배적 영향력을 행사하는 법인(지배적 영향력 행사지분율 50%)
(☞ 적용시기: 2023. 1. 1. 이후 납세의무 성립분부터 적용)

지방세기본법 제46조 【출자자의 제2차 납세의무】

법인(주식을 「자본시장과 금융투자업에 관한 법률」에 따른 증권시장으로서 대통령령으로 정하는 증권시장에 상장한 법인은 제외한다)의 재산으로 그 법인에 부과되거나 그 법인이 납부할 지방자치단체의 징수금에 충당하여도 부족한 경우에는 그 지방자치단체의 징수금의 과세기준일 또는 납세의무성립일(이에 관한 규정이 없는 세목의 경우에는 납기개시일) 현재 다음 각호의 어느 하나에 해당하는 자는 그 부족액에 대하여 제2차 납세의무를 진다. 다만, 제2호에 따른 과점주주의 경우에는 그 부족액을 그 법인의 발행주식총수(의결권이 없는 주식은 제외한다. 이하 이 조에서 같다) 또는 출자총액으로 나눈 금액에 해당 과점주주가 실질적으로 권리를 행사하는 소유주식수(의결권이 없는 주식은 제외한다) 또는 출자액을 곱하여 산출한 금액을 한도로 한다. (2016. 12. 27. 개정)

1. 무한책임사원 (2016. 12. 27. 개정)
2. 주주 또는 유한책임사원 1명과 그의 특수관계인 중 대통령령으로 정하는 자로서 그들의 소유주식의 합계 또는 출자액의 합계가 해당 법인의 발행주식 총수 또는 출자총액의 100분의 50을 초과하면서 그에 관한 권리를 실질적으로 행사하는 자들(이하 "과점주주"라 한다) (2016. 12. 27. 개정)

지방세기본법 시행령 제24조 【제2차 납세의무를 지는 특수관계인의 범위 등】

② 법 제46조 제2호에서 "대통령령으로 정하는 자"란 해당 주주 또는 유한책임사원과 다음 각 호의 어느 하나에 해당하는 관계에 있는 자를 말한다. (2023. 3. 14. 개정)

1. 친족관계 (2023. 3. 14. 신설)
2. 경제적 연관관계 (2023. 3. 14. 신설)
3. 경영지배관계 중 제2조 제3항 제1호 가목, 같은 항 제2호 가목 및 나목의 관계. 이 경우 같은 조 제4항을 적용할 때 같은 항 제1호 가목 및 제2호 나목 중 "100분의 30"은 각각 "100분의 50"으로 본다. (2023. 3. 14. 신설)

2. 간주취득세 부담하는 과점주주 판단

법인이 부동산을 보유하고 있는 상태에서 주식을 취득함으로써 과점주주가 된 경우 그 과점주주는 취득세 부담 없이 부동산을 실질적으로 소유하는 결과가 된다.

지방세법은 법인이 부동산을 보유하고 있는 상태에서 주식의 취득등으로 과점주주가 된 경우에는 과점주주가 지분율만큼 실질적으로 부동산을 취득한 것으로 보아 과점주주에게 취득세 납세의무를 부담하도록 규정하고 있다(지법 §7⑤).

간주취득세를 부담하는 과점주주 판단시 2023. 3. 13. 이전에는 지방세기본법상 특수관계인의 지분율을 합산하여 판단하였지만 2023. 3. 14. 이후 법인의 주식 또는 지분을 취득하는 분부터는 지방세기본법상 특수관계인이 아닌 지방세법 시행령 제10조의2 제1항에 해당하는 자의 지분율을 합산하여 판단하는 것으로 개정되었다.

간주취득세 납세의무를 지는 과점주주 판단시 지분율 합산대상자(지령 §10조의2)

① 지방세기본법상 친족관계에 있는 자
〔6촌 이내 혈족, 4촌 이내 인척, 배우자(사실혼 관계에 있는 자 포함), 친생자로서 친양자 입양된 자 및 그 배우자와 직계비속〕
② 임원·사용인, 임원·사용인과 생계를 유지하는 자, 이들과 생계를 함께하는 자 중 주주 또는 유한책임사원인 자(출자임직원에 해당하는 자)
③ 본인이 직접 지배적 영향력을 행사하는 법인(출자지분율 50% 이상 적용)
④ 개인 또는 법인이 직접 당해 법인의 경영에 지배적 영향력을 행사하는 개인 또는 법인(출자지분율 50% 이상 적용)
⑤ 법인이 직접 또는 법인이 위 ④에 해당하는 자를 통하여 법인의 경영에 지배적 영향력을 행사하는 법인(출자지분율 50% 이상 적용)
(☞ 적용시기: 2023. 3. 14. 이후 법인의 주식, 지분을 취득하는 분부터 적용)

지방세법 제7조 【납세의무자 등】

⑤ 법인의 주식 또는 지분을 취득함으로써 「지방세기본법」 제46조 제2호에 따른 과점주주 중 대통령령으로 정하는 과점주주(이하 "과점주주"라 한다)가 되었을 때에는 그 과점주주가 해당 법인의 부동산등(법인이 「신탁법」에 따라 신탁한 재산으로서 수탁자 명의로 등기·등록이 되어 있는 부동산등을 포함한다)을 취득(법인설립 시에 발행하는 주식 또는 지분을 취득함으로써 과점주주가 된 경우에는 취득으로 보지 아니한다)한 것으로 본다. 이 경우 과점주주의 연대납세의무에 관하여는 「지방세기본법」 제44조를 준용한다.
(☞ 적용시기: 2023. 3. 14. 이후 법인의 주식, 지분을 취득하는 분부터 적용)

지방세법 시행령 제10조의2 【과점주주의 범위】

① 법 제7조 제5항 전단에서 "대통령령으로 정하는 과점주주"란 「지방세기본법」 제46조 제2호에 따른 과점주주 중 주주 또는 유한책임사원(이하 "본인"이라 한다) 1명과 그의 특수관계인 중 다음 각 호의 어느 하나에 해당하는 특수관계인을 말한다. (2023. 3. 14. 신설)
1. 「지방세기본법 시행령」 제2조 제1항 각 호의 사람 (2023. 3. 14. 신설)
2. 「지방세기본법 시행령」 제2조 제2항 제1호의 사람으로서 다음 각 목의 어느 하나에 해당하는 사람 (2023. 3. 14. 신설)
   가. 주주 (2023. 3. 14. 신설)

나. 유한책임사원 (2023. 3. 14. 신설)
3. 「지방세기본법 시행령」 제2조 제3항 제1호 가목에 따른 법인 중 본인이 직접 해당 법인의 경영에 대하여 지배적인 영향력을 행사하고 있는 경우 그 법인 (2023. 3. 14. 신설)
4. 「지방세기본법 시행령」 제2조 제3항 제2호 가목에 따른 개인·법인 중 해당 개인·법인이 직접 본인인 법인의 경영에 대하여 지배적인 영향력을 행사하고 있는 경우 그 개인·법인 (2023. 3. 14. 신설)
5. 「지방세기본법 시행령」 제2조 제3항 제2호 나목에 따른 법인 중 본인이 직접 또는 제4호에 해당하는 자를 통해 어느 법인의 경영에 대하여 지배적인 영향력을 행사하고 있는 경우 그 법인 (2023. 3. 14. 신설)

참조 – 지방세법상 과점주주 간주취득세 과세 개요

CASE	지분율 변동 내역	과점주주 간주취득세 과세대상 지분율
설립시 과점주주 해당	설립시 80%	과세대상 아님
설립시 과점주주의 지분율 증가	설립시 80% → 90%	10%
설립 과점주주였다가 일반주주 된 후 다시 과점주주 해당	설립시 80% → 40% → 70%	과세대상 아님
	설립시 80% → 40% → 90%	10%
일반주주가 과점주주 해당	30% → 60%	60%
일반주주가 과점주주 해당 (유가증권 상장법인)	45% → 51%	과세대상 아님
일반주주가 감자로 과점주주 해당	30% → 감자 55%	과세대상 아님
일반주주가 감자, 이익소각으로 과점주주된 후 지분율 증가	30% → 이익소각 55% → 70%	40%

3. 특수관계인간 유상취득시 과세표준 부당행위계산부인

부동산등을 유상거래로 승계취득한 경우 취득세 과세표준이 되는 취득당시가액은 취득시기 이전에 해당 물건을 취득하기 위하여 거래상대방 또는 제3자에게 지급하였거나 지급하여야 할 일체의 비용으로서 해당 물건을 취득하기 위하여 거래상대방 또는 제3자에게 지급했거나 지급해야 할 직접비용과 일정 간접비용의 합계액을 말한다(지법 §10조의3①).

다만 2023. 1. 1.부터 지방자치단체의 장은 특수관계인 간의 거래로서 취득세에 대한 조세부담을 부당하게 감소시키는 행위 또는 계산을 한 것으로 인정되는 부당행위계산 대상 거래에 대해서는 시가인정을 취득당시 가액으로 하여 취득세 과세표준을 결정할 수 있다

(지법 §10조의3②).

따라서 지방세법상 취득세 과세표준 계산시 부당행위계산부인을 적용하는 데에 있어 구별의 실익이 있다.

이 경우 취득세 부당행위계산 대상 거래에 해당하는 거래는 특수관계인으로부터 시가인정액보다 낮은 가액으로 부동산등을 취득한 경우로서 시가인정액과 사실상 취득가격의 차액이 3억 원 이상이거나 시가인정액의 5% 이상인 거래가 이에 해당한다(지령 §18조의2).

지방세법상 취득세 과세표준 부당행위계산부인 대상 거래

- 특수관계인으로부터 부동산등을 시가인정액보다 낮은 가액으로 취득할 것
- 시가인정액와 취득가액의 차액이 아래 금액 중 하나 이상일 것
  ① 시가인정액의 5%
  ② 3억 원
- 특수관계인 범위: 지방세기본법 시행령 제2조 준용
- 시가인정액: 지방세법 제10조의2 제1항 및 동법 시행령 제14조 준용
  ☞ 적용시기: 2023. 1. 1.부터

지방세법 제10조의3 【유상승계취득의 경우 과세표준】
① 부동산등을 유상거래(매매 또는 교환 등 취득에 대한 대가를 지급하는 거래를 말한다. 이하 이 장에서 같다)로 승계취득하는 경우 취득당시가액은 취득시기 이전에 해당 물건을 취득하기 위하여 거래상대방이나 제3자에게 지급하였거나 지급하여야 할 일체의 비용으로서 대통령령으로 정하는 사실상의 취득가격(이하 "사실상취득가격"이라 한다)으로 한다. (2021. 12. 28. 신설)
② 지방자치단체의 장은 특수관계인 간의 거래로 그 취득에 대한 조세부담을 부당하게 감소시키는 행위 또는 계산을 한 것으로 인정되는 경우(이하 이 장에서 "부당행위계산"이라 한다)에는 제1항에도 불구하고 시가인정액을 취득당시가액으로 결정할 수 있다. (2021. 12. 28. 신설)
③ 부당행위계산의 유형은 대통령령으로 정한다.

지방세법 시행령 제18조의2 【부당행위계산의 유형】
법 제10조의3 제2항에 따른 부당행위계산은 특수관계인으로부터 시가인정액보다 낮은 가격으로 부동산을 취득한 경우로서 시가인정액과 사실상 취득가격의 차액이 3억 원 이상이거나 시가인정액의 100분의 5에 상당하는 금액 이상인 경우로 한다.

Ⅱ 특수관계인 범위

특수관계인 범위에 대해 지방세기본법 제2조 제1항 제34호는 국세기본법과 동일하게 친족관계, 경제적 연관관계, 경영지배관계로 나누어 규정하고 있으며 국세기본법과 같이 쌍방관계에 의해 특수관계 여부를 판단하여야 하는 점을 명확하게 하고 있다.

2023. 2. 28.까지는 친족관계, 경제적 연관관계에 있는 자의 범위가 국세기본법과 동일하였다. 하지만 국세기본법의 경우 2023. 2. 28. 친족관계의 범위가 개정되었지만 지방세기본법의 경우 개정되지 않아 2023. 3. 1.부터 친족관계의 범위가 국세기본법과 달리지게 되었다.

또한 경영지배관계의 경우 2023. 3. 13.까지는 국세기본법상 경영지배관계 범위보다 좁게 규정하고 있었지만 2023. 3. 14.부터 국세기본법상 경영지배관계 있는 자의 범위와 동일하게 개정되었다.

따라서 친족관계에서만 국세기본법과 차이가 있고 경제적 연관관계, 경영지배관계에 있는 자의 범위는 국세기본법과 동일하다고 할 수 있다.

지방세기본법 제2조 【정의】

① 이 법에서 사용하는 용어의 뜻은 다음과 같다.

34. "특수관계인"이란 본인과 다음 각목의 어느 하나에 해당하는 관계에 있는 자를 말한다. 이 경우 이 법 및 지방세관계법을 적용할 때 본인도 그 특수관계인의 특수관계인으로 본다. (2016. 12. 27. 개정)

가. 혈족·인척 등 대통령령으로 정하는 친족관계 (2016. 12. 27. 개정)

나. 임원·사용인 등 대통령령으로 정하는 경제적 연관관계 (2016. 12. 27. 개정)

다. 주주·출자자 등 대통령령으로 정하는 경영지배관계 (2016. 12. 27. 개정)

1. 친족관계에 있는 자

혈족·인척 등 대통령령으로 정하는 친족관계에 있는 자에 대해서는 다음과 같이 국세기본법과 다르게 규정하고 있으며 2023. 2. 28.까지 적용되는 국세기본법상 친족의 범위와 동일하다. 공정거래법, 독점규제 및 공정거래에 관한 법률, 국세기본법 모두 국민의 친족인식에 대한 변화를 반영하여 친족의 범위가 개정되었음에도 지방세기본법의 친족의 범위만 개정되지 않은 특이점이 있다.

① 6촌 이내의 혈족

② 4촌 이내의 인척

③ 배우자(사실상의 혼인관계에 있는 사람을 포함)

④ 친생자로서 다른 사람에게 친양자로 입양된 자 및 그 배우자 · 직계비속

지방세기본법 시행령 제2조【특수관계인의 범위】

①「지방세기본법」(이하 "법"이라 한다) 제2조 제1항 제34호 가목에서 "혈족 · 인척 등 대통령령으로 정하는 친족관계"란 다음 각호의 어느 하나에 해당하는 관계(이하 "친족관계"라 한다)를 말한다. (2017. 3. 27. 개정)

1. 6촌 이내의 혈족 (2017. 3. 27. 개정)
2. 4촌 이내의 인척 (2017. 3. 27. 개정)
3. 배우자(사실상의 혼인관계에 있는 사람을 포함한다) (2017. 3. 27. 개정)
4. 친생자로서 다른 사람에게 친양자로 입양된 사람 및 그 배우자 · 직계비속 (2017. 3. 27. 개정)

| 친족관계 있는 특수관계인 범위(VS 국세기본법) |

2023. 2. 28.까지 국세기본법, 지방세기본법 동일	2023. 3. 1. 이후	
	국세기본법	지방세기본법
• 6촌 이내 혈족 • 4촌 이내 인척 • 배우자(사실혼 관계있는 자 포함) • 친생자로서 친양자 입양된 자 및 배우자와 직계비속	• 4촌 이내 혈족 • 3촌 이내 인척 • 배우자(사실혼 관계있는 자 포함) • 친생자로서 친양자 입양된 자 및 배우자와 직계비속 • 민법에 의해 인지한 혼인 외 출생자의 생모, 생부로서 생계를 유지하거나 생계를 함께하는 자	• 6촌 이내 혈족 • 4촌 이내 인척 • 배우자(사실혼 관계있는 자 포함) • 친생자로서 친양자 입양된 자 및 배우자와 직계비속

2. 경제적 연관관계에 있는 자

임원 · 사용인 등 대통령령으로 정하는 경제적 연관관계에 있는 자에 대해서는 다음과 같이 국세기본법과 동일하게 규정하고 있다.

① 임원, 사용인

② 본인의 금전이나 그 밖의 재산으로 생계를 유지하는 자

③ ①, ②와 생계를 함께하는 친족

지방세기본법 시행령 제2조【특수관계인의 범위】

② 법 제2조 제1항 제34호 나목에서 "임원 · 사용인 등 대통령령으로 정하는 경제적 연관관계"란 다음 각호의 어느 하나에 해당하는 관계(이하 "경제적 연관관계"라 한다)를 말한다. (2017. 3. 27. 개정)

1. 임원과 그 밖의 사용인 (2017. 3. 27. 개정)
2. 본인의 금전이나 그 밖의 재산으로 생계를 유지하는 사람 (2017. 3. 27. 개정)
3. 제1호 또는 제2호의 사람과 생계를 함께하는 친족 (2017. 3. 27. 개정)

3. 경영지배관계에 있는 자

주주 · 출자자 등 대통령령으로 정하는 경영지배관계에 있는 자란 다음 중 어느 하나에 해당하는 자이다.

가. 지배적 영향력을 행사하는 경우

지방세기본법도 일정한 출자지분율 이상의 출자관계에 있거나 사실상 영향력을 행사하는 관계에 있는 경우에는 지배적 영향력을 행사하는 것으로 규정하고 지배적 영향력을 행사하는 경우에 해당하는 경우에는 경영지배관계에 있는 특수관계인에 해당하는 것으로 규정하고 있다.

2023. 3. 13. 이전에는 지배적 영향력을 행사하는 것으로 보는 영리법인의 출자지분율이 50%여서 국세기본법(30%)보다 높게 규정하고 있었지만 2023. 3. 14.부터는 국세기본법과 동일하게 50%로 개정되어 지배적 영향력을 행사하는 것으로 보는 경우는 국세기본법과 동일하다고 할 수 있다.

지방세기본법 시행령 제2조【특수관계인의 범위】

④ 제3항 제1호 각 목, 같은 항 제2호 가목부터 다목까지의 규정을 적용할 때 다음 각 호의 구분에 따른 요건에 해당하는 경우 해당 법인의 경영에 대하여 지배적인 영향력을 행사하고 있는 것으로 본다. (2023. 3. 14. 개정)

1. 영리법인인 경우 (2017. 3. 27. 개정)

   가. 법인의 발행주식 총수 또는 출자총액의 100분의 30 이상을 출자한 경우 (2023. 3. 14.

개정)
나. 임원의 임면권의 행사, 사업방침의 결정 등 법인의 경영에 대하여 사실상 영향력을 행사하고 있다고 인정되는 경우 (2017. 3. 27. 개정)
2. 비영리법인인 경우 (2017. 3. 27. 개정)
가. 법인의 이사의 과반수를 차지하는 경우 (2017. 3. 27. 개정)
나. 법인의 출연재산(설립을 위한 출연재산만 해당한다)의 100분의 30 이상을 출연하고 그 중 1명이 설립자인 경우 (2017. 3. 27. 개정)

(1) 영리법인의 경우

가) 30% 이상 출자관계에 있는 경우

2023. 3. 13.까지는 국세기본법과 다르게 30% 이상 출자관계가 아닌 "50% 이상" 출자관계에 있는 경우가 지배적 영향력을 행사하는 경우에 해당하였지만 2023. 3. 14. 이후부터는 국세기본법과 동일하게 50%로 개정되었다.

나) 사실상 영향력을 행사하는 경우

국세기본법과 동일하게 출자관계에 있지 않더라도 임원의 임면권의 행사, 사업방침의 결정 등 법인의 경영에 대하여 사실상 영향력을 행사하고 있다고 인정되는 경우에는 지배적 영향력을 행사하는 경우에 해당한다.

(2) 비영리법인의 경우

비영리법인의 경우 국세기본법과 동일하게 이사의 과반수를 차지하거나 설립 시 출연재산의 30% 이상을 출연하고 그 중 1인이 설립자인 경우는 지배적 영향력을 행사하는 경우에 해당한다.

나. 개인이 지배적 영향력을 행사하는 법인

지방세기본법 시행령 제2조 【특수관계인의 범위】
③ 법 제2조 제1항 제34호 다목에서 "주주·출자자 등 대통령령으로 정하는 경영지배관계"란 다음 각 호의 구분에 따른 관계(이하 "경영지배관계"라 한다)를 말한다. (2023. 3. 14. 개정)
1. 본인이 개인인 경우 (2023. 3. 14. 개정)
가. 본인이 직접 또는 그와 친족관계 또는 경제적 연관관계에 있는 자를 통하여 법인의 경영에 대하여 지배적인 영향력을 행사하고 있는 경우 그 법인 (2023. 3. 14. 개정)

나. 본인이 직접 또는 그와 친족관계, 경제적 연관관계 또는 가목의 관계에 있는 자를 통하여 법인의 경영에 대하여 지배적인 영향력을 행사하고 있는 경우 그 법인 (2023. 3. 14. 개정)

(1) 영리법인

① 1차 지배적 영향력 행사법인

○ **개인 또는 친족관계 또는 경제적 연관관계에 있는 자가 30% 이상 직접 출자하거나 사실상 영향력을 행사하는 법인**

- 개인
- 친족관계에 있는 자
- 경제적 연관관계에 있는 자

(30% 이상 출자)
(사실상 영향력 행사) ➡ 법인

본인이 개인인 경우 ① 본인이 단독으로, ② 본인과 친족관계 또는 경제적 연관관계에 있는 자가 공동으로, ③ 본인이 아닌 친족관계 또는 경제적 연관관계에 있는 자(기획재정부 조세법령운용과-759, 2022. 7. 15.)가 30% 이상 직접 출자하거나 사실상 영향력을 행사하는 법인은 지배적 영향력을 행사하는 법인에 해당한다(지기령 §③1호가목).

② 2차 지배적 영향력 행사법인

○ **개인 또는 친족관계 또는 경제적 연관관계에 있는 자와 1차 지배적 영향력 행사법인이 30% 이상 직접 출자하거나 사실상 영향력을 행사하는 법인**

2023. 3. 13.까지는 1차 지배적 영향력 행사하는 법인만이 개인과 경영지배관계에 있는 법인에 해당하였지만 2023. 3. 14.부터는 국세기본법과 동일하게 2차 간접적으로 지배적 영향력을 행사하는 법인까지 개인과 경영지배관계 있는 법인에 해당한다.

본인이 개인인 경우 ① 본인 또는 친족관계에 있는 자 또는 경제적 연관관계에 있는 자와 1차 지배적 영향력 행사하는 법인이 공동으로, ② 본인이 1차 지배적 영향력 행사하는 법인(기획재정부 조세법령운용과-759, 2022. 7. 15.)이 단독으로 30% 이상 직접 출자하거나 사실상 영향력을 행사하는 법인은 지배적 영향력을 행사하는 법인에 해당한다(지기령 §③1호나목).

(2) 비영리법인

① 1차 지배적 영향력 행사법인

○ 개인 또는 친족관계 또는 경제적 연관관계에 있는 자가 이사의 과반수를 차지하거나 설립시 30% 이상을 출연하고 그 중 1인이 설립자인 비영리법인

• 개인 • 친족관계에 있는 자 • 경제적 연관관계에 있는 자	(이사의 과반수) (설립시 30% 이상 출연 & 설립자)	➡	비영리법인

본인이 개인인 경우 ① 본인이 단독으로, ② 본인과 친족관계 또는 경제적 연관관계에 있는 자가 공동으로, ③ 본인이 아닌 친족관계 또는 경제적 연관관계에 있는 자(기획재정부 조세법령운용과-759, 2022. 7. 15.)가 이사의 과반수를 차지하거나 출연재산의 30% 이상을 출연하고 그 중 1인이 설립자인 비영리법인은 지배적 영향력을 행사하는 법인에 해당한다.

② 2차 지배적 영향력 행사법인

○ 개인 또는 친족관계 또는 경제적 연관관계에 있는 자와 1차 지배적 영향력 행사법인이 이사의 과반수를 차지하거나 설립시 30% 이상을 출연하고 그 중 1인이 설립자인 비영리법인

• 개인 • 친족관계에 있는 자 • 경제적 연관관계에 있는 자 & • 1차 지배적 영향력 행사법인	(이사의 과반수) (설립시 30% 이상 출연 & 설립자)	➡	비영리법인

본인이 개인인 경우 ① 본인 또는 본인과 친족관계에 있는 자 또는 경제적 연관관계에 있는 자와 1차 지배적 영향력 행사하는 법인이 공동으로, ② 본인이 1차 지배적 영향력 행사하는 법인(기획재정부 조세법령운용과-759, 2022. 7. 15.)이 단독으로 이사의 과반수를 차지하거나 출연재산의 30% 이상을 출연하고 그 중 1인이 설립자인 비영리법인은 지배적 영향력

을 행사하는 법인에 해당한다(지기령 §③1호나목).

다. 법인과 경영지배관계에 있는 자

지방세기본법 시행령 제2조【특수관계인의 범위】

③ 법 제2조 제1항 제34호 다목에서 "주주・출자자 등 대통령령으로 정하는 경영지배관계"란 다음 각호의 구분에 따른 관계를 말한다. (2017. 3. 27. 개정)

2. 본인이 법인인 경우 (2017. 3. 27. 개정)

가. 개인 또는 법인이 직접 또는 그와 친족관계 또는 경제적 연관관계에 있는 자를 통하여 본인인 법인의 경영에 대하여 지배적인 영향력을 행사하고 있는 경우 그 개인 또는 법인 (2017. 3. 27. 개정)

나. 본인이 직접 또는 그와 경제적 연관관계 또는 가목의 관계에 있는 자를 통하여 어느 법인의 경영에 대하여 지배적인 영향력을 행사하고 있는 경우 그 법인 (2017. 3. 27. 개정)

다. 본인이 직접 또는 그와 경제적 연관관계, 가목 또는 나목의 관계에 있는 자를 통하여 어느 법인의 경영에 대하여 지배적인 영향력을 행사하고 있는 경우 그 법인 (2023. 3. 14. 신설)

라. 본인이 「독점규제 및 공정거래에 관한 법률」에 따른 기업집단에 속하는 경우 그 기업집단에 속하는 다른 계열회사 및 그 임원 (2023. 3. 14. 신설)

(1) 법인에 지배적 영향력을 행사하는 자

법인에 출자한 자의 지분율 판단 시에는 국세기본법과 동일하게 본인이 개인인 경우에는 친족관계, 경제적 연관관계에 있는 자의 지분율을 합산하고 본인이 법인인 경우에는 법인과 경제적 연관관계에 있는 자의 지분율 합산하여 판단한다.

2023. 3. 13.까지는 법인에 지배적 영향력 행사하는 자 판단시 출자지분율이 50%여서 국세기본법과 차이가 있었지만 2023. 3. 14.부터는 국세기본법과 동일하게 30%로 개정되었다.

- ○ 당해 영리법인에 30% 이상 출자하거나 사실상 영향력을 행사하는 개인 또는 법인
- ○ 당해 비영리법인의 이사의 과반수이거나 설립 시 출연재산의 30% 이상을 출연하고 그 중 1인이 설립자인 자

법인 ⬅	(30% 이상 출자) (사실상 영향력 행사) (이사의 과반수) (설립 시 출연재산의 30% 이상 출연 & 그 중 1인이 설립자	• 개인 또는 친족관계 또는 경제적 연관관계에 있는 자 • 법인 또는 경제적 연관관계에 있는 자

가) 본인이 개인인 경우

본인이 개인인 경우에는 당해 법인에 ① 본인이 단독으로, ② 본인과 친족관계 또는 경제적 연관관계에 있는 자가 공동으로, ③ 본인이 아닌 친족관계 또는 경제적 연관관계에 있는 자(기획재정부 조세법령운용과-759, 2022. 7. 15.)가 지배적 영향력을 행사하는 경우에는 당해 법인에 지배적 영향력을 행사하는 개인에 해당한다.

나) 본인이 법인인 경우

본인이 법인인 경우에는 당해 법인에 ① 법인이 단독으로, ② 법인과 경제적 연관관계에 있는 자가 공동으로, ③ 법인이 아닌 경제적 연관관계에 있는 자(기획재정부 조세법령운용과-759, 2022. 7. 15.)가 지배적 영향력을 행사하는 경우에는 당해 법인에 지배적 영향력을 행사하는 법인에 해당한다.

다) 30% 이상 지분율을 가진 주주등만이 특수관계인에 해당

지방세기본법은 본인 또는 특수관계인을 통하여 법인에 30% 이상 출자한 주주등만이 법인의 특수관계인에 해당한다.

○ 법인에 지배적 영향력을 행사하는 자 판단시 지분율 합산대상자

① 개인 또는 친족관계 또는 경제적 연관관계에 있는 자 ② 법인 또는 경제적 연관관계에 있는 자

Key Point

❑ **지방세기본법상 법인과 주주가 특수관계가 성립하는 지분율**

2023. 3. 13.까지는 지방세기본법상 법인의 주주등은 지분율 30% 이상의 주주등이 아닌 특수관계인의 지분율을 합산하여 50% 이상의 지분율을 가진 주주등만이 법인과 특수관

계가 성립하였지만 2023. 3. 14.부터는 국세기본법과 동일하게 법인의 주주등 중 지분율 30% 이상의 주주등이 법인과 특수관계가 성립한다.

(2) 1차 직접 지배적 영향력 행사법인

가) 영리법인

○ 거래당사자 기준

본인이 법인인 경우 ① 법인이 단독으로, ② 법인과 경제적 연관관계에 있는 자 또는 법인에 지배적 영향력을 행사하는 자가 공동으로, ③ 법인이 아닌 경제적 연관관계에 있는 자 또는 법인에 지배적 영향력을 행사하는 자(기획재정부 조세법령운용과-759, 2022. 7. 15.)가 30% 이상 직접 출자하거나 사실상 영향력을 행사하는 법인은 지배적 영향력을 행사하는 법인에 해당한다.

- 법인
- 경제적 연관관계에 있는 자 (30% 이상 출자) ➡ 법인
- 법인에 지배적 영향력을 행사하는 자(지분율 30% 이상인 주주등) (사실상 영향력 행사)

○ 거래상대방 기준

당해 법인에 개인, 법인 또는 친족관계에 있는 자 또는 경제적 연관관계에 있는 자 또는 지배적 영향력을 행사하는 자가 30% 이상 출자하거나 사실상 영향력을 행사하는 경우에는 당해 법인에 지배적 영향력을 행사하는 자에 해당한다.

법인 ⬅ (30% 이상 출자) (사실상 영향력 행사)
- 개인 또는 법인
- 친족관계에 있는 자
- 경제적 연관관계에 있는 자
- 법인에 지배적 영향력을 행사하는 자

나) 비영리법인

본인이 법인인 경우 ① 법인이 단독으로, ② 법인과 경제적 연관관계에 있는 자 또는 지분율 30% 이상인 주주등 또는 법인의 실질적 지배자가 공동으로, ③ 법인이 아닌 경제적

연관관계에 있는 자 또는 법인에 지배적 영향력을 행사하는 자(기획재정부 조세법령운용과-759, 2022. 7. 15.)가 설립시 출연재산의 30% 이상을 출연하고 그 중 1인이 설립자인 비영리법인은 지배적 영향력을 행사하는 법인에 해당한다.

• 법인 • 경제적 연관관계에 있는 자 • 법인의 주주등 30% 이상 지분율) • 법인의 실질적 지배자	(이사의 과반수) (설립시 30% 이상 출연 & 설립자)	➡	비영리법인

(3) 2차 간접 지배적 영향력 행사법인

가) 영리법인

○ 거래당사자 기준

본인이 법인인 경우 ① 법인 또는 법인과 경제적 연관관계에 있는 자 또는 법인에 지배적 영향력을 행사하는 자가 1차 직접 지배적 영향력을 행사하는 법인과 공동으로, ② 법인이 1차 지배적 영향력을 행사하는 법인(기획재정부 조세법령운용과-759, 2022. 7. 15.)이 단독으로 30% 이상 직접 출자하거나 사실상 영향력을 행사하는 법인은 2차 간접 지배적 영향력을 행사하는 법인에 해당한다(지기령 §2③2호다목).

• 법인 • 경제적 연관관계에 있는 자 • 법인에 지배적 영향력을 행사하는 자(지분율 30% 이상인 주주등) & • 법인이 지배적 영향력 행사법인	(30% 이상 출자) (사실상 영향력 행사)	➡	법인

○ 거래상대방 기준

당해 법인에 개인, 법인 또는 친족관계에 있는 자 또는 경제적 연관관계에 있는 자 또는 법인에 지배적 영향력을 행사하는 자와 법인이 지배적 영향력을 행사하는 법인이 당해 법인에 30% 이상 출자하거나 사실상 영향력을 행사하는 경우에는 당해 법인에 지배적 영향력을 행사하는 자에 해당한다.

법인 ⬅	(30% 이상 출자) (사실상 영향력 행사)	• 개인 또는 법인 • 친족관계에 있는 자 • 경제적 연관관계에 있는 자 • 법인에 지배적 영향력을 행사하는 자 & • 법인이 지배적 영향력을 행사하는 법인

나) 비영리법인

본인이 법인인 경우 ① 법인 또는 법인과 경제적 연관관계에 있는 자 또는 지분율 30% 이상인 주주등 또는 법인의 실질적 지배자와 법인이 지배적 영향력을 행사하는 법인이 공동으로, ② 법인이 지배적 영향력을 행사하는 법인(기획재정부 조세법령운용과-759, 2022. 7. 15.)이 단독으로 설립시 출연재산의 30% 이상을 출연하고 그 중 1인이 설립자인 비영리법인은 지배적 영향력을 행사하는 법인에 해당한다.

• 법인 • 경제적 연관관계에 있는 자 • 법인의 주주등 30% 이상 지분율) • 법인의 실질적 지배자 & • 법인이 지배적 영향력을 행사하는 법인	(이사의 과반수) (설립시 30% 이상 출연 & 설립자)	➡ 비영리법인

(4) 기업집단에 속하는 계열회사와 임원

본인이 「독점규제 및 공정거래에 관한 법률」에 따른 기업집단에 속하는 경우 그 기업집단에 속하는 다른 계열회사 및 그 임원은 지방세기본법상 경영지배관계 있는 특수관계인에 해당한다(지기령 §2③2.호라목).

2023. 3. 13.까지는 기업집단에 속하는 계열회사와 임원은 지방세기본법상 경영지배관계 있는 특수관계인에 해당하지 않았지만 2023. 3. 14.부터 경영지배관계 있는 특수관계인 범위에 추가되었다.

| 경영지배관계 있는 특수관계인 범위(VS 국세기본법) |

구분	국세기본법	지방세기본법	
		2023. 3. 13.까지	2023. 3. 14. 이후
지배적 영향력 행사하는 지분율	30%	50%	30%
경영지배관계 판단	2차 간접적으로 지배적 영향력을 행사하는 법인까지 해당	1차 직접적으로 지배적 영향력을 행사하는 법인만 해당	2차 간접적으로 지배적 영향력을 행사하는 법인까지 해당
기업집단소속기업과 임원과의 특수관계 해당 여부	여	부	여

사내근로복지기금이 법인의 주식 출연받는 경우 과점주주 간주취득세 과세문제

A법인(장부가액 70억 원의 부동산 보유)의 주주구성은 다음과 같다.

대표이사 갑: 70%, 을: 30%(갑의 명의신탁 주식)

A법인은 원활한 직원 채용을 위해 A사내근로복지기금을 설립하였으며 갑의 명의신탁주식 정리를 고민하던 중에 을 명의로 되어 있는 갑의 주식을 증여세가 과세되지 않는 A사내근로복지기금에 출연하기로 하였다. 갑은 해당 A사내근로복지기금 협의회의 이사이다.

이 경우 A사내근로복지기금 을의 명의신탁주식을 출연받을 경우 과점주주 간주취득세 과세문제는?

비영리법인인 사내근로복지기금 설립을 위해서는 노사 동수로 최소 이사 2인(총 4인), 노사 동수로 감사 1인(총 2인), 총 6인으로 구성된 사내근로복지기금 협의회를 구성하여야 하며 일반적인 비영리법인과 달리 출연받은 기금은 근로복지기본법 제62조에서 규정하고 있는 사업으로 사용하여야 한다.

사내근로복지기금협의회가 설립되면 사내근로복지기금협의회 결정사항으로 노사 각 과반수 출석과 출석한 위원의 3분의 2 이상의 찬성으로 사내근로복지기금의 이사를 선임한다.

이 경우 사내근로복지기금과 사내근로복지기금 협의회의 위원과는 지방세기본법상 특수관계가 성립하지 않지만 사내근로복지기금협의회에서 선임한 이사와 사내근로복지기금과는 지방세기본법상 특수관계가 성립하게 된다.

위 사례에서 사내근로복지기금이 주식을 출연받는 시점에 대주주인 갑이 사내근로복지기금의 이사인 경우에는 갑과 사내근로복지기금과 지방세기본법상 특수관계가 성립하므로 과점주주 간주취득세 과세문제가 발생하게 된다.

따라서 법인에 부동산이 있는 상태에서 사내근로복지기금에 출연하는 방식으로 명의신탁

주식을 정리하는 경우에는 법인의 최대주주가 사내근로복지기금의 이사가 되어서는 안되는 점을 주의하여야 한다.

다만 최근 사내근로복지지금을 활용하여 이러한 거래를 하는 경우가 많은데 아직까지 해석이나 결정례가 없는 상태이므로 반드시 사전질의등을 통해 과세문제를 파악한 후 진행할 필요가 있다.

【조심2020지0374, 2022. 4. 21.】

청구법인과 양도법인은 상호 간의 지분 출자 관계가 없는바, 「지방세기본법 시행령」 제2조의2 제3항 및 제4항에서 규정하고 있는 경영지배관계 등 특수관계의 범위에 해당하지 아니하며 ○○○과 △△△이 □□□□□ 그룹의 회장과 대표이사이자 사주 일가로서 그 영향력을 행사하고 있다고 하더라도 이러한 영향력 행사는 회장과 지주회사가 행사하는 영향력인 것이고, 그러한 영향력이 있다는 간접적인 사실만으로 청구법인이 양도법인에게 또는 양도법인이 청구법인에게 사실상 영향력을 행사하는 것은 아님. 덧붙여, 청구법인이 주장하는 대로 기업집단에 속하는 다른 계열회사를 무조건 특수관계인에 해당하는 것으로 보게 된다면, 대기업에 대하여는 과점주주 취득세를 과세할 수 없어 불합리할 뿐만 아니라 과점주주에 따른 제2차 납세의무의 범위가 대표회사, 회장 및 모든 계열회사까지 확대되는 문제가 발생하게 되므로, 청구법인과 양도법인이 동일 기업집단에 속한다는 이유로 서로 간에 특수관계인에 해당한다고 보기는 어려움.

【대법원 2021두52464, 2022. 1. 13.】

원고와 FF건설이 동일한 기업집단인 그룹의 계열회사에 해당하는 경우 그 자체로 특수관계가 존재한다고 볼 수 있는지 여부에 대해, 이 사건 거래 당시 원고와 FF건설이 구 지방세기본법령에서 정한 특수관계에 있었다고 보기 어려우므로, 원고가 이 사건 거래를 통해 이 사건 호텔의 새로운 과점주주가 되었다고 보아 이루어진 처분은 결국 적법함.

【부동산세제과-065, 2021. 7. 29.】

甲이 ㈜B(주식발행법인)에 대해 소유하고 있던 지분 100%를 ㈜A가 甲으로부터 무상 이전받는 경우, 당초 ㈜B의 주주가 아닌 ㈜A가 특수관계에 있는 甲의 지분 100%를 이전받은 것으로 주주 甲을 기준으로 과점주주 집단 전체의 지분변동이 없는 상태이므로 간주취득세 과세대상으로 볼 수 없다고 판단됨.

【조심2021지1116, 2021. 12. 2.】

특수관계인 중 주주가 개인인 경우 경영지배관계에 있는 법인만을 특수관계인으로 규정하고 있는데, 이는 개인인 주주가 지배적인 영향력을 행사하는 법인과의 주식거래를 하는 경우 그 주식발행법인에 대한 실질적인 지배력에 있어서 주식 거래 이후에도 변동이 없는 경우에 해당된다고 볼 수 있으므로 이러한 법인을 특수관계인으로 규정하고 있는 것이라 할 것이므로 청구인 등과 ○○○ 등은 쟁점법인의 공동경영자로서 쟁점법인과의 관계에서만 지배적인 영향력을 행사하는 지위에 있을 뿐이고, 쟁점법인과의 관계에서 공동으로 지배적인 영향력을 행사할 수 있다고 하여 개인주주인 ○○○ 등을 청구인 등이 지배적인 영향력을 행사하는 경영지배관계에 있는 법인으로 볼 수는 없으므로 청구인 등과 ○○○ 등이 경영지배관계에 있다는 청구주장은 받아들일 수 없다 하겠음.

【서울고등법원 2020누33673, 2020. 8. 28.】

구 지방세기본법 시행령 제2조의2 제3항 제1호(이하 '이 사건 시행령 조항'이라 한다)는 본인이 개인인 경우 '본인이 직접 또는 그와 친족관계 또는 경제적 연관관계(이하 '친족관계 등'이라 한다)에 있는 자를 통하여 법인의 경영에 대하여 지배적인 영향력을 행사하고 있는 경우 그 법인'을 경영지배관계에 있다고 규정하고 있는데, 위 규정에서는 법인의 경영에 대하여 영향력을 행사하는 주체를 '본인'이라고 규정하고 있고, '본인(A)이 직접 법인의 경영에 대하여 지배적인 영향력을 행사하는 경우'와 '본인이 친족관계 등에 있는 자(B)를 통하여 법인의 경영에 대하여 지배적인 영향력을 행사하는 경우'를 동등하게 열거하고 있다. 위와 같은 이 사건 시행령 조항의 문언에 비추어 보면, 법인에 지배적인 영향력을 행사하는 주체는 어디까지나 '본인'(A)으로 해석되어야 하고, 본인이 직접 영향력을 행사하지 않고 친족관계 등에 있는 자(B)를 통하여 영향력을 행사하는 경우에는 이를 본인이 직접 행사하는 것과 동등하게 평가할 수 있는 정도에 이르러야 본인과 법인이 경영지배관계에 있다고 인정할 수 있을 것임.

이러한 해석에다가 '통하다'의 사전적 의미가 '어떤 사람을 매개로 하거나 중개하게 하다'인 점을 더하여 보면, 본인이 그와 친족관계 등에 있는 자를 통하여 법인의 경영에 대하여 지배적인 영향력을 행사한다고 인정되기 위해서는, 본인(A)이 그와 친족관계 등에 있는 자(B)의 의사결정을 좌우함으로써 본인이 법인에 직접 지배적 영향력을 행사하는 것과 동등하게 볼 수 있을 정도에 이르러야 하고, 이때 '본인과 친족관계 등에 있는 자'(B)는 본인(A)이 법인에 대하여 행사하고자 하는 영향력을 그 중간에서 매개하는 역할을 수행하는 경우를 의미한다고 해석되어야 하는 것이지, '본인과 친족관계 등에 있는 자'(B)가 본인(A)의 영향 없이 독자적으로 법인에 대하여 영향력을 행사하는 경우를 의미하는 것이라고는 해석할 수 없음.

【지방세운영과-646, 2017. 5. 26.】

「지방세기본법」 제2조에 따르면 본인과 혈족 · 인척 등 친족관계, 임원 · 사용인 등 경제적 연관관계, 주주 · 출자자 등 경영지배관계에 있는 자는 "특수관계인"에 해당함.

【부동산세제과-45, 2019. 7. 30.】

'1호 사모펀드'는 경제적 연관관계에 있는 자, 즉 '업무집행법인'을 통해 '쟁점법인'의 경영에 대해 사실상 영향력을 행사하고 있으므로 해당 주식 취득은 특수관계인 간 거래에 해당하는 것임.

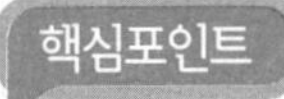

지방세기본법상 특수관계인 범위 요약

관계			특수관계인 범위
친족관계			• 6촌 이내의 혈족 • 4촌 이내의 인척 • 배우자(사실상의 혼인관계에 있는 자 포함) • 친생자로서 다른 사람에게 친양자 입양된 자 및 그 배우자와 직계비속
경제적 연관관계			• 임원 · 사용인 • 임원 · 사용인 외의 자로서 생계를 유지하는 자 • 위의 자들과 "생계를 함께"하는 친족
경영지배관계	1차 지배적 영향력 행사	개인	• 본인 또는 친족관계 또는 경제적 연관관계에 있는 자 ⇒ 지배적 영향력을 행사하는 법인
		법인	• 법인에 지배적 영향력을 행사하는 자(지분율 30% 이상인 주주등 또는 법인에 사실상 영향력을 행사하는 자 등) • 법인 또는 경제적 연관관계에 있는 자 또는 법인에 지배적 영향력을 행사하는 자 ⇒ 지배적 영향력을 행사하는 법인
	2차 지배적 영향력 행사	개인	• 본인 또는 친족관계 또는 경제적 연관관계에 있는 자와 1차 지배적 영향력을 행사하는 법인 ⇒ 지배적 영향력을 행사하는 법인
		법인	• 법인 또는 경제적 연관관계에 있는 자 또는 법인에 지배적 영향력을 행사하는 자와 1차 지배적 영향력을 행사하는 법인 ⇒ 지배적 영향력을 행사하는 법인
경영지배관계			본인이 기업집단소속기업인 경우 기업집단소속 계열회사와 임원

* 지배적 영향력 행사
- 영리법인: 30% 이상 출자 또는 사실상 영향력 행사
- 비영리법인: 이사의 과반수 또는 설립 시 30% 이상 출연 & 그 중 1인이 설립자

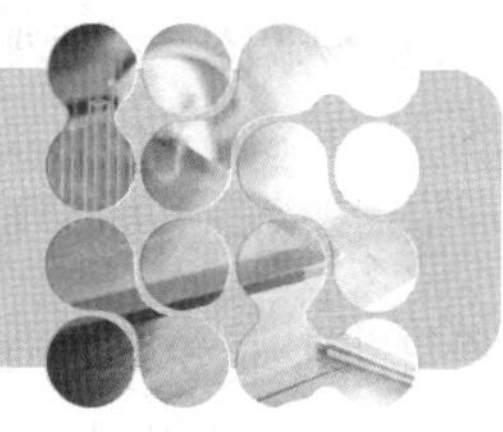

제3장

법인세법상 특수관계인 판단 시 쟁점

제1절 개요와 구별의 실익

Ⅰ 개요

법인의 경우 자연인인 개인과 달리 친족관계가 성립할 수 없고 법인을 지분율만큼 소유하고 있는 주주를 기준으로 밀접한 경제적 연관관계가 성립되는 차이가 있으므로 법인세법은 법인세법상 특수관계인 범위를 별도로 규정하고 있다.

법인세법상 특수관계인 범위는 부가가치세법상 법인사업자의 특수관계인 범위와 조세특례제한법상 법인의 특수관계인 범위 판단 시 준용되므로 부가가치세법과 조세특례제한법상 법인사업자의 특수관계인의 범위는 법인세법상 특수관계인 범위와 동일하다.[44]

Ⅱ 구별의 실익

1. 부당행위계산부인

법인이 특수관계인과의 거래로 인해 조세의 부담을 부당하게 감소시킨 것으로 인정되는 경우에는 그 행위 또는 소득금액계산에 불구하고 시가를 기준으로 소득금액을 재계산하여야 한다(법법 §52).

---

44) **부가가치세법 시행령 제26조【용역의 공급으로 보는 특수관계인에 대한 사업용 부동산의 임대용역】**
① 법 제12조 제2항 단서에서 "대통령령으로 정하는 특수관계인"이란 「소득세법 시행령」 제98조 제1항 또는 「법인세법 시행령」 제2조 제5항 각호에 따른 자(이하 "특수관계인"이라 한다)를 말한다. (2019. 2. 12. 개정)
조세특례제한법 시행령 제7조의2【협력중소기업의 범위 등】
① 법 제8조의3 제1항 각호 외의 부분 단서 및 같은 조 제2항에서 "대통령령으로 정하는 특수관계인"이란 각각 「법인세법 시행령」 제2조 제5항에 따른 특수관계인을 말한다. (2019. 2. 12. 개정)

부당행위계산부인 적용 대상거래는 자산의 양수도 거래, 용역거래, 자본거래, 금전대여·차입거래, 부동산 임대·임차거래 등을 비롯한 법인에서 발생하는 거의 모든 거래라 할 수 있으므로 법인세법상 특수관계인 여부 판단에 대한 가장 큰 실익은 부당행위계산부인 대상거래에 대한 판단이라 할 수 있다.

부당행위계산부인시 특수관계 여부 판단은 거래행위당시를 기준으로 하여 판단(특수관계인 외의 자를 통하여 이루어진 거래를 포함)한다. 다만 불공정합병의 경우에는 합병등기일이 속하는 사업연도의 직전 사업연도 개시일부터 합병등기일까지의 기간에 의해 판단한다(법령 §88③).

| 법인세법상 부당행위계산부인 |

<table>
<tr><th>구분</th><th>부당행위계산부인 대상 거래</th><th>비고</th></tr>
<tr><td>무상거래 등</td><td>• 무수익 자산 매입(또는 현물출자받음), 비용부담
• 무상담보 제공
• 출연금 대신 부담
• 자산, 용역, 금전을 무상으로 제공</td><td></td></tr>
<tr><td>고가거래</td><td>자산, 용역, 금전을 시가보다 높은 가액으로 양수(또는 현물출자), 제공받음, 차입한 경우</td><td rowspan="2">시가(거래가액)와 거래가액(시가)의 차이
≥
① 시가의 5% 또는
② 3억 원
(주권상장법인 주식 제외)</td></tr>
<tr><td>저가거래</td><td>자산, 용역, 금전을 시가보다 낮은 가액으로 양도(또는 현물출자), 제공, 대여한 경우</td></tr>
<tr><td rowspan="2">자본거래</td><td>〈거래당시 주주 간에 특수관계 성립〉
- 주주 간의 분여이익에 대해 부당행위계산부인 적용 (법령 §88①8호)
• 특수관계 있는 법인간 불공정 합병, 분할
• 시가 아닌 가액으로 불균등 증자
(주주초과배정, 실권주 재배정, 실권주 실권처리)
⇒ 주식발행법인과 주주사이에는 부당행위계산 부인 없음.
• 시가 아닌 가액으로 불균등 감자</td><td rowspan="2">상속세 및 증여세법 제38조·제39조·제39조의2·제39조의3·제40조·제42조의2 준용하여 과세요건 및 이익계산</td></tr>
<tr><td>〈거래당시 주주 간의 관계 아닌 경우〉
(법령 §88①8호의2)
• 시가 아닌 가액으로 불균등 증자(제3자 배정)
• 전환사채등의 주식전환, 인수, 교환</td></tr>
</table>

법인세법 제52조 【부당행위계산의 부인】
① 납세지 관할 세무서장 또는 관할 지방국세청장은 내국법인의 행위 또는 소득금액의 계산이 특수관계인과의 거래로 인하여 그 법인의 소득에 대한 조세의 부담을 부당하게 감소시킨 것으로 인정되는 경우에는 그 법인의 행위 또는 소득금액의 계산(이하 "부당행위계산"이라 한다)과 관계없이 그 법인의 각 사업연도의 소득금액을 계산한다. (2018. 12. 24. 개정)
② 제1항의 규정은 그 행위당시를 기준으로 하여 당해 법인과 특수관계인 간의 거래(특수관계인 외의 자를 통하여 이루어진 거래를 포함한다)에 대하여 이를 적용한다. 다만, 제1항 제8호 가목의 규정을 적용함에 있어서 특수관계인인 법인의 판정은 합병등기일이 속하는 사업연도의 직전사업연도의 개시일(그 개시일이 서로 다른 법인이 합병한 경우에는 먼저 개시한 날을 말한다)부터 합병등기일까지의 기간에 의한다.

【기획재정부 법인세제과-350, 2022. 8. 31.】
부당행위계산 판단의 기준시점인 '그 행위당시'란 주요 거래조건을 확정하고, 이에 대해 거래당사자 간 구속력 있는 합의가 있는 시점임.

2. 자본거래로 분여받은 이익 익금산입

법인이 자본거래를 통해 이익을 분여받아 실질적으로 유가증권을 저가에 취득한 결과가 된 경우에는 추후 유가증권 양도 시 처분이익이 각 사업연도 소득에 반영되므로 자산의 저가취득과 마찬가지로 자본거래를 통해 분여받은 이익에 대해서는 이익을 분여받은 시점에 별도로 과세하지 않는다.

하지만 법인세법은 특수관계인 간에 우회적인 자본거래를 통한 조세회피를 막기 위해 특수관계인 간 증자, 감자, 합병, 전환사채의 주식전환 등의 자본거래를 통해 이익을 분여받은 경우 분여받은 이익은 익금에 해당하는 것으로 규정하고 있다(법령 §11 8호).

| 주주간에 특수관계 성립하는 경우 자본거래로 분여받은 이익 |

구분	자본거래로 분여받은 이익을 익금산입하는 경우
불균등 증자	• 시가보다 낮은 가액으로 신주발행시 지분율 초과하여 신주 인수 • 시가보다 높은 가액으로 신주발행시 지분율 미달하게 신주 인수
불균등 감자	• 시가보다 낮은 가액으로 주식소각시 타주주에 비해 작게 소각된 경우 • 시가보다 높은 가액으로 주식소각시 타주주에 비해 많이 소각된 경우
불공정 합병	• 보유하고 있는 주식의 평가액보다 높은 가액으로 합병비율 산정된 경우

법인세법 시행령 제11조【수익의 범위】
8. 제88조 제1항 제8호 각목의 어느 하나 및 같은 항 제8호의2에 따른 자본거래로 인하여 특수관계인으로부터 분여받은 이익 (2019. 2. 12. 호번개정)

3. 저가로 양수한 유가증권의 익금산입

자산을 저가양수한 경우에는 동 자산을 양도 시 양도가액과 취득가액의 차액이 각 사업연도 소득금액에 반영되어 과세되므로 자산의 저가양수에 대해서는 특수관계인 간 거래라 하더라도 양수시점에 과세하지 않는다.

하지만 개인이 본인이 소유한 유가증권을 특수관계 있는 친족등에게 직접 증여하는 대신 특수관계 있는 개인이 주주인 법인에 저가로 양도하여 해당 법인은 세부담 없이 주식을 저가로 양수하고 특수관계 있는 친족등은 유가증권을 실질적으로 소유하게 되는 조세회피를 막기 위해 특수관계에 있는 개인으로부터 유가증권을 저가양수한 경우에는 익금에 산입하는 것으로 규정하고 있다(법법 §15②1호).

따라서 의도적인 이익분여 행위가 아니더라도 법인의 주주의 경우 1% 이상인 지분율을 보유한 경우에는 법인의 특수관계인에 해당하므로 법인이 1% 이상 지분을 가진 개인주주로부터 시가보다 낮은 가액으로 자사주 양수하는 경우에는 익금산입의 과세문제가 발생하는 점을 주의하여야 한다.

법인세법 제15조【익금의 범위】
② 다음 각호의 금액은 익금으로 본다. (2010. 12. 30. 개정)
1. 특수관계인인 개인으로부터 유가증권을 제52조 제2항에 따른 시가보다 낮은 가액으로 매입하는 경우 시가와 그 매입가액의 차액에 상당하는 금액 (2018. 12. 24. 개정)

4. 기업업무추진비 한도 계산

기업업무추진비 한도 계산 시 특수관계인과의 수입금액은 일반 수입금액 한도금액의 10%를 적용한다.

법인세법 제25조 【기업업무추진비의 손금불산입】

④ 내국법인이 각 사업연도에 지출한 기업업무추진비(제2항에 따라 손금에 산입하지 아니하는 금액은 제외한다)로서 다음 각 호의 금액의 합계액을 초과하는 금액은 해당 사업연도의 소득금액을 계산할 때 손금에 산입하지 아니한다. (2022. 12. 31. 개정)

2. 수입금액별 한도: 해당 사업연도의 수입금액(대통령령으로 정하는 수입금액만 해당한다)에 다음 표에 규정된 비율을 적용하여 산출한 금액. 다만, 특수관계인과의 거래에서 발생한 수입금액에 대해서는 그 수입금액에 다음 표에 규정된 비율을 적용하여 산출한 금액의 100분의 10에 상당하는 금액으로 한다. (2019. 12. 31. 개정)

5. 특수관계인 간 거래명세서의 제출

각 사업연도에 특수관계인 간 거래가 있는 법인은 법인세 과세표준 신고 시 특수관계인 간 거래명세서를 제출하여야 한다.[45] 다만, 국제조세조정에 관한 법률 제16조에 따라 제출한 국제거래내역은 제외할 수 있다.

법인세법 시행령 제90조 【특수관계인간 거래명세서의 제출】

① 각 사업연도에 특수관계인과 거래가 있는 법인은 법 제52조 제3항에 따라 법 제60조에 따른 신고와 함께 기획재정부령으로 정하는 특수관계인 간 거래명세서를 납세지 관할세무서장에게 제출해야 한다. 다만, 「국제조세조정에 관한 법률」 제16조에 따른 납세지 관할세무서장에게 그 내역을 제출한 국제거래의 내역은 제외할 수 있다.

6. 합병에 따른 이익의 증여

상속세 및 증여세법상 합병에 따른 이익에 대한 증여세 과세는 상속세 및 증여세법상 특수관계 있는 법인 간 합병을 요건으로 하지 않고 법인세법상 특수관계 있는 법인 간 합병하는 경우를 과세요건으로 하고 있어 법인세법상 특수관계 있는 법인 여부는 상속세 및 증여세법상 불균등합병에 대한 증여세 과세 여부로 연결되는 구별의 실익이 있다(상증법 §38①).

45) 특수관계인 간 거래명세서 미제출에 따른 가산세는 없다.

상속세 및 증여세법 제38조【합병에 따른 이익의 증여】

① 대통령령으로 정하는 특수관계에 있는 법인 간의 합병(분할합병을 포함한다. 이하 이 조에서 같다)으로 소멸하거나 흡수되는 법인 또는 신설되거나 존속하는 법인의 대통령령으로 정하는 대주주등(이하 이 조 및 제39조의2에서 "대주주등"이라 한다)이 합병으로 인하여 이익을 얻은 경우에는 그 합병등기일을 증여일로 하여 그 이익에 상당하는 금액을 그 대주주등의 증여재산가액으로 한다. 다만, 그 이익에 상당하는 금액이 대통령령으로 정하는 기준금액 미만인 경우는 제외한다. (2015. 12. 15. 개정)

상속세 및 증여세법 시행령 제28조【합병에 따른 이익의 계산방법 등】

① 법 제38조 제1항 본문에서 "대통령령으로 정하는 특수관계에 있는 법인 간의 합병"이란 합병등기일이 속하는 사업연도의 직전 사업연도 개시일(그 개시일이 서로 다른 법인이 합병한 경우에는 먼저 개시한 날을 말한다)부터 합병등기일까지의 기간 중 다음 각호의 어느 하나에 해당하는 법인 간의 합병을 말한다. 다만, 다음 각호의 어느 하나에 해당하는 법인 간의 합병 중 「자본시장과 금융투자업에 관한 법률」에 따른 주권상장법인이 다른 법인과 같은 법 제165조의4 및 같은 법 시행령 제176조의5에 따라 하는 합병은 특수관계에 있는 법인 간의 합병으로 보지 아니한다. (2016. 2. 5. 개정)

1. 「법인세법 시행령」 제2조 제5항에 따른 특수관계에 있는 법인
2. 제2조의2 제1항 제3호 나목에 따른 법인 (2016. 2. 5. 개정)
3. 동일인이 임원의 임면권의 행사 또는 사업방침의 결정 등을 통하여 합병당사법인(합병으로 인하여 소멸·흡수되는 법인 또는 신설·존속하는 법인을 말한다. 이하 같다)의 경영에 대하여 영향력을 행사하고 있다고 인정되는 관계에 있는 법인 (1996. 12. 31. 개정)

7. 외국법인의 자본거래를 통한 국내원천기타소득 과세

국제거래에 대해서는 법인세법상 부당행위계산부인 규정을 적용하지 않지만 자본거래로서 법인세법 시행령 제88조 제1항 제8호 및 제8호의2에 해당하는 거래등을 통해 외국법인이 이익을 얻은 경우에는 법인세법상 부당행위계산부인을 적용한다(국조법 §4②, 국조령 §4 4호).

이 경우 내국법인이 부당행위계산부인 적용시 국외특수관계인이 보유하고 있는 내국법인의 주식등이 법인세법 시행령 제88조 제1항 제8호 및 제8호의2에 해당하는 자본거래를 통해 해당 주주등인 외국법인이 다른 주주등으로부터 이익을 분여받아 발생하는 소득은 국내원천 기타소득에 해당한다(법법 §93 10호 자목, 법령 §132⑭).

따라서 소득을 지급하는 자는 국내원천소득에 대한 기타소득 원천징수세율 20%를 적용한 원천세를 징수하여 납부하여야 한다(법법 §98①8호).

이 경우 특수관계인의 범위는 법인세법상 특수관계인 범위를 준용하지 않고 국제조세조정에 관한 법률 시행령 제2조 제2항에 따른 특수관계, 법인세법 시행령 제131조 제2항 제1호 또는 제2호에 따른 특수관계인 범위를 준용한다(법령 §132⑬).

법인세법 제93조【외국법인의 국내원천소득】

외국법인의 국내원천소득은 다음 각 호와 같이 구분한다.

10. 국내원천 기타소득: 제1호부터 제9호까지의 규정에 따른 소득 외의 소득으로서 다음 각 목의 어느 하나에 해당하는 소득
   자. 대통령령으로 정하는 특수관계인(이하 제98조에서 "국외특수관계인"이라 한다)이 보유하고 있는 내국법인의 주식등이 대통령령으로 정하는 자본거래로 인하여 그 가치가 증가함으로써 발생하는 소득 (2011. 12. 31. 개정)

법인세법 시행령 제132조【국내원천소득의 범위】

⑬ 법 제93조 제10호 자목에서 "대통령령으로 정하는 특수관계인"이란 다음 각 호의 어느 하나에 해당하는 관계에 있는 외국법인을 말한다. (2012. 2. 2. 개정)

1. 거주자 또는 내국법인과 「국제조세조정에 관한 법률 시행령」 제2조 제2항에 따른 특수관계 (2021. 2. 17. 개정)
2. 비거주자 또는 외국법인과 제131조 제2항 제1호 또는 제2호의 규정에 따른 특수관계

⑭ 법 제93조 제10호 자목에서 "대통령령으로 정하는 자본거래로 인하여 그 가치가 증가함으로써 발생하는 소득"이란 제88조 제1항 제8호 각 목의 어느 하나 또는 같은 항 제8호의2에 해당하는 거래로 인하여 주주 등인 외국법인이 제13항 각 호에 따른 특수관계에 있는 다른 주주 등으로부터 이익을 분여받아 발생한 소득을 말한다.

법인세법 시행령 제131조【정상가격의 범위 등】

② 법 제92조 제2항 제2호 가목에서 "대통령령으로 정하는 특수관계"란 다음 각 호의 어느 하나의 관계를 말한다. (2010. 12. 30. 개정)

1. 일방이 타방의 의결권 있는 주식의 100분의 50 이상을 직접 또는 간접으로 소유하고 있는 관계 (2006. 2. 9. 신설)
2. 제3자가 일방 또는 타방의 의결권 있는 주식의 100분의 50 이상 직접 또는 간접으로 각각 소유하고 있는 경우 그 일방과 타방간의 관계 (2006. 2. 9. 신설)

8. 지배주주 판단

임직원에게 지급하는 인건비는 원칙적으로 손금에 해당하지만 법인이 지배주주등(특수관계에 있는 자 포함)인 임원 또는 직원에게 정당한 사유없이 동일 직위에 있는 지배주주등 외의 임원 또는 직원에게 지급하는 금액을 초과하여 보수를 지급하는 경우 그 초과금액은 손금에 산입하지 아니한다(법령 §43③).

또한 법인의 소액주주등은 원칙적으로 법인과 특수관계가 성립하지 않지만 소액주주등에 해당하는 경우라도 지배주주와 특수관계 있는 경우에는 소액주주로 보지 않는다(법령 §2⑧).

이 경우 지배주주란 법인의 발행주식총수등의 1% 이상의 주식등을 보유한 경우로서 그와 특수관계 있는 자의 소유주식의 합계가 해당 법인의 주주등 중 가장 많은 경우의 해당 주주등을 의미한다(법령 §43⑦).

이 경우 지배주주 판단시 지분율 합산하는 특수관계인의 범위는 법인세법 시행령 제2조 제8항의 특수관계인 범위를 준용하지 않고 법인세법 시행령 제43조 제8항(경제적 연관관계 있는 자를 제외)의 특수관계인 범위를 준용한다.

법인세법 시행령 제43조【상여금 등의 손금불산입】

⑦ 제3항에서 "지배주주등"이란 법인의 발행주식총수 또는 출자총액의 100분의 1 이상의 주식 또는 출자지분을 소유한 주주등으로서 그와 특수관계에 있는 자와의 소유주식 또는 출자지분의 합계가 해당 법인의 주주등 중 가장 많은 경우의 해당 주주등(이하 "지배주주등"이라 한다)을 말한다.

⑧ 제3항 및 제7항에서 "특수관계에 있는 자"란 해당 주주등과 다음 각 호의 어느 하나에 해당하는 관계에 있는 자를 말한다. (2008. 2. 22. 신설)

1. 해당 주주등이 개인인 경우에는 다음 각 목의 어느 하나에 해당하는 관계에 있는 자 (2008. 2. 22. 신설)
   가. 친족(「국세기본법 시행령」 제1조의2 제1항에 해당하는 자를 말한다. 이하 같다) (2012. 2. 2. 개정)
   나. 제2조 제8항 제1호의 관계에 있는 법인 (2023. 2. 28. 개정)
   다. 해당 주주등과 가목 및 나목에 해당하는 자가 발행주식총수 또는 출자총액의 100분의 30 이상을 출자하고 있는 법인 (2008. 2. 22. 신설)
   라. 해당 주주등과 그 친족이 이사의 과반수를 차지하거나 출연금(설립을 위한 출연금에 한한다)의 100분의 30 이상을 출연하고 그 중 1명이 설립자로 되어 있는 비영리법인 (2012. 2. 2. 개정)

마. 다목 및 라목에 해당하는 법인이 발행주식총수 또는 출자총액의 100분의 30 이상을 출자하고 있는 법인 (2012. 2. 2. 개정)

2. 해당 주주등이 법인인 경우에는 제2조 제8항 각 호(제3호는 제외한다)의 어느 하나에 해당하는 관계에 있는 자

제2절 법인세법상 특수관계인 범위

법인세법은 특수관계인에 대해 법인과 경제적 연관관계, 경영지배관계에 있는 자로 정의하면서 본인도 거래상대방의 특수관계인에 해당함을 규정하고 있어 쌍방관계에 의해 특수관계 여부를 판단하여야 하는 점을 명확하게 하고 있다(법법 §2 12호).

법인세법 제2조 【정의】 (2018. 12. 24. 조번개정)

12. "특수관계인"이란 법인과 경제적 연관관계 또는 경영지배관계 등 대통령령으로 정하는 관계에 있는 자를 말한다. 이 경우 본인도 그 특수관계인의 특수관계인으로 본다.

I 경제적 연관관계에 있는 자

법인세법 제2조 제10호에서 경제적 연관관계에 있는 자란 다음 중 어느 하나에 해당하는 자를 말한다.

법인세법 시행령 제2조 【정의】

⑧ 법 제2조 제12호에서 "경제적 연관관계 또는 경영지배관계 등 대통령령으로 정하는 관계에 있는 자"란 다음 각 호의 어느 하나에 해당하는 관계에 있는 자를 말한다.

2. 제50조 제2항에 따른 소액주주등이 아닌 주주 또는 출자자(이하 "비소액주주등"이라 한다)와 그 친족 (2019. 2. 12. 신설)

3. 다음 각목의 어느 하나에 해당하는 자 및 이들과 생계를 함께하는 친족 (2019. 2. 12. 신설)

가. 법인의 임원 · 직원 또는 비소액주주등의 직원(비소액주주등이 영리법인인 경우에는 그 임원을, 비영리법인인 경우에는 그 이사 및 설립자를 말한다) (2019. 2.

12. 신설)
나. 법인 또는 비소액주주등의 금전이나 그 밖의 자산에 의해 생계를 유지하는 자 (2019. 2. 12. 신설)

1. 비소액주주등과 친족, 직원 등

주주의 주식가치는 법인의 실적, 호재·악재 등과 연계되어 변동되므로 법인의 주주는 법인과 밀접한 경제적 연관관계가 있다. 이러한 점을 고려하여 법인세법은 국세기본법, 상속세 및 증여세법과는 달리 임원, 직원을 기준으로 성립되는 경제적 연관관계 있는 자 외에 비소액주주등을 기준으로 성립되는 경제적 연관관계에 있는 특수관계인을 별도로 규정하고 있다.

법인세법상 특수관계인 범위 판단 시 가장 중요한 점은 비소액주주등을 기준으로 성립하는 특수관계인이라 할 수 있다.

가. 비소액주주등의 의미

(1) 소액주주

○ 소액주주
- 단독으로 발행주식총수 또는 출자총액의 1% 미만을 소유한 자 (특수관계인의 지분율을 합산하여 판단하지 않음)
- 지배주주등과 특수관계가 없는 자

소액주주란 지배주주등(국가·지방자치단체 제외)과 특수관계가 없는 자로서 본인이 단독으로 법인의 발행주식총수 등의 1% 미만의 주식등(의결권 없는 주식 수 제외)을 보유한 자를 말한다(법령 §50②).

법인세법 시행령 제50조 【업무와 관련이 없는 지출】
② 제1항 제1호 및 제2호에서 "소액주주등"이란 발행주식총수 또는 출자총액의 100분의 1에 미달하는 주식등을 소유한 주주등(해당 법인의 국가, 지방자치단체가 아닌 지배주주등의 특수관계인인 자는 제외하며, 이하 "소액주주등"이라 한다)을 말한다.

참조 – 법인세법상 소액주주의 범위

법인세법은 소액주주의 범위에 대해 다음의 경우에 따라 각각 달리 규정하고 있으므로 주의하여야 한다.

○ 특수관계인 범위 판정 시(법령 §2⑧)
지배주주와 특수관계가 없는 자로 본인이 단독으로 발행주식총수 등의 1% 미만을 보유한 자

○ 주식등변동상황명세서 제출제외 대상자 판정 시(법령 §161④)
① 유가증권시장상장법인
액면금액의 합계액이 3억 원 미만 & 시가의 합계액이 100억 원 미만
② 코스닥시장상장법인
액면금액의 합계액이 3억 원 미만 & 시가의 합계액이 100억 원 미만(코스닥시장상장 전에 취득: 액면금액의 합계액이 500만 원 이하인 주주, 중소기업의 주식을 코스닥시장을 통하여 양도한 주주)
③ 비상장법인
액면금액 또는 출자총액의 합계액이 500만 원 이하

○ 부도등 발생 시 유가증권 평가차손 인정되는 비상장법인 판단 시(법령 §78④)
발행주식총수 등의 5% 이하를 소유하고 취득가액이 10억 원 이하인 자

(2) 지배주주등

○ **법인세법상 지배주주등**
- 단독으로 발행주식총수(출자총액)의 1% 이상을 소유한 주주등의 주식수
(비소액주주등)
\+ 특수관계인이 보유하고 있는 주식 수(출자지분)
(경제적 연관관계 등 일정 특수관계인 제외한 특수관계인 지분 합산)
⇒ 당해 법인의 주주등 중 가장 많은 경우 해당 주주등

가) 정의

지배주주등이란 본인이 단독으로 법인의 발행주식총수(출자총액)의 1% 이상을 가진 주주로서 그와 특수관계 있는 자와의 소유주식(출자총액)의 합계가 해당 법인의 주주등 중 가장 많은 경우 해당 주주등에 해당하는 자(지배주주등)를 의미한다(법령 §43⑦).[46]

46) 법인세법 시행령 제43조【상여금 등의 손금불산입】

나) 지분율 합산대상 특수관계인

지분율을 합산하는 특수관계인의 범위에 대해서는 별도로 규정하고 있으므로 법인세법상 특수관계인 범위를 그대로 준용해서는 안된다.

① 본인이 개인인 경우

본인이 개인인 경우에는 경제적 연관관계에 있는 자를 제외한 다음에 해당하는 특수관계인의 지분율을 합산한다(법령 §43⑧1호).[47]

a. 친족관계에 있는 자 b. 본인 또는 친족이 사실상 영향력을 행사하는 법인 c. 해당 주주등과 a., b.에 해당하는 자가 30% 이상을 출자한 법인 d. 해당 주주등과 친족이 이사의 과반수를 차지하거나 설립을 위한 출연금의 30% 이상을 출연하고 그 중 1인이 설립자인 비영리법인 e. c., d.에 해당하는 법인이 30% 이상을 출자한 법인

② 본인이 법인인 경우

법인세법 시행령 제2조 제8항에서 규정하고 있는 특수관계인 중 경제적 연관관계에 있는 자를 제외(단, 비소액주주등과 친족의 지분율은 합산)한 모든 특수관계인의 지분율을 합산하여 판단한다(법령 §43⑧2호).[48]

---

⑦ 제3항에서 "지배주주등"이란 법인의 발행주식총수 또는 출자총액의 100분의 1 이상의 주식 또는 출자지분을 소유한 주주등으로서 그와 특수관계에 있는 자와의 소유 주식 또는 출자지분의 합계가 해당 법인의 주주등 중 가장 많은 경우의 해당 주주등(이하 "지배주주등"이라 한다)을 말한다.

47) **법인세법 시행령 제43조 【상여금 등의 손금불산입】**

⑧ 제3항 및 제7항에서 "특수관계에 있는 자"란 해당 주주등과 다음 각호의 어느 하나에 해당하는 관계에 있는 자를 말한다. (2008. 2. 22. 신설)

1. 해당 주주등이 개인인 경우에는 다음 각 목의 어느 하나에 해당하는 관계에 있는 자 (2008. 2. 22. 신설)
   가. 친족(「국세기본법 시행령」 제1조의2 제1항에 해당하는 자를 말한다. 이하 같다) (2012. 2. 2. 개정)
   나. 제2조 제8항 제1호의 관계에 있는 법인 (2023. 2. 28. 개정)
   다. 해당 주주등과 가목 및 나목에 해당하는 자가 발행주식총수 또는 출자총액의 100분의 30 이상을 출자하고 있는 법인 (2008. 2. 22. 신설)
   라. 해당 주주등과 그 친족이 이사의 과반수를 차지하거나 출연금(설립을 위한 출연금에 한한다)의 100분의 30 이상을 출연하고 그 중 1명이 설립자로 되어 있는 비영리법인 (2012. 2. 2. 개정)
   마. 다목 및 라목에 해당하는 법인이 발행주식총수 또는 출자총액의 100분의 30 이상을 출자하고 있는 법인

48) 법인세법 시행령 제2조 제8항에 해당하는 특수관계인의 지분율은 합산하되 경제적 연관관계에 있는 자는 비소액주주등와 친족의 지분율만 합산하며 임원, 직원, 비소액주주등의 직원, 비소액주주등와 생계를 함께 하는 자, 법인과 생계를 함께하는 자와 이들과 생계를 함께하는 친족의 지분율은 합산하지 않는다.

(3) 비소액주주등

> ○ 법인세법상 비소액주주등
> - 발행주식총수 또는 출자총액의 1% 이상의 주식등을 보유한 자 (특수관계인 지분 합산하지 않음)
> - 1% 미만을 보유하였더라도 지배주주등과 특수관계가 있는 자

가) 정의

비소액주주등은 특수관계인의 지분율을 합산하지 않은 본인의 단독 출자지분율로 법인의 발행주식총수등의 1% 이상을 보유하거나 1% 미만을 보유하였더라도 지배주주등과 특수관계에 있는 자를 의미한다.

따라서 1% 미만의 주식을 보유하고 있더라도 본인의 특수관계인이 지배주주등인 경우에는 비소액주주등에 해당하므로 주의하여야 한다.

여기에서 주주등은 개인(내국인, 외국인), 법인, 영리법인, 비영리법인, 내국법인, 외국법인 모두를 의미한다.

비소액주주 "등"으로 규정하고 있는 것은 법인에 자본을 투자하여 지분을 보유하는 형태는 주식회사의 경우 주주, 조합형태 회사의 경우 출자자 또는 조합원, 기타 회사의 경우 사원이 될 수 있으므로 여러 가지 투자형태의 출자자를 모두 포함하기 위해서이다.

1% 이상 지분율 판정 시 의결권 없는 주식은 발행주식총수에 포함되지 않는다.

> **【법인세과-826, 2010. 8. 30.】**
> 법인이 주주 또는 출자자가 지배주주등과 특수관계에 있는 자에 해당하지 않는 경우 소액주주등에 해당하지 아니하는지 여부는 주주 또는 출자자 개인별로 소유하고 있는 주식 또는 출자지분을 기준으로 판단함.
>
> **【기획재정부 법인세제과-249, 2007. 4. 2.】**
> 특수관계자 판정 시 당해 법인 보유한 자기주식등 의결권이 없는 주식은 발생주식총수에서 제외하여 판단함.

법인세법 시행령 제43조 【상여금 등의 손금불산입】

⑧ 제3항 및 제7항에서 "특수관계에 있는 자"란 해당 주주등과 다음 각호의 어느 하나에 해당하는 관계에 있는 자를 말한다. (2008. 2. 22. 신설)

2. 해당 주주등이 법인인 경우에는 제2조 제8항 각호(제3호는 제외한다)의 어느 하나에 해당하는 관계에 있는 자 (2023. 2. 28. 개정)

Key Point

□ 지분율이 1% 미만인 경우도 비소액주주등에 해당할 수 있음

비소액주주등 판단 시 지분율 1% 이상으로만 판단해서는 안되며 지분율이 1% 미만인 경우라도 지배주주등과 특수관계가 있는 경우에는 비소액주주등에 해당하므로 지배주주등과 특수관계가 있는지 여부를 반드시 검토하여야 한다.

□ vs 상속세 및 증여세법상 대주주

합병에 따른 이익의 증여, 감자에 따른 이익의 증여에 대한 증여세 과세 시 증여세 과세대상이 되는 대주주는 해당 주주등의 지분 및 그의 특수관계인의 지분을 포함하여 해당 법인의 발행주식총수 등의 100분의 1 이상을 소유하고 있거나 소유하고 있는 주식 등의 액면가액이 3억 원 이상인 주주등을 말한다(상증령 §28②).

| 법인세법상 비소액주주 VS 상속세 및 증여세법상 대주주 |

구분	법인세법	상속세 및 증여세법
명칭	비소액주주등	대주주등
근거법령	법인세법 시행령 제50조 제2항	상속세 및 증여세법 시행령 제28조 제2항
적용범위	특수관계 판단, 업무와 관련이 없는 지출 등 판단	합병, 감자에 따른 이익의 증여 등
요건	• 발행주식총수의 1% 이상 보유한 자 (특수관계인 지분 합산 안 함) • 1% 미만 보유자로서 지배주주와 특수관계 있는 자	• 발행주식총수의 1% 이상 보유한 자 (특수관계인 지분 합산) or • 액면가액 3억 원 이상의 주주

Key Point

□ VS 상속세 및 증여세법상 최대주주와 지배주주

○ 최대주주등(상증령 §19②)

• 지분율 관계없이 발행주식 또는 출자주수를 보유한 자의 주식수등

\+ 상속세 및 증여세법상 특수관계인의 발행주식 총수 또는 출자총수

⇒ 당해 법인의 주주등 중 가장 많은 경우 해당 주주등과 특수관계인[49)]

* 최대주주등이 2명 이상인 경우 - 모두가 최대주주등에 해당

⇒ 최대주주등에 대한 할증평가(상증법 §63③), 초과배당에 따른 이익의 증여(상증법 §41조의2), 전환사채 전환등에 따른 이익의 증여(상증법 §40) 적용시 준용

○ 지배주주(상증령 §34조의3①)
(상증법 §45조의3, §45조의4, §45조의5 적용 시)
① 해당 법인의 최대주주등에서 그 법인에 대한 직접보유비율이 가장 높은 자가 개인인 경우에는 그 개인
② 해당 법인의 최대주주등에서 그 법인에 대한 직접보유비율이 가장 높은 자가 법인인 경우에는 그 법인에 대한 직접보유비율과 간접보유비율을 모두 합하여 계산한 비율이 가장 높은 개인
* 지배주주등이 2명 이상인 경우
해당 법인의 경영에 사실상 영향력이 큰 자로서 기획재정부령이 정하는 자(상증칙 §10조의7)
* 해당 법인의 최대주주등 중 본인과 친족 등의 주식보유비율 〉 사용인의 주식 등 보유비율
⇒ 본인과 친족 등 중에서 지배주주 판정
* 해당 법인의 주주등이면서 그 법인의 최대주주등에 해당하지 아니한 자, 해당 법인의 최대주주등 중에서 그 법인에 대한 직접보유비율이 가장 높은 자에 해당하는 법인의 주주등이면서 최대주주등에 해당하지 아니한 자는 제외

나) 주주등에 해당하지 않는 경우

① 재단법인의 출연자

재단법인의 출연자는 재산을 출연하였을 뿐 법인과 일정한 법률관계가 형성되지 않고 법인에 대해 출자지분을 갖는 것도 아니므로 주식등 변동상황명세서 제출대상이 아니며 주주등에도 해당하지 않는다.

【대법원 94누6673, 1994. 8. 23.】
재단법인의 출연자는 특수관계자인 출자자에 해당 안 됨.

---

49) 상속세 및 증여세법 시행령 제19조【금융재산 상속공제】
② 법 제22조 제2항에서 "대통령령으로 정하는 최대주주 또는 최대출자자"란 주주등 1인과 그의 특수관계인의 보유주식등을 합하여 그 보유주식등의 합계가 가장 많은 경우의 해당 주주등 1인과 그의 특수관계인 모두를 말한다.
상속세 및 증여세법 기본통칙 22-19…1【최대주주등의 판정기준】
법 제22조 제2항 및 영 제19조 제2항에 따른 최대주주 또는 최대출자자(이하 "최대주주등"이라 한다)의 판정은 다음 각호의 1에 따른다. (2011. 5. 20. 개정)
1. 피상속인과 영 제19조 제2항 각호의 어느 하나에 따른 특수관계자의 보유주식 등을 합하여 최대주주등에 해당하는 경우에는 피상속인 및 그와 특수관계에 있는 자 모두를 최대주주등으로 본다.
2. 제1호에 따른 보유주식의 합계가 동일한 최대주주등이 2 이상인 경우에는 모두를 최대주주등으로 본다. (2011. 5. 20. 개정)

② 사단법인의 사원

사단법인의 사원은 법인을 지분율만큼 소유하는 출자자가 아니므로 주주등에 해당하지 않는다.

나. 비소액주주등과 친족

(1) 비소액주주등

법인의 비소액주주등은 법인과 경제적 연관관계에 있는 특수관계인에 해당한다(법령 §2⑧2호).[50] 따라서 법인세법상 법인과 특수관계가 성립하는 주주등은 지분율 30% 이상인 주주등이 아닌 지분율 1% 이상인 주주등이다.[51]

비소액주주등과 법인의 특수관계는 법인이 청산되어 법인격이 소멸하는 경우에 한하여 소멸되며 법인이 폐업하는 경우에는 소멸되지 않으므로 법인이 폐업상태에 있는 경우에도 법인과 비소액주주등은 특수관계가 성립하는 점을 주의하여야 한다.

【대법원 2018두35902, 2018. 5. 30.】
법인격소멸로 인해 특수관계가 소멸되기 위해서는 해당 법인의 청산이 종결되거나 종결된 것으로 간주되어야 하나 폐업한 채무법인들이 청산이 종결되었다거나 청산이 종결된 것으로 간주되었다고 볼 만한 아무런 증거가 없으므로 특수관계가 소멸하였음을 전제로 이 사건 처분이 위법하다는 주장은 이유 없음.

(2) 비소액주주등의 친족

비소액주주등이 개인인 경우 비소액주주등의 친족은 법인과 경제적 연관관계에 있는 특수관계인에 해당한다(법령 §2⑧2호).

임직원의 친족의 경우 생계를 함께하는 경우에만 특수관계인에 해당하지만 비소액주주등의 친족은 생계를 함께하는지 여부와 관계없이 친족에 해당하기만 하면 무조건 특수관계인에 해당하는 점을 주의하여야 한다.

---

50) 비소액주주등은 비소액주주등의 지분율이 30% 이상인 경우에는 경영지배관계에 있는 자에 해당하고 비소액주주등의 지분율이 30% 미만인 경우에는 경제적 연관관계에 있는 자에 해당하지만 1% 이상을 요건으로 하고 있어 경제적 연관관계에 있는 자로 구분하기로 한다.

51) 조세특례제한법은 법인의 특수관계인 범위 판단 시 법인세법 시행령 제2조 제8항을 준용하되 제12조【기술이전 및 기술취득 등에 대한 과세특례】등의 적용 시 비소액주주등 판단 시에는 지분율을 1% 이상 주주등이 아닌 지분율 30% 이상인 주주등을 비소액주주등으로 본다.

단, 비소액주주등의 친족과 생계를 함께하는 친족은 특수관계인에 해당하지 않는다.

Key Point

비소액주주등의 친족은 생계를 함께하는지 여부와 관계없이 친족에 해당하기만 하면 특수관계인에 해당한다.

다. 비소액주주등의 직원 등

(1) 비소액주주등이 개인인 경우

○ **비소액주주등의 임 · 직원** ○ **비소액주주등과 생계를 유지하는 자** ○ **위의 자들과 생계를 함께하는 친족**

가) 비소액주주등의 직원

비소액주주등이 개인인 경우 비소액주주등의 임 · 직원은 법인과 경제적 연관관계에 있는 특수관계인에 해당한다(법령 §2⑧3호).

비소액주주등이 개인인 경우에는 등기임원이 있을 수 없으며 임원, 직원의 구분이 불분명한 경우가 대부분이므로 임원, 직원 모두가 특수관계인에 해당한다.

(※ 주의 – 임원 여부 불문)

Key Point

비소액주주가 개인인 경우 비소액주주의 사용인은 임원 여부와 관계없이 임원, 직원 모두가 특수관계인에 해당한다.

나) 비소액주주등과 생계를 유지하는 자

비소액주주등의 친족이 아니더라도 비소액주주등의 금전이나 그 밖의 재산에 의해 비소액주주등과 생계를 유지하는 자는 법인과 경제적 연관관계에 있는 특수관계인에 해당한다(법령 §2⑧3호).

여기서 생계를 유지하는 자의 의미는 비소액주주등의 금전 등 재산으로 생계를 유지하거나 비소액주주등이 생활비를 부담하는 경우, 즉 비소액주주등으로부터 급부로 받는 금전·기타의 재산수입과 급부로 받는 금전·기타의 재산의 운용에 의하여 생기는 수입을 일상생활비의 주된 원천으로 하고 있는 자를 의미하는 것으로 일상생활을 공동으로 영위하는 것은 필요로 하지 않는다.

> **법인세법 기본통칙 2-2…1【생계를 유지하는 자 등의 범위】**
> ② 영 제2조 제5항 제3호 나목에 따른 "생계를 유지하는 자"라 함은 해당 주주등으로부터 급부를 받는 금전·기타의 재산수입과 급부를 받는 금전·기타의 재산운용에 의하여 생기는 수입을 일상생활비의 주된 원천으로 하고 있는 자를 말한다.

다) 위의 자들과 생계를 함께하는 친족

비소액주주등의 직원, 비소액주주등과 생계를 유지하는 자와 생계를 함께하는 친족은 특수관계인에 해당한다(법령 §2⑧3호).

여기서 생계를 함께하는 친족의 의미는 비소액주주등의 직원 또는 비소액주주등과 생계를 유지하는 자의 친족으로서 일상생활을 공동으로 영위하는 자를 의미한다.

> **법인세법 기본통칙 2-2…1【생계를 유지하는 자 등의 범위】**
> ① 영 제2조 제5항 제3호에 따른 "생계를 함께하는 친족"이라 함은 주주등 또는 생계를 유지하는 자와 일상생활을 공동으로 영위하는 친족을 말한다.

(2) 비소액주주등이 법인인 경우

> ○ 비소액주주등의 직원
> - 영리법인: 법인의 임원
> - 비영리법인: 이사·설립자
>
> ○ 비소액주주등과 생계를 유지하는 자
> ○ 위의 자들과 생계를 함께하는 친족

가) 비소액주주등의 직원

① 비소액주주등이 영리법인인 경우

비소액주주등이 영리법인인 경우 영리법인의 직원은 특수관계인에 해당한다(법령 §2⑧3호).

여기서 특수관계가 성립하는 직원은 비소액주주등의 임원만을 의미하는 것으로 임원이 아닌 직원은 특수관계인에 해당하지 않는다.

【법인세과-645, 2010. 7. 9.】
내국법인의 주주가 영리법인인 경우 내국법인과 주주인 영리법인의 임원이 아닌 사용인 및 당해 사용인이 전액 출자하여 설립한 다른 영리법인은 「법인세법 시행령」 제87조 제1항 제3호 및 제4호에 규정에 의한 특수관계자에 해당하지 않는 것임.

【법인46012-107, 1997. 1. 14.】
특수관계자에는 출자자가 영리법인인 경우 사용인은 포함하지 아니함.

【심사법인2014-0004, 2014. 4. 15.】
청구법인의 법인주주의 임원으로 등기되어 있고 급여를 받은 것으로 보아 형식상의 대표자로 보기 어렵고 상증법상 보충적 평가방법에 따라 산정한 가액을 시가로 보아 과세한 것은 정당함.

② 비소액주주등이 비영리법인인 경우

비소액주주등이 비영리법인인 경우 이사 및 설립자는 특수관계인에 해당한다(법령 §2⑧3호).

나) 비소액주주등과 생계를 유지하는 자

비소액주주등이 법인인 경우 법인과 생계를 유지하는 자는 특수관계인에 해당한다.

다) 위의 자들과 생계를 함께하는 친족

비소액주주등이 영리법인인 경우 영리법인의 임원, 비영리법인인 경우 이사 및 설립자와 생계를 함께하는 친족은 특수관계인에 해당한다(법령 §2⑧3호).

Key Point

비소액주주등이 법인인 경우에는 개인과 달리 영리법인의 경우 임원만이 특수관계인에 해당하며 비영리법인의 경우 이사 또는 설립자만이 특수관계인에 해당한다.

Key Point

본인은 출자하지 않고 본인의 친족만이 법인에 1% 이상 출자한 경우 특수관계 성립 여부

법인세법도 국세기본법과 동일하게 경영지배관계가 성립하는 지배적 영향력 행사하는 법인에 대해서는 "해당 법인이 직접 또는 그와 특수관계에 있는 자를 통해"로 규정하고 있어 조심2019중3517 결정에 의하는 경우 법인이 출자하지 않고 법인의 특수관계인만 출자한 경우에는 특수관계가 성립하지 않지만 기획재정부 해석(기획재정부 조세법령운용과-759, 2022. 7. 15.)에 의하는 경우에는 특수관계가 성립한다.

하지만 비소액주주를 기준으로 성립하는 특수관계의 경우 "비소액주주등과 친족"으로 규정하고 있어 본인은 출자하지 않고 친족만이 법인에 1% 이상 출자한 경우에도 본인은 법인과 명확하게 특수관계가 성립한다.

Key Point

❑ 비소액주주등을 기준으로 한 특수관계 요약

비소액주주등	비소액주주등과 연관된 자	친족의 특수관계 여부
비소액주주등	친족(생계를 함께하는지 여부 불문)	
개인 비소액주주등	모든 사용인	생계를 함께하는 친족
	생계를 유지하는 자	
법인 비소액주주등	• 영리법인 - 임원 • 비영리법인 - 이사 또는 설립자 • 생계를 유지하는 자	

2. 법인이 1% 이상 출자한 법인 (※ 특수관계가 성립하는 출자지분율 ⇒ 1% 이상)

법인세법상 특수관계인 범위를 규정하고 있는 법인세법 시행령 제2조 제8항은 법인이 1% 이상 출자한 법인을 특수관계인으로 규정하고 있지 않다.

하지만 법인에 1% 이상 출자한 비소액주주등이 법인의 특수관계인에 해당하므로 쌍방관계에 의해 판단 시 법인이 단독으로 타법인에 1% 이상 출자한 경우 당해 법인은 피출자법인의 비소액주주등이 되어 피출자법인과 특수관계가 성립한다(단 열거되어 있지 않으므

로 1차 직접출자 지분율 판단 시에는 1% 이상 출자한 법인의 지분율을 합산해서는 안됨).

세법상 지분율에 의한 특수관계 성립은 일반적으로 30% 이상 출자한 경우(국제조세조정에 관한 법률 50%, 상속세 및 증여세법상 2차 간접출자지분율 50%)에 특수관계가 성립하고 30% 미만 출자한 경우에는 출자지분율에 의한 특수관계가 성립하지 않는다.

하지만 법인세법의 경우 법인이 1% 이상 출자한 법인이 있는 경우 당해 법인은 피출자법인의 비소액주주등이 되어 피출자법인과 쌍방 간에 법인세법상 특수관계가 성립하는 점을 주의하여야 한다.

Key Point

□ 법인세법상 특수관계가 성립하는 출자지분율

법인은 타법인에 1% 이상만 출자하여도 피출자법인의 비소액주주등이 되어 쌍방 간에 법인세법상 특수관계가 성립한다.

■ 국세기본법과의 차이점

○ 비소액주주등을 기준으로 특수관계 성립

국세기본법의 경우 임원, 사용인을 기준으로만 경제적 연관관계에 있는 특수관계가 성립하지만 법인세법의 경우 비소액주주등을 기준으로 비소액주주등, 비소액주주등의 친족, 비소액주주등의 직원(영리법인의 경우 임원, 비영리법인의 경우 이사 및 설립자) · 비소액주주등과 생계를 유지하는 자 · 이들과 생계를 함께하는 친족까지 특수관계인에 해당하는 차이가 있다.

비소액주주등을 기준으로 특수관계 성립 여부	국세기본법	법인세법
	특수관계 없음.	특수관계 성립

○ 특수관계가 성립하는 주주등의 지분율

국세기본법의 경우 30% 이상의 지분율을 가진 주주등만이 법인의 특수관계인에 해당하며, 법인이 단독으로 출자하는 경우에는 30% 이상 출자한 법인과만 특수관계가 성립한다.

반면 법인세법은 1% 이상의 지분율을 가진 주주등이 법인의 특수관계인에 해당하므로 쌍방관계에 의해 판단 시 법인이 단독으로 1% 이상 출자한 법인과 특수관계가 성립하는 차이가 있다.

구분	국세기본법	법인세법
특수관계가 성립하는 주주의 지분율	30% 이상	1% 이상
피출자법인과 특수관계가 성립하는 법인의 출자지분율	30% 이상	1% 이상

■ A법인은 B법인에 29%를 출자하였다. A법인과 B법인의 특수관계 성립 여부

A법인은 B법인에게 1% 이상을 출자하여 B법인의 비소액주주등에 해당하므로 B법인의 특수관계인에 해당한다.

따라서 A법인과 B법인은 쌍방 간에 법인세법상 특수관계가 성립한다. 법인세법상 법인의 출자지분율로 특수관계 있는 법인 판단 시에는 1% 이상 출자 여부로 판단하여야 하는 점을 주의하여야 한다.

■ 甲은 A법인에 5%를 출자한 주주이다. 甲과 생계를 함께하지 않는 甲의 사촌인 乙과 A법인의 특수관계 성립 여부

甲은 A법인에 1% 이상을 출자하여 A법인의 비소액주주등에 해당하므로 甲과 A법인은 법인세법상 특수관계가 성립한다.

이 경우 A법인은 비소액주주등인 甲뿐만 아니라 비소액주주등의 친족과도 특수관계가 성립하므로 비소액주주등인 甲의 사촌인 乙은 비소액주주등인 甲과 생계를 함께하는지 여부과 관계없이 A법인과 법인세법상 특수관계가 성립한다.

■ 영리법인인 A법인은 B법인에 1%를 출자한 주주이다. A법인의 임원인 甲과 직원인 乙의 B법인과의 특수관계 성립 여부

A법인은 B법인에 1% 이상을 출자하여 B법인의 비소액주주등에 해당하므로 A법인과 B법인은 법인세법상 특수관계가 성립한다.

이 경우 비소액주주등이 영리법인인 경우 영리법인의 임원도 B법인의 특수관계인에 해당하므로 비소액주주등인 A법인의 임원인 甲은 B법인과 특수관계가 성립한다.

하지만 비소액주주등인 영리법인의 직원은 특수관계인에 해당하지 않으므로 A법인의 직원인 乙은 B법인과 법인세법상 특수관계가 성립하지 않는다.

■ A법인의 임원 甲은 B법인에 29%를 출자한 주주이다. 이 경우 A법인과 B법인의 특수관계 성립 여부

A법인이 B법인에 29%를 출자하여 B법인의 비소액주주등에 해당하는 경우라면 A법인의 임원인 甲은 비소액주주등의 직원에 해당하여 B법인과 특수관계가 성립한다.

하지만 A법인의 임원이 B법인에 30% 미만인 29%를 출자하여 임원만이 B법인의 비소액주주등에 해당하는 경우에는 단독으로 출자한 임원만이 B법인의 특수관계인에 해당하며 임원이 비소액주주등에 해당한다고 하여 임원이 재직 중인 법인까지 특수관계인에 해당하는 것은 아니다.

따라서 A법인의 임원 甲이 1% 이상 30% 미만 출자한 B법인과 A법인은 특수관계가 성립하지 않는다.

개인사업을 영위하는 甲은 A법인에 4%를 출자하였다. 이 경우 甲의 직원인 乙의 자녀인 丙과 A법인의 특수관계 성립 여부

甲은 A법인에 1% 이상을 출자한 비소액주주등에 해당하므로 甲과 A법인은 법인세법상 특수관계가 성립한다. 이 경우 A법인은 비소액주주등인 甲뿐만 아니라 甲의 직원인 乙, 乙과 생계를 함께하는 친족과도 특수관계가 성립한다.

따라서 甲의 직원인 乙의 자녀 丙이 乙과 생계를 함께하는 경우 丙과 A법인은 법인세법상 특수관계가 성립한다.

3. 임원 · 직원, 이들과 생계를 함께하는 친족

가. 법인의 임원 · 직원

(1) 임원

법인의 임원은 법인과 경제적 연관관계에 있는 특수관계인에 해당한다(법령 §2⑧3호가목).

법인세법은 개별세법 중 유일하게 법인세법 시행령 제40조 제1항에 임원의 범위에 대해 규정하고 있다. 이 경우 임원 판단은 등기 여부에 관계없이 임원으로 규정한 직무와 이에 준하는 직무에 실제로 종사하는지 여부로 판단하여야 한다.

법인세법 시행령 제40조 【기업업무추진비의 범위】

① 주주 또는 출자자(이하 "주주등"이라 한다)나 다음 각 호의 어느 하나에 해당하는 직무에 종사하는 자(이하 "임원"이라 한다) 또는 직원이 부담하여야 할 성질의 기업업무추진비를 법인이 지출한 것은 이를 기업업무추진비로 보지 아니한다.

1. 법인의 회장, 사장, 부사장, 이사장, 대표이사, 전무이사 및 상무이사 등 이사회의 구성원 전원과 청산인 (2018. 2. 13. 신설)
2. 합명회사, 합자회사 및 유한회사의 업무집행사원 또는 이사 (2018. 2. 13. 신설)

3. 유한책임회사의 업무집행자 (2018. 2. 13. 신설)
4. 감사 (2018. 2. 13. 신설)
5. 그 밖에 제1호부터 제4호까지의 규정에 준하는 직무에 종사하는 자 (2018. 2. 13. 신설)

【사전-2017-법령해석법인-0228, 2017. 9. 7.】
「법인세법」상 임원은 「법인세법 시행령」 제20조 제1항 제4호 각목의 어느 하나의 직무에 종사하는 자를 말하는 것이며, 임원에 해당하는지 여부는 종사하는 직무의 실질에 따라 사실 판단할 사항임.

【서면-2015-법인-22274, 2015. 3. 20.】
「법인세법」상 임원은 「법인세법 시행령」 제20조 제1항 제4호 각목의 어느 하나의 직무에 종사하는 자를 말하는 것이며, 임원에 해당하는지 여부는 종사하는 직무의 실질에 따라 사실 판단할 사항임.

【서면-2017-법인-1272, 2017. 10. 20.】
「법인세법」상 임원은 「법인세법 시행령」 제20조 제1항 제4호 각목의 어느 하나의 직무에 종사하는 자를 말하는 것이며, 임원에 해당하는지 여부는 종사하는 직무의 실질에 따라 사실 판단할 사항임.

【법규법인2009-0228, 2009. 6. 23.】
내국법인의 비등기 업무집행임원으로서 해당 법인의 직제규정에 따라 상무의 명칭을 사용하여 재무결산·경영기획 및 손익관리·법무·인사 및 총무업무를 총괄하여 집행할 권한과 책임이 있는 경영지원본부장은 세법상 임원에 해당함.

(2) 직원

직원은 근로계약에 의해 근로를 제공하는 사람 중 임원이 아닌 자를 통틀어 의미하는 것으로 법인세법 시행령은 종전에는 사용인이란 용어로 표현하고 있었으나 2019. 2. 12.부터는 직원으로 표현하고 있다(법령 §2⑧3호가목).

나. 생계를 함께하는 친족

국세기본법과 동일하게 법인의 임원, 직원과 생계를 함께하는 친족은 특수관계인에 해당한다(법령 §2⑧3호).

4. 법인과 생계를 유지하는 자와 그 친족

가. 법인과 생계를 유지하는 자

법인으로부터 급부로 받는 금전·기타의 재산수입과 급부로 받는 금전·기타의 재산운용에 의하여 생기는 수입을 일상생활비의 주된 원천으로 하고 있는 자, 즉 법인과 생계를 유지하는 자는 법인의 경제적 연관관계에 있는 특수관계인에 해당한다(법령 §2⑧3호).

법인세법상 특수관계인 범위를 규정하고 있는 법인세법 시행령 제2조 제8항은 법인과 생계를 유지하는 자와 이와 생계를 함께하는 친족도 특수관계인에 해당하는 것으로 규정하고 있지만 현실적으로 법인의 자산이나 금전으로 생계를 유지하는 자가 존재하는 것은 가정하기 어려울 것으로 생각한다.

나. 생계를 함께하는 친족

법인과 생계를 유지하는 자와 생계를 함께하는 친족도 특수관계인에 해당한다(법령 §2⑤3호).

 경영지배관계에 있는 자

법인세법 제2조 제12호에서 규정하고 있는 경영지배관계에 있는 자란 다음 중 어느 하나에 해당하는 자를 말한다.

1. 법인의 실질지배자와 친족

국세기본법은 본인이 법인인 경우 법인에 30% 이상 출자하거나 법인에 사실상 영향력을 행사하는 자(비영리법인의 경우 이사의 과반수를 차지하거나 설립 시 출연재산의 30% 이상을 출연하고 그 중 1인이 설립자인 자)를 특수관계인으로 규정하고 이들을 포함하여 지배적 영향력을 행사하는 법인을 판단하도록 규정하고 있다.

법인세법도 법인에 사실상 영향력을 행사하는 자는 특수관계인에 해당하는 것으로 규정하고 있어 사실상 영향력을 행사하는 자의 출자지분율 등을 고려하여 법인이 지배적 영향력을 행사하는 법인을 판단하여야 한다.

다만, 법인세법의 경우 출자지분율이 1% 이상인 주주등은 비소액주주등에 해당하여 특수관계가 성립하므로 법인에 30% 이상 출자한 자는 규정하고 있지 않은 차이가 있다.

법인세법 시행령 제2조 【정의】

⑧ 법 제2조 제12호에서 "경제적 연관관계 또는 경영지배관계 등 대통령령으로 정하는 관계에 있는 자"란 다음 각 호의 어느 하나에 해당하는 관계에 있는 자를 말한다.[52)]

1. 임원(제40조 제1항에 따른 임원을 말한다. 이하 이 항, 제10조, 제19조, 제38조 및 제39조에서 같다)의 임면권의 행사, 사업방침의 결정 등 해당 법인의 경영에 대해 사실상 영향력을 행사하고 있다고 인정되는 자(「상법」 제401조의2 제1항에 따라 이사로 보는 자를 포함한다)와 그 친족(「국세기본법 시행령」 제1조의2 제1항에 따른 자를 말한다. 이하 같다) (2019. 2. 12. 신설)

가. 사실상 영향력을 행사하는 자

임원의 임면권의 행사, 사업방침의 결정 등 해당 법인의 경영에 대해 사실상 영향력을 행사하고 있다고 인정되는 자는 법인과 경영지배관계에 있는 특수관계인에 해당한다(법령 §2⑧1호).

법인에 사실상 영향력을 행사하는 자가 특수관계인에 해당하는 것은 국세기본법, 상속세 및 증여세법도 동일하다. 다만, 법인세법의 경우 회사에 대한 자신의 영향력을 이용하여 이사에게 업무집행을 지시하거나 이사의 이름으로 직접 업무를 집행하는 등의 업무를 하는 상법상 업무집행 지시자에 해당하는 자도 사실상 영향력을 행사하는 자로 보는 점에 주의하여야 한다.[53)]

■ 상법상 업무집행지시자도 사실상 영향력을 행사하는 자에 해당

이사에게 업무집행을 지시하거나 이사의 이름으로 직접 업무를 집행하는 등의 업무를 하

52) 법인세법 시행령 제2조 제5항에서 제8항으로의 항번에 대한 개정은 2024. 1. 1. 이후 시행되는 사항이나 조문 참조등의 편의상 해당 교재에서는 제8항으로 표기하는 것으로 한다.

53) 상법에서는 상법 제399조(회사에 대한 책임), 제401조(제삼자에 대한 책임), 제403조(주주의 대표소송)를 적용 시에는 업무집행지시자를 이사로 보아 이사와 동일하게 책임을 추궁하고 있다.
법인세법에서는 업무집행지시자를 임원인 이사로 보는 것이 아닌 법인에 사실상 영향력을 행사하는 자로 보고 있다.
상법 제401조의2 【상법상 업무집행지시자】
① 다음 각호의 1에 해당하는 자는 그 지시하거나 집행한 업무에 관하여 제399조·제401조 및 제403조의 적용에 있어서 이를 이사로 본다.
1. 회사에 대한 자신의 영향력을 이용하여 이사에게 업무집행을 지시한 자
2. 이사의 이름으로 직접 업무를 집행한 자
3. 이사가 아니면서 명예회장·회장·사장·부사장·전무·상무·이사 기타 회사의 업무를 집행할 권한이 있는 것으로 인정될 만한 명칭을 사용하여 회사의 업무를 집행한 자

는 상법상 업무집행 지시자에 해당하는 자도 법인세법상 법인에 사실상 영향력을 행사하는 자에 해당하는 점을 주의하여야 한다.

■ 사실상 영향력을 행사하는 자에 법인도 해당하는지 여부

사실상 영향력을 행사하는 자는 자연인뿐만 아니라 법인도 해당하므로 법인이 당해 법인에 사실상 영향력을 행사하는 경우에는 출자관계에 있지 않더라도 쌍방 간에 특수관계가 성립한다.

【재법인46012-13, 2002. 1. 18.】
"임원의 임면권 행사, 사업방침의 결정 등 당해 법인의 경영에 대하여 사실상 영향력을 행하고 있다고 인정되는 자"는 자연인과 법인 모두를 의미하는 것임.

나. 사실상 영향력을 행사하는 자의 친족

사실상 영향력을 행사하는 자가 개인인 경우 개인의 친족도 특수관계인에 해당한다.[54)]

이때 실질적 지배자의 친족의 경우 생계를 함께하는지 여부에 관계없이 친족에 해당하기만 하면 특수관계인에 해당하는 점을 주의하여야 한다.

【서면-2018-법인-0197, 2018. 3. 22.】
당해 법인의 경영에 대하여 사실상 영향력을 행사하고 있다고 인정되는 자와 그 친족에 해당하거나, 법인 또는 주주등의 금전 기타 자산에 의하여 생계를 유지하는 자와 이들과 생계를 함께하는 친족에 해당하는 경우에는 특수관계인에 해당하는 것임.

【조심2009서2560, 2010. 2. 4.】
쟁점법인의 최대주주로서 임원의 임면권의 행사, 사업방침의 결정 등 당해 법인의 경영에 대하여 사실상 영향력을 행사하고 있다고 인정되는 자와 그 친족에 해당되는 경우 특수관계에 있음.

【조심2012서5259, 2015. 5. 14.】
△△△은 □□□□□㈜의 주식 전부를 양도한 이후에도 □□□□□㈜의 경영을 책임지고 있는 것으로 보이는 점, ○○○그룹에서 □□□□□㈜에 대한 영업, 예산 및 자금소요 등

54) 국세기본법의 경우에도 "개인 또는 법인이 직접 또는 그와 친족관계 또는 경제적 연관관계에 있는 자를 통하여 본인인 법인의 경영에 대하여 지배적인 영향력을 행사하고 있는 경우"로 규정하고 있으므로 사실상 영향력을 행사하는 자의 친족을 별도로 규정하지 않더라도 사실상 영향력을 행사하는 자의 친족은 법인의 특수관계인에 해당한다.

전반적인 사항을 관리하고 있는 점 등에 비추어 청구법인과 □□□□□㈜를 특수관계자에 해당한다고 보아 법인세를 과세한 처분은 잘못이 없음.

【대구지방법원 2014구합20799, 2014. 10. 15.】

원고는 임원의 임면권의 행사, 사업방침의 결정 등 당해 법인의 경영에 대하여 사실상 영향력을 행사하고 있다고 인정되는 자로서 특수관계자에 해당함.

【서면2팀-1570, 2004. 7. 23.】

재산의 운영, 사업방침의 결정 등에 사실상 영향력을 행사하고 있다고 인정되는 경우에는 특수관계자에 해당하는 것으로, 이에 해당되는지는 임원의 임면관계, 직무의 내용, 임원의 재단 이사 겸직 여부 등을 종합적으로 고려하여 사실 판단할 사항임.

국세기본법과의 차이점

○ 국세기본법

국세기본법은 법인에 사실상 영향력을 행사하는 자 판단 시 개인인 경우 개인이 직접 또는 개인이 친족관계와 경제적 연관관계에 있는 자를 통하여, 법인인 경우 법인이 직접 또는 법인이 경제적 연관관계에 있는 자를 통하여 법인에 사실상 영향력을 행사하는지 여부를 판단한다.

여기서 "통하여"를 "자가"가 아닌 것으로 해석하는 경우 개인 또는 법인은 해당 법인에 사실상 영향력을 행사하지 않고 친족관계 있는 자 등만이 사실상 영향력을 행사하는 경우에는 개인 또는 법인이 사실상 영향력을 행사하는 법인에 해당하지 않지만 기획재정부 해석(기획재정부 조세법령운용과-759, 2022. 7. 15.)에 의하는 경우에는 친족관계 있는 자등만이 사실상 영향력을 행사하는 경우에도 특수관계가 성립한다.

○ 법인세법

법인세법의 경우 법인에 사실상 영향력을 행사하는 자와 친족을 특수관계인에 해당하는 것으로 규정하고 있다.

따라서 본인이 사실상 영향력을 행사하지 않고 친족만이 사실상 영향력을 행사하는 경우에도 당해 법인에 사실상 영향력을 행사하는 자에 해당하며 법인에 사실상 영향력을 행사하는 자 판단 시 본인 또는 친족관계에 있는 자의 사실상 영향력 행사 여부만을 고려하고 경제적 연관관계에 있는 자의 사실상 영향력 행사 여부는 고려하지 않는 차이가 있다.

구분	국세기본법	법인세법
법인에 사실상 영향력 행사하는 개인 판단기준	본인 또는 친족관계 또는 경제적 연관관계에 있는 자의 사실상 영향력 행사 여부 고려하여 판단	본인 또는 친족관계에 있는 자의 사실상 영향력 행사 여부만 고려하여 판단
법인에 사실상 영향력 행사하는 법인 판단기준	법인 또는 경제적 연관관계에 있는 자의 사실상 영향력 행사 여부 고려하여 판단	법인의 사실상 영향력 행사 여부만을 고려하여 판단

2. 지배적 영향력을 행사하는 법인

법인세법은 특수관계가 성립하는 지분율 등을 별도로 규정하지 않고 국세기본법 시행령 제1조의2 제4항에 따른 "지배적 영향력을 행사하는 경우"에 해당하는 경우에는 경영지배관계에 있는 특수관계인에 해당하는 것으로 규정하고 있다.

따라서 일정 특수관계인과 함께 영리법인의 경우 30% 이상 출자하거나 사실상 영향력을 행사하는 경우, 비영리법인의 경우 이사의 과반수를 차지하거나 설립 시 출연재산의 30% 이상을 출연하고 그 중 1인이 설립자인 경우에는 경영지배관계에 있는 특수관계가 성립한다.

지배적 영향력을 행사하는 법인은 국세기본법과 동일하게 2차 간접적으로 지배적 영향력을 행사하는 법인까지 특수관계인에 해당한다.

법인세법 시행령 제2조 【정의】

⑧ 법 제2조 제12호에서 "경제적 연관관계 또는 경영지배관계 등 대통령령으로 정하는 관계에 있는 자"란 다음 각 호의 어느 하나에 해당하는 관계에 있는 자를 말한다.[55)]

4. 해당 법인이 직접 또는 그와 제1호부터 제3호까지의 관계에 있는 자를 통해 어느 법인의 경영에 대해 「국세기본법 시행령」 제1조의2 제4항에 따른 지배적인 영향력을 행사하고 있는 경우 그 법인 (2019. 2. 12. 신설)
5. 해당 법인이 직접 또는 그와 제1호부터 제4호까지의 관계에 있는 자를 통해 어느 법인의 경영에 대해 「국세기본법 시행령」 제1조의2 제4항에 따른 지배적인 영향력을 행사하고 있는 경우 그 법인 (2019. 2. 12. 신설)
6. 해당 법인에 100분의 30 이상을 출자하고 있는 법인에 100분의 30 이상을 출자하고 있는 법인이나 개인 (2019. 2. 12. 신설)

55) 법인세법 시행령 제2조 제5항에서 제8항으로의 항번에 대한 개정은 2024. 1. 1. 이후 시행되는 사항이나 조문

■ 법인세법상 지배적 영향력을 행사하는 경우(국세기본법 준용)

○ 영리법인
  • 30% 이상 출자한 경우
  • 사실상 영향력 행사하는 경우
○ 비영리법인
  • 이사의 과반수 차지하는 경우
  • 설립 시 출연재산의 30% 이상을 출연하고 그 중 1인이 설립자인 경우

가. 1차 직접 지배적 영향력 행사법인

(1) 영리법인

○ 거래당사자 기준

○ 법인 또는 경제적 연관관계에 있는 자 또는 사실상 영향력을 행사하는 자와 친족이 지배적 영향력을 행사하는 법인

• 법인
• 경제적 연관관계에 있는 자 (30% 이상 출자)
(비소액주주등과 연관된 자 포함) (사실상 영향력 행사) ➡ 법인
• 실질적 지배자와 친족

① 법인이 단독으로, ② 법인과 경제적 연관관계에 있는 자 또는 사실상 영향력을 행사하는 자와 그 친족이 공동으로, ③ 법인이 아닌 경제적 연관관계에 있는 자 또는 사실상 영향력을 행사하는 자와 그 친족(기획재정부 조세법령운용과-759, 2022. 7. 15.)이 30% 이상 출자하거나 사실상 영향력을 행사하는 법인은 1차 직접 지배적 영향력을 행사하는 법인에 해당한다(법령 §2⑧4호).[56]

참조등의 편의상 해당 교재에서는 제8항으로 표기하는 것으로 한다.

56) 2012. 2. 1. 이전에는 법인이 특수관계인과 함께 30% 이상 출자한 법인만이 특수관계인에 해당하였으나 2012. 2. 2. 국세기본법 개정 시 지배적 영향력을 행사하는 경우 경영지배관계에 있는 특수관계인에 해당하는 것으로 규정하고 지배적 영향력을 행사하는 경우에 대해 30% 이상 출자하거나 사실상 영향력을 행사하는 경우로 개정되었고 법인세법도 이를 준용하는 것으로 개정되었다.

법인세법 시행령 제87조【특수관계자의 범위】(2012. 2. 1. 이전)

① 법 제52조 제1항에서 "대통령령으로 정하는 특수관계에 있는 자"란 법인과 다음 각호의 1의 관계에 있는

법인이 단독으로 직접 출자한 경우 법인은 1% 이상만 출자하여도 당해 법인, 법인의 임원 및 이사, 설립자(생계를 함께하는 친족 포함)는 피출자법인과 법인세법상 특수관계가 성립하므로 법인이 1% 이상 출자한 경우에는 동 조항에 근거하지 않더라도 특수관계가 성립한다.

따라서 동 규정은 법인이 직접 출자하지 않은 경우로서 경제적 연관관계에 있는 자 또는 사실상 영향력을 행사하는 자와 친족이 피출자법인에 30% 이상 출자하여 경영지배관계에 있는 특수관계가 성립하는 경우에 적용되는 규정이라 할 수 있다.

○ 법인은 출자하지 않고 지분율 합산 특수관계인만 출자한 경우

법인세법도 경영지배관계 있는 법인을 국세기본법과 유사하게 "해당 법인이 직접 또는 그와 제1호부터 제3호까지의 관계에 있는 자를 통해"로 규정하고 있다.

조심2019중3517 결정과 같이 "통해"를 "자가"와 다른 것으로 보아 법인은 출자하지 않고 법인의 특수관계인만 출자한 경우는 법인이 출자한 것으로 보지 않는다면 30% 이상 출자한 법인을 판단하는 해당 조항은 의미가 없는 조항이 되지만, 기획재정부 해석(기획재정부 조세법령운용과-759, 2022. 7. 15.)에 의하는 경우에는 법인이 출자하지 않고 법인의 지분율 합산 특수관계인만이 30% 이상 출자한 경우에도 법인이 30% 이상 출자한 경우에 해당하므로 특수관계가 성립한다.

| 법인과 특수관계인의 피출자법인과의 특수관계 성립 여부 |

구분	법인과 피출자법인과의 특수관계 성립 여부	법인의 특수관계인과 피출자법인과의 특수관계 성립 여부
법인이 1% 이상 30% 미만 출자	성립	임원, 이사 및 설립자, 이들과 생계를 함께하는 친족의 경우 특수관계 성립
경제적 연관관계에 있는 자, 사실상 영향력을 행사하는 자와 친족이 30% 미만 출자	성립 ×	1% 이상 30% 이상 출자한 특수관계인의 경우 특수관계 성립
경제적 연관관계에 있는 자, 사실상 영향력을 행사하는 자와 친족만이 30% 이상 출자	성립(기획재정부 조세법령운용과-759, 2022. 7. 15.) (조심2019중3517 결정: 불성립)	성립

자(이하 "특수관계자"라 한다)를 말한다. (2011. 6. 3. 개정)

4. 제1호 내지 제3호에 해당하는 자가 발행주식총수 또는 출자총액의 100분의 30 이상을 출자하고 있는 다른 법인 (1998. 12. 31. 개정)

1차 직접 출자지분율 판단 시 지분율 합산대상자

① 법인
② 경제적 연관관계에 있는 자
〈비소액주주등을 기준으로 한 경제적 연관관계〉
• 비소액주주등과 친족
• 비소액주주등과 생계를 유지하는 자, 이와 생계를 함께하는 친족
• 비소액주주등의 직원, 이와 생계를 함께하는 친족
(직원: 개인의 모든 사용인, 영리법인의 임원, 비영리법인의 이사 및 설립자)
〈임직원을 기준으로 한 경제적 연관관계〉
• 법인의 임직원, 이들과 생계를 함께하는 친족
〈법인과 생계를 유지하는 자와 생계를 함께하는 친족〉
③ 사실상 영향력을 행사하는 자와 친족

【서면-2015-법인-0031, 2015. 5. 8.】
법인의 주주 1인과 친족이 다른 법인에 30% 이상을 출자하고 있는 경우에 두 법인은 특수관계인에 해당하고, 최대주주 간에 비상장주식을 양도하고자 평가하는 경우에는 할증평가가 적용되는 것임(조심2019중3517 결정과 다른 해석례).

○ 거래상대방 기준

○ 당해 법인에 개인 및 법인 또는 경제적 연관관계에 있는 자 또는 사실상 영향력을 행사하는 자와 친족을 통하여 30% 이상 출자하거나 사실상 영향력을 행사하는 자

법인 ⬅ (30% 이상 출자) (사실상 영향력 행사) • 개인 및 법인, 경제적 연관관계에 있는 자 • 실질적 지배자와 친족

쌍방관계에 의해 판단 시 당해 법인에 ① 개인 및 법인이 단독으로, ② 개인 및 법인과 경제적 연관관계에 있는 자 또는 사실상 영향력을 행사하는 자와 친족이 공동으로, ③ 개인 및 법인이 아닌 경제적 연관관계에 있는 자 또는 사실상 영향력을 행사하는 자와 친족(기획재정부 조세법령운용과-759, 2022. 7. 15.)이 30% 이상 출자하거나 사실상 영향력을 행사하는 경

우에는 당해 법인에 지배적 영향력을 행사하는 자에 해당한다.[57)]

당해 법인에 출자한 경제적 연관관계에 있는 자, 당해 법인을 실질적으로 지배하는 자와 친족은 개인 또는 법인이 될 수 있으므로 쌍방관계에 의해 판단 시에는 개인도 당해 법인의 특수관계인이 될 수 있다.

Key Point

❑ 법인이 1% 이상 출자한 법인 판단
- 특수관계인의 지분율을 합산하지 않고 단독으로 출자한 지분율만으로 판단
- 경제적 연관관계에 있는 특수관계 성립

❑ 법인이 30% 이상 출자한 법인 판단
- 특수관계인의 출자지분율까지 합산하여 판단
- 경영지배관계에 있는 특수관계 성립

■ 국세기본법과의 차이점

○ 30% 이상 출자한 법인 판단 시 지분율 합산하는 주주등의 차이

지배적 영향력을 행사하는 법인 판단 시 국세기본법의 경우 30% 이상 지분율을 가진 주주등의 지분율을 합산하여 판단하지만 법인세법의 1% 이상 지분율을 가진 주주등이나 1% 미만 지분율을 가진 주주등으로서 지배주주등과 특수관계 있는 주주등의 지분율을 합산하여 판단하는 차이가 있다.

구분	국세기본법	법인세법
30% 이상 출자 여부 판단 시 지분율 합산하는 주주등의 지분율	30% 이상	1% 이상 (또는 1% 미만으로서 지배주주와 특수관계인)

■ A법인의 임원인 甲이 B법인에 15% 출자한 경우 A법인과 B법인의 특수관계 성립 여부

A법인의 임원 甲은 A법인과 경제적 연관관계에 있는 자로 B법인에 대한 A법인의 지분율 판단 시에는 甲의 지분율을 합산하여 판단하여야 한다. 합산하여 판단 시 B법인에 대한

57) 본인이 개인인 경우 국세기본법과 달리 친족관계에 있는 자의 지분율은 합산하지 않는 것으로 보일 수 있으나 비소액주주등의 친족, 비소액주주등과 생계를 유지하는 자와 생계를 함께하는 친족, 비소액주주등의 직원과 생계를 함께하는 친족, 사실상 영향력을 행사하는 자와 친족이 경제적 연관관계에 있는 자에 해당하므로 실질적으로 본인이 개인인 경우에는 친족의 지분율을 합산하여 판단하여야 한다.

A법인의 지분율은 15%로 30% 미만이므로 B법인은 A법인이 지배적 영향력을 행사하는 법인에 해당하지 않는다.[58)]

다만, 甲은 본인이 직접 B법인에 1% 이상을 출자하여 B법인의 비소액주주등에 해당하므로 甲은 B법인의 비소액주주등이 되어 甲과 B법인은 법인세법상 특수관계가 성립한다.

법인이 단독으로 출자한 경우로서 법인과 상대법인과의 법인세법상 특수관계 여부 판단 시에는 30% 이상 지분율이 아닌 1% 이상 지분율로 판단하여야 하며, 법인은 출자하지 않고 법인의 특수관계인이 출자한 경우로서 법인과 상대법인과의 특수관계 여부 판단 시에는 30% 이상 지분율로 판단하여야 하는 점을 주의하여야 한다.

A법인의 임원인 甲이 B법인에 40% 출자한 경우 A법인과 B법인의 특수관계 성립 여부

A법인의 임원 甲은 A법인의 경제적 연관관계에 있는 자에 해당하므로 A법인의 B법인에 대한 지분율 판단 시에는 A법인의 임원인 甲의 지분율을 합산하여 판단하여야 한다.

甲의 지분율을 합산하여 판단 시 A법인은 B법인에 30% 이상 출자하고 있으므로 B법인은 A법인이 지배적 영향력을 행사하는 법인에 해당하여 법인세법상 경영지배관계에 있는 특수관계가 성립한다.[59)]

(조심2019중3517 결정에 의하는 경우)

A법인은 출자하지 않고 A법인의 임원만이 출자하였으므로 B법인에 대한 A법인의 지분율은 0%가 된다. 하지만 기획재정부(기획재정부 조세법령운용과-759, 2022. 7. 15.)에서 국세기본법상 특수관계인 판단시 이러한 사안에 대해 명확하게 특수관계가 성립하는 것으로 해석하였으므로 국세기본법과 유사하게 "그와 제1호부터 제3호까지의 관계에 있는 자를 통해"로 규정하고 있는 법인세법상 특수관계 판단시에도 특수관계가 성립하는 것으로 판단하여야 한다.

A법인에 29%를 출자한 주주 甲이 B법인에 40% 출자한 경우 A법인과 B법인의 특수관계 성립 여부

A법인에 29%를 출자한 주주 甲은 A법인의 비소액주주등에 해당하므로 A법인의 B법인에 대한 지분율 판단 시에는 甲의 지분율을 합산하여 판단하여야 한다. 합산하여 판단 시 A법인은 B법인에 40%를 출자하고 있으므로 B법인은 A법인이 지배적 영향력을 행사하는 법인에 해당한다.

다만, 甲은 30% 미만 지분율을 가진 주주로서 국세기본법상으로는 지분율을 합산하는 특

58) 법인의 임원을 통해 30% 미만 출자한 경우이므로 국세기본법상으로도 동일하게 특수관계가 성립하지 않는다.
59) 법인의 임원을 통해 30% 이상 출자한 경우이므로 국세기본법상으로도 동일하게 특수관계가 성립한다.

수관계인(30% 이상의 주주)에 해당하지 않으므로 국세기본법상 B법인은 A법인이 지배적 영향력을 행사하는 법인에 해당하지 않는다.

(조심2019중3517 결정에 의하는 경우)

A법인은 출자하지 않고 A법인의 비소액주주만이 출자하였으므로 B법인에 대한 A법인의 지분율은 0%가 된다. 하지만 기획재정부(기획재정부 조세법령운용과-759, 2022. 7. 15.)에서 국세기본법상 특수관계인 판단시 이러한 사안에 대해 명확하게 특수관계가 성립하는 것으로 해석하였으므로 국세기본법과 유사하게 "그와 제1호부터 제3호까지의 관계에 있는 자를 통해"로 규정하고 있는 법인세법상 특수관계 판단시에도 특수관계가 성립하는 것으로 판단하여야 한다.

■ A법인 30% ← (B법인) → 10% C법인 A법인과 C법인 간에 특수관계 성립 여부

B법인은 A법인에 30%를, C법인에 10%를 출자하여 A법인과 C법인의 비소액주주등에 해당하므로 B법인은 A법인, C법인과 각각 특수관계가 성립한다.

A법인 입장에서 C법인에 대한 A법인의 지분율을 판단하면, A법인은 C법인에 직접 출자한 지분율은 없지만 A법인의 비소액주주등인 B법인이 C법인에 출자하였으므로 B법인의 지분율을 합산하여 판단하여야 한다. 합산하여 판단 시 A법인은 C법인에 10%를 출자하여 30% 미만 출자하였으므로 C법인은 A법인이 지배적 영향력을 행사하는 법인에 해당하지 않는다.

C법인 입장에서 C법인의 A법인에 대한 지분율을 판단하면, C법인은 A법인에 직접 출자한 지분율은 없지만 C법인의 비소액주주등인 B법인이 A법인에 출자하였으므로 B법인의 지분율을 합산하여 판단하여야 한다. 합산하여 판단 시 C법인은 A법인에 30%를 출자하고 있으므로 A법인은 C법인이 지배적 영향력을 행사하는 법인에 해당한다.

따라서 A법인 입장에서는 C법인이 특수관계인에 해당하지 않지만 C법인 입장에서는 A법인이 특수관계인에 해당하므로 A법인과 C법인은 쌍방 간에 특수관계가 성립한다.[60]

---

60) 국세기본법상으로는 B법인은 A법인에 30%를 출자하고 있어 A법인과 B법인은 특수관계가 성립한다. 하지만 A법인은 법인의 주주 중 30% 이상의 지분율을 가진 B법인을 통하여 C법인에 10%를 출자하고 있으므로 C법인은 A법인이 지배적 영향력을 행사하는 법인에 해당하지 않는다.
또한 B법인은 C법인에 10%만을 출자하고 있어 B법인과 C법인은 특수관계 자체가 성립하지 않으므로 C법인의 A법인에 대한 출자지분율은 0%가 된다.
따라서 A법인과 C법인은 국세기본법상 특수관계가 성립하지 않는다.

(조심2019중3517 결정에 의하는 경우)

C법인은 A법인에 직접 출자하지 않고, A법인도 C법인에 직접 출자하지 않았으므로 A법인과 C법인은 특수관계가 성립하지 않는다. 하지만 기획재정부(기획재정부 조세법령운용과-759, 2022. 7. 15.)에서 국세기본법상 특수관계인 판단시 이러한 사안에 대해 명확하게 특수관계가 성립하는 것으로 해석하였으므로 국세기본법과 유사하게 "그와 제1호부터 제3호까지의 관계에 있는 자를 통해"로 규정하고 있는 법인세법상 특수관계 판단시에도 특수관계가 성립하는 것으로 판단하여야 한다.

B법인은 A법인에 35%를 출자하여 A법인의 지분을 30% 이상 가진 주주이다. B법인이 A법인의 지점과 물품납품에 관한 계약을 하려고 할 때 부당행위계산부인 대상이 되는 특수관계인에 해당하는지 여부

B법인은 A법인에 30% 이상 직접 출자하였으므로 A법인과 B법인은 쌍방 간에 특수관계가 성립한다. 법인의 본점과 특수관계가 성립하는 경우 그 지점과도 특수관계가 성립한다.

A법인은 B, C법인에 각각 30% 출자하고, D법인에는 5%만 출자한 경우 B, C법인과 D법인의 특수관계 성립 여부

A법인은 B, C, D법인에 모두 1% 이상을 출자하였으므로 B, C법인과 D법인의 특수관계 여부를 판단 시에는 A법인의 지분율을 합산하여 판단하여야 한다.

B, C법인 입장에서 D법인에 대한 B, C법인의 출자지분율을 판단하면, A법인의 지분율을 합산하여도 5%에 불과하므로 D법인은 B, C법인이 지배적 영향력을 행사하는 법인에 해당하지 않는다.

하지만 D법인 입장에서 B, C법인에 대한 D법인의 출자지분율을 판단하면, A법인의 지분율을 합산하여 판단 시 30%가 되므로 B, C법인은 D법인이 지배적 영향력을 행사하는 법인에 해당한다. 따라서 B, C법인과 D법인은 쌍방 간에 법인세법상 특수관계가 성립한다.

【법인세과-143, 2014. 3. 28.】
갑법인이 을법인과 정법인에 30% 이상을 출자하고, 병법인에 8% 이상을 출자한 경우로서 을, 병법인 간 또는 을, 정법인 간에 「법인세법 시행령」 제87조 제1항 제4호 또는 같은 조 제1항 제7호의 규정에 해당하는 경우에는 특수관계인에 해당하는 것이며, 이 경우 같은 조 제1항 후단의 규정에 의하여 본인도 특수관계인의 특수관계인에 해당하는 것임(조심2019중3517 결정과 다른 해석례).

■ A법인이 B, C법인에 100% 출자하고 있는 경우 B, C법인의 특수관계 성립 여부

A법인은 B, C법인의 100% 지분율을 가진 주주이므로 B법인의 C법인에 대한 지분율, C법인의 B법인에 대한 지분율 판단 시에는 A법인의 지분율을 합산하여 판단하여야 한다.

A법인의 지분율을 합산하여 판단 시 B법인은 C법인에 100%를 출자하고 있고 C법인은 B법인에 100%를 출자하고 있으므로, A법인과 B법인은 쌍방 간에 특수관계가 성립한다. 국세기본법상 특수관계 판단 시에도 동일하다.[61)]

【재법인46012－13, 2002. 1. 18.】
미국법인 'C'가 미국법인 'B'와 'E'에 각각 100% 출자관계이고, 미국법인 'B'와 'E'는 각각 내국법인 'A'와 'D'에 100% 출자관계인 경우, 내국법인 'A'와 'D'는 특수관계자에 해당함(조심2019중3517 결정과 다른 해석례).

【서면－2015－법인－2325, 2016. 2. 25.】
정부가 100% 출자하고 있는 A, B법인은 두 법인 간 출자관계가 없는 경우에도 특수관계인에 해당하는 것임(조심2019중3517과 다른 해석례).

【서면－2019－법인－4279, 2020. 1. 7.】
특수관계인인 A와 B가 임원으로 근무하는 갑법인과 동 A와 B가 임원이면서 24.48%의 지분을 보유하고 있는 을법인 간(갑법인과 을법인은 출자관계 없음)에 「법인세법 시행령」 제2조 제5항 제1호, 제4호, 제5호 및 제7호의 관계가 성립되지 않는 경우 갑법인과 을법인은 특수관계인으로 보지 아니하는 것임.

(2) 비영리법인

○ 거래당사자 기준

○ **법인 또는 경제적 연관관계에 있는 자 또는 사실상 영향력을 행사하는 자와 친족이 이사의 과반수를 차지하거나 설립 시 출연재산의 30% 이상을 출연하고 그 중 1인이 설립자인 비영리법인**

61) 해당 사실관계는 출자지분율에 의해서도 특수관계가 성립하지만 다른 한편으로는 동일인인 A법인이 둘 이상의 법인에 30% 이상 출자한 경우로서 최대출자자에 해당하므로 B, C법인은 기업집단에 해당하여 특수관계가 성립한다.

• 법인 • 경제적 연관관계에 있는 자 (1% 이상의 주주 포함) • 실질적 지배자와 친족	(이사의 과반수) (설립 시 30% 이상 출연 & 설립자)	➡ 비영리법인

① 법인이 단독으로, ② 법인이 경제적 연관관계에 있는 자 또는 사실상 영향력을 행사하는 자와 그 친족과 공동으로, ③ 법인이 아닌 경제적 연관관계에 있는 자 또는 사실상 영향력을 행사하는 자와 그 친족(기획재정부 조세법령운용과-759, 2022. 7. 15.)이 이사의 과반수이거나 설립 시 출연재산의 30% 이상을 출연하고 그 중 1인이 설립자인 비영리법인은 지배적 영향력을 행사하는 비영리법인에 해당한다(법령 §2⑤4호).[62]

이 경우 사단법인은 재산출연이 법인설립의 필수불가결한 요소는 아니므로 특수관계 있는 비영리법인 판단 시 핵심요소는 정관작성 등 법인설립행위를 한 설립자에 해당하는지 여부이다.

따라서 재산을 30% 이상 출연하였다고 하여 특수관계가 성립하지 않는 것은 아니며 특수관계인과 함께 30% 이상 재산을 출연하고 그 중 1인이 설립자에 해당하는 경우에 한하여 특수관계가 성립하는 점에 주의하여야 한다.

A법인의 임원 甲이 B비영리법인에 설립 시 출연재산의 40%를 출연하고 설립자에 해당하는 경우 A법인과 B비영리법인의 특수관계 성립 여부

법인이 경제적 연관관계에 있는 임원을 통하여 출연재산의 30% 이상을 출연하고 설립한 비영리법인은 지배적 영향력을 행사하는 비영리법인에 해당한다.

따라서 A법인과 B비영리법인은 쌍방 간에 특수관계가 성립한다.

(조심2019중3517 결정에 의하는 경우)

A법인은 B영리법인에 직접 출연하지 않았으므로 특수관계가 성립하지 않는다. 하지만 기획재정부(기획재정부 조세법령운용과-759, 2022. 7. 15.)에서 국세기본법상 특수관계인 판단시 이러한 사안에 대해 명확하게 특수관계가 성립하는 것으로 해석하였으므로 국세기본법과

62) 2012. 2. 1. 이전에는 특수관계에 있는 비영리법인을 영리법인과 구분하여 규정하고 있어 2차 경영지배관계에 있는 법인 판단 시 비영리법인의 출자지분율은 합산되지 않았다. 또한 특수관계가 성립하는 비영리법인에 대한 출연재산의 출연율은 설립을 위한 출연금의 50% 이상을 출연한 경우이다.

법인세법 시행령 제87조【특수관계인의 범위】(2012. 2. 1. 이전)

8. 제1호 내지 제3호에 해당하는 자 및 당해 법인이 이사의 과반수를 차지하거나 출연금(설립을 위한 출연금에 한한다)의 100분의 50 이상을 출연하고 그 중 1인이 설립자로 되어 있는 비영리법인 (2002. 12. 30. 개정)

유사하게 "그와 제1호부터 제3호까지의 관계에 있는 자를 통해"로 규정하고 있는 법인세법상 특수관계 판단시에도 특수관계가 성립하는 것으로 판단하여야 한다.

【서울고등법원 2019누57598, 2020. 5. 15.】
법인의 대표이사의 100% 출연으로 설립한 복지재단은 원고의 특수관계인에 해당하여 현금 무상대여에 대한 인정이자 익금산입은 정당함.

나. 2차 간접 지배적 영향력 행사법인

(1) 영리법인

○ 거래당사자 기준

○ 법인 또는 경제적 연관관계에 있는 자 또는 사실상 영향력을 행사하는 자와 친족과 지배적 영향력을 행사하는 법인이 30% 이상 출자하거나 사실상 영향력을 행사하는 법인

• 법인
• 경제적 연관관계에 있는 자 (30% 이상 출자)
• 실질적 지배자와 친족 (사실상 영향력 행사) ➡ 법인
&
• 지배적 영향력을 행사하는 법인

① 법인 또는 경제적 연관관계에 있는 자 또는 사실상 영향력을 행사하는 자와 친족이 지배적 영향력을 행사하는 법인과 공동으로, ② 법인이 지배적 영향력을 행사하는 법인(기획재정부 조세법령운용과-759, 2022. 7. 15.)이 단독으로 30% 이상 출자하거나 사실상 영향력을 행사하는 법인은 2차 간접적으로 지배적 영향력을 행사하는 법인에 해당한다(법령 §2⑤5호).[63]

---

63) 2012. 2. 1. 이전에는 1차 직접적으로 경영을 지배하는 영리법인 또는 비영리법인이 50% 이상 직접 출자한 법인만이 특수관계가 성립하는 2차 간접출자법인에 해당한다.
따라서 법인, 경제적 연관관계에 있는 자, 사실상 영향력을 행사하는 자와 친족의 지분율은 합산대상이 아니다.
법인세법 시행령 제87조 【특수관계인의 범위】 (2012. 2. 1. 이전)
5. 제4호 또는 제8호에 해당하는 법인이 발행주식총수 또는 출자총액의 100분의 50 이상을 출자하고 있는 다른 법인 (1998. 12. 31. 개정)

○ 조심2019중3517 결정에 의하는 경우

법인세법 시행령 제2조 제8항 제6호는 "당해 법인에 100분의 30 이상을 출자한 법인에 100분의 30 이상을 출자하고 있는 법인이나 개인"을 특수관계인으로 규정하고 있으므로 쌍방관계에 의하는 경우 법인이 30% 이상 출자한 법인이 30% 이상 출자한 법인은 특수관계인에 해당한다.

따라서 조심2019중3517에 의하는 경우 1차 경영지배법인 판단 시에는 법인이 직접 출자하지 않은 경우에는 피출자법인과 특수관계가 성립하지 않지만 2차 경영지배법인 판단 시에는 법인이 출자하지 않더라도 법인이 지배적 영향력을 행사하는 법인이 30% 이상 출자하는 경우에는 경영지배관계에 있는 특수관계가 성립하는 모순이 발생하는 점이 있다.

○ 거래상대방 기준

○ **당해 법인에 개인 및 법인 또는 경제적 연관관계에 있는 자 또는 사실상 영향력을 행사하는 자와 친족과 지배적 영향력을 행사하는 법인을 통하여 30% 이상을 출자하거나 사실상 영향력을 행사하는 자**

법인 ⬅ (30% 이상 출자) (사실상 영향력 행사)

• 개인 및 법인, 경제적 연관관계에 있는 자
• 실질적 지배자와 친족
&
• 개인 또는 법인이 지배적 영향력을 행사하는 법인

당해 법인에 ① 개인 및 법인 또는 경제적 연관관계에 있는 자 또는 사실상 영향력을 행사하는 자와 친족과 지배적 영향력을 행사하는 법인이 공동으로, ② 개인 및 법인이 지배적 영향력을 행사하는 법인이 단독으로 당해 법인에 30% 이상을 출자하거나 사실상 영향력을 행사하는 경우(기획재정부 조세법령운용과-759, 2022. 7. 15.)에는 2차 간접적으로 지배적 영향력을 행사하는 자에 해당한다.[64)]

따라서 당해 법인에 법인주주가 있는 경우에는 법인주주, 경제적 연관관계에 있는 자, 사실상 영향력을 행사하는 자와 친족의 지분율로만 특수관계 여부를 판단하여서는 안되며 법인주주에 30% 이상 출자한 자의 출자지분율까지 파악하여 특수관계 여부를 판단하여야 한다.

64) 본인이 개인인 경우 국세기본법과 달리 친족관계에 있는 자의 지분율은 합산하지 않는 것으로 보일 수 있으나 비소액주주등과 친족이 경제적 연관관계에 있는 자에 해당하므로 실질적으로 본인이 개인인 경우에는 친족의 지분율을 합산하여 판단하여야 한다.

A법인의 주주인 甲(지분율 29%)은 B법인에 35%를 출자하고 B법인은 C법인에 40%를 출자한 경우 A법인과 C법인 간의 특수관계 성립 여부

A법인의 주주 甲은 A법인의 비소액주주등(지분율 1% 이상)에 해당하므로 B법인에 대한 A법인의 지분율 판단 시에는 甲의 지분율을 합산하여 판단하여야 한다.

합산하여 판단 시 A법인은 B법인에 30% 이상을 직접 출자하고 있으므로 B법인은 A법인이 지배적 영향력을 행사하는 법인에 해당한다.

또한 A법인은 지배적 영향력을 행사하는 B법인을 통해 C법인에 30% 이상을 출자하고 있으므로 C법인은 A법인이 2차 간접적으로 지배적 영향력을 행사하는 법인에 해당한다(기획재정부 조세법령운용과-759, 2022. 7. 15.).

이 경우 B법인은 직접적으로 C법인에 40%를 출자하여 C법인의 비소액주주등에 해당함과 동시에 C법인에 지배적 영향력을 행사하고 있으므로 B법인과 C법인은 당연히 법인세법상 특수관계가 성립한다.

(조심2019중3517 결정에 의하는 경우)

A법인의 C법인에 대한 출자지분율은 0%가 되므로 특수관계가 성립하지 않는다. 하지만 기획재정부(기획재정부 조세법령운용과-759, 2022. 7. 15.)에서 국세기본법상 특수관계인 판단시 이러한 사안에 대해 명확하게 특수관계가 성립하는 것으로 해석하였으므로 국세기본법과 유사하게 "그와 제1호부터 제3호까지의 관계에 있는 자를 통해"로 규정하고 있는 법인세법상 특수관계 판단시에도 특수관계가 성립하는 것으로 판단하여야 한다.

A법인의 임원 甲은 B법인에 35%를 출자하고 B법인의 임원 乙은 C법인에 50%를 출자한 경우 특수관계 성립 여부

A법인은 임원인 甲을 통하여 B법인에 30% 이상을 출자하고 있으므로 B법인은 A법인이 지배적 영향력을 행사하는 법인에 해당한다.

B법인은 임원인 乙을 통하여 C법인에 30% 이상을 출자하고 있으므로 C법인은 B법인이 지배적 영향력을 행사하는 법인에 해당한다.

A법인과 C법인의 특수관계 여부를 보면, A법인은 지배적 영향력을 행사하는 법인인 B법인이 아닌 지배적 영향력을 행사하는 B법인의 임원인 乙을 통하여 C법인에 40%를 출자하고 있으므로 C법인은 A법인이 2차 간접적으로 지배적 영향력을 행사하는 법인에 해당하지 않는다.

법인 또는 경제적 연관관계에 있는 자, 사실상 영향력을 행사하는 자와 친족이 출자하지 않은 경우로서 2차 간접적으로 지배적 영향력을 행사하는 법인 판단 시에는 1차 직접적으로 지배적 영향력을 행사하는 법인이 직접 30% 이상 출자한 경우에만 특수관계가 성립하고 1

차 직접적으로 지배적 영향력을 행사하는 법인의 특수관계인을 통하여 30% 이상 출자한 경우에는 특수관계가 성립하지 않는 점에 주의하여야 한다.

■ A법인의 직원 甲은 B법인에 15%를 출자하고 B법인은 C법인에 60% 출자한 경우 A법인과 C법인의 특수관계 성립 여부

B법인에 대한 A법인의 지분율 판단 시에는 A법인의 직원 甲의 지분율을 합산하여 판단하여야 한다. 합산하여 판단 시 A법인은 B법인에 15%를 출자하고 있어 B법인은 A법인이 지배적 영향력을 행사하는 법인에 해당하지 않는다.

따라서 B법인이 C법인에 60%를 출자한 경우에도 B법인은 A법인이 지배적 영향력을 행사하는 법인에 해당하지 않으므로 A법인과 C법인은 법인세법상 특수관계가 성립하지 않는다.

■ A법인의 주주 甲(지분율 3%)은 B법인에 35%를 출자하고 B법인은 C법인에 15%를 출자하고 있으며 A법인의 임원 乙은 C법인에 20%를 출자하고 있는 경우 특수관계 성립 여부

A법인은 비소액주주등인 甲을 통해 B법인에 35%를 출자하였으므로 B법인은 A법인이 지배적 영향력을 행사하는 법인에 해당한다.

A법인의 C법인에 대한 지분율 판단 시에는 A법인이 지배적 영향력을 행사하는 B법인과 C법인에 출자한 A법인의 임원 乙의 지분율을 합산하여 판단하여야 한다.

합산하여 판단 시 A법인은 B법인을 통해 15%, 임원인 乙을 통해 20%를 출자하고 있어 A법인의 C법인에 대한 지분율은 35%가 된다.

따라서 C법인은 A법인이 2차 간접적으로 지배적 영향력을 행사하는 법인에 해당하므로 A법인과 C법인은 쌍방 간에 법인세법상 특수관계가 성립한다.

(조심2019중3517 결정에 의하는 경우)

A법인의 B, C법인에 대한 출자지분율은 0%가 되므로 특수관계가 성립하지 않는다. 하지만 기획재정부(기획재정부 조세법령운용과-759, 2022. 7. 15.)에서 국세기본법상 특수관계인 판단시 이러한 사안에 대해 명확하게 특수관계가 성립하는 것으로 해석하였으므로 국세기본법과 유사하게 "그와 제1호부터 제3호까지의 관계에 있는 자를 통해"로 규정하고 있는 법인세법상 특수관계 판단시에도 특수관계가 성립하는 것으로 판단하여야 한다.

(2) 비영리법인

○ 거래당사자 기준

○ **법인 또는 경제적 연관관계에 있는 자 또는 사실상 영향력을 행사하는 자와 친족과 지배적 영향력을 행사하는 법인이 이사의 과반수를 차지하거나 설립 시 출연재산의 30% 이상을 출연하고 그 중 1인이 설립자인 비영리법인**

• 법인
• 경제적 연관관계에 있는 자 (이사의 과반수)
• 실질적 지배자와 친족 (30% 이상 출연 & 설립자) ➡ 법인
&
• 지배적 영향력을 행사하는 법인

① 법인 또는 경제적 연관관계에 있는 자 또는 사실상 영향력을 행사하는 자와 친족이 지배적 영향력을 행사하는 법인과 공동으로, ② 법인이 지배적 영향력을 행사하는 법인(기획재정부 조세법령운용과-759, 2022. 7. 15.)이 단독으로 이사의 과반수를 차지하거나 출연재산의 30% 이상을 출연하고 그 중 1인이 설립자인 비영리법인은 2차 간접적으로 지배적 영향력을 행사하는 법인에 해당한다(법령 §2⑧5호).

다. 법인에 2차 간접출자한 자

○ **해당 법인에 30% 이상 출자한 법인에 30% 이상 출자한 개인 또는 법인**

법인 ⬅ (30% 이상 출자) 법인 ⬅ (30% 이상 출자) 개인 또는 법인

당해 법인에 30% 이상 출자한 법인에 30% 이상 출자한 개인 또는 법인은 특수관계인에 해당한다(법령 §2⑧6호).[65] 즉, 당해 법인에 30% 이상의 지분율을 가진 법인주주가 있는 경

65) 2012. 2. 1. 이전에는 당해 법인에 50% 이상 출자한 법인에 50% 이상 출자한 개인 또는 법인이 특수관계인에 해당한다.

법인세법 시행령 제87조 【특수관계인의 범위】 (2012. 2. 1. 이전)

6. 당해 법인에 100분의 50 이상을 출자하고 있는 법인에 100분의 50 이상을 출자하고 있는 법인이나 개인

우 해당 법인주주에 30% 이상 출자한 개인 또는 법인을 의미하는 것이다.

이 경우 30% 이상 지분율 판단 시 특수관계인 지분율을 고려하는 것으로 규정하지 않고 있으므로 법인이 단독으로 당해 법인에 30% 이상 출자하고 해당 법인에 단독으로 30% 이상 출자한 개인 또는 법인만이 대상이 된다. 따라서 쌍방관계에 의해 판단한 2차 간접적으로 당해 법인에 지배적 영향력을 행사하는 자보다 범위가 훨씬 좁다.[66)]

동 규정은 과거 일방관계에 의해 판단 시에는 법인이 출자한 기준, 법인이 출자받은 기준을 별도로 규정하였어야 하므로 규정의 실효성이 있었다. 하지만 쌍방관계에 의해 판단 시에는 당해 법인이 2차 간접 출자한 법인이 특수관계인에 해당하면 당해 법인에 2차 간접 출자한 개인 또는 법인은 당연히 특수관계인에 해당하는바 별도 규정이 없더라도 당연히 특수관계가 성립하므로 2012. 2. 2. 이후에는 규정의 실효성이 없다고 할 수 있다.

라. 기업집단에 속하는 계열회사 및 임원

국세기본법과 동일하게 해당 법인이 「독점규제 및 공정거래에 관한 법률」에 따른 기업집단에 속하는 법인인 경우에는 그 기업집단에 소속된 다른 계열회사와 그 계열회사의 임원과는 쌍방 간에 특수관계가 성립한다(법령 §2⑧7호).

2001. 12. 31. 이전에는 독점규제 및 공정거래에 관한 법률에 의한 대규모기업집단소속 계열사만 특수관계인에 해당하였으나 2001. 12. 31. 세법개정에 의해 2002. 1. 1.부터는 규모와 관계 없이 독점규제 및 공정거래에 관한 법률 제2조 제11호, 독점규제 및 공정거래에 관한 법률 시행령 제4조에 해당하는 경우 기업집단에 해당한다.

「독점규제 및 공정거래에 관한 법률」에 따른 기업집단은 동일인이 개인인 경우에는 동일인이 사실상 사업내용을 지배하고 있는 둘 이상의 회사의 집단을 의미하며, 동일인이 회사인 경우에는 동일인과 동일인이 사실상 사업내용을 지배하는 하나 이상의 회사의 집단을 의미한다.

따라서 법인인 경우에는 법인이 사실상 사업내용을 지배하는 하나 이상의 회사만 있어도 기업집단에 해당하여 서로가 상대 회사의 계열회사로서 상대회사, 상대회사의 임원과 특수관계가 성립하는 점을 주의하여야 한다.

(※ 기업집단소속기업에 대한 구체적인 내용은 제1편 제2장 제1절, Ⅲ, 3, 라. 참조)

(1998. 12. 31. 개정)

66) 당해 법인에 개인 및 법인 또는 경제적 연관관계에 있는 자 또는 사실상 영향력을 행사하는 자와 친족 또는 개인 및 법인이 지배적 영향력을 행사하는 법인을 통하여 당해 법인에 30% 이상을 출자하거나 사실상 영향력을 행사하는 자

Key Point

❑ **기업집단 해당 여부 반드시 검토할 것**

출자지분율과 사실상 영향력 행사 여부만 고려하여 경영지배관계에 있는 특수관계인을 검토해서는 안되며 직접적으로 출자하거나 사실상 영향력을 행사하지 않더라도 개인이 사실상 지배하고 있는 둘 이상의 회사의 집단에 해당하는지 여부, 법인이 사실상 지배하고 있는 하나 이상의 회사집단에 해당하는지 여부를 반드시 검토할 필요가 있다.

■ A법인은 B법인에 100%를 출자하였고 C법인에 30%를 출자하였으며, A법인의 임원 甲은 C법인에 10%를 출자하였다. 한편 제3자인 乙은 C법인에 45%를 출자하고 있는 최대출자자에 해당한다. 이 경우 B법인과 C법인의 임원과의 특수관계 성립 여부

A법인은 B법인에 100%를 출자하였으므로 A법인과 B법인은 기업집단에 해당하여 각각 서로 계열회사에 해당한다. 반면 A법인은 B법인에 100%를 출자하고 A법인의 임원과 함께 C법인에 40%를 출자하였지만 C법인의 최대출자자에 해당하지 않으므로 B법인과 C법인은 독점규제 및 공정거래에 관한 법률에 의한 기업집단에 해당하지 않는다. 따라서 B법인과 C법인이 기업집단에 해당하는 경우에는 서로가 계열회사에 해당하여 B법인과 C법인의 임원 간에 특수관계가 성립하지만 계열회사에 해당하지 않으므로 특수관계가 성립하지 않는다.

다만, 이 경우 B법인 입장에서 A법인은 B법인의 비소액주주등에 해당하고 A법인을 통해 C법인에 30% 이상 출자하고 있으므로 C법인은 B법인이 지배적 영향력을 행사하는 법인에 해당하여 B법인과 C법인 간에는 법인세법상 특수관계가 성립한다.

■ A법인은 B법인에 70%를 출자하였다. B법인의 대표이사는 C법인의 상무이사를 겸임하고 있다. 이 경우 B법인과 C법인의 특수관계 성립 여부

동일인이 회사인 경우 법인과 사실상 사업내용을 지배하고 있는 하나 이상의 회사는 기업집단에 해당한다. 동일인이 회사인 경우 동일인이 지배하는 회사와 당해 회사 간에 임원을 겸임하고 있는 회사가 있는 경우에는 독점규제 및 공정거래에 관한 법률 시행령 제4조 제2호 다목에 의해 사실상 지배하는 회사에 해당하므로 B법인과 C법인은 기업집단에 해당하여 특수관계가 성립한다.

(※ 다만, 동일인이 회사인 경우에 대해 이러한 사례로 과세한 결정례나 유권해석은 없는 상태이므로 반드시 사전답변 등을 통해 과세문제를 명확하게 파악한 후 진행할 필요가 있다.)

○ 사실상 지배하는 회사(독점규제 및 공정거래에 관한 법률 시행령 §3)
- 동일인이 단독으로 또는 동일인 관련자와 함께 30% 이상 출자하고 최대출자자인 회사
- 지배적 영향력을 행사하는 회사
동일인이 대표이사 또는 임원의 50% 이상을 선임, 주요의사결정, 주요업무 집행에 지배적 영향력을 행사하는 회사, 동일인이 지배하는 회사와 당해 회사 간에 인사교류가 있는 회사, 사회통념상 경제적 동일체로 인정되는 회사

【사전-2021-법령해석법인-1030, 2021. 8. 31.】
A법인이 B법인의 사업대표로서 권리와 의무를 갖고 B법인의 사업내용 또는 A법인의 대표이사가 A법인을 통해 B법인의 사업내용을 사실상 지배하는 경우 A법인과 B법인은 기업집단에 속하는 것임.

【기준-2020-법령해석법인-0301, 2021. 4. 21.】
기업집단에 소속된 다른 계열회사의 퇴직임원은 법인세법상 특수관계인에 해당하지 않음(VS 상속세 및 증여세법에서는 기업집단에 속하는 퇴직임원까지 특수관계가 성립하므로 상속세 및 증여세법상으로는 특수관계가 성립함).

【서면-2017-법인-1473, 2017. 8. 31.】
독점규제 및 공정거래에 관한 법률 제2조의 규정에 의한 기업집단에 속하는 법인인 경우에는 '내국법인'과 '그 기업집단에 소속된 다른 계열회사의 임원'은 특수관계인에 해당

【서면-2021-법인-5039, 2022. 3. 21.】
내국법인이 기업집단 법인의 임원으로부터 주식을 매입한 거래는 특수관계인간 거래에 해당하는 것임.

【기준-2020-법령해석법인-0301, 2021. 4. 21.】
기업집단에 소속된 다른 계열회사의 퇴직임원은 법인세법상 특수관계인에 해당하지 않음.

【조심2016전3135, 2017. 6. 30.】
○○○은 청구법인의 주식을 전혀 보유하고 있지 않는 점, △△△은 보유지분이 기준에 못 미치고 관련자들과 합한다 하더라도 최다출자자가 아닌 점 등에 비추어 ○○○과 △△△을 공정거래법상 동일인으로 보고 특수관계 여부를 판단하여 청구법인이 특수관계자에 해당하는 쟁점법인의 임원들로부터 유가증권을 저가매입했다고 보아 청구법인에게 법인세를 과세한 처분은 잘못이 있음.

제3절 법인세법상 특수관계인 범위 법률연혁

 1991. 1. 1.부터 1998. 12. 31.까지

1991. 1. 1.부터 1998. 12. 31.까지 주요 개정사항은 다음과 같다.

1. 기업집단 범위와 동일하게 개정

1990. 12. 31.까지는 특수관계가 성립하는 1차 직접 출자지분율이 35% 이상이었으며 특수관계가 성립하는 2차 간접출자법인에 대해서는 1차 피출자법인에 게기하는 자가 총발행주식 또는 총출자지분의 100분의 50 이상을 출자하고 있는 다른 법인으로 규정하고 있었다.

1990. 12. 31. 대통령령 제13195호로 특수관계가 성립하는 1차 직접출자 지분율이 35% 이상에서 30% 이상으로 하향 조정되었으며 특수관계가 성립하는 2차 간접출자법인에 대해서는 1차 피출자법인 또는 특수관계 비영리법인에 게기하는 자가 총 발행주식 또는 총출자지분의 100분의 50 이상을 출자하고 있는 다른 법인으로 개정되어 독점규제 및 공정거래에 관한 법률에 의한 기업집단의 범위와 동일하게 조정되었다.

2. 법인의 상품 또는 제품을 특약판매하는 자 제외

1991. 12. 31.까지는 법인의 상품 또는 제품을 특약판매하는 자도 특수관계 있는 자에 해당하였으나 1991. 12. 31. 대통령령 제13541호로 법인의 상품 또는 제품을 특약판매하는 자는 특수관계자 범위에서 삭제되었다.

1968. 1. 1.부터 1990. 12. 31.까지	1991. 1. 1.부터 1998. 12. 31.까지
법인세법 시행령 제46조 【법인의 부당한 행위 또는 계산 ① 법 제20조에서 "특수관계 있는 자"라 함은 다음 각호의 관계에 있는 자를 말한다. 1. 출자자(제31조의2에 규정하는 소액주주를 제외한다 이하 같다)와 그 친족 2. 법인 또는 출자자의 사용인(출자자에 있어서는 영리법인인 경우에는 임원에 한하고, 비영	법인세법 시행령 제46조 【법인의 부당한 행위 또는 계산】 ① 법 제20조에서 "특수관계 있는 자"라 함은 다음 각호의 관계있는 자를 말한다. (1976. 12. 31. 개정) 1. 출자자(소액주주를 제외한다. 이하 같다)와 그 친족 (1993. 12. 31. 개정) 2. 법인의 임원 · 사용인 또는 출자자의 사용인

1968. 1. 1.부터 1990. 12. 31.까지	1991. 1. 1.부터 1998. 12. 31.까지
리 법인인 경우에는 이사 및 설립자에 한한다. 이하 이 조에서 같다)이나 사용인 이외의 자로서 법인 또는 출자자의 금전 기타 자산에 의하여 생계를 유지하는 자와 이들과 생계를 함께하는 친족 3. 출자자 또는 제1호 및 제2호에 게기하는 자가 총발행주식 또는 총출자지분의 100분의 35 이상을 출자하고 있는 다른 법인 4. 제3호에 게기하는 자가 총 발행주식 또는 총출자지분수의 100분의 50 이상을 출자하고 있는 다른 법인 5. 당해 법인에 100분의 50 이상을 출자하고 있는 법인에 100분의 50 이상을 출자하고 있는 법인이나 개인 6. 법인의 상품 또는 제품을 특약판매하는 자 7. 제1호에 게기하는 자가 이사의 과반수이거나 출연금(설립을 위한 출연금에 한한다)의 100분의 50 이상을 출연하고 그 중 1인이 설립자로 되어 있는 비영리법인	(출자자가 영리법인인 경우에는 그 임원을, 비영리법인인 경우에는 그 이사 및 설립자를 말한다)이나 사용인 외의 자로서 법인 또는 출자자의 금전 기타 자산에 의하여 생계를 유지하는 자와 이들과 생계를 함께하는 친족 (1993. 12. 31. 개정) 3. 출자자 또는 제1호 및 제2호에서 게기하는 자가 총발행주식 또는 총출자지분의 100분의 30 이상을 출자하고 있는 다른 법인 (1990. 12. 31. 개정) 4. 제3호 또는 제7호에 게기하는 자가 총발행주식 또는 총출자지분의 100분의 50 이상을 출자하고 있는 다른 법인 (1990. 12. 31. 개정) 5. 당해 법인에 100분의 50 이상을 출자하고 있는 법인에 100분의 50 이상을 출자하고 있는 법인이나 개인 (1978. 4. 24. 신설) 6. (삭제, 1991. 12. 31.) 7. 제1호 및 제2호에 게기하는 자가 이사의 과반수이거나 출연금(설립을 위한 출연금에 한한다)의 100분의 50 이상을 출연하고 그 중 1인이 설립자로 되어 있는 비영리법인 (1990. 12. 31. 개정)

 1999. 1. 1. 이후부터 2012. 2. 1.까지

1998. 12. 31. 대통령령 제15970호로 시행령 제87조에 【특수관계자의 범위】에 대한 조항이 신설되어 "출자자"(소액주주를 제외한다. 이하 같다)로 표현하였던 것을 "주주등"(소액주주를 제외한다. 이하 같다)으로 표현하는 것으로 개정되었으며 다음과 같이 특수관계인 범위가 확대되었다.

1. 실질지배자와 친족

1998. 12. 31. 개정에 의해 당해 법인에 출자를 하지 않은 경우에도 임원의 임면권의 행사, 사업방침의 결정 등 당해 법인의 경영에 대하여 사실상 영향력을 행사하고 있다고 인정되

는 자는 특수관계인에 해당하는 것으로 특수관계인 범위에 추가되었다.

또한 2005. 2. 19. 대통령령 제18706호로 사실상 영향력을 행사하는 자의 친족도 특수관계인에 해당하는 것으로 특수관계인 범위에 추가되었다.

2. 기업집단 계열회사와 임원

2001. 12. 31. 대통령령 제17457호로 법인이 독점규제 및 공정거래에 관한 법률에 의한 기업집단에 속하는 경우 그 기업집단에 소속된 다른 계열회사 및 그 계열회사의 임원도 특수관계인에 해당하는 것으로 특수관계인 범위에 추가되었다.

3. 특수관계 있는 비영리법인

실질지배자와 경제적 연관관계 있는 자만을 고려하여 판단하는 것으로 규정(제1호 내지 제3호에 해당하는 자가)하던 것을 제1호 내지 제3호에 해당하는 자 및 당해 법인이 이사의 과반수를 차지하거나 출연금의 50 이상을 출연하고 그 중 1인이 설립자인 비영리법인이 특수관계인에 해당하는 것으로 개정되어 당해 법인의 출연 여부도 고려하여 특수관계 있는 비영리법인을 판단하여야 하는 것으로 개정되었다.

법인세법 시행령 제87조 【특수관계자의 범위】

① 법 제52조 제1항에서 "대통령령이 정하는 특수관계에 있는 자"라 함은 법인과 다음 각호의 1의 관계에 있는 자(이하 "특수관계자"라 한다)를 말한다. (1998. 12. 31. 개정)

1. 임원의 임면권의 행사, 사업방침의 결정 등 당해 법인의 경영에 대하여 사실상 영향력을 행사하고 있다고 인정되는 자(「상법」 제401조의2 제1항의 규정에 의하여 이사로 보는 자를 포함한다)와 그 친족 (2005. 2. 19. 개정)
2. 주주등(소액주주등을 제외한다. 이하 이 관에서 같다)과 그 친족 (2002. 12. 30. 개정)
3. 법인의 임원·사용인 또는 주주등의 사용인(주주등이 영리법인인 경우에는 그 임원을, 비영리법인인 경우에는 그 이사 및 설립자를 말한다)이나 사용인 외의 자로서 법인 또는 주주등의 금전 기타 자산에 의하여 생계를 유지하는 자와 이들과 생계를 함께 하는 친족 (1998. 12. 31. 개정)
4. 제1호 내지 제3호에 해당하는 자가 발행주식총수 또는 출자총액의 100분의 30 이상을 출자하고 있는 다른 법인 (1998. 12. 31. 개정)
5. 제4호 또는 제8호에 해당하는 법인이 발행주식총수 또는 출자총액의 100분의 50 이상을 출자하고 있는 다른 법인 (1998. 12. 31. 개정)

6. 당해 법인에 100분의 50 이상을 출자하고 있는 법인에 100분의 50 이상을 출자하고 있는 법인이나 개인 (1998. 12. 31. 개정)
7. 당해 법인이 「독점규제 및 공정거래에 관한 법률」에 의한 기업집단에 속하는 법인인 경우 그 기업집단에 소속된 다른 계열회사 및 그 계열회사의 임원 (2005. 2. 19. 개정)
8. 제1호 내지 제3호에 해당하는 자 및 당해 법인이 이사의 과반수를 차지하거나 출연금(설립을 위한 출연금에 한한다)의 100분의 50 이상을 출연하고 그 중 1인이 설립자로 되어 있는 비영리법인 (2002. 12. 30. 개정)

 2012. 2. 2. 이후

법인세법상 특수관계인 범위는 2012. 2. 2. 대통령령 제23589호로 전면개정되면서 범위가 확대되었고 시행령 제87조 제1항 후단 단서에 "이 경우 본인도 「국세기본법」 제2조 제20호 각목 외의 부분 후단에 따라 특수관계인의 특수관계인으로 본다."가 신설되어 쌍방관계에 의해 특수관계 여부를 판단하여야 하는 점이 명확하게 되었다.[67)]

1. 국세기본법상 지배적 영향력 행사하는 경우 준용

가. 간접출자 지분율 50%에서 30%로 하향조정

○ 2012. 2. 1. 이전

출자지분율에 의해 경영지배관계가 성립하는 2차 간접출자법인은 1차 경영지배 영리법인 또는 비영리법인이 100분의 50 이상 출자한 법인이다.

또한 당해 법인에 간접 출자한 특수관계인도 당해 법인에 100분의 50 이상 출자한 법인에 100분에 50 이상 출자한 개인 또는 법인이다.

○ 2012. 2. 2. 이후

경영지배관계 있는 법인 판단 시 국세기본법을 준용하여 2012. 2. 2. 개정된 국세기본법상 지배적 영향력을 행사하는 경우에 해당하는 경우에는 경영지배관계에 있는 특수관계가 성립하는 것으로 개정됨에 따라 특수관계가 성립하는 영리법인에 대한 간접출자 지분율이 50%에서 30%로 하향 조정되었다.

또한 당해 법인에 간접 출자한 특수관계인도 당해 법인에 30% 이상 출자한 법인에 30%

67) 2012. 2. 1. 이전에는 특수관계에 있는 자를 특수관계자로 표기하였으나 2012. 2. 2. 시행령 개정으로 특수관계인으로 표기하게 되었다.

이상 출자한 개인 또는 법인으로 개정되었다.

나. 실질지배하는 법인과 특수관계 성립

○ 2012. 2. 1. 이전

2012. 2. 1. 이전에는 법인이 특수관계인과 함께 일정 지분율 이상 출자한 경우에만 경영지배관계에 있는 특수관계인에 해당하는 것으로 규정하고 있어 법인이 법인 또는 일정 특수관계인을 통하여 사실상 영향력을 행사하는 법인과는 특수관계가 성립하지 않는다.

○ 2012. 2. 2. 이후

경영지배관계 있는 법인 판단 시 국세기본법상 지배적 영향력 행사하는 경우를 준용함에 따라 당해 법인에 사실상 영향력을 행사하는 자뿐만 아니라 법인 또는 실질적 지배자와 친족 또는 경제적 연관관계에 있는 자가 사실상 영향력을 행사하는 법인도 법인이 경영을 지배하는 특수관계 있는 법인에 해당한다.

다. 비영리법인의 재산출연율 하향조정

○ 2012. 2. 1. 이전

2012. 2. 1. 이전에는 법인 및 실질지배자와 친족, 경제적 연관관계에 있는 자가 이사의 과반수를 차지하거나 출연금(설립을 위한 출연금에 한한다)의 100분의 50 이상을 출연하고 그 중 1인이 설립자인 비영리법인이 특수관계인에 해당한다.

○ 2012. 2. 2. 이후

경영지배관계 있는 법인 판단 시 국세기본법상 지배적 영향력 행사하는 경우를 준용함에 따라 법인 또는 실질지배자와 친족 또는 경제적 연관관계에 있는 자가 이사의 과반수를 차지하거나 출연금이 아닌 설립 시 출연재산의 30% 이상 출연하고 그 중 1인이 설립자인 비영리법인이 특수관계인에 해당한다.

2. 2차 간접출자법인 판단 시 합산지분율

○ 2012. 2. 1. 이전

2012. 2. 1. 이전에는 2차 간접출자법인에 대해 "제4호 또는 제8호"에 해당하는 법인이 발행주식총수 또는 출자총액의 100분의 50 이상을 출자하고 있는 다른 법인"으로 규정하고

있어 1차 피출자법인 또는 특수관계 비영리법인이 직접 100분의 50 이상 출자한 법인만이 2차 간접출자관계에 있는 특수관계인에 해당한다.

○ 2012. 2. 2. 이후

2012. 2. 2. 이후에는 2차 간접출자법인에 대해 ["해당 법인이 직접 또는 그와 제1호부터 제4호까지의 관계에 있는 자"를 통해 어느 법인의 경영에 대해 「국세기본법 시행령」 제1조의2 제4항에 따른 지배적인 영향력을 행사하고 있는 경우 그 법인]으로 개정되었다.

따라서 법인이 지배적 영향력을 행사하는 법인이 30% 미만 출자한 경우라도 지배적 영향력을 행사하는 법인, 사실상 영향력을 행사하는 자와 친족, 경제적 연관관계에 있는 자의 지분율을 합산하여 30% 이상 출자한 경우에는 2차 간접적으로 지배적 영향력을 행사하는 법인에 해당한다.

3. 정의 신설

법인세법상 특수관계인은 친족관계가 없으므로 국세기본법상 특수관계인 정의와 차이가 있음에도 특수관계인에 대해 별도로 정의하지 않다가 2018. 12. 24. 법률 제16008호로 법인세법상 특수관계인에 대한 정의가 신설되었다.

법인세법 제2조 【정의】 (2018. 12. 24. 조번개정)

12. "특수관계인"이란 법인과 경제적 연관관계 또는 경영지배관계 등 대통령령으로 정하는 관계에 있는 자를 말한다. 이 경우 본인도 그 특수관계인의 특수관계인으로 본다. (2018. 12. 24. 신설)

법인세법 시행령 제2조 【정의】 (2019. 2. 12. 법인세법 시행령 제87조에서 조번개정)

⑤ 법 제2조 제12호에서 "경제적 연관관계 또는 경영지배관계 등 대통령령으로 정하는 관계에 있는 자"란 다음 각호의 어느 하나에 해당하는 관계에 있는 자를 말한다. (2019. 2. 12. 신설)

1. 임원(제40조 제1항에 따른 임원을 말한다. 이하 이 항, 제10조, 제19조, 제38조 및 제39조에서 같다)의 임면권의 행사, 사업방침의 결정 등 해당 법인의 경영에 대해 사실상 영향력을 행사하고 있다고 인정되는 자(「상법」 제401조의2 제1항에 따라 이사로 보는 자를 포함한다)와 그 친족(「국세기본법 시행령」 제1조의2 제1항에 따른 자를 말한다. 이하 같다) (2019. 2. 12. 신설)
2. 제50조 제2항에 따른 소액주주등이 아닌 주주 또는 출자자(이하 "비소액주주등"이라 한다)와 그 친족 (2019. 2. 12. 신설)

3. 다음 각목의 어느 하나에 해당하는 자 및 이들과 생계를 함께하는 친족 (2019. 2. 12. 신설)
   가. 법인의 임원·직원 또는 비소액주주등의 직원(비소액주주등이 영리법인인 경우에는 그 임원을, 비영리법인인 경우에는 그 이사 및 설립자를 말한다) (2019. 2. 12. 신설)
   나. 법인 또는 비소액주주등의 금전이나 그 밖의 자산에 의해 생계를 유지하는 자 (2019. 2. 12. 신설)
4. 해당 법인이 직접 또는 그와 제1호부터 제3호까지의 관계에 있는 자를 통해 어느 법인의 경영에 대해 「국세기본법 시행령」 제1조의2 제4항에 따른 지배적인 영향력을 행사하고 있는 경우 그 법인 (2019. 2. 12. 신설)
5. 해당 법인이 직접 또는 그와 제1호부터 제4호까지의 관계에 있는 자를 통해 어느 법인의 경영에 대해 「국세기본법 시행령」 제1조의2 제4항에 따른 지배적인 영향력을 행사하고 있는 경우 그 법인 (2019. 2. 12. 신설)
6. 해당 법인에 100분의 30 이상을 출자하고 있는 법인에 100분의 30 이상을 출자하고 있는 법인이나 개인 (2019. 2. 12. 신설)
7. 해당 법인이 「독점규제 및 공정거래에 관한 법률」에 따른 기업집단에 속하는 법인인 경우에는 그 기업집단에 소속된 다른 계열회사 및 그 계열회사의 임원 (2019. 2. 12. 신설)

핵심포인트

법인세법상 특수관계인 범위 요약

구분	특수관계인 범위
경제적 연관관계 (Ⅰ)	〈임직원을 기준으로 한 특수관계〉 • 법인의 임직원, 이와 생계를 함께하는 친족 〈비소액주주등을 기준으로 한 특수관계〉 • 비소액주주등과 친족 • 비소액주주등과 생계를 유지하는 자, 이와 생계를 함께하는 친족 • 비소액주주등의 직원, 이와 생계를 함께하는 친족 (직원: 개인의 모든 사용인, 영리법인의 임원, 비영리법인의 이사 및 설립자) 〈법인과 생계를 유지하는 자와 이와 생계를 함께하는 친족〉

구분	특수관계인 범위
경영지배관계	Ⅱ. 사실상 영향력을 행사하는 자와 친족
	Ⅲ. 법인, Ⅰ, Ⅱ의 자(1차 경영지배관계) 지배적 영향력 행사 ⇒ 1차 직접 지배적 영향력 행사법인 Ⅳ. 법인, Ⅰ, Ⅱ의 자 & Ⅲ의 자(2차 경영지배관계) 지배적 영향력 행사 ⇒ 2차 간접 지배적 영향력 행사법인
	Ⅴ. 기업집단 소속 법인 - 기업집단에 소속된 다른 계열회사 및 임원

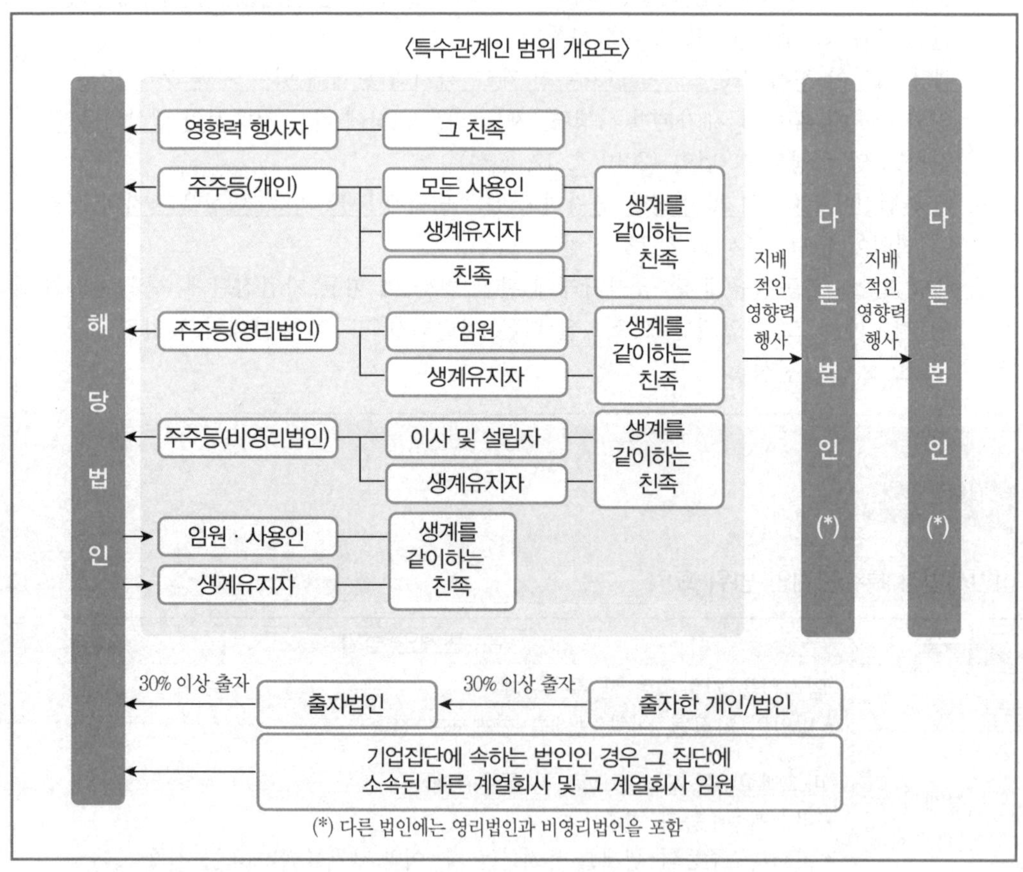

* 지배적 영향력 행사 법인

- 영리법인 - 30% 이상 출자 또는 사실상 영향력 행사
- 비영리법인 - 이사의 과반수 또는 설립 시 30% 이상 출연 & 그 중 1인이 설립자

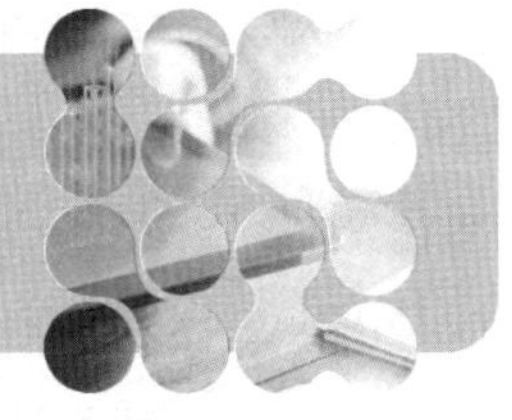

제4장

상속세 및 증여세법상 특수관계인 판단 시 쟁점

제1절 개요와 구별의 실익

개요

상속세 및 증여세법 제2조 제6호는 증여에 대해 "그 행위 또는 거래의 명칭·형식·목적 등과 관계없이 직접 또는 간접적인 방법으로 타인에게 무상으로 유형·무형의 재산 또는 이익을 이전(移轉)(현저히 낮은 대가를 받고 이전하는 경우를 포함한다)하거나 타인의 재산가치를 증가시키는 것"으로 정의하고 있다.

과세대상 증여에 대한 정의에서 수증자를 "타인"으로 규정하고 있어 수증자와 증여자의 특수관계 성립 여부를 불문하고 증여자가 수증자의 재산가치를 증가시키는 경우에는 원칙적으로 상속세 및 증여세법상 증여에 해당한다.

특수관계인 성립 여부와 과세대상 증여에 대한 상관관계를 보기 위해서는 상속세 및 증여세법상 과세대상이 되는 증여를 민법상 증여와 그 외의 증여로 구분할 필요가 있다.

전자의 당사자 일방이 거래상대방에게 재산을 수여하는 의사표시를 하고 상대방이 이를 수락함으로써 성립되는 민법 제554조 증여의 경우 타인에게 무상으로 재산을 이전하는 것으로서 특수관계인 성립 여부와 관계없이 과세되므로 특수관계인 여부에 대한 구별의 실익이 없다.

반면 후자의 민법상 증여에 해당하지 않지만 증여의 예시규정으로 과세요건과 과세금액을 규정하고 있는 증여와 증여의제에 해당하는 증여의 경우 특수관계인과의 거래와 비특수관계인 간 거래 여부에 따라 과세요건과 과세금액을 달리 규정하고 있는 경우가 있어 특수관계인 성립 여부는 중요한 의미가 있다.

소득에 대한 과세가 아닌 재산 또는 이익의 무상이전에 대해 과세하는 상속세 및 증여세법은 편법적인 부의 무상이전(민법상 증여에 해당하지 않지만 상속세 및 증여세법상 증여 예시규정 또는 증여의제에 해당하는 증여)에 대해 과세하고자 하는 취지로 일정연관관계에 대한 특수관계인의 범위에 대해서는 국세기본법, 법인세법보다 훨씬 확장하여 규정하고 있는 특징이 있다.[68)]

 구별의 실익

증여세는 소득에 대한 과세가 아니므로 소득세법, 법인세법이 특수관계인 간 거래에 대해 부당행위계산부인을 적용하는 것과는 달리 특수관계인 간 거래를 통해 직접 또는 간접으로 재산 또는 이익을 이전하여 재산가치를 증가시키는 경우에 대해 개별적인 예시규정으로 과세요건과 증여이익에 대한 계산방식을 규정하고 있다.

이러한 개별 예시규정은 보험금의 증여, 신탁이익의 증여, 채무면제이익의 증여를 제외하고는 모두 과세요건을 특수관계인 간 거래로 한정하거나 특수관계인 간 거래와 비특수관계인 간 거래에 대해 과세요건과 과세금액을 달리 규정하고 있다.

따라서 민법상 증여에 해당하지 않지만 상속세 및 증여세법상 과세대상 증여에 해당하는 증여에 대한 과세요건과 과세금액을 정확하게 판단하기 위해서는 반드시 정확한 특수관계인 여부에 대한 판단이 선행되어야 한다.

1. 저가양수 또는 고가양도에 따른 이익의 증여

현저히 낮은 가액으로 재산을 양수하거나 현저히 높은 대가를 받고 재산을 양도하여 이

68) 단, 증여예시규정에서 과세요건을 특수관계인 간 거래로 한정하여 규정하고 있다고 하더라도 증여세 완전포괄과세에 의해 예시규정의 경우와 경제적 실질이 유사한 경우 등 증여예시규정을 준용하여 증여재산의 가액을 계산할 수 있는 경우의 그 재산 또는 이익은 증여예시규정을 준용하여 과세할 수 있는 것으로 규정하고 있다(상증법 §4①6호).
따라서 예시규정에 특수관계인 간 거래를 과세요건으로 하고 있더라도 경제적 실질이 유사하고 증여예시규정을 준용하여 증여재산가액을 계산할 수 있는 경우에는 비특수관계인 간 거래도 과세대상이 될 수 있는 점에 주의하여야 한다.
상속세 및 증여세법 제4조【증여세 과세대상】(2015. 12. 15. 조번개정)
① 다음 각호의 어느 하나에 해당하는 증여재산에 대해서는 이 법에 따라 증여세를 부과한다. (2016. 12. 20. 개정)
4. 제33조부터 제39조까지, 제39조의2, 제39조의3, 제40조, 제41조의2부터 제41조의5까지, 제42조, 제42조의2 또는 제42조의3에 해당하는 경우의 그 재산 또는 이익 (2015. 12. 15. 개정)
6. 제4호 각 규정의 경우와 경제적 실질이 유사한 경우 등 제4호의 각 규정을 준용하여 증여재산의 가액을 계산할 수 있는 경우의 그 재산 또는 이익

익을 이전받은 경우에는 이전받은 이익에 대해 증여세가 과세된다(상증법 §35).

이러한 고·저가 양수도에 대한 증여세 과세에 있어서는 특수관계인 간 거래와 비특수관계인 간 거래를 구별하여 과세요건과 과세금액을 달리 규정하고 있으므로 구별의 실익이 있다.

■ 특수관계인 간 거래

• 과세요건－가액요건에 해당하는 경우 무조건 증여세 과세

구분	증여자	수증자	가액요건
저가양수	양도자	양수자	(시가－대가)/시가 ≥ 시가의 30% or (시가－대가) ≥ 3억 원
고가양도	양수자	양도자	(대가－시가)/시가 ≥ 시가의 30% or (대가－시가) ≥ 3억 원

• 과세금액

구분	증여재산가액
저가양수	(시가－대가) － Min[시가의 30%, 3억 원]
고가양도	(대가－시가) － Min[시가의 30%, 3억 원]

■ 특수관계인이 아닌 자 간의 거래

• 과세요건－거래의 관행상 정당한 사유가 없는 경우에 과세

구분	증여자	수증자	가액요건
저가양수	양도자	양수자	(시가－대가) / 시가 ≥ 시가의 30%
고가양도	양수자	양도자	(대가－시가) / 시가 ≥ 시가의 30%

• 과세금액

구분	증여재산가액
저가양수	(시가－대가)－3억 원
고가양도	(대가－시가)－3억 원

상속세 및 증여세법 제35조【저가 양수 또는 고가 양도에 따른 이익의 증여】
(2015. 12. 15. 제목개정)

① 특수관계인 간에 재산(전환사채 등 대통령령으로 정하는 재산은 제외한다. 이하 이 조에서 같다)을 시가보다 낮은 가액으로 양수하거나 시가보다 높은 가액으로 양도한 경우로서 그 대가와 시가의 차액이 대통령령으로 정하는 기준금액(이하 이 항에서 "기준금액"이라 한다) 이상인 경우에는 해당 재산의 양수일 또는 양도일을 증여일로 하여 그 대가와 시가의 차액에서 기준금액을 뺀 금액을 그 이익을 얻은 자의 증여재산가액으로 한다. (2015. 12. 15. 개정)

② 특수관계인이 아닌 자 간에 거래의 관행상 정당한 사유 없이 재산을 시가보다 현저히 낮은 가액으로 양수하거나 시가보다 현저히 높은 가액으로 양도한 경우로서 그 대가와 시가의 차액이 대통령령으로 정하는 기준금액 이상인 경우에는 해당 재산의 양수일 또는 양도일을 증여일로 하여 그 대가와 시가의 차액에서 대통령령으로 정하는 금액을 뺀 금액을 그 이익을 얻은 자의 증여재산가액으로 한다. (2015. 12. 15. 개정)

상속세 및 증여세법 시행령 제26조

【저가 양수 또는 고가 양도에 따른 이익의 계산방법 등】 (2016. 2. 5. 제목개정)

② 법 제35조 제1항에서 "대통령령으로 정하는 기준금액"이란 다음 각호의 금액 중 적은 금액을 말한다. (2016. 2. 5. 개정)

1. 시가(법 제60조부터 제66조까지의 규정에 따라 평가한 가액을 말한다. 이하 이 조에서 "시가"라 한다)의 100분의 30에 상당하는 가액 (2016. 2. 5. 개정)
2. 3억 원 (2016. 2. 5. 개정)

③ 법 제35조 제2항에서 "대통령령으로 정하는 기준금액"이란 양도 또는 양수한 재산의 시가의 100분의 30에 상당하는 가액을 말한다. (2016. 2. 5. 개정)

④ 법 제35조 제2항에서 "대통령령으로 정하는 금액"이란 3억 원을 말한다. (2016. 2. 5. 개정)

2. 증자에 따른 이익의 증여

불균등증자로서 시가대로 증자를 하지 않은 경우에는 증자에 참여한 주주(저가발행의 경우) 또는 증자에 참여하지 않은 주주(고가발행의 경우)에게 이익이 이전되는 결과가 되므로 이전받은 이익에 대해서는 증여세를 과세하고 있다(상증법 §39).

불균등증자로서 신주를 저가발행하는 경우에는 실권주를 실권처리하는 경우를 제외하고는 특수관계인 여부와 관계없이 과세하지만 신주를 고가발행하는 경우에는 특수관계인 간 거래에 한하여 증여세를 과세한다.[69)]

69) 상속세 및 증여세법 제39조는 신주의 고가발행의 경우 신주를 고가로 인수한 자와 특수관계가 있는 경우에 한하여 증여세를 과세하는 것으로 규정하고 있다. 하지만 특수관계인 외의 자가 신주를 고가로 인수하여 고가로 신주를 인수하지 않은 주주가 이익을 얻은 경우로서 신주를 고가로 인수하는 데 있어 정당한 사유가 없는 경우에는 상속세 및 증여세법 제4조 제1항 제6호에 의해 증여세가 과세될 수도 있는 점에 주의하여야 한다(서면-2018-상속증여-2744, 2019. 2. 25.).

■ 신주의 저가발행의 경우

• 제3자 배정, 주주초과배정, 실권주 재배정 방식

과세요건	증여이익
• 특수관계인 요건 없음. • 가액요건 없음.	(증자 후 1주당 평가액－신주 1주당 인수가액) × 배정받은 실권주수 또는 신주수(초과배정 받은 주식 수)

• 실권주 실권처리

과세요건	증여이익
• 특수관계인 요건 있음. • 가액요건 있음.	(증자 후 1주당 평가액－신주 1주당 인수가액) × 증자 후 신주인수자의 지분율 × 특수관계인 실권주수

■ 신주의 고가발행의 경우

• 제3자 배정, 주주초과배정, 실권주 재배정 방식

과세요건	증여이익
• 특수관계인 요건 있음.[70] • 가액요건 없음.	(1주당 신주 인수가액－증자 후 1주당 평가액) × 미배정・미달배정 주식수 × 미배정・미달배정 주주의 특수관계인 인수분 (1주당 신주 인수가액－증자 후 1주당 평가액) × 신주인수 포기주식(실권주) 중 특수관계인 인수분(실권주 재배정)

• 실권처리

과세요건	증여이익
• 특수관계인 요건 있음. • 가액요건 있음.	(신주 1주당 인수가액－증자 후 1주당 평가가액) × 실권주수 × 특수관계인이 인수한 실권주수/균등증자 시 증자주식 총수

상속세 및 증여세법 제39조【증자에 따른 이익의 증여】

① 법인이 자본금(출자액을 포함한다. 이하 같다)을 증가시키기 위하여 새로운 주식 또는 지분[이하 이 조에서 "신주"(新株)라 한다]을 발행함으로써 다음 각호의 어느 하나에 해당하는 이익을 얻은 경우에는 주식대금 납입일 등 대통령령으로 정하는 날을 증여일로 하여 그 이익에 상당하는 금액을 그 이익을 얻은 자의 증여재산가액으로 한다. (2015. 12. 15. 개정)

1. 신주를 시가(제60조와 제63조에 따라 평가한 가액을 말한다. 이하 이 조, 제39조의2, 제39조의3 및 제40조에서 같다)보다 낮은 가액으로 발행하는 경우: 다음 각목의 어느 하나에 해당하는 이익 (2015. 12. 15. 개정)

70) 특수관계인 여부와 관계없이 증여세를 과세하는 경우 VC(Venture Capital) 등이 투자목적으로 평가액보다 높은 가액으로 증자에 참여하는 경우가 모두 과세대상에 해당하는 문제점이 있으므로 고가발행의 경우 특수관계인이 증자에 참여한 경우에 한하여 증여세를 과세하고 있다.

가. 해당 법인의 주주등이 신주를 배정받을 수 있는 권리(이하 이 조에서 "신주인수권"이라 한다)의 전부 또는 일부를 포기한 경우로서 해당 법인이 그 포기한 신주[이하 이 항에서 "실권주"(失權株)라 한다]를 배정(「자본시장과 금융투자업에 관한 법률」에 따른 주권상장법인이 같은 법 제9조 제7항에 따른 유가증권의 모집방법(대통령령으로 정하는 경우를 제외한다)으로 배정하는 경우는 제외한다. 이하 이 항에서 같다)하는 경우에는 그 실권주를 배정받은 자가 실권주를 배정받음으로써 얻은 이익 (2015. 12. 15. 개정)

나. 해당 법인의 주주등이 신주인수권의 전부 또는 일부를 포기한 경우로서 해당 법인이 실권주를 배정하지 아니한 경우에는 그 신주 인수를 포기한 자의 특수관계인이 신주를 인수함으로써 얻은 이익 (2015. 12. 15. 개정)

다. 해당 법인의 주주등이 아닌 자가 해당 법인으로부터 신주를 직접 배정(「자본시장과 금융투자업에 관한 법률」 제9조 제12항에 따른 인수인으로부터 인수·취득하는 경우와 그 밖에 대통령령으로 정하는 방법으로 인수·취득하는 경우를 포함한다. 이하 이 항에서 같다)받음으로써 얻은 이익 (2016. 12. 20. 개정)

라. 해당 법인의 주주등이 소유한 주식등의 수에 비례하여 균등한 조건으로 배정받을 수 있는 수를 초과하여 신주를 직접 배정받음으로써 얻은 이익 (2015. 12. 15. 신설)

2. 신주를 시가보다 높은 가액으로 발행하는 경우: 다음 각목의 어느 하나에 해당하는 이익 (2015. 12. 15. 개정)

가. 해당 법인의 주주등이 신주인수권의 전부 또는 일부를 포기한 경우로서 해당 법인이 실권주를 배정하는 경우에는 그 실권주를 배정받은 자가 그 실권주를 인수함으로써 그의 특수관계인에 해당하는 신주 인수 포기자가 얻은 이익 (2015. 12. 15. 개정)

나. 해당 법인의 주주등이 신주인수권의 전부 또는 일부를 포기한 경우로서 해당 법인이 실권주를 배정하지 아니한 경우에는 그 신주를 인수함으로써 그의 특수관계인에 해당하는 신주 인수 포기자가 얻은 이익 (2015. 12. 15. 개정)

다. 해당 법인의 주주등이 아닌 자가 해당 법인으로부터 신주를 직접 배정받아 인수함으로써 그의 특수관계인인 주주등이 얻은 이익 (2015. 12. 15. 개정)

라. 해당 법인의 주주등이 소유한 주식등의 수에 비례하여 균등한 조건으로 배정받을 수 있는 수를 초과하여 신주를 직접 배정받아 인수함으로써 그의 특수관계인인 주주등이 얻은 이익 (2015. 12. 15. 신설)

3. 감자에 따른 이익의 증여

증자와 달리 감자는 시가보다 낮게 소각된 주주의 특수관계 있는 대주주등이 얻는 이익이나 대주주등의 특수관계인의 주식의 주식이 고가로 소각된 경우 얻는 이익만을 과세대상이 되는 것으로 규정하고 있다(상증법 §39조의2).

다만, 비특수관계인 간 거래의 경우에도 상속세 및 증여세법 제4조 제1항 제6호에 의해 과세가 가능한 점에 주의하여야 한다.[71)]

과세요건

- 일부 주주의 주식을 시가보다 고·저가로 소각하는 경우일 것
- 증여이익을 얻는 주주
  주식등이 소각된 주주등의 특수관계인에 해당하는 대주주등일 것(저가소각)
  또는 주식등이 소각된 주주등이 대주주등의 특수관계인에 해당할 것(고가소각)

상속세 및 증여세법 제39조의2 【감자에 따른 이익의 증여】

① 법인이 자본금을 감소시키기 위하여 주식등을 소각(消却)하는 경우로서 일부 주주등의 주식등을 소각함으로써 다음 각호의 구분에 따른 이익을 얻은 경우에는 감자(減資)를 위한 주주총회결의일을 증여일로 하여 그 이익에 상당하는 금액을 그 이익을 얻은 자의 증여재산가액으로 한다. 다만, 그 이익에 상당하는 금액이 대통령령으로 정하는 기준금액 미만인 경우는 제외한다. (2015. 12. 15. 개정)

1. 주식등을 시가보다 낮은 대가로 소각한 경우: 주식등을 소각한 주주등의 특수관계인에 해당하는 대주주등이 얻은 이익 (2015. 12. 15. 개정)
2. 주식등을 시가보다 높은 대가로 소각한 경우: 대주주등의 특수관계인에 해당하는 주식등을 소각한 주주등이 얻은 이익 (2015. 12. 15. 개정)

4. 현물출자에 따른 이익의 증여

현물출자자가 신주를 시가보다 저가로 인수하거나 고가로 인수하는 경우에는 현물출자자 또는 기존주주에게 이익이 이전되는 결과가 되므로 증여세가 과세된다(상증법 §39조의3).

---

71) 감자로 인하여 이익을 얻은 자가 특수관계자에 있는 자 외의 자인 경우 거래의 관행상 정당한 사유가 있다고 인정되지 아니한 경우에는 증여세가 과세됨(서면 인터넷방문상담4팀-1537, 2007. 5. 8.).

현물출자 시 현물출자자가 신주를 시가보다 낮은 가액으로 인수하여 현물출자자가 이익을 얻은 경우에는 무조건 증여세 과세대상에 해당한다.

하지만 현물출자자가 주식을 시가보다 높은 가액으로 인수하여 현물출자자가 아닌 기존 주주가 이익을 얻은 경우에는 현물출자자와 특수관계인에 해당하는 주주등이 얻은 이익만이 증여세 과세대상에 해당한다.

과세요건

- 현물출자자의 저가 인수
  특수관계 여부와 관계없이 현물출자자가 얻은 이익은 과세대상
- 현물출자자의 고가 인수
  현물출자자의 특수관계인이 얻은 이익만 과세대상

상속세 및 증여세법 제39조의3 【현물출자에 따른 이익의 증여】

① 현물출자(現物出資)에 의하여 다음 각호의 어느 하나에 해당하는 이익을 얻은 경우에는 현물출자 납입일을 증여일로 하여 그 이익에 상당하는 금액을 그 이익을 얻은 자의 증여재산가액으로 한다. (2015. 12. 15. 개정)

1. 주식등을 시가보다 낮은 가액으로 인수함으로써 현물출자자가 얻은 이익 (2015. 12. 15. 개정)
2. 주식등을 시가보다 높은 가액으로 인수함으로써 현물출자자의 특수관계인에 해당하는 주주등이 얻은 이익 (2015. 12. 15. 개정)

5. 전환사채 등의 주식전환 등에 따른 이익의 증여

전환사채를 시가보다 저가로 인수·취득하거나 고가로 주식전환 또는 양도하는 경우에는 이익이 이전되는 결과가 되므로 이전받은 이익에 대해 증여세가 과세된다(상증법 §40).

전환사채거래로 발생한 이익에 대해서는 특수관계 간 거래에 한하여 증여세가 과세되므로 특수관계인 여부에 대한 구별의 실익이 있다.

과세요건

거래구분	수증자	증여재산가액 요건
인수·취득	**특수관계인**으로부터 저가 취득	30% 이상 또는 1억 원 이상
	법인의 최대주주 또는 **최대주주의 특수관계인인 주주**가 지분율을 초과하여 저가 인수·취득	30% 이상 또는 1억 원 이상
	주식발행법인의 최대주주의 특수관계인이 주식발행법인으로부터 저가 인수·취득	30% 이상 또는 1억 원 이상
주식전환	**특수관계인으로부터 취득한 자**의 주식전환	1억 원 이상
	지분율을 초과하여 저가 인수·취득한 법인의 최대주주 또는 **최대주주의 특수관계인의** 주식전환	1억 원 이상
	주식발행법인으로부터 저가 인수·취득한 **주식발행법인의 최대주주의 특수관계인**의 주식전환	1억 원 이상
	전환으로 교부받은 주식가액이 전환가액보다 낮은 경우로서 **주식을 교부받지 않은 특수관계인**이 있는 경우	1억 원 이상
양도	전환사채등을 **특수관계인에게** 시가보다 높은 가액으로 양도한 경우	0원 이상

상속세 및 증여세법 제40조【전환사채 등의 주식전환 등에 따른 이익의 증여】

① 전환사채, 신주인수권부사채(신주인수권증권이 분리된 경우에는 신주인수권증권을 말한다) 또는 그 밖의 주식으로 전환·교환하거나 주식을 인수할 수 있는 권리가 부여된 사채(이하 이 조 및 제41조의3에서 "전환사채등"이라 한다)를 인수·취득·양도하거나, 전환사채등에 의하여 주식으로 전환·교환 또는 주식의 인수(이하 이 조에서 "주식전환등"이라 한다)를 함으로써 다음 각호의 어느 하나에 해당하는 이익을 얻은 경우에는 그 이익에 상당하는 금액을 그 이익을 얻은 자의 증여재산가액으로 한다. 다만, 그 이익에 상당하는 금액이 대통령령으로 정하는 기준금액 미만인 경우는 제외한다.

1. 전환사채등을 인수·취득함으로써 인수·취득을 한 날에 얻은 다음 각목의 어느 하나에 해당하는 이익 (2015. 12. 15. 개정)
   가. 특수관계인으로부터 전환사채등을 시가보다 낮은 가액으로 취득함으로써 얻은 이익 (2015. 12. 15. 개정)
   나. 전환사채등을 발행한 법인(「자본시장과 금융투자업에 관한 법률」에 따른 주권상장법인으로서 같은 법 제9조 제7항에 따른 유가증권의 모집방법(대통령령으로 정하는 경우를 제외한다)으로 전환사채등을 발행한 법인은 제외한다. 이하 이 항에서 같다)의 최대주주나 그의 특수관계인인 주주가 그 법인으로부터 전환사채등을 시가보다

낮은 가액으로 그 소유주식 수에 비례하여 균등한 조건으로 배정받을 수 있는 수를 초과하여 인수·취득(「자본시장과 금융투자업에 관한 법률」 제9조 제12항에 따른 인수인으로부터 인수·취득하는 경우와 그 밖에 대통령령으로 정하는 방법으로 인수·취득한 경우를 포함한다. 이하 이 항에서 "인수등"이라 한다)함으로써 얻은 이익 (2016. 12. 20. 개정)

다. 전환사채등을 발행한 법인의 최대주주의 특수관계인(그 법인의 주주는 제외한다)이 그 법인으로부터 전환사채등을 시가보다 낮은 가액으로 인수등을 함으로써 얻은 이익 (2015. 12. 15. 개정)

2. 전환사채등에 의하여 주식전환등을 함으로써 주식전환등을 한 날에 얻은 다음 각목의 어느 하나에 해당하는 이익 (2015. 12. 15. 개정)

가. 전환사채등을 특수관계인으로부터 취득한 자가 전환사채등에 의하여 교부받았거나 교부받을 주식의 가액이 전환·교환 또는 인수가액(이하 이 항에서 "전환가액등"이라 한다)을 초과함으로써 얻은 이익 (2015. 12. 15. 개정)

나. 전환사채등을 발행한 법인의 최대주주나 그의 특수관계인인 주주가 그 법인으로부터 전환사채등을 그 소유주식 수에 비례하여 균등한 조건으로 배정받을 수 있는 수를 초과하여 인수등을 한 경우로서 전환사채등에 의하여 교부받았거나 교부받을 주식의 가액이 전환가액등을 초과함으로써 얻은 이익 (2015. 12. 15. 개정)

다. 전환사채등을 발행한 법인의 최대주주의 특수관계인(그 법인의 주주는 제외한다)이 그 법인으로부터 전환사채등의 인수등을 한 경우로서 전환사채등에 의하여 교부받았거나 교부받을 주식의 가액이 전환가액등을 초과함으로써 얻은 이익
(2015. 12. 15. 개정)

라. 전환사채등에 의하여 교부받은 주식의 가액이 전환가액등보다 낮게 됨으로써 그 주식을 교부받은 자의 특수관계인이 얻은 이익 (2015. 12. 15. 개정)

마. (삭제, 2015. 12. 15.)

3. 전환사채등을 특수관계인에게 양도한 경우로서 전환사채등의 양도일에 양도가액이 시가를 초과함으로써 양도인이 얻은 이익 (2015. 12. 15. 개정)

6. 부동산 무상사용 · 금전 무상대출 등에 따른 이익의 증여

타인의 부동산을 무상으로 사용(무상으로 담보로 제공받는 경우 포함)하여 일정금액 이상 이익을 얻은 경우에는 증여세가 과세된다(상증법 §37).

또한 타인의 금전을 무상 또는 적정 이자율보다 낮은 이자율로 차용하여 일정금액 이상의 이익을 얻은 경우에는 증여세가 과세된다(상증법 §41조의4).

이 경우 특수관계인의 부동산을 무상으로 사용하거나 특수관계인의 금전을 무상 또는 낮은 이자율로 사용하여 일정금액 이상의 이익을 얻은 경우에는 무조건 증여세가 과세되지만 특수관계인이 아닌 자 간의 거래인 경우에는 거래의 관행상 정당한 사유가 없는 경우에 한하여 증여세가 과세되는 차이가 있다(상증법 §37③, 상증법 §41조의4③).

과세요건

◎ 부동산 무상사용에 따른 이익의 증여
(부동산가액 × 2% ×3.79079) ⇒ 1억 원 이상
⇒ 1,318,986,000원 이상의 부동산을 무상사용시 과세문제 발생

◎ 금전 무상대출등에 따른 이익의 증여
(대출금액 × 4.6%)[72] – 실제 지급이자지급액 ⇒ 연 1천만 원 이상
⇒ 217,319,000원 이상의 금전을 무상차입시 과세문제 발생

• 비특수관계인 간 거래의 경우 정당한 사유가 없는 경우에 한하여 과세

상속세 및 증여세법 제37조 【부동산 무상사용에 따른 이익의 증여】
① 타인의 부동산(그 부동산 소유자와 함께 거주하는 주택과 그에 딸린 토지는 제외한다. 이하 이 조에서 같다)을 무상으로 사용함에 따라 이익을 얻은 경우에는 그 무상 사용을 개시한 날을 증여일로 하여 그 이익에 상당하는 금액을 부동산 무상 사용자의 증여재산가액으로 한다. 다만, 그 이익에 상당하는 금액이 대통령령으로 정하는 기준금액 미만인 경우는 제외한다. (2015. 12. 15. 개정)
② 타인의 부동산을 무상으로 담보로 이용하여 금전 등을 차입함에 따라 이익을 얻은 경우에는 그 부동산 담보 이용을 개시한 날을 증여일로 하여 그 이익에 상당하는 금액을 부동산을 담보로 이용한 자의 증여재산가액으로 한다. 다만, 그 이익에 상당하는 금액이 대통령령으로 정하는 기준금액 미만인 경우는 제외한다. (2015. 12. 15. 신설)
③ 특수관계인이 아닌 자 간의 거래인 경우에는 거래의 관행상 정당한 사유가 없는 경우에 한정하여 제1항 및 제2항을 적용한다. (2015. 12. 15. 신설)

상속세 및 증여세법 제41조의4 【금전 무상대출 등에 따른 이익의 증여】
① 타인으로부터 금전을 무상으로 또는 적정 이자율보다 낮은 이자율로 대출받은 경우에는 그 금전을 대출받은 날에 다음 각호의 구분에 따른 금액을 그 금전을 대출받은 자의 증여재산가액으로 한다. 다만, 다음 각호의 구분에 따른 금액이 대통령령으로 정하는 기준금액 미

72) 가중평균 차입이자율이 있는 법인과의 거래의 경우에는 가중평균 차입이자율

만인 경우는 제외한다. (2015. 12. 15. 개정)
1. 무상으로 대출받은 경우: 대출금액에 적정 이자율을 곱하여 계산한 금액 (2010. 1. 1. 개정)
2. 적정 이자율보다 낮은 이자율로 대출받은 경우: 대출금액에 적정 이자율을 곱하여 계산한 금액에서 실제 지급한 이자 상당액을 뺀 금액 (2010. 1. 1. 개정)

③ 특수관계인이 아닌 자 간의 거래인 경우에는 거래의 관행상 정당한 사유가 없는 경우에 한정하여 제1항을 적용한다. (2015. 12. 15. 개정)

7. 재산사용 및 용역제공 등에 따른 이익의 증여

타인의 재산(금전, 부동산 제외)을 무상 또는 시가보다 낮은 가액으로 사용하거나 시가보다 높은 가액으로 사용하게 하여 일정금액 이상의 이익을 얻은 경우와 용역을 무상 또는 시가보다 낮은 가액으로 제공받거나 시가보다 높은 가액으로 제공하여 일정금액 이상의 이익을 얻은 경우에는 증여세가 과세된다(상증법 §42).

이 경우 특수관계인 간 거래의 경우에는 일정금액 이상에만 해당하면 무조건 과세대상에 해당하지만, 비특수관계인 간 경우에는 정당한 사유가 없는 경우에 한하여 증여세가 과세된다.

과세요건

• 재산(금전, 부동산 제외)의 무상사용, 용역을 무상으로 제공받은 경우

〈과세요건〉

재산의 무상사용, 용역을 무상으로 제공받음으로써 얻은 이익

⇒ 연간 1천만 원 이상

〈과세금액〉

재산사용 및 무상으로 제공받은 용역의 시가

• 재산사용 및 용역의 저가 이용, 고가제공

〈과세요건〉

재산사용, 용역(부동산 임대 포함)의 저가이용

⇒ (시가 - 거래가액) ≥ 시가의 30%

재산사용, 용역(부동산 임대 포함)의 고가제공

⇒ (거래가액 - 시가) ≥ 시가의 30%

〈과세금액〉

재산사용, 용역(부동산 임대 포함)의 저가이용

⇒ 시가 - 거래가액(차감하는 금액 없음)
재산사용, 용역(부동산 임대 포함)의 고가제공
⇒ 거래가액 - 시가(차감하는 금액 없음)

• 비특수관계인 간 거래의 경우 정당한 사유가 없는 경우에 한하여 과세

상속세 및 증여세법 제42조 【재산사용 및 용역제공 등에 따른 이익의 증여】

① 재산의 사용 또는 용역의 제공에 의하여 다음 각호의 어느 하나에 해당하는 이익을 얻은 경우에는 그 이익에 상당하는 금액(시가와 대가의 차액을 말한다)을 그 이익을 얻은 자의 증여재산가액으로 한다. 다만, 그 이익에 상당하는 금액이 대통령령으로 정하는 기준금액 미만인 경우는 제외한다. (2015. 12. 15. 개정)

1. 타인에게 시가보다 낮은 대가를 지급하거나 무상으로 타인의 재산(부동산과 금전은 제외한다. 이하 이 조에서 같다)을 사용함으로써 얻은 이익 (2015. 12. 15. 개정)
2. 타인으로부터 시가보다 높은 대가를 받고 재산을 사용하게 함으로써 얻은 이익 (2015. 12. 15. 개정)
3. 타인에게 시가보다 낮은 대가를 지급하거나 무상으로 용역을 제공받음으로써 얻은 이익 (2015. 12. 15. 개정)
4. 타인으로부터 시가보다 높은 대가를 받고 용역을 제공함으로써 얻은 이익 (2015. 12. 15. 개정)

③ 특수관계인이 아닌 자 간의 거래인 경우에는 거래의 관행상 정당한 사유가 없는 경우에 한정하여 제1항을 적용한다. (2015. 12. 15. 개정)

8. 법인의 조직 변경 등에 따른 이익의 증여

법인이 주식을 포괄적으로 교환・이전하거나 사업을 양수도 하는 경우 및 조직변경 등을 통하여 주식가액이 상승하여 이익을 이전받은 경우에는 증여세가 과세된다(상증법 §42조의2).

이 경우 특수관계인 간 거래의 경우에는 일정가액 이상에만 해당하면 무조건 증여세 과세대상에 해당하지만, 비특수관계인 간 거래의 경우에는 거래의 관행상 정당한 사유가 없는 경우에 한하여 과세대상에 해당한다.

과세요건

• 소유지분이 변동된 경우
(변동 후 지분 - 변동 전 지분) × 변동 후 1주당 가액
⇒ 변동 전 재산가액의 30% 또는 3억 원 이상

• 평가액이 변동된 경우
(변동 후 가액 - 변동 전 가액)
⇒ 변동 전 재산가액의 30% 또는 3억 원 이상

• 비특수관계인 간 거래의 경우 정당한 사유가 없는 경우에 한하여 과세

상속세 및 증여세법 제42조의2 【법인의 조직 변경 등에 따른 이익의 증여】
① 주식의 포괄적 교환 및 이전, 사업의 양수·양도, 사업 교환 및 법인의 조직 변경 등에 의하여 소유지분이나 그 가액이 변동됨에 따라 이익을 얻은 경우에는 그 이익에 상당하는 금액(소유지분이나 그 가액의 변동 전·후 재산의 평가차액을 말한다)을 그 이익을 얻은 자의 증여재산가액으로 한다. 다만, 그 이익에 상당하는 금액이 대통령령으로 정하는 기준금액 미만인 경우는 제외한다. (2015. 12. 15. 신설)
② 특수관계인이 아닌 자 간의 거래인 경우에는 거래의 관행상 정당한 사유가 없는 경우에 한정하여 제1항을 적용한다. (2015. 12. 15. 신설)

9. 재산취득 후 재산가치 증가에 따른 이익의 증여

재산취득 후 직업, 연령, 소득 및 재산상태로 보아 자력으로 해당 행위를 할 수 없다고 인정되는 자가 취득한 날부터 5년 이내 개발사업의 시행, 형질변경, 공유물 분할, 사업의 인허가 등의 사유로 일정 금액 이상의 이익을 이전받은 경우에는 증여세가 과세된다(상증법 §42조의3).

이때 과세대상이 되는 재산의 취득은 특수관계인과 관련된 취득에 한하므로 특수관계인 여부에 대한 구별의 실익이 있다. 단 비특수관계인 간 거래라 하더라도 거짓이나 그 밖의 부정한 방법으로 증여세를 감소시킨 것으로 인정되는 경우에는 증여세가 과세될 수 있다.

과세요건

- 과세대상이 되는 취득
  - **특수관계인으로부터** 재산을 증여받은 경우
  - **특수관계인으로부터** 기업의 경영 등에 관하여 공표되지 아니한 내부정보를 제공받아 그 정보와 관련된 재산을 유상으로 취득한 경우
  - **특수관계인으로부터** 차입한 자금 또는 특수관계인의 재산을 담보로 차입한 자금으로 재산을 취득한 경우
- 일정금액 이상
  재산가치상승금액
  ≥ 3억 원 이상 또는 해당 재산의 취득가액, 통상적인 가치상승분, 가치상승기여분의 30% 이상

상속세 및 증여세법 제42조의3 【재산 취득 후 재산가치 증가에 따른 이익의 증여】

① 직업, 연령, 소득 및 재산상태로 보아 자력(自力)으로 해당 행위를 할 수 없다고 인정되는 자가 다음 각호의 사유로 재산을 취득하고 그 재산을 취득한 날부터 5년 이내에 개발사업의 시행, 형질변경, 공유물(共有物) 분할, 사업의 인가·허가 등 대통령령으로 정하는 사유(이하 이 조에서 "재산가치증가사유"라 한다)로 인하여 이익을 얻은 경우에는 그 이익에 상당하는 금액을 그 이익을 얻은 자의 증여재산가액으로 한다. 다만, 그 이익에 상당하는 금액이 대통령령으로 정하는 기준금액 미만인 경우는 제외한다.
(2015. 12. 15. 신설)

1. 특수관계인으로부터 재산을 증여받은 경우 (2015. 12. 15. 신설)
2. 특수관계인으로부터 기업의 경영 등에 관하여 공표되지 아니한 내부 정보를 제공받아 그 정보와 관련된 재산을 유상으로 취득한 경우 (2015. 12. 15. 신설)
3. 특수관계인으로부터 증여받거나 차입한 자금 또는 특수관계인의 재산을 담보로 차입한 자금으로 재산을 취득한 경우 (2023. 12. 31. 개정)

③ 거짓이나 그 밖의 부정한 방법으로 증여세를 감소시킨 것으로 인정되는 경우에는 특수관계인이 아닌 자 간의 증여에 대해서도 제1항을 적용한다. 이 경우 제1항 중 기간에 관한 규정은 없는 것으로 본다. (2015. 12. 15. 신설)

10. 초과배당에 따른 이익의 증여

법인이 배당 시 최대주주등이 지급받을 배당금액을 포기함으로써 특정 주주가 본인이 보유한 주식등에 비례한 금액보다 높은 금액의 배당등을 받은 경우에는 배당등을 한 날을 증여일로 하여 초과배당금액에 대해서 증여세가 과세된다(상증법 §41조의2).

이때 수령한 초과배당금액에 대해서 증여세가 과세되는 주주는 최대주주등의 특수관계인에 한하여 과세되므로 구별의 실익이 있다.[73)]

과세요건

- 최대주주가 본인 지분율에 해당하는 배당 포기
- **최대주주의 특수관계인이** 초과배당액 수령

상속세 및 증여세법 제41조의2 【초과배당에 따른 이익의 증여】
① 법인이 이익이나 잉여금을 배당 또는 분배(이하 이 항에서 "배당등"이라 한다)하는 경우로서 그 법인의 대통령령으로 정하는 최대주주 또는 최대출자자(이하 이 조에서 "최대주주등"이라 한다)가 본인이 지급받을 배당등의 금액의 전부 또는 일부를 포기하거나 본인이 보유한 주식등에 비례하여 균등하지 아니한 조건으로 배당등을 받음에 따라 그 최대주주등의 특수관계인이 본인이 보유한 주식등에 비하여 높은 금액의 배당등을 받은 경우에는 제4조의2 제3항에도 불구하고 법인이 배당 또는 분배한 금액을 지급한 날을 증여일로 하여 그 최대주주등의 특수관계인이 본인이 보유한 주식등에 비례하여 균등하지 아니한 조건으로 배당등을 받은 금액(이하 이 조에서 "초과배당금액"이라 한다)에서 해당 초과배당금액에 대한 소득세 상당액을 공제한 금액을 그 최대주주등의 특수관계인의 증여재산가액으로 한다. (2021. 12. 21. 개정)

11. 특정법인과의 거래를 통한 이익의 증여의제

영리법인이 자산을 무상으로 수증받는 등의 거래를 통해 이익을 이전받아 주주의 주식가치가 상증한 경우에도 해당 주주의 주식가치 상승분에 대해서는 원칙적으로 증여세를 과세하지 않는다(상증법 §4조의2④).

---

73) 배당을 포기한 개인주주는 과세문제가 발생하지 않지만 법인주주가 있는 경우 법인주주가 지분율에 상당하는 배당을 포기하는 경우에는 부당행위계산부인의 대상이 되어 익금산입하여야 하는 점에 주의하여야 한다.

다만, 수혜법인이 지배주주등의 직·간접 지분율이 30% 이상인 특정법인에 해당하는 경우로서 지배주주의 특수관계인으로부터 자산·용역을 무상 또는 현저히 낮은 대가로 제공받는 등의 거래를 통해 지배주주등이 얻은 이익이 1억 원 이상인 경우에는 수혜법인의 지배주주등에게 증여세가 과세된다(상증법 §45조의5).

상속세 및 증여세법 제45조의5 【특정법인과의 거래를 통한 이익의 증여 의제】

① 지배주주와 그 친족(이하 이 조에서 "지배주주등"이라 한다)이 직접 또는 간접으로 보유하는 주식보유비율이 100분의 30 이상인 법인(이하 이 조 및 제68조에서 "특정법인"이라 한다)이 지배주주의 특수관계인과 다음 각 호에 따른 거래를 하는 경우에는 거래한 날을 증여일로 하여 그 특정법인의 이익에 특정법인의 지배주주등이 직접 또는 간접으로 보유하는 주식보유비율을 곱하여 계산한 금액을 그 특정법인의 지배주주등이 증여받은 것으로 본다. (2023. 12. 31. 개정)

1. 재산 또는 용역을 무상으로 제공받는 것 (2019. 12. 31. 개정)
2. 재산 또는 용역을 통상적인 거래 관행에 비추어 볼 때 현저히 낮은 대가로 양도·제공받는 것 (2019. 12. 31. 개정)
3. 재산 또는 용역을 통상적인 거래 관행에 비추어 볼 때 현저히 높은 대가로 양도·제공하는 것 (2019. 12. 31. 개정)
4. 그 밖에 제1호부터 제3호까지의 거래와 유사한 거래로서 대통령령으로 정하는 것 (2019. 12. 31. 개정)

12. 배우자등에게 양도한 재산의 증여 추정

특수관계인에게 재산을 양도하고 양수한 특수관계인이 양수일부터 3년 이내에 당초 양도자의 배우자등에게 다시 양도한 경우에는 양수자가 그 재산을 양도한 당시의 재산가액을 그 배우자등이 증여받은 것으로 추정하여 이를 배우자등의 증여재산가액으로 한다(상증법 §44②).

다만, 당초 양도자 및 양수자가 부담한 「소득세법」에 따른 결정세액을 합친 금액이 양수자가 그 재산을 양도한 당시의 재산가액을 당초 그 배우자등이 증여받은 것으로 추정할 경우의 증여세액보다 큰 경우에는 그러하지 아니하다.

상속세 및 증여세법 제44조【배우자 등에게 양도한 재산의 증여 추정】
② 특수관계인에게 양도한 재산을 그 특수관계인(이하 이 항 및 제4항에서 "양수자"라 한다)이 양수일부터 3년 이내에 당초 양도자의 배우자등에게 다시 양도한 경우에는 양수자가 그 재산을 양도한 당시의 재산가액을 그 배우자등이 증여받은 것으로 추정하여 이를 배우자등의 증여재산가액으로 한다. 다만, 당초 양도자 및 양수자가 부담한 「소득세법」에 따른 결정세액을 합친 금액이 양수자가 그 재산을 양도한 당시의 재산가액을 당초 그 배우자등이 증여받은 것으로 추정할 경우의 증여세액보다 큰 경우에는 그러하지 아니하다. (2015. 12. 15. 개정)

13. 공익법인과 관련된 증여세

가. 공익법인등에 출연한 재산에 대한 상속세 과세가액 불산입

피상속인이나 상속인이 종교·자선·학술관련 사업 등 공익성을 고려하여 상속세 및 증여세법 시행령 제12조에 규정하고 있는 사업을 하는 자에게 상속세 과세표준 신고기한까지 출연한 재산의 가액은 상속세 과세가액에 산입하지 않는다(상증법 §16①).

다만, 내국법인의 주식등을 공익법인등에 출연한 경우로서 상속인이 출연하는 주식등과 ① 출연자가 출연할 당시 해당 공익법인등이 보유하고 있는 동일한 내국법인의 주식등, ② 출연자 및 특수관계인이 해당 공익법인등 외에 다른 공익법인등에 출연한 동일한 내국법인의 주식등, ③ 상속인 및 그의 특수관계인이 재산을 출연한 다른 공익법인등이 보유하고 있는 동일한 내국법인의 주식등이 100분의 10을 초과(일정한 경우 100분의 20, 100분의 5)하는 경우 초과하는 가액은 상속세 과세가액에 산입한다(상증법 §16②).

나. 공익법인등이 출연받은 재산에 대한 과세가액 불산입

영리법인은 증여세 납세의무가 없지만 비영리법인은 증여세 납세의무가 있으므로 비영리법인이 재산을 수증받은 경우에는 증여세가 과세된다(상증법 §4조의2①).

따라서 영리법인에 대한 과세문제를 주로 규정하고 있는 법인세법과 달리 상속세 및 증여세법은 비영리법인에 대한 과세문제가 중요하므로 특수관계인의 범위도 영리법인의 범위보다 특수관계가 성립하는 비영리법인의 범위가 훨씬 중요하다.

이 경우 비영리법인이 출연받은 재산에 대해서는 증여세가 과세되지만 비영리법인 중 공익법인이 출연받은 재산에 대해서는 증여세 과세가액에 산입하지 않는다. 이러한 점을 이용하여 공익법인에 주식을 증여하여 우회적으로 경영권을 지배하거나 공익법인에 출연한 재산으로 주식을 취득하여 우회적으로 경영권을 지배하는 등의 행위를 막기 위해 일정 지분율 이상의 주식을 출연받거나 출연받은 재산으로 일정 지분율 이상의 주식을 취득하는 경우에는 증여세 과세가액에 산입하도록 규정하고 있다(상증법 §48).

출연받은 주식 중 과세가액에 산입하는 주식판정, 일정비율 이상의 주식을 출연받은 경우에도 과세가액에 불산입하는 주식판정, 출연받은 재산으로 일정 지분율 이상의 주식취득 시 과세가액에 산입하는 주식판정, 출연받은 재산으로 일정 지분율 이상의 주식을 취득하더라도 과세가액에 불산입하는 주식등 판정 시에는 특수관계 성립 여부에 대한 판단이 필요하다.

다. 가산세 부과대상 공익법인 판정

공익법인이 일정 특수관계 있는 법인의 주식을 보유한 경우로서 해당 특수관계 있는 내국법인의 주식가액이 공익법인 총 재산가액의 30%를 초과하는 경우에는 주식의 시가에 대해 5%의 가산세가 부과된다(상증법 §48⑨).

또한 공익법인등이 특수관계 있는 내국법인의 이익을 증가시키기 위하여 정당한 대가를 받지 아니하고 광고・홍보 등의 행위를 하는 경우에는 행위와 관련하여 직접 지출된 경비에 상당하는 금액이 가산세로 부과된다(상증법 §48⑩).

이 경우 가산세가 부과되는 특수관계 있는 내국법인은 상속세 및 증여세법상 특수관계인 범위를 규정하고 있는 상속세 및 증여세법 시행령 제2조의2를 준용하지 않고 상속세 및 증여세법 시행령 제38조에 별도로 규정하고 있다(상증령 §38⑬).[74]

---

74) 상속세 및 증여세법 시행령 제38조 【공익법인 등이 출연받은 재산의 사후관리】

⑬ 법 제48조 제9항 본문 및 제10항 본문에서 "특수관계에 있는 내국법인"이란 다음 각호의 어느 하나에 해당하는 자가 제1호에 해당하는 기업의 주식등을 출연하거나 보유한 경우의 해당 기업(해당 기업과 함께 제1호에 해당하는 자에 속하는 다른 기업을 포함한다)을 말한다. (2016. 2. 5. 항번개정)

1. 기획재정부령으로 정하는 기업집단의 소속 기업(해당 기업의 임원 및 퇴직임원을 포함한다)과 다음 각목의 어느 하나에 해당하는 관계에 있는 자 또는 해당 기업의 임원에 대한 임면권의 행사 및 사업방침의 결정 등을 통하여 그 경영에 관하여 사실상의 영향력을 행사하고 있다고 인정되는 자 (2019. 2. 12. 개정)
   가. 기업집단 소속의 다른 기업 (2012. 2. 2. 개정)
   나. 기업집단을 사실상 지배하는 자 (2012. 2. 2. 개정)
   다. 나목의 자와 제2조의2 제1항 제1호의 관계에 있는 자 (2016. 2. 5. 개정)
2. 제1호 각목 외의 부분에 따른 소속 기업 또는 같은 호 가목에 따른 기업의 임원 또는 퇴직임원이 이사장인 비영리법인 (2019. 2. 12. 개정)
3. 제1호 및 제2호에 해당하는 자가 이사의 과반수이거나 재산을 출연하여 설립한 비영리법인 (1999. 12. 31. 신설)

제2절 상속세 및 증여세법상 특수관계인 범위

상속세 및 증여세법은 특수관계인에 대해 본인과 친족관계, 경제적 연관관계 또는 경영지배관계 등 대통령령으로 정하는 관계에 있는 자로 정의하고 있다(상증법 §2 10호).

상속세 및 증여세법도 쌍방관계에 의해 특수관계 여부를 판단하여야 하는 점을 명확하게 하기 위해 본인도 특수관계인의 특수관계인으로 보는 것으로 규정하고 있다(상증법 §2 10호 후단).

상속세 및 증여세법 제2조 【정의】

10. "특수관계인"이란 본인과 친족관계, 경제적 연관관계 또는 경영지배관계등 대통령령으로 정하는 관계에 있는 자를 말한다. 이 경우 본인도 특수관계인의 특수관계인으로 본다. (2015. 12. 15. 신설)

【서면-2016-상속증여-4425, 2016. 9. 6.】

특수관계인은 본인과 친족관계, 경제적 연관관계 또는 경영지배관계 등에 있는 자를 말하며, 본인도 특수관계인의 특수관계인으로 보는 것임. 이 경우 본인과 친족관계, 경제적 연관관계 또는 경영지배관계 등에 있는 자란 본인과 상속세 및 증여세법 시행령 제2조의2 제1항 각호에 해당하는 관계에 있는 자를 말함.

Ⅰ 친족관계에 있는 자

상속세 및 증여세법 제2조 제10호에서 규정하고 있는 대통령령으로 정하는 친족관계에 있는 자란 다음에 해당하는 자를 말한다.

상속세 및 증여세법 시행령 제2조의2 【특수관계인의 범위】 (2016. 2. 5. 조번개정)

① 법 제2조 제10호에서 "본인과 친족관계, 경제적 연관관계 또는 경영지배관계등 대통령령으로 정하는 관계에 있는 자"란 본인과 다음 각호의 어느 하나에 해당하는 관계에 있는 자를 말한다. (2016. 2. 5. 개정)

1. 「국세기본법 시행령」 제1조의2 제1항 제1호부터 제5호까지의 어느 하나에 해당하는 자(이하 "친족"이라 한다) 및 직계비속의 배우자의 2촌 이내의 혈족과 그 배우자

친족관계에 있는 자 요약

○ 4촌 이내의 혈족
○ 3촌 이내의 인척
○ 배우자(사실상의 혼인관계에 있는 자를 포함한다)
○ 친생자로서 다른 사람에게 친양자 입양된 자 및 그 배우자·직계비속
○ 민법에 의해 인지한 혼외 출생자의 생부 또는 생모로서 생계를 유지하거나 생계를 함께 하는 자
○ **직계비속의 배우자의 2촌 이내의 혈족 및 그 배우자(사돈)**

1. 친족(국세기본법상 친족)

국세기본법상 친족은 상속세 및 증여세법상 친족에도 해당하며 특수관계인에 해당한다(상증령 §2조의2 1호).

〈2023. 3. 1. 이후〉
○ 4촌 이내의 혈족
○ 3촌 이내의 인척
○ 배우자(사실상의 혼인관계에 있는 자를 포함한다)
○ 친생자로서 다른 사람에게 친양자 입양된 자 및 그 배우자·직계비속
○ 민법에 의해 인지한 혼외 출생자의 생부 또는 생모로서 생계를 유지하거나 생계를 함께 하는 자

〈2012. 2. 2.부터 2023. 2. 28.까지〉
○ 6촌 이내의 혈족
○ 4촌 이내의 인척
○ 배우자(사실상의 혼인관계에 있는 자를 포함한다)
○ 친생자로서 다른 사람에게 친양자 입양된 자 및 그 배우자·직계비속

2. 직계비속의 배우자의 2촌 이내의 혈족과 그 배우자(사돈)

직계비속의 배우자의 2촌 이내의 혈족과 그 배우자는 특수관계인에 해당한다(상증령 §2조의2 1호).

직계비속의 배우자는 며느리, 사위를 말하는 것으로 며느리나 사위의 2촌 이내의 혈족과 배우자는 며느리나 사위의 부모, 조부모, 형제자매와 이들의 배우자를 의미한다. 즉, 사돈을

의미하는 것이다.

상속세 및 증여세법은 개별세법 중 유일하게 사돈을 특수관계인으로 규정하고 있다.[75)]

■ 국세기본법과의 차이점

직계비속의 배우자의 2촌 이내의 혈족과 그 배우자, 즉 사돈을 친족으로 규정하고 있는 차이가 있다.

직계비속 배우자의 2촌 이내의 혈족 및 그 배우자(사돈)의 특수관계 해당 여부	국세기본법	상속세 및 증여세법
	특수관계 해당 ×	특수관계 해당 ○

경제적 연관관계에 있는 자

상속세 및 증여세법 제2조 제10호에서 규정하고 있는 대통령령으로 정하는 경제적 연관관계에 있는 자란 다음 중 어느 하나에 해당하는 자를 말한다.

상속세 및 증여세법 시행령 제2조의2 【특수관계인의 범위】 (2016. 2. 5. 조번개정)

① 법 제2조 제10호에서 "본인과 친족관계, 경제적 연관관계 또는 경영지배관계 등 대통령령으로 정하는 관계에 있는 자"란 본인과 다음 각호의 어느 하나에 해당하는 관계에 있는 자를 말한다. (2016. 2. 5. 개정)

2. 사용인(출자에 의하여 지배하고 있는 법인의 사용인을 포함한다. 이하 같다)이나 사용인 외의 자로서 본인의 재산으로 생계를 유지하는 자 (2012. 2. 2. 신설)
3. 다음 각목의 어느 하나에 해당하는 자 (2012. 2. 2. 신설)
   가. 해당 기업의 임원(「법인세법 시행령」 제40조 제1항에 따른 임원을 말한다. 이하 같다)과 퇴직 후 3년(해당 기업이 「독점규제 및 공정거래에 관한 법률」 제31조에 따른 공시대상기업집단에 소속된 경우는 5년)이 지나지 않은 사람(이하 "퇴직임원"이라 한다)을 포함한다.

② 제1항 제2호에서 "사용인"이란 임원, 상업사용인, 그 밖에 고용계약관계에 있는 자를말한다.

75) 2009. 2. 4. 대통령령 제21292호로 직계비속의 배우자의 2촌 이내의 부계혈족과 그 배우자가 특수관계인 범위에 추가되어 2009. 2. 4. 이후부터는 사돈도 상속세 및 증여세법상 특수관계인에 해당한다.
또한 2014. 2. 1. 대통령령 제25195호로 남녀 평등하게 특수관계인 범위를 규정하기 위한 취지에서 직계비속의 배우자의 2촌 이내의 모계혈족과 그 배우자도 특수관계인에 해당하도록 직계비속의 배우자의 2촌 이내의 혈족과 그 배우자로 개정되었다.

경제적 연관관계에 있는 자 요약

○ 사용인
○ 사용인 외의 자로서 생계를 유지하는 자
○ 출자에 의해 지배하는 법인의 사용인
○ 퇴직 후 5년 이내의 임원(2012. 2. 2.부터 2019. 2. 11.까지)
※ 사용인 또는 사용인 외의 자로서 생계를 유지하는 자와 "생계를 함께하는 친족" ⇒ 특수관계 아님을 주의

1. 사용인 등

○ 사용인(임원, 상업사용인, 그 밖에 고용관계에 있는 자)
○ 사용인 외의 자로서 본인의 재산으로 생계를 유지하는 자

가. 사용인

국세기본법이 경제적 연관관계에 있는 자를 임원, 사용인으로 구분하여 규정하는 것과 달리 상속세 및 증여세법 시행령 제2조의2 제2항에서는 사용인에 대해 임원, 상업사용인, 그 밖에 고용관계에 있는 자를 의미하는 것으로 정의하고 있어 사용인의 범위에 임원이 포함되는 특이점이 있으며 사용인은 경제적 연관관계 있는 특수관계인에 해당한다(상증령 §2조의2①2호, ②).

여기서 상속세 및 증여세법 시행령 제2조의 2 제2항에서 규정하고 있는 임원의 정의를 보면, 임원이란 2012. 2. 2.부터 2014. 2. 20.까지는 **"「법인세법 시행령」 제20조 제1항 제4호에 따른 임원과 퇴직 후 5년이 지나지 아니한 그 임원이었던 사람"으로 규정하고 있으며,** 2014. 2. 21. 이후부터 2019. 2. 11.까지는 "「법인세법 시행령」 제20조 제1항 제4호에 따른 임원과 퇴직 후 5년이 지나지 아니한 그 임원이었던 사람으로서 사외이사가 아니었던 사람"으로 규정하고 있다.

2019. 2. 12. **이후부터는 「법인세법 시행령」 제40조 제1항에 따른 임원을 말하는 것**으로 **퇴직 후 3년(해당 기업이 「독점규제 및 공정거래에 관한 법률」 제31조에 따른 공시대상기업집단에 소속된 경우는 5년)이 지나지 않은 사람은 퇴직임원으로 별도로 규정**하고 있다.

이 경우 퇴직당시 기업집단소속기업인 경우에는 퇴직 후 공시대상기업집단으로 지정되더라도 퇴직 후 3년간만 특수관계가 성립하는 법인의 임원으로 본다.

【서면-2022-법규법인-4698, 2023. 8. 7.】
퇴직당시 기업집단의 소속기업인 경우 이후 공시대상기업집단으로 지정되더라도 퇴직 후 3년간만 특수관계인으로 봄.

퇴직임원의 사용인 해당 여부

2012. 2. 2.부터 2019. 2. 11.까지는 임원에 대한 정의시 퇴직 후 5년이 되지 않은 임원을 임원으로 명시하고 있는바 퇴직 후 5년이 되지 않은 임원이 법인과 특수관계가 성립하는 사용인에 해당함이 명확하다.

하지만 2019. 2. 12.부터 임원과 퇴직임원을 별도로 정의하고 있고 상속세 및 증여세법상 특수관계가 성립하는 사용인은 임원만이 해당하므로 문리해석시 퇴직임원은 법인과 특수관계가 성립하지 않는 것으로 해석된다는 것이 대다수 전문가의 의견이었다.

하지만 조심2023전0263 결정에서는 2019. 2. 12. 이후 상속세 및 증여세법상 특수관계 성립여부를 판단하는 사실관계에 대해 퇴직 후 3년이 지나지 않은 임원은 법인과 특수관계가 성립하는 것으로 결정하여 국패가 됨에 따라 상급심으로 진행되지 않고 마무리되었다.

또한 창원지방법원 2022구합54496 판결에서는 상속세 및 증여세법상 특수관계가 성립하는 사용인의 범위를 판단함에 있어 퇴직임원을 포함하여 판단하는 것으로 판결한 바 있다.

따라서 퇴직임원은 법인과 특수관계가 성립하는 사용인의 범위에 포함되는 것으로 보아야 한다.

【조심2023전0263, 2023. 5. 31.】
상증법상 임원으로서 퇴직 후 3년이 지나지 않는 전대표이사는 청구인의 특수관계인에 해당하고, 청구인이 쟁점법인을 출자에 의하여 지배하고 있다는 이상 특수관계를 전제로 부과된 이 건 처분에 잘못이 없음.
(쟁점규정은 청구인들과 그 개인이 경영에 관하여 사실상 영향력을 행사하고 있는 기업을 특수관계로 규정하되, 그 기업에는 임원으로서 퇴직 후 3년이 지나지 않은 사람까지 포함하고 있는바, 이 사건 퇴직임원이 여기에 해당하는 이상, 당연히 청구인들의 특수관계인에 해당함)

【창원지방법원 2022구합54496, 2023. 11. 16.】
상속세 및 증여세법 시행령(2012. 2. 2. 대통령령 제23591호로 개정된 것) 제12조의2는 특수관계인의 범위를 규정하면서 '사용인'에 대하여 '출자에 의하여 지배하고 있는 법인의 사용인'을 포함하고, 본인이 개인인 경우 '임원'에 대하여 '퇴직 후 5년이 지나지 않은 임원이었던 사람'을 포함하고 있다. 상속세 및 증여세법 시행령이 2016. 2. 5. 대통령령 제26960호로 개정되면서 위 제12조의2가 제2조의2로 이동하였고, 상속세 및 증여세법 시행령(2019. 2. 12. 대통령령 제29533호로 개정된 것) 제2조의2는 '사용인'에 대하여 '출자에 의하여 지배하고 있는 법인의 사용인'을 포함하고, 본인이 개인인 경우에 '기업'에 대하여 '퇴직 후 3년(해당 기업이 「독점규제 및 공정거래에 관한 법률」 제14조에 따른 공시대상기업집단에 소속된 경우는 5년)이 지나지 않은 사람'을, 본인이 법인인 경우에 '기업'에 대하여 '퇴직임원'을 포함함. 이는 변칙적인 부의 세습을 방지하기 위해 국세기본법보다 특수관계인의 범위를 넓게 규정한 것으로, 증여세의 경우 세법상 특수관계인의 범위를 회피하되 실질적인 유착관계를 이용하여 조세회피행위를 행할 개연성이 높을 뿐 아니라, 상속·증여의 특성상 임원의 경우 재직시 뿐 아니라 퇴직 이후에도 재직하던 회사와 관련된 주식이나 기타 자산의 처리 등과 관련하여 경제적 연관관계가 있다고 할 것이고, 상속세 및 증여세법 시행령 제2조의2에서 특수관계인의 범위에 퇴직임원을 포함시킨 것이 본인과 경제적 연관관계 있는 자를 특수관계인으로 한다는 국세기본법의 기본원칙에 반한다고 할 수 없음.

| 상속세 및 증여세법상 임원에 대한 정의 |

구분	2012. 2. 2.부터 2014. 2. 10.까지	2014. 2. 21.부터 2019. 2. 11.까지	2019. 2. 12. 이후
임원의 정의 (상증령 §2조의2 ①3호가목)	「법인세법 시행령」 제20조 제1항 제4호에 따른 임원과 퇴직 후 5년이 지나지 아니한 그 임원이었던 사람	「법인세법 시행령」 제20조 제1항 제4호에 따른 임원과 퇴직 후 5년이 지나지 아니한 그 임원이었던 사람으로서 사외이사가 아니었던 사람을 말하는 것으로 퇴직 후 5년이 지나지 아니한 사람	「법인세법 시행령」 제40조 제1항에 따른 임원 (퇴직임원은 임원에 해당하지 않음)
퇴직 임원의 정의	없음.	없음.	퇴직 후 3년(해당 기업이 「독점규제 및 공정거래에 관한 법률」 제14조에 따른 공시대상기업집단에 소속된 경우는 5년)이 지나지 않은 사람
사외 이사의 임원 해당 여부	임원 해당	임원 해당하지 않음.	임원 해당 (이사회 구성원)

■ 사외이사의 임원 해당 여부

2014. 2. 21. 대통령령 제26960호로 상속세 및 증여세법 시행령 제2조의2 제1항 제3호 가목에서 임원에 대해 "「법인세법 시행령」 제20조 제1항 제4호에 따른 임원과 퇴직 후 5년이 지나지 아니한 그 임원이었던 사람으로서 사외이사가 아니었던 사람"으로 규정하고 있어 사외이사는 임원에 해당하지 않는 점이 명확해졌다.

하지만 2019. 2. 12. 대통령령 제29533호로 상속세 및 증여세법 시행령 제2조의2 제1항 제3호 가목이 "임원(「법인세법 시행령」 제40조 제1항에 따른 임원을 말한다. 이하 같다)"으로 개정됨에 따라 법인세법 시행령 제40조 제1항을 준용하여 임원 여부를 판단하여야 한다.

법인세법 시행령 제40조 제1항 제1호는 임원에 대해 "법인의 회장, 사장, 부사장, 이사장, 대표이사, 전무이사 및 상무이사 등 이사회의 구성원 전원과 청산인"으로 규정하고 있고 사외이사는 이사회의 구성원에 해당하므로 2019. 2. 12. 이후부터 사외이사는 임원에 해당하는 것으로 해석하여야 한다.

나. 사용인 외 생계를 유지하는 자

사용인 외의 자로서 본인으로부터 받는 금전 · 기타의 재산수입과 금전 · 기타의 재산운용에 의하여 생기는 수입을 일상생활비의 주된 원천으로 하고 있는 본인과 생계를 유지하는 자는 특수관계인에 해당한다(상증령 §2조의2①2호).

다. 사용인, 생계를 유지하는 자와 생계를 함께하는 친족의 특수관계 여부

국세기본법, 법인세법의 경우 임원 · 사용인 · 임원 · 사용인과 생계를 유지하는 자뿐만 아니라 이들과 생계를 함께하는 친족도 특수관계인에 해당한다.

하지만 상속세 및 증여세법의 경우 임원, 직원, 임원 · 직원 외 본인의 재산으로 생계를 유지하는 자까지만 특수관계인에 해당하며 이들과 생계를 함께하는 친족은 특수관계인에 해당하지 않는다.

상속세 및 증여세법은 특수관계가 성립하는 경제적 연관관계에 있는 자의 범위를 출자에 의해 지배하는 법인의 사용인까지 확장(2019. 2. 11.까지는 퇴직 후 5년이 지나지 않은 임원까지 포함)하고 있으므로 이들과 생계를 함께하는 친족까지 특수관계인으로 규정하는 것은 너무 경제적 연관관계에 있는 자의 범위를 확장하는 것이 될 수 있는바 생계를 함께하는 친족은 특수관계인의 범위에서 제외하는 것이라 이해할 수 있다.

■ 국세기본법과의 차이점

○ 생계를 함께하는 친족의 특수관계 해당 여부

국세기본법은 임원, 사용인, 임원 · 사용인 외의 자로서 생계를 유지하는 자와 이들과 생계를 함께하는 친족도 특수관계인에 해당한다.

반면 상속세 및 증여세법은 임원, 직원, 임원 · 직원 외의 자로서 생계를 유지하는 자만 특수관계인에 해당하며, 이들과 생계를 함께하는 친족은 특수관계인에 해당하지 않는 차이가 있다.

임원, 사용인, 그 밖에 생계를 유지하는 자와 생계를 함께하는 친족의 특수관계 해당 여부	국세기본법	상속세 및 증여세법
	특수관계 해당 ○	특수관계 해당 ×

2. 출자에 의해 지배하는 법인의 사용인

상속세 및 증여세법상 경제적 연관관계에 있는 특수관계인의 범위 중 개별세법과 가장 큰 차이가 있는 점은 출자에 의해 지배하는 법인, 즉 일정 지분율 이상 출자하여 경영을 지배하고 있는 법인의 사용인도 특수관계인에 해당하는 점이다.

출자에 의해 지배하는 법인의 사용인이 특수관계인에 해당하므로 국세기본법, 법인세법상으로는 법인 내 임직원 간에, 법인 내 주주와 임직원 간에는 특수관계가 성립하지 않지만 상속세 및 증여세법상으로는 법인 내 출자임직원과 임직원 간, 법인 내 주주등과 임직원 간에도 특수관계가 성립할 수 있는 점을 주의하여야 한다.

가. 출자에 의해 지배하는 법인의 의미

출자에 의해 지배하는 법인에 대해서는 지분율에 의해 경영을 지배하는 경영지배관계에 있는 법인의 범위(2차 간접출자법인까지 해당)보다 확장하여 규정(3차 간접출자법인까지 해당)하고 있다.

상속세 및 증여세법 시행령 제2조의2 【특수관계인의 범위】 (2016. 2. 5. 조번개정)
① 법 제2조 제10호에서 "본인과 친족관계, 경제적 연관관계 또는 경영지배관계 등 대통령령으로 정하는 관계에 있는 자"란 본인과 다음 각호의 어느 하나에 해당하는 관계에 있는 자를 말한다. (2016. 2. 5. 개정)
6. 본인, 제1호부터 제5호까지의 자 또는 본인과 제1호부터 제5호까지의 자가 공동으로 발행주식총수 또는 출자총액(이하 "발행주식총수등"이라 한다)의 100분의 30 이상을 출자하고 있는 법인 (2012. 2. 2. 신설)
7. 본인, 제1호부터 제6호까지의 자 또는 본인과 제1호부터 제6호까지의 자가 공동으로 발행주식총수등의 100분의 50 이상을 출자하고 있는 법인 (2012. 2. 2. 신설)
③ 제1항 제2호 및 제39조 제1항 제5호에서 "출자에 의하여 지배하고 있는 법인"이란 다음 각호의 어느 하나에 해당하는 법인을 말한다. (2012. 2. 2. 신설)
1. 제1항 제6호에 해당하는 법인 (2012. 2. 2. 신설)
2. 제1항 제7호에 해당하는 법인 (2012. 2. 2. 신설)
3. 제1항 제1호부터 제7호까지에 해당하는 자가 발행주식총수등의 100분의 50 이상을 출자하고 있는 법인 (2012. 2. 2. 신설)

출자에 의해 지배하는 법인

○ 1차 직접출자에 의해 지배하는 법인
본인 또는 지분율 합산하는 특수관계인이 30% 이상 직접출자한 법인
○ 2차 간접출자에 의해 지배하는 법인
본인 또는 지분율 합산하는 특수관계인 또는 1차 직접출자에 의해 지배하는 법인이 50% 이상 출자한 법인
○ 3차 간접출자에 의해 지배하는 법인
본인 또는 지분율 합산하는 특수관계인 또는 1차 직접출자에 의해 지배하는 법인 또는 2차 간접출자에 의해 지배하는 법인이 50% 이상 출자한 법인

(1) 1차 직접출자에 의해 지배하는 법인

① 본인이 단독으로, ② 본인과 지분율 합산하는 특수관계인이 공동으로, ③ 본인이 아닌 지분율 합산하는 특수관계인이 30% 이상 출자한 법인은 1차 직접출자에 의해 지배하는 법인에 해당한다(상증령 §2조의2③1호).

이 경우 지분율을 합산하는 특수관계인의 범위는 상속세 및 증여세법상 지분율에 의해 경영지배관계에 의한 특수관계가 성립하는 1차 직접출자에 의해 지배하는 법인, 2차 간접

출자에 의해 지배하는 법인 판단 시 출자지분율 합산하는 특수관계인의 범위와 동일하다.

(2) 2차 간접출자에 의해 지배하는 법인

① 본인이 단독으로, ② 본인과 지분율 합산하는 특수관계인 또는 1차 직접출자에 의해 지배하는 법인이 공동으로, ③ 본인이 아닌 지분율 합산하는 특수관계인 또는 1차 직접출자에 의해 지배하는 법인이 50% 이상 출자한 법인은 2차 간접출자에 의해 지배하는 법인에 해당한다(상증령 §2조의2③2호).

(3) 3차 간접출자에 의해 지배하는 법인

① 본인이 단독으로, ② 본인과 지분율 합산하는 특수관계인 또는 1차 직접출자에 의해 지배하는 법인 또는 2차 간접출자에 출자에 의해 지배하는 법인이 공동으로, ③ 본인이 아닌 지분율 합산하는 특수관계인 또는 1차 직접출자에 의해 지배하는 법인 또는 2차 간접출자에 의해 지배하는 법인이 50% 이상 출자한 법인은 3차 간접출자에 의해 지배하는 법인에 해당한다(상증령 §2조의2③3호).

3차 간접출자법인은 출자에 의해 지배하는 법인의 사용인 판단 시에만 출자에 의해 지배하는 법인에 해당하며, 상속세 및 증여세법상 경영지배관계에 있는 특수관계인에는 해당하지 않는 점에 주의하여야 한다.

Key Point

❑ 출자에 의해 지배하는 법인 판단

상속세 및 증여세법상 출자에 의한 경영지배관계의 경우 2차 간접출자법인까지만이 특수관계인에 해당하지만 출자에 의해 지배하는 법인의 사용인 판단 시에는 3차 간접출자법인도 출자에 의해 지배하는 법인에 해당하는 점에 주의하여야 한다.

나. 실질 지배하는 법인의 출자에 의해 지배하는 법인 해당 여부

출자에 의해 지배하는 법인 판단시 1차, 2차, 3차에 의한 출자지분율은 충족하지 않지만 법인을 실질적으로 지배하는 경우에 출자에 의해 지배하는 법인으로 볼 수 있는 것인지 또는 1차, 2차, 3차 출자지분율은 충족하지만 최대주주등에 해당하지 않는 경우로서 실질적으로 법인을 지배하지 못하는 경우에 출자에 의해 지배하는 법인으로 볼 수 있는 지에 대한 검토가 필요할 수 있는 데 출자에 의해 지배하는 법인은 출자요건을 충족하는 법인만 해당하는 것으로서 실질적으로 지배하는 법인인 경우에도 출자지분율 요건을 충족하지 못하는 경우에는 출자에 의해 지배하는 법인에 해당하지 않는다.

【수원고등법원 2022누11770, 2023. 4.21.(대법원 2023두41413, 2023. 7. 13. 상고기각)】
상증세법 시행령 제2조의2 제3항이 출자의 요건만 규정하고 있다거나, 제2조의2 제1항 제2호의 위 부분을 '실질적으로 지배하고 있는 법인'으로 해석하여 국세기본법 제39조와 같은 요건이 충족되어야 한다는 원고의 주장은 상증세법 시행령 제2조의2 제1항 제2호 및 제3항의 명시적 규정과 다른 내용으로 받아들일 수 없음. 상증세법 제2조 제10호 및 이 사건 시행령 조항의 문언과 체계에 따라 '출자에 의하여 지배하고 있는 법인'은 이 사건 시행령 조항에서 규정하고 있는 출자요건을 충족하고 있는 법인이라고 해석하여야 함.

다. 출자에 의해 지배하는 법인의 사용인

2012. 2. 12. 이후부터는 개인 또는 법인과 출자에 의해 지배하는 법인(1차 직접출자법인, 2차 간접출자법인, 3차 간접출자법인)의 사용인(임원, 상업사용인, 그 밖에 고용관계에 있는 자)과도 쌍방 간에 특수관계가 성립한다(상증령 §2조의①2호).

예컨대 대표이사가 본인 법인에 30% 이상(2차 50%, 3차 50%) 지분을 가지고 있는 경우 대표이사는 법인의 모든 임직원과 상속세 및 증여세법상 특수관계가 성립한다.

또한 임직원이 아닌 단순하게 주주인 경우로서 본인 또는 지분율 합산대상인 특수관계인을 통하여 30% 이상(2차 50%, 3차 50%) 출자한 법인이 있는 경우 동 주주는 해당 법인의 모든 임 · 직원과 특수관계가 성립한다.

■ 법인 내 임원 간, 임원 · 직원 간, 직원 간에 특수관계 성립 여부

국세기본법상으로는 임원 간, 임원 · 직원 간, 직원 간에는 임원 간, 임원 · 직원 간, 직원 간에 직접적으로 친족관계, 경제적 연관관계가 있지 않는 한 특수관계가 성립하지 않는다.

반면 상속세 및 증여세법에서는 출자에 의해 지배하는 법인의 사용인도 특수관계인에 해당하므로 지분율 합산 특수관계인과 함께 법인의 주식을 30% 이상(2차 50%, 3차 50%) 보유한 임원 · 직원이 있는 경우 동 임직원과 해당 법인의 모든 임직원과는 특수관계가 성립하는 점에 주의하여야 한다.

법인 내 주주와 임직원 간에 특수관계 성립 여부

국세기본법은 지분율에 관계없이 주주와 임직원 간에는 특수관계가 성립하지 않는다.

반면 상속세 및 증여세법에서는 지분율 합산대상 특수관계인과 함께 법인에 대해 30% 이상(2차 50%, 3차 50%) 지분율을 가진 주주등과 동 법인의 모든 임·직원 간에는 특수관계가 성립한다.

법인 내 주주 간에 특수관계 성립 여부

30% 이상 지분율을 가진 주주와 임직원 간에는 특수관계가 성립하지만 임직원이 아닌 한 주주 간에는 주주 간에 직접적으로 친족관계, 경제적 연관관계가 있지 않는 한 법인에 대한 지분율에 관계없이 특수관계가 성립하지 않는다.

주주와 임직원 간, 출자임직원과 임직원 간에 특수관계가 성립한다고 하여 30% 이상 지분율을 가진 주주와 주주 간에 특수관계가 성립하는 것은 아닌 점에 주의하여야 한다.

【서면 인터넷방문상담4팀-3708, 2006. 11. 9.】

양수자 및 그와 친족관계에 있는 자와 양도자가 같은 법인의 주주관계라는 사실만으로는 특수관계자에 해당하지 않음.

「상속세 및 증여세법」 제35조의 규정을 적용함에 있어 "특수관계에 있는 자"라 함은 양도자 또는 양수자와 같은 법 시행령 제26조 제4항 각호의 1의 관계에 있는 자를 말하는 것으로서 주주 1인과 특수관계자가 30% 이상 출자하여 지배하고 있는 법인의 사용인은 같은 영 제13조 제6항 제2호의 규정에 의한 사용인으로서 당해 주주등과 특수관계가 있는 것이나, 양수자 및 그와 친족관계에 있는 자와 양도자가 같은 법인의 주주관계라는 사실만으로는 특수관계자에 해당되지 아니하는 것임.

국세기본법과의 차이점

국세기본법의 경우 임직원 간, 출자임직원과 임직원 간, 주주와 임직원 간에는 특수관계가 성립하지 않는다.

반면 상속세 및 증여세법의 경우 주주 또는 출자임직원이 본인 또는 지분율 합산대상 특수관계인을 통하여 법인에 30% 이상(2차 50%, 3차 50%) 출자한 경우 해당 법인은 출자에 의해 지배하는 법인에 해당하며 출자에 의해 지배하는 법인의 모든 사용인(임원, 직원)과 특수관계가 성립하는 차이가 있다.

임직원이 30% 이상 출자(2차 50%, 3차 50%)한 법인의 사용인과의 특수관계 여부	국세기본법	상속세 및 증여세법
	특수관계 ×	특수관계 ○

출자에 의해 지배하는 법인에 비영리법인도 포함되는지 여부

"출자에 의해 지배하는 법인"에서의 출자는 영리법인의 주식 또는 출자지분을 취득하는 것만을 의미한다.

따라서 비영리법인에 일정 지분율 이상 출연한 것은 해당하지 않으므로 특수관계가 성립하는 출자에 의해 지배하는 법인의 사용인은 영리법인의 사용인만을 의미하며 비영리법인의 사용인은 해당되지 않는다.

【사전-2016-법령해석재산-0045, 2016. 3. 15.】
출자에 의하여 지배하고 있는 법인이 아니고, 배우자가 설립한 비영리법인의 사용인은 본인과 특수관계에 해당하지 않음.

甲(임직원 아님)은 A법인의 주식을 35% 보유하고 있다. 甲은 본인이 보유하고 있는 A법인의 주식을 A법인의 대표이사의 아들인 乙에게 양도하려고 한다. 이 경우 甲과 乙, 즉 출자에 의해 지배하는 법인의 사용인의 친족과의 특수관계 성립 여부

대표이사는 甲이 출자에 의해 지배하는 법인의 사용인에 해당하고 乙은 출자에 의해 지배하는 법인의 사용인의 친족에 해당한다.

상속세 및 증여세법은 출자에 의해 지배하는 법인의 사용인만을 특수관계인으로 규정하고 있으므로 출자에 의해 지배하는 법인의 사용인의 친족은 특수관계인에 해당하지 않는다.

출자에 의해 지배하는 법인의 사용인의 친족뿐만 아니라 상속세 및 증여세법상 경제적 연관관계에 있는 자의 친족은 모두 특수관계인에 해당하지 않는 점을 주의하여야 한다.

Key Point

출자에 의해 지배하는 법인의 사용인만 특수관계인에 해당하며 출자에 의해 지배하는 법인의 사용인의 친족은 특수관계인에 해당하지 않는다.

【서면법규과 2013-494, 2013. 12. 10.】
「상속세 및 증여세법」 제35조를 적용함에 있어서 법인의 주주 1인이 출자에 의하여 지배하고 있는 법인의 다른 주주인 대표이사의 子는 특수관계인에 해당하지 아니하는 것임.

■ 甲은 단독으로 A법인의 주식을 35% 보유하고 있다. 甲의 子인 乙은 A법인의 직원인 丙에게 乙이 소유하고 있는 B법인 주식을 양도하려고 한다. 이 경우 乙과 丙의 상속세 및 증여세법상 특수관계 해당 여부

○ 2012. 2. 1. 이전

2012. 2. 1. 이전에는 출자지분율에 의해 특수관계가 성립하는 출자자에 대해 "주주등 1인과 제1호 내지 제5호의 자가"라고 규정하고 있었다.

동 조항을 문리해석하여 대법원은 "주주등 1인과 제1호 내지 제5호의 자가로 규정하고 있으므로 주주등과 특수관계인이 공동으로 출자한 경우만이 주주등의 특수관계인도 출자한 경우에 해당하며 주주등의 특수관계인이 출자하지 않은 경우 그 특수관계인은 출자한 것에 해당하지 않는다."라고 판결하였다(대법원 2009두1617, 2011. 1. 2., 대법원 2015두52241, 2016. 1. 28.).

따라서 주주등만 출자하고 주주등의 특수관계인은 출자하지 않은 경우에 주주등의 특수관계인의 출자지분율은 0%가 되므로 30% 이상 지분율을 가진 주주등의 친족인 乙과 법인의 사용인인 丙은 특수관계가 성립하지 않는다.

【대법원 2009두1617, 2011. 1. 27.】
'주주등 1인과 제1호 내지 제5호의 자가 발행주식총수등의 100분의 30 이상을 출자하고 있는 법인'으로 규정하고 있어 주식의 보유 주체를 '양도자 등과 제1호 내지 제5호의 자가' 라고 규정하고 있으므로 상속인은 전혀 출자하지 아니한 채 그의 특수관계자만이 출자한 경우에는 상속인의 사용인에 해당하지 않는다고 해석함이 상당한 점, 양도자 등은 전혀 출자하지 않고 제19조 제2항 제1호 내지 제5호의 자만이 발행주식총수등의 100분의 30 이상을 출자하고 있는 법인의 임원까지 제19조 제2항 제2호의 '사용인'에 포함되는 것으로 해석하는 경우, 특수관계자의 범위가 양도자 등의 출자 여부와 무관한 법인의 임원으로 지나치게 확대되는 결과가 초래될 수 있는 점, 조세법률주의의 원칙상 과세요건은 엄격하게 해석하여야 하는 점 등을 종합해 보면, 이 사건 조항은 '양도자 등이 단독으로' 또는 '양도자 등과 상증세법 시행령 제19조 제2항 제1호 내지 제5호에 규정하는 자가 함께' 발행주식총수 등의 100분의 30 이상을 출자하고 있는 법인을 의미한다고 해석하여야 하고, 양도자 등은 출자하지 아니한 채 '제19조 제2항 제1호 내지 제5호의 자만이 발행주식총수

등의 100분의 30 이상을 출자하고 있는 법인'은 이에 해당하지 않는다고 봄이 타당함.

【대법원 2015두52241, 2016. 1. 28.】
사용인은 출자에 의하여 지배하고 있는 법인의 사용인을 포함하지만, 양도자 등은 출자하지 아니한 채 그 친족 등만 출자하여 지배하고 있는 법인은 양도자 등이 출자에 의하여 지배하고 있는 법인의 사용인에 해당하지 않음.

○ 2012. 2. 2. 이후

2012. 2. 2. 대통령령 제23591호로 출자에 의해 특수관계가 성립하는 출자자에 대해 "본인, 제1호부터 제3호까지의 자 또는 본인과 제1호부터 제3호까지의 자가 공동으로"라고 규정하고 있다. 즉, 본인이 아닌 본인의 특수관계인인 제1호부터 제3호에 해당하는 자가 출자한 경우에도 본인의 출자지분율 판단 시에는 특수관계인의 출자지분율을 합산하여 판단하여야 한다.

동 사례에서 乙은 A법인에 출자하지 않았지만 乙의 父인 甲이 A법인에 35% 이상을 출자하였으므로 A법인에 대한 乙의 출자지분율은 35%가 되어 A법인은 乙이 출자에 의해 지배하는 법인에 해당한다.

따라서 丙은 乙이 출자에 의해 지배하는 법인의 사용인에 해당하므로 乙과 丙은 상속세 및 증여세법상 특수관계가 성립한다.

【서면-2015-상속증여-2241, 2015. 11. 19.】
본인, 본인과 특수관계인 또는 본인과 특수관계인이 공동으로 법인을 출자에 의하여 지배하고 있는 경우 해당 법인의 사용인은 특수관계인임.

甲의 친족인 乙은 A법인의 주식을 34% 보유하고 있다. 甲은 A법인의 출자임원 丙으로부터 A법인의 주식 5%를 양수하려고 한다. 甲과 丙의 특수관계 성립 여부

甲의 친족인 乙이 A법인의 주식을 34% 보유하고 있으므로 A법인은 2012. 2. 1. 이전에는 甲이 출자에 의해 지배하고 있는 법인에 해당하지 않지만 2012. 2. 2. 이후에는 甲이 출자에 의해 지배하는 법인에 해당한다.

따라서 2012. 2. 1. 이전에는 甲과 A법인의 출자임원인 丙은 특수관계가 성립하지 않지만 2012. 2. 2. 이후에는 甲과 A법인의 임원인 丙은 상속세 및 증여세법상 특수관계가 성립한다.

Key Point

❑ 본인의 친족이 출자에 의해 지배하는 법인이 있는 경우

본인이 출자에 의해 지배하고 있지 않더라도 본인의 친족이 출자에 의해 지배하는 법인이 있는 경우 본인은 본인의 친족과 함께 해당 법인을 출자에 의해 지배하고 있는 것에 해당하므로 본인의 친족이 출자에 의해 지배하는 법인의 사용인과 특수관계가 성립한다.

■ A법인의 직원 甲은 A법인의 주식 35%를 소유한 최대주주인 乙의 사촌으로 A법인의 주식 4%를 보유하고 있다. 甲은 본인의 주식을 A법인의 직원인 丙에게 양도하려고 한다. 甲과 丙의 특수관계 성립 여부

甲은 A법인에 친족인 乙과 함께 30% 이상을 출자하고 있으므로 2012. 2. 1. 이전과 이후 모두 A법인은 甲이 출자에 의하여 지배하는 법인에 해당한다.

따라서 A법인의 직원 丙은 甲이 출자에 의해 지배하는 법인의 사용인에 해당하므로 甲과 丙은 상속세 및 증여세법상 특수관계가 성립한다.

【사전-2015-법령해석재산-0207, 2015. 9. 25.】

주주인 평사원과 최대주주와 친족관계에 있는 주주인 평사원 간은 소득세법상 특수관계자는 아니나, 상증법상 특수관계자에 해당함.

■ 甲은 A법인의 주식을 30% 보유하고 있어 A법인의 임원 乙(A법인에 대한 지분율 2%)과 A법인의 직원 丙(A법인에 대한 지분율 0%)은 甲이 출자에 의해 지배하는 법인의 사용인에 해당한다. 이 경우 A법인의 주식을 2% 보유하고 있는 출자임원인 乙과 丙의 특수관계 성립 여부

상속세 및 증여세법 시행령 제2조의2 제1항 제6호는 1차 직접 출자에 의해 지배하고 있는 법인에 대해 "본인, 제1호부터 제5호까지의 자 또는 본인과 제1호부터 제5호까지의 자가 공동으로 발행주식총수 또는 출자총액(이하 "발행주식총수등"이라 한다)의 100분의 30 이상을 출자하고 있는 법인"으로 규정하고 있다.

여기서 출자에 의해 지배하는 법인의 사용인인 乙은 제2호에 해당하므로 甲이 A법인을 출자에 의해 지배하는 법인의 사용인인 乙(2%)과 공동으로 A법인에 30% 이상 출자하고 있는 것으로 보아 乙도 A법인을 출자에 의해 지배하고 있는 것으로 보는 경우에는 출자임원인 乙과 丙은 특수관계가 성립한다. 즉, 상속세 및 증여세법상으로는 법인에 대해 30% 이상 출자자가 있는 경우 30% 이상 출자한 자 뿐만 아니라 1%라도 출자지분율을 가진 출자임직원은 법인의 모든 사용인과 특수관계가 성립하는 결과가 된다.

하지만 출자에 의해 지배하는 법인의 사용인 판단 시 출자에 의해 지배하는 법인의 사용인(경제적 연관관계에 있는 자)이 속하지 않은 타법인에 대한 출자지분율 판단 시에는 출자에 의해 지배하는 법인의 사용인의 지분율을 합산하여 판단하지만 출자에 의해 지배하는 법인의 사용인이 속해 있는 당해 법인에 대한 지분율 판단 시에는 친족관계에 있는 자의 지분율만 합산하여 판단하여야 한다(서면-2019-상속증여-0746, 2019. 3. 20.).

따라서 A법인에 2% 지분율을 가진 乙은 甲이 乙을 출자에 의해 지배하고 있어 甲과 특수관계가 성립하는 경우에도 乙이 속해 있는 A법인의 직원 丙과는 특수관계가 성립하지 않는다.

○ A법인과 B법인의 현황은 다음과 같다.

A법인(대표이사 甲 80%, 등기이사 乙 20%), B법인(대표이사: A법인의 등기이사 乙, 乙의 父인 丙의 지분율 55%)

甲이 A법인 주식 10%를 B법인에 양도하는 경우 특수관계 성립 여부

A법인 입장에서 B법인을 보면, A법인은 법인의 이사인 乙을 통해 B법인에 출자하지 않았고, B법인 입장에서 A법인을 보면 B법인의 이사 乙은 A법인에 출자하였지만 30% 미만 출자하였다. 따라서 A법인은 B법인이 각자 출자에 의해 지배하는 법인에 해당하지 않으므로 甲과 B법인은 특수관계가 성립하지 않는다.

【서면-2021-자본거래-4827, 2021. 12. 1.】
B법인이 A법인의 지분을 보유하지 아니하고, B법인의 상증령 제2조의2 제1항 제1호부터 제5호까지의 자가 A법인의 발행주식총수 등의 100분의 30 이상을 출자하고 있지 않은 경우 B법인과 A법인의 사용인 甲은 같은 영 제2조의2에 따른 특수관계인에 해당하지 아니하는 것임.

【서면-2021-자본거래-6156, 2021. 11. 18.】
B법인이 출자에 의하여 지배하고 있는 A법인의 사용인은 상증법상 B법인과 특수관계에 있는 것이며, A법인이 배당등을 하는 경우로서 B법인이 본인이 보유한 주식등에 비례하여 균등하지 아니한 조건으로 배당등을 받음에 따라 A법인의 사용인이 본인이 보유한 주식등에 비하여 높은 금액의 배당등을 받은 경우에는 상증법 제41조의2에 따라 증여세가 과세되는 것임.

【서면-2019-상속증여-0746, 2019. 3. 20.】
「상속세 및 증여세법 시행령」 제2조의2에서 특수관계인은 본인과 본인 이외의 자가 단순

히 동일한 법인의 주주관계 또는 주주와 임직원 관계라는 사실만으로 특수관계에 있는 자에 해당하지는 않으나, 본인과 같은 조 제1항 제1호의 관계에 있는 자가 30% 이상을 출자하고 있는 법인의 사용인은 본인과 특수관계가 있는 것임.

Key Point

□ 출자에 의해 지배하고 있는 법인의 사용인이 사용인이 속한 법인에 출자하고 있는 경우 해당 출자에 의해 지배하는 법인의 사용인과 해당 법인의 임직원과의 특수관계 성립 여부

경제적 연관관계에 있는 자가 속하지 않은 타법인에 대한 지분율 판단 시에는 경제적 연관관계에 있는 자인 출자에 의해 지배하는 법인의 사용인 관계에 있는 자의 지분율을 합산하여 판단한다.

하지만 주주와 사용인이 속한 법인의 주주와 임 · 직원 간, 출자 임 · 직원과 임 · 직원 간의 특수관계를 판단 시에는 출자에 의해 지배하는 법인의 사용인 관계에 있는 자의 지분율은 합산하지 않고 친족관계에 있는 자의 지분율만 합산하여 판단하여야 한다.

| 출자에 의해 지배하는 법인의 사용인 판단 시 주의점 |

구분	특수관계 성립 여부
본인의 친족이 30% 이상 출자한 경우 본인과 해당 법인의 임 · 직원과의 특수관계 성립 여부	특수관계 성립
출자에 의해 지배하는 법인의 사용인의 친족과의 특수관계 성립 여부	특수관계 성립하지 않음
출자에 의해 지배하는 법인에 30% 미만 출자 임 · 직원이 있는 경우 해당 30% 미만 출자 임 · 직원과 비출자 임 · 직원과의 특수관계 성립 여부	• 30% 미만 출자한 임직원이 속해 있는 법인의 비출자 임 · 직원: 특수관계 성립하지 않음 • 30% 미만 출자한 임직원이 속해 있는 법인이 아닌 출자에 의해 지배하는 타법인의 비출자 임직원: 특수관계 성립

※ 세법상 출자지분율에 의해 경영지배관계가 성립하는 법인 판단 시 경제적 연관관계에 있는 자의 지분율 합산 여부

- 경제적 연관관계에 있는 자가 속해 있는 법인에 대한 출자지분율 판단 시
  경제적 연관관계에 있는 자 제외하여 판단(경제적 연관관계에 있는 자의 지분율 합산 ×)
  ⇒ 출자에 의해 지배하는 법인의 사용인 관계에 있는 자의 지분율은 합산 ×
- 경제적 연관관계에 있는 자가 속해 있지 않는 타법인에 대한 출자지분율 판단 시
  경제적 연관관계에 있는 자 포함하여 판단(경제적 연관관계에 있는 자의 지분율도 합산)
  ⇒ 출자에 의해 지배하는 법인의 사용인 관계에 있는 자의 지분율 합산

■ 甲의 친족인 乙은 A법인에 37%를 출자하였다. A법인은 B법인에 45%를 출자하였고 A법인의 직원 丙은 B법인에 8%를 출자하였으며 B법인은 C법인에 50%를 출자하였다. 이 경우 甲과 C법인의 임원인 丁의 특수관계 성립 여부

甲의 친족인 乙은 A법인에 37%를 출자하였으므로 甲은 A법인을 1차 직접출자에 의해 지배하고 있다. 1차 직접출자법인인 A법인은 B법인에 45%, 출자에 의해 지배하고 있는 법인의 사용인인 A법인의 직원인 丙은 B법인에 8%를 출자하여 53%를 출자하였으므로 B법인은 甲이 2차 간접출자에 의해 지배하는 법인에 해당한다. 또한 2차 간접출자에 의해 지배하는 법인인 B법인은 C법인에 50% 이상을 출자하였으므로 C법인은 甲이 3차 간접출자에 의해 지배하는 법인에 해당한다.

따라서 3차 간접출자에 의해 지배하는 법인인 C법인의 임원인 丁과 甲은 특수관계가 성립한다. 이 경우 경영지배관계에 있는 법인 판단시에는 3차 간접출자관계에 있는 B법인과 C법인이 특수관계가 성립하지 않음에도 불구하고 출자에 의해 지배하는 법인의 사용인은 3차 간접출자에 의해 지배하는 법인의 사용인까지 특수관계인에 해당하는 점을 주의하여야 한다.

■ A법인의 이사인 甲은 A법인의 주식을 25% 소유하고 있다. 甲은 A법인의 임원인 乙에게 A법인의 주식을 양도하려고 한다. 甲과 乙의 특수관계 성립 여부

甲은 A법인에 30% 미만을 출자하였으므로 A법인은 甲이 출자에 의해 지배하는 법인에 해당하지 않는다.

따라서 A법인의 임원인 乙은 출자에 의해 지배하는 법인의 사용인에 해당하지 않으므로 甲과 乙은 상속세 및 증여세법상 특수관계가 성립하지 않는다.

【서면-2016-상속증여-5628, 2017. 6. 19.】
상증령 제2조의2에 따라 '양도자'와 '양도자가 30% 미만 출자한 법인의 사용인'은 특수관계인에 해당하지 않음.

■ 甲은 A법인으로부터 입사제안을 받고 5월경 입사합의를 한 후 입사조건으로 A법인의 지분을 60% 가지고 있는 대표이사 乙의 주식 100주를 액면가로 양수받기로 하였다. 甲은 A법인의 주식을 6월 20일 양수(계약금 납부 후 명의개서)한 후 7월 말에 입사하였다. 양수시점에 甲과 乙의 특수관계 성립 여부

출자에 의해 지배하는 법인의 사용인은 직원으로 등재되었는지 여부로 판단하는 것이 아닌 실질적으로 경제적 연관관계가 있는 고용관계가 성립되었는지 여부로 판단하므로 甲과

乙은 상속세 및 증여세법상 특수관계가 성립한다.

【심사증여 2009-0091, 2010. 4. 27.】
실질적으로 사용인과 사용인 외의 자로서 당해 주주등의 재산으로 생계를 유지하는 자의 관계가 성립되어 있으므로 상속세 및 증여세법 제35조 제1항 제1호의 특수관계에 있는 자에 해당됨.
청구인과 양도인 간에 이미 묵시적으로 고용관계가 성립된 상태에서 양도인은 쟁점주식매매를 통해 청구인에게 경제적이익을 공여하려는 의사와 청구인이 이를 승낙하는 의사가 합치하여 성립된 거래임이 분명하므로 청구인과 양도인은 실질적으로 "사용인과 사용인 외의 자로서 당해 주주등의 재산으로 생계를 유지하는 자"의 관계가 성립함.

【서면-2016-상속증여-5344, 2016. 10. 21.】
상증령 제2조의2【특수관계인의 범위】에 따라 양도자와 양도자가 30% 이상 출자하여 지배하는 법인의 사용인은 본인의 특수관계인에 해당함.

【서면-2019-상속증여-0746, 2019. 3. 20.】
본인과 친족관계에 있는 자가 30% 이상 출자하여 지배하고 있는 법인의 사용인은 본인과 특수관계인에 있는 것임.

【서면-2016-상속증여-3844, 2016. 6. 3.】
양도자 B는 양수자 C, D, E(법인의 주주가 아님)의 친족 A가 30% 이상 출자하여 지배하고 있는 갑법인의 사용인에 해당하므로 양도자와 양수자는 특수관계인에 해당하며, 임원에 해당하는지 여부는 종사하는 직무의 실질에 따라 사실판단할 사항임.

【심사증여 2018-0023, 2018. 9. 19.】
본인과 "사용인"과는 특수관계에 있는데, 여기서 "사용인"에는 "출자에 의하여 지배하고 있는 법인의 사용인"이 포함되고, "출자에 의하여 지배하고 있는 법인"이란 "본인이 발행주식총수 또는 출자총액의 30% 이상을 출자하고 있는 법인"을 말함.

【사전-2016-법령해석재산-0045, 2016. 3. 15.】
출자에 의하여 지배하고 있는 법인이 아니고, 배우자가 설립한 비영리법인의 사용인은 본인과 특수관계에 해당하지 않음.

【서면 인터넷방문상담4팀-822, 2006. 4. 5.】
주식과 경영권을 양도하기 위하여 독립적인 관계에서 양수자와 매매계약을 체결하고 법인인수의 편의 등을 위하여 양수자가 임원으로 선임된 경우 특수관계에 해당하지 아니함.

【사전-2016-법령해석재산-0046, 2016. 3. 15.】
증여자가 본인 또는 공정거래법에 따른 기업집단소속기업을 통하여 30% 이상 출자하여 지배하고 있는 법인의 사용인은 증여자와 특수관계에 해당하는 것이며, 증여자 등이 최대주주등 해당 시 할증평가 적용대상임.

3. 퇴직 후 5년 이내의 임원

가. 2012. 2. 2.부터 2019. 2. 11.까지

임원의 경우 직원과 달리 사임과 동시에 법인과의 모든 연관관계가 종료되지 않고 일정 기간 동안은 자녀의 학자금을 지원받는 등 일정 연관관계를 유지하는 경우가 많다.

이러한 점을 고려하여 2012. 2. 2. 대통령령 제23591호로 현재 재임 중인 임원뿐만 아니라 퇴직 후 5년 이내의 임원도 상속세 및 증여세법상 특수관계인에 해당하는 것으로 개정되었다(상증령 §2조의2①3호가목).[76]

이 경우 임원 여부에 대한 판단은 등기 여부가 아닌 종사하는 직무의 실질에 따라 판단하여야 한다.

단, 2014. 2. 21.부터는 회사의 상무에 종사하지 않는 사외이사는 특수관계인에 해당하는 퇴직 후 임원에 해당하지 않는다.

【조심2019부3518, 2020. 10. 5.】
쟁점주식거래 당시 쟁점주식 양도자 ○○○는 청구인 및 청구인과 친족관계에 있는 자들이 발행주식총수의 30% 이상을 출자하여 지배하고 있는 ○○○의 임원으로 재직하다가 퇴직한 후 5년이 경과되지 아니한 것으로 확인되어 청구인과 구 상증세법 시행령 제12조의2 제1항 제3호 가목에 따른 특수관계에 해당하는 것으로 판단됨.

76) 상속세 및 증여세법 시행령 제2조의2 【특수관계인의 범위】 (2019. 2. 11. 이전)
① 법 제2조 제10호에서 "본인과 친족관계, 경제적 연관관계 또는 경영지배관계 등 대통령령으로 정하는 관계에 있는 자"란 본인과 다음 각호의 어느 하나에 해당하는 관계에 있는 자를 말한다.
3. 다음 각목의 어느 하나에 해당하는 자 (2012. 2. 2. 신설)
가. 본인이 개인인 경우: 본인이 직접 또는 본인과 제1호에 해당하는 관계에 있는 자가 임원에 대한 임면권의 행사 및 사업방침의 결정 등을 통하여 그 경영에 관하여 사실상의 영향력을 행사하고 있는 기획재정부령으로 정하는 기업집단의 소속 기업[해당 기업의 임원(「법인세법 시행령」 제20조 제1항 제4호에 따른 임원과 퇴직 후 5년이 지나지 아니한 그 임원이었던 사람으로서 사외이사가 아니었던 사람을 말한다. 이하 같다)을 포함한다] (2014. 2. 21. 개정)

【서면-2016-상속증여-3844, 2016. 6. 3.】
임원에 해당하는지 여부는 종사하는 직무의 실질에 따라 사실판단할 사항임.

【서면-2016-법령해석재산-2841, 2016. 4. 21.】
상증법상 특수관계 판단 시 임원은 법인세법에 따른 임원의 범위를 준용하며(임원은 직무의 실질에 따라 판단), 퇴직 후 특수관계 판단기준일 5년 이전에 임원이었던 자는 임원의 범위에 포함됨.

【상속증여세과-97, 2014. 4. 17.】
2014. 2. 21. 이후 상속세 또는 증여세를 결정하는 분부터 퇴직한 사외이사는 특수관계인에서 제외되는 것임.

【서면-2016-상속증여-4809, 2016. 8. 30.】
퇴직 후 5년이 지나지 않은 임원과 법인과의 특수관계 여부를 따질 때, 상증령 제2조의2 특수관계인에 해당하는 사용인의 범위에 포함되는 임원은 법인세법 시행령 제20조 제1항 제4호에 따른 임원과 퇴직 후 5년이 지나지 아니한 그 임원이었던 사람으로서 사외이사가 아니었던 사람을 말함.

【심사증여2018-0036, 2019. 5. 8.】
등기부등본상 이사 사임일 전까지 등기이사로서 회사 경영에 참여하였음을 확인하는 내용의 확인서 등을 제출하였으므로, 등기부등본상 사임일자를 퇴직시점으로 보아 증여의제일 현재 퇴직 후 5년이 지나지 아니하였으므로 특수관계인에 해당함.

【서면-2017-상속증여-0665, 2017. 3. 30.】
「상속세 및 증여세법 시행령」 제12조의2 제1항 제3호 가목에 따른 해당 기업의 임원은 「법인세법 시행령」 제20조 제1항 제4호에 따른 임원과 퇴직 후 5년이 지나지 아니한 그 임원이었던 사람으로서 사외이사가 아니었던 사람을 말하는 것으로서 2014. 2. 21. 이후 상속세 또는 증여세를 결정하는 분부터 퇴직임원 중 사외이사는 특수관계인에서 제외되는 것임.

【서면-2016-상속증여-5632, 2016. 12. 21.】
상증령 제2조의2 제1항 제2호에 사용인의 범위에 포함되는 임원은 법인세법 시행령 제20조 제1항 제4호에 따른 임원과 퇴직 후 5년이 지나지 아니한 그 임원이었던 사람으로서 사외이사가 아니었던 사람을 말함.

■ 퇴직 후 5년이 경과하지 않은 임원의 친족의 특수관계 성립 여부

퇴직 후 5년이 경과하지 않은 임원만이 특수관계인에 해당하는 것으로, 퇴직한 임원의 친족 등은 특수관계인에 해당하지 않는다.

【서면-2017-법령해석재산-3438, 2019. 6. 3.】
내국법인과 해당 내국법인이 속한 「상속세 및 증여세법 시행규칙」 제2조 제1항에 따른 기업집단의 소속기업에서 퇴직 후 5년이 경과하지 아니한 임원의 친족은 같은 법 시행령 제2조의2 제1항 제3호 나목에 따른 특수관계자에 해당하지 않는 것임.

■ 출자에 의해 지배하는 법인의 사용인에 퇴직 후 5년 이내의 임원도 해당되는지 여부

2019. 2. 11. 이전에는 출자에 의해 지배하는 법인의 사용인에 퇴직 후 5년 이내의 임원도 포함된다.

따라서 법인의 주식등을 30% 이상 가진 주주등과 법인의 임원과의 주식양수도 등의 거래 시 출자에 의해 지배하는 법인의 사용인에 해당하는 것을 피하기 위해 임원이 사임하고 사임 후 주식양도하는 것을 고려하는 경우라면 퇴직 후 5년까지는 상속세 및 증여세법상 특수관계인 간 거래에 해당한다.

반면 직원의 경우 직원 퇴직과 동시에 특수관계가 소멸하므로 법인의 주식등을 30% 이상 가진 주주등이 퇴직한 직원에게 주식을 양도하는 경우에는 특수관계인 간 거래에 해당하지 않는다.

【상속증여세과-561, 2013. 9. 26.】
양도자 C는 양수자 B(갑법인의 주주가 아님)의 친족(「국세기본법 시행령」 제1조의2 제1항 제1호부터 제4호까지의 어느 하나에 해당하는 자) A가 30% 이상 출자하여 지배하고 있는 갑법인의 사용인(퇴직 후 5년이 경과하지 아니한 임원이었던 자를 포함함)에 해당하므로 C와 B는 특수관계인에 해당함.

【서면-2015-상속증여-1214, 2015. 8. 7.】
법인에 30% 이상 출자하여 지배하고 있는 자와 당해법인의 임원(퇴직 후 5년이 경과하지 않은 자 포함)은 특수관계가 있음.

【서면-2015-상속증여-0863, 2015. 6. 10.】
양수자가 '양도자가 30% 이상 출자하여 지배하고 있는 법인의 사용인(퇴직 후 5년이 경과하지 아니한 임원이었던 자를 포함)'인 경우 특수관계인에 해당함.

■ 甲은 A법인의 주식등을 70% 가진 대표이사로서 A법인의 주식등을 10% 보유하고 있는 2년 전 퇴직한 임원인 乙의 주식을 액면가로 양수하려 한다. 甲과 乙의 특수관계 성립 여부

甲은 출자임원이고 乙은 퇴직한 출자임원이므로 소득세법상으로는 특수관계가 성립하지 않는다. 또한 乙은 A법인의 주식을 10%만 보유하고 있어 A법인을 출자에 의해 지배하지 않으므로 乙의 기준에서 甲은 출자에 의해 지배하는 법인의 사용인에 해당하지 않는다.

하지만 甲 입장에서 판단 시 甲은 A법인의 지분을 70% 보유한 주주로서 A법인을 출자에 의해 지배하고 있으며 乙은 퇴직 후 5년 이내의 임원이므로 A법인의 임원에 해당한다.

따라서 2019. 2. 11. 이전에는 乙은 甲이 출자에 의해 지배하고 있는 법인의 사용인에 해당하므로 甲과 乙은 상속세 및 증여세법상 특수관계가 성립한다.

■ 국세기본법과의 차이점

○ 퇴직한 임원의 특수관계 해당 여부

국세기본법은 재임 중인 임원만이 특수관계인에 해당하며 임원이라 하더라도 퇴임 시에는 특수관계가 소멸한다.

반면 상속세 및 증여세법의 경우 2012. 2. 2.부터 2019. 2. 11.까지는 임원의 경우 퇴직한 경우라도 퇴직 후 5년까지는 임원으로 보아 특수관계인에 해당하는 차이가 있다.

	국세기본법	상속세 및 증여세법
퇴직 후 5년 이내 임원의 특수관계 해당 여부	특수관계 해당 × 사임 시 특수관계 소멸	특수관계 해당 ○ 사임 시 특수관계 소멸 × (2019. 2. 11.까지)

나. 2019. 2. 12. 이후

(1) 개정 전

상속세 및 증여세법 시행령 제2조의2 제1항 제2호는 "사용인(출자에 의하여 지배하고 있는 법인의 사용인을 포함한다. 이하 같다)이나 사용인 외의 자로서 본인의 재산으로 생계를 유지하는 자"를 특수관계인으로 규정하고 있으며 제2항에서는 사용인에 대해 "임원, 상업사용인, 그 밖에 고용계약관계에 있는 자"로 규정하고 있다.

2019. 2. 11. 이전에는 임원에 대해 상속세 및 증여세법 시행령 제2조의2 제1항 제3호 가목에서 "[해당 기업의 임원(「법인세법 시행령」 제20조 제1항 제4호에 따른 임원과 퇴직 후 5년이 지나지 아니한 그 임원이었던 사람으로서 사외이사가 아니었던 사람을 말한다. 이하 같다)을 포함한다]"로 규정하고 있어 재임 중인 임원뿐만 아니라 퇴직 후 5년이 지나지 아니한 임원도 임원에 해당한다.

여기서 퇴직의 의미는 근로관계 종료사유를 불문하고 근로관계가 종료되는 것이므로 해임도 퇴직의 범위에 포함하는 것으로 보아야 한다.

따라서 퇴직 후 5년이 지나지 않은 임원은 상속세 및 증여세법 시행령 제2조의2 제2항의 사용인에 해당하므로 퇴직임원도 특수관계가 성립하는 사용인 또는 출자에 의해 지배하는 법인의 사용인에 해당한다.

【서울행정법원 2022구합54221, 2023. 5. 11.】
"퇴직임원"은 근로관계가 종료된 후 이 사건조항에서 정한 기간이 지나지 않은 사람을 의미하는 것으로, 여기에는 근로관계가 해임으로 종료된 사람도 포함된다고 봄이 타당함.

(2) 2019. 2. 12. 시행령 개정 후 퇴직임원의 임원해당 여부

2019. 2. 12. 대통령령 제29533호로 상속세 및 증여세법 시행령 제2조의2 제1항 제3호 가목이 "[해당 기업의 임원(「법인세법 시행령」 제40조 제1항에 따른 임원을 말한다. 이하 같다)과 퇴직 후 3년(해당 기업이 「독점규제 및 공정거래에 관한 법률」 제14조에 따른 공시대상기업집단에 소속된 경우는 5년)이 지나지 않은 사람(이하 "퇴직임원"이라 한다)을 포함한다]"로 개정되었는바 해당 조항을 문리해석시 퇴직임원은 법인과 특수관계가 성립하지 않는 것으로 해석된다는 것이 대다수 전문가의 의견이었다.

하지만 조심2023전0263 결정에서는 2019. 2. 12. 이후 상속세 및 증여세법상 특수관계 성립여부를 판단하는 사실관계에 대해 퇴직 후 3년이 지나지 않은 임원은 법인과 특수관계가 성립하는 것으로 결정하여 국패가 됨에 따라 상급심으로 진행되지 않고 마무리되었다.

또한 창원지방법원 2022구합54496 판결에서는 상속세 및 증여세법상 특수관계가 성립하는 사용인의 범위를 판단함에 있어 퇴직임원을 포함하여 판단하는 것으로 판결한 바 있다.

따라서 퇴직임원은 법인과 특수관계가 성립하는 사용인의 범위에 포함되는 것으로 보아야 한다.

【조심2023전0263, 2023. 5. 31.】
상증법상 임원으로서 퇴직 후 3년이 지나지 않는 전대표이사는 청구인의 특수관계인에 해당하고, 청구인이 쟁점법인을 출자에 의하여 지배하고 있다는 이상 특수관계를 전제로 부과된 이 건 처분에 잘못이 없음.
쟁점규정은 청구인들과 그 개인이 경영에 관하여 사실상 영향력을 행사하고 있는 기업을 특수관계로 규정하되, 그 기업에는 임원으로서 퇴직 후 3년이 지나지 않은 사람까지 포함하고 있는바, 이 사건 퇴직임원이 여기에 해당하는 이상, 당연히 청구인들의 특수관계인에 해당함.

【창원지방법원 2022구합54496, 2023. 11. 16.】

상속세 및 증여세법 시행령(2012. 2. 2. 대통령령 제23591호로 개정된 것) 제12조의2는 특수관계인의 범위를 규정하면서 '사용인'에 대하여 '출자에 의하여 지배하고 있는 법인의 사용인'을 포함하고, 본인이 개인인 경우 '임원'에 대하여 '퇴직 후 5년이 지나지 않은 임원이었던 사람'을 포함함. 상속세 및 증여세법 시행령이 2016. 2. 5. 대통령령 제26960호로 개정되면서 위 제12조의2가 제2조의2로 이동하였고, 상속세 및 증여세법 시행령(2019. 2. 12. 대통령령 제29533호로 개정된 것) 제2조의2는 '사용인'에 대하여 '출자에 의하여 지배하고 있는 법인의 사용인'을 포함하고, 본인이 개인인 경우에 '기업'에 대하여 '퇴직 후 3년(해당 기업이 「독점규제 및 공정거래에 관한 법률」 제14조에 따른 공시대상기업집단에 소속된 경우는 5년)이 지나지 않은 사람'을, 본인이 법인인 경우에 '기업'에 대하여 '퇴직임원'을 포함함. 이는 변칙적인 부의 세습을 방지하기 위해 국세기본법보다 특수관계인의 범위를 넓게 규정한 것으로, 증여세의 경우 세법상 특수관계인의 범위를 회피하되 실질적인 유착관계를 이용하여 조세회피행위를 행할 개연성이 높을 뿐 아니라, 상속 · 증여의 특성상 임원의 경우 재직시 뿐 아니라 퇴직 이후에도 재직하던 회사와 관련된 주식이나 기타 자산의 처리 등과 관련하여 경제적 연관관계가 있다고 할 것이고, 상속세 및 증여세법 시행령 제2조의2에서 특수관계인의 범위에 퇴직임원을 포함시킨 것이 본인과 경제적 연관관계 있는 자를 특수관계인으로 한다는 국세기본법의 기본원칙에 반한다고 할 수 없음.

2019. 2. 11. 이전	2019. 2. 12. 이후
퇴직 후 5년이 지나지 않은 임원은 사용인에 해당하여 특수관계인 범위에 포함	• 공시대상기업집단소속기업 퇴직 후 5년까지 법인의 사용인에 해당하여 법인과 특수관계 성립 • 공시대상기업집단소속기업외 퇴직 후 3년까지 법인의 사용인에 해당하여 법인과 특수관계 성립
상속세 및 증여세법 시행령 제2조의2 【특수관계인의 범위】 ① 법 제2조 제10호에서 "본인과 친족관계, 경제적 연관관계 또는 경영지배관계 등 대통령령으로 정하는 관계에 있는 자"란 본인과 다음 각 호의 어느 하나에 해당하는 관계에 있는 자를 말한다. 2. 사용인(출자에 의하여 지배하고 있는 법인의	상속세 및 증여세법 시행령 제2조의2 【특수관계인의 범위】 ① 법 제2조 제10호에서 "본인과 친족관계, 경제적 연관관계 또는 경영지배관계 등 대통령령으로 정하는 관계에 있는 자"란 본인과 다음 각 호의 어느 하나에 해당하는 관계에 있는 자를 말한다. 2. 사용인(출자에 의하여 지배하고 있는 법인의

2019. 2. 11. 이전	2019. 2. 12. 이후
사용인을 포함한다. 이하 같다)이나 사용인 외의 자로서 본인의 재산으로 생계를 유지하는 자 3. 다음 각목의 어느 하나에 해당하는 자 (2012. 2. 2. 신설) 가. 본인이 개인인 경우: 본인이 직접 또는 본인과 제1호에 해당하는 관계에 있는 자가 임원에 대한 임면권의 행사 및 사업방침의 결정 등을 통하여 그 경영에 관하여 사실상의 영향력을 행사하고 있는 기획재정부령으로 정하는 기업집단의 소속 기업 [해당 기업의 <u>임원</u>(「법인세법 시행령」 제20조 제1항 제4호에 따른 <u>임원과 퇴직 후 5년이 지나지 아니한 그 임원이었던 사람</u>으로서 사외이사가 아니었던 사람을 말한다. 이하 같다)을 <u>포함</u>한다] ② 제1항 제2호에서 "사용인"이란 임원, 상업사용인, 그 밖에 고용계약관계에 있는 자를 말한다.	사용인을 포함한다. 이하 같다)이나 사용인 외의 자로서 본인의 재산으로 생계를 유지하는 자 3. 다음 각목의 어느 하나에 해당하는 자 (2012. 2. 2. 신설) 가. 본인이 개인인 경우: 본인이 직접 또는 본인과 제1호에 해당하는 관계에 있는 자가 임원에 대한 임면권의 행사 및 사업방침의 결정 등을 통하여 그 경영에 관하여 사실상의 영향력을 행사하고 있는 기획재정부령으로 정하는 기업집단의 소속 기업 [해당 기업의 <u>임원</u>(「법인세법 시행령」 제40조 제1항에 따른 임원을 말한다. 이하 같다)<u>과</u> 퇴직 후 3년(해당 기업이 「독점규제 및 공정거래에 관한 법률」 제14조에 따른 공시대상기업집단에 소속된 경우는 5년)이 지나지 않은 사람(이하 <u>"퇴직임원"</u>이라 한다)을 포함한다] ② 제1항 제2호에서 "사용인"이란 임원, 상업사용인, 그 밖에 고용계약관계에 있는 자를 말한다.

국세기본법과의 차이점

○ 퇴직임원의 임원 해당여부

국세기본법은 임원이 퇴임하는 경우 특수관계가 성립하는 임원으로 보지 않지만 상속세 및 증여세법은 임원이 퇴임하는 경우에도 퇴직 후 3년(공시대상 기업집단 소속 5년) 이내까지는 임원으로 보는 차이가 있다.

	국세기본법	상속세 및 증여세법
퇴직임원의 임원해당 여부	미해당	퇴직 후 3년 이내는 해당 (공시대상 기업집단 소속 5년)

A법인의 주식을 5% 보유하고 있는 임원 甲은 2022. 6. 30. 사임하였다. A법인의 주식을 40% 가지고 있는 대표이사 乙은 2023. 8. 1. 甲의 주식 5%를 액면가로 양수하려고 한다. 이 경우 甲과 乙의 특수관계 성립 여부

A법인에서 퇴직한 甲은 2019. 2. 11. 이전에는 퇴직 후 5년까지 법인의 임원에 해당하며, 2019. 2. 12. 이후에는 퇴직 후 3년까지 법인의 임원에 해당한다.

乙이 甲의 주식을 양수하는 시점은 갑의 퇴직 후 3년 이내이므로 갑은 A법인의 임원에 해당하므로 A법인에 30% 이상 출자하여 A법인을 출자에 의해 지배하고 있는 乙의 사용인(임원, 상업사용인, 그 밖에 고용계약관계에 있는 자)에 해당하는 바 甲과 乙은 특수관계가 성립한다.

따라서 이러한 경우에는 甲이 퇴직한 후 3년이 경과한 시점에서 저가주식양수도 거래를 진행하여야 한다.

Ⅲ 실질지배관계에 있는 자

상속세 및 증여세법은 경영지배관계에 있는 특수관계인을 규정함에 있어 국세기본법상 지배적 영향력을 행사하는 경우를 준용하지 않고 법인을 실질적으로 지배하는 경우와 출자지분율에 의해 지배하는 경우로 나누어 규정하고 있다.

다음에 해당하는 자는 상속세 및 증여세법 제2조 제10호에서 규정하고 있는 대통령령으로 정하는 경영지배관계에 있는 자 중 사실상 영향력 행사함으로써 경영을 지배하는 관계에 있는 특수관계인이다.

실질지배관계에 있는 특수관계인에 대해서는 본인이 개인인 경우와 법인인 경우로 구분하여 다르게 규정하고 있다.

상속세 및 증여세법 시행령 제2조의2 【특수관계인의 범위】 (2016. 2. 5. 조번개정)

① 법 제2조 제10호에서 "본인과 친족관계, 경제적 연관관계 또는 경영지배관계 등 대통령령으로 정하는 관계에 있는 자"란 본인과 다음 각호의 어느 하나에 해당하는 관계에 있는 자를 말한다. (2016. 2. 5. 개정)

3. 다음 각목의 어느 하나에 해당하는 자 (2012. 2. 2. 신설)

가. 본인이 개인인 경우: 본인이 직접 또는 본인과 제1호에 해당하는 관계에 있는 자가 임원에 대한 임면권의 행사 및 사업방침의 결정 등을 통하여 그 경영에 관하여 사실상의 영향력을 행사하고 있는 기획재정부령으로 정하는 기업집단의 소속 기업[해당

기업의 임원(「법인세법 시행령」 제40조 제1항에 따른 임원을 말한다. 이하 같다)과 퇴직 후 3년(해당 기업이 「독점규제 및 공정거래에 관한 법률」 제31조에 따른 공시대상기업집단에 소속된 경우는 5년)이 지나지 않은 사람(이하 "퇴직임원"이라 한다)을 포함한다] (2021. 12. 28. 개정; 독점규제 및 공정거래에 관한 법률 시행령 부칙)

나. 본인이 법인인 경우: 본인이 속한 기획재정부령으로 정하는 기업집단의 소속 기업(해당 기업의 임원과 퇴직임원을 포함한다)과 해당 기업의 임원에 대한 임면권의 행사 및 사업방침의 결정 등을 통하여 그 경영에 관하여 사실상의 영향력을 행사하고 있는 자 및 그와 제1호에 해당하는 관계에 있는 자 (2019. 2. 12. 개정)

1. 본인이 개인인 경우

- ○ **본인 또는 친족관계에 있는 자가 사실상 영향력을 행사하는 기업집단소속기업과 임원, 퇴직임원**
- ○ **본인 또는 친족관계에 있는 자가 사실상 영향력을 행사하는 법인**

가. 기업집단소속기업과 임원

(1) 실질적으로 지배하는 기업집단의 소속기업

본인 또는 친족관계에 있는 자가 임원에 대한 임면권의 행사 및 사업방침의 결정 등을 통하여 그 경영에 관하여 사실상의 영향력을 행사하고 있는 기획재정부령이 정하는 기업집단의 소속기업은 개인이 실질적으로 지배하는 법인에 해당한다(상증령 §2조의2①3호가목).

상속세 및 증여세법 시행령 제2조 제1항 제3호 가목은 해당 조항을 규정함에 있어 기업집단의 소속기업의 범위에 임원과 퇴직임원을 포함하는 것으로 규정하고 있는데 해당 조항 "그 경영에 관하여 사실상 영향력을 행사하고 있는"에서 "그"는 기업집단 소속기업으로 해석하여야하므로 임원과 퇴직임원에 사실상 영향력을 행사하고 있지 않은 경우에도 기업집단 소속기업에 사실상 영향력을 행사하는 경우에는 특수관계가 성립하는 것으로 보아야 한다.

대기업이 속한 그룹의 회장 등의 경우 기업집단소속기업의 계열회사에 출자하지 않더라도 임원에 대한 임명권, 사업방침 등 주요 의사결정에 사실상 영향력을 행사함으로써 실질적으로 계열회사들을 지배할 수 있으므로 개인이 기업집단을 실질적으로 지배하는 경우에는 경영지배관계에 있는 특수관계인으로 별도로 규정하고 있다.

여기서 기업집단소속기업이란 독점규제 및 공정거래에 관한 법률 시행령 제4조 각호의 어느 하나에 해당하는 기업집단에 속하는 계열회사를 의미한다(상증칙 §2). 구체적으로 기업집단이란 동일인이 개인인 경우에는 동일인이 사실상 사업내용을 지배하는 2개 이상의 회사의 집단을 의미하고 동일인이 법인인 경우에는 동일인과 동일인이 사실상 사업내용을 지배하는 하나 이상의 회사집단을 말한다.

또한 사실상 지배하는 회사란 동일인이 단독으로 또는 동일인이 동일인 관련자와 함께 30% 이상 출자한 경우로서 최대출자자인 회사나 동일인이 대표이사 또는 임원의 50% 이상을 임명할 수 있는 회사, 주요의사결정에 지배적 영향력을 행사하는 회사, 동일인이 지배하는 회사와 임원의 겸임등 인사교류가 있는 회사, 경제적 동일체로 인정되는 회사를 의미한다. 이 경우 「독점규제 및 공정거래에 관한 법률 시행령」 제6조는 동일인 관련자에서 제외되는 자를 별도로 규정하고 있고 제5조에서 이해관계자의 요청에 따라 기업집단의 범위에서 제외할 수 있는 자를 별도로 규정하고 있지만 세법상 특수관계인 판단시 이러한 경우에 해당하여 특수관계인 범위에서 제외되는 것으로 판단된 경우는 없는 상태이다.

(※ 기업집단소속기업에 대한 구체적인 내용은 제1편 제2장 제1절, Ⅲ, 3, 라. 참조)

상속세 및 증여세법 시행규칙 제2조 【특수관계인의 범위】 (2016. 3. 21. 조번개정)
① 「상속세 및 증여세법 시행령」(이하 "영"이라 한다) 제2조의2 제1항 제3호 및 영 제38조 제13항 제1호에서 "기획재정부령으로 정하는 기업집단의 소속 기업"이란 「독점규제 및 공정거래에 관한 법률 시행령」 제4조 각호의 어느 하나에 해당하는 기업집단에 속하는 계열회사를 말한다.

【서울행정법원 2022구합54221, 2023. 5. 11.】
이 사건 조항은 상증세법 제2조 제10호의 "특수관계인"의 범위 중 "본인과 경영지배관계 등의 관계에 있는 자"에 관하여 "본인이 직접 또는 본인과 제1호에 해당하는 관계에 있는 자가 임원에 대한 임면권의 행사 및 사업방침의 결정 등을 통하여 '그' 경영에 관하여 사실상의 영향력을 행사하고 있는 기획재정부령으로 정하는 기업집단의 소속 기업"이라고 정의하면서 위 정의가 기재된 괄호 부분 내에 "해당 기업의 임원과 퇴직임원을 포함한다"고 규정함. 이와 같은 규정의 문언과 체계에 비추어 보면, 이 사건 조항에서 지칭하는 '그'는 '기업집단의 소속 기업'을 지칭하는 것으로 해석하는 것이 자연스러우므로, 본인이 사실상의 영향력을 행사하고 있는 대상은 '기획재정부령으로 정하는 기업집단의 소속 기업'이라고 봄이 타당하고, 그 대상에 '해당 기업의 임원과 퇴직임원'까지 포함된다고 보기는 어려움.

(2) 실질적으로 지배하는 기업집단소속기업의 임원

개인이 실질적으로 지배하는 법인이 기업집단소속기업인 경우 기업집단소속기업의 임원과 퇴직임원은 특수관계인에 해당한다. 여기서 '퇴직임원'이란 퇴직 후 3년이 지나지 않은 사람을 의미하는 것이며 해당 기업이 「독점규제 및 공정거래에 관한 법률」 제31조에 따른 공시대상기업집단에 소속된 경우(직전 사업연도말 계열회사와의 자산총액 합계가 5조 원 이상인 기업집단을 의미하며 공시대상기업집단 중 자산총액이 국내총생산액의 0.5% 이상인 기업집단은 상호출자제한집단에 해당함은 퇴직 후 5년이 지나지 않은 사람을 의미하는 것이다(상증령 §2조의2①3호가목).

여기에서 임원은 법인세법 시행령 제40조를 준용하여 판단하여야 하므로 등기 여부가 아닌 실질적으로 임원의 업무를 하는 자는 임원으로 보아야 한다.

甲은 A법인에 55%를 출자하고 있어 최대출자자에 해당하며 B법인에 60%를 출자하고 있어 B법인의 최대출자자에 해당한다. 乙은 B법인에 주요의사결정 등에 영향력을 행사하는 등 사실상 영향력을 행사하고 있다. 이 경우 乙의 친족인 丙과 B법인의 퇴직 후 3년 이내의 임원인 丁과의 특수관계 성립 여부

A법인과 B법인은 동일인인 개인(甲이) 30% 이상 출자하고 최대출자자에 해당하는 둘 이상의 회사에 해당하므로 기업집단에 해당한다.

본인이 개인인 경우 본인 또는 친족관계 있는 자가 사실상 영향력을 행사하는 기업집단소속기업과 기업집단소속기업의 임원, 퇴직임원은 특수관계인에 해당하므로 기업집단을 사실상 지배하는 乙의 친족 丙은 해당 기업집단에 대해 출자지분율이 없고 사실상 영향력을 행사하는 지위에 있지 않더라도 친족인 乙과 함께 B법인을 사실상 지배하는 경우에 해당한다. 개인이 친족과 함께 기업집단소속기업에 사실상 영향력을 행사하는 경우 기업집단소속기업뿐만 아니라 기업집단소속기업의 임원 및 퇴직 후 3년 이내 임원(공시대상기업집단에 소속된 경우 5년)과도 특수관계가 성립하므로 丙과 丁은 특수관계가 성립한다.

상속세 및 증여세법은 국세기본법상 지배적 영향력을 행사하는 경우를 준용하지 않고 영리법인에 30% 이상 출자한 경우와 사실상 영향력을 행사하는 경우를 달리 취급하고 있다.

이 경우 30% 이상 출자에 의해 지배하는 법인의 사용인은 특수관계인에 해당하지만 사실상 영향력을 행사하는 법인의 사용인은 특수관계인에 해당하지 않는다. 다만, 사실상 영향력을 행사하는 법인이 기업집단소속기업인 경우 해당 기업의 임원, 퇴직임원은 특수관계인에 해당한다.

법인세법 시행령 제40조 【기업업무추진비의 범위】

① 주주 또는 출자자(이하 "주주등"이라 한다)나 다음 각호의 어느 하나에 해당하는 직무에 종사하는 자(이하 "임원"이라 한다) 또는 직원이 부담하여야 할 성질의 기업업무추진비를 법인이 지출한 것은 이를 기업업무추진비로 보지 아니한다. (2023. 2. 28. 개정)

1. 법인의 회장, 사장, 부사장, 이사장, 대표이사, 전무이사 및 상무이사 등 이사회의 구성원 전원과 청산인
2. 합명회사, 합자회사 및 유한회사의 업무집행사원 또는 이사
3. 유한책임회사의 업무집행자
4. 감사
5. 그 밖에 제1호부터 제4호까지의 규정에 준하는 직무에 종사하는 자

Key Point

❑ 사실상 영향력을 행사하는 기업집단소속기업의 퇴직임원도 특수관계인에 해당

개인 또는 친족관계에 있는 자가 임원에 대한 임면권의 행사 및 사업방침의 결정 등을 통하여 그 경영에 관하여 사실상의 영향력을 행사하고 있는 기획재정부령으로 정하는 기업집단의 소속기업이 있는 경우 해당 기업의 임원뿐만 아니라 퇴직 후 3년이 지나지 않은 퇴직임원(「독점규제 및 공정거래에 관한 법률」 제31조에 따른 공시대상기업집단에 소속된 경우는 퇴직 후 5년이 지나지 않은 퇴직임원)도 특수관계인에 해당한다.

■ 상속세 및 증여세법상 사용인과의 특수관계 성립 여부

- 출자에 의해 지배하는 법인이 있는 경우
  출자에 의해 지배하는 법인의 사용인(임원, 상업사용인, 그 밖에 고용관계에 있는 자)까지 특수관계인에 해당
- 사실상 영향력을 행사하는 법인이 있는 경우
  사실상 영향력을 행사하는 법인의 사용인(임원, 상업사용인, 그 밖에 고용관계에 있는 자)은 특수관계인에 해당하지 않음.
- 사실상 영향력을 행사하는 법인이 기업집단소속기업인 경우
  사실상 영향력을 행사하는 법인의 임원뿐만 아니라 퇴직임원과도 특수관계 성립

나. 실질적으로 지배하는 모든 법인

(1) 본인이 사실상 영향력을 행사하는 법인

개인이 임원에 대한 임면권의 행사 및 사업방침의 결정 등을 통하여 그 경영에 관하여 사실상의 영향력을 행사하고 있는 법인은 개인이 실질적으로 지배하는 법인에 해당한다(상증령 §2조의2①3호나목).

상속세 및 증여세법 시행령 제2조의2 제1항 제3호 가목은 본인이 개인인 경우 "본인 또는 본인과 친족관계에 있는 자가 임원에 대한 임면권의 행사 및 사업방침의 결정 등을 통하여 그 경영에 관하여 사실상의 영향력을 행사하고 있는 기획재정부령으로 정하는 기업집단의 소속기업과 해당기업의 임원"만 특수관계인에 해당하는 것으로 규정하고 있어 개인의 경우 실질적으로 지배하는 기업집단소속기업만이 특수관계인에 해당하는 것으로 규정하고 있다.

하지만 나목에서 본인이 법인인 경우 "해당 기업의 임원에 대한 임면권의 행사 및 사업방침의 결정 등을 통하여 그 경영에 관하여 사실상의 영향력을 행사하고 있는 자 및 그와 제1호에 해당하는 관계에 있는 자"는 특수관계인에 해당하는 것으로 규정하고 있으므로 쌍방관계에 의해 판단 시 개인 또는 친족이 사실상 영향력을 행사하는 모든 법인은 특수관계인에 해당한다.[77)]

단, 출자지분율 판단 시 지분율 합산하는 특수관계인에는 해당하지 않는 점에 주의하여야 한다.

(2) 본인의 친족이 사실상 영향력을 행사하는 법인

본인이 사실상 영향력을 행사하는 법인이 있는 경우 본인의 친족도 피지배법인과 특수관계가 성립한다(상증령 §2조의2①3호나목).

따라서 본인이 아닌 본인의 친족이 임원에 대한 임면권의 행사 및 사업방침의 결정 등을 통하여 그 경영에 관하여 사실상의 영향력을 행사하고 있는 법인과도 특수관계가 성립하는 것이다.

단, 출자지분율 판단 시 지분율 합산하는 특수관계인에는 해당하지 않는 점에 주의하여야 한다.

---

77) 나. 본인이 법인인 경우: 본인이 속한 기획재정부령으로 정하는 기업집단의 소속 기업(해당 기업의 임원과 퇴직임원을 포함한다)과 "해당 기업의 임원에 대한 임면권의 행사 및 사업방침의 결정 등을 통하여 그 경영에 관하여 사실상의 영향력을 행사하고 있는 자 및 그와 제1호에 해당하는 관계에 있는 자"

본인의 친족이 사실상 영향력을 행사하는 경우 특수관계 성립 여부

본인이 아닌 본인의 친족이 사실상 영향력을 행사하는 경우 본인은 친족 기준에서 봤을 때 사실상 영향력을 행사하는 자의 친족에 해당하므로 피지배법인과 특수관계가 성립한다.

Key Point

□ 친족이 사실상 영향력을 행사하는 법인과도 특수관계 성립

본인이 개인인 경우 개인이 실질적으로 지배하는 모든 법인뿐만 아니라 본인의 친족이 실질적으로 지배하는 법인과도 특수관계가 성립한다.

본인과 본인의 친족이 사실상 영향력을 행사하는 법인의 사용인과의 특수관계 성립 여부

본인과 본인의 친족이 출자에 의해 지배하는 법인의 사용인만이 특수관계인에 해당하며 사실상 영향력을 행사하는 법인의 사용인과는 특수관계가 성립하지 않는다.

다만, 사실상 영향력을 행사하는 법인이 기업집단소속기업인 경우 해당 법인의 임원, 퇴직임원과는 특수관계가 성립한다.

국세기본법과의 차이점

○ 본인이 개인인 경우 사실상 영향력을 행사하는 법인 판단기준

국세기본법은 본인이 개인인 경우 사실상 영향력을 행사하는 법인 판단 시 친족관계뿐만 아니라 경제적 연관관계에 있는 자의 사실상 영향력 행사 여부까지 고려한다.

반면 상속세 및 증여세법은 사실상 영향력을 행사하는 법인 판단 시 친족관계에 있는 자의 사실상 영향력 행사 여부만 고려할 뿐 경제적 연관관계에 있는 자의 사실상 영향력 행사 여부는 고려하지 않는 차이가 있다.

구분	국세기본법	상속세 및 증여세법
사실상 영향력을 행사하는 법인 판단	본인 또는 친족관계 또는 경제적 연관관계에 있는 자의 사실상 영향력 행사 여부를 고려하여 판단	본인 또는 친족관계에 있는 자의 사실상 영향력 행사 여부를 고려하여 판단

○ 사실상 영향력을 행사하는 법인이 기업집단소속기업인 경우 동 기업의 임원(퇴직임원 포함)까지 특수관계인에 해당

국세기본법은 개인이 사실상 영향력을 행사하는 법인의 임원은 특수관계인으로 규정하고

있지 않다.

반면 상속세 및 증여세법은 개인이 사실상 영향력을 행사하는 법인이 기업집단소속기업인 경우 동 기업의 임원(퇴직임원 포함)까지 특수관계인에 해당하는 것으로 규정하고 있다.

구분	국세기본법	상속세 및 증여세법
개인이 사실상 영향력을 행사하는 법인의 임원과의 특수관계 성립 여부	특수관계 불성립	개인이 사실상 영향력을 행사하는 법인이 기업집단소속기업인 경우 임원뿐만 아니라 퇴직임원과도 특수관계 성립

2. 본인이 법인인 경우

> ○ **당해 법인이 속한 기업집단소속기업과 임원, 퇴직임원**
> ○ **당해 법인에 사실상 영향력을 행사하는 자와 친족**

가. 기업집단의 소속기업과 임원, 퇴직임원

(1) 기업집단소속기업

법인이 기업집단에 속한 경우 기업집단소속기업, 즉 기업집단에 속한 계열회사와는 국세기본법과 동일하게 특수관계가 성립한다(상증령 §2조의2①3호나목).[78)]

(2) 기업집단소속기업의 임원, 퇴직임원

법인이 기업집단에 속한 경우 기업집단소속기업의 임원과 퇴직 후 3년(「독점규제 및 공정거래에 관한 법률」 제31조에 따른 공시대상기업집단에 소속된 경우는 5년) 이내의 임원은 특수관계인에 해당한다(상증령 §2조의2①3호나목).

단, 해당 임원의 친족은 특수관계인에 해당하지 않는다.

■ 甲은 A법인에 40%를 출자하였고 乙은 친족과 함께 A법인에 60%를 출자하고 있으며 甲과 사촌인 丙은 B법인에 각각 20%, 40%를 출자하여 B법인의 최대출자자에 해당한다. 이 경우 A법인과 B법인의 특수관계 성립 여부

---

78) 기업집단소속기업은 「독점규제 및 공정거래에 관한 법률 시행령」 제4조 각호의 어느 하나에 해당하는 기업집단에 속하는 계열회사를 말하는 것으로 국세기본법과 표현만 달리할 뿐 본인이 법인인 경우 기업집단에 속하는 계열회사와 임원이 특수관계인에 해당하는 것은 국세기본법과 동일하다(상증칙 §2).

갑은 A법인에 30% 이상 출자하였지만 A법인의 최대주주에 해당하지 않으므로 갑이 A법인에 40%를 출자하고 B법인에 60%를 출자하여 최대출자자에 해당하더라도 A법인과 B법인은 기업집단에 해당하지 않는다.

따라서 A법인과 B법인은 특수관계가 성립하지 않는다. 개인인 동일인 또는 동일인 관련자가 30% 이상 출자한 2개 이상의 회사가 기업집단에 해당하기 위해서는 30% 이상 출자만으로 판단해서는 안되며 반드시 최대출자자에 해당하는 경우에 한하여 기업집단에 해당하는 점을 주의하여야 한다.

甲의 사촌인 乙은 A법인에 80%를 출자하고 있어 최대출자자에 해당하며 甲은 아들인 丙과 함께 B법인에 각각 40%, 20%를 출자하여 B법인의 최대출자자에 해당한다. 이 경우 A법인과 B법인의 특수관계 성립 여부

상속세 및 증여세법상 A법인에 대한 甲의 출자지분율 판단 시에는 甲이 출자하지 않은 경우에도 甲의 사촌인 乙의 출자지분율은 합산하여 판단하므로 A법인에 대한 甲의 출자지분율은 80%가 된다. 하지만 30% 이상 출자하고 최대출자자에 해당하는 기업집단에 해당하는 사실상 사업내용을 지배하는 회사는 "동일인 또는 동일인과 동일인 관련자와 함께" 30% 이상 출자한 것을 요건으로 하므로 동일인은 출자하지 않고 동일인 관련자만 출자한 경우 동일인의 출자지분율은 0%가 된다.

따라서 위의 사례처럼 甲의 사촌인 乙이 A법인에 80%를 출자하고 최대출자자에 해당하더라도 기업집단 판단 시 甲의 출자지분율은 0%이므로 A법인과 B법인은 기업집단에 해당하지 않아 특수관계가 성립하지 않는다.

【사전-2021-법령해석재산-1796, 2021. 12. 17.】

내국법인(갑법인)이 다른 내국법인(을법인)의 조직변경 또는 신규 사업에의 투자 등 주요 의사결정이나 업무집행에 지배적인 영향력을 행사함으로써 을법인의 경영에 대하여 지배적인 영향력을 행사하고 있다고 인정되는 경우 갑법인과 을법인은 기업집단에 속하는 계열회사에 해당하며,이 경우 을법인의 임원인 A와 을법인의 계열회사인 갑법인은 특수관계인에 해당함.

【조심2016전3135, 2017. 6. 30.】

공정거래법 시행령 제3조에 따른 기업집단의 범위 중 이 건 지분율 기준에 의하면, "동일인이 단독으로 또는 동일인관련자와 합하여 당해 회사 발행주식총수의 100분의 30 이상을 소유하는 경우로서 최다출자자인 회사"는 '기업집단의 범위'에 속하는 동일인이 그 사업내용을 지배하는 회사에 해당하고, 동일인관련자는 6촌 이내의 혈족 등으로 규정하고 있는바,

동 규정은 동일인이 단독으로 이 건 지분율 기준 이상의 당해 회사 발행주식을 보유하는 경우와 더불어, 본인과 동일인관련자가 각 보유하는 당해 회사 발행주식을 '합하여' 동 지분율 기준 이상이 되는 회사를 기업집단의 범위에 포함한다고 해석하는 것이 타당함.

| 30% 이상 출자지분율 판단(세법 VS 독점규제 및 공정거래에 관한 법률) |

국세기본법, 법인세법 (기획재정부)	상속세 및 증여세법	기업집단 판단
본인 또는 본인이 지분율 합산 특수관계인을 통하여 30% 이상 출자한 경우	본인 또는 지분율 합산 특수관계인 또는 본인과 지분율 합산 특수관계인이 공동으로 30% 이상 출자한 경우	동일인 또는 동일인이 동일인 관련자와 함께 30% 이상 출자한 경우로서 최대출자자인 경우
본인이 출자하지 않고 지분율 합산 특수관계인만이 30% 이상 출자한 경우 ⇒ 본인이 30% 이상 출자한 경우에 해당하지 않음. (조심2019중3517) ⇒ 본인이 30% 이상 출자한 경우에 해당함. (기획재정부 조세법령운용과-759, 2022. 7. 15.)	본인이 출자하지 않고 지분율 합산 특수관계인만이 30% 이상 출자한 경우 ⇒ 본인이 30% 이상 출자한 경우에 해당함.	동일인이 출자하지 않고 동일인 관련자만이 30% 이상 출자한 경우 ⇒ 동일인이 30% 이상 출자한 경우에 해당하지 않음.

A법인은 B법인에 55%를 출자하고 있어 B법인의 최대출자자에 해당하며 A법인과 A법인의 임원 甲은 C법인에 각각 40%, 25%를 출자하여 C법인의 최대출자자에 해당한다. 이 경우 B법인의 임원 乙과 C법인의 임원 丙과의 특수관계 성립 여부

A법인은 B법인에 55%를 출자하고 있어 B법인은 동일인이 회사인 경우 사실상 지배하는 하나 이상의 회사에 해당하므로 A법인과 B법인은 기업집단에 해당한다. 또한 A법인은 B법인과 C법인에 각각 30% 이상을 출자하면서 최대출자자에 해당하므로 B법인과 C법인은 기업집단에 해당한다.

따라서 B법인과 C법인은 각각 기업집단의 계열회사에 해당하여 쌍방 간에 특수관계가 성립하며 각 법인의 임원, 퇴직임원과도 특수관계가 성립한다. 하지만 각 계열회사의 임원이라는 이유로 각 계열회사의 임원 간에는 특수관계가 성립하지 않는다.

【서면 인터넷방문상담4팀-2159, 2004. 12. 31.】
양도자와 양수자가 독점규제 및 공정거래에 관한 법률 시행령 제3조 각호의 1에 해당하는 기업집단소속기업의 임원(기업을 사실상 지배하는 자와 그 친족을 제외한다)이라는 사실만으로 특수관계자에 해당하지 않는 것임.

A법인과 B법인은 동일한 상호를 사용한 이력이 있고 CI, 비전, 사업장소재지, 직원들의 이메일 계정, 고객센터 번호가 동일하며, A법인의 B법인에 대한 매출비중이 늘어나서 영업의 존도가 높을 뿐 아니라 B법인의 경우 회사연혁에 A법인의 연혁을 포함하여 게시하고 있다. A법인과 B법인이 서로 출자관계에 있지 않은 경우 A법인과 B법인의 특수관계 성립 여부

독점규제 및 공정거래에 관한 법률 제2조 제11호는 법인과 법인이 사실상 지배하는 하나 이상의 회사를 기업집단으로 규정하고 독점규제 및 공정거래에 관한 법률 시행령 제4조 제2호 라목 및 마목은 "통상적인 범위를 초과하여 동일인 또는 동일인관련자와 자금·자산·상품·용역 등의 거래를 하고 있거나 채무보증을 하거나 채무보증을 받고 있는 회사, 기타 당해 회사가 동일인의 기업집단의 계열회사로 인정될 수 있는 영업상의 표시행위를 하는 등 사회통념상 경제적 동일체로 인정되는 회사"를 사실상 지배하는 회사로 규정하고 있다.

따라서 30% 이상 출자하고 최대출자자에 해당하지 않더라도 경제적 동일체로 볼 수 있는 경우 A법인과 B법인은 기업집단에 해당하여 서로의 계열회사에 해당하므로 특수관계가 성립한다.

Key Point

법인이 30% 이상 출자하고 최대출자자에 해당하지 않더라도 대표이사를 선임하거나 임원의 50% 이상을 선임할 수 있는 회사, 임원의 교류가 있는 회사, 경제적 동일체로 볼 수 있는 회사와는 기업집단에 해당할 수 있는 점에 주의하여야 한다.

【심사-증여-2015-0022, 2015. 8. 28.】
두 법인은 사회통념상 경제적 동일체인 것으로 보이고, 청구외법인이 쟁점법인의 경영에 지배적인 영향력을 행사하고 있다고 보이므로 두 기업은 공정거래법상 동일 기업집단에 해당함.

【서면-2017-법령해석재산-3438, 2019. 6. 3.】
내국법인과 해당 내국법인이 속한 「상속세 및 증여세법 시행규칙」 제2조 제1항에 따른 기업집단의 소속기업에서 퇴직 후 5년이 경과하지 아니한 임원의 친족은 같은 법 시행령 제2조의2 제1항 제3호 나목에 따른 특수관계자에 해당하지 않는 것임.

【울산지방법원 2018구합5868, 2019. 2. 14.】
구 상증세법 시행령 제19조 제2항 제3호에서 규정된 "기획재정부령이 정하는 기업집단의 소속기업(당해 기업의 임원을 포함한다)"에서의 "임원"에는 퇴직 후 5년이 경과하지 아니한 임원이었던 자가 포함됨이 명백하므로 D는 개정 전 상증세법 시행령에 의하더라도 A의 특수관계인에 해당한다고 봄이 상당함.

【사전-2016-법령해석재산-0048, 2016. 3. 15.】
증여자가 본인 또는 공정거래법에 따른 기업집단소속기업을 통하여 30% 이상 출자하여 지배하고 있는 법인의 사용인은 증여자와 특수관계에 해당하는 것이며, 증여자 등이 최대주주등 해당 시 할증평가 적용대상임.

■ 국세기본법과의 차이점

국세기본법상으로도 법인이 기업집단에 속한 경우 기업집단소속기업과 임원, 즉 「독점규제 및 공정거래에 관한 법률」에 따른 기업집단에 속하는 계열회사와 임원은 특수관계인에 해당한다.

다만, 상속세 및 증여세법의 경우 기업집단소속기업과 임원뿐만 아니라 해당 기업의 퇴직 후 3년(공시대상기업집단에 속한 경우 5년) 이내의 임원까지 특수관계인에 해당하는 차이가 있다.

기업집단소속기업의 퇴직임원(퇴직 후 3년 또는 공시대상기업집단의 경우 5년 이내의 임원)의 특수관계 해당 여부	국세기본법	상속세 및 증여세법
	특수관계 해당 ×	특수관계 해당 ○

나. 법인의 실질적 지배자와 친족

(1) 당해 법인에 사실상 영향력을 행사하는 자

단독으로 당해 법인에 임원에 대한 임면권의 행사 및 사업방침의 결정 등을 통하여 그 경영에 관하여 사실상의 영향력을 행사하고 있는 자는 특수관계인에 해당한다(상증령 §2조의2①3호나목).[79)]

79) 법인의 실질적 지배자가 특수관계인에 해당하므로 쌍방관계에 의해 판단 시 개인이 실질적으로 지배하는 모든 법인은 특수관계인에 해당하는 것이다.

(2) 사실상 영향력을 행사하는 자의 친족

개인이 단독으로 당해 법인에 임원에 대한 임면권의 행사 및 사업방침의 결정 등을 통하여 법인의 경영에 관하여 사실상의 영향력을 행사하는 경우에는 사실상 영향력을 행사하는 자의 친족도 당해 법인의 특수관계인에 해당한다(상증령 §2조의2①3호나목).[80]

따라서 본인 또는 친족관계에 있는 자가 사실상 영향력을 행사하는 법인은 본인이 실질적으로 지배하는 특수관계 있는 법인에 해당하는 것이다.

국세기본법과의 차이점

국세기본법은 법인에 본인 또는 친족관계에 있는 자 또는 경제적 연관관계에 있는 자의 사실상 영향력을 행사 여부를 고려하여 법인에 사실상 영향력을 행사하는 자를 판단한다.

반면 상속세 및 증여세법은 사실상 영향력을 행사하는 자와 친족으로 규정하고 있어 경제적 연관관계에 있는 자의 사실상 영향력 행사 여부는 고려하지 않는 차이가 있다.

경제적 연관관계에 있는 자의 사실상 영향력 행사 고려 여부	국세기본법	상속세 및 증여세법
	고려 ○	고려 ×

1차 경영지배 비영리법인

다음에 해당하는 자는 상속세 및 증여세법 제2조 제10호에서 규정하고 있는 대통령령으로 정하는 경영지배관계에 있는 자 중 1차 경영지배 비영리법인에 해당한다.

상속세 및 증여세법 시행령 제2조의2 【특수관계인의 범위】 (2016. 2. 5. 조번개정)

① 법 제2조 제10호에서 "본인과 친족관계, 경제적 연관관계 또는 경영지배관계 등 대통령령으로 정하는 관계에 있는 자"란 본인과 다음 각호의 어느 하나에 해당하는 관계에 있는 자를 말한다. (2016. 2. 5. 개정)

4. 본인, 제1호부터 제3호까지의 자 또는 본인과 제1호부터 제3호까지의 자가 공동으로 재산을 출연하여 설립하거나 이사의 과반수를 차지하는 비영리법인 (2012. 2. 2. 신설)

80) 출자지분율에 의해 경영을 지배하는 경우는 일정 특수관계인의 지분율을 합산하지만 사실상 영향력을 행사하는 경우는 일정 특수관계인의 사실상 영향력 행사 여부를 합산하여 판단할 수 없으므로 본인 단독의 사실상 영향력 행사 여부로 판단한다.

○ 본인 또는 친족관계에 있는 자 또는 경제적 연관관계에 있는 자 또는 실질적인 지배관계에 있는 자가 이사의 과반수이거나 공동으로 재산을 출연하여 설립한 비영리법인

① 본인이 단독으로, ② 본인이 친족관계 또는 경제적 연관관계 또는 실질지배관계에 있는 자와 공동으로, ③ 본인이 아닌 친족관계 또는 경제적 연관관계 또는 실질지배관계에 있는 자가 이사의 과반수를 차지하거나 공동으로 재산을 출연하여 설립한 비영리법인은 특수관계인에 해당한다(상증령 §2조의2①4호).

상속세 및 증여세법상 영리법인은 납세의무가 없지만 비영리법인은 납세의무가 있으므로 영리법인을 기준으로 과세문제를 규정하고 있는 국세기본법, 법인세법과 달리 특수관계 있는 비영리법인의 범위가 중요하다.

이러한 점을 고려하여 국세기본법, 법인세법 달리 특수관계 있는 비영리법인의 범위를 확대하여 1차 경영지배 비영리법인, 기업집단소속기업 관련 비영리법인, 2차 경영지배 비영리법인으로 구분하여 규정하고 있다.

상속세 및 증여세법상 특수관계 있는 비영리법인 판단 시 비영리 사단법인의 경우에는 재산출연이 비영리법인 설립의 필수불가결한 요소가 아니므로 공동으로 재산을 출연한 것만으로는 특수관계가 성립하지 않으며 공동으로 재산을 출연하고 정관작성 등 설립행위에 직접 참여하여 비영리법인을 설립한 설립자가 되는 경우에 한하여 특수관계가 성립하는 점을 주의하여야 한다.

【대법원 2011두21447, 2017. 4. 20.】

상속세법 시행령 제41조 제2항 제4호의 규정 등에 따르면, 특정인이 비영리법인의 설립을 위한 출연금의 100분의 50 이상 또는 100분의 30 이상을 '출연'한 것만으로는 그 특정인이 비영리법인과 특수관계에 있다고 볼 수 없음.

국세기본법과의 차이점

○ 판정순위의 차이

국세기본법의 경우 지배적 영향력을 행사하는 경우에 대해 규정하고 지배적 영향력을 행사하는 경우에 대해서는 영리법인과 비영리법인으로 나누어 규정하고 있어 동일한 순위에서 특수관계 있는 영리법인과 비영리법인을 판단한다.

하지만 상속세 및 증여세법은 특수관계 있는 비영리법인을 1차 경영지배 비영리법인, 기업집단소속기업 관련 비영리법인, 2차 경영지배 비영리법인으로 규정하고 1차 경영지배 비영리법인과 기업집단소속기업 관련 비영리법인을 판단한 후 이들의 출자지분율을 고려하여 1차 직접·2차 간접 출자에 의해 지배하는 영리법인을 판단하는 차이가 있다.

○ 판정기준의 차이

이사의 과반수를 차지하는 경우 특수관계 있는 비영리법인에 해당하는 것은 동일하나 특수관계가 성립하는 재산출연비율에 있어 국세기본법은 설립시 출연재산의 30% 이상을 출연하고 그 중 1인이 설립자인 경우가 특수관계 있는 비영리법인에 해당하나 상속세 및 증여세법은 공동으로 재산을 출연하여 설립한 경우가 특수관계 비영리법인에 해당하는 차이가 있다.

구분	국세기본법	상속세 및 증여세법
판정순위	경영지배관계 성립하는 영리법인과 동순위	출자지분율에 의한 경영지배관계 영리법인보다 선순위
지분율 합산 여부	1차 직접출자에 의해 지배하는 법인 판단 시 경영지배 비영리법인의 출자지분율 미합산	1차 직접출자에 의해 지배하는 법인 판단 시 1차 경영지배 비영리법인의 출자지분율 합산
특수관계에 해당하는 비영리법인 판정기준	이사의 과반수	이사의 과반수
	설립 시 30% 이상을 출연 & 설립자	공동으로 재산출연 & 설립
	정관작성 등 설립행위에 직접 참여 필수	

 기업집단소속기업 관련 비영리법인

다음의 자는 상속세 및 증여세법 제2조 제10호에서 규정하고 있는 대통령령으로 정하는 경영지배관계에 있는 자 중 기업집단소속기업의 임원을 기준으로 특수관계가 성립하는 비영리법인이다.

상속세 및 증여세법 시행령 제2조의2 【특수관계인의 범위】 (2016. 2. 5. 조번개정)
5. 제3호에 해당하는 기업의 임원 또는 퇴직임원이 이사장인 비영리법인

○ 기업집단소속기업의 임원 또는 퇴직임원이 이사장인 비영리법인

기업집단소속기업의 임원 또는 퇴직임원이 이사장인 비영리법인은 특수관계인에 해당한

다(상증령 §2조의2①5호).[81] 여기서 퇴직임원은 퇴직 후 3년 이내(공시대상기업집단에 속한 경우 5년)의 임원을 의미한다.

상속세 및 증여세법은 국세기본법, 법인세법과 달리 대규모 기업집단이 증여세가 면제되는 공익법인을 통하여 계열회사 지배력을 강화하거나 우회적으로 이익을 이전하는 등의 조세회피를 시도하는 것을 막기 위해 기업집단소속기업의 임원을 기준으로 특수관계가 성립되는 비영리법인을 별도로 규정하고 있는 특징이 있다.

국세기본법과의 차이점

○ 기업집단소속기업의 임원을 기준으로 특수관계 비영리법인 규정

국세기본법은 기업집단소속기업의 임원이 이사장인 비영리법인은 특수관계인에 해당하는 것으로 규정하고 있지 않다.

반면 상속세 및 증여세법은 공익법인에 주식을 출연하여 우회적으로 경영권을 지배하거나 공익법인을 설립하여 출연받은 재산에 대한 증여세를 면제받은 후 출연재산을 공익목적에 사용하지 않고 계열회사 임직원을 부당으로 채용하여 급여 등 직·간접비용을 부당하게 지급하는 등 기업집단소속기업이 해당 기업이 아닌 공익법인을 통해 우회적으로 부의 무상이전 등을 시도하는 사례를 막기 위해 기업집단소속기업의 임원이나 퇴직임원이 이사장인 비영리법인도 특수관계인에 해당하는 것으로 규정하고 있는 차이가 있다.

기업집단소속기업의 임원 또는 퇴직임원이 이사장인 비영리법인의 특수관계 여부	국세기본법	상속세 및 증여세법
	특수관계 ×	특수관계 ○

81) 상속세 및 증여세법은 공익법인을 설립하여 출연받은 재산에 대한 증여세를 면제받은 후 출연재산을 공익목적에 사용하지 않고 계열회사 이익을 위해 직·간접비용을 부당하게 지급하는 등 기업집단소속기업이 해당 기업이 아닌 공익법인을 통해 조세회피를 시도하는 사례를 막기 위해 공익법인이 특수관계 법인의 주식을 공익법인 총재산가액의 30% 이상 취득하거나 특수관계 있는 내국법인의 이익을 증가시키기 위해 광고 등을 하는 경우에는 일정 가산세를 부과한다. 이 경우 공익법인과의 특수관계 있는 법인은 다음과 같다(상증법 §48, 상증령 §38⑬).

1. 기획재정부령으로 정하는 기업집단의 소속기업(해당 기업의 임원 및 퇴직임원을 포함한다)과 다음 각목의 어느 하나에 해당하는 관계에 있는 자 또는 해당 기업의 임원에 대한 임면권의 행사 및 사업방침의 결정 등을 통하여 그 경영에 관하여 사실상의 영향력을 행사하고 있다고 인정되는 자
   가. 기업집단 소속의 다른 기업
   나. 기업집단을 사실상 지배하는 자
   다. 나목의 자와 제2조의2 제1항 제1호의 관계에 있는 자
2. 제1호 각목 외의 부분에 따른 소속 기업 또는 같은 호 가목에 따른 기업의 임원 또는 퇴직임원이 이사장인 비영리법인
3. 제1호 및 제2호에 해당하는 자가 이사의 과반수이거나 재산을 출연하여 설립한 비영리법인

 출자에 의해 지배하는 법인

다음의 자는 상속세 및 증여세법 제2조 제10호에서 규정하고 있는 대통령령으로 정하는 경영지배 관계에 있는 자 중 출자에 의해 지배하는 법인에 해당한다.

상속세 및 증여세법상 출자에 의해 지배하는 법인 판단 시에는 국세기본법, 법인세법과 달리 실질적 지배관계에 있는 자, 1차 경영지배 비영리법인, 기업집단소속기업 임원이 이사장인 비영리법인을 먼저 파악한 후 이들의 출자지분율까지 고려하여 출자지분율만으로 특수관계가 성립하는 영리법인을 판단하여야 한다.

> **상속세 및 증여세법 시행령 제2조의2 【특수관계인의 범위】**
> 6. 본인, 제1호부터 제5호까지의 자 또는 본인과 제1호부터 제5호까지의 자가 공동으로 발행주식총수 또는 출자총액(이하 "발행주식총수등"이라 한다)의 100분의 30 이상을 출자하고 있는 법인 (2012. 2. 2. 신설)
> 7. 본인, 제1호부터 제6호까지의 자 또는 본인과 제1호부터 제6호까지의 자가 공동으로 발행주식총수등의 100분의 50 이상을 출자하고 있는 법인 (2012. 2. 2. 신설)

1. 1차 직접출자에 의해 지배하는 법인

○ 거래당사자 기준

> ○ 본인 또는 친족관계에 있는 자 또는 경제적 연관관계에 있는 자 또는 실질지배관계에 있는 자 또는 1차 경영지배 비영리법인, 기업집단소속기업의 임원(퇴직임원)이 이사장인 비영리법인이 30% 이상 출자한 법인

• 본인 • 친족관계에 있는 자 • 경제적 연관관계에 있는 자 • 실질지배관계에 있는 자 • 1차 경영지배 비영리법인 • 기업집단소속기업의 임원(퇴직임원)이 이사장인 비영리법인	(30% 이상 출자) ➡ 법인

① 본인이 단독으로, ② 본인과 친족관계에 있는 자 또는 경제적 연관관계에 있는 자 또는 실질지배관계에 있는 자 또는 1차 경영지배 비영리법인 또는 기업집단소속기업의 임원(퇴직임원)이 이사장인 비영리법인이 공동으로, ③ 본인이 아닌 친족관계에 있는 자 또는 경제적 연관관계에 있는 자 또는 실질지배관계에 있는 자 또는 1차 경영지배 비영리법인 또는 기업집단소속기업의 임원(퇴직임원)이 이사장인 비영리법인이 30% 이상 출자한 법인은 1차 직접출자에 의해 지배하는 법인에 해당한다(상증령 §2조의2①6호).[82)]

상속세 및 증여세법상 1차 직접출자에 의해 지배하는 법인 판단시에는 법인의 주주등 중 지분율 30% 이상인 주주등의 지분율은 법인에 사실상 영향력을 행사하는 자에 해당하지 않는 한 합산하지 않는 특이점이 있다. 다만 과세실무에서는 법인의 최대주주등에 해당하는 경우에는 법인에 사실상 영향력을 행사하는 자로 보아 지분율에 합산하여 과세하고 있으므로 주의하여야 한다.

1차 직접출자에 의해 지배하는 법인 판단 시 지분율 합산대상자

상속세 및 증여세법은 개별세법 중 1차 직접출자지분율 판단 시 지분율 합산하는 특수관계인이 가장 많다.

〈1. 친족관계에 있는 자〉
- 4촌 이내의 혈족(2012. 2. 2.부터 2023. 2. 28.까지: 6촌 이내 혈족)
- 3촌 이내의 인척(2012. 2. 2.부터 2023. 2. 28.까지: 4촌 이내 인척)
- 배우자(사실상의 혼인관계에 있는 자를 포함한다)
- 친생자로서 다른 사람에게 친양자 입양된 자 및 그 배우자·직계비속
- 민법에 따라 인지한 혼외 출생자의 생부 또는 생모로서 생계를 유지하거나 생계를 함께하는 자(2023. 3. 1.부터)
- 직계비속의 배우자의 2촌 이내의 혈족 및 배우자

82) 2012. 2. 11. 이전에는 "주주 등 1인과 제1호 내지 제5호의 자가"라고 되어 있어 1차 직접출자법인, 2차 간접출자법인 모두 주주등이 주주등의 특수관계인과 공동으로 출자한 경우에만 주주등의 특수관계인과 피출자법인이 특수관계가 성립하며 주주등의 특수관계인은 출자하지 않고 주주등만 출자한 경우에는 주주등의 특수관계인의 경우 피출자법인과 특수관계가 성립하지 않는다.
상속세 및 증여세법 시행령 제19조 【금융재산 상속공제】 (2012. 2. 11. 이전)
6. 주주 등 1인과 제1호 내지 제5호의 자가 발행주식총수 등의 100분의 30 이상을 출자하고 있는 법인 (1999. 12. 31. 개정)
7. 주주 등 1인과 제1호 내지 제6호의 자가 발행주식총수 등의 100분의 50 이상을 출자하고 있는 법인 (1999. 12. 31. 개정)

〈2. 경제적 연관관계에 있는 자〉
- 사용인
- 사용인 외의 자로서 생계를 유지하는 자
- 출자에 의해 지배하는 법인의 사용인
- 퇴직 후 3년(5년) 이내의 임원

〈3. 실질지배관계에 있는 자〉
- 본인 또는 친족관계에 있는 자가 사실상 영향력을 행사하는 법인 (기업집단소속기업과 임원)
- 당해 법인이 속한 기업집단소속기업과 임원, 퇴직임원
- 당해 법인에 사실상 영향력을 행사하는 자와 친족

〈4. 1차 경영지배 비영리법인〉
1. 2. 3.에 해당하는 자가 이사의 과반수를 차지하거나 공동으로 재산을 출연하여 설립한 비영리법인

〈5. 기업집단소속기업의 임원, 퇴직임원이 이사장인 비영리법인〉

※ 주의점 ※
: 법인의 주주등 중 지분율 30% 이상인 주주의 지분율은 합산대상 아님.
다만 주주등 중 지분율 30% 이상인 자로서 최대출자자등에 해당하는 경우에는 법인에 사실상 영향력을 행사하는 자로 보아 지분율 합산대상자에 해당할 수 있음.

A법인은 B기업집단에 소속되어 있다. B기업집단에 소속된 기업 C가 D기업에 40% 출자한 경우 D기업의 사용인 甲과 A법인의 특수관계 성립 여부

법인이 기업집단에 소속된 경우 A법인과 기업집단소속기업과는 특수관계가 성립하므로 B기업집단에 속해 있는 A법인과 C법인은 특수관계가 성립한다.

A법인의 D법인에 대한 상속세 및 증여세법상 출자지분율 판단 시에는 C법인의 지분율을 합산하여 판단하여야 하므로 A법인은 D법인에 30% 이상을 출자하고 있다.

따라서 甲은 A법인이 출자에 의해 지배하는 법인 D의 사용인에 해당하므로 甲과 A법인은 상속세 및 증여세법상 특수관계가 성립한다.

【사전-법령해석재산-1796, 2021. 12. 17.】
내국법인(갑법인)이 다른 내국법인(을법인)의 조직변경 또는 신규 사업에의 투자 등 주요 의사결정이나 업무집행에 지배적인 영향력을 행사함으로써 을법인의 경영에 대하여 지배적인 영향력을 행사하고 있다고 인정되는 경우 갑법인과 을법인은 기업집단에 속하는 계열회사에 해당하며, 이 경우 을법인의 임원인 A와 을법인의 계열회사인 갑법인은 특수관계인에 해당함.

【사전-2016-법령해석재산-0048, 2016. 3. 15.】
증여자가 본인 또는 공정거래법에 따른 기업집단소속기업을 통하여 30% 이상 출자하여 지배하고 있는 법인의 사용인은 증여자와 특수관계에 해당하는 것이며, 증여자 등이 최대주주등 해당 시 할증평가 적용대상임.

A법인에 30%를 출자한 甲은 B법인에 35%를 출자하였다. 이 경우 A법인과 B법인의 특수관계 성립 여부

국세기본법은 법인의 출자지분율 판단 시 당해 법인에 30% 이상 출자한 주주등의 지분율을 합산하여 판단하는 것으로 규정하고 있다. 따라서 A법인의 B법인에 대한 지분율 판단 시에는 甲의 지분율을 합산하여 판단하여야 하므로 A법인은 B법인에 30% 이상 출자하고 있는 것에 해당하여 A법인과 B법인은 쌍방 간에 국세기본법상 특수관계가 성립한다.

반면 상속세 및 증여세법은 법인의 출자지분율 판단 시 법인에 사실상 영향력을 행사하는 자와 친족의 지분율은 합산하지만 당해 법인에 30% 이상 출자한 자의 지분율은 합산하는 것으로 규정하지 않고 있다.

A법인이 출자에 의해 지배하는 법인 판단 시 법인의 30% 이상 지분율을 가진 주주 甲의 지분율은 합산하지 않으므로 B법인에 대한 A법인의 출자지분율은 0%가 되어 B법인은 A법인이 출자에 의해 지배하는 법인에 해당하지 않으므로 상속세 및 증여세법상 특수관계가 성립하지 않는다.

다만 해당 사례에서 갑이 A법인의 최대주주등에 해당하는 경우로서 A법인에 대한 출자지분율을 통해 임원선임등을 안건으로 하는 주주총회에서 의결권 행사를 통해 A법인의 경영에 사실상 영향력을 행사할 수 있다고 보는 경우에는 갑은 A법인에 사실상 영향력을 행사하는 자에 해당하므로 B법인은 A법인이 A법인에 사실상 영향력을 행사하는 자인 갑을 통해 30% 이상 출자한 경우에 해당하여 특수관계가 성립한다. 특히 국세청 과세실무에서는 법인의 최대주주에 해당하는 자를 사실상 영향력을 행사하는 자로 보아 과세하는 경우가 많으므로 주의하여야 한다.

A법인에 60%를 출자한 B법인은 C법인에 35%를 출자하였다. 이 경우 A법인과 C법인의 특수관계 성립 여부

B법인은 A법인에 30% 이상 출자한 경우로서 최대출자자에 해당하므로 A법인과 B법인은 A, B 기업집단에 속하게 되며 각각 서로의 계열회사에 해당하여 상속세 및 증여세법상 특수관계가 성립한다.

상속세 및 증여세법상 출자에 의해 지배하는 법인 판단시 주주등의 지분율은 합산하지 않지만 본인이 법인인 경우로서 기업집단에 속하는 경우에는 상속세 및 증여세법 시행령 제2조의2 제1항 제3호 나목의 실질지배관계에 있는 자에 해당하여 지분율 합산대상 특수관계인에 해당하므로 C법인에 대한 출자지분율 판단시에는 기업집단에 속해 있는 B법인의 출자지분율을 합산하여 판단하여야 한다.

B법인의 출자지분율을 합산하여 판단시 C법인에 대한 A법인의 지분율은 35%가 되어 30% 이상이므로 C법인은 A법인이 출자에 의해 지배하는 법인에 해당하여 상속세 및 증여세법상 특수관계가 성립한다.

A법인의 임원 甲은 B법인에 23%를, A법인은 B법인에 8%를 출자하고 있고 B법인의 직원 乙은 C법인에 60%를 출자하고 있다. 이 경우 특수관계 성립 여부

A법인의 B법인에 대한 출자지분율 판단 시에는 A법인의 임원인 甲의 지분율을 합산하여 판단하여야 한다. 합산하여 판단 시 A법인은 B법인에 31%(8%+23%)를 출자하고 있으므로 A법인은 B법인을 출자에 의해 지배하고 있으며 출자에 의해 지배하는 B법인의 직원 乙은 출자에 의해 지배하는 법인의 사용인에 해당한다.

A법인과 C법인의 특수관계를 보면, A법인이 출자에 의해 지배하는 법인인 B법인은 C법인에 출자하고 있지 않지만 출자에 의해 지배하는 법인의 사용인인 乙은 C법인에 50% 이상 출자하고 있으므로 C법인은 A법인이 출자에 의해 지배하는 법인에 해당한다.

따라서 A법인과 C법인은 국세기본법, 법인세법상으로는 특수관계가 성립하지 않지만 상속세 및 증여세법상으로는 특수관계가 성립한다.

Key Point

❑ 1차 직접 출자지분율 판단 시 법인의 주주의 지분율 합산 여부

타법인에 대한 직접 출자지분율 판단 시 국세기본법의 경우 지분율 30% 이상인 주주등, 법인세법의 경우 1% 이상 지분율을 가진 비소액주주등의 지분율을 합산하여 판단한다. 하지만 상속세 및 증여세법은 지분율 합산대상자에 주주를 규정하지 않고 있어 법인의 주주등의 지분율은 합산하지 않고 출자지분율을 판단한다.

※ 영리법인에 대한 출자지분율 판단 시 지분율 합산대상자가 되는 법인주주의 범위
- 국세기본법 - 특수관계인 포함 30% 이상 주주등의 출자지분율 합산
- 법인세법 - 단독으로 1% 이상인 비소액주주등(1% 미만이면서 지배주주와 특수관계 있는 자 포함)의 출자지분율 합산
- 상속세 및 증여세법 - 주주등의 지분율은 합산하지 않음.

※ 상속세 및 증여세법상 법인의 주주등의 출자지분율을 합산하여 판단하는 예외 (출자지분율 요건은 없음)
1. 법인의 최대주주등에 해당하는 경우로서 사실상 영향력을 행사하는 경우
2. 법인의 주주등이 다음의 선순위 열거 특수관계인에 해당하는 경우
   ① 법인과 경제적 연관관계에 있는 자, ② 법인과 실질지배관계에 있는 자, ③ 1차 경영지배 비영리법인, ④ 기업집단소속기업의 임원, 퇴직임원이 이사장인 비영리법인이 당해 법인

Key Point

□ 본인은 출자하지 않고 친족만이 30% 이상 출자한 경우 특수관계 성립 여부

국세기본법과 법인세법은 경영지배관계가 성립되는 법인을 "본인(법인)이 직접 또는 지분율 합산하는 특수관계인을 통하여 지배적 영향력을 행사하는 법인"으로 규정하고 있다.

경영지배관계에 있는 법인을 판단함에 있어 본인(법인)은 출자하지 않고 본인의 지분율 합산하는 특수관계인만 30% 이상 출자한 법인과 본인(법인)과의 특수관계 성립 여부에 대해 조세심판원(조심2019중3517 결정)과 서울고등법원(서울고등법원 2020누33673 판결)은 특수관계가 성립하지 않는 것으로 결정하여 논란이 되었지만 기획재정부에서는 특수관계가 성립하는 것으로 해석한바 있다. (기획재정부 조세법령운용과-759, 2022. 7. 15.)

하지만 상속세 및 증여세법은 "본인, 지분율 합산 특수관계인 또는 본인과 지분율 합산 특수관계인이 공동으로 30% 이상 출자한 법인"으로 규정하고 있어 본인이 출자하지 않고 지분율 합산하는 친족등만이 30% 이상 출자한 법인과도 명확하게 특수관계가 성립된다.

국세기본법과의 차이

○ 지분율 30% 이상 주주의 지분율 합산 여부

국세기본법은 타법인에 대한 출자지분율 판단 시 당해 법인의 주주등 중 지분율 30% 이상인 주주등의 지분율을 합산하여 판단한다.

반면 상속세 및 증여세법은 출자에 의해 지배하는 법인 판단 시 지분율과 관계없이 주주

등의 지분율은 합산하는 것으로 규정하지 않고 있어 주주등의 지분율은 합산하여 판단하지 않는다.

	국세기본법	법인세법	상속세 및 증여세법
1차 직접지분율 판단 시 법인의 주주의 지분율 합산 여부	법인의 주주등 중 지분율 30% 이상인 경우 합산 ○	법인의 주주등 중 단독으로 1% 이상인 경우 합산 ○	〈원칙〉 합산 × 〈합산하는 예외〉 ① 법인의 최대주주등에 해당하는 경우로서 법인에 사실상 영향력을 행사하는 경우 ② 법인의 주주등이 선순위 열거 특수관계인에 해당하는 경우 (지분율 요건 없이 합산)

○ 실질지배관계에 있는 자의 지분율 합산 여부

국세기본법은 본인이 법인인 경우로서 「독점규제 및 공정거래에 관한 법률 시행령」 제4조에 따른 기업집단에 속하는 경우 계열회사 및 임원을 특수관계인으로 규정하고 있지만 지분율 판정 시 동 계열회사 및 임원의 지분율은 합산하지 않는다.

반면 상속세 및 증여세법은 개인이 사실상 영향력을 행사하는 기업집단소속기업과 임원 또는 법인이 속한 기업집단소속기업(임원, 퇴직임원 포함)을 선순위 판단 특수관계인으로 규정하고 이들의 출자지분율을 합산하여 1차 직접출자에 지배하는 법인을 판단하는 차이가 있다.

개인이 사실상 영향력을 행사하는 기업집단소속기업(임원 포함), 법인이 속한 기업집단소속기업(임원, 퇴직임원 포함) 지분율 합산 여부	국세기본법	상속세 및 증여세법
	합산 ×	합산 ○

비영리법인의 지분율 합산 여부

국세기본법은 지배적 영향력을 행사하는 법인을 영리법인과 비영리법인으로 구분하고 동순위판단 특수관계인으로 규정하고 있어 비영리법인의 출자지분율은 출자에 의해 지배하는 법인 판단 시 합산하지 않는다.

반면 상속세 및 증여세법은 1차 경영지배 비영리법인(친족관계, 경제적 연관관계, 실질지배관계에 있는 자가 이사의 과반수를 차지하거나 공동으로 재산을 출연하여 설립한 비영리법인)과 기업집단소속기업의 임원(퇴직임원)이 이사장인 비영리법인을 선순위 판단 특수관계인으로 규정하고 이들의 출자지분율을 모두 합산하여 출자에 지배하는 법인을 판단하는 차이가 있다.

1차 경영지배 비영리법인, 기업집단소속기업의 임원(퇴직임원)이 이사장인 법인의 지분율 합산 여부	국세기본법	상속세 및 증여세법
	합산 ×	합산 ○

○ 거래상대방 기준

> ○ 당해 법인에 본인 또는 친족관계 있는 자 또는 경제적 연관관계에 있는 자 또는 실질지배관계에 있는 자 또는 1차 경영지배 비영리법인 또는 기업집단소속기업의 임원(퇴직임원)이 이사장인 비영리법인을 통하여 30% 이상 출자한 개인 또는 법인

법인 ⬅ (30% 이상 출자)
- 본인
- 친족관계에 있는 자
- 경제적 연관관계에 있는 자
- 실질지배관계에 있는 자
- 1차 경영지배 비영리법인
- 기업집단소속기업의 임원, 퇴직임원이 이사장인 비영리법인

당해 법인에 ① 본인이 단독으로, ② 본인과 친족관계에 있는 자 또는 경제적 연관관계에 있는 자 또는 실질지배관계에 있는 자 또는 1차 경영지배 비영리법인 또는 기업집단소속기업의 임원(퇴직임원)이 이사장인 비영리법인이 공동으로, ③ 본인이 아닌 친족관계에 있는 자 또는 경제적 연관관계에 있는 자 또는 실질지배관계에 있는 자 또는 1차 경영지배 비영리법인 또는 기업집단소속기업의 임원(퇴직임원)이 이사장인 비영리법인을 통하여 30% 이상 출자한 개인 또는 법인은 당해 법인을 1차 직접출자에 의해 지배하는 자에 해당한다.

2. 2차 간접출자에 지배하는 법인

○ 거래당사자 기준

> ○ 〔본인 또는 친족관계에 있는 자 또는 경제적 연관관계에 있는 자 또는 실질지배관계에 있는 자 또는 1차 경영지배 비영리법인 또는 기업집단소속기업의 임원(퇴직임원)이 이사장인 비영리법인〕과 1차 직접출자에 의해 지배하는 법인을 통하여 <u>50% 이상</u> 출자한 법인

• 본인 • 경제적 연관관계에 있는 자 • 실질지배관계에 있는 자 • 1차 경영지배 비영리법인 • 기업집단소속기업의 임원, 퇴직임원이 이사장인 비영리법인 & • 1차 직접출자에 의해 지배하는 법인	50% 이상 출자	➡	법인

① 본인 또는 친족관계에 있는 자 또는 경제적 연관관계에 있는 자 또는 실질지배관계에 있는 자 또는 1차 경영지배 비영리법인 또는 기업집단소속기업의 임원(퇴직임원)이 이사장인 비영리법인과 1차 직접출자에 의해 지배하는 법인이 공동으로, ② 본인이 1차 직접출자에 의해 지배하는 법인이 단독으로 50% 이상 출자한 법인은 2차 간접출자에 의해 지배하는 법인에 해당한다(상증령 §2조의2①7호).

국세기본법, 법인세법과 달리 상속세 및 증여세법상 특수관계가 성립하는 2차 간접출자 지분율은 30%가 아닌 50%이다.

이 경우 출자에 의해 지배하는 법인의 사용인 판단 시에는 3차 50% 이상 간접 출자한 법인도 출자에 의해 지배하는 법인에 해당하지만 경영지배관계에 의해 특수관계가 성립하는 출자에 의해 지배하는 법인은 2차 간접출자에 의해 지배하는 법인까지만이 해당하는 특이점을 주의하여야 한다.

■ A법인은 B법인에 40%를, B법인은 C법인에 40%를 출자하고 있다. 이 경우 특수관계 성립 여부

A법인은 B법인에 직접 30% 이상을 출자하고 있으므로 B법인은 상속세 및 증여세법상 A법인이 1차 직접출자에 의해 지배하는 법인에 해당한다.

또한 B법인은 C법인에 30% 이상을 출자하고 있으므로 C법인은 B법인이 1차 직접출자에 의해 지배하는 법인에 해당한다.

하지만 A법인은 1차 직접출자에 의해 지배하는 법인인 B법인을 통해 C법인에 50% 미만을 출자하고 있으므로 C법인은 상속세 및 증여세법상 A법인이 2차 간접출자에 의해 지배하는 법인에 해당하지 않는다.

○ 거래상대방 기준

○ 당해 법인에 〔본인 또는 친족관계에 있는 자 또는 경제적 연관관계에 있는 자 또는 실질지배관계에 있는 자 또는 1차 경영지배 비영리법인 또는 기업집단소속기업의 임원(퇴직임원)이 이사장인 비영리법인)〕과 1차 직접출자에 의해 지배하는 법인을 통하여 50% 이상 출자한 개인 또는 법인

법인 ⬅ (50% 이상 출자)

- 본인
- 친족관계에 있는 자
- 경제적 연관관계에 있는 자
- 실질지배관계에 있는 자
- 1차 경영지배 비영리법인
- 기업집단소속기업의 임원(퇴직임원)이 이사장인 비영리법인

&

- 1차 직접출자에 의해 지배하는 법인

당해 법인에 ① 본인 또는 친족관계에 있는 자 또는 경제적 연관관계에 있는 자 또는 실질지배관계에 있는 자 또는 1차 경영지배 비영리법인 또는 기업집단소속기업의 임원(퇴직임원)이 이사장인 비영리법인과 1차 직접출자에 의해 지배하는 법인이 공동으로, ② 본인이 1차 직접출자에 의해 지배하는 법인이 단독으로 50% 이상 출자한 개인 또는 법인은 당해 법인을 2차 간접출자에 의해 지배하는 자에 해당한다.

■ 국세기본법과의 차이점

○ 2차 간접출자 지분율

국세기본법상 특수관계가 성립하는 2차 간접출자 지분율은 30%이지만 상속세 및 증여세법은 50%이다.

특수관계에 성립하는 2차 간접 출자지분율	국세기본법	상속세 및 증여세법
	30%	50%

 2차 경영지배 비영리법인

다음의 자는 상속세 및 증여세법 제2조 제10호에서 규정하고 있는 대통령령으로 정하는 경영지배관계에 있는 자 중 2차 경영지배 비영리법인에 해당한다.

> **상속세 및 증여세법 시행령 제2조의2 【특수관계인의 범위】**
> 8. 본인, 제1호부터 제7호까지의 자 또는 본인과 제1호부터 제7호까지의 자가 공동으로 재산을 출연하여 설립하거나 이사의 과반수를 차지하는 비영리법인 (2012. 2. 2. 신설)

> ○ **Ⅰ부터 Ⅵ에 해당하는 자가 공동으로 재산을 출연하여 설립한 비영리법인**
> ○ **Ⅰ부터 Ⅵ에 해당하는 자가 이사의 과반수인 비영리법인**

- 본인
- 경제적 연관관계에 있는 자
- 실질지배관계에 있는 자

&

- 1차 경영지배 비영리법인
- 기업집단소속기업의 임원, 퇴직임원이 이사장인 비영리법인
- 1차 직접출자에 의해 지배하는 법인
- 2차 간접출자에 의해 지배하는 법인

(이사의 과반수)
(공동으로 재산출연 & 설립) ➡ 비영리법인

① 본인과 친족관계에 있는 자 또는 경제적 연관관계에 있는 자 또는 실질지배관계에 있는 자와 1차 경영지배 비영리법인 또는 기업집단소속기업의 임원(퇴직임원)이 이사장인 비영리법인 또는 1차 직접·2차 간접출자에 의해 지배하는 법인이 공동으로, ② 본인과 친족관계에 있는 자 또는 경제적 연관관계에 있는 자 또는 실질지배관계에 있는 자가 아닌 1차 경영지배 비영리법인 또는 기업집단소속기업의 임원(퇴직임원)이 이사장인 비영리법인 또는 1차 직접·2차 간접출자에 의해 지배하는 법인이 이사의 과반수를 차지하거나 공동으로 재산을 출연하여 설립한 비영리법인은 2차 경영지배 비영리법인에 해당한다(상증령 §2조의2①8호).

따라서 상속세 및 증여세법상 특수관계 있는 2차 경영지배 비영리법인을 판단하기 위해서는 선순위 판단 특수관계인인 친족관계, 경제적 연관관계, 실질 지배관계, 1차 경영지배 비영리법인, 기업집단소속기업의 임원(퇴직임원)이 이사장인 비영리법인, 1차 직접・2차 간접출자에 의해 지배하는 법인을 모두 판단한 후 이들의 이사취임, 출연, 설립 여부를 고려하여 판단하여야 한다.

2차 경영지배 비영리법인 판단 시에도 공동으로 재산을 출연한 것만으로는 특수관계가 성립하지 않으며 공동으로 재산을 출연하고 정관작성 등 비영리법인 설립행위에 참여하여 비영리법인을 설립한 경우에 한하여 특수관계가 성립하는 점을 주의하여야 한다.

■ 국세기본법과의 차이

○ 출자에 의해 지배하는 영리법인을 포함하여 특수관계 여부 판단

국세기본법은 경영지배 관계에 있는 비영리법인 판단 시 친족관계, 경제적 연관관계에 있는 자, 법인에 30% 이상 출자하거나 사실상 영향력을 행사하는 자만을 고려하여 판단한다.

반면 상속세 및 증여세법은 친족관계에 있는 자, 경제적 연관관계에 있는 자, 실질지배관계에 있는 자, 1차 경영지배 비영리법인, 기업집단소속기업의 임원・퇴직임원이 이사장인 비영리법인을 판단한 후 이들의 출자지분율을 합산하여 1차 직접출자・2차 간접출자에 의해 지배하는 법인을 판단한다.

이후 1차 직접・2차 간접출자에 의해 지배하는 법인과 그외 모든 선순위 판단 특수관계인의 이사취임, 재산출연과 설립 여부를 고려하여 최종적으로 2차 경영지배 비영리법인을 판단하는 차이가 있다.

즉, 가장 큰 차이는 출자에 의해 지배하는 법인의 재산출연 여부 등까지 고려하여 2차 경영지배 비영리법인을 판단하는 것이라 할 수 있다.

비영리법인 판단 시 출자에 의해 지배하는 법인의 출연 여부 등 고려 여부	국세기본법	상속세 및 증여세법
	고려 ×	고려 ○

제3절 상속세 및 증여세법상 특수관계인 범위 법률연혁

 1997. 1. 1.부터 1999. 12. 31.까지

1. 1996. 12. 31. 이전

상속세 및 증여세법의 1996. 12. 31. 이전 법률명은 상속세법으로 상속세에 관한 과세사항을 중심으로 규정하고 있었으며 특수관계인에 대해서는 별도로 규정하지 않고 고저가 양도 시 증여의제 대상이 되는 특수관계인에 대해서만 시행령 제41조에서 규정하고 있었다.

당시에는 양도자의 상품 또는 제품을 특약판매하는 자와 양도자의 친지도 특수관계인에 해당하는 것으로 규정하고 있었다.

상속세법 시행령 제41조【현저히 저렴 또는 높은 가액 및 특수관계에 있는 자의 정의】

② 법 제34조 제2항 · 법 제34조의2 제1항 · 제2항에서 "특수관계에 있는 자"라 함은 양도자 또는 양수자(이하 이 항에서 "양도자등"이라 한다)와 다음 각호의 1의 관계에 있는 자를 말한다. (1994. 12. 31. 개정)

1. 양도자등의 친족
2. 양도자등의 사용인이나 사용인 외의 자로서 양도자의 자산으로 생계를 유지하는 자와 이들과 생계를 같이하는 친족
3. 양도자등과 제1호 및 제2호의 자가 총발행주식 또는 총출자지분의 100분의 30 이상을 출자하고 있는 법인
4. 양도자등과 제1호 및 제2호의 자가 이사의 과반수이거나 설립을 위한 출연금의 100분의 50 이상을 출연하고 그 중 1인이 설립자인 비영리법인
5. 제3호 또는 제4호의 자가 총발행주식 또는 총출자지분의 100분의 50 이상을 출자하고 있는 법인
6. 양도자등이 총리령이 정하는 계열기업군 소속기업이거나 그 기업의 임원인 경우로서 다음 각목의 1의 관계에 있는 자
   가. 계열기업군 소속의 다른 기업
   나. 계열기업군을 사실상 지배하는 자
   다. 나목의 자의 친족
7. 양도자의 상품 또는 제품을 특약판매하는 자
8. 양도자의 친지. 다만, 총리령이 정하는 자에 한한다.

2. 1997. 1. 1.부터 1999. 12. 31.까지

1997. 1. 1.부터 상속세 및 증여세법으로 법률명이 개정되면서 큰 폭의 개정이 있었다. 법 제32조(증여의제)가 신설되어 특수관계에 있는 자로부터 경제적 가치를 계산할 수 있는 유형·무형의 재산이나 법률상 또는 사실상의 권리 등을 직접적이거나 간접적으로 무상이전을 받은 경우에는 그 무상으로 이전된 재산이나 권리 등에 대하여 증여세를 부과하도록 규정하면서 고저가 양도에 대한 증여의제 외에 토지 무상사용 권리의 증여의제, 합병 시 증여의제 등이 신설되었다.

특수관계자의 범위에 대해서는 별도 규정하지 않고 시행령 제13조(공익법인 출연재산에 대한 출연방법등), 시행령 제19조(금융재산상속공제), 시행령 제26조(저가·고가양도 및 특수관계자의 범위), 시행령 제27조(토지 무상사용 권리의 증여의제 적용범위등), 시행령 제28조(합병 시 증여의제 되는 특수관계에 있는 법인 및 이익의 계산방법등)에서 각각 다르게 특수관계인의 범위를 규정하고 있었다.

이 중 시행령 제19조에서 규정하고 있는 최대주주 판단 시 지분율 합산대상이 되는 특수관계인의 범위는 저가·고가양도 증여의제 과세 시 일부 준용하고 있었다.

상속세 및 증여세법 시행령 제19조 【금융재산 상속공제】

② 법 제22조 제2항에서 "대통령령이 정하는 최대주주 또는 최대출자자"라 함은 주주 또는 출자자(이하 "주주등"이라 한다) 1인과 다음 각호의 1에 해당하는 관계가 있는 자의 보유주식 등을 합하여 당해 법인의 발행주식총수 등의 100분의 10 이상을 보유한 경우로서 그 보유주식등의 합계가 가장 많은 경우의 당해 주주등을 말한다. (1996. 12. 31. 개정)

1. 친족 (1996. 12. 31. 개정)
2. 사용인과 사용인 외의 자로서 당해 주주등의 재산으로 생계를 유지하는 자 (1996. 12. 31. 개정)
3. 주주등 1인과 제1호 및 제2호의 자가 이사의 과반수를 차지하거나 재산을 출연하여 설립한 비영리법인 (1996. 12. 31. 개정)
4. 주주등 1인과 제1호 및 제2호의 자가 발행주식총수 등의 100분의 30 이상을 출자하고 있는 법인 (1996. 12. 31. 개정)
5. 제3호 및 제4호의 자가 발행주식총수 등의 100분의 50 이상을 출자하고 있는 법인 (1996. 12. 31. 개정)

 2000. 1. 1.부터 2012. 2. 1.까지

1999. 12. 29. 법률 제6048호 및 1999. 12. 31. 대통령령 제16660호로 증여의제 규정이 확대되면서 각 개별 증여의제규정에서 각각 다르게 규정하고 있던 특수관계인 범위를 삭제되는 대신 시행령 제19조에서 규정하고 있는 최대주주 판정 시 지분율 합산하는 특수관계인 범위를 준용하는 방식으로 개정되었다.

최대주주 판정 시 지분율 합산하는 특수관계인의 범위는 다음과 같이 개정되었다.

1. 기업집단소속기업 관련 특수관계인 범위 신설

1999. 12. 31. 대통령령 제16660호로 기업집단소속기업과 기업집단소속기업의 다른 기업 및 기업집단을 실질적으로 지배하는 자도 특수관계인에 해당하는 것으로 개정되었다.

또한 2009. 2. 4. 대통령령 제21292호로 기업집단을 실질적으로 지배하는 자의 친족도 특수관계인에 해당하는 것으로 개정되었다.

2. 법인에 사실상 영향력을 행사하는 자 신설

1999. 12. 31. 대통령령 제16660호로 법인에 30% 이상 출자하지 않더라도 법인에 임원에 대한 임면권의 행사ㆍ사업방침의 결정 등을 통하여 사실상 영향력을 행사하는 경우에는 법인의 경영을 지배하는 특수관계인에 해당하는 것으로 신설되었다.

3. 친족의 범위 확대

친족관계에 있는 자에 대해서는 국세기본법상 친족만이 특수관계인에 해당하였으나 2009. 2. 4. 대통령령 제21292호로 직계비속의 배우자의 2촌 이내의 부계혈족과 그 배우자가 특수관계인의 범위에 추가되어 사돈(부계혈족)도 특수관계인에 해당하는 것으로 개정되었다.

상속세 및 증여세법 제22조 【금융재산 상속공제】
② 제1항에 따른 금융재산에는 대통령령으로 정하는 최대주주 또는 최대출자자가 보유하고 있는 주식이나 출자지분은 포함되지 아니한다.

상속세 및 증여세법 시행령 제19조【금융재산 상속공제】

② 법 제22조 제2항에서 "대통령령으로 정하는 최대주주 또는 최대출자자"란 주주 또는 출자자(이하 "주주등"이라 한다) 1인과 다음 각호의 어느 하나에 해당하는 관계가 있는 자의 보유주식 등을 합하여 그 보유주식 등의 합계가 가장 많은 경우의 해당 주주등을 말한다. (2010. 2. 18. 개정)

1. 친족 및 직계비속의 배우자의 2촌 이내의 부계혈족과 그 배우자 (2009. 2. 4. 개정)
2. 사용인과 사용인 외의 자로서 당해 주주등의 재산으로 생계를 유지하는 자 (1999. 12. 31. 개정)
3. 기획재정부령이 정하는 기업집단의 소속기업(당해 기업의 임원을 포함한다)과 다음 각목의 1의 관계에 있는 자 또는 당해 기업의 임원에 대한 임면권의 행사·사업방침의 결정 등을 통하여 그 경영에 대하여 사실상의 영향력을 행사하고 있다고 인정되는 자 (2008. 2. 29. 직제개정; 기획재정부와 그 소속기관 직제 부칙)
   가. 기업집단소속의 다른 기업 (1999. 12. 31. 개정)
   나. 기업집단을 사실상 지배하는 자 (1999. 12. 31. 개정)
   다. 나목의 자와 제1호의 관계에 있는 자 (2009. 2. 4. 개정)
4. 주주등 1인과 제1호 내지 제3호의 자가 이사의 과반수를 차지하거나 재산을 출연하여 설립한 비영리법인 (1999. 12. 31. 개정)
5. 제3호 본문 또는 동호 가목의 규정에 의한 기업의 임원이 이사장인 비영리법인 (1999. 12. 31. 개정)
6. 주주등 1인과 제1호 내지 제5호의 자가 발행주식총수 등의 100분의 30 이상을 출자하고 있는 법인 (1999. 12. 31. 개정)
7. 주주등 1인과 제1호 내지 제6호의 자가 발행주식총수 등의 100분의 50 이상을 출자하고 있는 법인 (1999. 12. 31. 개정)
8. 주주등 1인과 제1호 내지 제7호의 자가 이사의 과반수를 차지하거나 재산을 출연하여 설립한 비영리법인 (1999. 12. 31. 개정)

 2012. 2. 2. 이후

1. 2012. 2. 2.

상속세 및 증여세법상 특수관계인의 범위는 2012. 2. 2. 대통령령 제23591호로 전면개정되었다.

가. 특수관계인 범위를 규정하는 조항 신설

2012. 2. 1. 이전 상속세 및 증여세법은 특수관계인 범위를 규정하는 조항을 별도로 두지 않고 시행령 제19조(금융재산 상속공제)의 최대주주 판정 시 지분율 합산하는 특수관계인의 범위를 준용하였지만 시행령 제12조의2에 특수관계인 범위를 규정하는 조항을 신설하였다.

나. 쌍방관계에 의해 판단하는 점 명확화

특수관계인 범위에 대한 조항을 신설하면서 시행령 제12조의2에 "이 경우 본인도 「국세기본법」 제2조 제10호 각목 외의 부분 후단에 따라 특수관계인의 특수관계인으로 본다."라고 규정함에 따라 쌍방관계에 의해 특수관계를 판단하여야 하는 점을 명확화 하였다.

다. 친족의 범위 변경

2012. 2. 2. 남녀 차별적 규정 등을 개선하는 방식으로 친족의 범위를 규정하고 있는 국세기본법 시행령이 개정되었다. 친족에 대해서는 국세기본법상 친족을 준용(「국세기본법 시행령」 제1조의2 제1항 제1호부터 제4호까지의 어느 하나에 해당하는 자. 이하 "친족"이라 한다)하였으므로 상속세 및 증여세법상 친족의 범위도 개정되었다.

라. 출자에 의해 지배하는 사용인

출자에 의해 지배하고 있는 법인에 관한 규정을 신설하고 직접 고용하고 있는 사용인뿐만 아니라 출자에 의해 지배하고 있는 법인의 사용인도 특수관계인에 해당하는 것으로 신설되었다.

마. 특수관계인에 해당하는 임원의 범위 확대

임원의 경우 퇴직하더라도 퇴직 후 5년 이내의 임원은 특수관계인에 해당하는 것으로 특수관계인 범위에 추가되었다.

바. 주주등의 특수관계인과 법인과의 특수관계 성립 여부

(1) 2012. 2. 1. 이전

2012. 2. 1. 이전에는 출자에 의해 특수관계가 성립하는 출자자에 대해 상속세 및 증여세

법 시행령 제19조 제2항 제6호, 제7호에서 "**주주등 1인과 제1호 내지 제5호의 자가, 주주등 1인과 제1호 내지 제7호의 자가**"로 규정하고 있었다.

따라서 주주등과 특수관계인이 공동으로 출자한 경우에만 주주등의 특수관계인이 출자법인과 특수관계가 성립하고 주주등의 특수관계인이 출자하지 않은 경우에는 주주등의 특수관계인의 경우 주주등의 출자법인과 특수관계가 성립하지 않는다.

(2) 2012. 2. 2. 이후

2012. 2. 2. 개정 시 출자에 의해 특수관계가 성립하는 출자자에 대해 "**본인, 제1호부터 제6호까지의 자** 또는 본인과 제1호부터 제6호까지의 자가 공동으로", "**본인, 제1호부터 제7호까지의 자 또는 본인과 제1호부터 제7호까지의 자가 공동으로**"로 개정되었다.

따라서 본인만 단독으로 일정비율 이상 출자하고 본인의 특수관계인은 출자하지 않은 경우에도 본인의 특수관계인과 출자법인은 특수관계가 성립한다.

[2012. 2. 2. 대통령령 제23591호 일부개정, 2012. 2. 2. 시행]
상속세 및 증여세법 시행령 제12조의2 【특수관계인의 범위】

① 법 제16조 제2항 각호 외의 부분 단서에서 "대통령령으로 정하는 특수관계인"이란 본인과 다음 각호의 어느 하나에 해당하는 관계에 있는 자를 말한다. 이 경우 본인도 「국세기본법」 제2조 제20호 각목 외의 부분 후단에 따라 특수관계인의 특수관계인으로 본다. (2012. 2. 2. 신설)

1. 「국세기본법 시행령」 제1조의2 제1항 제1호부터 제4호까지의 어느 하나에 해당하는 자(이하 "친족"이라 한다) 및 직계비속의 배우자의 2촌 이내의 부계혈족과 그 배우자 (2012. 2. 2. 신설)
2. 사용인(출자에 의하여 지배하고 있는 법인의 사용인을 포함한다. 이하 같다)이나 사용인 외의 자로서 본인의 재산으로 생계를 유지하는 자 (2012. 2. 2. 신설)
3. 다음 각목의 어느 하나에 해당하는 자 (2012. 2. 2. 신설)
   가. 본인이 개인인 경우: 본인이 직접 또는 본인과 제1호에 해당하는 관계에 있는 자가 임원에 대한 임면권의 행사 및 사업방침의 결정 등을 통하여 그 경영에 관하여 사실상의 영향력을 행사하고 있는 기획재정부령으로 정하는 기업집단의 소속 기업[해당 기업의 임원(「법인세법 시행령」 제20조 제1항 제4호에 따른 임원과 퇴직 후 5년이 지나지 아니한 그 임원이었던 사람을 말한다. 이하 같다)을 포함한다]
   (2012. 2. 2. 신설)
   나. 본인이 법인인 경우: 본인이 속한 기획재정부령으로 정하는 기업집단의 소속 기업(해당 기업의 임원을 포함한다)과 해당 기업의 임원에 대한 임면권의 행사 및 사업

방침의 결정 등을 통하여 그 경영에 관하여 사실상의 영향력을 행사하고 있는 자 및 그와 제1호에 해당하는 관계에 있는 자 (2012. 2. 2. 신설)
4. 본인, 제1호부터 제3호까지의 자 또는 본인과 제1호부터 제3호까지의 자가 공동으로 재산을 출연하여 설립하거나 이사의 과반수를 차지하는 비영리법인 (2012. 2. 2. 신설)
5. 제3호에 해당하는 기업의 임원이 이사장인 비영리법인 (2012. 2. 2. 신설)
6. 본인, 제1호부터 제5호까지의 자 또는 본인과 제1호부터 제5호까지의 자가 공동으로 발행주식총수 또는 출자총액(이하 "발행주식총수등"이라 한다)의 100분의 30 이상을 출자하고 있는 법인 (2012. 2. 2. 신설)
7. 본인, 제1호부터 제6호까지의 자 또는 본인과 제1호부터 제6호까지의 자가 공동으로 발행주식총수등의 100분의 50 이상을 출자하고 있는 법인 (2012. 2. 2. 신설)
8. 본인, 제1호부터 제7호까지의 자 또는 본인과 제1호부터 제7호까지의 자가 공동으로 재산을 출연하여 설립하거나 이사의 과반수를 차지하는 비영리법인 (2012. 2. 2. 신설)

② 제1항 제2호에서 "사용인"이란 임원, 상업사용인, 그 밖에 고용계약관계에 있는 자를 말한다. (2012. 2. 2. 신설)

③ 제1항 제2호 및 제39조 제1항 제5호에서 "출자에 의하여 지배하고 있는 법인"이란 다음 각호의 어느 하나에 해당하는 법인을 말한다. (2012. 2. 2. 신설)
1. 제1항 제6호에 해당하는 법인 (2012. 2. 2. 신설)
2. 제1항 제7호에 해당하는 법인 (2012. 2. 2. 신설)
3. 제1항 제1호부터 제7호까지에 해당하는 자가 발행주식총수등의 100분의 50 이상을 출자하고 있는 법인 (2012. 2. 2. 신설)

2. 2014. 2. 1.

가. 친족관계에 있는 자 중 사돈의 범위 개정

부계·모계 혈족 간 차별을 없애고 평등하게 규정하기 위해 친족에 해당하는 사돈의 범위가 직계비속의 배우자의 2촌 이내의 부계혈족과 그 배우자에서 직계비속의 배우자의 2촌 이내의 혈족과 그 배우자로 개정되었다.

상속세 및 증여세법 시행령 제12조의2 【특수관계인의 범위】

① 법 제16조 제2항 각 호 외의 부분 단서에서 "대통령령으로 정하는 특수관계인"이란 본인과 다음 각호의 어느 하나에 해당하는 관계에 있는 자를 말한다. 이 경우 본인도 「국세기본법」 제2조 제20호 각목 외의 부분 후단에 따라 특수관계인의 특수관계인으로 본다. (2012. 2. 2. 신설)

1. 「국세기본법 시행령」 제1조의2 제1항 제1호부터 제4호까지의 어느 하나에 해당하는 자(이하 "친족"이라 한다) 및 직계비속의 배우자의 2촌 이내의 혈족과 그 배우자 (2014. 2. 21. 개정)

나. 퇴직 후 5년 이내의 임원 중 사외이사는 제외

퇴직 후 5년 이내의 임원 판단 시에는 사외이사도 포함하였으나 사외이사는 퇴직 후 5년 이내의 임원에서 제외되었다.

상속세 및 증여세법 시행령 제12조의2 【특수관계인의 범위】

① 법 제16조 제2항 각호 외의 부분 단서에서 "대통령령으로 정하는 특수관계인"이란 본인과 다음 각호의 어느 하나에 해당하는 관계에 있는 자를 말한다. 이 경우 본인도 「국세기본법」 제2조 제20호 각목 외의 부분 후단에 따라 특수관계인의 특수관계인으로 본다. (2012. 2. 2. 신설)

3. 다음 각목의 어느 하나에 해당하는 자
   가. 본인이 개인인 경우: 본인이 직접 또는 본인과 제1호에 해당하는 관계에 있는 자가 임원에 대한 임면권의 행사 및 사업방침의 결정 등을 통하여 그 경영에 관하여 사실상의 영향력을 행사하고 있는 기획재정부령으로 정하는 기업집단의 소속 기업[해당 기업의 임원(「법인세법 시행령」 제20조 제1항 제4호에 따른 임원과 퇴직 후 5년이 지나지 아니한 그 임원이었던 사람으로서 사외이사가 아니었던 사람을 말한다. 이하 같다)을 포함한다] (2014. 2. 21. 개정)

3. 2015. 12. 15.

2015. 12. 14. 이전에는 특수관계인에 대해 별도로 정의하지 않고 있었다.

2015. 12. 15. 법률 제13557호로 상속세 및 증여세법 제2조에 정의규정이 신설되면서 제10호에 특수관계인이란 "본인과 친족관계, 경제적 연관관계 또는 경영지배관계 등 대통령령으로 정하는 관계에 있는 자를 말한다."로 특수관계인에 대한 정의가 신설되었다. 또한 정의 후단에 "이 경우 본인도 특수관계인의 특수관계인으로 본다."로 규정함으로써 시행령으로 규정하고 있었던 쌍방관계에 의해 판단하여야 하는 점을 법문에 명문화하였다.

상속세 및 증여세법 제2조 【정의】 (2015. 12. 15. 신설)
10. "특수관계인"이란 본인과 친족관계, 경제적 연관관계 또는 경영지배관계등 대통령령으로 정하는 관계에 있는 자를 말한다. 이 경우 본인도 특수관계인의 특수관계인으로 본다.

4. 2019. 2. 12.

임원의 경우 퇴직하더라도 퇴직 후 5년 이내에는 특수관계인에 해당하였으나 공시대상기업집단 소속이 아닌 경우에는 퇴직 후 3년 이내의 사람만 특수관계가 성립하는 임원에 해당하는 것으로 개정되었다.

마찬가지로 사실상 영향력을 행사하는 기업집단소속기업 중 공시대상기업집단소속기업이 아닌 경우에는 퇴직 후 5년이 아닌 3년 이내의 임원만 특수관계인에 해당하는 것으로 개정되었다.

[2019. 2. 12. 대통령령 제29533호 일부개정, 2019. 2. 12. 시행]
상속세 및 증여세법 시행령 제2조의2 【특수관계인의 범위】
(2016. 2. 5. 시행령 제12조의2에서 조번개정) (2016. 2. 5. 조번개정)
3. 다음 각목의 어느 하나에 해당하는 자 (2012. 2. 2. 신설)
가. 본인이 개인인 경우: 본인이 직접 또는 본인과 제1호에 해당하는 관계에 있는 자가 임원에 대한 임면권의 행사 및 사업방침의 결정 등을 통하여 그 경영에 관하여 사실상의 영향력을 행사하고 있는 기획재정부령으로 정하는 기업집단의 소속 기업[해당 기업의 임원(「법인세법 시행령」 제40조 제1항에 따른 임원을 말한다. 이하 같다)과 퇴직 후 3년(해당 기업이 「독점규제 및 공정거래에 관한 법률」 제14조에 따른 공시대상기업집단에 소속된 경우는 5년)이 지나지 않은 사람(이하 "퇴직임원"이라 한다)을 포함한다] (2019. 2. 12. 개정)

핵심포인트

상속세 및 증여세법상 특수관계인 범위 요약

<table>
<tr><th colspan="2">구분</th><th>특수관계인</th></tr>
<tr><td colspan="2">친족관계</td><td>• 4촌 이내의 혈족(2023. 2. 28.까지는 6촌 이내 혈족)
• 3촌 이내의 인척(2023. 2. 28.까지는 4촌 이내 인척)
• 배우자(사실상의 혼인관계에 있는 자를 포함한다)
• 친생자로서 다른 사람에게 친양자 입양된 자 및 그 배우자
• 민법에 의해 인지한 혼외 출생자의 생부 또는 생모로서 생계를 유지하거나 생계를 함께하는 자(2023. 3. 1.부터)
• 직계비속의 배우자의 2촌 이내의 혈족 및 배우자(사돈)</td></tr>
<tr><td colspan="2">경제적 연관관계</td><td>• 사용인(임원, 상업사용인, 그 밖에 고용관계에 있는 자)
• 사용인 외의 자로서 생계를 유지하는 자
• 출자에 의해 지배하는 법인의 사용인
• 퇴직 후 3년 이내 임원(공시대상기업집단 소속 5년)</td></tr>
<tr><td rowspan="6">경영
지배
관계</td><td>실질지배관계</td><td>〈개인〉
• 본인 또는 친족관계에 있는 자가 사실상 영향력을 행사하는 기업집단소속기업, 임원(퇴직임원 포함)
• 본인 또는 친족관계에 있는 자가 사실상 영향력을 행사하는 법인(지분율 합산대상 아님)
〈법인〉
• 법인에 사실상 영향력을 행사하는 자와 친족
• 법인이 속한 기업집단소속기업과 임원(퇴직임원 포함)</td></tr>
<tr><td>1차 경영지배
비영리법인</td><td>• 위의 자가 이사의 과반수를 차지하거나 공동으로 재산을 출연하여 설립한 비영리법인</td></tr>
<tr><td>기업집단관련
비영리법인</td><td>• 기업집단소속기업의 임원 또는 퇴직임원이 이사장인 비영리법인</td></tr>
<tr><td>1차 직접출자법인</td><td>• 위의 자가 30% 이상 출자한 영리법인</td></tr>
<tr><td>2차 간접출자법인</td><td>• 위의 자와 1차 직접출자법인 50% 이상 출자한 영리법인</td></tr>
<tr><td>2차 비영리법인</td><td>• 친족, 경제적 연관, 실질지배관계자와 선순위 판단 경영지배관계 있는 자가 이사의 과반수를 차지하거나 공동으로 재산을 출연한 비영리법인</td></tr>
</table>

| 거래구분별로 상속세 및 증여세법상 특수관계 성립 근거조항 |

구분	근거조항
개인과 개인의 특수관계 성립	상속세 및 증여세법 시행령 제2조의2 제1항 제1호, 제2호, 제3호
개인과 영리법인의 특수관계 성립	상속세 및 증여세법 시행령 제2조의2 제1항 제2호, 제3호, 제6호, 제7호
개인과 비영리법인의 특수관계 성립	상속세 및 증여세법 시행령 제2조의2 제1항 제2호, 제4호, 제5호, 제8호
영리법인과 영리법인의 특수관계 성립	상속세 및 증여세법 시행령 제2조의2 제1항 제3호, 제6호, 제7호
영리법인과 비영리법인의 특수관계 성립	상속세 및 증여세법 시행령 제2조의2 제1항 제4호, 제5호, 제6호, 제7호, 제8호

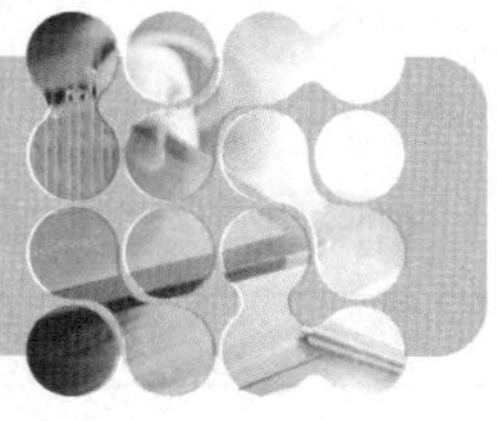

제5장

국제조세조정에 관한 법률상 특수관계인 판단 시 쟁점

제1절 개요와 구별의 실익

I 개요

국제조세조정에 관한 법률은 국제거래에 관한 조세의 조정과 국가 간의 조세행정 협조, 해외자산의 신고 및 자료 제출에 관한 사항을 규정함으로써 국가 간의 이중과세 및 조세 회피를 방지하고 원활한 조세협력을 도모함을 목적으로 하는 것으로 국세와 지방세 적용에 관하여는 일부 예외를 제외하고는 국제조세조정에 관한 법률이 우선하여 적용된다(국조법 §1).

여기서 국제거래란 거래당사자 중 어느 한쪽이나 거래당사자 양쪽이 비거주자 또는 외국법인(비거주자 또는 외국법인의 국내사업장은 제외한다)인 거래로서 유형자산 또는 무형자산의 매매·임대차, 용역의 제공, 금전의 대차(貸借), 그 밖에 거래자의 손익(損益) 및 자산과 관련된 모든 거래를 의미한다(국조법 §2①1호).

국제조세조정에 관한 법률은 국외 특수관계인과의 거래를 통한 국제거래에 대한 조세회피를 방지하고자 국제거래의 특성을 고려하여 특수관계 판단기준을 별도로 규정하고 있다.

II 구별의 실익

1. 이전가격세제 적용

OECD모델 조약에 의해 특수관계에 있는 회사 간의 거래로 인하여 발생한 소득이 제3자 간의 거래에서 발생한 소득보다 적은 경우 동 기업이 계산한 소득은 진정한 과세소득을 반영한 것이 아니므로 일방체약국의 과세당국은 특수관계 없는 기업 간의 거래였다면 동 기업에 귀속될 소득, 즉 정상가격에 의해 소득금액을 재계산하는 이른바 "이전가격조정"을 하게 된다(OECD 모델조세조약 §9①).

이의 목적은 자국의 과세권을 보장하고 이윤극대화를 추구하는 다국적 기업의 이전가격 조작을 통한 조세회피 방지라 할 수 있다.

가. 정상가격의 의의

정상가격(Arm's Length Price)이란 국제거래 시 적용되는 시가라고 할 수 있으며 거주자, 내국법인 또는 국내사업장이 국외특수관계인이 아닌 자와의 통상적인 거래에서 적용하거나 적용할 것으로 판단되는 가격을 말한다(국조법 §2①5호).

정상가격은 국외특수관계인이 아닌 자와의 통상적인 거래에서 적용되거나 적용될 것으로 판단되는 재화 또는 용역의 특성 · 기능 및 경제환경 등 거래조건을 고려하여 다음의 산출방법 중 가장 합리적인 방법으로 계산한 가격으로 하되 (6)의 방법은 (1)부터 (5)의 방법으로 정상가격을 산출할 수 없는 경우에만 적용한다(국조법 §8①).

과세당국은 정상가격 산출 시 거주자와 국외특수관계인 간의 상업적 또는 재무적 관계 및 해당 국제거래의 중요한 거래조건을 고려하여 해당 국제거래의 실질적인 내용을 명확하게 파악하여야 하며, 해당 국제거래가 그 거래와 유사한 거래 상황에서 특수관계가 없는 독립된 사업자 간의 거래와 비교하여 상업적으로 합리적인 거래인지를 판단하여야 한다(국조법 §8②).

(1) 비교가능 제3자 가격방법

거주자[83]와 국외특수관계인 간의 국제거래와 유사한 거래 상황에서 특수관계가 없는 독립된 사업자 간의 거래가격을 정상가격으로 보는 방법

(2) 재판매가격방법

거주자와 국외특수관계인 간의 국제거래에서 거래당사자 중 어느 한쪽인 구매자가 특수관계가 없는 자에 대한 판매자가 되는 경우 그 판매가격에서 그 구매자가 판매자로서 얻는 통상의 이윤으로 볼 수 있는 금액을 뺀 가격을 정상가격으로 보는 방법

83) 국제조세조정에 관한 법률에서 거주자란 외국법인의 국내사업장 및 내국법인을 모두 포함한 개념이다.

(3) 원가가산방법

거주자와 국외특수관계인 간의 국제거래에서 거래당사자 중 어느 한쪽이 자산을 제조 · 판매하거나 용역을 제공하는 경우 자산의 제조 · 판매나 용역의 제공 과정에서 발생한 원가에 자산 판매자나 용역 제공자의 통상의 이윤으로 볼 수 있는 금액을 더한 가격을 정상가격으로 보는 방법

(4) 거래순이익률방법

거주자와 국외특수관계인 간의 국제거래와 유사한 거래 중 거주자와 특수관계가 없는 자 간의 거래에서 실현된 통상의 거래순이익률을 기초로 산출한 거래가격을 정상가격으로 보는 방법

(5) 이익분할방법

거주자와 국외특수관계인 간의 국제거래에서 거래당사자 양쪽이 함께 실현한 거래순이익을 합리적인 배부기준에 따라 측정된 거래당사자들 간의 상대적 공헌도에 따라 배부하고, 이와 같이 배부된 이익을 기초로 산출한 거래가격을 정상가격으로 보는 방법

(6) 그 밖에 (1)부터 (5) 외에 거래의 실질 및 관행에 비추어 합리적이라고 인정되는 방법

나. 정상가격에 의한 신고 및 경정청구

거주자(내국법인과 국내사업장을 포함)는 국외특수관계인과의 국제거래에서 그 거래가격이 정상가격보다 낮거나 높은 경우에는 정상가격을 기준으로 조정한 과세표준 및 세액을 소득세 · 법인세 신고기한, 수정신고기한, 경정청구기한, 기한 후 신고기한까지 거래가격 조정신고서를 첨부하여 납세지 관할 세무서장에게 신고하거나 경정청구를 할 수 있다(국조법 §6).

국제조세조정에 관한 법률 제6조 【정상가격에 의한 신고 및 경정청구】
거주자(내국법인과 국내사업장을 포함한다. 이하 이 절에서 같다)는 국외특수관계인과의 국제거래에서 그 거래가격이 정상가격보다 낮거나 높은 경우에는 정상가격을 기준으로 조정한 과세표준 및 세액을 다음 각호의 어느 하나에 해당하는 기한까지 기획재정부령으로 정하는 거래가격 조정신고서를 첨부하여 납세지 관할 세무서장에게 신고하거나 경정청구를 할 수 있다. (2020. 12. 22. 개정)

1. 「소득세법」 제70조 · 제70조의2 · 제71조 · 제73조 · 제74조 또는 「법인세법」 제60조 제1항 · 제76조의17 제1항에 따른 신고기한 (2020. 12. 22. 개정)

2. 「국세기본법」 제45조에 따른 수정신고기한 (2020. 12. 22. 개정)
3. 「국세기본법」 제45조의2 제1항에 따른 경정청구기한 (2020. 12. 22. 개정)
4. 「국세기본법」 제45조의3 제1항에 따른 기한 후 신고기한 (2021. 12. 21. 신설)

다. 정상가격에 의한 결정 및 경정

거주자의 신고가 없는 경우에도 과세당국은 거주자와 국외특수관계인 간의 국제거래에서 그 거래가격이 정상가격보다 낮거나 높은 경우에는 정상가격을 기준으로 거주자의 과세표준 및 세액을 결정하거나 경정할 수 있다(국조법 §7①).

이 경우 정상가격 산출방법 중 같은 정상가격 산출방법을 적용하여 둘 이상의 과세연도에 대하여 정상가격을 산출하고 그 정상가격을 기준으로 일부 과세연도에 대한 과세표준 및 세액을 결정하거나 경정하는 경우에는 나머지 과세연도에 대해서도 그 정상가격을 기준으로 과세표준 및 세액을 결정하거나 경정하여야 한다(국조법 §7②).

국제조세조정에 관한 법률 제7조 【정상가격에 의한 결정 및 경정】
① 과세당국은 거주자와 국외특수관계인 간의 국제거래에서 그 거래가격이 정상가격보다 낮거나 높은 경우에는 정상가격을 기준으로 거주자의 과세표준 및 세액을 결정하거나 경정할 수 있다. (2020. 12. 22. 개정)
② 과세당국은 제1항을 적용할 때 제8조에 따른 정상가격 산출방법 중 같은 정상가격 산출방법을 적용하여 둘 이상의 과세연도에 대하여 정상가격을 산출하고 그 정상가격을 기준으로 일부 과세연도에 대한 과세표준 및 세액을 결정하거나 경정하는 경우에는 나머지 과세연도에 대해서도 그 정상가격을 기준으로 과세표준 및 세액을 결정하거나 경정하여야 한다. (2020. 12. 22. 개정)

라. 제3자 개입거래에 대한 이전가격세제 적용

거주자가 국외특수관계인이 아닌 자와 국제거래를 할 때에도 그 거래가 다음의 요건을 모두 갖춘 경우에는 국외특수관계인과 국제거래를 하는 것으로 보아 그 거래에 대하여 이전가격세제, 정상원가부담액등의 결정 및 경정을 적용한다(국조법 §10).

① 해당 거주자와 국외특수관계인 간에 그 거래에 대한 사전계약(거래와 관련된 증거에 따라 사전에 실질적인 합의가 있는 것으로 인정되는 경우를 포함한다)이 있을 것

② 해당 거주자와 국외특수관계인 간에 그 거래의 조건이 실질적으로 결정될 것

마. 이전가격세제 적용 배제 거래

국제조세조정에 관한 법률은 국내세법에 우선하여 적용하는 것으로 국내세법에 우선적 배타적 효력을 갖는다(국조법 §4①). 따라서 국제거래에 대해서는 소득세법상 부당행위계산부인(소법 §41) 또는 법인세법상 부당행위계산부인(법법 §52)을 적용하지 않고 국제조제조정에 관한 법률에 의한 이전가격세제를 적용하지만, 다음에 해당하는 거래에 대해서는 이전가격세제 적용을 배제하고 소득세법 · 법인세법상 부당행위계산부인을 적용한다(국조법 §4①, 국조령 §4).

① 자산의 무상이전(현저한 저가이전 거래 제외) 또는 채무면제 행위
② 무수익 자산 매입, 현물출자, 비용부담
③ 출연금 대신 부담
④ 「법인세법 시행령」 제88조 제1항 제8호 각목의 어느 하나 또는 같은 항 제8호의2에 해당하는 자본거래

Key Point

□ **법인세법상 부당행위계산부인 VS 국조법상 이전가격세제**

구분	법인세법상 부당행위계산부인	국조법상 이전가격세제
적용대상	특수관계인 간 거래로서 소득금액을 부당하게 감소시킨 것으로 인정되는 경우	국외특수관계인 간 거래로서 소득이 이전이 발생한 경우
특수관계인 범위	• 경제적 연관관계, 경영지배관계에 있는 자(법령 §2⑤) • 특수관계 성립 지분율: 30%	• 특수관계 성립 지분율: 50% 지분관계, 공통의 이해 · 실질지배력 기준에 있는 관계(국조령 §2) • 특수관계 성립 지분율: 50%
비특수관계인 간 거래 적용 여부	비특수관계인 간 거래를 통한 거래 적용(법령 §88②)	제3자 개입거래에 대해 적용(국조법 §10)
기준가격	법인세법상 시가(법령 §89) • 일정거래: 시가의 5% 또는 3억 원을 초과하여 거래한 경우에 한하여 적용	• 정상가격 국외특수관계인이 아닌 자와의 통상적인 거래가격 (국조법 §8, 국조령 §5, 6, 7, 8, 9, 10) • 정상가격을 벗어난 모든 거래에 적용

구분	법인세법상 부당행위계산부인	국조법상 이전가격세제
자료제출 의무	특수관계인 간 거래명세서	통합기업보고서, 개별기업보고서, 국제거래명세서, 요약손익계산서, 정상가격 산출방법신고서 등
자료제출의무 해태에 대한 가산세	없음.	과태료 부과
과세관청 재량권	법인세법 시행령 제88조 제1항에 해당하는 경우 과세(재량권 없음)	사전가격승인제도, 정상가격 판단 등에 있어 재량권 인정
가산세	과소신고 가산세 부과	납세의무자의 무과실 또는 합리적인 판단이 존재하는 경우 과소신고 가산세 면제
소득처분	법령 §106 준용	국조법 §13 준용

2. 정상원가부담액 등에 의한 결정 및 경정

과세당국은 거주자가 국외특수관계인과 거래 시 원가·비용·위험 부담에 대한 약정을 하고 무형자산을 공동개발하기로 한 경우 거주자의 원가 등 분담액이 정상원가분담액보다 적거나 많은 경우에 과세당국은 정상원가분담액을 기준으로 거주자의 과세표준과 세액을 결정하거나 경정할 수 있다(국조법 §9①).

여기서 정상원가분담액은 거주자가 국외특수관계인이 아닌 자와의 통상적인 원가 등의 분담에 대한 약정에서 적용하거나 적용할 것으로 판단되는 분담액으로서 무형자산의 공동개발을 위한 원가 등을 그 무형자산으로부터 기대되는 기대편익에 비례하여 배분한 금액으로 한다(국조법 §9②).

3. 국외지배주주에 대한 출자금액 대비 과다차입금 이자 손금불산입

내국법인의 차입금 중 다음의 금액을 합한 금액이 국외지배주주 출자금액이 2배를 초과하는 경우 그 초과분에 대한 지급이자 및 할인료는 내국법인의 손금에 산입하지 아니하며 「국제조세조정에 관한 법률 시행령」 제49조에 따라 배당 또는 기타사외유출로 처분된 것으로 본다(국조법 §22).

① 국외지배주주로부터 차입한 금액

② 국외지배주주의 「국세기본법」 제2조 제20호 가목 또는 나목에 따른 특수관계인으로

부터 차입한 금액

③ 국외지배주주의 지급보증(담보의 제공 등 실질적으로 지급을 보증하는 경우를 포함한다)에 의하여 제3자로부터 차입한 금액

4. 특정외국법인의 유보소득 배당간주

조세피난처에 본점, 주사무소, 실질적 관리장소를 둔 특수관계 있는 외국법인(특정외국법인)의 각 사업연도 말 현재 배당가능 유보소득 중 내국인에게 귀속될 금액이 내국인이 배당받은 것으로 본다(국조법 §27①).

여기서 조세피난처란 외국법인의 세 부담이 외국법인의 실제발생소득에 법인세법 제55조의 최고세율을 적용한 금액의 70% 이하인 국가 또는 지역을 의미하며, 특정외국법인유보소득 배당간주를 적용받는 내국인은 특정외국법인의 각 사업연도 말 현재 발행주식총수의 10% 이상을 직접 또는 간접으로 보유한 자로 한다(국조법 §27②).

5. 국제거래에 대한 자료제출 의무

국제거래는 납세자의 자료제출이 없는 경우 과세자료 확보가 어려운 특성이 있으므로 과세자료 확보를 위한 자료제출을 법제화 하고 있으며, 특히 국외특수관계인 간 거래에 대해서는 자료제출의무를 강화하여 일정 제출기한까지 다음의 자료 제출의무를 부여하고 있다.[84)]

가. 통합기업보고서 및 개별기업보고서

(1) 제출의무와 제출기한

다음에 해당하는 납세의무자는 사업활동 및 거래내용 등에 관한 통합기업보고서 및 개별기업보고서를 사업연도 종료일부터 12개월 이내에 제출하여야 한다(국조법 §16①, 국조령 §34①).

① 국외특수관계인과의 해당 사업연도 재화거래 등 거래규모(재화 · 용역거래 · 무형자

84) 납세지 관할 세무서장은 납세의무자가 국제조세조정에 관한 법률 시행령 제37조에 해당하는 사유로 제출기한까지 국제거래정보통합보고서, 국제거래명세서, 요약손익계산서 및 정상가격 산출방법 신고서를 제출할 수 없는 경우로서 납세의무자의 신청을 받은 경우에는 1년의 범위에서 그 제출기한의 연장을 승인할 수 있다(국조법 §16③).

산 거래 및 대여·차입거래금액)의 합계액이 500억 원을 초과할 것[85)]

② 해당 사업연도 매출액이 1천억 원을 초과할 것

(2) 미제출 시 과태료

통합기업보고서 및 개별기업보고서를 제출하지 않는 경우에는 각 보고서별 3천만 원의 과태료가 부과된다(국조령 §100②1호).

나. 국가별 보고서

(1) 제출의무와 제출기한

매출액 등이 다음 기준을 초과하는 경우에 국내의 최종모회사 또는 관계회사는 사업연도 종료일부터 12개월 이내에 국가별 보고서를 제출하여야 한다(국조법 §16①, 국조령 §35①). 이 경우 국내의 최종모회사 및 국내관계회사는 각 사업연도 종료일이 속하는 달의 말일부터 6개월 이내에 조특규칙 별지 제15호(국가별보고서 제출의무자에 대한 자료)를 납세지 관할 세무서장에게 제출하여야 한다(국조령 §35②).

① 최종모회사가 국내에 소재 & 직전 과세연도 연결재무제표 매출액 1조 원 초과: 국내의 최종모회사

② 최종모회사가 국외 소재 & 직전 과세연도의 연결재무제표의 매출액이 다음 금액을 초과하는 경우: 국조규칙 제21조 각호에 해당하는 관계회사[86)]

가. 최종모회사가 소재하는 국가의 법령상 국가별보고서 제출의무가 있는 경우: 해당 법령으로 정한 기준 금액

나. 최종모회사가 소재하는 국가의 법령상 국가별보고서 제출의무가 없는 경우: 7억 5천만 유로

(2) 미제출 시 과태료

국가별 보고서를 제출하지 않는 경우에는 3천만 원의 과태료가 부과된다(국조령 §100②1호).

---

85) 외국법인의 국내사업장의 경우는 그 외국법인의 본점 또는 그 외국법인의 국외지점 거래규모 포함

86) 제출기한까지 제출한 국내관계회사로서 ① 최종모회사가 소재하는 국가의 법령상 국가별보고서의 제출의무가 있고 그 국가별보고서가 우리나라와 조세조약에 따라 교환되는 경우, ② 다른 국내관계회사가 국가별보고서를 대표하여 제출하는 경우, ③ 최종모회사가 제3국에 소재하는 관계회사로 하여금 해당 소재지국에 국가별보고서를 대리 제출하도록 하고 그 국가별보고서가 우리나라와 조세조약에 따라 교환되는 경우에는 국가별보고서를 제출하지 않을 수 있다(국조령 §35③).

다. 국제거래 명세서, 지급보증 용역거래 명세서

(1) 제출의무와 제출기한

국외특수관계인과 국제거래를 하는 경우에는 국제거래 명세서[국조규칙 별지 제16호 서식(갑)]를 사업연도 종료일부터 6개월 이내에 제출하여야 한다(국조법 §16②). 또한 국외특수관계인과 지급보증 용역거래가 있는 경우에는 지급보증 용역거래 명세서[국조규칙 별지 제16호(을)]를 사업연도 종료일부터 6개월 이내에 제출하여야 한다(국조법 §16②).

(2) 제출면제 (① 또는 ②)

① 통합기업보고서와 개별기업보고서를 제출하는 경우
통합기업보고서와 개별기업보고서를 제출하는 경우에는 제출의무가 면제된다.

② 국제거래 유형별 거래금액 합계가 다음 요건을 모두 충족하는 경우(국조령 §36 1호)
재화거래금액 5억 원 이하 & 용역거래금액 1억 원 이하 & 무형자산거래금액 1억 원 이하

(3) 미제출 시 과태료

국제거래 명세서를 제출하지 않는 경우에는 국외특수관계인별 500만 원의 과태료가 부과된다(국조령 §100②2호).

> **【서면-2021-국제세원-3643, 2021. 7. 8.】**
> 해외 본점으로부터 국내 지점 경비로 사용하기 위해 금전을 지급받는 경우 해당 금전거래는 국제거래 명세서 제출의무가 있음.

라. 국외특수관계인의 요약손익계산서

(1) 제출의무와 제출기한

국외특수관계인과 국제거래를 하는 경우에는 국외특수관계인의 요약손익계산서[국조규칙 별지 제17호 서식]를 사업연도 종료일부터 6개월 이내에 제출하여야 한다(국조법 §16②).

(2) 제출면제

통합기업보고서와 개별기업보고서를 제출하는 경우와 다음에 해당하는 경우에는 국외특수관계인 간 국제거래를 하는 경우에도 국외특수관계인의 요약손익계산서 제출의무가 면제된다(국조령 §36 2호).

① 해당 사업연도 국외특수관계인과의 재화거래 금액의 합계가 10억 원 이하 & 용역거래 금액의 합계가 2억 원 이하 & 무형자산거래금액 2억 원 이하
② 해외현지법인 명세서 및 해외현지법인 재무상황표를 제출할 것

마. 정상가격 산출방법 신고서

(1) 제출의무

국외특수관계인과 국제거래를 하는 경우에는 용역거래, 무형자산, 그 외의 거래 종류별로 구분하여 정상가격 산출방법신고서를 사업연도 종료일부터 6개월 이내에 제출하여야 한다(국조법 §16②).

(2) 제출면제

통합기업보고서와 개별기업보고서를 제출하는 경우와 다음에 해당하는 경우에는 국외특수관계인 간 국제거래를 하는 경우에도 국외특수관계인의 요약손익계산서 제출의무가 면제된다(국조령 §36 3호).

① 국제거래 재화거래금액 50억 원 이하 & 용역거래금액 10억 원 이하 & 무형자산 거래금액 10억 원 이하
② 국외특수관계인과 재화거래금액 10억 원 이하 & 용역거래금액 2억 원 이하

제2절 국제조세조정에 관한 법률상 특수관계인 범위

국제조세조정에 관한 법률은 국외특수관계인에 대해 거주자, 내국법인 또는 국내사업장과 특수관계에 있는 비거주자 또는 외국법인(비거주자 또는 외국법인의 국내사업장은 제외한다)으로 정의하고 있다(국조법 §2①4호).

국제조세조정에 관한 법률은 국외특수관계인과의 국제거래를 통한 조세회피 등에 대한 조정을 위해 법인세법상 특수관계인 범위보다 지배관계 범위를 확장하고 공통이해 · 실질지배력 기준의 특수관계를 별도로 규정화하여 특수관계 성립기준의 범위를 보완 · 확장하여 규정하고 있다.

국제조세조정에 관한 법률에 의한 특수관계는 크게 지분소유 관계와 실질지배력 관계로 구분할 수 있으며, 구체적으로는 거래당사자의 지분소유에 의한 특수관계, 제3자의 지분소유에 의한 특수관계, 공통의 이해관계와 거래당사자의 실질적인 지배에 의한 특수관계, 공통의 이해관계와 제3자의 실질적인 지배에 의한 특수관계 4가지로 구분할 수 있다(국조법 §2①3호).

국제조세조정에 관한 법률 제2조 제2조 【정의】

① 이 법에서 사용하는 용어의 뜻은 다음과 같다. (2020. 12. 22. 개정)

3. "특수관계"란 다음 각목의 어느 하나에 해당하는 관계를 말하며, 그 세부 기준은 대통령령으로 정한다. (2020. 12. 22. 개정)
   가. 거래당사자 중 어느 한쪽이 다른 쪽의 의결권 있는 주식(출자지분을 포함한다. 이하 같다)의 50퍼센트 이상을 직접 또는 간접으로 소유하고 있는 경우 그 거래당사자 간의 관계 (2020. 12. 22. 개정)
   나. 제3자와 그 친족 등 대통령령으로 정하는 자가 거래당사자 양쪽의 의결권 있는 주식의 50퍼센트 이상을 직접 또는 간접으로 각각 소유하고 있는 경우 그 거래당사자 간의 관계 (2020. 12. 22. 개정)
   다. 거래당사자 간에 자본의 출자관계, 재화 · 용역의 거래관계, 금전의 대차관계 등에 따라 소득을 조정할 만한 공통의 이해관계가 있고, 거래당사자 중 어느 한쪽이 다른 쪽의 사업 방침을 실질적으로 결정할 수 있는 경우 그 거래당사자 간의 관계 (2020. 12. 22. 개정)
   라. 거래당사자 간에 자본의 출자관계, 재화 · 용역의 거래관계, 금전의 대차관계 등에 따라 소득을 조정할 만한 공통의 이해관계가 있고, 제3자가 거래당사자 양쪽의 사업 방침을 실질적으로 결정할 수 있는 경우 그 거래당사자 간의 관계 (2020. 12. 22. 개정)
4. "국외특수관계인"이란 거주자, 내국법인 또는 국내사업장과 특수관계에 있는 비거주자 또는 외국법인(비거주자 또는 외국법인의 국내사업장은 제외한다)을 말한다. (2020. 12. 22. 개정)

 지분소유에 의한 특수관계

1. 거래당사자의 지분소유에 의한 특수관계

거래당사자 중 어느 한쪽이 다른 쪽의 의결권 있는 주식(출자지분 포함)의 50퍼센트 이상을 직접 또는 간접으로 소유하고 있는 경우 그 거래당사자 간의 관계는 특수관계에 해당한다(국조법 §2①3호가목).

○ 거래당사자(거주자등) → 50% 이상 직 · 간접 소유 → 거래상대방(외국법인) or ○ 거래당사자(내국법인등) ← 50% 이상 직 · 간접 소유 ← 거래상대방(외국거주, 소재)

구체적으로 ① 거주자 · 내국법인 또는 국내사업장을 두고 있는 외국법인이 다른 외국법인의 의결권 있는 주식(출자지분 포함)의 50퍼센트 이상을 직접 또는 간접으로 소유한 경우 그 거주자 · 내국법인 또는 국내사업장과 다른 외국법인의 관계와 ② 외국에 거주하거나 소재하는 자가 내국법인 또는 국내사업장을 두고 있는 외국법인의 의결권 있는 주식의 50퍼센트 이상을 직접 또는 간접으로 소유한 경우 그 자와 내국법인 또는 국내사업장의 관계를 의미한다(국조령 §2②1호).

부산고등법원 2017누24646의 판결에서 개인에 대해서는 간접소유비율을 적용할 수 없는 것으로 판결함에 따라 2021. 2. 17. 대통령령 제31448호의 개정으로 개인에 대해서도 간접소유비율을 적용할 수 있도록 개정되었다.

가. 직접소유비율

직접소유비율은 거래당사자가 상대 거래당사자에 직접 출자한 비율을 의미한다.

구분	출자자	피출자자	출자비율
직접소유	일방법인 A	타방법인 B	10%

*A법인의 B법인에 대한 직접소유비율: 10%

나. 간접소유비율

(1) 주주법인이 하나인 경우로서 직접출자비율이 50% 이상인 경우

일방법인이 타방법인의 주주인 법인의 의결권 있는 주식을 50% 이상 소유하고 있는 경우에는 그 주주인 법인의 타방법인에 대한 의결권 있는 주식보유비율로 간접소유비율을 계산한다(국조령 §2③1호, 통칙 2-2…3②1호).

구분	출자자	피출자자	출자비율
직접소유	일방법인 A	타방법인 B	10%
간접소유	일방법인 A	법인 C	직접출자 50%
	법인 C	타방법인 B	직접출자 45%
	A법인의 B법인에 대한 간접출자비율		A법인의 C법인에 대한 출자비율 50% 이상 ⇒ C법인의 B법인에 대한 출자비율: 45%

*A법인의 B법인에 대한 직·간접 출자비율: 55%(10%+45%)

(2) 주주법인이 하나인 경우로서 직접출자법인이 50% 미만인 경우

일방법인이 타방법인의 주주인 법인의 의결권 있는 주식을 50% 미만 소유하고 있는 경우에는 당해 소유비율과 주주법인의 타방법인에 대한 의결권 있는 주식소유비율을 곱하여 간접소유비율을 계산한다(국조령 §2③2호, 통칙 2-2…3②2호).

구분	출자자	피출자자	출자비율
직접소유	일방법인 A	타방법인 B	10%
간접소유	일방법인 A	법인 C	직접출자 30%
	법인 C	타방법인 B	직접출자 40%
	A법인의 B법인에 대한 간접출자비율		A법인의 C법인에 대한 출자비율 50% 미만 ⇒ 30%×40%: 12%

*A법인의 B법인에 대한 직·간접 출자비율: 22%(10%+12%)

(3) 주주법인이 둘 이상인 경우

주주법인이 둘 이상인 경우에는 주주법인별로 위 (1), (2)에 따라 계산한 비율을 더한 비율로 간접소유비율을 계산한다(국조령 §2③3호).

(4) 수차례 직렬관계로 연결된 경우

어느 한쪽과 주주법인 그리고 이들 사이의 하나 이상의 법인이 주식소유관계를 통하여 연결되어 있는 경우에는 주주법인이 하나인 경우와 주주법인이 둘 이상인 경우의 계산방법을 준용하여 계산한 비율로 간접소유비율을 계산한다(국조령 §2③4호).

법인세법의 경우 출자에 의한 특수관계는 2차 간접출자법인과만 특수관계가 성립하지만, 국제조세조정에 관한 법률은 이러한 제한이 없는 차이점이 있다.

구분	출자자	피출자자	출자비율
직접소유	일방법인 A	타방법인 B	40%
간접소유	일방법인 A	법인 C	40%
	법인 C	법인 D	50%
	법인 D	타방법인 B	50%
	A법인의 B법인에 대한 간접출자비율		C법인에 대한 출자비율이 50% 미만이므로 A법인의 B법인에 대한 간접 출자비율 ⇒ 40%×50%×50%: 10%

* A법인의 B법인에 대한 직·간접 출자비율: 50%(40%+10%)

구분	출자자	피출자자	출자비율
직접소유	일방법인 A	타방법인 B	40%
간접소유	일방법인 A	법인 C	50%
	법인 C	법인 D	50%
	법인 D	타방법인 B	10%
	A법인의 B법인에 대한 간접출자비율		C법인에 대한 출자비율이 50% 이상이므로 A법인의 B법인에 대한 간접 출자비율 ⇒ 10%

* A법인의 B법인에 대한 직·간접 출자비율: 50%(40%+10%)

2. 제3자 등의 지분소유에 의한 특수관계

제3자와 국세기본법상 친족관계에 있는 자가 거래당사자 양쪽의 의결권 있는 주식의 50퍼센트 이상을 직접 또는 간접으로 각각 소유하고 있는 경우 그 거래당사자 간의 관계는 특수관계에 해당한다(국조법 §2①3호나목).

○ 제3자와 국세기본법상 친족 → 50% 이상 직 · 간접 소유 → 거래당사자 양쪽 모두 출자
⇒ 거래당사자 양쪽: 특수관계 성립

구체적으로 내국법인 또는 국내사업장을 두고 있는 외국법인의 의결권 있는 주식의 50퍼센트 이상을 직접 또는 간접으로 소유하고 있는 제3자와 그의 친족등이 다른 외국법인의 의결권 있는 주식의 50퍼센트 이상을 직접 또는 간접으로 소유한 경우 그 내국법인 또는 국내사업장과 다른 외국법인의 관계를 의미한다(국조령 §2②2호).

2021. 2. 17. 대통령령 31448호의 개정으로 제3자의 친족등의 지분율을 합산하여 판단하는 것으로 개정되었다.

Ⅱ 실질지배력에 의한 특수관계

1. 공통의 이해관계와 거래당사자의 실질지배에 의한 특수관계

가. 특수관계 성립기준

거래당사자 간에 자본의 출자관계, 재화 · 용역의 거래관계, 금전의 대차관계 등에 따라 소득을 조정할 만한 공통의 이해관계가 있고, 거래당사자 중 어느 한쪽이 다른 쪽의 사업 방침을 실질적으로 결정할 수 있는 경우 그 거래당사자 간의 관계는 특수관계에 해당한다(국조법 §2①3호다목).

○ 거래당사자 ↔ 거래상대방: 소득을 조정할 만한 공통의 이해관계 &
거래당사자 → 거래상대방 or 거래당사자 ← 거래상대방: 사업방침 결정

구체적으로는 거래당사자가 거주자 · 내국법인 또는 국내사업장과 비거주자 · 외국법인 또는 이들의 국외사업장이고, 거래당사자 한쪽이 다음 중 어느 하나의 방법으로 다른 쪽의 사업 방침 전부 또는 중요한 부분을 실질적으로 결정할 수 있는 경우 그 거래당사자 간의 관계를 의미한다(국조령 §2②3호).

① 다른 쪽 법인의 대표임원이나 전체 임원 수의 절반 이상에 해당하는 임원이 거래당사자 한쪽 법인의 임원 또는 종업원의 지위에 있거나 사업연도 종료일부터 소급하여 3년 이내에 거래당사자 한쪽 법인의 임원 또는 종업원의 지위에 있었을 것

② 거래당사자 한쪽이 조합이나 신탁을 통하여 다른 쪽의 의결권 있는 주식의 50퍼센트 이상을 소유할 것

③ 다른 쪽이 사업활동의 50퍼센트 이상을 거래당사자 한쪽과의 거래에 의존할 것

④ 다른 쪽이 사업활동에 필요한 자금의 50퍼센트 이상을 거래당사자 한쪽으로부터 차입하거나 거래당사자 한쪽에 의한 지급보증을 통하여 조달할 것[87)]

⑤ 다른 쪽이 사업활동의 50퍼센트 이상을 거래당사자 한쪽으로부터 제공되는 지식재산권에 의존할 것[88)]

【사전-2020-법령해석국조-0576, 2020. 10. 19.】
국제조세조정에 관한 법률 시행령 제2조 제1항 제4호 다목에서 "사업활동의 50% 이상을 어느 한 쪽과의 거래에 의존할 것"은 품목별 기준이 아닌 사업전체를 기준으로 판단하는 것임.

나. 납세자 반증 시 이전가격세제 적용 배제

지분관계에 의해 성립되는 특수관계의 경우 무조건 특수관계로 보아 과세당국이 이전가격세제를 적용하여 과세표준 및 세액을 결정·경정한다. 하지만 과세당국은 공통이해관계 있고 실질 지배력 기준에 의해 성립되는 특수관계에서 납세자가 특수관계에 해당하지 아니하는 명백한 반증을 제시한 경우에는 이전가격세제를 적용하여 과세표준 및 세액을 결정·경정하지 아니한다(국조법 §7③).

국제조세조정에 관한 법률 제7조 【정상가격에 의한 결정 및 경정】
③ 납세자가 제2조 제1항 제3호 다목 및 라목에 따른 특수관계에 해당하지 아니한다는 명백한 사유를 제시한 경우에는 제1항 및 제2항을 적용하지 아니한다. (2020. 12. 22. 개정)

【사전-2020-법령해석국조-0576, 2020. 10. 19.】
국제조세조정에 관한 법률 시행령 제2조 제1항 제4호 다목에서 "사업활동의 50% 이상을 어

87) **국제조세조정에 관한 법률 기본통칙 2-2…1 【사업활동에 필요한 자금의 범위】**
영 제2조 제1항 제4호 라목에서 "사업활동에 필요한 자금"이라 함은 자기자본과 타인자본의 합계금액을 의미한다. (2004. 6. 15. 제정)

88) **국제조세조정에 관한 법률 기본통칙 2-2…2 【무체재산권 기준에 의한 특수관계】**
특정 무체재산권의 사용대가가 전체 영업비용의 50% 이상을 차지하는 경우에는 영 제2조 제1항 제4호 마목의 "무체재산권에 100분의 50 이상을 의존"하는 것에 해당한다. (2004. 6. 15. 제정)

느 한쪽과의 거래에 의존할 것"은 품목별 기준이 아닌 사업전체를 기준으로 판단하는 것임.

【사전-2020-법령해석국조-0577, 2020. 10. 19.】
국조령 제2조 제1항 제4호 다목에서 "사업활동의 50% 이상을 어느 한쪽과의 거래에 의존할 것"은 사업 전체를 기준으로 판단하는 것임(질의2). 국조령 제2조 제1항 제4호 마목에서 "사업활동의 50% 이상을 어느 한쪽으로부터 제공되는 지식재산권에 의존할 것"은 해당 지식재산권의 사용대가가 전체 영업비용 50% 이상인지 여부로 판단하는 것임.

【서면-2020-국제세원-1747, 2020. 4. 21.】
내국법인의 의결권 있는 주식의 100분의 50 이상을 직접 또는 간접으로 소유하고 있는 자가 제3의 외국법인의 의결권 있는 주식의 100분의 50 이상을 직접 또는 간접으로 소유한 경우 그 내국법인과 제3의 외국법인의 관계는 특수관계에 해당하는 것임.

【조심2016구3332, 2017. 11. 2.】
○○○은 청구법인이 생산한 담요만을 구매하여 판매하고 있고, 청구법인이 ○○○의 법인계좌뿐만 아니라 개인계좌까지도 관리・통제하고 있으며, ○○○의 거래처의 상호, 소재지, 거래규모, 외상매출금 잔액 등 거래처에 관한 상황을 상세하게 보고받아 관리하고 있는바, 청구법인과 ○○○은 국외특수관계가 있는 것으로 판단됨.

2. 공통의 이해관계와 제3자의 실질지배에 의한 특수관계

가. 특수관계 성립기준

거래당사자 간에 자본의 출자관계, 재화・용역의 거래관계, 금전의 대차관계 등에 따라 소득을 조정할 만한 공통의 이해관계가 있고, 제3자가 거래당사자 양쪽의 사업 방침을 실질적으로 결정할 수 있는 경우 그 거래당사자 간의 관계는 특수관계가 성립한다(국조법 §2①3호라목).

○ 거래당사자 ↔ 거래상대방: 소득을 조정할 만한 공통의 이해관계
&
○ 제3자 → 사업방침 결정 → 거래당사자 양쪽
⇒ 거래당사자 양쪽: 특수관계 성립

구체적으로는 거래당사자가 거주자・내국법인 또는 국내사업장과 비거주자・외국법인 또는 이들의 국외사업장이고, 제3자가 다음 중 어느 하나의 방법으로 거래당사자 양쪽의

사업 방침을 실질적으로 결정할 수 있는 경우 그 거래당사자 간의 관계를 의미한다(국조령 §2②4호).

① 제3자가 거래당사자 한쪽의 의결권 있는 주식의 50퍼센트 이상을 직접 또는 간접으로 소유하고, 다른 쪽 사업 방침의 전부 또는 중요한 부분을 국조령 제2조 제2항 제3호 각목의 어느 하나의 방법으로 실질적으로 결정할 수 있을 것
② 제3자가 거래당사자 양쪽의 사업방침 전부 또는 중요한 부분을 국조령 제2조 제2항 제3호 각목의 어느 하나의 방법으로 실질적으로 결정할 수 있을 것
③ 거래당사자 한쪽이 「독점규제 및 공정거래에 관한 법률 시행령」 제4조 각호의 어느 하나에 해당하는 기업집단에 속하는 계열회사이고, 그 기업집단 소속의 다른 계열회사가 다른 쪽의 의결권 있는 주식의 50퍼센트 이상을 직접 또는 간접으로 소유할 것

나. 납세자 반증 시 이전가격세제 적용 배제

지분관계에 의해 성립되는 특수관계의 경우 무조건 특수관계로 보아 과세당국이 이전가격세제를 적용하여 과세표준 및 세액을 결정·경정한다. 하지만 과세당국은 공통이해관계 있고 실질 지배력 기준에 의해 성립되는 특수관계에서 납세자가 특수관계에 해당하지 아니하는 명백한 반증을 제시한 경우에는 이전가격세제를 적용하여 과세표준 및 세액을 결정·경정하지 아니한다(국조법 §7③).

【서면-2020-국제세원-1931, 2020. 6. 17.】
외국법인의 의결권 있는 주식의 100분의 50 미만을 직접 또는 간접으로 소유하고 있고 그 외국법인과 자본의 출자관계, 재화·용역의 거래관계, 자금의 대여 등에 의하여 소득을 조정할 수 있는 공통의 이해관계가 있는 내국법인이 「국제조세조정에 관한 법률 시행령」 제2조 제1항 제4호 가목 및 다목의 방법으로 그 외국법인의 사업 방침 전부 또는 중요한 부분을 실질적으로 결정할 수 있는 경우, 해당 내국법인과 그 외국법인은 「국제조세조정에 관한 법률」 제2조 제1항 제8호 및 같은 법 시행령 제2조 제1항 제4호에 따른 특수관계에 해당하는 것임.

국제조세조정에 관한 법률 집행기준 2-2-3 【제3자의 개입에 의한 특수관계】
"제3자의 개입에 의한 특수관계"란 거주자·내국법인 또는 국내사업장과 비거주자·외국법인 또는 이들의 국외사업장과의 관계에서 일방과 타방 간에 자본의 출자관계, 재화·용역의 거래관계, 자금의 대여 등에 의하여 소득을 조정할 수 있는 공통의 이해관계가 있고

제3자・일방 및 타방 간의 관계가 다음의 어느 하나에 해당하는 경우 그 일방과 타방과의 관계를 말한다.

① 거주자・내국법인 또는 국내사업장이 의결권 있는 주식의 100분의 50 이상을 직접 또는 간접으로 소유하는 일방과 그 거주자・내국법인 또는 국내사업장과 「국제조세조정에 관한 법률 시행령」(이 장에서 '영'이라 하고, 다른 장에서는 '국조령'이라 함) 제2조 제1항 제4호 각목의 어느 하나에 해당하는 관계에 있는 타방과의 관계

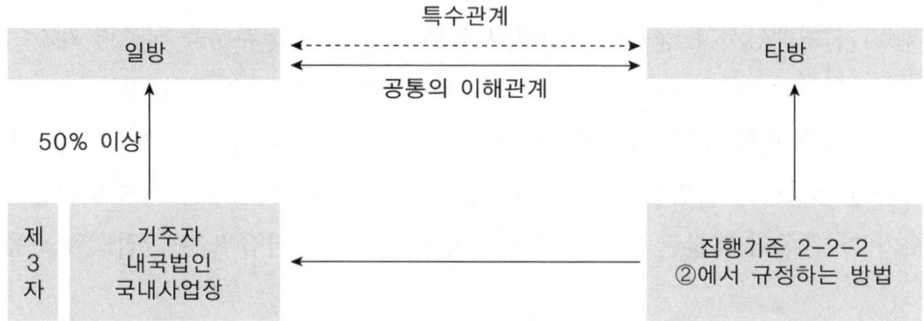

② 비거주자・외국법인 또는 이들의 국외사업장이 의결권 있는 주식의 100분의 50 이상을 직접 또는 간접으로 소유하는 일방과 그 비거주자・외국법인 또는 이들의 국외사업장과 영 제2조 제1항 제4호 각목의 어느 하나에 해당하는 관계에 있는 타방과의 관계

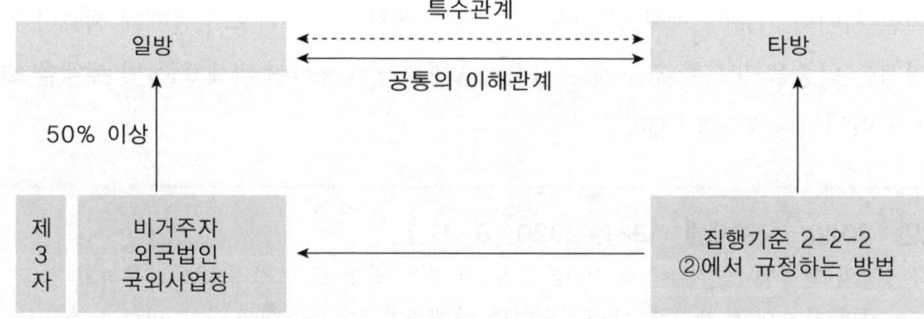

③ 「독점규제 및 공정거래에 관한 법률 시행령」 제3조 각호의 어느 하나에 해당하는 기업집단에 속하는 계열회사인 일방과 그 기업집단 소속의 다른 계열회사가 의결권 있는 주식의 100분의 50 이상을 직접 또는 간접으로 소유하는 타방과의 관계

④ 제3자가 거래당사자 쌍방의 사업방침을 영 제2조 제1항 제4호 각목의 어느 하나의 방법에 의하여 모두 또는 중요한 부분을 실질적으로 결정할 수 있는 경우 그 거래당사자 쌍방 간의 관계

| 국제조세조정에 관한 법률상 특수관계인 범위 요약 |

구분	특수관계인 범위
지분소유관계	• 거래당사자의 지분소유관계 거래당사자 중 한쪽이 다른 거래당사자의 의결권 있는 주식등 50% 이상 소유한 경우 거래당사자 양쪽 • 제3자등 지분소유관계 제3자와 친족이 거래당사자 양쪽의 의결권 있는 주식등 50% 이상 소유한 경우 거래당사자 양쪽
공통이해 & 실질 지배력 기준 관계	• 거래당사자의 공통이해 & 거래당사자의 실질지배력 기준 거래당사자 사이에 공통의 이해관계 & 어느 거래당사자가 상대방에게 실질지배력 행사 • 거래당사자의 공통이해 & 제3자의 실질지배력 기준 거래당사자 사이에 공통의 이해관계 & 제3자가 거래당사자 양쪽에게 실질지배력 행사

제3절 국제조세조정에 관한 법률상 특수관계 법률연혁

I 1995. 12. 6. 제정부터 1999. 12. 31.까지

1995. 12. 6. 제정된 국제조세조정에 관한 법률은 특수관계에 대해 다음과 같이 규정하고, 1996. 12. 31. 시행령 제2조에 구체적인 세부기준을 제정하였다.

구 국제조세조정에 관한 법률 제2조 【정의】

① 이 법에서 사용하는 용어의 정의는 다음과 같다. (1995. 12. 6. 제정)

8. "특수관계"라 함은 다음 각목의 1에 해당하는 관계를 말하며 그 세부기준은 대통령령으로 정한다. (1995. 12. 6. 제정)

가. 거래당사자의 일방이 타방의 의결권 있는 주식의 100분의 50 이상을 직접 또는 간접으로 소유하고 있는 관계 (1995. 12. 6. 제정)

나. 제3자가 거래당사자 쌍방의 의결권 있는 주식의 100분의 50 이상을 직접 또는 간접으로 각각 소유하고 있는 경우 그 쌍방 간의 관계 (1995. 12. 6. 제정)

다. 거래당사자의 일방이 타방의 사업방침을 실질적으로 결정할 수 있는 관계

(1995. 12. 6. 제정)

구 국제조세조정에 관한 법률 시행령 제2조 【특수관계의 세부기준】

① 법 제2조 제1항 제8호에서 "특수관계"라 함은 다음 각호에서 정하는 관계를 말한다. (1996. 12. 31. 개정)

1. 외국에 거주하거나 소재하는 자(주주 및 출자자를 포함하며, 이하 "외국주주"라 한다)가 내국법인 또는 국내사업장을 두고 있는 외국법인의 의결권 있는 주식(출자지분을 포함한다. 이하 같다)의 100분의 50 이상을 직접 또는 간접으로 소유한 경우 당해 내국법인·국내사업장과 외국주주와의 관계 (1996. 12. 31. 개정)
2. 거주자·내국법인 또는 국내사업장을 두고 있는 외국법인이 다른 외국법인의 의결권 있는 주식의 100분의 50 이상을 직접 또는 간접으로 소유한 경우에 그 거주자·내국법인 또는 국내사업장과 다른 외국법인과의 관계 (1996. 12. 31. 개정)
3. 내국법인 또는 국내사업장을 두고 있는 외국법인의 의결권 있는 주식의 100분의 50 이상을 직접 또는 간접으로 소유하고 있는 자가 제3의 외국법인의 의결권 있는 주식의 100분의 50 이상을 직접 또는 간접으로 소유한 경우에 그 내국법인 또는 국내사업장과 제3의 외국법인(그 외국법인의 국내사업장을 포함한다)과의 관계 (1996. 12. 31. 개정)
4. 거주자·내국법인 또는 국내사업장과 비거주자·외국법인 또는 이들의 국외사업장과의 관계에 있어서 일방이 다음 각목의 1의 방법에 의하여 타방의 사업방침의 전부 또는 중요한 부분을 실질적으로 결정할 수 있는 경우 그 일방과 타방과의 관계 (1996. 12. 31. 개정)
   가. 일방법인의 대표임원이나 총 임원수의 절반 이상에 해당하는 임원이 타방법인의 임원 또는 종업원의 지위에 있을 것 (1996. 12. 31. 개정)
   나. 일방이 조합이나 신탁을 통하여 타방의 의결권 있는 주식의 100분의 50 이상을 소유할 것 (1996. 12. 31. 개정)
   다. 일방이 사업활동의 대부분을 타방과의 거래에 의존할 것 (1996. 12. 31. 개정)
   라. 일방이 사업활동에 필요한 자금의 대부분을 타방으로부터 차입하거나 타방에 의한 지급보증을 통하여 조달할 것 (1996. 12. 31. 개정)
   마. 일방이 타방으로부터 제공되는 무체재산권에 주로 의존하여 사업활동을 영위할 것 (1996. 12. 31. 개정)

② 제1항 제1호 내지 제3호에서 규정하는 주식의 간접소유비율은 다음 각호의 구분에 따라 계산한다. (1996. 12. 31. 개정)

1. 일방법인이 타방법인의 주주인 법인(이하 "주주법인"이라 한다)의 의결권 있는 주식의 100분의 50 이상을 소유하고 있는 경우에는 주주법인이 소유하고 있는 타방법인의 의결권 있는 주식이 그 타방법인의 의결권 있는 주식에서 차지하는 비율(이하 "주주법인의 주식소유비율"이라 한다)을 일방법인의 타방법인에 대한 간접소유비율로 한다. 다만, 주주법인이 둘 이상인 경우에는 각 주주법인별로 계산한 비율을 합계한 비율을 일방법인의

타방법인에 대한 간접소유비율로 한다. (1996. 12. 31. 개정)

2. 일방법인이 타방법인의 주주법인의 의결권 있는 주식의 100분의 50 미만을 소유하고 있는 경우에는 그 소유비율에 주주법인의 주식소유비율을 곱한 비율을 일방법인의 타방법인에 대한 간접소유비율로 한다. 다만, 주주법인이 둘 이상인 경우에는 각 주주법인별로 계산한 비율을 합계한 비율을 일방법인의 타방법인에 대한 간접소유비율로 한다. (1996. 12. 31. 개정)
3. 제1호 및 제2호의 계산방법은 타방법인의 주주법인과 일방법인 사이에 한 개 이상의 법인이 개재되어 있고 이들 법인이 주식소유관계를 통하여 연결되어 있는 경우에도 이를 준용한다. (1996. 12. 31. 개정)

2000. 1. 1.부터 2006. 5. 24.까지

1. 2000. 1. 1.

2000. 12. 29. 대통령령 제17045호 개정으로 사업방침들을 결정하는 실질지배 판단기준에 소급하여 3년 이내 타방법인의 임원 또는 종업원의 지위에 있는 것이 추가되는 것으로 시행령 제2조 제1항 제4호 가목이 개정되었다.

구 국제조세조정에 관한 법률 시행령	구 국제조세조정에 관한 법률 시행령
제2조 【특수관계의 세부기준】 4. 거주자・내국법인 또는 국내사업장과 비거주자・외국법인 또는 이들의 국외사업장과의 관계에 있어서 일방이 다음 각목의 1의 방법에 의하여 타방의 사업방침의 전부 또는 중요한 부분을 실질적으로 결정할 수 있는 경우 그 일방과 타방과의 관계 (1996. 12. 31. 개정) 가. 일방법인의 대표임원이나 총 임원수의 절반 이상에 해당하는 임원이 타방법인의 임원 또는 종업원의 지위에 있을 것 (1996. 12. 31. 개정)	제2조 【특수관계의 세부기준】 4. 거주자・내국법인 또는 국내사업장과 비거주자・외국법인 또는 이들의 국외사업장과의 관계에 있어서 일방이 다음 각목의 1의 방법에 의하여 타방의 사업방침의 전부 또는 중요한 부분을 실질적으로 결정할 수 있는 경우 그 일방과 타방과의 관계 (1996. 12. 31. 개정) 가. 일방법인의 대표임원이나 총 임원수의 절반 이상에 해당하는 임원이 타방법인의 임원 또는 종업원의 지위에 있거나 <u>사업연도 종료일부터 소급하여 3년 이내에 타방법인의 임원 또는 종업원의 지위에 있었을 것</u> (2000. 12. 29. 개정)

2. 2003. 1. 1.

가. 특수관계인 정의에 공통의 이해관계가 있는 경우 신설

2002. 12. 18. 법률 제6779호의 개정으로 특수관계 정의에 공통의 이해관계가 있는 것으로 인정되는 관계가 신설되었다.

구 국제조세조정에 관한 법률	구 국제조세조정에 관한 법률
제2조 【정의】 ① 이 법에서 사용하는 용어의 정의는 다음과 같다. (1995. 12. 6. 제정) 8. "특수관계"라 함은 다음 각목의 1에 해당하는 관계를 말하며 그 세부기준은 대통령령으로 정한다. (1995. 12. 6. 제정) 가. 거래당사자의 일방이 타방의 의결권 있는 주식의 100분의 50 이상을 직접 또는 간접으로 소유하고 있는 관계 (1995. 12. 6. 제정) 나. 제3자가 거래당사자 쌍방의 의결권 있는 주식의 100분의 50 이상을 직접 또는 간접으로 각각 소유하고 있는 경우 그 쌍방간의 관계 (1995. 12. 6. 제정) 다. 거래당사자의 일방이 타방의 사업방침을 실질적으로 결정할 수 있는 관계 (1995. 12. 6. 제정)	제2조 【정의】 ① 이 법에서 사용하는 용어의 정의는 다음과 같다. (1995. 12. 6. 제정) 8. "특수관계"라 함은 다음 각목의 1에 해당하는 관계를 말하며 그 세부기준은 대통령령으로 정한다. (1995. 12. 6. 제정) 가. 거래당사자의 일방이 타방의 의결권 있는 주식의 100분의 50 이상을 직접 또는 간접으로 소유하고 있는 관계 (1995. 12. 6. 제정) 나. 제3자가 거래당사자 쌍방의 의결권 있는 주식의 100분의 50 이상을 직접 또는 간접으로 각각 소유하고 있는 경우 그 쌍방간의 관계 (1995. 12. 6. 제정) 다. 거래당사자의 일방이 타방의 사업방침을 실질적으로 결정할 수 있는 관계 (1995. 12. 6. 제정) **라. 자본의 출자관계, 재화·용역의 거래관계, 자금의 대여 등에 의하여 거래당사자 사이에 공통의 이해관계가 있는 것으로 인정되는 관계** (2002. 12. 18. 신설)

나. 공통의 이해관계에 대한 세부기준 정립

특수관계의 정의에 공통의 이해관계 있는 것으로 인정되는 관계가 신설됨에 따라 2002. 12. 30. 대통령령 제17832호로 공통의 이해관계가 있는 경우에 대한 세부기준이 규정되었다.

구 국제조세조정에 관한 법률 시행령	구 국제조세조정에 관한 법률 시행령
제2조【특수관계의 세부기준】 〈신설〉	제2조【특수관계의 세부기준】 5. 거주자・내국법인 또는 국내사업장과 비거주자・외국법인 또는 이들의 국외사업장이 다음 각목의 1에 해당하는 공통의 이해관계가 있는 것으로 인정되는 관계 (2002. 12. 30. 신설) 가. 거주자・내국법인 또는 국내사업장이 의결권 있는 주식의 100분의 50 이상을 직접 또는 간접으로 소유하는 일방과 당해 거주자・내국법인 또는 국내사업장과 제4호 각목의 1에 해당하는 관계에 있는 타방과의 관계 (2002. 12. 30. 신설) 나. 비거주자・외국법인 또는 이들의 국외사업장이 의결권 있는 주식의 100분의 50 이상을 직접 또는 간접으로 소유하는 일방과 당해 비거주자・외국법인 또는 이들의 국외사업장과 제4호 각목의 1에 해당하는 관계에 있는 타방과의 관계 (2002. 12. 30. 신설) 다. 독점규제 및 공정거래에 관한 법률 시행령 제3조 각호의 1에 해당하는 기업집단에 속하는 계열회사인 일방과 당해 기업집단 소속의 다른 계열회사가 의결권 있는 주식의 100분의 50 이상을 직접 또는 간접으로 소유하는 타방과의 관계 (2002. 12. 30. 신설) 라. 그 밖에 가목 내지 다목과 유사한 관계로서 주식소유형태, 재화・용역의 거래형태, 자금거래형태 및 동일 기업집단에의 소속 여부 등에 의하여 공통의 이해관계가 있다고 인정되는 관계 (2002. 12. 30. 신설)

 2006. 5. 24.부터 2012. 2. 1.까지

1. 2006. 5. 24.

2006. 5. 24. 법률 제7956호로 공통의 이해관계없이 실질적 지배가 있다는 것만으로 특수관계가 있는 것으로 판정하는 것은 정상적인 사업활동을 위축시킬 우려가 있으므로, 공통의 이해관계가 있으면서 동시에 실질적 지배관계가 있는 경우에 한하여 특수관계에 해당하는 것으로 특수관계인 정의가 개정되었다.

구 국제조세조정에 관한 법률	구 국제조세조정에 관한 법률
	제2조【정의】 ① 이 법에서 사용하는 용어의 정의는 다음과 같다. (1995. 12. 6. 제정)
8. "특수관계"라 함은 다음 각목의 1에 해당하는 관계를 말하며 그 세부기준은 대통령령으로 정한다. (1995. 12. 6. 제정)	8. "특수관계"라 함은 다음 각목의 1에 해당하는 관계를 말하며 그 세부기준은 대통령령으로 정한다. (1995. 12. 6. 제정)
가. 거래당사자의 일방이 타방의 의결권 있는 주식의 100분의 50 이상을 직접 또는 간접으로 소유하고 있는 관계 (1995. 12. 6. 제정)	가. 거래당사자의 일방이 타방의 의결권 있는 주식의 100분의 50 이상을 직접 또는 간접으로 소유하고 있는 관계 (1995. 12. 6. 제정)
나. 제3자가 거래당사자 쌍방의 의결권 있는 주식의 100분의 50 이상을 직접 또는 간접으로 각각 소유하고 있는 경우 그 쌍방간의 관계 (1995. 12. 6. 제정)	나. 제3자가 거래당사자 쌍방의 의결권 있는 주식의 100분의 50 이상을 직접 또는 간접으로 각각 소유하고 있는 경우 그 쌍방간의 관계 (1995. 12. 6. 제정)
다. 거래당사자의 일방이 타방의 사업방침을 실질적으로 결정할 수 있는 관계 (1995. 12. 6. 제정)	다. 자본의 출자관계, 재화・용역의 거래관계, 자금의 대여 등에 의하여 거래당사자 사이에 공통의 이해관계가 있고 거래당사자의 일방이 타방의 사업방침을 실질적으로 결정할 수 있는 관계 (2006. 5. 24. 개정)
라. 자본의 출자관계, 재화・용역의 거래관계, 자금의 대여 등에 의하여 거래당사자 사이에 공통의 이해관계가 있는 것으로 인정되는 관계 (2002. 12. 18. 신설)	라. 자본의 출자관계, 재화・용역의 거래관계, 자금의 대여 등에 의하여 거래당사자 사이에 공통의 이해관계가 있고 제3자가 거래당사자 쌍방의 사업방침을 실질적으로 결정할 수 있는 경우 그 거래당사자 쌍방 간의 관계 (2006. 5. 24. 개정)

2. 2006. 8. 24.

2006. 8. 24. 대통령령 제19650호의 일부개정으로 ① 거래당사자 사이에 공통의 이해관계가 있고 거래당사자 일방 또는 제3자가 타방 또는 쌍방의 사업방침을 실질적으로 결정할 수 있는 경우 그 거래당사자 간의 관계를 특수관계로 보도록 법률이 개정됨에 따라 특수관계를 판정하는 세부기준이 조정되었고, ② 일방과 타방과의 관계의 경우에는 일방과 타방 간에 자본의 출자관계, 재화나 용역의 거래관계, 자금의 대여 등에 의하여 소득을 조정할 수 있는 공통의 이해관계가 있으면서 일방이 타방의 사업방침의 전부 또는 중요한 부분을 실질적으로 결정할 수 있는 경우 특수관계로 보도록 하고, 제3자와 일방 및 타방과의 관계의 경우에는 일방과 타방 간에 공통의 이해관계가 있고 제3자가 일방의 의결권 있는 주식의 100분의 50 이상을 직접 또는 간접으로 소유하면서 그 제3자가 타방의 사업방침의 전부 또는 중요한 부분을 실질적으로 결정할 수 있는 경우 그 일방과 타방과의 관계를 특수관계로 보도록 개정되었다(프랜차이즈업의 경우와 같이 거래당사자 사이에 인위적인 방법으로 소득을 조정할 수 있는 공통의 이해관계가 없는 경우에도 거래당사자 일방이 타방의 사업방침을 결정할 수 있는 관계라는 이유로 특수관계로 규정되어 이전가격세제를 적용받는 문제를 개선하고자 하는 취지임).

구 국제조세조정에 관한 법률	구 국제조세조정에 관한 법률
제2조【특수관계의 세부기준】 4. 거주자・내국법인 또는 국내사업장과 비거주자・외국법인 또는 이들의 국외사업장과의 관계에 있어서 일방이 다음 각목의 1의 방법에 의하여 타방의 사업방침의 전부 또는 중요한 부분을 실질적으로 결정할 수 있는 경우 그 일방과 타방과의 관계 (1996. 12. 31. 개정) 5. 거주자・내국법인 또는 국내사업장과 비거주자・외국법인 또는 이들의 국외사업장이 다음 각목의 1에 해당하는 공통의 이해관계가 있는 것으로 인정되는 관계 (2002. 12. 30. 신설) 가. 거주자・내국법인 또는 국내사업장이 의결권 있는 주식의 100분의 50 이상을 직접 또는 간접으로 소유하는 일방과 당해 거주자・내국법인 또는 국내사업장과 제4호 각목의 1에 해당하는 관계에 있는 타방과의 관계 (2002. 12. 30. 신설)	제2조【특수관계의 세부기준】 4. <u>거주자・내국법인 또는 국내사업장과 비거주자・외국법인 또는 이들의 국외사업장과의 관계에서 일방과 타방 간에 자본의 출자관계, 재화・용역의 거래관계, 자금의 대여 등에 의하여 소득을 조정할 수 있는 공통의 이해관계가 있고 일방이 다음 각목의 어느 하나의 방법에 의하여 타방의 사업방침의 전부 또는 중요한 부분을 실질적으로 결정할 수 있는 경우 그 일방과 타방과의 관계</u> (2006. 8. 24. 개정) 5. <u>거주자・내국법인 또는 국내사업장과 비거주자・외국법인 또는 이들의 국외사업장과의 관계에서 일방과 타방 간에 자본의 출자관계, 재화・용역의 거래관계, 자금의 대여 등에 의하여 소득을 조정할 수 있는 공통의 이해관계가 있고 제3자・일방 및 타방 간의 관계</u>

구 국제조세조정에 관한 법률	구 국제조세조정에 관한 법률
나. 비거주자·외국법인 또는 이들의 국외사업장이 의결권 있는 주식의 100분의 50 이상을 직접 또는 간접으로 소유하는 일방과 당해 비거주자·외국법인 또는 이들의 국외사업장과 제4호 각목의 1에 해당하는 관계에 있는 타방과의 관계 (2002. 12. 30. 신설) 다. 독점규제 및 공정거래에 관한 법률시행령 제3조 각호의 1에 해당하는 기업집단에 속하는 계열회사인 일방과 당해 기업집단 소속의 다른 계열회사가 의결권 있는 주식의 100분의 50 이상을 직접 또는 간접으로 소유하는 타방과의 관계 (2002. 12. 30. 신설) 라. 그 밖에 가목 내지 다목과 유사한 관계로서 주식소유형태, 재화·용역의 거래형태, 자금거래형태 및 동일 기업집단에의 소속여부 등에 의하여 공통의 이해관계가 있다고 인정되는 관계 (2002. 12. 30. 신설)	가 다음 각목의 어느 하나에 해당하는 경우 그 일방과 타방과의 관계 (2006. 8. 24. 개정) 가. 거주자·내국법인 또는 국내사업장이 의결권 있는 주식의 100분의 50 이상을 직접 또는 간접으로 소유하는 일방과 그 거주자·내국법인 또는 국내사업장과 제4호 각목의 어느 하나에 해당하는 관계에 있는 타방과의 관계 (2006. 8. 24. 개정) 나. 비거주자·외국법인 또는 이들의 국외사업장이 의결권 있는 주식의 100분의 50 이상을 직접 또는 간접으로 소유하는 일방과 그 비거주자·외국법인 또는 이들의 국외사업장과 제4호 각목의 어느 하나에 해당하는 관계에 있는 타방과의 관계 (2006. 8. 24. 개정) 다. 「독점규제 및 공정거래에 관한 법률 시행령」 제3조 각호의 어느 하나에 해당하는 기업집단에 속하는 계열회사인 일방과 그 기업집단 소속의 다른 계열회사가 의결권 있는 주식의 100분의 50 이상을 직접 또는 간접으로 소유하는 타방과의 관계 (2006. 8. 24. 개정) 라. 제3자가 거래당사자 쌍방의 사업방침을 제4호 각목의 어느 하나의 방법에 의하여 전부 또는 중요한 부분을 실질적으로 결정할 수 있는 경우 그 거래당사자 쌍방 간의 관계 (2006. 8. 24. 개정)

2012. 2. 2.부터 2020. 12. 31.까지

2012. 2. 2. 대통령령 제23600호로 일방, 타방, 거래당사자 쌍방이 어느 한쪽, 다른 쪽, 거래당사자 양쪽으로 용어가 변경되었다.

구 국제조세조정에 관한 법률 시행령	구 국제조세조정에 관한 법률 시행령
제2조【특수관계의 세부기준】 ① 「국제조세조정에 관한 법률」(이하 "법"이라 한다) 제2조 제1항 제8호에서 "특수관계"라 함은 다음 각호의 어느 하나에 해당하는 관계를 말한다. (2006. 8. 24. 개정) 4. 거주자·내국법인 또는 국내사업장과 비거주자·외국법인 또는 이들의 국외사업장과의 관계에서 일방과 타방 간에 자본의 출자관계, 재화·용역의 거래관계, 자금의 대여 등에 의하여 소득을 조정할 수 있는 공통의 이해관계가 있고 일방이 다음 각목의 어느 하나의 방법에 의하여 타방의 사업방침의 전부 또는 중요한 부분을 실질적으로 결정할 수 있는 경우 그 일방과 타방과의 관계 (2006. 8. 24. 개정) 가. 타방법인의 대표임원이나 총 임원수의 절반 이상에 해당하는 임원이 일방법인의 임원 또는 종업원의 지위에 있거나 사업연도 종료일부터 소급하여 3년 이내에 일방법인의 임원 또는 종업원의 지위에 있었을 것 (2002. 12. 30. 개정) 나. 일방이 조합이나 신탁을 통하여 타방의 의결권 있는 주식의 100분의 50 이상을 소유할 것 (1996. 12. 31. 개정) 다. 타방이 사업활동의 100분의 50 이상을 일방과의 거래에 의존할 것 (2002. 12. 30. 개정) 라. 타방이 사업활동에 필요한 자금의 100분의 50 이상을 일방으로부터 차입하거나 일방에 의한 지급보증을 통하여 조달할 것 (2002. 12. 30. 개정) 마. 타방이 일방으로부터 제공되는 무체재산권에 100분의 50 이상을 의존하여 사업활동을 영위할 것 (2002. 12. 30. 개정) 5. 거주자·내국법인 또는 국내사업장과 비거주자·외국법인 또는 이들의 국외사업장과의 관계에서 일방과 타방 간에 자본의 출자관계, 재화·용역의 거래관계, 자금의 대여 등에 의하여 소득을 조정할 수 있는 공통의 이해관계가 있고 제3자·일방 및 타방 간의 관계가 다	제2조【특수관계의 세부기준】 ① 「국제조세조정에 관한 법률」(이하 "법"이라 한다) 제2조 제1항 제8호에 따른 특수관계는 다음 각호의 어느 하나에 해당하는 관계로 한다. (2012. 2. 2. 개정) 4. 거주자·내국법인 또는 국내사업장과 비거주자·외국법인 또는 이들의 국외사업장의 관계에서 어느 한쪽과 다른 쪽 간에 자본의 출자관계, 재화·용역의 거래관계, 자금의 대여 등에 의하여 소득을 조정할 수 있는 공통의 이해관계가 있고, 어느 한쪽이 다음 각목의 어느 하나의 방법으로 다른 쪽의 사업 방침 전부 또는 중요한 부분을 실질적으로 결정할 수 있는 경우 그 어느 한쪽과 다른 쪽의 관계 (2012. 2. 2. 개정) 가. 다른 쪽 법인의 대표임원이나 총 임원수의 절반 이상에 해당하는 임원이 어느 한쪽 법인의 임원 또는 종업원의 지위에 있거나 사업연도 종료일부터 소급하여 3년 이내에 어느 한쪽 법인의 임원 또는 종업원의 지위에 있었을 것 (2012. 2. 2. 개정) 나. 어느 한쪽이 조합이나 신탁을 통하여 다른 쪽의 의결권 있는 주식의 100분의 50 이상을 소유할 것 (2012. 2. 2. 개정) 다. 다른 쪽이 사업활동의 100분의 50 이상을 어느 한쪽과의 거래에 의존할 것 (2012. 2. 2. 개정) 라. 다른 쪽이 사업활동에 필요한 자금의 100분의 50 이상을 어느 한쪽으로부터 차입하거나 어느 한쪽에 의한 지급보증을 통하여 조달할 것 (2012. 2. 2. 개정) 마. 다른 쪽이 어느 한쪽으로부터 제공되는 지식재산권에 100분의 50 이상을 의존하여 사업활동을 할 것 (2012. 2. 2. 개정) 5. 거주자·내국법인 또는 국내사업장과 비거주자·외국법인 또는 이들의 국외사업장의 관계에서 어느 한쪽과 다른 쪽 간에 자본의 출자관계, 재화·용역의 거래관계, 자금의 대여

구 국제조세조정에 관한 법률 시행령	구 국제조세조정에 관한 법률 시행령
음 각목의 어느 하나에 해당하는 경우 그 일방과 타방과의 관계 (2006. 8. 24. 개정) 가. 거주자·내국법인 또는 국내사업장이 의결권 있는 주식의 100분의 50 이상을 직접 또는 간접으로 소유하는 일방과 그 거주자·내국법인 또는 국내사업장과 제4호 각목의 어느 하나에 해당하는 관계에 있는 타방과의 관계 (2006. 8. 24. 개정) 나. 비거주자·외국법인 또는 이들의 국외사업장이 의결권 있는 주식의 100분의 50 이상을 직접 또는 간접으로 소유하는 일방과 그 비거주자·외국법인 또는 이들의 국외사업장과 제4호 각목의 어느 하나에 해당하는 관계에 있는 타방과의 관계 (2006. 8. 24. 개정) 다.「독점규제 및 공정거래에 관한 법률 시행령」 제3조 각호의 어느 하나에 해당하는 기업집단에 속하는 계열회사인 일방과 그 기업집단 소속의 다른 계열회사가 의결권 있는 주식의 100분의 50 이상을 직접 또는 간접으로 소유하는 타방과의 관계 (2006. 8. 24. 개정) 라. 제3자가 거래당사자 쌍방의 사업방침을 제4호 각목의 어느 하나의 방법에 의하여 전부 또는 중요한 부분을 실질적으로 결정할 수 있는 경우 그 거래당사자 쌍방간의 관계 (2006. 8. 24. 개정) ② 제1항 제1호 내지 제3호 및 제5호에서 규정하는 주식의 간접소유비율은 다음 각호의 구분에 따라 계산한다. (2002. 12. 30. 개정) 1. 일방법인이 타방법인의 주주인 법인(이하 "주주법인"이라 한다)의 의결권 있는 주식의 100분의 50 이상을 소유하고 있는 경우에는 주주법인이 소유하고 있는 타방법인의 의결권 있는 주식이 그 타방법인의 의결권 있는 주식에서 차지하는 비율(이하 "주주법인의 주식소유비율"이라 한다)을 일방법인의 타방법인에 대한 간접소유비율로 한다. 다만, 주주법인이 둘	등에 의하여 소득을 조정할 수 있는 공통의 이해관계가 있고 <u>제3자, 어느 한쪽 및 다른 쪽 간의 관계가</u> 다음 각목의 어느 하나에 해당하는 경우 <u>그 어느 한쪽과 다른 쪽</u>의 관계 (2012. 2. 2. 개정) 가. 거주자·내국법인 또는 국내사업장이 의결권 있는 주식의 100분의 50 이상을 직접 또는 간접으로 소유하는 어느 한쪽과 그 거주자·내국법인 또는 국내사업장과 제4호 각목의 어느 하나에 해당하는 관계에 있는 <u>다른 쪽의 관계</u> (2012. 2. 2. 개정) 나. 비거주자·외국법인 또는 이들의 국외사업장이 의결권 있는 주식의 100분의 50 이상을 직접 또는 간접으로 소유하는 어느 한쪽과 그 비거주자·외국법인 또는 이들의 국외사업장과 제4호 각목의 어느 하나에 해당하는 관계에 있는 <u>다른 쪽의</u> 관계 (2012. 2. 2. 개정) 다.「독점규제 및 공정거래에 관한 법률 시행령」 제3조 각호의 어느 하나에 해당하는 기업집단에 속하는 계열회사인 어느 한쪽과 그 기업집단 소속의 다른 계열회사가 의결권 있는 주식의 100분의 50 이상을 직접 또는 간접으로 소유하는 <u>다른 쪽의</u> 관계 (2012. 2. 2. 개정) 라. 제3자가 거래당사자 양쪽의 사업 방침을 제4호 각목의 어느 하나의 방법으로 전부 또는 중요한 부분을 실질적으로 결정할 수 있는 경우 <u>그 거래당사자 양쪽</u> 간의 관계 (2012. 2. 2. 개정) ② 제1항 제1호부터 제3호까지 및 제5호에서 규정하는 주식의 간접소유비율은 다음 각호의 방법으로 계산한다. (2012. 2. 2. 개정) 1. <u>어느 한쪽 법인이 다른 쪽 법인</u>의 주주인 법인(이하 "주주법인"이라 한다)의 의결권 있는 주식의 100분의 50 이상을 소유하고 있는 경우에는 주주법인이 소유하고 있는 다른 쪽 법인의 의결권 있는 주식이 그 다른 쪽 법인

구 국제조세조정에 관한 법률 시행령	구 국제조세조정에 관한 법률 시행령
이상인 경우에는 각 주주법인별로 계산한 비율을 합계한 비율을 일방법인의 타방법인에 대한 간접소유비율로 한다. (1996. 12. 31. 개정) 2. 일방법인이 타방법인의 주주법인의 의결권 있는 주식의 100분의 50 미만을 소유하고 있는 경우에는 그 소유비율에 주주법인의 주식소유비율을 곱한 비율을 일방법인의 타방법인에 대한 간접소유비율로 한다. 다만, 주주법인이 둘 이상인 경우에는 각 주주법인별로 계산한 비율을 합계한 비율을 일방법인의 타방법인에 대한 간접소유비율로 한다. (1996. 12. 31. 개정) 3. 제1호 및 제2호의 계산방법은 타방법인의 주주법인과 일방법인 사이에 한 개 이상의 법인이 개재되어 있고 이들 법인이 주식소유관계를 통하여 연결되어 있는 경우에도 이를 준용한다. (1996. 12. 31. 개정)	의 의결권 있는 주식에서 차지하는 비율(이하 "주주법인의 주식소유비율"이라 한다)을 어느 한쪽 법인의 다른 쪽 법인에 대한 간접소유비율로 한다. 다만, 주주법인이 둘 이상인 경우에는 주주법인별로 계산한 비율을 합계한 비율을 어느 한쪽 법인의 다른 쪽 법인에 대한 간접소유비율로 한다. (2012. 2. 2. 개정) 2. **어느 한쪽 법인이 다른 쪽 법인**의 주주법인의 의결권 있는 주식의 100분의 50 미만을 소유하고 있는 경우에는 그 소유비율에 주주법인의 주식소유비율을 곱한 비율을 어느 한쪽 법인의 다른 쪽 법인에 대한 간접소유비율로 한다. 다만, 주주법인이 둘 이상인 경우에는 주주법인별로 계산한 비율을 합계한 비율을 어느 한쪽 법인의 다른 쪽 법인에 대한 간접소유비율로 한다. (2012. 2. 2. 개정) 3. **다른 쪽 법인의 주주법인과 어느 한쪽 법인 사이**에 하나 이상의 법인이 개재되어 있고 이들 법인이 주식소유관계를 통하여 연결되어 있는 경우에도 제1호와 제2호의 계산방법을 준용한다. (2012. 2. 2. 개정)

 2020. 12. 22.부터

1. 2020. 12. 22. 법률 전부 개정

2020. 12. 22. 법률 제17651호로 국제조세조정에 관한 법률이 전부 개정되면서 특수관계에 대한 정의도 개정되었다.

구 국제조세조정에 관한 법률	구 국제조세조정에 관한 법률
제2조 【정의】 8. "특수관계"란 다음 각목의 어느 하나에 해당하는 관계를 말하며 그 세부기준은 대통령령으로 정한다. (2010. 1. 1. 개정) 가. 거래당사자의 어느 한쪽이 다른 쪽의 의결권 있는 주식(출자지분을 포함한다. 이	제2조 【정의】 ① 이 법에서 사용하는 용어의 뜻은 다음과 같다. (2020. 12. 22. 개정) 3. "특수관계"란 다음 각목의 어느 하나에 해당하는 관계를 말하며, 그 세부 기준은 대통령령으로 정한다. (2020. 12. 22. 개정)

구 국제조세조정에 관한 법률	구 국제조세조정에 관한 법률
하 같다)의 100분의 50 이상을 직접 또는 간접으로 소유하고 있는 관계 (2013. 1. 1. 개정) 나. 제3자가 거래당사자 양쪽의 의결권 있는 주식의 100분의 50 이상을 직접 또는 간접으로 각각 소유하고 있는 경우 그 양쪽 간의 관계 (2010. 1. 1. 개정) 다. 자본의 출자관계, 재화・용역의 거래관계, 자금의 대여 등에 의하여 거래당사자 간에 공통의 이해관계가 있고 거래당사자의 어느 한쪽이 다른 쪽의 사업 방침을 실질적으로 결정할 수 있는 관계 (2010. 1. 1. 개정) 라. 자본의 출자관계, 재화・용역의 거래관계, 자금의 대여 등에 의하여 거래당사자 간에 공통의 이해관계가 있고 제3자가 거래당사자 양쪽의 사업 방침을 실질적으로 결정할 수 있는 경우 그 거래당사자 간의 관계 (2010. 1. 1. 개정)	가. 거래당사자 중 어느 한쪽이 다른 쪽의 의결권 있는 주식(출자지분을 포함한다. 이하 같다)의 50퍼센트 이상을 직접 또는 간접으로 소유하고 있는 경우 그 거래당사자 간의 관계 (2020. 12. 22. 개정) 나. 제3자와 그 친족 등 대통령령으로 정하는 자가 거래당사자 양쪽의 의결권 있는 주식의 50퍼센트 이상을 직접 또는 간접으로 각각 소유하고 있는 경우 그 거래당사자 간의 관계 (2020. 12. 22. 개정) 다. 거래당사자 간에 자본의 출자관계, 재화・용역의 거래관계, 금전의 대차관계 등에 따라 소득을 조정할 만한 공통의 이해관계가 있고, 거래당사자 중 어느 한쪽이 다른 쪽의 사업 방침을 실질적으로 결정할 수 있는 경우 그 거래당사자 간의 관계 (2020. 12. 22. 개정) 라. 거래당사자 간에 자본의 출자관계, 재화・용역의 거래관계, 금전의 대차관계 등에 따라 소득을 조정할 만한 공통의 이해관계가 있고, 제3자가 거래당사자 양쪽의 사업 방침을 실질적으로 결정할 수 있는 경우 그 거래당사자 간의 관계 (2020. 12. 22. 개정)

2. 2021. 2. 17. 시행령 전부 개정

2020. 12. 22. 법률 제17651호에 대한 시행령은 2021. 2. 17. 다음과 같이 전부 개정되면서 제3자의 주식보유비율 산정 시 제3자의 특수관계인인 국세기본법상 친족의 보유비율을 합산하여 판단하는 것으로 규정되었다.

구 국제조세조정에 관한 법률	구 국제조세조정에 관한 법률
제2조【특수관계의 세부기준】 ① 「국제조세조정에 관한 법률」(이하 "법"이라 한다) 제2조 제1항 제8호에 따른 특수관계는 다음 각호의 어느 하나에 해당하는 관계로 한다. (2012. 2. 2. 개정)	제2조【특수관계의 세부 기준】 ① 「국제조세조정에 관한 법률」(이하 "법"이라 한다) 제2조 제1항 제3호 나목에서 "**친족 등 대통령령으로 정하는 자**"란 **「국세기본법」 제2조 제20호 가목에 따른 친족관계에 있는 자(이하**

구 국제조세조정에 관한 법률	구 국제조세조정에 관한 법률
1. 외국에 거주하거나 소재하는 자(주주 및 출자자를 포함하며, 이하 "외국주주"라 한다)가 내국법인 또는 국내사업장을 두고 있는 외국법인의 의결권 있는 주식(출자지분을 포함한다. 이하 같다)의 100분의 50 이상을 직접 또는 간접으로 소유한 경우 그 내국법인 또는 국내사업장과 외국주주의 관계 (2012. 2. 2. 개정) 2. 거주자·내국법인 또는 국내사업장을 두고 있는 외국법인이 다른 외국법인의 의결권 있는 주식의 100분의 50 이상을 직접 또는 간접으로 소유한 경우 그 거주자·내국법인 또는 국내사업장과 다른 외국법인의 관계 (2012. 2. 2. 개정) 3. 내국법인 또는 국내사업장을 두고 있는 외국법인의 의결권 있는 주식의 100분의 50 이상을 직접 또는 간접으로 소유하고 있는 자가 제3의 외국법인의 의결권 있는 주식의 100분의 50 이상을 직접 또는 간접으로 소유한 경우 그 내국법인 또는 국내사업장과 제3의 외국법인(그 외국법인의 국내사업장을 포함한다)의 관계 (2012. 2. 2. 개정) 4. 거주자·내국법인 또는 국내사업장과 비거주자·외국법인 또는 이들의 국외사업장의 관계에서 어느 한쪽과 다른 쪽 간에 자본의 출자관계, 재화·용역의 거래관계, 자금의 대여 등에 의하여 소득을 조정할 수 있는 공통의 이해관계가 있고, 어느 한쪽이 다음 각목의 어느 하나의 방법으로 다른 쪽의 사업 방침 전부 또는 중요한 부분을 실질적으로 결정할 수 있는 경우 그 어느 한쪽과 다른 쪽의 관계 (2012. 2. 2. 개정) 가. 다른 쪽 법인의 대표임원이나 총 임원 수의 절반 이상에 해당하는 임원이 어느 한쪽 법인의 임원 또는 종업원의 지위에 있거나 사업연도 종료일부터 소급하여 3년 이내에 어느 한쪽 법인의 임원 또는 종업원의 지위에 있었을 것 (2012. 2. 2. 개정)	<u>이 조에서 "친족등"이라 한다)를 말한다.</u> (2021. 2. 17. 개정) ② 법 제2조 제1항 제3호에 따른 특수관계는 다음 각호의 어느 하나에 해당하는 관계로 한다. (2021. 2. 17. 개정) 1. 법 제2조 제1항 제3호 가목에 따른 관계: 다음 각목의 어느 하나에 해당하는 관계 (2021. 2. 17. 개정) 가. 거주자·내국법인 또는 국내사업장을 두고 있는 외국법인이 다른 외국법인의 의결권 있는 주식(출자지분을 포함한다. 이하 같다)의 50퍼센트 이상을 직접 또는 간접으로 소유한 경우 그 거주자·내국법인 또는 국내사업장과 다른 외국법인의 관계 (2021. 2. 17. 개정) 나. 외국에 거주하거나 소재하는 자가 내국법인 또는 국내사업장을 두고 있는 외국법인의 의결권 있는 주식의 50퍼센트 이상을 직접 또는 간접으로 소유한 경우 그 자와 내국법인 또는 국내사업장의 관계 (2021. 2. 17. 개정) 2. 법 제2조 제1항 제3호 나목에 따른 관계: 내국법인 또는 국내사업장을 두고 있는 외국법인의 의결권 있는 주식의 50퍼센트 이상을 직접 또는 간접으로 소유하고 있는 제3자와 그의 친족등이 다른 외국법인의 의결권 있는 주식의 50퍼센트 이상을 직접 또는 간접으로 소유한 경우 그 내국법인 또는 국내사업장과 다른 외국법인의 관계 (2021. 2. 17. 개정) 3. 법 제2조 제1항 제3호 다목에 따른 관계: 거래당사자가 거주자·내국법인 또는 국내사업장과 비거주자·외국법인 또는 이들의 국외사업장이고, 거래당사자 한쪽이 다음 각목의 어느 하나의 방법으로 다른 쪽의 사업 방침 전부 또는 중요한 부분을 실질적으로 결정할 수 있는 경우 그 거래당사자 간의 관계 (2021. 2. 17. 개정) 가. 다른 쪽 법인의 대표임원이나 전체 임원

구 국제조세조정에 관한 법률	구 국제조세조정에 관한 법률
나. 어느 한쪽이 조합이나 신탁을 통하여 다른 쪽의 의결권 있는 주식의 100분의 50 이상을 소유할 것 (2012. 2. 2. 개정) 다. 다른 쪽이 사업활동의 100분의 50 이상을 어느 한쪽과의 거래에 의존할 것 (2012. 2. 2. 개정) 라. 다른 쪽이 사업활동에 필요한 자금의 100분의 50 이상을 어느 한쪽으로부터 차입하거나 어느 한쪽에 의한 지급보증을 통하여 조달할 것 (2012. 2. 2. 개정) 마. 다른 쪽이 어느 한쪽으로부터 제공되는 지식재산권에 100분의 50 이상을 의존하여 사업활동을 할 것 (2012. 2. 2. 개정) 5. 거주자·내국법인 또는 국내사업장과 비거주자·외국법인 또는 이들의 국외사업장의 관계에서 어느 한쪽과 다른 쪽 간에 자본의 출자관계, 재화·용역의 거래관계, 자금의 대여 등에 의하여 소득을 조정할 수 있는 공통의 이해관계가 있고 제3자, 어느 한쪽 및 다른 쪽 간의 관계가 다음 각목의 어느 하나에 해당하는 경우 그 어느 한쪽과 다른 쪽의 관계 (2012. 2. 2. 개정) 가. 거주자·내국법인 또는 국내사업장이 의결권 있는 주식의 100분의 50 이상을 직접 또는 간접으로 소유하는 어느 한쪽과 그 거주자·내국법인 또는 국내사업장과 제4호 각목의 어느 하나에 해당하는 관계에 있는 다른 쪽의 관계 (2012. 2. 2. 개정) 나. 비거주자·외국법인 또는 이들의 국외사업장이 의결권 있는 주식의 100분의 50 이상을 직접 또는 간접으로 소유하는 어느 한쪽과 그 비거주자·외국법인 또는 이들의 국외사업장과 제4호 각목의 어느 하나에 해당하는 관계에 있는 다른 쪽의 관계 (2012. 2. 2. 개정) 다. 「독점규제 및 공정거래에 관한 법률 시행령」 제3조 각호의 어느 하나에 해당하는 기업집단에 속하는 계열회사인 어느 한쪽	수의 절반 이상에 해당하는 임원이 거래당사자 한쪽 법인의 임원 또는 종업원의 지위에 있거나 사업연도 종료일부터 소급하여 3년 이내에 거래당사자 한쪽 법인의 임원 또는 종업원의 지위에 있었을 것 (2021. 2. 17. 개정) 나. 거래당사자 한쪽이 조합이나 신탁을 통하여 다른 쪽의 의결권 있는 주식의 50퍼센트 이상을 소유할 것 (2021. 2. 17. 개정) 다. 다른 쪽이 사업활동의 50퍼센트 이상을 거래당사자 한쪽과의 거래에 의존할 것 (2021. 2. 17. 개정) 라. 다른 쪽이 사업활동에 필요한 자금의 50퍼센트 이상을 거래당사자 한쪽으로부터 차입하거나 거래당사자 한쪽에 의한 지급보증을 통하여 조달할 것 (2021. 2. 17. 개정) 마. 다른 쪽이 사업활동의 50퍼센트 이상을 거래당사자 한쪽으로부터 제공되는 지식재산권에 의존할 것 (2021. 2. 17. 개정) 4. 법 제2조 제1항 제3호 라목에 따른 관계: 거래당사자가 거주자·내국법인 또는 국내사업장과 비거주자·외국법인 또는 이들의 국외사업장이고, 제3자가 다음 각목의 어느 하나의 방법으로 거래당사자 양쪽의 사업 방침을 실질적으로 결정할 수 있는 경우 그 거래당사자 간의 관계 (2021. 2. 17. 개정) 가. 제3자가 거래당사자 한쪽의 의결권 있는 주식의 50퍼센트 이상을 직접 또는 간접으로 소유하고, 다른 쪽 사업 방침의 전부 또는 중요한 부분을 제3호 각목의 어느 하나의 방법으로 실질적으로 결정할 수 있을 것 (2021. 2. 17. 개정) 나. 제3자가 거래당사자 양쪽의 사업 방침 전부 또는 중요한 부분을 제3호 각목의 어느 하나의 방법으로 실질적으로 결정할 수 있을 것 (2021. 2. 17. 개정) 다. 거래당사자 한쪽이 「독점규제 및 공정거래에 관한 법률 시행령」 제3조 각호의 어

구 국제조세조정에 관한 법률	구 국제조세조정에 관한 법률
과 그 기업집단 소속의 다른 계열회사가 의결권 있는 주식의 100분의 50 이상을 직접 또는 간접으로 소유하는 다른 쪽의 관계 (2012. 2. 2. 개정) 라. 제3자가 거래당사자 양쪽의 사업 방침을 제4호 각목의 어느 하나의 방법으로 전부 또는 중요한 부분을 실질적으로 결정할 수 있는 경우 그 거래당사자 양쪽 간의 관계 (2012. 2. 2. 개정) ② 제1항 제1호부터 제3호까지 및 제5호에서 규정하는 주식의 간접소유비율은 다음 각호의 방법으로 계산한다. (2012. 2. 2. 개정) 1. 어느 한쪽 법인이 다른 쪽 법인의 주주인 법인(이하 "주주법인"이라 한다)의 의결권 있는 주식의 100분의 50 이상을 소유하고 있는 경우에는 주주법인이 소유하고 있는 다른 쪽 법인의 의결권 있는 주식이 그 다른 쪽 법인의 의결권 있는 주식에서 차지하는 비율(이하 "주주법인의 주식소유비율"이라 한다)을 어느 한쪽 법인의 다른 쪽 법인에 대한 간접소유비율로 한다. 다만, 주주법인이 둘 이상인 경우에는 주주법인별로 계산한 비율을 합계한 비율을 어느 한쪽 법인의 다른 쪽 법인에 대한 간접소유비율로 한다. (2012. 2. 2. 개정) 2. 어느 한쪽 법인이 다른 쪽 법인의 주주법인의 의결권 있는 주식의 100분의 50 미만을 소유하고 있는 경우에는 그 소유비율에 주주법인의 주식소유비율을 곱한 비율을 어느 한쪽 법인의 다른 쪽 법인에 대한 간접소유비율로 한다. 다만, 주주법인이 둘 이상인 경우에는 주주법인별로 계산한 비율을 합계한 비율을 어느 한쪽 법인의 다른 쪽 법인에 대한 간접소유비율로 한다. (2012. 2. 2. 개정) 3. 다른 쪽 법인의 주주법인과 어느 한쪽 법인 사이에 하나 이상의 법인이 개재되어 있고 이들 법인이 주식소유관계를 통하여 연결되어 있는 경우에도 제1호와 제2호의 계산방법을 준용한다. (2012. 2. 2. 개정)	느 하나에 해당하는 기업집단에 속하는 계열회사이고, 그 기업집단 소속의 다른 계열회사가 다른 쪽의 의결권 있는 주식의 50퍼센트 이상을 직접 또는 간접으로 소유할 것 (2021. 2. 17. 개정) ③ 제2항 제1호·제2호 및 제4호를 적용할 때 어느 한쪽(거주자, 내국법인, 비거주자 또는 외국법인을 말한다. 이하 이 항에서 같다)의 다른 쪽(내국법인 또는 외국법인을 말한다. 이하 이 항에서 같다)에 대한 주식의 간접소유비율은 다음 각호의 구분에 따른 방법으로 계산한 비율로 한다. (2021. 2. 17. 개정) 1. 다른 쪽의 주주인 법인(이하 "주주법인"이라 한다)의 의결권 있는 주식의 50퍼센트 이상을 어느 한쪽이 소유하고 있는 경우: 주주법인이 소유하고 있는 다른 쪽의 의결권 있는 주식이 그 다른 쪽의 의결권 있는 주식에서 차지하는 비율(이하 이 항에서 "주주법인의 주식소유비율"이라 한다) (2021. 2. 17. 개정) 2. 주주법인의 의결권 있는 주식의 50퍼센트 미만을 어느 한쪽이 소유하고 있는 경우: 그 소유비율에 주주법인의 주식소유비율을 곱한 비율 (2021. 2. 17. 개정) 3. 제1호 및 제2호를 적용할 때 주주법인이 둘 이상인 경우: 주주법인별로 제1호 및 제2호에 따라 계산한 비율을 더한 비율 (2021. 2. 17. 개정) 4. 어느 한쪽과 주주법인, 그리고 이들 사이의 하나 이상의 법인이 주식소유관계를 통하여 연결되어 있는 경우: 제1호부터 제3호까지의 계산방법을 준용하여 계산한 비율 (2021. 2. 17. 개정)

 개별세법상 특수관계인 범위 비교의 필요성

모든 거래는 본인과 거래상대방의 의사의 합치로 이루어지며 본인과 거래상대방은 개인과 개인인 경우, 개인과 법인인 경우, 법인과 개인인 경우, 법인과 법인인 경우 4가지로 구분될 수 있다.

이 경우 개인과 개인과의 거래로서 자산의 저가 양도거래라면 양도자의 경우에는 소득세법 제101조 부당행위계산부인 대상거래인지를 검토하여야 하므로 국세기본법상 특수관계 성립 여부를 검토해야 하고, 양수자인 경우에는 상속세 및 증여세법 제35조 고・저가 양도에 따른 증여세 과세문제를 검토하여야 하므로 상속세 및 증여세법상 특수관계 성립 여부를 검토해야 한다.

또한 개인과 법인과의 거래로서 자산의 고가 양도거래라면 양도자인 개인의 경우에는 상속세 및 증여세법 제35조 고・저가 양도에 따른 증여에 대한 과세문제를 검토하여야 하므로 상속세 및 증여세법상 특수관계 성립 여부를 검토하여야 하고, 양수자인 법인의 경우 법인세법 제52조 부당행위계산부인 대상거래 또는 법인세법 시행령 제35조 의제기부금 대상거래인지 여부를 검토하여야 하므로 법인세법상 특수관계인 성립 여부를 검토하여야 한다.

즉, 하나의 거래에 대해 각각 범위를 다르게 규정하고 있는 개별세법상 특수관계인 범위가 동시에 적용되므로 개별세법상 특수관계인 범위를 비교하는 것은 중요한 의미가 있다.

개별세법상 특수관계인 범위에 대한 비교는 국세기본법을 기준으로 국세기본법과의 차이를 중심으로 분석할 필요가 있다.

 친족관계에 있는 자

친족관계는 가장 비교가 용이한 관계로서 상속세 및 증여세법은 사돈을 특수관계인으로 규정하고 있는 특이점이 있다.

1. 국세기본법(소득세법)

국세기본법상 친족관계에 있는 자는 다음과 같다.

〈2023. 3. 1.부터〉
○ 4촌 이내의 혈족
○ 3촌 이내의 인척
○ 배우자(사실혼 관계 포함)
○ 친생자로서 친양자 입양된 자 및 배우자와 직계비속
○ 민법에 따라 인지한 혼외 출생자의 생부 또는 생모로서 생계를 유지하거나 생계를 함께 하는 자

〈2012. 2. 2.부터 2023. 2. 28.까지〉
○ 6촌 이내의 혈족
○ 4촌 이내의 인척
○ 배우자(사실혼 관계 포함)
○ 친생자로서 친양자 입양된 자 및 배우자와 직계비속

2. 법인세법

법인격을 가진 법인은 자연인인 개인과 달리 친족관계가 성립할 수 없으므로 친족관계에 대해서는 규정하고 있지 않다.

다만, 경제적 연관관계에 있는 비소액주주등의 친족등 판단 시 친족의 범위에 대해서는 국세기본법을 준용하고 있다.

3. 상속세 및 증여세법

상속세 및 증여세법은 국세기본법상 친족 외에 사돈이 특수관계인에 해당하는 차이가 있다.

○ 직계비속의 배우자의 2촌 이내의 혈족과 배우자

4. 지방세기본법

지방세기본법상 친족관계에 있는 자는 2023. 2. 28.까지는 국세기본법과 동일하였지만 2023. 3. 1.부터 국세기본법상 친족관계에 있는 자의 범위가 개정되었음에도 불구하고 지방세기본법은 개정이 없어 2023. 2. 28.까지 적용되던 국세기본법상의 친족의 범위를 그대로 사용하고 있어 2023. 3. 1.부터는 다음과 같이 국세기본법상 친족의 범위와 차이가 있다.

○ 6촌 이내의 혈족
○ 4촌 이내의 인척
○ 배우자(사실혼 관계 포함)
○ 친생자로서 친양자 입양된 자 및 배우자와 직계비속

5. 비교요약

<table>
<tr><th>구분</th><th>국세기본법</th><th>법인세법</th><th>상속세 및 증여세법</th><th>지방세기본법</th></tr>
<tr><td>동일</td><td>• 4촌 이내의 혈족
• 3촌 이내의 인척
• 배우자(사실혼 포함)
• 친생자로서 친양자 입양된 자 및 배우자와 직계비속
• 혼외 출생자의 생모(부)로서 생계유지, 생계를 함께 하는 자</td><td rowspan="2">없음.</td><td>동일</td><td>• 배우자(사실혼 포함)
• 친생자로서 친양자 입양된 자 및 배우자와 직계비속</td></tr>
<tr><td>차이</td><td>없음.</td><td>• 직계비속 배우자의 2촌 이내의 혈족과 배우자(사돈)</td><td>• 6촌 이내의 혈족
• 4촌 이내의 인척
• 혼외 출생자의 생모(부)로서 생계유지, 생계를 함께하는 자(아님)</td></tr>
</table>

Ⅷ 경제적 연관관계에 있는 자

경제적 연관관계는 법인세법의 경우 법인의 특성상 주주와 밀접한 경제적 연관관계가 있는 점을 고려하여 비소액주주등을 기준으로 경제적 연관관계에 있는 자를 규정하고 있고, 상속세 및 증여세법의 경우 경제적 연관관계에 있는 임원 및 사용인을 확대하여 규정하고 있으므로 이러한 차이점을 주의하여야 한다.

1. 국세기본법(소득세법)

국세기본법상 경제적 연관관계에 있는 자는 다음과 같다. 국세기본법의 경우 임원 간, 사용인 간, 임원과 사용인 간, 지분율에 관계없이 주주와 임·직원 간에는 직접적으로 고용관계에 있거나 친족관계가 성립하지 않는 한 특수관계가 성립하지 않는다.

○ **임원, 사용인** ○ **임원, 사용인 외 생계를 유지하는 자** ○ **위의 자들과 생계를 함께하는 친족** ※ **임원간, 임원과 사용인간, 사용인간 특수관계 불성립**

2. 법인세법

국세기본법상 경제적 연관적 연관관계에 있는 자는 법인세법에서도 동일하게 경제적 연관관계에 있는 특수관계인에 해당한다.

다만, 법인세법은 법인의 특성상 주주와 밀접한 경제적 연관관계에 있는 점을 고려하여 비소액주주등을 기준으로 경제적 연관관계에 있는 자를 규정하고 있는 차이가 있다. 법인세법도 임원 간, 사용인 간, 임원과 사용인 간, 지분율에 관계없이 주주와 임·직원 간에는 특수관계가 성립하지 않는다.

이 경우 법인의 비소액주주등이 특수관계인에 해당하므로 쌍방관계에 의해 판단 시 법인이 1% 이상 출자한 법인과는 경제적 연관관계에 있는 특수관계가 성립하는 점을 주의하여야 한다.

○ **임원, 직원**
○ **임원, 직원외 생계를 유지하는 자**
○ **위의 자들과 생계를 함께하는 친족**

○ **비소액주주등이 개인인 경우**

① 비소액주주등과 친족(생계를 함께하는지 여부 불문하고 특수관계 성립) ② 비소액주주등의 직원 ③ 비소액주주등과 생계를 유지하는 자 ④ ②, ③과 생계를 함께하는 친족

○ **비소액주주등이 법인인 경우**

① 비소액주주등의 직원
 - 영리법인의 임원(직원은 특수관계 불성립)
 - 비영리법인의 경우 이사 및 설립자
② 비소액주주등과 생계를 유지하는 자
③ ①, ②와 생계를 함께하는 친족

○ **법인이 1% 이상 출자한 법인(지분율 합산 ×)**

※ **임원간, 임원과 직원간, 직원간 특수관계 불성립**

3. 상속세 및 증여세법

상속세 및 증여세법은 특수관계 있는 사용인의 범위를 확대하여 출자에 의해 지배하는 법인의 사용인과 퇴직 후 3년 이내의 임원(공시대상 기업집단 소속기업 5년)도 경제적 연관관계에 있는 특수관계인에 해당한다. 출자에 의해 지배하는 법인의 사용인도 특수관계인에 해당하므로 30% 이상 지분율(2차 간접 50%, 3차 간접 50%)을 가진 출자 임직원, 30% 이상 지분율(2차 간접 50%, 3차 간접 50%)을 가진 주주와 해당 법인의 임·직원 간에는 특수관계가 성립하는 차이가 있다.

○ 사용인(임원, 직원)
○ 사용인 외의 자로서 생계를 유지하는 자
○ [사용인과 생계를 함께하는 친족 ×](**특수관계인 아님**)

〈사용인 범위에 추가〉
○ 출자에 의해 지배하는 법인의 사용인
○ 퇴직 후 3년 이내 임원(공시대상 기업집단 소속 5년)
※ 30% 이상 출자 임직원과 법인의 임직원간에 특수관계 성립
 ∴ 법인의 임직원간에, 법인의 주주와 임직원 간에 특수관계 성립 가능

또한 사용인(임·직원), 사용인 외 생계를 유지하는 자는 국세기본법과 동일하게 경제적 연관관계에 있는 특수관계인에 해당하지만, 이들과 생계를 함께하는 친족은 특수관계인에 해당하지 않는 차이가 있다.

이는 출자에 의해 지배하는 법인의 사용인도 특수관계인으로 규정하고 있으므로 이들과 생계를 함께하는 친족까지 특수관계인 범위에 포함할 경우 특수관계인 범위가 지나치게 확장될 수 있는 측면을 고려한 것이라 이해할 수 있다.

4. 지방세기본법

지방세기본법상 경제적 연관관계에 있는 자의 범위는 국세기본법과 동일하다.

5. 비교요약

구분	국세기본법	법인세법	상속세 및 증여세법	지방세 기본법
동일	• 임원, 사용인 • 임원, 사용인 외 생계유지자 • 위의 자들과 생계를 함께하는 친족	동일	• 임원, 사용인 • 임원, 사용인 외 생계유지자 • 생계를 함께하는 친족은 특수관계인에 해당하지 않음.	동일
차이	없음.	〈개인-비소액주주등〉 • 비소액주주등과 친족 • 비소액주주등의 직원 • 비소액주주와 생계를 유지하는 자, 이들과 생계를 함께하는 친족 〈법인-비소액주주등〉 • 비소액주주등의 직원 - 영리법인: 임원 - 비영리법인: 이사, 설립자 - 위의 자와 생계를 함께하는 친족 • 비소액주주와 생계를 유지하는 자, 이들과 생계를 함께하는 친족 〈법인이 1% 이상 30% 미만 출자한 법인〉	〈사용인의 범위에 추가〉 • 출자에 의해 지배하는 법인의 사용인 • 퇴직 후 3년 이내의 임원(공시대상 기업집단 소속기업 5년) • 생계를 함께하는 친족은 특수관계인에 해당하지 않음.	없음.

| 임직원 간, 주주와 임직원 간, 주주 간에 특수관계 성립 여부 |

구분	국세기본법 (소득세법)	법인세법	상속세 및 증여세법	지방세 기본법
임원 간, 임·직원 간, 직원 간 특수관계 성립 여부	성립하지 않음.	성립하지 않음.	30% 이상 지분율을 가진 출자임·직원과 임·직원 간에는 특수관계 성립	성립하지 않음.
주주등과 임·직원 간 특수관계 성립 여부	성립하지 않음.	성립하지 않음.	30% 이상 지분율을 가진 주주등과 임·직원 간에는 특수관계 성립	성립하지 않음.
주주 간 특수관계 성립 여부	30% 이상 지분율에 관계 없이 특수관계 성립하지 않음.			

경영지배관계에 있는 자

경영지배관계는 법인세법의 경우 지분율 합산하는 특수관계인만 국세기본법과 다를 뿐 그 외의 부분에 있어서는 국세기본법과 유사하나, 상속세 및 증여세법의 경우 국세기본법과 완전히 다르게 경영지배관계를 규정하고 있어 가장 비교가 어렵고 가장 쟁점이 많이 발생하는 관계이므로 주의하여야 한다.

1. 국세기본법

국세기본법의 경우 지배적 영향력을 행사하는 경우에 해당하는 경우 경영지배관계에 있는 특수관계가 성립하며 본인이 직접 또는 본인이 친족관계에 있는 자, 경제적 연관관계에 있는 자, 법인에 사실상 영향력을 행사하는 자와 함께 또는 본인이 아닌 친족관계에 있는 자, 경제적 연관관계에 있는 자, 법인에 사실상 영향력을 행사하는 자(기획재정부 조세법령운용과-759,2022. 7. 15.)가 지배적 영향력을 행사하는 경우에는 경영지배관계에 있는 특수관계인에 해당한다.

이 경우 지배적 영향력을 행사하는 경우에 대해서는 영리법인과 비영리법인으로 나누어 규정하면서 영리법인의 경우 30% 이상 출자한 경우뿐만 아니라 사실상 영향력을 행사하는 경우도 지배적 영향력을 행사하는 경우에 해당하는 것으로 규정하고 있다.

따라서 경영지배관계에 있는 자 판단 시 선순위로 판단하여 지분율을 합산하는 특수관계인은 친족관계에 있는 자, 경제적 연관관계에 있는 자(법인인 경우 법인에 지배적 영향력을 행사하는 자도 해당)만이 해당한다.

또한 경영지배관계에 있는 영리법인과 비영리법인은 동일한 순위로 판단하며 30% 이상 출자한 경우와 사실상 영향력을 행사하는 경우는 동일하게 취급한다.

〈본인이 개인인 경우〉

① 1차 지배적 영향력을 행사하는 법인
본인이 직접 또는 본인이 친족관계, 경제적 연관관계에 있는 자와 함께 또는 본인이 아닌 친족관계, 경제적 연관관계에 있는 자(기획재정부 조세법령운용과-759, 2022. 7. 15.)
⇒ 지배적 영향력 행사

② 2차 지배적 영향력을 행사하는 법인
ⓐ 본인, 친족관계, 경제적 연관관계에 있는 자와 지배적 영향력을 행사하는 법인이 공동으로,
ⓑ 본인이 지배적 영향력을 행사하는 법인이 단독으로
⇒ 지배적 영향력 행사

〈본인이 법인인 경우〉

① 법인에 지배적 영향력을 행사하는 개인 또는 법인
당해 법인에 본인이 직접 또는 본인이 친족관계, 경제적 연관관계에 있는 자와 함께 또는 본인이 아닌 친족관계, 경제적 연관관계에 있는 자(기획재정부 조세법령운용과-759, 2022. 7. 15.)가 지배적 영향력을 행사하는 자

② 1차 지배적 영향력을 행사하는 법인
법인이 직접 또는 법인이 경제적 연관관계에 있는 자, 법인에 지배적 영향력을 행사하는 자와 함께 또는 법인이 아닌 경제적 연관관계에 있는 자, 법인에 지배적 영향력을 행사하는 자(기획재정부 조세법령운용과-759, 2022. 7. 15.)가 지배적 영향력 행사
⇒ 지배적 영향력 행사

③ 2차 지배적 영향력을 행사하는 법인
ⓐ 법인, 경제적 연관관계에 있는 자, 법인에 지배적 영향력을 행사하는 자와 법인이 지배적 영향력을 행사하는 법인이 공동으로,
ⓑ 법인이 지배적 영향력을 행사하는 법인이 단독으로
⇒ 지배적 영향력 행사

* 지배적 영향력 행사
- 영리법인
30% 이상 출자 또는 사실상 영향력 행사

• 비영리법인
  이사의 과반수 또는 설립 시 30% 이상 출연 & 설립자

④ 기업집단소속기업의 계열회사와 임원

본인이 개인인 경우 1차 직접 지배적 영향력 행사법인 판단 시 지분율 합산대상자

〈친족관계〉
- 4촌 이내의 혈족
- 3촌 이내의 인척
- 배우자(사실혼 포함)
- 친생자로서 친양자 입양된 자 및 배우자와 직계비속
- 민법에 의해 인지한 혼외 출생자의 생부 또는 생모로서 생계를 유지하거나 생계를 함께 하는 자

〈경제적 연관관계〉
- 임원, 사용인
- 임원, 사용인 외 생계유지자
- 위의 자들과 생계를 함께하는 친족

본인이 법인인 경우 1차 직접 지배적 영향력 행사법인 판단 시 지분율 합산대상자

〈경제적 연관관계〉
- 임원, 사용인
- 임원, 사용인 외 생계유지자
- 위의 자들과 생계를 함께하는 친족

〈법인에 지배적 영향력을 행사하는 자〉
- 법인의 주주 중 지분율 30% 이상인 자, 법인에 사실상 영향력을 행사하는 자
- 이사의 과반수를 차지하는 자, 설립 시 출연재산의 30% 이상을 출연 & 설립자

☞ 법인의 주주 중 지분율 30% 이상인 주주의 지분율만 합산

2. 법인세법

법인에 사실상 영향력을 행사하는 자와 친족은 특수관계인에 해당하며 경제적 연관관계에 있는 자 또는 사실상 영향력을 행사하는 자와 친족이 지배적 영향력을 행사하는 법인은 경영지배관계에 있는 특수관계인에 해당한다.

① 법인에 사실상 영향력을 행사하는 자와 친족
② 법인이 직접 또는 법인이 경제적 연관관계에 있는 자, 실질지배자와 친족과 함께 또는 법인이 아닌 경제적 연관관계에 있는 자, 사실상 영향력을 행사하는 자와 친족(기획재정부 조세법령운용과-759, 2022. 7. 15.)
⇒ 지배적 영향력 행사법인
③ ⓐ 법인, 법인이 경제적 연관관계에 있는 자, 실질지배자와 친족과 지배적 영향력을 행사하는 법인이 공동으로
ⓑ 지배적 영향력을 행사하는 법인이 단독으로(기획재정부 조세법령운용과-759, 2022. 7. 15.)
⇒ 지배적 영향력 행사법인
④ 법인에 30% 이상 출자한 법인에 30% 이상 출자한 개인 또는 법인
⑤ 기업집단소속기업의 계열회사와 임원

☞ 법인의 주주 중 지분율 1% 이상인 주주의 지분율 합산
☞ 지배적 영향력을 행사: 국세기본법 준용

1차 직접 지배적 영향력 행사법인 판단 시 지분율 합산대상자

〈법인에 사실상 영향력을 행사하는 자와 친족〉

〈경제적 연관관계에 있는 자〉
- 임원, 사용인
- 임원, 사용인과 생계를 함께하는 친족

(비소액주주등이 개인인 경우)
① 비소액주주등과 친족
② 비소액주주등의 직원
③ 비소액주주등과 생계를 유지하는 자
④ ②, ③과 생계를 함께하는 친족

(비소액주주등이 법인인 경우)
① 비소액주주등의 직원

–영리법인의 임원
–비영리법인의 경우 이사 및 설립자
② ①과 생계를 함께하는 친족

(법인과 생계를 유지하는 자, 이와 생계를 함께하는 친족)

3. 상속세 및 증여세법

가. 지배적 영향력 행사하는 경우 미준용

상속세 및 증여세법은 국세기본법상 지배적 영향력을 행사하는 경우를 준용하지 않으면서 경영지배관계에 있는 비영리법인과 영리법인을 동순위로 판단하지 않고 각각 별도로 판단하고 있으며 특수관계가 성립하는 출자지분율(2차 간접출자지분율 50%), 비영리법인의 특수관계 성립요건(공동으로 재산출연 & 설립)을 국세기본법상 지배적 영향력을 행사하는 경우와 다르게 규정하고 있다.

나. 실질지배관계에 있는 자를 선순위 판단 특수관계인으로 확대 규정

본인이 개인인 경우와 법인인 경우로 나누어 실질지배관계에 있는 특수관계인을 선순위 판단 특수관계인으로 확대하여 규정하고 있어 개인이 사실상 영향력을 행사하는 기업집단 소속기업과 임원, 법인이 기업집단에 속한 경우 기업집단소속기업의 임원(퇴직임원), 법인에 사실상 영향력을 행사하는 자와 친족을 선순위로 판단한 후 후순위 판단 특수관계인을 판단하여야 한다.

다. 특수관계 있는 비영리법인 확대 규정

국세기본법, 법인세법과 달리 특수관계 있는 비영리법인의 범위가 중요한 점을 감안하여 특수관계 있는 비영리법인을 1차 경영지배 비영리법인, 기업집단소속기업의 임원(퇴직임원)이 이사장인 비영리법인, 2차 경영지배 비영리법인으로 나누어 규정하고 있으며 1차 경영지배 비영리법인, 기업집단소속기업의 임원(퇴직임원)이 이사장인 비영리법인의 경우 출자에 의해 지배하는 법인보다 선순위 판단 특수관계인에 해당한다.

라. 출자에 의해 지배하는 법인 판단 시 지분율 합산하는 특수관계인 범위

실질지배관계에 있는 자, 1차 경영지배 비영리법인, 기업집단소속기업의 임원(퇴직임원)이 이사장인 비영리법인이 선순위 판단 특수관계인에 해당하므로 이들의 지분율까지 고려하여 출자에 의해 지배하는 법인을 판단하여야 한다.

따라서 비영리법인과 영리법인을 동순위로 판단하지 않고 특수관계가 성립하는 기업집단소속기업 등과 일정 비영리법인의 출자지분율까지 고려하여 출자에 의해 지배하는 영리법인을 판단하는 차이가 있다.

마. 2차 경영지배 비영리법인 별도 규정

선순위 판단 특수관계인인 출자에 의해 경영을 지배하는 법인까지를 모두 판단한 후 모든 선순위 판단 특수관계인(출자에 의해 경영을 지배하는 법인 포함)의 재산출연등을 고려하여 2차 경영지배 비영리법인을 마지막으로 판단하는 특이점이 있다.

① 실질지배관계
- 본인 또는 친족관계에 있는 자가 사실상 영향력을 행사하는 기업집단소속기업과 임원, 퇴직임원
- 본인 또는 친족관계에 있는 자가 사실상 영향력을 행사하는 법인(지분율 합산 ×)
- 법인이 기업집단에 소속된 경우 기업집단소속기업과 임원 또는 퇴직임원
- 법인에 사실상 영향력을 행사하는 자와 친족

☞ 사실상 영향력 행사 여부 판단 시 친족관계 있는 자만 고려
☞ 개인이 사실상 영향력을 행사하는 법인이 기업집단소속기업인 경우 임원, 퇴직임원도 포함
☞ 법인이 기업집단에 소속된 경우 기업집단소속기업의 임원, 퇴직임원도 포함

② 1차 경영지배 비영리법인
친족관계 또는 경제적 연관관계 또는 실질지배관계에 있는 자
⇒ 이사의 과반수 또는 공동으로 재산출연하여 설립한 비영리법인
☞ 1차 경영지배 비영리법인을 별도로 규정

③ 기업집단소속기업의 임원 또는 퇴직임원이 이사장인 비영리법인
☞ 기업집단소속기업의 임원(퇴직임원)이 이사장인 비영리법인을 별도로 규정

④ 1차 직접출자에 의해 지배하는 법인
친족관계 또는 경제적 연관관계 또는 ① 또는 ② 또는 ③에 해당하는 자
⇒ 30% 이상 **출자**한 법인(사실상 영향력 행사 ×)

⑤ 2차 간접출자에 의해 지배하는 법인
ⓐ 본인 또는 친족관계 또는 경제적 연관관계 또는 ① 또는 ② 또는 ③에 해당하는 자와 지배적 영향력을 행사하는 법인이 공동으로
ⓑ 지배적 영향력을 행사하는 법인이 단독으로
⇒ 50% 이상 **출자**한 법인(사실상 영향력 행사 ×)
☞ 2차 간접출자지분율이 50%임.

⑥ 2차 경영지배 비영리법인
ⓐ 친족관계 또는 경제적 연관관계 또는 ①에 해당하는 자와
② 또는 ③ 또는 ④ 또는 ⑤에 해당하는 자가 공동으로
ⓑ ② 또는 ③ 또는 ④ 또는 ⑤에 해당하는 자가 단독으로
⇒ 이사의 과반수 또는 공동으로 재산출연하여 설립한 비영리법인
☞ **모든 선순위 특수관계인을 판단한 후 마지막으로 2차 경영지배 비영리법인 판단**

☞ 출자지분율 판단 시 법인의 주주의 지분율은 지분율에 관계없이 합산하지 않음. 다만 법인의 최대주주등으로서 법인에 사실상 영향력을 행사하는 것으로 인정되는 경우는 법인의 실질지배자에 해당되어 합산되며 과세실무는 법인의 최대주주등에 해당하는 자를 법인에 사실상 영향력을 행사하는 자로 보아 과세하고 있음.

1차 직접출자에 의해 지배하는 법인 판단 시 지분율 합산대상자

① 친족관계
- 4촌 이내의 혈족
- 3촌 이내의 인척
- 배우자(사실혼 관계 포함)
- 친생자로서 친양자 입양된 자 및 배우자, 직계비속
- 민법에 따라 인지한 혼외 출생자의 생부 또는 생모로서 생계를 유지하거나 함께하는 자
- 직계비속의 배우자의 2촌 이내의 혈족 및 배우자

② 경제적 연관관계
- 임원, 사용인
- 임원, 사용인 외 생계를 유지하는 자
- 출자에 의해 지배하는 법인의 사용인
- 퇴직 후 3년(5년) 이내의 임원(2019. 2. 11.까지)

③ 실질지배관계
- 개인 또는 친족관계 있는 자가 사실상 영향력 행사하는 기업집단소속기업과 임원, 퇴직임원

• 법인이 속한 기업집단소속기업과 임원, 퇴직임원
• 법인에 사실상 영향력을 행사하는 자와 친족

④ 비영리법인
• ① 또는 ② 또는 ③이 이사의 과반수를 차지하거나 공동으로 재산출연하여 설립한 비영리법인
• 기업집단소속기업의 임원, 퇴직임원이 이사장인 비영리법인

☞ 법인의 주주의 지분율은 30% 이상 지분율을 가진 주주의 지분율도 합산하지 않음. 다만 법인의 최대주주등으로서 법인에 사실상 영향력을 행사하는 것으로 인정되는 경우는 법인의 실질지배자에 해당되어 합산되며 과세실무는 법인의 최대주주등에 해당하는 자를 법인에 사실상 영향력을 행사하는 자로 보아 과세하고 있음.

4. 지방세기본법

지방세기본법은 2023. 3. 13.까지는 ① 지배적 영향력을 행사하는 경우로 보는 출자지분율을 50%로 규정하고 있는 점, ② 1차 직접 지배적 영향력을 행사하는 법인만을 특수관계인으로 규정하고 있는 점, ③ 기업집단소속기업과 임원은 특수관계인에 해당하지 않는 점에서만 국세기본법과 차이가 있고 그 외의 부분에서는 국세기본법과 동일하였다.

하지만 세법개정에 의해 2023. 3. 14.부터는 국세기본법상 경영지배관계 있는 자와 동일하게 개정되었다.

1. 2023. 3. 13.까지
〈본인이 개인인 경우〉
본인이 직접 또는 본인이 친족관계, 경제적 연관관계에 있는 자와 함께 또는 본인이 아닌 친족관계, 경제적 연관관계에 있는 자(기획재정부 조세법령운용과-759, 2022. 7. 15.)
⇒ 지배적 영향력을 행사하는 법인

〈본인이 법인인 경우〉
① 법인에 본인이 직접 또는 본인이 친족관계, 경제적 연관관계에 있는 자와 함께 또는 본인이 아닌 친족관계, 경제적 연관관계에 있는 자(기획재정부 조세법령운용과-759, 2022. 7. 15.)가 지배적 영향력을 행사
② 법인이 직접 또는 법인이 경제적 연관관계에 있는 자, 법인에 지배적 영향력을 행사하는 자와 함께 또는 법인이 아닌 경제적 연관관계에 있는 자, 법인에 지배적 영향력을 행사하는 자(기획재정부 조세법령운용과-759, 2022. 7. 15.)

⇒ 지배적 영향력을 행사하는 법인

* 지배적 영향력 행사
  - 영리법인
    50% 이상 출자 또는 사실상 영향력 행사
  - 비영리법인
    이사의 과반수 또는 설립 시 30% 이상 출연 & 설립자

☞ 지배적 영향력을 행사하는 것으로 보는 지분율: 50%
☞ 2차 간접적으로 지배적 영향력을 행사하는 법인: 특수관계인 아님.
☞ 법인이 속한 기업집단소속기업과 임원: 특수관계인 아님.

2. 2023. 3. 14. 이후
국세기본법상 특수관계인 범위와 동일하게 개정

5. 개별세법상 경영지배관계에 있는 특수관계인 비교요약

구분	국세기본법	법인세법	상속세 및 증여세법	지방세 기본법
법인의 실질지배자	법인에 사실상 영향력을 행사하는 자와 친족, 경제적 연관관계에 있는 자	법인에 사실상 영향력을 행사하는 자와 친족	법인에 사실상 영향력을 행사하는 자와 친족	국세기본법과 동일 (2023. 3. 14. 이후부터)
실질 지배 관계			• 본인 또는 친족관계 있는 자가 사실상 영향력을 행사하는 기업집단소속기업과 임원, 퇴직임원(사실상 영향력을 행사하는 모든 법인-지분율 합산 ×) • 본인이 속한 기업집단소속기업과 임원, 퇴직임원	
비영리법인			• 친족관계 또는 경제적 연관관계 또는 위의 자가 이사의 과반수 또는 공동으로 재산 출연하여 설립한 비영리법인 • 기업집단소속기업 임원 또는 퇴직임원이 이사장인 비영리법인	

구분	국세기본법	법인세법	상속세 및 증여세법	지방세 기본법
1차 경영지배 법인	(개인) 본인 또는 친족관계 또는 경제적 연관관계 ⇒ 지배적 영향력 행사 (법인) 경제적 연관관계 또는 법인에 지배적 영향력 행사하는 자(지분율 30% 이상의 주주등) ⇒ 지배적 영향력 행사 ☞ 영리 & 비영리법인	경제적 연관관계(비소액주주등 포함) 또는 실질지배자와 친족 ⇒ 지배적 영향력 행사 ☞ 영리 & 비영리법인	친족관계 또는 경제적 연관관계 또는 위의 자(주주 해당 ×) ⇒ 30% 이상 출자 (사실상 영향력 행사 ×) ☞ 영리법인	
2차 경영지배 법인	(개인) 친족관계 또는 경제적 연관관계와 지배적 영향력 행사 법인 ⇒ 지배적 영향력 행사 (법인) 경제적 연관관계 또는 법인에 지배적 영향력 행사하는 자(지분율 30% 이상의 주주등)와 지배적 영향력 행사법인 ⇒ 지배적 영향력 행사 ☞ 영리 & 비영리법인	경제적 연관관계(비소액주주등) 또는 실질지배자와 친족과 지배적 영향력 행사법인 ⇒ 지배적 영향력 행사 ☞ 영리 & 비영리법인	친촉관계 또는 경제적 연관관계 또는 위의 자와 1차 출자에 의해 지배하는 법인(주주 해당 ×) ⇒ 50% 이상 출자 (사실상 영향력 행사 ×) ☞ 영리법인	
기업집단	법인이 기업집단에 속한 경우 기업집단소속기업과 임원	법인이 기업집단에 속한 경우 기업집단소속기업과 임원		
2차 경영지배 비영리법인	없음.	없음.	친족관계 또는 경제적 연관관계 또는 실질지배관계에 있는 자와 위의 자 또는 1차 직접·2차 간접출자에 의해 지배하는 법인 ⇒ 이사의 과반수 or 공동으로 재산 출연 & 설립	

* 국세기본법, 법인세법, 지방세기본법상 지배적 영향력 행사

- 영리법인: 30% 이상 출자 또는 사실상 영향력 행사
- 비영리법인: 이사의 과반수 또는 30% 이상 출연 & 1인이 설립자

제2편

세법상 시가판단 시 쟁점

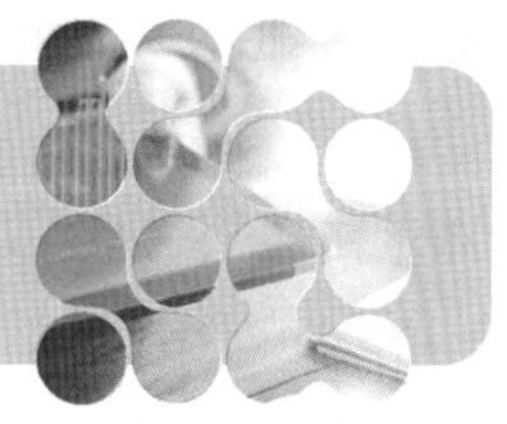

제1장

상속세 및 증여세법상 시가

제1절 재산의 시가에 대한 개관

I 개요

법인세, 소득세, 부가가치세 과세대상거래의 경우 거래당사자 간 합의된 거래가액이 있어 일부 무상거래, 특수관계인 거래를 제외하고는 시가등의 산정이 필요하지 않으므로 시가등 평가에 관한 사항에 대해 구체적으로 규정하고 있지 않다.

하지만 상속세 및 증여세 과세대상거래의 경우 증여예시규정에 의해 과세되는 경우를 제외하고는 재산의 무상이전에 대해 과세하는 것으로 거래가액이 없으므로 상속세, 증여세를 과세하기 위해서는 모든 재산에 대해 평가가액을 산정하여야 한다.

따라서 시가등 재산평가에 대한 사항이 매우 중요한 의미가 있는바 시가에 관한 사항에 대해 상세하게 규정하고 있다.

상속세 및 증여세법상 시가에 관한 규정은 소득세법, 법인세법에서도 상당 부분을 준용하고 있으므로 개별세법상 시가를 비교분석하기 위해서는 상속세 및 증여세법상 시가에 대해 먼저 살펴볼 필요가 있다.

II 재산의 시가평가 목적

1. 상속재산 또는 증여재산의 평가

상속세 및 증여세법 제60조 제1항은 "이 법에 따라 상속세나 증여세가 부과되는 재산의 가액은 상속개시일 또는 증여일(이하 "평가기준일"이라 한다) 현재의 시가(時價)에 따른다."라고 규정하고 있다. 즉, 상속세 또는 증여세 과세는 상속개시일 또는 증여일 현재 상속재산 또는 증여재산을 시가로 평가해 과세하는 것을 원칙으로 하고 있다.

따라서 시가평가의 주목적은 평가기준일 현재 모든 상속재산 또는 증여재산을 시가로 평가한 후 그 평가가액을 근거로 세액을 산출하여 과세하고자 하는데 있으므로 시가는 상속세 및 증여세 과세에 있어 가장 중요한 사항이다.

2. 증여예시규정 및 증여의제에 대한 증여세 과세

상속세 및 증여세법상 증여란 타인에게 직접적으로 무상으로 재산을 이전하는 것은 물론 무상으로 이익을 이전하는 것, 현저히 낮은 대가를 받고 재산 또는 이익을 이전하는 것도 증여에 해당한다.

직접적으로 무상으로 재산을 이전하는 것 이외의 증여 중 증여예시규정에 대해서는 법 제33조부터 법 제42조의3까지에 과세요건과 증여이익의 계산방식에 대해 규정하고 있고 증여의제에 대해서는 제45조의2에서 법 제45조의5까지에 규정하고 있는데 이 중 저가양수 또는 고가양도에 따른 이익의 증여 등을 계산 시에는 시가를 기준으로 과세요건을 판단하고 증여이익을 계산하여야 한다.

따라서 상속세 및 증여세법상 시가평가의 목적은 무상으로 이전된 일정시점의 상속재산 또는 증여재산의 평가뿐만 아니라 증여예시규정 및 증여의제에 해당하는 경우와 이를 준용하여 과세할 수 있는 경우에 대한 과세요건을 판단하고 증여이익을 계산하고자 하는데 있다.

 재산의 시가

1. 시가의 정의

상속세 및 증여세법은 시가에 대해 불특정다수인 사이에 자유롭게 거래가 이루어지는 경우에 통상적으로 성립된다고 인정되는 가액으로 정의하고 있다(상증법 §60②).

2. 시가의 요건

가. 불특정 다수인 사이에서 자유롭게 이루어진 거래

시가로 인정되기 위해서는 거래당사자 각각의 이익을 극대화하는 목적을 가진 불특정 다수인 사이에 자유롭게 이루어진 거래에서 성립된 가격이어야 한다.

따라서 특정목적을 위한 특정인 간의 거래, 자유롭지 않게 성립된 거래에서 거래된 가액은 시가로 인정되지 않는다.

나. 통상적으로 성립된다고 인정되는 가액

경제적 합리성을 가진 자를 가정 시 일반적으로 용인될 수 있는 객관적인 교환가치를 반영한 정상적인 가격이어야 한다. 즉, 경제적 합리성을 벗어나거나 객관적 교환가치를 반영하지 않은 비정상적인 가액은 시가에 해당하지 않는다.

객관적인 교환가치를 적정하게 반영하는 일반적이고 정상적인 거래인지 여부는 ① 거래당사자들이 각자의 경제적 이익의 극대화를 추구하는 대등한 관계에 있는지, ② 거래당사자들이 거래 관련사실에 관하여 합리적인 지식이 있으며 강요에 의하지 아니하고 자유로운 상태에서 거래를 하였는지, ③ 자유로운 협상을 통하여 거래가액을 결정하였는지 등 거래를 둘러싼 제반 사정을 종합적으로 검토하여 결정하여야 한다.

상속세 및 증여세법 집행기준 60－49－2【시가의 의의】

① 시가는 불특정 다수인 사이에 자유롭게 거래가 이루어지는 경우에 통상적으로 성립된다고 인정되는 가액을 말하며, 평가기간 중 매매・감정・수용・경매・공매가액이 확인된 경우 이를 시가로 본다.

【조심2020서8219, 2021. 3. 8.】

쟁점주식의 양수자들은 동 주식에 대한 충분한 정보를 보유한 상태에서 그 미래가치가 상당할 것이라고 예상하여 자유로운 협상을 통하여 쟁점거래가액에 합의한 것으로 보이는 점 등에 비추어 쟁점거래가액을 객관적 교환가치가 적절하게 반영된 정상적인 가격으로 봄이 타당하다 할 것임.

【서면－2019－상속증여－1276, 2019. 6. 12.】

상속재산의 가액은 상속개시일 현재 시가에 의하는 것이며, 시가란 불특정다수인 사이에 자유로이 거래가 이루어지는 경우 통상 성립된다고 인정되는 가액을 말함.

【조심2012중1399, 2012. 6. 13.】

○○○에게 쟁점주식을 양도한 ○○○은 사실상 회사를 통하지 않고는 거래가 어렵다고 진술하였는바, ○○○ 공동창업자 ○○○의 직계비속인○○○의 경리전무 ○○○ 등의 취득가액이 불특정다수인 사이에 자유로이 거래되는 과정에서 결정되었다고 보기 어려운 점 등을 종합할 때, 동 매매사례가액이 객관적인 교환가치를 반영하였다고 보기 어렵고, 쟁점주식의 거래는 대부분 ○○○에 의하여 주관되었고, 그 거래가액의 결정과정을 보면 ○○○

측에서 특별한 기준없이 임의적으로 각 거래의 당사자에 따라 5천 원, 1만 원으로 정하였다고 봄이 합리적이어서 그 거래가액이 거래관행상 정당한 사유가 있었다고 보기는 어려움.

【대법원 2019두43955, 2019. 9. 25.】
원고들이 주장하는 매매사례는 불특정 다수인 사이에서 이루어진 것이 아니라 이 사건 회사의 운영에 직·간접으로 관련된 사람들 사이에서 이루어졌는바, 각 해당 거래의 다른 양수인들에 대한 거래가 매매사례로 존재하므로 그 거래가액을 시가로 보아야 한다는 원고 주장을 받아들이기 어려움.

【대법원 2006두17055, 2007. 1. 11.】
어떠한 거래가 그 거래대상의 객관적인 교환가치를 적정하게 반영하는 일반적이고 정상적인 거래인지 여부는 ① 거래당사자들이 각기 경제적 이익의 극대화를 추구하는 대등한 관계에 있는지, ② 거래당사자들이 거래 관련 사실에 관하여 합리적인 지식이 있으며 강요에 의하지 아니하고 자유로운 상태에서 거래를 하였는지 등 거래를 둘러싼 제반 사정을 종합적으로 검토하여 결정하여야 함.

【대법원 2005두11913, 2007. 12. 13.】
특수관계인들 사이의 1회적인 주식거래는 주식의 객관적인 교환가치를 적정하게 반영한 시가라고 볼 수 없음.

【심사증여 2010-0001, 2010. 6. 1.】
특수관계 없는 제3자 간의 거래인 경우에는 고가 매입이나 저가 양도가 거의 발생하기 어렵다고 할 것이므로 그 거래가격이 특별히 객관성을 결여하였다거나 특별한 하자가 없는 한 시가로 봄이 타당함.

Ⅳ 평가기준일

1. 상속재산

가. 원칙

피상속인의 재산에 대한 평가를 주목적으로 하는 상속재산의 시가의 평가기준일은 상속인에게 재산의 소유가 확정되는 상속개시일이다(상증법 §60①).

상속개시일은 상속개시의 원인이 발생된 때를 말하는 것으로 상속인의 인지 유무와 관계없이 사망과 동시에 상속이 개시되며 자연적 사망의 경우 자연적 사망일, 실종선고의 경우 실종선고일, 인정사망의 경우 가족관계등록부에 기재된 사망의 연, 월, 일, 시가 상속개시일이 된다(상증법 집행기준 2-0-2).

나. 상속재산에 가산하는 증여재산 등

상속재산에 가산하는 증여재산의 경우 증여일, 상속재산으로 추정하는 상속개시 전 1년, 2년 내 처분재산의 경우에는 처분한 날을 평가기준일로 하여 시가를 산정한다.

2. 증여재산

가. 원칙

타인으로부터 무상으로 이전받은 재산의 평가기준일은 증여일이다(상증법 §60①).

증여일은 수증자의 증여재산 취득일을 의미하는 것으로, 상속세 및 증여세법 시행령 제24조에 의해 규정하고 있는 증여재산의 취득시기가 이에 해당한다.[89)]

---

89) 상속세 및 증여세법 시행령 제24조【증여재산의 취득시기】

① 법 제32조에서 "재산을 인도한 날 또는 사실상 사용한 날 등 대통령령으로 정하는 날"이란 다음 각호의 구분에 따른 날을 말한다.

1. 권리의 이전이나 그 행사에 등기·등록을 요하는 재산에 대하여는 등기·등록접수일. 다만, 「민법」 제187조에 따른 등기를 요하지 아니하는 부동산의 취득에 대하여는 실제로 부동산의 소유권을 취득한 날로 한다.
2. 다음 각목의 어느 하나에 해당하는 경우에는 그 건물의 사용승인서 교부일. 이 경우 사용승인 전에 사실상 사용하거나 임시사용승인을 얻은 경우에는 그 사실상의 사용일 또는 임시사용승인일로 하고, 건축허가를 받지 아니하거나 신고하지 아니하고 건축하는 건축물에 있어서는 그 사실상의 사용일로 한다.
   가. 건물을 신축하여 증여할 목적으로 수증자의 명의로 건축허가를 받거나 신고를 하여 해당 건물을 완성한 경우
   나. 건물을 증여할 목적으로 수증자의 명의로 해당 건물을 취득할 수 있는 권리(이하 이 호에서 "분양권"이라 한다)를 건설사업자로부터 취득하거나 분양권을 타인으로부터 전득한 경우
3. 타인의 기여에 의하여 재산가치가 증가한 경우에는 다음 각목의 구분에 따른 날
   가. 개발사업의 시행: 개발구역으로 지정되어 고시된 날
   나. 형질변경: 해당 형질변경허가일
   다. 공유물(共有物)의 분할: 공유물 분할등기일
   라. 사업의 인가·허가 또는 지하수개발·이용의 허가 등: 해당 인가·허가일
   마. 주식등의 상장 및 비상장주식의 등록, 법인의 합병: 주식등의 상장일 또는 비상장주식의 등록일, 법인의 합병등기일
   바. 생명보험 또는 손해보험의 보험금 지급: 보험사고가 발생한 날
   사. 가목부터 바목까지의 규정 외의 경우: 재산가치증가사유가 발생한 날
4. 제1호부터 제3호까지 외의 재산에 대하여는 인도한 날 또는 사실상의 사용일

| 증여재산의 취득시기(상증령 §24) |

구분	취득일
등기・등록 재산	등기・등록접수일
등기등록 요하지 않는 민법 제187조 부동산	부동산 소유권 취득일
신축 후 증여, 증여 목적 분양권 취득	건물사용승인서 교부일
타인의 기여에 의해 재산가치 증가	
① 개발사업시행	개발구역 지정 고시일
② 형질변경	형질변경 허가일
③ 공유물의 분할	공유물 분할등기일
④ 사업의 인허가등	해당 인허가일
⑤ 주식의 상장등 및 합병	상장일, 등록일, 합병등기일
⑥ 생명보험등 지급	보험사고 발생일
⑦ ①~⑥ 외	재산가치증가사유 발생일
상기 외	인도일 또는 사실상의 사용일
주식	인도받은 날(불분명 시: 명의개서일)

나. 저가 양수 또는 고가 양도에 따른 이익의 증여 적용 시

(1) 원칙

증여예시규정 중 재산에 대한 평가가 필요한 상속세 및 증여세법 제35조의 저가 양수・고가 양도에 따른 이익의 증여규정을 적용 시에는 양수일 또는 양도일의 재산의 평가액을 기준으로 저가 양수 또는 고가 양도 여부를 판단한다.

이 경우 양수일 또는 양도일은 대금을 청산한 날을 의미하는 것으로 대금청산일이 불분명한 경우에는 등기・등록접수일 또는 명의개서일, 대금청산 전 소유권이전등기를 한 경우에는 등기접수일, 장기할부조건의 경우에는 소유권이전등기(등록 및 명의개서를 포함) 접수일・인도일 또는 사용수익일 중 빠른 날을 평가기준일로 한다(상증령 §26⑤).

(2) 예외

양도일 또는 양수일인 대금청산일을 기준으로 평가하는 것을 원칙으로 하지만 매매계약일부터 대금청산일 전일까지 환율이 100분의 30 이상 변동하는 경우에는 매매계약일을 평가기준일로 한다(상증령 §26⑤단서).

상장법인주식 및 가상자산의 평가특례

1. 상장주식

가. 원칙

상속세 및 증여세법상 시가인 불특정다수인 사이의 자유로운 거래에서 통상적으로 거래된 가액이 있는 경우에는 동 가액으로 평가하는 것이 원칙이지만 상장 및 코스닥상장 주식과 가상자산의 경우에는 예외를 두고 있다.

유가증권시장과 코스닥시장에 상장된 주식(평가기준일 전후 2개월 이내 거래소가 정하는 기준에 따라 매매거래가 정지되거나 관리종목으로 지정된 기간의 일부 또는 전부가 포함되는 주식등 제외[90])은 평가기준일 이전·이후 각 2개월 동안 공표된 매일의 거래소 최종시세가액의 평균액을 시가로 본다(상증법 §60①1호, §63①1호가목, 상증령 §52조의2③).

따라서 평가기준일에 불특정다수인 사이의 자유로운 거래에서 통상적으로 거래된 가액이 있더라도 평가기준일 이전·이후 각 2개월 동안 공표된 매일의 거래소 최종시세가액의 평균액을 시가로 적용하여야 한다.

거래소에서 거래되는 상장주식과 코스닥 상장주식의 경우 주식의 본질가치를 반영하는 주식발행회사와 관련된 해당 기업의 수익력, 재무상황 이외에도 유가, 북한리스크, 코로나19등 대외적인 호재 및 악재 등으로 급등락할 수 있다. 이러한 경우 일정 시점의 최종시세가액은 재산의 적정한 평가액을 반영한 객관적인 교환가치가 될 수 없으므로 적정한 재산가치를 반영한 가액으로 평가하기 위해 평가기준일 전후 일정기간의 평균가액을 시가로 보는 것이라 이해할 수 있다.

유가증권시장 또는 코스닥시장에 상장된 주식의 시가 = 평가기준일 이전·이후 2개월간 거래소 최종시세가액의 평균액

이 경우 평가기준일이 토요일, 공휴일, 대체 공휴일인 경우에는 전일을 평가기준일로 하고 평가기준일 이전·이후 각 2개월간의 합산기간이 4월에 미달하는 경우에는 해당 합산기간을 기준으로 한다(상증법 §63①, 상증칙 §16조의2①).

---

90) 공시의무 위반 및 사업보고서제출의무 위반 등으로 인하여 관리종목으로 지정·고시되거나 등록신청서 허위기재 등으로 인하여 일정기간 동안 매매거래가 정지된 경우로서 적정하게 시가를 반영하여 매매거래가 이루어진 경우 제외(상증칙 §16조의2②)

나. 증자 · 합병 등이 발생한 경우

평가기준일 이전 · 이후 각 2개월 동안에 증자, 합병, 감자, 액면분할 또는 병합, 회사의 분할이 있는 경우에는 평가기준일 이전 · 이후 2개월간의 거래소 최종시세가액의 평균액을 시가로 하는 것이 부적정하므로 다음 기간의 최종시세가액의 평균액을 시가로 본다(상증법 §63①, 상증령 §52조의2②). 다만, 상증법 제38조에 따라 합병으로 인한 이익을 계산할 때 합병(분할합병 포함)으로 소멸되거나 흡수되는 법인 또는 신설되거나 존속하는 법인이 보유한 상장주식의 시가는 거래소 최종시세가액을 시가로 한다(상증법 §63①단서).

(1) 평가기준일 이전 증자 · 합병 등이 발생한 경우

증자 · 합병 등이 발생한 날(증자 · 합병 등이 2회 이상 발생한 경우에는 평가기준일에 가장 가까운 날)의 다음날[91]부터 평가기준일 이후 2월이 되는 날까지 기간

(2) 평가기준일 이후 증자 · 합병 등이 발생한 경우

평가기준일 이전 2월이 되는 날부터 동 사유가 발생한 날의 전일까지의 기간

(3) 평가기준일 이전 · 이후 증자 · 합병 등이 있는 경우

평가기준일 이전 동 사유가 발생한 날의 다음날부터 평가기준일 이후 동 사유가 발생한 날의 전일까지의 기간

다. 매매거래 정지 · 관리종목 지정 주식

평가기준일 전후 2개월 이내의 기간 중에 거래소가 정하는 기준에 따라 매매거래가 정지되거나 관리종목으로 지정된 주식의 경우에는 상속세 및 증여세법 시행령 제54조에서 규정하고 있는 비상장주식의 보충적 평가방법을 준용하여 평가한다(상증법 §63①1호나목, 상증령 §52조의2②).

다만, 매매정지, 관리종목 지정사유가 공시의무 위반 및 사업보고서 제출의무위반 등에

91) 상속세 및 증여세법 기본통칙 63－0…2 **【증자 · 합병 있는 날의 다음날의 정의】**
① 영 제52조의2 제2항 제1호 및 제3호에서 "동 사유가 발생한 날의 다음날"이라 함은 권리락일을 말한다. (2019. 12. 23. 개정)

해당하는 경우로서 동 기간에 정상적으로 매매거래가 이루어지는 경우에는 평가기준일 이전・이후 2개월간의 거래소 최종시세가액의 평균액을 시가로 본다(상증칙 §16조의2②).

라. 미상장주식

(1) 개요

미상장주식이란 상장법인이 증자 시 증자에 참여하여 주주의 자격을 얻었으나 절차상 해당 주식이 아직 거래소에서 거래되고 있지 않은 주식을 말한다.

미상장주식은 평가기준일 현재 거래소에서 거래되고 있지 않지만 그 본질은 발행법인의 거래소에서 거래되는 주식이므로 거래소에서 거래되는 주식을 준용하여 평가할 필요가 있다.

(2) 대상주식

상장법인의 주식 중 그 법인의 증자로 인하여 취득한 새로운 주식으로서 평가기준일 현재 상장되지 아니한 주식을 말한다(상증법 §63②3호).

(3) 평가

상장법인의 증자 시 증자에 참여하여 새롭게 취득한 주식으로서 평가기준일 현재 상장되지 아니한 주식의 평가는 평가기준일 전후 2개월간 최종시세가액의 평균액에서 배당차익을 차감한 금액으로 평가한다(상증령 §57③).

○ 미상장주식의 평가: ①−②

① 상장주식 평가원칙을 준용하여 평가한 가액
평가기준일 전후 2개월간 최종시세가액의 평균액

② 배당차액(상증칙 §18②)

$$\text{주식등 1주당 액면가액} \times \text{직전기 배당률} \times \left(\frac{\text{신주발행일이 속하는 사업연도 개시일부터 배당기산일 전일까지의 일수}}{365} \right)$$

2. 가상자산

「특정 금융거래정보의 보고 및 이용 등에 관한 법률」 제2조 제3호에 따른 가상자산은 다음에 따라 평가한다(상증법 §60①2호, §65②, 상증령 §60②).

가. 「특정 금융거래정보의 보고 및 이용 등에 관한 법률」 제7조에 따라 신고가 수리된 가상자산사업자 중 국세청장이 고시하는 가상자산사업자의 사업장에서 거래되는 가상자산

평가기준일 전·이후 각 1개월 동안에 해당 가상자산사업자가 공시하는 일평균가액의 평균액

나. 가. 외의 가상자산

가상자산사업자 외의 가상자산사업자 및 이에 준하는 사업자의 사업장에서 공시하는 거래일의 일평균가액 또는 종료시각에 공시된 시세가액 등 합리적으로 인정되는 가액

Ⅵ 기업공개나 코스닥 상장을 준비 중인 법인 등의 주식평가

1. 기업공개목적으로 유가증권 신고를 한 법인의 주식등

가. 개요

거래소에 상장예비 심사청구를 하여 상장적격 통지를 받은 경우에는 금융위원회에 유가증권 신고를 하게 된다. 즉, 유가증권 신고는 상장예비 심사청구를 통과한 경우에 제출한 것으로 유가증권신고서를 제출하면서부터 법인의 본질은 코스닥 상장법인 또는 비상장법인이 아닌 거래소 상장법인과 유사하다고 할 수 있다.

유가증권신고서를 제출한 후에는 예비투자설명서 제출 등의 절차를 거쳐 법인과 주관사가 합의해서 금융위원회가 정하는 바에 따라 공모가격을 결정하게 된다. 주간사가 공모가격 결정 시에는 일반 투자자를 대상으로 얼마의 가격에 몇 주를 살지에 대한 조사 이른바 '수요예측(Book Building)'을 거치므로 공모가격은 시가를 어느 정도 반영한 본질적인 가격이라 할 수 있다.

따라서 거래소에 상장을 준비 중인 법인의 경우 공모가액을 기준으로 평가할 수 있도록 별도로 평가방법을 규정하고 있다.

나. 대상주식

공모가액을 기준으로 평가하는 주식은 유가증권 신고(유가증권 신고를 하지 아니하고

상장신청을 한 경우에는 상장신청) 직전 6개월(증여세가 부과되는 주식등의 경우에는 3개월로 한다)부터 거래소에 최초로 주식등을 상장하기 전까지의 기간에 기업공개를 목적으로 금융위원회에 유가증권 신고를 한 법인의 주식이다(상증법 §63②1호, 상증령 §57①). 여기서 유가증권 신고는 유가증권 신고 접수일을 의미한다.

다. 평가

기업공개목적으로 유가증권 신고를 한 법인의 주식은 ①「자본시장과 금융투자업에 관한 법률」에 따라 금융위원회가 정하는 기준에 따라 결정된 공모가격과 ② 코스닥 상장법인 주식평가방법, 비상장법인 주식 보충적 평가방법에 따라 평가한 가액 중 큰 금액으로 평가한다(상증령 §57①).

○ 기업공개목적으로 유가증권 신고를 한 법인의 주식 평가: Max(①, ②)
  ① 금융위원회가 정하는 공모가격
  ② 상속세 및 증여세법 제63조 제1항 제1호 가목, 나목을 준용한 가액
    a. 코스닥 상장법인
      평가기준일 전후 2개월간 최종시세가액의 평균액
    b. 비상장법인
      보충적 평가방법에 의한 평가가액

【상속증여세과-474, 2014. 12. 9.】

기업공개준비 중인 주식이 평가기준일 전후 6개월(증여 3개월) 이내에 매매사실이 있는 경우에는 그 매매가액을 시가로 보며, 그 주식을 보충적 평가방법에 따라 평가하는 경우에는 금융위원회가 정하는 기준에 따라 결정된 공모가격과 상증법 제63조 제1항 제1호 나목(나목의 가액이 없는 경우에는 다목)에 따라 평가한 가액 중 큰 가액으로 평가함.

【재산상속 46014-514, 2000. 4. 27.】

상속세 및 증여세법 시행령 제57조 제2항의 규정을 적용할 때, “유가증권 신고”의 의미는 유가증권신고서 접수일을 말하는 것임.

2. 코스닥시장 상장신청 법인 주식

가. 개요

비상장법인도 코스닥시장에 등록하기 위해 상장예비 심사청구에 대한 적격통지를 받고 유가증권신고서를 제출하여 공모가격이 결정되는 경우에는 공모가격이 법인의 본질적인 가치라 할 수 있다.

나. 대상주식

유가증권 신고(유가증권 신고를 하지 아니하고 등록신청을 한 경우에는 등록신청) 직전 6개월(증여세가 부과되는 주식등의 경우에는 3개월)부터 한국금융투자협회에 등록하기 전까지의 기간에 코스닥시장에서 거래하기 위해 상장신청을 한 법인의 주식이다(상증법 §63②2호, 상증령 §57②).

다. 평가

코스닥시장에서 거래하기 위해 상장신청을 한 법인의 주식은 ①「자본시장과 금융투자업에 관한 법률」에 따라 금융위원회가 정하는 기준에 따라 결정된 공모가격과 ② 보충적 평가방법에 의해 평가한 가액 중 큰 금액으로 평가한다(상증법 §63②2호, 상증령 §57②).

○ 코스닥 상장 신청한 법인의 주식 평가: Max(①, ②)
① 금융위원회가 정하는 공모가격
② 비상장주식 보충적 평가방법에 의한 평가가액

 재산의 과소평가금액과 가산세 적용문제

1. 과소신고 가산세 적용배제

상속세 또는 증여세 과세표준을 과소신고한 경우에는 10%의 과소신고 가산세, 부정행위로 과소신고한 경우에는 40%의 과소신고 가산세가 부과된다(국기법 §47조의13①).

하지만 당초 신고시 적용한 평가금액을 상속세 및 증여세법상 평가방법에 따라 평가하여 결정한 경우로서 상속세 및 증여세 과세표준을 과소신고한 결과가 되는 경우에는 과소신고가산세를 적용하지 않는다(국기법 §47조의3④1호다목). 다만 부정행위로 과소신고한 경우에는 과소신고 가산세가 적용된다.

2. 납부지연 가산세 적용배제

상속세 또는 증여세를 법정신고기한까지 신고·납부한 경우로서 법정신고기한 후 법정결정기한 내에 감정가액등으로 재산을 평가하여 과세표준 및 세액이 결정되는 경우에는 과소신고가산세뿐만 아니라 납부지연 가산세도 적용되지 않는다(국기법 §47조의4③6호).

제2절 재산의 시가로 인정되는 가액

I 개요

상속세 및 증여세법은 시가에 대해 불특정 다수인 사이에 자유롭게 거래가 이루어지는 경우에 통상적으로 성립된다고 인정되는 가액으로 정의하면서 감정가액 및 수용가격·공매가격등 대통령령으로 정하는 바에 따라 시가로 인정되는 것을 포함하는 것으로 규정하고 있다(상증법 §60②).

여기서 감정가격 및 수용가격·공매가격등은 해당 재산 또는 유사재산에 대한 매매가액, 감정가액, 수용가격 및 공매가격, 유사사례가액을 말하는 것으로 동 가액들은 시가가 불분명한 경우 시가를 대신하는 가액이 아닌 시가로 보는 가액이다.

따라서 매매가액, 수용가격·경매가격 등이 불분명한 경우가 시가가 불분명한 경우에 해당한다.

II 평가기간

1. 원칙

상속세 및 증여세법은 어떤 거래가액을 시가로 인정하는데 있어 평가기간의 제약을 두고 평가기간 이내의 거래가액만 시가로 인정하고 있는 특징이 있다.

따라서 매매 등(매매, 감정, 수용, 경매 및 공매)에 대한 거래가액은 무조건 시가로 인정되는 것이 아니라 평가기간 이내의 거래가액만이 시가로 인정된다.

평가기간이란 상속재산의 경우 평가기준일 전・후 6개월 이내, 증여재산의 경우 평가기준일 전 6개월・평가기준일 후 3개월 이내에 해당하는 기간을 의미한다(상증령 §49①).

여기서 평가기준일은 상속세나 증여세가 부과되는 재산의 가액을 결정하는 기준시점을 의미하는 것으로 상속재산은 상속개시일, 증여재산은 증여일이 평가기준일이 된다(상증법 집행기준 60－49－1).

2019. 2. 11. 이전에는 상속재산의 경우 평가기준일 전・후 6개월 이내, 증여재산의 경우 평가기준일 전・후 3개월 이내이었으나 2019. 2. 12. 대통령령 제29533호로 증여재산의 경우 평가기준일 전 6개월・후 3개월 이내로 개정되었다.

【서면 인터넷방문상담4팀－2153, 2007. 7. 12.】
평가기준일 전 2년을 경과하였거나 또는 평가기준일 후 6월(증여재산의 경우 3월)을 경과하여 2 이상의 감정가액의 평가액이 있거나 불특정다수인 간 매매된 가액이 있는 경우 시가로 보지 아니함.

2. 예외

가. 평가기간 외의 매매등이 시가로 인정되는 경우

(1) 평가기준일 전 2년 이내 매매등이 있는 경우

평가기준일 전 2년 이내 매매등이 있는 경우로서 일정 요건을 충족하는 경우에는 시가로 본다.

(2) 법정 결정기한까지 매매등이 있는 경우

2019. 2. 12.부터는 평가기간이 경과한 경우라도 법정결정기한(상속세 신고기한부터 9개월, 증여세 신고기한부터 6개월)까지의 기간 중에 매매등이 있는 경우로서 일정요건을 충족하는 경우에도 시가로 본다(상증령 §49①단서).

※ 평가기간 외의 매매등의 가액이 시가로 인정되는 기간 요건
○ 평가기준일 전 2년 이내 매매등이 있는 경우
○ 법정결정기한 내에 매매등이 있는 경우

구분	신고기한	법정결정기한
상속세	상속개시일이 속하는 달의 말일부터 6개월 이내	신고기한부터 9개월
증여세	증여받은 날이 속하는 달의 말일부터 3개월 이내	신고기한부터 6개월

나. 요건

(1) 가격변동의 특별한 사정이 없을 것

평가기준일부터 매매의 경우 매매계약일, 감정가격의 경우 가격산정 기준일・감정가액 평가서 작성일, 수용・경매・공매의 경우 보상가액・경매가액・공매가액 결정일까지의 기간 중에 주식발행회사의 경영상태, 시간의 경과 및 주위환경의 변화 등을 고려하여 가격변동의 특별한 사정이 없어야 한다. 이 경우 얼마정도 이상의 가격변동폭에 대해서는 법률에서 규정하고 있지만 과세실무상으로는 통상적으로 5% 이상의 가격변동이 있는 경우에는 가격변동의 특별한 사정이 있는 것으로 보고 있다.

(2) 평가심의위원회에 심의신청

가) 평가기준일 전 2년 이내 매매등

지방국세청장, 관할 세무서장이 신청하거나 납세자가 매매등의 가액에 관한 입증자료 등을 첨부하여 평가심의위원회에 심의를 신청하여야 한다.

2016. 2. 4. 이전에는 평가기준일 전 2년 이내에 발생한 매매가액 등을 시가로 적용하기 위해 평가심의위원회에 자문을 신청하는 것은 관할 세무서장 등만이 가능하였지만 2016. 2. 5. 대통령령 제26960호로 납세자도 2년 이내 매매가액등을 시가로 인정받는 것이 유리한 경우에는 평가심의위원회에 심의를 신청할 수 있다.

납세자가 평가기준일 전 2년 이내의 매매등의 가액에 대해 심의를 신청할 때에는 상속재산의 경우 상속세 과세표준신고기한 만료 4개월 전, 증여재산의 경우 과세표준신고기한 만료 70일 전까지 신청하여야 한다(상증령 §49조의2⑤).

이 경우 평가심의위원회 심의신청시 납세자만 심의신청기한의 제한이 있는 것으로 국세청은 평가기준일 전 2년 이내에 매매등의 가액이 있는 경우로서 가격변동의 특별한 사정이 없는 경우에는 언제든지 평가심의위원회의 심의를 거쳐 해당 매매등의 가액을 평가가액으

로 하여 과세할 수 있다. 최근 매매등의 가액 확인이 용이한 아파트등 공동주택을 기준시가로 평가하여 신고한 경우에 대해 국세청에서 평가기준일 전 2년 이내의 매매등의 가액을 확인하여 평가심의위원회의 심의를 거쳐 해당 매매등의 가액으로 과세하는 사례가 늘어나고 있으므로 기준시가 신고시에는 반드시 평가기준일 전 2년 이내 매매등의 가액을 확인할 필요가 있다.

나) 상속세 및 증여세 결정기한 이내 매매등

평가기간 경과 후부터 상속세 및 증여세 결정기한까지의 기간 중에 매매등이 있는 경우에는 매매등이 있는 날부터 6개월 이내에 매매등의 가액의 입증자료 등을 첨부하여 평가심의위원회에 심의를 신청해야 한다(상증령 §49조의2⑤단서).

통상적으로 상속세, 증여세 결정기한 이내의 매매등의 가액을 평가심의위원회의 심의를 거쳐 해당 매매등의 가액을 평가가액으로 과세하는 경우는 당해 재산의 매매가액, 공매·경매가액이 있는 경우보다 국세청에서 감정평가를 의뢰하여 감정가액을 평가가액으로 하여 과세하는 경우가 많다. 이 경우 상속세 신고기한 경과 후 9개월 내에 상속받은 부동산을 양도하는 경우에는 해당 양도가액을 평가가액으로 하여 과세될 수 있으므로 상속세 신고기한 경과 후 9개월 내에 부동산을 양도하는 경우에는 주의하여야 한다.

다) 심의신청 시 입증사항

납세자 또는 납세지 관할 세무서장·지방국세청장은 부동산, 주식등 재산의 종류를 감안하여 다음에 해당하는 사항을 입증하여야 하며 평가심의위원회는 입증내용의 신빙성 및 객관적 교환가치 등을 감안하여 시가 인정 여부에 대한 자문에 응하여야 한다.[92)]

① 재산의 형태 및 이용상태 등에 대한 동일성이 유지되고 있다는 점
② 부동산의 경우 주위환경의 변화가 없다는 점
③ 주식의 경우 주식발행회사의 재무상태, 경영상태 및 주요업종의 변동 등이 없다는 점
④ 소액의 비상장주식 거래의 경우 그 거래의 경위, 거래당사자와의 관계, 거래가액의 결정과정, 명의신탁주식 또는 명의신탁주식의 환원 해당 여부 등

(3) 평가심의위원회의 결과통지

평가심의위원회는 지방국세청장, 관할 세무서장, 납세자의 신청을 받아 평가기간 외의 거래가액을 시가로 인정할 것인지 여부에 대해 심의를 거쳐 통지하여야 한다.

---

92) 재산평가심의위원회 운영규정 §26②, §28

가) 평가기준일 전 2년 이내 매매등

해당 상속세 과세표준 신고기한 만료 1개월 전(증여의 경우에는 증여세 과세표준 신고기한 만료 20일 전)까지 그 결과를 납세자에게 서면으로 통지해야 한다(상증령 §49조의2⑥).

나) 평가기간 경과 후부터 상속세 및 증여세 결정기한 이내 매매등

자문신청을 받은 날부터 3개월 이내에 그 결과를 납세자에게 서면으로 통지해야 한다(상증령 §49조의2⑥).

【사전-2017-법령해석재산-0758, 2019. 5. 1.】
증여일 전 평가기간에 해당하지 아니하는 기간의 매매가액은 시가로 적용할 수 없으나, 평가기준일 전 2년 이내의 가액을 평가심의위원회의 심의를 거친 가액은 시가에 해당하며 시가를 산정하기 어려운 경우 보충적 평가방법으로 평가한 가액을 시가로 봄.

【서면-2019-상속증여-2862, 2019. 10. 7.】
증여일 전 6개월부터 증여일 후 3개월까지의 기간 중에 당해 재산과 동일하거나 유사한 재산의 매매가액은 시가에 해당하며, 평가기준일 전 2년 이내의 기간과 증여세 과세표준 신고기한부터 6개월까지 기간 중에 매매등이 있는 경우 그 가액은 가격변동의 특별한 사정이 없다고 인정되면 재산평가심의위원회의 심의를 거쳐 시가로 인정되는 가액에 포함시킬 수 있는 것임.

【사전-2017-법령해석재산-0758, 2019. 5. 1.】
증여일 전 평가기간에 해당하지 아니하는 기간의 매매가액은 시가로 적용할 수 없으나, 평가기준일 전 2년 이내의 가액을 평가심의위원회의 심의를 거친 가액은 시가에 해당하며 시가를 산정하기 어려운 경우 보충적 평가방법으로 평가한 가액을 시가로 봄.

Key Point

❑ 평가기간의 중요성

상속세 및 증여세법은 불특정 다수인 사이의 자유로운 거래에서 일반적이고 합리적인 가격으로 거래되어 객관적인 교환가치를 반영한 가격이라 하더라도 평가기간을 벗어난 거래이거나 평가기준일 전 2년 내 또는 법정결정기한 이내의 거래로서 일정 요건을 충족하지 않는 경우에는 시가로 보지 않는다.

따라서 상속세 및 증여세법상 시가로 인정되기 위해서는

① 불특정다수인 사이의 자유로운 거래에서,

② 통상적으로 성립된다고 인정되는 가액의 거래가,
③ 평가기간 이내에 발생하거나,
④ 평가기준일부터 소급하여 2년 내 또는 평가기간 경과 후 내에 발생한 경우로서 가격변동의 특별한 사유가 없고 평가심의위원회의 심의를 거쳐 시가로 인정되는 요건을 충족해야 한다.

해당 재산의 매매가액

1. 시가로 보는 매매가액

가. 평가기간 이내

해당 재산에 대한 평가기간 이내(상속재산의 경우 평가기준일 전·후 6개월, 증여재산의 경우 평가기준일 전 6개월·후 3개월)의 매매가액은 시가로 본다(상증령 §49①1호).

나. 평가기간 외

평가기간을 벗어난 경우에도 평가기준일 이전 2년 이내 또는 상속세 신고기한부터 9개월(증여재산의 경우 증여세 신고기한부터 6개월) 내의 매매가액으로서 가격변동의 특별한 사유가 없어 평가심의위원회의 심의를 거쳐 시가로 인정되는 경우에는 시가로 본다.

2. 시가에서 제외되는 매매가액

다음에 해당하는 거래의 경우에는 평가기간 이내 매매인 경우에도 시가로 보는 매매가액으로 인정하지 않는다.

가. 특수관계인 간 거래등으로 객관적으로 부당한 경우

특수관계인 간 거래등으로서 거래가액이 객관적으로 부당하다고 인정되는 경우에는 시가로 보지 않는다(상증령 §49①1호가목).

따라서 특수관계인 간 거래가액이라고 하여 무조건 시가로 인정되지 않는 것이 아니며 거래가액이 객관적으로 부당하다고 인정되어야 시가로 인정되지 않는 것이라 할 수 있다.[93] 이 경우 특수관계인 간 거래에서 거래가액이 정상적인 가액에 해당한다는 것에 대한 입증책임은 이를 주장하는 자에게 있다.

【심사증여 2017-0018, 2017. 6. 12.】
경제적 합리성이 없는 비정상적 거래에 대한 처분청의 입증이 부족하고, 비록 세법상 특수관계에 있다 하더라도 지배주주인 양도자가 사용인인 청구인에게 이익을 분여할 이유도 없어 보이므로 실제 거래가액을 시가로 봄이 타당함.

【서면-2019-자본거래-1903, 2019. 7. 15.】
시가란 불특정다수인 사이에 자유로이 거래가 이루어지는 경우 통상 성립된다고 인정되는 가액을 말하며, 그 거래가액이 특수관계자와의 거래 등 객관적으로 부당하다고 인정되는 경우 등에는 그러하지 않음.

【심사증여 2019-0026, 2019. 10. 16.】
증여재산 평가 시 특수관계인과의 거래로서 그 거래가액이 객관적으로 부당하다고 인정되는 경우가 아니라면 그 특수관계인 간의 지분 양도거래도 매매사례가액으로 볼 수 있음.

【대법원 2006두18461, 2007. 12. 13.】
평가기준일 전후 일정한 기간 내에 비상장주식의 매매사실이 있더라도 그것이 민법상 친족과의 매매이면 부당하다고 인정되는 것이며 그렇지 아니하다고 주장하는 자가 있는 경우 그가 입증하여야 함.

【대법원 2012두11454, 2012. 9. 13.】
비상장주식의 감정가액은 시가로 볼 수 없고, 특수관계자 간의 거래가액은 시가로 볼 수 없으며 증여일 전후의 일정한 기간 내에 불특정 다수인 사이에 자유로이 이루어지는 거래에서 통상 성립된다고 인정되는 주식 가액을 알 수 있는 자료가 없어 보충적 평가방법으로 과세한 처분은 적법함.

【대법원 2006두17055, 2007. 1. 11.】
특수관계에 있는 자와의 거래라 하더라도 위와 같은 제반 사정을 고려하여 객관적 교환가치가 적정하게 반영된 정상적인 거래라고 판단되면 그 거래가격을 시가로 보아 그 거래가격으로 평가하여야 하되, 특수관계자와의 거래가 정상적인 거래에 해당된다는 입증은 이를 주장하는 자에게 있음.

93) 다만, 특수관계인 간 거래가액은 시가로 인정하지 않는 대법원 판례도 있으므로 특수관계인 간 거래가액이 있는 경우에는 거래가액의 시가인정 여부에 대해서는 많은 검토 후 진행할 필요가 있다(대법원 2006두18461, 2007. 12. 31., 대법원 2012두11454, 2012. 9. 13.).

나. 비상장주식의 소액거래

(1) 원칙

평가기간 이내 거래된 비상장주식의 액면가액의 합계액이 다음 금액 중 적은 금액에 미달하는 경우에는 비특수관계인 간 거래의 매매가액이라도 시가로 보지 않는다(상증령 §49①1호나목).[94]

Min(① 발행주식총수 등의 액면가액 합계액의 1%, ② 3억 원)

(2) 거래의 관행상 정당한 사유가 있는 경우

비상장주식의 소액거래라 하더라도 거래가액이 거래의 관행상 정당한 사유가 있는 경우에는 매매등의 가액의 입증자료 등을 첨부하여 상속세 과세표준 신고기간 만료 4개월 전(증여의 경우 신고기간 만료 70일 전)까지 평가심의위원회에 심의를 신청할 수 있으며 심의를 거쳐 그 거래가액이 거래의 관행상 정당한 사유가 있다고 인정되는 경우에는 시가로 본다(상증령 §49①1호나목단서).

【조심2010서3543, 2011. 7. 27.】
비상장법인 주식의 매매수량이 소량일지라도 거래 경위 및 동기를 감안할 때 그 거래가격도 시가에 해당하는 불특정다수인 간의 자유로이 거래된 교환가격에 해당하는 측면이 있다고 보아 그 가액을 매매사례가액으로 볼 수 있다고 판단한 사례

【조심2018서0721, 2018. 5. 15.】
쟁점매매사례가액은 상속개시일 후 6개월 이내 특수관계 없는 자 간의 거래가액이고, 매매거래 주식수가 쟁점법인 총 발행주식의 1% 이상에 해당하는 점 등에 비추어 상속개시일 현재 쟁점주식의 1주당 평가액으로 쟁점매매사례가액이 아닌 상증법상 보충적 평가액인 쟁점보충적평가액이 타당하다는 청구주장은 받아들이기 어려운 것으로 판단됨.

94) 장외에서 거래되는 비상장주식의 경우 거래가 빈번하지 않으므로 시가로 인정되는 가격이 없어 일반적으로 보충적 방법으로 평가한 가액이 평가가액이 된다. 보충적 평가방법으로 평가하는 경우 통상적으로 액면가액보다 높게 평가되는바 액면가액을 시가로 인정받기 위해 소액의 비상장주식을 액면가액으로 거래하는 경우가 있을 수 있으므로 이를 막기 위해 비상장주식의 소액거래는 시가로 인정하는 거래로 보지 않는 것으로 이해할 수 있다.

상속세 및 증여세법 집행기준 60－49－9【시가의 범위에서 제외되는 경우】

(1) 매매가액에서 제외되는 경우

① 특수관계에 있는 자와의 거래 등 그 가액이 객관적으로 부당하다고 인정되는 경우의 매매가액

② 실질거래내용과 관계없이 거래당사자 간에 정한 토지거래계약 신고금액

③ 거래된 비상장주식의 액면가액 합계액이 3억 원 미만이거나 발행주식총액의 1% 미만인 경우. 다만, 그 거래가액이 거래의 관행상 정당한 사유가 있다고 재산평가심의위원회가 인정한 경우에는 제외

다. 중도에 매매계약이 해지된 거래가액의 시가인정 여부

국세청은 매매계약이 체결된 후 중도에 매매계약이 해지된 경우 당해 거래가액은 시가에 해당하지 않는 것으로 해석(부동산－2321, 2018. 2. 20.)하였지만, 대법원은 '매매사실이 있는 경우 그 거래가액'은 실제 객관적인 매매사실과 함께 통상적이고 적정한 거래가액이 인정되는 사례를 말하는 것이므로, 이러한 매매사례가 있다면 사후에 해제되었다고 하더라도 시가판단기준으로 할 수 있는 것으로 판시(대법원 2010두27936, 2012. 7. 12.)하고 있다.

또한 평가기간 내인 상속개시일부터 6개월 내에 매매계약을 체결한 후 6개월이 경과하여 당초 계약에 따른 특약에 따라 매매가액을 변경하는 경우에는 변경된 매매가액을 당해 재산의 거래가액으로 하여 평가할 수 있다(재산－393, 2012. 11. 2.).

3. 판단기준일

평가기간 이내의 매매가액만 시가로 인정되므로 판단기준일을 언제로 할 것인가의 문제는 매우 중요하다.

매매에 있어 해당 재산에 대한 매매가액이 평가기간 이내에 해당하는지 여부는 매매계약일을 기준으로 판단한다. 이때 평가기간 이내에 매매계약일이 둘 이상 있는 경우에는 평가기준일 전후하여 가장 가까운 날에 해당하는 가액(그 가액이 둘 이상인 경우에는 평균액)을 시가로 본다(상증령 §49②).

【사전-2019-법령해석재산-0656, 2020. 2. 17.】
상속인은 상속세 납세의무와 상속개시일부터 양도일까지 발생된 양도소득에 대한 소득세 납세의무가 있는 것이며, 상속개시 후 6월 이내에 당해 상속재산에 대한 매매사실이 있는 경우 그 거래가액은 시가로 보는 것으로, 이때 거래가액이 6개월 이내에 있는지 여부는 거래가액이 확정되는 계약일을 기준으로 하여 판단하는 것임.

Ⅳ 해당 재산의 감정가액의 평균액

1. 시가로 보는 감정가액

가. 평가기간 이내

(1) 2 이상의 감정기관의 감정가액의 평균액

평가기간 이내(상속재산의 경우 평가기준일 전·후 6개월, 증여재산의 경우 평가기준일 전 6개월·후 3개월)에 해당 재산에 대하여 둘 이상의 「감정평가 및 감정평가사에 관한 법률」 제2조 제4호에 따른 감정평가업자가 평가한 감정가액의 평균액은 시가로 본다(상증령 §49①2호).

이 경우 감정평가서 작성기준일과 감정평가서 작성일이 평가기준일 전에 해당하는 경우로서 가격산정기준일과 감정가액평가서 작성일부터 평가기준일까지의 기간 중에 해당 재산에 대한 자본적지출액이 있는 경우에는 감정평가액의 평균액에 자본적 지출액을 가산한 가액을 시가로 본다(상증령 §49⑤).

여기서 감정평가업자란 감정평가사와 감정평가법인을 말하는 것으로 2014. 3. 13. 이전에는 감정평가법인의 감정가액만을 시가로 인정했으나 시행규칙 개정으로 2014. 3. 14. 이후부터는 개인 감정평가사의 감정가액도 시가로 본다(상증칙 §15①). 다만, 외국의 감정기관이 감정한 가액은 시가로 보지 않는다(재산-60, 2009. 8. 28.).

【서면-2017-상속증여-1648, 2017. 6. 28.】
하나의 감정기관이 평가한 감정가액은 상증법 제60조 제2항 및 상증령 제49조 제1항의 규정에 따른 '시가'의 범위에 포함되지 아니하는 것임.

【서면-2018-상속증여-1238, 2018. 6. 5.】
기준시가가 없는 부동산의 시가 평가를 위해 감정가액을 산정하는 경우에 2 이상의 공신력 있는 감정평가기관의 감정가액의 평균액을 시가에 포함

【조심2019전3535, 2020. 3. 19.】
쟁점증여재산의 감정가액은 1개 감정기관의 감정가액으로서 2 이상의 감정기관이 평가한 감정가액의 평균액이 아니어서 상증세법 제60조 제2항 후단의 규정에 의하여 시가로 인정되는 감정가액에 해당되지 아니하는 점 등에 비추어 처분청이 쟁점증여재산의 시가를 1개의 감정가액으로 보아 과세한 이 건 과세처분은 잘못이 있다고 판단됨.

(2) 하나 이상 감정기관의 평가액도 시가로 인정되는 경우

둘 이상의 감정평가업자의 감정가액의 평균액만을 시가로 인정하였으나 2017. 12. 19. 법률 제15224호로 2018. 4. 1.부터는 토지, 건물, 오피스텔 및 상업용 건물, 주택으로서 기준시가가 10억 원 이하인 부동산은 하나 이상의 감정기관의 감정가액도 시가로 본다(상증법 §60⑤, 상증령 §49⑥). 이 경우 부동산 전체가 아닌 지분증여를 하는 경우에는 지분증여금액으로 10억 원 이상인지 여부를 판단하는 것이 아니라 전체 부동산 가액을 기중으로 10억 원 이상인지 여부를 판단하여야 하는 점을 주의하여야 한다.

【서면-2018-법령해석재산-2719, 2020. 2. 4.】
공유토지의 일부 지분을 증여하는 경우, 당해 토지 전체의 개별공시지가가 10억 원 이하인 경우에 한해 하나의 감정기관 감정가액도 시가로 인정하는 것임.

상속세 및 증여세법 집행기준 60-49-5 【시가로 보는 감정가격】
① 감정평가서를 작성한 날이 평가기간 내에 속하는 경우로서 2 이상의 공신력 있는 감정기관(기준시가 10억 원 이하 부동산의 경우 하나 이상의 감정기관)이 평가한 감정가액이 있는 경우에는 그 감정가액의 평균액은 시가로 인정된다. 단, 주식 및 출자지분의 감정평가액은 인정되지 아니한다.

나. 평가기간 외

(1) 평가기준일 전 2년 이내의 감정가액

평가기간을 벗어난 경우에도 평가기준일 이전 2년 이내의 감정가액으로서 평가심의위원회의 심의를 거쳐 시가로 인정되는 경우에는 시가로 본다.

(2) 법정결정기한까지의 감정가액

2019. 2. 12.부터는 법정결정기한 내의 감정가액으로서 가격변동의 특별한 사유가 없는 경우로서 평가심의위원회의 심의를 거쳐 시가로 인정되는 경우에는 시가로 본다.

아파트 등의 공동주택은 면적 · 위치 · 용도 등이 유사한 물건이 많아 시가로 볼 수 있는 사례가액이 존재하므로 대부분 시가에 근접한 가액으로 평가되었지만 공동주택 등을 제외한 비주거용 부동산이나 지상에 건축물이 없는 나대지는 개별적 특성이 강해 면적 · 위치 · 용도 등이 유사한 유사재산의 사례가액을 적용할 수 있는 경우가 거의 없어 시가와 괴리가 큰 기준시가로 평가하는 것이 일반적이었다.

이에 꼬마빌딩 등에 대한 과세 형평성 제고를 위해 2019. 2. 12. 대통령령 제29533호로 상증령 제49조 제1항 단서에 평가기준일 이후부터 가격산정기준일까지의 기간 중에 가격변동의 특별한 사정이 없는 경우로서 평가심의위원회의 심의를 거친 경우에는 법정결정기한 내의 매매등의 가액도 시가로 인정받을 수 있는 것으로 개정됨에 따라 기준시가로 신고한 비주거용 부동산, 건축물이 없는 나대지에 대해 가격산정기준일 및 감정평가서 작성일을 법정결정기한 이내로 하여 평가심의위원회의 자문을 거쳐 기준시가로 신고한 꼬마빌딩 등을 감정가액의 평균액으로 과세하고 있다.

2019. 2. 12. 시행령 개정 직후에는 국세청에서 법정결정기한 내 감정의뢰시 평가기간의 익일을 가격산정기준일로 감정평가를 의뢰하여 가격산정기준일과 감정평가서 작성기준일이 모두 평가기간 밖에 있는 문제점이 있었지만 최근에는 가격산정기준일은 평가기준일로 하고 감정평가서 작성기준일만 평가기간 밖에 있게 하는 방식으로 감정을 의뢰하여 해당 평가액으로 과세하고 있다. 따라서 국세청의 법정결정기한 내 감정가격으로 과세는 평가기준일을 가격산정기준일로 했는지 아니면 평가기간 종료일의 익일을 가격산정기준일로 했는지 여부에 따라 감정평가의 성격이 완전히 달라지게 된다.

이 경우 상속세 및 증여세법 시행령 제49조 제1항은 법정결정기한 내 매매등의 가액을 평가가액으로 하여 과세할 수 있는 재산을 제한하고 있지 않으므로 기준시가로 평가하여 신고한 꼬마빌딩, 나대지가 아닌 재산에 대해서도 법정결정기한 내에 감정평가하여 과세할 수 있음을 주의하여야 한다.

법정결정기한 내의 감정가액의 평균액으로 과세할 것으로 국세청에서 발표한 재산[95)]

○ 비주거용 건축물과 지상에 건축물이 없는 나대지
○ 비주거용 건축물 중 감정평가 제외 대상
- 오피스텔
- 상업용 건물: 건물 연면적 합계가 3,000㎡ 이상 또는 100호 이상
  (예외: 토지와 건물의 소유자가 명백히 상이하거나 구분 소유로 등기되지 않는 등 고시대상으로 확인되지 않는 경우)

※ 꼬마빌딩, 나대지가 아닌 재산에 대해서는 법정결정기한 내에 감정한 감정가액을 평가가액으로 하여 과세가능함.

(3) 상속세 및 증여세 사무처리규정상 평가기간 외 감정평가대상

당초 상속세 및 증여세 사무처리규정에는 평가기간 외 기간에 감정평가하여 과세할 수 있는 대상으로 비주거용 부동산과 부동산과다보유법인 보유 부동산으로만 규정하고 있었다.

하지만 2023. 7. 3. 상속세 및 증여세 사무처리규정 개정으로 시가와 기준시가의 차이가 큰 부동산 중 감정평가 외 기간에 감정평가 할 수 있는 대상이 되는 부동산에 대한 구체적인 가액기준이 ① 추정시가와 보충적 평가방법에 의한 평가액과의 차이가 10억 원 이상인 경우, ② 추정시가와 보충적 평가액의 차이비율이 10%[(추정시가－보충적 평가액)/추정시가]인 경우로 신설되면서 5개 이상의 감정평가법인에 의뢰하여 추정시가를 산정할 수 있도록 개정되었다(2023. 9. 13.부터 시행).

국세청 부동산 감정평가사업 내용

1. 부동산 감정평가사업 대상 재산종류
   비주거용 부동산, 부동산 과다보유법인 보유 부동산
2. 감정평가사업 대상 부동산 산정기준
   다음을 고려하여 5개 이상의 감정평가법인에 의뢰하여 추정시가 산정
   ① (추정시가－보충적 평가방법에 의한 평가액) ≥ 10억 원
   ② 〔(추정시가－보충적 평가액)/추정시가〕 ≥ 10%

95) 2020. 1. 31. 국세청 자산과세국 상속증여세과, "상속 · 증여세 과세형평성 제고를 위한 꼬마빌딩 등 감정평가사업 시행 안내"

2023. 7. 3. 전	2023. 7. 3. 이후
상속세 및 증여세 사무처리규정 제72조 【감정평가 대상 및 절차】 ① 지방국세청장 또는 세무서장은 상속세 및 증여세가 부과되는 재산에 대해 시행령 제49조 제1항에 따라 둘 이상의 감정기관에 의뢰하여 평가할 수 있다. 다만, 비주거용 부동산 감정평가 사업의 대상은 비주거용부동산등(「소득세법」 제94조 제1항 제4호 다목에 해당하는 부동산과 다보유법인이 보유한 부동산 포함)으로 한다. ② 국세청장은 재산 규모, 평가실효성, 과세형평성, 사업예산 등을 감안하여 합리적인 범위내에서 감정평가 대상에 관한 구체적인 기준을 정한다.	상속세 및 증여세 사무처리규정 제72조 【감정평가 대상 및 절차】 ① 지방국세청장 또는 세무서장은 상속세 및 증여세가 부과되는 재산에 대해 시행령 제49조 제1항에 따라 둘 이상의 감정기관에 의뢰하여 평가할 수 있다. 다만, 비주거용 부동산 감정평가 사업의 대상은 비주거용부동산등(「소득세법」 제94조 제1항 제4호 다목에 해당하는 부동산과 다보유법인이 보유한 부동산 포함)으로 한다. ② 지방국세청장 또는 세무서장은 다음 각 호의 사항을 고려하여 비주거용부동산 감정평가 대상을 선정할 수 있으며, 이 경우 대상 선정을 위해 5개 이상의 감정평가법인에 의뢰하여 추정시가(최고값과 최소값을 제외한 가액의 평균값)를 산정할 수 있다. 1. 추정시가와 법 제61조부터 제66조까지 방법에 의해 평가한 가액(이하 "보충적 평가액"이라 한다)의 차이가 10억 원 이상인 경우 2. 추정시가와 보충적 평가액 차이의 비율이 10% 이상[(추정시가-보충적평가액)/추정시가]인 경우

(4) 비주거용 부동산과 부동산 과다보유법인 보유부동산외 재산에 대한 감정평가 가능여부

당초 국세청 감정평가사업에 대한 발표와 상속세 및 증여세 사무처리규정에는 평가기간 외 기간에 감정평가를 의뢰하여 과세할 수 있는 재산으로 비주거용 부동산과 부동산과다보유법인 보유 부동산만 규정하고 있다.

하지만 사무처리규정의 법적성격은 법령의 위임을 받지 않은 행정기관 내부의 사무처리 준칙에 불과하고 상속세 및 증여세법 시행령 제49조 제1항에서는 평가기간 외 기간에 감정평가하여 과세할 수 있는 재산을 제한하고 있지 않으므로 비주거용 부동산, 부동산과다보유법인 보유 부동산이 아닌 주택등에 대해서도 평가기간 외 기간에 감정평가하여 과세가 가능하므로 주의하여야 한다.

(5) 가격산정기준일로 한 경우에 대한 결정례

【서울행정법원 2022구합3650, 2023. 10. 5.】(가격산정기준일: 상속개시일)
구 상증세법 시행령 제49조 제1항 단서는 평가기간 경과 후 법정결정기한까지 감정 등이 이루어진 경우 그러한 감정가액 등도 시가로 인정할 수 있는 절차를 마련하고 있는 규정이므로, 이 경우 가격산정기준일이 시가 평가기간 및 법정결정기한을 모두 포함하는 기간 안에 있으면 위 규정에서 정한 형식적 요건을 충족하고, 그러한 감정가액이 실질적으로 평가기준일 당시 상속재산의 객관적인 교환가치를 적정하게 반영하고 있을 경우 이를 적법한 매매사례가액 등으로 인정할 수 있다고 봄이 상당함.

【조심2021서4942, 2022. 9. 14.】
평가기준일을 가격산정기준일로 하고 감정평가서 작성일을 법정결정기한 전으로 한 감정평가액이라 하더라도, 특별한 사정이 없는 한 평가심의위원회 심의를 거쳐 시가로 인정되는 감정평가액에 해당할 수 있음.

【조심2021서2031, 2021. 8. 2.】
쟁점감정평가액은 가격산정기준일 및 감정평가서 작성일이 모두 법정결정기한 이내이고, 조사청의 신청에 따라 평가심의위원회가 평가기준일 이후부터 가격산정기준일까지의 기간 중에 가격변동의 특별한 사정이 없다고 보아 시가로 인정한 것으로 확인되므로, 2019. 2. 12. 개정된 법령에 따라 증여일 현재 상증법에 따른 시가로 보아야 함.

【조심2021서2306, 2021. 7. 28.】
헌법재판소 또는 대법원이 이 사건 심리일 현재까지 「상속세 및 증여세법 시행령」 제49조 제1항을 위헌·위법하다고 판단한 사실이 없으므로 처분청이 위 규정에 근거하여 쟁점부동산의 감정평가를 받은 후 이에 따라 상속세를 과세한 이 사건 처분은 잘못이 없다고 판단됨.

(6) 평가기간 경과 후 특정일자를 가격산정기준일로 한 경우 판례(국패)

① 납세자가 감정평가의뢰하지 않은 경우

가격산정기준일을 평가기준일로 하지 않고 평가기간 종료일의 익일을 가격산정기준일로 하여 감정평가금액으로 과세한 사안에 대해, 서울행정법원은 시가와 기준시가의 차이가 큰 부동산을 중심으로 감정평가할 것으로 밝히고 있을 뿐 구체적인 기준은 공개하지 않고 있어 구체적인 기준설정이 어려운 점, 모든 납세자의 무상취득 부동산에 대해 과세하는 것이 아닌 시가와의 차이가 큰 부동산을 임의로 결정하여 과세가 가능한 점, 사업예산이 배정된 금액 범위 내에서 임의로 감정평가를 실시한 점등에 비추어 본질적으로 동일한 납세자들을 자의적인 기준에 따라 다르게 취급하여 재산권을 부당하게 침해하였으므로 위법한 것으로 판결하였다(서울행정법원 2022구합64846, 2023. 3. 31. ; 2021구합80889, 2023. 3. 10.).

다만 해당 판결에서는 시가로 인정되는 가액을 규정하고 있는 상속세 및 증여세법 시행령 제49조를 시가에 대한 예시규정으로 보고 소급감정가액이라 하더라도 기준시점의 객관적인 교환가치를 반영한 가격인 경우에는 시가로 인정될 수 있는 것으로 설시하면서 가격산정기준일을 평가기준일이 아닌 평가기간 종료일의 익일로 하였으므로 평가기준일과 가격산정기준일 사이에 가격변동이 있을 수 있으므로 시가로 인정될 수 없다고 한 것으로 가격산정기준일을 평가기준일로 한 경우 또는 국세청이 법정결정기한 내에 감정평가의뢰시 납세자가 동시에 감정평가의뢰한 경우에 대해서는 다르게 판결이 될 수 있는 점을 주의하여야 한다.

【서울행정법원 2022구합64846, 2023. 3. 31.】(가격산정기준일: 평가기준일 익일)
이 사건 과세를 위해 새로이 감정을 실시하여 감정가격을 창출해 내는 경우에는 그 가격산정기준일을 상속개시일 또는 증여일로 하여야 함이 공시지가기준법에 따른 감정평가의 기본원칙에 부합하고, "상속세 또는 증여세가 부과되는 재산의 가액은 상속개시일 또는 증여일 현재의 시가에 따른다."고 규정한 상증세법 제60조 제1항 본문에도 충실하게 됨. 과세관청이 과세를 위해 새로이 감정을 실시하면서 그 가격산정기준일을 상속개시일 또는 증여일로 할 수 있음에도 불구하고, 굳이 그보다 약 3개월 내지 수개월 뒤의 시점을 가격산정기준일로 하여 감정평가를 의뢰하게 되면 당연히 그 기간만큼 시점수정치가 올라가게 되어 [공시기준일 연도와 그 다음연도 간의 지가변동률 등의 상승폭에 대하여 상속개시일(또는 증여일)과 과세관청이 지정한 가격산정기준일 간의 일수만큼 일할 계산되어 시점수정치가 올라가게 된다] 그에 따라 적지 않은 금액의 감정가액이 올라갈 수밖에 없게 되는바, 이는 허용될 수 없음.

【서울행정법원 2021구합80889, 2023. 3. 10.】(가격산정기준일: 평가기준일 익일)
이 사건 상속개시일과 이 사건 감정가액의 가격산정 기준일이 약 6개월이나 떨어져 있는 점 등을 고려하면, 이 사건 상속개시일인 2019. 5. 4.과 이 사건 감정가액의 가격산정기준일인 2019. 11. 5. 사이의 기간 중에는 상당한 정도의 가격변동이 있었다고 보일 뿐이고, 달리 위 기간 중 가격변동의 특별한 사정이 없었다고 인정할만한 자료를 찾기 어려움.
'시가와의 차이가 큰 부동산을 중심으로 감정평가를 실시할 계획'이라고 밝히고 있을 뿐 그 구체적인 기준은 공정한 업무수행에 큰 지장을 초래할 우려가 있다는 이유로 공개하지 않고 있는 점, 그런데 위 기준은 보충적 평가방법에 따른 상속세 신고가 이루어지는 등 '시가'가 무엇인지 불분명한 상황에서 '시가와의 차이가 큰 부동산'을 선별하여 그에 대한 감정평가로 '시가'를 산정하겠다는 것으로서 그 자체로 순환논리에 빠지거나 모호하고 구체적인 기준 설정이 어려워 보이는 점, 위 기준에 의하면 과세관청이 비주거용 부동산 등 중에서 '시가'가 불분명함에도 '시가와의 차이가 큰 부동산'이라고 임의로 결정한 일부 부동산에 관하여 감정평가를 의뢰하고 그에 따른 과세를 하는 것이 가능한 점, 피고가 위 기준에 해당하는 모든 납세의무자들에게 공평하고 일률적으로 과세대상 부동산에 관한 감정평가 및 이에 기한 상속세를 부과하고 있다고 볼만한 자료를 찾기 어려운 점, 실제에 있어 과세관청은 관련 사업 예산이 배정된 금액의 범위 내에서 임의적으로 감정평가 대상을 선별하고 있는 것으로 보이는 점 등 제반사정을 종합해 보면, 이 사건 처분은 본질적으로 동일한 납세자들을 자의적인 기준에 따라 다르게 취급하여 재산권을 부당하게 침해한 것으로서 위법하다고 볼 여지도 있음.

② 납세자가 감정평가의뢰한 경우

부동산에 대한 감정평가액은 의뢰목적에 따라 다소 차이가 있는바 국세청이 과세목적으로 감정평가를 의뢰하는 경우에는 다소 높은 가액으로 평가되는 경향이 있고 납세자가 상속세, 증여세 납부목적으로 감정평가를 의뢰하는 경우에는 다소 낮은 가액으로 평가되는 경향이 있다.

따라서 국세청이 법정결정기한 내에 2개 이상의 감정평가기관에 감정평가를 의뢰하는 경우에 납세자도 2개 이상의 감정평가를 의뢰시 납세자가 의뢰한 감정평가액의 평균이 대부분 더 낮게 산정된다.

납세자가 감정평가를 의뢰하여 감정평가서를 첨부한 경우에는 최종 재산의 세법상 평가시 국세청 의뢰 감정가액과 납세자 의뢰 감정가액을 산술평균하여 시가를 산정하게 된다.

이렇게 가격산정기준일이 평가기준일을 벗어난 경우에도 납세자가 국세청과 같이 감정평가를 의뢰한 경우에는 평가기준일을 벗어난 일자를 가격산정기준일로 하여 감정평가한 경우라도 해당 감정평가액을 시가로 인정하고 있으므로 행정소송을 준비하고 있는 경우에는 절대 감정평가를 의뢰해서는 안되는 점을 주의하여야 한다.

【서울행정법원 2022구합56333, 2023. 5. 12.】

(가격산정기준일: 평가기간 익일/국세청, 납세자 모두 감정평가 의뢰)

이 사건 감정가액은 위와 같이 ○○지방국세청장이 의뢰하여 받은 2개의 감정가격에 원고(납세자)들이 2개의 감정평가법인에 감정을 의뢰하여 받은 감정가격을 더하여 그 평균액으로 산정한 것으로서 국세청 평가심의위원회가 2020. 8. 20. 이 사건 감정가액보다 오히려 높은 24,357,600,000원(○○지방국세청장이 의뢰하여 받은 2개의 감정가격의 평균액)을 상속개시일 현재 이 사건 부동산의 시가로 인정한 사정까지 고려해 보면, 이 사건 감정가액은 절차적으로도 그 객관성과 공정성이 충분히 담보되었다고 볼 수 있음.

【서울행정법원 2022구합58650, 2023. 1. 20.】
(가격산정기준일: 평가기간 익일/국세청, 납세자 모두 감정평가 의뢰)
담세력에 따른 실질과세의 원칙 등에 비추어 볼 때 시가를 확인하기 어려운 토지 등 비주거용 부동산 중 공시가격과 시가의 차이가 지나치게 큰 것으로 보이는 일부 고가의 상속·증여 부동산을 대상으로 과세관청이 감정을 실시하여 시가를 확인하는 것이 합리적인 이유 없는 차별이라고 보기는 어려우며, 그와 같이 이루어진 감정이라 하더라도 그 자체에 하자가 없고 객관적인 교환가치에도 부합한다면 담세력을 초과하는 과세가 이루어진다고 보기도 어려움. 따라서 과세관청이 고가의 비주거용 부동산에 관하여만 일부 감정을 실시하였다고 하여 이것이 곧바로 조세평등주의에 위배된다고 볼 수는 없음.
나아가 과세관청의 감정 대상 선정 자체를 과세요건에 관한 것이라고 볼 수 없으므로 과세관청이 내부적인 기준에 따라 감정 대상을 선별하여 선정한다고 하더라도 그와 같은 사정만으로 조세법률주의에 위배된다고 볼 수도 없음.

| 국세청 감정평가 사업에 의한 감정평가액의 시가인정 여부 |

평가기준일	납세자 감정평가 의뢰여부	시가인정 여부	적용 판례
평가기간 이내	부	인정* (국승)	서울행정법원 2022구합3650, 2023. 10. 5. 서울행정법원 2022구합71271, 2023. 7. 13.
평가기간 후	부	불인정** (국패)	서울행정법원 2022구합64846, 2023. 3. 31. 서울행정법원 2021구합80889, 2023. 3. 10.
	여***	인정 (국승)	서울행정법원 2022구합56333, 2023. 5. 12. 서울행정법원 2022구합58650, 2023. 1. 20.

*평가액: 2개 이상의 국세청 의뢰감정평가액/n
**평가액: 보충적 평가방법에 의한 평가액(기준시가)
***평가액: (국세청 의뢰 감정평가액 2개 이상 + 납세자 의뢰 감정평가액 2개 이상)/n

2. 감정평가 제외 재산

상장, 코스닥 상장주식은 매일의 최종시세가액을 누구나 확인할 수 있으며 평가기준일 전후 2개월간 최종시세가액의 평균액을 시가로 규정하고 있다. 따라서 매매가액이 확인되지 않아 감정평가를 해야 하는 경우가 드물고 감정평가방법에 따라 감정가액이 달라질 수 있으므로 감정가액을 시가로 보지 않는 것으로 규정하고 있다(상증령 §49①2호).

비상장주식 및 출자지분의 경우 유사상장주식 비교평가방법, 순자산가치법, 순손익가치법, 잉여금 할인평가법, 현금흐름할인법 등 평가방법을 달리함에 따라 감정평가액이 달라질 수 있고 거래가 빈번하지 않아 감정평가에 의해 시가를 도출하기 어려운 측면이 있다(대법원 2012두11454, 2012. 9. 13.).

따라서 비상장주식 및 출자지분에 대한 감정가액은 시가로 보지 않는다(상증령 §49①2호).

> **【서울행정법원 2016구합61303, 2018. 3. 23.】**
> 비상장주식의 경우에는 불특정 다수인 사이에서 거래가 이루어지지 아니하고 또한 시가를 평가하는 방법이 정립되어 있지 아니함에 따라 감정평가방법별로 현저히 다른 감정가액이 산출될 수 있으므로 이를 시가로 인정하면 조세공평의 원칙에 반하는 결과가 초래될 수 있는바, 비상장주식에 대한 감정가액은 특별한 사정이 없는 한 구 상증세법 제60조 제2항에서 정한 시가에 해당하지 아니함.

3. 시가에서 제외되는 감정가액

감정평가 의뢰 시 일정 조건을 제시하여 납세자에게 유리한 감정평가 결과가 나오도록 하는 등 일정 조건을 충족할 것으로 전제로 하거나 재산 원형대로 감정하지 않은 감정가액은 시가로 보는 감정가액에서 제외된다(상증령 §49①2호단서).

> ① 일정한 조건이 충족될 것을 전제로 당해 재산을 평가하는 등 상속세 및 증여세의 납부목적에 적합하지 아니한 감정가액
> ② 평가기준일 현재 당해 재산의 원형대로 감정하지 아니한 경우의 당해 감정가액

> **상속세 및 증여세법 집행기준 60－49－9 【시가의 범위에서 제외되는 경우】**
> (2) 감정가액에서 제외되는 경우
> ① 일정한 조건이 충족될 것을 전제로 당해 재산을 평가하는 등 상속세 및 증여세의 납부목적에 적합하지 아니한 경우
> ② 평가기준일 현재 당해 재산의 원형대로 감정하지 아니한 경우

4. 판단기준일

재산에 대한 감정가액이 평가기간 이내의 가액에 해당하는지 여부는 가격산정 기준일과 감정가액평가서 작성일을 기준으로 판단한다(상증령 §49②2호).

2014. 2. 20. 이전에는 감정가액평가서 작성일을 기준으로 판단하였으나 감정평가서 작성일은 불분명한 측면이 있고 작성일자를 평가기간 이내로 임의적으로 소급해서 수정할 수 있는 측면이 있어 2014. 2. 21. 대통령령 제25195호로 가격산정 기준일을 기준으로 평가기간 이내 감정가액인지 여부를 판단하도록 개정되었다.

5. 세무서장 등의 재감정의뢰 감정가액

가. 감정가액이 일정금액 이하인 경우

부동산, 선박 등 그 밖의 유형재산, 무체재산권, 그 밖의 조건부 권리에 대한 감정가액으로서 시가로 인정받을 수 있는 요건을 충족한 감정가액이라 하더라도 동 감정가액이 보충적 평가방법에 의한 평가액과 유사재산의 사례가액의 90% 중 적은 금액에 미달하는 경우에는 세무서장 등이 다른 감정기관에 재감정 의뢰하여 평가된 감정가액을 시가로 본다.[96]

이 경우 부동산가격 상승시에는 재감정 의뢰대상 감정가액에 해당하는 경우가 거의 없지만 주택가격이 급하락하는 경우에는 감정가액이 보충적 평가방법에 의한 가격 또는 유사사례가액의 90%에 미달하는 경우가 있을 수 있으므로 주의하여야 한다.

다만, 재감정 의뢰하여 평가된 감정가액이 납세자가 제시한 감정가액보다 낮은 경우에는 납세자가 제시한 감정가액을 시가로 본다(상증령 §49①2호단서).

○ 재감정 의뢰하는 경우: Min(①, ②)
① 보충적 평가방법에 의한 평가액
〔상속세 및 증여세법 제61조(부동산 등의 평가), 제62조(선박 등 그 밖의 유형재산의 평가), 제64조(무체재산권 등의 평가), 제65조(그 밖의 조건부 권리등의 평가)에 의한 평가액〕
② 유사매매사례가액의 90%

96) 재산을 감정평가하는 감정평가기관은 해당 규정을 모두 인지한 상태에서 감정평가를 실행하므로 실무적으로 세무서장 등이 재감정을 의뢰하는 사례는 거의 없다.

나. 감정가액이 일정금액 이상인 경우

시가로 인정받을 수 있는 요건을 충족한 감정가액으로서 보충적 평가방법에 의한 평가액과 유사매매사례가액의 90%에 해당하는 금액 중 적은 금액 이상인 경우에도 관할 지방국세청장, 관할 세무서장 등이 평가심의위원회에 심의를 신청하여 평가심의위원회의 심의를 거쳐 감정평가목적 등을 감안 시 동 가액이 부적정하다고 인정되는 경우에는 세무서장 등이 다른 감정기관에 재감정 의뢰하여 평가된 감정가액을 시가로 본다(상증령 §49①2호단서).

다만, 재감정 의뢰하여 평가된 감정가액이 납세자가 제시한 감정가액보다 낮은 경우에는 납세자가 제시한 감정가액을 시가로 본다.

다. 부실 감정기관에 대한 제약

(1) 시가 불인정 감정기관 지정

세무서장 등은 납세자가 제시한 원 감정기관의 원 감정가액이 세무서장 등이 다른 감정기관에 의뢰하여 평가한 재감정가액의 100분의 80에 미달하는 경우에는 평가심의위원회의 심의를 거쳐 부실감정의 고의성 및 원 감정가액이 재감정가액에 미달하는 정도 등을 감안하여 1년의 범위에서 기획재정부령이 정하는 기간동안 원 감정기관을 시가불인정 감정기관으로 지정할 수 있다(상증법 §60⑤, 상증령 §49⑦,⑧).[97]

시가 불인정 기간은 세무서장 등이 원 감정기관에 부실감정기관으로 지정하여 통지한 날부터 기산한다.

(2) 해당 감정기관 의견청취

세무서장 등은 부실감정기관 지정에 관한 평가심의위원회의 심의 전에 다음 내용 등을

97) 상속세 및 증여세법 시행규칙 제15조【평가의 원칙 등】

④ 영 제49조 제8항 전단에서 "기획재정부령으로 정하는 기간"이란 다음 각호의 구분에 따른 기간으로 하되, 제1호 및 제2호에 모두 해당하는 경우에는 해당 기간 중 가장 긴 기간으로 한다.

1. 고의 또는 중대한 과실로 다음 각목의 어느 하나에 해당하는 부실감정을 한 경우: 1년
   가. 평가대상 재산의 위치 · 지형 · 이용상황 · 주변환경 등 객관적 가치에 영향을 미치는 요인을 사실과 다르게 조사한 경우 (2016. 3. 21. 개정)
   나. 「감정평가 및 감정평가사에 관한 법률」 제2조 및 제25조 제2항을 위반한 경우
   다. 납세자와 담합하여 상속세 및 증여세를 부당하게 감소시킬 목적으로 감정평가한 경우
2. 원 감정가액이 재감정가액에 미달하는 경우: 재감정가액에 대한 원 감정가액의 비율에 따른 다음 각목의 기간
   가. 100분의 70 이상 100분의 80 미만인 경우: 6월
   나. 100분의 60 이상 100분의 70 미만인 경우: 9월
   다. 100분의 60 미만인 경우: 1년

해당 감정기관에 통지하고 의견을 청취하여야 한다. 이 경우 통지를 받은 감정기관은 통지를 받은 날부터 20일 이내에 의견을 제출하여야 하며 정당한 사유 없이 의견을 제출하지 아니한 경우에는 의견이 없는 것으로 본다(상증령 §49⑨).

① 시가 불인정 감정기관 지정내용과 법적 근거 및 이에 대하여 의견을 제출할 수 있다는 뜻과 의견을 제출하지 아니하는 경우의 처리방법

② 의견제출기한

③ 그 밖에 의견제출에 필요한 사항

(3) 시가인정 제약

시가불인정 감정기관으로 지정된 경우 지정된 기간 동안 시가불인정 감정기관의 감정가액은 시가로 보지 않는다(상증법 §60⑤).

6. 법정결정기간을 벗어난 소급감정가액의 인정 여부

가. 개요

매매등의 경우에는 평가기간이 경과한 후 소급 매매등이 발생하여 소급매매가액의 시가인정 여부에 대한 쟁점이 발생할 수 없지만 감정가액의 경우 상당한 시간이 경과한 후에도 소급해서 감정평가가 가능하므로 소급감정가액이 시가로 인정되는지 여부가 중요한 쟁점이 될 수 있다.

과거 소급감정가액은 상속재산(증여재산)의 경우 평가기준일 후 6개월(3개월)이 경과 후 소급해서 감정한 감정가액을 의미하였지만 법정결정기한 내에는 평가심의위원회 심의를 통한 감정가액은 인정되므로 엄밀한 의미의 소급감정가액은 법정결정기한을 벗어난 감정가액을 의미하는 것이라 할 수 있다.

소급감정가액을 시가인정 여부에 대해서는 국세청, 조세심판원, 감사원의 경우 시가로 인정할 수 없다는 입장을 취하는 반면, 대법원에서는 시가로 인정할 수 있다는 입장을 취하고 있어 실무상 소급감정가액을 시가로 인정받기 위해서는 반드시 행정소송을 거쳐야 한다.

나. 국세청, 조세심판원, 감사원의 입장

(1) 국세청

국세청은 일관되게 평가기간(2019. 2. 12. 이후는 법정결정기한)을 경과한 소급감정가액

은 시가로 보지 않는다는 입장을 취하고 있다.

【재삼46330-1612, 1996. 7. 8.】
상속개시일로부터 6개월 경과 후 작성된 감정가액은 시가로 보지 않음.

【재산01254-3725, 1986. 12. 18.】
기준시가로 평가 자진신고한 경우 추후 소급감정가액은 적용 안함.

【재산세과-171, 2011. 4. 1.】
상속세 평가기준일 전후 6월 이내의 기간 중 매매·감정(소급감정 제외)·수용·경매 또는 공매가액은 당해 상속재산의 시가범위에 포함되며 시가에 해당하는 가액이 없는 경우에는 상증세법 제61조부터 제65조까지에 규정된 방법으로 평가함.

【재산세과-640, 2010. 8. 25.】
상속세 평가기준일 전후 6월 이내의 기간 중 매매·감정(소급감정 제외)·수용·경매 또는 공매가액은 당해 상속재산의 시가범위에 포함되며 시가에 해당하는 가액이 없는 경우에는 부동산의 경우 상증법 제61조의 규정에 의하여 평가함.

【재삼46014-585, 1996. 3. 5.】
상속개시일로부터 6개월 경과 후 작성된 감정가액은 시가로 적용 불가

【심사양도 2019-0066, 2019. 6. 19.】
청구인이 주장하는 소급 감정가액의 평균액은 평가기준일 전후 6개월 이내의 기간에 평가된 감정가액이 아니므로, 이를 상속으로 취득한 쟁점주택의 취득가액으로 인정하기 어려움.

【심사양도 2019-0067, 2019. 6. 19.】
유증 받은 쟁점부동산 양도로 인한 양도소득 계산의 경우에도 상속개시일로부터 6개월이 경과하여 1개 감정기관에서 소급감정 받은 가액 등은 취득가액으로 볼 수 없음.

【심사양도 2019-0020, 2019. 4. 3.】
상속개시일로부터 약 12년 8개월이 경과한 시점에 이루어진 소급감정가액은 양도소득 계산 시 취득가액으로 인정할 수 없음.

【심사양도 2019-0021, 2019. 4. 3.】
상속개시일로부터 약 12년 8개월이 경과한 시점에 이루어진 소급감정가액은 양도소득 계산 시 취득가액으로 인정할 수 없음.

【심사양도 2018-0080, 2018. 8. 22.】
청구인이 제시한 감정가액은 평가기준일 전후 3개월 이내의 기간 중 평가한 감정가액에 해당하지 않아 법령에서 정하는 시가로 인정할 수 없으므로 쟁점부동산의 취득가액으로 인정

할 수 없음.

【심사-양도-2015-0028, 2015. 4. 24.】
2개의 공신력 있는 감정평가기관이 평가한 감정가액을 시가로 인정받기 위해서는「상속세 및 증여세법」시행령 제49조 제2항의 규정에 따라 상속개시일 전후 6개월 이내에 평가한 감정가액이어야 함.

【심사양도 2019-0091, 2019. 9. 25.】
청구인이 제시한 감정가액은 감정평가서 작성일이 상속개시일부터 2년 2개월이 경과한 이후에 작성된 것으로 나타나고 평가목적도 세무서 제출용인 점 등을 볼 때, 동 감정가액을 상속개시일 현재의 시가, 즉 쟁점부동산의 취득가액으로 인정하기 어려움.

(2) 조세심판원

2014. 2. 21. 개정된 상증법 시행령 제49조 및 부칙 제12조에서 2014. 2. 21. 이후 재산을 평가하는 분부터 가격산정 기준일과 감정가액평가서 작성일이 평가기간(상속의 경우 상속개시일 전후 6월) 이내인 감정가액을 시가로 인정할 수 있는 것으로 규정하고 있는 점에 비추어 소급감정가액(2019. 2. 12. 이후는 법정결정기한)은 시가로 볼 수 없다는 입장을 일관되게 취하고 있다.

【조심2017서0973, 2017. 5. 2.】
청구인이 제시한 쟁점부동산의 감정평가가액은 평가기준일로부터 8년여 기간이 경과하여 소급하여 작성한 것인 점, 쟁점부동산의 시가가 불분명한 반면 청구인이 달리 시가로 인정할 만한 객관적인 가액을 제시하지 못하고 있어 개별주택가격을 시가로 보는 것이 합리적인 점 등에서 처분청이 소급감정가액을 부인하고 이 건 양도소득세를 부과한 처분은 잘못이 없음.

【조심2018서4535, 2018. 12. 19.】
쟁점소급감정가액은 그 감정가액평가서 작성일이 상속개시일로부터 약 1년 11개월이 경과하여 법령상 평가기간을 벗어난 감정가액인 점 등에 비추어 쟁점소급감정가액을 상속개시일 현재 쟁점부동산의 시가로 보아야 한다는 청구주장을 받아들이기 어려움.

【조심2018부4001, 2018. 11. 19.】
소급감정 방지를 위해 2014. 2. 21.「상속세 및 증여세법 시행령」제49조 제2항을 가격산정 기준일과 감정가액평가서 작성일 모두 평가기간 이내일 것으로 개정하여 시가로 보는 감정가액 요건을 강화한 점 등에 비추어 쟁점소급감정가액을 취득가액으로 하여 양도가액에서 공제해 달라는 청구주장을 받아들이기 어려움.

【조심2020중0085, 2020. 3. 10.】
상증법상 쟁점 소급감정가액은 청구인이 쟁점토지를 상속받을 당시의 시가로 볼 수 없으므로 이를 청구인의 쟁점토지 취득가액으로 하여야 한다는 청구주장을 받아들이기 어렵다 할 것이므로 처분청이 청구인의 이 건 경정청구를 거부한 처분은 달리 잘못이 없는 것으로 판단됨.

【조심2019구4444, 2020. 1. 21.】
쟁점소급감정가액은 그 감정가액평가서 작성일이 법령상 평가기간(6개월)을 벗어난 감정가액인 점 등에 비추어 쟁점소급감정가액을 상속개시일 현재 쟁점부동산의 시가로 보아야 한다는 청구주장을 받아들이기 어려움.

【조심2019부3839, 2019. 12. 26.】
쟁점소급감정가액은 상속개시일부터 약 19년 1월이 경과하여 소급하여 감정한 가액으로 「상속세 및 증여세법 시행령」 제49조 제1항에서 규정하는 평가기준일 전후 6개월 이내의 기간 중 평가한 감정가액이 있는 경우에 해당하지 아니하는 점, 청구인이 제출한 증빙만으로는 쟁점소급감정가액이 상속개시 당시의 객관적인 교환가격을 반영하였다고 보기 어려운 점 등에 비추어, 처분청이 쟁점소급감정가액을 부인하고 청구인이 상속세 신고 당시 평가한 가액을 취득가액으로 하여 이 건 양도소득세를 부과한 처분은 잘못이 없음.

(3) 감사원

감사원도 소급감정가액(2019. 2. 12. 이후는 법정결정기한)은 객관적이고 합리적인 방법으로 평가된 것으로 볼 수 없으므로 시가에 해당하지 않는다는 입장을 일관되게 취하고 있다.

【감심97-0210, 1997. 11. 4.】
상속개시일로부터 3년 경과 후의 매매가액이나 소급감정가액이 상속개시당시의 시가로 볼 수 없어 보충적 평가방법에 의함은 정당함.

【감심2003-0094, 2003. 8. 26.】
임대차계약이 체결된 건물에 대해 임대료를 환산한 금액에 임대보증금을 합계한 금액으로 평가함은 정당하고, 소급감정가액을 시가로 인정할 수 없음.

【감심2016-911, 2018. 1. 22.】
청구인이 제시한 감정가액은 상속개시일로부터 2년 8개월이 경과한 이후 소급감정을 받은 것으로, 감정평가법인이 선정한 거래사례와 이 사건 부동산의 위치적·물적 유사성이 떨어져 적정하게 감정평가가 이루어졌다고 보기 어려운 점 등을 종합적으로 고려할 때 청구인이 제출한 소급감정가액은 이 사건 부동산에 대한 상속개시당시의 시가, 즉 양도자산의 취득가액으로 보기 어려움.

【감심2015-0978, 2015. 12. 17.】
처분청은 청구인이 이 사건 부동산을 상속받고도 상속세를 신고하지 아니하자, 2006. 1. 31. 상속세 결정(과세미달)을 하면서 시가를 산정할 수 없어 개별공시지가 및 기준시가로 이 사건 부동산의 가액을 산정한바, 이 사건 토지에 대한 소급감정가액은 객관적이고 합리적인 방법으로 평가된 것으로 인정하기 어려움.

【감심2015-0175, 2015. 6. 18.】
2개의 감정평가법인의 감정평가서를 살펴보면 거래사례나 평가사례 등이 없는 것으로 보아 가격조사가 어려운 것으로 보이는데도 소급감정평가를 한 점, 단지 호가가 쟁점부동산의 개별공시지가보다 높다는 이유로 기타요인 30%를 반영하였으나, 기타요인의 구체적인 산출근거를 기재하지 않아 감정평가의 내용이 적정한 것이라 보기 어려운 점 등을 고려해 볼 때, 소급감정가액은 쟁점부동산의 시가를 반영한 객관적이고 합리적인 가액으로 보기 어려움.

다. 대법원의 입장

국세청, 조세심판원, 감사원과 달리 대법원은 시가란 정상적인 거래에 의하여 형성된 객관적인 교환가치를 의미하는 것이고 객관적인 교환가치에는 합리적인 방법으로 평가한 가액도 포함되는 것으로 매매가액이 없는 경우에는 감정기관의 감정가액을 시가로 볼 수 있으므로 소급감정가액도 시가로 인정할 수 있다는 입장을 일관되게 취하고 있다. 즉, 대법원은 감정평가서 작성기준일보다 객관적인 교환가치를 반영한 합리적인 평가방법으로 가격인지 여부를 판단의 근거로 삼고 있다.

【대법원 2004두1834, 2008. 2. 1.】
거래를 통한 교환가격이 없는 경우에는 공신력 있는 감정기관의 감정가격도 시가로 볼 수 있고 그 가액이 소급감정에 의한 것이라 하여도 달라지지 아니함.

【대법원 2014두3204, 2014. 5. 29.】
시가라 함은 원칙적으로 정상적인 거래에 의하여 형성된 객관적 교환가격을 의미하지만 이는 객관적이고 합리적인 방법으로 평가한 가액도 포함하는 개념이므로 거래를 통한 교환가격이 없는 경우에는 공신력 있는 감정기관의 감정가격도 시가로 볼 수 있고, 그 가액이 소급감정에 의한 것이라 하여도 달라지지 않음.

 해당 재산의 보상가액 · 경매가액 또는 공매가액

1. 시가로 보는 보상가액 · 경매가액 또는 공매가액

가. 평가기간 이내

평가기간 이내(상속재산의 경우 평가기준일 전 · 후 6개월, 증여재산의 경우 평가기준일 전 6개월 · 후 3개월)의 해당 재산에 대한 보상가액 · 경매가액 또는 공매가액은 시가로 본다(상증령 §49①3호).

나. 평가기간 외

평가기간을 벗어난 경우에도 평가기준일 이전 2년 이내 또는 신고기한부터 상속재산의 경우 9개월(증여재산의 경우 6개월) 내의 보상가액 · 경매가액 또는 공매가액으로서 가격변동의 특별한 사유가 없어 평가심의위원회의 심의를 거쳐 시가로 인정되는 경우에는 시가로 본다(상증령 §49①단서).

【조심2018중0666, 2018. 4. 13.】
쟁점토지가 개별공시지가보다 낮은 가액으로 낙찰된 것은 계속된 유찰로 관련 법령에 의해 매 유찰 시마다 30%의 저감률이 적용된 결과에 불과하고 쟁점토지 가치 자체가 감소하였다고 볼 만한 다른 이유가 없다고 보이는바, 청구인이 제시한 경매가액보다는 개별공시지가가 쟁점토지의 시가에 보다 더 가깝다고 판단됨.

【상속증여세과-260, 2014. 7. 15.】
관리처분계획인가일 이후에 상속되는 경우 "부동산을 취득할 수 있는 권리"로 보는 것이며, 상속재산 평가는 상속개시일 현재의 시가에 따르며 평가기준일 전후 6월 이내의 기간 중 매매 · 감정 · 수용 · 경매 또는 공매가액은 당해 상속재산의 시가범위에 포함되는 것임.

【상속증여세과-436, 2014. 11. 11.】
상속개시일 전후 6월 이내에 상속재산에 대한 감정가액의 평균액과 수용된 경우의 보상가액은 이를 각각 시가로 볼 수 있는 것이며, 시가로 보는 가액이 2 이상인 경우에는 감정가액 평가서 작성일과 보상가액 결정일 중 상속개시일부터 가장 가까운 날에 해당하는 가액을 시가로 보는 것임.

【조심2011서1628, 2011. 11. 25.】
분할된 토지의 보상가액이 청구인의 상속일로부터 11개월 전의 가액이기는 하나, 개별공시지가 등을 고려할 때 시가하락이나 부동산 상황의 변화가 있었다고 볼만한 특별한 사정이 있었다고 보이지는 않으므로, 당시 보상가액을 매매사례가액으로 인정할 수 있는 것임.

【상속증여세과-569, 2013. 10. 1.】

비상장주식의 경매가액은 「상속세 및 증여세법 시행령」 제49조 제1항 제3호 각목의 어느 하나에 해당하지 않는 경우 시가로 인정되나, 이는 경매에 이르게 된 경위 및 절차 등을 관할 세무서장이 확인하여 판단할 사항임.

【재산세과-112, 2011. 3. 3.】

공매가액은 상증법 시행령 제49조 제1항 제3호 단서에 해당하지 않는 경우 시가에 해당할 수 있으나, 관련 경위 등을 확인하여 판단할 사항이며, 중소기업 주식은 2012. 12. 31.까지 할증평가하지 않음.

【재산세과-749, 2010. 10. 13.】

재산이 경매 또는 공매된 사실이 있는 경우에는 상증법 시행령 제49조 제1항 제3호 각목에서 규정하는 것을 제외하고 그 경매가액 또는 공매가액을 시가로 보나 그 공매가액을 시가로 볼 수 있는지 여부는 공매 경위 등을 감안하여 사실판단함.

2. 시가에서 제외되는 경매 또는 공매가액

특수관계인이 경매 또는 공매로 취득하는 등 다음에 해당하는 경우에는 경매가액 또는 보상가액이 객관적인 교환가치를 반영하지 못하고 있는 것으로 보아 시가로 인정하지 않는다.

가. 상속세를 물납한 후 공매 또는 경매로 취득한 경우

상속세 납부재원이 부족하여 물납한 후 동 재산을 경매 또는 공매로 취득하는 경우에는 통상적으로 물납 시의 세법상 평가금액보다 낮은 가액으로 취득하게 되어 상속재산에 대한 평가가 수정될 수 있다.

따라서 상속세를 물납한 후 동 물납재산을 상속인 또는 상속인의 상속세 및 증여세법상 특수관계인이 경매 또는 공매로 취득한 경우에는 시가로 보지 않는다(상증령 §49①3호가목).[98]

98) 2016. 2. 4. 이전에는 증여세를 물납한 후 수증자 또는 증여자가 경매 또는 공매로 취득한 경우도 시가로 보지 않은 가액으로 규정하고 있었지만 2016년부터 증여세의 경우 물납이 불가능해졌으므로 삭제되었다.

나. 비상장주식의 소액취득

일반매매와 마찬가지로 공매 또는 경매를 통해 비상장주식을 소액취득(액면가액 합계액으로 계산한 발행주식총수등의 1% 또는 3억 원 중 적은 금액 미만)한 경우에는 시가로 보지 않는다(상증령 §49①3호나목).

다. 공매 · 경매 절차개시 후 수의계약에 의한 취득

경매 또는 공매절차 개시 후 관련 법령이 정한 바에 따라 수의계약에 따라 취득하는 경우는 시가로 보지 않는다(상증령 §49①3호다목). 다만, 공매 후 1년간에 5회 이상 공매하여도 매각되지 않거나 부패 · 변질 또는 감량하기 쉬운 재산으로서 속히 매각하지 않으면 그 재산가액이 감손될 우려가 있을 때에는 수의계약에 의한 취득가액도 시가로 인정한다(상증법 집행기준 60－49－9).

수의계약의 경우 경쟁에 의하지 않고 임의로 상대를 선정하여 계약을 체결하는 방식이므로 객관적인 교환가치를 반영한 가액으로 보지 않는 것으로 이해할 수 있다.

라. 최대주주등이 보유하고 있던 비상장주식의 취득

상증령 제15조 제3항에 따른 최대주주등의 상속인 또는 최대주주등의 특수관계인이 최대주주등이 보유하고 있던 비상장주식을 경매 또는 공매로 취득한 경우 해당 경매 또는 공매가액을 시가로 보지 않는다(상증령 §49①3호라목).

부동산과 달리 비상장주식의 경우 시장성이 없으므로 완전한 경영권을 확보할 수 있는 경우가 아니고는 불특정다수인이 공매 또는 경매를 통해 취득하는 사례가 드물다.

따라서 해당 주식이 공매 또는 경매로 매각되는 경우에는 대부분 지분권 확보가 필요한 해당 법인의 상속인이나 특수관계인이 취득을 하게 되므로 자유경쟁에 의하지 않고 통상 수차례 유찰된 후 낮은 가액으로 낙찰을 받게 되는 방식으로 취득한다.

이처럼 매수자가 특정인으로 한정된 상태에서 성립된 낙찰가액은 객관적인 교환가치를 반영하였다고 보기 어려운 점을 고려하여 2020. 2. 11. 대통령령 제30391호로 2020. 2. 11. 이후부터는 시가로 보지 않는 것으로 개정되었다.

마. 계약불이행으로 공매가 무효가 된 경우

계약불이행으로 공매가 무효된 경우 해당 공매가액은 시가로 보지 않는다(상증법 집행기준 60－49－9).

【서면-2019-법령해석재산-3008, 2019. 10. 9.】
금융기관이 담보물인 비상장주식을 캠코가 운영하는 온비드(www.onbid.co.kr) 사이트를 통해 매각한 경우 해당 가액은 상증법상 시가로 보는 공매가액에 해당하지 아니하는 것임.

【국심2007서3545, 2008. 6. 30.】
공매가격이 정상적인 거래에 의하여 형성된 당시의 교환가격을 적절하게 반영한 객관적인 교환가격으로 볼 수 없으므로 보충적평가방법으로 평가한 것은 정당함.

【사전-2015-법령해석재산-0184, 2015. 8. 20.】
평가기간 내 경매가액이 있더라도 의도적인 조작 등으로 인해 객관적 교환가액이라고 볼 수 없는 경우 시가에 해당하지 않는 것이며, 이에 해당하는지는 경매경위, 경매절차, 경매참여 동기 등을 고려하여 사실판단할 사항임.

3. 판단기준일

해당 재산에 대한 보상가액·경매 또는 공매가액이 평가기간 이내에 해당하는지 여부는 보상가액·경매가액 또는 공매가액이 결정된 날을 기준으로 판단한다(상증령 §49②3호).

이 경우 보상가격이 결정된 날은 수용보상체결일을 의미하며, 경매가격이 결정된 날은 민사집행법 제128조에 따라 매각허가를 결정하는 날을 의미한다.

【서면-2015-상속증여-0262, 2015. 4. 10.】
「상속세 및 증여세법」 제60조 제2항 및 같은 법 시행령 제49조 제1항 제3호의 규정은 보상가액이 결정된 날(수용보상계약체결일)을 기준으로 하여 적용하는 것임.

【서면-2015-법령해석재산-0757, 2015. 6. 12.】
「상속세 및 증여세법 시행령」 제49조 제2항 제3호에 따른 "경매가액이 결정된 날"은 「민사집행법」 제128조 따라 매각허가를 결정하는 날을 의미하는 것임.

 유사재산의 사례가액

1. 원칙

해당 재산에 대한 매매가액, 감정가액의 평균액, 수용가액, 경매 또는 공매가액이 없는 경우로서 평가기간 이내(상속재산의 경우 평가기준일 전・후 6개월, 증여재산의 경우 평가기준일 전 6개월・후 3개월)에 기획재정부령으로 정하는 해당 재산과 면적・위치・용도・종목 및 기준시가가 동일하거나 유사한 다른 재산에 대한 매매가액, 감정가액의 평균액, 수용가액, 경매 또는 공매가액이 있는 경우에는 해당 가액을 시가로 본다(상증령 §49④).

【상속증여세과-586, 2013. 10. 28.】
평가기준일 전후 6개월 이내에 상속재산과 면적・위치・용도・종목 및 기준시가가 동일하거나 유사한 다른 재산에 대한 거래가액, 감정가액, 보상가액・경매가액 또는 공매가액이 있는 경우에는 이를 시가로 보며, 그 가액이 2 이상인 경우 평가기준일을 전후하여 가장 가까운 날에 해당하는 가액을 시가로 보는 것임.

【대법원 2018두43149, 2018. 8. 16.】
시가는 당해 재산에 대한 수용가격・공매가격 및 감정가격 등 평가기준일 현재가뿐만 아니라, 평가기간 내 이루어진 같은 아파트의 거래가액도 시가로 인정하고 있음.

【서면-2019-상속증여-2862, 2019. 10. 7.】
증여일 전 6개월부터 증여일 후 3개월까지의 기간 중에 당해 재산과 동일하거나 유사한 재산의 매매가액은 시가에 해당하며, 평가기준일 전 2년 이내의 기간과 증여세과세표준 신고기한부터 6개월까지 기간 중에 매매 등이 있는 경우 그 가액은 가격변동의 특별한 사정이 없다고 인정되면 재산평가심의위원회의 심의를 거쳐 시가로 인정되는 가액에 포함시킬 수 있는 것임.

2. 신고일 이후 유사재산 사례가액 시가적용 배제

상속세(증여세) 신고기한 전에 상속세(증여세) 신고를 한 경우로서 신고 이후 발생한 유사재산의 매매등의 가액을 시가로 본다면 신고일 이후 유사재산의 매매가액등을 예측할 수 없는 납세자의 예측 가능성이 침해되는 문제가 발생한다.

이러한 문제점을 막기 위해 2010. 12. 30. 대통령령 제22579호로 2011. 1. 1.부터는 상속세 또는 증여세를 신고한 경우에는 신고일 이후부터 평가기간까지의 유사재산의 사례가액은 시가로 보지 않는다.

【서면-2015-상속증여-1004, 2015. 8. 4.】
상속세 또는 증여세 과세표준을 신고한 경우로서 평가기준일 전 6(3)개월부터 평가기간 이내의 신고일까지 신고한 당해 재산과 동일하거나 유사한 다른 재산에 대한 시가에 해당하는 가액이 있는 경우에는 당해 가액을 시가로 보는 것임.

3. 유사재산의 범위

면적・위치・용도・종목 및 기준시가의 동일성이나 유사성에 대한 판단이 주관적이거나 지나치게 확장되는 경우 납세자의 예측가능성이 침해될 수 있으므로 2017. 3. 10. 시행규칙 개정을 통해 동일하거나 유사한 것으로 보는 경우에 대해 규정하고 있다.

가. 공동주택

매년 「부동산 가격공시에 관한 법률」에 따라 공동주택가격을 공시하는 공동주택의 경우에는 다음 세 가지 요건을 모두 충족한 공동주택의 매매등의 가액만 시가로 본다. 다만, 요건을 충족하는 주택이 둘 이상인 경우에는 평가대상 주택과 공동주택가격 차이가 가장 적은 주택을 유사재산으로 본다(상증칙 §15). 공동주택가격 차이가 적은 주택이 둘 이상인 경우에는 평가기준일 전후 가장 가까운 날에 해당하는 가액(둘 이상인 경우 평균액)을 적용한다(상증령 §49②).

이 경우 납세자가 신고시에는 유사재산의 매매등의 가액 확인은 가능하지만 동, 호수가 확인되지 않아 공동주택의 가격차이가 적은 주택의 확인은 불가능하므로 유사재산의 사례가액이 둘 이상인 경우에 유사재산의 사례가액으로 신고한 경우에는 신고 후 공동주택 가격차이를 반드시 확인할 필요가 있다.

또한 공동주택의 경우 납세자가 거래되는 시가를 어느 정도 인지한 상태에서 유사재산의 매매등의 가액이 있는 경우에는 공동주택의 가격가치가 5%를 초과하는 경우에도 유사 공동주택의 매매등의 가액을 시가로 보아 과세한 사례가 있으므로 주의하여야 한다(조심2021서3835, 2021. 12. 16.).

① 평가대상 주택과 동일한 공동주택 단지에 있을 것

② 주거전용면적의 차이가 평가대상주택 주거전용면적의 5% 이내일 것

③ 공동주택가격 차이가 평가대상주택 공동주택가격의 5% 이내일 것

| 공동주택의 유사재산의 사례가액이 시가로 인정되는 요건 |

구분	요건
거래발생일 요건	평가기준일 전 6개월 평가기준일 이후 6개월(증여재산의 경우 3개월) 내의 거래일 것 (상속세 또는 증여세를 신고한 경우에는 신고일 내의 거래일 것)
소재지 요건	동일 단지 내에 소재할 것
면적 요건	전용면적의 차이: 주거전용면적의 5% 이내일 것
가액 요건	공동주택가격의 차이: 공동주택가격의 5% 이내일 것
공동주택가격 차이 요건 우선 적용	해당 주택이 둘 이상인 경우에는 공동주택가격 차이가 가장 작은 주택으로 함. ⇒ 공동주택가격 차이가 적은 주택이 둘 이상인 경우에는 가장 가까운 날에 해당하는 가액 적용

나. 공동주택 외의 재산의 경우

공동주택 외의 재산은 평가대상 재산과 면적·위치·용도·종목 및 기준시가가 동일하거나 유사한 다른 재산으로만 규정하고 있다.

토지의 경우 평가기간 이내 해당 토지와 연접해 있으면서 면적이나 모양이 유사하고 토지용도, 이용상황, 기준시가가 동일한 토지의 매매등의 가액이 있는 경우 유사사례가액으로 보고 있다.

【조심2019중3752, 2020. 1. 20.】

쟁점아파트와 비교대상아파트는 같은 아파트 단지 내에 위치하고 동과 면적이 동일하며 기준시가가 유사하며 평가기간 이내인 점 등에 비추어, 처분청이 청구인에게 증여세를 유사매매사례가액으로 과세한 이 건 처분은 달리 잘못이 없는 것으로 판단됨.

【조심2019중3556, 2019. 12. 24.】

청구인들이 적용한 매매사례가액은 부부간의 매매가액이고 상증법상 평가기간 밖의 매매사례가액으로, 쟁점아파트와 전용면적·위치·기준시가 등 시가형성 요인이 동일 또는 유사한 비교대상아파트①의 매매사례가액으로 이 건 증여세를 과세한 처분이 위법·부당하다는 청구주장을 받아들이기 어렵고, 상증법상 시가 평가기간 내의 매매사례가액이 존재하

므로 AA은행의 아파트 시세자료 등에 의하여 다른 합리적인 방법으로 그 증여당시 시가를 평가하여야 한다는 주장도 받아들이기 어려움.

【조심2019부3612, 2019. 12. 19.】

비교아파트는 쟁점아파트와 같은 동에 위치하는 아파트로 기준시가가 유사하고, 거래 시기가 증여일로부터 3개월 이내에 있으며, ○○○가 대표 조합원으로 있는 쟁점아파트와 유사하게 재건축 후 신축아파트를 배정받을 권리를 보유하고 있는 아파트로 비교가능성이 높다고 보이는바, 매매사례가액을 쟁점아파트의 시가로 보아 증여세를 과세한 처분은 잘못이 없다고 판단됨.

【조심2019서2879, 2019. 12. 19.】

청구주장과 같이 서울 아파트 가격이 폭등하는 시점을 감안하더라도 처분청에서 지나치게 높은 유사매매사례가액을 적용하였다고 하기는 어려워 보이는 점 등에 비추어, 처분청에서 비교대상아파트의 매매가액을 쟁점아파트의 시가로 인정되는 유사매매사례가액으로 보아 과세한 처분은 달리 잘못이 없는 것으로 판단됨.

【조심2019중0363, 2019. 11. 21.】

쟁점아파트와 비교대상아파트는 같은 아파트 단지 내에 위치하고 있고 호수만 다를 뿐 동(洞)과 면적이 동일하며 이 건 상속개시 당시 쟁점아파트의 기준시가와 비교대상아파트의 기준시가가 유사한 점 등에 비추어 처분청이 쟁점매매사례가액을 쟁점아파트의 시가로 적용하여 상속세를 과세한 이 건 처분은 잘못이 없는 것으로 판단됨.

【조심2019서2094, 2019. 10. 25.】

처분청이 제시한 비교대상xx층아파트의 경우 상증법 시행규칙 제15조 제3항 요건을 모두 충족하지만 청구인이 제시한 비교대상aa층아파트의 경우 기준시가 요건을 충족하지 못하는 점 등에 비추어 비교대상aa층아파트의 매매사례가액을 쟁점아파트의 시가로 보기는 어려움.

【조심2018구4672, 2019. 4. 25.】

쟁점아파트의 평가기준일 현재 상증법령상 비교대상아파트가 쟁점아파트의 매매사례가액이 되려면 두 아파트의 면적·위치·용도·종목 및 기준시가가 동일하거나 유사하여야 할 것인바, 두 아파트의 실질적인 활용 면적, 층, 기준시가가 상이하여 비교대상아파트는 유사재산의 기준 범위 내에 있지 아니한 점 등에 비추어 볼 때, 비교대상아파트의 쟁점매매가액을 쟁점아파트의 매매사례가액으로 적용하기는 어렵다 할 것이므로, 쟁점아파트의 시가로 삼을 만한 가액을 달리 찾을 수 없는 한 쟁점아파트의 가액을 「상속세 및 증여세법」 제61조 제1항 제4호에 의한 금액(공동주택가격)으로 하여 그 과세표준과 세액을 경정하는 것이 타당하다고 판단됨.

【조심2021서3835, 2021. 12. 16.】
국민은행 등이 발표한 부동산 시세에 의하면 쟁점주택과 동일 단지 · 동일 면적에 해당하는 아파트의 평균거래가가 3,050백만 원에서 3,125백만 원으로 형성된 것으로 나타나고 청구인이 주변 시세를 잘 알고 있는 공인중개사와의 상담을 통해 쟁점주택의 시가를 30억 원으로 하여 증여세를 신고한 점 등에 비추어 쟁점주택은 30억 원을 전후하여 시가가 형성되었다 할 것임. 이와 같이 쟁점주택의 시가로 볼 만한 거래가액이 있음에도 단지 두 주택 간의 2020년에 공시된 공동주택가격의 차이가 쟁점주택의 공동주택가격의 5%를 초과하였다고 하여 시가로 기준시가를 적용하여야 한다는 청구주장을 받아들이기는 어렵다고 판단됨.
(※ 공동주택 가격차이가 5% 이상인 경우에도 유사사례가액으로 본 결정례임.)

【조심2019인3621, 2020. 12. 7.】
쟁점토지 중 도로에 인접한 필지는 쟁점비교대상토지와 연접하고 있고, 평가기준일 현재 지목, 공시지가 및 토지이용계획상 용도가 같으며, 모양과 면적이 유사하다고 보이므로 쟁점매매사례가액으로 가액을 산정한 것은 정당하나, 쟁점토지 중 하단의 필지는 쟁점비교대상토지와 유사성이 없으므로 쟁점매매사례가액을 적용할 수 없음.

【조심2019서2835, 2019. 10. 15.】
쟁점토지와 비교대상토지는 그 기준시가 · 위치 · 면적 · 용도 및 이용상황 등에서 매우 유사하므로 비교대상토지의 거래가액을 쟁점토지의 매매사례가액으로 적용할 수 있어 보이는 점 등에 비추어 처분청이 비교대상토지의 매매사례가액을 쟁점토지의 시가로 보아 과세한 이 건 처분은 잘못이 없는 것으로 판단됨.

【조심2018부1664, 2018. 11. 20.】
쟁점토지와 비교대상토지가 개발제한구역 내에 있는 자연녹지지역이고 위치 · 면적 · 용도 등의 요건이 서로 유사하고 개별공시지가도 동일한 점 등에 비추어 쟁점매매사례가액을 시가로 보고 쟁점토지를 재평가하여 상속세를 과세한 처분은 잘못이 없음.

【조심2016서3600, 2017. 3. 2.】
쟁점토지와 비교대상토지는 '동소 ○○○'에서 분할되었고, 사도로 이용 중인 '동소 ○○○'를 사이에 두고 있는 등 용도, 위치 등이 일치하며, 2014년 토지특성조사표상 용도지역, 유해시설 등이 일치하여 2014. 1. 1. 개별공시지가도 ○○○원으로 동일하므로 쟁점외토지보다 유사성이 낮은 비교대상토지의 매매사례가액을 기준으로 과세한 처분은 부당하다는 청구주장을 받아들이기 어려움.

4. 해당 재산과 유산재산의 적용순위

해당 재산에 대한 매매등의 가액이 있고 유사재산에 대한 매매등의 가액이 있는 경우에 어떠한 가액을 시가로 인정할 것인지에 대해 과세관청과 납세자 사이에 다툼이 있을 수 있다.

이러한 다툼을 막기 위해 2010. 12. 30. 대통령령 제22579호로 2011. 11. 1.부터는 해당 재산에 대한 매매가액, 감정가액의 평균액, 보상가액, 경매 또는 공매가액이 있는 경우에는 해당 재산에 대한 매매가액 등을 시가로 보며 유사재산에 대한 매매가액 등은 적용하지 않는 것으로 개정되었다(상증령 §49②단서).

 시가에 해당하는 가액이 둘 이상인 경우

시가에 해당하는 매매가액, 감정가액의 평균액, 보상가액, 경매 또는 공매가액이 둘 이상인 경우에는 평가기준일을 전후하여 가장 가까운 날에 해당하는 가액을 시가로 본다. 2019. 2. 12. 이후부터는 동일자에 둘 이상의 가액이 있는 경우 등 가장 가까운 날에 해당하는 가액이 둘 이상인 경우에는 둘 이상의 가액의 평균액을 시가로 적용한다(상증령 §49②).

 둘 이상의 재산이 포함된 경우 시가산정

1. 토지, 건축물등 외의 재산

가. 감정가액 비율로 안분계산

시가로 보는 가액에 2 이상의 재산가액이 포함되어 각각의 재산가액이 구분되지 아니하는 경우로서 각각의 재산에 대하여 동일감정기관이 동일한 시기에 감정한 각각의 감정가액이 있는 경우에는 감정가액에 비례하여 안분한 가액을 각각의 재산가액으로 한다(상증령 §49③).

나. 감정가액이 없는 경우

감정가액이 없는 경우에는 시가가 없는 경우의 평가방법인 상속세 및 증여세법 제61조 내지 제65조의 보충적 평가방법에 따라 평가한 가액에 비례하여 안분한 가액을 각각의 재산가액으로 한다.

2. 토지, 건축물등

토지와 토지에 정착된 구축물의 가액이 구분되지 않는 경우에는 부가가치세법 시행령 제

64조를 준용하여 다음과 같이 안분한다(상증령 §49③단서).

가. 토지, 건축물의 소득세법상 기준시가가 있는 경우

(1) 감정평가가액이 있는 경우

감정평가가액이 있는 경우에는 감정평가가액에 비례하여 안분한 가액을 각각의 재산가액으로 한다.

이 경우 감정평가가액은 부가가치세법 시행령 제28조에 따른 공급시기(중간지급조건부 또는 장기할부판매의 경우는 최초 공급시기)가 속하는 과세기간의 직전 과세기간 개시일부터 공급시기가 속하는 과세기간의 종료일까지의 기간 중에 「감정평가 및 감정평가사에 관한 법률」에 따른 감정평가법인등이 평가한 감정가액이어야 한다(부령 §64 1호).

(2) 감정평가가액이 없는 경우

소득세법상 기준시가비율에 의해 안분한 가액을 각각의 재산가액으로 한다.

나. 토지, 건축물의 소득세법상 기준시가가 없는 경우

(1) 감정평가가액이 있는 경우

감정평가가액이 있는 경우에는 감정평가가액에 비례하여 안분한 가액을 각각의 재산가액으로 한다(부령 §64 2호).

(2) 감정평가가액이 없는 경우

감정평가가액이 없는 경우에는 장부가액(장부가액이 없는 경우에는 취득가액)에 비례하여 안분계산한 후 기준시가가 있는 자산에 대해서는 그 합계액을 다시 기준시가에 의하여 안분계산한다.

(3) (1), (2)를 적용할 수 없거나 적용하기 곤란한 경우

(1), (2)를 적용할 수 없거나 적용하기 곤란한 경우에는 국세청장이 정하는 바(2018. 8. 24. 국세청고시 제2018-36호)에 따라 안분한다.

제3절 재산의 시가를 산정하기 어려운 경우

Ⅰ 평가의 원칙

상속세 및 증여세법상 재산의 평가는 불특정다수인 사이에 자유롭게 이루어진 거래에서 통상적으로 성립되는 가액인 시가로 평가하는 것을 원칙으로 하고 있으며 평기기간(또는 일정기간) 이내의 해당 재산(또는 유사재산)의 매매가액, 감정가액, 경매, 수용 또는 공매가액이 있는 경우에는 이를 시가로 인정하고 있다.

이 경우 시가로 인정되는 매매등의 가액은 평가기간 이내 또는 일정기간(평가기준일 전 2년 내, 평가기간 경과 후 법정 결정기한까지) 이내의 가액일 것을 요건으로 하고 있어 해당 재산에 대한 매매등의 가액이 있는 경우에도 발생기간 요건을 충족하지 못하는 경우에는 시가로 인정되지 않으므로 시가가 불분명한 경우에 해당한다.

불특정다수인 사이에 자유롭게 이루어진 거래에서 통상적으로 성립되는 가액이 없는 경우로서 매매등의 가액이 없거나 매매등의 가액이 있는 경우에도 평가기간 또는 일정기간(평가기준일 전 2년 내, 평가기간 경과 후 법정 결정기한까지)을 벗어나서 시가가 불분명한 경우에는 해당 재산의 종류, 규모, 거래 상황 등을 고려하여 상속세 및 증여세법 제61조부터 제65조에서 규정하고 있는 보충적 평가방법으로 평가하여야 한다(상증법 §60③).

이러한 보충적 평가방법은 재산의 종류별로 다르게 규정할 필요가 있으므로 재산의 종류를 부동산, 선박 등 그 밖의 유형재산, 유가증권 등, 무체재산권, 그 밖의 조건부 권리로 나누어 규정하고 있다.

Ⅱ 부동산의 보충적 평가방법

1. 토지

가. 원칙적인 평가방법

(1) 개요

토지의 경우 재산의 특성상 거래가 빈번하지 않고 개별공시지가가 유사하면서 인접한 토지의 매매가 있지 않는 한 매매등의 가액으로 평가할 수 있는 경우가 드물어 시가를 산정하기 어려운 경우가 일반적이다.

(2) 보충적 평가방법

토지의 시가를 산정하기 어려운 경우에는 평가기준일 현재 고시되어 있는 개별공시지가로 평가한다(상증법 §61①1호).

이 경우 평가기준일에 새로운 공시지가가 고시된 경우에는 새로운 공시지가를 적용하여 평가하여야 한다.

【국심2005서0840, 2005. 4. 7.】
증여일(2003. 6. 30.) 현재 발급된 토지대장에 새로운 공시지가가 반영되지 아니하여 직전년도 공시지가를 반영하여 평가하였으나 증여일(2003. 6. 30.) 현재 새로운 공시지가가 고시되었으므로 동 공시지가를 적용하여 평가하여야 함.

【조심2017서2960, 2017. 8. 21.】
쟁점도로는 개별공시지가가 산정·고시되고 있고, 공시지가는 사실상 도로로 사용되는 것을 반영하여 인근 표준지의 33%로 산정되고 있는 점, 쟁점도로가 속한 지역이 도시계획 등에 의해 향후 보상이 기대되는 것으로 보이는 점 등에 비추어 쟁점도로를 재산적 가치가 있는 것으로 보아 공시지가로 평가하여 상속세를 과세한 이 건 처분은 잘못이 없음.

【심사상속 2019-0003, 2019. 5. 2.】
쟁점토지는 시가를 산정하기 어려운 경우에 해당하며 상증세법 제61조【부동산 등의 평가】 제1항 제1호에서 토지는 '「부동산가격공시에 관한 법률」에 따른 개별공시지가'로 평가하도록 규정되어 있는데, 처분청이 쟁점토지의 가액을 개별공시지가로 평가한 것이 확인되므로 처분청의 처분에는 잘못이 없는 것으로 판단됨.

【조심2014서2067, 2014. 7. 18.】
쟁점토지의 한쪽 면이 임야에 접한 것으로 보아 불특정다수인이 사용하는 도로라고 보기 어렵고 쟁점토지와 같은 지번의 쟁점외토지가 계속하여 분할·매매가 이루어졌으며 쟁점토지의 개별공시지가가 매년 상승하고 있는 점 등에 비추어 쟁점토지를 개별공시지가로 평가하여 과세한 처분은 잘못이 없음.

나. 개별공시지가가 없는 경우의 평가방법

(1) 개별공시지가 없는 경우의 평가방법 적용 토지

다음에 해당하는 토지에 대해서는 개별공시지가가 없는 경우의 평가방법을 준용하여 평가하여야 한다(상증령 §50①).

① 「공간정보의 구축 및 관리 등에 관한 법률」에 의한 신규등록토지
② 「공간정보의 구축 및 관리 등에 관한 법률」에 의하여 분할 또는 합병된 토지
③ 토지의 형질변경 또는 용도변경으로 인하여 「공간정보의 구축 및 관리 등에 관한 법률」상의 지목이 변경된 토지
④ 개별공시지가의 결정 · 고시가 누락된 토지(국 · 공유지를 포함한다)

(2) 보충적 평가방법

개별공시지가가 없는 토지는 해당 개별공시지가가 없는 토지와 지목 · 이용상황 등 지가 형성요인이 유사한 인근토지를 표준지로 보고 「부동산 가격공시에 관한 법률」 제3조 제7항에 따른 비교표에 따라 납세지 관할 세무서장(납세지 관할 세무서장과 해당 토지의 소재지를 관할하는 세무서장이 서로 다른 경우로서 납세지 관할 세무서장의 요청이 있는 경우에는 해당 토지의 소재지를 관할하는 세무서장으로 한다)이 평가한 가액으로 평가한다(상증법 §61①단서, 상증령 §50①).

이 경우 납세지 관할 세무서장은 「지방세법」 제4조 제1항 단서에 따라 시장 · 군수가 산정한 가액 또는 둘 이상의 감정기관에 의뢰하여 감정한 가액의 평균액을 평가가액으로 할 수 있다.

【서면-2017-상속증여-0387, 2017. 2. 27.】
개별공시지가가 없는 토지의 가액은 납세지 관할 세무서장이 인근 유사 토지의 개별공시지가를 고려하여 상증령 제50조 제1항에 따라 평가함.

【대법원 2019두31495, 2019. 4. 25.】
통상적인 가치 상승분 평가는 대상토지와 지리적 위치 · 지목 · 이용 현황 등이 유사한 토지의 지가상승률 기준으로 하여야 하고, 상속세 및 증여세법 제61조 제1항 제1호도 개별공시지가가 없는 경우 인근 유사 토지의 개별공시지가를 고려하여 평가한다고 규정하고 있으므로, 이에 따라 이 사건 주식의 가치상승분은 없다고 봄이 타당함.

(3) 예외

형질변경과 달리 토지를 분할 또는 합병하는 경우에는 토지의 기본적인 재산가치가 크게 변동되지 않으므로 토지가격의 큰 변동이 없다.

따라서 분할 또는 합병된 토지의 경우 개별공시지가가 없더라도 종전의 개별공시지가를 적용하는 것이 합리적이라고 인정되는 경우에는 다음의 방법으로 평가할 수 있다(상증법 통칙 61-50…1②).

① 분할된 토지: 분할 전 토지에 대한 개별공시지가

② 합병된 토지: 합병 전 토지에 대한 각 개별공시지가의 합계액을 총면적으로 나눈 금액

【조심2012서2424, 2013. 6. 13.】
개별공시지가를 산정하는 경우 분할 전 토지와 분할 후 토지에 건물이 걸쳐 있어 일단지로 보아 동일가액으로 평가하게 되어 있는 점 등으로 보아 분할 전 토지와 분할 후 토지의 가치를 달리 보기 어려운 점 등을 종합할 때, 처분청이 쟁점토지 분할 이전 모지번의 개별공시지가를 적용하여 평가한 가액을 쟁점토지의 증여재산가액으로 하여 증여세를 과세한 처분은 잘못이 없음.

【조심2008중0050, 2008. 6. 30.】
단순히 지번을 분할한 경우로 지목 및 이용상황 등의 토지 특성 변경은 없는 것으로 확인되므로 모지번의 개별공시지가를 활용하는 것이 타당함.

다. 지가급등지역에 있는 토지

각종 개발사업 등으로 지가가 급등하거나 급등할 우려가 있는 지역으로서 국세청장이 지정한 지역의 토지가액은 개별공시지가에 배율을 곱한 배율방법(倍率方法)에 의한 가액으로 평가한다(상증법 §61①1호단서, 상증령 §50②).

라. 환지예정지의 평가

환지예정지의 가액은 환지권리면적에 따라 계산한 가액에 따른다(상증법 기본통칙 61-50…3).

마. 개별공시지가가 있어도 영(0)으로 평가되는 경우

도로 및 하천・제방・구거 등으로서 불특정다수인이 공용으로 사용하고 도로 외의 용도로 사용할 수 없으며 보상가치가 없는 등 재산가치가 없는 경우에는 개별공시지가가 공시되어 있어도 영(0)으로 평가한다.

상속세 및 증여세법 기본통칙 61－50…4【도로등의 평가】
불특정다수인이 공용하는 사실상 도로 및 하천・제방・구거 등(이하 이 조에서 "도로 등"이라 한다)은 상속재산 또는 증여재산에 포함되나, 평가기준일 현재 도로등 외의 용도로 사용할 수 없는 경우로서 보상가격이 없는 등 재산적 가치가 없다고 인정되는 때에는 그 평가액을 영(0)으로 한다.

【서면－2019－상속증여－1764, 2019. 8. 8.】
불특정다수인이 공용하는 사실상 도로 등은 증여재산에 포함되나, 평가기준일 현재 도로 등 외의 용도로 사용할 수 없는 경우로서 보상가격이 없는 등 재산적 가치가 없다고 인정되는 때에는 그 평가액을 영(0)으로 하는 것임.

【조심2018서5046, 2019. 2. 13.】
쟁점토지의 경우 등기사항전부증명서, 지적도 및 항공사진에 의하면 지목상 '도로'로서 불특정다수인의 통행에 제공되고 있는 것으로 나타나고 있고, 관할 지방자치단체장의 회신내용에 의하면 재산세가 부과되거나 도로사용료 등이 지급된 사실이 없는 것으로 회신하고 있는 점 등에 비추어 실질적으로 재산적인 가치가 있다고 보기 어려움.

2. 건물

(1) 개요

토지와 건물을 단독 또는 공동지분으로 소유하는 방식의 비주거용 건물의 경우 불특정다수인 사이의 자유로운 거래에서 통상적으로 성립되는 가격을 찾기 힘들고 각각의 특색이 있어 해당 건물에 대한 평가기간 이내, 평가기준일 전 2년 내, 평가기간 경과 후 법정결정기한 내에 매매등의 가액이 있는 경우를 제외하고는 시가를 산정할 수 없는 경우가 대부분이다.

이러한 건물의 경우 각 건물마다 위치・건물의 용도 등의 특성이 있어 건물과 토지를 일괄하여 일정금액으로 고시하기가 어려우므로 매년 국세청장이 신축가격, 구조, 용도, 위치, 신축연도 등을 고려한 기준시가 계산식을 고시한다.

(2) 보충적 평가방법

토지와 건물을 같이 단독 또는 공동지분으로 소유하는 방식의 비주거용 건물의 시가를 산정하기 어려운 경우에는 건물의 신축가격, 구조, 용도, 위치, 신축연도 등을 고려하여 매년 1회 이상 국세청장이 산정 · 고시한 계산식에 따라 산출된 가액을 건물의 평가가액으로 한다(상증법 §61①2호). 이 경우 토지는 개별공시지가로 평가한다.

【서면-2015-상속증여-1994, 2015. 10. 28.】
「상속세 및 증여세법」 제61조 제1항 제2호에 따라 평가하는 건물의 부속토지를 보충적 평가방법으로 평가할 때, 토지는 개별공시지가로 평가하는 것임.

3. 오피스텔 및 상업용 건물

가. 지정지역 내

(1) 개요

건물에 딸린 토지를 공유(共有)로 하고 건물을 구분소유하는 오피스텔 및 상업용 건물 중 지정지역 내에 있는 오피스텔 및 사업용 건물에 대해서는 국세청장이 매년 1회 이상 건물의 종류, 규모, 거래 상황, 위치 등을 고려하여 ㎡당 가액을 산정하여 고시한다.

(2) 보충적 평가방법

국세청장이 해당 건물의 용도 · 면적 및 구분 소유하는 건물의 수(數) 등을 감안하여 ㎡당 가액을 고시하는 지역에 소재하는 오피스텔 및 상업용 건물(이들에 부수되는 토지를 포함)의 시가를 산정하기 어려운 경우에는 건물의 종류, 규모, 거래 상황, 위치 등을 고려하여 매년 1회 이상 국세청장이 토지와 건물에 대하여 일괄하여 산정 · 고시한 가액으로 평가한다(상증법 §61①3호, 상증령 §50③).

○ 기준시가
= 국세청장이 산정 · 고시한 단위면적(㎡) × 평가대상 건물의 면적(㎡)

* ㎡당 금액: 토지와 건물을 일괄하여 고시한 가격
* 평가대상 건물 면적: 전용면적 + 공용면적

나. 지정지역 외

지정지역 외 오피스텔 및 사업용 건물의 경우 ㎡당 가액을 일괄하여 산정 · 고시하지 않고 토지의 경우 개별공시지가, 건물의 경우 건물 기준시가 산정 기본 계산식만이 고시된다.

따라서 지정지역 외에 있는 오피스텔 및 사업용 건물의 시가를 산정하기 어려운 경우에는 토지에 대해서는 개별공시지가를 적용하고, 건물에 대해서는 매년 국세청장이 신축가격, 구조, 용도, 위치, 신축연도 등을 고려하여 산정한 기준시가 계산식을 적용하여 평가한다(상증법 §61①).

4. 주택

가. 고시된 주택가격이 있는 경우

(1) 단독주택

가) 개요

단독주택의 경우 매매가 빈번하지 않고 각 주택별 특성이 상이하여 시가를 산정하기 어려운 경우가 대부분이다.

단독주택에 대해서는 2005년부터 토지와 건물을 일괄하여 개별주택가격을 고시하고 있다.

나) 보충적 평가방법

단독주택의 시가를 산정하기 어려운 경우에는 평가기준일 현재 고시된 개별주택가격으로 평가한다(상증법 §61①4호).

(2) 아파트, 연립주택

가) 개요

아파트, 연립주택의 경우 상속세 및 증여세법 시행령 제49조 제4항에서 정하고 있는 면적 · 위치 · 용도 · 종목 및 기준시가가 동일하거나 유사한 재산의 매매 등의 가액을 적용할 수 있는 경우가 많아 타 부동산에 비해 시가가 불분명한 경우가 많지 않은 특징이 있다.

나) 보충적 평가방법

① 아파트와 건축 연면적 165㎡ 이상의 연립주택

아파트와 건축 연면적 165㎡ 이상의 연립주택에 대해서는 매년 국세청장이 그 시기 · 대상 등에 대하여 국토교통부장관과의 협의를 거쳐 「소득세법」 제99조 제1항 제1호 라목 단서 및 「상속세 및 증여세법」 제61조 제1항 제4호 각목 외의 부분 단서에 따라 공동주택가격을 결정 · 고시한다(부동산 가격공시에 관한 법률 §18①단서).

아파트와 건축 연면적 165㎡ 이상의 연립주택의 시가를 산정하기 어려운 경우에는 국세청장이 국토교통부장관과 협의하여 결정 · 고시한 공동주택가격으로 평가한다(상증법 §61①4호).

② 건축 연면적 165㎡ 미만의 연립주택

건축 연면적 165㎡ 미만의 연립주택의 시가가 불분명한 경우에는 「부동산 가격공시에 관한 법률」에 따라 국토교통부장관이 매년 공시기준일 현재의 공동주택가격을 조사 · 산정하여 중앙부동산가격공시위원회의 심의를 거쳐 고시한 공동주택가격으로 평가한다(상증법 §61①4호).

나. 고시된 주택가격이 없거나 대수선 · 리모델링 주택

(1) 개별주택

고시된 개별주택가격이 없거나 개별주택가격 고시 후에 해당 주택을 「건축법」 제2조 제1항 제9호 및 제10호에 따른 대수선 또는 리모델링하여 고시된 개별주택가격으로 평가하는 것이 적절하지 아니한 경우에는 다음의 방법에 따른 가액으로 평가한다(상증법 §61①4호단서, 상증령 §50④1호가목).

① 해당 주택과 구조 · 용도 · 이용 상황 등 이용가치가 유사한 인근주택을 표준주택으로 보고 「부동산 가격공시에 관한 법률」 제16조 제6항에 따른 주택가격 비준표에 따라 납세지 관할 세무서장(납세지 관할 세무서장과 해당 주택의 소재지를 관할하는 세무서장이 서로 다른 경우로서 납세지 관할 세무서장의 요청이 있는 경우에는 해당 주택의 소재지를 관할하는 세무서장)이 평가한 가액

② 「지방세법」 제4조 제1항 단서에 따라 시장 · 군수가 산정한 가액이나 둘 이상의 감정평가기관에 해당 주택에 대한 감정을 의뢰하여 산정된 감정가액을 고려하여 납세지 관할 세무서장이 평가한 가액

(2) 아파트, 연립주택

고시된 공동주택가격이 없거나 고시주택가격 고시 후에 해당 주택을 「건축법」 제2조 제1항 제9호 및 제10호에 따른 대수선 또는 리모델링을 하여 고시주택가격으로 평가하는 것이 적절하지 아니한 경우에는 다음의 방법에 따른 가액으로 평가한다(상증법 §61①4호단서, 상증령 §50④1호나목).

① 「인근 유사 공동주택의 거래가격 · 임대료 및 해당 공동주택과 유사한 이용가치를 지닌다고 인정되는 공동주택의 건설에 필요한 비용추정액 등을 종합적으로 고려하여

납세지 관할 세무서장(납세지 관할 세무서장과 해당 주택의 소재지를 관할하는 세무서장이 서로 다른 경우로서 납세지 관할 세무서장의 요청이 있는 경우에는 해당 주택의 소재지를 관할하는 세무서장)이 평가한 가액

② 「지방세법」 제4조 제1항 단서에 따라 시장・군수가 산정한 가액이나 둘 이상의 감정평가기관에 해당 주택에 대한 감정을 의뢰하여 산정된 감정가액을 고려하여 납세지 관할 세무서장이 평가한* 가액

5. 그 밖에 시설물과 구축물

가. 개요

그 밖에 시설물과 구축물은 토지, 건물과 일괄하여 평가되지 않은 것을 말하는 것으로 공동주택에 부속 또는 부착된 시설물 및 구축물은 토지 또는 건물과 일괄하여 평가한 것으로 보므로 제외된다(상증령 §51⑤).

시설물과 구축물의 경우 각 재산마다 특성이 있어 시가를 산정하기가 어려운 경우가 대부분이다.

나. 보충적 평가방법

(1) 재취득가액을 산정할 수 있는 경우

시설물과 구축물의 시가를 산정하기 어려운 경우에는 시설물과 구축물을 다시 건축하거나 다시 취득할 경우에 소요되는 가액에서 그것의 설치일부터 평가기준일까지의 기획재정부령으로 정하는 감가상각비 상당액을 차감한 가액으로 평가한다(상증령 §51④).

여기서 "기획재정부령으로 정하는 감가상각비 상당액"이라 함은 기준내용연수(법인세법 시행령 제28조 제1항 제2호의 규정에 의한 기준내용연수)의 상각률을 적용한 법인세법 시행령 제26조의 상각범위액의 한도 내에서 계산한 금액을 말하는 것이다(상증칙 §16④).

○ 시설물과 구축물의 평가가액
= (다시 건축하거나 취득할 경우 소요가액−감가상각비)

* 감가상각비: 법인세법 시행령 제28조의 기준내용연수를 적용한 상각범위액 한도 내의 감가상각비

(2) 재취득가액을 산정할 수 없는 경우

시설물과 구축물을 다시 건축하거나 다시 취득할 수 있는 가액을 산정할 수 없는 경우에는 종류별 제조가격 또는 수입가격, 거래가격 및 설치가격 등을 고려하여 정한 기준가격에 시설물의 용도・형태・성능 및 규모 등을 고려하여 가액을 산출한 후 그 가액에 다시 시설물의 경과연수별 잔존가치율을 적용한 가액으로 평가한다(상증령 §51④, 지세령 §4①).

이때 지방세법 시행령 제6조 각호에 규정된 승강기, 시간당 20킬로와트 이상의 발전시설 등의 특수부대설비에 대하여 지방세법 시행령 제4조 제1항에 따라 해당 시설물 및 구축물과 별도로 평가한 가액이 있는 경우에는 이를 가산한 가액으로 평가하여야 한다(상증령 §51④).

6. 임대부동산에 대한 평가특례

가. 개요

부동산에 대한 보충적 평가방법에 의한 평가가액은 대부분 시가와 상당한 가액 차이가 있다.

반면 부동산에 임대차계약을 체결하거나 임차권을 등기할 경우에는 통상적으로 부동산의 시가를 기준으로 하므로 임대료를 임대수익률의 시세로 환산한 금액은 부동산의 시세를 어느 정도 반영할 수 있어 보충적 평가방법에 의한 평가액보다 시가에 보다 근접한 가액이 될 수 있는 측면이 있다.

나. 평가방법

(1) 임대료 등의 환산가액 적용

임대차계약이 체결되었거나 임차권이 등기된 부동산의 시가를 산정하기 어려운 경우에는 ① 1년간의 임대료를 기획재정부령이 정하는 율(12%, 2009. 4. 21. 이전 18%)로 환산한 후 임대보증금을 더한 임대료 등 환산가액과 ② 보충적 평가방법에 의한 평가가액 중 큰 금액으로 평가한다(상증법 §61⑤, 상증령 §50⑦). 임대료등의 환산가액 적용은 보충적 평가방법으로 평가시에만 적용되는 것으로 시가로 평가시에는 고려할 필요가 없다.

○ 임대재산의 평가가액: Max(①, ②)
① 임대료 등 환산가액 = 임대보증금 + 1년간 임대료 / 12%
② 보충적 평가방법에 의한 평가액

(2) 1년간 임대료

1년간 임대료는 평가기준일 전 1년간의 임대료를 말하는 것이 아닌 평가기준일 현재의 임대료를 1년으로 환산한 금액을 말하는 것이다.

임대료 외는 관리비는 제외하는 것이나 임차인이 부담하지 않을 관리비를 부담하는 경우에는 임대료에 포함한다.

이 경우 재산세중과대상 부동산에 해당하는 경우라도 임대료는 사용자가 아닌 소유자가 부담하는 것이므로 임대료 중 일부를 관리비로 보아 차감할 수는 없고 평가기준일 현재 임대료를 1년으로 환산하여 임대료 전액을 부동산임대용역의 대가로 보아 임대재산을 평가하여야 하는 점을 주의하여야 한다.

또한 증여일 전 코로나등 사정으로 인해 일시・우발적으로 임대료를 감액한 경우에는 감액한 임대료가 아닌 감액 임대차계약서상 임대료를 기준으로 임대료등의 환산가액을 계산하여야 한다.

【서면－2021－상속증여－2919, 2023. 9. 19.】
구분등기되지 아니하는 하나의 건물에 각 호(층)별로 임대차계약이 체결된 경우 각 호(층)별로 가액을 비교함.

【조심2022인6627, 2023. 1. 2.】
재산세 중과세분이라 하더라도 사용자가 아니라 소유자가 부담하는 것이고 임대료 전액이 부동산임대용역의 대가이므로 이를 부동산 평가시 임대료에서 제외할 수 없음.

【조심2022서6391, 2022. 12. 8.】
상증법 시행령 제50조는 임대료에서 별도로 재산세 중과분을 제외하는 것으로 규정하고 있지 아니하고, 재산세는 중과 여부를 불문하고 그 납세의무자는 해당 부동산의 소유자이므로 재산세 중과분이라 하여 이를 임차인이 부담하여야 할 관리비라고 보기는 어려움.

【조심2022서5629, 2022. 10. 20.】
임대료 등의 환산가액으로 평가함에 있어 일시・우발적 임대료 변경을 고려할 경우 평가대상 재산의 가치를 왜곡시킬 우려가 있고, 이 건 증여시점 전 3개월분 임대료를 제외한 그 이전과 이후에는 계속하여 임대차계약서대로 월임대료를 수취한 점 등에 비추어, 임대차계약서상 월임대료를 기준으로 증여재산가액을 산정한 처분에 잘못이 없음.

【서울행정법원 2014구합65783, 2015. 1. 13.】
상속재산인 일동의 건물 중 일부가 임대되고 일부가 임대되지 아니한 경우 임대된 부분과 임대되지 아니한 부분을 구분하여 임대된 부분의 가액은 임대료 등의 환산가액과 기준시가 중 큰 금액으로 평가하고, 임대되지 아니한 부분은 기준시가로 평가함.

【대법원 2015두60242, 2016. 4. 15.】
상속재산인 일동의 건물 중 일부가 임대되고 일부가 임대되지 아니한 경우 임대된 부분과 임대되지 아니한 부분을 구분하여 전자의 가액은 상증세법 제61조 제5항, 상증세법 시행령 제50조 제7항에 정한 방법에 의하여 평가하고, 후자의 가액은 상증세법 제61조 제1항, 상증세법 시행령 제50조 제1항 내지 제6항에 정한 방법에 의하여 평가하여야 함.

【서면-2018-상속증여-0690, 2019. 4. 29.】
사실상 임대차계약이 체결된 재산을 평가하는 경우에 1년간 임대료는 평가기준일 당시의 월임대료를 1년으로 환산한 금액을 말하는 것임.

【재산세과-204, 2012. 5. 24.】
임대료 환산방법 적용 시 임대료란 임차인으로부터 실제 수입하는 금액을 말하는 것이며, 일정액으로 고정되어 있는 관리비 중 사실상 임차인이 부담할 관리비가 아닌 금액은 임대료에 포함됨.

【국심2006서2834, 2006. 12. 13.】
관리비 중 건물주가 관계법령상 보유해야 할 필수인원 인건비 및 기타 건물의 유지·관리에 소요된 비용(임대료로 간주)과 임차인의 실비변상적 관리비(임대료에서 제외)를 구분하여 임대보증금 환산가액을 산정한 것은 적절함.

【국심2004서4131, 2005. 3. 24.】
증여한 부동산이 일부 임대되어 있는 경우 임대부분은 임대보증금 환산가액과 기준시가 중 큰 가액에 의하고, 미 임대부분은 기준시가에 의하며, 임대인이 부담하여야 할 관리비를 임차인이 부담한 경우 임대보증금 환산가액 산정의 기초가 되는 임대료에 가산함.

(3) 대상 임대차계약

임대료 등 환산가액으로 평가하는 임대차계약은 임차인이 임대물건을 사용·수익하고 그 대가로 임대료를 지급하는 형태의 모든 임대차계약을 포함하는 것이나 전대계약은 포함하지 않는다.

다만, 실질이 전대자에게 직접 임대한 경우에는 임대차계약에 포함한다. 또한 임대차계약이 아닌 창고업을 하는 자에게 보관도급계약에 의해 창고료를 지급하는 경우에는 임대료 환산가액을 적용하는 임대차계약에 해당하지 않는다.

【서면-2015-상속증여-1800, 2015. 9. 25.】
보관업에 사용하는 창고에 대해 상속세 및 증여세법 제61조 제5항에 따라 임대료 환산가액으로 평가할 수 없는 것임.

【상속증여세과-21, 2014. 1. 28.】
임대차계약이 체결된 재산을 임대료 환산가액으로 평가하는 경우 전대계약은 포함하지 않는 것이나, 거래의 실질이 당초 임대자가 전대자에게 직접 임차한 경우에 해당하는 경우에는 그 전대계약을 임대차계약으로 볼 수 있으며, 부동산 저가사용에 따른 이익은 증여세 과세대상에 해당하고 그 증여이익은 상속세 과세가액계산 시 가산하는 것임.

다. 토지와 건물가액의 구분

임대료 등 환산가액은 토지와 건물 전체에 대한 가액이므로 토지와 건물 각각의 가액이 필요한 경우에는 임대료 등 환산가액을 토지와 건물로 구분하여 계산할 필요가 있다.

(1) 토지와 건물의 소유자가 동일한 경우

임대료 등 환산가액을 토지와 건물의 보충적 평가방법에 의한 평가액비율로 나누어 계산한 금액을 각각 토지와 건물의 평가가액으로 한다(상증령 §50⑧1호).

(2) 토지와 건물의 소유자가 다른 경우

가) 토지와 건물 소유자가 각각 제3자와의 임대차계약 당사자인 경우

토지 소유자와 건물 소유자가 제3자와의 임대차계약 당사자인 경우에는 토지 소유자와 건물 소유자에게 구분되어 귀속되는 임대료 등의 환산가액을 각각 토지와 건물의 평가가액으로 한다(상증령 §50⑧1호가목).

나) 토지 소유자와 건물 소유자 중 어느 한 사람만이 제3자와의 임대차계약의 당사자인 경우

토지와 건물 소유자 사이의 임대차계약의 존재 여부 및 그 내용에 상관없이 제3자가 지급하는 임대료와 임대보증금을 토지와 건물 전체에 대한 것으로 보아 제3자가 지급하는 임대료 등의 환산가액을 토지와 건물의 기준시가 비율로 나누어 계산한 금액을 각각 토지와

건물의 평가가액으로 한다(상증령 §50⑧1호나목).

라. 부동산의 일부만 임대된 경우

부동산의 일부만 임대되고 일부는 임대되지 않은 경우 임대된 부분은 임대료 등의 환산가액과 기준시가 중 큰 금액으로 평가하고 임대되지 않은 부분은 보충적 평가방법으로 평가한다.

【사전-법령해석재산-1133, 2021. 6. 4.】
평가기준일 현재 1동의 건물 중 일부가 임대되고 일부가 임대되지 않은 경우 임대된 부분과 임대되지 않은 부분을 구분하여 임대부분은 '임대료 등의 환산가액과 기준시가 중 큰 금액'으로, 공실은 「기준시가」로 평가하는 것임.

 지상권 등의 보충적 평가방법

1. 지상권

가. 개요

지상권은 타인의 토지에 건물 기타 공작물이나 수목을 소유하기 위하여 토지를 사용할 수 있는 권리를 말한다(민법 §279). 즉, 타인의 토지에 건물 등을 짓거나 수목을 심어 소유할 수 있는 물권인 권리로서 양도가 가능하다.

지상권의 존속기한은 민법상 존속기한을 약정하지 않은 경우에는 석조, 석회조, 연와조 또는 이와 유사한 견고한 건물이나 수목의 소유를 목적으로 하는 경우에는 30년, 견고한 건물 외 건물의 소유를 목적으로 하는 경우에는 15년, 건물 이외의 공작물의 소유를 목적으로 하는 때에는 5년으로 하며 존속기한을 약정한 경우라도 동 연한보다 단축할 수 없다(민법 §280, §281).

따라서 지상권은 30년, 15년, 5년간의 존속기한이 보장되는 권리라 할 수 있다.

나. 보충적 평가방법

지상권의 시가를 산정하기 어려운 경우에는 지상권이 설정되어 있는 토지의 가액에 2%

를 곱한 금액을 각 연도의 수입금액으로 보고 동 수입금액을 잔존연수를 고려하여 현재가치로 환산한 가액으로 평가한다(상증령 §51①).

잔존연수에 관하여는 「민법」 제280조 및 제281조에 규정된 지상권의 존속기간을 준용한다.[99]

○ 지상권 평가액

$$\frac{\text{각 연도의 수입금액}}{\left(1+\frac{10}{100}\right)^{n}}$$

n: 평가기준일로부터의 경과연수

* 각 연도의 수입금액: 지상권이 설정된 토지의 가액 × 2%

2. 부동산을 취득할 수 있는 권리 및 특정시설물 이용권

가. 개요

부동산에 대한 취득시기는 잔금지급일 또는 등기이전일로, 부동산을 취득할 수 있는 권리는 취득시기 이전의 상태에 있는 것을 말한다. 건물이 완성되는 때에 그 건물과 이에 부수되는 토지를 취득할 수 있는 권리인 아파트당첨권, 관리처분일 이후 조합원 입주권, 부동산매매계약을 체결한 자가 계약금만 지급한 상태에서 양도하는 권리 등이 이에 해당하며 통상 프리미엄이 가산된 상태에서 거래된다.

특정시설물 이용권은 특정시설물 이용권·회원권 기타 명칭 여하를 불문하고 당해 시설물을 배타적으로 이용하거나 일반 이용자에 비하여 유리한 조건으로 이용할 수 있도록 약정한 단체의 일원이 된 자에게 부여되는 권리를 말한다. 콘도이용권, 골프회원권 등이 이에

---

99) 민법 제280조【존속기간을 약정한 지상권】
① 계약으로 지상권의 존속기간을 정하는 경우에는 그 기간은 다음 연한보다 단축하지 못한다.
1. 석조, 석회조, 연와조 또는 이와 유사한 견고한 건물이나 수목의 소유를 목적으로 하는 때에는 30년
2. 전호 이외의 건물의 소유를 목적으로 하는 때에는 15년
3. 건물 이외의 공작물의 소유를 목적으로 하는 때에는 5년
② 전항의 기간보다 단축한 기간을 정한 때에는 전항의 기간까지 연장한다.
민법 제281조【존속기간을 약정하지 아니한 지상권】
① 계약으로 지상권의 존속기간을 정하지 아니한 때에는 그 기간은 전조의 최단존속기간으로 한다.
② 지상권설정 당시에 공작물의 종류와 구조를 정하지 아니한 때에는 지상권은 전조 제2호의 건물의 소유를 목적으로 한 것으로 본다.

해당하며 개별 자산의 특성이 있는 것이 아니어서 시가산정이 용이하며 취득세 대상에 해당하므로 지방세법에 따라 시가표준액이 고시된다.

나. 보충적 평가방법

(1) 원칙

부동산을 취득할 수 있는 권리(건물이 완성되는 때에 그 건물과 이에 부수되는 토지를 취득할 수 있는 권리를 포함한다) 및 특정시설물을 이용할 수 있는 권리의 가액의 시가를 산정하기 어려운 경우에는 평가기준일까지 납입한 금액과 평가기준일 현재의 프리미엄에 상당하는 금액을 합한 금액으로 평가한다(상증령 §51②).

납입한 금액에는 금융기관에 매각한 채권의 매각차손을 포함하며 프리미엄은 기준시가 등 보충적 평가방법이 없으므로 불특정다수인 간의 거래에 있어서 통상 지급되는 가액을 말하는 것이다.

○ 부동산을 취득할 수 있는 권리와 특정시설물을 이용할 수 있는 권리의 평가액
  = 평가기준일까지 납입한 금액 + 평가기준일 현재 프리미엄에 상당하는 금액

(2) 특정시설물을 이용할 수 있는 권리

이용권・회원권, 그 밖에 그 명칭과 관계없이 시설물을 배타적으로 이용하거나 일반이용자보다 유리한 조건으로 이용할 수 있도록 약정한 단체의 구성원이 된 자에게 부여되는 시설물 이용권(법인의 주식등을 소유하는 것만으로 시설물을 배타적으로 이용하거나 일반이용자보다 유리한 조건으로 시설물 이용권을 부여받게 되는 경우 그 주식등을 포함)의 시가를 산정하기 어려운 경우로서 지방세법에 따라 고시한 시가표준액이 있는 경우에는 지방세법에 따라 고시한 시가표준액으로 평가한다(상증령 §51②단서).

○ 특정시설물 이용권의 평가액
  • 지방세법상 시가표준액이 있는 경우(특정시설물 이용권)
    지방세법상 시가표준액
  • 지방세법상 시가표준액이 없는 경우
    평가기준일까지 납입한 금액 + 평가기준일 현재 프리미엄

【서면-2018-상속증여-3932, 2019. 2. 11.】
부동산을 취득할 수 있는 권리의 평가는 평가기준일까지 불입한 금액과 평가기준일 현재의 프리미엄에 상당하는 금액을 합한 금액으로 평가하는 것임.

【서면-2015-상속증여-0464, 2015. 5. 6.】
부동산을 취득할 수 있는 권리는 평가기준일까지 불입한 금액과 평가기준일 현재의 프리미엄에 상당하는 금액을 합한 금액으로 평가하는 것이며, 금융기관에 매각한 채권의 매각차손은 불입금액에 포함됨.

【재산세과-1115, 2009. 12. 24.】
"평가기준일 현재의 프리미엄에 상당하는 금액"은 그 당시 불특정다수인 간의 거래에 있어서 통상 지급되는 프리미엄을 말하는 것이며, 이는 당해 권리에 대한 거래상황 및 가격변동, 당해 권리와 면적·위치·용도 등이 동일하거나 유사한 다른 권리에 대한 프리미엄 등 구체적인 사실을 확인하여 산정할 사항임.

【조심2008서3697, 2009. 3. 3.】
분양권의 가액의 평가 시 평가기준일 현재의 프리미엄에 상당하는 금액은 그 당시 불특정다수인 간의 거래에 있어서 통상 지급되는 프리미엄을 말하는 것임.

(3) 조합원 입주권의 경우

「도시 및 주거환경정비법」 제74조에 따른 관리처분계획의 인가 및 「빈집 및 소규모주택 정비에 관한 특례법」 제29조에 따른 사업시행계획인가로 인하여 취득한 입주자로 선정된 지위[같은 법에 따른 재건축사업 또는 재개발사업, 「빈집 및 소규모주택 정비에 관한 특례법」에 따른 소규모재건축사업을 시행하는 정비사업조합의 조합원으로서 취득한 것(그 조합원으로부터 취득한 것을 포함한다)]의 시가를 산정하기 어려운 경우에는 조합원 권리가액에 평가기준일까지 납입한 금액과 평가기준일 현재의 프리미엄을 합한 금액으로 평가한다(상증령 §51②).

○ 조합원 입주권의 평가액
  = 조합원 권리가액 + 평가기준일까지 납입한 계약금, 중도금
    + 평가기준일 현재 프리미엄

* 조합원 권리가액(상증칙 §16③)
  = 분양대상자의 종전 토지 및 건축물 가격 × [(정비사업 완료 후의 대지 및 건축물의 총 수입추산액-총 소요사업비) ÷ 종전의 토지 및 건축물의 총 가액]

> **【서면-2019-상속증여-1645, 2019. 7. 15.】**
> 재개발조합원 입주권은 평가기준일까지 불입한 금액(재건축조합이 산정한 조합원의 권리가액과 평가기준일까지 불입한 계약금, 중도금 등을 합한 금액)과 평가기준일 현재의 프리미엄에 상당하는 금액을 합한 금액으로 평가하는 것이며 이때, 재개발조합으로부터 금전을 지급받을 권리가 있는 경우에는 상속세 과세대상에 포함되는 것임.

Ⅳ 선박 등 그 밖의 유형재산의 평가

1. 선박, 항공기, 차량, 기계장비 및 입목의 평가

선박, 항공기의 경우 거래가 빈번하지 않고 해당 재산의 매매등이 있는 경우가 아니고는 재산별 특성이 있어 시가를 산정하기 어려운 경우가 일반적이다. 선박, 항공기, 차량의 경우 취득세 과세대상이므로 「지방세법 시행령」 제4조 제1항에 시가표준액을 고시하고 있다.

선박, 항공기, 차량, 기계장비 및 「입목에 관한 법률」을 적용받는 입목(立木)의 시가를 산정하기 어려운 경우에는 해당 재산의 종류, 규모 및 거래 상황 등을 고려하여 다음의 가액을 순차적으로 적용하여 평가한다(상증법 §62①, 상증령 §52①).

가. 재취득 예상가액

해당 선박·항공기·차량·기계장비 및 「입목에 관한 법률」의 적용을 받는 입목을 처분할 경우 다시 취득할 수 있다고 예상되는 가액이 확인되는 경우에는 재취득 예상가액으로 평가한다.

나. 장부가액

재취득 예상가액이 확인되지 않는 경우에는 취득가액에서 감가상각비를 뺀 장부가액에 의해 평가한다. 여기서 감가상각비는 법인세법상 기준내용연수를 적용하여 평가기준일 현재 납세지 관할 세무서장에게 신고한 상각방법에 따라 계산한 취득일부터 평가기준일까지의 감가상각비를 말하는 것이다.

다. 지방세법상 시가표준액

장부가액도 확인되지 않는 경우에는 지방세법 시행령 제4조 제1항에 따른 시가표준액에 의해 평가한다.

【서울행정법원 2018구합55319, 2019. 5. 30.】
이 사건 선박의 거래가액은 구 상증세법 제62조 제1항, 같은 법 시행령 제52조 제1항의 '해당 선박을 처분할 경우 다시 취득할 수 있다고 예상되는 가액'으로서 시가로 봄이 상당하며, 특수관계 없는 자와의 사이에 이루어진 거래가액으로서 비교적 객관적으로 산정된 것으로 보임.

【재산세과-386, 2012. 10. 31.】
기계장치 등 유형재산의 평가 시 취득가액에서 빼는 감가상각비는 평가기준일 현재 법인이 납세지 관할 세무서장에게 신고한 상각방법(법인세법 시행령 제27조에 따라 납세지 관할 세무서장의 승인을 얻어 변경한 경우에는 변경 전과 변경 후 각각의 상각방법을 말함)에 따라 법인세법상 기준내용연수를 적용하여 계산한 취득일부터 평가기준일까지의 감가상각비를 말하는 것임.

【재산세과-83, 2012. 2. 23.】
상속재산인 선박의 가액은 시가에 의하는 것이며, 시가를 산정하기 어려운 경우에는 재취득가액, 장부가액 및 지방세 시가표준액을 순차로 적용함.

【국심99서2691, 2000. 8. 8.】
중고자동차매매업소의 견적가격이 차량의 시가로 인정 안되므로 시가표준액에 의한 가액으로 평가함.

라. 사실상 임대차계약이 체결되거나 임차권이 등기된 재산

선박, 항공기, 차량, 기계장비등으로서 사실상 임대차계약이 체결되거나 임차권이 등기된 재산의 경우에는 위 가, 나, 다에 따라 평가한 가액과 아래에 따라 평가한 임대료등 환산가액 중 큰 금액으로 평가한다(상증법 §62③).

○ 선박, 항공기, 차량, 기계장비의 임대료등 환산가액
  ① 임대보증금
    임대보증금 × (1 －「소득세법 시행령」 제145조 제1항에 따른 기준경비율)

② 임대료(다음에 따라 계산한 각 연도별 금액의 합계액)

$$\frac{\text{각 연도의 임대료} \times (1 - \text{기준경비율})}{\left(1+\frac{30}{1,000}\right)^n}$$

* 각 연도의 임대료: 임대차계약에 따라 각 연도에 받을 임대료
* 기준경비율: 「소득세법 시행령」 제145조 제1항에 따른 기준경비율
n: 평가기준일부터 사용가능기한(「법인세법 시행령」 제26조의3 제2항 제1호에 따른 기준내용연수를 말한다. 이하 이 계산식에서 같다)까지의 경과연수. 다만, 사용가능기한 도래 전에 임대차계약이 종료되는 경우에는 평가기준일부터 임대차계약 종료일까지의 경과연수로 한다.

○ 선박, 항공기, 차량, 기계장비 외 유형재산의 임대료등 환산가액
(1년간의 임대료 ÷ 12%) + 임대보증금
☞ 적용시기: 2023. 3. 20.부터

2. 상품, 제품 등 동산의 평가

가. 평가원칙

(1) 재취득가액이 확인되는 경우

상품ㆍ제품ㆍ반제품ㆍ재공품ㆍ원재료의 경우에는 불특정다수인 사이에 통상적으로 거래되는 가격이 확인되는 경우가 일반적이지만, 판매가 중단된 상품 등의 경우에는 시가를 산정하기 어려운 경우가 있을 수 있다.

상품ㆍ제품ㆍ반제품ㆍ재공품ㆍ원재료 기타 이에 준하는 동산 및 소유권의 대상이 되는 동산의 시가를 산정하기 어려운 경우에는 그것을 처분할 때에 취득할 수 있다고 예상되는 가액으로 평가한다(상증령 §52②1호).

그것을 처분할 때에 취득할 수 있다고 예상되는 가액은 재취득가액을 의미하는 것이며 사업용 재고자산인 경우 재취득가액에는 부가가치세가 포함되지 아니한다(상증법 통칙 62-52…1).

(2) 재취득가액이 확인되지 않는 경우

재취득가액이 확인되지 않는 경우에는 장부가액으로 평가한다(상증령 §52②1호단서).

나. 소유권의 대상이 되는 동물 등의 평가

소유권의 대상이 되는 동물 및 평가방법을 규정하지 아니한 기타 유형재산의 경우 상품 등의 평가방법을 준용한다(상증령 §52②3호).

【서면-2016-상속증여-5455, 2016. 11. 7.】
재고자산 평가 시 재취득가액이란 동일한 상품 등을 다른 사업자로부터 다시 취득할 때에 소요되는 금액이며, 장부가액은 기업회계기준 등에 의한 장부가액이며, 장부가액을 적용하는 경우에는 유보금액을 가감함.

3. 서화 · 골동품 등 예술적 가치가 있는 유형재산의 평가

서화, 골동품 등 예술적 가치가 있는 유형재산은 거래가 빈번하지 않고 재산별 특성이 강하여 해당 재산의 매매등이 있는 경우가 아니고는 시가를 산정하기 어려운 경우가 일반적이다. 또한 서화, 골동품 등 예술적 가치가 있는 유형재산의 평가는 각 예술작품에 대해 전문적인 지식을 가진 경우가 아니고는 가치를 평가하기 어려운 특징이 있다.

따라서 서화, 골동품 등 예술적 가치가 있는 유형재산의 시가를 산정하기 어려운 경우에는 다음의 구분에 의한 전문분야별로 2인 이상의 전문가가 감정한 가액의 평균액으로 평가한다(상증법 §62②, 상증령 §52②2호). 다만, 그 가액이 국세청장이 위촉한 3인 이상의 전문가로 구성된 감정평가심의회에서 감정한 감정가액에 미달하는 경우에는 그 감정가액에 의한다(상증령 §52②2호단서).

① 서화 · 전적

② 도자기 · 토기 · 철물

③ 목공예 · 민속장신구

④ 선사유물

⑤ 석공예

⑥ 기타 골동품

⑦ ①부터 ⑥까지에 해당하지 아니하는 미술품

4. 임대 유형재산에 대한 평가특례

고가이고 제조·구입이 어려운 선박, 항공기등 또는 서화, 골동품등의 유형재산에 대해 임대차계약이 체결되어 있거나 임차권이 등기되어 있는 경우에는 ① 위 1, 2, 3에 따른 보충적 평가방법에 의한 평가가액과 ② 아래에 따른 임대료 환산가액 중 큰 금액으로 평가한다(상증법 §62③).

선박, 항공기, 차량, 기계장비등으로서 사실상 임대차계약이 체결되거나 임차권이 등기된 재산의 경우에는 위 1, 2, 3에 따라 평가한 가액과 아래에 따라 평가한 임대료등 환산가액 중 큰 금액으로 평가한다(상증법 §62③, 상증령 §52③).

○ 선박, 항공기, 차량, 기계장비의 임대료등 환산가액
① 임대보증금
임대보증금 × (1 − 「소득세법 시행령」 제145조 제1항에 따른 기준경비율)

② 임대료(다음에 따라 계산한 각 연도별 금액의 합계액)

$$\frac{\text{각 연도의 임대료} \times (1 - \text{기준경비율})}{\left(1+\frac{30}{1,000}\right)^{n}}$$

* 각 연도의 임대료: 임대차계약에 따라 각 연도에 받을 임대료
* 기준경비율: 「소득세법 시행령」 제145조 제1항에 따른 기준경비율
n: 평가기준일부터 사용가능기한(「법인세법 시행령」 제26조의3 제2항 제1호에 따른 기준내용연수를 말한다. 이하 이 계산식에서 같다)까지의 경과연수. 다만, 사용가능기한 도래 전에 임대차계약이 종료되는 경우에는 평가기준일부터 임대차계약 종료일까지의 경과연수로 한다.

○ 선박, 항공기, 차량, 기계장비외 유형재산의 임대료등 환산가액
(1년간의 임대료 ÷ 12%) + 임대보증금
☞ 적용시기: 2023. 3. 20.부터

 비상장주식의 평가

1. 개요

비상장주식이란 코스피 시장, 코스닥 시장에 등록되지 않은 주식 및 출자지분이나 권리만 존재하는 권리주를 말한다.

비상장주식의 경우 매매수량, 매매대금 등에 대해 의사합치가 있는 매수자를 찾기 전에

는 양도가 어려우므로 거래소에서 거래되는 상장주식과 달리 주식을 양도하여 바로 현금화할 수 있는 환가성이 없다.

이러한 이유로 비상장주식은 상장계획이 있는 법인 등을 제외하고는 경영권 지배, 배당금 수령목적 외의 일반적인 시세차익 목적으로 불특정다수인 사이에 통상적으로 이루어지는 거래가 드물며 완전경쟁 시장에서 거래되지 않는 이러한 특성으로 인해 가격이 수시로 변동되는 특성을 갖고 있다. 또한 비상장주식을 평가하는 방법이 정립되어 있지 않음에도 불구하고 비상장주식에 대한 감정가액은 시가로 인정하지 않고 있어 비상장주식의 경우 시가를 산정하기가 어려운 경우가 대부분이다.

한편 비상장주식에 대한 실제 거래가액이 있더라도 보충적 평가방법에 의한 평가가액과의 차액이 큰 경우가 대부분이므로 실제 거래가액을 시가로 인정하지 않는 것에 대한 다툼이 많이 발생한다. 이러한 경우 시가를 산정하기 어려워 보충적 평가방법에 의해 평가할 수밖에 없다는 점에 관한 입증책임은 과세관청에게 있다.

【대법원 2011두22075, 2011. 12. 22.】

비상장주식의 증여 당시 시가를 산정하기 어려워서 보충적 평가방법을 택할 수밖에 없었다는 점에 관한 증명책임은 과세관청에 있음.

【대법원 2000두1287, 2000. 7. 28.】

상속재산의 평가에 있어서 시장성이 적은 비상장주식의 경우에도 그에 관한 객관적 교환가치가 적정하게 반영된 정상적인 거래의 실례가 있는 경우에는 그 거래가격을 시가로 보아 주식의 가액을 평가하여야 하고 보충적 평가방법에 의하여 평가하여서는 안됨.

【대법원 96누9423, 1996. 10. 29.】

보충적 평가방법에 의하여 증여재산의 가액을 산정하는 것은 증여재산의 증여 당시의 시가를 산정하기 어려운 경우에 한하고, 그 시가 산정이 어렵다는 점에 관하여는 과세관청에 입증책임이 있음.

【대법원 95누23, 1995. 6. 13.】

상속세법 시행령 제5조 제2항 내지 제5항에 규정하는 방법에 의한 상속재산의 평가는 상속개시 당시의 시가를 산정하기 어려운 때에 한하여 비로소 택할 수 있는 보충적인 평가방법이고, 시가를 산정하기 어려워서 보충적인 평가방법을 택할 수밖에 없었다는 점에 관한 입증책임은 과세관청에게 있음.

【대법원 97누8502, 1997. 9. 26.】

상속재산의 평가는 상속개시 당시 또는 상속세 부과 당시의 각 시가를 산정하기 어려울 때에 한하여 택할 수 있는 보충적인 평가방법이고, 시가를 산정하기 어려워서 보충적인 평가방법을 택할 수밖에 없었다는 점에 관한 입증책임은 과세처분의 적법성을 주장 · 입증할 책임을 진 과세관청에 있음.
상속재산 평가의 기준이 되는 시가라 함은 정상적인 거래에 의하여 형성된 객관적 교환가격을 말하는 것으로서, 증권거래소에 상장되지 않은 비상장주식이더라도 위와 같은 객관적인 교환가치가 적정하게 반영된 정상적인 거래의 실례가 있으면 그 거래가격을 시가로 보아 주식의 가액을 평가하여야 함.

2. 보충적 평가방법

상속세 및 증여세법은 비상장주식에 대한 보충적 평가방법에 대해 일반적인 법인, 부동산 과다보유법인, 사업개시 후 3년 이내의 법인 등으로서 순손익가치를 평가요소로 하는 것이 부적합한 법인으로 나누어 평가방법을 다르게 규정하고 있다.

가. 일반적인 법인

(1) 개요

상속세 및 증여세법은 2000. 1. 1.부터 2003. 12. 31.까지는 비상장주식 및 출자지분의 보충적 평가방법에 대해 수익가치와 자산가치를 산정요소로 하되 1주당 순손익가치와 1주당 순자산가치 중 큰 금액으로 평가하도록 되어 있어 최종적인 주식평가액은 수익가치 또는 자산가치만을 반영하여 결정되므로 실질적인 가치에 비해 상당히 왜곡되어 평가되는 문제점이 있었다.

이러한 문제점을 개선하기 위해 2004년부터는 순자산가치와 순손익가치를 모두 반영하여 평가할 수 있도록 순자산가치와 순손익가치를 가중평균하여 평가하고 있다.

(2) 평가원칙

일반적인 비상장법인의 주식등의 시가를 산정하기 어려운 경우에는 ① 1주당 순손익가치와 1주당 순자산가치를 각각 3과 2의 비율로 가중평균한 가액과 ② 1주당 순자산가치에 100분의 80을 곱한 금액 중 큰 금액을 평가가액으로 한다(상증령 §54①).

2017. 3. 31. 이전에는 1주당 가중평균액으로만 평가하도록 되어 있어 일시적으로 결손이거나 손익이 낮은 경우에 기업의 실질적인 가치보다 낮은 가액으로 주식이 평가되었으며

이러한 점을 이용하여 주식이 평가되는 시점에 의도적으로 결손을 내는 방식의 조세회피의 유인이 되는 문제점이 있었다.

따라서 2017. 2. 7. 대통령령 제27835호로 2017. 4. 1.부터 2018. 3. 31.까지는 손익이 결손이거나 낮은 경우라도 1주당 가중평균액의 가액은 1주당 순자산가치의 70%를 하한선으로 하고 2018. 4. 1. 이후부터는 1주당 순자산가치의 80%를 하한선으로 하는 것으로 개정되었다.

○ 2017. 4. 1. 이후 일반적인 법인의 비상장주식의 평가: Max(①, ②)
① 1주당 가중평균액

$$\frac{\text{1주당 순손익가치} \times 3 + \text{1주당 순자산가치} \times 2}{5}$$

② 1주당 순자산가치의 80%(2018. 4. 1. 이후부터)
(2017. 4. 1.부터 2018. 3. 31.까지 70%)

* 2004. 1. 1.부터 2017. 3. 31.까지: 1주당 가중평균액으로만 평가
* 2000. 1. 1.부터 2003. 12. 31.까지: 1주당 순손익가치와 1주당 순자산가치 중 큰 금액

나. 부동산 과다보유법인

(1) 평가

법인의 자산을 부동산과 부동산 외의 자산으로 구분하여 보면 객관적으로 가치측정이 가능한 부동산의 경우 현금화가 가능하고 향후 가치상승을 기대할 수 있어 부동산의 가액이 주식가치에 그대로 반영된다고 할 수 있으며 주식을 보유하는 경우 지분율만큼 부동산을 소유하는 효과가 있다.

반면 부동산 외 자산의 경우 현금성 자산을 제외하고는 현금화가 불가능한 자산 등 여러 자산이 복합적으로 되어 있어 주식을 보유하고 있더라도 실질적으로 자산을 소유하는 효과는 크지 않다고 할 수 있다.

이러한 점을 고려하여 부동산을 직접적 · 간접적으로 일정비율 이상 보유하고 있는 부동산 과다보유법인의 주식의 경우에는 ① 1주당 순손익가치와 1주당 순자산가치를 각각 2와 3의 비율로 가중평균한 가액과 ② 1주당 순자산가치에 100분의 80을 곱한 금액 중 큰 금액을 평가액으로 한다(상증령 §54①).

즉, 순자산가치에 3의 가중을 두고 순손익가치에 2의 가중을 두는 점에서 일반적인 법인

과 차이가 있다.

○ 부동산 과다보유법인의 비상장주식의 평가: Max(①, ②)

① 1주당 가중평균액

$$1주당\ 평가액 = \frac{1주당\ 순손익가치 \times 2 + 1주당\ 순자산가치 \times 3}{5}$$

② 1주당 순자산가치의 80%(2018. 4. 1. 이후부터)
(2017. 4. 1.부터 2018. 3. 31.까지 70%)

* 2004. 1. 1.부터 2017. 3. 31.까지: 1주당 가중평균액으로만 평가
* 2000. 1. 1.부터 2003. 12. 31.까지: 1주당 순손익가치와 1주당 순자산가치 중 큰 금액

(2) 부동산 과다보유법인

가) 의의

○ 부동산 과다보유 법인 $= \frac{A+B+C+D}{E} \geq 50\%$

A: 토지
B: 건물
C: 부동산에 관한 권리
D: 직접 또는 간접으로 보유한 다른 법인의 주식가액에 그 다른 법인의 부동산등 보유 비율
E: 자산 총액(세무상 장부가액, 토지·건물의 기준시가가 장부가액보다 큰 경우에는 기준시가)

* 자산총액
= 세무상 장부가액 − 개발비 − 사용수익기부자산 − 1년 이내 차입 또는 증가 등에 의해 증가한 현금, 금융자산, 대여금
(각각 상환기간 및 이자율에 대한 약정이 없는 동일인에 대한 가지급금과 가수금은 상계)

부동산 과다보유법인 판단에 대해서는 소득세법 제94조 제1항 제4호 다목을 준용한다. 소득세법 제94조 제1항 제4호 다목은 부동산 과다보유법인에 대해 자산총액 중 부동산등의 가액과 직접 또는 간접으로 보유한 다른 법인의 주식가액에 그 다른 법인의 부동산등 보유 비율을 곱하여 산출한 가액의 합계액이 차지하는 비율이 50% 이상인 법인으로 규정하고 있다.

나) 부동산등의 범위

① 2015. 2. 2. 이전

부동산 과다보유 판정 시 부동산등은 양도소득세 과세대상 중 다음에 해당하는 것을 합산하여 판단한다(소령 §158①).

부동산등
○ 토지 또는 건물
○ 부동산에 관한 권리
• 부동산을 취득할 수 있는 권리 (건물이 완성되는 때에 그 건물과 이에 딸린 토지를 취득할 수 있는 권리 포함)
• 지상권
• 전세권과 등기된 부동산임차권

② 2015. 2. 3.부터 2020. 6. 30.까지

법인이 토지, 건물 등을 직접적으로 보유하는 경우만을 부동산 과다보유법인에 해당하는 것으로 규정함에 따라 부동산 과다보유법인에 해당하는 것을 회피하기 위해 부동산을 보유하는 것이 아닌 부동산을 보유하고 있는 법인의 주식을 보유하는 사례가 발생함에 따라 대통령령 제26067호로 해당 법인이 보유한 다른 법인의 주식가액에 그 다른 법인의 부동산등 보유비율을 곱하여 산출한 가액을 합산하여 50% 이상 여부를 판단하도록 개정되었다.

부동산등
○ 토지 또는 건물
○ 부동산에 관한 권리
• 부동산을 취득할 수 있는 권리 (건물이 완성되는 때에 그 건물과 이에 딸린 토지를 취득할 수 있는 권리 포함)
• 지상권
• 전세권과 등기된 부동산임차권
○ <u>다른 법인의 주식가액에 그 다른 법인의 부동산등(토지, 건물, 부동산에 관한 권리) 보유비율을 곱하여 산출한 가액</u>

③ 2020. 7. 1. 이후

2019. 12. 31. 법률 제16834호로 직접 출자한 법인뿐만 아니라 간접 출자한 법인의 주식가액에 그 다른 법인의 부동산등 보유비율을 곱하여 산출한 가액까지 합산하여 50% 이상 해

당 여부를 판단하도록 개정되었다.

부동산등
○ 토지 또는 건물
○ 부동산에 관한 권리
  • 부동산을 취득할 수 있는 권리
    (건물이 완성되는 때에 그 건물과 이에 딸린 토지를 취득할 수 있는 권리 포함)
  • 지상권
  • 전세권과 등기된 부동산임차권
○ 직접 또는 간접으로 보유한 다른 법인의 주식가액에 그 다른 법인의 부동산등 보유비율을 곱하여 산출한 가액

다) 다른 법인의 부동산등 보유비율

다른 법인의 부동산 비율은 다른 법인의 총자산가액에서 부동산등의 가액과 경영지배관계에 있는 법인이 발행한 주식가액에 그 법인의 부동산등 보유비율을 곱하여 산출한 금액을 합한 금액이 차지하는 비율로 계산한다(소령 §158⑦).

$$\text{다른 법인의 부동산등 보유비율} = \frac{A+B+C}{D}$$

A: 다른 법인이 보유하고 있는 토지 또는 건물의 자산가액
B: 다른 법인이 보유하고 있는 부동산에 관한 권리의 자산가액
C: 다른 법인이 보유하고 있는 국세기본법 시행령 제1조의2에 제3항 제2호 및 제4항에 의해 지배적 영향력을 행사하는 법인의 발행한 주식가액에 그 법인의 부동산등 보유비율을 곱하여 산출한 가액
D: 다른 법인의 총 자산가액
(2020. 7. 1. 이후부터 적용)

라) 자산총액

부동산등 보유비율 계산 시 자산총액은 법인의 장부가액을 기준으로 하나 토지 또는 건물로서 기준시가가 장부가액보다 큰 경우에는 기준시가를 기준으로 한다(소령 §158④).

이 경우 법인의 장부가액이란 당해 법인이 법인세법 제112조에 따라 기장한 장부가액에 대하여 각 사업연도의 소득에 대한 법인세 과세표준 계산 시 자산의 평가와 관련하여 익금 또는

손금에 산입한 금액을 가감한 세무계산상 장부가액을 의미한다(상속증여-557, 2013. 9. 23.).

자산총액을 늘림으로써 부동산 과다보유법인에 해당하는 것을 피하는 것을 방지하기 위해 무형자산의 금액과 양도일부터 소급하여 1년이 되는 날부터 양도일까지의 기간 중에 차입금 또는 증자 등에 의하여 증가한 현금・금융재산(「상속세 및 증여세법」 제22조의 규정에 의한 금융재산을 말한다)은 자산총액에서 제외한다(소령 §158⑥1호, 2호).

동일한 취지로 동일인에 대한 가지급금과 가수금이 있는 경우에는 가지급금 발생 시 상환기간과 이자율 등에 관한 약정이 있는 경우를 제외하고는 상계한 금액을 자산총액으로 한다(소령 §158⑤).

【조심2016부0135, 2016. 3. 7.】

쟁점주식의 시가를 산정함에 있어 바이오시스의 20**년 말 및 20**년 말 현재 고속도로 휴게시설에 대한 임차보증금의 경우 그 부동산임차권이 등기되어 있지 않으므로 「소득세법 시행령」 제158조에서 규정하는 부동산과다보유법인을 판정함에 있어 대상이 되는 '등기된 부동산임차권'에 해당하지 않는 것으로 보아 1주당 순손익가치와 순자산가치를 각 3과 2의 비율로 가중평균하여 쟁점주식의 시가를 산정한 이 건 처분은 잘못이 없음.

다. 순자산가치로만 평가하는 경우

(1) 개요

비상장법인의 보충적 평가방법은 법인의 수익력과 자산가치를 산정요소로 하여 1주당 순손익가치와 1주당 순자산가치를 가중평균하여 산정하는 것을 원칙으로 한다.

하지만 사업의 계속이 곤란하거나 사업개시 후 3년 이내의 법인 등은 수익력을 산정요소로 하는 것이 무의미하다. 또한 법인의 주요자산이 부동산으로 구성되어 있는 법인의 경우에는 부동산 가액을 기준으로 실질적인 주식가치가 형성되므로 수익력을 산정요소로 하는 경우에는 주식평가액이 왜곡될 수 있는 측면이 있다.

따라서 다음에 해당하는 법인의 주식은 1주당 순자산가치에 의해 평가한다(상증령 §54④). 2018. 2. 12.까지는 최근 3년간 계속하여 결손인 법인도 순자산가치로 평가하는 법인에 해당하였으나 보충적 평가가액 산정 시 가중평균한 평가액이 순자산가치의 70%에 미달하는 경우에는 순자산가치의 70%에 해당하는 금액으로 평가하도록 개정됨에 따라 삭제되었다.

(2) 순자산가치로만 평가하는 경우

가) 사업의 계속이 곤란하다고 인정되는 경우

상속세 또는 증여세 법정신고기한 이내에 청산절차가 진행 중이거나 사업자의 사망 등으로 인하여 사업의 계속이 곤란하다고 인정되는 법인의 주식은 1주당 순자산가치로 평가한다(상증령 §54④1호).

가중평균한 1주당 순손익가치는 법인의 수익력이 일정기간 동안 지속될 것을 가정하여 산출된 가액이므로 사업의 계속이 곤란한 경우에 법인의 수익력은 주식평가의 산정요소가 될 수 없으므로 순가산가치로만 평가하는 것이라 이해할 수 있다.

사업의 계속이 곤란하다고 인정되어 순자산가치로만 평가하는 경우 영업권은 순자산가액에 가산하지 않는다(상증령 §55③1호).

【조심2017광1375, 2017. 6. 12.】
◎◎상사는 대표이사의 사망 이후 매출이 감소하기는 하였지만 계속적으로 발생하고 있으므로 사업의 곤란한 경우에 해당하지 아니하여 쟁점출자지분을 순자산가액만으로 평가하는 것이 어렵다고 보이나, 순자산가액 산정 시 대차대조표상에는 보통예금, 정기예적금 등이 과소·과다하게 계상되어 있는 것으로 나타나므로 순자산가액의 과다계상여부 등을 재조사하여 과세표준 및 세액을 경정함이 타당함.

【상속증여세과-167, 2014. 5. 29.】
사업자의 사망으로 인하여 해당 법인이 청산할 것이 확실하다고 인정되는 경우에는 사업의 계속이 곤란한 경우로 볼 수 있으며 이에 해당하는 지는 사실판단할 사항이고, 시가를 산정하기 어려운 비상장법인의 주식은 「상속세 및 증여세법」 시행령 제54조 제3항 및 제4항 각 호에 해당하지 않는 경우에는 순손익가치와 순자산가치를 가중평균하여 평가하는 것임.

【서면-2015-상속증여-0210, 2015. 4. 6.】
사업자의 사망으로 인하여 해당 법인이 청산할 것이 확실하다고 인정되는 경우에는 사업의 계속이 곤란한 경우로 보아 순자산가치로 평가하며, 해당 여부는 해당 법인의 경영상태 등 구체적인 사실관계를 확인하여 판단할 사항임.

나) 사업개시 전 법인, 사업개시 후 3년 미만의 법인 등

사업개시 전 법인, 사업개시 후 3년 미만의 법인 또는 휴업·폐업 중인 법인의 주식등은 1주당 순자산가치로 평가한다(상증령 §54④2호). 이 경우 3년 미만 여부를 판단 시 「법인세법」

제46조의3, 제46조의5 및 제47조의 요건을 갖춘 적격분할 또는 적격 물적분할로 신설된 법인의 사업기간은 분할 전 동일 사업부분의 사업개시일부터 기산한다.

이 경우 개인사업자가 무체재산권을 현물출자하거나 법인전환에 대한 양도소득세 이월과세 요건을 충족한 사업 양도・양수의 방법에 따라 법인으로 전환하여 법인이 해당 사업용 무형자산을 소유하면서 사업용으로 계속 사용하는 경우로서 개인사업자와 법인의 사업영위기간의 합계가 3년 이상인 경우에는 영업권을 가산하여 순자산가치를 계산하지만 이외의 경우에는 영업권 가액을 가산하지 않는다(상증령 §55③2호).

【창원지방법원 2017구합50087, 2018. 11. 14.】
사업의 휴업・폐업인지 여부는 법상의 등록, 신고 여부와는 관계없이 그 해당 사실의 실질에 의하여 결정된다 할 것이고, 주식발행법인은 사실상 영업활동을 휴업 내지 폐업 중인 상태였다고 봄이 상당함.

【서면-2019-상속증여-1195, 2019. 4. 25.】
비상장주식등의 평가 시 사업개시 전의 법인, 사업개시 후 3년 미만의 법인 또는 휴업・폐업 중인 법인의 주식등은 「상속세 및 증여세법 시행령」 제54조 제4항에 따라 순자산가치에 따르는 것임.

【조심2017광4943, 2018. 8. 21.】
쟁점법인은 휴・폐업하지 아니하고 법인세 등 제세를 적법하게 신고・납부하여 온 점, 새로운 사업인 △△호텔 등을 취득하기 이전인 사업연도의 경우 손익계산서상 이자수입 및 임대료 수입이 계상되어 있는 점 등에 비추어 처분청이 쟁점주식 양도당시 쟁점법인을 사실상 휴업법인으로 보아 쟁점주식을 순자산가치로만 평가하여 청구인들에게 양도소득세 등을 부과한 처분은 잘못임.

【사전-2018-법령해석재산-0296, 2018. 6. 27.】
운영하던 1개의 사업부를 양도하고 업종을 변경하는 경우에는 상증법상 순자산가치로만 평가하는 "사업개시 전의 법인", "사업개시 후 3년 미만의 법인"에 해당하지 아니하는 것이며, 순손익가치는 양도사업부를 포함한 전체 순손익액을 기준으로 계산함.

【수원지방법원 2017구합2265, 2018. 7. 5.】
이 사건 법인이 평가기준일 당시 '사업개시 후 3년 미만의 법인' 및 '주요 업종에 있어서 정상적인 매출발생기간이 3년 미만인 법인'에 해당하는지 여부를 판단함에 있어, 법인이 영위하는 사업 중 주요 업종은 법인등기부상의 목적사업이나 사업자등록상 업종, 법령상 인가 또는 등록 업종 등 형식적인 기준에 의하여 판단할 것이 아니라, 당해 법인이 실제로 영위하는 사업 중 그 업종이 차지하는 비중에 따라 판단하여야 함.

【사전-2016-법령해석재산-0367, 2018. 4. 30.】

사업개시 후 3년 미만인 내국법인이 합병법인이 되어 사업개시 후 3년 이상인 내국법인을 합병한 경우, 당해 합병법인은 「상속세 및 증여세법 시행령」 제54조 제4항 제2호의 "사업개시 후 3년 미만의 법인"에 해당하는 것임.

【조심2017중1022, 2017. 7. 10.】

폐업 등으로 미래의 수익가치를 반영할 필요가 없는 법인에 대해서는 순자산가치로만 평가하는 것이 합리적인 점, 쟁점법인은 2013. 10. 14. 영업활동이 종료되었고 이후 하자보수 등 분양에 따른 부수적인 업무만을 수행하여 사실상 휴・폐업 상태로 보이는 점 등에 비추어 쟁점주식의 1주당 시가를 순자산가치에 의하여 평가한 가액으로 하여 그 과세표준과 세액을 경정하는 것이 타당함.

【조심2016중1106, 2016. 8. 16.】

쟁점법인의 사업자등록상 개업일은 2006. 11. 25.이나 2009년 3월까지는 사업을 수행하지 아니한 것으로 보이는 바, 쟁점법인은 사업개시일부터 평가기준일인 2012. 3. 15.까지 역산하여 계산한 기간이 3년이 되지 아니하므로 쟁점주식의 시가는 「상속세 및 증여세법 시행령」 제54조 제4항 제2호에 따라 순자산가치에 의하여 평가함이 타당함.

【상속증여세과-470, 2014. 12. 3.】

인적분할의 경우 "사업개시 후 3년 미만의 법인"에 해당하는지 여부는 분할 전 각 사업부문의 사업개시일부터 기산하여 계산하며, 각 사업부문의 순손익액이 각각 구분되는 경우에는 그 구분된 순손익액을 기준으로 순손익가치를 계산함.

【기획재정부 재산세제과-379, 2013. 5. 30.】

다른 법인의 사업부문을 포괄적으로 양수한 신설법인이 상속세 및 증여세법 시행령 제54조 제4항 제2호의 '사업개시 후 3년 미만의 법인'에 해당하는지 여부는 신설법인의 사업개시일부터 기산하여 판단하는 것임.

다) 부동산 등이 차지하는 비율이 80% 이상인 법인

법인의 자산총액 중 부동산 등(소득세법 제94조 제1항 제4호 다목 1), 2)에 해당하는 자산)이 차지하는 비율이 80% 이상인 법인은 주로 부동산 임대업이나 대규모의 부동산과 시설물이 필요한 골프장, 스키장 등을 운용하는 법인이다.

이러한 법인의 주식의 가치는 통상적으로 객관적으로 평가가 가능한 부동산을 주산정요소로 하여 책정되고 자산가치에 비해 수익가치가 낮은 경우가 일반적이므로 순자산가치로만 평가한다(상증령 §54④3호).

부동산 등이 차지하는 비율이 80% 이상인 법인에 해당하여 순자산가치로만 평가하는 경우 영업권의 가액은 순자산가액에 가산하지 않는다(상증령 §55③).

순자산가치로 평가하여야 하는 법인의 자산총액 중 부동산 등이 차지하는 비율이 80% 이상인 법인은 다음과 같은 연혁으로 개정되어 왔다.

여기에서 자산총액은 해당 법인이 복식부기에 의해 기장한 장부가액에 자산의 평가와 관련하여 익금 또는 손금을 가감한 세무계산상 장부가액에 의하여 판단한다.

○ 2012. 2. 2.부터 2017. 2. 6.까지

2012. 2. 2.부터 2017. 2. 6.까지는 「소득세법 시행령」 제158조 제1항 제5호 가목에 해당하는 법인의 주식으로 규정하고 있어 법인의 자산총액 중 부동산 등과 법인이 보유한 다른 법인(제1항 제1호 또는 제5호의 요건에 해당하는 법인에 한정한다)의 주식가액의 합계액이 80% 이상인 법인이 이에 해당한다.

○ 2017. 2. 7.부터 2018. 2. 12.까지

2017. 2. 7.부터 2018. 2. 12.까지는 「소득세법」 제94조 제1항 제4호 라목에 해당하는 법인의 주식으로 규정하고 있어 골프장, 스키장, 휴양콘도미니엄, 전문휴양시설을 영위하는 법인으로서 법인의 자산총액 중 부동산 등과 해당 법인이 직접 또는 간접으로 보유한 다른 법인의 주식가액에 그 다른 법인의 부동산 등 보유비율을 곱하여 산출한 가액의 합이 80% 이상인 법인이 이에 해당한다.

【기준-2017-법령해석재산-0241, 2018. 5. 29.】
상증법에 따라 비상장주식을 평가함에 있어 비상장법인의 부동산 등 비율이 80% 이상이더라도 골프장, 스키장, 휴양콘도미니엄, 전문휴양시설의 경영·분양·임대 사업에 해당하지 않는 경우에는 순자산가치로만 평가 불가함.

○ 2018. 2. 13. 이후부터 2020. 2. 10.까지

2018. 2. 13. 이후부터는 법인의 자산총액 중 부동산등과 해당 법인이 직접 또는 간접으로 보유한 다른 법인의 주식가액에 그 다른 법인의 부동산등 보유비율을 곱하여 산출한 가액의 합이 80% 이상인 법인이 이에 해당한다.

○ 2020. 2. 11. 이후

2020. 2. 11. 이후부터는 자산총액 중 토지, 건물, 부동산에 관한 권리, 직접·간접으로 보

유하고 있는 다른 법인의 주식가액에 다른 법인의 부동산 등 보유비율[다른 법인의 자산총액 중 토지, 건물, 부동산에 관한 권리, 다른 법인이 보유하고 있는 경영지배관계(국세기본법 시행령 제1조의2 제3항 제2호의 관계)에 있는 법인의 주식가액에 경영지배관계에 있는 법인의 부동산 등 보유비율]을 곱하여 계산한 가액의 합이 80% 이상인 법인이 이에 해당한다.

【사전-2019-법령해석재산-0052, 2019. 6. 25.】
순자산가치로만 평가하는 비상장법인의 주식등에 해당하는지 여부 판단 시 법인의 '자산총액' 및 '주식등의 가액'은 법인의 장부가액에 따르고, 법인의 '장부가액'이란 해당 법인이 법인세법 제112조에 따라 기장한 장부가액에 자산의 평가와 관련하여 익금 또는 손금을 가감한 세무계산상 장부가액을 의미함.

라) 주식등의 가액의 합계액이 차지하는 비율이 80% 이상인 법인

법인의 자산총액 중 주식등의 가액의 합계액이 차지하는 비율이 80% 이상인 법인의 경우 2017. 2. 7.부터 순자산가치로 평가한다(상증령 §54④5호). 이 경우 주식등의 가액은 장부가액으로 판단한다.

주식등의 가액이 80% 이상인 법인에 해당하여 순자산가치로만 평가하는 경우에는 순자산가액 계산 시 영업권의 가액은 순자산가치에 가산한다(상증령 §55③). 다만 상속세 및 증여세법 집행기준에서는 영업권의 가액을 순자산가치에 가산하지 않는 것으로 설명하고 있는 특이점이 있다.

마) 평가기준일 현재 잔여 존속기한이 3년 이내인 법인

법인의 설립 시 정관에 존속기한이 확정된 법인으로서 존속기한이 3년 이내인 법인은 2017. 2. 7.부터 순자산가치로 평가한다(상증령 §54④6호).

■ 순자산가액 계산 시 영업권의 평가액을 가산하는 경우

※ 순자산가액 계산시 영업권 평가액을 가산하는 경우[100](상증령 §55③)
- 법인전환 중 개인사업자가 무체재산권을 현물출자하거나 법인전환에 대한 양도소득세 이월과세 방식에 따라 사업양수도하여 법인전환한 경우로서 개인사업자와 법인의 영위기간 합이 3년 이상인 경우
- 소득세법 제94조 제1항 제4호 다목 1), 2)의 합계액이 차지하는 비율이 80% 이상인 법인

※ 상속세 및 증여세법 시행령 제55조 제3항에서는 상기 위에 해당하는 경우에 대해서만 자산가액에 영업권 평가액을 가산하지 않는 것으로 규정하고 있지만 집행기준에서는 주식등의 합계액이 80% 이상인 법인도 이에 해당하는 것으로 규정하고 있는 문제점이 있다.

상속세 및 증여세법 집행기준 63-54-2 【비상장주식을 순자산가치로만 평가하는 경우】
청산, 휴·폐업 등 다음의 경우와 같이 정상적인 영업활동이 이루어지지 않는 기업은 수익력 측정이 무의미하므로 순자산가치로만 평가하고, 영업권도 별도로 평가하지 아니한다.
① 상속·증여세 과세표준 신고기한 이내에 평가대상 법인의 청산절차가 진행 중이거나 사업자의 사망 등으로 인하여 사업의 계속이 곤란하다고 인정되는 법인
② 사업개시 전의 법인, 사업개시 후 3년 미만의 법인과 휴·폐업 중에 있는 법인. 다만, 적격분할 또는 적격물적분할로 신설된 법인의 사업기간은 분할 전 동일 사업부분의 사업개시일부터 기산함.
③ 부동산 및 부동산에 관한 권리의 평가액이 자산총액의 80% 이상인 법인
④ 주식등의 가액의 합계액이 자산총액의 80% 이상인 법인
⑤ 법인의 설립 시 정관에 존속기한이 확정된 법인으로서 잔여 존속기한이 3년 이내인 법인

라. 보충적 평가방법의 예외

(1) 취득가액 평가 특례

비상장주식 및 출자지분의 평가는 불특정다수인 사이의 자유로운 거래에서 통상적으로 거래되는 가액인 시가가 있는 경우 시가로 평가하고 그 외 시가로 인정되는 매매가액, 수용, 경매 또는 공매가액이 있는 경우에는 시가로 인정되는 가액으로 평가하되 이러한 시가를 산정하기 어려운 경우에는 보충적 평가방법으로 평가하는 것을 원칙으로 한다.

하지만 비상장법인이 다른 비상장법인이 발행한 발행주식총수 등(자기주식과 자기출자지분은 제외)의 주식의 10% 이하를 보유한 경우에는 이러한 평가원칙에도 불구하고 시가를 산정할 수 있는 경우에는 시가로 평가하되 시가를 산정하기 어려운 경우에는 보충적 평가방법에 의하지 않고 이동평균법에 의해 평가한 취득가액으로 평가할 수 있다(상증령 §54③).

100) 평가기준일 전 3년 내에 계속하여 결손이 있는 법인의 경우 순자산가치로만 평가하는 법인에서 제외되었지만 영업권평가액을 법인의 자산가액에 가산하지 않는 대상으로는 열거하고 있는 특이점이 있다.

(2) 평가심의위원회 심의가격

가) 개요

통상적으로 주식의 평가는 미래 수익력을 기준으로 미래현금흐름의 유입액을 현재가치로 할인하는 현금흐름할인법(DCF: discount cash flow), 미래 배당수익을 현재가치로 환산하여 평가하는 배당할인모형(DDM: dividend discount model) 등 방법에 구애받지 않고 주식의 실질적인 재산가치를 반영할 수 있는 가장 합리적인 방법을 택하여 다양한 방법으로 평가한다.

반면 세법상 비상장주식의 보충적 평가액은 수익가치와 자산가치를 산정요소로 하지만 수익가치의 경우 과거 실적을 기준으로 산정하는 방식이므로 법인의 미래 수익력이 과거 수익력과 크게 차이가 있는 경우에는 주식의 실질가치를 반영하지 못하는 문제점이 있다.

나) 평가심의위원회의 심의가격

주식의 실질적인 가치와 보충적 평가방법에 의한 평가액과의 차이가 커서 보충적 평가방법으로 평가하는 것이 불합리하다고 생각되는 경우 납세자는 다음 중 어느 하나에 해당하는 방법으로 평가한 평가가액을 첨부하여 평가심의위원회에 비상장주식등의 평가가액 및 평가방법에 대한 심의를 신청할 수 있다.

납세자가 심의를 신청하는 경우에는 보충적 평가가액이 아닌 평가심의위원회가 심의하여 제시하는 평가가액에 의하거나 그 위원회가 제시하는 평가방법 등을 고려하여 계산한 평가가액에 의할 수 있다(상증령 §54⑥).

다만, 납세자가 평가한 가액이 보충적 평가방법에 따른 주식평가액의 100분의 70에서 100분의 130까지의 범위 안의 가액인 경우로 한정한다(상증령 §54⑥단서).

① 해당 법인의 자산·매출액 규모 및 사업의 영위기간 등을 고려하여 같은 업종을 영위하고 있는 다른 법인(제52조의2 제1항에 따른 유가증권시장과 코스닥시장에 상장된 법인을 말한다)의 주식가액을 이용하여 평가하는 방법

② 향후 기업에 유입될 것으로 예상되는 현금흐름에 일정한 할인율을 적용하여 평가하는 방법

③ 향후 주주가 받을 것으로 예상되는 배당수익에 일정한 할인율을 적용하여 평가하는 방법

④ 그 밖에 ①부터 ③까지의 규정에 준하는 방법으로서 일반적으로 공정하고 타당한 것으로 인정되는 방법

3. 순손익가치

가. 1주당 순손익가치

(1) 개요

통상적으로 주식에 대한 투자는 장래 배당수익, 주가상승을 기대하여 이루어지므로 주식의 가치는 미래예상 기대수익력을 기준으로 형성된다. 하지만 여러 가지 불확실한 경제 환경하에서 미래 수익력에 대한 예측을 정확하게 하는 것은 한계가 있을 뿐만 아니라 평가방법마다 평가액이 달라질 수 있는 문제가 있다.

따라서 상속세 및 증여세법은 과거의 실적을 기초로 미래수익을 예측하여 평가기준일 현재의 주식가치를 정확하게 파악하려는 취지로 평가일 이전 최근 3년간 순손익액의 가중평균액을 기준으로 1주당 순손익가치를 산정하고 있다(대법원 2005두15311, 2007. 11. 29.).

(2) 1주당 순손익가치의 산정

1주당 순손익가치는 1주당 최근 3년간의 순손익액의 가중평균액을 순손익가치 환원율인 기획재정부령이 정하는 이자율(10%)로 나눈 금액이다(상증령 §54①1호, 상증칙 §17).

즉, 이는 최근 3년간 순손익액의 평균이 향후 10년간 지속된다는 것을 가정한 것이라 할 수 있으므로 향후 10년간 수익이 불확실한 법인의 주식등의 경우에는 과대평가될 수 있는 측면이 있다.

○ 1주당 순손익가치

$$\frac{\text{1주당 최근 3년간 순손익액의 가중평균액}}{\text{순손익가치환원율(10\%)}}$$

나. 1주당 최근 3년간의 순손익액의 가중평균액

1주당 최근 3년간의 순손익액의 가중평균액은 평가기준일 이전 1년이 되는 사업연도, 평가기준일 이전 2년이 되는 사업연도, 평가기준일 이전 3년이 되는 사업연도의 각 사업연도 1주당 순손익액을 3과 2와 1의 비율로 가중평균액 가액이다.

평가기준일 전 1년이 되는 사업연도는 평가기준일을 포함하여 1년의 사업연도를 말하는 것으로, 평가기준일이 사업연도 말일(12월 말 법인의 경우 12월 31일)인 경우에는 당해 사업연도가 평가기준일 이전 1년이 되는 사업연도가 된다(12월 30일인 경우 직전 사업연도).

이 경우 1주당 최근 3년간의 순손익액의 가중평균액이 0 이하인 경우에는 1주당 순손익가치가 0 이하가 되어 순자산가치와 가중평균 시 1주당 순자산가치보다 낮은 금액으로 평가되므로 1주당 최근 3년간의 순손익액의 가중평균액이 0 이하인 경우에는 0으로 한다(상증령 §56①).

$$1주당\ 최근\ 3년간\ 순손익액의\ 가중평균액 = \frac{A \times 3 + B \times 2 + C \times 1}{6}$$

A: 평가기준일 이전 1년이 되는 사업연도의 1주당 순손익액
(평가기준일이 12월 31일인 경우: 당해 사업연도)
B: 평가기준일 이전 2년이 되는 사업연도의 1주당 순손익액
C: 평가기준일 이전 3년이 되는 사업연도의 1주당 순손익액

법인실적별 증여일자 확정 전략

○ 10월 이후 가결산 실적상 이익이 많은 경우: 증여일자를 당해 연도 12. 30. 이전으로 결정
⇒ 당해 연도 높은 이익이 반영되지 않고 직전 사업연도 손익에 3의 가중치 반영되어 주식평가

○ 10월 이후 가결산 실적상 이익이 낮거나 결손인 경우: 증여일자를 당해 연도 12. 31.로 결정
⇒ 당해 연도 낮은 이익(결손)에 3의 가중치 반영되어 주식평가

다. 각 사업연도의 1주당 순손익액

각 사업연도의 1주당 순손익액은 각 사업연도 순손익액을 각 사업연도 주식수로 나눈 금액이다. 각 사업연도의 1주당 순손익액이 0 이하인 경우에는 동 가액을 그대로 적용한다(상증법 집행기준 63-56-1(1)②).

1주당 순손익액 = 각 사업연도 순손익액 / 각 사업연도 주식수

라. 각 사업연도 주식수

(1) 원칙

1주당 순손익액 계산 시 각 사업연도 순손익액에서 나누는 각 사업연도 주식수는 각 사업연도 종료일 현재의 발행주식총수에 의한다(상증령 §56③). 이 경우 평가기준일 발행되지 않은 신주는 포함하지 않는다.

(2) 평가기준일 3년 내 증자 또는 감자가 있는 경우

가) 개요

보충적 평가가액이 액면가액을 훨씬 상회하는 경우에 액면가액으로 유상증자를 하는 경우에는 시가보다 낮은 신주발행으로 인해 주식가치가 희석되어 주식의 평가액이 낮아진다.[101)]

이 경우 증자 후 발행주식총수로 평가하는 경우에는 희석된 주식가치가 반영되지만 증자 전 발행주식총수로 평가하는 경우에는 희석된 주식가치가 반영되지 않아 실질가치보다 높은 가액으로 평가되는 문제점이 있다.

따라서 증자가 있는 경우에는 증자 전 발행주식총수로 평가하는지 또는 증자 후 발행주식수로 평가하는지에 따라 주식평가액이 달라진다.

나) 2011. 7. 24. 이전 증자 또는 감자 전 사업연도 주식수

2011. 7. 24. 이전에는 신주의 저가발행을 통해 주식가치를 떨어뜨리는 조세회피를 방지하기 위해 다음과 같이 무상증자 또는 무상감자의 경우에만 증자 또는 감자 전 사업연도 주식수를 증자 후 발행주식총수로 환산하는 것으로 규정하고 있었다.

하지만 조세심판원은 유상증자의 경우에도 신주를 저가발행하면 증자 후의 주식가치는 희석되어 낮아지는 것임에도 관계 규정이 마련되어 있지 아니하다고 하여 불합리한 평가방법으로 시가를 평가하는 것은 상증법상 시가주의 평가원칙에 어긋나는 것으로 보이는 점, 유상증자대금이 유입되었음에도 순손익가치를 증자 전 주식수로 평가한 것은 경제적 실질 및 형평에도 어긋난 것일 뿐만 아니라 액면가액으로 유상증자에 참여한 경우와 보충적 평가가액으로 유상증자에 참여한 경우의 순손익가치가 동일하게 되는 모순이 발생하므로 유상증자 시에도 증자 전 사업연도의 발행주식총수를 증자 후의 발행주식총수로 환산하여 1

101) 또한 시가보다 높은 가액으로 유상증자하는 경우, 시가보다 낮은 소각대가를 지급하는 경우에는 주식의 가치가 높아지고 시가보다 높은 소각대가를 지급하는 경우에는 주식의 가치가 낮아지게 된다.

주당 순손익가치를 산정해야 하는 것으로 일관되게 결정하였다(조심2008서4078, 2009. 12. 28., 조심2012중2861, 2012. 12. 31., 조심2013중1504, 2013. 5. 31., 조심2014부1406, 2014. 5. 26. 등).

또한 기획재정부도 유상증자의 경우 주식수를 환산한다는 규정이 없으므로 환산할 수 없다고 해석하다가 2018. 4. 30. 환산해야 하는 것으로 해석을 변경한 바 있다(기획재정부 재산세제과-395, 2018. 4. 30., 기준-2017-법령해석재산-0325, 2018. 4. 30.).

○ 무상증자 시 환산주식수

$$\text{환산주식수} = \text{무상증자 전 각 사업연도 말 주식수} \times \frac{(\text{무상증자 직전 사업연도 말 주식수} + \text{무상증자 주식수})}{\text{무상증자 직전 사업연도 말 주식수}}$$

○ 무상감자 시 환산주식수

$$\text{환산주식수} = \text{무상감자 전 각 사업연도 말 주식수} \times \frac{(\text{무상감자 직전 사업연도 말 주식수} - \text{무상감자 주식수})}{\text{무상감자 직전 사업연도 말 주식수}}$$

다) 2011. 7. 25. 이후

신주가 시가보다 낮은 가액으로 발행됨에 따라 증자 후의 주식가치가 희석됨에도 증자 전 사업연도 주식수로 1주당 순손익액을 계산하는 경우에는 실제의 주식가치보다 과대평가되는 문제점이 있으므로 2011. 7. 25. 대통령령 제23040호로 유상증자 또는 유상감자의 경우에도 증자 또는 감자 전의 주식수를 증자 또는 감자 후의 주식수로 환산하여 1주당 순손익액을 계산하도록 개정되었다.

따라서 평가기준일이 속하는 사업연도 이전 3년 이내에 증자 또는 감자를 한 경우 증자 또는 감자 후 사업연도 주식수는 증자 또는 감자 후의 발행주식총수에 의하고 증자 또는 감자 전의 각 사업연도 종료일 현재의 주식수는 기획재정부령이 정하는 바에 따라 다음 산식에 의해 계산한 주식수에 의한다(상증령 §56③단서, 상증칙 §17조의3⑥).

증자 또는 감자로 규정하고 있으므로 유상증자, 무상증자 또는 유상감자, 무상감자가 있는 경우 모두 동일하게 적용된다.

다음 산식에 의해 계산 시 증자 또는 감자 전의 사업연도의 주식수는 증자 또는 감자 후인 평가기준일 현재 발행주식총수와 같은 결과가 되므로 증자 또는 감자 전 사업연도의 주식수는 별도로 환산하지 않고 평가기준일 현재 발행주식총수로 계산하는 것이라 할 수 있다.

○ 증자 시 환산주식수

$$\text{환산주식수} = \text{증자 전 각 사업연도 말 주식수} \times \frac{(\text{증자 직전 사업연도 말 주식수} + \text{증자 주식수})}{\text{증자 직전 사업연도 말 주식수}}$$

○ 감자 시 환산주식수

$$\text{환산주식수} = \text{감자 전 각 사업연도 말 주식수} \times \frac{(\text{감자 직전 사업연도 말 주식수} - \text{감자 주식수})}{\text{감자 직전 사업연도 말 주식수}}$$

(3) 전환우선주, 상환우선주가 있는 경우

우선주는 보통주와 달리 의결권은 없지만 배당 등에 있어 우선권을 갖는 것으로 보통주로 전환이 가능한 전환우선주, 상환을 전제로 하는 상환우선주, 전환과 상환이 모두 가능한 상환전환우선주로 나눌 수 있다. 법인이 발행한 우선주는 발행주식총수에 포함한다.

【상속증여세과-231, 2014. 7. 3.】
시가를 확인할 수 없는 경우로서 비상장법인의 주식을 보충적으로 평가하는 경우 순자산가치 및 순자산가치를 계산할 때 발행주식총수에 전환우선주를 포함함.

【서면 인터넷방문상담4팀-3474, 2007. 12. 5.】
비상장주식을 평가함에 있어 발행주식총수 등에는 상환우선주로 포함됨.

【서면 인터넷방문상담4팀-1894, 2004. 11. 23.】
비상장법인의 1주당 순손익가치 및 순자산가치를 계산할 때 발행주식총수에는 상환우선주도 포함하는 것임.

【서면 인터넷방문상담4팀-1179, 2004. 7. 27.】
비상장법인의 1주당 순손익가치 및 순자산가치를 계산하기 위한 발행주식총수에 평가기준일 현재 발행되지 않은 신주는 포함되지 아니하는 것임.

마. 각 사업연도 순손익액

각 사업연도의 순손익액은 각 사업연도 소득금액에 가산하여야 하는 항목을 가산하고 차감하여야 하는 항목을 차감하여 계산한다(상증령 §56④).

각 사업연도 소득금액이 아닌 각 사업연도의 순손익액을 1주당 순손익가치 산정의 기초로 하는 것은 법인의 순자산을 증가시키거나 감소시켰음에도 불구하고 정책적 목적으로 익금불산입하거나 손금불산입한 금액을 익금산입, 손금산입함으로써 법인의 실질적인 순손익가치를 산정하여 평가기준일 현재 주식가치를 보다 정확하게 평가하기 위한 것이라 할 수 있다(대법원 2011두22280, 2013. 11. 14.).

각 사업연도 소득금액 계산 시 손금산입된 충당금 및 준비금이 일시 환입된 경우에는 그 금액이 환입될 연도를 기준으로 안분한 금액만 가산한다(상증령 §56④). 또한 세무조사 등으로 각 사업연도 소득금액이 경정된 경우에는 경정된 각 사업연도 소득금액을 기준으로 하여야 한다(상증법 통칙 63-56…10).

(1) 각 사업연도 소득에 가산하는 항목

다음 중 어느 하나에 해당하는 것은 해당 법인의 순자산을 증가시키는 익금에 해당하는 것이나 정책적 목적 등으로 익금에 산입되지 않은 것이므로 순손익액 계산 시 각 사업연도 소득에 가산한다.

가) 국세 및 지방세 과오납금의 환급금이자

과오납금은 법적으로 납부해야 할 금액을 초과해서 납부했거나 착오 등에 의해 오납한 후 법률의 개정, 감면, 경정결정 또는 부과취소 등의 이유로 환급받는 금액을 말한다(국기법 §51).

과오납금에 대해서는 보상의 성격으로 국세기본법 제52조에 의해 납부일부터 지급일까지의 기간에 대해 1.2%의 이자상당액을 지급하는데 이를 익금산입하는 경우 법인세만큼 보상의 효과가 감소하므로 법인세법 제18조 제4호에서 익금불산입 항목으로 규정하고 있다.

과오납금에 대한 환급이자의 실질은 법인의 순자산을 증가시키는 익금이므로 순손익가치 계산 시에는 각 사업연도 소득에 가산하여야 한다(상증령 §56④1호가목).

나) 수입배당금 익금불산입액

내국법인 또는 지주회사가 출자한 법인으로부터 배당을 받는 경우 그 배당액은 피출자법인이 법인세를 납부한 후의 금액으로서 배당액에 대해 법인세를 전액 과세하는 경우에는 이중과세문제가 발생한다.

따라서 법인세법 제18조의2 및 제18조의4은 법인세가 과세되는 법인으로부터 수입배당금을 받는 경우에는 출자지분율 등을 고려하여 일정비율만큼 익금불산입하도록 규정하고 있다.

수입배당금의 실질은 법인의 순자산을 증자시키는 익금이므로 순손익가치 계산 시에는 각 사업연도 소득에 가산하여야 한다(상증령 §56④1호나목).

다) 법정 · 지정 · 특례기부금 한도 초과액의 이월 손금산입액

법인의 법정 · 지정지부금 지출액은 전액 손금으로 용인하는 것이 아니라 일정한도 내의 금액까지만 손금으로 용인하고 한도를 초과하는 금액은 해당 사업연도의 다음 사업연도 개시일부터 10년 이내에 끝나는 각 사업연도로 이월하여 그 이월된 사업연도의 소득금액을 계산할 때 법정기부금 및 지정기부금 각각의 손금산입 한도액의 범위에서 손금에 산입한다(법법 §24⑤).

이월 한도 초과액을 손금산입한 것은 당해 사업연도 관련된 손금에 해당하지 않으므로 각 사업연도 소득에 가산하여야 한다(상증령 §56④1호다목).

라) 업무용 승용자동차 관련 한도초과액 이월 손금산입액

업무용 승용자동차의 감가상각비와 처분손실은 법인의 순자산이 감소하는 손금에 해당하는 것이지만 과다경비 처리되는 것을 방지하는 등 정책적인 목적으로 일정 한도를 설정한 후 한도를 초과하는 금액은 법인세법 제27조의2에 의해 손금불산입한다.

이러한 손금불산입액은 이후 사업연도 시인부족액이 발생하는 등의 사유발생 시 일정 한도 내의 범위에서 손금산입된다(법법 §27조의2③, ④).

이월 한도초과액의 손금산입액은 당해 사업연도 관련된 손금에 해당하지 않으므로 각 사업연도 소득에 가산하여야 한다(상증령 §56④1호다목).

마) 장부에 계상하지 않은 외화환산이익

대손충당금을 손금산입하는 금융회사 등을 제외한 일반법인의 경우 화폐성 외화자산부채에 대한 외화환산이익은 법인세법 제76조 제2항에 의해 평가방법을 신고한 경우에만 법인의 익금에 해당하므로 외화환산이익의 계상 여부는 선택사항이다.

하지만 외화환산이익은 실질적으로 법인의 순자산을 증가시키는 익금에 해당하고 이를 계상하는 경우에만 순손익가치에 반영하면 계상 여부에 따라 순손익가치가 달라지는 문제점이 있으므로 2019. 2. 12. 이후부터는 각 사업연도 소득에 가산하는 항목으로 신설되었다(상증령 §56④1호다목).

(2) 각 사업연도 소득금액에서 차감하는 항목

다음 중 어느 하나에 해당하는 것은 법인의 순자산을 감소시키는 손금에 해당하는 것이나 정책목적상 이유 등으로 손금불산입된 것이므로 순손익액 계산 시 각 사업연도 소득금액에서 차감한다.

가) 법인세 총 결정세액 등

① 법인세 총결정세액 등의 범위

법인세 총결정세액, 지방소득세, 농어촌특별세, 손금산입되지 않은 외국법인세액은 실질적으로는 법인의 순자산을 감소시키는 것이므로 순손익가치 계산 시 각 사업연도 소득금액에서 차감하여야 한다(상증령 §56④2호가목).

여기에서 법인세 등은 법인세법 등에 따라 납부하였거나 납부하여야 할 법인세액을 말하는 것으로, 법인세액은 토지등 양도소득에 대한 법인세, 미환류소득에 대한 법인세, 법인세 감면세액에 대한 농어촌특별세를 말하는 것으로 외국자회사로부터 수령한 익금불산입 적용대상이 되는 수입배당금에 대하여 외국에 납부한 세액과 외국에 납부한 법인세액 중 외국납부세액공제를 적용하는 경우의 법인세를 포함한다.

② 이월결손금이 있는 경우

당해 사업연도의 각 사업연도 소득에 대응하는 실질적인 손금만을 차감하여야 하므로 이월결손금이 있는 경우에는 이월결손금 공제 전 각 사업연도 소득을 기준으로 법인세 총결정세액 등을 계산하여야 한다.

③ 세무조사 등으로 인한 추징세액

세무조사 등으로 인한 이전 사업연도에 대한 추징세액은 당해 사업연도 소득에 대한 법인세가 아니므로 각 사업연도 소득에서 차감하지 않는다.

④ 이월세액공제액이 있는 경우

이월결손금과 달리 이월세액공제액은 각 사업연도 소득금액에 영향을 주는 것이 아니므로 법인세 총결정세액은 이월세액공제를 공제한 후 금액으로 한다.

법인세법 기본통칙 63－56…9【순손익액에서 차감하는 법인세액 등】

① 영 제56조 제4항 제2호 가목에 따른 세액은 「법인세법」 등에 따라 납부하였거나 납부하여야 할 법인세액을 말한다. 이 경우 법인세액에는 토지등 양도소득에 대한 법인세, 미환류소득에 대한 법인세, 법인세 부가세액, 법인세 감면세액에 대한 농어촌특별세를 포함한다.

【법규과－309, 2014. 4. 4.】

비상장주식을 평가함에 있어 각 사업연도 소득에서 차감하는 법인세액은 이월결손금을 공제하기 전 「법인세법」 제14조의 규정에 의한 각 사업연도 소득금액에 대하여 납부하였거나 납부하여야 할 법인세 총결정세액임.

【재산세과－212, 2011. 4. 28.】

비상장주식을 평가함에 있어 1주당 최근 3년간의 순손익액 산정 시, 각 사업연도 소득에서 차감하는 법인세액은 이월된 임시투자세액이 있는 경우 그 세액을 공제한 후의 법인세 총결정세액을 적용하는 것임.

【서일46014－11690, 2002. 12. 12.】

비상장주식평가를 순자산가액으로 계산할 때 평가기준일까지 발생된 소득에 대한 법인세액은 당해 법인의 부채에 가산하는 것으로서, 평가기준일 이전 사업연도에 대한 자산누락 등으로 인하여 법인세가 경정되는 경우 자산누락금액 및 법인세 추징세액은 각각 자산과 부채에 포함되는 것임.

나) 세금과 공과금, 징수불이행 납부세액, 징벌적 손해배상금, 업무무관비용

세금과 공과금, 벌금, 과료, 과태료, 가산금 및 체납처분비와 법령에 따라 의무적으로 납부하는 것이 아닌 공과금과 개별세법에 규정된 직접국세 및 간접국세에 대한 의무를 불이행함으로써 납부하여야 할 세액과 가산세는 법인의 순자산을 감소시키는 것이지만 정책적인 목적으로 손금불산입 한다(법법 §21).

손해배상금은 법인의 순자산을 감소시키는 것이지만 2018. 2. 3.부터 실제 발생한 손해액을 초과하여 손해배상금을 지급하는 금액(실제 발생한 손해액이 분명하지 아니한 경우에는 내국법인이 지급한 손해배상금에 3분의 2를 곱한 금액)은 정책적인 목적으로 손금불산입하고 있다(법법 §21조의2).

법인이 지출하는 제비용은 법인의 순자산을 감소시키는 것으로 손금에 해당하지만 법인세법상 손금은 법인세법 제19조 제2항에 의해 사업과 관련하여 발생하거나 지출된 손실 또는 비용으로서 일반적으로 인정되는 통상적인 것이거나 수익과 직접 관련된 것만 손금으로 용인되므로 업무와 관련없는 비용은 손금불산입 된다(법법 §27).

하지만 세금과 공과금 등 징수불이행으로 인한 납부세액, 징벌적 손해배상금, 업무무관 비용은 법인의 순자산을 감소시키는 것이므로 순손익가치 계산 시 각 사업연도 소득금액에서 차감하여야 한다(상증령 §56④2호나목).

다) 기부금 · 기업업무추진비 한도초과액, 업무용승용차 관련 손금불산입액, 과다경비, 지급이자 손금불산입액

법인이 사업과 관련없이 기부금을 지출하는 경우에는 순자산이 감소하였음에도 불구하고 법인세법 제24조 제2항, 조세특례제한법 제73조 제3항에 의해 일정한도를 초과하는 금액은 손금불산입 된다.

법인이 지출한 기업업무추진비는 사업과 관련하여 법인의 순자산이 감소되는 것이지만 건전한 소비문화정착 등을 위한 정책적인 목적으로 일정 한도를 초과하는 금액 등은 법인세법 제25조 제2항, 조세특례제한법 제136조에 의해 손금불산입 된다.

업무용 승용자동차에 대한 감가상각비, 차량유지비, 보험료, 처분손실 등은 법인의 순자산을 감소시키는 것이지만 사적사용을 막는 등의 취지로 관련비용 중 사적 사용분, 전용보험 미가입분, 감가상각비 한도초과액, 처분손실의 한도초과액은 법인세법 제27조의2 제2항에 의해 손금불산입 된다.

법인이 지출하는 인건비, 복리후생비, 여비(旅費) 및 교육 · 훈련비, 퇴직급여, 퇴직보험료, 법인이 그 법인 외의 자와 동일한 조직 또는 사업 등을 공동으로 운영하거나 경영함에 따라 발생되거나 지출된 손비는 사업과 관련하여 법인의 순자산이 감소되는 것이지만 법인세법 제26조에 의해 과다하거나 부당하다고 인정하는 금액은 손금불산입 된다.

법인이 지출하는 지급이자는 사업과 관련하여 법인의 순자산이 감소되는 것이지만 법인세법 제28조에 의해 일정 지급이자는 조세정책적인 목적으로 손금불산입 된다.

하지만 기부금 · 기업업무추진비 한도초과액, 과다경비, 업무용 승용자동차 관련 손금불산입액(2020. 2. 11.부터), 지급이자 손금불산입액은 실질적으로는 법인의 순자산을 감소시키는 것이므로 순손익가치 계산 시에는 각 사업연도 소득금액에서 차감하여야 한다(상증령 §56④2호다목).

라) 감가상각비 시인부족액

실질적인 순손익액을 계산하기 위해서는 법인이 감가상각을 하지 않은 경우에도 감가상각비 상당액을 차감해야 한다.

따라서 감가상각비 시인부족액에서 「법인세법 시행령」 제32조 제1항에 따른 상각부인액을 손금으로 추인한 금액을 뺀 금액은 각 사업연도 소득금액에서 차감하여야 한다(상증령 §56④2호라목).

마) 외화환산손실

2019. 2. 12.부터 법인이 평가기준일 현재 「법인세법 시행령」 제76조에 따른 화폐성외화자산·부채 또는 통화선도등(이하 이 조에서 "화폐성외화자산등"이라 한다)을 보유하고 있는 경우로서 회화환산손실이 발생했음에도 이를 계상하지 않은 경우에는 해당 사업연도 종료일 현재의 매매기준율 등으로 평가한 환산손실을 각 사업연도 소득금액에서 차감하여야 한다(상증령 §56④2호마목).

바) 국외지배주주등에 지급한 지급이자

법인이 지급이자를 지출하는 것은 법인의 순자산이 감소되는 것이지만 국제조세조정에 관한 법률 제56조 제1항은 법인의 차입금 중 국외지배주주로부터 차입(借入)한 금액(친족 등 대통령령으로 정하는 국외지배주주의 특수관계인으로부터 차입한 금액을 포함한다)과 국외지배주주의 지급보증(담보의 제공 등 실질적으로 지급을 보증하는 경우를 포함한다)에 의하여 제3자로부터 차입한 금액이 그 국외지배주주가 출자한 출자금액의 2배를 초과하는 경우 그 초과분에 대한 지급이자 및 할인료는 그 내국법인의 손금(損金)에 산입하지 않는 것으로 규정하고 있다.

하지만 법인이 지급이자 및 할인료를 지출하는 것은 법인의 순자산이 감소되는 것이므로 각 사업연도 소득금액에서 차감하여야 한다(상증법 통칙 63-56…9②).

(3) 평가기준일 3년 이내 유상증자 또는 유상감자가 있는 경우

평가기준일이 속하는 사업연도 이전 3년 이내 유상증자 또는 유상감자가 있는 경우 유상증자 또는 유상감자를 한 사업연도와 그 이전 사업연도의 순손익액은 유상증자금액에 대해서는 다음 산식에 의해 계산한 금액을 가산하고 유상감자금액에 대해서는 다음 산식에 의해 계산한 금액을 차감하여 계산한다(상증령 §56⑤).

이때 유상증자 또는 유상감자를 한 사업연도의 순손익액은 사업연도 개시일부터 유상증자 또는 유상감자를 한 날까지의 기간에 대하여 월할로 계산하며, 1개월 미만은 1개월로 하여 계산한다(상증령 §56⑤).

○ 유상증자 시 가산액
유상증자한 주식등 1주당 납입금액 × 유상증자에 의하여 증가한 주식등수 × 기획재정부령으로 정하는 율

○ 유상감자 시 차감액
유상감자 시 지급한 1주당 금액 × 유상감자에 의하여 감소된 주식등수 × 기획재정부령으로 정하는 율
* 기획재정부령으로 정하는 율: 10%

(4) 합병 등이 있는 경우

사업연도 또는 과세기간 중 합병이 있는 경우 합병 전 과세기간의 1주당 순손익액은 합병법인과 피합병법인의 순손익액의 합계액을 합병 후 발행주식총수로 나누어 계산한 가액에 따른다.

이 경우 1년 미만인 사업연도의 순손익액은 연으로 환산한 가액에 의하는 것이나, 합병일이 속하는 피합병법인의 사업연도가 1년 미만으로서 합병 후부터 피합병법인과 합병법인의 순손익액이 합산되어 계산되는 경우에는 연으로 환산하지 아니한다(상증법 통칙 63-56…12).

바. 1주당 추정이익에 의한 순손익가치

(1) 개요

1주당 순손익가치는 기업의 과거 통상적인 평균손익이라 할 수 있는 평가기준일 직전 3년간 순손익액의 가중평균액을 기준으로 산정된다.

하지만 직전 3년간 사업연도 중에 부동산을 매매하여 일시적으로 큰 금액의 고정자산처분이익이 발생하거나 거액의 자산을 수증받은 경우 등 통상적이지 않은 거래로 인해 일시적으로 손익이 급등락하는 경우에는 기업의 통상적인 손익이라 할 수 없다.

따라서 일시적이고 우발적 사건이 발생한 경우로서 일정요건을 갖춘 경우에는 포괄 추정손익계산서를 작성하여 포괄 추정손익계산서상 추정이익을 근거로 1주당 순손익가치를 산정할 수 있다.

(2) 1주당 순손익가치

추정이익을 근거로 한 1주당 순손익가치는 1주당 추정이익의 평균액을 순손익가치 환원율(10%)로 나누어 계산한다(상증령 §56②).

즉, 추정이익에 의해 1주당 순손익가치를 구하는 경우에도 1주당 추정이익의 평균액이 향후 10년간 계속되는 것을 가정하여 순손익가치를 산출하는 것이라 할 수 있다.

추정이익을 근거로 1주당 순손익가치를 평가하는 것은 납세자의 선택사항이므로 최근 3년간 순손익액의 가중평균액을 근거로 한 1주당 순손익가치와 추정이익에 의한 1주당 순손익가치 중에 유리한 평가액을 적용할 수 있다.

【법규과-1165, 2013. 10. 24.】
순손익가치 산정 시 추정이익의 적용사유가 발생하였더라도 납세자가 추정이익을 선택하지 않고 원칙적인 순손익가치인 최근 3년간 순손익액의 가중평균액으로 신고한 경우 납세자의 신고가액으로 평가함.

(3) 1주당 추정이익의 평균가액

가) 1주당 추정이익의 평균가액 산정

1주당 추정이익의 평균액은 「자본시장과 금융투자업에 관한 법률 시행령」 제176조의5 제2항에 따라 금융위원회가 정한 수익가치에 영 제54조 제1항에 따른 순손익가치 환원율을 곱한 금액을 말한다(상증칙 §17조의3④).

○ 1주당 추정이익의 평균액
　= 금융위원회가 정한 수익가치 × 순손익가치환원율(10%)

나) 금융위원회가 정한 수익가치

「자본시장과 금융투자업에 관한 법률 시행령」 제176조의5 제2항에 따라 금융위원회가 정한 수익가치는 자산가치 · 수익가치 및 그 가중산술평균방법과 상대가치에 대해 금융위원회가 정하여 고시하는 방법에 따라 산정한 유사한 업종을 영위하는 법인의 가치(이하 이 항에서 "상대가치"라 한다)를 비교하여 공시한 방법에 의한 가치를 말하는 것이다.

자산가치 · 수익가치 및 그 가중산술평균방법과 상대가치는 증권의 발행 및 공시 등에 관한 규정 제5-13조에서 금융감독원장이 정하는 것으로 규정하고 있다.

증권의 발행 및 공시 등에 관한 규정 시행세칙 제6조에서는 수익가치 산정 시에는 현금흐름 할인모형, 배당할인모형 등 미래의 수익가치 산정에 관하여 일반적으로 공정하고 타당한 것으로 인정되는 모형을 적용하여 합리적으로 산정하는 것으로 규정하고 있다.[102]

따라서 추정이익은 현금흐름 할인모형, 배당할인모형 등의 방법에 구애받지 않고 미래의 수익가치 산정에 관하여 일반적으로 공정하고 타당한 것으로 인정되는 모형을 적용하여 합리적으로 산정할 수 있다.

다) 산정대상 기관 요건

추정 수익가치는 일정 계산식에 의해 산출하는 것이 아니라 현금할인모형, 배당할인모형 등으로 산정하는 것으로 다음 중 둘 이상의 기관이 산정한 가액만을 인정하며 이들 중 하나의 기관이 산출한 가액은 인정되지 않는다(상증령 §56②).[103]

① 한국신용평가주식회사
② NICE평가정보주식회사
③ 한국기업평가주식회사
④ 서울신용평가정보주식회사
⑤ 「공인회계사법」에 따른 회계법인
⑥ 「세무사법」에 따른 세무법인

【사전-2017-법령해석재산-0017, 2017. 2. 16.】
비상장주식의 순손익가치를 평가하는 경우 1개의 회계법인 또는 세무법인이 산정한 1주당 추정이익은 1주당 추정이익의 평균가액에 포함되지 않는 것임.

(4) 추정이익으로 순손익가치를 평가할 수 있는 요건

추정이익으로 순손익가치를 평가하기 위해서는 다음 요건을 모두 갖추어야 한다.

가) 평가대상 법인의 순손익액 요건

일시적이고 우발적인 사건으로 해당 법인의 최근 3년간 순손익액의 가중평균액이 다음 중 어느 하나에 해당하는 경우이어야 한다(상증령 §56②1호, 상증칙 §17조의3①).

① 기업회계기준의 자산수증이익, 채무면제이익, 보험차익 및 재해손실(이하 이 조에서 "자산수증이익등"이라 한다)의 합계액에 대한 최근 3년간 가중평균액이 법인세 차감

---

102) 증권의 발행 및 공시 등에 관한 규정 시행세칙 제6조【수익가치】
규정 제5-13조에 따른 수익가치는 현금흐름할인모형, 배당할인모형 등 미래의 수익가치 산정에 관하여 일반적으로 공정하고 타당한 것으로 인정되는 모형을 적용하여 합리적으로 산정한다.

103) 세무사법에 의한 세무법인은 2011. 1. 1.부터 산정대상 기관으로 추가되었다.

전 손익에서 자산수증이익등을 뺀 금액에 대한 최근 3년간 가중평균액의 50퍼센트를 초과하는 경우

② 평가기준일 전 3년이 되는 날이 속하는 사업연도 개시일부터 평가기준일까지의 기간 중 합병 또는 분할을 하였거나 주요 업종이 바뀐 경우

③ 합병에 따른 이익의 증여이익을 산정하기 위하여 합병당사법인의 주식가액을 산정하는 경우

④ 최근 3개 사업연도 중 1년 이상 휴업한 사실이 있는 경우

⑤ 기업회계기준상 유가증권·유형자산의 처분손익과 자산수증이익등의 합계액에 대한 최근 3년간 가중평균액이 법인세 차감 전 손익에 대한 최근 3년간 가중평균액의 50퍼센트를 초과하는 경우

⑥ 주요 업종(당해 법인이 영위하는 사업 중 직접 사용하는 유형고정자산의 가액이 가장 큰 업종을 말한다)에 있어서 정상적인 매출발생기간이 3년 미만인 경우

⑦ ①부터 ⑥까지와 유사한 경우로서 기획재정부장관이 정하여 고시하는 사유에 해당하는 경우

평가기준일이 경과한 후에 일시적·우발적 사유가 발생한 경우

평가기준일이 경과한 후에 일시적·우발적 사유가 발생한 경우는 추정이익으로 1주당 순손익가치를 산정할 수 있는 요건에 해당하지 않는다.

【조심2019전0022, 2019. 5. 23.】

1주당 순손익가치는 평가기준일 이전 3년간의 1주당 순손익액을 가중평균하여 산정하도록 규정하고 있는바, 평가기준일이 속하는 사업연도의 순손익액은 1주당 순손익가치 계산 시 고려되지 아니한다 할 것(조심2009서65, 2009. 2. 27. 같은 뜻임)인 점, 평가기준일 현재 쟁점주식을 순자산가치로 평가할 수 있는 요건이 충족되지 아니한 점 등에 비추어 볼 때, 청구주장을 받아들이기 어렵다고 판단됨.

【조심2016서3926, 2017. 3. 6.】

청구인들이 제시하고 있는 상속개시일이 속하는 사업연도부터 영업실적이 악화되었다는 사정 등은 예외사유에 해당한다고 볼 수 없을 뿐만 아니라, 이는 상속개시일 이후에 발생된 사정으로 상속개시일 당시의 상속재산가액을 산정함에 있어 반드시 고려되어야 할 사유로 보기도 어려운 점 등에 비추어 처분청이 청구인들의 경정청구를 거부한 처분은 잘못이 없음.

투자자산처분손익의 발생도 일시적 · 우발적 사건에 해당하는지 여부

유가증권의 처분손익으로만 규정하고 있어 투자자산 처분손익의 발생은 일시적 · 우발적 사건에 해당하지 않으므로 추정이익으로 순손익가치를 평가할 수 있는 경우에 해당하지 않는다.

【조심2018서2595, 2018. 10. 30.】
「상속세 및 증여세법 시행규칙」 제17조의3 제1항 제6호의 법문상 일시우발적 손익에 유가증권 · 유형자산의 처분손익과 특별손익만이 포함되고 투자자산 처분손익은 포함되지 않으므로 2007년 발생한 투자자산 처분손익이 일시우발적 손익으로 이를 제외하지 않고 쟁점주식을 평가한 것은 불합리하다는 청구주장을 받아들이기 어려움.

국고보조금 익금산입이 일시적 · 우발적 사전에 해당하는지 여부

일시적으로 거액의 국고보조금을 익금산입하는 것은 일시적 · 우발적 사건에 해당하지 않는다.

【기획재정부 재산세제과-240, 2016. 4. 1.】
국고보조금 순익금산입액의 최근 3년간 가중평균액이 법인세 차감 전 손익에 대한 최근 3년간 가중평균액의 50퍼센트를 초과하는 경우 1주당 최근 3년간의 순손익액의 가중평균액을 1주당 추정이익의 평균가액으로 할 수 있는 경우에 해당하지 아니하는 것임.

나) 법정신고기한까지 1주당 추정이익의 평균가액으로 신고할 것

추정이익으로 1주당 순손익가치를 평가하기 위해서는 반드시 상속세 및 증여세법 제67조 및 제68조에 따른 상속세 및 증여세 과세표준 신고기한까지 1주당 추정이익의 평균액으로 신고하여야 한다(상증령 §56②2호).

다) 산정기준일과 평가서 작성일 요건

1주당 추정이익의 산정기준일과 평가서 작성일이 해당 과세표준 신고기한 이내이어야 한다(상증령 §56②3호).

라) 추정이익 산정기준일 요건

1주당 추정이익의 산정기준일과 상속개시일 또는 증여일이 같은 연도에 속하여야 한다(상증령 §56②4호).

(5) 해당 법인요건은 충족하고 기타요건을 충족하지 못하는 경우에 대한 쟁점

추정이익으로 순손익가치를 평가할 수 있는 요건은 해당 법인 순손익액요건 외에 법정신고기한까지 추정이익에 의한 평가액으로 신고하는 등의 요건을 충족하여야 한다.

이 경우 해당 사유가 발생하여 해당 법인요건을 충족하였으나 그 외 요건인 신고기한 등의 요건을 충족하지 못하는 경우 추정이익에 의해 신고할 수 있는지에 대한 사항이 쟁점이 될 수 있다.

이에 대해서는 국세청, 기획재정부, 조세심판원과 대법원이 각각 다른 입장을 취하고 있다.

가) 국세청, 기획재정부, 조세심판원의 입장

국세청, 기획재정부, 조세심판원은 다른 요건을 갖추지 못한 경우에는 최근 3년간 순손익액의 가중평균액으로 평가하여야 하는 것으로 해석·결정하고 있다.

【조심2016서3366, 2016. 12. 12.】

쟁점법인의 주요 업종이 계속하여 제조업이므로 업종이 바뀐 경우로 보기 어려운 점, 회계법인 등의 평가서 작성일이 이 건 증여세의 과세표준 신고기한 이내가 아닌 점 등에 비추어 처분청이 최근 3년간의 순손익액의 가중평균액으로 쟁점주식의 순손익가치를 산정하여 증여세를 과세한 처분은 잘못이 없음.

【서면-2015-상속증여-2267, 2015. 11. 23.】

최근 3년간의 순손익액의 가중평균액을 추정이익의 가액으로 할 수 있는 사유가 발생한 경우에도 다른 요건을 모두 충족하지 못한 경우 추정이익으로 평가할 수 없음.

【기획재정부 재산세제과-278, 2015. 4. 3.】

일시우발이익 발생 시 비상장주식 순손익가치를 추정이익으로 평가할 수 있으나 상속세 과세표준신고의 기한 내에 신고하지 아니한 경우에는 해당 가액으로 할 수 없는 것임.

【상속증여세과-601, 2013. 11. 6.】

비상장주식의 1주당 순손익가치 산정 시 상증법 시행규칙 제17조의3 제1항 각호의 어느 하나에 해당하는 경우에는 1주당 추정이익의 평균가액으로 할 수 있으나, 이는 신고기한 내에 신고한 경우로서 1주당 추정이익의 산정기준일과 평가서 작성일이 신고기한 이내에 속하고, 산정기준일과 증여일이 동일연도에 속하는 경우에 한정함.

【상속증여세과-545, 2013. 9. 10.】

비상장주식의 순손익가치를 추정이익으로 평가하는 사유로 규정되어 있지 않은 경우에는 최근 3년간의 순손익액의 가중평균액으로 순손익가치를 산정하는 것임.

【재산세과-468, 2012. 12. 31.】
증여한 비상장주식의 1주당 순손익가치 산정 시 상증법 시행규칙 제17조의3 제1항 각호의 어느 하나에 해당하는 경우에는 1주당 추정이익의 평균가액으로 할 수 있으나, 이는 그 1주당 추정이익을 신고기한 내에 신고한 경우로서 1주당 추정이익의 산정기준일과 평가서 작성일이 과세표준 신고기한 이내에 속하고, 산정기준일과 증여일이 동일연도에 속하는 경우에 한정하여 적용함.

나) 대법원의 입장

대법원은 다른 요건을 충족하지 못한 경우라도 최근 3년간 순손익가치의 가중평균액으로 평가하는 것이 불합리하다고 인정되는 경우에는 최근 3년간 순손익가치의 가중평균액으로 평가하여서는 안 되고 추정이익으로 평가하거나 순자산가치에 의해 평가하는 등 기타 객관적이고 합리적인 방법으로 평가하여야 하는 것으로 일관되게 판결하고 있다.

【대법원 2011두31253, 2013. 11. 14.】
1주당 최근 3년간의 순손익액의 가중평균액으로 1주당 순손익가치를 산정하기 불합리한 사유가 있다면, 특별한 사정이 없는 한 제1호 가액을 기초로 1주당 순손익가치를 산정할 수 없다고 할 것이고, 나아가 제2호 가액이 산정되지 아니하였다거나 제2호 가액이 적용될 수 있는 요건을 갖추지 못하여 제2호 가액을 적용할 수 없는 경우라 하더라도 제1호 가액에 의하는 것이 불합리한 이상 마찬가지라 할 것이며, 이러한 경우에는 순자산가치만에 의하여 평가할 수 있도록 한 상증세법 시행령 제54조 제4항의 방법 등 상증세법이 마련한 보충적 평가방법 중에서 객관적이고 합리적인 방법을 준용하여 평가할 수 있을 것임.

【대법원 2012두5145, 2012. 6. 14.】
상속세 및 증여세법 시행령 제56조 제1항 제1호의 가액에 의하는 것이 불합리하다고 인정되면 제1호의 가액은 비상장주식의 시가로 인정하여서는 아니 되는 것이지 추정이익으로 신고기한 내 신고하지 않았다고 하여 불합리한 가액을 시가로 인정할 수는 없음.

【대법원 2011두9140, 2012. 5. 24.】
비상장주식 평가에 있어 주요 업종이 바뀌는 등의 경우에는 사업기간 중 정상적인 매출발생기간이 3년 미만이면 1주당 최근 3년간의 순손익액의 가중평균액으로 평가하는 것이 불합리한 경우에 해당한다 할 것이고 증여세 과세표준 신고기한 내에 추정이익의 평균가액을 신고하지 않았더라도 적용할 수 있음.

【대법원 2011두32300, 2012. 4. 26.】
일시우발적 사건에 의하여 최근 3년간 순손익액이 비정상적으로 증가하는 등의 사유로 순손익가치를 최근 3년간 순손익액의 가중평균액으로 평가하는 것이 불합리하다고 인정되는 이상 추정이익 평균가액 산정의 요건을 갖추지 못하였다 하더라도 최근 3년간 순손익액의 가중평균액으로 평가하는 것은 위법함.

【대법원 2010두26988, 2012. 4. 26.】

이 사건 비상장주식은 토지 매매행위로 인하여 이익의 증가는 '일시우발적인 사건으로 인해 순손익액을 비정상적으로 증가된 경우'에 해당하며 1주당 추정이익의 평균가액을 신고한 사실이 없더라도 추정이익으로 비상장주식을 평가하는 것임.

4. 순자산가치

가. 1주당 순자산가치

(1) 개요

지분율만큼 법인을 소유하는 주주는 당연히 지분율만큼 법인의 자산을 소유하게 되므로 청산 시 지분율만큼 법인의 잔여재산을 분배받게 된다.

따라서 보충적 평가방법에 의해 비상장주식을 평가하는 경우에는 법인의 수익가치뿐만 아니라 자산가치도 산정요소로 하고 있다. 다만, 주식의 가치는 현재의 자산보다는 수익력에 의해 더 영향을 받는 것으로 보아 일반적인 법인의 경우 수익가치에 3의 가중을 두는데 반하여 자산가치에 대해서는 2의 가중을 두고 있다.

(2) 1주당 순자산가치의 산정

1주당 순자산가치는 법인의 순자산가액을 발행주식총수로 나눈 금액이다.

1주당 순자산가치 = 당해 법인의 순자산가액 ÷ 발행주식총수

나. 순자산가액

(1) 개요

법인의 재무상태표상 자산은 실질적으로 환가성이 있는 경제적인 재산가치 있는 것만 계상되는 것이 아닌 회계적인 기준에 의해 계상되는 무형자산 등도 포함되어 계상되며 실질적으로는 자산이지만 비용처리되어 자산에 계상되어 있지 않은 것이 있을 수 있다.

법인의 재무상태표상 부채는 실질적으로 지급의무가 확정된 부채만 계상되는 것이 아닌 회계적인 기준에 의해 계상하는 충당금, 준비금 등의 부채도 포함되어 있으며 실질적으로 지급의무가 있지만 재무상태표상 부채로 계상되어 있지 않는 것이 있을 수 있다.

따라서 법인의 실질적인 자산가치를 반영하여 1주당 순자산가치를 산정하기 위해서는 실질적인 순자산가치를 계산하는 것이 필요하다.

(2) 순자산가액의 산정

순자산가액은 평가기준일 현재 법인의 재무상태표상 자산을 상속세 및 증여세법 제60조 내지 제66조의 규정에 의해 평가한 가액에서 부채를 차감하고 기획재정부령이 정하는 일정 자산・부채를 가감한 후 영업권을 가산하여 계산하며, 순자산가액이 0 이하인 경우에는 0으로 본다(상증령 §55①).

순자산가액 계산 시에는 자본조정으로 계상된 일시보유목적 자기주식을 가산하여야 하고 자본금과 적립금조정명세서(을)상 유보잔액을 가감하여야 한다.

○ 순자산가액
상증법 제60~66조에 의해 평가한 자산가액
−) 자산에서 차감하거나 부채에 가산해야 하는 항목
+) 자산에 가산하거나 부채에서 차감해야 하는 항목
+) 영업권
+) 자본조정에 계상된 일시보유목적 자기주식
±) 자본금과 적립금조정명세서(을)상 유보잔액

다. 상증법 제60~66조에 의해 평가한 자산가액

(1) 시가를 산정할 수 있는 경우

법인의 자산은 상속세 및 증여세법 제60조를 준용하여 불특정다수인 사이에 자유롭게 거래가 이루어지는 경우에 통상적으로 성립된다고 인정되는 가액인 시가가 있는 경우에는 시가로 평가하고 시가가 없는 경우에는 시가로 인정되는 당해 재산에 대한 매매가액, 감정가액, 수용 및 공매 또는 경매가액으로 평가하며 당해 재산에 대한 사례가액이 없는 경우에는 유사재산의 사례가액을 적용하여 평가한다.

또한 저당권등이 설정된 재산에 대해서는 상속세 및 증여세법 제66조의 저당권이 설정된 재산의 특례를 준용하여 평가한다.

다만, 평가대상 법인이 다른 비상장법인의 주식등을 10% 이하 보유한 경우 시가가 있는 경우를 제외하고는 해당 주식의 평가는 취득가액으로 평가할 수 있다.

○ 시가를 산정할 수 있는 경우 법인의 자산의 평가액
= Max(① 시가 또는 시가로 인정되는 가액, ② 당해 재산이 담보하고 있는 채권액)

(2) 시가를 산정하기 어려운 경우

가) 보충적 평가방법 등에 의해 평가

시가를 산정하기 어려운 경우에는 상속세 및 증여세법 제61조 내지 제65조의 보충적 평가방법, 제66조의 저당권이 설정된 재산의 특례를 준용하여 평가한다. 이 경우 평가가액이 장부가액보다 적은 경우에는 장부가액으로 평가한다.

나) 장부가액

장부가액이란 취득가액에서 감가상각비를 차감한 가액을 말하는 것으로 감가상각비를 계상하지 않은 경우에는 세법상 손금이 용인되는 감가상각비 범위 내의 감가상각비를 재계산하여 취득가액에서 차감하여야 한다. 여기서 감가상각비는 신고내용연수 또는 기준내용연수에 따른 세무상 감가상각비를 의미하는 것으로 신고내용연수 또는 기준내용연수가 아닌 법인이 임의 내용연수를 적용하여 감가상각을 한 경우에는 세무상 감가상각비를 반영하여야 한다.

○ 보충적 평가방법 등에 의한 평가액 〉 장부가액(취득가액 - 세무상 감가상각비)
⇒ 보충적 평가방법 등에 의한 평가액

○ 보충적 평가방법 등에 의한 평가액 〈 장부가액(취득가액 - 세무상 감가상각비)
⇒ 장부가액

○ 시가를 산정할 수 없는 경우 법인의 자산의 평가액
= Max [① 보충적 평가방법 등에 의한 평가액(장부가액이 더 큰 경우 장부가액)
② 당해 재산이 담보하고 있는 채권액]

【부산지방법원 2015. 1. 29. 선고, 2013구합4300 판결】
"상증세법상 보충적 평가방법에 의하여 평가한 가액이 장부가액보다 적은 경우에는 장부가액으로 하되, 장부가액보다 적은 정당한 사유가 있는 경우에는 그러하지 아니하다"고 규정하고 있는바, 이는 취득가액 대비 보충적 평가방법이 급격히 낮게 평가되는 것을 방지하여 실질과세를 구현하기 위한 규정으로, 동 규정에서 정당한 사유에 해당하기 위해서는 보충적 평가액이 장부가액보다 적다는 사실만으로는 부족하고, 비상장주식의 취득가액 및 양도시점 당시의 보충적 평가방법에 따라 산정된 가액의 차익의 정도, 취득시점 및 보충적 평가방법에 따른 평가 시점 사이의 시간적 간격 및 그 기간 내에 비상장주식의 가치가 급격히 감소할 만한 특별한 사정이 있는지 여부, 향후 기업이 사업을 계속하여 진행할지 아니면 휴업·폐업 또는 청산중에 있는지 여부, 비상장 주식의 증여(저가 양도)에 있어 증여자가 비상장주식을 취득할 당시 고려한 주식의 실질적 가치, 비상주식의 양도 이후의 해당 비상장회사의 순자산가액 및 당기순이익의 회복·개선 정도 등을 종합적으로 고려하여야 하고, 그러한 사유에 대한 입증책임은 납세의무자에게 있음.

【서면-법규재산-0792, 2023. 3. 16.】
법인령 제28조에 따른 기준내용연수 또는 신고내용연수가 아닌 임의의 내용연수에 따라 계상한 감가상각비는 법인령 제28조에 따른 기준내용연수에 따라 산정한 감가상각비로 조정하여 계산하는 것임.

【조심2021서0588, 2022. 1. 27.】
상증법 시행령 제55조 제1항에서는 순자산가액 산정의 기준이 되는 "장부가액"을 "취득가액에서 감가상각비를 차감한 가액을 말한다."고 명확하게 규정하고 있는 점 등에 비추어 상증법상 비상장주식의 순자산가액 계산 시 개별자산의 평가액과 비교하는 장부가액은 기업회계기준상 장부가액이라는 청구주장을 받아들이기 어려운 것으로 판단됨.

【사전-2019-법령해석재산-0276, 2019. 6. 21.】
「상속세 및 증여세법 시행령」 제55조 제1항에 따른 장부가액은 취득가액에서 감가상각비를 차감한 가액을 의미하는 것임.

【서면-2018-상속증여-2730, 2019. 2. 25.】
비상장법인의 순자산가액 계산 시 각 자산의 보충적 평가액이 장부가액보다 적은 경우에는 장부가액으로 하는 것임.

【서면-2016-상속증여-5087, 2016. 9. 27.】
순자산가액은 평가기준일 현재 시가 평가를 원칙으로 하며, 시가를 산정하기 어려운 경우에는 보충적 평가방법 등에 따라서 평가하되 그 가액이 장부가액보다 적은 경우에는 장부가액으로 평가함.

【조심2014전0551, 2014. 6. 18.】
상증법상의 장부가액은 취득원가가 아닌 기업회계기준 등에 의하여 작성된 대차대조표상 가액으로 해석되고, 처분청은 이의신청 결정대로 순자산가액 계산 시 2010. 1. 1.부터 평가기준일인 2010. 8. 10.까지의 감가상각비상당액 및 개인 자산 해당액을 차감하여 이미 결정하였으므로, 청구주장을 받아들이기 어려움.

【조심2008서0799, 2008. 11. 24.】
비상장법인의 순자산가액을 계산할 때에 상속세 및 증여세법상 보충적 평가방법에 의한 가액이 장부가액보다 적은 경우에 장부가액에 의한 경우 장부가액은 기업회계기준상 장부가액임.

【서면 인터넷방문상담4팀-1852, 2004. 11. 16.】
비상장법인의 순자산가액 계산 시, 보충적인 평가방법에 의한 가액이 B/S상 장부가액보다 적은 경우에는 장부가액에 의하되 장부가액보다 적은 정당한 사유가 있는 경우에는 그러하지 아니하며, 여기서 장부가액이란 기업회계기준에 의한 B/S상 장부가액을 말함.

【재산세과-260, 2009. 9. 21.】
이 경우 취득가액에서 차감하는 감가상각비는 법인이 납세지 관할 세무서장에게 신고한 상각방법에 의하여 계산한 감가상각비 상당액을 말하는 것임.

라. 순자산가액에 가감하는 항목

순자산가액은 재무상태표상 자산으로 계상되어 있지 않지만 지급받을 권리가 확정된 것은 가산하고 재무상태표상 자산으로 계상되어 있지만 실질적인 자산가치가 없는 것으로서 기획재정부령이 정하는 것은 차감하여 계산한다.

또한 재무상태표상 부채로 계상되어 있지만 지급의무가 확정되지 않은 것은 부채에서 차감하고 재무상태표상 부채로 계상되어 있지 않지만 지급의무가 확정된 것으로서 기획재정부령이 정하는 것은 가산한다(상증령 §55②, 상증칙 §17조의2, 집행기준 63-54-3).

이 경우 세무조사 등으로 인해 자산누락 금액이 확인되어 법인세가 경정된 경우 자산누락 금액은 자산에 가산하여야 한다.

(1) 자산에 가산하는 항목

가) 평가기준일 현재 지급받을 권리가 확정된 가액

재무상태표상 자산으로 계상되어 있지 않지만 평가기준일 현재 지급받을 권리가 확정된 경우에는 자산의 가액에 가산한다.

【심사-상속-2014-0025, 2015. 9. 11.】
세무조정 오류사항인 쟁점유보금액은 주식평가 시 평가기준일 현재 지급받을 권리가 확정된 가액이 없는 것으로, 자산가치에 제외하여 주식을 평가하는 것임.

【서울고등법원 2006누1083, 2007. 2. 13.】
이 사건 쟁점금액은 이 사건 주식의 증여일인 1999. 3. 31.이 경과한 1999. 4. 1. 이후에야 비로소 증여받기로 약정하였다고 봄이 상당하다 할 것이므로, 이 사건 쟁점금액은 1999. 3. 31. 현재 지급받을 권리가 확정된 가액에 해당하지 않음.

나) 유상증자 가액

순자산가액 계산근거가 되는 재무상태표는 원칙적으로 평가기준일까지의 거래내역을 모두 반영하여야 하는 것이 원칙이지만 비상장법인의 경우 평가기준일까지의 모든 거래내역을 반영하여 결산하는 데에는 한계가 있을 수 있다.

이처럼 평가기준일까지 결산이 되어 있지 않아 직전 사업연도 말 재무상태표를 기준으로 순자산가액을 산정하는 경우로서 직전 사업연도 말 종료일 이후부터 평가기준일까지의 기간 중에 유상증자가 있는 경우에는 유상증자금액을 자산가액에 가산하여야 한다.

다) 자산의 차감형식으로 계상되어 있는 국고보조금

국고보조금을 지원받아 자산을 취득하는 경우 국고보조금을 영업외수익으로 계상하지 않고 자산의 차감형식으로 회계처리할 수 있다. 자산의 차감형식으로 처리한 국고보조금 중 회수사유가 발생하지 않은 것은 자산가액에서 차감하지 않는다.

【서면-2019-자본거래-4039, 2019. 12. 19.】
법인이 일정사유 발생 시 회수하는 조건으로 수령한 정부출연금이 있는 경우로서 그 회수사유가 발생하지 아니한 때에는 당해 정부출연금상당액은 자산가액에서 차감하지 아니하는 것임.

(2) 자산에서 차감하는 항목

가) 선급비용

선급비용으로 계상되어 있지만 평가기준일 현재 비용으로 확정된 것은 자산에서 차감해야 한다.

나) 개발비

개발비란 상업적인 생산 또는 사용 전에 재료·장치·제품·공정·시스템 또는 용역을 창출하거나 현저히 개선하기 위한 계획 또는 설계를 위하여 연구결과 또는 관련지식을 적용하는데 발생하는 비용으로서 당해 법인이 개발비로 계상한 것(「산업기술연구조합 육성법」에 의한 산업기술연구조합의 조합원이 동 조합에 연구개발 및 연구시설 취득 등을 위하여 지출하는 금액을 포함한다)을 말한다(법령 §24②1호바목).

개발비의 경우 이미 지출된 비용이지만 대응되는 수익이 당장 실현되는 것이 아닌 장기간에 걸쳐 나타나는 성격이 있어 자산으로 계상 후 수익이 실현되는 시점부터 비용으로 계상할 수 있도록 하는 것으로 실질적인 재산가치가 있는 것이 아니므로 자산에서 차감한다.

【서면법규과-1070, 2014. 10. 10.】
비상장법인의 순자산가치 평가 시 자산가액에서 개발비 가액은 차감하여 계산하는 것이며 법인세법상 비적격 물적분할에 의하여 신설된 분할신설법인의 사업개시일은 처음으로 재화 또는 용역의 공급을 개시하는 날임.

【재산세과-950, 2010. 12. 15.】
상증세법상 비상장주식 평가를 위하여 무형고정자산·준비금·충당금 등 기타 자산 및 부채를 평가함에 있어 법인세법 시행령 제24조 제1항 제2호 바목의 규정에 의한 개발비의 가액은 당해 법인의 자산에서 차감하여 계산하는 것임.

다) 이연법인세 자산

손익의 귀속시기의 차이, 반품충당부채 등은 기업회계상 이익과 세무상 이익의 일시적인 차이만 있는 것으로 소득처분이 유보로 되어 법인세를 납부하지만 향후 △유보로 손금추인되어 법인세 비용이 차감되는 효과가 발생한다. 즉, 법인세를 미리 납부하는 효과가 있으므로 회계상으로는 이를 이연법인세 자산으로 계상한다.

이러한 이연법인세 자산은 실질적인 재산가치가 있는 자산이 아니므로 자산의 가액에서 차감한다.

라) 증자일 전 잉여금 중

차등배당이 가능하므로 일부 신입주주등에게는 향후 배당을 하지 않는 것을 조건을 할 수 있다.

배당을 받지 않기로 한 주주에게 있어 배당가능이익은 아무런 이유가 없으므로 해당 주주의 주식평가 시 배당을 받지 않기로 한 이익잉여금은 자산가액에 차감한다.

상속세 및 증여세법 기본통칙 63－55…6 【비상장주식평가 시 순자산가액】
증자일 전의 잉여금의 유보액을 신입주주 또는 신입사원에게 분배하지 아니한다는 것을 조건으로 증자한 경우 신입주주 또는 신입사원의 출자지분을 평가함에 있어 영 제55조 제1항에 규정하는 "순자산가액"에는 신입사원 또는 신입주주에게 분배하지 아니하기로 한 잉여금에 상당하는 금액이 포함되지 아니한다.

(3) 부채에 가산하는 항목

가) 법인세, 농어촌특별세, 지방소득세 등

평가기준일까지 각 사업연도 소득이 있는 경우로서 평가기준일 현재 법인세법 등에 따라 납부할 법인세, 농특세, 지방소득세 등이 있는 경우에는 지급의무가 확정된 부채이므로 부채에 가산해야 한다.

이 경우 세무조사 등으로 법인세가 경정되어 법인세가 추징되는 경우 동 추징세액도 부채에 가산하여야 한다.

다만, 조세특례제한법상 법인전환에 대한 양도소득세 이월과세액은 평가기준일 현재 이월과세 요건을 충족한 경우라 하더라도 5년 내 사업을 폐지하는 등의 경우에는 법인이 세금을 납부하는 것이 아닌 개인이 양도소득세를 납부하여야 하여야 하므로 부채에 가산하지 않는다.

상속세 및 증여세법 기본통칙 63－55…14 【순자산가액 계산 시 부채로 차감할 법인세 등】
규칙 제17조의2 제3호 가목에서 "평가기준일까지 발생된 소득에 대한 법인세액, 법인세액의 감면액 또는 과세표준에 부과되는 농어촌특별세 및 지방소득세액"이라 함은 평가기준일 현재 「법인세법」 등에 따라 실제 납부하여야 할 법인세액 등을 말한다.

【서면-2015-상속증여-0115, 2015. 5. 11.】
비상장법인 주식 보충적평가방법의 순자산가액 계산 시 부채에 가산하는 법인세액 등은 평가기준일 현재 납세의무가 확정된 것을 말하는 것으로, 납세의무가 성립되지 아니한 이월과세액은 부채에 포함하지 않는 것임.

【사전-2017-법령해석재산-0731, 2018. 6. 20.】
「조세특례제한법」 제32조에 따른 이월과세액은 「상속세 및 증여세법 시행령」 제55조 제1항, 제2항 및 「상속세 및 증여세법 시행규칙」 제17조의2 제3호에 따라 순자산가액을 계산할 때 자산가액에서 차감하는 "부채"에 해당하지 아니함.

【기획재정부 재산세제과-498, 2018. 6. 14.】
「조세특례제한법」 제32조 【법인전환에 대한 양도소득세의 이월과세】에 따른 이월과세액은 「상속세 및 증여세법 시행령」 제55조 제1항, 제2항 및 「상속세 및 증여세법 시행규칙」 제17조의2 제3호에 따라 순자산가액을 계산할 때 자산가액에서 차감하는 "부채"에 해당하지 아니함.

【서일46014-11690, 2002. 12. 12.】
비상장주식평가를 순자산가액으로 계산할 때 평가기준일까지 발생된 소득에 대한 법인세액은 당해 법인의 부채에 가산하는 것으로서, 평가기준일 이전 사업연도에 대한 자산누락 등으로 인하여 법인세가 경정되는 경우 자산누락금액 및 법인세 추징세액은 각각 자산과 부채에 포함되는 것임.

나) 퇴직금 추계액

임직원의 퇴직금에 대해 DC형 퇴직연금 등으로 비용처리하지 않은 경우로서 평가기준일 현재 퇴직금추계액이 있으나 재무상태표상 부채로 계상되어 있지 않은 경우에는 지급의무가 확정된 것이므로 부채에 가산하여야 한다.

다) 평가기준일 현재 이익처분으로 확정된 배당금 및 상여금

주주총회에서 잉여금을 처분하여 배당금이나 상여금 지급결의를 한 경우에는 지급이 확정된 금액이지만 이익잉여금 처분계산서에만 반영될 뿐 재무상태표에는 반영되지 않는다.

따라서 평가기준일 현재 잉여금처분으로 확정된 배당금 및 상여금은 부채에 가산한다.

(4) 부채에서 차감하는 항목

가) 준비금 및 충당금

중소기업투자준비금 등 준비금은 지급의무가 확정된 부채가 아닌 조세정책상 과세를 이연해주는 것이며 충당금도 지급의무가 확정된 부채가 아닌 회계상 수익비용대응을 위해 비용으로 계상한 것이므로 부채에서 차감하여야 한다. 이 경우 퇴직급여추계액 전액을 부채에 가산했으므로 퇴직급여충당금이 있는 경우에는 전액 부채에서 차감하여야 한다.

다만, 충당금 중 평가기준일 현재 비용으로 확정된 것은 지급의무가 확정된 것이므로 부채에서 차감하지 않는다. 또한 「법인세법」 제30조 제1항 및 제31조 제1항에 따른 보험사업을 하는 법인의 책임준비금과 비상위험준비금으로서 같은 법 시행령 제57조 제1항・제2항 및 제58조 제1항・제3항에 따른 범위에 있는 것은 해지, 사고발생 시 지급금액이 큰 보험업의 특성을 감안하여 부채에서 차감하지 않는다.

나) 이연법인세 부채

세법상 당기 수익에 해당하지 않으나 회계상 당기 수익으로 계상한 경우 등 일시적인 차이에 의해 회계상 이익과 세무상 이익이 달라 손금산입 △유보로 세무조정한 경우에는 당기에는 법인세 비용이 차감되는 효과가 있지만 추후 익금으로 추인되어 법인세를 납부하여야 한다. 즉, 법인세 납부가 이연된 것이라 할 수 있으므로 회계상 이연법인세부채로 계상한다. 이연법인세부채는 지급의무가 확정된 부채가 아니므로 부채에서 차감한다.

다) 평가기준일 후에 이익의 처분으로 확정된 배당금 및 상여금

평가기준일 이후에 이익의 처분으로 확정된 배당금 및 상여금은 평가기준일 현재 지급의무가 확정된 부채가 아니므로 부채에서 차감한다.

마. 영업권의 가산

자산 대비 수익력이 높은 법인은 순자산가치를 초과하는 초과수익력인 영업권에 대한 평가금액이 발생한다. 영업권이 장부상 계상되지 않은 경우에는 자산가액에 가산하고 장부상 영업권이 계상되어 있는 경우에는 자산에 포함되는 것으로 본다.

영업권은 순자산가치 계산 시 자산가액에 가산하는 것이 원칙이나 다음의 경우에 해당하는 법인의 주식을 평가하는 경우에는 가산하지 않는다(상증령 §55③).

(1) 사업의 계속이 곤란하다고 인정되는 경우

영업권의 본질은 법인의 초과수익력의 미래가치이므로 상속세 및 증여세 과세표준 신고기한 이내에 평가대상 법인이 청산절차가 진행 중이거나 사업자의 사망 등으로 인하여 사업의 계속이 곤란하다고 인정되는 경우에는 미래의 초과수익력이 의미가 없으므로 가산하지 않는다(상증령 §55③1호).

(2) 법인의 자산총액 중 부동산 등이 차지하는 비율이 80% 이상인 법인

법인의 자산총액 중 토지, 건물, 부동산에 관한 권리, 법인이 직접 또는 간접으로 보유한 다른 법인의 주식가액에 그 다른 법인의 부동산 등 보유비율을 곱하여 산출한 가액이 차지하는 비율이 80% 이상인 법인의 순자산가액을 계산 시에는 영업권을 가산하지 않는다(상증령 §55③1호).

(3) 사업개시 전 법인, 사업개시 후 3년 미만의 법인 또는 휴업 · 폐업 중인 법인

사업개시 전의 법인, 사업개시 후 3년 미만의 법인 또는 휴업 · 폐업 중인 법인의 순자산가액을 계산 시에는 영업권을 가산하지 않는다(상증령 §55③2호).

다만, 다음의 요건을 충족한 경우에는 2015. 2. 3.부터 실질적으로는 사업개시 후 3년 이내가 아닌 경우로서 실질적인 수익가치를 측정할 수 있는 것으로 보아 순자산가치 계산 시 영업권을 가산한다(상증령 §55③2호단서).

① 개인사업자가 제59조에 따른 무체재산권을 현물출자하거나 「조세특례제한법 시행령」 제29조 제2항에 따른 사업 양도 · 양수의 방법에 따라 법인으로 전환하는 경우로서 그 법인이 해당 사업용 무형자산을 소유하면서 사업용으로 계속 사용하는 경우

② ①의 개인사업자와 법인의 사업영위기간의 합계가 3년 이상인 경우

(4) 평가기준일 전 3년 이내 계속 결손법인

평가기준일이 속하는 사업연도 전 3년 내의 사업연도부터 계속 손금의 총액이 익금의 총액을 초과하는 결손금이 있는 법인의 순자산가액을 계산 시에는 영업권을 가산하지 않는다(상증령 §55③3호).

【재산상속 46014-1222, 2000. 10. 12.】
비상장법인의 순자산가액 계산 시 장부상 계상된 영업권 상당금액은 자산가액에 포함됨.

바. 자기주식 가산

회계상 자기주식은 자본의 차감 성격으로 보아 보유목적과 관계없이 자본조정으로 계상한다.

자기주식이 소각목적인 경우에는 소각대금이 법인에서 유출됨과 동시에 이익잉여금 또는 자본금이 감소되므로 자본의 차감계정으로 처리하는 것이 맞지만, 일시보유 목적이라면 자기주식 처분 등을 통해 현금유입이 예상되므로 자산으로 보아야 한다.

따라서 평가대상법인이 자기주식을 소각 등 감자 목적으로 보유한 경우에는 자기주식 평가액을 자산에 포함시키지 않지만 일시적 보유목적 등인 경우에는 자기주식 평가액을 자산에 포함하여 순자산을 계산한다(상증법 집행기준 63-55-1).

이 경우 가산하는 자기주식의 가액은 장부가액이 아닌 상속세 및 증여세법 제60조 내지 제63조에 의해 평가한 가액을 의미한다.

【서면-자본거래-1800, 2022. 6. 7.】
「상속세 및 증여세법 시행령」 제54조 제2항의 규정에 의하여 비상장주식의 1주당 순자산가액을 계산하는 경우, 당해 법인이 일시적으로 보유한 후 처분할 자기주식은 자산으로 보아 같은 법 시행령 제55조 제1항의 규정에 의하여 평가하는 것임.

【감심2018-287, 2019. 6. 17.】
상증세법상 비상장주식을 평가함에 있어 순자산가액 산정 시 당해 법인의 자산은 '시가'에 의해 평가하도록 되어 있고, 일시 보유 목적으로 취득한 자기주식에 대하여 이를 달리 평가한다는 규정을 두고 있지 않은 점 등을 볼 때, 이 사건 자기주식의 가액을 상속개시일 현재의 평가액으로 이 사건 법인의 순자산가액에 가산하고 이 사건 주식의 상속재산가액을 평가(최대주주 할증평가 미반영)하여 계산한 결정 세액과 자진납부세액의 차액분에 대하여 청구인에게 상속세를 추가 징수한 이 사건 처분은 달리 잘못이 없다고 판단됨.

【서면-2016-상속증여-5497, 2019. 11. 4.】
비상장주식의 1주당 순자산가액을 계산하는 경우, 당해 법인이 일시적으로 보유한 후 처분할 자기주식은 자산으로 보아 상증법 시행령 제55조 제1항의 규정에 의하여 평가함.

사. 유보금액

(1) 개요

회계상 자산가액과 세무상 자산가액이 차이가 있는 경우에는 유보로 소득처분하여 자본금과 적립금 조정명세서(을)에 반영된다.

따라서 회계상 자산가액에 자본금과 적립금 조정명세서(을)상 유보잔액을 가감하면 세무상 자산가액이 되는 것이므로 자산에 대해 유보잔액이 있는 경우에는 이를 가감하는 것이 원칙이다.

하지만 순자산가액 산정 시 자산은 상속세 및 증여세법 제60조 내지 제66조의 규정에 따라 평가하여 이미 상속세 및 증여세법상 가액으로 평가되어 있으므로 대부분의 유보금액은 순자산가액에 반영할 필요가 없다.

(2) 순자산가액에 반영하지 않는 유보

가) 평가된 자산과 관련된 유보

순자산가액은 평가기준일 현재 당해 법인의 자산을 상속세 및 증여세법 제60조 내지 제66조의 규정에 의하여 평가하여 산정한다.

따라서 상속세 및 증여세법 제60조 내지 제66조의 규정에 의하여 평가한 자산의 경우에는 유보금액을 가감할 필요가 없다. 이 경우 자산 중 보통예금, 정기예금 등의 예금자산을 평가 시에는 미수이자를 가산하여 평가해야 하므로 미수수익과 관련된 유보금액도 고려할 필요가 없다.

나) 자산에서 가감된 항목과 관련된 유보금액

① 자산에 가산된 항목

평가기준일 현재 지급받을 권리가 확정된 가액은 자산가액에 이미 가산되었으므로 권리의무확정주의에 의해 유보로 처분된 금액은 고려할 필요가 없다.

국고보조금을 자산에서 차감되는 형식으로 처리한 경우 동 국고보조금도 자산가액에 가산되었으므로 국고보조금과 관련된 유보금액도 고려할 필요가 없다.

② 자산에서 차감된 항목

자산에서 차감되는 항목인 평가기준일 현재 비용 확정된 선급비용, 개발비, 이연법인세자산은 자산에서 제외하여 순자산가액을 산정하므로 이러한 자산과 관련된 유보금액은 고려할 필요가 없다.

이 경우 선급비용은 평가기준일 현재 비용확정된 것만 차감하는 것이므로 법인이 평가기준일 현재 비용으로 확정되지 않은 금액을 손익계산서에 비용처리하여 세무조정으로 익금산입한 경우 동 유보금액은 자산가액에 가산하여야 한다.

다) 부채에 가감된 항목과 관련된 유보금액

① 부채에 가산된 항목

법인이 DB형 퇴직연금을 불입하는 경우에는 단체퇴직보험예치금을 퇴직급여충당금 차감 계정으로 처리하거나 자산으로 처리한 후 퇴직금추계액의 범위 내에서 전액 손금산입이 허용된다.

하지만 순자산가액 계산 시 퇴직금추계액 전액은 부채에 가산하므로 단체보험예치금 손금산입 유보금액은 고려할 필요가 없다.

② 부채에서 차감된 항목

각종 충당금, 준비금, 이연법인세부채의 경우 부채에서 제외하여 순자산가액을 산정하므로 이러한 부채와 관련된 유보금액은 고려할 필요가 없다.

【재산세과-396, 2012. 11. 8.】
「상속세 및 증여세법 시행령」 제55조 제1항에 따라 비상장법인의 순자산가액을 계산할 때 장부가액은 일반기업회계기준 등에 의한 장부가액이며 「상속세 및 증여세법」에 따라 평가하는 자산과 관련되지 않은 법인세법상 유보금액은 순자산가액에 가감함.

【재산세과-13, 2012. 1. 13.】
비상장주식을 보충적으로 평가하는 경우 "최근 3년간의 순손익액"은 각 사업연도 소득을 기준으로 산정하는 것으로 이 경우 퇴직급여충당금 유보금액을 차감하지 않는 것임.

【재산세과-324, 2010. 5. 25.】
이 경우 장부가액은 기업회계기준 등에 의해 작성된 대차대조표상 장부가액에 의하는 것이며, 자본금과 적립금조정명세서(을)상의 유보금액 중 장부가액이 아닌 「상속세 및 증여세법」의 규정에 의하여 평가하는 자산과 관련된 유보금액은 순자산가액에 별도로 가감하지 아니하는 것임.

【재산세과-1664, 2009. 8. 12.】
자본금과 적립금조정명세서(을)상의 유보금액 중 상속세 및 증여세법의 규정에 의하여 평가하는 자산과 관련된 유보금액은 순자산가액에 별도로 가감하지 아니함.

아. 발행주식총수

1주당 순자산가치를 계산할 때 발행주식총수는 평가기준일 현재의 발행주식총수에 따른다(상증령 §54⑤).

이 경우 평가기준일 현재 자기주식을 보유한 경우로서 소각목적인 경우에는 발행주식총수에서 차감하지만 일시보유목적의 자기주식이 있는 경우에는 차감하지 않는다.

> **상속세 및 증여세법 집행기준 63-54-3 【1주당 순자산가치의 계산】**
> (2) 발행주식총수의 계산
> ① 발행주식총수는 평가기준일 현재 발행주식총수를 말한다.
> ② 평가대상법인이 자기주식을 소유한 경우로서 감자의 목적인 경우에는 발행주식총수에서 자기주식수를 차감하고 일시적 보유목적 등인 경우에는 차감하지 아니한다.

Ⅵ 국채 · 공채 · 사채 및 기타 유가증권의 평가

1. 국채 · 공채 · 사채의 평가

가. 거래소에서의 거래실적이 있는 경우

거래소에서 거래되는 것으로서 평가기준일 이전 2개월간 거래실적이 있는 국채 등은 ① 평가기준일 이전 2개월간 최종시세가액의 평균액과 ② 평가기준일 이전 최근일의 최종시세가액 중 큰 금액으로 평가한다(상증령 §58①1호). 외국 증권거래소에서 거래되고 있는 국채 등의 경우에도 동일하게 평가한다(상속증여세과-25, 2014. 2. 6.).

> ○ 거래소 거래실적이 있는 국채 · 공채 · 사채의 평가: Max(①, ②)
> ① 평가기준일 이전 2개월간 거래소 최종시세가액의 평균액
> ② 평가기준일 이전 최근일의 최종시세가액

나. 거래소의 거래실적이 없는 경우

거래소에 상장되어 있지 않거나 상장되었더라도 평가기준일 이전 거래실적이 없는 국채 등은 다음의 방법으로 평가한다(상증령 §58①1호).

(1) 타인으로부터 매입한 국채 등

타인으로부터 매입한 국채 등(국채 등의 발행기관 및 발행회사로부터 액면가액으로 직

접 매입한 것 제외)은 매입가액에 평가기준일까지의 미수이자 상당액을 가산한 금액으로 평가한다(상증령 §58①2호가목).

(2) (1) 외 국채 등

가) 국채 등의 처분예상금액을 산정할 수 있는 경우

국채 등을 평가기준일 현재 처분하는 경우에 받을 수 있다고 예상되는 처분예상금액으로 평가한다(상증령 §58①2호나목).

나) 국채 등의 처분예상금액을 산정할 수 없는 경우

「자본시장과 금융투자업에 관한 법률」에 따라 인가를 받은 투자매매업자, 투자중개업자, 「공인회계사법」에 따른 회계법인 또는 「세무사법」에 따른 세무법인 중 둘 이상의 자가 상환기간 · 이자율 · 이자지급방법 등을 감안하여 평가한 금액의 평균액으로 평가한다(상증령 §58①2호나목단서, 상증칙 §18조의2).

【상속증여세과－25, 2014. 2. 6.】
외국 증권거래소에서 거래되고 있는 외국 국채의 가액은 우리나라 국채의 평가방법인 「상속세 및 증여세법」 제63조 제1항 제1호 나목 및 같은 법 시행령 제58조 제1항 제1호의 규정(평가기준일 이전 2개월 동안 공표된 매일의 한국거래소 최종시세가액의 평균액과 평가기준일 이전 최근일의 최종 시세가액 중 큰 가액)을 준용하여 평가함.

【재삼46014－2351, 1998. 12. 3.】
적금 등, 국채 · 공채 및 대부금을 평가할 때 "미수이자 상당액"은 평가기준일까지 발생한 이자상당액 중 피상속인이 수령하지 않은 금액을 말함.

2. 채권가액과 채무가액의 평가

대부금 · 외상매출금 및 받을어음 등의 채권가액과 입회금 · 보증금 등의 채무가액은 원본의 회수기간 · 약정이자율 및 금융시장에서 형성되는 평균이자율 등을 감안하여 다음과 같이 평가한다.

2010. 2. 17. 이전에는 채권가액에 대해서만 다음의 평가방법을 적용하였지만 2010. 2. 18. 대통령령 제22042호로 입회금 · 보증금 등의 채무가액도 동일하게 평가하는 것으로 개정되었다.

(1) 회수기간이 5년을 초과하거나 채권내용이 변경된 경우

원본의 회수기간이 5년을 초과하거나 회사정리절차 또는 화의절차의 개시 등의 사유로 당초 채권의 내용이 변경된 경우에는 각 연도에 회수할 금액(원본에 이자상당액을 가산한 금액)을 3년 만기 회사채의 유통수익률을 고려하여 기획재정부령으로 정하는 이자율에 의하여 현재가치로 할인한 금액의 합계액으로 평가한다. 이 경우 시설물 이용권에 대한 입회금·보증금 등으로서 원본의 회수기간이 정하여지지 아니한 것은 그 회수기간을 5년으로 보아 적용한다(상증령 §58②, 상증칙 §18조의2②1호).

○ 회수기간이 5년을 초과하거나 채권내용이 변경된 경우 평가금액
각 연도별 회수금액에 적정할 할인율로 할인한 현재가치금액

$$현재가치 = \sum_{n=1}^{n} \frac{회수금액}{(1+r)^n}$$

* n: 평가기준일로부터 회수일이 속하는 연수
* r: 3년 만기회사채의 유동수익률을 감안하여 정하는 적정할인율 8%(상증칙 §18조의3)
• 2010. 11. 5. 이후: 8%   • 2002. 11. 8.부터 2010. 11. 4.까지: 6.5%

(2) 회수기간이 5년 미만인 경우

원본의 가액에 평가기준일까지의 미수이자 상당액을 가산한 금액으로 평가한다(상증칙 §18조의2②2호).

○ 회수기간이 5년 미만인 채권, 채무가액에 대한 평가
= 원본가액 + 평가기준일까지의 미수이자 상당액

(3) 회수 불가능한 채권가액의 평가

채권가액 평가 시 평가기준일 현재 회수 불가능한 것으로 인정되는 경우에는 그 가액을 산입하지 아니한다(상증령 §58②단서).

【재산세과-3464, 2008. 10. 24.】
채권의 평가는 원본의 가액에 평가기준일까지의 미수이자상당액을 가산한 금액에 의하는 것이나 전부 또는 일부가 평가기준일 현재 회수불가능한 것으로 인정되는 경우에는 그 가액은 산입하지 아니함.

【서면 인터넷방문상담4팀-812, 2005. 5. 24.】
원본의 회수기간이 5년을 초과하는 채권·채무는 3년만기 회사채의 유통수익률을 감안하여 국세청장이 고시한 이자율에 의해 현재가치로 평가하는 것임.

【서면-2016-상속증여-3034, 2016. 5. 18.】
상속세 신고 시 대상재산인 대여금(채권)의 평가는 원본의 가액에 평가기준일까지의 미수이자상당액을 가산한 금액에 의하는 것이나, 당해 채권의 전부 또는 일부가 평가기준일 현재 회수불가능한 것으로 인정되는 경우에는 그 가액은 산입하지 아니하며, 회수불가능 여부에 대해서는 소관세무서장이 채무자의 재산상황 등 구체적인 사실을 조사하여 판단하는 것임.

3. 집합투자증권의 평가

가. 기준가격이 있는 경우

「자본시장과 금융투자업에 관한 법률」에 따른 집합투자증권의 평가는 평가기준일 현재의 거래소의 기준가격으로 하거나 집합투자업자 또는 투자회사가 같은 법에 따라 산정 또는 공고한 기준가격으로 한다(상증령 §58③).

거래소 기준가격으로 평가하는 경우 당해 가격에서 원천징수세액 상당액은 차감하지 않는다(서일 46014-10676, 2003. 5. 28.).

○ 기준가격이 있는 경우 집합투자증권의 평가금액
= 거래소 기준가격 또는 집합투자업자 등이 산정 또는 공고한 기준가격

나. 기준가격이 없는 경우

「자본시장과 금융투자업에 관한 법률」에 따른 집합투자증권으로서 평가기준일 현재의 기준가격이 없는 경우에는 평가기준일 현재의 환매가격 또는 평가기준일 전 가장 가까운 날의 기준가격으로 한다(상증령 §58③단서).

○ 기준가격이 없는 경우 집합투자증권의 평가금액
= 평가기준일 현재 환매가격 또는 평가기준일 전 가장 가까운 날의 기준가격

【서면-2015-법령해석재산-0048, 2016. 4. 22.】
「자본시장과 금융투자업에 관한 법률」에 따른 사모투자전문회사가 집합투자증권을 양도하는 경우 집합투자증권은 「상속세 및 증여세법 시행령」 제58조 제3항에 따라 평가하는 것이며, 「자본시장과 금융투자업에 관한 법률」에 따라 적정하게 산정된 기준가격이 존재하는 경우 해당 기준가격으로 집합투자증권을 평가할 수 있는 것임.

【재산세과-3769, 2008. 11. 14.】
간접투자자산 운용업법에 의한 간접투자증권의 평가는 상속개시일 현재의 한국증권선물거래소의 기준가격에 의하거나 자산운용회사 또는 투자회사가 산정・공고한 기준가격에 의함.

【서일46014-10676, 2003. 5. 28.】
개방형 뮤추얼펀드는 수익증권의 평가방법을 준용하며, 증권투자신탁 수익증권을 평가기준일 현재 한국증권거래소 기준가격으로 평가 시 당해 기준가격에서 원천징수세액 상당액을 차감하지 않음.

4. 전환사채

가. 개요

전환사채(Convertible Bond)란 일정한 조건에 따라 채권을 발행한 회사의 주식으로 전환할 수 있는 권리가 부여된 채권을 말하는 것으로 주식으로 전환할 수 있는 권리는 별도로 분리할 수 없으며 주식으로 전환하는 경우는 사채는 소멸하는 특징을 갖고 있다.

전환사채는 사채권자 입장에서는 전환 전에는 확정적인 사채이자를 얻을 수 있고 전환 후에는 주식으로 전환하여 이익을 얻을 수 있는 장점이 있으며 발행회사 입장에서는 이자율을 낮게 사채를 발행할 수 있는 장점이 있다.

전환사채의 평가방법에 대해서는 거래소에서 거래되는 경우와 아닌 경우에 따라 평가방법이 달라지며 거래소에서 거래되지 않는 전환사채의 경우 주식으로의 전환이 가능한 기간과 불가능한 기간에 따라 평가방법이 달라진다.

나. 거래소에서 거래되는 경우

전환사채가 거래소에서 거래되는 경우에는 ① 평가기준일 이전 2개월간 최종시세가액의 평균액과 ② 평가기준일 이전 최근일의 최종시세가액 중 큰 금액으로 평가한다(상증령 §58조의2①).

○ 거래소 거래실적이 있는 전환사채의 평가: Max(①, ②)
① 평가기준일 이전 2개월간 거래소 최종시세가액의 평균액
② 평가기준일 이전 최근일의 최종시세가액

다. 거래소에서 거래되지 않는 경우

(1) 주식으로의 전환이 불가능한 기간에 있는 경우

주식으로의 전환이 불가능한 기간에 있는 경우에는 주식보다는 사채의 성격이 강하므로 만기상환금액을 사채발행이율과 적정할인율 중 낮은 이율을 적용하여 발행 당시의 현재가치로 할인한 가액에서 발행 후 평가기준일까지 발생한 이자상당액을 가산한 가액으로 평가한다(상증령 §58조의2②1호나목).

이 경우 만기상환할증금은 만기상환금액에 포함한다(기획재정부 재산세제과-1036, 2011. 12. 2.).

○ 주식 전환 불가능한 기간에 있는 전환사채의 평가액

$$\frac{\text{만기상환금액}}{(1+R\ \text{또는}\ r)^{n}} + \text{평가기준일까지의 이자상당액}$$

* 할인율: Min(R: 사채발행이자율, r: 적정할인율)
* r: 2010. 11. 5. 이후는 8%, 2002. 11. 8.부터 2010. 11. 4.까지는 6.5%
* n: 발행일부터 만기까지 기간

(2) 주식으로의 전환이 가능한 기간에 있는 경우

주식으로의 전환이 가능한 기간에 있는 경우에는 주식의 성격이 더 강하므로 발행회사의 주식가치를 고려하여 ① 만기상환금액을 사채발행이율과 적정할인율 중 낮은 이율을 적용하여 발행 당시의 현재가치로 할인한 가액에서 발행 후 평가기준일까지 발생한 이자상당액을 가산한 가액과 ② 당해 전환사채로 전환할 수 있는 주식가액에서 배당차액을 차감한 가액 중 큰 가액으로 평가한다(상증령 §58조의2②2호가목).

○ 주식으로의 전환이 가능한 기간에 있는 전환사채의 평가: Max(①, ②)
① 만기상환금을 현재가치로 할인한 금액

$$\frac{\text{만기상환금액}}{(1+R\ \text{또는}\ r)^{n}} + \text{평가기준일까지의 이자상당액}$$

② 전환할 수 있는 주식가액 − 배당차액

* 배당차액(상증칙 §18)

$$\text{주식등 1주당 액면가액} \times \text{직전기 배당률} \times \left(\frac{\text{신주발행일이 속하는 사업연도 개시일부터 배당기산일 전일까지의 일수}}{365}\right)$$

【국심2004서2245, 2005. 2. 2.】
전환청구기간이 미도래한 전환사채의 평가는 상속세 및 증여세법 시행령 제58조 제1항 제2호의 규정에 의하여 평가하는 것이 아니라 상속세 및 증여세법 제60조 및 제63조의 규정에 의해 평가한 가액 중 큰 금액으로 평가하는 것임.

【기획재정부 재산세제과-1036, 2011. 12. 2.】
주식전환이 불가능한 기간 중의 전환사채 등을 평가하는 경우로서 만기상환할증금은 만기상환금액에 포함함.

【국심2004서2245, 2005. 2. 1.】
전환청구기간이 미도래 하였다고 하여 전환사채의 시가는 '매입가액에 평가기준일까지의 미수이자 상당액을 가산한 금액'으로 평가하지 아니함.

【서일46014-11185, 2002. 9. 12.】
주식으로 전환이 가능한 기간 중 전환사채를 평가할 때, 당해 전환사채로 전환할 수 있는 주식가액은 상속개시일, 증여일의 시가 또는 유가증권 등의 평가에 의해 평가한 가액을 말하는 것임.

5. 신주인수권부사채

신주인수권부사채(bond with warrant)는 일정기간 내에 미리 약정된 신주인수가격으로 사채발행회사의 신주를 인수할 수 있는 권리가 부여된 사채를 말하는 것으로 신주를 인수하는 경우에도 사채가 소멸되지 않는 점에서 전환사채와 차이가 있다.

신주인수권부사채는 발행회사 입장에서는 낮은 이자율로 사채를 발행할 수 있는 장점이 있으며 사채권자 입장에서는 일정액의 이자를 수령하면서 주가가 상승한 경우에 약정된 가격으로 신주를 인수할 수 있는 장점이 있다.

신주인수권사채도 거래소에서 거래되는 경우와 거래되지 않는 경우, 거래소에서 거래되지 않는 경우에는 주식으로 전환이 가능한 기간에 있는 경우와 그렇지 않은 기간에 있는 경우에 따라 평가방법이 달라진다.

가. 거래소에서 거래되는 경우

신주인수권부사채가 거래소에서 거래되는 경우에는 거래소에서 거래되는 전환사채와 동일하게 ① 평가기준일 이전 2개월간 최종시세가액의 평균액과 ② 평가기준일 이전 최근일의 최종시세가액 중 큰 금액으로 평가한다(상증령 §58조의2①).

○ 거래소 거래되는 경우 신주인수권부사채 평가액: Max(①, ②)
① 평가기준일 이전 2개월간 거래소 최종시세가액의 평균액
② 평가기준일 이전 최근일의 최종시세가액

나. 거래소에서 거래되지 않는 경우

(1) 신주인수권 행사가 불가능한 기간에 있는 경우

주식으로 전환이 불가능한 기간에 있는 경우에는 사채의 성격이 강하므로 만기상환금액을 사채발행이율과 적정할인율 중 낮은 이율을 적용하여 발행 당시의 현재가치로 할인한 가액에서 발행 후 평가기준일까지 발생한 이자상당액을 가산한 가액으로 평가한다(상증령 §58조의2②1호나목).

○ 신주인수권행사 불가능 기간의 신주인수권부사채의 평가액

$$\frac{\text{만기상환금액}}{(1+R\ \text{또는}\ r)^n} + \text{평가기준일까지의 이자상당액}$$

* 할인율: Min(R: 사채발행이자율, r: 적정할인율)
* r: 2010. 11. 5. 이후는 8%, 2002. 11. 8.부터 2010. 11. 4.까지는 6.5%
* n: 발행일부터 만기까지 기간

(2) 신주인수권 행사가 가능한 기간에 있는 경우

주식으로 전환이 가능한 기간에 있는 경우에는 주식의 성격이 강하므로 발행회사 주식의 가치를 고려하여 ① 주식으로 전환이 불가능한 기간에 있는 경우의 평가액과 ② ①의 가액에서 주식으로 전환이 불가능한 기간에 있는 경우의 신주인수권증권 평가액을 차감하고 주식으로 전환이 가능한 기간에 있는 경우의 신주인수권증권 평가액을 가산한 가액 중 큰 금액으로 평가한다(상증령 §58조의2②2호나목).

○ 신주인수권행사 가능 기간의 신주인수권부사채 평가액: Max(①, ②)
① 전환금지기간 중 신주인수권부사채 평가액

$$\frac{\text{만기상환금액}}{(1+R \text{ 또는 } r)^n} + \text{평가기준일까지의 이자상당액}$$

② (①−ⓐ+ⓑ)
ⓐ 전환금지기간의 신주인수권증권 평가액
ⓑ 전환가능기간 중 신주인수권증권 평가액

【법규재산2013－404, 2013. 11. 18.】
만기상환할증금이 지급되는 신주인수권부사채 평가 시 사채발행이율은 만기상환금액의 발행 시 현재가치와 사채발행가액을 일치시키는 이자율을 말하며, 이 경우 이자 후취 사채의 발행가액은 발행 당시 인수가격인 권면총액을 의미함.

【국심2001서1311, 2001. 11. 23.】
한국증권거래소에 상장된 비분리형인 '신주인수권부사채'에 대해 국채등의 평가방법을 준용해 한국증권거래소의 최종시세가액으로 평가한 내용 정당함.

6. 신주인수권증권

가. 개요

신주인수권부사채(bond with warrant)는 사채발행회사가 신주를 발행하는 경우 약정된 가격에 따라 신주인수를 청구할 수 있는 권리가 부여된 사채를 말하는 것이다.

신주인수권부사채는 신주인수권을 분리하여 융통할 수 있는 지의 여부에 따라 분리형과 비분리형으로 나누어지는데 분리형 신주인수권부사채에서 발행회사의 주식을 인수할 수 있는 권리(warrant)만을 떼어낸 것이 신주인수권증권이다.

이러한 신주인수권증권은 사채와 분리되어 가치가 형성되고 사채와 분리되어 거래될 수 있으며 신주인수가액보다 사채발행회사의 주가가 높을수록 가치가 높아진다.

신주인수권증권도 거래소에서 거래되는 경우, 거래되지 않는 경우와 거래소에서 거래되지 않는 경우에는 주식으로 전환이 가능한 기간에 있는 경우와 그렇지 않은 기간에 있는 경우에 따라 평가방법이 달라진다.

나. 거래소에서 거래되는 경우

신주인수권부사채가 거래소에서 거래되는 경우에는 ① 평가기준일 이전 2개월간 최종시세가액의 평균액과 ② 평가기준일 이전 최근일의 최종시세가액 중 큰 금액으로 평가한다(상증령 §58조의2①).

○ 거래소 거래실적이 있는 전환사채의 평가: Max(①, ②)
① 평가기준일 이전 2개월간 거래소 최종시세가액의 평균액
② 평가기준일 이전 최근일의 최종시세가액

다. 거래소에서 거래되지 않는 경우

(1) 신주인수가 불가능한 기간에 있는 경우

주식전환이 불가능한 기간에 있는 경우에는 사채의 성격이 강하므로 사채의 특성만을 고려하여 ㉮ 신주인수권부사채의 만기상환금액(만기 전에 발생하는 이자상당액을 포함)을 사채발행이율을 적용하여 발행 당시의 현재가치로 할인한 가액에서 ㉯ 만기상환금액을 3년 만기 회사채의 유통수익률을 고려하여 기획재정부령으로 정하는 이자율에 따라 발행 당시의 현재가치로 할인한 가액을 뺀 가액으로 평가한다(상증령 §58조의2②1호가목). 이 경우 그 가액이 음수인 경우에는 영으로 한다(상증령 §58조의2②1호가목후단).

○ 신주인수 불가능 기간의 신주인수권증권 평가액 = (㉮ − ㉯)
㉮ 신주인수권부사채의 발행 당시의 현재가치(사채발행이율 적용)
= 원금의 현재가치 + 이자의 현재가치

$$= \frac{\text{만기 상환금액}}{(1+R)^n} + \sum_{n=1}^{n} \frac{\text{매년표시 이자액}}{(1+R)^n}$$

㉯ 신주인수권부사채의 발행 당시 현재가치(적정할인율 적용)
= 원금의 현재가치 + 이자의 현재가치

$$= \frac{\text{만기 상환금액}}{(1+r)^n} + \sum_{n=1}^{n} \frac{\text{매년표시 이자액}}{(1+r)^n}$$

* n: 사채발행일부터 만기까지 남은 기간
* R: 사채발행률
* r: 적정할인율

(2) 신주인수가 가능한 기간에 있는 경우

주식전환이 가능한 기간에 있는 경우에는 주식의 성격이 강하므로 주식가액을 고려하여 ① 주식 전환금지기간에 있는 신주인수권증권 평가액과 ② 당해 신주인수권증권으로 인수할 수 있는 주식가액에서 배당차액과 신주인수가액을 차감한 가액 중 큰 금액으로 평가한다(상증령 §58조의2②2호다목).

○ 신주인수 가능기간의 신주인수권 증권 평가: Max(①, ②)

① 주식 전환금지기간에 있는 신주인수권증권 평가액(㉮ − ㉯)

㉮ 신주인수권부사채의 발행 당시의 현재가치(사채발행이율 적용)

= 원금의 현재가치 + 이자의 현재가치

$$= \frac{\text{만기 상환금액}}{(1+R)^n} + \sum_{n=1}^{n} \frac{\text{매년표시 이자액}}{(1+R)^n}$$

㉯ 신주인수권부사채의 발행 당시 현재가치(적정할인율 적용)

= 원금의 현재가치 + 이자의 현재가치

$$= \frac{\text{만기 상환금액}}{(1+r)^n} + \sum_{n=1}^{n} \frac{\text{매년표시 이자액}}{(1+r)^n}$$

② 신주인수할 경우의 자본소득(㉮ − ㉯ − ㉰)

= (신주인수권으로 인수한 신주가액 − 배당차액 − 신주인수가액)

* 배당차액(상증칙 §18)

$$\text{주식등 1주당 액면가액} \times \text{직전기 배당률} \times \left(\frac{\text{신주발행일이 속하는 사업연도 개시일부터 배당기산일 전일까지의 일수}}{365} \right)$$

【사전-2016-법령해석재산-0365, 2016. 9. 27.】

상속인이 코스닥시장상장법인의 주식과 해당 법인이 발행한 신주인수권부사채에서 분리된 신주인수권증권을 상속받은 경우로서 상속개시일로부터 6개월 이내의 기간 중 상속인과 특수관계 없는 자에게 해당 주식과 신주인수권증권을 양도하는 경우 상속개시일 현재 해당 주식의 시가는 상증법 제63조 제1항 제1호 나목에 규정된 평가방법으로 평가한 가액으로 하는 것이며, 신주인수권증권의 시가는 같은 법 시행령 제49조 제1항에 따라 해당 매매가액으로 하는 것임. 단, 해당 매매가액을 시가로 볼수 없는 경우 동법 시행령 제58조의2 규정에 따라 평가한 가액을 시가로 볼 수 있는 것임.

【서일46014-10133, 2001. 9. 10.】
신주인수권증권을 평가하기 위해 당해 신주인수권증권으로 인수할 수 있는 주식가액을 계산할 때, 최대 주주등에 대한 할증평가 규정 적용하지 않음.

7. 신주인수권증서

가. 개요

신주인수권증서란 기업이 유상증자 시 기존주주에게 주식수에 비례하여 신주를 우선적으로 배정받을 수 있는 권리를 증서화한 것을 말한다. 신주인수권증서를 발행하기 위해서는 기존주주가 증서의 발행을 청구하는 경우로서 정관에 규정하거나 또는 이사회의 결의가 있어야 한다.

상장법인이 유상증자 시에는 통상적으로 주식의 시가보다 낮은 가액으로 신주를 발행하므로 신주인수권증서의 가치가 형성되며 신주인수권증서를 보유한 주주가 신주의 납입대금이 없는 경우에는 양도를 통해 유상증자 포기로 인한 손실을 상쇄할 수 있다.

신주인수권부증서는 전환사채, 신주인수권부사채, 신주인수권증권과 달리 사채와 함께 발행되지 않으므로 평가 시 사채의 성격을 고려할 필요가 없으므로 전환사채, 신주인수권부사채, 신주인수권증권과는 다른 방법으로 평가한다.

나. 거래소에서 거래되는 경우

거래소에서 거래되는 경우에는 거래소에 상장되어 거래되는 전체 거래일의 종가 평균액으로 평가한다(상증령 §58조의2②2호라목1)).

다. 거래소에서 거래되지 않는 경우

신주인수권증서가 거래소에서 거래되지 않는 경우에는 해당 신주인수권증서로 인수할 수 있는 주식의 권리락 전 가액에서 배당차액과 신주인수가액을 차감한 가액으로 평가한다(상증령 §58조의2②2호라목2)).

다만, 해당 주식이 주권상장법인등의 주식인 경우로서 권리락 후 주식가액이 권리락 전 주식가액에서 배당차액을 차감한 가액보다 적은 경우에는 권리락 후 주식가액에서 신주인수가액을 차감한 가액으로 한다(상증령 §58조의2②2호라목2)단서).

○ 거래소에서 거래되지 않는 경우 신주인수권증서 평가액
= (권리락 전 주식가액－배당차액－신주인수가액)

○ 상장법인 · 코스닥 상장법인의 평가 예외
〔권리락 후 주식가액 〈 (권리락 전 주식가액－배당차액)〕
⇒ (권리락 후 주식가액－신주인수가액)으로 평가

【서면 인터넷방문상담4팀－3340, 2007. 11. 19.】
코스닥등록법인의 신주인수권을 증여한 경우 증여가액은 권리락 후 주식가액에서 신주인수가액을 차감한 가액으로 하는 것임.

8. 예금 · 저금 · 적금 등의 평가

가. 예금

예금 · 저금 · 적금 등은 평가기준일 현재 예입(預入) 총액과 같은 날 현재 이미 지난 미수이자(未收利子) 상당액을 합친 금액에서 소득세법 제127조 제1항에 따른 원천징수세액 상당 금액을 뺀 가액으로 평가한다(상증법 §63④).

나. 외화자산 및 부채의 평가

외화자산 및 부채는 평가기준일 현재 「외국환거래법」 제5조 제1항에 따른 기준환율 또는 재정환율에 따라 환산한 가액을 기준으로 평가한다(상증령 §58조의4).

Ⅶ 무체재산권의 평가

1. 개요

유체물을 직접 지배하여 배타적 이익을 향유할 수 있는 권리가 물권이라면 무체재산권은 무체물을 직접 지배하여 배타적 이익을 향유할 수 있는 권리라 할 수 있다.

무체재산권은 지적창작에 의해 산업상 이용가치를 갖는 권리인 산업재산권과 지적창작에 의해 문화상 이용가치를 갖은 저작권으로 구분할 수 있다.

산업재산권은 산업상 보호가치가 있는 모든 권리를 말하는 것으로 특허권(特許權)·실용신안권(實用新案權)·의장권(意匠權)·상표권(商標權)·서비스표권 등이 이에 해당한다.

저작권은 저작자의 권리를 보호하는 것으로 공표권, 성명표시권, 동일성유지권을 포함하는 저작 인격권과 저작물을 재산처럼 사용할 수 있는 권리인 복제권, 전시권, 배포권을 포함하는 저작재산권으로 구분된다.

이러한 무체재산권은 개별재산의 특성이 강해 불특정다수인 사이에 통상적으로 거래되는 가액을 찾기 힘들고 해당 재산의 매매등이 있는 경우가 아니고는 유사재산의 사례가액을 찾기도 힘들어 시가를 산정하기 어려운 경우가 대부분이다.

2. 보충적 평가방법

가. 평가원칙

무체재산권의 시가를 산정하기 어려운 경우에는 ① 재산의 취득가액에서 취득한 날부터 평가기준일까지의 법인세법상의 감가상각비를 뺀 금액과 ② 장래의 경제적 이익 등을 고려하여 대통령령으로 정하는 방법으로 평가한 금액 중 큰 금액으로 평가한다(상증법 §64).

대통령령으로 정하는 방법이란 상속세 및 증여세법 시행령 제59조에서 영업권, 특허권·실용신안권·상표권·디자인권 및 저작권 등, 어업권, 광업권, 채석권 각각의 장래의 이익을 고려하여 규정하고 있는 평가방법을 의미한다.

2013. 12. 31. 이전에는 매입한 무체재산권의 경우에는 다음의 ①의 방법으로 그 외의 무체재산권의 경우에는 다음의 ②의 방법으로 평가하였으나 2014. 1. 1. 법률 제12168호로 2014. 1. 1. 이후부터는 둘 중 큰 방법으로 평가하는 것으로 개정되었다.

○ 무체재산권의 평가: Max(①, ②)
① 취득가액－평가기준일까지의 감가상각비
② 장래 경제적 이익을 고려하여 대통령령이 정하는 방법으로 평가한 금액

【서면 인터넷방문상담4팀－1420, 2004. 9. 13.】
법인세법상의 감가상각비는 법인이 납세지 관할 세무서장에게 신고한 상각방법에 의하여 계산한 감가상각비 상당액이 되는 것이며, 신고한 상각방법이 없는 경우에는 법인세법 시행령 제26조 제4항의 규정에 의한 상각방법을 적용하여 계산한 감가상각비 상당액이 되는 것임.

3. 영업권과 어업권의 평가

가. 개요

영업권이란 기업이 갖고 있는 기술의 우수성, 제품에 대한 신용도, 경영능력, 법률상의 보호, 판매의 독점성, 고객 로열티 등으로 인해 타기업에 비해 초과이익을 낼 수 있는 무형자산을 말한다.

영업권은 개별 자산의 공정가치의 합을 초과하는 가치이므로 매입한 영업권이 아니고서는 기업의 장부에 계상되어 있는 자산은 아니다.

어업권은 어업법(漁業法)에 기하여 공유수면 중 일정한 구역에 있어서 특정의 어업을 독점적으로 영위할 수 있는 권리를 말한다.

개별기업의 기술의 우수성 등 여러 요소에 따라 가치가 형성되는 영업권과 어업을 독점적으로 영위할 수 있는 권리인 어업권은 해당 재산에 대한 매매 등이 없는 한 시가를 산정하기 어려운 경우가 대부분이다.

나. 보충적 평가방법

영업권의 본질은 순자산가치를 초과하는 수익이므로 영업권의 장래 경제적 이익을 고려한 초과이익금액을 평가기준일 이후의 영업권 지속연수를 감안하여 기획재정부령이 정하는 방법에 의하여 환산하여 평가한다(상증령 §59②). 어업권의 경우에도 동 평가방법을 준용한다(상증령 §59②).

따라서 영업권의 보충적 평가방법은 ① 재산의 취득가액에서 취득한 날부터 평가기준일까지의 「법인세법」상의 감가상각비를 뺀 금액과 ② 초과이익금액을 평가기준일 이후의 영업권 지속연수를 감안하여 기획재정부령이 정하는 방법에 의하여 환산한 가액 중 큰 금액으로 평가한다.

○ 영업권의 평가: Max(①, ②)
① 취득가액−평가기준일까지의 감가상각비
② 초과이익금액을 평가기준일 이후의 영업권지속연수를 감안하여 기획재정부령이 정하는 방법에 의하여 환산한 가액

다. 초과이익금액

(1) 산정방식

초과이익금액은 다음과 같이 순자산가치를 초과하는 초과이익 전체를 대상으로 하지 않고 초과이익금액의 50%를 대상으로 산정한다(상증령 §59②).

〔최근 3년간의 순손익액의 가중평균액의 100분의 50에 상당하는 가액－(평가기준일 현재의 자기자본×1년 만기 정기예금이자율을 감안하여 기획재정부령이 정하는 율 10%)〕

(2) 최근 3년간 순손익액의 가중평균액

최근 3년간 순손익액의 가중평균액은 비상장주식 평가에서 1주당 순손익가치의 계산근거가 되는 최근 3년간 순손익액의 가중평균액을 준용한다(상증령 §59③).

가) 신설법인의 경우

신설법인으로서 평가기준일 전 직전 사업연도가 3년 미만인 경우에는 해당 연수를 적용한다.

나) 개인사업자의 경우

개인사업을 영위하던 자가 무체재산권을 현물출자하거나 사업양수도 방식으로 법인전환하는 경우로서 법인이 개인사업자의 무형자산을 소유하면서 계속 사업을 영위하는 경우에는 개인사업자 영위기간과 법인사업자 영위기간을 합산하여 판단한다(상증령 §59③).

이 경우 개인사업자의 소득세법상 종합소득금액은 각 사업연도 소득으로 본다(상증법 통칙 64－59…1).

다) 순손익액의 의미

상증법 시행령 제56조 제1항 및 제2항을 준용하여 평가하므로 최근 3년간 순손익액뿐만 아니라 기획재정부령으로 정하는 신용평가전문기관, 「공인회계사법」에 따른 회계법인 또는 「세무사법」에 따른 세무법인 중 둘 이상의 신용평가전문기관, 「공인회계사법」에 따른 회계법인 또는 「세무사법」에 따른 세무법인이 기획재정부령으로 정하는 기준에 따라 산출한 1주당 추정이익의 평균액도 순손익에 해당한다(상증령 §59③).

따라서 최근 3년간 순손익액의 가중평균뿐만 아니라 최근 3년간 추정이익의 가중평균액도 해당한다.

(3) 평가기준일 현재 자기자본

가) 자기자본을 확인할 수 있는 경우

평가기준일 현재 자기자본은 비상장주식 평가 시 순자산가액 계산에 관한 사항을 규정하고 있는 상속세 및 증여세법 시행령 제55조 제1항을 준용하여 계산한 총자산가액에서 부채를 뺀 가액을 말하며 보충적 평가방법에 의해 계산한 영업권은 자산가액에 포함하지 않는다(상증법 통칙 64-59…1).

나) 자기자본을 확인할 수 없는 경우

제시한 증빙에 의해 자기자본을 확인할 수 없는 경우에는 다음의 방법에 의해 계산한 금액 중 큰 금액을 자기자본으로 한다(상증령 §59⑦).

여기서 자기자본이익률 및 자기자본회전율은 한국은행이 업종별, 규모별로 발표한 자기자본이익률 및 자기자본회전율을 말한다(소칙 §81⑥).

① 자기자본 = 사업소득금액 / 자기자본이익률

② 자기자본 = 사업수입금액 / 자기자본회전율

다) 기획재정부령이 정하는 율

1년 만기 정기예금이자율을 감안하여 기획재정부령이 정하는 율은 10%이다(상증칙 §19①).

따라서 상속세 및 증여세법상 영업권 평가는 초과이익에 대해서는 50%를 적용하여 계산하고 순자산가치인 자기자본에 대해서는 10%를 적용하여 계산하는 것으로 되어 있어 순손익가치가 자기자본의 20%를 초과하는 경우에만 양수(+)의 영업권이 평가되는 구조라 할 수 있다.

라) 영업권 지속연수

영업권 지속연수는 원칙적으로 5년으로 한다(상증령 §59②).

라. 영업권의 평가금액

초과이익금액을 평가기준일 이후의 영업권 지속연수를 감안하여 기획재정부령이 정하는 방법에 의하여 환산한 가액이란 다음의 금액을 말한다(상증칙 §16②).

이는 초과이익금액의 10%가 영업권의 지속연수인 5년간 계속 지속된다고 가정한 금액을 현재가치로 할인한 금액으로 간편법으로는 초과이익금액에 3.79079를 곱하여 계산할 수 있다.

$$\frac{\text{각 연도의 수입금액}}{\left(1+\frac{10}{100}\right)^{n}}$$

n: 평가기준일로부터의 경과연수
(간편법: 초과이익금액 ×3.79079)

마. 매입한 무체재산권이 있는 경우

매입한 무체재산권으로서 그 성질상 영업권에 포함시켜 평가되는 무체재산권의 경우에는 이를 별도로 평가하지 아니하되 당해 무체재산권의 평가액이 환산한 가액보다 큰 경우에는 당해 가액을 영업권의 평가액으로 한다(상증령 §59②).

4. 특허권 · 실용신안권 · 상표권 · 디자인권 및 저작권 등

가. 개요

특허권은 특허법에 의하여 발명을 독점적으로 이용할 수 있는 권리를 말한다.

실용신안권은 기존의 물품을 개량하여 실용성과 유용성을 높인 고안을 출원하여 부여받은 권리를 말한다.

상표권은 특허청에 등록한 상표를 상품에 독점적으로 사용할 수 있는 권리를 말한다.

디자인권은 산업물품의 독창적이고 장식적인 외관에 대한 재산적 가치를 보호하는 권리를 말한다.

저작권은 문학, 예술, 학술에 속하는 창작물에 대하여 저작자나 그 권리 승계인이 행사하는 배타적 · 독점적 권리로서 저작자의 생존기간 및 사후 일정기간 동안에도 보호되는 권리를 말한다.

이 중 저작권은 문화상 보호받아야 할 가치 있는 권리이며, 그 외 권리는 산업상 보호받아야 할 가치있는 권리로 구분할 수 있다.

이들 무체재산권은 각 재산별 특성이 강하여 해당 재산의 매매 등의 가액이 있는 경우를 제외하고는 시가를 산정하기 어려운 경우가 일반적이다.

나. 평가원칙

특허권 등의 본질은 타인의 무상사용을 배제하는 독점성이라 할 수 있으며 법에 의해 보장되는 독점성으로 인해 이들 무체재산권을 사용하고자 하는 자들로부터 일정대가를 수수하게 되므로 장래의 경제적 이익을 고려한 평가액은 각 연도의 특허권 등 사용에 따른 수입금액을 일정방식에 의해 환산하는 방식으로 평가한다.

특허권 등의 평가액은 ① 취득가액에서 평가기준일까지의 감가상각비를 차감한 금액과 ② 권리에 의하여 장래에 받을 각 연도의 수입금액을 기획재정부령이 정하는 바에 의하여 계산한 금액의 합계액 중 큰 금액이다(상증령 §59⑤).

○ 영업권의 평가: Max(①, ②)
① 취득가액−평가기준일까지의 감가상각비
② 권리에 의하여 장래에 받을 각 연도의 수입금액을 기획재정부령이 정하는 바에 의하여 계산한 금액의 합계액

다. 장래의 경제적 이익을 고려한 평가액

권리에 의하여 장래에 받을 각 연도의 수입금액을 기획재정부령이 정하는 바에 의하여 계산한 금액의 합계액은 다음의 금액을 말한다(상증칙 §19②).

$$\frac{\text{각 연도의 수입금액}}{\left(1+\frac{10}{100}\right)^n}$$

n: 평가기준일로부터의 경과연수

(1) 수입금액이 확정되지 않은 경우

가) 최근 3년간 수입금액이 있는 경우

특허권 등의 사용대가로 각 연도에 받을 수입금액은 일정하지 않을 수 있어 평가기준일 현재 확정할 수 없는 경우가 많다. 각 연도의 수입금액이 확정되지 않은 경우로서 평가기준일전 최근 3년간의 각 연도의 수입금액이 있는 경우에는 최근 3년간의 각 연도의 수입금액의 합계액을 평균한 금액을 각 연도의 수입금액으로 한다(상증령 §59⑤, 상증칙 §19④).

나) 최근 3년간 수입금액이 없거나 장래 받을 수입금액이 하락할 것이 확실한 경우

최근 3년간 수입금액이 없거나 최근 3년간 수입금액이 있더라도 저작권(저작인접권을 포함한다)으로서 평가기준일 현재 장래에 받을 각 연도의 수입금액이 하락할 것이 명백한 경우에는 주소지 관할 세무서장 등이 2 이상의 공신력 있는 감정기관(「감정평가 및 감정평가사에 관한 법률」에 따른 감정평가업자를 말한다) 또는 전문가의 감정가액 및 해당 권리의 성질 기타 제반사정을 감안하여 적정한 가액을 수입금액으로 한다(상증령 §59⑤, 상증칙 §19④).

(2) 경과연수

평가기준일부터의 최종 경과연수는 당해 권리의 존속기간에서 평가기준일 전일까지 경과된 연수를 차감하여 계산한다. 이 경우 평가기준일부터의 최종 경과연수가 20년을 초과하는 때에는 20년으로 한다(상증칙 §19③). 이 경우 권리의 존속기간은 다음과 같다.

구분	존속기간	근거법령
특허권	20년	특허법 §88①
실용신안권	10년	실용신안법 §22①
상표권	10년	상표법 §33①
디자인권	20년	디자인보호법 §91①
저작권	저작자가 생존하는 동안과 사망 후 70년	저작권법 §39①

5. 광업권 및 채석권 등

가. 개요

광업권은 일정한 토지의 구역에서 등록한 광물과 부존하는 다른 광물을 채굴 및 취득할 수 있는 권리를 말한다(광업법 §5).

채석권은 물권에 속하는 것으로 타인의 땅에서 암석을 캐낼 수 있는 권리를 말한다.

광업권과 채석권은 권리의 특성이 강하여 해당 재산에 대한 매매 등이 있는 경우가 아니고는 시가를 산정하기 어려운 경우가 대부분이다.

나. 평가원칙

광업권, 채석권의 본질적인 가치는 광물 및 암석 등을 채굴하여 양도함으로써 일정 소득

을 얻는 것으로 장래의 경제적 이익을 고려한 평가가액은 평가기준일 이후의 채굴가능연수에 대하여 평가기준일 전 3년간 평균소득을 각 연도마다 기획재정부령이 정하는 방법에 의하여 환산한 금액의 합계액이다(상증령 §59⑥).

따라서 광업권, 채굴권의 평가액은 ① 재산의 취득가액에서 취득한 날부터 평가기준일까지의 「법인세법」상의 감가상각비를 뺀 금액과 ② 평가기준일 전 3년간 평균소득을 각 연도마다 기획재정부령이 정하는 방법에 의하여 환산한 금액의 합계액 중 큰 금액으로 평가한다.

○ 광업권 및 채석권의 평가: Max(①, ②)
① 취득가액－평가기준일까지의 감가상각비
② 평가기준일전 3년간 평균소득의 환산한 금액의 합계액

【서면－2018－상속증여－2259, 2019. 1. 31.】
광업채굴권의 가액은 취득가액에서 취득한 날부터 평가기준일까지의 「법인세법」상의 감가상각비를 뺀 금액과 장래의 경제적 이익 등을 고려하여 상증령 제59조에 따라 평가한 금액 중 큰 금액으로 평가함.

다. 환산한 금액의 합계액

(1) 조업할 가치가 있는 경우

가) 평가액

평가기준일 이후의 채굴가능연수에 대하여 평가기준일 전 3년간 평균소득(실적이 없는 경우에는 예상순소득으로 한다)을 각 연도마다 기획재정부령이 정하는 방법에 의하여 환산한 금액의 합계액이란 다음의 금액을 말한다(상증칙 §19⑤).[104)]

104) • 해당 산식으로 광업권을 평가하는 경우에는 광산별로 평가하는 것을 원칙으로 한다(상속재산평가준칙 §81⑤).
• 조업은 하고 있으나 소득은 얻지 못하는 광산, 탐광 중인 광산, 탐광은 종료하고 채광에 착수하지 않은 광산으로서 가까운 장래에 소득을 얻을 전망이 있는 광업권도 해당 산식으로 평가한다(상속재산평가준칙 §82③).
• 조광권이 설정되어 있는 광산의 광업권의 평가도 해당 산식으로 평가하되 각 연도의 조광료 수입금액에서 광업권자가 부담할 경비등을 공제한 금액에 의하여 상속개시 전 3년간 평균순소득을 계산한다(상속재산평가준칙 §82③).

$$\frac{\text{평가기준일 전 3년간 평균소득}}{\left(1+\frac{10}{100}\right)^{n}}$$

n: 평가기준일로부터의 채굴가능연수

나) 평가기준일 전 3년간 평균소득

① 평균소득

평균소득이란 매출액에서 매출원가와 판매비 및 일반관리비를 제외한 순소득으로 광물의 매출액에서 생산비용을 차감하여 계산하며 예상 순소득은 광산의 경제적 채굴가능 광량의 매출예상액에서 비용예상액을 차감하여 계산한다(상속재산평가준칙 §81②).

② 3년간 평균소득

3년간 평균소득은 영업권 평가 시 평가기준일 전 3년간 평균순손익액 계산하는 방식을 준용한다(상속재산평가준칙 §81④).

【대법원 2008두7625, 2008. 8. 21.】
평균소득에 관하여 명문의 규정이 없어 영업권평가 시 적용되는 순손익의 개념을 차용하여 광업권 평가 시의 평균소득도 소득금액의 개념이므로 평균소득의 산출 시 매출액에서 매출원가와 판매비 및 일반관리비를 제외하여야 함.

【서울행정법원 2006구합45388, 2007. 5. 22.】
개인사업자가 보유하던 광업권의 지분에 관한 평균소득의 산정방법은 소득세법 제19조 제2항에 규정된 당해연도의 총수입금액에서 필요경비를 공제하는 방법으로 산정하여야 함.

【국심2006서0426, 2006. 9. 8.】
평가기준일 전 3년간 평균소득은 광물의 매출액에서 그 광물의 채굴까지 소요되는 생산비용을 차감한 것으로서 이때 당해 광물의 판매비와 일반관리비는 생산비용에 포함되지 아니함.

【재삼46014-867, 1999. 5. 7.】
광업권을 소유하는 법인의 순자산가액 계산상 '평가기준일 전 3년간 평균소득'은 광물의 매출액에서 채굴까지 소요된 생산비용(판 · 관비 제외)을 차감함.

다) 평가기준일부터의 채굴가능연수

광업권과 채굴권의 채굴가능연수는 특허권 등처럼 법적으로 보장된 기간이 아닌 평가기준일 현재의 경제적 채굴가능량을 1년간 채굴예정량으로 나눈 연수이다.

이 경우 광업법에 의한 광업권의 존속기간은 25년이므로 광업권의 채굴가능연수는 25년을 초과하지 못하며 채석권의 채굴가능연수는 산림법에 의한 기간(10년)을 초과하지 못한다(상속재산평가준칙 §81③, §83②).

(2) 조업할 가치가 없는 경우

광업권, 채굴권의 가치는 채굴하는 광물과 암석이 경제적 가치가 있는 것을 전제로 하는 것이므로 광산 등이 폐광되는 등의 사유로 조업할 가치가 없는 경우에는 설비 등에 대한 가치만을 평가가액으로 한다(상증령 §59⑤단서).

즉, 조업할 가치가 없는 광산의 광업권의 가액은 없는 것으로 보는 것이며 광산이 폐광되는 경우에 다른 용도로 전용될 수 있다고 인정되어지는 고정자산과 유동자산 가액의 합계액으로 평가한다(상속재산평가준칙 §82①).

라. 저당권이 설정되어 있는 광업권에 대한 평가특례

평가기준일 현재 저당권이 설정되어 있는 경우에는 상속개시 당시의 시가 또는 장래의 경제적 이익을 고려하여 평가한 금액과 저당권이 설정된 광업권이 담보하는 채권액 중 큰 금액으로 한다(상속재산평가준칙 §82②).

Ⅷ 그 밖의 조건부권리 등의 평가

1. 조건부권리의 평가

가. 개요

조건부권리란 현재는 조건의 성부가 미정인 상태이지만 조건이 성취되는 경우 일정한 이익을 갖게 되는 권리를 말한다. 즉, 조건의 성부가 미정인 동안에 조건의 성취로 일정한 이익을 얻을 수 있는 기대를 갖는 일종의 희망권이라 할 수 있다.

민법은 조건의 성부가 미정인 동안에도 조건부권리를 갖고 있는 자의 조건의 성취로 갖게 될 이익이 보호받을 수 있도록 하고 있다(민법 §148). 이러한 조건부권리는 재산가치가 있는 다른 권리와 마찬가지로 양도가능하며 상속, 보존 또는 담보의 대상이 될 수도 있다(민법 §149).

조건부권리는 조건의 성취로 갖게 되는 이익이 각각 상이한 경우가 많아 해당 재산에 대한 매매가 있는 경우를 제외하고는 시가를 산정하기 어려운 경우가 대부분이다.

나. 보충적 평가방법

조건부권리의 가액은 본래의 권리의 가액을 기초로 하여 상속개시일 현재의 조건내용을 구성하는 사실, 조건성취의 확실성, 기타 제반사정을 참작한 적정한 가액으로 평가한다(상증령 §60 1호, 상속재산평가준칙 §101).

보충적 평가방법의 취지는 시가를 산정하기 어려운 재산에 대해 누가 평가하던 동일한 재산에 대해서는 동일한 가액으로 평가될 수 있도록 하는 것이라 할 수 있는데 조건부권리의 경우 주관적으로 판단하여야 하는 요소가 많아 보충적 평가방법으로 평가가액을 규정하는데 있어 한계가 있으므로 제반사정을 참작한 적정한 가액으로 평가하도록 규정하고 있다.

【사전-2021-법규재산-1024, 2022. 7. 5.】

주식매수선택권의 상속재산 가액은 「상속세 및 증여세법」 제65조 제1항 및 같은 법 시행령 제60조 제1항 제1호에서 규정한 조건부 권리의 평가방법에 따라 산정함.

【서울행정법원 2014구합14709, 2015. 2. 26.】

보험료 환급권은 중도해지하는 정지조건이 성취되었을 때 취득하게 되는 조건부권리에 해당하는 점 등에 비추어 이 사건 각 보험의 시가는 각각 그 해약환급금으로 보는 것이 타당함.

【서일46014-10358, 2001. 10. 26.】

주식매수선택권(Stock Option)은 일정한 기한에 미리 약정된 금액으로 주식을 취득할 수 있는 권리를 말하는 것으로 증권거래법상 양도할 수 없으나 상속은 가능함.

상속세 신고기한 내에 실제로 권리를 행사한 경우에는 행사 당시의 시가와 실제 매수가액의 차액을 상속재산가액으로 평가하고,

- 상속세 신고기한 내에 권리를 행사하지 아니한 경우에는 조건부권리의 평가방법을 준용하여 평가기준일 현재의 권리의 조건내용을 구성하는 사실, 조건성취의 확실성, 기타 제반사정을 감안한 적정가액으로 평가하여 이를 상속재산가액에 가산하여 신고기한 내에 신고하여야 하는 것임.

2. 존속기간이 불확정한 권리의 평가

권리를 보충적 평가방법으로 평가하는 경우에는 통상적으로 존속기간 동안의 수입금액이나 소득의 현재가치에 의한다.

하지만 존속기간이 불확정한 권리의 경우 일정금액으로 평가가 어려우므로 상속개시일 현재 권리의 성질, 목적물의 내용연수 기타 제반사정을 참작한 적정한 가액으로 평가한다(상증령 §60 2호, 상속재산평가준칙 §102).

3. 소송 중인 권리의 평가

소송 중인 권리의 가액은 소송의 진행 정도, 승소 확률, 승소 시 얻는 경제적 이익의 규모에 따라 달라질 수 있다.

소송 중인 권리는 상속개시일 현재의 분쟁관계의 진상을 조사하고 소송 진행의 상황을 참작한 적정한 가액으로 평가한다(상증령 §60 3호, 상속재산평가준칙 §104).

4. 신탁의 이익을 받을 권리의 평가

가. 개요

위탁자가 수익자에게 이익을 주기 위한 목적으로 수탁자에게 재산의 운용, 관리 등을 하게 하는 신탁법상 신탁계약을 하는 경우 수익자로 지정된 자는 신탁으로 정한 바에 따라 수익권을 취득하게 된다(신탁법 §56).

신탁의 수익권을 취득한 수익자는 신탁재산을 관리 및 운용함에 따라 발생되는 이익을 받을 권리와 신탁행위로 정한 사유가 발생한 때 또는 신탁의 목적을 달성하였거나 달성할 수 없게 되어 신탁이 종료한 때에 신탁재산 원본자체를 받을 권리를 얻게 되며 이러한 권리는 양도도 가능하다.

신탁의 이익을 받을 권리의 본질은 약정된 신탁기간동안 매년 수령하게 되는 이익금액 또는 해지 시 받는 일시금이므로 조건부권리 등과는 다르게 보충적 평가방법으로 구체적 평가가 가능하다.

나. 보충적 평가방법

(1) 원본과 수익의 이익에 대한 수익자가 동일한 경우

신탁계약 체결 시에는 원본의 이익과 수익의 수익자를 동일하게 하거나 원본의 이익과 수익의 이익의 수익자를 다르게 계약할 수 있다.

원본의 이익이란 신탁거래의 목적물이 되는 특정의 재산권 자체를 향수할 권리로서 위탁자가 신탁계약 시 위탁한 금전 · 동산 · 부동산 자체를 받을 권리를 말한다.

수익의 이익이란 신탁이익 중 신탁원본 이외의 이익을 받을 권리를 말한다.

신탁의 이익을 받을 권리의 시가를 산정하기 어려운 경우로서 원본의 이익과 수익의 이익의 수익자가 동일한 경우에는 ① 평가기준일 현재 신탁계약의 철회, 해지, 취소 등을 통해 받을 수 있는 일시금과 ② 평가기준일 현재 법에 따라 평가한 신탁재산의 가액 중 큰 금액을 평가액으로 한다(상증령 §61 1호).

(2) 원본과 수익의 수익자가 다른 경우

가) 원본의 이익을 수익하는 경우

원본의 이익을 수익하는 경우에는 ① 평가기준일 현재 신탁계약의 철회, 해지, 취소 등을 통해 받을 수 있는 일시금과 ② 평가기준일 현재 법에 따라 평가한 신탁재산의 가액에서 아래 금액을 차감한 금액 중 큰 금액으로 한다(상증령 §61 2호가목).

$$\frac{\text{각 연도에 받을 수익의 이익} - \text{원천징수세액상당액}}{(1+\text{신탁재산의 평균 수익률 등을 감안하여 기획재정부령으로 정하는 이자율})^{n}}$$

n: 평가기준일로부터의 수익시기까지의 연수
* 기획재정부령이 정하는 이자율: 1,000분의 30(2001. 10. 1.부터 2017. 3. 9.까지는 1,000분의 10)

나) 수익의 이익을 수익하는 경우

수익의 이익을 수익하는 경우에는 ① 평가기준일 현재 신탁계약의 철회, 해지, 취소 등을 통해 받을 수 있는 일시금과 각 연도에 받을 수익의 이익(평가기준일 현재 신탁재산의 수익에 대한 수익률이 확정되지 않은 경우에는 원본의 가액에 1,000분의 30을 곱하여 계산한 금액)에서 수익의 이익에 대한 원천징수세액 상당액 등을 고려하여 다음의 계산식에 따라 계산한 금액의 합계액 중 큰 금액을 평가액으로 한다(상증령 §61 2호나목, 상증칙 §19조의2②).

$$\frac{\text{각 연도에 받을 수익의 이익 − 원천징수세액상당액}}{(1+\text{신탁재산의 평균 수익률 등을 감안하여 기획재정부령으로 정하는 이자율})^n}$$

n: 평가기준일로부터의 수익시기까지의 연수
* 기획재정부령이 정하는 이자율: 1,000분의 30(2001. 10. 1.부터 2017. 3. 9.까지는 1,000분의 10)

5. 정기금을 받을 권리의 평가

가. 유기정기금의 평가

(1) 개요

유기정기금이란 정해진 기간 동안만 정기적으로 반복하여 금전 등의 급부를 받을 수 있는 채권을 말하는 것으로 보험계약으로 받게 되는 보험금, 연금, 정기급, 부양료, 지료 등이 이에 해당한다.

(2) 보충적 평가방법

유기정기금은 ① 평가기준일 현재 계약의 철회, 해지, 취소 등을 통해 받을 수 있는 일시금과 ② 잔존기간에 각 연도에 받을 정기금액을 기준으로 다음 계산식에 따라 계산한 금액의 합계액 중 큰 금액으로 한다. 다만, 평가금액은 1년분 정기금액의 20배를 초과할 수 없다(상증령 §62 1호).

2019. 2. 11. 이전에는 ②의 금액, 즉 정기금을 현재가치로 환산한 금액으로 평가하였으나 상속 당시에는 연금의 형태로 상속하여 상속재산 평가 시 현재가치로 할인된 금액으로 평가받은 후 정기금을 해지하여 현금화하는 것을 막기 위해 2019. 2. 12. 대통령령 제29533호로 해지환급 시 받게 되는 일시환급금이 큰 경우에는 일시금으로 평가하는 것으로 개정되었다.

○ 유기정기금의 평가액: Max(①, ②)
① 평가기준일 현재 계약의 철회, 해지, 취소 등을 통해 받을 수 있는 일시금
② Min(a, b)
a. 각 연도에 받을 정기금액 / (1 + 보험회사의 평균공시이율 등을 감안하여 기획재정부령으로 정하는 이자율)^n
b. 1년분 정기금의 20배

n: 평가기준일부터의 경과연수
* 기획재정부령이 정하는 이자율

• 2017. 3. 10. 이후: 1,000분의 30
• 2016. 3. 21.부터 2017. 3. 9.까지: 1,000분의 35
• 2004. 1. 1.부터 2016. 3. 20.까지: 1,000분의 65

【서면-2019-상속증여-0012, 2019. 3. 20.】
매월 단위로 지급받는 경우 정기금을 받을 권리의 평가는 첫 회 수령일로부터 1년 미만의 기간 중 지급받을 금액의 단순 합계액과 첫 회 수령일로부터 1년 이후부터 수령할 금액을 「상속세 및 증여세법 시행령」 제62조 제1호에 따라 평가한 가액을 합계하는 방식으로 평가하는 것임.

【조심2015중1153, 2016. 3. 22.】
상속인들은 해지환급금이 아닌 연금을 지급받을 권리를 상속받은 것으로 보이고, 매월 일정액의 연금을 수령하다가 만기에 원금을 반환받는 쟁점즉시연금보험은 유기정기금평가방법에 의해 평가하는 것이 타당해 보이는 점 등에 비추어 연금지급이 개시된 쟁점즉시연금보험을 해지환급금으로 평가하여 상속세를 결정한 처분은 잘못임.

【서울행정법원 2011구합4282, 2011. 6. 2.】
보험계약으로 받게 되는 정기금은 그 보험계약의 명칭이나 형식에도 불구하고 실질적인 측면에서 20년 동안 금원을 정기적으로 지급받는 유기정기금으로 봄이 상당하고, 이와 같이 해석한다고 하여 조세법규의 엄격해석의 원칙이나 조세평등의 원칙에 반한다고 할 수 없음.

【재산세과-313, 2011. 6. 29.】
「상속세 및 증여세법 시행령」 제62조 제3호의 종신정기금을 매월 단위로 지급받는 경우 정기금을 받을 권리의 평가는 첫 회 수령일로부터 1년 미만의 기간 중 지급받을 금액의 단순 합계액과 첫 회 수령일로부터 1년 이후부터 수령할 금액을 같은 법 시행규칙 제19조의2 제2항에 따라 평가한 가액을 합계하는 방식으로 평가하는 것임. 이 경우 각 연도에 받을 정기금액은 1년 동안 지급받을 금액의 합계액을 적용하며, 경과연수(n)는 같은 법 시행령 제62조 제3호의 기대여명의 연수에서 1년을 차감한 연수를 적용하는 것임.

【국심2005서1066, 2005. 12. 13.】
정기금을 받을 권리의 가액은 잔존기간에 대한 총금액에 잔존기간에 해당하는 각각의 율을 곱하여 평가하는 것임.

나. 무기정기금

(1) 개요

무기정기금이란 정기금의 급부기간이 무기한인 것으로 급부사유가 발생한 이후에 장래 무기한 정기적으로 금전, 기타 물건을 받게 되는 권리를 말한다.

(2) 보충적 평가방법

무기정기금은 ① 평가기준일 현재 계약의 철회, 해지, 취소 등을 통해 받을 수 있는 일시금과 ② 정기금액의 20배에 해당하는 금액 중 큰 금액을 평가액으로 한다(상증령 §62 2호).

○ 무기정기금의 평가액: Max(①, ②)
① 평가기준일 현재 계약의 철회, 해지, 취소 등을 통해 받을 수 있는 일시금
② 정기금액 × 20배

다. 종신정기금

(1) 개요

종신정기금이란 종신까지 정기로 금전, 기타의 물건을 급부받을 수 있는 권리로서 채권의 존속기간이 수령인의 사망 시까지 존속되는 권리라 할 수 있다.

종신정기금의 경우 무기정기금과 달리 종신까지라는 기한의 제한은 있지만 유기정기금처럼 평가기준일 현재 평가기준일부터의 경과연수를 예측할 수는 없다.

(2) 보충적 평가방법

종신정기금의 평가는 ① 평가기준일 현재 계약의 철회, 해지, 취소 등을 통해 받을 수 있는 일시금과 ② 정기금을 받을 권리가 있는 자의 「통계법」 제18조에 따라 통계청장이 승인하여 고시하는 통계표에 따른 성별 · 연령별 기대여명의 연수(소수점 이하는 버린다)까지의 기간 중 각 연도에 받을 정기금액을 다음 계산식에 따라 계산한 금액의 합계액 중 큰 금액을 평가액으로 한다.

2010. 12. 31. 이전에는 75세까지를 종신기간으로 하였으나 평균수명이 늘어남에 따라 2011. 1. 1. 이후에는 「통계법」 제18조에 따라 통계청장이 승인하여 고시하는 통계표에 따른 성별 · 연령별 기대여명의 연수를 기준으로 평가한다.

○ 유기정기금의 평가액: Max(①, ②)
① 평가기준일 현재 계약의 철회, 해지, 취소 등을 통해 받을 수 있는 일시금
② 기대여명 연수의 기간에 따라 현재가치로 환산한 금액
기대여명까지 수령할 정기금액 / (1+보험회사의 평균공시이율 등을 감안하여 기획재정부령으로 정하는 이자율)^n

n: 평가기준일부터의 경과연수
* 기획재정부령이 정하는 이자율
- 2017. 3. 10. 이후: 1,000분의 30
- 2016. 3. 21.부터 2017. 3. 9.까지: 1,000분의 35
- 2004. 1. 1.부터 2016. 3. 20.까지: 1,000분의 65

【재산세과－541, 2010. 7. 26.】
계약자가 사망하여 아들이 상속형연금을 수령하게 되는 경우 연금 및 적립금을 받을 권리는 상속세 및 증여세법 시행령 제62조 제3호(종신정기금)의 규정에 의하여 평가하는 것임.

【재산세과－313, 2011. 6. 29.】
「상속세 및 증여세법 시행령」 제62조 제3호의 종신정기금을 매월 단위로 지급받는 경우 정기금을 받을 권리의 평가는 첫 회 수령일로부터 1년 미만의 기간 중 지급받을 금액의 단순합계액과 첫 회 수령일로부터 1년 이후부터 수령할 금액을 같은 법 시행규칙 제19조의2 제2항에 따라 평가한 가액을 합계하는 방식으로 평가하는 것임. 이 경우 각 연도에 받을 정기금액은 1년 동안 지급받을 금액의 합계액을 적용하며, 경과연수(n)는 같은 법 시행령 제62조 제3호의 기대여명의 연수에서 1년을 차감한 연수를 적용하는 것임.

【서면 인터넷방문상담4팀－1092, 2006. 4. 24.】
종신정기금을 평가함에 있어 '그 목적으로 된 자'는 보험계약서상 그 자의 사망 시까지 연금을 지급받기로 계약된 자를 의미함.

 국외재산의 평가

1. 비상장주식 외 재산의 평가

가. 원칙

국외에 소재하는 재산에 대해서도 원칙적으로 상속세 및 증여세법상 평가방법(상증법 제60조 내지 제65조)을 준용하여 평가한다.

나. 상증법상 평가방법에 따른 평가액이 없는 경우

국외에 소재하는 재산의 경우 국외에 있는 특성상 시가와 사례가액을 확인하기 어려운 점이 있고 기준시가 등이 고시되지 않아 보충적 평가방법에 의한 가액으로도 평가하기 어려운 점이 있다.

국외재산에 대해 상속세 및 증여세법상 평가원칙을 적용하여 평가하기 어려운 경우에는 당해 재산이 소재하는 국가에서 양도소득세 · 상속세 또는 증여세 등의 부과목적으로 평가한 가액을 평가액으로 한다(상증령 §58조의3①).

이 경우 당해 재산이 소재하는 국가에서 양도소득세 · 상속세 또는 증여세 등의 부과목적으로 평가한 가액도 없는 경우에는 세무서장 등이 2 이상의 국내 또는 외국의 감정기관(주식등에 대한 평가의 경우에는 기획재정부령으로 정하는 신용평가전문기관, 「공인회계사법」에 따른 회계법인 또는 「세무사법」에 따른 세무법인을 포함)에 의뢰하여 감정한 가액을 참작하여 평가한 가액으로 평가한다(상증령 §58조의3②).

2. 외국법인이 발행한 비상장주식의 평가

가. 상속세 및 증여세법상 평가원칙 준용

외국법인이 발행한 비상장주식도 별도의 평가특례 규정이 없으므로 상속세 및 증여세법상 평가원칙을 준용하여 평가하는 것을 원칙으로 한다.

【서면 인터넷방문상담2팀-1615, 2007. 9. 4.】
국외재산인 비상장주식의 시가의 범위에는 외국의 재산소재지국에서 과세목적으로 평가한 가액 등도 시가에 해당될 수 있는 것임.

나. 보충적 평가방법에 의한 평가의 적정성

(1) 개요

일반법인의 비상장주식 보충적 평가방법은 순손익가치와 순자산가치를 가중평균해서 산출하는 것으로 순손익가치는 최근 3년간 순손익액의 가중평균액을 순손익가치 환원율인 10%로 나누어 산정한다.

즉, 순손익가치 환원율인 10%를 적용해야만 평가가 가능하지만 순손익가치 환원율은 3년 만기 회사채의 유통수익률을 감안하여 기획재정부령으로 정하는 이자율로서 미래수익의 위험도를 감안하여 내국법인이 발행한 주식을 평가하기 위한 것이라 할 수 있다.

따라서 국가별로 각국의 상이한 경제환경 등을 고려 시 외국법인이 발행한 주식에 대해 상속세 및 증여세법상 순손익가치 환원율을 적용하여 순순익가치를 평가할 수 있는지에 대한 문제에 대해서는 다툼이 있다.

(2) 보충적 평가방법에 의해 평가할 수 있는지 여부

순손익가치와 순자산가치를 가중평균한 보충적 평가방법에 의해 평가할 수 있는지에 대해서는 국세청과 대법원이 각각 다른 입장을 취하고 있다.

가) 국세청의 입장

국세청은 외국법인이 발행한 주식도 국내 비상장주식과 동일하게 순자산가치와 순손익가치를 가중평균한 보충적 평가방법에 의해 평가하여야 하는 것으로 해석하고 있다. 또한 비상장주식에 대한 감정가액은 평가액으로 인정하고 있지 않지만 외국법인이 발행한 주식에 대해 국내와 국외의 감정기관의 감정가액의 평균액은 평가액이 될 수 있는 것으로 해석하고 있다(같은 취지의 조세심판원 결정례 조심2012중1884, 2012. 11. 19.).

【재산세과-516, 2010. 7. 14.】
시가를 산정하기 어려운 외국법인이 발행한 비상장주식의 경우는 상증법 시행령 제54조의 규정에 의하여 순자산가치와 순손익가치를 가중평균한 가액으로 함.

【법인세과-1230, 2009. 11. 5.】
비상장내국법인이 발행한 주식의 시가를 산정함에 있어 당해 주식의 평가대상 법인이 보유하고 있는 비상장외국법인이 발행한 주식의 시가가 불분명한 경우로써 「상속세 및 증여세법」 제63조의 규정을 적용하는 것이 부적당한 경우에는 같은 법 시행령 제58조의3에 따라 당해 외국법인이 소재하는 국가에서 양도소득세 · 상속세 또는 증여세 등의 부과목적으로 평가한 가액으로 하는 것이며, 이 경우 당해 외국법인 주식의 평가기준일과 당해 법인이 소재하는 국가에서 양도소득세 등의 부과목적으로 평가한 가액의 평가기준일이 상이한 경우에는 해당 국가에서 부과목적으로 평가한 방법과 동일한 평가방법으로 2 이상의 국내 또는 외국의 감정기관에 의뢰하여 감정한 가액을 참작하여 평가한 가액으로 할 수 있는 것임.

【국세청 상담4팀-1862, 2005. 10. 12.】

상속세 및 증여세법상 재산의 평가는 당해 재산의 소재지국에 관계없이 동법에 따라 평가하는 것이며 외국법인이 발행한 비상장주식의 최근 3년간 순손익액은 내국법인과 동일하게 계산하는 것임.

【국심2005서1406, 2005. 7. 5.】

국외특수관계자인 외국법인에게 해외자회사가 발행한 주식을 저가 양도한 것으로 보아 보충적 평가방법으로 평가한 주식가액과 양도가액과의 차액을 익금산입한 처분은 정당함.

【서면 인터넷방문상담2팀-2030, 2004. 10. 5.】

내국법인이 비상장외국법인의 주식을 국외 특수관계 있는 다른 외국법인에 현물출자 시 동 주식의 가액은 국제조세조정에 관한 법률 규정에 의한 정상가격에 의하지만 동 정상가격이 불분명하면 상속 · 증여세법 제63조 규정에 의한 평가액에 의함.

나) 대법원의 입장

대법원은 보충적 평가방법으로 평가 시 순손익가치는 우리나라의 3년 만기 회사채 유통수익률을 반영한 이자율을 적용하여 계산한 것이므로 국내와 사업환경과 미래수익의 위험도가 다른 외국법인의 비상장주식을 보충적 평가방법에 의해 평가하기 위해서는 동 방법으로 평가하고자 하는 자가 보충적 평가방법을 그대로 적용하는 것이 부적당하지 않다는 것을 입증하는 경우에 한하여 평가할 수 있다고 판결하고 있다.

한편 서울행정법원은 순손익가치를 배제하고 순자산가액만을 반영하여 보충적 평가방법으로 평가하는 것은 적법한 평가액인 것으로 판결한 바 있다(서울행정법원 2015구합71747, 2016. 12. 8.).

【대법원 2014두43226, 2015. 2. 12.】
원고가 수증한 해외 비상장주식 가액 산정 시 상속세 및 증여세법 시행령 제54조 등에서 정한 보충적 평가방법을 적용하는 것이 부적당하지 아니하다는 점을 인정할 만한 증거가 부족하여 보충적 평가방법으로 주식가액을 산정한 것은 위법함.

【대법원 2007두5646, 2010. 1. 14.】
평가대상 주식이 외국에 있는 비상장법인의 주식인 경우 구 상증세법 시행령 제54조와 구 상증세법 시행규칙 제17조 제1항 소정의 보충적 평가방법을 그대로 적용하는 것이 부적당하지 아니한 때에 한하여 위 보충적 평가방법을 적용할 수 있고, 위 보충적 평가방법을 적용하는 것이 부적당하지 아니하다는 점에 대한 입증책임은 과세관청에게 있다 할 것임.

【서울행정법원 2015구합71747, 2016. 12. 8.】
외국 비상장주식을 순손익가치의 고려 없이 순자산가치로만 평가하는 경우에는 보충적 평가방법 적용이 부당하다고 볼 이유가 없고, 보충적 평가방법 적용이 부적당하지 않다는 점에 관해 과세관청이 추가적으로 증명할 필요가 있다고 보이지 않음.

【대법원 2007두5646, 2010. 1. 14.】
주식이 외국에 있는 비상장법인의 주식인 경우 구 상증세법 시행령 제54조와 구 상증세법 시행규칙 제17조 제1항 소정의 보충적 평가방법을 그대로 적용하는 것이 부적당하지 아니한 때에 한하여 위 보충적 평가방법을 적용할 수 있고, 위 보충적 평가방법을 적용하는 것이 부적당하지 아니하다는 점에 대한 입증책임은 과세관청에게 있다 할 것임.

다) 조세심판원의 입장

조세심판원은 외국법인의 주식을 보충적 평가방법으로 평가하는 것이 적정하다고 입증하는 경우에 한하여 보충적 평가방법을 적용할 수 있고 순자산가치만을 반영하여 보충적 평가방법으로 평가하는 것은 타당하다고 결정하고 있다.

【조심2021서1130, 2021. 10. 6.】
중국현지법인을 순손익가치의 고려 없이 순자산가치로만 평가하는 경우에는 상증세법상 보충적 평가방법에 따르더라도 부당하다고 볼 이유가 없으므로 처분청이 중국현지법인에 대하여 상증세법상 보충적 평가방법을 적용하는 것이 부적당하지 아니하다는 점에 대하여 증명을 하지 못하여 그 주식가치 평가방식이 잘못되었다는 청구인의 주장은 받아들이기 어려운 것으로 판단됨.

【조심2020서0194, 2021. 8. 2.】
외국법인의 주식에 대하여는 그 적용이 적당하다고 입증된 경우에 한하여 예외적으로만 「상속세 및 증여세법」상 보충적 평가방법을 적용할 수 있는데(대법원 2015. 2. 12. 선고 2014두43226 판결 참조), 이와 관련하여 별다른 입증이 없는 이상, 「상속세 및 증여세법 시행령」 제58조의3 제2항에 따라 2 이상의 국내외 감정기관에 의뢰하여 감정한 가액을 참작하여 평가한 가액인 쟁점평가액을 적용하는 것이 타당함.

【조심2018서4162, 2020. 6. 19.】
외국 비상장주식인 쟁점②주식에 대하여 우리나라에 있는 비상장법인의 주식만을 적용대상으로 하는 '순손익가치'의 고려 없이 '순자산가치'로만 평가한 경우에는 보충적 평가방법에 따르더라도 부당하다고 볼 이유가 없는 점 등에 비추어 쟁점②주식을 '가중평가법에 따른 가액과 순자산가치의 70% 중 큰 금액'으로 재산정하여야 한다는 청구주장을 받아들이기 어려움.

제4절 시가평가의 예외

Ⅰ 최대주주등의 보유주식에 대한 할증평가

1. 개요

본인과 특수관계인이 법인의 주식등을 가장 많이 보유한 경우에는 배당, 임원보수, 임원선임, 신규사업추진 등 주요사항을 결정할 수 있는 경영권을 갖게 된다.

이렇게 법인에 대해 경영권을 갖고 있는 최대주주등의 주식등은 경영권을 갖고 있지 않은 일반 주주와 달리 기업활동을 통해 얻어진 무형의 자산에 대한 프리미엄 이른바 '경영권 프리미엄'이 가산된 가격으로 거래된다.

이러한 점을 감안하여 상속세 및 증여세법은 최대주주등의 주식등을 평가 시에는 일정비율을 할증하여 평가하도록 규정하고 있다.

이러한 할증평가 시 주식 및 출자지분의 시가가 있는 경우에는 시가평가가 원칙이므로 할증평가를 하지 않았으나 2008. 12. 26. 법률 제9269호로 2009. 1. 1.부터는 주식 및 출자지분을 시가로 평가하는 경우에도 할증평가를 하는 것으로 개정되었다.

이처럼 최대주주등의 주식 및 출자지분을 평가하는 경우에는 시가, 시가로 인정되는 가액에 일정비율을 할증하여 평가하여야 하므로 시가평가의 예외라 할 수 있다.

2. 최대주주등의 범위

가. 최대주주등

최대주주등이란 주식 발행회사의 상장 여부를 불문하고 주주등 1인과 그와 특수관계인의 보유주식등을 합하여 그 보유주식등의 합계가 가장 많은 경우의 해당 주주등 1인과 그의 특수관계인 모두를 말한다(상증령 §19②).

여기서 특수관계인은 상속세 및 증여세법 시행령 제2조의2 제1항에서 규정하고 있는 특수관계인을 의미한다. 보유주식등의 합계가 동일한 최대주주등이 2인 이상인 경우에는 모두를 최대주주로 본다(상증법 통칙 22-19…1).

나. 최대주주 또는 최대출자자

최대주주 또는 최대출자자는 최대주주등 중 보유주식등의 수가 가장 많은 1인을 말하는 것이다(상증령 §53④).

다. 최대주주등의 지분율 계산

최대주주등의 지분율은 직접보유 지분율만을 말하는 것으로 간접보유비율은 합산하지 않는다. 최대주주등이 보유하는 주식등의 지분율을 계산함에 있어서는 평가기준일부터 소급하여 1년 이내에 양도하거나 증여한 주식등을 합산하여 이를 계산하여야 한다(상증령 §53⑤).

【서일46014-10377, 2001. 10. 31.】
당해 주식을 한국증권거래소에서 반복적으로 양도·양수한 경우에는 평가기준일부터 소급하여 1년 이내의 기간 중에 최대주주등의 주식보유비율이 가장 높은 날 이후에 양도한 주식에 대하여 양수한 주식을 차감한 주식(부수인 경우에는 "0"으로 함)을 평가기준일 현재 보유주식에 합산하는 것이 타당함.

3. 할증평가

최대주주 또는 최대출자자 및 그의 특수관계인에 해당하는 주주등("최대주주등")의 주식을 평가 시에는 상속세 및 증여세법 제60조 제2항, 제63조 제1항, 제2항에 따라 평가한 평가가액에 일정 할증비율을 가산하여 평가한다(상증법 §63③).

상속세 및 증여세법 제63조 제1항(평가기준일 전 후 2개월간 최종시세가액의 평균액)에 따라 평가한 가액에 대해 할증평가를 하므로 유가증권 시장, 코스닥 상장시장의 주식을 평가기준일 전후 2개월간 최종시세가액의 평균액으로 평가하는 경우에도 할증평가를 하여야 한다.

경영권 프리미엄은 의결권이 있는 경우에 발생할 수 있는 것으로 의결권이 없는 주식은 할증평가를 하지 않는다.

【서일46014-10519, 2003. 4. 24.】
최대주주 주식의 할증평가 시, 최대주주등이 보유하는 주식수 및 발행주식총수등은 평가기준일 현재 당해 법인이 발행한 상법상 의결권이 있는 주식에 의함.

【재산상속46014-404, 2001. 8. 21.】
상속세 및 증여세법상 최대주주가 보유한 주식에 대한 할증평가율을 적용할 때에 당해 내국법인의 의결권 있는 발행주식총수와 최대주주의 보유주식 수에는 평가기준일 현재의결권이 제한되는 자기주식과 신탁계약에 따라 신탁회사로 하여금 취득하게 한 자기주식은 포함되지 아니하는 것임.

4. 할증평가 제외 법인

할증평가 대상법인은 주권상장법인, 비상장법인, 기업공개를 준비 중인 법인, 코스닥 상장을 준비 중인 법인 등 모든 법인이 해당하나 중소기업 및 다음에 해당하는 지속적인 결손누적 법인, 청산 중인 법인 등은 경영권 프리미엄이 있다고 보기 어려운 점을 감안하여 할증평가대상에서 제외하고 있다(상증법 §63③, 상증령 §53⑦).

가. 3년 연속 결손법인

평가기준일이 속하는 사업연도 전 3년 이내의 사업연도부터 계속하여 「법인세법」 제14조 제2항에 따른 결손금이 있는 법인의 주식등은 2015. 2. 3.부터 할증평가대상에서 제외된다.

나. 평가기간 내에 매매가액이 있는 경우

평가기준일 전후 6개월(증여재산의 경우에는 평가기준일 전 6개월부터 평가기준일 후 3개) 이내의 기간 중 최대주주등이 보유하는 주식등이 전부 매각된 경우로서 동 매매가액이 객관적으로 부당하거나 비상장주식의 소액거래가 아닌 경우에는 동 매매가액에 경영권 프리미엄이 포함된 것으로 보아 동 매매가액을 평가액으로 보며 할증평가 하지 않는다.[105)]

다. 합병등 자본거래에 따른 증여이익을 계산하는 경우

상속세 및 증여세법 시행령 제28조, 제29조, 제29조의2, 제29조의3 및 제30조(합병, 증자·감자, 현물출자, 전환사채 등의 주식전환 등에 따른 이익의 증여규정)에 따라 증여이익을 계산하는 경우에는 할증평가를 하지 않는다.

라. 다른 법인의 최대주주등에 해당하는 경우로서 다른 피출자법인의 주식등 평가 시

평가대상인 주식등을 발행한 법인이 다른 법인이 발행한 주식등을 보유함으로써 그 다른 법인의 최대주주등에 해당하는 경우로서 그 다른 법인의 주식등을 평가하는 경우에는 2021. 2. 17. 이후부터 할증평가가 배제된다.

2021. 2. 16. 이전에는 평가대상 주식등을 발행한 법인이 다른 법인("1차 피출자법인")이 발행한 주식등을 보유하고 있고, 1차 출자법인이 또 다른 법인("2차 출자법인")이 발행한 주식등을 보유함으로써 1차 출자법인 및 2차 출자법인이 최대주주등에 해당하는 경우에 1차 출자법인 및 2차 출자법인의 주식등을 평가하는 경우에 할증평가가 배제된다.

마. 영업이익이 '0' 이하인 개업 후 3년 이내 법인

평가기준일부터 소급하여 3년 이내에 사업을 개시한 법인으로서 사업개시일이 속하는 사업연도부터 평가기준일이 속하는 사업연도의 직전 사업연도까지의 기업회계기준에 의한 영업이익이 모두 영 이하인 경우에는 경영권 프리미엄이 있다고 보기 어려우므로 할증평가를 배제한다.

---

105) 2020. 2. 10. 이전에는 상속재산의 경우 평가기준일 전후 6개월, 증여재산의 경우 평가기준일 전후 3개월 내에 거래된 경우가 할증평가 배제 사유에 해당한다.

바. 청산이 확정된 경우

상속세 또는 증여세 과세표준 신고기한 이내에 평가대상 주식등을 발행한 법인의 청산이 확정된 경우에는 경영권 프리미엄이 있다고 보기 어려우므로 할증평가를 배제한다.

사. 최대주주등의 주식을 상속 또는 증여한 경우

최대주주등이 보유하고 있는 주식등을 최대주주등 외의 자가 10년 이내에 상속 또는 증여받은 경우로서 상속 또는 증여로 인하여 최대주주등에 해당되지 아니하는 경우에는 할증평가를 배제한다.

아. 명의신탁 증여의제 규정에 따라 과세되는 경우

주식등의 실제소유자와 명의자가 다른 경우로서 명의신탁 증여의제규정에 따라 해당 주식등을 명의자가 실제소유자로부터 증여받은 것으로 보는 경우에는 2016. 2. 5.부터 할증평가가 배제된다.

자. 중소기업의 주식

(1) 2020. 2. 10. 이전

2019. 12. 31.까지는 조세특례제한법 제101조에서 중소기업의 주식에 대해서는 2020. 12. 31.까지 할증평가를 하지 않고 유예하는 것으로 규정하고 있어 중소기업의 주식등에 대해서는 2020. 12. 31.까지 할증평가가 유예되었다.

(2) 2020. 2. 11. 이후

가) 할증평가 제외 법인으로 추가

중소기업 할증평가유예를 규정하고 있던 조세특례제한법 제101조가 2019. 12. 31. 삭제되는 대신 2020. 2. 11. 대통령령 제30391호로 할증평가 제외 대상에 중소기업이 발행한 주식등이 신설됨에 따라 2020. 2. 11.부터는 중소기업의 주식등은 할증평가 유예 대상이 아니라 할증평가 제외 대상에 해당한다.

나) 중소기업의 의미

중소기업은 「중소기업기본법」 제2조에 따른 중소기업을 말한다(상증령 §53⑥).[106]

106) 조세특례제한법 시행령 제2조의 중소기업은 규모기준 판단 시 당해 연도 매출을 기준으로 하는 반면 「중소

중소기업기본법 제2조는 규모의 확대 등으로 중소기업에 해당하지 않는 경우에는 중소기업기본법 제2조에 의해 사유 발생연도와 그 사유 발생연도의 다음 연도부터 3년간은 중소기업으로 보는 것으로 규정하고 있다.

따라서 유예기간 중에 있는 중소기업도 중소기업기본법 제2조의 중소기업에 해당하므로 유예기간 중에도 할증평가가 배제되는 것으로 보아야 한다.

【재산세과-140, 2010. 3. 9.】
「상속세 및 증여세법」 제63조 제3항 및 「조세특례제한법」 제101조 규정에 의한 중소기업 최대주주등의 주식 할증평가 적용특례는 「상속세 및 증여세법 시행령」 제53조 제6항의 규정에 의하여 「중소기업기본법」 제2조 및 같은 법 시행령 제3조의 규정에 의한 중소기업에 해당하는 기업에 대하여 적용하는 것임.

【서면 인터넷방문상담4팀-2629, 2005. 12. 27.】
「상속세 및 증여세법」 제63조 제3항 및 「조세특례제한법」 제100조의2의 규정에 의한 중소기업 최대주주등의 주식 할증평가 적용특례는 「상속세 및 증여세법 시행령」 제53조 제6항의 규정에 의하여 「중소기업기본법」 제2조 및 같은 법 시행령 제3조의 규정에 의한 중소기업에 해당하는 기업에 대하여 적용하는 것으로 같은 법 제2조 제3항 본문의 규정에 의하여 유예기간 중에 있는 중소기업을 포함하는 것임.

다) 외국법인이 발행한 주식에 대한 할증평가 여부

「중소기업기본법」 제2조는 국내 중소기업에 대해 일정 혜택을 주기 위한 것으로 외국법인은 이에 해당하지 않는다.

따라서 외국법인의 주식은 할증평가 제외 대상에 해당하지 않는다.

【상속증여세과-2, 2014. 1. 6.】
비상장외국법인 주식을 「상속세 및 증여세법」 제63조 규정에 따라 평가하는 경우로서 같은 법 시행령 제53조 제3항에 규정된 최대주주등이 보유하는 비상장주식에 해당하는 경우 같은 법 제63조 제3항의 규정에 따라 할증한 가액으로 평가하는 것임.

기업기본법」 제2조의 중소기업은 규모기준 판단 시 직전 3년 평균매출액을 기준으로 한다. 재산의 평가는 사업연도 중 수시로 이루어지므로 당해 연도 매출을 기준으로 한 조세특례제한법상 중소기업의 범위는 준용할 수 없으므로 「중소기업기본법」 제2조의 중소기업 범위를 준용하는 것이다.

차. 일정 중견기업이 발행한 주식

중견기업으로서 평가기준일이 속하는 사업연도의 직전 3개 평균매출액이 5천억 원 미만인 법인이 발행한 주식은 2023. 1. 1. 이후부터 할증평가가 배제된다.

5. 상속세 및 증여세법상 평가원칙에 따른 평가가액

상속세 및 증여세법상 평가원칙에 따라 평가한 가액이란 상속세 및 증여세법 제60조 제2항을 준용하여 평가한 비상장주식의 시가로 인정되는 가액, 상속세 및 증여세법 제63조 제1항을 준용하여 평가한 상장주식의 평가기준일 전후 2개월간 최종시세가액의 평균액 · 비상장주식의 보충적 평가방법으로 평가한 가액, 상속세 및 증여세법 제63조 제2항을 준용하여 평가한 기업공개목적으로 유가증권 신고를 하거나 코스닥시장 상장을 준비 중인 법인주식에 대한 평가가액, 미상장주식에 대한 평가가액 모두가 해당한다.

따라서 상속세 및 증여세법 평가원칙에 따라 평가한 최대주주등의 주식등에 대해서는 할증평가 배제사유에 해당하지 않는 한 평가기준일 전후 2개월간 최종시세가액의 평균액으로 평가되는 상장주식까지를 포함하여 모두 할증평가 하여야 한다.

6. 할증비율

2019. 12. 31. 이전에는 최대주주등의 지분율이 50%를 초과하는지 여부에 따라 50%를 초과하는 경우에는 30%, 50% 이하인 경우에는 20%의 비율로 할증하였다.

이러한 할증비율은 2019. 12. 31. 법률 제16846호로 2020. 1. 1.부터는 보유지분율과 관계없이 20%를 할증하는 것으로 개정되었다(상증법 §63③).

| 최대주주등의 할증비율 개정연혁 |

구분	2003년부터 2004년까지		2005년부터 2019년까지		2020. 1. 1. 이후		2023. 1. 1. 이후	
	중소	비중소	중소	비중소	중소	비중소	중소, 중견*	비중소
지분율 50% 이하	20%	10%	할증 유예	20%	할증 배제	20%	중소 할증 배제, 직전 3년 평균매출액 5천억 원 미만 중견 할증 배제	20%
지분율 50% 초과	30%	15%		30%				

Ⅱ 저당권 등이 설정된 재산에 대한 평가특례

1. 평가의 특례

저당권, 근저당권, 질권, 전세권의 본질은 채권자가 채무자의 채무불이행 시 재산을 담보로 하여 채권액을 변제받기 위한 것으로 통상적으로 채권자는 해당 재산의 시가가 채권액과 비슷한 수준이거나 채권액보나 낮은 경우에는 해당 채권액을 변제받는 것이 불분명할 수 있으므로 채권액보다 시가가 높은 재산에 대하여 설정하거나 등기한다.

즉, 채권액을 담보하기 위한 저당권 등의 설정은 통상적으로 해당 재산의 시가를 근거로 하므로 동 재산이 담보하는 채권액은 어느 정도 시가를 반영하고 있다고 할 수 있다.

따라서 상속세 및 증여세법은 해당 재산에 대하여 저당권 등이 설정된 경우에는 재산평가의 원칙에 불구하고 상속세 및 증여세법상 재산평가 원칙에 따라 평가한 가액과 해당 재산이 담보하는 채권액 중 큰 금액을 해당 재산의 평가액으로 하는 것으로 규정하고 있다(상증법 §66).

상속세 및 증여세법 집행기준 66－63…1 【저당권이 설정된 재산의 평가】
저당권・질권・전세권이 설정된 재산 그리고 양도담보된 자산은 시가, 시가가 불분명한 경우에는 보충적 평가방법에 따른 가액과 평가기준일 현재 당해 재산이 담보하는 채권액과 비교하여 큰 금액으로 평가한다.

○ 저당권이 설정된 재산의 평가액
① 시가로 평가하는 경우 Max(㉠, ㉡)
㉠ 시가
㉡ 그 재산이 담보하는 채권액

② 보충적 평가방법으로 평가하는 경우 Max(㉠, ㉡, ㉢)
㉠ 시가
㉡ 그 재산이 담보하는 채권액
㉢ 임대보증금 환산가격

2. 해당 재산이 담보하는 채권액 등으로 평가한 가액

가. 저당권이 설정된 재산

(1) 정의

저당권은 채무자 또는 제3자가 점유를 이전하지 아니하고 채무의 담보로 제공한 부동산에 대하여 다른 채권자보다 자기채권의 우선변제를 받을 권리를 말한다(민법 §356). 즉, 돈을 빌려주고 부동산을 담보로 받아 담보로 제공된 부동산에 대해 후순위 채권자보다 우선변제 받을 수 있는 권리라 할 수 있다.

(2) 평가

저당권(공동저당권 및 근저당권 제외)이 설정된 재산에 대한 시가 외의 평가액은 해당 재산이 담보하는 채권액이다(상증령 §63①1호).

따라서 해당 재산이 담보하는 채권액과 상속세 및 증여세법상 평가의 원칙에 따라 평가한 가액(해당 재산의 시가에 의하되 시가가 불분명한 경우 보충적 평가방법에 의한 평가액, 임대보증금 환산가액) 중 큰 금액이 해당 재산의 평가가액이 된다.

【조심2018서3368, 2018. 11. 16.】

상증법 제66조는 '저당권이 설정된 재산은 해당 재산이 담보하는 채권액 등을 기준으로 대통령령이 정하는 바에 의하여 평가한 가액과 제60조의 규정에 의하여 평가한 가액 중 큰 금액을 그 재산의 가액으로 한다'고 규정하고 있는바, 각각의 금액이 확인되지 않으므로 이를 재조사하여 그 결과에 따라 과세표준 및 세액을 경정하는 것이 타당함.

나. 공동저당권이 설정된 재산

(1) 정의

공동저당권은 동일한 채권의 담보로 수 개의 부동산에 저당권을 설정하고 그 부동산의 경매대가를 동시에 배당하는 때에는 각 부동산의 경매대가에 비례하여 그 채권의 분담을 정하고 저당 부동산 중 일부의 경매대가를 먼저 배당하는 경우에는 그 대가에서 채권의 전부를 변제받을 수 있는 권리를 말한다(민법 §368).

(2) 평가

공동저당권이 설정된 재산에 대한 시가 외의 평가액은 당해 재산이 담보하는 채권액을 공동저당된 재산의 평가기준일 현재의 가액으로 안분하여 계산한 가액이다(상증령 §63①2호).

따라서 당해 재산이 담보하는 채권액을 공동저당된 재산의 평가기준일 현재의 가액으로 안분하여 계산한 가액과 상속세 및 증여세법상 평가의 원칙에 따라 평가한 가액(해당 재산의 시가에 의하되 시가가 불분명한 경우 보충적 평가방법에 의한 평가액) 중 큰 금액이 해당 재산의 평가가액이 된다.

○ 공동저당권이 설정된 재산: Max(①, ②)
① 상속세 및 증여세법상 평가원칙에 따라 평가한 가액
(시가가 불분명한 경우에는 보충적 평가방법으로 평가한 평가액)
② 당해 재산이 담보하는 채권액을 공동저당된 재산의 평가기준일 현재의 가액으로 안분하여 계산한 가액

상속세 및 증여세법 집행기준 66-63…3 【공동저당권이 설정된 경우 채권액】

공동저당권이란 동일한 채권을 담보하기 위하여 여러 부동산에 설정된 저당권을 말한다. 이 경우 평가할 재산과 그 외의 재산이 공동저당권이 설정되거나 양도 담보된 경우에는 평가할 재산이 담보하는 채권액은 전체 채권액을 평가할 재산가액과 그 외의 재산가액으로 안분하여 계산한다.

【서면-2015-상속증여-2096, 2015. 11. 16.】

공동근저당권이 설정된 재산의 일부를 증여하는 경우 당해 증여재산이 담보하는 채권액은 평가기준일 현재 공동근저당권이 담보하는 총채권액을 공동담보된 재산의 평가기준일 현재의 시가로 안분하여 계산한 가액으로 하는 것임.

【서면 인터넷방문상담4팀-549, 2008. 3. 4.】

2 이상의 재산에 공동근저당권이 설정된 경우에는 당해 재산들이 담보하는 채권액을 평가기준일 현재의 각 재산별로 평가한 가액으로 안분하여 계산한 가액으로 함.

다. 근저당권이 설정된 재산

(1) 정의

근저당권은 담보할 채무의 최고액만을 정하고 채무의 확정을 장래에 보류하여 이를 설정

하되 채무가 확정될 때까지의 채무의 소멸 또는 이전은 저당권에 영향을 미치지 않는 권리를 말한다(민법 §357). 즉, 앞으로 생길 채권을 담보하기 위해 미리 저당권을 설정하는 것으로 채무자가 채무불이행 시 부동산에 근저당을 설정한 채권자가 다른 채권자보다 우선변제받을 수 있는 권리라 할 수 있다.

통상적으로 금융기관에서 대출 시 부동산에 대해 근저당권을 설정하므로 실무적으로는 근저당권이 설정된 재산에 대해 평가특례를 적용하는 경우가 가장 많다.

(2) 평가

가) 원칙

근저당권이 설정된 재산에 대한 시가 외의 평가액은 평가기준일 당해 재산이 담보하는 채권액이다(상증령 §63①3호). 여기에서 채권액은 채권 최고액이 아닌 평가기준일 현재 남아있는 채권잔액을 의미하는 것이다.

따라서 해당 재산이 담보하는 채권액과 상속세 및 증여세법상 평가의 원칙에 따라 평가한 가액(해당 재산의 시가에 의하되 시가가 불분명한 경우 보충적 평가방법에 의한 평가액 또는 임대보증금 환산가액) 중 큰 금액이 해당 재산의 평가가액이 된다.

○ 근저당권이 설정된 재산: Max(①, ②)
① 상속세 및 증여세법상 평가원칙에 따라 평가한 가액
(시가가 불분명한 경우에는 보충적 평가방법 평가액, 임대보증금 환산가액)
② 당해 재산이 담보하는 채권액

나) 채권 최고액이 담보하는 채권액보다 적은 경우

저당권은 확정된 채권을 담보하기 위해 설정하는 것으로 채권액이 3억 원이면 3억 원의 저당권을 설정하는 반면, 근저당권은 앞으로 생길 채권을 담보하기 위해 설정하는 것으로 총 채권액이 3억 원이면 여기에 일정비율을 가산한 채권 최고액으로 근저당권을 설정한다. 이러한 채권 최고액은 일반적인 경우에는 채권액보다 크지만 신용대출에 대한 일부 담보로서 형식적인 담보이거나 근저당을 설정하는 재산의 실제 재산가치가 채권액에 훨씬 못 미치는 경우에는 채권 최고액이 채권액보다 적을 수 있다.

채권 최고액이 담보하는 채권액보다 적은 경우에는 채권 최고액을 시가에 보다 근접한 평가액으로 보아 채권 최고액이 시가 외의 평가액이 된다(상증령 §63②).

○ 채권 최고액이 채권액보다 적은 경우: Max(①, ②)
① 상속세 및 증여세법상 평가원칙에 따라 평가한 가액
(시가가 불분명한 경우에는 보충적 평가방법으로 평가한 평가액)
② Min(a, b)
a. 해당 재산이 담보하는 채권액
b. 채권 최고액

다) 신용보증기관의 보증이 있는 경우

당해 채권액에 재산의 물적담보외 기획재정부령이 정하는 신용보증기관[107]의 보증이 있는 경우에는 담보채권액에서 보증액을 차감하여 평가한 가액이 시가 외의 평가액이 된다(상증령 §63②).

라) 다수의 채권을 담보하는 경우

동일한 재산이 다수의 채권을 담보하는 경우에는 담보하는 채권의 합계액이 시가 외의 평가액이 된다(상증령 §63②).

---

107) **상속세 및 증여세법 시행규칙 제19조의3【신용보증기관의 범위】**
영 제63조 제2항에서 "기획재정부령이 정하는 신용보증기관"이라 함은 「법인세법 시행령」 제63조 제1항 각호에서 규정하는 법인을 말한다.
법인세법 시행령 제63조【구상채권상각충당금의 손금산입】
① 법 제35조 제1항에서 "대통령령으로 정하는 법인"이란 다음 각호의 어느 하나에 해당하는 법인을 말한다.
1. 제61조 제2항 제18호부터 제23호까지 및 제29호의 법인
2. 「주택도시기금법」에 따른 주택도시보증공사
3. 「사회기반시설에 대한 민간투자법」에 의한 산업기반신용보증기금
4. 「지역신용보증재단법」 제35조에 따른 신용보증재단중앙회
4의 2. 「서민의 금융생활 지원에 관한 법률」 제3조에 따른 서민금융진흥원
5. 「엔지니어링산업진흥법」에 따른 엔지니어링공제조합
6. 「소프트웨어산업진흥법」에 의한 소프트웨어공제조합
7. 「방문판매 등에 관한 법률」에 의한 공제조합
8. 「한국주택금융공사법」에 의한 한국주택금융공사
9. 「건설산업기본법」에 따른 공제조합
10. 「전기공사공제조합법」에 따른 전기공사공제조합
11. 「산업발전법」에 따른 자본재공제조합
12. 「소방산업의 진흥에 관한 법률」에 따른 소방산업공제조합
13. 「정보통신공사업법」에 따른 정보통신공제조합
14. 「건축사법」에 따른 건축사공제조합
15. 「건설기술진흥법」 제74조에 따른 공제조합
16. 「콘텐츠산업진흥법」 제20조의2에 따른 콘텐츠공제조합

【서면 인터넷방문상담4팀-2298, 2006. 7. 14.】
저당권 등이 설정된 증여재산의 평가 시 '채권액'은 동일한 재산이 다수의 채권의 담보로 되어 있는 경우에는 그 재산이 담보하는 채권액의 합계액으로 하는 것임.

(3) 대상 근저당권

가) 평가기준일 현재 설정된 근저당권

여기에서 평가특례 대상이 되는 근저당권은 평가기준일 현재 등기된 근저당권을 말하는 것으로 평가기준일 현재 근저당권이 설정되어 있지 않은 경우는 평가특례 대상에 해당하지 않는다. 이때 공동소유재산으로서 본인 지분에 근저당권이 설정되지 않은 경우에는 근저당권이 설정된 재산에 해당하지 않는다.

【서면 인터넷방문상담4팀-1595, 2005. 9. 2.】
「상속세 및 증여세법 시행령」 제63조 제1항 제3호에서 규정한 "근저당권이 설정된 재산"이란 민법상 채권자와 담보제공자 사이에 체결된 근저당권 설정계약에 따라 평가기준일 현재 근저당권이 등기된 재산을 말하는 것으로서, 평가기준일 전에 근저당권이 말소된 재산은 근저당권이 설정된 재산에 해당하지 아니하는 것임.
다만, 채권·채무관계의 변동 없이 재산을 증여하기 전에 근저당을 말소하고 재산을 증여한 후에 동일한 조건의 근저당을 설정한 경우 근저당이 말소된 것으로 볼 수 없음.

【서면-2015-상속증여-2096, 2015. 11. 16.】
공동근저당권이 설정된 재산의 일부를 증여하는 경우 당해 증여재산이 담보하는 채권액은 평가기준일 현재 공동근저당권이 담보하는 총채권액을 공동담보된 재산의 평가기준일 현재의 시가로 안분하여 계산한 가액으로 하는 것임.

【재산세과-461, 2009. 10. 14.】
근저당권 등이 설정된 재산은 평가기준일 현재 당해 재산이 담보하는 채권액과 상속세 및 증여세법 제60조의 규정에 의한 평가가액 중 큰 금액으로 평가하는 것임.

【서면 인터넷방문상담4팀-1618, 2004. 10. 13.】
공유물인 증여재산에서 증여자 지분에 근저당권이 설정되어 있지 않다면 타인지분에 근저당권이 설정되어 있더라도 근저당권이 설정된 재산에 해당하지 아니함.

나) 평가기준일에 설정되거나 해지된 경우

평가기준일에 설정되거나 해지된 근저당권은 평가특례 대상이 되는 근저당권에 해당하며 채권·채무의 변동 없이 평가기준일 전 근저당권을 말소한 후 평가기준일 이후 동일 조건의 근저당권을 설정한 경우에도 평가특례 대상이 되는 근저당권에 해당한다.

【재산세과-714, 2010. 9. 30.】
부동산을 증여함에 있어서 동 일자로 당해 부동산에 설정된 근저당권을 해지한 경우 당해 증여재산을 평가함에 있어서 채권액을 적용하는 것임.

【조심2009광2444, 2009. 9. 28.】
증여등기 접수 후에 근저당을 설정하였다 하더라도 증여일과 같은 날 설정된 근저당에 의한 채무액으로 증여재산가액을 평가함은 정당함.

【서면 인터넷방문상담4팀-1595, 2005. 9. 2.】
채권·채무관계의 변동 없이 재산을 증여하기 전에 근저당을 말소하고 재산을 증여한 후에 동일한 조건의 근저당을 설정한 경우 근저당이 말소된 것으로 볼 수 없음.

【재산세과-1893, 2008. 7. 25.】
부동산을 증여함에 있어서 동일자로 당해 부동산에 근저당권을 설정한 경우에는 상속세 및 증여세법 제66조 규정이 적용됨.

(4) 대상 채권액

가) 평가기준일 현재 채권 잔액

해당 부동산이 담보하는 채권액은 평가기준일 현재의 채권액을 말하는 것으로 이미 반제된 채권은 해당하지 않는다.

【재산세과-178, 2011. 4. 7.】
근저당권 등이 설정된 재산은 평가기준일 현재 당해 재산이 담보하는 채권액과 상증세법 제60조의 규정에 의한 평가가액 중 큰 금액으로 평가하는 것이며, 이 경우 채권액은 평가기준일 현재의 채권액을 함.

【재산세과-1583, 2008. 7. 10.】
근저당권이 설정된 재산을 평가할 때 증여재산이 담보하는 채권액은 평가기준일 현재의 채권액에서 예금 담보잔액을 차감한 금액으로 하는 것임.

【서면 인터넷방문상담4팀-126, 2007. 1. 10.】
근저당권이 설정된 증여재산은 채권액과 평가가액 중 큰 금액으로 평가하며, 채권액은 채권 최고액이 아니라 평가기준일 현재 남아 있는 채권액을 말함.

【서면 인터넷방문상담4팀-1019, 2007. 3. 28.】
근저당이 설정된 증여재산을 평가함에 있어 당해 재산이 담보하는 채권액이란 평가기준일 현재 남아 있는 채권액을 말함.

나) 예금 담보가 공동담보로 제공된 경우

채권의 담보로 예금 담보가 제공된 경우에는 해당 재산이 담보하는 채권액에서 예금 담보잔액은 차감하는 것이며 채권액에는 대출금뿐만 아니라 할인어음, 수입신용장 관련 유산스 금액을 포함하는 것이다.

【재산세과-419, 2012. 11. 22.】
근저당권이 설정된 재산을 평가함에 있어 공장 및 예금 등이 공동으로 동일한 채권의 담보로 제공된 경우에 있어서 평가기준일 현재 공장이 담보하는 채권액에는 그 공장이 담보한 할인어음 및 수입신용장 관련 유산스 금액을 포함하나, 공동으로 담보된 전체 채권액에서 예금 등의 평가금액을 차감하는 것임.

【재산세과-1583, 2008. 7. 10.】
근저당권이 설정된 재산을 평가할 때 증여재산이 담보하는 채권액은 평가기준일 현재의 채권액에서 예금 담보잔액을 차감한 금액으로 하는 것임.

다) 근저당 설정일 이후 추가 발생 채권액

근저당 설정 대상 재산의 실제 재산가치가 높아 그 재산가치에 맞게 채권 최고액을 설정하였으나 평가기준일에는 적은 금액의 대출만을 실행하고 이후 추가로 대출을 실행하는 경우에는 추가 대출금도 평가기준일의 채권액에 해당한다. 또한 추가대출금에는 신용대출금도 포함된다(법규과-1752, 2006. 5. 8.).

【조심2009부0465, 2009. 6. 30.】
근저당권 설정일 이후 채권 최고액 범위 내에서 추가적으로 받은 대출금은 평가기준일 현재 근저당권이 설정된 재산이 담보하는 채권액에 포함됨.

라) 공동근저당권이 설정된 경우

2 이상의 재산에 공동근저당권이 설정된 경우에는 당해 재산이 담보하는 채권액을 평가기준일 현재 각 재산의 평가액으로 안분계산한 가액으로 한다.

【서면 인터넷방문상담4팀-549, 2008. 3. 4.】
2 이상의 재산에 공동근저당권이 설정된 경우에는 당해 재산들이 담보하는 채권액을 평가기준일 현재의 각 재산별로 평가한 가액으로 안분하여 계산한 가액으로 함.

【서면 인터넷방문상담4팀-2245, 2007. 7. 24.】
2 이상의 재산에 공동근저당권이 설정된 경우에는 당해 재산들이 담보하는 채권액을 평가기준일 현재의 각 재산별로 상속세 및 증여세법 제60조 내지 제65조의 규정에 의하여 평가한 가액으로 안분함.

【서면 인터넷방문상담4팀-711, 2007. 2. 27.】
2 이상의 재산에 공동근저당이 설정된 경우 채권액은 평가기준일의 각 재산별 평가한 가액으로 안분함.

【제도46014-12668, 2001. 8. 16.】
평가할 재산과 그 외의 재산에 동일한 공동근저당권 등이 설정된 경우, 평가할 재산이 담보하는 채권액은 전체채권액을 각 재산별 가액으로 안분계산함.

【조심2018중3387, 2018. 11. 30.】
청구인이 제출한 차용증 OOO 계좌해지 내역, 재산세 납부영수증 등만으로는 해당 채권이 있었음이 분명하게 확인되지 아니하고, 해당 채권금액에 비하여 근저당채권 최고액 OOO은 과다한 점 등에 비추어 처분청이 쟁점상속재산에 대하여 설정된 근저당채권 최고액을 청구인의 상속지분으로 보아 청구인을 상속세 연대납세의무자로 지정한 이 건 처분은 잘못이 없는 것으로 판단됨.

【대법원 2013두1850, 2013. 6. 13.】
증여 이후에 증여재산에 관하여 제3자에 의해 근저당권이 설정된 경우에는 그것이 증여와 같은 날 설정되었더라도 그 근저당권의 피담보채권액은 '평가기준일 현재 당해 재산이 담보하는 채권액'에 해당하지 아니한다는 등의 이유로 이 사건 처분이 위법하다고 판단한 것은 잘못임.

【조심2011서0121, 2011. 6. 30.】
근저당권이 설정된 부동산을 사회복지법인에 출연하는 경우 부동산 가액보다 근저당권이 설정된 채무액이 더 큰 경우 그 차액을 증여자가 수증자로부터 증여받은 것으로 보아 과세한 처분은 잘못이 없는 처분임.

【서면 인터넷방문상담4팀-2087, 2005. 11. 4.】
수 개의 근저당권이 설정된 경우에는 각각의 근저당권설정을 위한 감정가액 중 큰 금액과 근저당권을 제외한 저당권 등이 중복설정된 경우에는 당해 재산을 담보하는 채권액 등을 합한 금액 중에서 큰 금액을 담보하는 채권액으로 함.

라. 질권이 설정된 재산 및 양도담보재산

(1) 정의

질권은 채권자가 채무의 변제를 간접적으로 강제하기 위해 동산 또는 권리를 채무자 또는 제3자(담보제공자)로부터 제공받아 점유하고 채무자 등이 채무불이행 시 동산을 처분하거나 권리를 실행하여 채권을 변제받을 수 있는 권리를 말한다(민법 §329 내지 §355).

양도담보재산은 채권을 담보하기 위해 채권자에게 재산을 양도하고 채무불이행 시 양도재산으로 우선변제 받고 채무이행 시 채무자에게 반환하기로 약정된 재산을 말한다.

(2) 평가

질권이 설정된 재산과 양도담보재산은 당해 재산이 담보하는 채권액이 시가 외의 평가액이 된다(상증령 §63①4호).

따라서 당해 재산이 담보하는 채권액과 상속세 및 증여세법상 평가의 원칙에 따라 평가한 가액(해당 재산의 시가에 의하되 시가가 불분명한 경우 보충적 평가방법에 의한 평가액) 중 큰 금액이 해당 재산의 평가가액이 된다.

○ 질권이 설정된 재산: Max(①, ②)
① 상속세 및 증여세법상 평가원칙에 따라 평가한 가액
(시가가 불분명한 경우 보충적 평가방법 평가액, 임대보증금 환산가액)
② 해당 재산이 담보하는 채권액

【조심2014서2293, 2014. 6. 26.】
처분청은 '저당권 등이 설정된 재산의 평가 특례'에 따라 주식에 설정된 질권의 채권금액을 기준으로 평가한 가액을 기준으로 청구인이 취득가액과의 차액에 대하여 증여세를 과세한 이 건 과세처분은 잘못이 없음.

마. 전세권이 등기된 재산

(1) 정의

전세권은 전세금을 지급하고 타인의 부동산을 점유하여 그 부동산의 용도에 좇아 사용·수익하며, 그 부동산 전부에 대하여 후순위 권리자 기타 채권자보다 전세금을 우선변제 받을 수 있는 권리를 말한다(민법 §303).

(2) 평가

전세권이 등기된 재산의 시가 외의 평가액은 임대보증금이다(상증령 §63①5호).

따라서 등기된 전세금 또는 임대보증금을 받고 임대한 경우에는 임대보증금과 상속세 및 증여세법상 평가의 원칙에 따라 평가한 가액(해당 재산의 시가에 의하되 시가가 불분명한 경우 보충적 평가방법에 의한 평가액) 중 큰 금액이 해당 재산의 평가가액이 된다.

○ 전세권이 등기된 재산: Max(①, ②)
① 해당 재산의 시가
(시가가 불분명한 경우 보충적 평가방법 평가액, 임대보증금 환산가액)
② 등기된 전세금 또는 임대보증금을 받고 임대한 경우에는 임대보증금

바. 위탁자의 채무이행 담보목적 신탁계약 체결 자산

(1) 정의

신탁법상의 신탁은 위탁자가 수탁자에게 특정한 재산권을 이전하거나 기타의 처분을 하여 수탁자로 하여금 신탁 목적을 위하여 그 재산권을 관리·처분하게 하는 것이다(신탁법 §2, 대법원 2014두47099, 2017. 11. 14.).

위탁자의 채무이행을 담보할 목적으로 체결한 신탁재산은 위탁자가 위탁자의 채무이행을 담보하기 위한 목적으로 「자본시장과 금융투자업에 관한 법률」 제103조 제1항 제5호 또

는 제6호(부동산, 지상권, 전세권, 부동산임차권, 부동산소유권 이전등기청구권, 그 밖의 부동산 관련 권리)의 재산을 수탁자에게 부여하고 수탁자가 동일 목적으로 운용하는 신탁의 재산을 말한다(상증령 §63③).

(2) 평가

위탁자의 채무이행을 목적으로 체결된 신탁재산의 가액은 신탁계약 또는 수익증권에 따른 우선수익자인 채권자의 수익 한도금액이 시가 외의 평가액이 된다(상증령 §63①6호).

따라서 신탁계약 또는 수익증권에 따른 우선수익자인 채권자의 수익한도금액과 상속세 및 증여세법상 평가의 원칙에 따라 평가한 가액(해당 재산의 시가에 의하되 시가가 불분명한 경우 보충적 평가방법에 의한 평가액) 중 큰 금액이 해당 재산의 평가가액이 된다.

위탁자의 채무이행을 목적으로 체결된 신탁재산에 대한 평가의 특례는 2019. 2. 12. 대통령령 제29533호로 신설되어 2019. 2. 12.부터 적용된다.

○ 채무이행 담보목적 신탁재산: Max(①, ②)
① 상속세 및 증여세법상 평가원칙에 따라 평가한 가액
(시가가 불분명한 경우에는 보충적 평가방법으로 평가한 평가액)
② 신탁계약 또는 수익증권에 따른 우선수익자인 채권자의 수익한도금액

사. 재산에 담보된 채권금액이 실제 재산가치보다 큰 경우

부동산을 담보로 저당권, 근저당권을 설정하는 경우 재산에 담보된 채권액은 통상적으로는 해당 재산의 재산가치보다 낮지만 담보하는 채권액이 해당 재산의 재산가치보다 높은 경우가 있다. 예컨대 신용대출을 하면서 형식적인 담보가 필요하여 신용대출 금액에 훨씬 미치지 못하는 토지에 대해 대출액 전액에 일정 비율을 가산한 금액을 채권 최고액으로 설정하는 경우 등을 들 수 있다.

즉, 형식적인 담보가 필요한 경우에 설정된 저당권, 근저당권의 경우 실제 재산가치보다 재산에 담보된 채권금액이 훨씬 클 수 있으므로 담보된 채권액으로 평가하는 것은 적절한 재산가치를 반영할 수 없다.

이러한 경우 납세자가 해당 재산의 실제가액보다 해당 재산에 담보된 채권액이 크다는 사실을 납세자가 입증하는 경우에는 저당권 등이 설정된 재산에 대한 평가특례는 적용하지 않는다.

【기획재정부 재산세제과-799, 2012. 9. 28.】

증여시점에서 재산이 담보하는 채권액이 재산의 실제가액보다 크다는 사실을 납세자가 입증하는 경우에는 상속세 및 증여세법 제66조에 따른 저당권 등이 설정된 재산에 대한 평가특례는 적용하지 않음.

【사전-2018-법령해석재산-0458, 2018. 12. 19.】

평가기준일 시점에서 재산을 담보로 하는 채권액이 그 재산의 실제가액보다 크다는 사실을 주장하는 자가 입증하는 경우에는 「상속세 및 증여세법」 제66조에 따른 저당권 등이 설정된 재산에 대한 평가특례는 적용하지 않는 것임.

【서면-2016-상속증여-3151, 2016. 5. 9.】

담보채권가액이 실제가액보다 비정상적으로 크다는 예외적인 사실을 납세자가 입증한다면 상증법 제66조의 적용을 배제하며, 이에 해당하는지 여부는 사실판단사항임.

【서면법규과-635, 2014. 6. 24.】

담보채권가액이 실제가액보다 비정상적으로 크다는 예외적인 사실을 납세자가 입증한다면 상증법 제66조의 적용을 배제하며 장기운송계약이 체결되어 있고 매매사례가액을 확인할 수 없는 선박을 감정평가법에 따라 평가한 것이 객관적이고 합리적인 가액에 해당할 경우 위 실제가액의 범위에 포함되는 것이나, 이에 해당하는지 여부는 사실판단사항임.

상속세 및 증여세법 집행기준 66-63-2 【재산이 담보하는 채권액】

① 재산이 담보하는 채권액은 평가기준일 현재 설정되어 있는 채권잔액으로 담보권 종류에 따라 다음과 같이 구분된다.

구분	재산이 담보하는 채권액
저당권(공동저당권 및 근저당권 제외)이 설정된 재산	해당재산이 담보하는 채권액
근저당권이 설정된 재산	평가기준일 현재 해당재산이 담보하는 채권액 단, 근저당의 채권 최고액이 채권액보다 적은 경우에는 채권 최고액으로 함.
질권 및 양도담보 재산	해당재산이 담보하는 채권액
전세권이 등기된 재산	전세금(임대보증금을 받고 임대한 경우 임대보증금)
「자동차저당법」 등에 의한 자동차 등 단기 소모성 재산	해당재산이 담보하는 채권액

② 외화 채권액의 경우 평가기준일 현재 기준환율 또는 재정환율에 의하여 환산한 가액으로 한다.

③ 당해 채권액에 재산의 물적담보 외 신용보증기관 등의 보증이 있는 경우에는 담보채권액에서 보증액을 차감하여 평가한다.

④ 동일한 재산이 다수의 채권(전세금 채권 및 임차보증금 채권 포함)을 담보하는 경우에는 담보하는 채권 합계액으로 평가한다.

제5절 상속세 및 증여세법상 용역의 시가

개요

상속세 및 증여세법은 용역을 무상으로 제공받은 경우 등에 대해서는 증여세를 과세하지 않다가 2004. 1. 1. 증여세 완전포괄과세가 도입됨에 따라 2004년부터 용역을 무상으로 제공받은 경우 등에 대해서도 증여세를 과세하기 시작하였다.

따라서 용역을 무상으로 제공받는 경우, 현저히 낮은 대가를 받고 제공받거나 현저히 높은 대가를 받고 제공하여 이익을 이전받는 경우에는 증여세 과세대상에 해당하므로 용역도 시가산정이 필요하다.

용역에 대한 과세에 대해서는 상속세 및 증여세법 제42조【재산사용 및 용역제공 등에 따른 이익의 증여】에서 규정하고 있다.

Ⅱ 용역의 시가

1. 정의

2004. 1. 1. 이후 증여세 완전포괄주의 과세가 시행되어 용역의 무상, 고・저가 거래에 따른 증여이익도 증여세 과세대상이 됨에 따라 2004. 12. 31. 대통령령 제18627호로 용역의 시가에 대한 정의가 신설되었다.

용역의 시가에 대해서는 "해당 거래와 유사한 상황에서 불특정다수인 간 통상적인 지급대가"로 정의하고 있다(상증령 §32③).

2. 용역의 시가가 불분명한 경우

용역의 무상거래, 고저가 거래에 대해 증여세를 과세하는 경우에는 시가를 기준으로 과세하는 것을 원칙으로 하지만 시가가 불분명한 경우에는 다음에 의한 가액으로 과세한다.

가. 부동산 임대용역

부동산을 무상으로 사용함으로써 이익을 얻는 경우에는 상속세 및 증여세법 제37조【부동산 무상사용에 따른 이익의 증여】에 따라 과세되며 이 경우에는 부동산 임대용역의 시가가 있더라도 시가에 의하지 않고 상속세 및 증여세법 시행령 제27조 제3항에서 정하고 있는 금액(부동산 가액×2%×3.79079)에 의해 과세된다.

반면 무상이 아닌 부동산 임대용역을 시가보다 낮은 가액으로 제공받거나 높은 가액으로 제공하는 경우에는 상속세 및 증여세법 제42조【재산사용 및 용역제공 등에 따른 이익의 증여】에 따라 과세되며 이 경우에는 해당 거래와 유사한 상황에서 불특정다수인 간 통상적인 지급대가인 시가에 의해 과세하는 것을 원칙으로 한다.

이 경우 부동산 임대용역의 시가가 불분명한 경우에는 상속세 및 증여세법상 평가원칙에 따라 평가한 부동산 가액에 1년간 부동산 사용료를 감안하여 기획재정부령으로 정하는 율(2%)을 곱한 금액을 시가로 본다(상증령 §32③1호).

○ 부동산 임대용역의 시가가 불분명한 경우 평가액
= 부동산 가액 × 기획재정부령이 정하는 율

* 부동산 가액: 시가 또는 시가를 산정하기 어려운 경우 보충적 평가방법으로 평가한 가액
* 기획재정부령이 정하는 율: 2%

나. 부동산 임대용역 외의 용역

역무를 제공하는 것에 해당하는 용역도 시가에 의해 과세하는 것을 원칙으로 하지만 시가가 불분명한 경우에는 법인세법 시행령 제89조 제4항 제2호를 준용하여 당해 용역의 제공에 소요된 금액(원가)과 원가에 당해 사업연도 중 특수관계인 외의 자에게 제공한 유사한 용역제공거래에 있어서의 수익률 또는 특수관계인이 아닌 제3자 간의 일반적인 용역제공거래를 할 때의 수익률 곱하여 계산한 금액을 합한 금액을 적용한다.

법인세법은 개별세법 중 유일하게 역무를 제공하는 것에 해당하는 용역의 시가에 대해 규정하고 있다.[108)]

○ 부동산 임대용역 외의 용역의 시가가 불분명한 경우
  = 당해 용역의 제공에 소요된 금액(원가) + 〔(원가)×유사 용역제공거래 수익률〕

* 유사 용역제공거래 수익률
- (기업회계기준에 의한 매출액 - 원가) / 원가
- 당해 사업연도 중 특수관계 외의 자에게 제공한 용역거래 수익률
  또는 특수관계인 아닌 제3자 간의 용역거래를 할 때 수익률 기준으로 산정

【서울행정법원 2015구합74746, 2016. 6. 30.】
용역은 재산 가치가 있는 역무를 제공하거나 재화・시설물 또는 권리를 사용하게 하는 것이므로 EEE가 연대보증을 제공하여 원고로 하여금 AAA로부터 자금지원을 받을 수 있도록 한 것은 금전대출에 대한 신용을 제공한 것으로서 일종의 용역 제공으로 인한 이익 증여에 해당하여 증여세의 부과대상이 됨.

【서면-2015-상속증여-0666, 2015. 6. 2.】
시가보다 낮은 대가를 지급하고 부동산 임대용역(불특정다수인 간에 통상적인 지급 대가가 1천만 원 이상인 것만 해당함)을 제공받음으로써 이익을 얻은 경우에는 증여세가 과세됨.

108) 법인세법 시행령 제89조【시가의 범위 등】
④ 2. 건설 기타 용역을 제공하거나 제공받는 경우에는 당해 용역의 제공에 소요된 금액(직접비 및 간접비를 포함하며, 이하 이 호에서 "원가"라 한다)과 원가에 당해 사업연도 중 특수관계인 외의 자에게 제공한 유사한 용역제공거래에 있어서의 수익률(기업회계기준에 의하여 계산한 매출액에서 원가를 차감한 금액을 원가로 나눈 율을 말한다)을 곱하여 계산한 금액을 합한 금액 (2012. 2. 2. 개정)

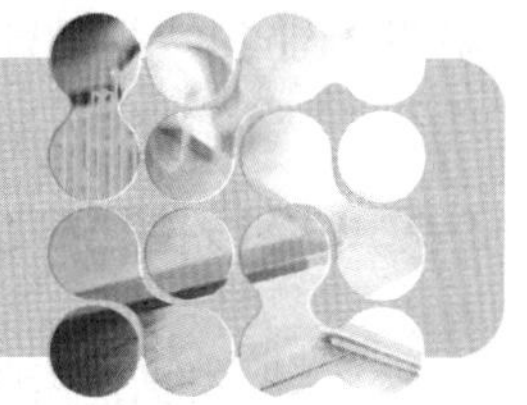

제2장

법인세법상 시가

제1절 자산과 용역의 시가에 대한 개관

Ⅰ 개요

일정시점의 재산의 평가액에 대해 과세하는 것이 주목적인 상속세법 및 증여세법과 달리 법인세법은 수익사업과 관련된 거래에서 발생된 소득에 대해 과세하는 것을 주목적으로 한다.

재산평가가 주목적이므로 재산에 관한 시가를 중심으로 규정하고 있는 상속세 및 증여세법과 달리 법인의 수익사업과 관련된 거래는 자산거래뿐만 아니라 용역거래도 해당하므로 법인세법은 자산과 용역의 시가에 대해 규정하고 있다.

또한 모든 재산에 대해 평가문제가 발생하는 상속세 및 증여세법과 달리 자산 또는 용역의 시가평가가 필요한 법인세법상 거래는 일부 무상・고저가 거래 또는 특수관계인 간 거래 등에 국한되므로 모든 거래에 대해 평가할 필요가 없는 차이가 있다.

Ⅱ 자산과 용역의 시가산정 목적

1. 부당행위계산부인 적용

법인세법 제52조는 법인이 특수관계인과의 거래를 통하여 조세의 부담을 부당하게 감소시킨 것으로 인정되는 경우에는 그 법인의 행위 또는 소득금액의 계산과 관계없이 각 사업연도의 소득금액을 재계산하는 것으로 규정하고 있다.

이러한 행위의 부당성 판단과 소득금액의 재계산은 법인세법 시행령 제89조에서 규정한 시가를 기준으로 판단하므로 법인세법상 시가평가의 가장 큰 목적은 부당행위계산부인을 적용하기 위함이라 할 수 있다.

2. 무상거래에 대한 과세가액 산정

법인이 무상으로 수증받은 자산가액은 익금에 해당한다(법령 §11 5호). 이 경우 익금에 산입하는 금액은 수증받은 자산의 시가가 되므로 시가산정이 필요하다(법령 §72②7호).

또한 법인이 특수관계인이 아닌 자에게 무상으로 자산을 증여한 경우로서 기부받은 당사자가 일정 한도 내에서 기부금 손금용인되는 단체가 아닌 경우에는 비지정기부금에 해당한다. 이 경우 비지정기부금으로 보는 가액은 장부가액과 시가 중 큰 금액이 되므로 시가산정이 필요하다(법령 §36①3호).

3. 현물 접대 시 기업업무추진비 가액 산정

법인이 금전이 아닌 현물로 접대한 경우에는 법인세법 시행령 제42조 제6항에 의해 장부가액과 시가 중 큰 금액을 기업업무추진비 가액으로 하므로 시부인 대상이 되는 기업업무추진비 가액을 구하기 위해서는 시가산정이 필요하다.

4. 특수관계인으로부터 유가증권 저가매입

자산의 저가 양수에 대해서는 과세하지 않지만 특수관계인으로부터 유가증권을 저가매입한 경우에는 매입가액과 시가와의 차액을 익금산입하여 선과세한다(법법 §15②1호). 이러한 익금산입액을 구하기 위해서는 시가산정이 필요하다.

5. 의제 기부금 가액 산정

법인세법상 기부금은 무상으로 자산을 기부한 것뿐만 아니라 특수관계인 외의 자에게 정당한 사유 없이 정상가액보다 낮은 가액으로 자산을 양도하거나 특수관계인 외의 자로부터 정상가액보다 높은 가액으로 자산을 양수하는 것도 해당한다(법령 §35).

이 경우 정상가액은 시가에 30%를 가감한 금액으로 의제기부금 가액을 산정하기 위해서는 시가산정이 필요하다.

6. 자산의 평가

가. 자산의 평가차손

세법상 자산의 평가는 원가법을 원칙으로 하므로 자산이 양도되기 전에는 자산의 가치하락에 따른 감액손실이 인정되지 않으나 다음에 해당하는 경우에는 자산의 시가와 장부가액과의 차액을 감액손실로 손금산입할 수 있다.

(1) 재고자산의 평가차손

재고자산을 파손・부패 등의 사유로 정상가격으로 판매할 수 없는 경우에는 해당 감액사유가 발생한 사업연도의 사업연도 종료일 현재 처분 가능한 시가로 감액할 수 있다(법법 §42③1호, 법령 §78③1호).

(2) 유형자산의 평가차손

유형자산이 천재지변, 화재, 법령에 의한 수용, 채굴예정량의 채진으로 인한 폐광으로 파손되거나 멸실된 경우에는 장부가액을 사업연도 종료일 현재의 시가로 감액할 수 있다(법법 §42③2호, 법령 §78①,③2호).

(3) 주식의 평가차손

가) 파산에 의한 평가차손

주식의 발행법인이 파산한 경우에는 장부가액을 사업연도 종료일 현재 시가(시가로 평가한 가액이 1천 원 이하인 경우에는 1천 원으로 한다)로 평가한 가액으로 감액할 수 있다(법법 §42③3호라목, 법령 §78②2호, ③4호).

나) 부도 등으로 인한 평가차손

다음에 해당하는 주식이 부도, 「채무자 회생 및 파산에 관한 법률」에 따른 회생계획인가의 결정, 「기업구조조정촉진법」에 따른 부실징후기업이 된 경우에는 장부가액을 사업연도 종료일 현재 시가(주식 등의 발행법인별로 보유주식총액을 시가로 평가한 가액이 1천 원 이하인 경우에는 1천 원으로 한다)로 평가한 가액으로 감액할 수 있다(법법 §42③3호가목 내지 다목, 법령 §78②1호, ③3호).

① 주권상장법인이 발행한 주식등

② 「중소기업창업지원법」에 따른 중소기업창업투자회사 또는 「여신전문금융업법」에 따

른 신기술사업금융업자가 보유하는 주식등 중 각각 창업자 또는 신기술사업자가 발행한 것

③ 주권상장법인이 아닌 법인 중 법인세법상 특수관계가 아닌 법인이 발행한 주식등[109)]

나. 자산의 시가평가

(1) 의무적 시가평가

유가증권 등은 원가법으로 평가하는 것이 원칙이지만 투자회사등이 보유한 「자본시장과 금융투자업에 관한 법률」 제9조 제20항에 따른 집합투자재산은 시가로 평가하여야 한다(법령 §75③).

(2) 선택적 시가평가

「자본시장과 금융투자업에 관한 법률」 제230조에 따른 환매금지형집합투자기구가 보유한 같은 법 시행령 제242조 제2항에 따른 시장성 없는 자산은 총평균법, 이동평균법 또는 시가법 중 해당 환매금지형 집합투자기구가 법인세법 제60조에 따른 신고와 함께 납세지 관할 세무서장에게 신고한 방법에 따라 평가하며 이에 따라 평가한 경우 그 방법을 이후 사업연도에 계속 적용하여야 한다(법령 §75③단서).

「보험업법」에 따른 보험회사가 보유한 「보험업법」 제108조 제1항 제3호의 특별계정에 속하는 자산은 총평균법, 이동평균법 또는 시가법 중 해당 보험회사가 법인세법 제60조에 따른 신고와 함께 납세지 관할 세무서장에게 신고한 방법에 따라 평가하며 이에 따라 평가한 경우 그 방법을 이후 사업연도에도 계속 적용하여야 한다(법령 §75④).

7. 의제 배당금액의 계산

법인세법 제16조 제1항 제4호 내지 제6호(해산, 합병, 분할 또는 분할합병)로 취득한 재산이 금전이 아닌 주식등인 경우(적격합병등에 해당하는 경우 제외)에는 취득한 주식 등을 시가로 평가하여 의제배당금액을 계산하므로 시가산정이 필요하다(법령 §14①1호라목, 2호).

---

109) 법인세법상 특수관계인 중 특수관계가 성립하는 비소액주주등은 최대주주와 특수관계 있지 않은 자로서 1% 이상 지분을 보유한 주주이지만 부도 등으로 유가증권 평가손실이 인정되는 법인판단 시 특수관계가 성립하는 비소액주주등은 주식등의 발행법인의 발행주식총수 또는 출자총액의 100분의 5 이하를 소유하고 그 취득가액이 10억 원 이하인 주주등으로 판단한다(법령 §78④).

8. 특정법인과의 거래를 통한 증여의제이익 계산

지배주주와 친족의 직·간접 보유비율이 30% 이상인 특정법인이 지배주주의 상속세 및 증여세법상 특수관계인으로부터 재산 또는 용역을 무상으로 제공받거나 채무를 인수·면제·변제받는 경우, 자산 또는 용역을 현저히 높은 가격(시가의 30% 또는 3억 원 이상보다 높은 가격)으로 제공하거나 지배주주의 특수관계인으로부터 자산 또는 용역을 현저히 낮은 가격(시가의 30% 또는 3억 원 이상보다 낮은 가격)으로 제공받은 경우, 현저히 낮은 가액으로 현물출자 받는 경우로서 해당 거래를 통해 지배주주등이 얻은 증여의제이익이 1억 원 이상인 경우에는 상속세 및 증여세법 제45조의5에 의해 증여세가 과세된다.

이러한 특정법인과의 거래를 통한 이익의 증여의제를 적용함에 있어서는 자산을 무상으로 수증받는 경우와 채무를 인수·면제·변제받는 경우를 제외하고는 법인세법상 시가를 준용하여 과세요건인 현저히 높은 가격 또는 현저히 낮은 가격을 판단하고 법인세법상 시가를 기준으로 증여재산가액을 산정한다.

9. 소득세법상 부당행위계산부인 적용제외거래 판단

소득세법상 특수관계인에게 양도소득세 과세대상 자산을 시가보다 낮은 가액으로 양도하거나 시가보다 높은 가액으로 양수하는 경우에는 부당행위계산부인 대상거래에 해당한다(소법 §101).

하지만 개인과 특수관계 있는 법인과의 거래로서 그 거래가액이 법인세법상 시가에 해당하는 경우에는 소득세법상 부당행위계산부인이 적용되지 않는다(소령 §167⑥).

10. 고저가 양수도에 따른 이익의 증여 과세대상 판단

재산을 특수관계인으로부터 시가의 30% 또는 3억 원 이상 저가로 양수하거나 고가로 양도하는 경우에는 시가와 대가(고가양도의 경우에는 대가와 시가)와의 차액에서 시가의 30%와 3억 원 중 적은 금액을 차감한 가액을 증여재산가액으로 하여 증여세가 과세된다(상증법 §35).

하지만 개인이 특수관계 있는 법인으로부터 저가 양수하거나 고가양도한 경우로서 해당 거래가액이 법인세법상 시가에 해당하여 부당행위계산부인이 적용되지 않은 경우에는 고저가 양수도에 따라 얻은 이익에 대해 증여세가 과세되지 않는다(상증법 §35③).

 자산과 용역의 시가 정의

법인세법 제52조 제2항은 시가에 대해 "건전한 사회 통념 및 상거래 관행과 특수관계인이 아닌 자 간의 정상적인 거래에서 적용되거나 적용될 것으로 판단되는 가격·요율·이자율·임대료 및 교환 비율과 그 밖에 이에 준하는 것"으로 정의하고 있다.

【대법원 2006두8648, 2007. 5. 17.】
법인세법상 '시가'라 함은 일반적이고 정상적인 거래에 의하여 형성된 객관적인 교환가치를 말하는 것임.

1. 거래에 대한 요건

(1) 건전한 사회통념 및 상거래 관행상의 거래일 것

건전한 사회통념 및 상거래 관행상의 거래이어야 하므로 통념 및 관행을 벗어난 고저가 거래나 이상거래는 시가산정 거래에 해당하지 않는다.

(2) 특수관계자 아닌 자 간의 거래일 것

건전한 사회통념 및 상거래 관행상의 거래로서 특수관계 아닌 자 간의 거래이어야 하므로 특수관계인 간의 거래는 시가를 산정할 수 있는 거래에 해당하지 않는다.

(3) 정상적인 거래일 것

특수관계 아닌 자 간의 건전한 사회통념 및 상거래 관행상의 거래로서 객관적인 교환가치를 적정하게 반영한 정상적인 거래이어야 한다.

여기서 정상적인 거래는 경제적 합리성을 가진 거래를 의미하는 것으로 경제적 합리성을 가진 거래란 합리적인 경제인의 입장에서 볼 때 자연스럽고 합리적인 행위계산을 의미하는 것이다(대법원 2018두42283, 2018. 9. 13.).

가) 객관적인 교환가치를 반영한 정상적인 거래에 대한 판단

객관적인 교환가치를 적정하게 반영한 정상적인 거래인지 여부는 ① 거래당사자들이 경제적 이익의 극대화를 추구하는 대등한 관계에 있는지, ② 거래사실에 관하여 합리적인 지

식이 있으며, 강요에 의하지 아니하고 자유로운 상태에서 거래를 하였는지 등 거래와 관련한 제반사정을 종합적으로 검토하여 결정하여야 한다(대법원 2006두17055, 2007. 1. 11., 조심2017부463, 2017. 9. 12.).

나) 경제적 합리성을 가진 거래인지에 대한 판단

경제적 합리성을 가진 거래인지에 대한 판단은 거래행위의 여러 사정을 구체적으로 고려하여 과연 그 거래행위가 건전한 사회통념이나 상관행에 비추어 경제적 합리성을 결여한 비정상적인 것인지의 여부에 따라 판단하되, 비특수관계자 간의 거래가격, 거래 당시의 특별한 사정 등도 고려하여야 한다(대법원 2016두54213, 2019. 5. 30., 대법원 2016두39573, 2018. 10. 25., 대법원 2015두56458, 2018. 8. 30., 대법원 2010두19294, 2012. 11. 29. 등 참조).

2. 적용되었거나 적용될 것으로 판단되는 가격 등

상속세 및 증여세법상 시가는 일정기간 내에 이미 발생한 매매 등의 가액만 시가로 인정한다.

반면 법인세법상 시가는 이미 발생한 경제적 합리성을 가진 정상적인 거래뿐만 아니라 평가기준일 현재 거래가 발생하지 않은 경우에도 향후 객관적인 교환가치를 반영한 정상적인 거래에서 적용될 것으로 판단되는 가격 등도 시가에 해당하는 차이가 있다.

따라서 시가 산정일 현재 거래가 발생하지 않았더라도 객관적인 교환가치를 반영한 정상적인 거래가액이라는 점이 입증되면 시가로 인정되는 특징이 있다.

3. 가격 · 요율 · 이자율 · 임대료 및 교환 비율과 이에 준하는 것

법인세법상 시가는 자산뿐만 아니라 용역, 금전대여, 부동산 임대 등 모든 거래에 대해 적용하기 위한 것이므로 가격만 규정하지 않고 요율 · 이자율 · 임대료 및 교환 비율과 그 밖에 이에 준하는 것도 규정하고 있다.

4. 평가기준일

법인세법상 시가산정의 가장 주목적은 특수관계인 간 행위의 부당성 여부에 대한 판단이므로 거래 당시인 계약일 현재 거래가액이 확정된 경우에는 계약일을 기준으로 시가를 평가한다.

【서면-2016-법인-5606, 2016. 11. 30.】
특수관계인으로부터 상장주식을 매매계약일 현재의 확정된 가액으로 매입하는 경우 부당행위계산부인 적용 대상인지 여부는 해당 주식의 매매계약일 현재의 시가를 적용하여 판단하는 것임.

【법인46012-2083, 2000. 10. 10.】
법인이 특수관계자에게 주식을 양도하는 경우 부당행위의 유형에 해당하는지는 매매계약일 현재의 시가를 기준으로 판단함.

【법인46012-1594, 2000. 7. 18.】
법인이 특수관계자에게 양도하는 주식의 거래가액이 당해 주식의 매매계약일 현재 확정된 경우 당해 거래가 부당행위의 유형에 해당하는지 여부는 매매계약일 현재를 기준으로 판단하는 것임.

【서이46012-10282, 2003. 2. 7.】
매매계약일 현재 동 주식의 거래가액이 확정된 경우에는 매매계약일 현재를 기준으로 시가를 판단함.

5. 부당행위계산부인 적용 시 시가의 입증책임

거래가격이 부당하다고 주장하는 과세관청에 있다.

【조심2019서4203, 2020. 11. 27.】
처분청이 '원가의 6.5%'가 시가에 해당함을 객관적으로 입증하지 못한 점 등에 비추어 청구법인이 특수관계인인 ○○○에게 쟁점수수료를 시가보다 과다하게 지급하였다는 이유로 청구법인에게 법인세를 부과한 이 건 처분은 잘못이 있는 것으로 판단됨.

【서면-2019-법인-2308, 2020. 4. 8.】
내국법인이 특수관계인에게 비상장중소기업의 주식을 양도하는 경우 적용하는 시가는 「법인세법 시행령」 제89조 제1항에 따라 해당 거래와 유사한 상황에서 해당 법인이 특수관계인 외의 불특정다수인과 계속적으로 거래한 가격 또는 특수관계인이 아닌 제3자 간에 일반적으로 거래된 가격이 있는 경우에는 그 가격에 따르는 것임.

【대구지방법원 2018구합25242, 2020. 1. 8.】
부당행위계산부인 대상에 해당하는 기준이 되는 시가는 법인세법 제52조에서 열거한 방법에 의하여야 하고, 이에 대한 증명은 주장하는 측에서 입증하여야 함. 피고가 제출한 증거만으로는 피고가 산정한 이 사건 기준가액이 법인세법 제52조에서 정한 부당행위계산부인의 적용기준이 되는 '시가'에 해당한다고 보기 어려움.

제2절 자산과 용역의 시가에 해당하는 가액

Ⅰ 개요

상속세 및 증여세법상 시가평가의 주목적은 거래가액이 없는 모든 상속재산 및 증여재산을 평가하여 과세가액을 산정하는 것이므로 시가가 없는 경우에 시가로 볼 수 있는 시가로 인정되는 가액을 별도로 규정하고 있다. 시가로 인정되는 가액에 대해서는 당해 재산과 유사재산에 대한 매매가액, 감정가액, 수용, 공매 또는 경매가액으로 구체적으로 규정하고 있다.

반면 법인세법상 시가평가의 주목적은 거래행위의 부당성을 판단하는 것이라 할 수 있으므로 모든 거래에 대해 시가산정 등이 필요하지 않은바 시가로 인정되는 거래에 대해 해당 법인이 거래한 가격이 있는 경우와 제3자 간 거래가격이 있는 경우로 나누어 해당 법인이 계속적으로 거래한 가격이 있는 경우 그 가격에 의하고 제3자 간 일반적으로 거래된 가격이 있는 경우 그 가격에 의하는 것으로 규정하고 있으며 감정가액은 시가에 해당하지 않는 차이가 있다.

Ⅱ 평가기간

상속세 및 증여세법상 어떤 거래가액 등이 시가로 인정되기 위해서는 반드시 평가기간 이내 또는 평가기준일 전 2년 이내 또는 평가기간 경과 후 법정결정기간까지 이내의 매매 등에 해당하여야 하지만 법인세법은 이러한 평가기간의 제한이 없다.

따라서 정상적인 거래에서 형성된 객관적인 교환가치를 반영한 가격에 해당하는 경우에는 시가에 해당하는 것으로 그 거래발생일이 언제인지 여부는 요건으로 하지 않는다. 또한 거래발생일 기준으로 객관적인 교환가치를 반영한 정상적인 거래가 발생하지 않은 경우에도 정상적인 거래에서 적용될 것으로 인정되는 가액은 시가에 해당할 수 있다.

 해당 법인의 거래가격이 있는 경우

해당 법인이 거래한 가격이 있는 경우 해당 법인이 해당 거래와 유사한 상황에서 특수관계인 외의 불특정다수인과 계속적으로 거래한 가격은 시가에 해당한다(법령 §89①).

해당 법인의 거래가격은 해당 법인이 임의적으로 해당 법인에게 유리한 거래를 조작할 수 있으므로 해당 거래와 유사한 상황에서 특수관계 외의 자와 계속적으로 거래한 가격에 해당하는 경우에만 시가에 해당한다.

1. 해당 거래와 유사한 상황

해당 법인이 해당 거래와 유사한 상황에서 거래한 가격만이 시가에 해당하는 것으로 특수관계인 외의 불특정다수인과 계속적으로 거래한 가격이라 하더라도 그 거래 상황이 해당 거래와 유사한 상황이 아닌 경우에는 시가에 해당하지 않는다.

2. 특수관계인 외에 불특정다수인과의 거래일 것

상속세 및 증여세법 제49조 제1항 제1호 가목은 "특수관계인과의 거래 등으로 그 거래가액이 객관적으로 부당하다고 인정되는 경우"에만 매매 등의 가액을 시가로 보지 않는 것으로 규정하고 있어 특수관계인 간 거래인 경우에도 거래가액이 객관적으로 부당하지 않은 경우에는 시가에 해당할 수 있다.

반면 법인세법은 시가에 대해 특수관계인이 아닌 자와의 거래로 한정하고 있어 특수관계인 간 거래로서 부당하지 않은 가격으로 거래한 거래가액이 시가에 해당하는지 여부에 대해 다툼이 있을 수 있다.

이에 대해서는 특수관계인 간 거래인 경우라도 객관적 교환가치가 적정하게 반영된 정상적인 거래인 경우에는 시가에 해당하는 것으로 보고 있다(조심2015중0594, 2014. 9. 8.).

【조심2015중0594, 2015. 9. 8.】

시가란 정상적인 거래에 의하여 형성된 객관적 교환가격을 말하는 것으로서 비상장주식이더라도 객관적인 교환가치가 적정하게 반영된 정상적인 거래의 실례가 있으면 그 거래가격을 시가로 보아 주식의 가액을 평가하여야 하고, 어떠한 거래가 그 거래대상의 객관적인 교환가치를 적정하게 반영하는 일반적이고 정상적인 거래인지 여부는 거래당사자들이 각기 경제적 이익의 극대화를 추구하는 대등한 관계에 있는지, 거래당사자들이 거래 관련 사실에 관하여 합리적인 지식이 있으며 강요에 의하지 아니하고 자유로운 상태에서 거래를 하였는지 등 거래를 둘러싼 제반 사정을 종합적으로 검토하여 결정하여야 하므로 특수관계에 있는 자와의 거래라 하더라도 위와 같은 제반 사정을 고려하여 객관적 교환가치가 적정하게 반영된 정상적인 거래라고 판단되면 그 거래가격을 시가로 보아야 할 것임.

3. 해당 법인이 계속적으로 거래한 가격

해당 법인의 거래가격을 시가로 인정하므로 해당 법인이 해당 법인에게 유리한 가격으로 불특정다수인과 일회성 거래를 하는 경우가 있을 수 있다. 따라서 해당 법인의 거래가액은 계속적으로 거래한 가격만 시가에 해당하며 계속적으로 거래한 가격으로 볼 수 없는 경우에는 시가에 해당하지 않는다.

 제3자 간의 거래가격이 있는 경우

특수관계인이 아닌 제3자 간에 일반적으로 거래된 가격은 시가에 해당한다(법령 §89①).

제3자 간의 거래는 해당 법인의 거래와 달리 법인이 임의적으로 조절할 수 없으므로 특수관계 아닌 자 간 거래로서 일반적으로 거래된 가격에 해당하는 경우에는 시가에 해당한다.

1. 특수관계인이 아닌 제3자 간 거래

해당 법인이 아닌 제3자 간 거래라도 거래당사자인 제3자 간에 특수관계가 성립하지 않아야 한다.

2. 일반적으로 거래된 가격

제3자 간 거래된 가격은 해당 법인이 임의적으로 해당 법인에게 유리하게 조정할 수 없으므로 계속적인 거래일 필요는 없고 일반적으로 거래된 가격인 경우 시가에 해당한다.

 장내거래된 상장주식의 시가평가 예외

1. 2021. 2. 17. 이후 거래분

가. 증권시장에서 거래된 경우

2021. 2. 17.부터 주권상장법인이 발행한 주식이 장내에서 거래되는 경우로서 대량매매 등에 해당하지 않는 경우에는 객관적 교환가치를 반영한 정상적인 가격으로 거래되므로 거래된 가격을 시가로 보며 최대주주등에 해당하는 경우에도 할증평가하지 않는다(법령 §89①).

다만, 2021. 2. 16. 이전까지 장내에서 거래된 상장주식의 시가는 종전 규정에 따라 거래소 최종시세가액을 시가로 보므로 상속세 및 증여세법 제63조를 준용하여 평가기준일 전후 2개월간 최종시세가액의 평균액으로 시가를 평가하는 개인과 법인 간의 거래 시 적용 시가가 다른 문제점이 있었지만 소득세법도 양도소득 부당행위계산부인 적용 시 상장주식의 시가에 대해서는 법인세법 시행령을 준용하는 것으로 개정(소령 §167⑦)됨에 따라 2021. 2. 17. 이후 거래분부터는 개인과 법인 간의 거래 시 상장주식의 시가가 동일하다.

나. 증권시장 외에서 거래되거나 대량매매 등에 해당하는 경우

다음에 해당하는 방식으로 거래한 경우에는 그 거래일의 거래소 최종시세가액(거래소 휴장 중에 거래한 경우에는 그 거래일의 직전 최종시세가액)으로 하며, 「상속세 및 증여세법」 제63조 제3항에 따른 최대주주 또는 최대출자자가 변경되거나 최대주주등 간의 거래에서 주식등의 보유비율이 100분의 1 이상 변동되는 경우에는 20%를 할증하여 평가한다(법령 §89①단서, 법칙 §42조의6①).[110] 다만 다음에 해당하는 방식으로 거래한 경우에도 상속세 및 증여세법상 할증평가 제외대상에 해당하는 경우(상증령 §53⑧)에는 할증평가하지 않는다.

① 「자본시장과 금융투자업에 관한 법률」 제8조의2 제4항 제1호에 따른 증권시장 외에서 거래하는 방법

② 대량매매방법(거래소의 증권시장업무규정에서 일정 수량 또는 금액 이상의 요건을 충족하는 경우에 한정하여 매매가 성립하는 거래방법)

110) 다만, 회생계획・기업개선계획・경영정상화계획 이행 중인 법인이 회생계획, 기업개선계획, 경영정상화계획 또는 사업재편계획을 이행하기 위하여 주식을 거래하는 경우는 제외한다(법칙 §42조의6①단서).

2. 2021. 2. 16. 이전 거래분

가. 증권시장에서 거래된 경우

증권시장에서 장내거래된 경우에는 거래소 최종시세가액으로 평가하며 할증평가하지 않는다.

나. 증권시장 외에서 거래된 경우

경영권 이전이 수반되는 경우에는 거래인 전후 2개월간 최종시세가액의 평균액을 시가로 보고 최대주주등에 해당하는 경우에는 할증평가하며, 경영권 이전이 수반되지 않는 경우에는 거래소 최종시세가액으로 평가하고 할증평가하지 않는다(서면법인-0568, 2020. 3. 13.).

다. 시간 외 대량매매하는 경우

시간 외 대량매매하는 경우에는 거래소 최종시세가액으로 평가하고 할증평가하지 않는다(법령해석법인-22088, 2015. 5. 25.).

【서면-2019-법인-0568, 2020. 3. 13.】
주권상장법인이 발행한 주식의 장외거래 시 시가는 경영권 이전이 수반되지 않는 경우 거래일의 한국거래소 최종시세가액이고, 경영권 이전이 수반되는 경우 「법인세법 시행령」 제89조 제2항 제2호에 따라 「상속세 및 증여세법」 제63조 제1항을 준용한 평가액이며 「상속세 및 증여세법」 제63조 제3항에 따라 최대주주등이 보유한 주식인 경우 위 금액에 할증평가액을 가산하는 것임.

【사전-2014-법령해석법인-22088, 2015. 2. 25.】
주권상장법인의 경영권을 확보하고 있는 최대주주인 내국법인이 특수관계 있는 개인에게 해당 상장법인이 발행한 주식을 한국거래소에서 시간 외 대량매매 방식으로 거래하는 경우 해당 주식의 시가는 그 거래일의 한국거래소 최종시세가액임.

| 법인세법상 주식 평가 시 시가 및 할증평가 여부 |

2021. 2. 16. 이전 거래분

<table>
<tr><th colspan="2">구분</th><th>시가 및 할증평가 여부</th></tr>
<tr><td rowspan="5">상장
주식</td><td>장내거래(시가가 분명한 경우)</td><td rowspan="4">• 법인세법 시행령 제89조 제1항 준용
• 시가: 거래소 최종시세가액
• 할증평가 배제</td></tr>
<tr><td>장외거래로서 거래소 최종시세가액으로 거래된 경우</td></tr>
<tr><td>장외거래로서 경영권이전거래가 아닌 경우</td></tr>
<tr><td>시간 외 대량매매</td></tr>
<tr><td>장외거래로서 경영권 이전거래인 경우</td><td>• 상속세 및 증여세법 제63조 제1항 제1호 준용
• 시가: 평가기준일 전후 2개월간 최종시세가액의 평균액
• 20% 할증평가</td></tr>
<tr><td rowspan="2">비상장
주식</td><td>시가가 분명한 경우</td><td>• 법인세법 시행령 제89조 제1항 준용
• 시가: 법인이 계속 거래한 가격 또는 제3자 간 일반적으로 거래된 가격
• 할증평가 배제</td></tr>
<tr><td>시가가 불분명한 경우</td><td>• 상속세 및 증여세법 제63조 제1항 제1호 준용
• 20% 할증평가</td></tr>
</table>

2021. 2. 16. 이후 거래분

<table>
<tr><th colspan="3">구분</th><th>시가 및 할증평가 여부</th></tr>
<tr><td rowspan="3">상장
주식</td><td colspan="2">장내거래(시가가 분명한 경우)</td><td>거래된 가액</td></tr>
<tr><td rowspan="2">장외거래
대량매매</td><td>경영권 미이전</td><td>거래소 최종시세가액</td></tr>
<tr><td>경영권 이전*</td><td>• 거래소 최종시세가액
• 20% 할증평가
(상증령 §53⑧에 해당하는 경우 제외)</td></tr>
<tr><td rowspan="2">비상장
주식</td><td colspan="2">시가가 분명한 경우</td><td>• 법인세법 시행령 제89조 제1항 준용
• 시가: 법인이 계속 거래한 가격 또는 제3자 간 일반적으로 거래된 가격
• 할증평가 배제</td></tr>
<tr><td colspan="2">시가가 불분명한 경우</td><td>• 상속세 및 증여세법 제63조 제1항 제1호 준용
• 20% 할증평가
(상증령 §53⑧에 해당하는 경우 제외)</td></tr>
</table>

* 경영권 이전: 최대주주등 변경, 최대주주등 간의 주식보유비율 1% 이상 변동

3. 금전대여 또는 차용 시 이자율

가. 개요

법인세법상 시가는 건전한 사회통념 및 상거래 관행과 특수관계인이 아닌 자 간의 정상적인 거래에서 적용되거나 적용될 것으로 판단되는 가격·요율·이자율·임대료 및 교환비율과 그 밖에 이에 준하는 것이므로, 이자율을 적용함에 있어서도 원칙적으로는 특수관계인이 아닌 자 간의 정상적인 거래에서 적용된 이자율이 있는 경우에는 이를 시가로 보아 적용하여야 한다.

하지만 이자율에 대해서는 시가로 적용하는 이자율에 대해 별도로 규정하고 있다.

나. 시가로 적용하는 이자율

(1) 원칙

가) 가중평균 차입이자율 적용

이자율은 자금을 대여한 법인의 대여시점 현재 각각의 차입금 잔액(특수관계인으로부터의 차입금 제외)에 차입 당시 각각의 이자율을 곱한 금액의 합계액을 해당 차입금 잔액의 총액으로 나눈 비율인 가중평균 차입이자율을 시가로 본다(법령 §89③, 법칙 §43①, ②).

가중평균 차입이자율 계산 시 변동금리로 차입한 경우에는 차입 당시의 이자율로 차입금을 상환하고 변동된 이자율로 그 금액을 다시 차입한 것으로 보며, 차입금이 채권자가 불분명한 사채 또는 매입자가 불분명한 채권(債券)·증권의 발행으로 조달된 차입금에 해당하는 경우에는 해당 차입금의 잔액은 가중평균차입이자율 계산을 위한 잔액에 포함하지 않는다(법칙 §43⑥).

나) 가중평균 차입이자율이 없는 것으로 보는 경우

자금을 대여한 자의 가중평균 차입이자율 또는 대여금리가 해당 대여시점 현재 자금을 차입한 법인의 가중평균 차입이자율(특수관계인으로부터의 차입금 제외한 각각의 차입금에 차입 당시의 각각의 이자율을 곱한 금액의 합계액을 해당 차입금 잔액의 총액으로 나눈 비율)보다 높은 때에는 해당 사업연도의 가중평균 차입이자율은 없는 것으로 보며 당좌대출이자율을 시가로 본다(법령 §89③, 법칙 §43①).

(2) 예외

가중평균 차입이자율을 시가로 하는 것이 원칙이지만 가중평균 차입이자율의 적용이 불가능한 경우 등 다음에 해당하는 경우에는 당좌대출이자율인 4.6%(2016. 3. 6. 이전은 6.9%)를 시가로 본다.

가) 가중평균 차입이자율의 적용이 불가능한 경우

가중평균 차입이자율을 적용하기 위해서는 특수관계인이 아닌 자로부터의 차입금이 있어야 하므로 특수관계인이 아닌 자로부터 차입한 금액이 없거나 차입금 전액이 채권자가 불분명한 사채 또는 매입자가 불분명한 채권・증권의 발행으로 조달된 경우에는 당좌대출이자율을 시가로 본다(법령 §89③1호, 법칙 §43③).

나) 대여기간이 5년을 초과하는 대여금이 있는 경우 등

대여한 날(갱신일)부터 해당 사업연도 종료일(상환일)까지의 기간이 5년을 초과하는 대여금이 있는 경우에는 해당 대여금 또는 차입금은 당좌대출이자율을 시가로 본다(법령 §89③1, 2호, 법칙 §43④).

다) 법인이 당좌대출이자율을 시가로 선택하여 신고한 경우

가중평균 차입이자율의 적용은 의무사항은 아니므로 법인이 당좌대출이자율을 시가로 선택하는 경우에는 당좌대출이자율을 시가로 본다.

법인이 가지급금인정이자 조정명세서에 당좌대출이자율을 시가로 선택하여 법인세 신고를 한 경우에는 당좌대출이자율을 시가로 하며 당좌대출이자율을 시가로 선택하여 신고한 경우에는 선택한 사업연도와 이후 2개 사업연도는 의무적으로 당좌대출이자율을 적용하여야 한다(법령 §89③2호).

제3절 시가가 불분명한 경우

I 자산의 시가가 불분명한 경우

1. 주식 및 가상자산 외의 자산

주식 및 가상자산 외의 자산의 시가가 불분명한 경우에는 다음 순서로 계산한 금액을 시가로 본다.

가. 감정가액이 있는 경우

(1) 1개 이상의 감정평가업자의 감정가액

상속세 및 증여세법상 감정가액은 시가로 인정되는 가액이지만 법인세법상 감정가액은 시가가 불분명한 경우 적용하는 가액이다.

시가가 불분명한 경우로서 감정평가업자가 감정한 가액이 있는 경우에는 감정가액을 시가로 본다(법령 §89②1호).

2019. 2. 11. 이전에는 개인 감정평가사의 감정가액은 감정한 가액이 5억 원 이하인 경우에만 시가로 보았으나 2019. 2. 12. 개정으로 감정기관의 제한이 없어져 개인 감정평가사의 감정가액도 시가로 본다.

「상법」 제298조에 따라 법원이 선임한 검사인은 「부동산가격공시 및 감정평가에 관한 법률」에 의한 감정기관에 해당되지 아니하므로 현물출자자산에 대한 법원검사인의 감정가액은 시가로 보지 아니한다(법법 통칙 52-89-1③).

(2) 상속세 및 증여세법과의 차이점

상속세 및 증여세법상 시가로 인정되는 감정가액은 둘 이상의 감정가액의 평균액이지만 법인세법은 하나의 감정평가업자가 감정한 가액도 시가로 본다. 이 경우 둘 이상의 감정평가업자의 감정가액이 있는 경우에는 감정가액의 평균액을 시가로 본다.

또한 상속세 및 증여세법은 납세자가 제시한 감정가액이 보충적 평가방법에 의해 평가한 평가가액과 유사재산사례가액의 100분의 90에 해당하는 가액 중 적은 금액에 미달하는 경우에는 재감정을 의뢰하거나 세무서장 등이 의뢰한 감정가액의 100분의 80에 미달하는 경우에는 시가로 보지 않지만 법인세법에서는 재감정 의뢰하거나 시가로 보지 않는 감정가액에 대해 규정하지 않고 있어 감정평가업자의 감정가액이 있는 경우에는 시가로 인정된다.

| 법인세법상 평가액으로 인정되는 감정가액의 연혁 |

기간	1999. 1. 1.부터 2003. 12. 31.까지	2004. 1. 1.부터 2005. 2. 18.까지	2005. 2. 19.부터 2016. 8. 31.까지	2016. 9. 1. 부터 2018. 2. 12.까지	2018. 2. 13.부터 2019. 2. 11.까지	2019. 2. 12부터 현재
인정 기관	지가공시 및 토지 등의 평가에 관한 법률에 의한 감정평가법인		「부동산가격공시 및 감정평가에 관한 법률」에 의한 감정평가법인	「감정평가 및 감정평가사에 관한 법률」에 의한 감정평가업자		
배제	비상장주식	주식 등				
2 이상인 경우			감정한 가액이 2 이상인 경우 평균액			
개인감정 평가사					개인감정평가사의 경우 감정한 가액인 5억원 이하인 경우에 한하여 인정	개인감정평가사의 감정가액도 인정

나. 감정가액이 없는 경우

시가가 불분명한 경우로서 감정가액이 없는 경우에는 다음의 가액으로 평가한다(법령 §89②2호).

(1) 보충적 평가방법에 의한 평가액

상속세 및 증여세법상 보충적 평가방법을 규정하고 있는 「상속세 및 증여세법」 제61조(부동산)부터 제62조(선박 등 그 밖의 유형재산), 제64조(무체재산권), 제65조(그 밖의 조건부 권리등)를 준용하여 평가한다.

상속세 및 증여세법상 보충적 평가방법에 대한 자세한 내용은 앞의 "제2편 제1장 제3절"을 참조하기로 한다.

(2) 저당권이 설정된 재산의 특례

평가대상 자산이 저당권 등이 설정된 경우에는 「상속세 및 증여세법」 제66조의 저당권이 설정된 재산의 평가특례 규정을 준용하여 평가한다.

저당권이 설정된 재산에 대한 평가특례에 대한 자세한 내용은 "제2편 제2장 제4절 Ⅱ"를 참조하기로 한다.

2. 주식 등

가. 자본거래 시 준용할 금액

자본거래인 합병・증자・감자・현물출자에 대한 부당행위계산부인 적용 시 주식가액 등의 평가에 관련된 사항에 대해서는 상속세 및 증여세법 제38조・제39조・제39조의2・제39조의3(합병・증자・감자・현물출자에 따른 이익의 증여)을 준용하여 평가한다(법령 §89②2호).

(1) 합병

불공정합병거래에 대한 부당행위계산부인은 합병 후 신설・존속하는 법인의 1주당 평가액에서 합병 전 1주당 평가액을 차감한 잔액을 대상으로 하는 것으로 부당행위계산부인을 적용하기 위해서는 ① 합병 후 신설 또는 존속하는 법인의 1주당 평가액, ② 주가가 과대평가된 합병당사법인의 합병 전 1주당 평가가액을 산정하여야 한다.

법인세법상 불공정합병에 대한 부당행위계산부인 시 주식가액의 평가는 상속세 및 증여세법 제38조를 준용하여 평가한다.

가) 합병 후 신설 또는 존속하는 법인의 1주당 평가액

① 주권상장 또는 코스닥 상장법인 주식

주권상장 또는 코스닥 상장법인 주식의 합병 후 신설 또는 존속하는 법인의 1주당 평가액은 ① 합병등기일부터 2월이 되는 날까지의 최종시세가액의 평균액과 ② 단순평균액(주가가 과대평가된 합병당사법인의 합병 직전 주식등의 가액과 주가가 과소평가된 합병당사법인의 합병 직전 주식등의 가액을 합한 가액을 합병 후 신설 또는 존속하는 법인의 주식등의 수로 나눈 가액) 중 적은 금액으로 평가한다(상증령 §28⑤).

○ 상장, 코스닥 상장법인 주식의 합병 후 신설 또는 존속법인 주식평가액: Min(①, ②)
① 합병등기일 이후 2개월간 최종시세가액의 평균액
② 합병당사법인 주식평가액의 합 / 합병 후 주식수

② 비상장법인 주식

비상장법인 주식의 합병 후 신설 또는 존속하는 법인의 1주당 평가액은 주가가 과대평가된 합병당사법인의 합병 직전 주식등의 가액과 주가가 과소평가된 합병당사법인의 합병 직전 주식등의 가액을 합한 가액을 합병 후 신설 또는 존속하는 법인의 주식등의 수로 나눈 가액(단순평균액)으로 평가한다.

○ 비상장법인 주식의 신설 또는 존속법인 주식평가액(이론적 권리락 주가)
  = 합병당사법인 주식평가액의 합 / 합병 후 주식수

나) 주가가 과대평가된 합병당사법인의 합병 전 1주당 평가가액

① 상장법인 또는 코스닥 시장 상장법인 주식

「상법」 제522조의2에 따른 대차대조표 공시일 또는 「자본시장과 금융투자업에 관한 법률」 제119조 및 같은 법 시행령 제129조에 따라 합병의 증권신고서를 제출한 날 중 빠른 날을 평가기준일로 하여 평가기준일 이전 2개월간 최종시세가액의 평균액에 의한다(상증령 §28⑥).

다만, 비상장주식의 보충적 평가방법에 의해 평가하였을 경우 평가차액[111]이 상장법인 · 코스닥 시장 상장법인의 주식의 평가방법에 의해 평가하는 경우의 평가차액보다 적은 경우에는 비상장주식 보충적 평가방법에 의한 가액으로 한다(상증령 §28⑥단서).

○ Max(①, ②)
  ① 다음 중 빠른 날 이전 2개월간 최종시세가액의 평균액
    ㉮ 합병대차대조표 공시일
    ㉯ 금융감독위원회 합병신고일
  ② 비상장주식 평가방법에 의한 평가액

② 비상장법인 주식

비상장법인 주식의 경우에는 「상법」 제522조의2에 따른 대차대조표 공시일을 평가기준일로 하여 시가가 있는 경우 시가로 평가하고 시가가 없는 경우 보충적 평가방법에 의한 가액으로 평가한다(상증령 §28⑥).

---

111) 평가차액이란 ① 합병 후 신설 또는 존속하는 법인의 1주당 평가가액에서 ② 주가가 과대평가된 합병당사법인의 1주당 평가가액×(주가가 과대평가된 합병당사법인의 합병 전 주식등의 수÷주가가 과대평가된 합병당사법인의 주주등이 합병으로 인하여 교부받은 신설 또는 존속하는 법인의 주식등의 수)를 차감한 금액을 말한다.

(2) 증자 · 현물출자

불균등증자와 시가보다 높거나 낮은 현물출자 거래에 대한 부당행위계산부인은 증자 후 1주당 평가액과 1주당 인수가액의 차이를 대상으로 하는 것으로, 이를 계산하기 위해서는 증자 후 1주당 평가가액과 증자 전의 1주당 평가가액을 산정하여야 한다.

법인세법상 법인의 증자 시 증자 후 1주당 평가액과 증자 전의 1주당 평가액은 상속세 및 증여세법 제39조를 준용하여 평가한다.

가) 증자 후 1주당 평가가액

① 상장법인, 코스닥 시장 상장법인 주식

상장법인, 코스닥 시장 상장법인 주식의 증자 후 1주당 평가가액은 권리락이 있는 날부터 2월이 되는 날까지 공표된 한국거래소의 최종시세가액의 평균액으로 한다(상증법 통칙 39-29…2).

다만, 증자 후 1주당 평가가액이 일정 산식에 의해 계산한 이론적 권리락 주가보다 적은 경우에는 이론적 권리락 주가를 평가가액으로 한다(상증령 §29②).

○ 상장, 코스닥 상장법인의 증자 후 1주당 평가가액: Min(①, ②)
① 권리락이 있는 날부터 2월이 되는 날까지 공표된 한국거래소의 최종시세가액의 평균액
② 이론적 권리락 주가
〔(증자 전의 1주당 평가가액×증자 전의 발행주식총수)+(신주 주당 인수가액×증자에 의하여 증가한 주식수)÷(증자 전의 발행주식총수+증자에 의하여 증가한 주식수)〕

② 비상장법인 주식

비상장법인 주식의 증자 후 1주당 평가가액은 다음 산식에 의해 계산한 이론적 권리락 주가에 의해 평가한다(상증령 §29②).

〔(증자 전의 1주당 평가가액×증자 전의 발행주식총수)+(신주 주당 인수가액×증자에 의하여 증가한 주식수)÷(증자 전의 발행주식총수+증자에 의하여 증가한 주식수)〕

나) 증자 전 1주당 평가가액

① 상장법인, 코스닥 시장 상장법인 주식

상장법인, 코스닥 시장 상장법인 주식의 경우 권리락(權利落)이 있은 날 전 2월이 되는

날부터 권리락이 있는 날의 전일까지 공표된 한국거래소 최종시세가액의 평균액으로 평가한다(상증령 §52조의2②).

② 비상장법인 주식

비상장법인 주식의 경우 주식대금 납입일(주식대금 납입일 이전에 실권주를 배정받은 자가 신주인수권증서를 교부받은 경우에는 그 교부일) 전일을 기준으로 상속세 및 증여세법 제60조 및 제63조를 준용하여 시가가 있는 경우에는 시가로 평가하고 시가가 없는 경우에는 보충적 평가방법에 의한 가액으로 평가한다.

(3) 감자

감자거래에 대한 부당행위계산부인은 법인의 주주등의 비율에 의하지 않고 일부 주주등의 주식등을 시가가 아닌 가격으로 소각하는 경우에 적용하는 것으로서 감자한 주식등의 1주당 평가액과 주식등의 소각 시 지급한 1주당 금액과의 차액을 대상으로 하는 것이다.

법인세법상 감자한 주식등의 1주당 평가액은 상속세 및 증여세법 제60조 및 제63조를 준용하여 다음과 같이 평가한다.

가) 상장법인 및 코스닥 시장 상장법인의 주식

상장법인 및 코스닥 시장 상장법인의 주식은 상속세 및 증여세법 제60조 및 제63조를 준용하여 주주총회 결의일을 기준으로 주주총회 결의일 이전 2개월간 최종시세가액의 평균액으로 평가한다(상증령 §52조의2②).

나) 비상장법인의 주식

비상장법인의 주식은 상속세 및 증여세법 제60조 및 제63조를 준용하여 주주총회 결의일을 기준으로 시가가 있는 경우 시가로 평가하고 시가가 없는 경우 보충적 평가방법에 의한 가액으로 평가한다.

【서면 인터넷방문상담4팀-1698, 2004. 10. 22.】

감자에 따른 이익의 증여에서 '감자주식 1주당 평가액'은 감자를 위한 주주총회 결의일을 기준으로 평가하며, 협회등록법인 주식은 증여일 이전 2월간의 증권업협회 기준가격의 평균액을 시가로 봄.

【서일46014-10619, 2001. 12. 13.】

비상장법인의 "감자한 주식 1주당 평가액"은 감자를 위한 주주총회 결의일 현재 시가에 의하되, 시가의 산정이 어려운 때에는 상속세 및 증여세법 제63조 제1항 제1호 다목의 규정에 의하는 것임.

나. 비상장주식

비상장주식의 시가가 불분명한 경우에는 감정가액에 의해 평가할 수 없으며 상속세 및 증여세법 제63조 제1항 제1호 나목과 상속세 및 증여세법 시행령 제54조에서 규정하고 있는 비상장주식의 보충적 평가방법을 준용하여 평가한다(법령 §89②2호).

상속세 및 증여세법을 준용하여 보충적 평가방법에 따라 평가하는 경우에는 최대주주등의 할증평가가 배제되는 경우를 규정하고 있는 상속세 및 증여세법 시행령 제53조 제8항에 해당하는 경우를 제외하고는 최대주주등의 주식등에 대해서는 20% 할증평가를 하여야 한다.

상속세 및 증여세법상 비상장주식 보충적 평가방법에 대한 자세한 내용은 앞의 "제2편 제2장 제2절 V"를 참조하기로 한다.

다. 비상장법인이 보유한 상장주식등

비상장법인이 보유한 상장주식은 평가기준일의 한국거래소 최종시세가액으로 평가한다(법령 §89②2호).

라. 기업공개를 준비 중인 주식 등

기업공개목적으로 유가증권신고를 한 법인의 주식과 코스닥 시장에서 거래하기 위해 상장신청을 한 법인의 주식은 상속세 및 증여세법 제63조 제2항 및 시행령 제57조를 준용하여 평가한다. 다만, 동 조항을 준용 시 "직전 6개월(증여세가 부과되는 주식등의 경우에는 3개월로 한다)"은 각각 "직전 6개월"로 하여 적용한다(법령 §89②2호후단).

상속세 및 증여세법 제63조 제2항을 준용하여 평가하므로 최대주주등에 해당하는 경우에는 상속세 및 증여세법 시행령 제53조 제7항(최대주주등에 대한 할증평가 배제)에 해당하는 경우가 아닌 경우에는 20% 할증평가를 하여야 한다.

 용역의 시가가 불분명한 경우

1. 개요

법인세법상 부당행위계산부인의 적용대상은 용역거래도 해당하므로 법인세법은 시가에 관한 조항에서 자산과 용역을 포괄하여 규정하고 용역의 시가가 불분명한 경우 적용할 방법에 대해서도 별도로 규정하고 있다.

다만, 용역은 자산보다 경제적 가치를 화폐로 표현하는 평가가 더 어려운 측면이 있으므로 용역의 시가가 불분명한 경우 적용할 금액에 대해서는 용역의 종류별로 구체적으로 규정하지 않고 자산을 사용하게 하는 용역과 역무를 제공하는 것에 해당하는 용역으로만 구분하여 규정하고 있다.

2. 자산을 사용하게 하는 것에 해당하는 용역

금전 외 유형자산, 무형자산을 타인에게 사용하게 하거나 타인의 금전 외 유형자산, 무형자산을 임차하는 경우로서 임대료에 대한 시가가 없는 경우에는 당해 자산 시가의 100분의 50에 상당하는 금액에서 그 자산의 제공과 관련하여 받은 전세금 또는 보증금을 차감한 금액에 정기예금이자율을 곱하여 산출한 금액을 시가로 본다(법령 §89④1호).

○ 유형 · 무형자산 임차료에 대해 시가로 보는 금액

(당해 자산의 시가 × 50% − 보증금, 전세금) × 정기예금이자율

* 정기예금이자율(법칙 §6)
2024년: 3.5%, 2023년: 2.9%
2021년~2022년: 1.2%, 2020년: 1.8%, 2019년: 1.8%, 2018년: 1.8%
2017년: 1.6%, 2016년: 1.8%, 2015년: 2.5%
* 부동산의 시가가 100억 원인 경우: 175,000,000원
(2021년~2022년: 60,000,000원 / 2023년: 145,000,000원 / 2024년: 175,000,000원)

■ 부동산 임대거래에 대한 과세

○ 법인세법 시행령 89조 제4항 제1호로 과세하는 경우
법인 → 특수관계인 임대

납세자의 경우 낮은 금액으로 과세되는 결과
⇒ 처분청: 임대료의 소급감정가액 또는 유사사례가액으로 과세

법인 ← 특수관계인
법인이 특수관계인에게 고가의 임차료를 지급하는 결과
⇒ 처분청: 부당행위계산부인으로 과세

【적부2019-0114, 2020. 5. 27.】
당초 토지·건물 임대료 감정가액 중 토지분 시가를 분리해 내기 위하여 감정평가를 한 것이어서 일반적인 소급감정과 그 성격이 다르며, 법원도 일관되게 소급감정한 가액을 시가로 인정하고 있는 점 등에 비추어 조사청이 쟁점토지의 임대료를 소급감정평가하고, 그 가액을 시가로 보아 부당행위계산부인 규정을 적용한 이 건 처분에는 잘못이 없는 것으로 판단됨.

【법인46012-1622, 2000. 7. 21.】
법인이 부동산을 특수관계자에게 임대하고 받는 임대료가 적정한지의 여부를 판정함에 있어서 당해 부동산의 인근에서 거래실례가 없는 경우에는 법인세법 시행령 제89조 제2항 제1호의 규정에 의하여 지가공시 및 감정평가에 관한 법률에 의한 감정 평가법인이 감정한 가액을 기준으로 할 수 있는 것임.

【조심2020서1855, 2020. 10. 29.】
처분청은 쟁점임차료의 시가 산정 시 실제로 감정평가액이나 유사임대사례가 있는지 여부 등을 조사하였는지 여부 등에 대하여 구체적으로 입증하지 못하고 있으므로 '주식회사 ○○○' 소유의 창고와 특성이 유사한 건물의 임대사례 등을 토대로 쟁점임차료의 시가를 재조사하여 그 결과에 따라 과세표준 및 세액을 경정함이 타당함.

3. 역무를 제공하는 것에 해당하는 용역

법인세법은 유일하게 역무를 제공하는 것에 해당하는 용역의 시가에 대해 규정하고 있다.

건설 기타 용역의 시가가 불분명한 경우에는 당해 용역의 제공에 소요된 금액(직접비 및 간접비를 포함한 원가)과 원가에 당해 사업연도 중 특수관계인 외의 자에게 제공한 유사한 용역제공거래에 있어서의 수익률(기업회계기준에 의하여 계산한 매출액에서 원가를 차감한 금액을 원가로 나눈 율을 말한다) 또는 제3자 간의 일반적인 용역제공거래를 할 때의

수익률을 곱하여 계산한 금액을 합한 금액을 시가로 본다(법령 §89④2호).

다만, 이는 원가가 있는 용역에 대해서만 적용할 수 있는 것으로 원가가 없는 서비스 등의 용역에 대해서는 적용할 수 없는 한계가 있다.

○ 역무를 제공하는 용역의 시가로 보는 금액

해당 용역의 제공에 소요된 금액(직접비 · 간접비 포함한 원가)+원가 × (1+수익률)

* 수익률: 해당 사업연도 중 특수관계인 외의 자에게 제공한 유사한 용역제공거래에 있어서의 수익률 또는 특수관계인 아닌 제3자 간의 일반적인 용역거래를 할 때 수익률로서 기업회계기준에 의해 계산한(매출액－원가/원가) 수익률을 말함.

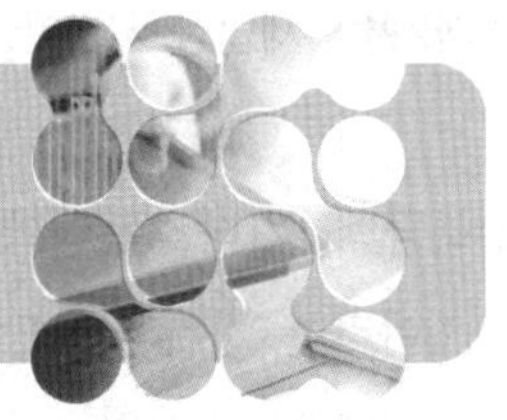

제3장

소득세법상 시가

제1절 자산과 용역의 시가에 대한 개관

개요

개인이 일정기간 획득한 소득에 대해 과세하는 소득세법상 소득 중 시가산정이 필요한 소득은 사업소득, 양도소득, 기타소득이다.

이 중 사업소득은 수익사업과 관련된 거래에서 발생된 소득으로 자산과 용역의 시가에 대한 규정이 필요하다는 점에서 법인세법과 동일하다.

반면 양도소득은 일정기간 동안의 양도소득세 과세대상자산의 가치상승분으로서 일정 시점의 자산의 가치가 중요하므로 자산의 시가만이 필요하다는 점에서 상속세 및 증여세법과 유사하다.

따라서 소득세법은 사업소득금액을 계산 시 적용하는 시가와 양도소득금액을 계산 시 적용하는 시가를 달리 규정하고 있으므로 소득세법상 시가를 파악하는데 있어서는 이를 구분하여 살펴보아야 한다.

Ⅱ 시가산정 목적

1. 사업소득금액 계산 시 시가산정 목적

가. 부당행위계산부인 적용

소득세법 제41조는 개인이 특수관계인과의 거래를 통하여 조세의 부담을 부당하게 감소시킨 것으로 인정되는 경우에는 그 개인의 행위 또는 소득금액의 계산과 관계없이 사업소득금액, 기타소득금액을 재계산하는 것으로 규정하고 있다.

이러한 행위의 부당성은 시가를 기준으로 고가 또는 저가거래에 해당하는 경우에 적용되는 것이므로 사업소득금액 계산 시 시가평가의 가장 큰 목적은 부당행위계산부인을 적용하기 위함이라 할 수 있다.

나. 무상거래에 대한 가액 산정

개인이 자산을 수증받은 경우에는 총수입금액에 산입하여야 한다(소령 §51③4호). 이 경우 제조업자・생산업자 또는 판매업자가 아닌 자로부터 자산을 수증받은 때에는 시가로 평가하므로 시가산정이 필요하다(소령 §51⑤2호).

또한 개인이 자산을 무상으로 증여하여 소득세법 제34조 제1항의 기부금에 해당하는 경우로서 수증을 받은 자가 일정한도 내에서 기부금 필요경비 산입되는 단체가 아닌 경우에는 소득세법 시행령 제81조 제3항에 의해 증여 당시의 시가를 필요경비 불산입하여야 하므로 시가산정이 필요하다.

다. 현물 접대 시 접대비 가액 산정

개인이 금전이 아닌 현물로 접대한 경우에는 소득세법 시행령 제81조 제3항에 의해 제공한 때의 시가(시가가 장부가액보다 낮은 경우에는 장부가액을 말한다)를 접대비로 보므로 시부인대상이 되는 접대비 가액을 구하기 위해서는 시가산정이 필요하다.

라. 의제기부금 가액 산정

개인이 정당한 사유 없이 특수관계인 외의 자에게 자산을 정상가액보다 낮은 가액으로 양도하거나 특수관계인이 아닌 자로부터 정상가액보다 높은 가액으로 양수하는 경우에는 정상가액과 대가와의 차액이 기부금으로 의제된다(소령 §79①).

정상가액은 시가에 30%를 가감한 금액으로 의제기부금 가액을 산정하기 위해서는 시가산정이 필요하다.

마. 자산의 감액손실

소득세법상 자산의 평가는 원가법을 원칙으로 하므로 자산의 가치하락에 따른 감액손실을 인정하지 않으나, 다음에 해당하는 경우에는 자산의 시가와 장부가액과의 차액을 감액손실로 필요경비에 산입할 수 있다. 자산의 감액손실을 필요경비로 인정받기 위해서는 시가산정이 필요하다.

(1) 재고자산의 감액손실

재고자산을 파손・부패 등의 사유로 정상가격으로 판매할 수 없는 경우에는 해당 감액사유가 발생한 과세기간의 장부가액을 과세기간종료일 현재 처분가능한 시가로 감액할 수 있다(소법 §39④1호, 소령 §96①).

(2) 유형자산의 감액손실

유형자산이 천재지변, 화재, 법령에 의한 수용, 채굴예정량의 채진으로 인한 폐광으로 파손되거나 멸실된 경우에는 장부가액을 과세기간 종료일 현재의 시가로 감액할 수 있다(소법 §39④2호, 소령 §96①, ②).

2. 양도소득금액 계산 시 시가산정 목적

소득세법 제101조는 양도소득이 있는 거주자의 행위 또는 계산이 그 거주자의 특수관계인과의 거래로 인하여 조세의 부담을 부당하게 감소시킨 것으로 인정되는 경우에는 그 거주자의 행위 또는 계산과 관계없이 양도소득금액을 재계산할 수 있도록 규정하고 있다.

이러한 부당행위계산부인의 적용은 시가를 기준으로 하므로 양도소득금액 부당행위계산부인을 적용하기 위해서는 시가산정이 필요하다.

평가기준일

1. 사업소득금액

사업소득금액에 대한 부당행위계산부인 적용 시 거래가액의 부당성 여부에 대한 판단과 소득금액의 재계산은 법인세법과 동일하게 매매계약일 또는 행위 당시를 평가기준일로 하여 산정한다.

【소득세과-329, 2009. 1. 28.】
개인이 특수관계자에게 부동산 무상·저가임대 시 부당행위계산 유형 해당 여부는 임대차계약일을 기준으로 판단하며 임대차계약체결 시점에 산출한 시가를 임대차계약기간에 속하는 과세기간에 계속 적용함.

【서면 인터넷방문상담1팀-1262, 2005. 10. 20.】
부당행위계산의 판정 시기는 행위 당시를 기준으로 판정함.

2. 양도소득금액

가. 부당성 여부 판단

양도가액의 부당성 여부 판단 시에는 거래 당시인 매매계약일을 평가기준일로 하여 산정한다.

소득세법 집행기준 101-167-2 【부당행위 판단 기준일】
거주자와 특수관계 있는 자와의 거래가 부당한 행위에 해당하는지 여부는 거래 당시, 즉 양도가액을 확정지을 수 있는 시점인 매매계약일을 기준으로 판단한다.

【조심2018중3003, 2018. 11. 16.】
양도소득의 부당행위계산부인 대상인지 여부를 판단하고 결정짓는 것은 그 거래당사자 간 양도가액이 확정되거나 확정지을 수 있는 행위를 한 당시인 매매계약체결일을 기준시기로 하여야 하는 것이고, 「소득세법 집행기준」 101-167-2에서도 이를 명시하고 있는 점 등에 비추어 처분청이 청구인에게 한 쟁점부과처분은 위법하다고 판단됨.

나. 양도차익 계산

법인세법상 부당행위계산부인, 소득세법상 사업소득금액 계산에 대한 부당행위계산부인 적용 시 거래가액의 부당성 판단과 소득금액 재계산은 모두 매매계약을 현재의 시가를 적용한다.

반면 양도소득금액에 대한 부당행위계산부인 적용 시 거래가액의 부당성에 대한 판단은 매매계약일 현재의 시가를 기준으로 하지만 양도차익 계산은 양도일의 시가를 기준으로 한다.

따라서 매매계약일과 대금청산일이 차이가 있는 경우에는 대금청산일을 평가기준일로 하여 대금청산일의 시가를 기준으로 양도차익을 산정하되 대금청산일이 불분명한 경우 등에는 소득세법 시행령 제162조의 양도 시기, 취득시기를 평가기준일로 한다.

【조심2015서1956, 2015. 7. 27.】

양도차익을 계산하기 위한 기준시기는 과세관청이 부당행위계산에 해당한다고 하여 이를 부인한 후 스스로 양도차익을 계산함에 있어서 그 경우에 적용할 기준시기에 관한 특별규정이 없어 취득 및 양도 시기에 관한 일반원칙을 적용한 결과로서, 양자는 그 선택의 이유와 기준을 달리하므로 양자가 기준시기를 달리 본다고 하여 불합리한 것으로 보기 어려운 점 등에 비추어 잔금지급일의 기준시가를 적용하여 쟁점토지의 양도차익을 산정하여 이 건 양도소득세를 과세한 처분은 잘못이 없음.

【대법원 2007두14978, 2010. 5. 13.】

매매계약체결시기와 양도 시기가 다른 경우 토지 등의 양도가 부당행위계산에 해당하는지 여부는 그 대금을 확정 짓는 거래 당시를 기준으로 판단하는 반면, 그 토지의 양도차익을 계산함에 있어서는 양도가액을 양도 시기를 기준으로 산정하고 이는 그 선택의 이유와 기준을 달리하므로 양자가 기준시기를 달리 본다고 하여 불합리한 것은 아님.

【대법원 97누15821, 1999. 1. 29.】

특수관계자에게 양도한 토지가액의 '시가'를 그 대금을 확정짓는 거래 당시를 기준하여 특정지역의 경우 배율방법에 의해 평가한 가액으로 한 것과 양도가액을 그 양도 시기의 개별공시지가를 적용함은 정당함.

제2절 사업소득금액 계산 시 적용하는 시가

1. 법인세법상 시가준용

사업소득금액은 수익사업의 자산과 용역의 거래에서 발생된 소득금액으로서 자산과 용역의 시가가 필요하다.

소득세법은 사업소득금액 계산 시 적용할 시가에 대해 자산을 고가매입, 저가 양도한 경우와 그 외의 경우로 나누어 법인세법상 시가를 준용하는 것으로 규정하고 있다(소령 §98④).

2. 자산의 시가

자산의 시가는 법인세법 시행령 제89조 제1항, 제2항을 준용하여 다음의 가액으로 평가한다(소령 §98③).

가. 시가에 해당하는 거래가격이 있는 경우

(1) 사업자의 거래가격이 있는 경우

사업자가 해당 거래와 유사한 상황에서 불특정다수인과 계속적으로 거래한 가격이 있는 경우에는 시가에 해당한다(법령 §89①).

(2) 제3자 간 거래가격이 있는 경우

제3자 간에 일반적으로 거래된 가격이 있는 경우에는 시가에 해당한다(법령 §89①).

나. 시가가 불분명한 경우

시가가 불분명한 경우에는 다음의 가액을 순차적으로 적용한 금액으로 평가한다(법령 §89②).

(1) 감정가액

「감정평가 및 감정평가사에 관한 법률」에 따른 감정평가업자가 감정한 가액이 있는 경우에는 그 가액(감정한 가액이 2 이상인 경우에는 그 감정한 가액의 평균액)을 시가로 본다.

2019. 2. 11. 이전에는 개인감정평가사의 감정가액은 감정가액이 5억 원 이하인 경우에

한하여 시가로 인정되지만 2019. 2. 12. 이후에는 가액과 관계없이 개인감정평가사의 감정가액도 시가로 본다.

(2) 상속세 및 증여세법을 준용하여 평가한 가액

가) 보충적 평가방법 준용

감정가액이 없는 경우에는 상속세 및 증여세법상 보충적 평가방법을 규정하고 있는 「상속세 및 증여세법」 제61조(부동산), 제62조(선박 등 그 밖의 유형재산), 제64조(무체재산권), 제65조(그 밖의 조건부 권리등)를 준용하여 평가한다.

나) 저당권등이 설정된 재산에 대한 평가특례 적용

저당권등이 설정된 자산을 평가 시에는 상속세 및 증여세법 제66조의 저당권등이 설정된 재산의 평가특례를 적용하여 평가한다.

3. 금전대여 · 차입거래와 용역의 시가

금전대여 · 차입거래에 대해서는 법인세법 시행령 제89조 제3항을 준용하고 유 · 무형의 자산 임대 · 임차거래에 대해서는 법인세법 시행령 제89조 제4항 제1호를 준용하며 그 외 역무를 제공하는 용역에 대해서는 법인세법 시행령 제89조 제4항 제2호를 준용하여 다음의 가액에 따른다(소령 §98④).

자산의 시가에 대해서는 법인세법 시행령 제89조 제1항을 준용하는 것으로 규정하고 있어 개인이 특수관계인 외의 자와 계속적으로 거래한 가격 또는 제3자 간에 일반적으로 거래된 가격이 있는 경우에는 해당 가격을 시가로 적용할 수 있지만 용역에 대해서는 시가가 불분명한 경우 적용하는 법인세법 시행령 제89조 제4항을 준용하도록 규정하고 있는 차이가 있다.

하지만 개인이 특수관계인 외의 자와 계속적으로 거래한 가격 또는 제3자 간에 일반적으로 거래된 가격이 있는 경우에는 이를 시가로 보아야 하며 시가가 불분명한 경우에 한하여 법인세법 시행령 제89조 제4항을 준용하여야 한다.[112]

---

112) 소득세법 시행령 제98조 제4항은 "④ 제2항 제2호 내지 제5호의 규정에 의한 소득금액의 계산에 관하여는 「법인세법 시행령」 제89조 제1항 및 「법인세법 시행령」 제89조 제3항 내지 제5항의 규정을 준용한다."로 개정하여야 할 것으로 생각한다.

가. 금전대여 · 차입

금전대여 · 차입의 경우 이자율의 시가는 가중평균차입이자율을 원칙적으로 적용하고 가중평균차입이자율을 적용할 수 없는 경우에는 당좌대출이자율(4.6%)을 적용한다(법령 §89③).

나. 금전 외 유 · 무형 자산 임대차용역

금전 외 유 · 무형 자산을 임대하거나 임차하는 경우의 시가가 불분명한 경우에는 당해 자산의 시가의 100분의 50에 상당하는 금액에서 그 자산의 제공과 관련하여 받은 전세금 또는 보증금을 차감한 금액에 정기예금이자율(2.9%)을 곱한 금액으로 평가한다(법령 §89④1호).

○ 유 · 무형자산 임차료에 대해 시가로 보는 금액

(당해 자산의 시가 × 50% − 보증금, 전세금) × 정기예금이자율

* 정기예금이자율(법칙 §6)
2024년: 3.5%, 2023년: 2.9%
2021년~2022년: 1.2%, 2020년: 1.8%, 2019년: 1.8%, 2018년: 1.8%
2017년: 1.6%, 2016년: 1.8%, 2015년: 2.5%

다. 건설 등 역무를 제공하는 용역

건설 등 역무를 제공하는 용역의 시가가 불분명한 경우에는 당해 용역의 제공에 소요된 원가와 원가에 당해 사업연도 중 특수관계인 외의 자에게 제공한 유사한 용역제공거래에 있어서의 수익률 또는 제3자 간의 일반적인 용역제공거래를 할 때의 수익률(기업회계기준에 의하여 계산한 매출액에서 원가를 차감한 금액을 원가로 나눈 율을 말한다)을 곱하여 계산한 금액을 합한 금액으로 평가한다(법령 §89④2호).

○ 역무를 제공하는 용역의 시가로 보는 금액

해당 용역의 제공에 소요된 금액(직접비 · 간접비 포함한 원가) + 원가 × (1+수익률)

* 수익률: 해당 사업연도 중 특수관계인 외의 자에게 제공한 유사한 용역제공거래에 있어서의 수익률 또는 특수관계인 아닌 제3자 간의 일반적인 용역제공거래에서의 수익률로서 기업회계기준에 의해 계산한 (매출액 − 원가/원가)를 말함.

제3절 양도소득금액 계산 시 적용하는 시가

1. 상속세 및 증여세법상 시가준용

양도소득금액에 대한 부당행위계산부인 적용 시에는 자산의 시가만이 필요하다.

양도소득에 대한 부당행위계산부인 시 적용하는 시가는 상속세 및 증여세법상 재산평가에 관한 규정인 상속세 및 증여세법 제60조부터 제66조까지와 시행령 제49조, 제50조부터 제52조까지, 제52조의2, 제53조부터 제58조까지, 제58조의2부터 제58조의4까지, 제59조부터 제63조까지를 준용하여 평가한다(소령 §167⑤).

따라서 양도소득금액 계산 시 적용하는 시가는 상속세 및 증여세법상 시가와 동일하다.

2. 평가기간

양도소득금액 계산 시 시가는 상속세 및 증여세법상 시가를 준용하되 평가기간은 "양도일 또는 취득일 전후 각 3월의 기간"으로 하여 적용하여야 한다(소령 §167⑤).

| 평가기간(상속세 및 증여세 VS 양도소득세) |

구분	상속세 및 증여세	양도소득세
평가기간	평가기준일 전 6개월, 평가기준일 후 6개월 (증여재산의 경우 3개월)	양도일 또는 취득일 전후 3개월

3. 상장주식의 시가

2021. 2. 16. 이전 거래분까지는 상장주식의 시가에 대해서도 상속세 및 증여세법을 준용하여 평가하였으므로 양도일 또는 취득일 전후 2개월간 최종시세가액의 평균액으로 평가하고 최대주주등에 해당하는 경우에는 20% 할증평가를 하여야 했다.

따라서 2021. 2. 16. 이전 거래의 경우 법인세법상 상장주식의 시가는 거래일의 최종시세가액으로서 최종시세가액으로 평가하는 경우에는 할증평가를 하지 않지만 소득세법상 상장주식의 시가는 거래일 전후 2개월간 최종시세가액의 평균액으로서 할증평가를 하여야 하므로 법인과 개인의 부당행위계산부인 시 적용되는 상장주식의 시가가 차이가 있는 문제점이 있고 거래일 이후 2개월간 최종시세가액의 평균액을 정확하게 예측할 수 없는바 거래 당시에 부당행위계산부인 대상 거래 여부를 판단할 수 없는 문제점이 있었다.

이러한 문제점에 대해 대법원은 소득세법상 부당행위계산부인 적용 시 상속세 및 증여세법을 준용해서 시가를 산정하는 것은 합리적 입법재량의 범위 내에서 납세자의 재산권을 침해하지 않고 법인과 개인은 거래의 조작가능성 등에서 차이가 있으므로 개인과 법인을 다르게 취급하는 것은 평등원칙에 반하지 않는 것으로 판결한 바 있었다(대법원 2016두43411, 2020. 6. 16. 전원합의체).

하지만 2021. 2. 17. 대통령령 제31442호로 양도소득 부당행위계산부인 적용 시 상장주식의 시가는 법인세법 시행령 제89조 제1항을 준용하는 것으로 개정되어 법인과 개인과 거래 시 적용되는 상장주식의 시가가 동일하고 거래 당시에 거래가격의 적정성 여부를 판단할 수 있게 되었다(소령 §167⑦).[113]

2021. 2. 16. 이전 거래분 상장주식의 시가(상속세 및 증여세법 VS 법인세법 VS 소득세법)

○ 상속세 및 증여세법
- 평가기준일 전후 2개월간 최종시세가액의 평균액
- 최대주주등에 해당하는 경우 20% 할증평가

○ 법인세법
- 거래일의 거래소 최종시세가액
- 최대주주등에 해당하는 경우에도 할증평가 배제
  (장외거래로서 경영권 이전거래: 거래인 전후 2개월간 최종시세가액의 평균액, 20% 할증평가)

○ 소득세법(양도소득)
- 거래일 전후 2개월간 최종 시세가액의 평균액
- 최대주주등에 해당하는 경우 20% 할증평가

113) 법인세법의 경우 2021. 2. 16. 이전 거래소에서 거래된 상장주식에 대한 부당행위계산부인 적용 시 5% 또는 3억 원 요건을 적용하지 않는 것과 달리 소득세법은 5% 또는 3억 원 요건을 적용하였다. 2021. 2. 17. 이후 거래분부터는 법인세법의 경우 거래소에서 거래 여부 불문하고 주권상장법인의 주식에 대해서는 5% 또는 3억 원 요건을 적용하지 않으며 소득세법도 동일하게 주권상장법인의 주식에 대해서는 5% 또는 3억 원 요건을 적용하지 않는다.

■ 2021. 2. 16. 이후 거래분 상장주식의 시가(상속세 및 증여세법 VS 법인세법 VS 소득세법)

○ 상속세 및 증여세법
- 평가기준일 전후 2개월간 최종시세가액의 평균액
- 최대주주등에 해당하는 경우 20% 할증평가

○ 법인세법, 소득세법(양도소득)
- 증권시장(대량매매제외)에서 거래된 경우 그 거래된 가격
- 증권시장 외 거래, 대량매매의 경우 거래소 최종시세가액
  - 최대주주 변경, 최대주주 간 1% 이상 지분율 변동하는 경우 20% 할증평가 (상증령 §53⑧의 할증평가 제외대상에 해당하는 경우 제외)

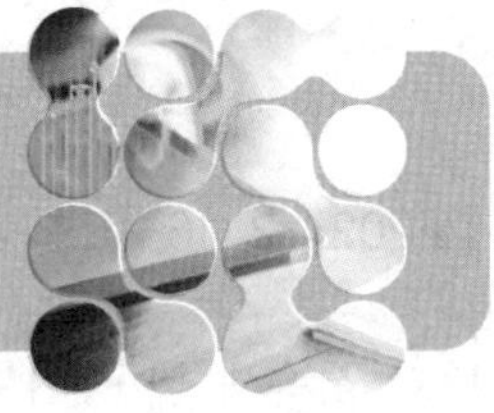

제4장

부가가치세법상 시가

제1절 재화와 용역의 시가에 대한 개관

개요

부가가치세는 재화와 용역이 생산되거나 유통되는 모든 단계에서 창출된 부가가치를 과세대상으로 한다.

부가가치세의 과세방법은 여러 가지 유형이 있는데 우리나라는 매출액에서 매입액을 차감한 금액을 부가가치로 보고 동 부가가치에 세율을 적용하여 과세하는 전단계세액공제법을 취하고 있다.

우리나라 부가가치세법은 면세대상이 아닌 한 모든 재화와 용역의 소비에는 부가가치세가 과세되는 것을 원칙으로 하고 있으며 부가가치세율을 달리하는 경우 재화와 용역의 가격구조가 왜곡되어 완전경쟁을 저해하는 원인이 되므로 합리적인 자원배분이 될 수 있도록 단일세율로 과세하고 있다. 즉, 소득에 대해 과세하는 소득세, 법인세와 달리 소비지출에 과세하는 부가가치세 과세에 있어서 가장 중요한 것은 재화와 용역의 가격에 영향을 주지 않는 조세의 중립성이라 할 수 있다.

따라서 부가가치세법은 부가가치세 없는 소비를 막고 조세의 중립성을 유지하기 위한 목적으로 부가가치세를 거래징수하지 않은 경우에도 시가를 기준으로 부가가치세를 과세하는 규정을 두고 있으며 이러한 경우 적용할 시가에 대해서도 규정하고 있다.

Ⅱ 시가산정 목적

1. 특수관계인 간 공급에 대한 공급가액 산정

특수관계인에게 재화와 용역을 공급하면서 부당하게 낮은 대가를 받거나 대가를 받지 않은 경우, 특수관계인에게 부동산 임대용역을 무상으로 공급하는 경우에는 공급한 재화 또는 용역의 시가를 공급가액으로 하여 부가가치세가 과세된다(부법 §29④).

이와 같이 특수관계인에게 부당하게 낮은 대가를 받고 공급한 경우 등에 대한 공급가액을 결정하기 위해서는 시가산정이 필요하다.

2. 재화의 공급특례

부가가치세 과세대상은 원칙적으로 대가를 받고 재화와 용역을 공급하는 것이지만, 사업자가 자기사업과 관련하여 재화를 매입하면서 매입세액을 공제받은 후 개인적인 목적 등으로 소비하는 경우에는 부가가치세 부담 없는 소비가 된다.

따라서 해당 재화에 대해 매입세액 공제받거나 영세율을 적용받은 경우 등으로서 ① 자동차 등을 영업용으로 직접 사용하지 않는 경우, ② 재화를 자기의 개인적인 목적이나 그 밖의 다른 목적을 위하여 사용・소비하는 경우, ③ 재화를 무상으로 증여하는 경우, ④ 폐업 시 잔존재화에 대해서는 부가가치세가 과세된다(부법 §10).

이러한 재화공급 특례에 대해서는 시가를 공급가액으로 하여 부가가치세가 과세되므로 시가산정이 필요하다.

3. 용역의 공급특례

용역을 무상으로 공급하는 것은 용역의 공급에 해당하지 않지만 특수관계인에게 무상으로 부동산 임대용역을 제공하는 것은 용역의 공급에 해당한다(부법 §12②).

따라서 특수관계인에게 무상으로 제공한 부동산 임대용역은 시가를 공급가액으로 하여 부가가치세가 과세되므로 시가산정이 필요하다.

4. 금전 외의 대가를 수령한 경우

재화 또는 용역을 공급하고 그 대가로 금전을 수령하는 경우에는 대가로 수령한 금전을 공급가액으로 하지만 금전 외의 것으로 대가를 수령하는 경우에는 공급한 재화 또는 용역의 시가를 공급가액으로 한다(부법 §29③2호).

따라서 금전 외의 대가를 수령한 경우 공급가액을 산정하기 위해서는 시가산정이 필요하다.

Ⅲ 재화와 용역의 시가의 정의

부가가치세법은 시가에 대해 별도로 정의하지 않고 있다.

제2절 재화와 용역의 시가

Ⅰ 시가에 해당하는 가격

부가가치세법은 시가에 대해 별도로 정의하지 않고 시가에 해당하는 가액과 적용순서에 대해서만 규정하고 있다. 부가가치세법상 시가는 다음에 해당하는 가격을 순차적으로 적용한 가격이다(부령 §62).

1. 거래가격이 있는 경우

재화와 용역에 대한 거래가격이 있는 경우에는 다음에 해당하는 가격이 시가에 해당한다.

가. 사업자의 거래가격이 있는 경우

사업자자 해당 거래와 유사한 상황에서 특수관계인이 아닌 자와 계속적으로 거래한 가격이 있는 경우에는 시가에 해당한다.

이는 법인세법 시행령 제89조 제1항에서 규정하고 있는 시가와 동일한 것으로 사업자 자신의 거래는 임의적으로 거래를 조정할 수 있으므로 유사한 상황에서 계속적으로 거래한 가격만이 시가에 해당한다.

나. 제3자 간 거래가격이 있는 경우

제3자 간에 일반적으로 거래된 가격이 있는 경우에는 시가에 해당한다.

2. 거래가격이 없는 경우

가. 사업자가 대가로 받은 재화 또는 용역의 가격

시가로 볼 수 있는 거래가격이 없는 경우에는 사업자가 그 대가로 받은 재화 또는 용역의 가격을 시가로 본다.

나. 사업자가 대가로 받은 재화 또는 용역의 가격의 의미

사업자가 그 대가로 받은 재화 또는 용역의 가격이란 다음에 해당하는 가격을 말한다.

(1) 공급받은 사업자의 거래가격이 있는 경우

공급받은 사업자가 그 대가로 받은 재화 또는 용역에 대해 해당 거래와 유사한 상황에서 특수관계인이 아닌 자와 계속적으로 거래한 가격이 있는 경우에는 동 가격이 사업자가 대가로 받은 재화 또는 용역의 가격에 해당한다.

(2) 제3자 간 거래가격이 있는 경우

공급받은 사업자가 그 대가로 받은 재화 또는 용역에 대해 제3자 간에 일반적으로 거래된 가격이 있는 경우에는 동 가격이 사업자가 대가로 받은 재화 또는 용역의 가격에 해당한다.

Ⅱ 평가기간

부가가치세법도 법인세법과 마찬가지로 평가기간을 규정하지 않고 있어 거래발생 시기와 관계없이 사업자가 계속적으로 거래한 가격, 제3자 간에 일반적으로 거래된 가격에 해당하는 경우에는 시가에 해당한다.

Ⅲ 거래가격이 없거나 시가가 불분명한 경우

시가에 해당하는 거래가격이 없거나 시가가 불분명한 경우에는 법인세법 시행령 제89조를 준용하여 다음과 같이 평가한다(부령 §62 3호).

1. 재화

재화의 시가가 불분명한 경우에는 다음의 가액을 순차적으로 적용하여 평가한다(법령 §89②).

(1) 감정가액이 있는 경우

감정평가 및 감정평가사에 관한 법률에 따른 감정평가업자가 감정한 가액이 있는 경우 그 가액(감정한 가액이 2 이상인 경우에는 그 감정한 가액의 평균액)이 있는 경우에는 감정가액을 시가로 본다.

2019. 2. 11. 이전에는 개인감정평가사의 감정가액의 경우 감정가액이 5억 원 이하인 경우에만 시가로 본다.

(2) 감정가액이 없는 경우

가) 보충적 평가방법 준용

감정가액이 없는 경우에는 상속세 및 증여세법상 보충적 평가방법을 규정하고 있는 상속세 및 증여세법 제61조(부동산)부터 제62조(선박 등 그 밖의 유형재산), 제64조(무체재산권)를 준용하여 평가한다.

나) 저당권등이 설정된 재화에 대한 평가특례 적용

저당권등이 설정된 재화를 평가 시에는 상속세 및 증여세법 제66조의 저당권등이 설정된 재산의 평가특례를 적용하여 평가한다.

2. 용역

용역의 시가가 불분명한 경우에는 물건, 시설물, 권리 등의 재화를 사용하게 하는 것과 역무를 제공하는 것으로 나누어 다음에 해당하는 금액을 시가로 본다.

가. 재화를 사용하게 하는 것에 해당하는 용역

물건, 시설물, 권리 등 재화를 사용하게 하는 것에 해당하는 용역은 당해 재화 시가의 100분의 50에 상당하는 금액에서 그 재화의 제공과 관련하여 받은 전세금 또는 보증금을 차감한 금액에 정기예금이자율(2.9%)을 곱한 금액에 의한다(법령 §89④1호).

○ 유·무형재화의 임차료에 대해 시가로 보는 금액

(당해 자산의 시가 × 50%－보증금, 전세금) × 정기예금이자율

* 정기예금이자율(법칙 §6)
2021년~2022년: 1.2%, 2023년: 2.9%, 2024년: 3.5%
2020년: 1.8%, 2019년: 1.8%, 2018년: 1.8%
2017년: 1.6%, 2016년: 1.8%, 2015년: 2.5%

나. 역무를 제공하는 것에 해당하는 용역

당해 용역의 제공에 소요된 금액인 원가와 원가에 당해 사업연도 중 특수관계인 외의 자에게 제공한 유사한 용역제공거래에 있어서의 수익률 또는 제3자 간에 일반적인 용역제공거래를 할 때의 수익률(기업회계기준에 의하여 계산한 매출액에서 원가를 차감한 금액을 원가로 나눈 율을 말한다)을 곱하여 계산한 금액을 합한 금액에 의한다(법령 §89④2호).

○ 역무를 제공하는 용역의 시가로 보는 금액

해당 용역의 제공에 소요된 금액(직접비·간접비 포함한 원가)＋원가 × (1＋수익률)

* 수익률: 해당 사업연도 중 특수관계인 외의 자에게 제공한 유사한 용역제공거래에 있어서의 수익률 또는 제3자 간에 일반적인 용역제공거래를 할 때의 수익률로서 기업회계기준에 의해 계산한 (매출액－원가/원가)를 말함.

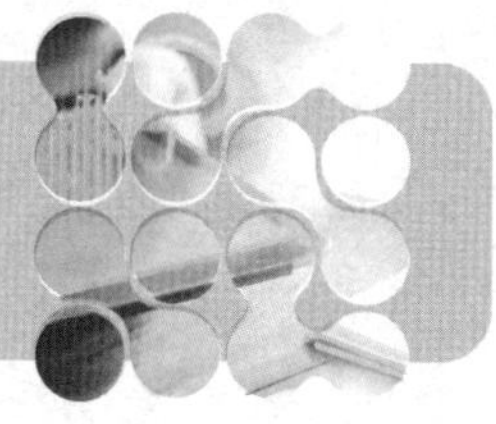

제 5 장

지방세법상 취득세 과세표준 산정시 시가

제1절 자산과 용역의 시가에 대한 개관

개요

부동산등 취득세 과세대상 재산을 유상으로 취득하거나 증여 또는 상속하는 경우에는 취득세 납세의무가 성립하게 된다.

취득세는 일정 거래를 통해 발생한 소득에 대한 세금이 아닌 일정시점의 재산가치에 대해 과세하는 세금으로 당연히 용역의 시가는 고려하는 경우가 있을 수 없으며 상속세, 증여세 과세시와 동일하게 취득세 과세대상이 되는 모든 재산을 평가하여야 하는 문제가 발생한다.

2022년까지 납세의무 성립분에 대해서는 무상취득에 대한 취득세 과세표준 산정시 지방세법상 시가표준액을 기준으로 하였으므로 증여 또는 상속을 원인으로 재산취득시 지방세법상 시가산정을 고려할 필요가 없었다.

하지만 2023. 1. 1. 이후 무상취득 중 증여를 원인으로 납세의무가 성립하는 분부터는 시가 개념인 시가인정액을 과세표준으로 하여 취득세가 과세되는 것으로 개정되어 재산의 증여시에는 증여세 신고시 뿐만 아니라 취득세 신고시에도 시가인정액을 검토하여 신고・납부하여야 하므로 지방세법상 취득세 과세표준 산정시 시가도 매우 중요한 의미가 있다.

지방세법상 취득세 과세표준 산정시의 시가는 과세성격이 비슷한 상속세 및 증여세법상 시가와 거의 유사하게 규정하고 있는 특징이 있다.

Ⅱ 시가산정 목적

1. 증여취득시 과세표준 산정

가. 시가인정액으로 증여취득에 대한 과세표준 산정

취득세는 취득당시의 가액을 과세표준으로 하며 무상취득 중 증여취득의 경우 2023. 1. 1. 이후 납세의무 성립분부터 취득시기 현재 불특정 다수인 사이에 자유롭게 거래가 이루어지는 경우 통상적으로 성립된다고 인정되는 가액인 시가인정액을 취득당시의 가액으로 한다(지법 §10, 10조의2①). 증여취득시 시가인정액을 과세표준으로 하는 것으로 개정되면서 증여취득에 대한 취득세 신고·납부기한도 취득일(증여계약일)부터 60일 이내에서 취득일이 속하는 달의 말일부터 3개월 이내로 개정되었다(지법 §20).

2022년까지 납세의무 성립분에 대해서는 지방세법상 시가표준액을 과세표준으로 하였고 지방세법상 시가표준액은 시가의 50%~70% 정도의 가액인바 2023년 이후 증여취득으로 납세의무 성립분부터는 취득세 부담이 1.5배에서 2배 정도로 높아졌다고 할 수 있으므로 증여의사결정시에는 증여세뿐만 아니라 취득세 부담까지 반드시 고려하여 의사결정할 필요가 있다.

이 경우 증여는 당연히 부담부증여도 해당하는 것으로 2022년까지 부담부증여로 취득시에는 유상양도로 보는 채무부분은 실제 채무액으로 전체 증여재산가액 중 채무액을 차감한 무상취득으로 보는 부분에 대해서는 시가표준액으로 과세표준을 계산하는 이원적인 방식이었지만 2023년 이후 납세의무 성립분부터는 시가인정액에서 채무부담액을 차감한 무상취득으로 보는 부분도 시가인정액을 과세표준으로 하여 취득세가 산정된다.

지방세법상 시가산정의 가장 큰 목적은 증여취득에 대한 과세표준 산정이라고 할 수 있다.

지방세법 제10조의2 【무상취득의 경우 과세표준】

① 부동산등을 무상취득하는 경우 제10조에 따른 취득 당시의 가액(이하 "취득당시가액"이라 한다)은 취득시기 현재 불특정 다수인 사이에 자유롭게 거래가 이루어지는 경우 통상적으로 성립된다고 인정되는 가액(매매사례가액, 감정가액, 공매가액 등 대통령령으로 정하는 바에 따라 시가로 인정되는 가액을 말하며, 이하 "시가인정액"이라 한다)으로 한다.

지방세법 제20조 【신고 및 납부】

① 취득세 과세물건을 취득한 자는 그 취득한 날(「부동산 거래신고 등에 관한 법률」 제10조

제1항에 따른 토지거래계약에 관한 허가구역에 있는 토지를 취득하는 경우로서 같은 법 제11조에 따른 토지거래계약에 관한 허가를 받기 전에 거래대금을 완납한 경우에는 그 허가일이나 허가구역의 지정 해제일 또는 축소일을 말한다)부터 60일[무상취득(상속은 제외한다) 또는 증여자의 채무를 인수하는 부담부 증여로 인한 취득의 경우는 취득일이 속하는 달의 말일부터 3개월, 상속으로 인한 경우는 상속개시일이 속하는 달의 말일부터, 실종으로 인한 경우는 실종선고일이 속하는 달의 말일부터 각각 6개월(외국에 주소를 둔 상속인이 있는 경우에는 각각 9개월)] 이내에 그 과세표준에 제11조부터 제13조까지, 제13조의2, 제13조의3, 제14조 및 제15조의 세율을 적용하여 산출한 세액을 대통령령으로 정하는 바에 따라 신고하고 납부하여야 한다.

나. 시가인정액 적용 제외 부동산

2023년 이후 납세의무 성립분부터는 시가인정액으로 취득세 과세표준이 산정되지만 다음에 해당하는 경우에는 시가표준액을 기준으로 과세표준을 산정한다.

① 상속을 원인으로 한 취득

지방세법상 상속을 원인으로 한 취득은 피상속인이 상속인에게 한 유증, 포괄유증과 신탁재산의 상속을 포함하는 것으로 상속을 원인으로 취득한 경우에는 2023년 이후 취득세 납세의무가 성립하는 경우에도 시가표준액을 과세표준으로 한다(지법 §7⑦, §10조의2②1호).

이 경우 상속인이 아닌 자에게 유증한 경우에는 포괄유증만이 상속에 해당하므로 특정재산을 대상으로 한 특정유증에 해당하는 경우에는 상속세 과세대상재산에 해당하더라도 상속취득이 아닌 증여취득이 되는 점을 주의하여야 한다.

② 취득물건에 대한 시가표준액이 1억 원 이하인 부동산

2023년 이후 취득세 납세의무가 성립하는 경우에도 취득물건에 대한 지방세법 제4조에 따른 시가표준액이 1억 원 이하인 부동산의 경우에는 시가인정액과 시가표준액 중 납세자가 정하는 가액을 과세표준으로 한다(지법 §10조의2②2호).

여기서 시가표준액은 토지, 주택의 경우 기준시가로 증여세 신고하는 경우의 기준시가와 동일하지만 그 외 상업용 건물(오피스텔, 지식산업센터)등의 시가표준액은 기준시가로 증여세 신고하는 경우의 기준시가보다 훨씬 낮은 금액이므로 상업용 건물등의 경우 기준시가로는 1억 원 훨씬 초과하는 재산이라도 시가표준액으로는 1억 원 이하일 수 있으므로 취득세 절세측면에서는 시가표준액이 1억 원 이하인 상업용 건물을 증여하는 것이 유리할 수

있다.

③ 시가를 산정하기 어려운 경우

위 ①, ②에 해당하지 않는 경우에는 시가인정액을 과세표준으로 하여야 하지만 시가산정이 어려운 경우에는 지방세법 제4조의 시가표준액을 과세표준으로 한다(지법 §10조의2②3호).

2. 유상승계취득시 부당행위계산부인 적용

유상취득시 취득세 과세표준이 되는 취득당시 가액은 해당 물건을 취득하기 위하여 거래 상대방이나 제3자에게 지급하였거나 지급하여야 할 비용으로서 직접·간접비용을 포함한 금액이다(지법 §10조의3①, 지령 §18①).

다만 지방세기본법상 특수관계인으로부터 시가인정액보다 낮은 가액으로 취득한 경우로서 시가인정액과 사실상 취득가격의 차이가 시가인정액의 5% 또는 3억 원 이상인 경우에는 시가인정액을 취득세 과세표준으로 한다(지법 §10조의3②, 지령 §18조의2).

이처럼 유상승계 취득시 취득세 부당행위계산부인을 적용하기 위해서는 시가인정액 산정이 필요하다.

> **지방세법 제10조의3【유상승계취득의 경우 과세표준】**
> ① 부동산등을 유상거래(매매 또는 교환 등 취득에 대한 대가를 지급하는 거래를 말한다. 이하 이 장에서 같다)로 승계취득하는 경우 취득당시가액은 취득시기 이전에 해당 물건을 취득하기 위하여 다음 각 호의 자가 거래 상대방이나 제3자에게 지급하였거나 지급하여야 할 일체의 비용으로서 대통령령으로 정하는 사실상의 취득가격(이하 "사실상취득가격"이라 한다)으로 한다. (2023. 12. 29. 개정)

 평가기준일

1. 증여취득

증여취득시 취득세 시가인정액 산정의 평가기준일은 증여계약서상 계약일이다(지령 §20①). 반면 증여세 과세시 증여일은 등기접수일로 통상 증여계약서 작성 후 등기접수를 하게 되므로 취득세와 증여세 과세시 평가기준일이 다르게 된다(상증령 §24).

따라서 증여계약일과 등기접수일 사이에 시가변동등의 급격한 사정이 있거나 시가산정이 어려운 경우로서 기준시가로 증여재산을 평가하는 경우로서 증여계약 후 등기접수 전 개별공시지가가 고시되는 경우에는 증여세 과세표준과 취득세 과세표준의 큰 차이가 있을 수 있으므로 증여계약일과 등기접수일은 큰 차이가 나지 않도록 하여야 한다.

2. 유상취득

유상취득시 취득시기는 사실상의 잔금지급일을 원칙으로 하되 사실상의 잔금지급일을 확인할 수 없는 경우에는 계약상 잔금지급일(계약상 잔금지급일이 명시되지 않은 경우에는 계약일부터 60일이 경과한 날)이다(지령 §20②).

이 경우 유상취득시 부당행위계산부인 적용을 위한 취득세 시가인정액 산정의 평가기준일에 대해서는 규정하고 있는바가 없지만 계약일 현재를 평가기준일로 하여야 할 것으로 생각된다.

제2절 시가인정액으로 인정되는 가액

I 개요

지방세법은 취득시기 현재 불특정 다수인 사이에 자유롭게 거래가 이루어지는 경우 통상적으로 성립된다고 인정되는 가액을 시가인정액으로 정의하면서 매매사례가액, 감정가액, 공매가액 등 대통령령으로 정하는 바에 따라 인정되는 가액이 시가인정액에 해당하는 것으로 규정하고 있다(지령 §10조의2①).

여기서 매매사례가액, 감정가액, 공매가액 등은 당해 재산 또는 유사재산의 매매가액, 감정가액, 수용가격 및 공매가격을 말하는 것으로 동 가액들은 시가인정액이 불분명한 경우 시가인정액을 대신하는 가액이 아닌 시가인정액으로 보는 가액이다.

이러한 부분은 상속세 및 증여세법상 증여재산의 시가평가와 동일한 것으로 당해 재산 또는 유사재산의 매매가액, 감정가액, 수용가격 및 공매가격이 불분명한 경우가 시가를 산정하기 어려운 경우에 해당한다.

지방세법 시행령 제10조의2 【무상취득의 경우 과세표준】
① 부동산등을 무상취득하는 경우 제10조에 따른 취득 당시의 가액(이하 "취득당시가액"이라 한다)은 취득시기 현재 불특정 다수인 사이에 자유롭게 거래가 이루어지는 경우 통상적으로 성립된다고 인정되는 가액(매매사례가액, 감정가액, 공매가액 등 대통령령으로 정하는 바에 따라 시가로 인정되는 가액을 말하며, 이하 "시가인정액"이라 한다)으로 한다.

Ⅱ 평가기간

1. 원칙

지방세법은 상속세 및 증여세법과 동일하게 어떤 거래가액을 시가로 인정하는 데 있어 평가기간의 제약을 두고 평가기간 이내의 거래가액만 시가로 인정하고 있는 특징이 있다.

따라서 매매 등(매매, 감정, 수용, 경매 및 공매)에 대한 거래가액은 무조건 시가로 인정되는 것이 아니라 평가기간 이내의 거래가액만이 시가로 인정된다.

평가기간이란 취득일 전 6개월부터 취득일 후 3개월 이내의 기간을 의미하는 것으로 상속세 및 증여세법상 평가기간과 동일하다고 할 수 있다(지령 §14①).

2. 예외

취득일 전 2년 이내의 기간 중 평가기간에 해당하지 않는 기간에 매매등이 있거나 평가기간이 지난 후에도 취득세 신고・납부기한의 만료일부터 6개월 이내의 기간 중에 매매등이 있는 경우로서 납세자 또는 지방자치단체의 장이 지방세심의위원회에 해당 매매등의 가액을 심의요청하여 인정되는 경우에는 평가기간 외의 가격도 시가로 인정된다[114](지령 §14③).

이 경우 지방세심의위원회는 취득일부터 평가기간 이내의 가액인지 여부에 대한 판단기준일까지의 기간 중에 시간의 경과와 주위환경의 변화 등을 고려할 때 가격변동의 특별한 사정이 없다고 인정하는 경우에는 심의요청한 가액을 시가인정액으로 심의・의결할 수 있다.

---

114) 지방세심의위원회에 시가인정액에 대해 심의요청하는 경우 평가기준일 전 2년 이내의 매매등의 가액을 시가인정액으로 인정받기 위해서는 신고납부기한 만료일 전 70일까지, 평가기간 경과 후 신고납부기한 만료일부터 6개월 내의 매매등의 가액을 시가인정액으로 인정받기 위해서는 매매등이 있는 날부터 6개월 내에 심의를 요청해야 한다(지령 §4조의3②). 이는 상속세 및 증여세법상 심의요청기한도 동일하다고 할 수 있다.

평가기간 외의 매매등의 가액을 시가인정액으로 인정하는 것은 상속세 및 증여세법과 거의 유사하게 규정하고 있다.

지방세법 시행령 제14조 【시가인정액의 산정 및 평가기간의 판단 등】

① 법 제10조의2 제1항에서 "매매사례가액, 감정가액, 공매가액 등 대통령령으로 정하는 바에 따라 시가로 인정되는 가액"(이하 "시가인정액"이라 한다)이란 취득일 전 6개월부터 취득일 후 3개월 이내의 기간(이하 이 절에서 "평가기간"이라 한다)에 취득 대상이 된 법 제7조 제1항에 따른 부동산 등(이하 이 장에서 "부동산등"이라 한다)에 대하여 매매, 감정, 경매(「민사집행법」에 따른 경매를 말한다. 이하 이 장에서 같다) 또는 공매(이하 이 조에서 "매매등"이라 한다)한 사실이 있는 경우의 가액으로서 다음 각 호의 구분에 따라 해당 호에서 정하는 가액을 말한다. (2023. 6. 30. 개정)

1. 취득한 부동산등의 매매사실이 있는 경우: 그 거래가액. 다만, 「소득세법」 제101조 제1항 또는 「법인세법」에 따른 특수관계인(이하 "특수관계인"이라 한다)과의 거래 등으로 그 거래가액이 객관적으로 부당하다고 인정되는 경우는 제외한다. (2021. 12. 31. 신설)
2. 취득한 부동산등에 대하여 둘 이상의 감정기관(행정안전부령으로 정하는 공신력 있는 감정기관을 말한다. 이하 같다)이 평가한 감정가액이 있는 경우: 그 감정가액의 평균액. 다만, 다음 각 목의 가액은 제외하며, 해당 감정가액이 법 제4조에 따른 시가표준액에 미달하는 경우나 시가표준액 이상인 경우에도 「지방세기본법」 제147조 제1항에 따른 지방세심의위원회(이하 "지방세심의위원회"라 한다)의 심의를 거쳐 감정평가 목적 등을 고려하여 해당 감정가액이 부적정하다고 인정되는 경우에는 지방자치단체의 장이 다른 감정기관에 의뢰하여 감정한 가액으로 하며, 그 가액이 납세자가 제시한 감정가액보다 낮은 경우에는 납세자가 제시한 감정가액으로 한다. (2023. 12. 29. 개정)

   [영 제14조 제1항 제2호 각 목 외의 부분 단서의 개정규정은 2024. 1. 1. 이후 취득하는 부동산등에 대해 시가인정액을 산정하는 경우부터 적용함. (영 부칙(2023. 12. 29.) 제2조)]

   가. 일정한 조건이 충족될 것을 전제로 해당 부동산등을 평가하는 등 취득세의 납부 목적에 적합하지 않은 감정가액 (2021. 12. 31. 신설)

   나. 취득일 현재 해당 부동산등의 원형대로 감정하지 않은 경우 그 감정가액

 취득한 부동산의 매매가액

1. 시가인정액으로 보는 매매가액

가. 평가기간 이내

취득한 부동산에 대한 평가기간 이내(취득일 전 6개월 이내, 취득 후 3개월 이내)의 매매가액은 시가인정액으로 본다(지령 §14①1호).

나. 평가기간 외

평가기간을 벗어난 경우에도 취득일 전 2년 이내 또는 취득세 신고기한부터 6개월 내의 매매가액으로서 지방세심의위원회의 심의를 거쳐 시가로 인정되는 경우에는 시가인정액으로 본다(지령 §14③).

2. 시가인정액으로 보는 매매가액에서 제외되는 경우

소득세법 또는 법인세법상 특수관계인과의 거래로서 그 거래가액이 부당하다고 인정되는 경우는 시가인정액에서 제외된다.[115] 부당하다고 인정되는 경우에 대해서는 구체적으로 명시하지 않고 있지만 양도소득 부당행위계산부인 대상거래 또는 법인세법상 부당행위계산부인 대상거래에 해당하는 경우일 것으로 생각되며 이는 취득세 부당행위계산부인 가액요건과 동일하다.

3. 판단기준일

취득한 부동산의 매매가액이 평기기간 내의 매매가액에 해당하는지 여부는 매매계약일을 기준으로 판단한다(지령 §14②1호).

115) 부당하다고 인정되는 경우에 대해서는 구체적으로 명시하지 않고 있지만 양도소득 부당행위계산부인 대상거래 또는 법인세법상 부당행위계산부인 대상거래에 해당하는 경우일 것으로 생각된다.

Ⅳ 취득한 부동산의 감정가액

1. 시가인정액으로 보는 감정가액

가. 평가기간 이내

취득한 부동산에 대한 평가기간 이내(취득일 전 6개월 이내, 취득 후 3개월 이내)의 둘 이상의 「감정평가 및 감정평가사에 관한 법률」에 따른 감정평가법인등의 감정가액의 평균액은 시가인정액으로 본다(지령 §14①2호).

「감정평가 및 감정평가사에 관한 법률」에 따른 감정평가법인등으로 규정하고 있으므로 개인 감정평가사의 감정가액도 인정된다(지법규칙 §4조의3①).

이 경우 지방세법상 시가표준액이 10억 원 이하인 부동산이나 법인합병, 분할, 조직변경을 원인으로 취득하는 부동산은 하나의 감정기관의 감정평가액도 시가인정액으로 인정된다(지법 §10조의2③, 지령 §14조의3①).

나. 평가기간 외

평가기간을 벗어난 경우에도 취득세 신고기한부터 6개월 내의 감정가액의 평균액으로서 지방세심의위원회의 심의를 거쳐 시가로 인정되는 경우에는 시가인정액으로 본다(지령 §14③).

2. 시가인정액으로 보는 감정가액에서 제외되는 경우

가. 일정한 조건이 충족될 것을 전제로 평가한 가액등

상속세 및 증여세법과 동일하게 일정한 조건이 충족될 것을 전제로 해당 부동산등을 평가하는 등 취득세의 납부 목적에 적합하지 않은 감정가액이나 취득일 현재 해당 부동산등의 원형대로 감정하지 않은 경우 그 감정가액은 시가로 인정되는 가액에서 제외된다(지령 §14①2호).

나. 기준금액에 미달하는 감정가액

지방세법 제4조에 따른 시가표준액과 시가인정액의 90%에 해당하는 가액 중 적은 금액(기준금액)에 미달하는 감정가액은 시가로 인정되는 가액에서 제외된다(지령 §14①2호).

다. 기준금액 이상인 경우에도 제외되는 가액

기준금액 이상인 경우에도 지방세심의위원회의 심의를 거쳐 감정평가 목적 등을 고려하여 해당 감정가액이 부적정하다고 인정되는 경우에는 지방자치단체의 장이 다른 감정기관에 의뢰하여 감정한 가액으로 하며, 그 가액이 납세자가 제시한 감정가액보다 낮은 경우에는 납세자가 제시한 감정가액으로 한다(지령 §14①2호).

라. 시가불인정 감정기관 지정

지방자치단체의 장은 납세자가 감정평가액을 시가인정액으로 신고한 경우로서 납세자가 제시한 원감정가액이 지방자치단체의 장이 다른 감정기관에 의뢰하여 평가한 재감정가액의 100분의 80에 미달하는 경우에는 1년의 범위에서 해당 감정기관을 시가불인정 감정기관으로 지정할 수 있다(지령 §14조의3②).

따라서 납세자가 아무리 낮은 가액으로 감정을 의뢰하더라도 통상적으로 감정가액은 높게 감정을 의뢰한 경우의 80% 이상이 되는 가액으로 감정평가기관이 감정하여 평가하므로 지방자치단체 의뢰 감정가액과 납세자 의뢰 감정가액은 20% 범위 내에서 차이가 있다.

3. 판단기준일

감정가액의 평균액이 평가기간 내의 매매가액에 해당하는지 여부는 가격산정기준일과 감정평가서 작성일을 기준으로 판단하는 것으로 가격산정기준일과 감정평가서 작성일이 모두 평가기간 이내에 해당하여야 한다(지령 §14②2호).

 취득한 부동산의 경매 또는 공매가액

취득한 부동산의 평가기간 이내(취득일 전 6개월 이내, 취득 후 3개월 이내)의 경매가액 또는 공매가액이 있는 경우 해당 경매 또는 공매가격은 시가인정액으로 본다(지령 §14①3호).

평가기간을 벗어난 경우에도 평가기간 전 2년 이내 또는 취득세 신고기한부터 6개월 내의 경매 또는 공매가격으로서 지방세심의위원회의 심의를 거쳐 시가로 인정되는 경우에는 시가인정액으로 본다(지령 §14③).

시가인정액으로 보는 경매 또는 공매가액에서 제외되는 경우에 대해서는 별도로 규정하고 있지 않다.

 유사재산의 사례가액

1. 시가인정액으로 보는 유사재산의 사례가액

가. 평가기간 이내

취득한 부동산에 대한 매매가액, 감정가액의 평균액, 수용가액, 경매 또는 공매가액이 없는 경우로서 평가기간 이내(취득일 전 6개월 또는 취득일 후 3개월)에 행정안정부령으로 정하는 취득한 부동산과 면적 · 위치 · 용도와 지방세법 제4조의 시가표준액이 동일하거나 유사하다고 인정되는 다른 부동산의 시가인정액은 시가인정액으로 본다(지령 §14⑤).

나. 평가기간 외

평가기간을 벗어난 경우에도 취득일 전 2년 이내 취득세 신고기한부터 6개월 내의 유사재산의 매매등의 가액으로서 지방세심의위원회의 심의를 거쳐 시가로 인정되는 경우에는 시가인정액으로 본다(지령 §14③).

다만 유사재산의 매매등의 가액의 경우 신고일 이후의 가액은 시가인정액으로 적용이 불가능하므로 무신고하지 않는 한 취득세 신고기한으로부터 6개월 내의 매매등의 가액이 시가인정액으로 인정되는 경우는 없다.

2. 취득한 부동산에 대한 매매등의 가액 우선 적용

취득한 부동산에 대한 시가인정액이 없는 경우에 한하여 유사재산의 시가인정액을 시가로 인정하는 것으로 취득한 부동산과 유사재산의 시가인정액이 있는 경우에는 취득한 당해 부동산의 시가인정액을 적용하여야 한다.

3. 신고일 이후 유사재산 시가인정액 적용 배제

취득세 신고를 한 경우에는 신고일 이후부터 평가기간까지의 유사재산의 시가인정액은 시가로 보지 않는다(지령 §14⑤).

4. 유사재산의 범위

가. 공동주택

시가인정액으로 인정되는 유사재산의 매매등의 가액 산정시 공동주택이 유사재산에 해당하기 위해서는 다음의 요건을 충족하여야 하며 해당 요건은 상속세 및 증여세법과 동일하다(지법규칙 §4조의3④).

| 공동주택의 유사재산의 시가인정액을 시가인정액으로 인정되는 요건 |

구분	요건
거래발생일 요건	취득일 전 6개월 또는 취득일 후 3개월 내의 거래(취득세 신고한 경우 신고일)까지의 거래일 것
소재지 요건	동일 단지 내에 소재할 것
면적 요건	전용면적의 차이: 주거전용면적의 5% 이내일 것
가액 요건	공동주택가격의 차이: 공동주택가격의 5% 이내일 것
공동주택가격 차이 요건 우선 적용	해당 주택이 둘 이상인 경우에는 공동주택가격 차이가 가장 작은 주택으로 함. ⇒ 공동주택가격 차이가 적은 주택이 둘 이상인 경우에는 가장 가까운 날에 해당하는 가액 적용

나. 공동주택 외 부동산

공동주택 외 부동산의 경우 다음의 요건을 충족하여야 한다(지법규칙 §4조의3④).

① 산정대상 부동산등과 면적·위치·용도가 동일 또는 유사할 것

② 산정대상 부동산등과의 시가표준액 차이가 산정대상 부동산등의 시가표준액을 기준으로 100분의 5 이내일 것

Ⅶ 시가인정액에 해당하는 가액이 둘 이상인 경우

시가인정액에 해당하는 가액이 둘 이상인 경우에는 취득일 전후로 가까운 날의 가액으로 하며 가까운 날에 해당하는 가액이 둘 이상인 경우에는 그 가액의 평균액을 시가인정액으로 한다(지령 §14②).

 증여세 신고시 평가금액과 취득세 시가인정액 결정문제

2023. 1. 1. 이후 증여분부터 취득세 신고납부기한(증여계약일부터 기산)과 증여세 신고납부기한(등기접수일부터 기산)이 거의 동일하게 개정되었다. 다만 실무에서는 부동산 증여의 경우 증여등기가 접수된 후 증여세 신고를 하게 되므로 취득세 신고가 증여세 신고보다 앞서게 되며 증여세의 경우 증여세 신고기한부터 6개월내에 결정됨으로써 확정된다.

이 경우 취득세 신고시에는 시가표준액으로 신고하였지만 증여세 신고기한부터 6개월내에 증여세 결정시 매매등의 가액인 시가로 결정되거나 경정되는 경우 취득세 과세표준이 경정되는지에 대한 문제를 검토할 필요가 있다. 세무서장 또는 지방국세청장은 증여부동산에 대한 증여세 결정 또는 경정에 관한 자료를 결정 또는 경정한 날이 속하는 달의 다음 달 말일까지 행정안전부장관 또는 지방자치단체의 장에게 통보해야 하므로 증여세가 시가로 결정 또는 경정된 경우 취득세도 시가인정액으로 결정 또는 경정되어 시가인정액을 과세표준으로 하여 과세될 수 있는 점을 주의하여야 한다(지법 §22조의4, 지령 §38조의3).

 시가인정액으로 취득세 과세표준 경정시 가산세 문제

취득세의 경우 취득세 신고·납부 후 지방자치단체의 장이 경정하기 전에 시가인정액으로 수정신고한 경우에 한하여 무신고 및 과소신고가산세를 부과하지 아니한다(지법 §21③).

상속세 및 증여세법의 경우 평가금액의 차이에 대해서는 과소신고가산세를 적용하지 않으며 법정결정기한 내의 매매등의 가액으로 평가금액을 경정하는 경우에는 과소신고가산세와 납부지연가산세까지 적용하지 않는 것과 차이가 있다.

기준시가로 증여세와 취득세 신고 후 증여세 과세시 증여재산 평가금액이 시가로 결정되거나 경정된 경우에는 지방자치단체에 해당 자료가 통보되므로 지방자치단체의 장이 경정하기 전 수정신고하는 것이 유리할 수 있다.

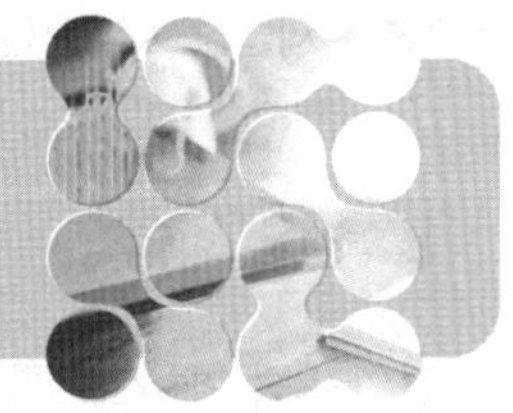

부 록

개별세법상 시가의 범위 비교

 개별세법상 시가비교의 필요성

특수관계 있는 개인이 법인으로부터 자산을 저가 양수하는 경우를 예로 들면 개인의 경우에는 상속세 및 증여세법상 시가를 적용하여 과세문제를 판단하여야 하고 법인의 경우에는 법인세법상 시가를 적용하여 과세문제를 판단하여야 한다.

상속세 및 증여세법상 시가는 평가기간 이내(또는 평가기준일 전 2년 이내 또는 법정결정기한까지의 거래로서 평가심의위원회의 심의를 거친 것)의 매매등의 가액만이 시가에 해당하므로 매매등의 가액이 있는 경우에도 평가기간을 벗어나는 경우에는 시가에 부합하지 않는다. 반면 법인세법상 시가는 기간의 제한 없이 법인이 불특정다수인과 계속적으로 거래한 가격(또는 제3자 간에 일반적으로 거래된 가격)에 해당하면 시가에 해당하므로 법인세법상으로는 시가에 부합할 수 있다.

이 경우 법인과 개인 간의 거래로서 법인세법상 시가에 부합하여 부당행위계산부인이 적용되지 않는 경우에는 개인이 저가 양수를 통해 이익을 이전받은 경우에도 증여세가 과세되지 않으므로 법인세법상 시가 해당 여부는 증여세 과세 여부로 귀결되는 결과가 된다.

따라서 모든 거래에 대한 과세문제 판단 시에는 개별세법상 특수관계인 범위와 함께 개별세법상 시가도 고려하여야 하므로 개별세법상 시가를 비교하는 것은 중요한 의미가 있다.

개별세법상 시가에 대한 비교는 시가에 대해 상세하게 규정하고 있는 상속세 및 증여세법을 기준으로 상속세 및 증여세법과의 차이를 중심으로 분석할 필요가 있다.

1. 상속세 및 증여세법

상속세 및 증여세법 제60조 제2항은 시가에 대해 "불특정다수인 사이에 자유롭게 거래가 이루어지는 경우에 통상적으로 성립된다고 인정되는 가액"으로 정의하고 있다.

2. 법인세법

법인세법 제52조 제2항은 시가에 대해 "건전한 사회 통념 및 상거래 관행과 특수관계인이 아닌 자 간의 정상적인 거래에서 적용되거나 적용될 것으로 판단되는 가격(요율・이자율・임대료 및 교환 비율과 그 밖에 이에 준하는 것을 포함)"으로 정의하고 있다.

3. 소득세법

가. 사업소득

소득세법은 사업소득금액 계산 시 적용할 시가에 대해 규정하지 않고 자산에 대한 시가는 법인세법 시행령 제89조 제1항 및 제2항을 준용하고 금전대여거래와 용역거래에 대한 시가는 법인세법 시행령 제89조 제3항 내지 제4항을 준용하도록 규정하고 있다.

나. 양도소득

소득세법은 양도소득금액 계산 시 적용할 시가에 대해 규정하지 않고 「상속세 및 증여세법」 제60조부터 제66조까지를 준용하는 것으로 규정하고 있다.

4. 부가가치세법

부가가치세법은 시가에 대해 정의하지 않고 있다.

5. 지방세법상 증여취득

지방세법은 취득시기 현재 불특정 다수인 사이에 자유롭게 거래가 이루어지는 경우 통상적으로 성립된다고 인정되는 가액을 시가인정액으로 정의하면서 매매사례가액, 감정가액, 공매가액, 유사재산의 사례가액이 시가인정액에 해당하는 것으로 규정하고 있다.

Ⅱ 시가로 인정되는 가액

1. 상속세 및 증여세법

가. 당해 재산의 사례가액

당해 재산에 대한 매매가액, 감정가액(주식 등 제외), 수용 및 공매 또는 경매가액이 있는 경우 동 가액은 시가로 인정된다.

이 경우 감정가액은 2 이상의 감정기관의 감정가액의 평균액이며 2018. 4. 1. 이후부터는 소득세법 제99조 제1항 제1호에 따른 부동산 중 기준시가 10억 원 이하의 것은 하나의 감정기관의 감정가액도 시가로 인정된다.

나. 유사재산의 사례가액

당해 재산에 대한 사례가액이 없는 경우에는 유사재산에 대한 매매가액, 감정가액(주식 등 제외), 수용 및 공매 또는 경매가액도 시가로 인정된다.

다. 특수관계인 간 거래가액의 시가인정 여부

재산을 객관적인 교환가치로 평가하는 것이 주목적이므로 특수관계인 간 거래가액이라 하더라도 그 거래가액이 객관적으로 부당하지 않는 경우에는 시가로 인정된다.

라. 상장주식

상장주식은 평가기준일 전후 2개월간 거래소 최종시세가액의 평균액을 시가로 본다.

이 경우 평가기준일 전후 2개월간 최종시세가액의 평균액으로 평가하는 경우에도 최대주주등에 해당하는 경우로서 할증평가 배제사유에 해당하지 않는 경우에는 20% 할증평가를 하여야 한다.

마. 평가기준일

특정시점의 재산평가가 주목적인 상속세 및 증여세법상 시가산정 기준일은 상속개시일 또는 증여재산의 취득일이다.

2. 법인세법

가. 법인의 거래가격이 있는 경우

해당 거래와 유사한 상황에서 해당 법인이 특수관계인 외의 불특정다수인과 계속적으로 거래한 가격은 시가로 본다.

나. 제3자 간의 거래가격이 있는 경우

특수관계인이 아닌 제3자 간에 일반적으로 거래된 가격은 시가로 본다.

다. 상장주식

상장주식은 2021. 2. 17. 이후 거래분부터 증권시장에서 거래(대량매매등에 해당하는 것 제외)된 것은 그 거래된 가격을 시가(할증평가 제외)로 보며 증권시장 외에서 거래되거나 대량매매등에 해당하는 것은 거래소 최종시세가액을 시가로 보되 최대주주등이 변경되거나 최대주주등 간 지분율이 1% 이상 변경되는 경우에는 20% 할증평가를 하여야 한다.

라. 평가기준일

행위의 부당성 여부가 시가평가의 주목적인 법인세법상 시가산정은 거래 당시를 기준으로 판단한다.

3. 부가가치세법

가. 거래가격이 있는 경우

사업자가 특수관계인이 아닌 자와 해당 거래와 유사한 상황에서 계속적으로 거래한 가격 또는 제3자 간에 일반적으로 거래된 가격은 시가에 해당한다.

나. 거래가격이 없는 경우

사업자가 그 대가로 받은 재화 또는 용역의 가격, 즉 공급받은 사업자가 대가로 받은 재화 또는 용역에 대해 특수관계인이 아닌 자와 해당 거래와 유사한 상황에서 계속적으로 거래한 가격 또는 제3자 간에 일반적으로 거래된 가격은 시가에 해당한다.

다. 평가기준일

행위의 부당성 여부가 시가평가의 주목적인 부가가치세법상 시가의 산정은 거래 당시를 기준으로 한다.

4. 지방세법상 증여취득

가. 취득한 부동산의 사례가액

취득한 부동산에 대한 매매가액, 감정가액 수용 및 공매 또는 경매가액이 있는 경우 동 가액은 시가로 인정된다.

이 경우 감정가액은 2 이상의 감정기관의 감정가액의 평균액을 의미하여 상속세 및 증여세법상 달리 1개의 감정가액으로 평가가능한 재산을 규정하고 있지 않다.

나. 유사재산의 사례가액

취득한 부동산에 대한 사례가액이 없는 경우에는 유사재산에 대한 매매가액, 감정가액(주식 등 제외), 수용 및 공매 또는 경매가액도 시가로 인정된다.

다. 특수관계인 간 거래가액의 시가인정 여부

재산을 객관적인 교환가치로 평가하는 것이 주목적이므로 소득세법, 법인세법상 특수관계인 간 거래가액이라 하더라도 그 거래가액이 객관적으로 부당하지 않는 경우에는 시가로 인정된다.

라. 평가기준일

취득당시 재산의 적절한 가치평가가 목적인 지방세법상 취득세 과세시 평가기준일은 취득일 즉 증여로 인한 취득의 경우 증여계약일이 평가기준일이 된다.

 평가기간의 제한 여부

1. 상속세 및 증여세법

가. 원칙

평가기간인 평가기준일 전 6개월, 평가기준일 후 6개월(증여의 경우 3개월) 이내에 발생한 매매등의 가액만 시가로 인정하고 객관적인 교환가치를 반영한 매매등의 가액이라 하더라도 평가기간을 벗어난 매매등의 가액은 시가로 인정되지 않는다.

나. 예외

평가기준일 전 2년 내 또는 평가기간 경과 후 법정결정기한까지의 매매등의 가액으로서 평가심의위원회의 심의를 거쳐 시가로 인정되는 경우에는 시가로 인정된다.

2. 법인세법

시가의 정의에 부합하는 객관적인 교환가치를 반영한 가액이기만 하면 평가기간의 제한 없이 시가에 해당한다.

3. 소득세법상 양도소득

상속세 및 증여세법을 준용하되 평가기간은 "양도일 또는 취득일 전후 각 3월의 기간"으로 하므로 양도일 또는 취득일 전후 3개월 이내의 매매등의 가액만 시가로 인정된다.

4. 부가가치세법

시가에 부합하기만 하면 평가기간의 제한 없이 시가에 해당한다.

5. 지방세법

가. 원칙

평가기간인 취득일 전 6개월, 취득일 후 3개월 이내에 발생한 매매등의 가액이 시가인정액으로 인정되고 객관적인 교환가치를 반영한 매매등의 가액이라 하더라도 평가기간을 벗어난 매매등의 가액은 시가로 인정되지 않는다.

나. 예외

평가기준일 전 2년 내 또는 평가기간 경과 후 법정결정기한까지의 매매등의 가액으로서 지방세심의위원회의 심의를 거쳐 시가로 인정되는 경우에는 시가로 인정된다.

 시가가 불분명한 경우

1. 상속세 및 증여세법

시가를 산정하기 어려운 경우에는 해당 재산의 종류, 규모, 거래 상황 등을 고려하여 정하고 있는 보충적 평가방법(상증법 §61～§65)에 의해 평가한다.

2. 법인세법

가. 주식등 외

감정평가업자의 감정가액을 우선적용하고 감정가액이 없는 경우에는 상속세 및 증여세법 제61조, 제62조, 제64조, 제65조(보충적 평가방법)와 제66조(저당권이 설정된 재산에 대한 평가특례)를 준용하여 평가한다.

나. 주식등

(1) 자본거래관련 부당행위계산부인

자본거래인 합병, 증자, 감자, 현물출자 거래에 대한 부당행위계산부인을 적용 시에는 상속세 및 증여세법 제38조(합병에 따른 이익의 증여), 제39조(증자에 따른 이익의 증여), 제39조의2(감자에 따른 이익의 증여), 제39조의3(현물출자에 따른 이익의 증여), 제40조(전환사채의 주식전환 등에 따른 이익의 증여), 제42조의2(법인의 조직변경 등에 따른 이익의 증여)를 준용하여 평가한다.

(2) 기업공개 준비 중인 주식등

기업공개 준비 중인 주식, 코스닥 시장에 상장등록 신청을 한 주식은 상속세 및 증여세법 제63조 제2항을 준용하여 평가한다.

상속세 및 증여세법 제63조 제2항을 준용하여 평가하는 경우 최대주주등의 주식등에 대해서는 할증평가를 하여야 한다.

(3) 비상장주식

상속세 및 증여세법 제63조 제1호 나목의 보충적 평가방법을 준용하여 평가한다. 보충적 평가방법을 준용하여 평가하는 경우 최대주주등의 주식등에 대해서는 할증평가를 하여야 한다.

(4) 국채, 공채 등 그 밖의 유가증권

상속세 및 증여세법 제63조 제1항 제2호를 준용하여 평가한다.

3. 부가가치세법

법인세법 시행령 제89조 제2항을 준용하여 감정평가업자의 감정가액을 우선적용하고 감정가액이 없는 경우에는 보충적 평가방법인 상속세 및 증여세법 제61조, 제62조, 제64조와 제66조(저당권이 설정된 재산에 대한 평가특례)를 준용하여 평가한다.

4. 지방세법상 증여취득

시가를 산정하기 어려운 경우에는 지방세법 제4조의 시가표준액으로 평가한다.

| 개별세법상 시가의 범위 비교 |

구분	상증법, 양도소득, 무상취득 취득세	법인세법, 사업소득 (자산, 용역)	부가가치세법 (재화, 용역)
정의	〈재산의 시가〉 불특정다수인 사이에 자유롭게 거래가 이루어지는 경우에 통상적으로 성립된다고 인정되는 가액 〈용역의 시가〉 해당 거래와 유사한 상황에서 불특정다수인 간 통상적인 지급대가	건전한 사회 통념 및 상거래 관행과 특수관계인이 아닌 자 간의 정상적인 거래에서 적용되거나 적용될 것으로 판단되는 가격(요율·이자율·임대료 및 교환 비율과 그 밖에 이에 준하는 것을 포함)	없음.

<table>
<tr><th>구분</th><th colspan="2">상증법, 양도소득, 무상취득 취득세</th><th>법인세법, 사업소득
(자산, 용역)</th><th>부가가치세법
(재화, 용역)</th></tr>
<tr><td>평가
기준일</td><td>〈재산〉
상속개시일 , 증여재산의 취득일
(고저가 양도) - 양도일, 취득일
〈용역〉
• 재산사용 - 재산사용 개시일
• 그 외 - 거래 당시
〈무상증여 취득〉
취득일(증여계약일)</td><td>〈부당성 여부 판단 시〉
거래 당시
(매매계약일)
〈양도차익 산정 시〉
양도일, 취득일</td><td>〈부당성 여부 판단 시〉
거래 당시(매매계약일)</td><td>거래 당시</td></tr>
<tr><td>평가기간</td><td>〈상속·증여 재산〉
평가기준일 전 6개월, 후 6개월(증여 3개월)
〈무상증여 취득〉
취득일 전 6개월, 후 3개월</td><td>〈양도·취득 자산〉
양도일 또는 취득일 전후 각 3개월</td><td>없음.</td><td>없음.</td></tr>
<tr><td>시가로
인정되는
가액</td><td colspan="2">〈재산〉
당해 재산 및 유사재산의 매매, 감정, 수용 및 공매 또는 경매가액</td><td colspan="2">• 유사상황에서 당사자의 비특수관계인과의 계속적 거래가격
• 제3자 간 일반적 거래가격</td></tr>
<tr><td>상장주식
시가</td><td>평가기준일 전후 2개월간 최종시세가액의 평균액
(할증평가)</td><td colspan="2">• 증권시장에서 거래(대량매매등 제외)된 주식: 그 거래가액
• 증권시장 외, 대량매매등 - 거래소 최종시세가액
(최대주주등 변경 또는 최대주주등 간 지분율 1% 이상 변경: 할증평가)</td><td></td></tr>
<tr><td>시가
불분명 시</td><td colspan="2">〈재산〉 - 상증법상 보충적 평가방법 준용
〈용역〉
• 부동산 임대: 부동산가액×2%
• 부동산임대 외: 법령 §89④2호 준용
〈무상증여 취득〉 - 지방세법상 시가표준액</td><td>〈자산〉
① 감정가액
(주식등, 가상자산 제외)
② 상증법상 보충적평가방법 및 상증법 §66 준용
〈용역〉
• 법령 §89④ 준용</td><td>법령 §89②, ④ 준용</td></tr>
</table>

| 상속세 및 증여세법·지방세법상 감정가액 VS 법인세법상 감정가액 |

구분		상속세 및 증여세법, 지방세법	법인세법
시가 인정 여부		시가로 인정되는 가액에 해당	시가가 불분명한 경우 적용
인정 감정 가액	원칙	둘 이상의 감정기관의 감정가액의 평균액(개인, 법인 모두 가능, 2014. 3. 14. 이후)	하나 이상의 감정평가업자의 감정가액(개인, 법인 모두 가능, 2019. 2. 12. 이후)
	예외	「소득세법」 제99조 제1항 제1호에 따른 부동산 중 기준시가 10억 원 이하의 것: 하나의 감정기관의 감정가액 인정(2018. 4. 1. 이후) 〈무상증여 취득세〉 시가표준액 10억 원 이하, 합병·조직변경등으로 취득하는 부동산	감정평가법인의 감정가액만 인정하되 감정한 가액이 5억 원 이하인 경우에만 개인 감정평가사의 감정가액 인정(2019. 2. 11. 이전)
감정불인정 가액		세무서장이 의뢰한 감정가액의 80%에 미달하는 경우	감정불인정 규정 없음.
재감정의뢰		보충적 평가가액과 유사사례가액 중 적은 금액의 90%에 미달하는 경우	재감정의뢰 규정 없음.

제3편

특수관계인 간 거래와 비특수관계인 간 거래에 대한 과세문제

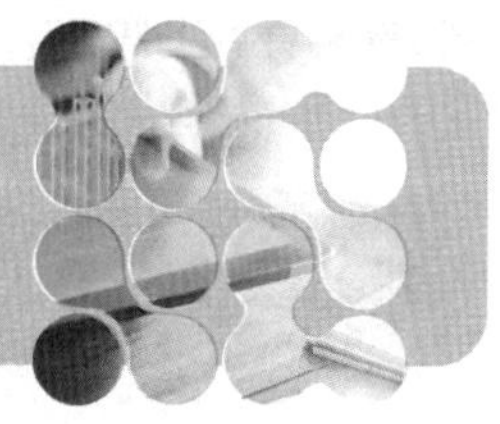

제 1 장

자산거래에 대한 과세문제

제1절 개요

세법상 과세거래는 크게 자산거래, 용역거래, 자본거래, 금전 대여·차입거래, 부동산 임대·임차 거래 5가지로 구분할 수 있으며 이의 구분에 따라 과세문제가 달라진다.

이들 거래 중 제품·상품의 판매, 고정자산과 부동산의 양도 등을 통해 이루어지는 자산거래는 빈번하게 지속적으로 끊임없이 거래가 이루어지고 있어 거래빈도 면에서 가장 많은 비중을 차지하는 거래라 할 수 있다.

자산은 용역과 함께 시장에서 교환되는 상품을 구성하는 것으로 법인세법·소득세법에서는 자산으로 표현하면서 과세문제를 규정하고 있고, 부가가치세법에서는 재화로 표현하면서 과세문제를 규정하고 있으며, 상속세 및 증여세법에서는 재산으로 표현하면서 과세문제를 규정하고 있다.

세법은 자산거래의 빈번함과 중요성, 용역거래에 비해 시가산정이 용이한 점을 감안하여 시가를 벗어난 가액으로 거래되는 자산거래의 과세문제에 대해 견고하게 규정하고 있다.

세법상 자산에 대한 과세문제는 크게는 자산의 무상거래, 시가보다 낮은 저가거래, 시가보다 높은 고가거래에 따라 과세문제가 달라지며 이들 거래 내에서는 법인과 법인 간의 거래, 법인과 개인 간의 거래, 개인과 법인 간의 거래, 개인과 개인 간의 거래에 따라 과세문제가 달라진다.

이렇게 세분화된 거래는 최종적으로 개별세법상 특수관계 성립 여부에 따라 과세문제가 완전히 달라질 수 있으므로, 자산거래에 대한 과세문제를 명확하게 파악하기 위해서는 반드시 특수관계인 간 거래와 비특수관계인 간 거래로 구분하여 살펴볼 필요가 있다.

제2절 자산의 무상거래에 대한 과세문제

CASE

A는 B에게 취득가액 5억 원, 시가 10억 원인 자산을 무상으로 양도하려고 한다. 이 경우 발생하는 과세문제는?

* 감가상각비 없음.
* B: 10%, 50% 한도 기부금 공익법인, 공익단체 아님.
* 모든 개별세법상 시가는 10억 원으로 동일함.

I 법인과 법인 간의 거래

A와 B가 모두 법인인 경우에는 특수관계인 간 거래와 비특수관계인 간 거래에 따라 다음과 같이 과세문제가 달라진다.

1. 증여법인의 법인세

가. 특수관계인과의 거래

(1) 수증법인이 내국법인인 경우

가) 부당행위계산부인 적용

A가 법인세법 시행령 제2조 제8항에 해당하는 특수관계 있는 법인인 B에게 취득가액 5억 원, 시가 10억 원인 자산을 무상으로 양도하는 경우에는 법인세법상 부당행위계산부인 대상거래에 해당한다(법령 §88①3호).[116]

따라서 시가 10억 원을 익금산입하고 거래상대방이 법인이므로 기타사외유출로 소득처분하여야 한다.

나) 조세회피 의도 여부

법인세법상 부당행위계산부인은 조세회피 의도와 관계없이 특수관계인 간 거래로서 법

116) 동 교재에서 법인에 대한 법인세 과세문제는 영리법인을 전제로 검토하는 것으로 한다.

인세법 시행령 제88조를 충족하는 경우에는 무조건 적용하여야 한다.

【대법원 2003두14741, 2004. 3. 26.】
부당행위계산은 특수관계자 사이의 일정한 거래가 사회통념이나 관습에 비추어 합리적인 경제인이 취할 정상적인 거래로 볼 수 없어 조세의 부담을 부당하게 감소시킨 것으로 인정되면 족한 것이지 당사자에게 조세회피의 목적이 있거나 경제적 손실이 있어야 하는 것은 아님.

다) 특수관계인 여부 및 시가 판단 시점

법인세법상 부당행위계산부인 적용 시 특수관계인 여부와 시가산정은 거래 당시를 기준으로 판단한다. 이 경우 특수관계 성립 여부는 법인세법 시행령 제2조 제8항을 준용하여 판단한다(법령 §88②).

법인세법 시행령 제88조 【부당행위계산의 유형 등】
② 제1항의 규정은 그 행위당시를 기준으로 하여 당해 법인과 특수관계인 간의 거래(특수관계인 외의 자를 통하여 이루어진 거래를 포함한다)에 대하여 이를 적용한다.

【서면 인터넷방문상담2팀-1435, 2007. 8. 1.】
「법인세법」 제52조 규정의 부당행위계산부인 규정을 적용함에 있어 내국법인의 행위 또는 소득금액의 계산이 「법인세법 시행령」 제87조 제1항에서 규정하는 특수관계에 있는 자와의 거래로 인하여 그 법인의 소득에 대한 조세의 부담을 부당히 감소시킨 것으로 인정되는 경우에 해당되는지 여부는 거래행위의 제반 사정을 구체적으로 고려하여 그 거래행위가 건전한 사회통념이나 상관행에 비추어 경제적 합리성을 결한 비정상적인 것인지의 여부에 따라 판단하는 것임.

【국심86서286, 1986. 5. 17.】
특수관계 있는 때에 거래계약이 이루어지고 비록 매매 계약 및 관련행위가 특수관계 소멸 후에 이루어졌다 하더라도 사실상의 모든 거래는 그 이전인 특수관계 존재시점에 이루어졌으므로 특수관계자 간의 거래로 봄이 타당함.

라) 가액요건

법인세법상 고저가 양도거래, 금전의 고저가 대여・차입거래, 부동산의 고저가 임대차 거래에 대한 부당행위계산부인은 시가(대가)와 대가(시가)와의 차액이 시가의 5% 또는 3

억 원 이상인 경우에 한하여 적용한다(법령 §88③). 다만, 주권상장법인이 발행한 주식을 거래한 경우에는 가액요건(5% 또는 3억 원)을 적용하지 않는다(법령 §88④).

따라서 무상거래의 경우 시가와 거래가액의 차이가 무조건 시가의 5% 이상이 되므로 특수관계인에게 자산을 무상으로 양도하는 경우에는 예외 없이 부당행위계산부인 대상거래에 해당한다.

○ 시가와 거래가액 차액 5% 또는 3억 원 이상 요건 적용거래
(주권상장법인이 발행한 주식을 거래하는 경우 제외)
- 자산의 고가매입 또는 현물출자, 해당 자산 과대상각한 경우(법령 §88①1호)
- 자산의 무상 · 저가 양도 또는 현물출자한 경우(법령 §88①3호)
- 금전, 그 밖의 자산 또는 용역을 무상 또는 시가보다 낮은 이율 · 요율이나 임대료로 대부하거나 제공한 경우(법령 §88①6호)
- 금전, 그 밖의 자산 또는 용역을 시가보다 높은 이율 · 요율이나 임차료로 차용하거나 제공받은 경우(법령 §88①7호)

마) 부당행위계산부인의 사법상 효과

부당행위계산부인은 과세소득만을 시가를 기준으로 재계산하는 것이지 특수관계인과 체결된 거래 자체를 부인하는 것은 아니므로 특수관계인 간의 사법상 거래는 유효하게 성립한다.

바) 세무조정

〈법인의 회계처리〉
D) 자산처분손실(또는 기부금) 5억 원 C) 자산 5억 원

〈세무조정〉
익금산입 부당행위계산부인 10억 원(기타사외유출)
* 세법상 처분이익(5억 원) = 시가(10억 원) - 취득가액(5억 원)
* 법인의 인식손익 = 처분손실(5억 원)
* 10억 원 = 세법상 처분이익(5억 원) - 법인이 인식한 처분손실(-5억 원)

사) 특수관계인 외의 자를 통하여 이루어진 거래

법인세법 제52조는 특수관계인 간 거래에 한하여 부당행위계산부인을 적용하는 것으로 규정하고 있지만 특수관계인을 거치지 않은 우회거래, 다단계거래를 통하여 실질적으로 특수관

계인에게 이익을 분여하면서 조세의 부담을 부당하게 감소시키는 경우에도 과세하기 위해 1998. 12. 31. 대통령령 제15970호로 법인세법 시행령 제88조 제2항에 특수관계인 외의 자를 통하여 이루어진 거래도 부당행위계산부인 대상거래에 해당하는 것으로 개정되었다.[117]

따라서 특수관계인 간 거래뿐만 아니라 특수관계인 외의 제3자를 통하여 이루어진 우회거래, 다단계거래를 통하여 결과적으로 특수관계인에게 이익을 분여하여 조세의 부담이 부당하게 감소된 경우에는 부당행위계산부인 대상거래에 해당할 수 있는 점을 주의하여야 한다(법령 §88②).

법인세법 제52조 【부당행위계산의 부인】

① 납세지 관할 세무서장 또는 관할지방국세청장은 내국법인의 행위 또는 소득금액의 계산이 특수관계인과의 거래로 인하여 그 법인의 소득에 대한 조세의 부담을 부당하게 감소시킨 것으로 인정되는 경우에는 그 법인의 행위 또는 소득금액의 계산(이하 "부당행위계산"이라 한다)과 관계없이 그 법인의 각 사업연도의 소득금액을 계산한다.

법인세법 시행령 제88조 【부당행위계산의 유형 등】

① 법 제52조 제1항에서 "조세의 부담을 부당하게 감소시킨 것으로 인정되는 경우"란 다음 각호의 어느 하나에 해당하는 경우를 말한다.

3. 자산을 무상 또는 시가보다 낮은 가액으로 양도 또는 현물출자한 경우

② 제1항의 규정은 그 행위당시를 기준으로 하여 당해 법인과 특수관계자간의 거래(특수관계자외의 자를 통하여 이루어진 거래를 포함한다)에 대하여 이를 적용한다. 다만, 제1항 제8호 가목의 규정을 적용함에 있어서 특수관계인인 법인의 판정은 합병등기일이 속하는 사업연도의 직전사업연도의 개시일(그 개시일이 서로 다른 법인이 합병한 경우에는 먼저 개시한 날을 말한다)부터 합병등기일까지의 기간에 의한다.

③ 제1항 제1호・제3호・제6호・제7호 및 제9호(제1항 제1호・제3호・제6호 및 제7호에 준하는 행위 또는 계산에 한한다)는 시가와 거래가액의 차액이 3억 원 이상이거나 시가의 100분의 5에 상당하는 금액 이상인 경우에 한하여 적용한다.

④ 제3항은 주권상장법인이 발행한 주식을 거래한 경우에는 적용하지 않는다.

117) 대법원은 시행령 개정 전에도 특수관계인 외의 자를 통하여 조세의 부담을 부당하게 감소시킨 경우도 부당행위계산부인을 적용할 수 있는 것으로 판결한 바 있다(대법원 88누8630, 1989. 4. 11., 대법원 95누18697, 1997. 5. 28., 대법원 2016두54213, 2019. 5. 30.).

(2) 수증법인이 외국법인인 경우

가) 국제조세조정에 관한 법률 우선 적용

국제거래에 대해서는 법인세법상 부당행위계산부인을 적용하지 않는다(국조법 §2).

따라서 내국법인이 국제조세조정에 관한 법률 제2조 제1항 제3호, 제4호 및 동법 시행령 제2조 제2항에 해당하는 특수관계 있는 외국법인에게 이익을 분여한 경우에는 법인세법상 부당행위계산을 적용하지 않고 정상가액을 시가로 하여 국제조세조정에 관한 법률을 적용하여야 한다(국조법 §4②).

나) 법인세법상 부당행위계산부인을 적용하는 예외

내국법인이 법인세법상 특수관계 있는 외국법인에게 자산을 무상이전하는 등의 거래를 한 경우 무상으로 자산을 이전한 내국법인은 국제조세조정에 관한 법률을 적용하지 않고 법인세법상 부당행위계산부인을 적용한다(국조법 §4②단서, 국조령 §4조의31호).

○ 외국법인에 이익분여한 경우 법인세법상 부당행위계산부인 적용되는 경우(국조령 §4) • 자산의 무상이전 또는 채무면제 • 무수익 자산 매입 · 현물출자받거나 그 자산에 대한 비용부담 • 출여금 대신 부담 • 자본거래(법령 §88①8호 또는 8호의2)

나. 특수관계인 간 거래 시 부당행위계산부인 배제 특례

2026. 12. 31.까지 법인이 본인이 주주로 되어 있는 법인에 조세특례제한법 시행령 제34조 제6항의 재무구조개선계획에 따라 자산을 증여한 경우로서 조세특례제한법 제40조 제1항 제1호, 제2호의 요건을 충족한 경우에는 부당행위계산부인을 적용하지 않고 증여한 자산의 장부가액을 손금산입할 수 있다(조특법 §40②).[118]

○ 재무구조개선목적으로 증여한 자산 장부가액 손금산입 요건 • 일정 재무구조개선계획에 따른 자산의 증여 또는 채무상환이 이루어질 것[119]

118) 본인인 주주의 지분율이 1% 이상인 경우에는 법인세법 제2조 제8항 제2호에 의해 특수관계가 성립한다.
119) 일정 재무구조개선계획이란 조세특례제한법 시행령 제34조 제6항 제1호부터 제4호까지의 어느 하나에 해

• 재무구조개선계획 요건
다음의 기한까지 주주로부터 받은 금전등을 「기업구조조정촉진법」 제2조 제2호에 따른 금융채권자에 대한 부채의 상환에 전액 사용한다는 내용이 포함되어 있을 것
- 금전을 받은 경우: 금전을 받은 날로부터 2026년 12월 31일 이내에서 조세특례제한법 시행령 제34조 제4항의 기한[120)]
- 금전 외의 자산을 받은 경우: 해당 자산을 양도한 날부터 2026년 12월 31일 이내에서 조세특례제한법 시행령 제34조 제4항의 기한

조세특례제한법 제40조 【주주등의 자산양도에 관한 법인세 등 과세특례】
① 내국법인이 주주 또는 출자자(이하 이 조에서 "주주등"이라 한다)로부터 2026년 12월 31일 이전에 다음 각 호의 요건을 모두 갖추어 자산을 무상으로 받은 경우에는 해당 사업연도의 소득금액을 계산할 때 해당 자산가액(대통령령으로 정하는 결손금을 초과하는 금액에 한정한다)은 자산을 증여받은 날이 속하는 사업연도의 종료일 이후 3개 사업연도의 기간 중 익금에 산입하지 아니하고 그 다음 3개 사업연도의 기간 동안 균분한 금액 이상을 익금에 산입하여야 한다. (2023. 12. 31. 개정)

당하는 것으로서 주주등의 자산양도 또는 자산증여 계획, 금융채권자채무의 총액, 내용 및 상환계획을 명시한 것을 말한다(조특령 §37③).

조세특례제한법 시행령 제34조 【내국법인의 금융채무 상환을 위한 자산매각에 대한 과세특례】

⑥ 법 제34조 제1항에서 "대통령령으로 정하는 재무구조개선계획"이란 다음 각호의 어느 하나에 해당하는 것으로서 금융채권자채무의 총액, 내용, 상환계획 및 양도할 자산의 내용, 양도 계획을 명시한 것(이하 이 조에서 "재무구조개선계획"이라 한다)을 말한다.

1. 「기업구조조정촉진법」 제2조 제5호에 따른 주채권은행 또는 같은 법 제22조에 따른 금융채권자협의회(이하 이 조에서 "금융채권자협의회등"이라 한다)가 같은 법 제14조에 따라 기업과 체결한 기업개선계획의 이행을 위한 약정
2. 재무구조개선 대상기업에 대한 채권을 가진 은행 간 재무구조개선 대상기업의 신용위험평가 및 구조조정방안 등에 대한 협의를 위하여 설치한 협의회(이하 이 조에서 "채권은행자율협의회"라 한다)가 그 설치 근거 및 재무구조개선 대상기업에 대한 채권을 가진 은행의 공동관리절차를 규정한 협약에 따라 재무구조개선 대상기업과 체결한 기업개선계획의 이행을 위한 특별약정
3. 「금융산업의 구조개선에 관한 법률」 제10조에 따라 금융위원회가 해당 금융기관에 대하여 권고・요구 또는 명령하거나 그 이행계획을 제출할 것을 명한 적기시정조치
4. 「채무자 회생 및 파산에 관한 법률」 제193조에 따른 회생계획으로서 같은 법 제245조에 따라 법원이 인가 결정을 선고한 것

120) 조세특례제한법 시행령 제34조 【내국법인의 금융채무 상환을 위한 자산매각에 대한 과세특례】

④ 법 제34조 제1항에서 "대통령령으로 정하는 기한"이란 다음 각호의 어느 하나에 해당하는 날까지의 기한을 말한다.

1. 제3항에 해당하는 사유가 있는 경우로서 그 사유가 종료된 날이 제2호에 해당하는 날보다 나중에 오는 경우에는 그 사유가 종료된 날의 다음 날
2. 제1호 외의 경우에는 자산양도일부터 3개월이 되는 날

1. 대통령령으로 정하는 재무구조개선계획(대통령령으로 정하는 자가 승인한 것에 한정한다. 이하 이 조에서 "재무구조개선계획"이라 한다)에 따라 주주등의 자산증여 및 법인의 채무상환이 이루어질 것 (2010. 1. 1. 개정)
2. 재무구조개선계획에는 금전의 경우 법인이 해당 금전을 받은 날부터 2026년 12월 31일 이내에서 대통령령으로 정하는 기한까지, 금전 외의 자산의 경우에는 해당 자산을 양도한 날(장기할부조건의 경우에는 대통령령으로 정하는 날을 말한다)부터 2026년 12월 31일 이내에서 대통령령으로 정하는 기한까지 그 양도대금을 대통령령으로 정하는 금융채권자(이하 이 조 및 제44조에서 "금융채권자"라 한다)에 대한 부채의 상환에 전액 사용(대통령령으로 정하는 부득이한 사유가 있는 경우에는 그 사유가 종료한 날의 다음 날에 부채의 상환에 전액 사용을 말한다)한다는 내용이 포함되어 있을 것 (2023. 12. 31. 개정)

② 제1항에 따라 자산을 증여한 주주등(법인인 경우에 한정한다)의 경우 증여한 자산의 가액(장부가액을 말한다) 중 대통령령으로 정하는 금액을 해당 사업연도의 소득금액을 계산할 때 손금에 산입한다. (2010. 1. 1. 개정)

다. 비특수관계인 간 거래

(1) 업무와 관련 없는 경우

가) 기부금

내국법인이 당해 법인의 업무와 관련 없이 무상으로 증여하는 자산가액은 기부금에 해당한다(법법 §24).

따라서 거래상대방이 10%, 50% 한도 기부금 공익법인이 아닌 경우에는 법인세법 시행령 제36조 제1항 제3호에 의해 장부가액과 시가 중 큰 금액을 손금불산입하여야 한다.

결국 법인은 시가 10억 원의 자산을 증여하여 법인의 순자산이 실질적으로 감소했음에도 손금불산입을 통해 각 사업연도 소득금액은 증가하게 되는 결과가 된다.

나) 세무조정

〈법인의 회계처리〉
D) 자산처분손실(또는 기부금) 5억 원　　C) 자산 5억 원

〈세무조정〉
손금불산입 비지정기부금 10억 원(기타사외유출)

【서이46012-10625, 2002. 3. 26.】
시가가 불분명한 비상장주식을 기부하는 경우, 상속·증여세법을 준용한 평가액에 의하며, 이때 '최대주주등의 할증평가' 규정이 적용됨.

(2) 업무와 관련 있는 경우

법인이 업무와 관련 없이 자산을 무상으로 증여한 경우에는 기부금에 해당하지만 특수관계 없는 당해 법인의 업무와 관련이 있는 자에게 업무를 원활하게 진행하기 위하여 무상으로 자산을 증여한 경우에는 기업업무추진비에 해당한다.

현금 외의 자산으로 접대한 경우에는 시가와 장부가액 중 큰 금액을 기업업무추진비로 보아 시부인 계산하여야 한다(법령 §42⑥, 법령 §36①3호).

〈법인의 회계처리〉
D) 자산처분손실 5억 원　　　　C) 자산 5억 원

〈세무조정〉
무상으로 증여한 자산의 시가 10억 원을 접대비로 보아 접대비시부인 계산

법인세법 제25조【기업업무추진비의 손금불산입】
① 이 조에서 "접대비"란 접대, 교제, 사례 또는 그 밖에 어떠한 명목이든 상관없이 이와 유사한 목적으로 지출한 비용으로서 내국법인이 직접 또는 간접적으로 업무와 관련이 있는 자와 업무를 원활하게 진행하기 위하여 지출한 금액을 말한다. (2022. 12. 31. 개정)

【법인46012-2704, 1996. 9. 24.】
법인이 자기의 사업과 관련하여 취득한 재화를 거래처에게 무상으로 공급하는 것은 법인세법 제18조의2 규정에 의하여 접대비에 해당되고, 부가가치세법 제6조 제3항에서 규정하는 사업상 증여로 재화의 공급에 해당되나, 부가가치세법 제17조 제2항의 의하여 매입세액이 공제되지 아니하는 것은 과세되는 재화의 공급에서 제외됨.

| 법인이 무상으로 자산을 증여한 경우 |

비고	특수관계인 간	비특수관계인 간		
		업무와 관련 없는 경우	업무와 관련 있는 경우	
구분	부당행위계산 부인	기부금	업무의 원활한 진행을 위한 경우	불특정다수인에게 광고선전 목적인 경우
			기업업무추진비	광고선전비
세무조정	〈익금산입〉 부당행위계산 부인	10%, 50% 한도 기부금 공익법인이 아닌 경우 전액 손금불산입	기업업무추진비 한도 초과금액 손금불산입	전액 손금 인정

2. 증여법인의 부가가치세

가. 특수관계인 간 거래

(1) 시가를 기준으로 부가가치세 과세

법인이 법인세법 시행령 제2조 제8항에 해당하는 특수관계 있는 법인에게 대가를 받지 않고 재화를 공급한 경우에는 공급한 재화의 시가인 10억 원을 공급가액으로 하여 부가가치세가 과세된다(부법 §29④).[121]

이 경우 법인사업자의 부가가치세법상 특수관계 여부 판단은 법인세법 시행령 제2조 제8항 각호를 준용하여 판단한다.

(2) 시가와 거래가액의 차액요건 없음

법인세법, 소득세법상 자산 및 용역의 고저가 거래에 대한 부당행위계산부인은 시가와 대가와의 차이가 시가의 5% 이상이거나 3억 원 이상인 경우에 한하여 적용하지만 부가가치세법은 이러한 가액요건이 없어 거래가액과 시가가 차이가 있는 경우에는 시가를 공급가액으로 하는 점을 주의하여야 한다.

121) 동 교재에서 부가가치세 과세문제는 부가가치세가 과세되는 재화, 용역거래를 전제로 하는 것으로 한다.

부가가치세법 제29조 【과세표준】
④ 제3항에도 불구하고 특수관계인에게 공급하는 재화 또는 용역에 대한 조세의 부담을 부당하게 감소시킬 것으로 인정되는 경우로서 다음 각호의 어느 하나에 해당하는 경우에는 공급한 재화 또는 용역의 시가를 공급가액으로 본다.
1. 재화의 공급에 대하여 부당하게 낮은 대가를 받거나 아무런 대가를 받지 아니한 경우

○ 부가가치세법상 특수관계인 간 공급의 시가 과세 적용 요건
- 특수관계인 간 거래일 것
- 재화를 공급하고 대가를 받지 않거나 시가보다 낮은 대가를 받을 것
- 용역을 공급하고 대가를 받지 않는 경우: 대상 아님.
  (다만, 특수관계인에게 무상으로 임대한 부동산 임대용역의 경우 과세대상)
- 용역을 공급하고 시가보다 낮은 대가를 받을 것
- 시가와 거래가액의 차액요건: <u>없음</u>.

나. 비특수관계인 간 거래

(1) 사업상 증여

사업자가 자기가 생산하거나 취득한 재화를 자기의 고객이나 불특정다수인에게 증여한 경우에는 재화를 공급한 것으로 보아 부가가치세가 과세된다(부법 §10⑤). 이 경우 공급가액은 공급한 재화의 시가로 한다(부법 §29②4호).

(2) 부담한 부가가치세의 처리

특수관계 없는 자에게 재화를 무상으로 공급한 경우 공급자는 부가가치세를 거래징수하지 못했음에도 불구하고 시가의 10%인 1억 원의 부가가치세를 부담하여야 한다.

이 경우 증여한 사업자가 부담한 매출세액은 사업과 관련 없는 경우에는 기부금으로 보아 전액 손금불산입 되며, 사업과 관련하여 거래처에 무상으로 공급한 경우에는 기업업무추진비로 보아 기업업무추진비 시부인 계산하여야 한다.

법인세법 기본통칙 25-0…3【사업상 증여의 경우 매출세액 상당액의 처리】
「부가가치세법」 제10조 제4항 및 제5항에 따른 사업상 증여의 경우에 법인이 부담한 매출세액 상당액은 사업상 증여의 성질에 따라 처리한다. (2019. 12. 23. 개정)

【서이46012-10804, 2003. 4. 17.】
법인이 부가가치세법 제6조 제3항 및 같은 법 시행령 제16조 제2항에서 규정하는 사업상 증여에 해당되어 매출세액 상당액을 부담하는 경우 동 매출세액 상당액은 사업상 증여가 이루어진 사업연도의 손금에 해당하는 것으로 사업상 증여의 성질에 따라 처리함.

부가가치세법 제10조【재화 공급의 특례】
⑤ 사업자가 자기생산·취득재화를 자기의 고객이나 불특정 다수에게 증여하는 경우(증여하는 재화의 대가가 주된 거래인 재화의 공급에 대한 대가에 포함되는 경우는 제외한다)는 재화의 공급으로 본다. 다만, 사업자가 사업을 위하여 증여하는 것으로서 대통령령으로 정하는 것은 재화의 공급으로 보지 아니한다.

부가가치세법 시행령 제20조
【사업을 위한 증여로서 재화의 공급으로 보지 아니하는 것의 범위】
법 제10조 제5항 단서에서 "대통령령으로 정하는 것"이란 다음 각호의 어느 하나에 해당하는 것을 증여하는 것을 말한다.
1. 사업을 위하여 대가를 받지 아니하고 다른 사업자에게 인도하거나 양도하는 견본품
2. 「재난 및 안전관리 기본법」의 적용을 받아 특별재난지역에 공급하는 물품
3. 제61조 제2항 제9호 나목에 따른 자기적립마일리지등으로만 전부를 결제받고 공급하는 재화

부가가치세법 제29조【과세표준】
③ 제1항의 공급가액은 다음 각호의 가액을 말한다. 이 경우 대금, 요금, 수수료, 그 밖에 어떤 명목이든 상관없이 재화 또는 용역을 공급받는 자로부터 받는 금전적 가치 있는 모든 것을 포함하되, 부가가치세는 포함하지 아니한다.
4. 제10조 제1항·제2항·제4항·제5항 및 제12조 제1항에 따라 재화 또는 용역을 공급한 것으로 보는 경우: 자기가 공급한 재화 또는 용역의 시가

<table>
<tr><th colspan="2">구분</th><th colspan="2">법인에게 증여한 증여법인의 과세문제</th></tr>
<tr><td rowspan="4">법인세</td><td rowspan="2">특수</td><td colspan="2">• 수증자가 내국법인인 경우
〈익금산입〉 부당행위계산부인 10억 원(기 · 사) (법법 §52, 법령 §88①3호)
• 수증자가 외국법인인 경우
- 국조법 적용하지 않고 법인세법상 부당행위계산부인 적용
(국조법 §4②단서, 국조령 §4 1호)</td></tr>
<tr><td colspan="2">(예외) 조특령 §34⑥에 해당하는 경우 증여한 자산의 장부가액 손금산입
(조특법 §40②) ⇒ 재무구조개선목적으로 출자법인에 자산 증여</td></tr>
<tr><td rowspan="2">비특수</td><td>업무무관 - 기부금</td><td>〈손금불산입〉 비지정기부금 10억 원 (기 · 사)
(법법 §24, 법령 §36①3호))</td></tr>
<tr><td>업무관련 - 기업업무추진비</td><td>기업업무추진비 시부인 계산
(법령 §42⑥, 법령 §36①3호)</td></tr>
<tr><td rowspan="2">부가가치세</td><td>특수</td><td>부가가치세 과세(공급가액: 시가)
(부법 §29④)</td><td rowspan="2">※ 부담한 부가가치세
사업상 증여의 성질에 따라 기부금, 기업업무추진비</td></tr>
<tr><td>비특수</td><td>사업상 증여(공급가액: 시가)
(부법 §10⑤ · §29②4호)</td></tr>
</table>

3. 수증법인의 법인세

가. 특수관계인 간 거래

(1) 내국법인인 경우

가) 자산수증이익 익금산입

법인이 자산을 수증받은 경우에는 수증받은 시점에 과세하지 않더라도 취득가액이 없으므로 동 자산을 양도 시 양도가액 전액이 자산처분이익으로 과세된다. 이러한 점을 고려하여 자산의 저가 양수에 대해서는 양수시점에 과세하지 않고 양도 시점에 처분이익으로 과세하고 있다.

하지만 자산을 무상으로 수증받은 경우에는 특수관계인 간 거래 여부를 불문하고 수증받은 자산의 시가를 익금산입하여야 한다(법령 §11 5호, 법령 §72②7호).

다만, 이월결손금 보전에 충당한 자산수증이익(국고보조금 제외)은 익금에 산입하지 않는다(법법 §18 6호).

따라서 결손법인이 아닌 한 자산을 무상으로 수증받는 것은 신중히 검토하여야 하며, 자산을 무상으로 수증받는 것보다는 현저하게 낮은 양수대금을 지급하고서라도 저가 양수 형태를 취하는 것이 유리하다.

특히 유형자산을 무상으로 수증받는 경우에는 어느 정도 과세문제를 예측할 수 있지만 최근 거래가 급증하고 있는 특허권, 상표권 등의 무체채산권을 무상으로 사용하는 것이 아닌 무상사용권의 형태로 수증받는 경우에는 거액의 무상사용권 평가액이 일시에 익금산입될 수 있으므로 권리형태로 무체재산권의 사용권을 수증받는 것은 특히 주의하여야 한다.

나) 특수관계인으로부터 받은 자산수증이익 과세이연 특례

내국법인이 법인세법상 특수관계 있는 주주로부터 재무구조개선목적으로 자산을 수증받은 경우에 대해 자산수증이익으로 과세하면 자산수증이익에 대한 법인세만큼 재무구조개선효과가 상쇄되는 문제가 있다.

따라서 법인이 조세특례제한법 시행령 제34조의 재무구조개선계획에 따라 자산을 수증받거나 채무를 상환받은 경우로서 조세특례제한법 제40조 제1항 제1호, 제2호의 요건을 충족한 경우에는 증여받은 자산가액에서 이월결손금을 차감한 금액을 한도로 자산을 수증받은 날이 속하는 사업연도의 종료일 이후 3개 사업연도의 기간 중 익금에 산입하지 아니하고 그 다음 3개 사업연도의 기간동안 균분한 금액 이상을 익금에 산입하여야 한다(조특법 §40①).

재무구조개선목적으로 증여받은 자산 증여세 과세이연

○ 과세이연 요건

- 조세특례제한법 시행령 제34조의 재무구조개선계획에 따른 자산의 증여 또는 채무상환일 것
- 재무구조개선계획 요건

  다음의 기한까지 주주로부터 받은 금전 등을 「기업구조조정촉진법」 제2조 제2호에 따른 금융채권자에 대한 부채의 상환에 전액 사용한다는 내용이 포함되어 있을 것

  - 금전을 받은 경우: 금전을 받은 날로부터 2026년 12월 31일 이내에서 조세특례제한법 시행령 제34조 제4항의 기한
  - 금전 외의 자산을 받은 경우: 해당 자산을 양도한 날부터 2026년 12월 31일 이내에서 조세특례제한법 시행령 제34조 제4항의 기한

○ 과세이연 내용

수증받은 날이 속하는 사업연도와 이후 3개 사업연도 익금불산입

⇒ 그 다음 3개 사업연도 균분한 금액 이상 익금산입

○ 한도

〔채무인수 · 변제받은 금액 - 이월결손금(법령 §16①)〕

(2) 외국법인인 경우

비거주자가 국내에 있는 자산을 무상으로 수증받는 경우에는 수증받은 자산의 시가를 증여재산가액으로 하여 증여세가 과세된다(상증법 §4조의2①2호).

반면 외국법인이 국내에 있는 자산을 무상으로 수증받는 경우로서 자산수증이익이 국내사업장에 귀속되지 않는 경우에는 국내에서 과세권을 행사할 수 없으므로 비거주자의 경우와 같이 국내에서 과세권을 행사할 수 있도록 법인세법 제93조 제10호 다목은 외국법인이 국내에 있는 자산을 무상으로 이전받아 발생하는 소득을 외국법인의 국내원천 기타소득으로 규정하고 있다.

따라서 자산을 증여한 내국법인은 부당행위계산부인을 적용하여 무상으로 증여한 자산의 시가 10억 원을 익금산입하고 취득당시의 시가에 20%를 적용한 금액을 원천징수하여 다음 달 10일까지 납부하여야 한다(법법 §98①8호, 법령 §137⑩).

법인세법 제93조 【외국법인의 국내원천소득】

10. 국내원천 기타소득: 제1호부터 제9호까지의 규정에 따른 소득 외의 소득으로서 다음 각목의 어느 하나에 해당하는 소득
    다. 국내에 있는 자산을 증여받아 생기는 소득

법인세법 제98조 【외국법인에 대한 원천징수 또는 징수의 특례】

① 외국법인에 대하여 제93조 제1호 · 제2호 및 제4호부터 제10호까지의 규정에 따른 국내원천소득으로서 국내사업장과 실질적으로 관련되지 아니하거나 그 국내사업장에 귀속되지 아니하는 소득의 금액(국내사업장이 없는 외국법인에 지급하는 금액을 포함한다)을 지급하는 자(제93조 제7호에 따른 국내원천 부동산등 양도소득의 금액을 지급하는 거주자 및 비거주자는 제외한다)는 제97조에도 불구하고 그 지급을 할 때에 다음 각호의 구분에 따른 금액을 해당 법인의 각 사업연도의 소득에 대한 법인세로서 원천징수하여 그 원천징수한 날이 속하는 달의 다음 달 10일까지 대통령령으로 정하는 바에 따라 납세지 관할 세무서 등에 납부하여야 한다.

8. 제93조 제10호에 따른 국내원천기타소득
    다. 가목 및 나목 외의 기타소득: 지급금액(제93조 제10호 다목의 소득에 대해서는 대통령령으로 정하는 금액)의 100분의 20

법인세법 시행령 제137조 【외국법인에 대한 원천징수】

⑩ 법 제98조 제1항 제8호 본문에서 "대통령령으로 정하는 금액"이란 취득당시의 시가를 말한다.

나. 비특수관계인 간 거래

(1) 내국법인인 경우

자산수증이익에 대한 과세는 특수관계 있는 주주로부터 재무구조개선계획에 따라 자산을 수증받은 경우 과세이연되는 경우를 제외하고는 특수관계인 간 거래와 비특수관계인 간 거래 모두 수증받은 자산의 시가를 익금산입하여야 한다.

(2) 외국법인인 경우

외국법인이 국내에 있는 자산을 무상으로 수증받는 경우로서 자산수증이익이 국내사업장에 귀속되지 않는 경우에는 국내에서 과세권을 행사할 수 없으므로 비거주자의 경우와 같이 국내에서 과세권을 행사할 수 있도록 법인세법 제93조 제10호 다목은 외국법인이 국내에 있는 자산을 무상으로 이전받아 발생하는 소득으로서 국내사업장과 관련 없거나 국내사업장에 귀속되지 않는 것은 외국법인의 국내원천 기타소득으로 규정하고 있다.

따라서 자산을 증여한 내국법인은 취득당시의 시가에 20%를 적용한 금액을 원천징수하여 다음 달 10일까지 납부하여야 한다(법법 §98①8호, 법령 §137⑩).

4. 수증법인의 증여세

가. 영리법인

(1) 특수관계인 간 거래

영리법인은 증여세 납부의무가 없으므로 영리법인이 특수관계인으로부터 무상으로 자산을 수증받은 경우에는 증여세가 과세되지 않는다(법법 §98①8호, 법령 §137⑩).

(2) 비특수관계인 간 거래

영리법인에게 증여세가 과세되지 않는 것은 특수관계인 간 거래 여부를 불문하고 동일하다.

나. 비영리법인

(1) 특수관계인 간 거래

비영리법인은 원칙적으로 증여세 납부의무가 있으므로 자산을 무상으로 수증받은 경우 상속세 및 증여세법상 평가원칙에 따라 평가한 금액에 대해 증여세가 과세된다(상증법 §4조

의2①).[122]

다만, 상속세 및 증여세법 시행령 제12조에서 규정하는 공익법인 등이 재산을 수증받은 경우로서 일정제외 사유에 해당하지 않는 경우에는 증여세 과세가액에 산입하지 않는다(상증법 §48①).

(2) 비특수관계인 간 거래

비영리법인이 자산을 수증받은 경우 증여세가 과세되는 것은 증여자와 특수관계 성립 여부를 불문하고 동일하다.

상속세 및 증여세법 제4조의2 【증여세 납부의무】
① 수증자는 다음 각호의 구분에 따른 증여재산에 대하여 증여세를 납부할 의무가 있다.
1. 수증자가 거주자(본점이나 주된 사무소의 소재지가 국내에 있는 비영리법인을 포함한다. 이하 이 항에서 같다)인 경우: 제4조에 따라 증여세 과세대상이 되는 모든 증여재산
2. 수증자가 비거주자(본점이나 주된 사무소의 소재지가 외국에 있는 비영리법인을 포함한다. 이하 제6항과 제6조 제2항 및 제3항에서 같다)인 경우: 제4조에 따라 증여세 과세대상이 되는 국내에 있는 모든 증여재산

상속세 및 증여세법 제48조 【공익법인등이 출연받은 재산에 대한 과세가액 불산입등】
① 공익법인등이 출연받은 재산의 가액은 증여세 과세가액에 산입하지 아니한다. 다만, 공익법인등이 내국법인의 의결권 있는 주식 또는 출자지분(이하 이 조에서 "주식등"이라 한다)을 출연받은 경우로서 출연받은 주식등과 다음 각호의 주식등을 합한 것이 그 내국법인의 의결권 있는 발행주식총수 또는 출자총액(자기주식과 자기출자지분은 제외한다. 이하 이 조에서 "발행주식총수등"이라 한다)의 제16조 제2항 제2호에 따른 비율을 초과하는 경우(제16조 제3항 각호에 해당하는 경우는 제외한다)에는 그 초과하는 가액을 증여세 과세가액에 산입한다.
1. 출연자가 출연할 당시 해당 공익법인등이 보유하고 있는 동일한 내국법인의 주식등
2. 출연자 및 그의 특수관계인이 해당 공익법인등 외의 다른 공익법인등에 출연한 동일한 내국법인의 주식등
3. 출연자 및 그의 특수관계인으로부터 재산을 출연받은 다른 공익법인등이 보유하고 있는 동일한 내국법인의 주식등

---

122) 동 교재에서 비영리법인에 대한 증여세는 비영리법인이 얻은 이익이 수익사업관련 이익에 해당하지 않아 법인세가 과세되지 않은 것을 전제로 한다.

5. 수증법인 주주의 증여세

가. 특수관계인 간 거래

(1) 원칙

법인이 상속세 및 증여세법 제2조의2 제1항 제3호부터 제8호까지에 해당하는 특수관계 있는 법인으로부터 자산을 수증받은 경우에는 법인의 순자산 증가로 인해 1주당 순자산가치가 상승하여 주식가치가 상승하므로 수증법인의 주주가 이익을 얻게 된다.

이에 대해 상속세 및 증여세법 제4조의2 제4항은 증여받은 재산에 대해 법인세가 부과되는 경우에는 상속세 및 증여세법 제45조의5【특정법인과의 거래를 통한 이익의 증여의제】등에 해당하는 경우를 제외하고는 수증 받은 법인의 주주에게 증여세를 과세하지 않는 것으로 규정하고 있다.[123)]

따라서 영리법인이 상속세 및 증여세법상 특수관계인으로부터 재산을 무상으로 수증받음으로써 주주의 주식가치가 상승한 경우에도 원칙적으로는 영리법인의 주주에게 증여세가 과세되지 않는다.

> **상속세 및 증여세법 제4조의2【증여세 납부의무】**
> ④ 영리법인이 증여받은 재산 또는 이익에 대하여 「법인세법」에 따른 법인세가 부과되는 경우(법인세가 「법인세법」 또는 다른 법률에 따라 비과세되거나 감면되는 경우를 포함한다) 해당 법인의 주주등에 대해서는 제45조의3부터 제45조의5까지의 규정에 따른 경우를 제외하고는 증여세를 부과하지 아니한다.

(2) 특정법인과의 거래를 통한 이익의 증여의제

주주인 개인이 30억 원 이상의 자산을 증여받는 경우에는 50%의 세율로 증여세가 과세되며 개인의 자금으로 증여세를 납부해야 하지만 주주인 개인이 출자한 영리법인이 자산을 무상으로 증여받은 경우에는 자산을 수증받음으로써 주주의 주식가치는 상승하지만 과세표준 200억 원 이하의 법인의 경우 20%의 세율로 과세되며 법인의 자금으로 법인세를 납부하게 된다.

이러한 점을 이용하여 특수관계 있는 개인에게 직접 재산을 증여하는 것이 아닌 특수관계

123) 상속세 및 증여세법 제45조의3【특수관계법인과의 거래를 통한 이익의 증여의제】, 제45조의4【특수관계법인으로부터 제공받은 사업기회로 발생한 이익의 증여의제】도 이에 해당한다.

있는 개인이 지배하고 있는 법인에 자산이나 이익을 이전하는 조세회피를 시도할 수 있다.

이러한 조세회피를 막기 위해 자산을 수증받은 법인이 지배주주등이 지배하는 특정법인에 해당하고 지배주주의 특수관계인이 특정법인에게 재산을 무상으로 제공하는 거래등을 한 경우로서 특정법인의 지배주주등이 얻은 증여의제이익이 1억 원 이상인 경우에는 거래일을 증여일로 하여 수증법인의 지배주주등에게 증여세가 과세된다(상증법 §45조의5).

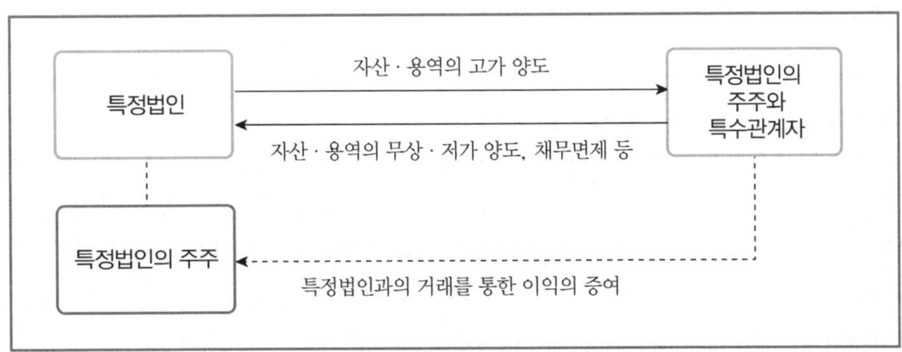

가) 특정법인에 해당할 것

특정법인이란 지배주주와 그 친족(지배주주등)이 직접 또는 간접으로 보유하는 주식보유비율[124]이 100분의 30 이상인 법인을 말한다(상증법 §45의5①).[125] 이 경우 특정법인은 내국법인만이 해당하며 외국법인은 해당하지 않는다.

지배주주란 다음 중 어느 하나에 해당하는 자를 말하는 것으로 개인만이 지배주주에 해당한다. 이 경우 해당 법인의 최대주주등 중에서 본인과 친족 등의 주식등 보유비율의 합계가 사용인의 주식등 보유비율보다 많은 경우에는 본인과 본인의 친족등 중에서 지배주주를 판정한다(상증령 §34조의3①).[126]

이 경우 통상 특수관계 판단하는 지분율 계산시에는 자기주식을 발행주식총수에서 제외하여 판단하지만 특정법인 여부 판별을 위해 지배주주등의 주식보유비율 계산시에는 자기

124) 주식보유비율은 증여받은 것으로 보는 거래한 날 당시 주식보유비율이다(자본거래-2055, 2020. 5. 27.).

125) 2019. 12. 31. 이전에는 ① 결손금이 있는 법인, ② 증여일 현재 휴업 또는 폐업상태인 법인, ①・②에 해당하지 않는 법인으로서 지배주주와 그 친족의 주식보유비율이 100분의 50 이상인 법인이 특정법인에 해당한다.

126) 지배주주가 두 명 이상인 경우에는 법인에 임원에 대한 임면권의 행사와 사업 방침의 결정 등에 관한 사실상의 영향력이 더 큰 자로서 ① 본인과 그 친족의 주식보유비율 합계(직접+간접 보유비율)가 더 높은 경우의 그 본인, ② 상속세 및 증여세법 제34조의3 제5항에 따른 특수관계에 있는 법인에 대한 특정법인의 매출액이 더 많은 경우의 그 본인, ③ 사업연도 종료일을 기준으로 가장 최근에 특정법인의 대표이사였던 자의 순서로 판단한다(상증령 §34조의3①, 상증칙 §10조의7).

주식을 발행주식총수에 포함하여 판단하는 점을 주의하여야 한다.

① 해당 법인의 최대주주등에서 그 법인에 대한 직접보유비율이 가장 높은 자가 개인인 경우에는 그 개인[127)]

② 해당 법인의 최대주주등에서 그 법인에 대한 직접보유비율이 가장 높은 자가 법인인 경우에는 그 법인에 대한 직접보유비율과 간접보유비율을 모두 합하여 계산한 비율이 가장 높은 개인[128)]

【서면-자본거래-1348, 2022. 5. 24.】

「상속세 및 증여세법」 제45조의5에 따른 특정법인은 지배주주와 그 친족이 직접 또는 간접으로 보유하는 주식보유비율이 100분의 30 이상인 법인을 말하는 것이며, 「상속세 및 증여세법 시행령」 제34조의3 제1항의 해당 법인은 「법인세법」 제2조 제1호에 따른 내국법인을 말하는 것임.

【서울행정법원 2023구합55665, 2024. 1. 12.】

특정법인 여부 판별을 위해 지배주주의 주식보유비율을 계산할 때에는 분모에 자기주식도 포함됨.

| 특정법인의 연혁 |

2016. 1. 1.부터 2019. 12. 31.까지	2020. 1. 1. 이후
• 이월결손금이 있는 법인 • 휴업 또는 폐업상태인 법인 • 위에 해당하지 않는 법인으로서 지배주주와 친족의 직접·간접비율이 50% 이상인 법인	• 지배주주와 친족의 직접·간접보유비율이 30% 이상인 법인

나) 지배주주의 특수관계인과의 거래일 것

지배주주의 특수관계인이란 지배주주와 상속세 및 증여세법 시행령 제2조의2 제1항에 해당하는 관계에 있는 자를 말한다.

2019. 12. 31. 이전에는 결손금이 있는 법인, 휴업 또는 폐업법인인 경우에는 최대주주등

127) 직접보유비율은 보유하고 있는 법인의 주식등을 그 법인의 발행주식총수 등(자기주식과 자기출자비율은 제외)으로 나눈 비율을 말한다.

128) 다만, 해당 법인의 주주등이면서 그 법인의 최대주주등에 해당하지 아니한 자, 해당 법인의 최대주주등 중에서 그 법인에 대한 직접보유비율이 가장 높은 자에 해당하는 법인의 주주등이면서 최대주주등에 해당하지 아니한 자는 제외한다.

의 모든 특수관계인이 특수관계인에 해당하고 지배주주등의 지분율이 50% 이상인 법인의 경우에는 지배주주등의 배우자 또는 직계존비속, 배우자 또는 직계존비속이 최대주주등인 법인만이 특수관계인에 해당하였다.

따라서 지배주주등의 지분율이 50% 이상인 법인의 경우에는 지배주주등의 배우자 또는 직계존비속(또는 배우자 또는 직계존비속이 최대주주등인 법인)과 거래한 경우에만 수증법인의 지배주주등에게 증여세 과세문제가 발생하였으므로 수증법인의 지배주주등에게 증여세가 과세되는 사례는 많지 않았다.

하지만 2019. 12. 31. 법률 제16846호로 지배주주와 상속세 및 증여세법상 특수관계인에 해당하기만 하면 되는 것으로 개정되었으므로 지배주주의 특수관계인과 거래하는 경우에는 반드시 수증법인 주주의 증여세 과세문제를 검토하여야 한다.

| 지배주주의 특수관계인 연혁 |

2016. 2. 5.부터 2019. 12. 31.까지	2020. 1. 1. 이후
○ 이월결손금이 있거나 휴업 또는 폐업상태인 법인 • 특수관계인 판단 기준 - 최대주주등을 기준으로 판단 • 특수관계인 - 최대주주등의 특수관계인 ○ 지배주주와 친족의 주식보유비율이 50% 이상인 법인 • 특수관계인 판단기준 - 지배주주와 친족을 기준으로 판단 • 특수관계인 - 지배주주와 친족의 배우자, 직계존비속 - 위의 자가 최대주주등인 법인	○ 지배주주등의 직·간접지분율이 30% 이상인 법인 • 특수관계인 판단 기준 - 지배주주(친족은 해당하지 않음)를 기준으로 판단 • 특수관계인 - 지배주주와 상속세 및 증여세법 시행령 제2조의2 제1항의 특수관계가 성립하는 자 - 지배주주의 친족과의 특수관계 여부는 고려하지 않음.

다) 지배주주를 기준으로 쌍방관계에 따라 특수관계 판단

모든 개별세법상 특수관계인 판단은 거래당사자를 기준으로 하여 거래상대방이 본인과 특수관계가 성립하는지 여부뿐만 아니라 거래상대방을 기준으로 하여 본인이 거래상대방과 특수관계가 성립하는지 여부를 검토하여야 한다.

당초 과세기준자문(2022. 9. 29. 법무재산-0103)에서 지배주주와 거래하는 특수관계인 판단시에는 일방관계에 따라 특수관계를 판단하여야 하는 것으로 해석하였지만, 기획재정부(2023. 5. 19. 기획재정부 재산세제과-705)에서 지배주주와 거래하는 특수관계 판단시 쌍방관계에 따라 특수관계를 판단하여야 하는 것으로 해석하였는바 지배주주와 거래하는 특수관계인 판단시에는 쌍방관계를 기준으로 판단하여야 한다.

> **【기획재정부 재산세제과-705, 2023. 5. 19.】**
> 「상속세 및 증여세법」 제45조의5 특정법인과의 거래를 통한 이익의 증여의제 규정을 적용하는 경우, 특정법인과 거래하는 지배주주의 특수관계인 범위는 쌍방관계를 적용함.

라) 재산의 무상수증 등의 거래를 통해 특정법인이 이익을 분여받을 것

재산을 무상으로 제공받는 거래 등을 한 경우란 다음 중 어느 하나에 해당하는 거래를 한 경우를 말한다(상증법 §45조의5①). 이 경우 현저히 낮은 대가, 현저히 높은 대가란 시가와 대가와의 차액이 시가의 30% 이상이거나 3억 원 이상인 경우를 말한다(상증령 §34조의5⑦).

이 경우 시가는 재산을 무상으로 제공받거나 채무를 인수 · 면제 · 변제받는 것(상증법 준용)을 제외하고는 상속세 및 증여세법상 시가를 준용하지 않고 법인세법 시행령 제89조의 시가를 준용하여 산정한다(다만, 금전을 대부하거나 대부받는 경우는 상증법 제41조의4 준용)(상증령 §34조의5⑦, ⑧).

또한 재산 · 용역의 무상 제공, 현저히 높거나 낮은 대가로 양도 · 제공하는 거래인지 여부는 대금을 확정짓는 거래당시를 기준으로 판단한다.

① 재산 또는 용역을 무상으로 제공받는 것
② 재산 또는 용역을 통상적인 거래관행에 비추어 현저히 낮은 대가로 양수 · 제공받는 것
③ 재산 또는 용역을 통상적인 거래관행에 비추어 볼 때 현저히 높은 대가로 양도 · 제공하는 것
④ 해당 법인의 채무를 면제 · 인수 또는 변제하는 것
⑤ 시가보다 낮은 가액으로 현물출자받는 것

> **【서울행정법원 2023구합58343, 2024. 1. 19.】**
> 구 상증세법 제45조의5 제2항 각 호에서 정한 재산 · 용역의 무상 제공, 현저히 높거나 낮은 대가로 양도 · 제공하는 거래인지 여부는 그 대금을 확정 짓는 거래 당시를 기준으로 판단하여야 함.

마) 특정법인의 이익

특정법인의 이익은 무상으로 받은 재산의 증여재산가액, 채무면제 · 인수 또는 변제로 인한 이익 상당액, 현저히 낮게 제공받거나 높게 제공한 시가와 대가(또는 대가와 시가)와의 차액에서 이러한 이익에 대해 특정법인이 부담한 법인세 상당액을 차감한 가액을 말한다 (상증령 §34조의5④).

해당 사례의 경우 수증받은 자산 10억 원에서 익금산입된 자산수증이익에 대한 법인세를 차감한 금액이 특정법인의 이익에 해당한다.

○ 특정법인의 이익(①-②) ① 거래이익 • 재산증여: 증여재산가액 • 채무면제 · 인수 또는 변제: 채무면제 · 인수 또는 변제로 인해 얻은 이익 상당액 • 그 외: 시가(대가)와 대가(시가)와의 차액 ② 법인세 상당액 특정법인의 법인세 × 해당 거래이익 / 각 사업연도 소득 * 특정법인의 법인세: 산출세액(토지 등 양도소득에 대한 법인세 제외) - 공제 · 감면 세액

바) 지배주주등의 개인별 증여의제이익이 1억 원 이상일 것

지배주주등의 개인별 얻은 증여의제이익이 1억원 이상인 경우에 한하여 지배주주등에게 증여세가 과세된다.

이 경우 1억 원 이상 여부 판정 시 소급하여 1년 이내에 동일한 거래 등이 있는 경우에는 각각의 거래 등에 따른 이익을 합산하여 계산한다[129](상증법 §43②).

해당 사례의 경우 특정법인이 부담한 법인세를 2억 원으로 가정 시 12.5% 이상의 지분을 보유한 지배주주등의 경우에는 증여세 과세요건을 충족하게 된다.

---

129) 이 경우 상속세 및 증여세법 제43조 제2항은 증여일로부터 소급하여 동일한 거래등이 있는 경우 각각의 거래등에 따른 이익(시가와 대가와의 차액)을 해당 이익별로 합산하는 것으로 규정하고 있다.
따라서 특정법인과의 거래를 통한 이익의 증여의제 과세요건 판단시에는 특정법인과의 지배주주와의 거래를 통한 거래이익이 시가의 30% 또는 3억 원 이상인지 여부를 판단시 소급하여 1년 이내 동일한 거래등에 따른 이익을 합산하는 것인지 아니면 지배주주별 증여의제이익을 계산시 소급하여 1년 이내 동일한 거래 등에 따른 이익을 합산하여 판단하는 지가 모호한 문제점이 있다.

> ○ 지배주주등의 증여의제이익: 지배주주등 각 개인별 소급하여 1년 이내 동일한 거래등이 있는 경우 합산한 증여의제이익
> ⇒ 1억 원 이상일 것
>
> ○ 지배주주등에게 증여세가 과세되는 수증자산가액
> ⇒ **시가 1,283억 원 이상의 자산**을 수증받는 경우 증여세 과세요건 충족
> (* 지배주주의 지분율 100% 가정, 법인세등 세율 22% 가정 시)

사) 증여의제이익에 대해 과세시 간접주주에게도 과세되는지 여부

① 2024. 1. 1. 전

2024. 1. 1. 전에는 상속세 및 증여세법 제45조의5 제1항을 규정함에 있어 특정법인 판단 시에는 직접 또는 간접 보유비율을 합산하여 판단하는 것으로 명확하게 규정하고 있었지만 증여의제를 규정함에 있어서는 "그 특정법인의 이익에 특정법인의 지배주주등의 주식보유비율을 곱하여 계산한 금액을 그 특정법인의 지배주주등이 증여받은 것으로 본다."라고 규정하고 있어 "지배주주등의 주식보유비율"에 간접보유비율을 합산하여 과세하는 지 여부가 명확하지 않은 점이 있었다.

이에 대해 서울행정법원 2023구합55665 판결에서는 증여의제이익에 대한 과세는 간접주주에게는 적용되지 않는 것으로 판결한바 있다.

> **【서울행정법원 2023구합55665, 2024. 1. 12.】**
> 특정법인의 주식을 간접보유하고 있어 특정법인과의 거래로 인한 이익증여의제 규정은 간접주주에게는 적용되지 않음.

② 2024. 1. 1. 이후

2023. 12. 31. 법률 제19932호로 증여의제를 규정함에 있어 "그 특정법인의 이익에 특정법인의 지배주주등이 직접 또는 간접으로 보유하는 주식보유비율을 곱하여 계산한 금액을 그 특정법인의 지배주주등이 증여받은 것으로 본다."로 개정되었는바 2024. 1. 1. 이후부터는 간접주주에게도 증여의제이익에 대해 증여세가 과세됨이 명확해졌다.

2024. 1. 1. 전	2024. 1. 1. 이후
상속세 및 증여세법 제45조의5 【특정법인과의 거래를 통한 이익의 증여 의제】 ① 지배주주와 그 친족(이하 이 조에서 "지배주주등"이라 한다)이 직접 또는 간접으로 보유하는 주식보유비율이 100분의 30 이상인 법인(이하 이 조 및 제68조에서 "특정법인"이라 한다)이 지배주주의 특수관계인과 다음 각 호에 따른 거래를 하는 경우에는 거래한 날을 증여일로 하여 그 특정법인의 이익에 특정법인의 지배주주등의 주식보유비율을 곱하여 계산한 금액을 그 특정법인의 지배주주등이 증여받은 것으로 본다.	상속세 및 증여세법 제45조의5 【특정법인과의 거래를 통한 이익의 증여 의제】 ① 지배주주와 그 친족(이하 이 조에서 "지배주주등"이라 한다)이 직접 또는 간접으로 보유하는 주식보유비율이 100분의 30 이상인 법인(이하 이 조 및 제68조에서 "특정법인"이라 한다)이 지배주주의 특수관계인과 다음 각 호에 따른 거래를 하는 경우에는 거래한 날을 증여일로 하여 그 특정법인의 이익에 특정법인의 지배주주등이 직접 또는 간접으로 보유하는 주식보유비율을 곱하여 계산한 금액을 그 특정법인의 지배주주등이 증여받은 것으로 본다.

아) 거래이익별로 지배주주별 증여의제이익이 1억 원 이상인지 여부 판단

특정법인이 지배주주의 특수관계인으로부터 자산을 무상으로 제공받고 금전을 무상으로 제공받는 등 둘 이상의 거래를 통해 이익을 분여받은 경우로서 각 거래에 따른 증여의제이익은 1억 원 미만이지만 둘 이상의 거래를 합한 증여의제이익은 1억 원 이상인 경우에 지배주주별 증여의제이익이 1억 원 이상인지 여부는 각 거래에 따른 이익을 합산하여 판단하는 것이 아닌 거래에 따른 이익별로 구분하여 소급하여 1년 이내 동일한 거래에 따른 이익을 합산하여 1억 원 이상인지 여부를 판단하는 점을 주의하여야 한다.

【서면-자본거래-4934, 2022. 12. 29.】
상속세 및 증여세법 제45조의5 제1항을 적용할 때 같은 항 각 호의 거래에 따른 이익별로 구분하여 그 거래일부터 소급하여 1년 이내에 동일한 거래 등이 있는 경우에는 각각의 거래 등에 따른 이익별로 합산하여 1억 원 이상인지 여부를 판단하는 것임.

자) 자본거래에 대해 과세가능한지 여부

최근 낮은 세금으로 자녀에게 주식을 이전할 목적으로 자녀를 주주로 한 특정법인을 설립한 후 특정법인이 부모법인 주식을 일정비율 보유한 상태에서 부모가 부모법인주식을 저가로 감자하는 방식으로 하여 자녀들이 증여세를 부담하지 않는 대신 자녀법인이 법인세를 부담하는 방식으로 자녀법인이 부모법인을 지배하는 형태의 거래를 진행하는 사례가 많은데 이 경우 자녀에게 증여세를 과세할 수 있는 지에 대한 검토가 필요하다.

우선 상속세 및 증여세법 제4조 제1항 제6호는 제4호의 규정의 경우와 경제적 실질이 유사한 경우에는 제4호의 규정을 준용하여 증여재산가액을 계산할 수 있도록 규정하고 있어 예시규정인 고저가 양수도에 따른 증여이익등 과세시에는 규정된 요건을 충족하지 않는 경우에도 증여세 과세가 가능할 수 있다.

이 경우 상속세 및 증여세법 제4조 제1항 제4호에서 규정하고 있는 거래는 증여예시규정에 해당하는 거래로서 증여의제 거래에 대해서는 규정하고 있지 않다. 따라서 과세대상으로 열거하고 있는 거래 외의 거래를 통해 특정법인이 이익을 얻은 경우에는 과세가 어려울 것으로 생각되며 이러한 측면에서 자본거래를 통해 특정법인이 이익을 얻은 경우는 과세대상이 아닌 것으로 일관되게 해석하고 있다.

다만 최근 자녀가 최대주주인 법인에 초과배당을 하는 방식으로 우회증여 거래를 하는 경우가 많은데 특정법인에게 초과배당하는 경우에는 무상으로 재산을 증여한 거래로 보아 특정법인의 주주에게 상증법 제45조의5에 따라 증여세가 과세(상증법 제41조의2는 과세 안됨)되는 점을 주의하여야 한다(상증법 제45조의5에 따른 특정법인에게 초과배당하는 경우 특정법인의 주주에게 증여세를 과세하는 것임. 기획재정부 재산세제과-434, 2020. 2. 24.).

【사전-2022-법규재산-1318, 2023. 7. 21.】
특정법인이 주주로 있는 특수관계법인의 불균등 유상감자 시 특정법인의 주주에게 상증법 제45조의5 적용하여 증여세를 과세할 수는 없는 것임.

【사전-2023-법규재산-0250, 2023. 5. 3.】
특정법인(B)이 주주인 내국법인(A)이 유상감자를 실시하는 경우로서 내국법인(A)의 주주 중 특정법인의 지배주주인 갑 및 개인주주들만 저가 유상감자에 참여하여 특정법인(B)이 이익을 분여받은 경우, 특정법인(B)의 지배주주인 갑에 대해서는 「상속세 및 증여세법」 제45조의5 규정을 적용하여 증여세를 과세할 수 없는 것임.

상속세 및 증여세법 제4조 【증여세 과세대상】
① 다음 각 호의 어느 하나에 해당하는 증여재산에 대해서는 이 법에 따라 증여세를 부과한다.
4. 제33조부터 제39조까지, 제39조의2, 제39조의3, 제40조, 제41조의2부터 제41조의5까지, 제42조, 제42조의2 또는 제42조의3에 해당하는 경우의 그 재산 또는 이익
6. 제4호의 규정의 경우와 경제적 실질이 유사한 경우 등 제4호의 규정을 준용하여 증여재산의 가액을 계산할 수 있는 경우의 그 재산 또는 이익

차) 합산배제증여재산 해당 여부

증여세는 증여일 전 10년 이내 동일인(부모인 경우 배우자 합산)으로부터 받은 증여재산 가액이 1천만 원 이상인 경우에는 그 가액을 증여세 과세가액에 가산하는 것이 원칙이지만 합산배제증여재산의 경우에는 가산하지 않는다(상증법 §47②).

또한 합산배제증여재산이 아닌 경우에는 증여재산가액에서 증여재산공제와 감정평가수수료를 차감하여 증여세 과세표준을 계산하지만 합산배제증여재산의 경우에는 증여재산공제를 적용하지 않고 증여재산가액에서 3천만 원과 감정평가수수료를 차감하여 증여세 과세표준을 산출하게 된다.

이 경우 증여의제 규정인 상속세 및 증여세법 제45조의2부터 제45조의4까지[130]는 합산배제증여재산에 해당하지만 특정법인과의 거래를 통한 이익의 증여의제는 합산배제증여재산에 해당하지 않는다.

따라서 동일인으로부터 10년 이내 받은 1천만 원 이상의 증여재산가액은 합산하여야 하며 증여자가 부모인 경우 배우자로부터 증여받은 재산을 합산하여야 하므로 지배주주의 특수관계인과 거래시 부모와 각각 거래하는 경우에는 부모로부터 받은 거래이익을 모두 합산하여야 하는 점을 주의하여야 한다. 또한 합산배제증여재산이므로 증여재산공제가 가능하다.

| 상속세 및 증여세법상 증여의제 규정에 대한 과세 |

구분	합산배제증여재산	합산증여재산
대상 증여의제	① 명의신탁증여의제 ② 특수관계법인과의 거래를 통한 이익의 증여의제 ③ 특수관계법인으로부터 제공받은 사업기회로 발생한 이익의 증여의제	특정법인과의 거래를 통한 이익의 증여의제
10년 이내 동일인으로부터 받은 1천만 원 이상 재산 합산 여부	부	여 (부모인 경우 배우자로부터 증여받은 부분 합산)
과세표준 계산시 공제되는 금액	3천만 원, 감정평가수수료	증여재산공제, 감정평가수수료

130) 명의신탁재산의 증여의제, 특수관계법인과의 거래를 통한 이익의 증여의제, 특수관계법인으로부터 제공받은 사업기회로 발생한 이익의 증여의제

【조심2023광0599, 2023. 4. 26.】
지배주주등이 직접 증여받은 경우의 증여세액 산정시, 증여인이 동일한 경우 10년 이내 사전증여재산가액을 합산하여 증여세액공제 및 세율을 적용하고 기납부한 세액을 공제하여 산출하는 것이 타당함.

카) 증여세 과세한도액

특정법인과의 거래를 통해 얻은 이익에 대해 증여세를 과세하는 취지는 지배주주등에게 직접 증여하는 경우의 증여세부담을 회피하기 위해 우회적으로 지배주주등이 지배하는 법인에 증여하는 방식의 조세회피를 막기 위한 것으로 그 취지상 증여의제이익에 대한 증여세액은 지배주주등에게 직접 증여하는 경우의 증여세를 초과해서는 안 된다.

이러한 점을 고려하여 2020년부터는 증여의제이익에 대한 증여세액이 지배주주등이 직접 증여의제이익을 증여받은 경우의 증여세 상당액에서 특정법인이 부담한 법인세 상당액을 차감한 금액을 초과하는 경우 그 초과액은 없는 것으로 보도록 개정되었다.

하지만 증여의제이익은 이미 법인세 상당액을 차감한 가액으로 법인세 상당액을 두 번 공제하는 문제점이 있어 2022. 2. 15.부터는 "특정법인의 거래이익에 지배주주의 지분율을 곱한 금액에 대한 증여세 상당액"에서 법인세 상당액을 차감한 금액을 초과하는 경우 그 초과액은 없는 것으로 보는 것으로 개정되었다.

○ 증여세 과세가액 한도액(2020. 1. 1.부터 2022. 2. 14.까지)
= 주주에게 직접 증여한 경우 증여세 상당액(증여의제이익 × 증여세율)
− 법인세 상당액
* 법인세 상당액
= (법인세 산출세액 − 공제 · 감면세액) × 증여재산가액 / 각 사업연도 소득 × 지배주주의 지분율

○ 증여세 과세가액 한도액(2022. 2. 15.부터)
= 〔특정법인의 거래이익 × 지배주주 지분율 × 증여세율〕 − 법인세 상당액
* 법인세 상당액
= (법인세 산출세액 − 공제 · 감면세액) × 증여재산가액 / 각 사업연도 소득 × 지배주주의 지분율

핵심포인트

과세가액 한도액의 문제점

과세가액 한도액은 지배주주등이 직접 증여받은 경우의 증여세 상당액에서 법인세 상당액을 차감하여 계산하는 구조이다.

쟁점 1

법인세 상당액 계산 시 적용되는 법인세율과 증여의제이익에 적용되는 증여세율이 유사한 경우에는 증여세 납부세액이 없는 구조로서 적용 증여세율 구간에 따라 과세 여부가 달라진다.

쟁점 2

결손법인의 경우에는 법인세 상당액이 없어 과세가액 한도액이 흑자법인보다 항상 크므로 흑자법인, 결손법인 여부에 따라 과세금액, 과세 여부가 달라진다.

각 사례별 증여세 납부세액

사례 1 흑자법인이 지배주주의 특수관계인으로부터 10억 원을 무상으로 수증받은 경우

1. 2022. 2. 14. 이전

- 각 사업연도 소득금액: 20억 원
- 산출세액: 3.8억 원
- 지배주주의 지분율: 30%
- 특정법인의 이익(8.1억 원) = 10억 원 − 3.8억 원×(10억 원/20억 원)
- 증여의제이익(2.43억 원) = 8.1억 원×30%
- 직접 증여받은 경우의 증여세 상당액 ⇒ 증여의제이익에 대한 증여세(0.386억 원)
  = (2.43억 원×20%) − 0.1억 원
- 과세가액 한도액(△0.184억 원)
  증여의제이익에 대한 증여세(0.386억 원) − 3.8억 원×(10억 원/20억 원)×30%
- 과세되는 증여세
  증여세 과세요건은 충족하였지만 증여세 상당액 계산 시 적용되는 증여세율(20%)과 법인세 상당액 계산 시 적용되는 법인세율(20%)이 동일하고 증여의제이익은 법인세 상당액을 차감한 금액으로서 법인세 상당액을 두 번 차감하여 과세가액 한도액을 계산하는 구조이므로 과세가액 한도액이 음수가 되어 과세되는 증여세 없음.

2. 2022. 1. 15. 이후

- 특정법인의 거래이익 중 지배주주 지분율에 대한 증여세(0.5억 원)
  [10억 원(법인의 거래이익)×30%]×20% - 0.1억 원
- 과세가액 한도액(△0.07억 원)
  0.5억 원 - [3.8억 원×(10억 원/20억 원)×30%]
- 과세되는 증여세
  직접 증여받은 것으로 보는 증여세 상당액이 특정법인의 거래이익 중 지배주주 지분율에 대한 증여세로 개정되었지만 적용 증여세율(20%)과 적용 법인세율(20%)이 동일한 상황이므로 과세가액 한도액이 음수가 되어 과세되는 증여세 없음.

사례 2 결손법인이 지배주주의 특수관계인으로부터 10억 원을 수증받은 경우

1. 2022. 2. 14. 이전

- 각 사업연도 소득금액: △20억 원
- 산출세액: 0
- 지배주주의 지분율: 30%
- 특정법인의 이익(10억 원) = 10억 원
- 증여의제이익(3억 원) = 10억 원×30%
- 증여의제이익에 대한 증여세(0.5억 원) = (3억 원×20%) - 0.1억 원
- 과세가액 한도액(0.5억 원)
  증여의제이익에 대한 증여세(0.5억 원) - 0
- 과세되는 증여세(0.5억 원)
  결손법인이어서 법인세 상당액이 없으므로 과세가액 한도액은 증여의제이익에 대한 증여세와 동일함.

2. 2022. 2. 15. 이후

특정법인의 거래이익에 지배주주의 지분율은 곱한 금액에 대한 증여세와 증여의제이익에 대한 증여세가 동일하므로 2022. 2. 14. 이전과 동일함.

사례 3 흑자법인이 지배주주의 특수관계인으로부터 50억 원을 수증받은 경우

1. 2022. 2. 14. 이전

- 각 사업연도 소득금액: 60억 원
- 산출세액: 11.6억 원
- 지배주주의 지분율: 30%

• 특정법인의 이익(40.33억 원) = 50억 원 - 11.6억 원×(50억 원/60억 원)
• 증여의제이익(12.1억 원) = 40.33억 원×30%
• 증여의제이익에 대한 증여세(3.24억 원) = (12.1억 원×40%) - 1.6억 원
• 과세가액 한도액(0.34억 원)
증여의제이익에 대한 증여세(3.24억 원) - [11.6억 원×(50억 원/60억 원)×30%]
• 과세되는 증여세: 0.34억 원
⇒ 과세가액 한도액 계산 시 법인세 상당액을 두 번 차감하더라도 증여세 상당액 계산 시 적용 증여세율(40%)이 법인세 상당액 계산 시 적용 법인세율(20%)보다 높으므로 과세가액 한도액이 증여세 납부세액이 됨.

2. 2022. 2. 15. 이후
• 직접 증여받는 경우의 증여세 상당액(1.5억 원)
[(50억 원×30%)×40% - 1.6억 원] - [11.6억 원×(50억 원/60억 원)×30%]
• 과세되는 증여세: 1.5억 원

특정법인과의 거래를 통한 이익의 증여의제 과세요건

○ 특정법인 요건
지배주주등의 직·간접 지분율이 30% 이상인 특정법인에 해당할 것
(외국법인은 해당하지 않음. 서면자본거래-1348, 2022. 5. 24.)

○ 거래요건(자본거래는 과세대상 아님)
• ① 재산 또는 용역을 무상으로 제공받을 것(초과배당 포함)
• ② 채무를 인수·면제·변제받을 것
• ③ 재산 또는 용역을 현저히 낮은 가액으로 양수·제공받을 것
• ④ 재산 또는 용역을 현저히 높은 가액으로 양도·제공할 것
• ⑤ 시가보다 낮은 가액으로 현물출자 받을 것

○ 현저히 높거나 낮은 가액요건
시가(대가)와 대가(시가)와의 차액이 시가의 30% 이상이거나 3억 원 이상일 것
(①, ②를 제외하고는 법인세법 시행령 제89조 시가 준용. 다만, 금전대여거래는 상증법 제41조의4 준용)

○ 특수관계인 요건
특정법인 지배주주 입장에서 일방관계에 따른 상증법상 특수관계인과의 거래일 것

○ 증여재산가액 요건
소급하여 1년 이내 합산한 주주 개인별 증여의제이익이 1억 원 이상일 것
(간접적으로 주식을 보유한 주주도 과세대상, 기획재정부 조세법령운용과-823, 2022. 7. 28.)

○ 증여시기, 시가산정 기준일: 거래일

○ 과세한도액
(특정법인의 거래이익 중 지배주주 지분율에 대한 증여세-특정법인의 거래이익에 대해 특정법인이 부담한 법인세 상당액)

| 특정법인과의 거래를 통한 이익의 증여의제 계산 시 적용 시가 |

구분	준용법률
재산의 무상수증, 채무의 면제·인수·변제, 용역을 무상으로 제공받는 경우[131)	상속세 및 증여세법 제60조 및 제61조 내지 제66조, 상속세 및 증여세법 시행령 제32조
재산 또는 용역을 시가보다 낮은 가액으로 양수·제공받거나 시가보다 높은 가액으로 양도·제공하는 경우	법인세법 시행령 제89조 제1항, 제2항
금전을 무상 또는 시가보다 낮은 이율로 차입하는 경우	상속세 및 증여세법 제41조의4 준용

나. 비특수관계인 간 거래

상속세 및 증여세법상 비특수관계인 간 거래에서 특정법인의 지배주주와 무상으로 자산을 제공한 법인이 특수관계가 성립하는 경우는 가정하기 어렵다.

따라서 상속세 및 증여세법상 비특수관계인 간 거래인 경우에는 수증법인의 지배주주등에게 증여세가 과세되는 문제를 검토할 필요가 없다.

131) 상속세 및 증여세법상 용역의 시가에 대해 규정하고 있는 조항은 상속세 및 증여세법 시행령 제32조가 유일하므로 용역을 무상으로 제공받은 경우에는 상속세 및 증여세법 제32조를 준용하여야 할 것으로 생각되며, 상속세 및 증여세법 시행령 제32조 제3항은 역무를 제공하는 용역의 시가가 불분명한 경우에는 법인세법 시행령 제89조를 준용하도록 하고 있다.

핵심포인트

2015. 12. 31.까지 거래분에 대해 특정법인의 주주등에게 증여세 과세가능 여부

2015. 12. 31.까지는 "특정법인의 주주등이 이익을 얻은 경우"에 특정법인의 주주등에게 증여세를 과세하는 것으로 규정하고 있는바 대법원은 특정법인의 주주등이 이익의 유무와 관계없이 특정법인의 주주등의 이익을 시행령에 규정하는 방식으로 과세하는 것은 무효라고 일관되게 판결하였다.

2015. 12. 15. 법률 제13557호로 "특정법인의 주주등이 대통령령으로 정하는 이익을 얻은 경우"가 삭제되고 특정법인의 주주등의 이익의 계산방식을 본법에 규정하면서 증여의제규정으로 개정됨에 따라 2016. 1. 1. 이후 거래분부터는 기존의 대법원 무효판결과 관계없이 과세가 가능한 것으로 보아야 한다.

대법원 2009. 3. 19. 선고 2006두19693 전원합의체 판결; 대법원 2017. 4. 20. 선고 2015두45700 전원합의체 판결
2010년 개정 전 상증세법 제41조 제1항이 특정법인과 일정한 거래를 통하여 최대주주등이 이익을 얻은 경우에 이를 전제로 그 이익의 계산만을 시행령에 위임하고 있음에도, 2014년 개정 전 상증세법 시행령 제31조 제6항은 특정법인이 얻은 이익을 바로 주주등이 얻은 이익이라고 보고 증여재산가액을 계산하도록 하였다는 등 이유로, 위 시행령 조항이 모법의 규정 취지에 반할 뿐만 아니라 그 위임범위를 벗어난 것으로서 무효임.

대법원 2021. 9. 9. 선고 2019두35695 전원합의체 판결
구 「상속세 및 증여세법 시행령」(2014. 2. 21. 개정되고 2016. 2. 5. 개정되기 전의 것) 제31조 제6항은 특정법인에 재산의 무상제공이 있으면 그 자체로 주주가 이익을 얻은 것으로 간주하여, 주주가 실제로 얻은 이익의 유무나 많고 적음에 상관없이 증여세 납세의무를 부담하도록 정하였으므로, 모법인 구 「상속세 및 증여세법」(2014. 1. 1. 개정되고 2015. 12. 15. 개정되기 전의 것) 제41조 제1항의 규정취지에 반하고 그 위임범위를 벗어나 무효임.

구분	특정법인과의 거래를 통한 이익의 증여 주요개정 법률연혁
2010. 1. 1. 전	상속세 및 증여세법 제41조【특정법인과의 거래를 통한 이익의 증여】 ① 결손금이 있거나 휴업 또는 폐업 중인 법인(이하 이 조에서 "특정법인"이라 한다)의 주주 또는 출자자와 특수관계에 있는 자가 당해 특정법인과 다음 각호의 1에 해당하는 거래를 통하여 **당해 특정법인의 주주 또는 출자자가 이익을 얻은 경우에는** 그 이익에 상당하는 금액을 당해 특정법인의 주주 또는 출자자의 증여재산가액으로 한다. ⇒ 특정법인의 주주등이 얻은 이익에 대해 위임의 근거없이 시행령에 규정

구분	특정법인과의 거래를 통한 이익의 증여 주요개정 법률연혁
2010. 1. 1. 법률 제9916호	상속세 및 증여세법 제41조【특정법인과의 거래를 통한 이익의 증여】 ① 결손금이 있거나 휴업 또는 폐업 중인 법인(이하 이 조에서 "특정법인"이라 한다)의 주주 또는 출자자와 특수관계에 있는 자가 그 특정법인과 다음 각호의 어느 하나에 해당하는 거래를 하여 **그 특정법인의 주주 또는 출자자가 대통령령으로 정하는 이익을 얻은 경우에는** 그 이익에 상당하는 금액을 그 특정법인의 주주 또는 출자자의 증여재산가액으로 한다. ⇒ 특정법인의 주주등이 이익에 대해 시행령에 위임의 근거 마련
이후에도 **"특정법인의 주주 또는 출자자가 대통령령으로 정하는 이익을 얻은 경우에는"**으로 규정하는 방식으로 개정	
2015. 12. 15. 법률 제13557호	상속세 및 증여세법 제45조의5 【특정법인과의 거래를 통한 이익의 증여 의제】 ① 다음 각호의 어느 하나에 해당하는 법인(이하 이 조 및 제68조에서 "특정법인"이라 한다)의 **대통령령으로 정하는 주주등(이하 이 조에서 "특정법인의 주주등"이라 한다)과 대통령령으로 정하는 특수관계에 있는 자가 그 특정법인과 제2항에 따른 거래를 하는 경우에는 그 특정법인의 이익에 특정법인의 주주등의 주식보유비율을 곱하여 계산한 금액**을 그 특정법인의 주주등이 증여받은 것으로 본다. ⇒ "특정법인의 주주등이 대통령령으로 정하는 이익을 얻은 경우"를 삭제하고 주주등의 이익의 계산방식에 대해 본법에 규정하면서 증여의제규정으로 전환
2016. 2. 5. 대통령령 제26960호	상속세 및 증여세법 시행령 제34조의4 【특정법인과의 거래를 통한 이익의 증여 의제】 ④ 법 제45조의5 제1항에서 "특정법인의 이익"이란 제1호의 금액에서 제2호의 금액을 뺀 금액을 말한다. -이하 생략-
2023. 12. 31. 법률 제19932호	상속세 및 증여세법 제45조의5 【특정법인과의 거래를 통한 이익의 증여 의제】 ① 지배주주와 그 친족(이하 이 조에서 "지배주주등"이라 한다)이 직접 또는 간접으로 보유하는 주식보유비율이 100분의 30 이상인 법인(이하 이 조 및 제68조에서 "특정법인"이라 한다)이 지배주주의 특수관계인과 다음 각 호에 따른 거래를 하는 경우에는 거래한 날을 증여일로 하여 그 특정법인의 이익에 특정법인의 지배주주등이 직접 또는 간접으로 보유하는 주식보유비율을 곱하여 계산한 금액을 그 특정법인의 지배주주등이 증여받은 것으로 본다.

특정법인이 이익을 분여받고도 주식평가액이 0 이하인 경우 과세가능 여부

○ 2016. 2. 4. 이전

특정법인의 지배주주등에게 과세불가능

【부산고등법원 2015누21384, 2016. 10. 7.】
법인에 대한 채무면제행위 이후 주주의 주식 가액이 0원인 경우에도 장래 주식가치가 증가될 가능성이 높다는 이유만으로 채무면제 등의 거래행위 당시 주주가 이익을 얻은 것으로 볼 수 없으며, 법인과 주주의 법인격이 구별되는 법체계에서 법인의 이익이 바로 주주의 이익으로 간주될 수 없음.

○ 2016. 2. 5. 이후

특정법인의 지배주주등에게 과세가능

【조심2021부1909, 2021. 6. 16.】
청구인은 쟁점관계회사가 쟁점법인으로부터 받은 용선료만으로 제반경비를 보전할 수 없어 자본금의 절반 이상이 잠식된 채 선박을 매각하고 사실상 폐업상태에 있음에도 청구인이 쟁점법인으로부터 이익을 증여받았다고 보아 증여세를 과세한 것은 부당하다고 주장하나, 상증세법 제45조의5에서 지배주주와 그 친족의 주식보유 비율이 100분의 50 이상인 특정법인의 지배주주등과 특수관계에 있는 법인이 그 특정법인에게 재산이나 용역을 무상으로 제공하거나 시가보다 현저히 낮은 대가로 제공하는 경우 그 특정법인의 이익에 특정법인의 주주등의 주식보유비율을 곱하여 계산한 금액을 그 특정법인의 주주등이 증여받은 것으로 본다고 규정하고 있는바, 처분청에서 쟁점법인과 쟁점관계회사 간의 쟁점선급금 거래로 상증세법 제45조의5에 따라 쟁점관계회사 지분 80%를 보유 중인 청구인이 쟁점법인으로부터 그 이자 상당액의 이익을 증여받은 것으로 보아 청구인에게 증여세를 부과한 이 건 처분에는 달리 잘못이 없는 것으로 판단됨.

구분		법인으로부터 수증받은 수증법인의 과세문제
법인세	특수 (내국)	• 내국법인 〈익금산입〉 자산수증이익 10억 원(시가)(유보)(법령 §11 5호, 법령 §72②7호) (이월결손금 보전에 충당한 경우 제외)(법법 §18 6호) • 외국법인(자산수증이익이 국내사업장에 귀속 ×) 국내원천 기타소득 ⇒ 취득당시 시가의 20% 원천징수세액 부담
		(예외) 조특령 §34⑥에 해당하는 경우 ⇒ 재무구조개선목적으로 수증받은 경우 －수증받은 후 3개연도 동안 익금산입 × －다음 3개 사업연도 동안 균분한 금액 이상 익금산입(조특법 §40①)
	비특수	• 내국법인 〈익금산입〉 자산수증이익 10억 원(유보) (이월결손금 보전에 충당한 경우 제외) • 외국법인 국내 원천기타소득 ⇒ 취득당시 시가의 20% 원천징수세액 부담
증여세	영리	증여세 납세의무 없음.
	비영리	수증받은 자산의 시가에 대해 증여세 과세(상증법 §4조의2①) (예외) 상증법 제12조에 해당하는 공익법인등이 수증받은 경우
주주 증여세	특수	• 특정법인과의 거래를 통한 이익의 증여 증여세 ① 수증법인이 지배주주등의 직·간접 지분율이 30% 이상인 특정법인 ② 지배주주의 특수관계인으로부터 자산수증 ③ 지배주주등 개인별 증여의제이익이 1억 원 이상: 증여세 과세 (상증법 §45조의5)
	비특수	과세문제 없음.

Ⅱ 법인과 개인 간의 거래

A와 B가 법인과 개인인 경우에는 특수관계인 간 거래와 비특수관계인 간 거래에 따라 다음과 같이 과세문제가 달라진다.

1. 증여법인의 법인세

가. 특수관계인 간 거래

(1) 부당행위계산부인

법인이 법인세법 시행령 제2조 제8항에 해당하는 특수관계 있는 개인에게 자산을 무상으로 증여한 경우에는 법인세법상 부당행위계산부인 대상거래에 해당하므로 시가 10억 원을 익금산입하여야 한다(법령 §88①3호).[132)]

이 경우 국내에 있는 자산을 비거주자에게 증여한 내국법인은 국제조세조정에 관한 법률을 적용하지 않고 법인세법상 부당행위계산부인을 적용하여야 한다(국조법 §4②단서, 국조령 §4 1호).[133)]

(2) 소득처분

가) 상여

특수관계 있는 개인이 임원 · 직원, 출자자인 임원 · 직원인 경우에는 상여로 소득처분하며, 소득처분된 인정상여는 거래가 발생한 연도를 귀속연도로 하여 임원 · 직원의 근로소득이 된다.

따라서 법인은 임원 · 직원의 거래발생연도 연말정산 근로소득과 합산한 세액을 원천징수 · 납부하여야 한다.

나) 배당

특수관계 있는 개인이 임직원이 아닌 주주인 경우에는 배당으로 소득처분하며 소득처분된 인정배당은 소득처분하는 연도를 귀속연도로 하여 주주의 배당소득이 된다.

따라서 법인은 인정배당액에 대한 14%(지방소득세 1.4% 별도)를 원천징수하여 납부하여야 한다.

다) 개인사업을 영위하는 개인

특수관계 있는 개인이 사업을 영위하는 개인으로서 부당행위계산부인 대상금액이 사업소득을 구성하는 경우에는 귀속자가 법인인 경우와 마찬가지로 기타사외유출로 소득처분하며 법인의 원천징수의무는 없다.

라) 기타소득

특수관계 있는 개인이 임직원, 출자임직원, 주주, 사업을 영위하는 개인이 아닌 경우에는 기타소득으로 처분하며 소득처분된 인정기타소득은 소득처분하는 연도를 귀속연도로 하여

---

132) 일방관계에 의해 판단 시에는 법인세법 시행령 제2조 제8항 제1호부터 제3호에 의해서만 법인과 개인 간에 특수관계가 성립하지만 쌍방관계에 의해 판단 시에는 제4호부터 제6호에 의해서도 법인과 개인 간에 특수관계가 성립할 수 있다.

133) 이 경우 소득처분은 소득처분된 금액이 비거주자의 국내사업장의 사업소득을 구성하는 경우에는 기타사외유출로 처분하고 그 외의 경우에는 기타소득으로 처분한다(법령 §106①1호다목).

귀속자의 기타소득이 된다.

법인은 필요경비를 공제하지 않은 인정기타소득에 대해 20%(지방소득세 2% 별도)를 원천징수하여 납부하여야 한다.

(3) 지급시기

인정상여, 인정배당, 인정기타소득에 대한 지급시기는 법인세 과세표준을 신고하는 경우에는 신고일 또는 수정신고일, 법인세 과세표준이 경정되는 경우에는 소득금액 변동통지서를 받은 날로 한다(소법 §131②, 소법 §135④, 소법 §145조의2).

(4) 원천징수 · 납부시기

인정상여, 인정배당, 인정기타소득에 대한 원천징수 및 납부기한은 지급시기의 익월 10일까지이다.

〈법인의 회계처리〉
D) 자산처분손실(또는 기부금) 5억 원　　C) 자산 5억 원

〈세무조정〉
익금산입 부당행위계산부인 10억 원(상여, 배당, 기타소득, 기타사외유출)

특수관계 있는 개인에 대한 소득처분과 원천징수

○ 인정상여
- 대상자 – 임원, 직원, 출자임직원
- 귀속시기 – 거래발생연도
- 지급시기
  - 법인세 과세표준을 신고하는 경우: 신고일 또는 수정신고일
  - 법인세 과세표준을 경정하는 경우: 소득금액변동통지서를 받은 날
- 원천징수
  - 거래발생연도 연말정산 근로소득과 합산하여 세액계산 후 지급시기 익월 10일까지 원천세 신고 · 납부

○ 인정배당
- 대상자 – 주주
- 귀속시기 – 소득처분하는 사업연도

- 지급시기
  - 법인세 과세표준을 신고하는 경우: 신고일 또는 수정신고일
  - 법인세 과세표준을 경정하는 경우: 소득금액변동통지서를 받은 날
- 원천징수
  - 합산대상 없이 동 인정배당에 대해서만 지급시기 익월 10일까지 14%(지방소득세 1.4% 별도)를 원천징수하여 신고・납부

○ 개인사업을 영위하는 개인
- 대상자
  - 개인사업을 영위하는 개인으로서 부당행위계산부인 대상금액에 대해 사업소득으로 소득세가 과세되는 자
- 귀속시기
  - 거래 발생연도의 사업소득으로 과세

○ 인정 기타소득
- 대상자 – 임직원・출자임직원・주주・개인사업을 영위하는 자로서 사업소득으로 과세된 자 외의 자
- 귀속시기 – 소득처분하는 사업연도
- 지급시기
  - 법인세 과세표준을 신고하는 경우: 신고일 또는 수정신고일
  - 법인세 과세표준을 경정하는 경우: 소득금액변동통지서를 받은 날
- 원천징수
  - 필요경비 제외하지 않은 금액을 기준으로 지급시기 익월 10일까지 20%(지방소득세 2% 별도)를 원천징수하여 신고・납부

나. 비특수관계인 간 거래

(1) 업무와 관련 없는 경우

내국법인이 법인의 업무와 관련 없이 무상으로 증여하는 자산은 기부금에 해당하므로 공익단체 등이 아닌 개인에게 증여한 경우에는 장부가액과 시가 중 큰 금액을 손금불산입하여야 한다(법법 §24, 법령 §36①3호).

〈법인의 회계처리〉
D) 기부금 5억 원　　　　　　　　　　C) 자산 5억 원

〈세무조정〉
손금불산입 비지정기부금 10억 원(기타사외유출)

(2) 업무와 관련 있는 경우

거래상대방이 업무와 관련이 있는 자로서 업무를 원활하게 진행하기 위하여 무상으로 자산을 증여한 경우에는 기업업무추진비에 해당한다.

따라서 무상으로 증여한 자산의 시가와 장부가액 중 큰 금액인 10억 원을 기업업무추진비로 보아 기업업무추진비 시부인 계산하여야 한다(법령 §42⑥, 법령 §36①3호).

2. 증여법인의 부가가치세

가. 특수관계인 간 거래

법인이 법인세법 시행령 제2조 제8항에 해당하는 특수관계 있는 개인에게 무상으로 재화를 공급한 경우에는 시가 10억 원을 공급가액으로 하여 부가가치세가 과세된다(부법 §29④).

나. 비특수관계인 간 거래

법인이 특수관계 없는 개인에게 무상으로 재화를 공급한 경우에는 사업상 증여에 해당하며 재화의 공급으로 본다(부법 §10⑤).

따라서 공급한 재화의 시가인 10억 원을 공급가액으로 하여 부가가치세가 과세되며 수증자로부터 거래징수하지 않고 증여법인이 부담한 해당 부가가치세는 사업상 증여의 실질에 따라 기부금 또는 접대비로 처리하여야 한다.

구분		개인에게 증여한 증여법인의 과세문제
법인세	특수 (법령 §2⑤)	〈익금산입〉 부당행위계산부인 10억 원(배당, 상여, 기타, 기타사외유출) (법법 §52, 법령 §88①3호) • 수증자가 비거주자인 경우 – 법인세법상 부당행위계산부인 적용

<table>
<tr><th colspan="2">구분</th><th colspan="2">개인에게 증여한 증여법인의 과세문제</th></tr>
<tr><td rowspan="2">법인세</td><td rowspan="2">비특수</td><td>업무무관 – 기부금</td><td>〈손금불산입〉
비지정기부금 10억 원(기사)
(법법 §24, 법령 §36①3호)</td></tr>
<tr><td>업무관련 – 기업업무추진비</td><td>기업업무추진비 시부인 계산
(법령 §42⑥, 법령 §36①3호)</td></tr>
<tr><td rowspan="2">부가가치세</td><td>특수
(법령 §2⑤)</td><td>시가를 공급가액으로 부가가치세 과세
(부법 §29④)</td><td rowspan="2">※ 부담한 부가가치세: 기부금 또는 접대비</td></tr>
<tr><td>비특수</td><td>사업상 증여(공급가액: 시가)
(부법 §10⑤, §29②4호)</td></tr>
</table>

3. 수증받은 개인의 소득세

가. 특수관계인 간 거래

수증받은 자가 개인사업을 영위하는 자로서 국세기본법 시행령 제1조의2 제2항, 제3항 제1호에 해당하는 특수관계 있는 법인으로부터 사업용 자산을 무상으로 수증받은 경우에는 수증받은 자산의 가액을 총수입금액에 산입하여야 한다(소령 §51③4호).

총수입금액에 산입하는 가액은 제조・생산・판매하는 물품을 수증받은 경우에는 제조업자・생산업자・판매업자의 판매가액, 그 외 물품을 수증받은 경우에는 해당 물품의 시가로 한다(소령 §51⑤1호).

다만, 자산수증이익(국고보조금등 국가등으로부터 무상으로 지급받은 금액 제외)을 이월결손금 보전에 충당한 경우에는 총수입금액에 산입하지 않는다(소법 §26②).

소득세법 시행령 제51조 【총수입금액의 계산】

③ 사업소득에 대한 총수입금액의 계산은 다음 각호에 따라 계산한다.

4. 사업과 관련하여 무상으로 받은 자산의 가액과 채무의 면제 또는 소멸로 인하여 발생하는 부채의 감소액은 총수입금액에 이를 산입한다. 다만, 법 제26조 제2항의 경우에는 그러하지 아니하다.

⑤ 법 제24조 제2항을 적용함에 있어서 금전 외의 것에 대한 수입금액의 계산은 다음 각호에 의한다.

1. 제조업자・생산업자 또는 판매업자로부터 그 제조・생산 또는 판매하는 물품을 인도받은 때에는 그 제조업자・생산업자 또는 판매업자의 판매가액

2. 제조업자 · 생산업자 또는 판매업자가 아닌 자로부터 물품을 인도받은 때에는 시가

소득세법 제26조 【총수입금액 불산입】

② 거주자가 무상(無償)으로 받은 자산의 가액(제160조에 따른 복식부기의무자가 제32조에 따른 국고보조금등 국가, 지방자치단체 또는 공공기관으로부터 무상으로 지급받은 대통령령으로 정하는 금액은 제외한다)과 채무의 면제 또는 소멸로 인한 부채의 감소액 중 제45조 제3항에 따른 이월결손금의 보전(補塡)에 충당된 금액은 해당 과세기간의 소득금액을 계산할 때 총수입금액에 산입하지 아니한다.

나. 비특수관계인 간 거래

(1) 거주자인 경우

소득세법상 자산수증이익을 총수입금액에 산입하는 것은 특수관계 여부와 관계없이 동일하므로 수증받은 자산의 시가인 10억 원을 총수입금액에 산입하여야 한다.

(2) 비거주자인 경우

외국법인의 경우 국내에 있는 자산을 무상으로 수증받아 발생하는 소득으로서 국내사업장과 관련 없는 소득은 국내원천 기타소득에 해당한다.

반면 비거주자의 경우 국내에 있는 재산을 무상으로 수증받은 경우에는 증여세가 과세되므로 비거주자의 국내원천소득에 대해 규정하고 있는 소득세법 제119조는 비거주자가 국내에 있는 재산을 수증받은 경우를 국내원천 기타소득 과세대상으로 규정하지 않고 있다.[134)]

4. 수증받은 개인의 증여세

가. 특수관계인 간 거래

(1) 거주자인 경우

가) 소득세가 과세된 경우

개인이 상속세 및 증여세법 시행령 제2조의2 제2호부터 제8호까지에 해당하는 특수관계 있는 법인으로부터 재산을 무상으로 수증받은 경우로서 증여법인이 부당행위계산부인을 적용하는 경우에는 익금산입함과 동시에 소득처분하여 특수관계 있는 개인에게 소득세가

134) 다만, 국내에 있는 자산을 비거주자에게 증여한 내국법인은 국제조세조정에 관한 법률을 적용하지 않고 법인세법상 부당행위계산부인을 적용하여야 한다(국조법 §4②단서, 국조령 §4).

과세된다.[135)]

이처럼 법인이 부당행위계산부인 시 소득처분하여 소득세가 과세되거나 사업을 영위하는 개인이 사업용 자산을 수증받아 총수입금액에 산입하여 소득세가 과세된 경우에는 증여세가 과세되지 않는다(상증법 §4조의2③).

이 경우 증여재산에 대하여 소득세, 법인세가 과세된 경우에는 증여세가 과세되지 않는 경우의 증여재산은 상속세 및 증여세법 제4조의2 제1항에 해당하는 증여재산으로 상속세 및 증여세법 제4조의2 제1항에 해당하는 증여재산은 수증자가 거주자인 경우와 비거주자인 경우에 따라 과세대상이 달라지는 직접적인 재산의 무상이전 대상이 되는 증여재산(민법상 증여에 해당하는 재산)을 의미하는 것으로 거래를 통해 간접적으로 발생한 증여이익은 해당하지 않는다.

따라서 증여재산이 사업소득, 기타소득으로 과세되는 경우에 증여세가 과세되지 않는 경우는 증여재산가액 전체액에 대해 소득세가 과세되는 자산수증이익, 사례금, 알선금으로 과세되는 경우만 해당하며 재산, 용역, 금전등을 저가로 제공받거나 자산 또는 용역을 고가로 제공함으로써 증가한 소득금액에 대해 소득세가 과세된 경우등에 대해서는 증여세가 과세되는 점을 주의하여야 한다.

상속세 및 증여세법 제4조의2 【증여세 납부의무】

① 수증자는 다음 각 호의 구분에 따른 증여재산에 대하여 증여세를 납부할 의무가 있다.

1. 수증자가 거주자(본전이나 주된 사무소의 소재지가 국내에 있는 비영리법인을 포함한다. 이하 이항에서 같다)인 경우: 제4조에 따라 증여세 과세대상이 되는 모든 증여재산
2. 수증자가 비거주자(본점이나 주된 사무소의 소재지가 외국에 있는 비영리법인을 포함한다. 이하 제6항과 제6조 제2항 및 제3항에서 같다)인 경우: 제4조에 따라 증여세 과세대상이 되는 국내에 있는 모든 증여재산

③ 제1항의 증여재산에 대하여 수증자에게 「소득세법」에 따른 소득세 또는 「법인세법」에 따른 법인세가 부과되는 경우에는 증여세를 부과하지 아니한다. 소득세 또는 법인세가 「소득세법」, 「법인세법」 또는 다른 법률에 따라 비과세되거나 감면되는 경우에도 또한 같다.

135) 개인과 영리법인과의 특수관계는 상속세 및 증여세법 시행령 제2조의2 제1항 제2호, 제3호, 제6호, 제7호에 의해 성립하고 개인과 비영리법인과의 특수관계는 상속세 및 증여세법 시행령 제2조의2 제1항 제2호, 제4호, 제5호, 제8호에 의해 성립한다.

소득세가 과세된 경우 증여세 과세

○ 대상재산(상증법 §4조의2①)
직접적으로 재산을 무상으로 이전하는 민법상 증여에 해당하는 재산

○ 소득세가 과세된 경우로서 증여세가 과세되지 않는 경우
: 증여재산가액 전체에 대해 직접적으로 소득세가 과세된 경우
① 증여재산 전체가액이 자산수증이익으로 소득세, 법인세가 과세된 경우
② 사례금등 기타소득금액 전액에 대해 소득세가 과세된 경우
③ 법인세법상 부당행위계산부인이 적용되어 소득세가 과세된 경우

○ 소득세가 과세된 경우로서 증여세가 과세된 경우
: 간접적으로 소득금액이 증가하는 경우
⇒ 재산, 용역의 고가제공 또는 저가로 제공받는 경우

나) 소득세가 과세되지 않은 경우

상속세 및 증여세법상으로는 10억 원으로 평가되나 법인세법상으로는 재산에 대한 평가액이 없는 등의 사유로 부당행위계산부인이 적용되지 않거나 사업을 영위하는 개인이 아닌 자가 자산을 수증받은 경우로서 소득세가 과세되지 않은 경우에는 상속세 및 증여세법 제60조를 준용한 가액을 증여재산가액으로 하여 증여세가 과세된다.

개인이 특수관계 있는 법인으로부터 무상으로 증여받는 경우(법인세법 우선 적용)

• 부당행위계산부인 적용: 소득처분에 대한 소득세 부담
→ 증여세 과세 안함.
• 사업용 자산을 수증받아 총수입금액 산입
→ 증여세 과세 안함.
• 부당행위계산부인 미적용 또는 비사업자
→ 증여세 과세

(2) 비거주자인 경우

비거주자가 국내에 있는 재산을 무상으로 수증받은 경우에는 특수관계 성립 여부와 관계없이 무상으로 받은 재산의 시가를 증여재산가액으로 하여 증여세가 과세된다(상증법 §4조의2①2호).

이 경우 수증자가 비거주자인 경우에는 과세권 확보를 위하여 증여자에게 연대납세의무를 부여하고 있다(상증법 §4조의2⑥).[136] 따라서 비거주자인 자녀에게 국내에 있는 재산을 증여하면서 부모가 증여세를 부담하는 경우에도 부모가 대납한 증여세에 대해 증여세가 과세되지 않는다(vs 거주자의 경우 부모가 대납한 증여세에 대해 증여세 과세).

상속세 및 증여세법 제4조의2 【증여세 납부의무】

⑥ 증여자는 다음 각호의 어느 하나에 해당하는 경우에는 수증자가 납부할 증여세를 연대하여 납부할 의무가 있다. 다만, 제4조 제1항 제2호 및 제3호, 제35조부터 제39조까지, 제39조의2, 제39조의3, 제40조, 제41조의2부터 제41조의5까지, 제42조, 제42조의2, 제42조의3, 제45조, 제45조의3부터 제45조의5까지 및 제48조(출연자가 해당 공익법인의 운영에 책임이 없는 경우로서 대통령령으로 정하는 경우만 해당한다)에 해당하는 경우는 제외한다.

1. 수증자의 주소나 거소가 분명하지 아니한 경우로서 증여세에 대한 조세채권(租稅債權)을 확보하기 곤란한 경우
2. 수증자가 증여세를 납부할 능력이 없다고 인정되는 경우로서 강제징수를 하여도 증여세에 대한 조세채권을 확보하기 곤란한 경우
3. 수증자가 비거주자인 경우
4. (삭제, 2018. 12. 31.)

⑦ 세무서장은 제6항에 따라 증여자에게 증여세를 납부하게 할 때에는 그 사유를 알려야 한다.

나. 비특수관계인 간 거래

특수관계 없는 법인으로부터 재산을 수증받는 경우에는 사업을 영위하는 개인이 사업용 자산을 수증받아 총수입금액에 산입하여 소득세가 과세된 경우를 제외하고는 수증받은 자산의 시가를 증여재산가액으로 하여 증여세가 과세된다.

비거주자가 국내에 있는 재산을 수증받은 경우에도 수증받은 자산의 시가를 증여재산가액으로 하여 증여세가 과세된다.

136) 비거주자가 국내에 있는 재산을 무상으로 수증받는 경우에는 증여세가 과세되므로 비거주자의 국내원천소득을 규정하고 있는 소득세법 제119조는 자산을 무상으로 이전받는 것은 국내원천 기타소득으로 규정하지 않고 있다.

구분		법인으로부터 수증받은 개인의 과세문제
소득세	거주자 (사업소득)	〈총수입금액산입〉 자산수증이익 10억 원(유보) (소령 §51③4호, 소령 §51⑤1호) (이월결손금 보전에 충당한 경우 제외)(소법 §26②)
	비거주자	• 국내원천소득 아님.
증여세	특수(거주) (법령 §2⑤)	• 소득처분으로 소득세 과세 또는 사업소득으로 과세된 경우 -증여세 과세 안됨(상증법 §4조의2③).
	특수(비거주)	• 국내에 있는 재산을 증여받은 경우-증여세 과세(상증법 §4조의2①2호) • 증여자에게 연대납세의무 부여(상증법 §4조의2⑥)
	비특수	• 사업소득으로 과세된 경우를 제외하고 증여세 과세

Ⅲ 개인과 법인 간의 거래

A와 B가 개인과 법인인 경우에는 특수관계인 간 거래와 비특수관계인 간 거래에 따라 다음과 같이 과세문제가 달라진다.

1. 증여한 개인의 소득세

가. 사업소득, 기타소득

(1) 특수관계인 간 거래

가) 사업소득

① 수증법인이 내국법인인 경우

증여한 개인이 사업을 영위하는 자로서 사업용 자산을 국세기본법 시행령 제1조의2 제2항, 제3항 제1호에 해당하는 특수관계 있는 법인에게 무상으로 제공한 경우에는 소득세법상 부당행위계산부인 대상거래에 해당하므로 무상으로 증여한 자산의 시가인 10억 원을 총수입금액에 산입하여야 한다(소법 §41, 소령 §98②2호).

이 경우 특수관계 해당 여부는 국세기본법 시행령 제1조의2 제2항, 제3항 제1호를 준용하여 판단한다.

소득세법상 사업소득 부당행위계산부인 적용요건

○ 거래요건
- 특수관계인 간의 거래일 것(국세기본법 시행령 제1조의2 준용)
- 조세의 부담을 부당하게 감소시킬 것
- 시가와 거래가액 차액 요건: 시가의 5% 이상 또는 3억 원 이상
  (무수익자산을 매입하여 비용부담한 경우는 제외)

○ 특수관계, 시가의 적정성 여부 판단
- 거래 당시(매매계약 체결일)를 기준으로 판단

○ 시가산정
법인세법 시행령 제89조 준용

소득세법 제41조 【부당행위계산】

① 납세지 관할 세무서장 또는 지방국세청장은 배당소득(제17조 제1항 제8호에 따른 배당소득만 해당한다), 사업소득 또는 기타소득이 있는 거주자의 행위 또는 계산이 그 거주자와 특수관계인과의 거래로 인하여 그 소득에 대한 조세 부담을 부당하게 감소시킨 것으로 인정되는 경우에는 그 거주자의 행위 또는 계산과 관계없이 해당 과세기간의 소득금액을 계산할 수 있다.

② 제1항에 따른 특수관계인의 범위와 그 밖에 부당행위계산에 관하여 필요한 사항은 대통령령으로 정한다.

소득세법 시행령 제98조 【부당행위계산의 부인】

① 법 제41조 및 제101조에서 "특수관계인"이란 「국세기본법 시행령」 제1조의2 제1항, 제2항 및 같은 조 제3항 제1호에 따른 특수관계인을 말한다.

② 법 제41조에서 조세 부담을 부당하게 감소시킨 것으로 인정되는 경우는 다음 각호의 어느 하나에 해당하는 경우로 한다. 다만, 제1호부터 제3호까지 및 제5호(제1호부터 제3호까지에 준하는 행위만 해당한다)는 시가와 거래가액의 차액이 3억 원 이상이거나 시가의 100분의 5에 상당하는 금액 이상인 경우만 해당한다.

2. 특수관계인에게 금전이나 그 밖의 자산 또는 용역을 무상 또는 낮은 이율 등으로 대부하거나 제공한 경우. 다만, 직계존비속에게 무상으로 사용하게 하고 직계존비속이 그 주택에 실제 거주하는 경우는 제외한다.

소득세법 기본통칙 41-0…2 【부당행위계산의 대상이 되는 거래의 범위】

법 제41조의 규정은 행위시 당해 거주자와 영 제98조 제1항에서 규정하는 특수관계 있는

자와의 거래에 한하여 적용하는 것으로 한다. 따라서 특수관계가 소멸된 후에 발생한 거래에 대하여는 이를 적용하지 아니한다.

② 수증법인이 외국법인인 경우

수증받은 법인이 외국법인인 경우 자산을 증여한 개인사업자는 국제조세조정에 관한 법률을 적용하지 않고 소득세법 제41조의 부당행위계산부인을 적용하여 자산의 시가를 총수입금액에 산입하여야 한다(국조법 §4②단서, 국조령 §4 1호).

이 경우 자산을 수증받은 외국법인은 특수관계인 간 거래 여부를 불문하고 국내원천 기타소득에 해당하므로 자산을 증여하는 자는 취득당시 시가의 20%를 원천징수하여 납부하여야 한다(법법 §93 10호다목, 법법 §98①8호, 법령 §137⑩).

나) 기타소득

소득세법상 부당행위계산부인은 기타소득에 대해서도 적용하므로 개인이 소득세법 제21조의 기타소득 과세대상자산인 광업권 · 어업권 · 양식업권 · 산업재산권 · 산업정보, 산업상 비밀, 상표권 · 영업권 등의 권리, 라디오 · 텔레비전방송용 테이프 또는 필름, 서화 · 골동품 등을 무상으로 증여한 경우에는 기타소득에 대한 부당행위계산부인이 적용되어 증여한 자산의 시가를 총수입금액으로 하여 기타소득세가 과세된다.

(2) 비특수관계인 간 거래

가) 업무와 관련 없는 경우

증여한 개인이 개인사업을 영위하는 자로서 사업용 자산을 업무와 관련 없이 특수관계 없는 법인에게 증여한 경우에는 기부금에 해당한다(소법 §34).

따라서 자산을 수증받은 법인이 10%, 50% 한도 기부금 공익법인등이 아닌 경우에는 자산의 시가(시가가 장부가액 보다 낮은 경우에는 장부가액)인 10억 원을 필요경비불산입하여야 한다(소령 §81).[137)]

나) 업무와 관련 있는 경우

증여한 개인이 개인사업을 영위하는 자로서 업무와 관련이 있는 자에게 업무를 원활하게 진행하기 목적으로 무상으로 증여한 자산은 기업업무추진비에 해당하므로 해당 자산의 시가(시가가 장부가액보다 낮은 경우에는 장부가액)를 기업업무추진비로 보아 시부인 계산

137) 기타소득자인 경우는 과세문제가 발생하지 않는다.

하여야 한다(소법 §35①, 소령 §81③).[138]

> **소득세법 제35조 【기업업무추진비의 필요경비 불산입】**
> ① 이 조에서 "기업업무추진비"란 접대, 교제, 사례 또는 그 밖에 어떠한 명목이든 상관없이 이와 유사한 목적으로 지출한 비용으로서 사업자가 직접적 또는 간접적으로 업무와 관련이 있는 자와 업무를 원활하게 진행하기 위하여 지출한 금액(사업자가 종업원이 조직한 조합 또는 단체에 지출한 복지시설비 중 대통령령으로 정하는 것을 포함한다)을 말한다.

나. 양도소득

(1) 특수관계인 간 거래

증여한 개인이 사업자가 아닌 경우로서 양도소득세 과세대상자산을 국세기본법 시행령 제1조의2 제2항, 제3항 제1호에 해당하는 특수관계 있는 법인에게 시가보다 저가로 양도한 경우에는 양도소득세 부당행위계산부인 대상거래에 해당한다.

이 경우 소득세법상 양도란 유상으로 이전한 것만이 해당하므로 무상으로 제공한 것은 소득세법상 양도에 해당하지 않아 양도소득세 부당행위계산부인 대상거래에 해당하지 않는다.

따라서 개인이 특수관계 있는 법인에게 무상으로 자산을 제공한 경우에는 해당 자산이 양도소득세 과세대상자산인 경우에도 수증받은 법인에게만 과세문제가 발생할 뿐 무상으로 제공한 개인은 과세문제가 없다.

> **소득세법 제88조 【정의】**
> 이 장에서 사용하는 용어의 뜻은 다음과 같다.
> 1. "양도"란 자산에 대한 등기 또는 등록과 관계없이 매도, 교환, 법인에 대한 현물출자 등을 통하여 그 자산을 유상(有償)으로 사실상 이전하는 것을 말한다.

(2) 비특수관계인 간 거래

양도소득세 과세대상자산을 특수관계 없는 법인에게 무상으로 제공한 경우에는 양도에 해당하지 않으므로 양도소득세 과세문제가 없다.

---

138) 기타소득자인 경우는 과세문제가 발생하지 않는다.

2. 증여한 개인의 부가가치세

가. 특수관계인 간 거래

증여한 개인이 과세사업을 영위하는 일반과세자인 경우로서 국세기본법 시행령 제1조의2 제2항, 제3항 제1호에 해당하는 특수관계 있는 법인에게 무상으로 재화를 제공한 경우에는 재화의 시가인 10억 원을 공급가액으로 하여 부가가치세가 과세된다(부법 §29④, 부법 §29③4호).

이 경우 개인사업자의 법인과의 부가가치세법상 특수관계 해당 여부는 국세기본법 시행령 제1조의2 제1항, 제2항, 제3항 제1호를 준용하여 판단한다.

나. 비특수관계인 간 거래

증여한 개인이 과세사업을 영위하는 일반과세자인 경우로서 특수관계 없는 법인에게 무상으로 재화를 공급한 경우에는 재화의 공급으로 보므로 시가 10억 원을 공급가액으로 하여 부가가치세가 과세된다(부법 §10⑤, 부법 §29③4호).

구분			법인에게 무상으로 자산을 증여한 개인의 과세문제
소득세	특수	사업소득	〈총수입금액산입〉 부당행위계산부인 10억 원(기타 · 기사) (소법 §41, 소령 §98②2호) • 수증자가 외국법인인 경우 - 국조법 적용하지 않고 소득세법상 부당행위계산부인 적용, 20% 원천징수의무 발생(국조법 §4②단서, 국조령 §4 1호, 법법 §93 10호다목, 법법 §98①8호, 법령 §137⑩)
		기타소득	시가 10억 원을 기준으로 기타소득 과세
		양도소득	양도가 아니므로 과세문제 없음(소법 §88).
	비특수 (사업)	업무무관	〈필요경비불산입〉 비지정기부금 10억 원(시가)(기타 · 기사) (소법 §34, 소령 §81)
		업무관련	기업업무추진비 시부인 계산(소법 §35①, 소령 §81③)
부가가치세	특수	시가를 공급가액으로 부가가치세 과세(부법 §29④) ※ 부담한 부가세 - 기부금, 기업업무추진비로 처리	
	비특수	사업상 증여(공급가액 ⇒ 시가)(부법 §10⑤, §29②4호)	

3. 수증법인의 법인세

가. 특수관계인 간 거래

(1) 자산수증이익 익금산입

법인이 법인세법 시행령 제2조 제8항에 해당하는 특수관계 있는 개인으로부터 자산을 수증받은 경우에는 이월결손금 보전에 충당한 경우(국고보조금 제외)를 제외하고는 익금에 해당하므로 수증받은 자산의 시가를 자산수증이익으로 익금산입하여야 한다(법령 §11 5호).

이 경우 자산을 수증받은 법인이 외국법인인 경우로서 국내사업장관 관련없이 자산을 수증받은 경우에는 국내원천 기타소득에 해당하므로 자산을 증여한 개인은 취득당시 시가의 20%를 원천징수하여 납부하여야 한다(법법 §93 10호다목, 법법 §98①8호, 법령 §137⑩).

(2) 특수관계인으로부터 받은 자산수증이익 과세이연 특례

증여한 개인이 법인의 주주로서 재무구조개선계획(조특령 34⑥)에 따라 자산을 증여한 경우로서 조세특례제한법 제40조 제1항 제1호, 제2호의 요건을 충족한 경우에는 증여받은 자산가액에서 이월결손금을 차감한 금액을 증여받은 날이 속하는 사업연도의 종료일 이후 3개 사업연도까지는 익금에 산입하지 아니하고 그 다음 3개 사업연도의 기간 동안 균분한 금액 이상을 익금산입하여야 한다(조특법 §40①).

나. 비특수관계인 간 거래

특수관계 없는 개인으로부터 자산을 수증받은 경우에도 특수관계인 간 거래와 동일하게 수증받은 자산의 시가를 익금산입하여야 한다.

4. 수증법인의 증여세

가. 영리법인

(1) 특수관계인 간 거래

영리법인은 자산수증이익에 대해 법인세가 과세되며 증여세는 과세되지 않는다.

(2) 비특수관계인 간 거래

영리법인의 증여세 납부의무면제는 특수관계 여부와 관계없이 동일하다.

나. 비영리법인

(1) 특수관계인 간 거래

상속세 및 증여세법 시행령 제12조에서 규정하고 있는 공익법인이 아닌 한 비영리법인은 증여세 납세의무가 있으므로 수증받은 재산의 상속세 및 증여세법상 시가를 증여재산가액으로 하여 증여세가 과세된다.

(2) 비특수관계인 간 거래

재산을 무상으로 수증받은 경우 비영리법인의 증여세 납부의무는 거래상대방과의 특수관계 여부와 관계없이 동일하다.

5. 수증법인 주주의 증여세

가. 특수관계인 간 거래

수증법인이 지배주주등의 직·간접 보유비율이 30% 이상인 특정법인에 해당하고 특정법인의 지배주주와 상속세 및 증여세법 시행령 제2조의2 제1항 제1호부터 제3호까지에 해당하는 특수관계 있는 개인이 특정법인에게 재산을 무상으로 증여한 경우로서 지배주주등이 얻은 증여의제이익이 1억 원 이상인 경우에는 수증법인의 지배주주등에게 증여세가 과세된다(상증법 §45조의5).[139]

○ 특정법인의 이익
수증받은 재산의 시가 10억 원−(법인세 × 10억 원 / 각 사업연도 소득)
* 법인세: 산출세액(토지 등 양도차익에 대한 법인세 제외)−공제·감면세액

○ 증여의제이익
특정법인의 이익 × 지배주주등의 지분율 ≥ 1억 원
⇒ 증여세 과세

○ 증여세 과세가액 한도액(2022. 2. 15. 이후)
= (특정법인의 거래이익 × 지분율 × 증여세율)−법인세 상당액

○ 증여세 과세가액 한도액(2022. 2. 14. 이전)
= (증여의제이익 × 증여세율)−법인세 상당액

139) 상속세 및 증여세법 제45조의5의 지배주주는 개인으로 제한하고 있으므로 이익을 분여하는 특수관계인이 개인인 경우에는 상속세 및 증여세법상 개인과 개인의 특수관계 성립 여부를 검토하여야 하므로 상속세 및 증여세법 시행령 제2조의2 제1항 제1호, 제2호, 제3호에 의해 특수관계가 성립한다.

〈참고〉 개인이 영리법인에 유증한 경우 과세문제

○ 원칙

- 법인－자산수증이익에 대해 법인세 과세(법령 §11 5호)
- 영리법인의 주주등－상속세 납세의무 없음(상증법 §5조의2①).

○ 유증받은 영리법인의 주주등 중에 상속인과 그 직계비속이 있는 경우

- 법인－자산수증이익에 대해 법인세 과세
- 영리법인의 주주등 중 상속인과 그 직계비속
  －일정 지분상당액에 대해 상속세 납세의무 있음(상증법 §3조의2②).

* 일정 지분상당액(상증령 §3②)

{영리법인이 받은 상속재산에 대한 상속세 상당액－영리법인이 받았거나 받을 상속재산의 10%}
× 상속인과 그 직계비속의 주식등의 출자비율

* 피상속인이 법인에게 10억 원을 유증한 경우 주주등의 상속세
(유증받은 법인 지분율: 피상속인의 자녀 甲－50%, 피상속인의 사위 乙－50%)

- 자녀의 상속세
  {5억 원(10억 원에 대한 상속세*)－1억 원(10억 원의 10%)} × 50% ＝ 200,000,000원
  * 가정: 상속세 과세표준이 30억 원 초과하여 50% 세율 적용
- 사위의 상속세－상속인이 아니므로 상속세 납세의무 없음.

나. 비특수관계인 간 거래

상속세 및 증여세법상 비특수관계인 간에는 특정법인의 지배주주와 재산을 증여한 개인이 특수관계가 성립하는 경우를 가정하기 어려우므로 수증법인 주주의 증여세 과세문제는 발생하지 않는다.

구분		개인으로부터 수증받은 수증법인의 과세문제
법인세	특수 (내국법인)	〈익금산입〉 자산수증이익 10억 원(유보)(법령 §11 5호) (이월결손금 보전에 충당한 경우 제외)
		(예외) 조특령 §34⑥에 해당하는 경우 － 수증받은 후 3개 연도 동안 익금산입 × － 다음 3개 사업연도 동안 균분한 금액 이상 익금산입(조특법 §40①)

구분		개인으로부터 수증받은 수증법인의 과세문제
법인세	특수 (외국법인)	• 국조법 미적용, 소득세법상 부당행위계산부인 적용 (증여한 개인-사업소득자)(국조법 §4②단서, 국조령 §4 1호) • 국내원천기타소득-취득당시 시가의 20% 원천징수됨. (법법 §93 10호다목, 법법 §98①8호, 법령 §137⑩)
	비특수	• 자산수증이익 〈익금산입〉 자산수증이익 10억 원(유보) (이월결손금 보전에 충당한 경우 제외) • 외국법인-국내원천기타소득, 취득당시 시가의 20% 원천징수됨.
증여세	영리	증여세 납세의무 없음.
	비영리	수증받은 자산의 시가에 대해 증여세 과세(상증법 §4조의2①) (예외) 상증령 제12조에 해당하는 공익법인등이 수증받은 경우
주주의 증여세	특수	① 수증법인이 지배주주등의 직·간접 지분율이 30% 이상인 특정법인에 해당 ② 지배주주등의 특수관계인으로부터 자산수증 ③ 지배주주등 개인별 증여의제이익이 1억 원 이상인 경우: 증여세 과세
	비특수	과세문제 없음.

Ⅳ 개인과 개인 간의 거래

A와 B가 개인과 개인인 경우에는 특수관계인 간 거래와 비특수관계인 간 거래에 따라 다음과 같이 과세문제가 달라진다.

1. 증여한 개인의 소득세

가. 사업소득, 기타소득

(1) 특수관계인 간 거래

가) 사업소득

증여한 개인이 사업을 영위하는 자로서 사업용 자산을 국세기본법 시행령 제1조의2 제1항, 제2항에 해당하는 특수관계 있는 개인에게 증여한 경우에는 소득세법 시행령 제89조 제2항의 부당행위계산부인 대상거래이므로 무상으로 증여한 자산의 시가인 10억 원을 총수입금액에 산입하여야 한다.

나) 기타소득

증여한 개인이 기타소득자로서 기타소득 과세대상자산인 광업권 · 어업권 · 양식업권 · 산업재산권 · 산업정보, 산업상 비밀, 상표권 · 영업권등의 권리, 라디오 · 텔레비전방송용 테이프 또는 필름, 서화 · 골동품 등을 무상으로 증여한 경우에는 기타소득에 대한 부당행위계산부인 대상거래에 해당하므로 증여한 자산의 시가를 총수입금액으로 하여 기타소득세가 과세된다.

(2) 비특수관계인 간 거래

가) 업무와 관련 없는 경우

증여한 개인이 개인사업을 영위하는 자로서 사업용 자산을 업무와 관련 없이 공익단체등이 아닌 특수관계 없는 개인에게 증여한 경우에는 소득세법 제34조의 기부금에 해당하므로 소득세법 시행령 제81조 제3항에 의해 자산의 시가(시가가 장부가액보다 낮은 경우에는 장부가액) 10억 원을 필요경비불산입하여야 한다.[140)]

나) 업무와 관련 있는 경우

증여한 개인이 개인사업을 영위하는 자로서 업무와 관련이 있는 자에게 원활한 업무의 진행을 위하여 사업용 자산을 증여한 경우에는 기업업무추진비에 해당하므로 해당 자산의 시가(시가가 장부가액보다 낮은 경우에는 장부가액)를 기업업무추진비로 보아 시부인 계산하여야 한다.[141)]

나. 양도소득

(1) 특수관계인 간 거래

증여한 개인이 사업자가 아닌 경우로서 양도소득세 과세대상자산을 국세기본법 시행령 제1조의2 제1항, 제2항에 해당하는 특수관계 있는 개인에게 증여한 경우에는 양도에 해당하지 않으므로 과세문제가 없다.

(2) 비특수관계인 간 거래

특수관계 없는 개인에게 증여한 경우에도 양도에 해당하지 않으므로 양도소득세 과세문제를 검토할 필요가 없다.

140) 기타소득자인 경우는 과세문제가 발생하지 않는다.
141) 기타소득자인 경우는 과세문제가 발생하지 않는다.

2. 증여한 개인의 부가가치세

가. 특수관계인 간 거래

증여한 개인이 과세사업을 영위하는 일반과세자인 경우로서 국세기본법 시행령 제1조의2 제1항, 제2항에 해당하는 특수관계 있는 개인에게 무상으로 재화를 공급한 경우에는 재화의 시가인 10억 원을 공급가액으로 하여 부가가치세가 과세된다(부법 §29④).

나. 비특수관계인 간 거래

증여한 개인이 과세사업을 영위하는 일반과세자인 경우로서 특수관계 없는 개인에게 무상으로 재화를 공급한 경우에는 사업상 증여로 보므로 재화의 시가 10억 원을 공급가액으로 하여 부가가치세가 과세된다(부법 §10⑤, 부법 §29③4호).

<table>
<tr><th colspan="2">구분</th><th colspan="2">법인에게 증여한 개인의 과세문제</th></tr>
<tr><td rowspan="5">소득세</td><td rowspan="3">특수</td><td>사업소득</td><td>〈총수입금액산입〉 부당행위계산부인 10억 원(기타)
(소법 §41, 소령 §98②2호)
• 수증자가 비거주자인 경우에도 소득세법상 부당행위계산부인 적용</td></tr>
<tr><td>기타소득</td><td>시가 10억 원을 기준으로 기타소득 과세</td></tr>
<tr><td>양도소득</td><td>양도가 아니므로 과세문제 없음(소법 §88).</td></tr>
<tr><td rowspan="2">비특수
(사업)</td><td>업무무관</td><td>〈필요경비불산입〉 비지정기부금 10억 원(기사)
(소법 §34, 소령 §81)</td></tr>
<tr><td>업무관련</td><td>기업업무추진비 시부인 계산(소법 §35①, 소령 §81③)</td></tr>
<tr><td rowspan="2">부가가치세</td><td>특수</td><td colspan="2">시가를 공급가액으로 부가가치세 과세(부법 §29④)
※ 부담한 부가가치세 - 기부금 또는 기업업무추진비 처리</td></tr>
<tr><td>비특수</td><td colspan="2">사업상 증여(공급가액: 시가)(부법 §10⑤, §29②4호)</td></tr>
</table>

3. 수증받은 개인의 소득세

가. 특수관계인 간 거래

수증자가 개인사업을 영위하는 자로서 국세기본법 시행령 제1조의2 제1항, 제2항에 해당하는 특수관계 있는 개인으로부터 사업용 자산을 무상으로 수증받은 경우에는 이월결손금 보전에 충당한 경우를 제외하고는 제조·생산·판매하는 물품을 수증받은 경우에는 제조·생산·판매업자의 판매가액, 그 외 물품을 수증받은 경우에는 해당 물품의 시가를 총수입금액산입하여야 한다(소령 §51③4호, ⑤1호).

나. 비특수관계인 간 거래

소득세법상 자산수증이익을 총수입금액에 산입하는 것은 특수관계 여부와 관계없이 동일하므로 수증받은 자산의 시가 10억 원을 총수입금액에 산입하여야 한다.

4. 수증받은 개인의 증여세

가. 특수관계인 간 거래

개인이 상속세 및 증여세법 시행령 제2조의2 제1항 제1호부터 제3호까지에 해당하는 특수관계 있는 개인으로부터 재산을 무상으로 수증받은 경우에는 동 재산이 소득세법상 사업용 자산에 해당하여 자산수증이익으로 총수입금액 산입된 경우를 제외하고는 증여받은 재산의 시가 10억 원에 대해 증여세가 과세된다.

비거주자가 국내에 있는 재산을 무상으로 수증받은 경우에도 특수관계 성립 여부와 관계없이 무상으로 받은 재산의 시가를 증여재산가액으로 하여 증여세가 과세되며 증여자는 수증자의 증여세에 대해 연대납세의무를 부담한다.

나. 비특수관계인 간 거래

개인이 특수관계 없는 개인으로부터 재산을 무상으로 수증받은 경우에는 동 재산이 소득세법상 사업용 자산에 해당하여 자산수증이익으로 총수입금액산입된 경우를 제외하고는 증여받은 재산의 시가 10억 원에 대해 증여세가 과세된다.

구분		개인으로부터 수증받은 개인의 과세문제
소득세	거주자 (사업소득)	〈총수입금액산입〉 자산수증이익 10억 원(유보)(소령 §51③4호, ⑤1호) (이월결손금 보전에 충당한 경우 제외)
	비거주자	• 국내원천소득 아님.
증여세	특수(거주)	• 증여세 과세(자산수증이익으로 사업소득 과세된 경우 제외)
	특수, 비특수 (비거주자)	• 국내에 있는 재산을 증여받은 경우 – 증여세 과세 (상증법 §4조의2①2호) • 증여자에게 연대납세의무 부여(상증법 §4조의2⑥)
	비특수	• 증여세 과세(자산수증이익으로 사업소득 과세된 경우 제외)

제3절 자산의 저가거래에 대한 과세문제

CASE

A는 B에게 취득가액 5억 원, 시가 10억 원인 자산을 5억 원에 양도하려고 한다. 이 경우 발생하는 과세문제는?

* 자산에 대한 감가상각비는 없음.
* B: 10%, 50% 한도기부금 공익법인, 공익단체등이 아님.
* 개별세법상 시가는 10억 원임.

Ⅰ 법인과 법인 간의 거래

A와 B가 법인과 법인인 경우에는 특수관계인 간 거래와 비특수관계인 간 거래에 따라 다음과 같이 과세문제가 달라진다.

1. 저가 양도 법인의 법인세

가. 특수관계인 간 거래

A법인이 법인세법 시행령 제2조 제8항에 해당하는 특수관계 있는 법인 B에게 자산을 시가보다 저가로 양도한 경우로서 시가와 대가와의 차액이 시가의 5% 또는 3억 원 이상인 경우에는 법인세법상 부당행위계산부인 대상거래에 해당한다(법법 §52, 법령 §88①3호).

따라서 시가와 대가와의 차액인 5억 원을 익금산입하고 기타사외유출로 소득처분하여야 한다.

〈법인의 회계처리〉
D) 보통예금 5억 원　　　　C) 자산 5억 원

〈세무조정〉
익금산입 부당행위계산부인 5억 원(기타사외유출)

> **【법규법인 2014-53, 2014. 4. 29.】**
> 내국법인이 법원의 회생인가결정에 따른 가액으로 상장주식을 특수관계인에게 양도하는 경우 조세회피목적이 없다고 판단되는 경우에는 부당행위계산의 부인규정을 적용하지 아니하는 것이나 이에 해당되는지 여부는 사실판단할 사항임.

■ 양도자산이 비상장주식인 경우 증권거래세 과세문제

양도자산이 비상장주식인 경우로서 법인세법 제52조, 소득세법 제101조의 부당행위계산 부인 대상 거래, 상증법 제35조의 고저가 양도에 따른 이익의 증여 과세대상에 해당하는 경우(국조법 제7조가 적용되는 경우 제외)에는 시가를 과세표준으로 하여 증권거래세를 납부하여야 한다(증권거래세법 §7①2호가목).

나. 비특수관계인 간 거래

(1) 업무와 관련 없는 경우

가) 의제기부금

법인이 특수관계 없는 법인에게 정당한 사유 없이 시가의 70%인 정상가액보다 낮은 가액으로 자산을 양도하는 경우에는 정상가액과 양도가액과의 차액이 기부금으로 의제된다(법법 §24①, 법령 §35).

따라서 거래상대방이 10%, 50% 한도기부금 공익법인이 아닌 경우에는 비지정기부금에 해당하므로 의제기부금 전액을 손금불산입하여야 한다.

> 〈법인의 회계처리〉
> D) 보통예금 5억 원　　　　C) 자산 5억 원
>
> ○ 저가 양도의 경우 의제기부금(2억 원)
> = 정상가액(시가 10억 원 × 70%) - 양도가액(5억 원)
>
> 〈세무조정〉
> 손금불산입 비지정기부금 2억 원(기타사외유출)

나) 정당한 사유

특수관계 없는 자에게 정상가액보다 낮은 가액으로 자산을 양도하는 경우 기부금으로 의제하는 것은 건전한 사회통념 및 상관행 등에 비추어 정당한 사유없이 양도하는 경우에 한하여 적용한다.

이 경우 저가 양도에 대해 정당한 사유가 있다는 것에 대한 입증책임은 이를 주장하는 자에게 있다(법인46012-1315, 2000. 6. 7.).

【대법원 2010두1378, 2011. 10. 13.】
양도거래의 형식은 주식양도이나 그 실질이 회사보유 부동산의 양도에 해당하므로, 부동산 가치를 감안하여 주식의 저가 양도에 해당하며 저가 양도에 대한 정당한 사유가 인정되지 않으므로 비지정기부금으로 보아 과세한 처분은 적법함.

【법인세과-464, 2011. 7. 12.】
특수관계자 외의 자에게 정당한 사유없이 자산을 정상가액보다 낮은 가액으로 양도하거나 정상가액보다 높은 가액으로 매입함으로써 그 차액 중 실질적으로 증여한 것으로 인정되는 금액은 비지정기부금에 해당하는 것임.

【서면 인터넷방문상담2팀-2108, 2007. 11. 20.】
특수관계자 외의 자에게 주식매수청구권에 행사로 인하여 정상가격보다 저가로 양도한 경우 기부금에 해당하는지 여부는 저가 양도의 정당한 사유 등을 감안하여 사실판단함.

【법인세과 46012-1974, 2000. 9. 23.】
부동산을 특수관계 아닌 자에게 장부가액보다 낮은 가액으로 양도한 것이 '정당한 사유'에 해당하는지 여부는 사실판단 사항임.

【법인22601-814, 1990. 4. 10.】
기부금으로 보는 저가 양도는 정당한 사유가 없는 경우 해당되는 것임.

【법인46012-1315, 2000. 6. 7.】
법인이 비상장주식을 특수관계외의 자에게 정상가액보다 낮은 가액으로 양도한 경우 당해 법인은 객관적인 자료에 의하여 당해 거래가 건전한 사회통념 및 상관행 등에 비추어 정당한 사유에 의한 것임을 입증하여야 함.

(2) 업무와 관련이 있는 경우

법인이 업무와 관련 있는 특수관계 없는 법인에게 업무를 원활하게 진행하기 위한 목적으로 시가보다 낮은 가액으로 자산을 양도하는 경우에는 시가와 양도가액과의 차액을 기업업무추진비로 본다(서이46012-11479, 2003. 8. 13.).

이 경우 기업업무추진비로 보는 가액은 의제기부금처럼 정상가액과 양도가액과의 차액이 아닌 시가와 양도가액과의 차액이다.

〈법인의 회계처리〉
D) 보통예금 5억 원 C) 자산 5억 원

○ 저가 양도의 경우 의제접대비(5억 원)
= 시가(10억 원) - 양도가액(5억 원)
⇒ 기업업무추진비 시부인 계산

【서이46012-11479, 2003. 8. 13.】
특수관계 없는 자에게 법인의 업무와 관련하여 자산을 시가보다 낮은 가액으로 양도함으로 인하여 이익을 제공하였다고 인정되는 금액은 접대비로 보는 것임.

| 법인이 자산을 저가 양도한 경우 법인세 과세문제 |

구분	특수관계인 간 거래	비특수관계인 간 거래	
		업무와 관련 없는 경우	업무와 관련 있는 경우
세무상 처리	부당행위계산부인	기부금	기업업무추진비
요건	(시가 - 대가) ≥ 시가의 5% 또는 3억 원	양도가액 〈 시가의 70%(정상가액), 정당한 사유 없음.	양도가액 〈 시가
세무조정 대상금액	(시가 - 대가)	(시가의 70% - 대가)	(시가 - 대가)
세무조정	익금산입 (부당행위계산부인)	기부금 시부인 계산	기업업무추진비 시부인 계산

2. 저가 양도 법인의 부가가치세

가. 특수관계인 간 거래

법인이 법인세법 시행령 제2조 제8항에 해당하는 특수관계 있는 법인에게 시가보다 부당하게 낮은 가액으로 재화를 공급한 경우에는 공급한 재화의 시가 10억 원을 공급가액으로 하여 부가가치세 1억 원이 과세된다(부법 §29④).

나. 비특수관계인 간 거래

비특수관계인 간 거래의 경우 재화를 무상으로 공급한 경우에는 시가를 공급가액으로 보아 부가가치세가 과세되지만, 시가보다 낮은 가액으로 공급한 경우에는 거래가액을 공급가액으로 보므로 부가가치세 과세문제가 발생하지 않는다.

따라서 법인이 특수관계 없는 자에게 부득이하게 시가보다 현저히 낮은 가액으로 재화를 공급하는 경우 무상으로 공급하는 경우에는 시가를 기준으로 부가가치세가 과세되지만 현저히 낮은 대가를 받고 공급하는 경우에는 부가가치세 과세문제가 없으므로 현저하게 낮은 대가라 하더라도 일정대가를 받고 제공하는 것이 유리할 수 있다.

<table>
<tr><th colspan="2">구분</th><th colspan="2">법인에게 저가 양도한 저가 양도법인의 과세문제</th></tr>
<tr><td rowspan="3">법인세</td><td>특수</td><td colspan="2">〈익금산입〉 부당행위계산부인 5억 원(기・사)(법법 §52, 법령 §88①3호)
• 증권거래세 과세표준-시가</td></tr>
<tr><td rowspan="2">비특수</td><td>• 업무무관(정당한 사유 없는 경우): 의제기부금
(시가의 70% 〉 대가)</td><td>〈손금불산입〉 비지정기부금 2억 원
(기・사)(법법 §24, 법령 §35))</td></tr>
<tr><td>• 업무관련: 기업업무추진비
(시가-대가)</td><td>기업업무추진비 시부인 계산
(법령 §42⑥, 법령 §36①3호)</td></tr>
<tr><td rowspan="2">부가가치세</td><td>특수</td><td colspan="2">시가를 공급가액으로 부가가치세 과세(부법 §29④)</td></tr>
<tr><td>비특수</td><td colspan="2">과세문제 없음(부법 §29④).
⇒ 무상거래가 아닌 저가거래를 하는 것이 유리</td></tr>
</table>

3. 저가양수 법인의 법인세

가. 특수관계인 간 거래

(1) 원칙

법인이 법인세법 시행령 제2조 제8항에 해당하는 특수관계 있는 법인으로부터 저가로 자산을 양수한 경우에는 양수시점에 과세하지 않더라도 양도 시 자산의 처분이익으로 과세되므로 양수시점에는 과세문제가 발생하지 않는다.

(2) 예외: 특수관계 있는 개인으로부터 유가증권의 저가매입

개인이 특수관계 있는 법인에게 유가증권을 무상으로 증여하는 경우에는 유가증권의 시가가 자산수증이익이 되어 법인세가 과세된다. 반면 개인이 특수관계 있는 법인에게 유가증권을 저가로 양도하는 경우라면 자산의 저가 양수에 대해서는 양수시점에 과세하지 않으므로 법인세가 과세되지 않는다.

이러한 점을 이용하여 경영권 승계 등의 목적으로 자녀들이 주주로 되어 있는 법인에 부모의 주식을 저가로 양도하는 방식 등의 조세회피를 방지하기 위해 법인세법 제15조 제2항은 특수관계 있는 개인으로부터 유가증권을 저가매입한 경우에는 시가와 매입가액과의 차액을 익금에 해당하는 것으로 규정하고 있다.[142)]

따라서 법인세법 시행령 제2조 제8항에 해당하는 특수관계 있는 개인으로부터 유가증권을 시가보다 낮은 가액으로 양수한 경우에는 양도 시점이 아닌 양수시점에 선과세된다.

※ 저가 양수한 자산이 유가증권인 경우

〈법인의 회계처리〉

D) 유가증권 5억 원	C) 자산 5억 원

〈세무조정〉

익금산입 유가증권 5억 원(유보)

※ 자기주식 저가매입 시 과세문제

- 보유목적인 경우
  - 법인세: 익금산입 유가증권(유보)(지분율 1% 이상인 주주)
  - 증여세: 특정법인과의 거래를 통한 이익의 증여의제 과세문제(상증법 §45조의5)
- 소각목적인 경우
  - 법인세: 과세문제 없음.
  - 증여세: 감자거래에 따른 이익의 증여 과세문제 발생
    (상증법 §39조의2, 주주 간에 비특수관계인 경우에도 과세)

---

142) 다만, 주식소각목적으로 주주로부터 주식을 시가보다 낮은 가액으로 매입하는 경우에는 이익분여 목적이 아니므로 시가와 양수가액의 차액에 대해 익금산입하지 않는다.
비상장법인이 자본감소의 목적으로 특정주주로부터 자기주식을 시가에 미달하는 가액으로 매입소각하는 경우 법인세법 제15조 제2항 제1호의 익금산입 규정을 적용하지 아니함(서면 인터넷방문상담4팀-1919, 2005. 10. 19.).
다만, 저가로 매입한 주식을 소각하는 경우에는 감자에 따른 이익의 증여(상증법 §39조의2) 과세대상에 해당하므로 소각목적으로 주식을 저가로 매입하는 경우에는 반드시 증여세 과세문제까지 검토하여야 한다.

법인세법 제15조 【익금의 범위】
② 다음 각호의 금액은 익금으로 본다. (2010. 12. 30. 개정)
1. 특수관계인인 개인으로부터 유가증권을 제52조 제2항에 따른 시가보다 낮은 가액으로 매입하는 경우 시가와 그 매입가액의 차액에 상당하는 금액 (2018. 12. 24. 개정)

나. 비특수관계인 간 거래

특수관계 없는 법인으로부터 자산을 저가 양수한 경우에는 유가증권을 저가 양수한 경우에도 양도 시점에 처분이익으로 과세되며 양수시점에는 과세문제가 발생하지 않는다.

4. 저가양수 비영리법인의 증여세

양수법인이 영리법인인 경우에는 특수관계인 간 거래, 비특수관계인 간 거래와 관계없이 자산을 저가 양수함으로써 이익을 이전받더라도 증여세가 과세되지 않는다.

반면 개인과 동일한 납부의무를 갖고 있는 비영리법인의 경우 자산을 저가 양수함으로써 이익을 이전받은 경우에는 개인과 동일하게 증여세가 과세된다.[143)]

가. 특수관계인 간 거래

(1) 원칙

가) 저가 양수에 따른 이익의 증여

비영리법인이 상속세 및 증여세법 시행령 제2조의2 제1항 제4호부터 제8호까지에 해당하는 특수관계 있는 법인으로부터 재산(전환사채등, 거래소에서 거래된 상장주식 제외)을 시가보다 낮은 가액으로 양수한 경우로서 시가와 대가와의 차액이 시가의 30% 또는 3억 원 이상인 경우에는 시가와 대가와의 차액에서 시가의 30%와 3억 원 중 적은 금액을 차감한 금액을 양수인의 증여재산가액으로 보아 증여세가 과세된다(상증법 §35).

이 경우 증여일부터 소급하여 1년 이내에 동일한 거래 등이 있는 경우에는 각각의 거래 등에 따른 이익(시가와 대가의 차액)을 해당 이익별로 합산하여 증여재산가액을 계산한다(상증법 §43②).

143) 해당 자산이 향후 처분 시 처분이익에 대해 법인세가 과세되지 않는 자산임을 전제로 한다.

나) 특수관계 해당 여부

이 경우 특수관계 해당 여부는 매매계약일을 기준으로 판정한다(기획재정부 재산세제과-644, 2017. 9. 19.; 서면-2016-법령해석재산-5164, 2017. 9. 27.).[144)]

다) 증여시기, 시가산정기준일

증여일과 증여이익 계산 시 시가산정일은 양수일을 기준으로 하며 양수일은 원칙적으로 대금청산한 날을 기준으로 한다.[145)] 다만, 매매계약일부터 잔금청산일 전일까지 환율이 30% 이상 변동하는 경우에는 매매계약일을 시가산정기준일로 한다(상증령 §26⑤).

라) 증여세 면제

저가 양수에 따른 이익의 증여로 증여세가 과세되었으나 수증자가 증여세를 납부할 능력이 없다고 인정되는 경우로서 강제징수를 하여도 조세채권을 확보하기 곤란한 경우에는 증여세의 일부 또는 전부가 면제되며, 증여자의 연대납세의무도 없다(상증법 §4조의2⑤ · ⑥).[146)]

(2) 적용배제

개인과 법인 간에 재산을 양수하거나 양도하는 경우로서 그 대가가 「법인세법」 제52조 제2항에 따른 시가에 해당하여 그 법인의 거래에 대하여 같은 법 제52조 제1항이 적용되지 아니하는 경우에는 적용하지 아니한다. 다만, 거짓이나 그 밖의 부정한 방법으로 상속세 또는 증여세를 감소시킨 것으로 인정되는 경우에는 그러하지 아니하다(상증법 §35③).

---

144) 국세청은 '양도자와 양수자가 매매과정(계약일부터 양도일까지)에서 한번이라도 특수관계가 성립하는 경우에는 특수관계에 있는 자 간의 양도로 본다'라고 해석(서면4팀-1267, 2007. 4. 19.)한 바 있고, 수원지방법원은 '증여세 과세가액을 증여일 현재를 기준으로 정하도록 규정하고 있고, 대가와 시가의 산정기준일을 기준으로 산정한 양수재산의 가액에 따라 저가 양수에 해당하는지 여부 및 저가 양수의 증여의제에 따른 증여세 과세표준액이 정해지므로 특수관계에 있는 자에 해당 여부는 대금청산일 기준으로 판단하는 것'으로 결정(수원지방법원 2011구합0694, 2012. 2. 2.)한 바 있으므로 계약일부터 잔금청산일까지 특수관계가 성립되지 않도록 할 필요가 있다.

145) 대금청산일이 불분명한 경우에는 소득세법 시행령 제162조 제1항 각호에서 규정하고 있는 날을 기준으로 한다.

146) 상증법 제36조(채무면제등에 따른 증여), 제37조(부동산 무상사용에 따른 이익의 증여), 제41조의4(금전 무상대출 등에 따른 이익의 증여)등의 경우도 동일하다.

특수관계인 간 재산의 저가 양수에 따른 이익에 대한 증여세

○ 거래요건

- 상속세 및 증여세법 시행령 제2조의2 제1항에 해당하는 특수관계인으로부터 재산을 저가 양수할 것
- 전환사채등 또는 거래소에서 거래된 상장주식, 코스닥 상장주식이 아닐 것 (시간 외 시장에서 매매된 것은 거래소에서 거래된 것으로 보지 않지만 당일 종가로 대량매매된 것은 거래소에서 거래된 것에 포함)
- 법인과의 거래인 경우 거래가액이 법인세법상 시가에 해당하지 않을 것

○ 가액요건

(시가 - 대가) ≥ 시가의 30% 또는 3억 원

○ 증여재산가액

= (시가 10억 원 - 양수가액 5억 원) - Min(시가의 30%, 3억 원) = 2억 원

○ 증여시기, 시가산정기준일: 양수일(대금청산일 원칙)

○ 특수관계인 해당 여부: 매매계약일 기준으로 판정

○ 증여세 면제: 수증자가 납부할 능력이 없는 경우로서 강제징수를 하여도 조세채권 확보가 어려운 경우(증여자의 연대납세의무도 면제)

【서울고등법원 2016누69927, 2018. 2. 7.】

상증세법 제35조는 저가 양수로 이전된 이익에 대하여 과세하는 것이므로 증여재산가액을 산정하기 위한 '대가' 및 '시가'의 산정기준일은 매매계약일이 아니라 대금청산일로 봄이 타당함.

【서면-2016-법령해석재산-5164, 2017. 9. 27.】

고저가 양도에 따른 이익 증여 적용 시 특수관계 성립 여부는 원칙적으로 매매계약일을 기준으로 판단하는 것임.

【조심2016부1414, 2016. 8. 18.】

고·저가 양도에 따른 이익의 증여규정을 적용함에 있어서 거래당사자 간의 특수관계 성립 여부는 원칙적으로 매매계약일을 기준으로 판단하는 것임.

【대법원 2006두17055, 2007. 1. 11.】
특수관계에 있는 자와의 거래라 하더라도 객관적 교환가치가 적정하게 반영된 정상적인 거래라고 판단되면 그 거래가격을 시가로 보아 그 거래가격으로 평가하여야 하나, 특수관계자와의 거래가 정상적인 거래에 해당된다는 사정은 이를 주장하는 자가 입증하여야 함.

VS 전환사채등의 저가 양수 · 인수에 따른 이익의 증여세 과세

○ 전환사채등
전환사채(CB: Convertible bonds), 신주인수권부사채(BW: Bond with warrants), 교환사채(EB: Exchangeable bond)

○ 거래요건
- 상속세 및 증여세법 시행령 제2조의2 제1항에 해당하는 특수관계인으로부터 전환사채등을 저가로 양수 · 인수할 것(상증법 §40①1호가목)
- 전환증권 발행법인의 최대주주등이 발행법인으로부터 저가로 균등지분율을 초과하여 전환증권을 양수 · 취득할 것(상증법 §40①1호나목)
- 제3자(법인의 주주 아닌 최대주주의 특수관계자)가 발행법인으로부터 전환증권을 저가로 양수 · 취득할 것(상증법 §40①1호다목)

○ 특수관계인 요건
특수관계인 간 거래에 한하여 과세하며 비특수관계인 간 거래인 경우 과세문제 없음.

○ 가액요건
(시가 - 대가) ≥ Min(시가의 30% 또는 1억 원)(상증령 §30②1호)

○ 증여재산가액

○ 증여재산가액 = 시가 - 전환사채등의 인수 · 취득가액(상증령 §30①) = (전환사채의 시가 10억 원 - 양수가액 5억 원) ⇒ 5억 원 * 시가와 대가와의 차액에서 차감하는 금액 없음.

나. 비특수관계인 간 거래

(1) 저가 양수에 따른 이익의 증여

비영리법인이 비특수관계인으로부터 거래의 관행상 정당한 사유 없이 재산을 저가로 양수한 경우로서 시가와 대가와의 차액이 시가의 30% 이상인 경우에는 시가와 대가와의 차액에서 3억 원을 차감한 금액을 증여재산가액으로 하여 증여세가 과세된다(상증법 §35②).

이 경우 증여일부터 소급하여 1년 이내에 동일한 거래 등이 있는 경우에는 각각의 거래 등에 따른 이익(시가와 대가의 차액)을 해당 이익별로 합산하여 계산하여야 한다(상증법 §43②).

(2) 정당한 사유

비특수관계인으로부터 저가 양수한 경우 저가 양수에 따른 이익에 대한 증여세는 거래의 관행상 정당한 사유가 없는 경우에 한하여 과세하므로 거래의 관행상 정당한 사유가 있는지 여부가 쟁점이 될 수 있다.

거래의 관행상 정당한 사유가 있는지 여부에 대해 대법원은 재산을 저가로 양도·양수한 거래당사자들이 그 거래가격을 객관적 교환가치가 적절하게 반영된 정상적인 가격으로 믿을 만한 합리적인 사유가 있었던 경우는 물론, 그와 같은 사유는 없더라도 양도인이 그 거래가격으로 재산을 양도하는 것이 합리적인 경제인의 관점에서 비정상적이었다고 볼 수 없는 객관적인 사유가 있었던 경우에도 '거래의 관행상 정당한 사유'가 있다고 봄이 타당하다고 판시하고 있다(대법원 2013두5081, 2013. 8. 23.).

이 경우 거래의 관행상 정당한 사유가 없다는 것에 대한 입증책임은 과세관청에 있다(대법원 2011두22075, 2011. 12. 22.).

【대법원 2017두61089, 2018. 3. 15.】
이 사건 주식 양수에 이르게 된 경위와 목적, 거래당사자의 관계 등 제반 사정을 살펴보면, 이 사건 주식 양수 당시 거래당사자들이 이 사건 주식의 객관적 교환가치가 1주당 ○○○원이라고 믿을 만한 합리적인 이유가 있었거나, 위 가격으로 이 사건 주식을 양도하는 것이 합리적인 경제인의 관점에서 비정상적이었다고 볼 수 없는 객관적인 사유는 있었다고 볼 수 있음.

【조심2017중3282, 2018. 3. 13.】
청구인이 일시적인 자금마련을 위하여 비특수관계자와 풋백옵션 및 콜옵션이 부여된 주식거래를 한 것이 정상적인 경제관행에 어긋난 것으로 보기 어렵고, 특수관계자가 아닌 ○○○이 청구인에게 이익을 분여할 이유도 없어 보이는 점 등에 비추어 처분청이 거래 관행상 정당한 사유가 없는 것으로 보아 경정청구를 거부한 처분은 잘못이 있는 것으로 판단됨.

【대법원 2013두5081, 2013. 8. 23.】
재산을 고가로 양도·양수한 거래당사자들이 그 거래가격을 객관적 교환가치가 적절하게 반영된 정상적인 가격으로 믿을 만한 합리적인 사유가 있었던 경우는 물론, 그와 같은 사유는 없더라도 양수인이 그 거래가격으로 재산을 양수하는 것이 합리적인 경제인의 관점에서 비정상적이었다고 볼 수 없는 객관적인 사유가 있었던 경우에도 법 제35조 제2항에서 말하는 '거래의 관행상 정당한 사유'가 있다고 봄이 타당함.

【대법원 2011두22075, 2011. 12. 22.】
증여세 부과처분이 적법하기 위해서는 양도자가 특수관계에 있는 자 외의 자에게 시가보다 현저히 높은 가액으로 재산을 양도하였다는 점뿐만 아니라 거래의 관행상 정당한 사유가 없다는 점도 과세관청이 증명하여야 함.

비특수관계인 간 자산의 저가 양수에 따른 이익에 대한 증여세 과세

○ 거래요건
- 특수관계 없는 자로부터 자산을 저가로 양수할 것
- 거래의 관행상 정당한 사유가 없을 것(입증책임: 과세관청)
- 전환사채등 거래소에서 거래된 상장주식, 코스닥 상장주식이 아닐 것
  (시간 외 시장에서 매매된 것은 거래소에서 거래된 것으로 보지 않지만 당일 종가로 대량매매된 것은 거래소에서 거래된 것에 포함)

○ 가액요건
(시가 - 대가) ≥ 시가의 30%

○ 증여이익

증여재산가액 2억 원 = (시가 10억 원 - 양수가액 5억 원) - 3억 원

○ 증여시기, 시가산정기준일: 양수일(대금청산일 원칙)

○ 증여세 면제: 수증자가 납부할 능력이 없는 경우로서 강제징수를 하여도 조세채권 확보가 어려운 경우(증여자의 연대납세의무도 면제)

VS 비특수관계인 간 전환사채등의 저가 양수 · 인수에 따른 이익에 대한 과세요건

- 비특수관계인으로부터 전환사채등을 저가 양수 · 인수하는 경우
  ⇒ 과세대상 아님.

<table>
<tr><th>구분</th><th colspan="2">전환사채등 외 자산의 저가 양수</th><th colspan="2">전환사채등의 저가 양수·인수</th></tr>
<tr><td>대상자산</td><td colspan="2">전환사채등 외 자산</td><td colspan="2">전환사채, 신주인수권부사채, 교환사채</td></tr>
<tr><td rowspan="2">특수관계인 요건</td><td>특수관계인 간 거래</td><td>과세</td><td>특수관계인 간 거래</td><td>과세</td></tr>
<tr><td>비특수관계인 간 거래</td><td>정당한 사유가 없는 경우 과세</td><td>비특수관계인 간 거래</td><td>과세문제 없음.</td></tr>
<tr><td rowspan="2">가액요건</td><td>특수관계인 간 거래</td><td>(시가－대가)
⇒ 시가의 30% 이상 또는 3억 원 이상</td><td colspan="2">(시가－대가)
⇒ 시가의 30% 또는 1억 원 이상</td></tr>
<tr><td>비특수관계인 간 거래</td><td>(시가－대가)
⇒ 시가의 30% 이상</td><td colspan="2">과세문제 없음.</td></tr>
<tr><td rowspan="2">증여재산 가액</td><td>특수관계인 간 거래</td><td>(시가－대가)
－Min(시가의 30%, 3억 원)</td><td colspan="2">(시가－대가)</td></tr>
<tr><td>비특수관계인 간 거래</td><td>(시가－대가)－3억 원</td><td colspan="2">과세문제 없음.</td></tr>
</table>

5. 저가양수 법인의 주주의 증여세

가. 특수관계인 간 거래

지배주주와 친족의 직·간접 지분율이 30% 이상인 특정법인이 자산을 저가로 양수한 경우로서 양수법인의 지배주주와 저가로 양도한 법인이 상속세 및 증여세법 시행령 제2조의2 제1항 제2호부터 제8호까지에 의해 특수관계가 성립하고 시가와 대가와의 차액이 시가의 30% 또는 3억 원 이상인 경우에는 수혜법인의 지배주주등에게 이익을 이전하는 거래에 해당한다(상증법 §45조의5①2호).

따라서 시가와 대가와의 차액에서 시가와 대가와의 차액에 대한 법인세 상당액을 차감한 잔액에 지배주주등의 지분율을 곱하여 계산한 지배주주등이 얻은 증여의제이익이 1억 원 이상인 경우에는 저가 양수한 법인의 지배주주등에게 증여세가 과세된다.

이 경우 시가와 대가와의 차액이 30% 이상인지 여부 판단 시 시가는 상속세 및 증여세법상 시가를 적용하지 않고 법인세법 시행령 제89조를 준용하여 판단하여야 한다(상증령 §34조의5⑧).

○ 특정법인의 이익
= (시가 10억 원−대가 5억 원)−〔법인세 × (시가−대가) / 각 사업연도 소득〕

○ 증여의제이익
= 특정법인의 이익 × 지배주주등의 지분율 ≥ 1억 원 ⇒ 증여세 과세요건 충족

* 지배주주등의 지분율이 20% 이상인 경우 증여세 과세(법인세 상당액 없는 경우 가정 시)

나. 비특수관계인 간 거래

비특수관계인 간 거래에서는 양도법인이 수혜법인의 지배주주와 상속세 및 증여세법상 특수관계가 성립하는 경우를 가정하기 어려우므로 증여세 과세문제가 발생하지 않는다.

구분		법인으로부터 자산을 저가로 양수한 법인의 과세문제
법인세	특수 (내국)	(원칙) 과세문제 없음. (예외) 특수관계 개인으로부터 유가증권 저가 양수 −시가와 양수가액과의 차액 익금산입(법법 §15②1호)
	비특수	과세문제 없음.
증여세	비영리 (특수)	• 요건: (시가−대가) ≥ 시가의 30% 또는 3억 원 • 증여재산가액: (시가 10억 원−양수가액 5억 원)−Min(시가의 30%, 3억 원)
	비영리 (비특수)	• 요건: (시가−대가) ≥ 시가의 30%, 정당한 사유 없는 경우 • 증여재산가액: (시가 10억 원−양수가액 5억 원)−3억 원
주주의 증여세	특수	① 수증법인이 지배주주등의 직·간접 지분율이 30% 이상인 특정법인에 해당 ② 저가로 양도한 법인과 지배주주가 특수관계 성립 ③ 시가(법령 §89)와 대가와의 차액이 시가의 30% 또는 3억 원 이상 ④ 지배주주등 개인별 증여의제이익이 1억 원 이상: 증여세 과세 (상증법 §45조의5)
	비특수	과세문제 없음.

 법인과 개인 간의 거래

A와 B가 법인과 개인인 경우에는 특수관계인 간 거래와 비특수관계인 간 거래에 따라 다음과 같이 과세문제가 달라진다.

1. 저가 양도 법인의 법인세

가. 특수관계인 간 거래

(1) 원칙

법인이 법인세법 시행령 제2조 제8항에 해당하는 특수관계 있는 개인에게 자산을 시가보다 저가로 양도하는 경우로서 시가와 대가와의 차액이 시가의 5% 이상이거나 3억 원 이상인 경우에는 법인세법상 부당행위계산부인 대상거래에 해당한다(법령 §88①3호).

따라서 시가와 대가와의 차액인 5억 원을 익금산입하고 거래상대방이 임직원 또는 주주임직원인 경우에는 상여, 주주인 경우에는 배당, 사업을 영위하는 개인의 사업소득을 구성하고 있는 경우에는 기타사외유출, 그 외의 자인 경우에는 기타소득으로 소득처분하고 해당 원천세를 징수하여 납부하여야 한다.[147)]

〈법인의 회계처리〉	
D) 보통예금 5억 원	C) 자산 5억 원
〈세무조정〉	
익금산입 부당행위계산부인 5억 원(상여, 배당, 기타사외유출, 기타소득)	

(2) 거래가액이 법인세법상 시가에 해당하는 경우

위 사례에서 상속세 및 증여세법상 보충적 평가가액은 10억 원이지만 양도일 3년 전 법인이 이와 유사한 상황에서 계속적으로 거래하거나 제3자 간 일반적으로 거래한 가격이 5억 원인 경우로서 동 가액이 객관적인 교환가치를 반영한 가액이라면 법인세법상 시가에는 해당하므로 부당행위계산부인을 적용하지 않는다.

---

147) 저가 양도자산이 증권거래세 과세대상 주식인 경우로서 법인세법상 부당행위계산부인이 적용된 경우에는 시가를 과세표준으로 증권거래세를 납부하여야 한다.

나. 비특수관계인 간 거래

(1) 업무와 관련 없는 경우

법인이 특수관계 없는 개인에게 업무와 관련 없이 시가의 70%인 정상가액보다 낮은 가액으로 자산을 양도하는 경우로서 저가 양도에 대한 정당한 사유가 없는 경우에는 정상가액과 양도가액과의 차액이 기부금으로 의제된다(법령 §35).

따라서 공익단체등이 아닌 개인에게 정상가액보다 낮은 가액으로 양도한 경우에는 비지정기부금에 해당하므로 정상가액과 양도가액과의 차액을 전액 손금불산입하여야 한다.

○ 저가 양도의 경우 의제기부금(2억 원)
　= 정상가액(시가 10억 원×70%)－양도가액(5억 원)

〈세무조정〉
손금불산입 비지정기부금 2억 원(기타사외유출)

(2) 업무와 관련 있는 경우

법인이 업무와 관련 있는 특수관계 없는 개인에게 업무를 원활하게 진행하기 위한 목적으로 자산을 시가보다 낮은 가액으로 양도하는 경우에는 시가와 양도가액의 차액을 기업업무추진비로 보아 기업업무추진비 시부인 계산하여야 한다.

2. 저가 양도 법인의 부가가치세

가. 특수관계인 간 거래

법인이 법인세법 시행령 제2조 제8항에 해당하는 특수관계 있는 개인에게 재화를 시가보다 부당하게 낮은 가액으로 공급한 경우에는 부가가치세법 제29조 제4항에 의해 공급한 재화의 시가를 공급가액으로 하므로 자산의 시가 10억 원을 공급가액으로 하여 1억 원의 부가가치세가 과세된다.

나. 비특수관계인 간 거래

부가가치세법은 시가보다 낮은 가액으로 재화를 공급한 경우 시가를 공급가액으로 보도록 하는 대상을 특수관계인 간 거래로 한정하고 비특수관계인 간 거래의 경우에는 거래가액을 공급가액으로 보므로 과세문제가 발생하지 않는다.

구분		개인에게 자산을 저가 양도한 저가 양도법인의 과세문제	
법인세	특수	〈익금산입〉 부당행위계산부인 5억 원(상여, 배당, 기타, 기타사외유출) (법법 §52, 법령 §88①3호)/증권거래세 과세표준-시가	
	비특수	• 업무무관(정당한 사유없는 경우): 의제기부금(시가의 70%-대가)	〈손금불산입〉 비지정기부금 2억 원 (기·사)(법법 §24, 법령 §35)
		• 업무관련: 기업업무추진비 (시가-대가)	기업업무추진비 시부인 계산 (법령 §42⑥, 법령 §36①3호)
부가가치세	특수	시가를 공급가액으로 부가가치세 과세(부법 §29④)	
	비특수	과세문제 없음(부법 §29④).	

3. 저가양수 개인의 소득세

가. 사업소득

(1) 특수관계인 간 거래

개인이 국세기본법 시행령 제1조의2 제2항, 제3항 제1호에 해당하는 특수관계 있는 법인으로부터 처분이익이 과세되는 사업용 자산을 시가보다 저가로 양수하는 경우에는 자산의 양도 시점에 처분이익으로 과세되며 양수시점에는 과세문제가 없다.

(2) 비특수관계인 간 거래

개인이 소득세법상 특수관계 없는 법인으로부터 처분이익이 과세되는 사업용 자산을 저가로 양수하는 경우에는 자산의 양도 시점에 처분이익으로 과세되고 양수시점에는 과세문제가 없다.

나. 양도소득

(1) 특수관계인 간 거래

가) 원칙

개인이 국세기본법 시행령 제1조의2 제2항, 제3항 제1호에 해당하는 특수관계 있는 법인으로부터 자산을 저가로 양수한 경우에는 양수가액을 취득가액으로 보아 양도소득금액을 계산한다. 즉, 양수시점이 아닌 양도 시 양도차익으로 과세된다.

나) 법인세법상 부당행위계산부인이 적용된 경우

개인이 특수관계 있는 법인으로부터 자산을 저가로 양수한 경우로서 법인세법 시행령 제2조 제5항에 해당하는 저가 양도 법인이 부당행위계산부인을 적용하여 저가 양수한 개인에게 상여, 배당, 기타소득으로 소득처분한 경우에는 상여, 배당, 기타소득으로 처분된 금액을 취득가액에 가산하여 취득가액을 산정한다(소령 §163⑩2호).

다) 저가 양수에 따른 이익에 대해 증여세가 과세된 경우

저가 양수한 개인에게 상속세 및 증여세법 제35조 제1항에 의해 저가 양수에 따라 얻은 이익에 대해 증여세가 과세된 경우에는 해당 증여재산가액을 취득가액에 가산한다(소령 §163⑩1호).

다만, 개인이 법인세법 시행령 제2조 제8항에 해당하는 특수관계 있는 법인으로부터 재산을 저가 양수한 경우로서 법인세법상 부당행위계산부인이 적용되어 소득처분된 경우 또는 법인세법상 시가에 해당하여 부당행위계산부인이 적용되지 않는 경우에는 저가 양수에 따른 이익에 대해 증여세가 과세되지 않으므로 개인이 특수관계 있는 법인으로부터 자산을 저가 양수하는 경우 저가 양수에 따른 증여재산가액을 취득가액에 가산하는 경우는 가정하기 어렵다(상증법 §35③).[148]

소득세법 시행령 제163조【양도자산의 필요경비】

⑩ 법 제97조 제1항 제1호 가목은 다음 각호에 따라 적용한다.

1. 「상속세 및 증여세법」 제3조의2 제2항, 제33조부터 제39조까지, 제39조의2, 제39조의3, 제40조, 제41조의2부터 제41조의5까지, 제42조, 제42조의2, 제42조의3, 제45조의3부터 제45조의5까지의 규정에 따라 상속세나 증여세를 과세받은 경우에는 해당 상속재산가액이나 증여재산가액(같은 법 제45조의3부터 제45조의5까지의 규정에 따라 증여세를 과세받은 경우에는 증여의제이익을 말한다) 또는 그 증·감액을 취득가액에 더하거나 뺀다.
2. 법 제94조 제1항 각호의 자산을 「법인세법」 제2조 제12호에 따른 특수관계인(외국법인을 포함한다)으로부터 취득한 경우로서 같은 법 제67조에 따라 거주자의 상여·배당 등으로 처분된 금액이 있으면 그 상여·배당 등으로 처분된 금액을 취득가액에 더한다.

---

148) **상속세 및 증여세법 제35조【저가 양수 또는 고가 양도에 따른 이익의 증여】**
③ 개인과 법인 간에 재산을 양수하거나 양도하는 경우로서 그 대가가 「법인세법」 제52조 제2항에 따른 시가에 해당하여 그 법인의 거래에 대하여 같은 법 제52조 제1항이 적용되지 아니하는 경우에는 제1항 및 제2항을 적용하지 아니한다. 다만, 거짓이나 그 밖의 부정한 방법으로 상속세 또는 증여세를 감소시킨 것으로 인정되는 경우에는 그러하지 아니하다.

(2) 비특수관계인 간 거래

가) 원칙

개인이 특수관계 없는 법인으로부터 양도소득세 과세대상자산을 저가 양수한 경우에는 양도 시 양도차익으로 과세되며 양수시점에는 과세문제가 없다.

나) 저가 양수에 따른 이익에 대해 증여세가 과세된 경우

저가 양수한 개인에게 상속세 및 증여세법 제35조 제2항에 의해 저가 양수에 따라 얻은 이익에 대해 증여세가 과세된 경우에는 해당 증여재산가액을 취득가액에 가산한다(소령 §163⑩1호).

개인이 법인으로부터 양도소득세 과세대상자산 저가양수 시 취득가액 조정

○ 개인과 특수관계 있는 법인과의 거래(법인세법 우선 적용)
- 부당행위계산부인 적용 시
  → 소득처분금액에 대해 소득세 과세
  → 증여세 과세 안됨.
  → 소득처분금액을 취득가액에 가산
- 시가에 해당하여 부당행위계산부인 미적용 시
  → 저가 양수에 따른 이익에 대해 증여세 적용배제
  → 실제 양수가액이 취득가액

○ 비특수관계인 간 거래(상속세 및 증여세법 우선 적용)
→ 저가 양수에 따른 이익에 대해 증여세 과세
→ 취득가액에 증여재산가액 가산

4. 저가양수 개인의 증여세

가. 특수관계인 간 거래

(1) 저가 양수에 따른 이익에 대한 증여세

개인이 상속세 및 증여세법 시행령 제2조의2 제1항 제2호부터 제8호까지에 해당하는 특수관계 있는 법인으로부터 재산을 시가보다 낮은 가액으로 양수한 경우로서 시가와 대가와의 차액이 시가의 30% 또는 3억 원 이상인 경우에는 저가 양수에 따라 얻은 이익에 대해 증여세가 과세된다(상증법 §35①).

이 경우 법인세법 시행령 제2조 제8항에 해당하는 특수관계 있는 법인으로부터 자산을 저가양수 시 법인세법상 자산의 저가 양도에 대한 부당행위계산부인 요건은 시가와 대가와의 차이가 시가의 5% 이상 또는 3억 원 이상이지만 재산의 저가양수 시 상속세 및 증여세법상 증여세 과세요건은 시가의 30% 또는 3억 원 이상이므로 법인세법상 부당행위계산부인 대상거래인 경우에도 상속세 및 증여세법상 저가양수에 따른 이익의 증여에 대한 과세요건은 충족하지 않을 수 있다.

○ 증여재산가액 2억 원
= (시가 10억 원 − 양수가액 5억 원) − Min(시가의 30%, 3억 원)

(2) 거래가액이 법인세법상 시가에 해당하는 경우

법인이 법인세법 시행령 제2조 제8항에 해당하는 특수관계 있는 개인에게 자산을 저가 양도하는 경우에는 부당행위계산부인 대상거래에 해당한다.

이 경우 거래가액이 5억 원, 상속세 및 증여세법상 보충적 평가방법에 의한 가격이 10억 원, 거래일 3년 전 당해 법인이 유사한 상황에서 계속적으로 거래한 가격 또는 제3자 간 일반적으로 거래한 가격이 5억 원인 경우로서 5억 원이 자산의 객관적 교환가치를 반영한 가격으로 법인세법상 시가요건을 충족한 경우에는 법인세법상으로는 시가로 인정될 수 있다.

이처럼 법인이 법인세법 시행령 제2조 제8항에 해당하는 특수관계 있는 개인에게 자산을 저가 양도한 경우로서 거래가액이 법인세법상 시가에 해당하여 부당행위계산부인이 적용되지 않는 경우에는 상속세 및 증여세법상 제35조 제1항 과세요건을 충족하는 경우라 하더라도 재산의 저가양수에 따른 이익에 대해 증여세가 과세되지 않는다(상증법 §35③).

상속세 및 증여세법 제35조 【저가 양수 또는 고가 양도에 따른 이익의 증여】
③ 재산을 양수하거나 양도하는 경우로서 그 대가가 「법인세법」 제52조 제2항에 따른 시가에 해당하여 그 거래에 대하여 같은 법 제52조 제1항 및 「소득세법」 제101조 제1항(같은 법 제87조의27에 따라 준용되는 경우를 포함한다)이 적용되지 아니하는 경우에는 제1항 및 제2항을 적용하지 아니한다. 다만, 거짓이나 그 밖의 부정한 방법으로 상속세 또는 증여세를 감소시킨 것으로 인정되는 경우에는 그러하지 아니하다. (2021. 12. 21. 개정)

【기획재정부 재산세제과-83, 2015. 2. 3.】
저가·고가양도에 따른 이익의 증여 규정을 적용함에 있어서 거래당사자 간의 특수관계 성립 여부는 원칙적으로 매매계약일을 기준으로 판단하고, 개인과 법인 간 거래 시 대가가 법인세법상 가액에 해당하는 경우에는 상증법상 증여세 과세대상에서 제외됨.

【법규재산2014－53, 2014. 5. 12.】
특수관계 있는 개인과 법인 간 법인세법상 시가에 해당하는 가격으로 거래하여 부당행위계산부인규정이 적용되지 않는 경우에는 상증법 제35조【저가・고가 양도에 따른 이익의 증여 등】는 적용되지 않음.

(3) 법인세법상 부당행위계산부인이 적용된 경우

개인이 법인세법 제2조 제8항에 해당하는 특수관계 있는 법인으로부터 자산을 저가양수한 경우로서 저가 양도한 법인이 부당행위계산부인 적용 시 저가양수한 개인에게 소득처분하여 소득세가 과세된 경우에는 증여세가 과세되지 않는다(상증법 §4조의2③).[149)]

상속세 및 증여세법 집행기준 35－26－5【법인과 저가양수・고가양도 증여세 과세 여부】
법인이 소유자산을 특수관계자에게 시가에 미달하게 양도하거나 특수관계자로부터 시가를 초과하는 가액으로 양수함에 따라 부당행위계산부인 규정이 적용되는 경우 그 이익을 분여받은 개인에 대하여 다음과 같이 과세된다.

<table>
<tr><td>적용대상
부당행위
계산유형</td><td colspan="3">① 자산을 시가보다 높은 가액으로 매입 또는 현물출자받았거나 그 자산을 과대상각한 경우(법령 §88①1호)
② 무수익 자산을 매입 또는 현물출자받았거나 그 자산에 대한 비용을 부담한 경우(법령 §88①2호)
③ 자산을 무상 또는 시가보다 낮은 가액으로 양도 또는 현물출자한 경우(법령 §88①3호)</td></tr>
<tr><td>연도별</td><td>2007. 2. 27. 이전</td><td>2007. 2. 28. ~ 2009. 2. 3.</td><td>2009. 2. 4. 이후</td></tr>
<tr><td>소득처분</td><td>상여・배당 등</td><td>기타사외유출</td><td>상여・배당 등</td></tr>
<tr><td>과세방법</td><td>소득세 과세</td><td>증여세 과세</td><td>소득세 과세</td></tr>
</table>

149) 개인이 특수관계 있는 법인으로부터 자산을 저가양수한 경우에 증여세가 과세되는 경우는 거래가액이 법인세법상 시가에 해당하지 않는 경우로서 법인세법상 부당행위계산부인이 적용되지 않는 경우이다. 이 경우 법인세법상 부당행위계산부인 적용요건 중 가액요건은 시가와 대가와의 차액이 시가의 5% 이상인 경우이므로 시가의 5% 이상 차이나는 거래인 경우에는 부당행위계산부인 대상거래에 해당한다. 따라서 특수관계 있는 법인으로부터 자산을 저가양수한 개인에게 증여세가 과세되는 경우는 거의 없다고 할 수 있다.

개인이 특수관계 있는 법인으로부터 자산을 저가양수한 경우 증여세 과세

○ 과세요건
- 상속세 및 증여세법 시행령 제2조의2 제1항에 해당하는 특수관계인 간 거래일 것
- 시가와 양수가액의 차이가 시가의 30% 또는 3억 원 이상일 것
- 전환사채등 거래소에서 거래된 상장주식, 코스닥 상장주식이 아닐 것
  (시간 외 시장에서 매매된 것은 거래소에서 거래된 것으로 보지 않지만 당일 종가로 대량매매된 것은 거래소에서 거래된 것에 포함)
- 법인세법상 부당행위계산부인이 적용되어 소득세가 과세되지 않을 것
- 당해 대가가 법인세법상 시가에 부합하지 않을 것

○ 증여이익

증여재산가액 = (시가－양수가액)－Min(시가의 30%, 3억 원)

○ 증여시기, 시가산정기준일: 양수일(대금청산일 원칙) 원칙

○ 특수관계인 해당 여부: 매매계약일 기준으로 판정

○ 증여세 면제: 수증자가 납부할 능력이 없는 경우로서 강제징수를 하여도 조세채권 확보가 어려운 경우(증여자의 연대납세의무도 면제)

나. 비특수관계인 간 거래

(1) 저가양수에 따른 이익에 대한 증여세

개인이 특수관계 없는 법인으로부터 거래의 관행상 정당한 사유 없이 재산을 저가로 양수한 경우로서 시가와 대가와의 차액이 시가의 30% 이상인 경우에는 시가와 대가와의 차액에서 3억 원을 차감한 금액을 증여재산가액으로 하여 증여세가 과세된다(상증법 §35②).

○ 증여재산가액 2억 원 = (시가 10억 원－양수가액 5억 원)－3억 원

(2) 법인이 비지정기부금으로 손금불산입한 경우

개인이 특수관계 있는 법인으로부터 자산을 저가양수한 경우로서 저가양수에 따른 이익의 증여에 대한 증여세 과세요건을 갖춘 경우라 하더라도 양도법인이 부당행위계산부인 적용시 저가양수한 개인에게 소득처분하여 소득세가 과세된 경우에는 증여세가 과세되지 않는다.

반면 개인이 특수관계 없는 법인으로부터 자산을 저가양수한 경우로서 저가로 양도한 법인이 정상가액와 대가와의 차액에 대해 비지정기부금으로 손금불산입한 경우라 하더라도 저가양수한 개인에게 소득세가 과세되지 않았으므로 증여세 과세요건을 갖춘 경우에는 증여세가 과세된다.

(3) 거래가액이 법인세법상 정상가액에 해당하는 경우

개인이 상속세 및 증여세법 시행령 제2조의2 제1항 제2호부터 제8호까지에 해당하는 특수관계 있는 법인으로부터 재산을 저가양수한 경우로서 상속세 및 증여세법상으로는 시가와 대가와의 차액이 시가의 30% 또는 3억 원 이상인 경우라도 거래가액이 법인세법상 시가에 해당하여 부당행위계산부인이 적용되지 않는 경우에는 저가양수에 따른 이익에 대해 증여세가 과세되지 않는다.

반면 개인이 특수관계 없는 법인으로부터 거래의 관행상 정당한 사유 없이 재산을 저가로 양수한 경우로서 상속세 및 증여세법상으로는 시가와 대가와의 차액이 시가의 30% 이상 차이가 있지만 법인세법상으로는 거래가액이 정상가액에 해당하여 기부금 의제가 되지 않은 경우에도 저가양수한 개인에게는 증여세가 과세된다.

따라서 특수관계 없는 자간 자산의 저가거래의 경우에는 특수관계인 간 거래의 경우보다 더 주의하여 진행할 필요가 있다.

<table>
<tr><th colspan="3">구분</th><th>법인으로부터 자산을 저가양수한 개인의 과세문제</th></tr>
<tr><td rowspan="3">소득세</td><td colspan="2">사업소득</td><td>과세문제 없음(특수=비특수).</td></tr>
<tr><td rowspan="2">양도
소득</td><td>특수</td><td>• 취득가액: 양수가액(양도 시 과세)
• 법인세법상 부당행위계산부인 적용된 경우 취득가액
양수가액 + 소득처분금액(소령 §163⑩2호)
• 저가양수에 따른 이익에 대해 증여세가 과세된 경우 취득가액
양수가액 + 증여재산가액(소령 §163⑩1호)</td></tr>
<tr><td>비특수</td><td>• 취득가액: 양수가액(양도 시 과세)
• 저가양수에 따른 이익에 대해 증여세가 과세된 경우
양수가액 + 증여재산가액(소령 §163⑩1호)</td></tr>
</table>

구분		법인으로부터 자산을 저가양수한 개인의 과세문제
증여세	특수	• 요건: (시가 - 대가) ≥ 시가의 30% 또는 3억 원 • 증여재산가액 (시가 - 대가) - Min(시가의 30%, 3억 원) • 거래가액이 법인세법상 시가에 해당하는 경우 증여세 과세안됨(상증법 §35③) • 법인세법상 부당행위계산부인이 적용된 경우 증여세 과세안됨(상증법 §4조의2③)
	비특수	• 요건: (시가 - 대가) ≥ 시가의 30% • 증여재산가액: (시가 - 대가) - 3억 원 • 저가 양도법인이 비지정기부금으로 손금불산입된 경우 증여세 과세 • 거래가액이 법인세법상 정상가액에 해당하는 경우 증여세 과세

개인과 법인 간의 거래

A와 B가 개인과 법인인 경우에는 특수관계인 간 거래와 비특수관계인 간 거래에 따라 다음과 같이 과세문제가 달라진다.

1. 저가 양도 개인의 소득세

가. 사업소득, 기타소득

(1) 특수관계인 간 거래

가) 사업소득

개인사업을 영위하는 개인이 국세기본법 시행령 제1조의2 제2항, 제3항 제1호에 해당하는 특수관계 있는 법인에게 처분이익에 대해 소득세가 과세되는 사업용 자산을 저가로 양도한 경우로서 시가와 거래가액과의 차액이 시가의 5% 또는 3억 원 이상인 경우에는 소득세법상 사업소득에 대한 부당행위계산부인 대상거래에 해당한다(소법 §41, 소령 §98②).

따라서 시가 10억 원과 양도가액 5억 원과의 차액인 5억 원을 총수입금액에 산입하여야 한다.

〈회계처리〉
D) 보통예금 5억 원　　　　　　　　　　C) 자산 5억 원

〈세무조정〉
총수입금액산입 부당행위계산부인 5억 원[기타(기사)]

나) 기타소득

개인이 국세기본법 시행령 제1조의2 제2항, 제3항 제1호에 해당하는 특수관계 있는 법인에게 기타소득 과세대상 자산인 광업권 · 어업권 · 양식업권 · 산업재산권 · 산업정보, 산업상 비밀, 상표권 · 영업권 등을 시가보다 낮은 가액으로 양도한 경우로서 시가와 대가와의 차액이 시가의 5% 또는 3억 원 이상인 경우에는 소득세법상 기타소득에 대한 부당행위계산부인 대상거래에 해당한다. 따라서 시가를 총수입금액으로 하여 기타소득금액을 계산하여야 한다.

(2) 비특수관계인 간 거래

가) 업무와 관련 없는 경우

사업을 영위하는 개인이 업무와 관련 없이 처분이익에 대해 소득세가 과세되는 사업용 자산을 시가의 70%인 정상가액보다 낮은 가액으로 양도하는 경우에는 정상가액과 양도가액의 차액이 기부금으로 의제된다(소령 §79①).[150]

따라서 거래상대방이 10%, 50% 한도기부금 공익법인 등이 아닌 경우에는 의제기부금 전액을 필요경비불산입하여야 한다.

〈회계처리〉
D) 보통예금 5억 원　　　　　　　　　　C) 자산 5억 원
* 의제기부금 = [정상가액 7억 원(시가의 70%) - 양도가액 5억]

〈세무조정〉
필요경비불산입 비지정기부금 2억 원[기타(기사)]

150) 기타소득자인 경우에는 과세문제가 없다.

소득세법 시행령 제79조【기부금의 범위】
① 법 제34조 제1항에서 "대통령령으로 정하는 거래"란 제98조 제1항에 따른 특수관계인 외의 자에게 정당한 사유 없이 자산을 정상가액보다 낮은 가액으로 양도하거나 특수관계인 외의 자로부터 정상가액보다 높은 가액으로 매입하는 것을 말한다. 이 경우 정상가액은 시가에 시가의 100분의 30을 더하거나 뺀 범위의 가액으로 한다. (2019. 2. 12. 개정)

나) 업무와 관련 있는 경우

사업을 영위하는 개인이 업무와 관련이 있는 자에게 업무의 원활한 진행을 위하여 처분이익에 대해 소득세가 과세되는 사업용 자산을 시가보다 낮은 가액으로 양도하는 경우에는 시가와 대가와의 차액이 기업업무추진비에 해당한다.[151)]

따라서 시가에서 양도가액을 차감한 금액을 기업업무추진비로 보아 기업업무추진비 시부인 계산하여야 한다.

〈회계처리〉

D) 보통예금 5억 원　　　　　　　　C) 자산 5억 원

* 의제기업업무추진비[시가 10억 원 - 양도가액 5억 원]
  ⇒ 기업업무추진비 시부인 계산

나. 양도소득세 과세대상 자산인 경우

(1) 특수관계인 간 거래

가) 부당행위계산부인 적용

개인이 국세기본법 시행령 제1조의2 제2항, 제3항 제1호에 해당하는 특수관계 있는 법인에게 소득세법 제94조의 양도소득세 과세대상 자산을 시가보다 저가로 양도한 경우로서 시가와 양도가액의 차액이 시가의 5% 또는 3억 원 이상인 경우에는 양도소득에 대한 부당행위계산부인 대상거래에 해당한다(소법 §101, 소령 §167③).[152)]

따라서 시가 10억 원을 양도가액으로 하여 양도소득금액을 계산하여야 한다.

---

151) 기타소득자인 경우에는 과세문제가 없다.
152) 저가 양도 자산이 증권거래세 과세대상 주식인 경우로서 소득세법상 부당행위계산부인이 적용된 경우에는 시가를 과세표준으로 증권거래세를 납부하여야 한다.

나) 부당행위계산부인 대상 여부 판단 시점

저가 양도거래가 특수관계인과의 거래로서 시가와 대가와의 차액이 시가의 5% 이상이거나 3억 원 이상인지 여부, 즉 특수관계 성립 여부와 거래가액의 적정성 여부는 거래 당시인 매매계약체결일을 기준으로 판단한다.

이는 상속세 및 증여세법 제35조(고저가 양도에 따른 이익의 증여)에 의해 증여세 과세 시 특수관계 성립 여부는 매매계약일을 기준으로 판단하지만 거래가액의 적정성 여부는 양수일, 양도일로 판단하는 것과 차이가 있는 바 이러한 이유로 평가기준연도에 따라 평가금액이 크게 달라지는 비상장주식, 기준시가 고시일 등에 따라 평가금액이 크게 달라지는 부동산등의 경우에는 소득세법상으로는 시가에 해당하지만 상속세 및 증여세법상으로는 시가에 해당하지 않거나 소득세법상으로는 시가에 해당하지 않지만 상속세 및 증여세법상으로는 시가에 해당하는 문제가 발생할 수 있다.

따라서 매매계약체결일과 양도일, 양수일이 다른 경우 시가가 크게 달라질 수 있는 비상장주식, 부동산등을 거래 시에는 매매계약체결일과 양도일, 양수일을 동일 연도 또는 동일한 기준시가가 적용되는 일자 내로 조정하여 거래할 필요가 있다.

| 개별세법상 시가산정 기준일 |

구분	양도소득세 부당행위계산부인	고저가 양도에 따른 이익의 증여	법인세 부당행위계산부인
과세대상 거래 여부 판단 시 시가적용 기준일	매매계약체결일	양도일, 양수일 (대금청산일 원칙)	매매계약일 (매매계약일 현재 법인세법상 시가에 해당하는 경우 소득세, 증여세 과세문제 없음)
과세금액 확정 시 시가 적용 기준일	양도일 (대금청산일 원칙)		

∴ 매매계약 체결일과 양도일, 양수일이 동일 연도 또는 동일 기준시가 적용받을 수 있는 기간 내에 있게 해야 함.

【조심2018중3003, 2018. 11. 16.】

양도소득의 부당행위계산부인 대상인지 여부를 판단하고 결정짓는 것은 그 거래당사자 간 양도가액이 확정되거나 확정지을 수 있는 행위를 한 당시인 매매계약체결일을 기준시기로 하여야 하는 것임.

소득세법 집행기준 101－167－2 【부당행위 판단 기준일】
거주자와 특수관계 있는 자와의 거래가 부당한 행위에 해당하는지 여부는 거래 당시, 즉 양도가액을 확정지을 수 있는 시점인 매매계약일을 기준으로 판단한다.

다) 양도차익 확정 시 시가산정 기준일

부당행위계산부인 대상거래인지 여부는 매매계약체결일을 기준으로 판단하지만 매매계약체결일과 잔금청산일이 다른 경우 양도차익을 확정하는 시가 산정일은 양도일을 기준으로 한다(대법원 2007두14978, 2010. 5. 13., 대법원 88누5273, 1989. 6. 13., 대법원 97누15821, 1999. 1. 29. 등 외).

【대법원 2007두14978, 2010. 5. 13.】
부당행위계산부인 제도의 취지, 저가 양도로 인한 부당행위계산부인에 있어 매매계약체결 시기와 양도 시기가 다른 경우 토지 등의 양도가 부당행위계산에 해당하는지 여부는 그 대금을 확정 짓는 거래 당시를 기준으로 판단하는 반면, 그 토지의 양도차익을 계산함에 있어서는 양도가액을 양도 시기를 기준으로 산정하고 이는 그 선택의 이유와 기준을 달리하므로 양자가 기준시기를 달리 본다고 하여 불합리한 것은 아님.

라) 양도가액이 법인세법상 시가에 해당하는 경우

개인과 법인세법 시행령 제2조 제8항에 해당하는 특수관계 법인 간에 재산을 양수 또는 양도하는 경우로서 그 대가가 「법인세법 시행령」 제89조의 규정에 의한 시가에 해당되어 해당 법인의 거래에 대하여 법인세법상 부당행위계산부인이 적용되지 않는 경우에는 양도소득에 대한 부당행위계산부인을 적용하지 아니한다(소령 §167⑥).

특수관계 있는 법인에게 저가 양도 시 양도소득세 부당행위계산부인

○ 거래요건
- 특수관계 있는 자 간의 거래일 것
  (국세기본법 시행령 제1조의2 제2항, 제3항 제1호 준용)
- 시가와 양도가액의 차액이 시가의 5% 또는 3억 원 이상일 것
- 양도가액이 법인세법상 시가에 해당하지 않을 것

○ 특수관계 여부, 시가의 적정성 여부 판단 시점: 거래 당시(매매계약체결일)

○ 양도차익 산정 시가산정 기준일: **양도일(대금청산일 원칙)**

○ 시가산정
상속세 및 증여세법 제60조부터 제66조 준용(상장주식: 법인세법 시행령 제89조 준용)

소득세법 제101조【양도소득의 부당행위계산】
① 납세지 관할 세무서장 또는 지방국세청장은 양도소득이 있는 거주자의 행위 또는 계산이 그 거주자의 특수관계인과의 거래로 인하여 그 소득에 대한 조세 부담을 부당하게 감소시킨 것으로 인정되는 경우에는 그 거주자의 행위 또는 계산과 관계없이 해당 과세기간의 소득금액을 계산할 수 있다.

소득세법 시행령 제167조【양도소득의 부당행위 계산】
③ 법 제101조 제1항에서 "조세의 부담을 부당하게 감소시킨 것으로 인정되는 경우"란 다음 각호의 어느 하나에 해당하는 때를 말한다. 다만, 시가와 거래가액의 차액이 3억 원 이상이거나 시가의 100분의 5에 상당하는 금액 이상인 경우로 한정한다. (2017. 2. 3. 개정)
1. 특수관계인으로부터 시가보다 높은 가격으로 자산을 매입하거나 특수관계인에게 시가보다 낮은 가격으로 자산을 양도한 때

⑤ 제3항 및 제4항을 적용할 때 시가는 「상속세 및 증여세법」 제60조부터 제66조까지와 같은 법 시행령 제49조, 제50조부터 제52조까지, 제52조의2, 제53조부터 제58조까지, 제58조의2부터 제58조의4까지, 제59조부터 제63조까지 및 「조세특례제한법」 제101조의 규정을 준용하여 평가한 가액에 의한다. 이 경우 「상속세 및 증여세법 시행령」 제49조 제1항 본문 중 "평가기준일 전후 6월(증여재산의 경우에는 3월로 한다) 이내의 기간"은 "양도일 또는 취득일 전후 각 3월의 기간"으로 보며, 「조세특례제한법」 제101조 중 "상속받거나 증여받는 경우"는 "양도하는 경우"로 본다.

⑥ 개인과 법인 간에 재산을 양수 또는 양도하는 경우로서 그 대가가 「법인세법 시행령」 제89조의 규정에 의한 가액에 해당되어 당해 법인의 거래에 대하여 「법인세법」 제52조의 규정이 적용되지 아니하는 경우에는 법 제101조 제1항의 규정을 적용하지 아니한다. 다만, 거짓 그 밖의 부정한 방법으로 양도소득세를 감소시킨 것으로 인정되는 경우에는 그러하지 아니하다.

【서면-2015-법령해석재산-0569, 2015. 6. 29.】
개인과 법인 간 매매계약일 현재 시가로 거래하여 법인세법상 부당행위계산부인 규정이 적용되지 않는 경우 양도소득 부당행위계산 규정을 적용하지 않음.

■ 자기주식을 법인에 저가로 양도하는 경우 과세문제

개인이 법인에 저가로 자산을 양도하는 거래 중 가장 많은 비중을 차지하는 거래는 자기주식을 양도하는 경우라 할 수 있다. 명의신탁주식을 법인에서 저가로 양수하는 등 여러 사정으로 법인에서 자기주식을 저가로 양수하는 경우에는 다음의 모든 과세문제를 검토하여 진행하여야 한다.

이 경우 법인에서 감자 또는 이익소각을 진행하는 경우에도 형식상 자기주식을 양수한 후 소각하는 절차를 거치므로 자기주식을 양수하는 경우에 해당한다.

Ⅰ. 저가로 양도하는 개인(소득세법상 부당행위계산부인)

○ 요건

• 관계요건: 특수관계인 포함 30% 이상 지분율

• 가액요건: (시가 − 양도가액) ≥ (시가의 5% 또는 3억 원)

○ 과세

시가를 기준으로 양도소득세, 증권거래세 과세

Ⅱ. 저가로 양수하는 법인

1. 양수목적(특수관계 있는 개인으로부터 유가증권 저가양수시 익금산입)

○ 요건

• 관계요건: 법인의 1% 이상 주주(또는 임직원등)

• 가액요건: 시가보다 낮은 가액으로 양수

○ 과세

시가와 양수가액과의 차액: 〈익금산입〉 유가증권 ***(유보)

⇒ 처분시 추인되어 양도차익 감소

2. 소각목적

과세문제 없음.

Ⅲ. 저가로 양수하는 법인의 주주의 증여세

1. 양수목적(특정법인과의 거래를 통한 이익의 증여의제)

○ 관계요건

: 자기주식 양도주주가 법인의 출자・임직원 또는 지배주주의 친족, 사용인

○ 거래가액 요건: (시가 − 양수가액) ≥ 시가의 30% 또는 3억 원

○ 증여의제이익 요건: 지배주주별 증여의제이익 1억 원 이상

○ 과세: 특정법인의 이익 중 지배주주 지분율 상당액에 대해 증여세 과세

2. 소각목적(감자에 따른 이익의 증여)

○ 관계요건: 자기주식을 양도한 주주와 특수관계 & 대주주(1% 이상)

> ○ 거래가액 요건
> : 주식평가액 상승액 ≥ 감자한 주식등의 평가액의 30% 또는 3억 원
> ○ 특수관계 있는 주주의 주식이 저가로 소각됨에 따른 주식평가액에 대해 증여세 과세

(2) 비특수관계인 간 거래

양도소득금액에 대한 부당행위계산부인은 특수관계인 간 거래에 한하여 적용하는 것으로, 개인이 특수관계 없는 법인에게 양도소득세 과세대상 자산을 시가보다 낮은 가액으로 양도한 경우에는 과세문제가 없다.

2. 저가 양도 개인의 부가가치세

가. 특수관계인 간 거래

개인이 과세사업을 영위하는 일반과세자로서 국세기본법 시행령 제1조의2 제2항, 제3항 제1호에 해당하는 특수관계 있는 법인에게 시가보다 낮은 가액으로 재화를 공급한 경우에는 시가 10억 원을 공급가액으로 하여 부가가치세가 과세된다(부법 §29④).

나. 비특수관계인 간 거래

개인이 과세사업을 영위하는 일반과세자로서 특수관계 없는 법인에게 시가보다 낮은 가액으로 재화를 공급한 경우에는 거래가액을 공급가액으로 보므로 과세문제가 없다.

구분			법인에게 저가 양도한 개인의 과세문제
소득세	특수	사업소득	〈총수입금액산입〉 부당행위계산부인 10억 원(기타) (소법 §41, 소령 §98②2호)
		기타소득	시가 10억 원을 기준으로 기타소득 과세
		양도소득	부당행위계산부인, 시가를 양도가액으로 과세 (소법 §101, 소령 §167③)
	비특수(사업)	업무무관	〈필요경비불산입〉 비지정기부금 2억 원(기사) (소법 §34, 소령 §79①) -정당한 사유 없는 경우 의제기부금: 정상가액(시가의 70%)-시가
		업무관련	기업업무추진비 시부인 계산(소법 §35①, 소령 §81③)

구분		법인에게 저가 양도한 개인의 과세문제
부가가치세	특수	시가를 공급가액으로 부가가치세 과세(부법 §29④)
	비특수	사업상 증여(공급가액 - 시가)(부법 §10⑤, §29②4호)

3. 저가양수 법인의 법인세

가. 특수관계인 간 거래

법인이 법인세법 시행령 제2조 제5항에 해당하는 특수관계 있는 개인으로부터 자산을 저가양수한 경우에는 양도 시점에 처분이익으로 과세되며 양수시점에는 과세문제가 없다.

다만, 특수관계 있는 개인으로부터 유가증권을 저가로 양수한 경우에는 시가와 대가와의 차액을 익금에 산입하여야 한다(법법 §15②1호).

나. 비특수관계인 간 거래

법인이 특수관계 없는 개인으로부터 자산을 저가양수한 경우에는 양도 시점에 처분이익으로 과세되며 양수시점에는 과세문제가 없다.

4. 저가양수 비영리법인의 증여세

양수법인이 영리법인인 경우에는 특수관계 여부를 불문하고 재산의 저가양수로 얻은 이익에 대해 증여세 납부의무가 없지만, 비영리법인인 경우에는 개인과 동일하게 재산을 저가로 양수하여 얻은 이익에 대해 증여세가 과세된다.[153)]

가. 특수관계인 간 거래

비영리법인이 상속세 및 증여세법 시행령 제2조의2 제1항 제2호, 제4호, 제5호, 제8호에 해당하는 특수관계 있는 개인으로부터 재산을 저가로 양수한 경우로서 시가와 양수가액의 차액이 시가의 30% 또는 3억 원 이상인 경우에는 시가와 대가와의 차액에서 시가의 30%와 3억 원 중 적은 금액을 차감한 금액을 증여재산가액으로 하여 증여세가 과세된다(상증법 §35①).

다만, 저가 양도한 개인에게 양도소득세 부당행위계산부인이 적용되지 않은 경우로서 거

153) 해당 자산이 향후 처분 시 처분이익에 대해 법인세가 과세되지 않는 자산임을 전제로 한다.

짓, 그 밖의 부정한 방법으로 양도소득세를 감소시킨 것으로 인정되는 경우가 아닌 경우에는 저가양수에 따른 증여세가 과세되지 않는다(상증법 §35③).

2022년 전에는 법인으로부터 저가양수한 경우로서 법인입장에서 부당행위계산부인 적용대상거래가 아닌 경우에만 저가양수에 따른 이익에 대해 증여세 과세가 배제되었지만 2022년 거래분부터는 개인으로부터 저가양수한 경우로서 저가 양도한 개인에게 소득세법상 양도소득세 부당행위계산부인이 적용되지 않은 경우에도 저가양수에 따른 이익에 대해 증여세가 과세되지 않는다.[154)]

따라서 법인세법상 부당행위계산부인, 소득세법상 양도소득 부당행위계산부인이 적용되지 않는 경우에는 비특수관계인 간 거래보다 유리할 수 있다.

○ 증여재산가액
　= (시가 10억 원－양수가액 5억 원)－Min(시가의 30%, 3억 원)
　= 2억 원

나. 비특수관계인 간 거래

비영리법인이 특수관계 없는 개인으로부터 거래의 관행상 정당한 사유 없이 저가로 재산을 양수한 경우로서 시가와 대가와의 차액이 시가의 30% 이상인 경우에는 시가와 대가와의 차액에서 3억 원을 차감한 금액을 증여재산가액으로 하여 증여세가 과세된다(상증법 §35②).

○ 증여재산가액 = (시가 10억 원－양수가액 5억 원)－3억 원 = 2억 원

5. 저가양수 법인의 주주의 증여세

가. 특수관계인 간 거래

자산을 저가양수한 영리법인이 지배주주등의 직・간접 지분율이 30% 이상인 특정법인에 해당하고 양수법인의 지배주주와 양도한 개인이 상속세 및 증여세법 시행령 제2조의2 제1항 제1호부터 제3호까지에 의해 특수관계가 성립하는 경우로서 자산의 시가와 양수가액의 차

154) 양도소득세 대한 부당행위계산부인으로 한정하고 있어 사업을 영위하는 개인으로부터 사업용 자산을 특수관계인으로부터 저가양수한 경우로서 사업소득 부당행위계산부인이 적용된 경우에는 저가양수에 따른 이익에 대해 증여세가 과세된다.

액이 시가의 30% 또는 3억 원 이상이며 양수법인의 지배주주등이 얻은 증여의제이익이 1억 원 이상인 경우에는 양수법인의 지배주주등에게 증여세가 과세된다(상증법 §45조의5).

이 경우 시가와 대가와의 차액이 30% 이상인지 여부 판단 시 시가는 상속세 및 증여세법상 시가를 적용하지 않고 법인세법 시행령 제89조 제1항, 제2항을 준용하여 판단하여야 한다(상증령 §34조의5⑧).

○ 특정법인의 이익
　= (시가 10억 원－대가 5억 원)－〔법인세 × (시가－대가) / 각 사업연도 소득〕

○ 증여의제이익
　= 특정법인의 이익 × 지배주주등의 지분율 ≥ 1억 원 ⇒ 증여세 과세

　* 지배주주등의 지분율이 20% 이상인 경우 증여세 과세(법인세 상당액 없는 경우 가정 시)

나. 비특수관계인 간 거래

상속세 및 증여세법상 비특수관계인 간 거래인 경우에는 저가 양도한 개인과 특정법인의 지배주주가 특수관계가 성립하는 경우를 가정하기 어려우므로 법인이 저가로 자산을 양수한 경우에도 수혜법인의 지배주주등에게 증여세 과세문제는 발생하지 않는다.

구분		개인으로부터 자산을 저가로 양수한 법인의 과세문제
법인세	특수 (내국)	(원칙) 과세문제 없음. (예외) 특수관계 개인으로부터 유가증권 저가양수 －시가와 양수가액과의 차액 익금산입(법법 §15②1호)
	비특수	과세문제 없음.
증여세	비영리 (특수)	• 요건: (시가－대가) ≥ 시가의 30% 또는 3억 원 • 증여재산가액 (시가 10억 원－양수가액 5억 원)－Min(시가의 30%, 3억 원) • 과세 제외: 소득세법상 양도소득 부당행위계산부인 적용되지 않은 경우
	비영리 (비특수)	• 요건: (시가－대가) ≥ 시가의 30%, 정당한 사유 없는 경우 • 증여재산가액 (시가 10억 원－양수가액 5억 원)－3억 원

구분		개인으로부터 자산을 저가로 양수한 법인의 과세문제
주주의 증여세	특수	① 저가양수법인이 지배주주등의 직·간접 지분율이 30% 이상인 특정법인에 해당 ② 저가 양도한 개인과 양수법인의 주주 간에 특수관계 성립 ③ 양수한 자산의 시가와 양수가액의 차이가 시가의 30% 또는 3억 원 이상 ④ 지배주주등 개인별 증여의제이익이 1억 원 이상인 경우 증여세 과세 (상증법 §45조의5)
	비특수	과세문제 없음.

Ⅳ 개인과 개인 간의 거래

A와 B가 개인과 개인인 경우에는 특수관계인 간 거래와 비특수관계인 간 거래에 따라 다음과 같이 과세문제가 달라진다.

1. 저가 양도 개인의 소득세

가. 사업소득, 기타소득

(1) 특수관계인 간 거래

가) 사업소득

사업을 영위하는 개인이 국세기본법 시행령 제1조의2 제1항, 제2항에 해당하는 특수관계 있는 개인에게 처분이익에 대해 소득세가 과세되는 사업용 자산을 시가보다 저가로 양도한 경우로서 시가와 대가와의 차액이 시가의 5% 또는 3억 원 이상인 경우에는 부당행위계산부인 대상거래에 해당하므로 시가 10억 원과 양도가액 5억 원과의 차액을 총수입금액에 산입하여야 한다(소령 §98②2호).

나) 기타소득

개인이 국세기본법 시행령 제1조의2 제1항, 제2항에 해당하는 특수관계 있는 개인에게 기타소득 과세대상 자산인 광업권·어업권·양식업권·산업재산권·산업정보, 산업상 비밀, 상표권·영업권 등을 시가보다 낮은 가액으로 양도한 경우로서 시가와 대가와의 차액이 시가의 5% 또는 3억 원 이상인 경우에는 시가를 총수입금액으로 하여 기타소득금액을 계산하여야 한다.

(2) 비특수관계인 간 거래

가) 업무와 관련 없는 경우

사업을 영위하는 개인이 처분이익에 대해 소득세가 과세되는 사업용 자산을 정당한 사유 없이 시가의 70%인 정상가액보다 낮은 가액으로 양도하는 경우에는 정상가액과 양도가액의 차이를 기부금으로 의제하므로 거래상대방이 공익단체등이 아닌 개인인 경우에는 전액 필요경비 불산입하여야 한다.[155]

나) 업무와 관련 있는 경우

사업을 영위하는 개인이 업무와 관련이 있는 자에게 업무의 원활한 진행을 위하여 처분이익에 대해 소득세가 과세되는 사업용 자산을 시가보다 낮은 가액으로 양도하는 경우에는 시가와 양도가액과의 차액을 기업업무추진비로 보아 시부인 계산하여야 한다.[156]

나. 양도소득

(1) 특수관계인 간 거래

개인이 국세기본법 시행령 제1조의2 제1항, 제2항에 해당하는 특수관계 있는 개인에게 저가로 자산을 양도한 경우로서 동 자산이 소득세법 제94조의 양도소득세 과세대상 자산에 해당하는 경우에는 시가 10억 원을 양도가액으로 보아 양도소득금액을 재계산하여야 한다(소법 §101).[157]

(2) 비특수관계인 간 거래

양도소득금액 부당행위계산부인은 특수관계인 간 거래에 한하여 적용하므로 개인이 특수관계 없는 개인에게 양도소득세 과세대상 자산을 시가보다 저가로 양도한 경우에는 과세문제가 없다.

---

155) 기타소득자인 경우에는 과세문제가 없다.

156) 기타소득자인 경우에는 과세문제가 없다.

157) 저가 양도 자산이 증권거래세 과세대상 주식인 경우로서 소득세법상 부당행위계산부인이 적용된 경우에는 시가를 과세표준으로 증권거래세를 납부하여야 한다.

2. 저가 양도 개인의 부가가치세

가. 특수관계인 간 거래

개인이 과세사업을 영위하는 일반과세자로서 국세기본법 시행령 제1조의2 제1항, 제2항에 해당하는 특수관계 있는 개인에게 시가보다 낮은 가액으로 재화를 공급한 경우에는 시가 10억 원을 공급가액으로 하여 부가가치세가 과세된다(부법 §29④).

나. 비특수관계인 간 거래

개인이 과세사업을 영위하는 일반과세자로서 특수관계 없는 개인에게 시가보다 낮은 가액으로 재화를 공급한 경우에는 거래가액이 공급가액이 되므로 과세문제가 없다.

<table>
<tr><th colspan="3">구분</th><th>개인에게 자산을 저가 양도한 개인의 과세문제</th></tr>
<tr><td rowspan="5">소득세</td><td rowspan="3">특수</td><td>사업소득</td><td>〈총수입금액산입〉 부당행위계산부인 10억 원(기타)
(소법 §41, 소령 §98②2호)</td></tr>
<tr><td>기타소득</td><td>시가 10억 원을 기준으로 기타소득세 과세</td></tr>
<tr><td>양도소득</td><td>부당행위계산부인, 시가를 양도가액으로 과세
(소법 §101, 소령 §167③)
증권거래세 과세표준－시가</td></tr>
<tr><td rowspan="2">비특수
(사업)</td><td>업무무관</td><td>〈필요경비불산입〉 비지정기부금 2억 원(기사)
(소법 §34, 소령 §79①)
－정당한 사유 없는 경우
의제기부금: 정상가액(시가의 70%)－시가</td></tr>
<tr><td>업무관련</td><td>기업업무추진비 시부인 계산(소법 §35①, 소령 §81③)</td></tr>
<tr><td rowspan="2">부가가치세</td><td colspan="2">특수</td><td>시가를 공급가액으로 부가가치세 과세(부법 §29④)</td></tr>
<tr><td colspan="2">비특수</td><td>사업상 증여(공급가액－시가)(부법 §10⑤ · §29②4호)</td></tr>
</table>

3. 저가양수 개인의 소득세

가. 사업소득

(1) 특수관계인 간 거래

개인사업을 영위하는 개인이 국세기본법 시행령 제1조의2 제1항, 제2항에 해당하는 특수관계 있는 개인으로부터 처분이익이 과세되는 사업용 자산을 저가로 양수한 경우에는 양도

시 처분이익으로 과세되며 양수시점에는 과세문제가 없다.

(2) 비특수관계인 간 거래

개인사업을 영위하는 개인이 특수관계에 없는 개인으로부터 처분이익이 과세되는 사업용 자산을 저가로 양수한 경우에는 양도 시 처분이익으로 과세되며 양수시점에는 과세문제가 없다.

나. 양도소득

(1) 특수관계인 간 거래

개인이 국세기본법 시행령 제1조의2 제1항, 제2항에 해당하는 특수관계 있는 개인으로부터 양도소득세 과세대상 자산을 시가보다 저가로 양수한 경우에는 양수시점에 과세하지 않고 양도 시점에 양도차익으로 과세한다.

다만, 이 경우 저가양수한 개인에게 상속세 및 증여세법 제35조 제1항에 의해 저가양수에 따라 얻은 이익에 대해 증여세가 과세된 경우에는 해당 증여재산가액을 취득가액에 가산한다(소령 §163⑩).

(2) 비특수관계인 간 거래

비특수관계인으로부터 자산을 저가로 양수한 경우에도 양도 시 양도차익으로 과세되며 양수시점에는 과세되지 않는다.

다만, 이 경우 저가양수한 개인에게 상속세 및 증여세법 제35조 제2항에 의해 저가양수에 따라 얻은 이익에 대해 증여세가 과세된 경우에는 해당 증여재산가액을 취득가액에 가산한다(소령 §163⑩).

4. 저가양수 개인의 증여세

가. 특수관계인 간 거래

(1) 저가양수에 따른 이익의 증여

개인이 상속세 및 증여세법 시행령 제2조의2 제1항 제1호부터 제3호까지에 해당하는 특수관계 있는 개인으로부터 자산을 저가양수한 경우로서 시가와 대가와의 차액이 시가의 30% 또는 3억 원 이상인 경우에는 시가와 대가와의 차액에서 시가의 30%와 3억 원 중 적은 금액을 차감한 금액을 증여재산가액으로 하여 증여세가 과세된다(상증법 §35①).

○ 증여재산가액
= (시가 10억 원－양수가액 5억 원)－Min(시가의 30%, 3억 원)
= 2억 원

(2) 저가 양도한 개인에게 소득세법상 부당행위계산부인이 적용되지 않은 경우

저가 양도한 개인에게 소득세법상 양도소득세 부당행위계산부인이 적용되지 않은 경우로서 거짓이나 그 밖의 부정한 방법으로 증여세를 감소시킨 것으로 인정되는 경우가 아닌 경우에는 증여세가 과세되지 않는다(상증법 §35③).

(3) 특수관계 있는 개인 간 자산의 저가거래 시 이중과세 문제

특수관계 있는 개인 간 자산의 저가거래의 경우 양도한 개인에게는 부당행위계산부인이 적용되어 소득세가 과세되며, 양수한 개인에게는 저가양수에 따른 이익에 대해 증여세가 과세된다.

따라서 동일한 이익에 대해 양도인과 양수인에게 과세하고 있는 것으로 이중과세 해당 여부에 대한 논란이 있을 수 있다.

이중과세 논란에 대해 대법원은 증여세와 양도소득세는 납세의무의 성립요건과 시기 및 납세의무자를 서로 달리하는 것이므로 중복적용을 배제하는 규정이 없는 한 양도소득세와 증여세를 중복하여 과세할 수 있는 것으로 설시하면서 이중과세가 아닌 것으로 판결하였다(대법원 2002두12458, 2003. 5. 13.).

또한 헌법재판소도 동일한 담세력의 원천에 대하여 중복적으로 과세하는 것이라도 적용요건을 달리하고 납세의무자를 달리하는 다른 세목이므로 이중과세금지원칙에 위배하지 않아 헌법에 부합하는 것으로 판결한 바 있다(헌법재판소 2004헌바76, 2006. 6. 29.).

나. 비특수관계인 간 거래

개인이 특수관계 없는 개인으로부터 거래의 관행상 정당한 사유없이 재산을 저가양수한 경우로서 시가와 대가와의 차액이 시가의 30% 이상인 경우에는 시가와 대가와의 차액에서 3억 원을 차감한 금액을 증여재산가액으로 하여 증여세가 과세된다(상증법 §35②).

○ 증여재산가액 = (시가 10억 원－양수가액 5억 원)－3억 원 = 2억 원

<table>
<tr><th colspan="3">구분</th><th>개인으로부터 자산을 저가양수한 개인의 과세문제</th></tr>
<tr><td rowspan="3">소득세</td><td colspan="2">사업소득</td><td>과세문제 없음(특수=비특수).</td></tr>
<tr><td rowspan="2">양도 소득</td><td>특수</td><td>• 취득가액: 양수가액(양도 시 과세)
• 저가양수에 따른 이익에 대해 증여세가 과세된 경우 취득가액: 양수가액+증여재산가액(소령 §163⑩1호)</td></tr>
<tr><td>비특수</td><td>• 취득가액: 양수가액(양도 시 과세)
• 저가양수에 따른 이익에 대해 증여세가 과세된 경우: 양수가액+증여재산가액(소령 §163⑩ 1호)</td></tr>
<tr><td rowspan="2">증여세</td><td colspan="2">특수</td><td>• 저가양수에 따른 이익의 증여 (상증법 §35①)
(시가 10억 원－양수가액 5억 원)－Min(시가의 30%, 3억 원)
⇒ 저가 양도한 개인에게 소득세법상 부당행위계산부인이 적용되지 않은 경우: 과세 안됨.
⇒ 이중과세 아님(대법원 2002두12458, 2003. 5. 13.).</td></tr>
<tr><td colspan="2">비특수</td><td>• 저가양수에 따른 이익의 증여(상증법 §35②)
(시가 10억 원－양수가액 5억 원)－3억 원
⇒ 거래의 관행상 정당한 사유 없는 경우</td></tr>
</table>

제4절 자산의 고가거래에 대한 과세문제

CASE

A는 취득가액 5억 원, 시가 5억 원의 자산을 B에게 10억 원에 양도하려고 한다. 이 경우 발생하는 과세문제는?

* 감가상각비는 없음.
* A: 10%, 50% 한도기부금 공익법인, 공익단체 등이 아님.

I 법인과 법인 간의 거래

A와 B가 법인과 법인인 경우에는 특수관계인 간 거래와 비특수관계인 간 거래에 따라 다음과 같이 과세문제가 달라진다.

1. 고가양도 법인의 법인세

가. 특수관계인 간 거래

A법인이 법인세법 시행령 제2조 제8항에 해당하는 특수관계 있는 B법인에게 시가 5억 원의 자산을 10억 원에 양도하는 경우로서 대가와 시가와의 차액이 시가의 5% 이상 또는 3억 원 이상이지만 처분이익 5억 원이 각 사업연도 소득금액을 구성하여 조세의 부담을 부당하게 감소시킨 것에 해당하지 않으므로 부당행위계산부인 대상거래에 해당하지 않는다.

다만, 시가초과액에 대한 외상매출금은 대손충당금 설정이 불가능하다(법령 §61①3호).

〈회계처리〉	
D) 보통예금 10억 원	C) 자산 5억 원 자산처분이익 5억 원
〈세무조정〉 없음.	

나. 비특수관계인 간 거래

A와 B가 특수관계가 성립하지 않는 경우에도 A는 처분이익 5억 원에 대한 법인세만 부담할 뿐 그 외 과세문제는 없다.

> **법인세법 시행령 제61조 【대손충당금의 손금산입】**
> ① 법 제34조 제1항에 따른 외상매출금 · 대여금 및 그 밖에 이에 준하는 채권은 다음 각호의 구분에 따른 것으로 한다.
> 3. 그 밖에 이에 준하는 채권: 어음상의 채권 · 미수금, 그 밖에 기업회계기준에 따라 대손충당금 설정대상이 되는 채권(제88조 제1항 제1호에 따른 시가초과액에 상당하는 채권은 제외한다)

2. 고가양도 법인의 부가가치세

가. 특수관계인 간 거래

특수관계인 간 거래에 대해 시가를 공급가액으로 보아 과세하는 부가가치세법 제29조 제4항은 재화를 시가보다 낮은 가액이나 대가를 받지 않고 공급하는 경우에만 적용하는 것으로 시가보다 높은 가액으로 양도하면서 거래가액에 대한 부가가치세를 거래징수하여 납부한 경우에는 과세문제가 발생하지 않는다.

나. 비특수관계인 간 거래

비특수관계인 간 거래의 경우 거래가액을 공급가액으로 하여 부가가치세가 과세되므로 과세문제를 검토할 필요가 없다.

3. 고가양도 비영리법인의 증여세

영리법인은 고가양도를 통해 이익을 얻은 경우에도 증여세가 과세되지 않지만 비영리법인은 고가양도에 따라 얻은 이익 상당액에 대해 증여세가 과세된다.[158)]

---

158) 해당 자산의 처분이익에 대해 비영리법인에게 법인세가 과세되지 않은 것을 전제로 한다.

가. 특수관계인 간 거래

비영리법인인 A법인이 상속세 및 증여세법 시행령 제2조의2 제1항 제4호부터 제8호까지에 해당하는 특수관계 있는 B법인에게 자산(전환사채 등 제외)을 시가보다 고가로 양도한 경우로서 대가와 시가와의 차액이 시가의 30% 또는 3억 원 이상인 경우에는 대가와 시가와의 차액에서 시가의 30% 또는 3억 원 중 적은 금액을 차감한 금액을 증여재산가액으로 보아 증여세가 과세된다(상증법 §35①).

이 경우 대가와 시가와의 차이가 동일한 경우를 가정 시 증여재산가액 계산 시 차감하는 시가의 30%는 고가양도의 경우가 저가양수의 경우보다 적다.

따라서 고가양도의 경우 과세되는 증여재산가액이 저가양수의 경우보다 더 크다.

○ 고가양도 시 증여재산가액(3.5억 원)
= 대가(10억 원)－시가(5억 원)－Min(시가의 30% 1.5억 원, 3억 원)

VS

○ 저가양수 시 증여재산가액(2억 원)
= 시가(10억 원)－대가(5억 원)－Min(시가의 30% 3억 원, 3억 원)

특수관계인 간 자산의 고가양도에 따른 이익에 대한 증여세 과세

○ 거래요건
- 상속세 및 증여세법 시행령 제2조의2 제1항에 해당하는 특수관계인에게 자산을 고가로 양도할 것
- 전환사채등 거래소에서 거래된 상장주식, 코스닥 상장주식이 아닐 것
  (시간 외 시장에서 매매된 것은 거래소에서 거래된 것으로 보지 않지만 당일 종가로 대량매매된 것은 거래소에서 거래된 것으로 봄)

○ 가액요건
(대가－시가) ≥ 시가의 30% 또는 3억 원

○ 증여이익

증여재산가액
= (대가－시가)－Min(시가의 30%, 3억 원)

○ 증여시기, 시가산정기준일: 양도일(대금청산일 원칙)

○ 특수관계인 해당 여부: 매매계약일 기준으로 판정

○ 증여세 면제: 수증자가 납부할 능력이 없는 경우로서 강제징수를 하여도 조세채권 확보가 어려운 경우(증여자의 연대납세의무도 면제)

VS 전환사채등의 고가양도에 따른 이익의 증여세 과세

○ 전환사채등
전환사채(CB: Convertible bonds), 신주인수권부사채(BW: Bond with warrants), 교환사채(EB: Exchangeable bond)

○ 거래요건
- 상속세 및 증여세법 시행령 제2조의2에 해당하는 특수관계인에게 전환사채등을 고가로 양도할 것(상증법 §40①3호)

○ 특수관계인 요건
특수관계인에게 양도한 경우에 한하여 과세하며 비특수관계인 간 거래인 경우에는 과세문제 없음.

○ 가액요건
(대가 - 시가) ≥ 시가의 30% 또는 1억 원(상증령 §30②1호)

○ 증여이익
(대가 - 시가)(상증령 §40①)

> 증여재산가액
> = (전환사채의 양도가액 10억 원 - 시가 5억 원) = 5억 원
> * 시가와 대가와의 차액에서 차감하는 금액 없음.

나. 비특수관계인 간 거래

비영리법인인 A법인이 상속세 및 증여세법상 특수관계 없는 B법인에게 거래의 관행상 정당한 사유 없이 자산을 고가양도한 경우로서 대가와 시가와의 차액이 시가의 30% 이상인 경우에는 대가와 시가와의 차액에서 3억 원을 차감한 금액을 증여재산가액으로 보아 증여세가 과세된다(상증법 §35②).

특수관계인 간 거래와 달리 비특수관계인 간 거래의 경우에는 대가와 시가와의 차액에서 3억 원을 차감하여 증여재산가액을 계산하므로 대가와 시가와의 차액이 동일한 경우를 가정 시 저가양수의 경우와 고가양도의 경우 과세되는 증여재산가액이 동일하다.

○ 고가양도 시 증여재산가액(2억 원)
= 〔대가(10억 원) − 시가(5억 원)〕 − 3억 원

VS

○ 저가양수 시 증여재산가액(2억 원)
= 〔시가(10억 원) − 대가(5억 원)〕 − 3억 원

비특수관계인 간 자산의 고가양도에 따른 이익에 대한 증여세 과세

○ 거래요건
- 비특수관계인에게 거래의 관행상 정당한 사유 없이 자산을 고가로 양도할 것
- 전환사채, 거래소에서 거래된 상장주식, 코스닥 상장주식이 아닐 것
  (시간 외 시장에서 매매된 것은 거래소에서 거래된 것으로 보지 않지만 당일 종가로 대량매매된 것은 거래소에서 거래된 것으로 봄)

○ 가액요건
(대가 − 시가) ≥ 시가의 30%

○ 증여이익

○ 증여재산가액
= (대가 − 시가) − 3억 원

○ 증여시기, 시가산정기준일: 양도일(대금청산일 원칙)

○ 증여세 면제: 수증자가 납부할 능력이 없는 경우로서 강제징수를 하여도 조세채권 확보가 어려운 경우(증여자의 연대납세의무도 면제)

구분	전환사채 등 외 재산의 고가양도		전환사채등의 고가양도	
특수관계인 요건	특수관계인 간 거래	과세	특수관계인 간 거래	과세
	비특수관계인 간 거래	정당한 사유가 없는 경우 과세	비특수관계인 간 거래	과세문제 없음.
가액요건	특수관계인 간 거래	(대가－시가) ≥ 시가의 30% 또는 3억 원	(대가－시가) ≥ 시가의 30% 또는 1억 원	
	비특수관계인 간 거래	(대가－시가) ≥ 시가의 30%	과세문제 없음.	
증여재산 가액	특수관계인 간 거래	(대가－시가) － Min(시가의 30%, 3억 원)	(대가－시가)	
	비특수관계인 간 거래	(대가－시가)－3억 원	과세문제 없음.	

【서면－2017－상속증여－0091, 2017. 2. 15.】

비특수관계인 간 거래의 관행상 정당한 사유없이 고가양도 시 증여세를 과세하며, 거래의 관행상 정당한 사유가 있는지 여부는 구체적인 사실을 확인하여 판단할 사항임.

【대법원 2013두5081, 2013. 8. 23.】

재산을 고가로 양도·양수한 거래당사자들이 그 거래가격을 객관적 교환가치가 적절하게 반영된 정상적인 가격으로 믿을 만한 합리적인 사유가 있었던 경우는 물론, 그와 같은 사유는 없더라도 양수인이 그 거래가격으로 재산을 양수하는 것이 합리적인 경제인의 관점에서 비정상적이었다고 볼 수 없는 객관적인 사유가 있었던 경우에도 법 제35조 제2항에서 말하는 '거래의 관행상 정당한 사유'가 있다고 봄이 타당함.

4. 고가양도 법인의 주주의 증여세

가. 특수관계인 간 거래

A법인이 지배주주등의 직·간접 지분율이 30% 이상인 특정법인에 해당하고 A법인의 지배주주와 상속세 및 증여세법 시행령 제2조의2 제1항 제2호부터 제8호까지에 해당하는 특수관계 있는 B법인에게 시가보다 높은 가액으로 재산을 양도한 경우로서 대가와 시가와의 차액이 시가의 30% 또는 3억 원 이상이며 지배주주등이 얻은 증여의제이익이 1억 원 이상인 경우에는 A법인의 지배주주등에게 증여세가 과세된다(상증법 §45조의5).

이 경우 시가는 상속세 및 증여세법상 시가를 적용하지 않고 법인세법 시행령 제89조 제1항, 제2항을 준용하여 판단하여야 한다(상증령 §34조의5⑧).

> ○ 특정법인의 이익
> = (대가 10억 원－시가 5억 원)
> －법인세 × (대가 10억 원－시가 5억 원) / 각 사업연도 소득
>
> * 법인세: 산출세액(토지 등 양도차익에 대한 법인세 제외)－공제 · 감면세액
>
> ○ 증여의제이익
> = 특정법인의 이익 × 지배주주등의 지분율 ≥ 1억 원 ⇒ 증여세 과세요건 충족

나. 비특수관계인 간 거래

비특수관계인 간 거래의 경우 고가 양수한 법인이 특정법인의 지배주주와 특수관계가 성립하는 경우를 가정하기 어려우므로 과세문제를 검토할 필요가 없다.

구분		법인에게 고가양도한 고가양도법인의 과세문제
법인세	특수	과세문제 없음. /(특수)시가초과액에 대해서는 대손충당금 설정 불가능
	비특수	
부가가치세	특수	과세문제 없음.
	비특수	
증여세 (비영리)	특수	• 고가양도 시 증여재산가액(상증법 §35①) (대가－시가) ≥ 시가의 30% 또는 3억 원 3.5억 원 = 대가(10억 원)－시가(5억 원)－Min(시가의 30% 1.5억 원, 3억 원) VS • 저가양수 시 증여재산가액 (대가－시가) ≥ 시가의 30% 2억 원=시가(10억 원)－대가(5억 원)－Min(시가의 30% 3억 원, 3억 원)
	비특수	• 고가양도 시 증여재산가액(2억 원) (상증법 §35②) 2억 원 = [대가(10억 원)－시가(5억 원)]－3억 원
주주의 증여세	특수	① 고가양도법인이 지배주주등의 지분율이 30% 이상인 특정법인 ② 대가와 시가와의 차액이 시가의 30% 또는 3억 원 이상 ③ 고가 양수법인과 지배주주 간에 특수관계 성립 ④ 지배주주등 개인이 얻은 증여의제이익이 1억 원 이상인 경우: 증여세 과세(상증법 §45의5)
	비특수	과세문제 없음.

5. 고가양수 법인의 법인세

가. 특수관계인 간 거래

(1) 고가양수 시

법인이 법인세법 시행령 제2조 제8항에 해당하는 특수관계 있는 법인으로부터 자산을 고가 양수한 경우에는 자산가액이 과대계상되어 감가상각비가 높아지거나 처분 시 처분이익이 감소하게 되어 조세의 부담이 부당하게 감소되는 결과가 된다.

따라서 자산을 특수관계인으로부터 고가양수한 경우로서 대가와 시가와의 차액이 시가의 5% 또는 3억 원 이상인 경우에는 부당행위계산부인 대상거래에 해당하므로 취득가액에서 시가초과액을 차감한 가액을 취득가액으로 보아 소득금액을 재계산하여야 한다(법령 §88①1호, 법령 §72④3호).

구체적으로는 과대계상된 자산가액을 손금산입하여 시가를 기준으로 감가상각과 처분이익을 계상하도록 하여야 하며 동일한 금액을 익금산입하여 특수관계인에게 소득처분하여야 한다. 이 경우 자산대금을 지급하지 않은 경우에는 미지급금을 익금산입한 후 매매대금 지급 시 손금산입함과 동시에 익금산입하면서 고가양도한 특수관계인에게 소득처분하여야 한다. 미지급금을 지급하는 경우에는 시가초과액을 먼저 지급하는 것으로 본다.

(2) 고가양수 자산에 대한 감가상각 시

감가상각비 중 시가를 초과하는 금액에 대한 감가상각비는 손금불산입하여야 한다.

(3) 고가양수한 자산 처분 시

자산을 처분하는 경우 처분손실 중 시가를 초과하는 금액에 대한 처분손실은 손금불산입하여야 한다.

(양수 시)

D) 자산 10억 원　　　　　　C) 미지급금 10억 원

〈손금산입〉 자산 5억 원(△유보)

〈익금산입〉 미지급금 5억 원(유보)

* 세무상 자산가액: 5억 원
* 세무상 미지급금: 5억 원

(대금지급 시)
D) 미지급금 10억 원 C) 보통예금 10억 원
〈손금산입〉 미지급금 5억 원(△유보)
〈익금산입〉 부당행위계산부인 5억 원(법인이므로 기타사외유출)

(감가상각 시: 5년, 정액법 가정)
D) 감가상각비 2억 원 C) 감가상각누계액 2억 원
〈손금불산입〉 감가상각비(자산) 1억 원(유보)
* 세무상 감가상각비: 5억 원 ÷ 5년 = 1억 원

(자산처분 시: 5억 원 양도 가정)
D) 보통예금 5억 원 C) 자산 10억 원
감가상각누계액 2억 원
자산처분손실 3억 원
〈손금불산입〉 자산 4억 원(유보)
* 세무상 처분손실(⇒ 처분이익 1억 원)
= 양도가액(5억 원) - (세무상 자산가액 5억 원 - 세무상 감가상각 누계액 1억 원)
= 처분이익 1억 원

법인세법 시행령 제88조【부당행위계산의 유형 등】
① 법 제52조 제1항에서 "조세의 부담을 부당하게 감소시킨 것으로 인정되는 경우"란 다음 각호의 어느 하나에 해당하는 경우를 말한다. (2011. 6. 3. 개정)
1. 자산을 시가보다 높은 가액으로 매입 또는 현물출자받았거나 그 자산을 과대상각한 경우

법인세법 시행령 제72조【자산의 취득가액 등】
④ 제2항을 적용할 때 취득가액에는 다음 각호의 금액을 포함하지 아니하는 것으로 한다.
3. 제88조 제1항 제1호 및 제8호 나목의 규정에 의한 시가초과액

나. 비특수관계인 간 거래

(1) 업무와 관련 없는 경우

가) 양수 시

법인이 특수관계 없는 법인으로부터 거래의 관행상 정당한 사유 없이 정상가액(시가의 130%)보다 높은 가액으로 자산을 양수한 경우에는 대가에서 정상가액을 차감한 금액이 기

부금으로 의제된다(법령 §35).

따라서 양도법인이 10%, 50% 한도기부금 공익법인이 아닌 경우에는 비지정기부금에 해당하므로 전액 손금불산입하여야 한다.

이 경우 특수관계 없는 법인으로부터 자산을 고가매입한 경우에도 과대계상된 자산가액은 손금산입하여 시가를 기준으로 감가상각비와 처분이익을 계상하도록 하여야 한다.

나) 고가양수 자산에 대한 감가상각 시

감가상각비 중 정상가액을 초과하는 금액에 대한 감가상각비는 손금불산입하여야 한다.

다) 고가양수한 자산 처분 시

자산을 처분하는 경우에는 처분손실 중 정상가액을 초과하는 금액에 대한 처분손실은 손금불산입하여야 한다.

(양수 시)

D) 자산 10억 원　　　　　　　　　C) 미지급금 10억 원

* 세무상 자산가액: 6.5억 원

○ 의제기부금 3.5억 원
　= 대가 10억 원 - 정상가액 6.5억 원(시가 5억 원 × 130%)

〈손금산입〉 자산 3.5억 원(△유보)

〈손금불산입〉 비지정기부금 3.5억 원(기타사외유출)

(감가상각시: 5년, 정액법 가정)

D) 감가상각비 2억 원　　　　　　　C) 감가상각누계액 2억 원

〈손금불산입〉 감가상각비 0.5억 원(유보)

* 세무상 감가상각비: 6.5억 원 ÷ 5년 = 1.5억 원

(자산처분 시: 5억 원 양도 가정)

D) 보통예금 5억 원　　　　　　　C) 자산 10억 원
　감가상각누계액 2억 원
　자산처분손실 3억 원

〈손금불산입〉 자산처분손실(자산) 3억 원(유보)

* 세무상 처분손실(0원)
　= 양도가액(5억 원) - (세무상 자산가액 6.5억 원 - 세무상 감가상각 누계액 1.5억 원)
　= 처분손실 0원

(2) 업무와 관련 있는 경우

법인이 업무와 관련 있는 특수관계 없는 법인으로부터 업무의 원활한 진행을 위하여 자산을 시가보다 높은 가액으로 양수한 경우에는 대가와 시가와의 차액을 기업업무추진비로 보아 기업업무추진비 시부인 계산하여야 한다.

6. 고가양수 법인의 부가가치세

가. 특수관계인 간 거래

법인이 법인세법 시행령 제2조 제8항에 해당하는 특수관계 있는 법인으로부터 시가보다 높은 가액으로 재화를 공급받으면서 시가보다 높은 가액을 기준으로 매입세액을 공제받은 경우는 부가가치세법 제39조에서 규정하고 있는 매입세액 불공제 사유에 해당하지 않으므로 과세문제가 없다.

나. 비특수관계인 간 거래

비특수관계인 간 거래의 경우에도 시가보다 높은 가액으로 재화를 매입하면서 매입세액 공제를 받은 경우는 부가가치세 과세문제가 발생하지 않는다.

다만, 업무와 관련 있는 자로부터 업무의 원활한 진행을 위하여 시가보다 높은 가액으로 매입한 경우로서 법인세법상 기업업무추진비로 처리된 금액에 대한 매입세액은 접대관련 매입세액이 되므로 매입세액 불공제된다.

구분		법인으로부터 고가 양수한 고가 양수법인의 과세문제
법인세	특수	• (대가 - 시가) ≥ 시가의 5% 또는 3억 원: 부당행위계산부인 (법령 §88①1호) • 취득가액 ⇒ (취득가액 - 시가초과액)(법령 §72④3호) ⇒ 시가초과액만큼 자산을 감액(손금산입)하여 감가상각비, 처분이익 계산
	비특수	• 업무무관[정상가액(시가의 130%) 〉 대가] 정당한 사유 없는 경우 (취득가액 - 정상가액) ⇒ 의제기부금(법령 §35) 의제기부금만큼 자산을 감액(손금산입)한 후 감가상각비, 처분이익 계산 • 업무관련 (취득가액 - 시가) ⇒ 접대비 시부인 계산

구분		법인으로부터 고가 양수한 고가 양수법인의 과세문제
부가가치세	특수	과세문제 없음.
	비특수	과세문제 없음(접대관련 매입세액이 되는 경우 불공제).

Ⅱ 법인과 개인 간의 거래

A와 B가 법인과 개인인 경우에는 특수관계인 간 거래와 비특수관계인 간 거래에 따라 다음과 같이 과세문제가 달라진다.

1. 고가양도 법인의 법인세

가. 특수관계인 간 거래

A법인이 법인세법 시행령 제2조 제8항에 해당하는 특수관계 있는 개인에게 시가 5억 원의 자산을 10억 원에 양도하는 경우로서 대가와 시가와의 차액이 시가의 5% 또는 3억 원 이상이지만 처분이익 5억 원이 과세소득을 구성하여 조세의 부담을 부당하게 감소시킨 것에 해당하지 않으므로 부당행위계산부인 대상거래에 해당하지 않는다.

다만, 시가초과액에 대한 외상매출금은 대손충당금 설정이 불가능하다(법령 §61①3호).

나. 비특수관계인 간 거래

A법인이 특수관계 없는 개인인 B에게 자산을 고가로 양도하는 경우에는 처분이익 5억 원에 대해 법인세만 부담할 뿐 그 외 과세문제는 발생하지 않는다.

2. 고가양도 법인의 부가가치세

가. 특수관계인 간 거래

특수관계인 간 거래에 대해 시가를 공급가액으로 보아 과세하는 부가가치세법 제29조 제4항은 재화를 시가보다 낮은 가액이나 대가를 받지 않고 공급하는 경우에 적용하는 것으로 시가보다 높은 가액으로 공급하면서 거래가액을 기준으로 부가가치세를 거래징수하여 납부한 경우에는 과세문제가 발생하지 않는다.

나. 비특수관계인 간 거래

비특수관계인 간 거래의 경우에도 재화를 시가보다 높은 가액으로 공급하면서 거래가액을 기준으로 부가가치세를 납부한 경우에는 과세문제가 없다.

3. 고가양도 비영리법인의 증여세

영리법인은 고가양도를 통해 이익을 얻은 경우에도 증여세가 면제되지만 비영리법인은 고가양도에 따라 얻은 이익 상당액에 대해 증여세가 과세된다.[159)]

가. 특수관계인 간 거래

비영리법인인 A법인이 상속세 및 증여세법 제2조의2 제1항 제2호, 제4호, 제5호, 제8호까지에 해당하는 특수관계 있는 개인 B에게 재산을 고가양도한 경우로서 대가와 시가와의 차액이 시가의 30% 또는 3억 원 이상인 경우에는 대가와 시가와의 차액에서 시가의 30% 또는 3억 원 중 적은 금액을 차감한 금액을 증여재산가액으로 하여 증여세가 과세된다(상증법 §35①).

나. 비특수관계인 간 거래

비영리법인인 A법인이 상속세 및 증여세법상 특수관계 없는 개인 B에게 정당한 사유 없이 자산을 고가양도한 경우로서 대가와 시가와의 차액이 시가의 30% 이상인 경우에는 대가와 시가와의 차액에서 3억 원을 차감한 금액을 증여재산가액으로 하여 증여세가 과세된다(상증법 §35②).

4. 고가양도 법인의 주주의 증여세

가. 특수관계인 간 거래

A법인이 지배주주등의 직·간접 지분율이 30% 이상인 특정법인에 해당하고 A법인의 지배주주와 상속세 및 증여세법 제2조의2 제1항 제1호부터 3호까지에 해당하는 특수관계 있는 개인 B에게 시가보다 높은 가액으로 재산을 양도한 경우로서 대가와 시가와의 차액이 시가의 30% 또는 3억 원 이상이고 지배주주등이 얻은 증여의제이익이 1억 원 이상인 경우에는 A법인의 지배주주등에게 증여세가 과세된다(상증법 §45조의5).

---

159) 해당 자산의 처분이익에 대해 비영리법인에게 법인세가 과세되지 않은 것을 전제로 한다.

이 경우 시가는 상속세 및 증여세법상 시가를 적용하지 않고 법인세법 시행령 제89조 제1항, 제2항을 준용하여 판단하여야 한다(상증령 §34조의5⑧).

○ 특정법인의 이익
=(대가 10억 원−시가 5억 원)−법인세
× (대가 10억 원−시가 5억 원)/각 사업연도 소득
* 법인세: 산출세액(토지 등 양도차익에 대한 법인세 제외)−공제·감면세액

○ 증여의제이익
=특정법인의 이익 × 지배주주등의 지분율 ≥ 1억 원 ⇒ 증여세 과세요건 충족

| 특정법인과의 거래를 통한 이익의 증여의제 계산 시 적용 시가 |

구분	준용법률
재산의 무상수증, 채무의 면제·인수·변제	상속세 및 증여세법 제60조 및 제61조 내지 제66조
용역을 무상으로 제공받는 것	법인세법 시행령 제89조 제4항
재산 또는 용역을 시가보다 낮은 가액으로 양수·제공받거나 시가보다 높은 가액으로 양도·제공하는 경우	법인세법 시행령 제89조 제1항, 제2항, 제4항

나. 비특수관계인 간 거래

비특수관계인 간 거래의 경우에는 재산을 고가로 양수한 개인이 고가로 양도한 특정법인의 지배주주와 특수관계가 성립하는 경우를 가정하기 어려우므로 과세문제를 검토할 필요가 없다.

구분		개인에게 고가양도한 고가양도법인의 과세문제
법인세	특수	과세문제 없음. /(특수) 시가초과액에 대한 외상매출금−대손충당금 설정 불가능
	비특수	과세문제 없음.
부가가치세	특수	과세문제 없음.
	비특수	
증여세 (비영리)	특수	• 고가양도 시 증여재산가액(3.5억 원)(상증법 §35①) = 대가(10억 원)−시가(5억 원)−Min(시가의 30% 1.5억 원, 3억 원)
	비특수	• 고가양도 시 증여재산가액(2억 원)(상증법 §35②) = [대가(10억 원)−시가(5억 원)]−3억 원

구분		개인에게 고가양도한 고가양도법인의 과세문제
주주의 증여세	특수	① 고가양도법인이 지배주주등의 지분율이 30% 이상인 특정법인 ② 대가와 시가와의 차액이 시가의 30% 또는 3억 원 이상 ③ 고가 양수한 개인과 지배주주 간에 특수관계 성립 ④ 지배주주등 개인이 얻은 증여의제이익이 1억 원 이상인 경우: 증여세 과세(상증법 §45조의5)
	비특수	과세문제 없음.

5. 고가양수 개인의 소득세

가. 사업소득

(1) 특수관계인 간 거래

가) 양수 시

개인사업을 영위하는 개인이 국세기본법 시행령 제1조의2 제2항, 제3항 제1호에 해당하는 특수관계 있는 법인으로부터 사업용 자산을 시가보다 높은 가액으로 양수하는 경우로서 대가와 시가와의 차액이 시가의 5% 또는 3억 원 이상인 경우에는 시가보다 높은 가액만큼 감가상각비가 과대계상되거나 처분 시 처분이익이 감소하게 되므로 조세의 부담을 부당하게 감소시키는 결과가 되는 부당행위계산부인 대상거래에 해당한다(소법 §98②1호).

따라서 시가초과액을 차감한 가액을 취득가액으로 보므로 시가를 초과하여 양수한 가액 5억 원을 부당행위계산부인을 적용하여 총수입금액 산입함과 동시에 과대계상된 자산가액을 필요경비 산입하여 시가를 기준으로 감가상각비와 처분이익을 계상하도록 하여야 한다(소령 §89②3호).

나) 고가양수 자산에 대한 감가상각 시

감가상각비 중 시가를 초과하는 금액에 대한 감가상각비만큼은 필요경비불산입하여야 한다.

다) 고가양수한 자산 처분 시

자산을 처분하는 경우에는 처분손실 중 시가를 초과하는 금액에 대한 처분손실은 필요경비불산입하여야 한다.

소득세법 시행령 제89조【자산의 취득가액 등】
② 제1항의 규정에 의한 취득가액은 다음 각호의 금액을 포함하지 아니하는 것으로 한다.
3. 제98조 제2항 제1호의 규정에 의한 시가초과액

(양수 시)
D) 자산 10억 원 C) 보통예금 10억 원
〈필요경비산입〉 자산 5억 원(△유보)
〈총수입금액산입〉 부당행위계산부인 5억 원[기타(기사)]
* 세무상 자산가액: 5억 원

(감가상각 시: 5년, 정액법 가정)
D) 감가상각비 2억 원 C) 감가상각누계액 2억 원
〈필요경비불산입〉 자산 1억 원(유보)
* 세무상 감가상각비: 5억 원 ÷ 5년 = 1억 원

(자산처분 시: 5억 원 양도 가정)
D) 보통예금 5억 원 C) 자산 10억 원
감가상각누계액 2억 원
자산처분손실 3억 원
〈필요경비불산입〉 자산 4억 원(유보)
* 세무상 처분손실(⇒처분이익 1억 원)
= 양도가액(5억 원) - (세무상 자산가액 5억 원 - 세무상 감가상각 누계액 1억 원)
= 처분이익 1억 원

(2) 비특수관계인 간 거래

가) 사업과 관련 없는 경우

사업을 영위하는 개인이 특수관계인 외의 자로부터 정당한 사유 없이 사업용 자산을 시가의 130%인 정상가액보다 높은 가액으로 양수한 경우에는 대가와 정상가액과의 차액이 기부금으로 의제된다(소령 §79①).

따라서 양도법인이 일정한도 내에서 기부금 필요경비 산입되는 단체가 아닌 경우에는 비지정기부금에 해당하므로 전액 필요경비불산입하고 동 금액만큼 자산가액을 필요경비 산입하여 감가상각비와 처분손실이 과대계상되지 않도록 하여야 한다.

(양수 시)
D) 자산 10억 원 C) 보통예금 10억 원
* 세무상 자산가액: 6.5억 원

○ 의제기부금 3.5억 원
= 대가 10억 원 - 정상가액 6.5억 원(시가 5억 원×130%)

〈필요경비산입〉 자산 3.5억 원(△유보)
〈필요경비불산입〉 비지정기부금 3.5억 원(기타사외유출)

(감가상각 시: 5년, 정액법 가정)
D) 감가상각비 2억 원 C) 감가상각누계액 2억 원
〈필요경비불산입〉 자산 0.5억 원(유보)
* 세무상 감가상각비: 6.5억 원 ÷ 5년 = 1.5억 원

(자산처분 시: 5억 원 양도 가정)
D) 보통예금 5억 원 C) 자산 10억 원
감가상각누계액 2억 원
자산처분손실 3억 원
〈필요경비불산입〉 자산 3억 원(유보)
* 세무상 처분손실(0원)
= 양도가액(5억 원) - (세무상 자산가액 6.5억 원 - 세무상 감가상각 누계액 1.5억 원)
= 처분손실 0원

나) 사업과 관련 있는 경우

사업을 영위하는 개인이 업무와 관련 있는 특수관계 없는 법인으로부터 업무의 원활한 진행을 위하여 시가보다 높은 가액으로 자산을 제공받은 경우에는 대가와 시가와의 차액이 기업업무추진비에 해당하므로 기업업무추진비 시부인 계산하여야 한다.

나. 양도소득

(1) 특수관계인 간 거래

개인이 국세기본법 시행령 제1조의2 제2항, 제3항 제1호에 해당하는 특수관계 있는 법인으로부터 시가보다 높은 가액으로 자산을 양수한 경우로서 대가와 시가와의 차액이 시가의 5% 또는 3억 원 이상인 경우에는 양도소득세 부당행위부인 대상거래에 해당한다(소령 §167③).

따라서 시가보다 높은 가액으로 양수한 자산을 양도하는 경우 양도소득금액 계산시 적용

되는 취득가액은 실제 양수가액이 아닌 시가가 된다(소령 §167④).

> **소득세법 시행령 제167조 【양도소득의 부당행위 계산】**
> ③ 법 제101조 제1항에서 "조세의 부담을 부당하게 감소시킨 것으로 인정되는 경우"란 다음 각호의 어느 하나에 해당하는 때를 말한다. 다만, 시가와 거래가액의 차액이 3억 원 이상이거나 시가의 100분의 5에 상당하는 금액 이상인 경우로 한정한다.
> 1. 특수관계인으로부터 시가보다 높은 가격으로 자산을 매입하거나 특수관계인에게 시가보다 낮은 가격으로 자산을 양도한 때
>
> ④ 제98조 제1항에 따른 특수관계인과의 거래에 있어서 토지 등을 시가를 초과하여 취득하거나 시가에 미달하게 양도함으로써 조세의 부담을 부당히 감소시킨 것으로 인정되는 때에는 그 취득가액 또는 양도가액을 시가에 의하여 계산한다.

(2) 비특수관계인 간 거래

특수관계 없는 법인으로부터 양도소득세 과세대상자산을 시가보다 높은 가액으로 취득한 경우에는 실제 양수가액 10억 원이 취득가액으로 인정된다.

6. 고가양수 개인의 부가가치세

가. 특수관계인 간 거래

사업을 영위하는 개인이 국세기본법 시행령 제1조의2 제2항, 제3항 제1호에 해당하는 특수관계 있는 법인으로부터 시가보다 높은 가액으로 재화를 매입하면서 시가보다 높은 가액을 기준으로 매입세액을 공제받은 경우에는 부가가치세법 제39조의 매입세액불공제 사유에 해당하지 않으므로 과세문제가 없다.

나. 비특수관계인 간 거래

비특수관계인 간 거래의 경우 실제 공급받은 가액을 기준으로 매입세액 공제되므로 과세문제가 발생하지 않는다.

다만, 업무와 관련 있는 자로부터 업무의 원활한 진행을 위하여 시가보다 높은 가액으로 매입한 경우로서 소득세법상 기업업무추진비로 처리된 금액에 대한 매입세액은 접대관련 매입세액이 되므로 매입세액 불공제된다.

구분		법인으로부터 고가 양수한 고가 양수개인의 과세문제
사업소득	특수	• (대가－시가) 〉 시가의 5% 또는 3억 원 이상: 부당행위계산부인 (소법 §98②1호) • 취득가액: (실제 양수가액－시가초과액)(소령 §89②3호) • 시가초과액만큼 자산을 감액(손금산입)하여 감가상각비, 처분이익 계산
	비특수	• 업무무관(대가 〉 시가의 130%, 정당한 사유없는 경우) (취득가액－정상가액) ⇒ 의제기부금(소령 §79①) ⇒ 의제기부금만큼 자산 감액(손금산입)한 후 감가상각비, 처분이익 계산 • 업무관련 (취득가액－시가) ⇒ 기업업무추진비 시부인 계산
양도소득	특수	• (대가－시가): 시가의 5% 또는 3억 원 이상 ⇒ 부당행위계산부인(소령 §167③) • 취득가액 ⇒ 시가(실제 취득가액 아님)(소령 §167④)
	비특수	• 취득가액 ⇒ 실제 취득가액
부가가치세	특수	과세문제 없음.
	비특수	과세문제 없음(다만, 접대관련 매입세액이 되는 경우 불공제).

Ⅲ 개인과 법인 간의 거래

A와 B가 개인과 법인인 경우에는 특수관계인 간 거래와 비특수관계인 간 거래에 따라 다음과 같이 과세문제가 달라진다.

1. 고가양도 개인의 소득세

가. 사업소득, 기타소득

(1) 특수관계인 간 거래

가) 사업소득

A가 국세기본법 시행령 제1조의2 제2항, 제3항 제1호에 해당하는 특수관계 있는 법인 B에게 시가 5억 원의 사업용 자산을 10억 원에 양도하는 경우로서 대가와 시가와의 차액이 시가의 5% 또는 3억 원 이상이지만 처분이익 5억 원이 사업소득을 구성하여 조세의 부담을

부당하게 감소시킨 것에 해당하지 않으므로 부당행위계산부인 대상거래에 해당되지 않는다.

다만, 시가초과액에 대한 외상매출금은 대손충당금 설정이 불가능하다(소법규칙 26).

나) 기타소득

A가 국세기본법 시행령 제1조의2 제2항, 제3항 제1호에 해당하는 특수관계 있는 법인 B에게 기타소득 과세대상자산인 광업권 · 어업권 · 양식업권 · 산업재산권 · 산업정보, 산업상 비밀, 상표권 · 영업권 등을 시가보다 높은 가액으로 양도한 경우에는 실제 양도가액을 기준으로 기타소득세가 과세될 뿐 그 외 과세문제는 발생하지 않는다.

(2) 비특수관계인 간 거래

개인이 특수관계 없는 법인에게 자산을 시가보다 높은 가액으로 양도한 경우에는 실제 양도가액을 기준으로 소득세가 과세되며 그 외 추가 과세문제는 없다.

나. 양도소득

(1) 특수관계인 간 거래

가) 원칙

개인이 국세기본법 시행령 제1조의2 제2항, 제3항 제1호에 해당하는 특수관계 있는 법인에게 시가보다 높은 가액으로 양도소득세 과세대상자산을 양도한 경우에는 조세의 부담을 부당하게 감소시킨 것에 해당하지 않으므로 실제 양도가액을 기준으로 양도소득세가 과세된다.

나) 특수관계법인에게 고가양도한 경우

개인이 법인세법 시행령 제2조 제8항에 해당하는 특수관계 있는 법인에게 자산을 고가양도한 경우로서 대가와 시가와의 차액에 대해 법인세법상 부당행위계산부인이 적용되어 소득세가 과세된 경우에는 법인세법상 시가 5억 원을 양도가액으로 본다(소법 §96③1호).

따라서 고가로 양도한 개인은 시가보다 높은 실제 거래가액을 기준으로 양도소득세를 납부하였으므로 시가를 기준으로 계산된 양도소득세와의 차액을 환급받게 된다.

소득세법 제96조 【양도가액】

① 제94조 제1항 각호에 따른 자산의 양도가액은 그 자산의 양도 당시의 양도자와 양수자 간에 실지거래가액에 따른다.

③ 제1항을 적용할 때 거주자가 제94조 제1항 각호의 자산을 양도하는 경우로서 다음 각호의 어느 하나에 해당하는 경우에는 그 가액을 해당 자산의 양도 당시의 실지거래가액으로 본다.

1. 「법인세법」 제2조 제12호에 따른 특수관계인에 해당하는 법인(외국법인을 포함하며, 이하 이 항에서 "특수관계법인"이라 한다)에 양도한 경우로서 같은 법 제67조에 따라 해당 거주자의 상여·배당 등으로 처분된 금액이 있는 경우에는 같은 법 제52조에 따른 시가

(2) 비특수관계인 간 거래

가) 원칙

개인이 소득세법상 특수관계 없는 법인에게 양도소득세 과세대상자산을 시가보다 높은 가액으로 양도한 경우에는 실제 양도가액을 양도가액으로 하여 양도소득세가 과세된다.

나) 고가양도에 따른 이익에 대해 증여세가 과세된 경우

개인이 특수관계 없는 법인에게 시가보다 높은 가액으로 자산을 양도한 경우로서 대가와 시가와의 차액이 시가의 30% 이상이 되어 고가양도에 따른 이익에 대해 증여세가 과세된 경우에는 양도가액에서 증여재산가액을 차감한 가액을 양도가액으로 한다(소법 §96③2호).

따라서 실제 양도가액과 시가를 양도가액으로 계산한 양도소득세를 환급받게 되는데 실무에서는 증여세 과세시 환급받을 양도소득세를 충당하는 방식으로 처리하고 있다.

소득세법 제96조 【양도가액】

① 제94조 제1항 각호에 따른 자산의 양도가액은 그 자산의 양도 당시의 양도자와 양수자 간에 실지거래가액에 따른다.

③ 제1항을 적용할 때 거주자가 제94조 제1항 각호의 자산을 양도하는 경우로서 다음 각호의 어느 하나에 해당하는 경우에는 그 가액을 해당 자산의 양도 당시의 실지거래가액으로 본다.

2. 특수관계법인 외의 자에게 자산을 시가보다 높은 가격으로 양도한 경우로서 「상속세 및 증여세법」 제35조에 따라 해당 거주자의 증여재산가액으로 하는 금액이 있는 경우에는 그 양도가액에서 증여재산가액을 뺀 금액

2. 고가양도 개인의 부가가치세

가. 특수관계인 간 거래

부가가치세법 제29조 제4항은 특수관계인에게 재화를 공급하는 경우 부당하게 낮은 대가를 받거나 아무런 대가를 받지 아니한 경우에만 시가를 공급가액으로 하는 것으로 규정하고 있으므로 시가보다 높은 대가를 받고 재화를 공급하는 경우에는 과세문제가 없다.

나. 비특수관계인 간 거래

비특수관계인 간 거래의 경우 거래가액을 공급가액으로 보므로 부가가치세 과세문제가 없다.

3. 고가양도 개인의 증여세

가. 특수관계인 간 거래

(1) 원칙

개인이 상속세 및 증여세법 시행령 제2조의2 제1항 제2호부터 제8호까지에 해당하는 특수관계 있는 법인에게 시가보다 고가로 재산을 양도한 경우로서 대가와 시가와의 차액이 시가의 30% 이상이거나 3억 원 이상인 경우에는 대가와 시가와의 차액에서 시가의 30%와 3억 원 중 적은 금액을 차감한 금액을 증여재산가액으로 하여 증여세가 과세된다(상증법 §35①).

○ 고가양도에 따른 증여재산가액(3.5억 원)
　= 양도가액(10억 원) − 시가(5억 원) − Min(시가의 30%, 3억 원)

(2) 법인세법상 부당행위계산부인이 적용된 경우

개인이 법인세법 시행령 제2조 제8항에 해당하는 특수관계 있는 법인에게 자산을 시가보다 높은 가액으로 양도한 경우로서 양수법인이 법인세법상 부당행위계산부인을 적용하여 양도한 개인에게 소득세가 과세된 경우에는 증여세가 과세되지 않는다(상증법 §4조의2③).

(3) 법인세법상 부당행위계산부인이 적용되지 않은 경우

개인이 법인세법 시행령 제2조 제8항에 해당하는 특수관계 있는 법인에게 자산을 시가보다 높은 가액으로 양도한 경우로서 동 양도가액이 상속세 및 증여세법상으로는 시가에 해당하지 않으나 법인세법상으로는 시가에 해당하여 부당행위계산부인이 적용되지 않는 경우에는 고가양도에 따른 이익에 대해 증여세가 과세되지 않는다(상증법 §35③).

(4) 사업소득, 기타소득으로 과세된 경우 증여세 과세가능 여부

상속세 및 증여세법은 증여재산에 대하여 소득세가 과세된 경우에는 증여세가 과세되지 않는 것으로 규정하고 있다(상증법 §4조의2③).

따라서 자산을 고가로 양도한 개인에게 대가와 시가와의 차액에 대해 사업소득, 기타소득으로 과세된 경우 고가로 양도함으로써 얻은 이익상당액에 대해 증여세가 과세가능한지 여부에 대한 검토가 필요하다.

전체 증여재산가액에 대해 소득세가 과세된 경우(자산수증이익, 사례금등)에 대해서는 증여세가 과세되지 않는다. 하지만 이익을 얻은 전체 재산가액이 아닌 거래를 통해 증가한 소득금액에 대해 소득세가 과세된 경우에는 해당 이익상당액에 대해 사업소득, 기타소득으로 과세된 경우에도 얻은 이익상당액에 대해 증여세를 과세하고 있음을 주의하여야 한다.

| 사업, 기타소득으로 과세된 경우와 증여세 과세문제 |

구분	증가한 재산가액 전체에 대해 소득세 과세	소득금액 증가액에 대해서만 소득세 과세
사업소득	자산수증이익 ⇒ 증여세 과세불가	저가양수, 고가양도등 ⇒ 증여세 과세가능
기타소득	사례금등 ⇒ 증여세 과세불가	저가양수, 고가양도등 ⇒ 증여세 과세가능

【조심2017구3388, 2018. 2. 12.】

광업권을 시가보다 고가로 양도하여 기타소득으로 소득세가 과세된 경우에도 양도대가 전체가 아니라 대가와 시가와의 상당액에 대해서만 증여세를 과세하는 것이므로 증여세 과세가 가능함.[160)]

【대법원 2014두1352, 2014. 4. 24.】

상장대가를 사례금이라고 단정하기도 어려울 뿐 아니라, 원고가 받은 이익이 소득세법 제21조 제1항 제17호에서 규정한 사례금으로서 기타소득에 해당한다면 이를 증여이익으로 과세할 수도 없다. (⇒ 사례금 전액에 대해 소득세가 과세된 경우에는 증여세로 과세할 수 없다고 본 판례임.)

【재산세과-4319, 2008. 12. 19.】
전제 재산가액에 대해 소득세가 부과된 경우가 아닌 소득금액이 증가된 경우에 대해서는 상속세 및 증여세법 제4조의2 제3항의 적용대상이 아니므로 증여세가 과세가능함.

나. 비특수관계인 간 거래

개인이 특수관계 없는 법인에게 거래의 관행상 정당한 사유 없이 재산을 고가로 양도한 경우로서 대가와 시가와의 차액이 시가의 30% 이상인 경우에는 대가와 시가와의 차액에서 3억 원을 차감한 금액을 고가양도에 따른 증여재산가액으로 보아 증여세가 과세된다(사업소득, 기타소득으로 과세된 경우 증여세 과세 제외)(상증법 §35②).

이 경우 해당 재산이 양도소득세 과세대상자산인 경우에는 실제 양도가액에서 증여재산가액을 차감한 금액을 양도가액으로 한다(소법 §96①2호).

따라서 실제 양도가액과 시가를 양도가액으로 계산한 양도소득세를 환급받게 되는데 실무에서는 증여세 과세시 환급받을 양도소득세를 충당하는 방식으로 처리하고 있다.

○ 고가양도에 따른 증여재산가액(2억 원)
= 양도가액(10억 원)－시가(5억 원)－3억 원

개인이 법인에게 고가양도한 경우 양도가액 조정

○ 특수관계인 간 거래 ⇒ 법인세법 우선적용
- 부당행위계산부인이 적용된 경우
  소득처분 금액에 대해 소득세 과세
- 양도소득금액 산정 시 양도가액
  법인세법상 시가(실제 양도가액 - 소득처분금액 ⇒ 양도소득세 환급)
  → 고가양도에 따른 증여세 과세 안함.
- 시가에 해당하여 부당행위계산부인이 적용되지 않은 경우
  → 고가양도에 따른 증여세 과세 안함.
  → 실제 양도가액을 양도가액으로 함.

160) 사건에 대한 상급심에서는 동 사안에 대해서는 판단하지 않는 것으로 판결한 바 있다(대구지방법원 2018구합21776, 2019. 5. 9.).

○ 비특수관계인 간 거래 ⇒ 상속세 및 증여세법 우선적용
- 고가양도에 따른 증여세 과세
- 양도소득금액 산정 시 양도가액
  실제 양도가액 - 증여재산가액

구분		법인에게 고가양도한 고가양도개인의 과세문제
사업 · 기타 소득	특수	과세문제 없음. /(특수) 시가초과액에 대한 외상매출금 ⇒ 대손충당금 설정 불가능
	비특수	과세문제 없음.
양도소득	특수	• 법인세법상 부당행위계산부인이 적용되어 소득세가 과세된 경우 - 양도가액 ⇒ 시가 ⇒ 양도소득세 환급(소법 §96③1호)
	비특수	• 양도가액: 실제 양도가액 • 고저가 양도에 따른 이익에 대해 증여세 과세 - 양도가액: (실제 양도가액 - 증여재산가액)(소법 §96③2호) ⇒ 양도소득세 환급(증여세 과세시 환급세액 충당)
증여세	특수	• (대가 - 시가) ≥ 시가의 30%, 3억 원 고가양도 시 증여재산가액(3.5억 원)(상증법 §35①) = 대가(10억 원) - 시가(5억 원) - Min(시가의 30% 1.5억 원, 3억 원) • 법인세법상 부당행위계산부인이 적용된 경우 증여세 과세 없음(상증법 §4조의2③). • 거래가액이 법인세법상 시가에 해당하는 경우 증여세 과세 없음(상증법 §35③).
	비특수	• (대가 - 시가) ≥ 시가의 30% 고가양도 시 증여재산가액(2억 원)(상증법 §35②) = [대가(10억 원) - 시가(5억 원)] - 3억 원

4. 고가양수 법인의 법인세

가. 특수관계인 간 거래

(1) 부당행위계산부인

법인이 법인세법 시행령 제2조 제8항에 해당하는 특수관계 있는 개인으로부터 자산을 고가 양수한 경우로서 대가와 시가와의 차액이 시가의 5% 이상이거나 3억 원 이상인 경우에

는 부당행위계산부인 대상거래에 해당한다(법령 §88①1호, ③).

따라서 대가와 시가와의 차액을 익금산입하고 소득처분하며 동일한 금액을 손금산입하여 시가를 기준으로 감가상각비와 처분이익을 계상하도록 하여야 한다.

(2) 기타소득세와 소득처분에 대한 소득세 이중과세 발생

고가로 양수한 법인이 법인세법 시행령 제2조 제8항에 해당하는 특수관계 있는 개인에게 소득처분 시 고가로 양도한 개인에게 사업소득으로 소득세가 과세된 경우에는 기타사외유출로 소득처분한다.

하지만 고가로 양도한 개인이 사업소득자가 아닌 영화필름, 특허권, 영업권, 상표권, 서화·골동품 등을 양도한 기타소득자에 해당하는 경우에는 기타소득세로 소득세가 과세되었음에도 소득세가 과세된 경우 기타사외유출로 소득처분하는 경우를 규정하고 있는 법인세법 시행령 제106조 제1항 제1호 다목은 분여한 이익이 사업소득을 구성하고 있는 경우에 한하여 기타사외유출로 소득처분하는 것으로 규정하고 있어 동 조항을 준용 시 기타사외유출로 소득처분할 수 없다.

따라서 배당, 상여, 기타소득으로 처분하는 경우에는 기타소득에 대한 소득세와 소득처분에 대한 소득세가 과세되는 이중과세문제가 발생한다.

(3) 소득처분에 대한 이중과세 방지 조항

현재 소득처분에 따른 소득세 이중과세방지에 대해서는 법인세법 시행령 제106조 제1항 제1호 다목에서 사업을 영위하는 개인에게 소득처분하는 경우로서 분여이익이 사업소득을 구성하는 경우에는 기타사외유출로 소득처분하는 것으로 규정하고 있고, 소득세법 제96조 제3항 제1호에서 법인세법상 특수관계 있는 법인에게 양도소득세 과세대상자산을 고가양도하는 경우로서 배당, 상여 등으로 소득처분받은 금액이 있는 경우에는 실제 양도가액이 아닌 법인세법상 시가를 양도가액으로 하는 것으로 규정하고 있으며, 소득세법 시행령 제163조 제10항 제2호에서 법인세법상 특수관계 있는 법인으로부터 양도소득세 과세대상자산을 저가양수한 경우로서 배당, 상여 등으로 소득처분받은 금액이 있는 경우에는 소득처분금액을 자산의 취득가액에 가산하는 것으로 규정하고 있는 것이 전부이다.

따라서 사업소득으로 과세된 경우에는 소득처분 시 소득세가 과세되지 않도록 기타사외유출로 처분하고 소득처분으로 소득세가 과세된 경우에는 양도소득세가 과세되지 않도록 양도가액, 취득가액을 조정하도록 규정하고 있는 것이 전부여서 특수관계 있는 개인에게 이자소득, 배당소득, 기타소득으로 소득세가 과세된 경우에 대해 법인이 배당, 상여, 기타소득으로 소득처분하는 경우에는 이중과세문제가 발생한다.

다만, 유권해석을 보면 소득세법상 열거소득에 해당하여 소득세가 과세된 경우에는 법인이 부당행위계산부인 시 소득처분하여 중복과세할 수 없고 기타사외유출로 소득처분하여야 하는 것으로 해석하고 있다.

사견으로는 법인세법 시행령 제106조 제1항 제1호 다목을 "특수관계 있는 개인에게 소득처분하는 경우로서 분여이익이 소득세법 제16조(이자소득),[161] 제17조(배당소득),[162] 제19조(사업소득), 제21조(기타소득)[163]의 소득을 구성하는 경우에는 기타사외유출로 처분하여야 하는 것"으로 개정하여 소득처분에 따라 소득세 이중과세문제가 발생하는 것을 방지할 수 있도록 입법적 보완을 하여야 할 것으로 생각한다.

법인세법 시행령 제106조 【소득처분】

① 법 제67조에 따라 익금에 산입한 금액은 다음 각호의 구분에 따라 처분한다. 비영리내국법인과 비영리외국법인에 대하여도 또한 같다.

1. 익금에 산입한 금액(법 제27조의2 제2항에 따라 손금에 산입하지 아니한 금액을 포함한다)이 사외에 유출된 것이 분명한 경우에는 그 귀속자에 따라 다음 각목에 따라 배당, 이익처분에 의한 상여, 기타소득, 기타사외유출로 할 것
   다. 귀속자가 법인이거나 사업을 영위하는 개인인 경우에는 기타사외유출. 다만, 그 분여된 이익이 내국법인 또는 외국법인의 국내사업장의 각 사업연도의 소득이나 거주자 또는 「소득세법」 제120조에 따른 비거주자의 국내사업장의 사업소득을 구성하는 경우에 한한다.

소득세법 제96조 【양도가액】

③ 제1항을 적용할 때 거주자가 제94조 제1항 각호의 자산을 양도하는 경우로서 다음 각호의 어느 하나에 해당하는 경우에는 그 가액을 해당 자산의 양도 당시의 실지거래가액으로 본다. (2016. 12. 20. 개정)

1. 「법인세법」 제2조 제12호에 따른 특수관계인에 해당하는 법인(외국법인을 포함하며, 이하 이 항에서 "특수관계법인"이라 한다)에 양도한 경우로서 같은 법 제67조에 따라 해당 거주자의 상여 · 배당 등으로 처분된 금액이 있는 경우에는 같은 법 제52조에 따른 시가 (2018. 12. 31. 개정)

161) 특수관계 있는 개인으로부터 시가보다 높은 이자율로 금전을 차입하는 경우에 소득처분에 따른 이중과세를 방지하기 위해 필요하다.

162) 초과배당금액에 대해 소득세가 과세된 개인에게 소득처분에 따른 이중과세를 방지하기 위해 필요하다.

163) 특허권, 영업권 등을 양도하여 기타소득세가 과세된 개인에게 소득처분에 따른 이중과세를 방지하기 위해 필요하다. 다만, 기타소득세의 경우 배당, 상여, 기타소득보다 세부담이 낮으므로 기타소득세와 소득처분에 대한 소득세 중 우선 과세되는 소득을 규정하는 것도 필요할 것으로 생각한다.

소득세법 시행령 제163조 【양도자산의 필요경비】

⑩ 법 제97조 제1항 제1호 가목은 다음 각호에 따라 적용한다. (2017. 2. 3. 개정)

2. 법 제94조 제1항 각호의 자산을 「법인세법」 제2조 제12호에 따른 특수관계인(외국법인을 포함한다)으로부터 취득한 경우로서 같은 법 제67조에 따라 거주자의 상여·배당 등으로 처분된 금액이 있으면 그 상여·배당 등으로 처분된 금액을 취득가액에 더한다. (2019. 2. 12. 개정)

【서면 인터넷방문상담2팀-1234, 2008. 6. 18.】

법인의 소득처분대상금액이 개인의 부동산 임대소득을 구성하여 소득세가 과세되는 경우에는 법인세법 시행령 제106조 제1항 제1호 다목의 규정을 적용함.

【법인46012-3793, 1995. 10. 9.】

소득처분대상금액이 개인의 양도소득을 구성하여 소득세가 과세되는 경우 그 소득의 처분은 기타사외유출로 처분함.

【법인22601-2209, 1989. 6. 20.】

소득처분대상금액이 개인의 부동산소득을 구성하여 소득세가 과세되는 때에는 기타사외유출로 처분하는 것임.

【직세1264-947, 1981. 8. 4.】

법인이 특수관계인으로부터 토지를 고가매입한 경우 고가매입 부분의 금액에 대하여 토지양도에 따른 소득세와 소득처분에 의한 소득세를 중복과세할 수 없는 것임.

| 세법상 소득처분에 따른 소득세 이중과세방지 |

구분	과세우선 순위	선순위 과세	이중과세 조정
사업을 영위하는 개인에게 이익을 분여한 경우	사업소득 우선과세	사업소득으로 소득세 과세	기타사외유출로 처분
양도소득세 과세대상자산을 법인에 고가양도한 경우	소득처분 우선과세	소득처분에 따른 소득세	• 양도가액 ⇒ 시가(실제 양도가액－소득처분금액)
양도소득세 과세대상자산을 법인으로부터 저가양수한 경우			• 취득가액 ⇒ 실제 취득가액+소득처분금액

나. 비특수관계인 간 거래

(1) 업무와 관련 없는 경우

법인이 특수관계 없는 개인으로부터 거래의 관행상 정당한 사유 없이 자산을 정상가액(시가의 130%)보다 높은 가액으로 매입한 경우에는 대가에서 정상가액을 차감한 금액을 기부금으로 본다(법령 §35).

따라서 개인으로부터 고가 양수한 경우에는 전액 비지정기부금에 해당하므로 전액 손금불산입하여야 한다.

이 경우 특수관계 없는 개인으로부터 자산을 고가매입한 경우에도 정상가액과 시가와의 차액은 손금산입하여 정상가액을 기준으로 감가상각비와 처분손실을 계상하도록 하여야 한다.

(2) 업무와 관련 있는 경우

법인이 업무와 관련 있는 특수관계 없는 개인으로부터 업무의 원활한 진행을 위하여 자산을 시가보다 높은 가액으로 양수한 경우에는 대가와 시가와의 차액을 기업업무추진비로 보아 기업업무추진비 시부인 계산하여야 한다.

5. 고가양수 법인의 부가가치세

가. 특수관계인 간 거래

법인이 법인세법 시행령 제2조 제8항에 해당하는 특수관계 있는 개인으로부터 시가보다 높은 가액으로 재화를 공급받으면서 공급받은 가액을 기준으로 매입세액 공제받은 경우에는 과세문제가 없다.

나. 비특수관계인 간 거래

비특수관계인 간 거래의 경우에도 재화를 시가보다 높은 가액으로 제공받은 경우에는 부가가치세 과세문제가 발생하지 않는다.

다만, 업무와 관련 있는 자로부터 업무의 원활한 진행을 위하여 시가보다 높은 가액으로 매입한 경우로서 법인세법상 기업업무추진비로 처리된 금액에 대한 매입세액은 접대관련 매입세액이 되어 매입세액 불공제된다.

구분		개인으로부터 고가 양수한 고가 양수법인의 과세문제
법인세	특수	• 부당행위계산부인(법령 §88①1호) －취득가액: (취득가액－시가초과액)(법령 §72④3호) －시가초과액만큼 자산을 감액(손금산입)하여 감가상각비, 처분이익 계산 －특수관계 있는 개인에게 소득처분(기타소득의 경우 이중과세문제 발생)
	비특수	• 업무무관(대가 〉 시가의 130%, 정당한 사유 없는 경우) －(취득가액－정상가액) ⇒ 의제기부금(법령 §35) －의제기부금만큼 자산을 감액(손금산입) ⇒ 감가상각비, 처분이익 계산 • 업무관련 －(취득가액－시가) ⇒ 기업업무추진비 시부인 계산
부가가치세	특수	과세문제 없음.
	비특수	과세문제 없음(다만, 접대관련 매입세액이 되는 경우 불공제).

Ⅳ 개인과 개인 간의 거래

A와 B가 개인과 개인인 경우에는 특수관계인 간 거래와 비특수관계인 간 거래에 따라 다음과 같이 과세문제가 달라진다.

1. 고가양도 개인의 소득세

가. 사업소득

(1) 특수관계인 간 거래

개인 A가 국세기본법 시행령 제1조의2 제1항, 제2항에 해당하는 특수관계 있는 개인 B에게 시가 5억 원의 사업용 자산을 10억 원에 양도하는 경우로서 대가와 시가와의 차액이 시가의 5% 이상 또는 3억 원 이상이지만 처분이익 5억 원이 사업소득을 구성하여 조세의 부담을 부당하게 감소시킨 것에 해당하지 않으므로 부당행위계산부인 대상거래에 해당하지 않는다.[164]

164) 기타소득자에 해당하는 경우에도 특허권 등의 실제 양도가액을 기타소득 총수입금액으로 하여 기타소득세가 과세될 뿐 그 외 과세문제는 발생하지 않는다.

다만, 시가초과액에 대한 외상매출금은 대손충당금 설정이 불가능하다(소법규칙 26).

(2) 비특수관계인 간 거래

개인이 특수관계 없는 개인에게 시가보다 높은 가액으로 자산을 양도한 경우에는 처분이익 5억 원이 사업소득을 구성하여 과세될 뿐 그 외 추가 과세문제는 없다.

나. 양도소득

(1) 특수관계인 간 거래

개인이 국세기본법 시행령 제1조의2 제1항, 제2항에 해당하는 특수관계 있는 개인에게 양도소득세 과세대상자산을 시가보다 높은 가액으로 양도한 경우에는 조세의 부담을 부당하게 감소시킨 것이 아니므로 실제 양도가액을 기준으로 양도소득세가 과세된다.

이 경우 개인이 특수관계 있는 개인에게 시가보다 높은 가액으로 재산을 양도한 경우로서 대가와 시가와의 차액이 시가의 30% 이상이고 정당한 사유가 없어 고가양도에 따른 이익에 대해 증여세가 과세된 경우에는 양도가액에서 증여재산가액을 차감한 가액을 양도가액으로 한다(소법 §96③2호).

따라서 실제 양도가액과 시가를 양도가액으로 계산한 양도소득세를 환급받게 되는데 실무에서는 증여세 과세시 환급받을 양도소득세를 충당하는 방식으로 처리하고 있다.

(2) 비특수관계인 간 거래

가) 원칙

개인이 특수관계 없는 개인에게 양도소득세 과세대상자산을 고가양도한 경우에는 실제 양도가액을 기준으로 양도소득세가 과세된다.

나) 고가양도에 따른 이익에 대해 증여세가 과세된 경우

개인이 특수관계 없는 개인에게 시가보다 높은 가액으로 재산을 양도한 경우로서 대가와 시가와의 차액이 시가의 30% 이상이 되어 고가양도에 따른 이익에 대해 증여세가 과세된 경우에는 양도가액에서 증여재산가액을 차감한 가액을 양도가액으로 한다(소법 §96③2호).

따라서 실제 양도가액과 시가를 양도가액으로 계산한 양도소득세를 환급받게 되는데 실무에서는 증여세 과세시 환급받을 양도소득세를 충당하는 방식으로 처리하고 있다.

2. 고가양도 개인의 부가가치세

가. 특수관계인 간 거래

개인이 사업을 영위하는 자로서 부가가치세가 과세되는 재화를 시가보다 높은 가액으로 국세기본법 시행령 제1조의2 제1항, 제2항에 해당하는 특수관계 있는 개인에게 공급한 경우에는 과세문제가 발생하지 않는다.

나. 비특수관계인 간 거래

비특수관계인 간 거래의 경우에는 거래가액을 공급가액으로 보므로 과세문제가 없다.

3. 고가양도 개인의 증여세

가. 특수관계인 간 거래

개인이 상속세 및 증여세법 시행령 제2조의2 제1항 제1호부터 제3호까지에 해당하는 특수관계 있는 개인에게 시가보다 높은 가액으로 재산을 양도한 경우로서 대가와 시가와의 차액이 시가의 30% 또는 3억 원 이상인 경우에는 대가와 시가와의 차액에서 시가의 30%와 3억 원 중 적은 금액을 차감한 금액을 고가양도에 따른 증여재산가액으로 보아 증여세가 과세된다(상증법 §35①).

이 경우 고가로 양도한 개인의 경우 시가보다 높은 실제 거래가액을 기준으로 양도소득세를 부담하고 시가보다 높게 양도함으로써 얻은 이익상당액에 대해 증여세가 과세된 결과가 되므로 증여세를 과세하는 경우 시가를 양도가액으로 양도소득세를 계산하며 실제 양도가액을 기준으로 양도소득세를 납부한 경우 과세할 증여세에 충당하는 방식으로 환급받게 된다.[165)]

○ 고가양도에 따른 증여재산가액(3.5억 원)
= 〔양도가액(10억 원)－시가(5억 원)〕 － Min(시가의 30%, 3억 원)

165) 대가와 시가와의 차액상당액이 사업소득, 기타소득으로 과세된 경우에도 소득금액이 증가된 경우에 대해서는 고가양도에 따른 이익의 증여로 증여세가 과세되므로 사업소득, 기타소득으로 과세된 경우에는 사업소득과 기타소득금액이 경정되어 환급되어야 할 것이다.

나. 비특수관계인 간 거래

개인이 특수관계 없는 개인에게 거래의 관행상 정당한 사유없이 시가보다 높은 가액으로 재산을 양도한 경우로서 대가와 시가와의 차액이 시가의 30% 이상인 경우에는 대가와 시가와의 차액에서 3억 원을 차감한 금액을 고가양도에 따른 증여재산가액으로 보아 증여세가 과세된다(상증법 §35②).

이 경우 고가로 양도한 개인의 경우 시가보다 높은 실제 거래가액을 기준으로 양도소득세를 부담하고 시가보다 높게 양도함으로써 얻은 이익상당액에 대해 증여세가 과세된 결과가 되므로 증여세를 과세하는 경우 시가를 양도가액으로 양도소득세를 계산하며 실제 양도가액을 기준으로 양도소득세를 납부한 경우 과세할 증여세에 충당하는 방식으로 환급받게 된다.

○ 고가양도에 따른 증여재산가액(2억 원)
= 〔양도가액(10억 원)−시가(5억 원)〕−3억 원

구분		개인에게 고가양도한 고가양도개인의 과세문제
사업·기타 소득	특수/ 비특수	과세문제 없음. /(특수) 시가초과액에 대한 외상매출금－대손충당금 설정 불가능
양도 소득	특수/ 비특수	• 양도가액: 실제 양도가액 • 고저가 양도에 따른 이익의 증여로 증여세가 과세된 경우 －양도가액: (실제 양도가액－증여재산가액)(소법 §96③2호)
증여세	특수	• (대가－시가) ≥ 시가의 30%, 3억 원 고가양도 시 증여재산가액(3.5억 원)(상증법 §35①) = 대가(10억 원)－시가(5억 원)－Min(시가의 30% 1.5억 원, 3억 원)
	비특수	• (대가－시가) ≥ 시가의 30% 고가양도 시 증여재산가액(2억 원)(상증법 §35②) = [대가(10억 원)－시가(5억 원)]－3억 원

4. 고가양수 개인의 소득세

가. 사업소득

(1) 특수관계인 간 거래

사업을 영위하는 개인이 국세기본법 시행령 제1조의2 제1항, 제2항에 해당하는 특수관계 있는 개인으로부터 사업용 자산을 시가보다 높은 가액으로 양수한 경우로서 대가와 시가와의 차액이 시가의 5% 또는 3억 원 이상이므로 부당행위계산부인 대상거래에 해당한다.

따라서 시가를 초과하여 양수한 가액 5억 원을 부당행위계산부인을 적용하여 총수입금액 산입함과 동시에 과대계상된 자산가액을 필요경비산입하여 시가를 기준으로 감가상각비와 처분이익을 계상하도록 하여야 한다.

(2) 비특수관계인 간 거래

가) 업무와 관련 없는 경우

사업을 영위하는 개인이 특수관계 없는 개인으로부터 정당한 사유 없이 사업용 자산을 시가의 130%인 정상가액보다 높은 가액으로 매입하는 경우에는 대가와 정상가액과의 차액이 기부금으로 의제된다(소령 §78①).

따라서 비지정기부금에 해당하는 의제기부금을 필요경비불산입하여야 하며 동 금액만큼 자산가액을 필요경비산입하여 정상가액을 기준으로 감가상각비와 처분이익이 계상되도록 하여야 한다.

○ 의제기부금 3.5억 원 = 대가 10억 원－(시가 5억 원×130%)
○ 필요경비 불산입 = 3.5억 원

나) 업무와 관련 있는 경우

사업을 영위하는 개인이 업무와 관련 있는 특수관계 없는 개인으로부터 업무의 원활한 진행을 위하여 사업용 자산을 시가보다 높은 가액으로 양수한 경우에는 대가와 시가와의 차액을 기업업무추진비로 보아 시부인 계산하여야 한다.

나. 양도소득

(1) 특수관계인 간 거래

개인이 국세기본법 시행령 제1조의2 제1항, 제2항에 해당하는 특수관계 있는 개인으로부터 양도소득세 과세대상자산을 시가보다 높은 가액으로 취득한 경우로서 대가와 시가와의 차액이 시가의 5% 또는 3억 원 이상인 경우에는 부당행위계산부인 대상거래가 되어 시가를 취득가액으로 하여 양도차익을 계산하므로 양도소득세 계산 시 취득가액은 실제 취득가액인 10억 원이 아닌 시가 5억 원이 된다(소령 §167④).

따라서 부모가 자녀의 부동산을 자녀에게 증여세가 과세되지 않는 범위 내에서 고가로 취득한 후 양도하는 경우에는 이러한 과세문제를 정확하게 파악한 후 진행하여야 한다.

(2) 비특수관계인 간 거래

특수관계 없는 개인으로부터 양도소득세 과세대상자산을 시가보다 높게 취득한 경우에는 실제 취득가액 10억 원이 취득가액으로 인정된다.

| 개인의 고가양도 시 양도가액, 취득가액 |

구분		특수관계인 간 거래	비특수관계인 간 거래
개인과 법인 간의 거래	양도 개인	• 양도가액 실제 양도가액 - 소득처분금액	• 양도가액 실제 양도가액 - 증여재산가액
	양수 법인	• 취득가액: 시가 (취득가액 - 시가초과액)	• 취득가액: 실제취득가액
개인과 개인 간의 거래	양도 개인	• 양도가액 실제 양도가액 - 증여재산가액	• 양도가액 실제 양도가액 - 증여재산가액
	양수 개인	• 취득가액: 해당 자산의 시가	• 취득가액: 실제 취득가액

5. 고가양수 개인의 부가가치세

가. 특수관계인 간 거래

사업을 영위하는 개인이 국세기본법 시행령 제1조의2 제1항, 제2항에 해당하는 특수관계 있는 개인으로부터 시가보다 높은 가액으로 재화를 공급받은 경우에는 실제 공급받은 가액을 기준으로 매입세액이 공제되며 그 외 과세문제는 발생하지 않는다.

나. 비특수관계인 간 거래

사업을 영위하는 개인이 특수관계 없는 개인으로부터 재화를 시가보다 높은 가액으로 공급받은 경우에는 실제 공급받은 가액을 기준으로 매입세액 공제되므로 그 외 과세문제는 발생하지 않는다.

다만, 업무와 관련 있는 자로부터 업무의 원활한 진행을 위하여 시가보다 높은 가액으로 매입한 경우로서 소득세법상 기업업무추진비로 처리된 금액에 대한 매입세액은 접대관련 매입세액이 되므로 매입세액 불공제된다.

구분		개인으로부터 고가 양수한 고가 양수개인의 과세문제
사업소득	특수	• (대가 - 시가): 시가의 5% 또는 3억 원 이상 ⇒ 부당행위계산부인(소법 §98②1호) • 취득가액: (취득가액 - 시가초과액)(소령 §89②3호) 시가초과액만큼 자산을 감액(손금산입)하여 감가상각비, 처분이익 계산
	비특수	• 업무무관[대가〉 시가의 130%(정상가액), 정당한 사유없는 경우] (취득가액 - 정상가액) ⇒ 의제기부금(소령 §79①) 의제기부금만큼 자산을 감액(손금산입)한 후 감가상각비, 처분이익 계산 • 업무관련 (취득가액 - 시가) ⇒ 기업업무추진비 시부인 계산
양도소득	특수	• (대가 - 시가): 시가의 5% 또는 3억 원 이상 ⇒ 부당행위계산부인(소령 §167③) • 취득가액: 시가(실제 취득가액 아님)(소령 §167④)
	비특수	• 취득가액: 실제 취득가액
부가가치세	특수	과세문제 없음.
	비특수	과세문제 없음(다만, 접대관련 매입세액이 되는 경우 매입세액불공제).

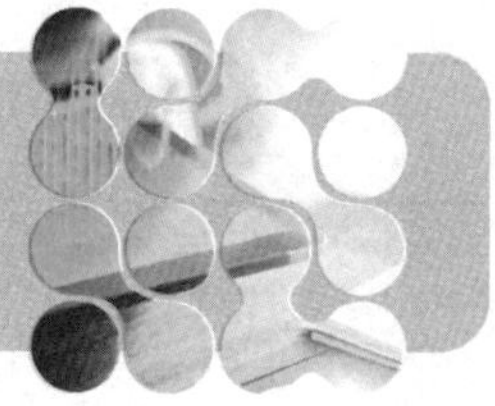

제2장

용역거래에 대한 과세문제

제1절 개요

Ⅰ 용역의 정의 및 구분

용역은 재화와 함께 시장에서 거래되는 상품을 구성하는 것으로서 재화와 동일하게 세법상 과세객체에 해당하는 것이다.

세법상 용역에 대해서는 부가가치세법 제2조 제2호에서 "재화 외에 재산가치가 있는 모든 역무(役務)와 그 밖의 행위를 말하는 것"으로 정의하고 있으며, 용역의 공급에 대해서는 부가가치세법 제11조 제1항에서 "역무를 제공하거나 재화, 시설물 권리등 재화를 사용하게 하는 것"으로 정의하고 있다.

따라서 용역을 크게 구분하면 역무를 제공하는 것에 해당하는 용역과 재화를 사용하게 하는 것에 해당하는 용역으로 구분할 수 있다.

이 중 재화를 사용하게 하는 것에 해당하는 용역은 재화의 가치에 근거하여 일률적이고 객관적인 방식으로 용역의 가치를 산출하는 것이 용이한 반면, 역무를 제공하는 것에 해당하는 용역은 일률적이고 객관적인 방식으로 용역의 가치를 산출하는 데에 한계가 있다.

이러한 점을 고려하여 세법은 역무를 제공하는 것에 해당하는 용역과 재화를 사용하게 하는 것에 해당하는 용역(부동산 임대용역)으로 나누어 과세문제를 달리 규정하고 있다.[166]

Ⅱ 자산거래와의 차이점

자산과 달리 용역은 생산과 동시에 소비되고 자산처럼 가시성 있게 축적된 어떤 형태가

166) 금전대여거래에 대해서는 별도로 과세문제를 규정하고 있지만 금전은 재화에 해당하지 않으므로 금전대여거래는 재화를 사용하게 하는 것에 해당하지 않는다.

없으며 소유권의 대상이 되지 않아 양도 불가능한 특징이 있어 무상, 고저가 거래를 포착하기 힘들다. 또한 자산보다 시가산정이 어려워 무상, 고저가 거래에 대한 과세문제를 규정하는 데 있어 입법기술상의 한계가 있다.

따라서 이러한 용역의 자산과 다른 특성 및 입법기술상의 한계 등을 고려하여 비특수관계인 간 자산의 고저가 거래를 기부금으로 의제하는 것과 달리 비특수관계인 간 용역의 고저가 거래는 기부금으로 의제하지 않거나 용역을 무상으로 제공받더라도 용역의 수증이익으로 과세하지 않는 등 많은 부분에서 자산거래와 달리 취급하고 있다.

따라서 용역거래에 대한 과세문제를 파악하는데 있어 중요한 점은 자산거래와의 차이점을 중심으로 파악하는 것이라 할 수 있다.

제2절 용역의 무상거래에 대한 과세문제

CASE

A는 시가 10억 원에 해당하는 역무를 제공하는 것에 해당하는 용역을 B에게 무상으로 제공하려고 한다. 이 경우 발생하는 과세문제는?

I 법인과 법인 간의 거래

A와 B가 법인과 법인인 경우에는 특수관계인 간 거래와 비특수관계인 간 거래에 따라 다음과 같이 과세문제가 달라진다.

1. 무상으로 용역을 제공한 법인의 법인세

가. 특수관계인 간 거래

법인이 법인세법 시행령 제2조 제8항에 해당하는 특수관계 있는 법인에게 무상으로 자산을 제공하는 경우 부당행위계산부인 대상거래에 해당하는 것과 마찬가지로 무상으로 용역을 제공하는 것도 부당행위계산부인 대상거래에 해당한다.

따라서 시가 10억 원을 익금산입하고 기타사외유출로 소득처분하여야 한다.

〈회계처리〉
없음.

〈세무조정〉
익금산입 부당행위계산부인 10억 원(기타사외유출)

법인세법 시행령 제88조 【부당행위계산의 유형 등】
① 법 제52조 제1항에서 "조세의 부담을 부당하게 감소시킨 것으로 인정되는 경우"란 다음 각호의 어느 하나에 해당하는 경우를 말한다. (2011. 6. 3. 개정)
6. 금전, 그 밖의 자산 또는 용역을 무상 또는 시가보다 낮은 이율・요율이나 임대료로 대부하거나 제공한 경우

나. 비특수관계인 간 거래

법인이 특수관계 없는 자에게 자산을 무상으로 제공한 경우에는 업무와 관련 없는 경우에는 기부금, 업무와 관련 있는 자에게 업무의 원활한 진행을 위해 제공한 경우에는 기업업무추진비로 보아 시부인 계산하여야 한다.

반면 특수관계 없는 자에게 무상으로 용역을 제공한 경우에는 부동산 임대용역을 제외하고는 기부금이나 기업업무추진비로 보지 않는다.

따라서 특수관계 없는 법인에게 부동산 임대용역 외의 용역을 무상으로 제공한 경우에는 기부금 또는 기업업무추진비로 보지 않으므로 법인세 과세문제가 발생하지 않는다.

법인세법 기본통칙 24-35…1 【부동산을 무상 또는 저가임대 시 기부금 의제】
법인이 영 제2조 제5항에 따른 특수관계인 외의 자에게 해당 법인의 사업과 직접 관계없이 부동산을 무상으로 임대하거나 정당한 사유없이 정상가액보다 낮은 가액으로 임대하는 경우에는 영 제35조의 규정이 적용된다. (2019. 12. 23. 개정)

【재법인46012-143, 2002. 9. 6.】
법인이 특수관계 없는 자에게 사업과 관계없이 부동산 '무상임대' 시는 시가상당액을, '저가임대' 시는 정상가액과의 차액을 '기부금'으로 봄.

2. 무상으로 용역을 제공한 법인의 부가가치세

가. 특수관계인 간 거래

부가가치세법 제29조 제4항은 사업자가 재화를 특수관계인에게 무상으로 공급한 경우에는 시가를 공급가액으로 보는 것으로 규정하고 있어 특수관계인에게 재화를 무상공급한 경우에는 부가가치세를 거래징수 하지 않았더라도 시가를 공급가액으로 하여 부가가치세를 납부하여야 한다.

반면 특수관계인에게 용역을 공급한 경우에 대해서는 시가보다 낮은 대가를 받고 공급한 경우에 대해서만 시가를 공급가액으로 하는 것으로 규정하고 있을 뿐 무상으로 공급한 경우에 대해서는 시가를 공급가액으로 보는 것으로 규정하고 있지 않다(부법 §29④).

또한 재화의 무상공급은 재화의 공급으로 보아 부가가치세를 과세하지만 용역의 무상공급은 특수관계인에게 제공한 부동산 임대용역을 제외하고는 용역의 공급으로 보지 않는다(부법 §12②).

이는 용역의 무상공급의 경우 재화의 무상공급과 달리 무상공급 자체를 포착하기 어렵고 무상으로 제공한 용역의 시가를 산정하기 어려운 점을 고려한 것으로 이해할 수 있다.

따라서 법인세법 시행령 제2조 제8항에 해당하는 특수관계 있는 법인에게 무상으로 역무를 제공한 경우(부동산 임대용역 제외)에도 부가가치세 과세문제는 발생하지 않는다.

나. 비특수관계인 간 거래

재화의 무상공급은 재화의 공급으로 보아 부가가치세를 과세하지만 용역의 무상공급은 용역의 공급으로 보지 않으므로 과세문제가 없다(부법 §12②).

부가가치세법 제29조 【과세표준】

④ 제3항에도 불구하고 특수관계인에게 공급하는 재화 또는 용역에 대한 조세의 부담을 부당하게 감소시킬 것으로 인정되는 경우로서 다음 각호의 어느 하나에 해당하는 경우에는 공급한 재화 또는 용역의 시가를 공급가액으로 본다.

1. 재화의 공급에 대하여 부당하게 낮은 대가를 받거나 아무런 대가를 받지 아니한 경우
2. 용역의 공급에 대하여 부당하게 낮은 대가를 받는 경우
3. 용역의 공급에 대하여 대가를 받지 아니하는 경우로서 제12조 제2항 단서가 적용되는 경우

부가가치세법 제12조 【용역 공급의 특례】
② 사업자가 대가를 받지 아니하고 타인에게 용역을 공급하는 것은 용역의 공급으로 보지 아니한다. 다만, 사업자가 대통령령으로 정하는 특수관계인(이하 "특수관계인"이라 한다)에게 사업용 부동산의 임대용역 등 대통령령으로 정하는 용역을 공급하는 것은 용역의 공급으로 본다.

3. 무상으로 용역을 제공받은 법인의 법인세

가. 특수관계인 간 거래

법인이 자산을 무상으로 수증받은 경우에는 특수관계인 간 거래 여부를 불문하고 수증받은 자산의 시가를 익금에 산입하여야 한다(법령 §11 5호).

반면 용역을 무상으로 제공받은 경우에 대해서는 익금으로 규정하고 있지 않고 있어 비용이 감소함으로써 각 사업연도 소득금액이 증가할 뿐 그 외 추가적인 법인세 과세문제는 발생하지 않는다.

이는 용역을 무상으로 제공받는 것을 포착하기 어려운 점, 자산처럼 양도하여 수익을 창출할 수 없는 점, 시가산정이 어려운 점을 고려한 것으로 이해할 수 있다.

나. 비특수관계인 간 거래

용역을 무상으로 제공받은 경우 과세문제가 발생하지 않는 것은 특수관계인 간 거래와 비특수관계인 간 거래가 동일하다.

따라서 최근 상표권, 특허권 등의 무형자산을 무상으로 사용하는 경우에 대한 과세이슈가 많이 발생하고 있는데, 이러한 무형자산을 사용하는 것은 용역거래에 해당하므로 무상으로 사용하더라도 법인세 과세문제는 발생하지 않게 된다.

다만, 무상으로 사용하는 것이 아닌 무상으로 사용하는 사용권을 수령하는 경우에는 권리인 자산을 무상으로 수증받은 것이 되어 자산수증이익으로 익금산입되므로 주의하여야 한다.

4. 무상으로 용역을 제공받은 비영리법인의 증여세

용역은 증여세 과세대상이 아니었으나 2004년 증여세 완전포괄과세가 도입된 후에는 용역을 무상 또는 시가보다 낮은 가액으로 제공받거나 높은 가액으로 제공함으로써 얻은 이익도 증여세 과세대상에 해당한다.

영리법인은 무상으로 용역을 제공받아 이익을 이전받은 경우에도 증여세가 면제되지만 비영리법인은 무상으로 용역을 제공받음으로써 얻은 이익에 대해 증여세가 과세된다.[167)]

가. 특수관계인 간 거래

(1) 용역제공 등에 따른 이익의 증여

비영리법인이 타인으로부터 무상으로 재산을 수증받는 것뿐만 아니라 타인으로부터 무상으로 용역을 제공받는 것도 상속세 및 증여세법 제42조에 의해 증여세가 과세된다.

> **상속세 및 증여세법 제42조【재산사용 및 용역제공 등에 따른 이익의 증여】**
> (2015. 12. 15. 제목개정)
> ① 재산의 사용 또는 용역의 제공에 의하여 다음 각호의 어느 하나에 해당하는 이익을 얻은 경우에는 그 이익에 상당하는 금액(시가와 대가의 차액을 말한다)을 그 이익을 얻은 자의 증여재산가액으로 한다. 다만, 그 이익에 상당하는 금액이 대통령령으로 정하는 기준금액 미만인 경우는 제외한다.
> 3. 타인에게 시가보다 낮은 대가를 지급하거나 무상으로 용역을 제공받음으로써 얻은 이익

(2) 요건

상속세 및 증여세법상 특수관계인으로부터 무상으로 용역을 제공받거나 비특수관계인으로부터 거래의 관행상 정당한 사유 없이 무상으로 용역을 제공받은 경우로서 그 가액이 1년간 1천만 원 이상인 경우에는 증여세 과세대상에 해당한다(상증령 §32②).

> **상속세 및 증여세법 시행령 제32조【재산사용 및 용역제공 등에 따른 이익의 계산방법 등】**
> ① 법 제42조 제1항 각호 외의 부분 본문에 따른 이익은 다음 각호의 구분에 따라 계산한 금액으로 한다.
> 1. 무상으로 재산을 사용하거나 용역을 제공받은 경우: 다음 각목의 구분에 따라 계산한 금액
>   나. 가목 외의 경우: 무상으로 재산을 사용하거나 용역을 제공받음에 따라 지급하여야 할 시가 상당액

167) 해당 용역이 비영리법인의 수익사업과 관련되지 않은 것을 전제로 한다.

② 법 제42조 제1항 각호 외의 부분 단서에서 "대통령령으로 정하는 기준금액"이란 다음 각호의 구분에 따른 금액을 말한다.
1. 제1항 제1호의 경우: 1천만 원
2. 제1항 제2호 및 제3호의 경우: 시가의 100분의 30에 상당하는 가액

(3) 증여재산가액

제공받은 용역의 시가상당액이 증여재산가액이 된다(상증령 §32①1호나목).

이 경우 용역의 시가란 평가기간 등의 제한 없이 해당 거래와 유사한 상황에서 불특정다수인 간 통상적인 지급대가를 말하는 것이며 부동산 임대용역 외의 용역의 시가가 불분명한 경우는 법인세법 시행령 제89조 제4항 제2호[168]를 준용한 금액을 시가로 본다(상증령 §32③).[169]

상속세 및 증여세법 시행령 제32조 【재산사용 및 용역제공 등에 따른 이익의 계산방법 등】
① 법 제42조 제1항 각호 외의 부분 본문에 따른 이익은 다음 각호의 구분에 따라 계산한 금액으로 한다.
1. 무상으로 재산을 사용하거나 용역을 제공받은 경우: 다음 각목의 구분에 따라 계산한 금액
   나. 가목 외의 경우: 무상으로 재산을 사용하거나 용역을 제공받음에 따라 지급하여야 할 시가 상당액

③ 제1항을 적용할 때 용역의 시가는 해당 거래와 유사한 상황에서 불특정다수인 간 통상적인 지급대가로 한다. 다만, 용역의 시가가 불분명한 경우에는 다음 각호의 어느 하나에 따라 계산한 금액으로 한다.
2. 부동산 임대용역 외의 경우: 「법인세법 시행령」 제89조 제4항 제2호에 따라 계산한 금액

---

168) 건설 기타 용역을 제공하거나 제공받는 경우에는 당해 용역의 제공에 소요된 금액(직접비 및 간접비를 포함하며, 이하 이 호에서 "원가"라 한다)과 원가에 해당 사업연도 중 특수관계인 외의 자에게 제공한 유사한 용역제공거래 또는 특수관계인이 아닌 제3자 간의 일반적인 용역제공거래를 할 때의 수익률(기업회계기준에 따라 계산한 매출액에서 원가를 차감한 금액을 원가로 나눈 율을 말한다)을 곱하여 계산한 금액을 합한 금액

169) 부동산 임대용역의 상속세 및 증여세법상 시가가 불분명한 경우에는 법인세법 시행령 제89조 제4항 제1호(당해 자산 시가의 100분의 50에 상당하는 금액에서 그 자산의 제공과 관련하여 받은 전세금 또는 보증금을 차감한 금액에 정기예금이자율 1.2% 곱하여 산출한 금액)를 준용한다.

(4) 과세기간 단위

용역의 제공기간이 정해지지 아니한 경우에는 그 기간을 1년으로 하고, 그 기간이 1년 이상인 경우에는 1년이 되는 날의 다음 날에 매년 새로 용역을 제공하거나 제공받는 것으로 본다(상증법 §42②).

나. 비특수관계인 간 거래

비영리법인이 특수관계 없는 법인으로부터 거래의 관행상 정당한 사유 없이 용역을 무상으로 제공받은 경우로서 그 가액이 1년간 1천만 원 이상인 경우에는 증여세가 과세된다.

재산을 무상으로 제공받은 경우에는 특수관계 여부를 불문하고 증여세가 과세되지만 용역을 특수관계 없는 자로부터 무상으로 제공받은 경우에는 거래의 관행상 정당한 사유가 없는 경우에 한하여 증여세가 과세되는 차이가 있다.

무상으로 용역을 제공받은 경우 증여세

○ 거래요건
용역을 무상으로 제공받을 것

○ 특수관계인 요건
- 특수관계인 간 거래이거나 비특수관계인 간 거래로서 거래의 관행상 정당한 사유가 없는 경우일 것

○ 시가
해당 거래와 유사한 상황에서 불특정다수인 간 통상적인 지급대가
시가가 불분명한 경우: 법인세법 시행령 제89조 제4항 제2호 준용
(부동산 임대용역의 경우: 부동산가액×2%)

○ 가액요건: 증여재산가액이 1천만 원 이상일 것

○ 증여재산가액: 지급하여야 할 용역의 시가 상당액

○ 과세기간 단위: 1년
(용역제공기간이 없는 경우에는 1년, 1년을 초과하는 경우에는 1년이 되는 날의 다음 날에 매년 새로 용역을 제공받은 것으로 보아 계산)

5. 무상으로 용역을 제공받은 법인의 주주의 증여세

가. 특수관계인 간 거래

용역을 무상으로 제공받은 법인이 지배주주등의 직·간접 지분율이 30% 이상인 특정법인에 해당하고 무상으로 용역을 제공한 법인과 지배주주가 상속세 및 증여세법 시행령 제2조의2 제1항 제2호부터 제8호에서 규정하고 있는 특수관계가 성립하는 경우로서 지배주주등이 얻은 증여의제이익이 1억 원 이상인 경우에는 무상으로 용역을 제공받은 법인의 지배주주등에게 증여세가 과세된다(상증법 §45조의5).

이 경우 용역의 시가는 법인세법 시행령 제89조 제4항을 준용하여 산정한다.

○ 특정법인의 이익
용역의 시가 10억 원−〔법인세 × (용역의 시가 / 각 사업연도 소득)〕

○ 증여의제이익
특정법인의 이익 × 지배주주등의 지분율 ≥ 1억 원 ⇒ 증여세 과세요건 충족

* 지배주주등의 지분율이 10% 이상인 경우 증여세 과세(법인세 없는 경우 가정 시)

나. 비특수관계인 간 거래

비특수관계인 간 거래의 경우 무상으로 용역을 제공한 법인과 지배주주가 특수관계가 성립하는 경우를 가정하기 어려우므로 과세문제를 검토할 필요가 없다.

| 법인의 자산 VS 용역의 무상거래에 대한 과세문제 |

구분		자산	용역
무상제공 법인세	특수관계인 간 거래	부당행위계산부인 적용 〈익금산입〉	부당행위계산부인 적용 〈익금산입〉
	비특수관계인 간 거래	• 업무와 관련 없는 경우: 기부금 • 업무의 원활한 진행을 위한 경우: 접대비	과세문제 없음. (부동산 임대용역 제외)
무상제공 부가가치세	특수관계인 간 거래	시가를 공급가액으로 하여 부가가치세 과세	과세문제 없음. (특수관계인 간 부동산 임대용역 제외)
	비특수관계인 간 거래		
무상수증	특수관계인 간 거래	〈익금산입〉 자산수증이익	과세문제 없음.
	비특수관계인 간 거래	〈익금산입〉 자산수증이익	과세문제 없음.

Ⅱ 법인과 개인 간의 거래

A와 B가 법인과 개인인 경우에는 특수관계인 간 거래와 비특수관계인 간 거래에 따라 다음과 같이 과세문제가 달라진다.

1. 무상으로 용역을 제공한 법인의 법인세

가. 특수관계인 간 거래

법인이 법인세법 시행령 제2조 제8항에 해당하는 특수관계 있는 개인에게 자산을 무상으로 제공하는 것뿐만 아니라 용역을 무상으로 제공하는 것도 법인세법상 부당행위계산부인 대상거래에 해당한다.

따라서 시가 10억 원을 익금산입하고 거래상대방이 임・직원, 출자 임・직원인 경우에는 상여, 주주인 경우에는 배당, 사업을 영위하는 개인의 사업소득을 구성하고 있는 경우에는 기타사외유출, 그 외 특수관계인인 경우에는 기타소득으로 소득처분하고 해당 원천세를 징수하여 납부하여야 한다.

나. 비특수관계인 간 거래

법인이 특수관계 없는 개인에게 무상으로 자산을 제공하는 경우에는 기부금 또는 기업업무추진비로 보아 시부인 계산하여야 하지만 부동산 임대용역 외의 용역을 무상으로 제공한 경우에는 기부금 또는 기업업무추진비로 보지 않으므로 과세문제가 없다.

2. 무상으로 용역을 제공한 법인의 부가가치세

가. 특수관계인 간 거래

법인이 법인세법 시행령 제2조 제8항에 해당하는 특수관계 있는 개인에게 시가보다 낮은 가액으로 용역을 제공한 경우에는 시가를 공급가액으로 보아 부가가치세가 과세되지만 무상으로 제공한 경우에는 시가를 공급가액으로 보지 않는다(부법 §29④). 또한 특수관계인에게 부동산 임대용역 외의 용역을 무상으로 제공한 경우에는 용역의 공급으로 보지 않는다(부법 §12②).

따라서 법인이 법인세법 시행령 제2조 제8항에 해당하는 특수관계 있는 개인에게 역무를 제공하는 것에 해당하는 용역을 무상으로 제공하는 경우에는 부가가치세 과세문제가 발생하지 않는다.

나. 비특수관계인 간 거래

재화의 무상공급은 재화의 공급으로 보아 부가가치세를 과세하지만, 용역의 무상공급은 용역의 공급으로 보지 않으므로 부가가치세 과세문제가 없다.

3. 무상으로 용역을 제공받은 개인의 소득세

가. 특수관계인 간 거래

개인사업을 영위하는 자가 자산을 무상으로 수증받은 경우에는 수증받은 자산의 시가를 총수입금액에 산입하지만 용역을 무상으로 제공받은 경우에는 총수입금액에 산입하지 않는다.

따라서 무상으로 제공받은 용역의 가액만큼 비용이 감소하여 사업소득금액이 증가할 뿐 추가 과세문제는 없다.

나. 비특수관계인 간 거래

비특수관계인 간 거래인 경우에도 특수관계인 간 거래와 마찬가지로 비용이 감소한 만큼 사업소득금액이 증가할 뿐 추가 과세문제는 없다.

| 자산수증이익 VS 용역을 무상으로 제공받는 경우에 대한 과세문제 |

구분	자산수증이익	용역을 무상으로 제공받는 경우
법인세	익금산입	과세문제 없음.
소득세	총수입금액 산입	과세문제 없음.

4. 무상으로 용역을 제공받은 개인의 증여세

가. 특수관계인 간 거래

(1) 원칙

개인이 상속세 및 증여세법 시행령 제2조의2 제1항 제2호부터 제8호까지에 해당하는 특수관계 있는 법인으로부터 무상으로 용역을 제공받은 경우로서 그 가액이 1년간 1천만 원 이상인 경우에는 용역의 시가(10억 원)를 증여재산가액으로 하여 증여세가 과세된다(상증법 §42).

(2) 법인세법상 부당행위계산부인이 적용된 경우

법인세법 시행령 제2조 제8항에 해당하는 특수관계 있는 개인에게 무상으로 용역을 제공한 법인이 부당행위계산부인 시 특수관계 있는 개인에게 소득처분하여 소득세가 과세된 경우에는 증여세가 과세되지 않는다(상증법 §4조의2③).

나. 비특수관계인 간 거래

개인이 특수관계 없는 법인으로부터 거래의 관행상 정당한 사유 없이 용역을 무상으로 제공받은 경우로서 그 가액이 1년간 1천만 원 이상인 경우에는 용역의 시가를 증여재산가액으로 하여 증여세가 과세된다(상증법 §42).

| 개인의 재산 VS 용역의 무상수증에 대한 증여세 |

	구분	재산	용역
증여세	특수관계인 간 거래	무조건 증여세 과세	〈가액요건〉 증여재산가액 ≥ 1천만 원 이상 * 부당행위계산부인 적용 ⇒ 과세 안됨.
	비특수관계인 간 거래	무조건 증여세 과세	〈가액요건〉 증여재산가액 ≥ 1천만 원 이상 〈정당한 사유 요건〉 거래의 관행상 정당한 사유 없을 것
	※ 용역의 시가 - 해당 거래와 유사한 상황에서 불특정다수인 간 통상적인 지급대가		

Ⅲ 개인과 법인 간의 거래

A와 B가 개인과 법인인 경우에는 특수관계인 간 거래와 비특수관계인 간 거래에 따라 다음과 같이 과세문제가 달라진다.

1. 무상으로 용역을 제공한 개인의 소득세

가. 특수관계인 간 거래

가) 사업소득

사업을 영위하는 개인이 국세기본법 시행령 제1조의2 제2항, 제3항 제1호에 해당하는 특수관계 있는 법인에게 무상으로 용역을 제공하는 경우에는 소득세법상 부당행위계산부인 대상거래에 해당한다(소법 §41, 소령 §98②2호).

따라서 무상으로 제공한 용역의 시가 10억 원을 총수입금액에 산입하여야 한다.

소득세법 시행령 제98조【부당행위계산의 부인】

② 법 제41조에서 조세 부담을 부당하게 감소시킨 것으로 인정되는 경우는 다음 각호의 어느 하나에 해당하는 경우로 한다. 다만, 제1호부터 제3호까지 및 제5호(제1호부터 제3호까지에 준하는 행위만 해당한다)는 시가와 거래가액의 차액이 3억 원 이상이거나 시가의 100분의 5에 상당하는 금액 이상인 경우만 해당한다.

2. 특수관계인에게 금전이나 그 밖의 자산 또는 용역을 무상 또는 낮은 이율 등으로 대부하거나 제공한 경우. 다만, 직계존비속에게 주택을 무상으로 사용하게 하고 직계존비속이 그 주택에 실제 거주하는 경우는 제외한다.

나) 기타소득

무상으로 용역을 제공한 개인이 기타소득자로서 강연료 등 소득세법 제21조의 기타소득에 해당하는 용역을 특수관계 있는 법인에게 무상으로 제공한 경우로서 시가와 대가와의 차액의 시가의 5% 또는 3억 원 이상인 경우에는 기타소득에 대한 부당행위계산부인 대상거래에 해당한다.

따라서 해당 용역의 시가를 총수입금액으로 하여 기타소득세가 과세된다.

나. 비특수관계인 간 거래

사업을 영위하는 개인이 특수관계 없는 법인에게 무상으로 자산을 제공하는 경우에는 업무와 관련 없는 경우에는 기부금, 업무의 원활한 진행을 위한 경우에는 기업업무추진비로 보아 시부인 계산하여야 한다.

반면 용역을 무상으로 제공하는 경우에는 기부금 또는 기업업무추진비로 보지 않으므로

과세문제가 없다.[170)]

2. 무상으로 용역을 제공한 개인의 부가가치세

가. 특수관계인 간 거래

개인사업자가 국세기본법 시행령 제1조의2 제2항, 제3항 제1호에 해당하는 특수관계 있는 법인에게 용역을 무상으로 제공하는 경우에는 시가를 공급가액으로 하여 부가가치세를 과세하지 않는다(부법 §29④).

또한 특수관계인에게 부동산 임대용역을 제외한 용역을 무상으로 공급한 경우에는 용역의 공급으로 보지 않는다.

따라서 개인사업자가 국세기본법 시행령 제1조의2 제2항, 제3항 제1호에 해당하는 특수관계 있는 법인에게 무상으로 용역을 제공한 경우에는 과세문제가 발생하지 않는다.

나. 비특수관계인 간 거래

재화의 무상공급은 재화의 공급으로 보아 부가가치세가 과세되지만, 용역의 무상공급은 용역의 공급으로 보지 않으므로 부가가치세 과세문제가 없다.

3. 무상으로 용역을 제공받은 법인의 법인세

가. 특수관계인 간 거래

법인세법은 특수관계인 간 거래 여부를 불문하고 무상으로 받은 자산의 가액은 익금에 해당하는 것으로 규정하고 있다(법령 §11 5호).

반면 용역을 무상으로 제공받은 경우에 대해서는 익금으로 규정하고 있지 않고 있어 용역을 무상으로 제공받은 경우에는 비용이 감소한 만큼 각 사업연도 소득금액이 증가할 뿐 그 외 추가 과세문제는 없다.

나. 비특수관계인 간 거래

용역을 무상으로 제공받은 경우 과세문제가 발생하지 않는 것은 특수관계인 간 거래와 비특수관계인 간 거래가 동일하다.

170) 기타소득자인 경우에는 과세문제를 검토할 필요가 없다.

4. 무상으로 용역을 제공받은 비영리법인의 증여세

영리법인은 무상으로 용역을 제공받아 이익을 이전받은 경우에도 증여세가 면제되지만 비영리법인은 무상으로 용역을 제공받음으로써 얻은 이익에 대해 증여세가 과세된다.[171]

가. 특수관계인 간 거래

비영리법인이 상속세 및 증여세법 시행령 제2조의2 제1항 제2호, 제4호, 제5호, 제8호에 해당하는 특수관계 있는 개인으로부터 무상으로 용역을 제공받은 경우로서 그 가액이 1년간 1천만 원 이상인 경우에는 용역의 시가(10억 원)를 증여재산가액으로 하여 증여세가 과세된다(상증법 §42).

나. 비특수관계인 간 거래

비영리법인이 특수관계 없는 개인으로부터 거래의 관행상 정당한 사유없이 용역을 무상으로 제공받은 경우로서 그 가액이 1년간 1천만 원 이상인 경우에는 용역의 시가(10억 원)를 증여재산가액으로 하여 증여세가 과세된다(상증법 §42).

5. 무상으로 용역을 제공받은 법인의 주주의 증여세

가. 특수관계인 간 거래

용역을 무상으로 제공받은 법인이 지배주주등의 직·간접 지분율이 30% 이상인 특정법인에 해당하고 무상으로 용역을 제공한 개인과 지배주주가 상속세 및 증여세법 시행령 제2조의2 제1항 제1호부터 제3호까지에 의해 특수관계가 성립하는 경우로서 지배주주등이 얻은 증여의제이익이 1억 원 이상인 경우에는 무상으로 용역을 제공받은 법인의 지배주주등에게 증여세가 과세된다(상증법 §45조의5).

○ 특정법인의 이익
시가 10억 원－〔법인세 × (용역의 시가 / 각 사업연도 소득)〕

○ 증여의제이익
특정법인의 이익 × 지배주주등의 지분율 ≥ 1억 원 ⇒ 증여세 과세요건 충족

171) 해당 용역이 비영리법인의 수익사업과 관련되지 않은 것을 전제로 한다.

나. 비특수관계인 간 거래

비특수관계인 간 거래의 경우 무상으로 용역을 제공한 개인과 지배주주가 특수관계가 성립하는 경우를 가정하기 어려우므로 과세문제를 검토할 필요가 없다.

 개인과 개인 간의 거래

A와 B가 개인과 개인인 경우에는 특수관계인 간 거래와 비특수관계인 간 거래에 따라 다음과 같이 과세문제가 달라진다.

1. 무상으로 용역을 제공한 개인의 소득세

가. 특수관계인 간 거래

사업을 영위하는 개인이 국세기본법 시행령 제1조의2 제1항, 제2항에 해당하는 특수관계 있는 개인에게 무상으로 용역을 제공하는 경우에는 부당행위계산부인 대상거래에 해당하므로 용역의 시가 10억 원을 총수입금액에 산입하여야 한다(소법 §41, 소령 §98②2호).[172)]

나. 비특수관계인 간 거래

사업을 영위하는 개인이 특수관계 없는 개인에게 용역을 무상으로 제공하는 경우에는 기부금 또는 기업업무추진비로 보지 않으므로 과세문제가 발생하지 않는다.

2. 무상으로 용역을 제공한 개인의 부가가치세

가. 특수관계인 간 거래

개인사업자가 국세기본법 시행령 제1조의2 제1항, 제2항에 해당하는 특수관계 있는 개인에게 무상으로 용역을 제공하는 경우에는 시가를 공급가액으로 보아 부가가치세를 과세하지 않는다(부법 §29④).

172) 이 경우 무상으로 용역을 제공한 개인이 기타소득자로서 강연료등 소득세법 제21조의 기타소득에 해당하는 용역을 특수관계 있는 개인에게 무상으로 제공하는 경우는 기타소득에 대한 부당행위계산부인 대상거래에 해당한다.
따라서 해당 용역의 시가를 총수입금액으로 하여 기타소득세가 과세된다.

또한 특수관계인에게 부동산 임대용역 외의 용역을 무상으로 제공한 경우에는 용역의 공급으로 보지 않는다.

따라서 국세기본법 시행령 제1조의2 제1항, 제2항에 해당하는 특수관계 있는 개인에게 무상으로 용역을 제공하는 경우에는 과세문제가 발생하지 않는다.

나. 비특수관계인 간 거래

용역의 무상공급은 용역의 공급으로 보지 않으므로 부가가치세 과세문제가 발생하지 않는다.

3. 무상으로 용역을 제공받은 개인의 소득세

가. 특수관계인 간 거래

개인사업을 영위하는 자가 용역을 무상으로 제공받은 경우에는 총수입금액에 산입하지 않으므로 무상으로 제공받은 가액만큼 비용이 감소하여 사업소득금액이 증가할 뿐 추가 과세문제는 발생하지 않는다.

나. 비특수관계인 간 거래

비특수관계인 간 거래인 경우에도 특수관계인 간 거래와 마찬가지로 비용이 감소한 만큼 사업소득금액이 증가할 뿐 추가 과세문제는 없다.

4. 무상으로 용역을 제공받은 개인의 증여세

가. 특수관계인 간 거래

개인이 상속세 및 증여세법 시행령 제2조의2 제1항 제1호부터 제3호까지에 해당하는 특수관계 있는 개인으로부터 무상으로 용역을 제공받은 경우로서 그 가액이 1년간 1천만 원 이상인 경우에는 용역의 시가(10억 원)를 증여재산가액으로 하여 증여세가 과세된다(상증법 §42).

나. 비특수관계인 간 거래

개인이 특수관계 없는 개인으로부터 거래의 관행상 정당한 사유없이 용역을 무상으로 제공받은 경우로서 그 가액이 1년간 1천만 원 이상인 경우에는 용역의 시가(10억 원)를 증여재산가액으로 하여 증여세가 과세된다(상증법 §42).

제3절 용역의 저가거래에 대한 과세문제

CASE

A는 B에게 시가 10억 원에 해당하는 역무를 제공하는 용역을 5억 원에 제공하려고 한다. 이 경우 발생하는 과세문제는?

I 법인과 법인 간의 거래

A와 B가 법인과 법인인 경우에는 특수관계인 간 거래와 비특수관계인 간 거래에 따라 다음과 같이 과세문제가 달라진다.

1. 저가로 용역을 제공한 법인의 법인세

가. 특수관계인 간 거래

법인이 법인세법 시행령 제2조 제8항에 해당하는 특수관계 있는 법인에게 시가보다 낮은 가액으로 용역을 제공하는 경우로서 시가와 대가와의 차액이 시가의 5% 또는 3억 원 이상인 경우에는 법인세법상 부당행위계산부인 대상거래에 해당한다(법법 §52, 법령 §88①6호).

따라서 시가와 대가와의 차액을 익금산입하고 기타사외유출로 소득처분하여야 한다.

〈회계처리〉	
D) 보통예금 5억 원	C) 용역매출 5억 원
〈세무조정〉	
익금산입 부당행위계산부인 5억 원(기타사외유출)	

나. 비특수관계인 간 거래

(1) 업무와 관련 없는 경우

법인이 특수관계 없는 법인에게 시가의 70%인 정상가액보다 낮은 가액으로 자산을 제공한 경우에는 정상가액과 대가와의 차액을 기부금으로 보므로 거래상대방이 일정 한도 내에서 10%, 50% 기부금 손금인정 공익법인이 아닌 경우에는 정상가액과 대가와의 차액이 전액 손금불산입된다.

반면 부동산 임대용역 외의 용역의 경우 특수관계 없는 법인에게 시가의 70%인 정상가격보다 낮은 가액으로 제공한 경우에도 기부금으로 보지 않으므로 과세문제가 없다.

(2) 업무와 관련 있는 경우

법인이 업무와 관련 있는 특수관계 없는 법인에게 업무의 원활한 진행을 위하여 시가보다 낮은 가액으로 자산을 제공한 경우에는 기업업무추진비로 보아 시부인 계산하여야 한다.

반면 부동산 임대용역 외의 용역의 경우 업무의 원활한 진행을 위하여 시가보다 낮은 가액으로 제공한 경우에도 기업업무추진비로 보지 않으므로 과세문제가 없다.

2. 저가로 용역을 제공한 법인의 부가가치세

가. 특수관계인 간 거래

부가가치세법 제29조 제4항은 특수관계인에게 용역을 무상으로 제공한 경우에는 시가를 공급가액으로 보는 것으로 규정하고 있지 않지만 시가보다 부당하게 낮은 가액으로 공급하는 경우에는 시가를 공급가액으로 보는 것으로 규정하고 있다.

따라서 법인세법 시행령 제2조 제8항에 해당하는 특수관계 있는 법인에게 시가보다 낮은 가액으로 용역을 제공하는 경우에는 거래가액인 5억 원이 아닌 시가 10억 원을 공급가액으로 하여 부가가치세가 과세된다.

나. 비특수관계인 간 거래

비특수관계인 간 용역의 공급은 거래가액을 공급가액으로 보므로 부가가치세 과세문제가 없다.

3. 저가로 용역을 제공받은 법인의 법인세

가. 특수관계인 간 거래

법인세법 시행령 제2조 제8항에 해당하는 특수관계 있는 법인으로부터 저가로 용역을 제공받은 법인은 시가와 대가와의 차액만큼 비용이 감소하여 각 사업연도 소득금액이 증가할 뿐 추가 과세문제는 없다.

나. 비특수관계인 간 거래

특수관계 없는 법인으로부터 저가로 용역을 제공받은 경우에도 시가와 대가와의 차액만큼 비용이 감소하여 각 사업연도 소득금액이 증가할 뿐 추가적인 과세문제는 없다.

4. 저가로 용역을 제공받은 비영리법인의 증여세

영리법인은 용역을 저가로 제공받음으로써 이익을 얻은 경우에도 증여세가 면제되지만 비영리법인은 저가로 용역을 제공받아 이전받은 이익에 대해 증여세가 과세된다.[173)]

가. 특수관계인 간 거래

(1) 용역제공 등에 따른 이익의 증여

비영리법인이 상속세 및 증여세법 시행령 제2조의2 제1항 제4호부터 제8호까지에 해당하는 특수관계 있는 법인으로부터 저가로 용역을 제공받은 경우로서 시가와 대가와의 차액이 시가의 30% 이상인 경우에는 증여세가 과세된다(상증법 §42).

재산을 저가양수한 경우에는 시가와 대가와의 차액이 시가의 30% 또는 3억 원 이상인 경우에 증여세가 과세되지만 용역을 저가로 제공받는 경우에는 시가와 대가와의 차액이 시가의 30% 이상인 경우에 증여세가 과세되는 차이가 있다(상증령 §32②2호).

(2) 증여재산가액

용역을 저가로 제공받은 경우 증여재산가액은 시가와 대가와의 차액이다(상증령 §32①2호).

상속세 및 증여세법상 특수관계인으로부터 재산을 저가양수한 경우 증여재산가액은 시가와 대가와의 차액에서 시가의 30%와 3억 원 중 적은 금액을 차감하여 계산하지만 용역

173) 해당 용역이 비영리법인의 수익사업과 관련되지 않은 것을 전제로 한다.

을 저가로 제공받는 경우에는 시가와 대가와의 차액이 전액 증여재산가액이 되므로 특수관계인으로부터 시가산정이 가능한 용역을 저가로 제공받는 경우에는 재산거래보다 더 주의하여야 한다.

나. 비특수관계인 간 거래

비영리법인이 특수관계 없는 법인으로부터 거래의 관행상 정당한 사유 없이 저가로 용역을 제공받은 경우로서 시가와 대가와의 차액이 시가의 30% 이상인 경우에는 시가와 대가와의 차액에 대해 증여세가 과세된다(상증법 §42).

저가로 용역을 제공받은 경우 증여세 과세요건

○ 거래요건
용역을 시가보다 낮은 가액으로 제공받을 것

○ 특수관계인 요건
비특수관계인 간 거래의 경우에도 거래의 관행상 정당한 사유가 없는 경우 과세대상

○ 가액요건: (시가 - 대가) ≥ 시가의 30%

○ 증여재산가액: (시가 - 대가) ⇒ 차감하는 금액 없음.

○ 과세기간 단위: 1년

○ 용역제공기간이 1년 이상인 경우: 1년이 되는 날의 다음 날에 매년 새로 용역을 제공받은 것으로 보아 계산 ⇒ 즉, 1년 단위 과세

| 자산의 저가양수 VS 용역(역무제공)을 저가로 제공받는 경우 증여세 |

구분		자산을 저가로 양수하는 경우	용역을 저가로 제공받는 경우
시가가 불분명한 경우		상속세 및 증여세법상 보충적 평가방법 준용	법인세법 시행령 제89조 제4항 제2호 준용(역무를 제공하는 용역)
요건	특수관계인 간 거래	(시가 - 대가) ⇒ 시가의 30% 또는 3억 원 이상	(시가 - 대가) ⇒ 시가의 30% 이상
	비특수관계인 간 거래	(시가 - 대가) ⇒ 시가의 30% 이상 ⇒ 거래의 관행상 정당한 사유 없을 것	(시가 - 대가) ⇒ 시가의 30% 이상 ⇒ 거래의 관행상 정당한 사유 없을 것

구분		자산을 저가로 양수하는 경우	용역을 저가로 제공받는 경우
증여재산가액	특수관계인 간 거래	(시가-대가) -Min(시가의 30%, 3억 원)	(시가-대가) * 차감하는 금액 없음.
	비특수관계인 간 거래	(시가-대가)-3억 원	(시가-대가) * 차감하는 금액 없음.

| 용역을 무상으로 제공받는 경우 VS 용역을 저가로 제공받는 경우 증여세 |

구분		용역을 무상으로 제공받는 경우	용역을 저가로 제공받는 경우
요건	특수관계인 간 거래	증여재산가액 ⇒ 1년간 1천만 원 이상	(시가-대가) ⇒ 시가의 30% 이상
	비특수관계인 간 거래	증여재산가액 ⇒ 1년간 1천만 원 이상 ⇒ 거래의 관행상 정당한 사유 없을 것	(시가-대가) ⇒ 시가의 30% 이상 ⇒ 거래의 관행상 정당한 사유 없을 것
증여재산가액	비특수관계인 간 거래	용역의 시가상당액	(시가-대가)

| 자산의 저가제공 VS 용역의 저가제공에 대한 법인세, 소득세 |

구분		자산의 저가제공	용역의 저가제공 (부동산 임대용역 외)
		(시가-대가) ≥ 시가의 5% 또는 3억 원	
법인세	특수관계인 간	부당행위계산부인 적용	부당행위계산부인 적용
	비특수관계인 간	• 업무와 관련 없는 경우 기부금(정상가액-대가) • 업무의 원활한 진행을 위한 경우 기업업무추진비(시가-대가)	과세문제 없음. [부동산 임대용역(자산과 동일) 제외)]
소득세	특수관계인 간	부당행위계산부인 적용	부당행위계산부인 적용
	비특수관계인 간	• 업무와 관련 없는 경우 기부금(정상가액-대가) • 업무의 원활한 진행을 위한 경우 기업업무추진비(시가-대가)	과세문제 없음.

5. 저가로 용역을 제공받은 법인의 주주의 증여세

가. 특수관계인 간 거래

지배주주등의 직·간접 지분율이 30% 이상인 특정법인이 지배주주와 상속세 및 증여세법 시행령 제2조의2 제1항 제2호부터 제8호까지에 해당하는 특수관계 있는 법인으로부터 용역을 시가보다 저가로 제공받은 경우로서 시가와 대가와의 차액이 시가의 30% 또는 3억 원 이상이고 지배주주등이 얻은 증여의제이익이 1억 원 이상인 경우에는 지배주주등에게 증여세가 과세된다(상증법 §45조의5).

○ 특정법인의 이익
(시가 10억 원－대가 5억 원)－〔법인세 × (시가－대가) / 각 사업연도 소득〕

○ 증여의제이익
특정법인의 이익 × 지배주주등의 지분율 ≥ 1억 원 ⇒ 증여세 과세요건 충족

나. 비특수관계인 간 거래

비특수관계인 간 거래의 경우 특정법인의 지배주주와 저가로 용역을 제공한 법인이 특수관계가 성립하는 경우를 가정하기가 어려우므로 과세문제를 검토할 필요가 없다.

Ⅱ 법인과 개인 간의 거래

A와 B가 법인과 개인인 경우에는 특수관계인 간 거래와 비특수관계인 간 거래에 따라 다음과 같이 과세문제가 달라진다.

1. 저가로 용역을 제공한 법인의 법인세

가. 특수관계인 간 거래

법인이 법인세법 시행령 제2조 제8항에 해당하는 특수관계 있는 개인에게 시가보다 낮은 가액으로 용역을 제공하는 경우로서 시가와 대가와의 차액이 시가의 5% 이상 또는 3억 원 이상인 경우에는 법인세법상 부당행위계산부인 대상거래에 해당한다(법법 §52, 법령 §88①6호).

따라서 시가와 대가와의 차액을 익금산입하고 거래상대방이 임·직원, 출자 임·직원인

경우에는 상여, 주주인 경우에는 배당, 사업을 영위하는 개인인 경우로서 사업소득을 구성하는 경우에는 기타사외유출, 그 외의 자인 경우에는 기타소득으로 소득처분하고 원천세를 징수하여 납부하여야 한다.

나. 비특수관계인 간 거래

(1) 업무와 관련 없는 경우

법인이 부동산 임대용역 외의 용역을 특수관계 없는 개인에게 시가의 70%인 정상가격보다 낮은 가액으로 제공한 경우에도 기부금으로 보지 않으므로 과세문제가 없다.

(2) 업무와 관련 있는 경우

법인이 부동산 임대용역 외의 용역을 업무의 원활한 진행을 위하여 특수관계 없는 개인에게 시가보다 낮은 가액으로 제공한 경우에도 기업업무추진비로 보지 않으므로 과세문제가 없다.

2. 저가로 용역을 제공한 법인의 부가가치세

가. 특수관계인 간 거래

부가가치세법 제29조 제4항은 특수관계인에게 시가보다 부당하게 낮은 가액으로 용역을 공급하는 경우에는 시가를 공급가액으로 보도록 규정하고 있다.

따라서 법인이 법인세법 시행령 제2조 제8항에 해당하는 특수관계 있는 개인에게 시가보다 낮은 가액으로 용역을 제공한 경우에는 시가 10억 원을 공급가액으로 하여 부가가치세가 과세된다.

나. 비특수관계인 간 거래

비특수관계인 간 용역의 공급은 거래가액을 공급가액으로 보므로 부가가치세 과세문제가 없다.

3. 저가로 용역을 제공받은 개인의 소득세

가. 특수관계인 간 거래

개인이 국세기본법 시행령 제1조의2 제2항, 제3항 제1호에 해당하는 특수관계 있는 법인으로부터 시가보다 낮은 가액으로 용역을 제공받은 경우에는 비용이 감소된 만큼 사업소득금액이 증가할 뿐 추가적인 과세문제는 없다.

나. 비특수관계인 간 거래

개인이 특수관계 없는 법인으로부터 시가보다 낮은 가액으로 용역을 제공받은 경우에도 비용이 감소된 만큼 사업소득금액이 증가할 뿐 추가적인 과세문제는 없다.

4. 저가로 용역을 제공받은 개인의 증여세

가. 특수관계인 간 거래

(1) 원칙

개인이 상속세 및 증여세법 시행령 제2조의2 제1항 제2호부터 제8호까지에 해당하는 특수관계 있는 법인으로부터 시가보다 낮은 가액으로 용역을 제공받은 경우로서 시가와 대가와의 차액이 시가의 30% 이상인 경우에는 시가와 대가와의 차액에 대해 증여세가 과세된다(상증법 §42).

(2) 법인세법상 부당행위계산부인이 적용된 경우

법인이 법인세법상 부당행위계산부인 적용 시 법인세법 시행령 제2조 제8항에 해당하는 특수관계 있는 개인에게 소득처분하여 소득세가 과세된 경우에는 증여세가 과세되지 않는다(상증법 §4조의2③).

(3) 법인세법상 시가에 해당하는 경우

자산의 저가양수에 따른 증여의 경우 법인세법을 우선 적용하여 거래가액이 법인세법상 시가에 해당하는 경우에는 저가양수에 따른 이익에 대해 증여세를 과세하지 않는다(상증법 §35③).

반면 용역을 저가로 제공받는 경우에는 법인세법상 시가에 해당하여 부당행위계산부인이 적용되지 않는 경우에 대해 규정하지 않고 있어 법인세법상 시가에 해당하는 경우에도 증여세가 과세된다.

자산의 경우 평가기간의 제한이 없는 법인세법상 시가와 평가기간의 제한이 있는 상속세 및 증여세법상 시가가 차이가 있을 수 있지만 상속세 및 증여세법상 용역의 시가는 평가기간의 제한 없이 해당 거래와 유사한 상황에서 불특정다수인 간 통상적인 지급대가이고 시가가 불분명한 경우에는 법인세법상 평가방법을 준용한다.

따라서 법인세법상 용역의 시가와 상속세 및 증여세법상 용역의 시가는 거의 유사하므로 실무적으로는 법인세법상 시가에 해당하여 부당행위계산부인이 적용되지 않는 거래에 대해 증여세가 과세되는 사례는 많지 않을 것으로 생각된다.

나. 비특수관계인 간 거래

개인이 특수관계 없는 법인으로부터 거래의 관행상 정당한 사유없이 시가보다 낮은 가액으로 용역을 제공받은 경우로서 시가와 대가와의 차액이 시가의 30% 이상인 경우에는 증여세가 과세된다(상증법 §42).

구분		용역을 저가로 제공받는 경우에 대한 증여세
요건	특수관계인 간 거래	① (시가 - 대가) ⇒ 시가의 30% 이상 ② 법인세법상 부당행위계산부인이 적용된 경우 증여세 과세 없음. ③ 법인세법상 시가에 해당하는 경우 규정 없음. (법인세법상 용역의 시가≒상증법상 용역의 시가)
	비특수관계인 간 거래	(시가 - 대가) ⇒ 시가의 30% 이상 ⇒ 거래의 관행상 정당한 사유 없을 것
증여재산가액	비특수관계인 간 거래	(시가 - 대가)

 개인과 법인 간의 거래

A와 B가 개인과 법인인 경우에는 특수관계인 간 거래와 비특수관계인 간 거래에 따라 다음과 같이 과세문제가 달라진다.

1. 저가로 용역을 제공한 개인의 소득세

가. 특수관계인 간 거래

개인사업을 영위하는 자가 국세기본법 시행령 제1조의2 제2항, 제3항 제1호에 해당하는 특수관계 있는 법인에게 시가보다 낮은 대가를 받고 용역을 제공한 경우로서 시가와 대가와의 차액이 시가의 5% 또는 3억 원 이상인 경우에는 소득세법상 부당행위계산부인 대상거래에 해당한다(소법 §41, 소령 §98②2호).[174)]

따라서 시가와 대가와의 차액 5억 원을 총수입금액에 산입하여야 한다.

나. 비특수관계인 간 거래

개인사업을 영위하는 자가 특수관계 없는 법인에게 시가보다 낮은 가격으로 자산을 제공한 경우에는 정상가격과 대가와의 차액을 기부금으로 보거나 시가와 대가와의 차액을 접대비로 보아 시부인 계산하여야 한다.

하지만 용역을 비특수관계인에게 정상가격 또는 시가보다 낮은 가액으로 제공하는 경우에는 기부금 또는 접대비로 보지 않는다.[175)]

따라서 개인사업자가 특수관계 없는 법인에게 시가보다 낮은 가액으로 용역을 공급하는 경우에는 과세문제가 발생하지 않는다.

2. 저가로 용역을 제공한 개인의 부가가치세

가. 특수관계인 간 거래

사업자인 개인이 국세기본법 시행령 제1조의2 제2항, 제3항 제1호에 해당하는 특수관계 있는 법인에게 시가보다 낮은 가액으로 용역을 제공한 경우에는 시가를 공급가액으로 하여 부가가치세가 과세된다(부법 §29④).

---

174) 이 경우 저가로 용역을 제공한 개인이 기타소득자로서 강연료등 소득세법 제21조의 기타소득에 해당하는 용역을 특수관계 있는 법인에게 시가보다 저가로 제공한 경우로서 시가와 대가와의 차액의 시가의 5% 또는 3억 원 이상인 경우에는 기타소득에 대한 부당행위계산부인 대상거래에 해당한다.
따라서 해당 용역의 시가를 총수입금액으로 하여 기타소득세가 과세된다.

175) 기타소득자인 경우에는 과세문제를 검토할 필요가 없다.

나. 비특수관계인 간 거래

사업자인 개인이 특수관계 없는 법인에게 시가보다 낮은 가액으로 용역을 제공한 경우에는 거래가액을 공급가액으로 보므로 과세문제가 없다.

구분		용역의 저가제공(부동산 임대용역 외)
소득세 (시가-대가)≥ 시가의 5% 또는 3억 원	특수관계인 간	부당행위계산부인 적용
	비특수관계인 간	과세문제 없음. (부동산 임대용역에 대한 별도 규정 없음)
부가가치세 (가액요건 없음)	특수관계인 간	시가를 공급가액으로 부가가치세 과세
	비특수관계인 간	과세문제 없음.

3. 저가로 용역을 제공받은 법인의 법인세

가. 특수관계인 간 거래

특수관계 있는 개인으로부터 시가보다 낮은 가액으로 용역을 제공받은 법인은 시가와 대가와의 차액만큼 비용이 감소하여 각 사업연도 소득금액이 증가할 뿐 추가적인 법인세 과세문제는 없다.

나. 비특수관계인 간 거래

특수관계 없는 개인으로부터 시가보다 낮은 가액으로 용역을 제공받은 경우에도 시가와 대가와의 차액만큼 비용이 감소하여 각 사업연도 소득금액이 증가할 뿐 추가적인 과세문제는 없다.

4. 저가로 용역을 제공받은 비영리법인의 증여세

영리법인은 용역을 저가로 제공받음으로써 이익을 얻은 경우에도 증여세가 면제되지만 비영리법인은 저가로 용역을 제공받아 이전받은 이익에 대해 증여세가 과세된다.[176)]

가. 특수관계인 간 거래

비영리법인이 상속세 및 증여세법 시행령 제2조의2 제1항 제2호, 제4호, 제5호, 제8호에

176) 해당 용역이 비영리법인의 수익사업과 관련되지 않은 것을 전제로 한다.

해당하는 특수관계 있는 개인으로부터 저가로 용역을 제공받은 경우로서 시가와 대가와의 차액이 시가의 30% 이상인 경우에는 시가와 대가와의 차액에 대해 증여세가 과세된다(상증법 §42).

나. 비특수관계인 간 거래

비영리법인이 특수관계 없는 개인으로부터 거래의 관행상 정당한 사유 없이 시가보다 낮은 가액으로 용역을 제공받은 경우로서 시가와 대가와의 차액이 시가의 30% 이상인 경우에는 시가와 대가와의 차액에 대해 증여세가 과세된다(상증법 §42).

5. 저가로 용역을 제공받은 법인의 주주의 증여세

가. 특수관계인 간 거래

지배주주등의 직·간접 지분율이 30% 이상인 특정법인이 지배주주와 상속세 및 증여세법 시행령 제2조의2 제1항 제1호부터 제3호까지에 해당하는 특수관계 있는 개인으로부터 저가로 용역을 제공받은 경우로서 시가와 대가와의 차액이 시가의 30% 또는 3억 원 이상이고 지배주주등이 얻은 증여의제이익이 1억 원 이상인 경우에는 지배주주등에게 증여세가 과세된다(상증법 §45조의5).

○ 특정법인의 이익
(시가 10억 원－대가 5억 원)－〔법인세 × (시가－대가) / 각 사업연도 소득〕

○ 증여의제이익
특정법인의 이익 × 지배주주등의 지분율 ≥ 1억 원 ⇒ 증여세 과세요건 충족

나. 비특수관계인 간 거래

비특수관계인 간 거래의 경우 특정법인의 지배주주와 저가로 용역을 제공한 개인이 특수관계가 성립하는 경우를 가정하기가 어려우므로 과세문제를 검토할 필요가 없다.

 개인과 개인 간의 거래

A와 B가 개인과 개인인 경우에는 특수관계인 간 거래와 비특수관계인 간 거래에 따라 다음과 같이 과세문제가 달라진다.

1. 저가로 용역을 제공한 개인의 소득세

가. 특수관계인 간 거래

개인이 국세기본법 시행령 제1조의2 제1항, 제2항에 해당하는 특수관계 있는 개인에게 시가보다 낮은 대가를 받고 용역을 제공한 경우로서 시가와 대가와의 차액이 시가의 5% 또는 3억 원 이상인 경우에는 소득세법상 부당행위계산부인 대상거래에 해당하므로 시가와 대가와의 차액 5억 원을 총수입금액에 산입하여야 한다(소법 §41, 소령 §98②2호).[177]

나. 비특수관계인 간 거래

개인이 특수관계 없는 개인에게 시가보다 낮은 가액으로 용역을 제공하는 경우에는 기부금 또는 접대비로 보지 않으므로 과세문제가 발생하지 않는다.[178]

2. 저가로 용역을 제공한 개인의 부가가치세

가. 특수관계인 간 거래

사업자인 개인이 국세기본법 시행령 제1조의2 제1항, 제2항에 해당하는 특수관계 있는 개인에게 시가보다 낮은 가액으로 용역을 제공하는 경우에는 시가 10억 원을 공급가액으로 하여 부가가치세가 과세된다(부법 §29④).

나. 비특수관계인 간 거래

사업자인 개인이 특수관계 없는 개인에게 시가보다 낮은 가액으로 용역을 제공하는 경우

177) 이 경우 저가로 용역을 제공한 개인이 기타소득자로서 강연료등 소득세법 제21조의 기타소득에 해당하는 용역을 특수관계 있는 개인에게 시가보다 저가로 제공한 경우로서 시가와 대가와의 차액의 시가의 5% 또는 3억 원 이상인 경우에는 기타소득에 대한 부당행위계산부인 대상거래에 해당한다. 따라서 해당 용역의 시가를 총수입금액으로 하여 기타소득세가 과세된다.

178) 기타소득자인 경우에는 과세문제를 검토할 필요가 없다.

에는 거래가액을 공급가액으로 보므로 과세문제가 없다.

3. 저가로 용역을 제공받은 개인의 소득세

가. 특수관계인 간 거래

개인사업을 영위하는 자가 국세기본법 시행령 제1조의2 제1항, 제2항에 해당하는 특수관계 있는 개인으로부터 시가보다 낮은 가액으로 용역을 제공받은 경우에는 비용이 감소된 만큼 사업소득금액이 증가할 뿐 추가 과세문제는 없다.

나. 비특수관계인 간 거래

개인이 특수관계 없는 개인으로부터 시가보다 낮은 가액으로 용역을 제공받은 경우에도 비용이 감소된 만큼 사업소득금액이 증가할 뿐 추가적인 과세문제는 없다.

4. 저가로 용역을 제공받은 개인의 증여세

가. 특수관계인 간 거래

개인이 상속세 및 증여세법 시행령 제2조의2 제1항 제1호부터 제3호까지에 해당하는 특수관계 있는 개인으로부터 시가보다 낮은 가액으로 용역을 제공받은 경우로서 시가와 대가와의 차액이 시가의 30% 이상인 경우에는 시가와 대가와의 차액에 대해 증여세가 과세된다(상증법 §42).

나. 비특수관계인 간 거래

개인이 특수관계 없는 개인으로부터 거래의 관행상 정당한 사유 없이 시가보다 낮은 가액으로 용역을 제공받은 경우로서 시가와 대가와의 차액이 시가의 30% 이상인 경우에는 시가와 대가와의 차액에 대해 증여세가 과세된다(상증법 §42).

제4절 용역의 고가거래에 대한 과세문제

CASE

A는 B에게 시가 5억 원에 해당하는 역무를 제공하는 용역을 10억 원에 제공하려고 한다. 이 경우 발생하는 과세문제는?

I 법인과 법인 간의 거래

A와 B가 법인과 법인인 경우에는 특수관계인 간 거래와 비특수관계인 간 거래에 따라 다음과 같이 과세문제가 달라진다.

1. 고가로 용역을 제공한 법인의 법인세

가. 특수관계인 간 거래

법인이 법인세법 시행령 제2조 제8항에 해당하는 특수관계 있는 법인에게 고가로 용역을 제공하는 경우로서 대가와 시가와의 차이가 시가의 5% 또는 3억 원 이상인 경우이지만 시가보다 높은 가액으로 용역을 제공하여 조세의 부담을 부당하게 감소시킨 경우에 해당하지 않으므로 과세문제가 없다.

다만, 시가초과액에 대한 외상매출금은 대손충당금 설정이 불가능하다(법령 §61①3호).

나. 비특수관계인 간 거래

비특수관계인 간 거래의 경우에도 시가보다 높은 가액으로 용역을 제공함으로써 각 사업연도 소득금액이 증가할 뿐 추가적인 과세문제는 없다.

2. 고가로 용역을 제공한 법인의 부가가치세

가. 특수관계인 간 거래

법인이 법인세법 시행령 제2조 제8항에 해당하는 특수관계 있는 법인에게 용역을 시가보다 저가로 공급한 경우에는 시가를 공급가액으로 보지만 시가보다 높은 가액으로 공급한 경우에는 거래가액을 공급가액으로 보므로 과세문제가 없다.

나. 비특수관계인 간 거래

비특수관계인 간 거래의 경우 거래가액을 공급가액으로 보므로 과세문제가 발생하지 않는다.

3. 고가로 용역을 제공한 비영리법인의 증여세

영리법인은 시가보다 높은 가액으로 용역을 제공하여 이익을 이전받은 경우에도 증여세가 면제되지만 비영리법인은 고가로 용역을 제공함으로써 얻은 이익에 대해 증여세가 과세된다.[179)]

가. 특수관계인 간 거래

비영리법인이 상속세 및 증여세법 시행령 제2조의2 제1항 제4호부터 제8호까지에 해당하는 특수관계 있는 법인에게 시가보다 높은 대가를 받고 용역을 제공한 경우로서 대가와 시가와의 차액이 시가의 30% 이상인 경우에는 대가와 시가와의 차액에 대해 증여세가 과세된다(상증법 §42).

나. 비특수관계인 간 거래

비영리법인이 거래의 관행상 정당한 사유 없이 특수관계 없는 법인에게 시가보다 높은 대가를 받고 용역을 제공한 경우로서 대가와 시가와의 차액이 시가의 30% 이상인 경우에는 대가와 시가와의 차액에 대해 증여세가 과세된다(상증법 §42).

○ 고가로 역무를 제공한 경우 증여세 과세요건
- 특수관계인 간 거래일 것
- 비특수관계인 간 거래의 경우 거래의 관행상 정당한 사유가 없을 것
- 용역제공 기간 동안 대가와 시가와의 차액: 시가의 30% 이상일 것

○ 증여재산가액: (대가 - 시가)

179) 고가로 제공한 용역이 비영리법인의 수익사업에 해당하여 법인세가 과세되지 않은 것을 전제로 한다.

○ 용역제공기간이 없는 경우: 1년을 과세기간으로 하여 과세

○ 용역제공기간이 1년 이상인 경우: 1년이 되는 날의 다음 날에 매년 새로 용역을 제공받은 것으로 보아 계산

4. 고가로 용역을 제공한 법인의 주주의 증여세

가. 특수관계인 간 거래

지배주주등의 직·간접 지분율이 30% 이상인 특정법인이 지배주주와 상속세 및 증여세법 시행령 제2조의2 제1항 제2호부터 제8호까지에 해당하는 특수관계 있는 법인에게 법인세법 시행령 제89조의 시가보다 높은 가액으로 용역을 제공한 경우로서 대가와 시가와의 차액이 시가의 30% 이상 또는 3억 원 이상이고 지배주주등이 얻은 증여의제이익이 1억 원 이상인 경우에는 지배주주등에게 증여세가 과세된다(상증법 §45조의5).

○ 특정법인의 이익
(대가 10억 원－시가 5억 원)－〔법인세 × (대가－시가) / 각 사업연도 소득〕
* 법인세: 산출세액(토지 등 양도차익에 대한 법인세 제외)－공제·감면세액

○ 증여의제이익
특정법인의 이익 × 지배주주등의 지분율 ≥ 1억 원 ⇒ 증여세 과세요건 충족

나. 비특수관계인 간 거래

비특수관계인 간 거래의 경우에는 고가로 용역을 제공한 법인의 지배주주와 고가로 용역을 제공받은 법인이 특수관계가 성립하는 경우를 가정하기가 어려우므로 과세문제를 검토할 필요가 없다.

5. 고가로 용역을 제공받은 법인의 법인세

가. 특수관계인 간 거래

법인이 법인세법 시행령 제2조 제8항에 해당하는 특수관계 있는 법인으로부터 시가보다 높은 가액으로 용역을 제공받은 경우로서 대가와 시가와 차액이 시가의 5% 또는 3억 원

이상인 경우에는 부당행위계산부인 대상거래에 해당한다(법법 §52, 법령 §88①7호).

따라서 대가와 시가와의 차액 5억 원을 손금불산입하고 기타사외유출로 소득처분하여야 한다.

〈회계처리〉
D) 외주용역비 등 10억 원　　　　　　　　C) 보통예금 10억 원

〈세무조정〉
손금불산입 부당행위계산부인 5억 원(기타사외유출)

법인세법 시행령 제88조【부당행위계산의 유형 등】
① 법 제52조 제1항에서 "조세의 부담을 부당하게 감소시킨 것으로 인정되는 경우"란 다음 각호의 어느 하나에 해당하는 경우를 말한다.
7. 금전, 그 밖의 자산 또는 용역을 시가보다 높은 이율·요율이나 임차료로 차용하거나 제공받은 경우

나. 비특수관계인 간 거래

(1) 업무와 관련 없는 경우

법인이 특수관계 없는 법인으로부터 시가의 130%인 정상가격보다 높은 가격으로 자산을 제공받은 경우에는 대가와 정상가격과의 차액이 기부금으로 의제된다.

반면 시가의 130%인 정상가격보다 높은 가격으로 용역을 제공받은 경우에는 기부금으로 보지 않으므로 과세문제가 없다.

(2) 업무와 관련 있는 경우

법인이 업무와 관련 없이 특수관계 없는 법인으로부터 용역을 시가보다 높은 가액으로 제공받은 경우에는 과세문제가 없지만 업무와 관련된 자로부터 업무의 원활한 진행을 위하여 시가보다 높은 가액으로 용역을 제공받은 경우로서 통상적이지 않은 경우에는 접대비로 볼 수 있으므로 주의하여야 한다.

【조심2017중3964, 2019. 1. 16.】
청구법인은 ○○○에 대하여 다른 도급업체에 비하여 유리한 조건으로 단가협약을 하였음에도 이를 초과하여 지급함으로써 쟁점매입차액 상당액을 추가로 지급한 것으로 나타나므로 이를 접대비로 보아 과세한 처분은 잘못이 없음.

【서울고등법원 2007누34899, 2008. 6. 13.】
판매조직을 확대할 목적으로 약정을 초과하여 임의로 지급한 판매수수료는 상품판매와 직접 관련된 정상적인 소요비용이 아니므로 접대비에 해당됨.

6. 고가로 용역을 제공받은 법인의 부가가치세

가. 특수관계인 간 거래

법인이 법인세법 시행령 제2조 제8항에 해당하는 특수관계 있는 법인으로부터 시가보다 높은 가격으로 용역을 제공받음으로써 거래가액을 기준으로 매입세액공제를 받은 경우는 부가가치세법 제39조에서 규정하는 매입세액 불공제 사유에 해당하지 않으므로 과세문제가 없다.

나. 비특수관계인 간 거래

비특수관계인 간 거래의 경우 거래가액이 공급가액이 되므로 시가보다 높은 가격으로 용역을 제공받고 그 거래가액으로 매입세액 공제를 받은 경우에도 과세문제가 없다.

다만, 기업업무추진비에 해당하는 가액이 있는 경우 기업업무추진비에 해당하는 가액에 대한 매입세액은 접대관련 매입세액이 되어 매입세액 불공제된다.

Ⅱ 법인과 개인 간의 거래

A와 B가 법인과 개인인 경우에는 특수관계인 간 거래와 비특수관계인 간 거래에 따라 다음과 같이 과세문제가 달라진다.

1. 고가로 용역을 제공한 법인의 법인세

가. 특수관계인 간 거래

법인이 법인세법 시행령 제2조 제8항에 해당하는 특수관계 있는 개인에게 시가보다 고가로 용역을 제공하는 경우로서 대가와 시가와의 차액이 시가의 5% 또는 3억 원 이상인 경우에 해당하지만 시가보다 고가로 용역을 제공하여 조세의 부담을 부당하게 감소시키지 않았으므로 부당행위계산부인 대상거래에 해당하지 않는다.

다만, 시가초과액에 대한 외상매출금은 대손충당금 설정이 불가능하다(법령 §61①3호).

나. 비특수관계인 간 거래

비특수관계인 간 거래의 경우에도 시가보다 높은 가액으로 용역을 제공함으로써 각 사업연도 소득금액이 증가할 뿐 추가적인 과세문제는 없다.

2. 고가로 용역을 제공한 법인의 부가가치세

가. 특수관계인 간 거래

특수관계인에게 시가보다 낮은 가액으로 용역을 공급한 경우에는 시가를 공급가액으로 보지만 시가보다 높은 가액으로 용역을 공급한 경우에는 거래가액을 공급가액으로 보므로 과세문제가 없다.

나. 비특수관계인 간 거래

비특수관계인 간 거래의 경우 거래가액을 공급가액으로 보므로 과세문제가 발생하지 않는다.

3. 고가로 용역을 제공한 비영리법인의 증여세

영리법인은 고가로 용역을 제공하여 이익을 이전받은 경우에도 증여세가 면제되지만 비영리법인은 고가로 용역을 제공하여 이전받은 이익에 대해 증여세가 과세된다.[180)]

180) 고가로 제공한 용역이 비영리법인의 수익사업에 해당하여 법인세가 과세되지 않은 것을 전제로 한다.

가. 특수관계인 간 거래

비영리법인이 상속세 및 증여세법 시행령 제2조의2 제1항 제2호, 제4호, 제5호, 제8호에 해당하는 특수관계 있는 개인에게 시가보다 높은 가액으로 용역을 제공한 경우로서 대가와 시가와의 차액이 시가의 30% 이상인 경우에는 대가와 시가와의 차액에 대해 증여세가 과세된다(상증법 §42).

나. 비특수관계인 간 거래

비영리법인이 특수관계 없는 개인에게 거래의 관행상 정당한 사유없이 시가보다 높은 대가를 받고 용역을 제공한 경우로서 대가와 시가와의 차액이 시가의 30% 이상인 경우에는 대가와 시가와의 차액에 대해 증여세가 과세된다(상증법 §42).

4. 고가로 용역을 제공한 법인의 주주의 증여세

가. 특수관계인 간 거래

지배주주등의 직·간접 지분율이 30% 이상인 특정법인이 지배주주와 상속세 및 증여세법 시행령 제2조의2 제1항 제1호부터 제3호까지에 해당하는 특수관계 있는 개인에게 시가보다 높은 가액으로 용역을 제공한 경우로서 대가와 시가와의 차액이 시가의 30% 또는 3억 원 이상이고 지배주주등이 얻은 증여의제이익이 1억 원 이상인 경우에는 지배주주등에게 증여세가 과세된다(상증법 §45조의5).

이 경우 용역의 시가는 법인세법 시행령 제89조를 준용하여 산정하여야 한다.

○ 특정법인의 이익
(대가 10억 원−시가 5억 원)−〔법인세 × (대가−시가) / 각 사업연도 소득〕
* 법인세: 산출세액(토지 등 양도차익에 대한 법인세 제외)−공제·감면세액

○ 증여의제이익
특정법인의 이익 × 지배주주등의 지분율 ≥ 1억 원 ⇒ 증여세 과세요건 충족

나. 비특수관계인 간 거래

비특수관계인 간 거래의 경우에는 고가로 용역을 제공한 법인의 지배주주와 용역을 제공받은 개인 간에 특수관계가 성립하는 경우를 가정하기가 어려우므로 과세문제를 검토할 필

요가 없다.

구분		고가로 용역을 제공한 법인의 과세문제
법인세	특수	과세문제 없음. 다만, 시가초과액에 대한 외상매출금은 대손충당금 설정불가능(법령 §61①3호)
	비특수	과세문제 없음.
부가가치세	특수	과세문제 없음.
	비특수	과세문제 없음.
증여세 (비영리법인)	특수	• 요건: (대가－시가) ≥ 시가의 30% • 증여재산가액: 대가－시가
	비특수	• 요건: (대가－시가) ≥ 시가의 30% 정당한 사유 없음. • 증여재산가액: 대가 － 시가
주주의 증여세	특수	① 지배주주등의 직·간접 지분율이 30% 이상인 특정법인에 해당 ② 지배주주의 특수관계인(상증령 §2조의2①2호~8호)에게 용역을 고가로 제공 ③ (용역제공 대가－시가) ≥ 시가의 30% ④ 지배주주 개인별 증여의제이익 1억 원 이상
	비특수	과세문제 없음.

5. 고가로 용역을 제공받은 개인의 소득세

가. 특수관계인 간 거래

개인사업을 영위하는 개인이 국세기본법 시행령 제1조의2 제2항, 제3항 제1호에 해당하는 특수관계 있는 법인으로부터 용역을 시가보다 높은 가액으로 제공받은 경우로서 대가와 시가와 차액이 시가의 5% 또는 3억 원 이상인 경우에는 소득세법상 부당행위계산부인 대상거래에 해당한다(소법 §41, 소령 §98②3호).

따라서 대가와 시가와의 차액 5억 원을 필요경비불산입하여야 한다.

〈회계처리〉
D) 외주용역비 등 10억 원 C) 보통예금 10억 원

〈세무조정〉
필요경비불산입 부당행위계산부인 5억 원[기타(기사)]

소득세법 시행령 제98조 【부당행위계산의 부인】

② 법 제41조에서 조세 부담을 부당하게 감소시킨 것으로 인정되는 경우는 다음 각호의 어느 하나에 해당하는 경우로 한다. 다만, 제1호부터 제3호까지 및 제5호(제1호부터 제3호까지에 준하는 행위만 해당한다)는 시가와 거래가액의 차액이 3억 원 이상이거나 시가의 100분의 5에 상당하는 금액 이상인 경우만 해당한다.

3. 특수관계인으로부터 금전이나 그 밖의 자산 또는 용역을 높은 이율 등으로 차용하거나 제공받는 경우

나. 비특수관계인 간 거래

(1) 업무와 관련 없는 경우

개인사업을 영위하는 개인이 특수관계 없는 법인으로부터 시가의 130%인 정상가격보다 높은 가격으로 자산을 제공받는 경우에는 대가와 정상가격과의 차액이 기부금으로 의제된다.

반면 용역을 시가의 130%인 정상가격보다 높은 가격으로 제공받는 경우에는 기부금으로 보지 않으므로 과세문제가 발생하지 않는다.

(2) 업무와 관련 있는 경우

개인사업을 영위하는 개인이 업무와 관련있는 특수관계 없는 법인으로부터 업무의 원활한 진행을 위하여 용역을 시가보다 높은 가격으로 공급받은 경우로서 통상적이지 않은 경우에는 대가와 시가와의 차액을 기업업무추진비로 볼 수 있으므로 주의하여야 한다.

【조심2018서3295, 2018. 10. 31.】

조사청이 수차례에 걸쳐 수수료 정산에 관한 증빙을 요구하였음에도 이를 제시하지 아니한 점, 지급한 수수료율이 다른 업체와 비교하여 높은 것으로 나타나나 이에 대한 근거가 불분명한 점 등에 비추어 처분청이 쟁점①수수료에 대하여 사업과 관련하여 특정업체에 지급한 것이어서 그 실질이 접대비 성격으로 보아 부과한 이 건 처분은 잘못이 없는 것으로 판단됨.

6. 고가로 용역을 제공받은 개인의 부가가치세

가. 특수관계인 간 거래

개인사업자가 국세기본법 시행령 제1조의2 제2항, 제3항 제1호에 해당하는 특수관계 있

는 법인으로부터 시가보다 높은 가액으로 용역을 제공받음으로써 거래가액을 기준으로 매입세액을 공제받은 경우에는 과세문제가 없다.

나. 비특수관계인 간 거래

비특수관계인 간 거래의 경우 거래가액을 공급가액으로 보므로 과세문제가 발생하지 않지만 기업업무추진비에 해당하는 가액이 있는 경우에는 접대관련 매입세액이 되어 매입세액 불공제된다.

구분		고가로 용역을 제공받은 개인의 과세문제
소득세	특수관계인 간	• (시가-대가) ≥ 시가의 5% 또는 3억 원 〈필요경비 불산입〉 외주용역비 등 5억 원 기타(기사)
비특수관계인 간	비특수관계인 간	과세문제 없음.
부가가치세	특수관계인 간	과세문제 없음.
	비특수관계인 간	

 개인과 법인 간의 거래

A와 B가 개인과 법인인 경우에는 특수관계인 간 거래와 비특수관계인 간 거래에 따라 다음과 같이 과세문제가 달라진다.

1. 고가로 용역을 제공한 개인의 소득세

가. 특수관계인 간 거래

개인이 국세기본법 시행령 제1조의2 제2항, 제3항 제1호에 해당하는 법인에게 시가보다 높은 가격으로 용역을 제공하는 경우로서 그 대가와 시가와의 차이가 시가의 5% 또는 3억 원 이상이지만 시가보다 고가로 용역을 제공하여 조세의 부담을 부당하게 감소시키지 않았으므로 부당행위계산부인 대상거래에 해당하지 않는다.[181)]

다만, 시가초과액에 대한 외상매출금은 대손충당금 설정불가능하다(소법규칙 26).

181) 이 경우 고가로 용역을 제공한 개인이 기타소득자로서 강연료등 소득세법 제21조의 기타소득에 해당하는 용역을 특수관계 있는 법인에게 고가로 제공한 경우에는 수령한 대가를 총수입금액으로 하여 기타소득세가 과세된다.

나. 비특수관계인 간 거래

비특수관계인 간 거래의 경우에도 시가보다 높은 가격으로 용역을 제공하여 사업소득금액이 증가할 뿐 추가적인 과세문제는 없다.

2. 고가로 용역을 제공한 개인의 부가가치세

가. 특수관계인 간 거래

특수관계인에게 용역을 시가보다 저가로 공급한 경우에는 시가를 공급가액으로 보지만 시가보다 높은 가액으로 공급한 경우에는 거래가액을 공급가액으로 보므로 과세문제가 없다.

나. 비특수관계인 간 거래

비특수관계인 간 거래의 경우에는 거래가액을 공급가액으로 보므로 과세문제가 발생하지 않는다.

3. 고가로 용역을 제공한 개인의 증여세

가. 특수관계인 간 거래

(1) 원칙

개인이 상속세 및 증여세법 시행령 제2조의2 제1항 제1호부터 제3호까지에 해당하는 특수관계 있는 법인에게 시가보다 높은 대가를 받고 용역을 제공한 경우로서 대가와 시가와의 차액이 시가의 30% 이상인 경우에 해당하므로 상속세 및 증여세법 제42조에 의해 대가와 시가와의 차액에 대해 증여세가 과세된다.

(2) 소득세가 과세된 경우

시가보다 높은 가액으로 용역을 제공한 개인에게 사업소득, 기타소득으로 과세된 경우에 증여세가 과세되지 않는 것은 증여재산가액 전체에 대해 소득세가 과세된 경우에 한하여 적용되며 거래를 통해 소득금액이 증가된 경우에는 증가된 소득금액에 대해 소득세가 과세된 경우에도 증여세가 과세된다. 다만 이 경우에는 개인사업자 수입금액 조정을 통해 소득세가 경정되어야 할 것으로 생각된다.

따라서 시가보다 높은 가액으로 용역을 제공한 개인에게 법인세법상 부당행위계산부인 시 소득처분되어 소득세가 과세된 경우에는 증여세가 과세되지 않지만 고가로 제공한 용역에 대해 사업소득, 기타소득으로 과세된 경우에는 증여세가 과세되는 점을 주의하여야 한다(조심2010부3567, 2011. 6. 23.).

나. 비특수관계인 간 거래

개인이 거래의 관행상 정당한 사유 없이 특수관계 없는 법인에게 시가보다 높은 대가를 받고 용역을 제공한 경우로서 대가와 시가와의 차액이 시가의 30% 이상인 경우에는 상속세 및 증여세법 제42조에 의해 대가와 시가와의 차액에 대해 증여세가 과세된다.

이 경우 고가로 제공한 용역에 대해 사업소득, 기타소득으로 과세된 경우에도 증여세가 과세될 수 있다. 다만 이 경우에는 개인사업자 수입금액 조정을 통해 소득세가 경정되어야 할 것으로 생각된다.

구분		고가로 용역을 제공한 개인의 과세문제
소득세	특수관계인 간	과세문제 없음. 다만, 시가초과액에 대한 외상매출금은 대손충당금 설정불가능(소법규칙 §26)
	비특수관계인 간	과세문제 없음.
부가가치세	특수관계인 간	과세문제 없음.
	비특수관계인 간	과세문제 없음.
증여세	특수관계인 간	• 요건: (대가-시가) ≥ 시가의 30% • 증여재산가액: 대가-시가
	비특수관계인 간	• 요건: (대가-시가) ≥ 시가의 30% 정당한 사유 없음. • 증여재산가액: 대가-시가

4. 고가로 용역을 제공받은 법인의 법인세

가. 특수관계인 간 거래

(1) 부당행위계산부인

법인이 법인세법 시행령 제2조 제8항에 해당하는 특수관계 있는 개인으로부터 시가보다 높은 가액으로 용역을 제공받은 경우로서 대가와 시가와의 차액이 시가의 5% 또는 3억 원 이상인 경우에는 부당행위계산부인 대상거래에 해당한다(법법 §52, 법령 §88①7호).

소득세법상 용역의 제공은 소득세법 제12조의 비과세소득에 해당하지 않아 용역의 제공자가 사업소득자인 경우에는 사업소득을 구성하므로 고가로 용역을 제공한 개인사업자에게 소득처분 시에는 기타사외유출로 소득처분하여야 한다.

〈회계처리〉
D) 외주용역비 등 10억 원　　　　C) 보통예금 10억 원

〈세무조정〉
익금산입 부당행위계산부인 5억 원(기타사외유출)

(2) 기타소득세와 소득처분에 대한 소득세 이중과세문제 발생

용역을 고가로 제공한 개인이 사업소득자가 아닌 소득세법 제21조 제1항 제19호 등에 의해 기타소득으로 과세되는 기타소득자인 경우를 가정하면 고가로 제공한 용역에 대해 기타소득으로 소득세가 과세되었지만 특수관계 있는 개인에게 기타사외유출로 소득처분하는 사유를 규정하고 있는 법인세법 시행령 제106조 제1항 제1호 다목은 분여한 이익이 사업소득을 구성하는 경우에 한하여 기타사외유출로 소득처분하는 것으로 규정하고 있어 법인이 배당, 상여, 기타소득으로 처분하는 경우 기타소득에 대한 소득세와 소득처분에 대한 소득세가 과세되는 이중과세가 되는 문제가 발생한다.

나. 비특수관계인 간 거래

(1) 업무와 관련 없는 경우

법인이 특수관계 없는 개인으로부터 업무와 관련 없이 용역을 시가의 130%인 정상가격보다 높은 가격으로 제공받는 경우에는 기부금으로 보지 않으므로 추가적인 과세문제는 없다.

(2) 업무와 관련 있는 경우

법인이 업무와 관련된 자로부터 업무의 원활한 진행을 위하여 시가보다 높은 가액으로 용역을 제공받은 경우로서 통상적이지 않은 경우에는 대가와 시가와의 차액이 기업업무추진비에 해당할 수 있다.

5. 고가로 용역을 제공받은 법인의 부가가치세

가. 특수관계인 간 거래

법인이 법인세법 시행령 제2조 제8항에 해당하는 특수관계 있는 개인으로부터 시가보다 높은 가격으로 용역을 제공받으면서 거래가액을 기준으로 매입세액공제를 받은 경우에는 부가가치세 과세문제가 발생하지 않는다.

나. 비특수관계인 간 거래

비특수관계인 간 거래의 경우 거래가액이 공급가액이 되므로 시가보다 높은 가격으로 용역을 공급받으면서 매입세액공제를 받은 경우에도 과세문제는 발생하지 않지만 기업업무추진비에 해당하는 가액이 있는 경우 해당가액은 매입세액 불공제된다.

구분		고가로 용역을 제공받은 법인의 과세문제
법인세	특수관계인 간	•(시가－대가) ≥ 시가의 5% 또는 3억 원 〈손금불산입〉 외주용역비 등 5억 원(기타사외유출) ※ 용역을 제공한 개인이 기타소득자인 경우－이중과세문제 발생
	비특수관계인 간	과세문제 없음.
부가가치세	특수관계인 간	과세문제 없음.
	비특수관계인 간	

 개인과 개인 간의 거래

A와 B가 개인과 개인인 경우에는 특수관계인 간 거래와 비특수관계인 간 거래에 따라 다음과 같이 과세문제가 달라진다.

1. 고가로 용역을 제공한 개인의 소득세

가. 특수관계인 간 거래

개인이 국세기본법 시행령 제1조의2 제1항, 제2항에 해당하는 특수관계 있는 개인에게 용역을 시가보다 높은 가액으로 제공하는 경우로서 대가와 시가와의 차액이 시가의 5% 또는 3억 원 이상이지만 시가보다 고가로 용역을 제공하여 조세의 부담을 부당하게 감소시키지 않았으므로 부당행위계산부인 대상거래에 해당하지 않는다.[182)]

다만, 시가초과액에 대한 외상매출금은 대손충당금 설정불가능하다(소법규칙 26).

나. 비특수관계인 간 거래

비특수관계인 간 거래의 경우에도 시가보다 높은 가액으로 용역을 제공함으로써 사업소득금액이 증가할 뿐 추가적인 과세문제는 없다.

2. 고가로 용역을 제공한 개인의 부가가치세

가. 특수관계인 간 거래

특수관계인에게 시가보다 저가로 용역을 공급한 경우에는 시가를 공급가액으로 보지만 시가보다 높은 가액으로 용역을 공급한 경우에는 거래가액을 공급가액으로 보므로 과세문제가 없다.

나. 비특수관계인 간 거래

비특수관계인 간 거래의 경우 거래가액을 공급가액으로 보므로 과세문제가 발생하지 않는다.

3. 고가로 용역을 제공한 개인의 증여세

가. 특수관계인 간 거래

개인이 상속세 및 증여세법 시행령 제2조의2 제1항 제1호부터 제3호까지에 해당하는 특수관계 있는 개인에게 시가보다 높은 대가를 받고 용역을 제공한 경우로서 대가와 시가와의 차액이 시가의 30% 이상인 경우에는 대가와 시가와의 차액에 대해 증여세가 과세된다(상증법 §42).

이 경우 고가로 제공한 용역에 대해 소득세가 과세된 경우에도 거래를 통해 소득금액이 증가한 경우이므로 증여세가 과세된다. 다만 이 경우에는 개인사업자 수입금액 조정을 통

182) 이 경우 고가로 용역을 제공한 개인이 기타소득자로서 강연료등 소득세법 제21조의 기타소득에 해당하는 용역을 특수관계 있는 개인에게 고가로 제공한 경우에는 대가를 총수입금액으로 하여 기타소득세가 과세된다.

해 소득세가 경정되어야 할 것으로 생각된다.

나. 비특수관계인 간 거래

개인이 거래의 관행상 정당한 사유없이 시가보다 높은 대가를 받고 용역을 제공한 경우로서 대가와 시가와의 차액이 시가의 30% 이상인 경우에는 대가와 시가와의 차액에 대해 증여세가 과세된다(상증법 §42).

이 경우 고가로 제공한 용역에 대해 소득세가 과세된 경우에도 거래를 통해 소득금액이 증가한 경우이므로 증여세가 과세된다. 다만 이 경우에는 개인사업자 수입금액 조정을 통해 소득세가 경정되어야 할 것으로 생각된다.

<table>
<tr><th colspan="2">구분</th><th colspan="2">개인으로부터 고가로 용역을 제공한 개인의 과세문제</th></tr>
<tr><td rowspan="2">소득세</td><td>특수관계인 간</td><td colspan="2">• 과세문제 없음(대가를 기준으로 소득세, 부가가치세 납부).
• 다만, 시가초과액에 대한 외상매출금은 대손충당금 설정불가능(소법규칙 §26)</td></tr>
<tr><td>비특수관계인 간</td><td colspan="2">과세문제 없음.</td></tr>
<tr><td rowspan="2">부가가치세</td><td>특수관계인 간</td><td colspan="2">과세문제 없음.</td></tr>
<tr><td>비특수관계인 간</td><td colspan="2">과세문제 없음.</td></tr>
<tr><td rowspan="2">증여세</td><td>특수관계인 간</td><td>• 요건: (대가 - 시가) ≥ 시가의 30%
• 증여재산가액: 대가 - 시가</td><td rowspan="2">고가로 제공한 용역의 제공에 대해 소득세 과세된 경우: 증여세 과세
(소득세 환급)</td></tr>
<tr><td>비특수관계인 간</td><td>• 요건: (대가 - 시가) ≥ 시가의 30% 정당한 사유 없음.
• 증여재산가액: 대가 - 시가</td></tr>
</table>

4. 고가로 용역을 제공받은 개인의 소득세

가. 특수관계인 간 거래

개인사업을 영위하는 개인이 국세기본법 시행령 제1조의2 제1항, 제2항에 해당하는 특수관계 있는 개인으로부터 용역을 시가보다 높은 가액으로 제공받은 경우로서 대가와 시가와 차액이 시가의 5% 또는 3억 원 이상인 경우에는 소득세법 제41조의 부당행위계산부인 대상거래에 해당한다(소법 §52, 소령 §98②3호).

따라서 대가와 시가와의 차액 5억 원을 필요경비 불산입하여야 한다.

나. 비특수관계인 간 거래

(1) 업무와 관련 없는 경우

개인사업을 영위하는 개인이 특수관계 없는 개인으로부터 시가의 130%인 정상가격보다 높은 가격으로 용역을 제공받은 경우에는 기부금으로 보지 않으므로 과세문제가 없다.

(2) 업무와 관련 있는 경우

개인사업을 영위하는 개인이 업무와 관련있는 특수관계 없는 개인으로부터 업무의 원활한 진행을 위하여 용역을 시가보다 높은 가격으로 공급받은 경우로서 통상적이지 않은 경우에는 대가와 시가와의 차액 상당액을 기업업무추진비로 볼 수 있다.

5. 고가로 용역을 제공받은 개인의 부가가치세

가. 특수관계인 간 거래

개인이 국세기본법 시행령 제1조의2 제1항, 제2항에 해당하는 특수관계 있는 개인으로부터 시가보다 높은 가액으로 용역을 제공받음으로써 거래가액을 기준으로 매입세액을 공제받은 경우에는 과세문제가 발생하지 않는다.

나. 비특수관계인 간 거래

비특수관계인 간 거래의 경우 거래가액을 공급가액으로 보므로 과세문제가 발생하지 않지만 접대비에 해당하는 가액이 있는 경우 해당 가액에 대한 매입세액은 접대관련 매입세액이 되어 매입세액 불공제된다.

구분		개인으로부터 고가로 용역을 제공받은 개인의 과세문제
소득세	특수관계인 간	• (시가 - 대가) ≥ 시가의 5% 또는 3억 원 〈총수입금액 산입〉 외주용역비 등 5억 원(상여, 기타)
	비특수관계인 간	과세문제 없음.
부가가치세	특수관계인 간	과세문제 없음.
	비특수관계인 간	

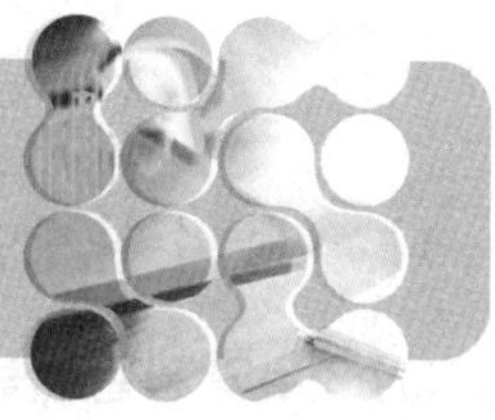

제3장

증자거래에 대한 과세문제

제1절 증자의 개관

Ⅰ 증자의 의의

증자란 이사회등 결의에 의해 법인의 자본금을 증가시키는 것을 말하는 것으로 증자대금이 법인에 유입되어 법인의 총자산이 증가하는 유상증자와 증자대금이 법인에 유입되지 않아 법인의 총자산 증가가 없는 무상증자로 구분할 수 있다.

유상증자의 경우 회사설립 후 신규사업에의 투자, 재무구조의 건전성 확보 등을 비롯한 여러 가지 목적에서 신규자금 유입이 필요한 경우 발행예정주식총수의 범위 내에서 신주를 발행하는 것을 의미하는 것으로 법인의 총자산이 증가하여 재무구조가 견실해지는 효과가 있다.

무상증자의 경우 신규자금 유입 없이 자본잉여금을 자본에 전입하여 무상주를 교부하는 것을 의미하는 것으로 법인의 총자산은 증가하지 않고 자본의 구성요소만 바뀌는 효과가 있다. 무상증자의 경우 기존주주가 보유하고 있는 주식수에 비례하여 신주를 배정받게 되므로 세법상 증여세 과세문제가 발생하는 것은 유상증자에 국한된다.

Ⅱ 증자의 방법

유상증자의 방법은 주주에게 신주를 우선 배정하는 주주배정 방식, 주주 우선 공모방식과 주주 아닌 자에게 신주를 배정하는 일반공모방식, 제3자 배정 방식이 있다. 주주배정 방식의 경우 지분율대로 신주를 배정하는 경우, 특정주주에게 지분율을 초과하여 배정하는 경우, 신주를 배정받은 주주가 신주인수를 포기하는 경우, 해당 실권주를 주주에게 재배정하는 경우, 실권주를 실권처리하는 경우로 나눌 수 있다.

주주배정 방식 중 특정주주에게 지분율을 초과하여 배정하는 주주초과배정 방식, 실권주를 재배정하여 지분율을 초과하여 신주를 인수하게 하는 실권주 재배정 방식과 주주 아닌 자에게 배정하는 제3자 배정은 타인에게 이익을 이전하려는 의도로 활용할 수 있고 이익이전 효과가 크므로 과세요건을 강화하여 세법상 동일하게 취급하고 있다.

반면 실권주를 실권처리하는 방법은 신주를 인수한 주주의 경우 지분율만큼 신주를 인수하였으므로 이익이전 의도가 있다고 할 수 없고 신주인수 포기자의 경우 신주인수 대금부족 등의 부득이한 사유가 있을 수 있으므로 주주초과배정 등의 방법보다 과세요건을 완화하여 규정하고 있다.

1. 주주배정 방식

주주배정 방식은 기존주주에게 지분율대로 신주를 인수하게 하는 방법과 특정주주에게 지분율을 초과하여 신주를 인수하게 하는 방식이 있다. 이 경우 지분율대로 신주를 배정하고 기존주주 모두가 청약 및 납입을 할 경우에는 증자 후 지분율 변동이 없으므로 증여세 과세문제가 발생하지 않는다.

반면 특정주주에게 지분율을 초과하여 배정하는 경우 또는 기존주주가 청약 및 납입을 하지 않아 발생한 실권주를 재배정하거나 실권처리하는 경우에는 증자 후 지분율이 변동되므로 세법상 과세문제가 발생할 수 있다.

2. 주주 우선 공모방식

기존주주에게 우선 공모하게 한 후 미청약분에 대해서는 일반인에게 신주를 발행하는 것으로 기존주주에게 지분율대로 신주를 배정하는 방식이 아니므로 실권주 문제는 발생하지 않는다.

3. 일반공모방식, 제3자 배정 방식

일반공모방식, 제3자 배정 방식은 정관에 정함이 있는 경우에만 가능하며 기존주주가 아닌 제3자를 대상으로 신주를 발행하는 것이다. 주주 아닌 자를 대상으로 하므로 실권주 문제는 발생하지 않지만 증자 후에는 지분율이 변동되어 세법상 과세문제가 발생한다.

 신주의 저가발행과 고가발행의 경우

증자거래는 대표적인 자본거래 중 하나로 시장에서 거래되는 상품거래는 아니지만 자산과 용역의 무상, 저가, 고가거래와 마찬가지로 균등증자가 아닌 경우로서 신주를 저가발행하거나 고가발행하는 경우에는 이익이 이전되는 결과가 되어 여러 가지 과세문제가 발생한다.

1. 신주의 저가발행 시 파생되는 이익이전

증자 시 신주를 시가보다 낮은 가액으로 발행하는 경우에 증자에 참여하여 시가보다 낮은 가액으로 신주를 인수한 주주는 증자와 동시에 주식평가액이 상승하게 된다.

이 경우 기존주주가 지분율에 따라 균등하게 신주를 인수한 경우에는 모든 주주가 동일한 이익을 얻게 되어 주주 간에 이익이 이전되는 결과가 되지 않지만 일부 주주만이 신주를 인수한 경우에는 증자에 참여하지 않은 주주가 본인이 증자에 참여하는 경우 얻을 수 있는 이익을 증자에 참여한 주주에게 이전하는 결과가 된다.

즉, 재산을 직접적으로 증여하지 않더라도 이익을 이전하고자 하는 자에게 시가보다 낮은 가액의 신주인수대금만을 불입하게 하여 이익을 이전할 수 있는바 세법은 신주의 저가발행의 경우 신주의 고가발행보다 과세요건을 강화하고 있다.

2. 신주의 고가발행 시 파생되는 이익이전

신주를 시가보다 높은 가액으로 발행하는 경우에 증자에 참여하여 시가보다 높은 가액으로 신주를 인수한 주주는 증자와 동시에 주식평가액이 하락하게 된다.

이 경우 기존주주가 지분율에 따라 균등하게 신주를 인수한 경우에는 모든 주주의 주식평가액이 하락하여 주주 간에 이익이 이전되는 결과가 되지 않지만 일부 주주만이 신주를 인수한 경우에는 증자에 참여한 주주가 증자에 참여하지 않은 주주에게 이익을 이전하는 결과가 된다.

신주를 시가보다 높은 가액으로 발행하는 경우는 대개 VC(Venture Capital) 등이 기술력이 좋은 향후 성장이 예상되는 기업에 투자하는 경우 등으로 신주의 저가발행과 달리 이익이전 의도목적 외로 실행하는 경우가 많고 이익을 이전하고자 할 경우에는 시가보다 높은 신주인수대금을 불입해야만 한다.

따라서 신주의 고가발행에 대해서는 신주의 저가발행보다 과세요건을 완화하여 규정하고 있다.

증자에 대한 과세문제는 신주를 저가발행한 경우와 고가발행한 경우로 나누어 주주초과배정, 실권주 재배정, 제3자 배정하는 경우와 실권주를 실권처리하는 경우로 구분한 후 특수관계인 간 거래와 비특수관계인 간 거래인 경우로 나누어 과세문제를 살펴볼 필요가 있다.

| 증자유형별 과세 여부 |

<table>
<tr><th colspan="3">구분</th><th>증여세 과세문제</th><th>이익분여 여부</th></tr>
<tr><td>무상증자</td><td colspan="2">자본잉여금 등 주주지분율대로 무상주 배분</td><td>증여세 과세문제 없음.</td><td>이익분여 결과 없음.</td></tr>
<tr><td rowspan="6">유상증자</td><td rowspan="4">주주에게 신주배정</td><td>주주초과배정</td><td>시가 아닌 가액으로 불균등 증자 시 증여세 과세문제 발생</td><td rowspan="2">• 이익분여 의도를 갖고 활용가능
• 이익분여 효과 큼.
(법령 §88①8호나목)</td></tr>
<tr><td>실권주 재배정</td><td>시가 아닌 가액으로 불균등 증자 시 증여세 과세문제 발생</td></tr>
<tr><td>실권주 실권처리</td><td>시가 아닌 가액으로 불균등 증자 시 증여세 과세문제 발생</td><td>이익분여 외 부득이한 사유 있을 수 있고 이익분여 효과 작음(법령 §88①8호나목).</td></tr>
<tr><td>주주우선공모</td><td>증여세 과세문제 없음.</td><td>이익분여 의도 없음.</td></tr>
<tr><td rowspan="2">주주 아닌 자에게 신주배정</td><td>일반공모</td><td>증여세 과세문제 없음.</td><td>이익분여 의도 없음.</td></tr>
<tr><td>제3자 배정</td><td>시가 아닌 가액으로 불균등 증자 시 증여세 과세문제 발생</td><td>• 이익분여 의도를 갖고 활용가능
• 이익분여 효과 큼.
(법령 §88①8호의2)</td></tr>
</table>

◆ 시가 증자, 균등 증자: 과세문제 없음.

◆ 주주초과배정, 실권주재배정, 제3자 배정: 세법상 동일하게 취급

◆ 실권주 실권처리: 실권처리된 주주 외의 주주는 지분율만큼 신주를 인수하였고 이익분여액이 낮으므로 제3자 배정 등보다 세법상 과세요건 완화

◆ 신주를 시가보다 낮은 가액으로 불균등증자방식으로 발행하는 경우: 신주를 지분율만큼 인수하지 않은 주주가 지분율을 초과하여 인수한 주주에게 이익분여

◆ 신주를 시가보다 높은 가액으로 불균등증자방식으로 발행하는 경우: 지분율을 초과하여 신주를 인수한 주주가 지분율만큼 신주를 인수하지 않은 주주에게 이익분여

제2절 제3자 배정등의 방법으로 신주의 저가발행

CASE

○ 증자 전 현황

비상장법인인 ㈜현인의 증자 전 현황은 다음과 같다.

• 법인세법 및 상속세 및 증여세법상 주식평가액: 100,000원
• 자본금: 1억 원

주주	보유주식수	지분율	액면금액	발행주식총수
B	10,000주	100%	10,000원	10,000주
소계	10,000주	100%	10,000원	10,000주

○ 증자 현황

㈜현인은 발행가액 10,000원으로 10,000주를 신주발행하여 자본금을 2억 원으로 증자할 예정이며 정관과 이사회 결의에 의해 해당 법인의 주주가 아닌 A에게 10,000주를 배정할 예정이다.

이 경우 A와 B에게 발생하는 과세문제는?

Ⅰ 법인과 법인 간의 거래

A와 B가 법인과 법인인 경우에는 특수관계인 간 거래와 비특수관계인 간 거래에 따라 다음과 같이 과세문제가 달라진다.

1. 저가로 신주를 인수한 비영리법인의 증여세

영리법인은 신주를 저가로 인수하여 이익을 얻은 경우에도 증여세가 면제되지만 비영리법인은 증여세가 과세된다.[183)]

183) 신주를 저가로 인수함으로써 이전받은 이익에 대해 비영리법인에게 법인세가 과세되지 않은 것을 전제로 한다.

가. 특수관계인 간 거래

(1) 증자에 따른 이익의 증여

법인이 자본금(출자액 포함)을 증가시키기 위하여 신주를 시가보다 낮은 가액으로 발행하는 데 있어 법인의 주주 등이 아닌 자가 해당 법인으로부터 신주를 직접 배정받음으로써 이익을 얻는 경우(이하 "제3자 배정"이라 한다)에는 상속세 및 증여세법 제39조에 의해 그 이익에 상당하는 금액을 증여재산가액으로 하여 증여세가 과세된다.

이 경우 법인의 일부 주주가 신주인수권을 포기함에 따라 그 실권주를 재배정받은 경우(이하 "실권주 재배정"이라 한다)나 소유한 주식 등의 수에 비례하여 배정받지 않고 배정받을 수 있는 신주의 수를 초과하여 신주를 직접 배정받은 경우(이하 "주주초과배정"이라 한다)도 제3자 배정 방식의 경우와 과세요건, 과세금액이 동일하다.

상속세 및 증여세법 제39조 【증자에 따른 이익의 증여】

① 법인이 자본금(출자액을 포함한다. 이하 같다)을 증가시키기 위하여 새로운 주식 또는 지분[이하 이 조에서 "신주"(新株)라 한다]을 발행함으로써 다음 각호의 어느 하나에 해당하는 이익을 얻은 경우에는 주식대금 납입일 등 대통령령으로 정하는 날을 증여일로 하여 그 이익에 상당하는 금액을 그 이익을 얻은 자의 증여재산가액으로 한다. (2015. 12. 15. 개정)

1. 신주를 시가(제60조와 제63조에 따라 평가한 가액을 말한다. 이하 이 조, 제39조의2, 제39조의3 및 제40조에서 같다)보다 낮은 가액으로 발행하는 경우: 다음 각목의 어느 하나에 해당하는 이익 (2015. 12. 15. 개정)
   가. 해당 법인의 주주등이 신주를 배정받을 수 있는 권리(이하 이 조에서 "신주인수권"이라 한다)의 전부 또는 일부를 포기한 경우로서 해당 법인이 그 포기한 신주[이하 이 항에서 "실권주"(失權株)라 한다]를 배정(「자본시장과 금융투자업에 관한 법률」에 따른 주권상장법인이 같은 법 제9조 제7항에 따른 유가증권의 모집방법(대통령령으로 정하는 경우를 제외한다)으로 배정하는 경우는 제외한다. 이하 이 항에서 같다)하는 경우에는 그 실권주를 배정받은 자가 실권주를 배정받음으로써 얻은 이익 (2015. 12. 15. 개정)
   다. 해당 법인의 주주등이 아닌 자가 해당 법인으로부터 신주를 직접 배정(「자본시장과 금융투자업에 관한 법률」 제9조 제12항에 따른 인수인으로부터 인수·취득하는 경우와 그 밖에 대통령령으로 정하는 방법으로 인수·취득하는 경우를 포함한다. 이하 이 항에서 같다)받음으로써 얻은 이익 (2016. 12. 20. 개정)
   라. 해당 법인의 주주등이 소유한 주식등의 수에 비례하여 균등한 조건으로 배정받을 수 있는 수를 초과하여 신주를 직접 배정받음으로써 얻은 이익 (2015. 12. 15. 신설)

(2) 증여자와 수증자

제3자 배정, 주주초과배정, 실권주 재배정 방식으로 신주를 시가보다 낮은 가액으로 발행하는 경우에 있어 증여자는 신주를 인수하지 않은 주주이며 수증자는 저가로 신주를 인수한 주주이다.

(3) 요건

제3자 배정, 실권주 재배정, 주주초과배정 방식으로 신주를 저가로 발행하는 경우에는 특수관계인 요건, 가액요건과 관계없이 무조건 증여세가 과세되는 점에 주의하여야 한다.

가) 특수관계인 요건

제3자 배정, 실권주 재배정, 주주초과배정 방식으로 신주를 저가로 인수한 자에 대한 증여세는 특수관계인 여부를 불문하고 과세된다.

나) 가액요건

제3자 배정, 실권주 재배정, 주주초과배정 방식으로 신주를 저가로 인수한 자에 대한 증여세는 가액요건과 관계없이 과세된다.

따라서 신주의 시가발행의 경우와 비교하여 소액의 이익을 얻은 경우에는 무조건 증여세가 과세된다.

(4) 증여재산가액

가) 증여재산가액 계산

제3자 배정, 실권주 재배정, 주주초과배정 방식으로 신주를 저가로 인수한 자의 증여재산가액은 증자 후 1주당 평가액에서 1주당 신주인수가액을 차감한 금액에 지분율을 초과하여 인수한 주식수를 곱한 금액으로 한다(상증령 §29②1호).

○ 증여재산가액
= (증자 후 1주당 평가액－신주 1주당 인수가액) × 지분율 초과하여 인수한 주식수

○ 증여재산가액(4억 5천만 원)
= (55,000－10,000) × 10,000주

나) 증자 후 1주당 평가액

① 비상장법인

비상장법인주식등의 증자 후 1주당 평가액은 이론적 권리락 주가로 한다(상증령 §29②1호 가목). 이론적 권리락 주가계산시 증자 전 1주당 평가액은 증자 전의 시점을 기준으로 한 주식의 평가액을 의미하는 것으로 매매사례가액이 있는 경우에도 매매사례가액을 적용하여 산정하여서는 안된다.

○ 증자 후 1주당 평가액(이론적 권리락 주가)
 = [(증자 전의 1주당 평가가액×증자 전의 발행주식총수)+(신주 1주당 인수가액×증자에 의하여 증가한 주식수)]÷(증자 전의 발행주식총수+증자에 의하여 증가한 주식수)

○ 증자 후 1주당 평가액(55,000)
 = [(100,000×10,000)+(10,000×10,000)]÷(10,000+10,000)

【조심2022부6064, 2022. 8. 31.】

상증세법 시행령 제29조 제2항 제1호의 산식 중 '증자 전의 1주당 평가가액'이라 함은 증자 전의 시점을 기준으로 한 주식의 평가가액을 의미하는 것으로 해석함이 타당해 보이는 점 등에 비추어 1차유상증자일 이후 3개월 이내 매매사례가액이 존재하므로, 이를 증자 전의 1주당 평가가액으로 적용하여 증여이익을 계산하여야 한다는 청구주장을 받아들이기 어려움.

【대구지방법원 2023구합20715, 2023. 10. 25.】

유상증자로 증여받은 주식의 가액은 증권의 발행 및 공시 등에 관한 규정이 아니라 상속세 및 증여세법에 따라 평가하여야 함.

② 주권상장법인, 코스닥 시장 상장법인

주권상장법인등의 주식은 권리락이 있는 날부터 2개월이 되는 날까지의 한국거래소 최종시세가액의 평균액으로 하되 동 가액이 이론적 권리락 주가보다 적은 경우에는 이론적 권리락 주가를 1주당 평가액으로 한다(상증령 §29②가목).

○ 증자 후 1주당 평가액 = Min(①, ②)
 ① 권리락이 있는 날부터 2월이 되는 날까지의 거래소 최종시세가액의 평균액
 ② 이론적 권리락 주가

다) 신주 1주당 인수가액

신주 1주당 인수가액은 증자 시 1주당 납입금액을 의미한다.

라) 증자 전 평가액

주권상장법인등의 주식은 증자에 따른 권리락 전 2개월이 되는 날부터 권리락 전일까지의 최종시세가액의 평균액을 의미하며, 비상장법인의 주식은 시가 또는 보충적 평가방법에 의해 평가한 평가액을 의미한다.

(5) 증여일

주권상장법인, 코스닥 시장 상장법인 주식은 권리락이 있는 날을 증여일로 하며 비상장법인 주식은 주식대금 납입일(주식대금 납입일 이전에 실권주를 배정받은 자가 신주인수권증서를 교부받은 경우에는 그 교부일)을 증여일로 한다(상증령 §29①).

【서울행정법원 2022구합86464, 2023. 9. 15.】

원고가 배정받은 이 사건 신주의 저가발행 여부를 판단하는 기준이 되는 시가의 평가기준일은 각 주식대금 납입일이고, 원고는 시가보다 낮은 가액으로 발행된 이 사건 신주를 배정받음으로써 이익을 얻었으므로, 이 사건 처분이 위법하다고 할 수 없음.

제3자 배정, 주주초과 배정, 실권주 재배정 방식으로 신주의 저가 발행 시 증여세 과세요건

○ 거래요건
- 주주가 아닌 자가 신주를 배정받을 것(제3자 배정)
- 실권주를 재배정 받을 것(실권주 재배정)
  (주권상장법인이 유가증권모집방법으로 배정하는 경우 제외)
- 지분율을 초과하여 신주를 배정받을 것(주주초과배정)

○ 특수관계인 요건: 없음.

○ 가액요건: 없음.

○ 증여자와 수증자
- 증여자: 지분율만큼 신주를 인수하지 않은 주주
- 수증자: 지분율을 초과하여 신주를 인수한 주주

○ 증여재산가액
= (증자 후 1주당 평가액 - 1주당 신주 인수가액) × 지분율 초과하여 인수한 주식수

○ 증여일
- 주권상장법인 · 코스닥 상장법인 주식: 권리락이 있는 날
- 비상장법인 주식: 주식대금 납입일(납입일 전 신주인수권증서 교부받은 경우에는 교부일)

VS 전환주식의 저가 발행 시 증여세 과세

○ 거래요건
- 「상법」 제346조에 따른 종류주식을 발행하는 경우로서 시가보다 낮은 가액으로 발행할 것(상증법 §39①3호가목)

○ 특수관계인 요건: 없음.

○ 가액요건: 없음.

○ 증여자와 수증자
- 증여자: 주식을 보유하고 있던 기존주주
- 수증자: 전환주식을 교부받은 자

○ 증여재산가액(① - ②)(상증령 §29①6호)
① 전환주식을 다른 종류의 주식으로 전환함에 따라 교부받은 주식을 신주로 보아 상속세 및 증여세법 시행령 제1호부터 제5호까지의 규정에 따라 계산한 이익
② 전환주식 발행 당시 상속세 및 증여세법 시행령 제1호부터 제5호까지의 규정에 따라 계산한 이익

VS 현물출자 시 신주를 저가로 인수하는 경우 증여세 과세

○ 거래요건
- 현물출자 시 시가보다 낮은 가액으로 신주를 인수할 것(상증법 §39조의3①1호)

○ 특수관계인 요건: 없음.

○ 가액요건: 없음.

○ 증여자와 수증자

- 증여자: 주식을 보유하고 있던 기존주주
- 수증자: 현물출자로 신주를 인수한 주주

○ 증여재산가액(① - ②)(상증령 §29조의3①1호)

(증자 후 1주당 평가액 - 신주 1주당 인수가액) × 현물출자로 배정받은 주식 수

| 신주의 저가발행, 전환주식의 저가발행, 현물출자 시 신주의 저가인수 시 과세요건 |

구분	신주의 저가발행	전환주식의 저가발행	현물출자 시 신주의 저가인수
특수관계인 요건	없음.	없음.	없음.
가액요건	없음.	없음.	없음.

나. 비특수관계인 간 거래

제3자 배정, 실권주 재배정, 주주초과배정 방식으로 신주를 저가로 인수함으로써 이익을 얻은 자에 대한 증여세는 주주 간에 특수관계가 성립하지 않는 경우에도 증여세가 과세되므로 주의하여야 한다.

2. 저가로 신주를 인수한 법인의 법인세

가. 특수관계인 간 거래

(1) 내국법인인 경우

가) 분여받은 이익 익금산입

법인이 자산(유가증권 제외)이나 용역을 특수관계인으로부터 저가로 제공받은 경우 제공받은 시점에는 과세문제가 발생하지 않는다.

반면 법인이 법인세법 시행령 제88조 제1항 제8호 또는 제8호의2에 해당하는 자본거래를 통해 특수관계인으로부터 이익을 분여받은 경우에는 상속세 및 증여세법 시행령 제29조 제2항을 준용하여 계산한 분여받은 이익을 익금산입하여야 한다(법령 §11 8호).[184]

이 경우 주주배정 방식으로 증자하는 경우로서 기존주주가 신주의 인수・배정받을 수 있

184) 익금산입되어 유보처분된 금액은 동 유가증권등의 양도 시 손금추인되므로 유가증권처분이익등으로 과세될 금액이 선과세 되는 것이라 할 수 있다.

는 권리를 포기하여 법인의 기존주주가 이익을 분여받는 주주초과배정, 실권주 재배정 방식의 경우는 법인세법 시행령 제88조 제1항 제8호 나목에 해당하고, 주주배정 방식이 아니어서 기존주주가 신주의 인수·배정받을 수 있는 권리를 포기하는 문제가 발생하지 않고 기존주주 아닌 자가 이익을 분여받는 제3자 배정 방식의 경우에는 법인세법 시행령 제88조 제1항 제8호의2에 해당한다.[185)]

법인세법 시행령 제11조 【수익의 범위】

법 제15조 제1항에 따른 이익 또는 수입[이하 "수익"(收益)이라 한다]은 법 및 이 영에서 달리 정하는 것을 제외하고는 다음 각호의 것을 포함한다. (2019. 2. 12. 개정)

8. 제88조 제1항 제8호 각목의 어느 하나 및 같은 항 제8호의2에 따른 자본거래로 인하여 특수관계인으로부터 분여받은 이익 (2019. 2. 12. 호번개정)

법인세법 시행령 제88조 【부당행위계산의 유형 등】

① 법 제52조 제1항에서 "조세의 부담을 부당하게 감소시킨 것으로 인정되는 경우"란 다음 각호의 어느 하나에 해당하는 경우를 말한다. (2011. 6. 3. 개정)

8. 다음 각목의 어느 하나에 해당하는 자본거래로 인하여 주주등(소액주주등은 제외한다. 이하 이 조에서 같다)인 법인이 특수관계인인 다른 주주등에게 이익을 분여한 경우 (2019. 2. 12. 개정)
   나. 법인의 자본(출자액을 포함한다)을 증가시키는 거래에 있어서 신주(전환사채·신주인수권부사채 또는 교환사채 등을 포함한다. 이하 이 목에서 같다)를 배정·인수받을 수 있는 권리의 전부 또는 일부를 포기(그 포기한 신주가 「자본시장과 금융투자업에 관한 법률」 제9조 제7항에 따른 모집방법으로 배정되는 경우를 제외한다)하거나 신주를 시가보다 높은 가액으로 인수하는 경우 (2009. 2. 4. 개정)

8의2. 제8호 외의 경우로서 증자·감자, 합병(분할합병을 포함한다)·분할, 「상속세 및 증

185) 2007. 2. 27. 이전 증자거래에 대한 부당행위계산부인 대상거래에 대해서는 법인세법 시행령 제88조 제1항 제8호 나목에 "법인의 자본(출자액을 포함한다)을 증가시키는 거래에 있어서 신주(전환사채·신주인수권부사채 또는 교환사채 등을 포함한다. 이하 이 목에서 같다)를 배정·인수받을 수 있는 권리의 전부 또는 일부를 포기(그 포기한 신주가 「증권거래법」 제2조 제3항의 규정에 의한 모집방법으로 배정되는 경우를 제외한다)하거나 신주를 시가보다 높은 가액으로 인수하는 경우"로만 규정하고 있었다.
동 규정에 근거하여 대법원은 기존주주가 저가의 신주의 배정·인수받을 수 있는 권리를 포기하는 경우가 아닌 제3자 배정 방식으로 증자에 참여한 경우는 부당행위계산부인 대상거래가 아니라고 판결한 바 있다(대법원 2011두29779, 2012. 3. 29.).
이처럼 경제적 실질이 유사함에도 열거되어 있지 않은 경우에는 과세할 수 없는 문제가 있는바 자본거래의 유형에 관하여 포괄적 부당행위계산부인 규정을 둠으로써 법령에서 명문으로 규정하고 있지 않은 새로운 변칙적인 자본거래에 대해 대처하지 못하는 한계점을 보완하기 위해 2007. 2. 28. 대통령령 제19891호로 법인세법 시행령 제88조 제1항 제8호의2가 신설되어 증자, 감자, 합병 등을 통한 자본거래를 통해 이익을 분여한 경우에는 제8호에서 규정하고 있는 경우가 아니더라도 부당행위계산부인 대상거래에 해당한다.

여세법」 제40조 제1항에 따른 전환사채등에 의한 주식의 전환·인수·교환 등 법인의 자본(출자액을 포함한다)을 증가시키거나 감소시키는 거래를 통하여 법인의 이익을 분여하였다고 인정되는 경우 (2007. 2. 28. 신설)

나) 익금산입액의 계산

익금에 산입하여야 할 금액의 계산은 상속세 및 증여세법 시행령 제29조 제2항에서 규정하고 있는 증여재산가액 계산방법을 준용하므로 증여세 과세 시의 증여재산가액과 동일하다(법령 §89⑥).

〈회계처리〉
D) 유가증권(지분법적용투자주식) 1억 원　　　C) 보통예금 1억 원

〈세무조정〉
익금산입 유가증권 4억 5천만 원(유보)

■ 신주의 저가발행 시 부당행위계산부인 대상거래

○ 신주의 배정·인수받을 수 있는 권리를 포기하는 문제가 발생하는 주주초과배정, 실권주 재배정(법인의 기존주주에게 이익분여): 법인세법 시행령 제88조 제1항 제8호 나목

○ 신주의 배정·인수받을 수 있는 권리를 포기하는 문제가 발생하지 않는 제3자 배정 방식(법인의 기존주주 아닌 자에게 이익분여): 법인세법 시행령 제88조 제1항 제8호의2

| 자산을 저가로 제공받는 경우 VS 증자거래를 통해 이익을 분여받은 경우 |

구분	법인이 특수관계인으로부터 자산, 용역을 저가로 제공받은 경우	법인이 신주를 저가로 인수하여 특수관계인으로부터 이익을 분여받은 경우
법인세 과세문제	세무조정 없음. (특수관계 있는 개인으로부터의 유가증권 저가양수는 제외)	〈익금산입〉 유가증권(유보) ⇒ 처분 시 손금추인

법인세법 시행령 제89조【시가의 범위 등】
⑥ 제88조 제1항 제8호 및 제8호의2의 규정에 의하여 특수관계인에게 이익을 분여한 경우 제5항의 규정에 의하여 익금에 산입할 금액의 계산에 관하여는 그 유형에 따라 「상속세 및 증여세법」 제38조・제39조・제39조의2・제39조의3・제40조・제42조의2와 같은 법 시행령 제28조 제3항부터 제7항까지, 제29조 제2항, 제29조의2 제1항・제2항, 제29조의3 제1항, 제30조 제5항 및 제32조의2의 규정을 준용한다. 이 경우 "대주주" 및 "특수관계인"은 이 영에 의한 "특수관계인"으로 보고, "이익" 및 "대통령령으로 정하는 이익"은 "특수관계인에게 분여한 이익"으로 본다. (2016. 2. 12. 개정)

(2) 외국법인인 경우

가) 원칙

내국법인이 특수관계 있는 외국법인에게 이익을 분여한 경우에는 법인세법상 부당행위계산부인을 적용하지 않고 정상가액을 시가로 하여 국제조세조정에 관한 법률을 적용하여야 한다(국조법 §4①).

국제조세조정에 관한 법률 제4조【다른 법률과의 관계】
① 이 법은 국세와 지방세에 관하여 규정하는 다른 법률보다 우선하여 적용한다.
(2020. 12. 22. 개정)
② 국제거래에 대해서는 「소득세법」 제41조와 「법인세법」 제52조를 적용하지 아니한다. 다만, 대통령령으로 정하는 자산의 증여 등에 대해서는 그러하지 아니하다.
(2020. 12. 22. 개정)

나) 자본거래의 경우

외국법인이 법인세법 시행령 제88조 제1항 제8호, 제8호의2에 해당하는 자본거래를 통해 특수관계 있는 내국법인으로부터 이익을 분여받은 경우 그 이익을 분여한 내국법인은 국제조세조정에 관한 법률을 적용하지 않고 법인세법상 부당행위계산부인을 적용하여야 한다(국조법 §4②단서, 국조령 §4 4호).

또한 외국법인이 특수관계인으로부터 법인세법 시행령 제88조 제1항 제8호, 제8호의2에 해당하는 자본거래를 통해 분여받은 이익은 국내원천 기타소득에 해당한다(법법 §93 10호자목).[186]

이 경우 특수관계인은 내국법인과 「국제조세조정에 관한 법률 시행령」 제2조 제2항의 규정에 따른 특수관계인,[187] 외국법인과 제131조 제2항 제1호 또는 제2호의 규정에 따른 특수

---

186) 특수관계 있는 내국법인과 외국법인 간 자산과 용역의 고저가 거래는 국제조세조정에 관한 법률을 준용하여 정상가액을 기준으로 소득금액을 재계산하지만 외국법인이 자산을 무상으로 수증받는 경우 자산을 증여한 내국법인은 법인세법상 부당행위계산부인을 적용하여야 한다.

187) 국제조세조정에 관한 법률 시행령 제2조【특수관계의 세부기준】

② 법 제2조 제1항 제3호에 따른 특수관계는 다음 각호의 어느 하나에 해당하는 관계로 한다. (2021. 2. 17. 개정)

1. 법 제2조 제1항 제3호 가목에 따른 관계: 다음 각목의 어느 하나에 해당하는 관계 (2021. 2. 17. 개정)
   가. 거주자·내국법인 또는 국내사업장을 두고 있는 외국법인이 다른 외국법인의 의결권 있는 주식(출자지분을 포함한다. 이하 같다)의 50퍼센트 이상을 직접 또는 간접으로 소유한 경우 그 거주자·내국법인 또는 국내사업장과 다른 외국법인의 관계 (2021. 2. 17. 개정)
   나. 외국에 거주하거나 소재하는 자가 내국법인 또는 국내사업장을 두고 있는 외국법인의 의결권 있는 주식의 50퍼센트 이상을 직접 또는 간접으로 소유한 경우 그 자와 내국법인 또는 국내사업장의 관계 (2021. 2. 17. 개정)
2. 법 제2조 제1항 제3호 나목에 따른 관계: 내국법인 또는 국내사업장을 두고 있는 외국법인의 의결권 있는 주식의 50퍼센트 이상을 직접 또는 간접으로 소유하고 있는 제3자와 그의 친족등이 다른 외국법인의 의결권 있는 주식의 50퍼센트 이상을 직접 또는 간접으로 소유한 경우 그 내국법인 또는 국내사업장과 다른 외국법인의 관계 (2021. 2. 17. 개정)
3. 법 제2조 제1항 제3호 다목에 따른 관계: 거래당사자가 거주자·내국법인 또는 국내사업장과 비거주자·외국법인 또는 이들의 국외사업장이고, 거래당사자 한쪽이 다음 각목의 어느 하나의 방법으로 다른 쪽의 사업 방침 전부 또는 중요한 부분을 실질적으로 결정할 수 있는 경우 그 거래당사자 간의 관계 (2021. 2. 17. 개정)
   가. 다른 쪽 법인의 대표임원이나 전체 임원 수의 절반 이상에 해당하는 임원이 거래당사자 한쪽 법인의 임원 또는 종업원의 지위에 있거나 사업연도 종료일부터 소급하여 3년 이내에 거래당사자 한쪽 법인의 임원 또는 종업원의 지위에 있었을 것 (2021. 2. 17. 개정)
   나. 거래당사자 한쪽이 조합이나 신탁을 통하여 다른 쪽의 의결권 있는 주식의 50퍼센트 이상을 소유할 것 (2021. 2. 17. 개정)
   다. 다른 쪽이 사업활동의 50퍼센트 이상을 거래당사자 한쪽과의 거래에 의존할 것 (2021. 2. 17. 개정)
   라. 다른 쪽이 사업활동에 필요한 자금의 50퍼센트 이상을 거래당사자 한쪽으로부터 차입하거나 거래당사자 한쪽에 의한 지급보증을 통하여 조달할 것 (2021. 2. 17. 개정)
   마. 다른 쪽이 사업활동의 50퍼센트 이상을 거래당사자 한쪽으로부터 제공되는 지식재산권에 의존할 것 (2021. 2. 17. 개정)
4. 법 제2조 제1항 제3호 라목에 따른 관계: 거래당사자가 거주자·내국법인 또는 국내사업장과 비거주자·외국법인 또는 이들의 국외사업장이고, 제3자가 다음 각목의 어느 하나의 방법으로 거래당사자 양쪽의 사업 방침을 실질적으로 결정할 수 있는 경우 그 거래당사자 간의 관계 (2021. 2. 17. 개정)
   가. 제3자가 거래당사자 한쪽의 의결권 있는 주식의 50퍼센트 이상을 직접 또는 간접으로 소유하고, 다른 쪽 사업 방침의 전부 또는 중요한 부분을 제3호 각목의 어느 하나의 방법으로 실질적으로 결정할 수 있을 것 (2021. 2. 17. 개정)
   나. 제3자가 거래당사자 양쪽의 사업 방침 전부 또는 중요한 부분을 제3호 각목의 어느 하나의 방법으로 실질적으로 결정할 수 있을 것 (2021. 2. 17. 개정)
   다. 거래당사자 한쪽이 「독점규제 및 공정거래에 관한 법률 시행령」 제3조 각호의 어느 하나에 해당하는 기업집단에 속하는 계열회사이고, 그 기업집단 소속의 다른 계열회사가 다른 쪽의 의결권 있는 주식의 50퍼센트 이상을 직접 또는 간접으로 소유할 것 (2021. 2. 17. 개정)

관계인[188]을 의미하며 부당행위계산부인 대상 자본거래는 법인세법 시행령 제88조 제1항 제8호, 제8호의2에 해당하는 거래를 의미한다(법령 §132⑬ · ⑭).

법인세법 제93조 【외국법인의 국내원천소득】 (2015. 12. 15. 제목개정)
외국법인의 국내원천소득은 다음 각호와 같이 구분한다. (2019. 12. 31. 개정)
10. 국내원천 기타소득: 제1호부터 제9호까지의 규정에 따른 소득 외의 소득으로서 다음 각목의 어느 하나에 해당하는 소득 (2018. 12. 24. 개정)
다. 국내에 있는 자산을 증여받아 생기는 소득 (2010. 12. 30. 개정)
자. 대통령령으로 정하는 특수관계인(이하 제98조에서 "국외특수관계인"이라 한다)이 보유하고 있는 내국법인의 주식등이 대통령령으로 정하는 자본거래로 인하여 그 가치가 증가함으로써 발생하는 소득 (2011. 12. 31. 개정)

법인세법 시행령 제132조 【국내원천소득의 범위】
⑬ 법 제93조 제10호 자목에서 "대통령령으로 정하는 특수관계인"이란 다음 각호의 어느 하나에 해당하는 관계에 있는 외국법인을 말한다. (2012. 2. 2. 개정)
1. 거주자 또는 내국법인과 「국제조세조정에 관한 법률 시행령」 제2조 제2항에 따른 특수관계 (2021. 2. 17. 개정)
2. 비거주자 또는 외국법인과 제131조 제2항 제1호 또는 제2호의 규정에 따른 특수관계 (2006. 2. 9. 개정)
⑭ 법 제93조 제10호 자목에서 "대통령령으로 정하는 자본거래로 인하여 그 가치가 증가함으로써 발생하는 소득"이란 제88조 제1항 제8호 각목의 어느 하나 또는 같은 항 제8호의2에 해당하는 거래로 인하여 주주등인 외국법인이 제13항 각호에 따른 특수관계에 있는 다른 주주등으로부터 이익을 분여받아 발생한 소득을 말한다. (2010. 12. 30. 개정)

다) 원천징수

외국법인이 법인세법 시행령 제88조 제1항 제8호, 제8호의2에 해당하는 자본거래를 통해 이익을 분여받은 경우에는 국내원천 기타소득에 해당하므로 해당 소득을 지급하는 자는 기타소득금액에 20%를 적용한 원천세를 징수하여 납부하여야 하며 외국법인은 해당 원친징

---

188) 법인세법 시행령 제131조 【정상가격의 범위 등】
② 법 제92조 제2항 제2호 가목에서 "대통령령으로 정하는 특수관계"란 다음 각호의 어느 하나의 관계를 말한다. (2010. 12. 30. 개정)
1. 일방이 타방의 의결권 있는 주식의 100분의 50 이상을 직접 또는 간접으로 소유하고 있는 관계 (2006. 2. 9. 신설)
2. 제3자가 일방 또는 타방의 의결권 있는 주식의 100분의 50 이상 직접 또는 간접으로 각각 소유하고 있는 경우 그 일방과 타방 간의 관계 (2006. 2. 9. 신설)

수세액을 부담함으로써 납세의무가 종결(부동산 양도소득 제외)된다(법법 §98①8호).

다만, 외국법인의 소재지 국가와 조세조약이 체결된 경우에는 조세조약이 우선되지만 조세조약의 경우 구체적으로 과세대상 소득과 세율을 규정하지 않고 있어 대부분 법인세법에 의해 과세되는 것이 현실이다.

법인세법 제98조 【외국법인에 대한 원천징수 또는 징수의 특례】

① 외국법인에 대하여 제93조 제1호 · 제2호 및 제4호부터 제10호까지의 규정에 따른 국내원천소득으로서 국내사업장과 실질적으로 관련되지 아니하거나 그 국내사업장에 귀속되지 아니하는 소득의 금액(국내사업장이 없는 외국법인에 지급하는 금액을 포함한다)을 지급하는 자(제93조 제7호에 따른 국내원천 부동산등 양도소득의 금액을 지급하는 거주자 및 비거주자는 제외한다)는 제97조에도 불구하고 그 지급을 할 때에 다음 각호의 구분에 따른 금액을 해당 법인의 각 사업연도의 소득에 대한 법인세로서 원천징수하여 그 원천징수한 날이 속하는 달의 다음 달 10일까지 대통령령으로 정하는 바에 따라 납세지 관할 세무서등에 납부하여야 한다. (2018. 12. 24. 개정)

8. 제93조 제10호에 따른 국내원천 기타소득: 지급금액(같은 호 다목의 소득에 대해서는 대통령령으로 정하는 금액)의 100분의 20. 다만, 제93조 제10호 차목의 소득에 대해서는 그 지급금액의 100분의 15로 한다. (2019. 12. 31. 개정)

| 외국법인에 대한 부당행위계산부인 |

구분	자산, 용역거래	자본거래 (법령 §88①8호나목, 8호의2)
시가	정상가액	법인세법 시행령 제89조 제6항
국내원천 소득 여부	국내원천소득 해당 × (자산의 무상수증등 제외)	국내원천소득 해당
근거법률	국제조세조정에 관한 법률	법인세법 (국내원천 기타소득 ⇒ 20% 원천징수)

나. 비특수관계인 간 거래

주주 간에 특수관계가 성립하지 않는 경우에는 법인세법 시행령 제88조 제1항 제8호 또는 제8호의2에 해당하는 자본거래를 통해 이익을 분여받은 경우에도 내국법인, 외국법인 모두 법인세 과세문제가 발생하지 않는다.[189)]

189) 해당 사례에서 신주를 저가로 인수한 주주A는 신주를 인수함으로써 새롭게 ㈜현인에 대해 50%의 지분율

【조심2020서2120, 2022. 4. 27.】
처분청은 쟁점증자에 주주가 균등하게 참여하여야 한다는 전제 하에 쟁점증자의 납입액에 DDD-주의 지분율을 곱한 금액을 부당행위계산부인 대상으로 보았는데, 주주인 DDD-주가 쟁점증자에 반드시 참여하여야 할 의무가 없고 시가로 증자하는 경우에는 청구법인의 증자대금으로 주식발행법인의 차입금을 상환한 경우에도 부당행위계산부인을 적용할 수 없음. (신주의 발행가액을 시가로 하는 경우에는 특수관계 있는 법인이 신주를 인수하지 않은 경우에도 부당행위계산부인을 적용할 수 없다는 결정례임)

【조심2021중0540, 2021. 12. 27.】
청구법인과 매도인들은 특수관계에 있음이 명확하고, 청구법인은 주식발행법인의 유상증자를 통해 쟁점신주를 주당 평가액보다 낮은 금액에 단독으로 인수함으로써 매도인들로부터 이익을 분여받은 점 등에 비추어 청구법인이 주식발행법인의 유상증자를 통하여 특수관계인으로부터 이익을 분여받았다고 보아 이를 익금에 산입하여 법인세를 과세한 처분은 잘못이 없다고 판단됨.

3. 저가로 신주를 인수한 법인의 주주의 증여세

가. 특수관계인 간 거래

신주를 저가로 인수한 법인이 지배주주등의 직·간접 지분율이 30% 이상인 특정법인에 해당하고 지배주주와 신주가 미배정되거나 신주의 배정·인수받을 수 있는 권리의 일부 또는 전부를 포기한 법인이 상속세 및 증여세법상 특수관계가 성립하는 경우라 하더라도 자본관련거래 중 특정법인의 지배주주등에게 증여세가 과세되는 거래는 시가보다 낮은 가액으로 현물출자하는 경우만이 해당한다(상증법 §45조의5).

따라서 신주를 저가발행하는 경우에 제3자 배정, 주주초과배정, 실권주 재배정 방식으로 특정법인이 신주를 저가로 인수하여 특정법인의 지배주주등이 이익을 얻은 경우에도 증여세 과세문제는 발생하지 않는다.

을 보유하게 되었다.
해당 사례에 대해 과점주주 간주취득세 문제를 검토하면, 주주 간에 지방세기본법 시행령 제2조의 특수관계가 성립하지 않는 경우 주주 A는 ㈜현인에 대한 지분율이 50%를 초과하지 않았으므로 ㈜현인이 부동산을 보유하고 있는 경우라 하더라도 과점주주의 간주취득세 문제는 발생하지 않는다.
만약 해당 사례에서 주주A가 제3자 배정 방식 등으로 신주를 인수하여 50%를 초과하는 지분율을 갖게 된 경우에는 과점주주의 간주취득세 문제가 발생하므로 증자 시에는 반드시 과점주주의 간주취득세 문제도 함께 검토하여야 한다.

상속세 및 증여세법 제45조의5【특정법인과의 거래를 통한 이익의 증여 의제】

① 지배주주와 그 친족(이하 이 조에서 "지배주주등"이라 한다)이 직접 또는 간접으로 보유하는 주식보유비율이 100분의 30 이상인 법인(이하 이 조 및 제68조에서 "특정법인"이라 한다)이 지배주주의 특수관계인과 다음 각호에 따른 거래를 하는 경우에는 거래한 날을 증여일로 하여 그 특정법인의 이익에 특정법인의 지배주주등의 주식보유비율을 곱하여 계산한 금액을 그 특정법인의 지배주주등이 증여받은 것으로 본다. (2019. 12. 31. 개정)

1. 재산 또는 용역을 무상으로 제공받는 것 (2019. 12. 31. 개정)
2. 재산 또는 용역을 통상적인 거래 관행에 비추어 볼 때 현저히 낮은 대가로 양도 · 제공받는 것 (2019. 12. 31. 개정)
3. 재산 또는 용역을 통상적인 거래 관행에 비추어 볼 때 현저히 높은 대가로 양도 · 제공하는 것 (2019. 12. 31. 개정)
4. 그 밖에 제1호부터 제3호까지의 거래와 유사한 거래로서 대통령령으로 정하는 것 (2019. 12. 31. 개정)

상속세 및 증여세법 시행령 제34조의5【특정법인과의 거래를 통한 이익의 증여 의제】
(2020. 2. 11. 조번개정)

⑥ 법 제45조의5 제1항 제4호에서 "대통령령으로 정하는 것"이란 다음 각호의 어느 하나에 해당하는 것을 말한다. (2020. 2. 11. 개정)

2. 시가보다 낮은 가액으로 해당 법인에 현물출자하는 것 (2016. 2. 5. 신설)

【서면-2022-자본거래-0016, 2022. 1. 25.】

「상속세 및 증여세법」 제45조의5(2020. 12. 29. 법률 제17758호로 개정된 것) 규정은 특정법인이 지배주주의 특수관계인과 같은 법 제1항 제1호부터 제4호까지의 거래를 한 경우에 적용되는 것이므로 불균등 유상증자로 특정법인이 이익을 얻은 경우 「상속세 및 증여세법」 제45조의5 규정이 적용되지 않는 것임.

나. 비특수관계인 간 거래

상속세 및 증여세법 제45조의5의 특정법인과의 거래를 통한 이익의 증여의제 과세대상 거래 중 자본관련거래는 시가보다 낮은 가액으로 현물출자하는 경우만이 해당하므로 주주 간에 상속세 및 증여세법상 특수관계가 성립하지 않는 경우에도 과세문제를 검토할 필요가 없다.

4. 저가로 신주를 인수하지 않은 법인의 법인세

가. 특수관계인 간 거래

주주 간에 법인세법 시행령 제2조 제8항에 의한 특수관계가 성립하는 경우로서 신주의 저가발행 시 신주가 배정되지 않거나 신주를 배정·인수받을 수 있는 권리의 일부 또는 전부를 포기하여 신주를 저가로 인수한 특수관계 있는 법인에게 이익을 분여한 경우에는 법인세법상 부당행위계산부인 대상거래에 해당한다(법령 §88①8호나목, 8호의2).

따라서 상속세 및 증여세법 시행령 제29조를 준용하여 계산한 분여이익을 익금산입하고 귀속자가 법인이므로 기타사외유출로 소득처분하여야 한다.

〈회계처리〉
없음.

〈세무조정〉
익금산입 부당행위계산부인 4억 5천만 원(기타사외유출)

나. 비특수관계인 간 거래

주주 간에 법인세법 시행령 제2조 제8항에 의한 특수관계가 성립하지 않지 않는 경우에는 신주의 저가발행 시 신주를 배정·인수받을 수 있는 권리의 일부 또는 전부를 포기하거나 제3자 배정의 방식으로 신주를 저가로 인수한 주주에게 이익을 분여한 경우에도 과세문제가 없다.

○ 신주의 저가발행의 경우 제3자 배정, 실권주재배정, 주주초과배정 시 부당행위계산부인 요건
- 주주 간에 법인세법상 특수관계가 성립할 것
  (특수관계인 외의 자를 통하여 이루어진 거래 포함)
- 신주의 배정·인수받을 수 있는 권리의 전부 또는 일부를 포기함으로써 신주를 저가로 인수한 주주에게 이익을 분여하는 경우일 것
- 제3자 배정 방식으로 주주 아닌 자가 신주를 저가로 인수할 것
- 일반공모 방식의 증자가 아닐 것

○ 가액요건: 없음.

 법인과 개인 간의 거래

A와 B가 법인과 개인인 경우에는 특수관계인 간 거래와 비특수관계인 간 거래에 따라 다음과 같이 과세문제가 달라진다.

1. 저가로 신주를 인수한 비영리법인의 증여세

영리법인은 신주를 저가로 인수하여 이익을 얻은 경우에도 증여세가 면제되지만 비영리법인은 증여세가 과세된다.[190)]

가. 특수관계인 간 거래

신주발행법인이 신주를 시가보다 낮은 가액으로 발행하는 경우에 비영리법인이 제3자배정, 실권주 재배정, 주주초과배정 방식으로 신주를 저가로 인수하여 이익을 이전받은 경우에는 특수관계 여부, 가액요건과 관계없이 증자 후 1주당 평가액에서 1주당 신주인수가액을 차감한 금액에 지분율을 초과하여 인수한 주식수를 곱한 금액을 증여재산가액으로 하여 증여세가 과세된다(상증법 §39①1호가목, 다목, 라목).

○ 증여재산가액
   = (증자 후 1주당 평가액－신주 1주당 인수가액) × 지분율 초과하여 인수한 주식수

○ 증여재산가액(4억 5천만 원)
   = (55,000－10,000) × 10,000주

나. 비특수관계인 간 거래

신주발행법인이 신주를 시가보다 낮은 가액으로 발행하는 경우에 제3자 배정, 실권주 재배정, 주주초과배정 방식으로 신주를 저가로 인수하여 이익을 이전받은 경우에는 특수관계인 요건, 가액요건과 관계없이 무조건 증여세가 과세되므로 비특수관계인 간 거래의 경우에도 특수관계인 간 거래인 경우와 동일하게 증여세가 과세된다.

---

190) 신주를 저가로 인수함으로써 이전받은 이익에 대해 비영리법인에게 법인세가 과세되지 않은 것을 전제로 한다.

2. 저가로 신주를 인수한 법인의 법인세

가. 특수관계인 간 거래

주주 간에 법인세법 시행령 제2조 제8항에 의한 특수관계가 성립하는 경우로서 법인이 법인세법 시행령 제88조 제1항 제8호 나목 또는 제8호의2에 해당하는 자본거래를 통해 이익을 분여받은 경우에는 상속세 및 증여세법 시행령 제29조 제2항을 준용하여 계산한 분여받은 이익을 익금산입하여야 한다(법령 §11 8호).[191)]

> 〈회계처리〉
> D) 유가증권(지분법적용투자주식) 1억 원　　　　C) 보통예금 1억 원
>
> 〈세무조정〉
> 익금산입 유가증권 4억 5천만 원(유보)

나. 비특수관계인 간 거래

주주 간에 법인세법 시행령 제2조 제8항에 의한 특수관계가 성립하지 않는 경우에는 신주의 저가발행 시 법인세법 시행령 제88조 제1항 제8호 나목 또는 제8호의2에 해당하는 자본거래를 통해 이익을 분여받은 경우에도 과세문제가 없다.

3. 저가로 신주를 인수한 법인의 주주의 증여세

가. 특수관계인 간 거래

상속세 및 증여세법 제45조의5의 특정법인과의 거래를 통한 이익의 증여의제 과세대상 거래 중 자본관련거래는 시가보다 낮은 가액으로 현물출자하는 경우만이 해당한다.

따라서 신주를 저가로 인수한 법인이 지배주주등의 직・간접 지분율이 30% 이상인 특정법인에 해당하고 신주가 미배정되거나 신주를 배정・인수받을 수 있는 권리의 일부 또는 전부를 포기한 주주와 지배주주가 상속세 및 증여세법상 특수관계가 성립하는 경우에도 과

---

191) 외국법인이 국제조세조정에 관한 법률 시행령 제2조 제1항 및 법인세법 시행령 제131조 제2항에 해당하는 특수관계인으로부터 법인세법 시행령 제88조 제1항 제8호, 제8호의2에 해당하는 자본거래를 통해 분여받은 이익은 국내원천 기타소득에 해당한다(법법 §93 10호자목).
따라서 소득을 지급하는 자는 국내원천 기타소득에 대한 원천세율 20%를 적용한 원천세를 징수하여 납부하여야 한다(법법 §98①8호).

세문제가 발생하지 않는다.

나. 비특수관계인 간 거래

비특수관계인 간 거래의 경우에도 상속세 및 증여세법 제45조의5의 특정법인과의 거래를 통한 이익의 증여의제 과세대상거래 중 자본관련거래는 시가보다 낮은 가액으로 현물출자 하는 경우만이 해당하므로 과세문제를 검토할 필요가 없다.

4. 저가로 신주를 인수하지 않은 개인의 소득세

가. 특수관계인 간 거래

증자 등 자본거래를 통해 얻은 이익은 소득세법 제19조, 제21조에서 규정하고 있는 사업소득, 기타소득에 해당하지 않으므로 자본거래는 부당행위계산부인 대상거래를 규정하고 있는 소득세법 시행령 제98조 제2항의 부당행위계산부인 대상거래에 해당하지 않는다.

따라서 법인이 신주를 시가보다 낮은 가액으로 발행하는 경우에 개인이 신주가 미배정되거나 신주를 배정 · 인수받을 수 있는 권리의 일부 또는 전부를 포기하여 신주를 저가로 인수한 국세기본법 시행령 제1조의2 제2항, 제3항 제1호에 해당하는 특수관계 있는 법인에게 이익을 분여한 경우에도 과세문제가 없다.

소득세법 시행령 제98조 【부당행위계산의 부인】

② 법 제41조에서 조세 부담을 부당하게 감소시킨 것으로 인정되는 경우는 다음 각호의 어느 하나에 해당하는 경우로 한다. 다만, 제1호부터 제3호까지 및 제5호(제1호부터 제3호까지에 준하는 행위만 해당한다)는 시가와 거래가액의 차액이 3억 원 이상이거나 시가의 100분의 5에 상당하는 금액 이상인 경우만 해당한다. (2010. 2. 18. 개정)

1. 특수관계인으로부터 시가보다 높은 가격으로 자산을 매입하거나 특수관계인에게 시가보다 낮은 가격으로 자산을 양도한 경우 (2012. 2. 2. 개정)
2. 특수관계인에게 금전이나 그 밖의 자산 또는 용역을 무상 또는 낮은 이율 등으로 대부하거나 제공한 경우. 다만, 직계존비속에게 주택을 무상으로 사용하게 하고 직계존비속이 그 주택에 실제 거주하는 경우는 제외한다. (2012. 2. 2. 개정)
3. 특수관계인으로부터 금전이나 그 밖의 자산 또는 용역을 높은 이율 등으로 차용하거나 제공받는 경우 (2012. 2. 2. 개정)
4. 특수관계인으로부터 무수익자산을 매입하여 그 자산에 대한 비용을 부담하는 경우 (2012. 2. 2. 개정)

5. 그 밖에 특수관계인과의 거래에 따라 해당 과세기간의 총수입금액 또는 필요경비를 계산할 때 조세의 부담을 부당하게 감소시킨 것으로 인정되는 경우 (2012. 2. 2. 개정)

나. 비특수관계인 간 거래

주주 간에 특수관계 성립 여부와 관계없이 개인이 자본거래를 통해 이익을 분여한 경우에는 과세문제가 없다.

 개인과 법인 간의 거래

A와 B가 개인과 법인인 경우에는 특수관계인 간 거래와 비특수관계인 간 거래에 따라 다음과 같이 과세문제가 달라진다.

1. 저가로 신주를 인수한 개인의 증여세

가. 특수관계인 간 거래

신주발행법인이 신주를 시가보다 낮은 가액으로 발행하는 경우에 개인이 제3자 배정, 실권주 재배정, 주주초과배정 방식으로 신주를 저가로 인수한 경우에는 특수관계 여부, 가액요건과 관계없이 증자 후 1주당 평가액에서 1주당 신주인수가액을 차감한 금액에 지분율을 초과하여 인수한 주식수를 곱한 금액을 증여재산가액으로 하여 증여세가 과세된다(상증법 §39).

이 경우 해당 주식을 양도 시 필요경비 계산 시에는 취득가액에 증여재산가액을 가산하여 취득가액을 산정한다(소령 §163⑩1호).

○ 증여재산가액
  = (증자 후 1주당 평가액－신주 1주당 인수가액) × 지분율 초과하여 인수한 주식수

○ 증여재산가액(4억 5천만 원)
  = (55,000－10,000) × 10,000주

나. 비특수관계인 간 거래

신주발행법인이 신주를 시가보다 낮은 가액으로 발행하는 경우에 개인이 제3자 배정, 실

권주 재배정, 주주초과배정 방식으로 신주를 저가로 인수하여 이익을 얻은 경우에 대한 증여세는 주주 간에 특수관계가 성립하지 않는 경우에도 주주 간에 특수관계가 성립하는 경우와 동일한 방식으로 과세된다.[192)]

2. 저가로 신주를 인수한 개인의 소득세

가. 특수관계인 간 거래

(1) 거주자인 경우

법인이 신주를 저가로 인수함으로써 신주가 미배정되거나 신주를 배정 · 인수받을 수 있는 권리의 일부 또는 전부를 포기한 특수관계인으로부터 이익을 분여받은 경우에는 분여받은 이익을 익금에 산입하는 것과 달리 개인은 제3자 배정, 주주초과배정, 실권주 재배정 방식으로 신주를 저가로 인수함으로써 국세기본법 시행령 제2항, 제3항 제1호에 해당하는 특수관계 있는 법인으로부터 이익을 분여받은 경우에도 소득세가 과세되지 않는다.[193)]

또한 자산거래, 용역거래를 통해 법인으로부터 이익을 분여받은 경우에는 법인이 부당행위계산부인 시 특수관계 있는 개인에게 배당, 상여 등으로 소득처분하여 소득세가 과세되지만 법인이 자본거래를 통해 특수관계 있는 개인에게 이익을 분여한 경우로서 이익을 분여받은 개인에게 증여세가 과세된 경우에는 부당행위계산부인 시 기타사외유출로 소득처분 한다(법령 §106①3호다목).

따라서 증여세가 과세된 경우에는 이익분여 법인이 부당행위계산부인을 적용하는 경우에도 소득세가 과세되지 않는다.

---

192) 해당 주식을 양도 시 필요경비 계산 시에는 취득가액에 증여재산가액을 가산하여 취득가액을 산정한다(소령 §163⑩1호).

193) 법인의 경우 특수관계인으로부터 법인세법 시행령 제88조 제1항 제8호 및 제8호의2에 해당하는 자본거래를 통해 이익을 분여받은 경우 분여받은 시점에 익금산입하여 유보처분하고 해당 유가증권등을 처분 시 익금산입된 금액이 손금 추인된다.
반면 개인의 경우 법인세법 시행령 제88조 제1항 제8호 및 제8호의2에 해당하는 자본거래를 통해 이익을 분여받은 경우 이익을 분여받은 시점에 과세하지 않고 해당 유가증권등을 양도 시 낮은 취득가액과 양도가액의 차액에 대해 양도차익으로 과세된다.
따라서 법인의 경우 유가증권등의 취득시점에 선과세되고 개인의 경우 이익이 실현되는 시점에 과세되는 것이라 할 수 있다.

(2) 비거주자인 경우

가) 국내원천 기타소득

비거주자가 국제조세조정에 관한 법률 시행령 제2조 제1항 또는 소득세법 시행령 제26조의2 제8항 제1호 가목 또는 나목에 따른 특수관계인으로부터 법인세법 시행령 제1항 제8호, 제8호의2에 해당하는 자본거래를 통해 이익을 분여받은 경우에는 국내원천 기타소득에 해당한다(소법 §119 12호, 소령 §179⑮).[194]

나) 원천징수

비거주자에게 소득을 지급하는 자는 국내원천 기타소득에 대한 원천징수세율 20%를 적용한 원천세를 징수하여 다음 달 10일까지 납부하여야 한다(소법 §156①8호).

소득세법 제119조【비거주자의 국내원천소득】
비거주자의 국내원천소득은 다음 각호와 같이 구분한다. (2009. 12. 31. 개정)
12. 국내원천 기타소득: 제1호부터 제8호까지, 제8호의2, 제9호부터 제11호까지의 규정에 따른 소득 외의 소득으로서 다음 각목의 어느 하나에 해당하는 소득
(2018. 12. 31. 개정)
자. 대통령령으로 정하는 특수관계에 있는 비거주자(이하 제156조에서 "국외특수관계인"이라 한다)가 보유하고 있는 내국법인의 주식 또는 출자지분이 대통령령으로 정하는 자본거래로 인하여 그 가치가 증가함으로써 발생하는 소득
(2012. 1. 1. 개정)

소득세법 시행령 제179조【비거주자의 국내원천소득의 범위】
⑮ 법 제119조 제12호 자목에서 "대통령령으로 정하는 특수관계에 있는 비거주자"란 다음 각호의 어느 하나에 해당하는 관계에 해당하는 비거주자를 말한다. (2010. 2. 18. 개정)
1. 거주자 또는 내국법인과 「국제조세조정에 관한 법률 시행령」 제2조 제2항에 따른 특수

194) 소득세법 시행령 제26조의2【집합투자기구의 범위 등】(2010. 2. 18. 제목개정)
⑧ 「자본시장과 금융투자업에 관한 법률」 제9조 제19항에 따른 사모집합투자기구로서 다음 각호의 요건을 모두 갖춘 집합투자기구에 대해서는 제1항 각호의 요건을 모두 충족하는 경우에도 제1항에 따른 집합투자기구로 보지 아니하고 법 제4조 제2항을 적용한다. (2010. 2. 18. 개정)
1. 투자자가 거주자(비거주자와 국내사업장이 없는 외국법인을 포함한다. 이하 이 조에서 같다) 1인이거나 거주자 1인 및 그 거주자의 「국세기본법 시행령」 제1조의2 제1항부터 제3항까지의 규정에 따른 특수관계인(투자자가 비거주자와 국내사업장이 없는 외국법인인 경우에는 다음 각목의 어느 하나에 해당하는 관계에 있는 자를 말한다)으로 구성된 경우 (2012. 2. 2. 개정)
가. 비거주자와 그의 배우자・직계혈족 및 형제자매인 관계 (2010. 2. 18. 개정)
나. 일방이 타방의 의결권 있는 주식의 100분의 50 이상을 직접 또는 간접으로 소유하고 있는 관계 (2010. 2. 18. 개정)

관계 (2021. 2. 17. 개정)

2. 비거주자 또는 외국법인과 제26조의2 제2항 제1호 가목 또는 나목에 따른 특수관계 (2021. 2. 17. 개정)

⑯ 법 제119조 제12호 자목에서 "대통령령으로 정하는 자본거래로 인하여 그 가치가 증가함으로써 발생하는 소득"이란 「법인세법 시행령」 제88조 제1항 제8호 각목의 어느 하나 또는 같은 항 제8호의2에 해당하는 거래로 인하여 주주등인 비거주자가 제15항 각호에 따른 특수관계에 있는 다른 주주등으로부터 이익을 분여받아 발생한 소득을 말한다. (2010. 2. 18. 개정)

나. 비특수관계인 간 거래

주주 간에 특수관계가 성립하지 않는 경우에는 거주자, 비거주자 모두 자본거래를 통해 분여받은 이익에 대해 소득세가 과세되지 않는다.

3. 저가로 신주를 인수하지 않은 법인의 법인세

가. 특수관계인 간 거래

(1) 부당행위계산부인

신주발행법인이 신주를 시가보다 저가로 발행하는 경우에 신주를 배정 · 인수받을 수 있는 권리의 전부 또는 일부를 포기하거나 제3자 배정 방식으로 신주를 저가로 인수한 법인세법 시행령 제2조 제8항에 해당하는 특수관계 있는 개인에게 이익을 분여한 경우에는 부당행위계산부인 대상거래에 해당한다(법령 §88①8호나목, 8호의2).

(2) 소득처분

법인이 자산거래, 용역거래를 통해 특수관계 있는 개인에게 이익을 분여하는 경우에는 특수관계 있는 개인이 임 · 직원, 출자 임 · 직원인 경우에는 상여, 주주인 경우에는 배당, 사업을 영위하는 개인의 사업소득을 구성하는 경우에는 기타사외유출, 그 외의 자인 경우에는 기타소득으로 처분하며 부당행위계산부인이 적용되어 소득세가 과세된 경우에는 증여세가 과세되지 않는다.

반면 자본거래인 신주의 저가발행 시 신주를 배정 · 인수받을 수 있는 권리를 포기하거나 제3자 배정 방식으로 법인세법 시행령 제2조 제8항에 해당하는 특수관계 있는 개인에게 이익을 분여한 경우로서 이익을 분여받은 개인에게 증여세가 과세된 경우에는 증여세가 우선 과세된다.

따라서 이익을 분여받은 개인에게 증여세가 과세된 경우에는 부당행위계산부인 적용 시 기타사외유출로 소득처분하여야 한다(법령 §106①3호자목).

증여세가 과세되지 않은 경우에는 특수관계 있는 개인이 임직원·출자 임직원인 경우에는 상여, 주주인 경우에는 배당, 그 외의 자인 경우에는 기타소득으로 처분하며 자본거래를 통해 분여받은 이익은 사업소득에 해당하지 않으므로 증여세가 과세되지 않은 경우로서 사업소득을 구성하여 기타사외유출로 처분하는 경우는 없다.

<table>
<tr><th>구분</th><th>특수관계 있는 법인과 개인의
자산, 용역의 저가거래</th><th>특수관계 있는 법인과 개인의
신주의 저가인수거래</th></tr>
<tr><td>우선 적용 세법</td><td>법인세법 우선 적용</td><td>상속세 및 증여세법 우선 적용</td></tr>
<tr><td rowspan="2">부당행위계산
부인 적용</td><td>적용대상</td><td>적용대상</td></tr>
<tr><td>소득처분: 상여, 배당, 기타사외유출,
기타소득</td><td>소득처분: 기타사외유출
(증여세가 과세된 경우)</td></tr>
<tr><td>증여세 과세</td><td>〈소득세 우선 과세〉
• 부당행위계산부인 적용 시 소득세 과세된 경우: 증여세 과세 안함.</td><td>〈증여세 우선 과세〉
• 증여세가 과세된 경우: 부당행위계산부인 적용 시 소득세 과세 안함.
⇒ 기타사외유출로 소득처분</td></tr>
</table>

법인세법 시행령 제106조 【소득처분】

① 법 제67조에 따라 익금에 산입한 금액은 다음 각호의 구분에 따라 처분한다. 비영리 내국법인과 비영리외국법인에 대하여도 또한 같다.

3. 제1호에도 불구하고 다음 각목의 금액은 기타 사외유출로 할 것 (2016. 2. 12. 개정)
   자. 제88조 제1항 제8호·제8호의2 및 제9호(같은 호 제8호 및 제8호의2에 준하는 행위 또는 계산에 한정한다)에 따라 익금에 산입한 금액으로서 귀속자에게 「상속세 및 증여세법」에 의하여 증여세가 과세되는 금액 (2009. 2. 4. 개정)

Ⅳ 개인과 개인 간의 거래

A와 B가 개인과 개인인 경우에는 특수관계인 간 거래와 비특수관계인 간 거래에 따라 다음과 같이 과세문제가 달라진다.

1. 저가로 신주를 인수한 개인의 증여세

가. 특수관계인 간 거래

신주발행법인이 시가보다 낮은 가액으로 신주를 발행하는 경우에 개인이 제3자 배정, 실권주 재배정, 주주초과배정 방식으로 신주를 저가로 인수한 경우에는 특수관계 여부, 가액요건과 관계없이 증자 후 1주당 평가액에서 1주당 신주인수가액을 차감한 금액에 지분율을 초과하여 인수한 주식수를 곱한 금액을 증여재산가액으로 하여 증여세가 과세된다(상증법 §39).[195]

○ 증여재산가액
= (증자 후 1주당 평가액－신주 1주당 인수가액) × 지분율 초과하여 인수한 주식수

○ 증여재산가액(4억 5천만 원)
= (55,000－10,000) × 10,000주

나. 비특수관계인 간 거래

신주발행법인이 신주를 시가보다 낮은 가액으로 발행하는 경우에 개인이 제3자 배정, 실권주 재배정, 주주초과배정 방식으로 신주를 저가로 인수하여 이익을 얻은 경우에 대한 증여세는 주주 간에 특수관계 성립 여부와 관계없이 무조건 증여세가 과세된다.

2. 저가로 신주를 인수한 개인의 소득세

가. 특수관계인 간 거래

개인은 제3자 배정, 실권주 재배정, 주주초과배정 방식으로 신주를 저가로 인수함으로써 국세기본법 시행령 제1조의2 제1항, 제2항에 해당하는 특수관계 있는 개인으로부터 이익을 분여받은 경우에도 자본거래를 통해 분여받은 이익은 소득세 과세대상이 아니므로 소득세가 과세되지 않는다.[196]

---

195) 해당 주식을 양도 시 필요경비 계산 시에는 취득가액에 증여재산가액을 가산하여 취득가액을 산정한다(소령 §163⑩1호).

196) 거주자는 특수관계인으로부터 자본거래를 통해 분여받은 이익에 대해 소득세가 과세되지 않지만 비거주자의 경우 국제조세조정에 관한 법률 시행령 제2조 제1항의 규정에 따른 특수관계인 또는 소득세법 시행령 제26조의2 제8항 제1호 가목 또는 나목에 해당하는 특수관계인으로부터 법인세법 시행령 제88조 제1항 제8호, 제8호의2에 해당하는 자본거래를 통해 비거주자의 주식등의 가치가 증가한 경우에는 국내원천 기타소

나. 비특수관계인 간 거래

주주 간에 특수관계가 성립하지 않는 경우에는 거주자, 비거주자 모두 자본거래를 통하여 분여받은 이익에 대해 소득세가 과세되지 않는다.

3. 저가로 신주를 인수하지 않은 개인의 소득세

가. 특수관계인 간 거래

증자 등 자본거래관련 소득은 소득세법 제19조, 제21조에서 규정하고 있는 사업소득, 기타소득에 해당하지 않으므로 부당행위계산부인 대상거래를 규정하고 있는 소득세법 시행령 제98조 제2항은 조세의 부담을 부당하게 감소시킨 것으로 인정되는 경우를 규정함에 있어 자본거래에 대해서는 규정하고 있지 않다.

따라서 법인이 신주를 시가보다 낮은 가액으로 발행하는 경우에 개인이 신주가 미배정되거나 신주를 배정·인수받을 수 있는 권리의 일부 또는 전부를 포기하여 신주를 저가로 인수한 국세기본법 시행령 제1조의2 제1항, 제2항에 해당하는 특수관계 있는 개인에게 이익을 분여한 경우에도 과세문제가 발생하지 않는다.

나. 비특수관계인 간 거래

특수관계 성립 여부와 관계없이 개인이 자본거래를 통해 이익을 분여한 경우에는 소득세 과세문제가 발생하지 않는다.

득에 해당한다(소법 §119 12호, 소령 §179⑮).
따라서 비거주자에게 해당 소득을 지급하는 자는 국내원천 기타소득에 대한 원천징수세율 20%를 적용한 원천세를 징수하여 납부하여야 한다(소법 §156①8호).

제3절 신주의 저가발행 시 실권주를 실권처리하는 경우

CASE

○ 증자 전 현황

비상장법인인 ㈜현인의 증자 전 현황은 다음과 같다.

- 법인세법 및 상속세 및 증여세법상 주식평가액: 100,000원
- 증자 전 자본금: 100,000,000원

주주	보유주식수	지분율	액면금액	발행주식총수
A	5,000주	50%	10,000원	
B	5,000주	50%	10,000원	
소계	10,000주	100%	10,000원	10,000주

○ 증자 현황

㈜현인은 이사회 결의로 발행가액 10,000원으로 10,000주의 신주를 발행하였다. A는 배정된 5,000주를 인수하였으나 B는 1,000주만을 인수하고 4,000주는 신주인수를 포기하였으며 동 실권주는 실권처리되었다.

○ 증자 후 현황

- 증자 후 자본금: 160,000,000원

주주	보유주식수	지분율	액면금액	발행주식총수
A	10,000주	62.5%	10,000원	
B	6,000주	37.5%	10,000원	
소계	16,000주	100%	10,000원	16,000주

이 경우 A와 B에게 발생하는 과세문제는?

법인과 법인 간의 거래

A와 B가 법인과 법인인 경우에는 특수관계인 간 거래와 비특수관계인 간 거래에 따라 다음과 같이 과세문제가 달라진다.

1. 저가로 신주를 인수한 비영리법인의 증여세

신주의 저가발행 시 특수관계인이 신주인수를 포기하여 실권처리됨으로써 신주를 인수

한 영리법인이 이익을 얻는 경우에는 증여세가 면제되지만 비영리법인은 이전받은 이익에 대해 증여세가 과세된다.[197]

가. 특수관계인 간 거래

(1) 증자에 따른 이익의 증여

법인이 유상증자 시에는 기존주주를 배제한 공모방식 또는 제3자 배정 방식을 제외하고는 신주 배정일을 공고하고 기존주주에게 청약통보를 하여야 한다.

기존주주가 청약통보에 따라 청약을 하고 주금을 납입한 경우에는 증자가 완료되나 청약을 하지 않거나 주금을 납입하지 않은 경우에는 실권주가 발생하게 된다.

실권처리란 실권주를 이사회 결의에 의해 정관에서 정하는 방식에 따라 공모방식 또는 제3자 배정 방식 등으로 재배정하지 않는 것을 말하는 것으로, 실권처리되는 경우 실권처리된 주식수 만큼은 자본금이 증가하지 않게 되어 증자효과가 희석되는 측면이 있다.

법인이 상속세 및 증여세법상 평가액보다 신주를 저가로 발행하는 경우로서 일부 주주가 자신에게 배정된 신주인수를 포기하고 동 실권주가 실권처리되어 신주인수를 포기한 자의 상속세 및 증여세법 시행령 제2조의2 제1항에 해당하는 특수관계인이 이익을 얻은 경우에는 상속세 및 증여세법 제39조에 의해 증여세가 과세된다.

상속세 및 증여세법 제39조 【증자에 따른 이익의 증여】

① 법인이 자본금(출자액을 포함한다. 이하 같다)을 증가시키기 위하여 새로운 주식 또는 지분[이하 이 조에서 "신주"(新株)라 한다]을 발행함으로써 다음 각호의 어느 하나에 해당하는 이익을 얻은 경우에는 주식대금 납입일 등 대통령령으로 정하는 날을 증여일로 하여 그 이익에 상당하는 금액을 그 이익을 얻은 자의 증여재산가액으로 한다. (2015. 12. 15. 개정)

1. 신주를 시가(제60조와 제63조에 따라 평가한 가액을 말한다. 이하 이 조, 제39조의2, 제39조의3 및 제40조에서 같다)보다 낮은 가액으로 발행하는 경우: 다음 각목의 어느 하나에 해당하는 이익 (2015. 12. 15. 개정)
   나. 해당 법인의 주주등이 신주인수권의 전부 또는 일부를 포기한 경우로서 해당 법인이 실권주를 배정하지 아니한 경우에는 그 신주인수를 포기한 자의 특수관계인이 신주를 인수함으로써 얻은 이익 (2015. 12. 15. 개정)

---

197) 신주를 저가로 인수함으로써 분여받은 이익에 대해 비영리법인에게 법인세가 과세되지 않은 것을 전제로 한다.

(2) 증여자와 수증자

신주의 저가발행 시 실권주가 실권처리된 경우 증여자는 신주인수의 일부 또는 전부를 포기하여 실권처리된 주주이며 수증자는 배정된 신주를 저가로 인수하여 증자 후 지분율이 증가한 주주이다.

(3) 요건

법인이 신주를 시가보다 낮은 가액으로 발행하는 경우에 주주 중 일부가 신주인수를 포기하여 실권처리된 경우 신주를 인수한 주주는 지분율만큼 증자에 참여하였으므로 이익이전의 의도가 있다고 볼 수 없고 신주인수를 포기한 주주는 신주인수대금이 없는 등의 부득이한 사유가 있을 수 있다.

따라서 제3자 배정, 주주초과배정, 실권주 재배정 방식의 경우보다 과세요건을 완화하여 특수관계인 요건과 가액요건을 충족하는 경우에 한하여 증여세가 과세된다.

가) 특수관계인 요건

신주인수를 포기하여 실권처리된 주주와 지분율만큼 신주를 인수한 주주 간에 상속세 및 증여세법 시행령 제2조의2 제1항에 의한 특수관계가 성립하여야 한다.

나) 가액요건

증자 후 1주당 평가액에서 1주당 신주 인수가액을 차감한 가액이 증자 후 1주당 평가액의 100분의 30 이상이거나 신주를 저가로 인수함으로써 얻은 증여재산가액이 3억 원 이상이어야 한다(상증령 §29②2호).

해당 사례의 경우 증여재산가액이 140,625,000원으로 3억 원 미만이어서 증여재산가액 요건은 충족하지 않지만 30% 비율 요건은 충족하므로 과세요건을 충족한다.

① 30% 요건

증자 후 1주당 평가액에서 1주당 신주인수가액을 차감한 가액이 증자 후 1주당 평가액의 100분의 30 이상이어야 한다.

○ 30% 요건

$$\frac{\text{증자 후 1주당 평가가액} - \text{1주당 인수가액}}{\text{증자 후 1주당 평가가액}} \geq 30\%$$

○ [(66,250－10,000) / 66,250] × 100 = 84.9% ≥ 30% 이상
⇒ 요건 충족

○ 증자 후 1주당 평가액(66,250)
= [(100,000×10,000)+(10,000×6,000)]÷(10,000+6,000)

〈증자 후 평가액〉

○ 비상장법인

• 이론적 권리락 주가
[(증자 전의 1주당 평가가액×증자 전의 발행주식총수)
+(신주 1주당 인수가액×증자에 의하여 증가한 주식수)]
÷(증자 전의 발행주식총수+증자에 의하여 증가한 주식수)

○ 상장법인: Min(①, ②)
① 권리락이 있는 날부터 2개월간 최종시세가액의 평균액
② 이론적 권리락 주가

② 증여재산가액이 3억 원 이상일 것

신주를 인수한 자의 증여재산가액은 다음과 같이 계산하며, 증여재산가액이 3억 원 이상이어야 한다.

○ 증여재산가액 요건: 3억 원 이상일 것

○ 증여재산가액

(증자 후 1주당 평가액－신주 1주당 인수가액)×실권주 총수×증자 후 신주인수자의 지분비율×(신주인수자의 특수관계인의 실권주수÷실권주 총수)

○ 증여재산가액(140,625,000) ⇒ 요건 불충족
= (66,250－10,000) × 4,000주 × 62.5% × (4,000주÷4,000주)

(4) 증여일

주권상장법인, 코스닥 시장 상장법인의 주식은 권리락이 있는 날을 증여일로 하며 비상장법인의 주식은 주식대금 납입일(주식대금 납입일 이전에 실권주를 배정받은 자가 신주인수권증서를 교부받은 경우에는 그 교부일)을 증여일로 한다(상증령 §29①).

신주의 저가발행 시 실권주를 실권처리하는 경우 증여세 과세

○ 거래요건
- 주식발행법인이 시가보다 저가로 신주를 발행할 것
- 지분비율대로 균등하게 신주를 배정할 것
- 일부 주주등이 배정된 신주인수의 일부 또는 전부를 포기하고 동 실권주가 실권처리될 것

○ 특수관계 요건

실권처리된 주주와 배정된 신주를 인수한 주주가 상증법상 특수관계가 성립할 것

○ 가액요건(① 또는 ②를 충족할 것)

① 30% 요건

(증자 후 1주당 평가액−1주당 신주 인수가액) / 증자 후 1주당 평가액

⇒ 30% 이상일 것

② 3억 원 요건

증여재산가액

⇒ 3억 원 이상일 것

○ 증여자와 수증자
- 증여자: 신주인수를 포기하고 동 실권주가 실권처리된 주주
- 수증자: 배정된 신주를 저가로 인수한 주주

○ 증여재산가액

(증자 후 1주당 평가액−1주당 신주 인수가액)×실권주 총수×증자 후 신주인수자의 지분비율×(신주인수자의 특수관계인의 실권주수÷실권주 총수)

○ 증여일
- 주권상장법인·코스닥 상장법인주식: 권리락이 있는 날
- 비상장법인 주식: 주식대금 납입일(납입일 전 신주인수권증서 교부받은 경우에는 교부일)

나. 비특수관계인 간 거래

신주의 저가발행 시 실권주가 실권처리됨으로써 신주를 저가로 인수한 주주가 얻는 이익에 대한 증여세는 신주인수를 포기한 주주와 신주를 저가로 인수한 주주가 상속세 및 증여세법상 특수관계가 성립하는 경우에 한하여 과세되므로 주주 간에 상속세 및 증여세법상 특수관계가 성립하지 않는 경우에는 증여세 과세문제가 발생하지 않는다.

2. 저가로 신주를 인수한 법인의 법인세

가. 특수관계인 간 거래

(1) 내국법인인 경우

법인이 법인세법 시행령 제88조 제1항 제8호 나목에 해당하는 자본거래를 통해 특수관계인으로부터 이익을 분여받은 경우에는 상속세 및 증여세법 시행령 제29조 제2항을 준용하여 계산한 분여받은 이익을 익금산입하여야 한다(법령 §11 8호).

자본거래 중 증자 시 실권주가 발생하는 경우는 주주배정 방식에 한하므로 실권주가 발생하는 경우에 대한 부당행위계산부인 대상거래는 법인세법 시행령 제88조 제1항 제8호 나목에 해당한다.

〈회계처리〉
D) 유가증권(지분법적용투자주식) 50,000,000　　　C) 보통예금 50,000,000

〈세무조정〉
익금산입 유가증권 140,625,000(유보)

(2) 외국법인인 경우

외국법인이 법인세법 시행령 제88조 제1항 제8호, 제8호의2에 해당하는 자본거래를 통해 특수관계 있는 내국법인으로부터 이익을 분여받은 경우 그 이익을 분여한 내국법인은 국제조세조정에 관한 법률을 적용하지 않고 법인세법상 부당행위계산부인을 적용하여야 한다(국조법 §4②단서, 국조령 §4 4호).

또한 외국법인이 국제조세조정에 관한 법률 시행령 제2조 제1항 및 법인세법 시행령 제131조 제2항에 해당하는 특수관계인으로부터 법인세법 시행령 제88조 제1항 제8호, 제8호의2에 해당하는 자본거래를 통해 분여받은 이익은 국내원천 기타소득에 해당한다(법법 §93

10호자목).

따라서 소득을 지급하는 자는 국내원천 기타소득에 대한 원천세율 20%를 적용한 원천세를 징수하여 납부하여야 한다(법법 §98①8호).

나. 비특수관계인 간 거래

주주 간에 특수관계가 성립하지 않는 경우에는 자본거래를 통해 이익을 분여받은 경우에도 내국법인, 외국법인 모두 과세문제가 발생하지 않는다.

3. 저가로 신주를 인수한 법인의 주주의 증여세

가. 특수관계인 간 거래

신주를 저가로 인수한 법인이 지배주주등의 직・간접 지분율이 30% 이상인 특정법인에 해당하고 신주인수를 포기하여 실권처리된 법인과 지배주주가 상속세 및 증여세법상 특수관계가 성립하는 경우에도 특정법인과의 거래를 통한 이익의 증여의제 과세대상거래 중 자본관련거래는 시가보다 낮은 가액으로 현물출자하는 경우만이 해당한다(상증법 §45조의5).

따라서 신주를 저가발행하는 경우에 특수관계인의 실권주가 실권처리되어 특정법인의 지배주주등이 이익을 얻은 경우에도 증여세 과세문제는 발생하지 않는다.

나. 비특수관계인 간 거래

상속세 및 증여세법 제45조의5의 특정법인과의 거래를 통한 이익의 증여의제 과세대상거래 중 자본관련거래는 시가보다 낮은 가액으로 현물출자하는 경우만이 해당하므로 비특수관계인 간 거래의 경우에는 과세문제를 검토할 필요가 없다.

4. 저가로 신주를 인수한 법인의 간주취득세

가. 특수관계인 간 거래

주식발행법인인 ㈜현인이 부동산을 보유하고 있는 경우에 주주 A와 주주 B가 지분율을 합산하는 지방세기본법 시행령 제2조에 해당하는 특수관계인에 해당하는 경우라면 증자 전에도 ㈜현인에 대한 주주 A의 지분율은 주주 B의 지분율과 합산 시 100%였으므로 증자를 통해 주주 A의 지분율이 50%를 초과하였다 하더라도 과점주주의 간주취득세 과세문제는 발생하지 않는다.

나. 비특수관계인 간 거래

주식발행법인인 ㈜현인이 부동산을 보유하고 있는 경우에 지분율만큼 신주를 인수한 주주 A는 증자 전에는 50%의 지분율을 보유하고 있어 과점주주에 해당하지 않지만 증자 후 지분율이 62.5%로 증가하여 새롭게 과점주주에 해당하므로 증자일 현재 지분율만큼 ㈜현인의 부동산을 취득한 것으로 보아 2.2%의 취득세(농어촌특별세 포함)가 과세된다(지세령 §11①).

지방세기본법 제46조 【출자자의 제2차 납세의무】

2. 주주 또는 유한책임사원 1명과 그의 특수관계인 중 대통령령으로 정하는 자로서 그들의 소유주식의 합계 또는 출자액의 합계가 해당 법인의 발행주식 총수 또는 출자총액의 100분의 50을 초과하면서 그에 관한 권리를 실질적으로 행사하는 자들(이하 "과점주주"라 한다) (2016. 12. 27. 개정)

지방세법 시행령 제11조 【과점주주의 취득 등】

① 법인의 과점주주(제10조의2에 따른 과점주주를 말한다. 이하 이 조에서 같다)가 아닌 주주 또는 유한책임사원이 다른 주주 또는 유한책임사원의 주식 또는 지분(이하 "주식등"이라 한다)을 취득하거나 증자 등으로 최초로 과점주주가 된 경우에는 최초로 과점주주가 된 날 현재 해당 과점주주가 소유하고 있는 법인의 주식등을 모두 취득한 것으로 보아 법 제7조 제5항에 따라 취득세를 부과한다. (2023. 3. 14. 개정)

지방세법 제15조 【세율의 특례】

② 다음 각 호의 어느 하나에 해당하는 취득에 대한 취득세는 중과기준세율을 적용하여 계산한 금액을 그 세액으로 한다. 다만, 취득물건이 제13조 제1항에 해당하는 경우에는 중과기준세율의 100분의 300을, 같은 조 제5항에 해당하는 경우에는 중과기준세율의 100분의 500을 각각 적용한다.

3. 제7조 제5항에 따른 과점주주의 취득. 이 경우 과세표준은 제10조 제4항에 따른다. (2010. 3. 31. 개정)

5. 저가의 신주인수를 포기한 법인의 법인세

가. 특수관계인 간 거래

(1) 부당행위계산부인

신주의 저가발행 시 법인이 신주인수의 일부 또는 전부를 포기하여 실권처리됨으로써 신주를 저가로 인수한 법인세법 시행령 제2조 제8항에 해당하는 특수관계 있는 법인에게 이익을 분여한 경우로서 증자 후 1주당 평가액에서 1주당 신주인수가액을 차감한 가액이 증자 후 1주당 평가액의 100분의 30 이상이거나 분여한 이익이 3억 원 이상인 경우에는 법인세법상 부당행위계산부인 대상거래에 해당한다(법령 §88①8호나목).

따라서 분여이익을 익금산입하고 기타사외유출로 소득처분하여야 한다.

(2) 익금산입액

부당행위계산부인 시 익금에 삽입할 금액은 상속세 및 증여세법 시행령 제29조 제2항을 준용하여 계산한다(법령 §89⑥).

〈회계처리〉
D) 유가증권(지분법적용투자주식) 10,000,000　　　C) 보통예금 10,000,000

〈세무조정〉
익금산입 부당행위계산부인 140,625,000(기타사외유출)

신주의 저가발행 시 실권주가 실권처리된 경우 부당행위계산부인 요건

○ 거래요건
- 신주발행법인이 신주를 시가보다 저가로 발행하는 경우일 것
- 법인은 저가의 신주인수의 일부 또는 전부를 포기하여 실권처리되고 특수관계인은 배정된 신주를 저가로 인수할 것

○ 특수관계인 요건
- 저가로 신주를 인수한 주주와 법인세법상 특수관계가 성립할 것

○ 가액요건

① 30% 요건

(증자 후 1주당 평가액－1주당 신주 인수가액) / 증자 후 1주당 평가액

⇒ 30% 이상일 것
② 3억 원 요건
⇒ 특수관계인에게 분여한 이익이 3억 원 이상일 것

○ 익금산입액의 계산
상속세 및 증여세법 시행령 제29조 제2항 준용

【재법인46012-159, 2000. 10. 17.】
기존주주가 아닌 법인이 특수관계인의 실권주를 인수하여 유상증자에 참여한 경우, 회사갱생 목적 등으로 이익의 분여나 조세회피 목적없다고 판단 시는 부당행위계산부인 대상 아님.

나. 비특수관계인 간 거래

주주 간에 법인세법 시행령 제2조 제8항의 특수관계가 성립하지 않는 경우에는 신주의 저가발행 시 법인이 신주인수의 일부 또는 전부를 포기하고 동 실권주가 실권처리됨으로써 신주를 저가로 인수한 주주에게 이익을 분여한 경우에도 과세문제가 없다.

Ⅱ 법인과 개인 간의 거래

A와 B가 법인과 개인인 경우에는 특수관계인 간 거래와 비특수관계인 간 거래에 따라 다음과 같이 과세문제가 달라진다.

1. 저가로 신주를 인수한 비영리법인의 증여세

신주의 저가발행 시 특수관계인이 신주인수를 포기하여 실권처리됨으로써 신주를 저가로 인수한 영리법인이 이익을 얻는 경우에는 증여세가 면제되지만 비영리법인은 이전받은 이익에 대해 증여세가 과세된다.[198)]

198) 신주를 저가로 인수함으로써 분여받은 이익에 대해 비영리법인에게 법인세가 과세되지 않은 것을 전제로 한다.

가. 특수관계인 간 거래

신주의 저가발행 시 상속세 및 증여세법 시행령 제1항 제2호, 제4호, 제5호, 제8호에 해당하는 특수관계 있는 개인이 신주인수를 포기하여 실권처리됨으로써 저가로 신주를 인수한 비영리법인이 이익을 분여받은 경우로서 증자 후 1주당 평가액에서 1주당 신주인수가액을 차감한 가액이 증자 후 1주당 평가액의 100분의 30 이상이거나 증여재산가액이 3억 원 이상인 경우에는 상속세 및 증여세법 제39조에 의해 증여세가 과세된다.

○ 증여재산가액
= (증자 후 1주당 평가액－신주 1주당 인수가액) × 실권주 총수 × 증자 후 신주인수자의 지분비율 × (신주인수자의 특수관계인의 실권주수 ÷ 실권주 총수)

○ 증여재산가액(140,625,000)
= (66,250－10,000) × 4,000주 × 62.5% × (4,000주 ÷ 4,000주)

나. 비특수관계인 간 거래

신주의 저가발행 시 일부 주주가 신주인수의 일부 또는 전부를 포기하여 실권처리됨으로써 신주를 저가로 인수한 주주가 얻는 이익에 대한 증여세는 신주인수를 포기하여 실권처리된 주주와 신주를 저가로 인수한 주주가 상속세 및 증여세법상 특수관계가 성립하는 경우에 한하여 과세되므로 주주 간에 상속세 및 증여세법상 특수관계가 성립하지 않는 경우에는 증여세 과세문제가 발생하지 않는다.

2. 저가로 신주를 인수한 법인의 법인세

가. 특수관계인 간 거래

법인이 법인세법 시행령 제88조 제1항 제8호 나목에 해당하는 자본거래를 통해 법인세법 시행령 제2조 제8항에 해당하는 특수관계 있는 개인으로부터 이익을 분여받은 경우에는 분여받은 이익을 익금산입하여야 한다.[199)]

199) 외국법인이 국제조세조정에 관한 법률 시행령 제2조 제1항 및 법인세법 시행령 제131조 제2항에 해당하는 특수관계인으로부터 법인세법 시행령 제88조 제1항 제8호, 제8호의2에 해당하는 자본거래를 통해 분여받은 이익은 국내원천 기타소득에 해당한다(법법 §93 10호자목).
따라서 소득을 지급하는 자는 국내원천 기타소득에 대한 원천세율 20%를 적용한 원천세를 징수하여 납부하여야 한다(법법 §98①8호).

〈회계처리〉
D) 유가증권(지분법적용투자주식) 50,000,000 　　C) 보통예금 50,000,000

〈세무조정〉
익금산입 유가증권 140,625,000(유보)

나. 비특수관계인 간 거래

주주 간에 특수관계가 성립하지 않는 경우에는 내국법인, 외국법인 모두 증자거래를 통해 분여받은 이익에 대해 법인세가 과세되지 않는다.

3. 저가로 신주를 인수한 법인의 주주의 증여세

가. 특수관계인 간 거래

상속세 및 증여세법 제45조의5의 특정법인과의 거래를 통한 이익의 증여의제 과세대상 거래 중 자본관련거래는 시가보다 낮은 가액으로 현물출자하는 경우만이 해당한다.

따라서 저가로 신주를 인수한 법인이 지배주주등의 직·간접 지분율이 30% 이상인 특정법인에 해당하고 신주인수를 포기하여 실권처리된 주주와 지배주주가 특수관계가 성립하는 경우에도 과세문제는 발생하지 않는다.

나. 비특수관계인 간 거래

상속세 및 증여세법 제45조의5의 특정법인과의 거래를 통한 이익의 증여의제 과세대상 거래 중 자본관련거래는 시가보다 낮은 가액으로 현물출자하는 경우만이 해당하므로 비특수관계인 간 거래의 경우에는 과세문제를 검토할 필요가 없다.

4. 저가로 신주를 인수한 법인의 간주취득세

가. 특수관계인 간 거래

주식발행법인인 ㈜현인이 부동산을 보유하고 있는 경우에 주주 A와 주주 B가 지분율을 합산하는 지방세기본법 시행령 제2조에 해당하는 특수관계인에 해당하는 경우라면 증자 전에도 ㈜현인에 대한 주주 A의 지분율은 주주 B의 지분율과 합산 시 100%였으므로 증자를 통해 주주 A의 지분율이 50%를 초과하였다 하더라도 과점주주의 간주취득세 과세문제는 발생하지 않는다.

나. 비특수관계인 간 거래

㈜현인이 부동산을 보유하고 있는 경우에 지분율만큼 신주를 인수한 주주 A는 증자 전에는 50%의 지분율을 보유하고 있어 과점주주에 해당하지 않지만 증자 후 지분율이 62.5%로 증가하여 새롭게 과점주주에 해당하므로 증자일 현재 지분율만큼 ㈜현인의 부동산을 취득한 것으로 보아 2.2%의 취득세(농어촌특별세 포함)가 과세된다(지령 §11①).

5. 저가의 신주인수를 포기한 개인의 소득세

가. 특수관계인 간 거래

개인이 저가의 신주인수를 포기하고 동 실권주가 실권처리됨으로써 국세기본법 시행령 제1조의2 제2항, 제3항 제1호에 해당하는 특수관계 있는 법인에게 이익을 분여한 경우에는 소득세법 시행령 제98조 제2항의 부당행위계산부인 대상거래에 해당하지 않으므로 과세문제가 없다.

나. 비특수관계인 간 거래

특수관계 성립 여부와 관계없이 개인이 자본거래를 통해 이익을 분여한 경우에는 소득세 과세문제가 발생하지 않는다.

Ⅲ 개인과 법인 간의 거래

A와 B가 개인과 법인인 경우에는 특수관계인 간 거래와 비특수관계인 간 거래에 따라 다음과 같이 과세문제가 달라진다.

1. 저가로 신주를 인수한 개인의 증여세

가. 특수관계인 간 거래

신주의 저가발행 시 상속세 및 증여세법 시행령 제2조의2 제1항 제2호부터 제8호까지에 해당하는 특수관계 있는 법인이 신주인수의 일부 또는 전부를 포기하고 동 실권주가 실권처리됨으로써 신주를 저가로 인수한 개인이 이익을 분여받은 경우로서 증자 후 1주당 평가액에서 1주당 신주인수가액을 차감한 가액이 증자 후 1주당 평가액의 100분의 30 이상이거나 증여재산가액이 3억 원 이상인 경우에는 이전받은 이익에 대해 증여세가 과세된다(상증법 §39).

이 경우 해당 주식을 양도 시 필요경비 계산 시에는 취득가액에 증여재산가액을 가산하여 취득가액을 산정한다(소령 §163⑩1호).

○ 증여재산가액
(증자 후 1주당 평가액－신주 1주당 인수가액) × 실권주 총수 × 증자 후 신주인수자의 지분비율 × (신주인수자의 특수관계인의 실권주수 ÷ 실권주 총수)

○ 증여재산가액(140,625,000)
= (66,250－10,000) × 4,000주 × 62.5% × (4,000주 ÷ 4,000주)

나. 비특수관계인 간 거래

신주의 저가발행 시 신주인수의 일부 또는 전부를 포기한 주주의 실권주가 실권처리됨으로써 신주를 저가로 인수한 주주가 얻는 이익에 대한 증여세는 신주인수의 일부 또는 전부를 포기한 주주와 신주를 저가로 인수한 주주가 상속세 및 증여세법상 특수관계가 성립하는 경우에 한하여 과세되므로 주주 간에 상속세 및 증여세법상 특수관계가 성립하지 않는 경우에는 증여세 과세문제가 발생하지 않는다.

2. 저가로 신주를 인수한 개인의 소득세

가. 특수관계인 간 거래

(1) 거주자인 경우

법인이 자본거래를 통해 특수관계인으로부터 이익을 분여받은 경우에는 익금에 해당하지만 개인이 자본거래를 통해 특수관계인으로부터 분여받은 이익은 소득세 과세대상에 해당하지 않는다.

따라서 국세기본법 시행령 제1조의2 제2항, 제3항 제1호에 해당하는 특수관계 있는 법인이 신주인수의 일부 또는 전부를 포기하고 동 실권주가 실권처리됨으로써 신주를 저가로 인수한 개인이 이익을 얻은 경우에도 소득세 과세문제는 발생하지 않는다.

또한 자산거래, 용역거래를 통해 법인으로부터 이익을 분여받은 경우에는 법인이 부당행위계산부인 시 이익을 분여받은 개인에게 소득처분하여 소득세가 과세되지만 개인이 자본거래를 통해 법인세법 시행령 제2조 제8항에 해당하는 특수관계 있는 법인으로부터 이익을 분여받은 경우로서 증여세가 과세된 경우에는 법인이 부당행위계산부인 시 기타사외유출로 소득처분하므로 법인세법 시행령 제2조 제8항에 해당하는 특수관계 있는 법인이 부당행위계산부인을 적용하는 경우에도 소득세가 과세되지 않는다.

(2) 비거주자인 경우

거주자는 특수관계인으로부터 자본거래를 통해 분여받은 이익에 대해 소득세가 과세되지 않지만 비거주자의 경우 국제조세조정에 관한 법률 시행령 제2조 제1항 또는 소득세법 시행령 제26조의2 제8항 제1호 가목 또는 나목에 해당하는 특수관계인으로부터 법인세법 시행령 제88조 제1항 제8호, 제8호의2에 해당하는 자본거래를 통해 비거주자의 주식등의 가치가 증가한 경우에는 국내원천 기타소득에 해당한다(소법 §119 12호, 소령 §179⑮).

따라서 비거주자에게 해당 소득을 지급하는 자는 국내원천 기타소득에 대한 원천징수세율 20%를 적용한 원천세를 징수하여 납부하여야 한다(소법 §156①8호).

나. 비특수관계인 간 거래

주주 간에 특수관계가 성립하지 않는 경우에는 거주자, 비거주자 모두 자본거래를 통해 분여받은 이익에 대해 소득세가 과세되지 않는다.

3. 저가로 신주를 인수한 개인의 간주취득세

가. 특수관계인 간 거래

주식발행법인인 ㈜현인이 부동산을 보유하고 있는 경우에 주주 A와 주주 B가 지분율을 합산하는 지방세기본법 시행령 제2조에 해당하는 특수관계인에 해당하는 경우라면 증자 전에도 ㈜현인에 대한 주주 A의 지분율은 주주 B의 지분율과 합산 시 100%였으므로 증자를 통해 주주 A의 지분율이 50%를 초과하였다 하더라도 과점주주의 간주취득세 과세문제는 발생하지 않는다.

나. 비특수관계인 간 거래

㈜현인이 부동산을 보유하고 있는 경우에 지분율만큼 신주를 인수한 주주 A는 증자 전에는 50%의 지분율을 보유하고 있어 과점주주에 해당하지 않지만 증자 후 지분율이 62.5%로 증가하여 새롭게 과점주주에 해당하므로 증자일 현재 지분율만큼 ㈜현인의 부동산을 취득한 것으로 보아 2.2%의 취득세(농어촌특별세 포함)가 과세된다(지세령 §11①).

4. 저가의 신주인수를 포기한 법인의 법인세

가. 특수관계인 간 거래

(1) 부당행위계산부인 적용

신주의 저가발행 시 법인이 신주인수의 일부 또는 전부를 포기하고 동 실권주가 실권처리 됨으로써 신주를 저가로 인수한 법인세법 시행령 제2조 제8항에 해당하는 특수관계 있는 개인에게 이익을 분여한 경우로서 증자 후 1주당 평가액에서 1주당 신주 인수가액을 차감한 가액이 증자 후 1주당 평가액의 100분의 30 이상이거나 분여한 이익이 3억 원 이상인 경우에는 법인세법상 부당행위계산부인 대상거래에 해당한다(법령 §88①8호나목).

(2) 익금산입액의 계산

익금에 산입할 금액은 상속세 및 증여세법 시행령 제29조 제2항의 증여재산가액 계산방식을 준용하여 계산한다(법령 §89⑥).

(3) 소득처분

신주를 저가로 인수하여 이익을 분여받은 특수관계 있는 개인에게 증여세가 과세된 경우에는 증여세가 우선 과세되므로 상여, 배당, 기타소득으로 소득처분하지 않고 기타사외유출로 소득처분하여야 한다.

〈회계처리〉
D) 유가증권(지분법적용투자주식) 10,000,000　　　C) 보통예금 10,000,000

〈세무조정〉
익금산입 부당행위계산부인 140,625,000
(증여세가 과세된 경우 ⇒ 기타사외유출)
(증여세가 과세되지 않은 경우 ⇒ 배당, 상여, 기타소득)

나. 비특수관계인 간 거래

주주 간에 법인세법 시행령 제2조 제8항의 특수관계가 성립하지 않는 경우에는 법인이 신주인수를 포기하여 실권처리됨으로써 신주를 저가로 인수한 개인에게 이익을 분여한 경우에도 과세문제가 없다.

 개인과 개인 간의 거래

A와 B가 개인과 개인인 경우에는 특수관계인 간 거래와 비특수관계인 간 거래에 따라 다음과 같이 과세문제가 달라진다.

1. 저가로 신주를 인수한 개인의 증여세

가. 특수관계인 간 거래

신주의 저가발행 시 상속세 및 증여세법 시행령 제2조의2 제1항 제1호부터 제3호까지에 해당하는 특수관계 있는 개인이 신주인수의 일부 또는 전부를 포기하여 실권처리됨으로써 신주를 저가로 인수한 개인이 이익을 분여받은 경우로서 증자 후 1주당 평가액에서 1주당 신주 인수가액을 차감한 가액이 증자 후 1주당 평가액의 100분의 30 이상이거나 증여재산가액이 3억 원 이상인 경우에는 상속세 및 증여세법 제39조에 의해 증여세가 과세된다.

이 경우 해당 주식을 양도 시 필요경비 계산 시에는 취득가액에 증여재산가액을 가산하여 취득가액을 산정한다(소령 §163⑩1호).

○ 증여재산가액
= (증자 후 1주당 평가액－신주 1주당 인수가액) × 실권주 총수 × 증자 후 신주인수자의 지분비율 × (신주인수자의 특수관계인의 실권주수 ÷ 실권주 총수)

○ 증여재산가액(140,625,000)
= (66,250－10,000) × 4,000주 × 62.5% × (4,000주 ÷ 4,000주)

나. 비특수관계인 간 거래

신주의 저가발행 시 신주인수를 포기한 주주의 실권주가 실권처리되어 신주를 저가로 인수한 주주가 얻는 이익에 대한 증여세는 신주인수의 일부 또는 전부를 포기한 주주와 신주를 인수한 주주가 상속세 및 증여세법상 특수관계가 성립하는 경우에 한하여 과세되므로 주주 간에 상속세 및 증여세법상 특수관계가 성립하지 않는 경우에는 증여세 과세문제가 발생하지 않는다.

2. 저가로 신주를 인수한 개인의 소득세

가. 특수관계인 간 거래

국세기본법 시행령 제1조의2 제1항, 제2항에 해당하는 특수관계 있는 개인이 신주인수를 포기하여 실권처리됨으로써 신주를 저가로 인수한 개인이 분여받은 이익은 소득세 과세대상이 아니므로 과세문제가 발생하지 않는다.[200)]

나. 비특수관계인 간 거래

주주 간에 특수관계가 성립하지 않는 경우에는 거주자, 비거주자 모두 자본거래를 통해 분여받은 이익에 대해 소득세가 과세되지 않는다.

3. 저가로 신주를 인수한 개인의 간주취득세

가. 특수관계인 간 거래

주식발행법인인 ㈜현인이 부동산을 보유하고 있는 경우에 주주 A와 주주 B가 지분율을 합산하는 지방세기본법 시행령 제2조에 해당하는 특수관계인에 해당하는 경우라면 증자 전에도 ㈜현인에 대한 주주 A의 지분율은 주주 B의 지분율과 합산 시 100%였으므로 증자를 통해 주주 A의 지분율이 50%를 초과하였다 하더라도 과점주주의 간주취득세 과세문제는 발생하지 않는다.

---

200) 거주자는 특수관계인으로부터 자본거래를 통해 분여받은 이익에 대해 소득세가 과세되지 않지만 비거주자의 경우 국제조세조정에 관한 법률 시행령 제2조 제1항 또는 소득세법 시행령 제26조의2 제8항 제1호 가목 또는 나목에 해당하는 특수관계인으로부터 법인세법 시행령 제88조 제1항 제8호, 제8호의2에 해당하는 자본거래를 통해 비거주자의 주식등의 가치가 증가한 경우에는 국내원천 기타소득에 해당한다(소법 §119 12호, 소령 §179⑮).
따라서 비거주자에게 해당 소득을 지급하는 자는 국내원천 기타소득에 대한 원천징수세율 20%를 적용한 원천세를 징수하여 납부하여야 한다(소법 §156①8호).

나. 비특수관계인 간 거래

지분율만큼 신주를 인수한 주주 A는 증자 전에는 50%의 지분율을 보유하고 있어 과점주주에 해당하지 않지만 증자 후 지분율이 62.5%로 증가하여 새롭게 과점주주에 해당하므로 증자일 현재 ㈜현인이 부동산을 보유하고 있는 경우라면 지분율만큼 ㈜현인의 부동산을 취득한 것으로 보아 2.2%의 취득세(농어촌특별세 포함)가 과세된다(지세령 §11①).

4. 저가의 신주인수를 포기한 개인의 소득세

가. 특수관계인 간 거래

자본거래를 통해 분여받은 이익은 소득세법 제19조, 제21조의 사업소득, 기타소득에 해당하지 않는다.

따라서 개인이 신주인수를 포기하고 동 실권주가 실권처리됨으로써 국세기본법 시행령 제1조의2 제1항, 제2항에 해당하는 특수관계 있는 개인에게 이익을 분여한 경우에도 자본거래는 소득세법 시행령 제98조 제2항에서 규정하는 부당행위계산부인 대상거래에 해당하지 않으므로 과세문제가 없다.

나. 비특수관계인 간 거래

주주 간에 특수관계 성립 여부와 관계 없이 개인이 자본거래를 통해 이익을 분여한 경우에는 소득세 과세문제가 발생하지 않는다.

제4절 제3자 배정 등의 방식으로 신주의 고가발행

CASE

○ 증자 전 현황

비상장법인 ㈜현인의 증자 전 현황은 다음과 같다.

• 법인세법 및 상속세 및 증여세법상 주식평가액: 10,000원

주주	보유주식수	지분율	액면금액	발행주식총수
A	10,000주	100%	10,000원	
소계	10,000주	100%	10,000원	10,000주

○ 증자 현황

㈜현인은 발행가액 100,000원으로 10,000주를 신주발행하여 자본금을 2억 원으로 증자할 예정이며 정관과 이사회 결의에 의해 해당 법인의 주주가 아닌 B에게 10,000주를 배정할 예정이다.

○ 증자 후 현황

주주	보유주식수	지분율	액면금액	발행주식총수
A	10,000주	50%	10,000원	
B	10,000주	50%	10,000원	
소계	20,000주	100%	10,000원	20,000주

이 경우 A와 B에게 발생하는 과세문제는?

I 법인과 법인 간의 거래

A와 B가 법인과 법인인 경우에는 특수관계인 간 거래와 비특수관계인 간 거래에 따라 다음과 같이 과세문제가 달라진다.

1. 고가의 신주인수를 포기한 비영리법인의 증여세

영리법인은 특수관계인이 신주를 고가로 인수하고 당해 법인은 신주가 미배정되거나 신주를 배정·인수받을 수 있는 권리의 일부 또는 전부를 포기하여 이익을 이전받은 경우에

도 증여세가 면제되지만 비영리법인은 증여세가 과세된다.[201)]

가. 특수관계인 간 거래

(1) 증자에 따른 이익의 증여

법인이 시가보다 높은 가액으로 신주를 발행하는 경우에 해당 법인의 주주등이 아닌 자가 신주를 고가로 인수하여 그와 특수관계 있는 주주등이 이익을 얻는 경우에는 이전받은 이익에 대해 증여세가 과세된다(상증법 §39①2.호다목).

특수관계인이 본인 지분율을 초과하여 신주를 배정받아 인수함으로써 신주배정의 일부 또는 전부를 포기한 기존주주가 이익을 얻는 경우에도 과세요건과 증여재산가액은 동일하며, 특수관계인이 실권주를 재배정받아 신주인수의 일부 또는 전부를 포기한 주주가 이익을 얻은 경우에는 과세요건은 동일하나 증여재산가액 계산에서만 차이가 있다(상증법 §39①2호가목, 라목).

(2) 증여자와 수증자

제3자 배정, 주주초과배정, 실권주 재배정 방식으로 신주를 고가발행하는 경우에 신주를 고가로 인수한 주주는 시가보다 높은 가액으로 신주를 인수하게 되어 증자 후 주식평가액이 신주의 인수가액보다 낮아지므로 손해를 보게 된다.

반면 신주를 배정・인수받을 수 있는 권리의 일부 또는 전부를 포기한 주주(주주초과배정, 실권주 재배정)는 시가보다 높은 가액으로 신주가 발행되어 보유하고 있던 주식의 증자 후 평가액이 높아지게 되므로 증자와 동시에 이익을 얻게 된다.

따라서 신주를 고가발행하는 경우 증여자는 제3자 배정, 주주초과배정, 실권주 재배정의 방식으로 신주를 고가로 인수한 자이며 수증자는 신주가 미배정되거나 신주를 배정・인수받을 수 있는 권리의 전부 또는 일부를 포기한 자이다.

(3) 과세요건

가) 특수관계인 요건

제3자 배정, 주주초과배정, 실권주 재배정 방식으로 신주를 저가발행하는 경우에는 특수관계인 여부와 관계없이 증여세 과세대상에 해당한다.

---

201) 특수관계인이 신주를 고가로 인수하여 신주가 미배정되거나 신주배정・인수의 일부 또는 전부를 포기한 비영리법인이 분여받은 이익에 대해 법인세가 과세되지 않은 것을 전제로 한다.

반면 제3자 배정, 주주초과배정, 실권주 재배정 방식으로 신주를 고가발행하는 경우에 대해 특수관계인 여부와 관계없이 증여세를 과세한다면 이익 이전의 의도 없이 법인의 향후 성장 가능성을 보고 VC(Venture Capital) 등이 시가보다 높은 가액으로 증자에 참여하는 경우가 모두 증여세 과세대상에 해당하는 문제가 발생한다.

따라서 신주의 고가발행의 경우에는 신주를 고가로 인수한 주주와 신주가 미배정되거나 신주를 배정·인수받을 수 있는 권리의 전부 또는 일부를 포기한 주주가 상속세 및 증여세법상 특수관계가 성립하는 경우에 한하여 과세된다(상증법 §39①2호가목, 다목, 라목).

상속세 및 증여세법 제39조【증자에 따른 이익의 증여】

① 법인이 자본금(출자액을 포함한다. 이하 같다)을 증가시키기 위하여 새로운 주식 또는 지분[이하 이 조에서 "신주"(新株)라 한다]을 발행함으로써 다음 각호의 어느 하나에 해당하는 이익을 얻은 경우에는 주식대금 납입일 등 대통령령으로 정하는 날을 증여일로 하여 그 이익에 상당하는 금액을 그 이익을 얻은 자의 증여재산가액으로 한다.
(2015. 12. 15. 개정)

2. 신주를 시가보다 높은 가액으로 발행하는 경우: 다음 각목의 어느 하나에 해당하는 이익 (2015. 12. 15. 개정)
   가. 해당 법인의 주주등이 신주인수권의 전부 또는 일부를 포기한 경우로서 해당 법인이 실권주를 배정하는 경우에는 그 실권주를 배정받은 자가 그 실권주를 인수함으로써 그의 특수관계인에 해당하는 신주 인수 포기자가 얻은 이익 (2015. 12. 15. 개정)
   다. 해당 법인의 주주등이 아닌 자가 해당 법인으로부터 신주를 직접 배정받아 인수함으로써 그의 특수관계인인 주주등이 얻은 이익 (2015. 12. 15. 개정)
   라. 해당 법인의 주주등이 소유한 주식등의 수에 비례하여 균등한 조건으로 배정받을 수 있는 수를 초과하여 신주를 직접 배정받아 인수함으로써 그의 특수관계인인 주주등이 얻은 이익 (2015. 12. 15. 신설)

나) 가액요건

제3자 배정, 주주초과배정, 실권주 재배정 방식으로 신주를 고가발행하는 경우에 대한 증여세 과세는 신주의 저가발행과 마찬가지로 가액요건은 없다. 다만 신주를 인수하기 전·후 주식가액이 모두 '0'원 이하인 경우에는 과세되지 않는다.

> **【서면-2020-자본거래-2444, 2020. 6. 11.】**
> 「상속세 및 증여세법」 제39조 제1항 제2호는 신주를 인수하기 전 · 후의 주식가액이 모두 0원 이하로 평가되는 경우에는 적용되지 아니하는 것임.

(4) 증여재산가액

증여재산가액은 신주 1주당 인수가액에서 증자 후 1주당 평가액을 차감한 잔액에 미배정 주식수, 신주배정 · 신주인수의 일부 또는 전부를 포기한 주식수 중 특수관계인이 인수한 주식수를 곱한 금액으로 한다(상증령 §29②5호).[202]

> ○ 증여재산가액(4억 5천만 원)
> = (신주 1주당 인수가액 100,000-증자 후 1주당 평가액 55,000)
> × 신주인수 포기한 주식수 중 특수관계인 인수분(10,000주)

가) 신주 1주당 인수가액

신주 1주당 인수가액은 신주의 고가발행 시 1주당 신주인수대금인 100,000원을 의미한다.

나) 증자 후 1주당 평가액

비상장법인의 경우에는 이론적 권리락 주가로 평가하며 주권상장법인 등은 권리락이 있는 날부터 2개월간 최종시세가액의 평균액으로 하되 동 가액이 이론적 권리락 주가보다 큰 경우에는 이론적 권리락 주가로 한다(상증령 §29②3호).

> ○ 비상장법인(이론적 권리락 주가)
>
> 〔(증자 전 1주당 평가가액×증자 전 발행주식총수)+(신주 1주당 인수가액×증자 시 증가 주식수)〕÷(증자 전 발행주식총수+증자 시 증가 주식수)
>
> · 증자 후 1주당 평가액(55,000)
> = [(10,000 × 10,000주)+(100,000 × 10,000주)] ÷ (10,000주+10,000주)

202) 실권주를 재배정하는 경우 증여재산가액은 다음과 같이 계산한다(상증령 §29②3호).

> (신주 1주당 인수가액-증자 후 1주당 평가액) × 신주인수를 포기한 주주의 실권주
> × (신주인수를 포기한 주주의 특수관계인이 인수한 실권주수 ÷ 실권주 총수)

○ 주권상장법인등: Max(①, ②)
① 권리락이 있는 날부터 2개월간 최종시세가액의 평균액
② 이론적 권리락 주가

다) 신주인수자가 포기한 주식수등 중 특수관계인이 인수한 주식수

신주의 저가발행의 경우에는 제3자 배정 방식 등으로 인수한 주식수 전체를 대상으로 증여이익을 계산하지만 신주의 고가발행의 경우에는 미배정 주식수, 신주배정 · 신주인수포기 주식수 중 특수관계인이 인수한 주식수만을 대상으로 증여이익을 계산한다.

○ 제3자 배정, 주주 초과배정 방식인 경우(상증령 §29②5호)

○ 증여이익 계산 대상 주식수

$$A \times \frac{\text{신주미배정자 등과의 특수관계자의 인수주식수}}{\text{제3자 및 균등지분 초과 배정자의 신주인수총수}}$$

* A: 미배정, 미달배정 주식수

○ 증여이익 계산 대상 주식수(10,000주)
= 10,000주 × (10,000주 ÷ 10,000주) (해당 사례에서 특수관계인 가정 시)

○ 실권주 재배정 방식인 경우(상증령 §29②3호)

○ 증여이익 계산 대상 주식수
= 신주인수를 포기한 주주의 실권주 × (신주인수를 포기한 주주의 특수관계인이 인수한 실권주수 ÷ 실권주 총수)

○ 증여이익 계산 대상 주식수(10,000주)
= 10,000주 × (10,000주 ÷ 10,000주) (해당 사례에서 특수관계인 가정 시)

(5) 증여일

주권상장법인, 코스닥 시장 상장법인의 주식은 권리락이 있는 날을 증여일로 하며 비상장법인의 주식은 주식대금 납입일(주식대금 납입일 이전에 실권주를 배정받은 자가 신주인수권증서를 교부받은 경우에는 그 교부일)을 증여일로 한다(상증령 §29①).

제3자 배정, 주주초과배정, 실권주 재배정 방식으로 신주의 고가발행 시 증여세 과세

○ 거래요건
- 주주가 아닌 자가 신주를 고가로 배정받을 것(제3자 배정 방식)
- 지분율을 초과하여 신주를 배정받을 것(주주초과배정 방식)
- 실권주를 지분율을 초과하여 재배정받을 것(실권주 재배정 방식)

○ 특수관계인 요건: 미배정, 신주배정・신주인수의 일부 또는 전부를 포기한 주주와 신주를 고가로 인수한 주주가 상속세 및 증여세법상 특수관계가 성립할 것

○ 가액요건: 없음.

○ 증여자와 수증자
- 증여자: 지분율을 초과하여 신주를 인수한 주주
- 수증자: 지분율만큼 신주를 인수하지 않은 주주

○ 증여재산가액

• 제3자 배정, 주주초과 배정 (1주당 신주 인수가액 - 증자 후 1주당 평가액) × 신주인수 포기주식 중 특수관계인이 인수한 주식수 • 실권주 재배정 (1주당 신주 인수가액 - 증자 후 1주당 평가액) × 신주인수를 포기한 주주의 실권주수 중 특수관계인이 인수한 주식수

○ 증여일
- 주권상장법인・코스닥 상장법인주식: 권리락이 있는 날
- 비상장법인 주식: 주식대금 납입일(납입일 전 신주인수권증서 교부받은 경우에는 교부일)

VS 전환주식의 고가발행 시 증여세 과세

○ 거래요건
- 「상법」 제346조에 따른 종류주식을 발행하는 경우로서 시가보다 높은 가액으로 발행할 것(상증법 §39①3호가목)

○ 특수관계인 요건: 전환주식을 교부받은 자의 특수관계인에 해당하는 자가 이익을 얻을 것

○ 가액요건: 없음.

○ 증여자와 수증자
- 증여자: 전환주식을 교부받은 자
- 수증자: 전환주식을 교부받은 자의 특수관계인

○ 증여재산가액(① - ②)(상증령 §29①6호)
① 전환주식을 다른 종류의 주식으로 전환함에 따라 교부받은 주식을 신주로 보아 상속세 및 증여세법 시행령 제1호부터 제5호까지의 규정에 따라 계산한 이익
② 전환주식 발행 당시 상속세 및 증여세법 시행령 제1호부터 제5호까지의 규정에 따라 계산한 이익

VS 현물출자 시 신주를 고가로 인수하는 경우 증여세 과세

○ 거래요건
- 현물출자 시 시가보다 높은 가액으로 신주를 인수할 것(상증법 §39조의3①2호)

○ 특수관계인 요건: 현물출자 시 시가보다 높은 가액으로 신주를 인수한 주주의 특수관계인이 이익을 얻을 것

○ 가액요건(① 또는 ② 충족)(상증령 §29조의3②)

① 30% 요건 (신주 1주당 인수가액 - 증자 후 1주당 평가액) ≥ 증자 후 1주당 평가액의 30% ② 3억 원 요건 증여재산가액 ≥ 3억 원

○ 증여자와 수증자
- 증여자: 현물출자 시 시가보다 높은 가액으로 신주를 인수한 주주
- 수증자: 신주를 인수한 주주의 특수관계인

○ 증여재산가액(상증령 §29조의3①2호)

(신주 1주당 인수가액－증자 후 1주당 평가액) × 인수한 신주수 × 현물출자자 외의 주주등의 지분비율(현물출자자의 특수관계인)

| 신주의 고가발행, 전환주식의 고가발행, 현물출자 시 신주의 고가인수에 대한 증여세 |

구분	신주의 고가발행	전환주식의 고가발행	현물출자 시 신주의 고가인수
특수관계인 요건	있음.	있음.	있음.
가액요건	없음.	없음.	(신주 1주당 인수가액－증자 후 평가액) ≥ 증자 후 평가액의 30% 또는 증여재산가액 ≥ 3억 원

나. 비특수관계인 간 거래

상속세 및 증여세법 제39조는 제3자 배정, 주주초과배정, 실권주 재배정의 방식으로 신주를 고가발행하는 경우에 신주가 미배정되거나 신주배정·신주인수의 일부 또는 전부를 포기한 주주와 신주를 고가로 인수한 주주가 상속세 및 증여세법상 특수관계가 성립하는 경우에만 과세하는 것으로 규정하고 있다.

하지만 경제적 실질이 유사한 경우로서 상속세 및 증여세법 제39조를 준용하여 증여재산가액을 계산할 수 있는 경우의 그 재산 또는 이익은 상속세 및 증여세법 제4조 제1항 제6호에 의해 증여세 과세대상에 해당한다.

따라서 신주발행법인이 입증된 기술력이나 성장 가능성이 전혀 없는 등 신주를 고가로 인수할 정당한 사유가 없는 경우에는 특수관계인 외의 자가 시가보다 높은 가액으로 신주를 인수하여 신주가 미배정되거나 신주배정·신주인수의 일부 또는 전부를 포기한 자가 이익을 이전받은 경우에도 증여세가 과세될 수 있는 점에 주의하여야 한다(서면-2018-상속증여-2744, 2019. 2. 25.).

【서면-2018-상속증여-2744, 2019. 2. 25.】
법인이 자본을 증가시키기 위하여 신주를 발행함에 있어 해당 법인의 주주가 아닌 자가 해당 법인으로부터 신주를 직접 배정받아 인수함으로써 그와 특수관계에 있는 자 외의 자가 이익을 얻은 경우로서 거래의 관행상 정당한 사유가 있다고 인정되지 아니하는 경우에는 「상속세 및 증여세법」 제4조 제1항의 규정에 의하여 증여세가 과세되는 것이며, 이 경우 거래의 관행상 정당한 사유가 있는지 여부는 1주당 신주인수가액을 결정하게 된 경위 및 고가로 증자에 참여하게 된 경위 등 구체적인 사실관계를 확인하여 판단할 사항임.

2. 고가의 신주인수를 포기한 법인의 주주의 증여세

가. 특수관계인 간 거래

신주 미배정자, 신주배정 · 신주인수의 일부 또는 전부를 포기한 법인이 지배주주등의 직 · 간접 지분율이 30% 이상인 특정법인에 해당하고 신주를 고가로 인수한 주주가 지배주주와 특수관계가 성립하는 경우에도 특정법인과의 거래를 통한 이익의 증여의제 과세대상 거래 중 자본관련거래는 시가보다 낮은 가액으로 현물출자하는 경우만이 해당한다(상증법 §45조의5).

따라서 제3자 배정, 주주초과배정, 실권주 재배정 방식으로 신주를 고가발행하는 경우에 특정법인이 신주가 미배정되거나 신주배정 · 신주인수의 전부 또는 일부를 포기하여 지배주주등이 이익을 얻은 경우에도 증여세 과세문제는 발생하지 않는다.

나. 비특수관계인 간 거래

특정법인과의 거래를 통한 이익의 증여의제 과세대상거래 중 자본관련 거래는 시가보다 낮은 가액으로 현물출자하는 경우만이 해당하므로 비특수관계인 간 거래의 경우에도 과세문제를 검토할 필요가 없다(상증법 §45조의5).

3. 고가의 신주인수를 포기한 법인의 법인세

가. 특수관계인 간 거래

(1) 내국법인인 경우

법인이 신주를 시가보다 높은 가액으로 발행하는 경우에 신주가 미배정되거나 신주배정·신주인수의 일부 또는 전부를 포기하여 신주를 고가로 인수한 법인세법 시행령 제2조 제8항에 해당하는 특수관계 있는 법인으로부터 이익을 분여받은 경우에는 법인세법 시행령 제88조 제1항 제8호 나목, 제8호의2에 해당하는 부당행위계산부인 대상거래에 해당한다.[203)]

따라서 자본거래를 통해 특수관계인으로부터 분여받은 이익을 익금에 산입하여야 한다(법령 §11 8호).

이 경우 분여받은 이익은 상속세 및 증여세법 시행령 제29조 제2항 제3호 및 제5호의 증여재산가액 계산방식을 준용하여 산정한다(법령 §89⑥).

〈회계처리〉
없음.

〈세무조정〉
익금산입 유가증권 4억 5천만 원(유보)

(2) 외국법인인 경우

외국법인이 국제조세조정에 관한 법률 시행령 제2조 제1항 및 법인세법 시행령 제131조 제2항에 해당하는 특수관계인으로부터 제88조 제1항 제8호, 제8호의2에 해당하는 자본거래를 통해 이익을 분여받은 경우에는 국내원천 기타소득에 해당한다(법법 §93 10호자목).[204)]

따라서 소득을 지급하는 자는 국내원천 기타소득에 대한 원천세율 20%를 적용한 원천세를 징수하여 납부하여야 한다(법법 §98①8호).

나. 비특수관계인 간 거래

주주 간에 특수관계가 성립하지 않는 경우에는 내국법인, 외국법인 모두 과세문제가 발

---

203) 신주의 저가발행의 경우에는 신주를 배정·인수받을 수 있는 권리를 포기하는 주주초과배정, 실권주 재배정 방식인 경우에는 법인세법 시행령 제88조 제1항 제8호 나목에 해당하고 주주 아닌 자가 신주를 인수하는 제3자 배정 방식의 경우에는 법인세법 시행령 제88조 제1항 제8호의2에 해당한다.
하지만 신주의 고가발행의 경우에는 신주를 고가로 인수하는 것이 이익분여 행위이므로 방식에 관계없이 신주의 고가인수에 대해 규정하고 있는 법인세법 시행령 제88조 제1항 제8호 나목에 해당한다고 생각한다. 다만, 판례의 태도는 신주의 고가발행 시 제3자 배정의 방식으로 신주를 고가로 인수하여 이익을 분여한 경우는 법인세법 시행령 제88조 제1항 제8호의2에 해당하는 것으로 보고 있다(서울고등법원 2015누61087, 2016. 4. 7.).

204) 외국법인이 법인세법 시행령 제88조 제1항 제8호, 제8호의2에 해당하는 자본거래를 통해 특수관계 있는 내국법인으로부터 이익을 분여받은 경우 그 이익을 분여한 내국법인은 국제조세조정에 관한 법률을 적용하지 않고 법인세법상 부당행위계산부인을 적용하여야 한다(국조법 §4②, 국조령 §4).

생하지 않는다.

4. 고가로 신주를 인수한 법인의 법인세

가. 특수관계인 간 거래

(1) 부당행위계산부인

신주발행법인이 시가보다 높은 가액으로 신주를 발행하는 경우에 시가보다 높은 가액으로 신주를 인수함으로써 신주가 미배정되거나 신주배정・신주인수의 전부 또는 일부를 포기한 법인세법 시행령 제2조 제8항에 해당하는 특수관계 있는 법인에게 이익을 분여한 경우에는 법인세법상 부당행위계산부인 대상거래에 해당한다(법령 §88①8호나목, 8호의2).

따라서 상속세 및 증여세법 시행령 제29조 제2항 제3호 및 제5호를 준용하여 계산한 분여이익을 익금산입하고 기타사외유출로 소득처분하여야 한다.

(2) 시가초과액 취득가액에서 차감

법인이 신주를 시가보다 높은 가액으로 인수하는 법인세법 시행령 제88조 제1항 제8호 나목에 해당하는 거래를 통해 특수관계 있는 법인에게 이익을 분여한 경우에는 신주의 인수가액에서 시가초과액을 차감한 가액을 신주의 취득가액으로 한다(법령 §72④3호).[205]

〈회계처리〉
D) 유가증권(지분법 적용투자주식) 10억 원　　　C) 보통예금 10억 원

〈세무조정〉
익금산입 부당행위계산부인 4억 5천만 원(기타사외유출)
손금산입 유가증권 4억 5천만 원(△유보)

(3) 고가증자 여부 판단 시점

부당행위계산부인 대상이 되는 고자증자 여부 판단 시점은 이사회결의일이 아닌 주금납일일을 기준으로 한다.

205) 신주의 고가발생 시 시가초과액을 차감한 가액을 취득가액으로 하는 것으로 규정하고 있는 법인세법 시행령 제72조 제4항 제3호는 법인세법 시행령 제88조 제1항 제8호 나목만을 규정하고 있어 제3자 배정에 해당하는 제8호의2는 규정하고 있지 않은 문제점이 있다.

【대법원 2020두42392, 2020. 10. 15.】
특수관계법인이 제3자 배정에 의해 고가로 증자에 참여 시 법인세법상 부당행위계산부인으로 인한 과세표준의 증가 여부와는 상관없이 그로인해 이익을 받은 자에게는 증여세가 부과되어야 할 것이고, 이러한 고가증자 여부의 판단 시점이자 행위 당시는 이사회결의일이 아닌 주금납입일로 보아야 함.

(4) 신주발행법인과 신주인수법인의 부당행위계산부인 적용 여부

신주의 고가발행 시 고가로 신주를 인수한 법인에 대한 부당행위계산부인은 주주 간에 특수관계가 성립하는 경우에 한하여 적용하는 것으로 신주발행의 법적성격상 신주발행법인인 ㈜현인과 신주를 고가로 인수한 B법인 간에 특수관계가 성립하는 경우에도 ㈜현인과 B법인 간에는 부당행위계산부인을 적용할 수 없다.

【대법원 2018두56602, 2020. 12. 10.】
자본거래인 신주발행의 법적성격상 발행법인이 발행가격을 높혀 신주를 발행하였더라도 발행법인과 신주인수인과의 관계에 있어 신주인수인이 발행법인에 이익을 분여한 것으로 보기 어려움.

【조심2020구1434, 2021. 3. 22.】
청구법인이 특수관계자인 쟁점법인으로부터 그 발행의 신주를 시가보다 높은 가액으로 인수하였다고 하더라도 이를 자산을 시가보다 높은 가액으로 매입하는 경우로 보아 「법인세법 시행령」 제88조 제1항 제1호를 적용할 수 없는 점 등을 종합하면 처분청이 청구법인의 경정청구를 거부한 처분은 잘못이 있음.

제3자 배정, 주주초과배정, 실권주 재배정 방식으로 신주를 고가발행하는 경우 부당행위계산부인

○ 거래요건
- 신주를 시가보다 고가로 발행하는 경우일 것
- 법인은 신주를 시가보다 고가로 인수하고 특수관계인은 신주가 미배정되거나 신주배정 · 신주인수의 일부 또는 전부를 포기할 것

○ 가액요건: 없음.

○ 익금산입액: 상속세 및 증여세법 시행령 제29조 제1항 제3호, 제5호 준용

○ 신주의 취득가액: (신주인수가액 – 시가초과액)

○ 고가증자 여부 판단 시점: 주금납입일

○ 신주발행법인과 신주인수인의 부당행위계산부인 적용 여부: 미적용

법인세법 시행령 제88조 【부당행위계산의 유형 등】
① 법 제52조 제1항에서 "조세의 부담을 부당하게 감소시킨 것으로 인정되는 경우"란 다음 각호의 어느 하나에 해당하는 경우를 말한다. (2011. 6. 3. 개정)
8. 다음 각목의 어느 하나에 해당하는 자본거래로 인하여 주주등(소액주주등은 제외한다. 이하 이 조에서 같다)인 법인이 특수관계인인 다른 주주등에게 이익을 분여한 경우 (2019. 2. 12. 개정)
   나. 법인의 자본(출자액을 포함한다)을 증가시키는 거래에 있어서 신주(전환사채・신주인수권부사채 또는 교환사채등을 포함한다. 이하 이 목에서 같다)를 배정・인수받을 수 있는 권리의 전부 또는 일부를 포기(그 포기한 신주가 「자본시장과 금융투자업에 관한 법률」 제9조 제7항에 따른 모집방법으로 배정되는 경우를 제외한다)하거나 신주를 시가보다 높은 가액으로 인수하는 경우 (2009. 2. 4. 개정)
8의2. 제8호 외의 경우로서 증자・감자, 합병(분할합병을 포함한다)・분할, 「상속세 및 증여세법」 제40조 제1항에 따른 전환사채등에 의한 주식의 전환・인수・교환 등 자본거래를 통해 법인의 이익을 분여하였다고 인정되는 경우. 다만, 제19조 제19호의2 각목 외의 부분에 해당하는 주식매수선택권등 중 주식매수선택권의 행사에 따라 주식을 발행하는 경우는 제외한다. (2019. 2. 12. 개정)

법인세법 시행령 제72조 【자산의 취득가액 등】
④ 제2항을 적용할 때 취득가액에는 다음 각호의 금액을 포함하지 아니하는 것으로 한다. (2010. 12. 30. 개정)
3. 제88조 제1항 제1호 및 제8호 나목의 규정에 의한 시가초과액 (2002. 12. 30. 개정)

나. 비특수관계인 간 거래

법인이 신주를 고가로 인수함으로써 신주가 미배정되거나 신주배정・신주인수의 전부 또는 일부를 포기한 특수관계 없는 법인에게 이익을 분여한 경우에는 과세문제가 없으며 신주의 인수가액을 취득가액으로 본다.

 법인과 개인 간의 거래

A와 B가 법인과 개인인 경우에는 특수관계인 간 거래와 비특수관계인 간 거래에 따라 다음과 같이 과세문제가 달라진다.

1. 고가의 신주인수를 포기한 비영리법인의 증여세

영리법인은 특수관계인이 신주를 고가로 인수하고 당해 법인은 신주가 미배정되거나 신주배정 · 신주인수의 일부 또는 전부를 포기하여 이익을 이전받은 경우에도 증여세가 과세되지 않지만 비영리법인은 증여세가 과세된다.[206)]

가. 특수관계인 간 거래

신주를 고가로 발행하는 경우에 상속세 및 증여세법 시행령 제2조의2 제1항 제2호, 제4호, 제5호, 제8호에 해당하는 특수관계 있는 개인이 신주를 고가로 인수함으로써 신주가 미배정되거나 신주배정 · 신주인수의 일부 또는 전부를 포기한 비영리법인이 이익을 이전받은 경우에는 이전받은 이익 상당액에 대해 증여세가 과세된다(상증법 §39①2호가목, 다목, 라목).

○ 증여재산가액(4억 5천만 원)
  = (신주 1주당 인수가액 100,000－증자 후 1주당 평가액 55,000)
    × 신주인수 포기한 주식수 중 특수관계인 인수분(10,000주)

나. 비특수관계인 간 거래

상속세 및 증여세법 제39조는 신주를 고가발행하는 경우에 제3자 배정, 주주초과배정, 실권주 재배정의 방식으로 신주를 고가로 인수한 주주로부터 이전받은 이익에 대한 증여세는 신주를 고가로 인수한 주주와 신주가 미배정되거나 신주배정 · 신주인수의 일부 또는 전부를 포기한 주주가 상속세 및 증여세법상 특수관계가 성립하는 경우에 한하여 과세하는 것으로 규정하고 있다.

하지만 신주발행법인이 향후 성장 가능성이 없는 등 특수관계인 외의 자가 시가보다 고

206) 특수관계인이 신주를 고가로 인수하여 신주가 미배정되거나 신주배정, 신주인수의 일부 또는 전부를 포기한 비영리법인이 분여받은 이익에 대해 법인세가 과세되지 않은 것을 전제로 한다.

가로 신주를 인수할 정당한 사유가 없는 경우에는 상속세 및 증여세법 제4조 제1항 제6호에 의해 증여세가 과세될 수 있는 점에 주의하여야 한다.

2. 고가의 신주인수를 포기한 법인의 주주의 증여세

가. 특수관계인 간 거래

특정법인과의 거래를 통한 이익의 증여의제 과세대상거래 중 자본관련거래는 시가보다 낮은 가액으로 현물출자하는 경우만이 해당한다(상증법 §45조의5).

따라서 신주가 미배정되거나 신주배정 · 신주인수의 일부 또는 전부를 포기한 법인이 지배주주등의 직 · 간접 지분율이 30% 이상인 특정법인에 해당하고 신주를 고가로 인수한 주주와 지배주주가 상속세 및 증여세법상 특수관계가 성립하는 경우에도 과세문제가 발생하지 않는다.

나. 비특수관계인 간 거래

특정법인과의 거래를 통한 이익의 증여의제 과세대상거래 중 자본관련거래는 시가보다 낮은 가액으로 현물출자하는 경우만이 해당하므로 비특수관계인 간 거래의 경우에도 과세문제를 검토할 필요가 없다(상증법 §45조의5).

3. 고가의 신주인수를 포기한 법인의 법인세

가. 특수관계인 간 거래

신주를 고가로 발행하는 경우에 신주가 미배정되거나 신주배정 · 신주인수의 일부 또는 전부를 포기함으로써 신주를 고가로 인수한 법인세법 시행령 제2조 제8항에 해당하는 특수관계 있는 개인으로부터 분여받은 이익은 익금에 해당하므로 상속세 및 증여세법 시행령 제29조 제2항 제3호 및 제5호를 준용하여 계산한 분여받은 이익을 익금산입하여야 한다(법령 §11 8호, §89⑥).[207]

---

207) 외국법인이 국제조세조정에 관한 법률 시행령 제2조 제1항 및 법인세법 시행령 제131조 제2항에 해당하는 특수관계인으로부터 제88조 제1항 제8호, 제8호의2에 해당하는 자본거래를 통해 이익을 분여받은 경우에는 국내원천 기타소득에 해당한다(법법 §93 10호자목).
따라서 소득을 지급하는 자는 국내원천 기타소득에 대한 원천세율 20%를 적용한 원천세를 징수하여 납부하여야 한다(법법 §98①8호).

〈회계처리〉
없음.

〈세무조정〉
익금산입 유가증권 4억 5천만 원(유보)

나. 비특수관계인 간 거래

법인이 자본거래를 통해 특수관계 없는 개인으로부터 분여받은 이익은 익금에 해당하지 않으므로 과세문제가 없다.

4. 고가로 신주를 인수한 개인의 소득세

가. 특수관계인 간 거래

자본거래를 통해 분여받은 이익은 소득세법 제19조, 제21조의 사업소득, 기타소득에 해당하지 않는다.

따라서 법인이 신주를 고가발행 하는 경우에 개인이 신주를 시가보다 고가로 인수함으로써 신주가 미배정되거나 신주배정 · 신주인수의 전부 또는 일부를 포기한 국세기본법 시행령 제1조의2 제2항, 제3항 제1호에 해당하는 특수관계 있는 법인에게 이익을 분여한 경우는 소득세법 시행령 제98조 제2항의 부당행위계산부인 대상거래가 아니므로 과세문제가 없다.

나. 비특수관계인 간 거래

주주 간에 특수관계 성립 여부와 관계없이 개인이 자본거래를 통해 이익을 분여한 경우에는 소득세 과세문제가 발생하지 않는다.

 개인과 법인 간의 거래

A와 B가 개인과 법인인 경우에는 특수관계인 간 거래와 비특수관계인 간 거래에 따라 다음과 같이 과세문제가 달라진다.

1. 고가의 신주인수를 포기한 개인의 증여세

가. 특수관계인 간 거래

신주를 고가로 발행하는 경우에 상속세 및 증여세법 시행령 제2조의2 제1항 제2호부터 제8호까지에 해당하는 특수관계에 있는 법인이 신주를 고가로 인수함으로써 신주가 미배정되거나 신주배정 · 신주인수의 일부 또는 전부를 포기한 개인이 이익을 이전받은 경우에는 이전받은 이익 상당액에 대해 증여세가 과세된다(상증법 §39①2호가목, 다목, 라목).

이 경우 해당 주식을 양도 시 필요경비 계산 시에는 취득가액에 증여재산가액을 가산하여 취득가액을 산정한다(소령 §163⑩1호).

○ 증여재산가액(4억 5천만 원)
 = (신주 1주당 인수가액 100,000－증자 후 1주당 평가액 55,000)
 × 신주인수 포기한 주식수 중 특수관계인 인수분(10,000주)

나. 비특수관계인 간 거래

제3자 배정, 주주초과배정, 실권주 재배정의 방식으로 신주를 고가발행하는 경우 신주를 고가로 인수한 주주로부터 분여받은 이익에 대한 증여세는 신주가 미배정되거나 신주배정 · 신주인수의 일부 또는 전부를 포기한 주주가 신주를 고가로 인수한 주주와 상속세 및 증여세법상 특수관계가 성립하는 경우에만 과세하는 것으로 규정하고 있다(상증법 §39①2호가목, 다목, 라목).

하지만 신주발행법인이 장래에 성장 가능성이 없는 등 시가보다 높은 가액으로 신주를 인수할 정당한 사유없이 특수관계인 외의 자가 신주를 고가로 인수한 경우에는 상속세 및 증여세법 제4조 제1항 제6호에 의해 증여세가 과세될 수 있는 점에 주의하여야 한다.

2. 고가의 신주인수를 포기한 개인의 소득세

가. 특수관계인 간 거래

(1) 거주자인 경우

법인이 제3자 배정, 주주초과배정, 실권주 재배정의 방식으로 신주를 시가보다 높은 가액으로 발행하는 경우에 국세기본법 시행령 제1조의2 제2항, 제3항 제1호에 해당하는 특수관계 있는 법인이 시가보다 높은 가액으로 신주를 인수함으로써 신주가 미배정되거나 신주배정 · 신주인수의 일부 또는 전부를 포기한 개인이 이익을 얻은 경우에도 자본거래를 통해 분여받은 이익은 소득세 과세대상이 아니므로 소득세 과세문제가 발생하지 않는다.

또한 자산거래, 용역거래를 통해 법인으로부터 이익을 분여받은 경우에는 법인이 부당행위계산부인 적용 시 이익을 분여받은 개인에게 상여 등으로 소득세가 과세되지만 개인이 법인세법 시행령 제2조 제5항에 해당하는 특수관계 있는 법인으로부터 자본거래를 통해 이익을 분여받은 경우로서 증여세가 과세된 경우에는 증여세가 우선 과세되므로 부당행위계산부인 적용 시 기타사외유출로 소득처분한다.

따라서 증여세가 과세된 경우에는 법인이 부당행위계산부인을 적용하는 경우에도 소득세가 과세되지 않는다.

(2) 비거주자인 경우

거주자는 특수관계인으로부터 자본거래를 통해 분여받은 이익에 대해 소득세가 과세되지 않지만 비거주자의 경우 국제조세조정에 관한 법률 시행령 제2조 제1항 또는 소득세법 시행령 제26조의2 제8항 제1호 가목 또는 나목에 해당하는 특수관계인으로부터 법인세법 시행령 제88조 제1항 제8호, 제8호의2에 해당하는 자본거래를 통해 비거주자의 주식등의 가치가 증가한 경우에는 국내원천 기타소득에 해당한다(소법 §119 12호, 소령 §179⑮).

따라서 비거주자에게 해당 소득을 지급하는 자는 국내원천 기타소득에 대한 원천징수세율 20%를 적용한 원천세를 징수하여 납부하여야 한다(소법 §156①8호).

나. 비특수관계인 간 거래

주주 간에 특수관계가 성립하지 않는 경우에는 거주자, 비거주자 모두 자본거래를 통해 분여받은 이익에 대해 소득세가 과세되지 않는다.

3. 고가로 신주를 인수한 법인의 법인세

가. 특수관계인 간 거래

(1) 부당행위계산부인 적용

법인이 시가보다 높은 가액으로 신주를 발행하는 경우에 법인이 시가보다 높은 가액으로 신주를 인수함으로써 신주가 미배정되거나 신주배정 · 신주인수의 일부 또는 전부를 포기한 법인세법 시행령 제2조 제8항에 해당하는 특수관계 있는 개인에게 이익을 분여한 경우는 법인세법상 부당행위계산부인 대상거래에 해당한다(법령 §88①8호나목, 8호의2).

따라서 상속세 및 증여세법 시행령 제29조 제2항 제3호 및 제5호를 준용하여 계산한 분여이익을 익금산입하여야 한다.

(2) 소득처분

법인이 제3자 배정, 주주초과배정, 실권주 재배정 방식으로 시가보다 높은 가액으로 신주를 인수함으로써 특수관계 있는 개인에게 이익을 분여한 경우로서 특수관계 있는 개인에게 증여세가 과세된 경우에는 증여세가 우선 과세되므로 상여, 배당, 기타소득으로 소득처분하지 않고 기타사외유출로 소득처분하여야 한다(법령 §106①3호자목).

(3) 취득가액에서 시가초과액 차감

법인이 시가보다 높은 가액으로 신주를 인수하는 경우로서 법인세법 시행령 제1항 제8호 나목에 해당하는 경우에는 신주의 인수가액에서 시가초과액을 차감한 가액을 신주의 취득가액으로 한다(법령 §72④3호).

〈회계처리〉
D) 유가증권(지분법 적용투자주식) 10억 원　　　C) 보통예금 10억 원

〈세무조정〉
익금산입 부당행위계산부인 4억 5천만 원
(증여세가 과세된 경우 ⇒ 기타사외유출)
(증여세가 과세되지 않은 경우 ⇒ 배당, 상여, 기타소득)
손금산입 유가증권 4억 5천만 원(△유보)

나. 비특수관계인 간 거래

법인이 신주를 고가로 인수함으로써 신주가 미배정되거나 신주배정·신주인수의 일부 또는 전부를 포기한 특수관계 없는 개인에게 이익을 분여한 경우에는 과세문제가 없으며 신주의 인수가액을 취득가액으로 본다.

Ⅳ 개인과 개인 간의 거래

A와 B가 개인과 개인인 경우에는 특수관계인 간 거래와 비특수관계인 간 거래에 따라 다음과 같이 과세문제가 달라진다.

1. 고가의 신주인수를 포기한 개인의 증여세

가. 특수관계인 간 거래

법인이 신주를 시가보다 높은 가액으로 발행하는 경우에 상속세 및 증여세법 시행령 제2조의2 제1항 제1호부터 제3호까지에 해당하는 특수관계에 있는 개인이 제3자 배정, 주주초과배정, 실권주 재배정 방식으로 신주를 고가로 인수함으로써 신주가 미배정되거나 신주배정 · 신주인수의 일부 또는 전부를 포기한 개인이 이익을 이전받은 경우에는 이전받은 이익상당액에 대해 증여세가 과세된다(상증법 §39①2호가목, 다목, 라목).

이 경우 해당 주식을 양도 시 필요경비 계산 시에는 취득가액에 증여재산가액을 가산하여 취득가액을 산정하여야 한다(소령 §163⑩1호).

○ 증여재산가액(4억 5천만 원)
= (신주 1주당 인수가액 100,000－증자 후 1주당 평가액 55,000)
× 신주인수 포기한 주식수 중 특수관계인 인수분(10,000주)

나. 비특수관계인 간 거래

법인이 제3자 배정, 주주초과배정, 실권주 재배정의 방식으로 신주를 고가 발행하는 경우에 신주가 미배정되거나 신주배정 · 신주인수의 일부 또는 전부를 포기한 주주에 대한 증여세는 고가로 신주를 인수한 주주와 상속세 및 증여세법상 특수관계가 성립하는 경우에 과세하는 것이 원칙이다.

하지만 신주발행법인이 향후 성장 가능성이 없는 등 신주를 고가로 인수할 정당한 사유 없이 특수관계인 외의 자가 시가보다 높은 가액으로 신주를 인수하여 이익을 이전받은 경우에는 상속세 및 증여세법 제4조 제1항 제6호에 의해 증여세가 과세될 수 있는 점에 주의하여야 한다.

2. 고가의 신주인수를 포기한 개인의 소득세

가. 특수관계인 간 거래

법인이 제3자 배정, 주주초과배정, 실권주 재배정 방식으로 시가보다 높은 가액으로 신주를 발행하는 경우에 특수관계 있는 개인이 시가보다 높은 가액으로 신주를 인수함으로써 신주가 미배정되거나 신주배정 · 신주인수의 일부 또는 전부를 포기한 개인이 분여받은 이익은 소득세 과세대상이 아니므로 소득세 과세문제가 발생하지 않는다.[208)]

나. 비특수관계인 간 거래

주주 간에 특수관계가 성립하지 않는 경우에는 거주자, 비거주자 모두 자본거래를 통하여 분여받은 이익에 대해 소득세가 과세되지 않는다.

3. 고가로 신주를 인수한 개인의 소득세

가. 특수관계인 간 거래

자본거래를 통해 분여받은 이익은 소득세법 제19조, 제21조의 사업소득, 기타소득에 해당하지 않는다.

따라서 법인이 신주를 시가보다 고가로 발행하는 경우에 제3자 배정, 주주초과배정, 실권주 재배정 방식으로 신주를 고가로 인수하여 국세기본법 시행령 제1조의2 제1항, 제2항에 해당하는 특수관계 있는 개인에게 이익을 분여한 경우는 소득세법 시행령 제98조 제2항의 부당행위계산부인 대상거래가 아니므로 과세문제가 없다.

나. 비특수관계인 간 거래

주주 간에 특수관계 성립 여부와 관계없이 개인이 자본거래를 통해 이익을 분여한 경우에는 소득세 과세문제가 발생하지 않는다.

---

208) 거주자는 특수관계인으로부터 자본거래를 통해 분여받은 이익에 대해 소득세가 과세되지 않지만 비거주자의 경우 국제조세조정에 관한 법률 시행령 제2조 제1항 또는 소득세법 시행령 제26조의2 제8항 제1호 가목 또는 나목에 해당하는 특수관계인으로부터 법인세법 시행령 제88조 제1항 제8호, 제8호의2에 해당하는 자본거래를 통해 비거주자의 주식등의 가치가 증가한 경우에는 국내원천 기타소득에 해당한다(소법 §119 12호, 소령 §179⑮).
따라서 비거주자에게 해당 소득을 지급하는 자는 국내원천 기타소득에 대한 원천징수세율 20%를 적용한 원천세를 징수하여 납부하여야 한다(소법 §156①8호).

| 제3자 배정, 주주초과배정, 실권주 재배정 방식으로 증자하는 경우 |

구분	신주의 저가발행	신주의 고가발행
수증자	지분율을 초과하여 신주를 인수한 자	지분율에 미달하게 신주를 배정받은 자
특수관계인 요건	없음.	있음.
30% Rule 또는 3억 원 요건	없음.	없음.
증여재산가액	(증자 후 1주당 평가액 - 1주당 신주 인수가액)×지분율 초과하여 인수한 주식수	(1주당 신주 인수가액 - 증자 후 1주당 평가액)×신주미배정, 신주배정 · 인수 포기주식 중 특수관계인 인수분
주권상장법인의 증자 후 평가액	Min(①, ②) ① 권리락이 있는 날부터 2개월간 최종시세가액의 평균액 ② 이론적 권리락 주가	Max(①, ②) ① 권리락이 있는 날부터 2개월간 최종시세가액의 평균액 ② 이론적 권리락 주가

제5절 신주의 고가발행 시 실권주를 실권처리하는 경우

CASE

○ 증자 전 현황

비상장법인인 ㈜현인의 증자 전 현황은 다음과 같다.

- 법인세법 및 상속세 및 증여세법상 주식평가액: 10,000원
- 증자 전 자본금: 1억 원

주주	보유주식수	지분율	액면금액	발행주식총수
A	5,000주	50%	10,000원	
B	5,000주	50%	10,000원	
소계	10,000주	100%	10,000원	10,000주

○ 증자 현황

㈜현인은 발행가액을 100,000원으로 하여 10,000주의 신주를 발행하면서 지분율대로 신주를 배정하였다. A는 자신에게 배정된 4,000주의 인수를 포기하였으며 동 실권주는 실권처리되었다.

○ 증자 후 현황

주주	보유주식수	지분율	액면금액	발행주식총수
A	6,000주	37.5%	10,000원	
B	10,000주	62.5%	10,000원	
소계	16,000주	100%	10,000원	16,000주

이 경우 A와 B에게 발생하는 과세문제는?

 법인과 법인 간의 거래

A와 B가 법인과 법인인 경우에는 특수관계인 간 거래와 비특수관계인 간 거래에 따라 다음과 같이 과세문제가 달라진다.

1. 고가의 신주인수를 포기한 비영리법인의 증여세

법인이 신주를 시가보다 높은 가액으로 발행하는 경우에 비영리법인이 고가의 신주인수의 일부 또는 전부를 포기하여 실권처리됨으로써 신주를 고가로 인수한 특수관계 있는 주주로부터 이익을 이전받은 경우에는 증여세가 면제되지만 비영리법인은 이전받은 이익에 대해 증여세가 과세된다.[209)]

가. 특수관계인 간 거래

(1) 증자에 따른 이익의 증여

법인이 신주를 시가보다 높은 가액으로 발행하는 경우에 비영리법인이 신주인수의 일부 또는 전부를 포기하여 실권처리되고 상속세 및 증여세법상 특수관계인이 신주를 고가로 인수함에 따라 신주를 고가로 인수한 법인으로부터 이익을 이전받은 경우에는 증여세가 과세된다(상증법 §39①2호나목).

---

209) 신주인수의 일부 또는 전부를 포기하여 고가로 신주를 인수한 특수관계인으로부터 분여받은 이익에 대해 비영리법인에게 법인세가 과세되지 않은 것을 전제로 한다.

상속세 및 증여세법 제39조【증자에 따른 이익의 증여】
① 법인이 자본금(출자액을 포함한다. 이하 같다)을 증가시키기 위하여 새로운 주식 또는 지분[이하 이 조에서 "신주"(新株)라 한다]을 발행함으로써 다음 각호의 어느 하나에 해당하는 이익을 얻은 경우에는 주식대금 납입일 등 대통령령으로 정하는 날을 증여일로 하여 그 이익에 상당하는 금액을 그 이익을 얻은 자의 증여재산가액으로 한다.
(2015. 12. 15. 개정)
2. 신주를 시가보다 높은 가액으로 발행하는 경우: 다음 각목의 어느 하나에 해당하는 이익 (2015. 12. 15. 개정)
나. 해당 법인의 주주등이 신주인수권의 전부 또는 일부를 포기한 경우로서 해당 법인이 실권주를 배정하지 아니한 경우에는 그 신주를 인수함으로써 그의 특수관계인에 해당하는 신주 인수 포기자가 얻은 이익 (2015. 12. 15. 개정)

(2) 증여자와 수증자

법인이 신주를 시가보다 높은 가액으로 발행하는 경우에 고가로 신주를 인수한 주주는 증자와 동시에 증자 후 1주당 평가액이 1주당 인수가액보다 낮아지므로 손해를 보게 되는 반면, 신주인수를 포기하여 실권처리된 주주는 증자와 동시에 보유하고 있던 주식의 평가액이 상승하므로 이익을 얻게 된다.

따라서 증여자는 신주를 고가로 인수한 주주이며 수증자는 고가의 신주인수의 일부 또는 전부를 포기하고 동 실권주가 실권처리된 주주이다.

(3) 요건

신주의 고가발행 시 신주인수를 포기하여 실권처리된 주주에 대한 증여세는 특수관계인 요건과 가액요건을 모두 충족한 경우에 한하여 과세한다.

가) 특수관계인 요건

신주인수를 포기하여 실권처리된 주주와 신주를 고가로 인수한 주주 간에 상속세 및 증여세법상 특수관계가 성립하여야 한다.

나) 가액요건

신주 1주당 인수가액에서 증자 후 1주당 평가액을 차감한 가액이 증자 후 1주당 평가액의 100분의 30 이상이거나 신주인수를 포기함으로써 얻은 증여재산가액이 3억 원 이상이어야 한다(상증령 §29②4호).

해당 사례의 경우 증여재산가액이 135,000,000원으로 3억 원 미만이어서 증여재산 가액 요건은 충족하지 않지만 30% 비율 요건은 충족하므로 과세요건을 충족한다.

① 30% 요건

신주 1주당 인수가액에서 증자 후 1주당 평가액을 차감한 가액이 증자 후 1주당 평가액의 100분의 30 이상이어야 한다.

○ 30% 요건

$$\frac{\text{1주당 인수가액} - \text{증자 후 1주당 평가가액}}{\text{증자 후 1주당 평가가액}} \geq 30\%$$

○ [(100,000−66,250)/66,250]×100=50.94%
⇒ 요건 충족

○ 증자 후 1주당 평가액(66,250)
= [(10,000×100,000)+(100,000×6,000)]÷(10,000+6,000)

○ 비상장법인의 증자 후 1주당 평가액(이론적 권리락 주가)
[(증자 전의 1주당 평가가액×증자 전의 발행주식총수)
+(신주 1주당 인수가액×증자에 의하여 증가한 주식수)]
÷(증자 전의 발행주식총수+증자에 의하여 증가한 주식수)

○ 주권 상장법인 등의 증자 후 1주당 평가액
• 권리락이 있는 날부터 2개월간 최종시세가액의 평균액으로 하되 동 가액이 이론적 권리락 주가보다 큰 경우에는 이론적 권리락 주가

② 증여재산 가액이 3억 원 이상일 것

신주인수를 포기하여 실권처리된 주주가 신주를 고가로 인수한 특수관계인으로부터 분여받은 증여재산가액은 다음과 같이 계산하며 증여재산가액이 3억 원 이상인 경우에 한하여 증여세가 과세된다(상증령 §29②4호).

○ 증여재산가액 요건: 3억 원 이상일 것

○ 증여재산가액

(신주 1주당 인수가액－증자 후 1주당 평가액)×신주인수를 포기한 주주의 실권주수 ×(신주인수를 포기한 주주의 특수관계인이 인수한 신주수÷증자 전의 지분비율대로 균등하게 증자하는 경우의 증자주식총수)

○ 증여재산가액(54,000,000) ⇒ 요건 불충족
= (100,000－66,250)×4,000주×(4,000주÷10,000주)

(4) 증여일

주권상장법인, 코스닥 시장 상장법인 주식은 권리락이 있는 날을 증여일로 하며 비상장법인 주식은 주식대금 납입일(주식대금 납입일 이전에 실권주를 배정받은 자가 신주인수권증서를 교부받은 경우에는 그 교부일)을 증여일로 한다(상증령 §29①).

신주의 고가발행 시 실권주를 실권처리하는 경우 증여세 과세

○ 거래요건
- 신주를 시가보다 고가로 발행할 것
- 일부 주주가 신주인수의 일부 또는 전부를 포기하고 동 실권주가 실권처리될 것
- 일부 주주가 시가보다 높은 가액으로 지분율대로 배정된 신주를 인수할 것

○ 특수관계 요건
실권처리된 주주와 신주를 고가로 인수한 주주가 상속세 및 증여세법상 특수관계가 성립할 것

○ 가액요건(① 또는 ②를 충족할 것)

① 30% 요건 (신주 1주당 인수가액－증자 후 1주당 평가액)/증자 후 1주당 평가액 ⇒ 30% 이상일 것 ② 3억 원 요건 증여재산가액 ⇒ 3억 원 이상일 것

○ 증여자와 수증자
- 증여자: 신주를 고가로 인수한 주주
- 수증자: 신주인수를 포기하고 동 실권주가 실권처리된 주주

○ 증여재산가액

(신주 1주당 인수가액－증자 후 1주당 평가액) × 신주인수를 포기한 주주의 실권주 수 × (신주인수를 포기한 주주의 특수관계인이 인수한 신주수 ÷ 증자 전의 지분비율대로 균등하게 증자하는 경우의 증자주식총수)

○ 증여일
- 주권상장법인 · 코스닥 상장법인주식: 권리락이 있는 날
- 비상장법인 주식: 주식대금 납입일(납입일 전 신주인수권증서 교부받은 경우에는 교부일)

나. 비특수관계인 간 거래

법인이 신주를 시가보다 높은 가액으로 발행하는 경우에 신주인수를 포기하고 동 실권주가 실권처리됨으로써 얻은 이익에 대한 증여세는 신주인수를 포기하여 실권처리된 주주가 신주를 고가로 인수한 주주와 상속세 및 증여세법상 특수관계가 성립하는 경우에 한하여 과세되므로 특수관계 없는 법인이 신주를 고가로 인수한 경우에는 과세문제가 발생하지 않는다.[210)]

---

210) 제3자 배정, 주주초과배정, 실권주 재배정의 방식으로 신주를 고가발행하는 경우에는 이익이전효과가 크고 이익분여의도를 갖고 특수관계인 외의 자가 신주를 고가로 인수하는 경우도 있을 수 있으므로 특수관계인 외의 자가 정당한 사유 없이 신주를 고가로 인수하여 이익을 분여받은 경우에는 상속세 및 증여세법 제4조 제1항 제6호에 의해 증여세가 과세될 수 있다(서면－2018－상속증여－2744, 2019. 2. 25.).
하지만 실권주가 실권처리된 경우는 신주를 인수한 주주의 경우 지분율만큼 신주를 인수하였고 신주인수를 포기한 주주의 경우 신주인수대금이 없는 등의 사정이 있을 수 있다.
또한 시가보다 낮은 가액으로 신주를 발행하는 경우에 실권주가 실권처리된 경우에도 주주 간에 특수관계가 성립하는 경우에 한하여 과세하는 것으로 규정하고 있으므로 실권주가 실권처리된 경우 특수관계인 외의 자가 신주를 고가로 인수하여 이익을 분여받은 경우에 대해 상속세 및 증여세법 제4조 제1항 제6호에 의해 증여세를 과세하기는 어려울 것으로 생각한다.

2. 고가의 신주인수를 포기한 법인의 주주의 증여세

가. 특수관계인 간 거래

신주인수를 포기하여 실권처리된 법인이 지배주주등의 직·간접 지분율이 30% 이상인 특정법인에 해당하고 신주를 고가로 인수한 주주가 지배주주와 상속세 및 증여세법상 특수관계가 성립하는 경우에도 특정법인과의 거래를 통한 이익의 증여의제 과세대상거래 중 자본관련거래는 시가보다 낮은 가액으로 현물출자 하는 경우만이 해당한다(상증법 §45조의5).

따라서 신주를 고가발행하는 경우에 특정법인이 신주인수를 포기하여 실권처리되고 특수관계인이 신주를 고가로 인수하여 이익을 얻은 경우에도 지배주주등에게 증여세 과세문제는 발생하지 않는다.

나. 비특수관계인 간 거래

특정법인과의 거래를 통한 이익의 증여의제 과세대상거래 중 자본관련 거래는 시가보다 낮은 가액으로 현물출자하는 경우만이 해당하므로 비특수관계인 간 거래의 경우에도 과세문제를 검토할 필요가 없다(상증법 §45조의5).

3. 고가의 신주인수를 포기한 법인의 법인세

가. 특수관계인 간 거래

(1) 내국법인인 경우

법인이 신주를 고가로 인수하여 고가의 신주인수의 일부 또는 전부를 포기하여 실권처리된 법인세법 시행령 제2조 제5항에 해당하는 특수관계 있는 법인에게 이익을 분여한 경우는 법인세법 시행령 제88조 제1항 제8호 나목, 제8호의2에서 규정하고 있는 부당행위계산부인 대상거래에 해당한다.

따라서 자본거래를 통해 특수관계인으로부터 이익을 분여받은 경우에 해당하므로 상속세 및 증여세법 시행령 제29조 제2항 제4호를 준용하여 계산한 분여받은 이익을 익금산입하여야 한다(법령 §11 8호).

〈회계처리〉
D) 유가증권(지분법 적용투자주식) 10,000,000 C) 보통예금 10,000,000

〈세무조정〉
익금산입 유가증권 54,000,000(유보)

(2) 외국법인인 경우

외국법인이 국제조세조정에 관한 법률 시행령 제2조 제1항 및 법인세법 시행령 제131조 제2항에 해당하는 특수관계인으로부터 법인세법 시행령 제88조 제1항 제8호 및 제8호의2에 해당하는 자본거래를 통해 분여받은 이익은 국내원천 기타소득에 해당한다(법법 §93 10호 자목).[211]

따라서 소득을 지급하는 자는 국내원천 기타소득에 대한 원천세율 20%를 적용한 원천세를 징수하여 납부하여야 한다(법법 §98①8호).

나. 비특수관계인 간 거래

특수관계 없는 법인으로부터 자본거래를 통해 이익을 분여받은 경우에는 내국법인, 외국법인 모두 법인세 과세문제가 발생하지 않는다.

4. 고가로 신주를 인수한 법인의 법인세

가. 특수관계인 간 거래

(1) 부당행위계산부인

법인이 시가보다 높은 가액으로 신주를 인수함으로써 신주인수의 일부 또는 전부를 포기하여 실권처리된 법인세법 시행령 제2조 제8항에 해당하는 특수관계 있는 법인에게 이익을 분여한 경우로서 신주 1주당 인수가액에서 증자 후 1주당 평가액을 차감한 가액이 증자 후 1주당 평가액의 100분의 30 이상이거나 분여한 이익이 3억 원 이상인 경우에는 법인세법상 부당행위계산부인 대상거래에 해당한다(법령 §88①8호나목).

따라서 상속세 및 증여세법 시행령 제29조 제2항 제4호를 준용하여 계산한 분여이익을

211) 외국법인이 신주인수의 전부 또는 일부를 포기하고 동 실권주가 실권처리되어 신주를 고가로 인수한 특수관계 있는 내국법인으로부터 이익을 분여받은 경우 그 이익을 분여한 내국법인은 국제조세조정에 관한 법률을 적용하지 않고 법인세법상 부당행위계산부인을 적용하여야 한다(국조법 §4②, 국조령 §4 4호).

익금산입하고 기타사외유출로 소득처분하여야 한다.

(2) 시가초과액 취득가액에서 차감

법인이 신주를 시가보다 높은 가액으로 인수하여 신주인수의 일부 또는 전부를 포기하여 실권처리된 특수관계 있는 법인에게 이익을 분여한 경우로서 법인세법 시행령 제1항 제8호 나목에 해당하는 경우에는 신주인수가액에서 시가초과액을 차감한 가액을 신주의 취득가액으로 한다(법령 §72④3호).

〈회계처리〉
D) 유가증권(지분법 적용투자주식) 10억 원　　　C) 보통예금 10억 원

〈세무조정〉
익금산입 부당행위계산부인 54,000,000(기타사외유출)
손금산입 유가증권　　　54,000,000(△유보)

신주의 고가발행 시 실권주가 실권처리된 경우 부당행위계산부인 요건

○ 거래요건
- 신주를 시가보다 고가로 발행하는 경우일 것
- 법인은 신주를 시가보다 고가로 인수하고 특수관계인은 신주인수의 일부 또는 전부를 포기하여 실권처리될 것

○ 특수관계인 요건
- 주주 간에 법인세법 제2조 제5항에 의해 특수관계가 성립할 것

○ 가액요건(① 또는 ②를 충족할 것)

① 30% 요건
(신주 1주당 인수가액 − 증자 후 1주당 평가액) ≥ 증자 후 1주당 평가액의 30%
② 3억 원 요건
분여한 이익 ≥ 3억 원

○ 익금산입액: 상속세 및 증여세법 시행령 제29조 제2항 제4호 준용

○ 고가증자 여부 판단 시점: 주금납입일

○ 신주발행법인과 신주인수인의 부당행위계산부인 적용 여부: 미적용

나. 비특수관계인 간 거래

법인이 자본거래를 통해 특수관계 없는 법인에게 이익을 분여한 경우에는 과세문제가 발생하지 않는다.

 법인과 개인 간의 거래

A와 B가 법인과 개인인 경우에는 특수관계인 간 거래와 비특수관계인 간 거래에 따라 다음과 같이 과세문제가 달라진다.

1. 고가의 신주인수를 포기한 비영리법인의 증여세

법인이 신주를 시가보다 높은 가액으로 발행하는 경우에 비영리법인이 고가의 신주인수의 일부 또는 전부를 포기하여 실권처리됨으로써 신주를 고가로 인수한 특수관계 있는 개인으로부터 이익을 이전받은 경우에는 증여세가 면제되지만 비영리법인은 이전받은 이익에 대해 증여세가 과세된다.[212)]

가. 특수관계인 간 거래

법인이 신주를 시가보다 높은 가액으로 발행하는 경우에 비영리법인은 신주인수의 일부 또는 전부를 포기하여 실권처리되고 상속세 및 증여세법 시행령 제2조의2 제2호, 제4호, 제5호, 제8호에 해당하는 특수관계 있는 개인은 신주를 고가로 인수하여 특수관계 있는 개인으로부터 이익을 분여받은 경우로서 신주 1주당 인수가액에서 증자 후 1주당 평가액을 차감한 가액이 증자 후 1주당 평가액의 100분의 30 이상이거나 신주인수를 포기함으로써 얻은 증여재산가액이 3억 원 이상인 경우에는 증여세가 과세된다(상증법 §39①2호나목).

> ○ 증여재산가액(54,000,000)
> = (100,000−66,250) × 4,000주 × (4,000주÷10,000주)

212) 신주인수의 일부 또는 전부를 포기하여 고가로 신주를 인수한 특수관계인으로부터 분여받은 이익에 대해 비영리법인에게 법인세가 과세되지 않은 것을 전제로 한다.

나. 비특수관계인 간 거래

법인이 신주를 시가보다 높은 가액으로 발행하는 경우에 비영리법인이 신주인수의 일부 또는 전부를 포기하여 실권처리됨으로써 얻은 이익에 대한 증여세는 신주를 고가로 인수한 주주와 상속세 및 증여세법상 특수관계가 성립하는 경우에 한하여 과세되므로 특수관계 없는 개인이 신주를 고가로 인수한 경우에는 과세문제가 발생하지 않는다.

2. 고가의 신주인수를 포기한 법인의 주주의 증여세

가. 특수관계인 간 거래

신주인수의 일부 또는 전부를 포기하여 실권처리된 법인이 지배주주등의 직・간접 지분율이 30% 이상인 특정법인에 해당하고 신주를 고가로 인수한 주주가 지배주주와 상속세 및 증여세법상 특수관계가 성립하는 경우에도 특정법인과의 거래를 통한 이익의 증여의제 과세대상거래 중 자본관련거래는 시가보다 낮은 가액으로 현물출자하는 경우만이 해당한다(상증법 §45조의5).

따라서 신주를 고가발행하는 경우에 특정법인이 신주의 전부 또는 일부 인수를 포기하고 실권처리되어 지배주주등이 이익을 얻은 경우에도 증여세 과세문제는 발생하지 않는다.

나. 비특수관계인 간 거래

특정법인과의 거래를 통한 이익의 증여의제 과세대상거래 중 자본관련 거래는 시가보다 낮은 가액으로 현물출자하는 경우만이 해당하므로 비특수관계인 간 거래의 경우에도 과세문제를 검토할 필요가 없다(상증법 §45조의5).

3. 고가의 신주인수를 포기한 법인의 법인세

가. 특수관계인 간 거래

법인이 신주를 시가보다 높은 가액으로 발행하는 경우에 신주를 시가보다 높은 가액으로 인수하여 신주인수의 일부 또는 전부를 포기하여 실권처리된 특수관계인에게 이익을 분여하는 것은 법인세법 시행령 제88조 제1항 제8호 나목, 제8호의2에서 규정하고 있는 부당행위계산부인 대상거래에 해당한다.[213)]

213) 외국법인이 국제조세조정에 관한 법률 시행령 제2조 제1항 및 법인세법 시행령 제131조 제2항에 해당하는

따라서 상속세 및 증여세법 시행령 제29조 제2항 제4호를 준용하여 계산한 자본거래를 통해 법인세법 시행령 제2조 제5항에 해당하는 특수관계 있는 개인으로부터 분여받은 이익을 익금산입하여야 한다(법령 §11 8호).

〈회계처리〉
D) 유가증권(지분법 적용투자주식) 10,000,000 C) 보통예금 10,000,000

〈세무조정〉
익금산입 유가증권 54,000,000(유보)

나. 비특수관계인 간 거래

특수관계 없는 법인으로부터 자본거래를 통해 이익을 분여받은 경우에는 과세문제가 발생하지 않는다.

4. 고가로 신주를 인수한 개인의 소득세

가. 특수관계인 간 거래

자본거래를 통해 분여받은 이익은 소득세법 제19조, 제21조의 사업소득, 기타소득에 해당하지 않는다.

따라서 증자거래에 있어 개인이 신주를 시가보다 높은 가액으로 인수함으로써 신주인수의 일부 또는 전부를 포기하여 실권처리된 국세기본법 시행령 제1조의2 제2항, 제3항 제1호에 해당하는 특수관계 있는 법인에게 이익을 분여한 경우는 소득세법 시행령 제98조 제2항의 부당행위계산부인 대상거래에 해당하지 않으므로 과세문제가 없다.

나. 비특수관계인 간 거래

주주 간에 특수관계 성립 여부와 관계 없이 개인이 자본거래를 통해 이익을 분여한 경우에는 소득세 과세문제가 발생하지 않는다.

특수관계인으로부터 자본거래를 통해 분여받은 이익은 국내원천 기타소득에 해당한다(법법 §93 10호자목). 따라서 소득을 지급하는 자는 국내원천 기타소득에 대한 원천세율 20%를 적용한 원천세를 징수하여 납부하여야 한다(법법 §98①8호).

개인과 법인 간의 거래

A와 B가 개인과 법인인 경우에는 특수관계인 간 거래와 비특수관계인 간 거래에 따라 다음과 같이 과세문제가 달라진다.

1. 고가의 신주인수를 포기한 개인의 증여세

가. 특수관계인 간 거래

법인이 신주를 시가보다 높은 가액으로 발행하는 경우에 개인은 신주인수의 일부 또는 전부를 포기하여 실권처리되고 상속세 및 증여세법 시행령 제2조의2 제1항 제2호부터 제8호까지에 해당하는 특수관계 있는 법인은 신주를 고가로 인수하여 특수관계 있는 법인으로부터 이익을 이전받은 경우로서 1주당 신주인수가액에서 증자 후 1주당 평가액을 차감한 가액이 증자 후 1주당 평가액의 100분의 30 이상이거나 증여재산가액이 3억 원 이상인 경우에는 증여세가 과세된다(상증법 §39①2호나목).

이 경우 해당 주식을 양도 시 필요경비 계산 시에는 취득가액에 증여재산가액을 가산하여 취득가액을 산정하여야 한다(소령 §163⑩1호).

○ 증여재산가액(54,000,000)
= (100,000−66,250) × 4,000주 × (4,000주÷10,000주)

나. 비특수관계인 간 거래

신주의 고가발행 시 개인이 신주인수의 일부 또는 전부를 포기하여 실권처리됨으로써 얻는 이익에 대한 증여세는 신주인수를 포기하여 실권처리된 주주와 신주를 고가로 인수한 주주가 상속세 및 증여세법상 특수관계가 성립하는 경우에 한하여 과세되므로 특수관계 없는 법인이 신주를 고가로 인수한 경우에는 과세문제가 발생하지 않는다.

2. 고가의 신주인수를 포기한 개인의 소득세

가. 특수관계인 간 거래

(1) 거주자의 경우

법인이 신주를 시가보다 높은 가액으로 발행하는 경우에 주주인 개인은 신주인수의 일부 또는 전부를 포기하여 실권처리되고 국세기본법 시행령 제1조의2 제2항, 제3항 제1호에 해당하는 특수관계 있는 법인은 신주를 고가로 인수하여 특수관계 있는 법인으로부터 분여받은 이익은 소득세 과세대상이 아니므로 과세문제가 없다.

이 경우 해당 자본거래가 법인세법상 부당행위계산부인 대상거래에 해당하여 부당행위계산부인을 적용하는 경우에도 특수관계 있는 법인으로부터 분여받은 이익에 대해 증여세가 과세된 경우에는 기타사외유출로 소득처분하므로 이익분여법인이 부당행위계산부인을 적용하는 경우에도 소득세가 과세되지 않는다.

(2) 비거주자의 경우

거주자는 자본거래를 통해 분여받은 이익에 대해 소득세가 과세되지 않지만 비거주자의 경우 국제조세조정에 관한 법률 시행령 제2조 제1항 또는 소득세법 시행령 제26조의2 제8항 제1호 가목 또는 나목에 해당하는 특수관계인으로부터 법인세법 시행령 제88조 제1항 제8호, 제8호의2에 해당하는 자본거래를 통해 비거주자의 주식등의 가치가 증가한 경우에는 국내원천 기타소득에 해당한다(소법 §119 12호, 소령 §179⑮).

따라서 비거주자에게 해당 소득을 지급하는 자는 국내원천 기타소득에 대한 원천징수세율 20%를 적용한 원천세를 징수하여 납부하여야 한다(소법 §156①8호).

나. 비특수관계인 간 거래

주주 간에 특수관계가 성립하지 않는 경우에는 거주자, 비거주자 모두 자본거래를 통해 분여받은 이익에 대해 소득세가 과세되지 않는다.

3. 고가로 신주를 인수한 법인의 법인세

가. 특수관계인 간 거래

(1) 부당행위계산부인

법인이 증자거래에 있어 신주를 시가보다 높은 가액으로 인수함으로써 신주인수의 일부 또는 전부를 포기하여 실권처리된 법인세법 시행령 제2조 제8항에 해당하는 특수관계 있는 개인에게 이익을 분여한 경우로서 신주 1주당 인수가액에서 증자 후 1주당 평가액을 차감한 가액이 증자 후 1주당 평가액의 100분의 30 이상이거나 분여한 이익이 3억 원 이상인 경우에는 법인세법상 부당행위계산부인 대상거래에 해당한다(법령 §88①8호나목, 8호의2).

따라서 상속세 및 증여세법 시행령 제29조 제2항 제4호를 준용하여 계산한 분여이익을 익금산입하여야 한다.

(2) 소득처분

이익을 분여받은 특수관계 있는 개인에게 신주인수의 일부 또는 전부를 포기하여 얻은 이익에 대해 증여세가 과세된 경우에는 증여세가 우선 과세되므로 배당, 상여, 기타소득이 아닌 기타사외유출로 소득처분하여야 한다.

(3) 시가초과액 취득가액에서 차감

신주의 고가발행 시 법인이 신주를 시가보다 높은 가액으로 인수함으로써 신주인수의 전부 또는 일부를 포기하여 실권처리된 특수관계 있는 개인에게 이익을 분여한 경우로서 법인세법상 부당행위계산부인 대상거래에 해당하는 경우에는 시가초과액을 차감한 가액을 신주의 취득가액으로 한다(법령 §72④3호).

〈회계처리〉
D) 유가증권(지분법 적용투자주식) 10억 원　　　C) 보통예금 10억 원

〈세무조정〉
익금산입 부당행위계산부인 54,000,000
(특수관계 있는 개인에게 증여세가 과세된 경우 ⇒ 기타사외유출)
(증여세가 과세되지 않은 경우 ⇒ 배당, 상여, 기타소득)

손금산입 유가증권 54,000,000(△유보)

나. 비특수관계인 간 거래

주주 간에 법인세법 시행령 제2조 제5항에 의한 특수관계가 성립하지 않는 경우에는 법인이 자본거래를 통해 특수관계 없는 개인에게 이익을 분여한 경우에도 과세문제가 발생하지 않는다.

 개인과 개인 간의 거래

A와 B가 개인과 개인인 경우에는 특수관계인 간 거래와 비특수관계인 간 거래에 따라 다음과 같이 과세문제가 달라진다.

1. 고가의 신주인수를 포기한 개인의 증여세

가. 특수관계인 간 거래

법인이 신주를 시가보다 높은 가액으로 발행하는 경우에 개인은 신주인수의 일부 또는 전부를 포기하여 실권처리되고 상속세 및 증여세법 시행령 제2조의2 제1항 제1호부터 제3호까지에 해당하는 특수관계 있는 개인은 신주를 고가로 인수하여 특수관계 있는 개인으로부터 이익을 이전받은 경우로서 신주 1주당 인수가액에서 증자 후 1주당 평가액을 차감한 가액이 증자 후 1주당 평가액의 100분의 30 이상이거나 증여재산가액이 3억 원 이상인 경우에는 증여세가 과세된다(상증법 §39①2호나목).

이 경우 해당 주식을 양도 시 필요경비 계산 시에는 취득가액에 증여재산가액을 가산하여 취득가액을 산정하여야 한다(소령 §163⑩1호).

○ 증여재산가액(54,000,000)
　= (100,000−66,250) × 4,000주 × (4,000주÷10,000주)

나. 비특수관계인 간 거래

신주의 고가발행 시 개인이 신주인수의 일부 또는 전부를 포기하고 동 실권주가 실권처리되어 얻는 이익에 대한 증여세는 신주인수를 포기하여 실권처리된 주주와 신주를 고가로 인수한 주주가 상속세 및 증여세법상 특수관계가 성립하는 경우에 한하여 과세되므로 특수관계 없는 개인이 신주를 고가로 인수한 경우에는 증여세 과세문제가 발생하지 않는다.

2. 고가의 신주인수를 포기한 개인의 소득세

가. 특수관계인 간 거래

법인이 신주를 고가발행하는 경우에 주주인 개인이 신주인수의 일부 또는 전부를 포기하여 실권처리되고 국세기본법 시행령 제1조의2 제1항, 제2항에 해당하는 특수관계 있는 개인이 신주를 고가로 인수하는 자본거래를 통해 분여받은 이익은 소득세 과세대상이 아니므로 과세문제가 없다.[214)]

나. 비특수관계인 간 거래

주주 간에 특수관계가 성립하지 않는 경우에는 거주자, 비거주자 모두 자본거래를 통해 분여받은 이익에 대해 소득세가 과세되지 않는다.

3. 고가로 신주를 인수한 개인의 소득세

가. 특수관계인 간 거래

자본거래를 통해 분여받은 이익은 소득세법 제19조, 제21조의 사업소득, 기타소득에 해당하지 않는다.

따라서 개인이 증자거래에 있어 신주를 시가보다 높은 가액으로 인수함으로써 신주인수의 일부 또는 전부를 포기하여 실권처리된 국세기본법 시행령 제1조의2 제1항, 제2항에 해당하는 특수관계 있는 개인에게 이익을 분여한 경우는 소득세법 시행령 제98조 제2항의 부당행위계산부인 대상거래에 해당하지 않으므로 과세문제가 없다.

---

214) 거주자는 자본거래를 통해 분여받은 이익에 대해 소득세가 과세되지 않지만 비거주자의 경우 국제조세조정에 관한 법률 시행령 제2조 제1항 또는 소득세법 시행령 제26조의2 제8항 제1호 가목 또는 나목에 해당하는 특수관계인으로부터 법인세법 시행령 제88조 제1항 제8호, 제8호의2에 해당하는 자본거래를 통해 비거주자의 주식등의 가치가 증가한 경우에는 국내원천 기타소득에 해당한다(소법 §119 12호, 소령 §179⑮). 따라서 비거주자에게 해당 이익을 지급하는 자는 국내원천 기타소득에 대한 원천징수세율 20%를 적용한 원천세를 징수하여 납부하여야 한다(소법 §156①8호).

나. 비특수관계인 간 거래

주주 간에 특수관계 성립 여부와 관계 없이 개인이 자본거래를 통해 이익을 분여한 경우에는 소득세 과세문제가 발생하지 않는다.

| 실권주가 실권 처리되는 방식으로 증자하는 경우 |

구분	신주의 저가발행	신주의 고가발행
수증자	신주를 인수한 자	신주인수를 포기한 자
특수관계인 요건	있음.	있음.
30% Rule 또는 3억 원 요건	• 30% 요건 (증자 후 평가액 - 신주 1주당 인수가액) / 증자 후 평가액 ≥ 30% • 증여재산가액 ≥ 3억 원	• 30% 요건 (신주 1주당 인수가액 - 증자 후 1주당 평가액)/증자 후 1주당 평가액 ≥ 30% • 증여재산가액 ≥ 3억 원
증여재산가액	(증자 후 1주당 평가액 - 1주당 신주인수가액) × 실권주 총수 × 증자 후 신주인수자의 지분비율 × (신주인수자의 특수관계인의 실권주수 ÷ 실권주총수)	(신주 1주당 인수가액 - 증자 후 1주당 평가액) × 신주인수를 포기한 주주의 실권주수 × (신주인수를 포기한 주주의 특수관계인이 인수한 신주수 ÷ 증자 전의 지분비율대로 균등하게 증자하는 경우의 증자주식총수)
주권상장법인의 증자 후 평가액	Min(①, ②) ① 권리락이 있는 날부터 2개월간 최종시세가액의 평균액 ② 이론적 권리락 주가	Max(①, ②) ① 권리락이 있는 날부터 2개월간 최종시세가액의 평균액 ② 이론적 권리락 주가

| 신주의 불균등 고 · 저가발행(제3자 배정 등 VS 실권주 실권처리) |

구분		제3자 배정, 주주초과배정, 실권주 재배정	실권주 실권처리
신주의 저가 발행	특수관계인 요건	없음.	있음.
	가액 요건	없음.	① 30% 요건 (증자 후 1주당 평가액 - 1주당 신주 인수가액) / 증자 후 1주당 평가액 ≥ 30% ② 3억 원 요건 증여재산가액 ≥ 3억 원
신주의 고가 발행	특수관계인 요건	있음.	있음.
	가액 요건	없음.	① 30% 요건 (1주당 신주 인수가액 - 증자 후 1주당 평가액) / 증자 후 1주당 평가액 ≥ 30% ② 3억 원 요건 증여재산가액 ≥ 3억 원

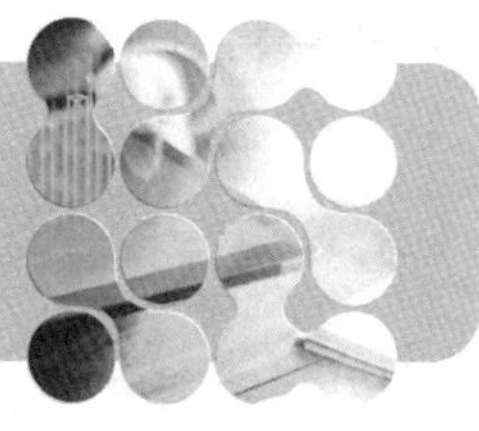

제4장

감자거래에 대한 과세문제

제1절 감자에 대한 개관

개요

1. 감자의 의의

감자는 회사 규모에 비해 자본금이 과다한 경우 자본금 규모를 적정하게 하여 기업가치를 높이기 위한 목적 등에 의해 자본금을 감소시키는 것을 말한다.

자본금이 감소되는 것은 자본충실의 원칙에 반하는 것이어서 주주들과 중대한 이해관계가 있으므로 주주총회 특별결의를 거쳐 진행하여야 한다(상법 §438). 또한 자본금 감소 시 감자대금이 주주들에게 지급되어 회사재산이 감소하는 경우에는 채권자들의 채권확보가 어렵게 될 수 있으므로 반드시 채권자 보호절차를 거쳐야 한다(상법 §439).

2. 감자의 종류

감자는 감자대가를 주주에게 지급하여 법인의 자산규모가 줄어드는 실질적 감자인 유상감자와 자본금은 감소되지만 감자대가를 주주에게 지급하지 않아 자산규모의 변화가 없는 형식적인 감자인 무상감자로 구분할 수 있다.

유상감자는 기업규모를 줄여 기업가치를 높이거나 합병 등을 용이하게 하기 위한 목적에서 활용하는 반면, 무상감자는 통상 결손이 누적된 경우 회계상 결손금을 처리하기 위한 목적 등으로 활용된다.

3. 감자의 방법

감자는 주식의 액면금액을 감소시키는 액면액 감소, 기발행된 주식을 합쳐 주식수를 줄이는 주식병합, 특정주식을 소멸시키는 주식소각의 방법이 있다.

이 중 주주의 주식가치를 제고하기 위해 실행하는 액면액 감소와 적정 주식수를 유지하여 주가 안정화를 위한 목적에서 실행하는 주식병합은 모든 주주들을 대상으로 시행하는 것이므로 세법상 과세문제가 발생하지 않는다. 반면 주식소각은 특정주주만을 대상으로 실행이 가능하므로 세법상 과세문제가 발생할 수 있다.

따라서 감자에 대한 과세문제는 주식소각에 대한 과세문제라 할 수 있다.

 주식의 저가소각 시 파생되는 이익이전

시가보다 낮은 가액으로 일부 주주의 주식을 소각하는 경우에는 주식이 소각된 주주는 보유하고 있던 주식의 평가액보다 낮은 감자대가를 수령하여 손해를 보게 된다.

반면, 감자에 참여하지 않은 주주는 감자된 주식의 평가액보다 낮은 감자대가가 지급되어 법인에 감자차익이 발생하므로 감자와 동시에 주식평가액이 상승하여 감자를 통해 이익을 얻게 된다.

따라서 모든 주주들의 지분율만큼 균등하게 시가보다 낮은 가액으로 주식을 소각하는 경우에는 과세문제가 발생하지 않지만 특정주주의 주식만을 시가보다 낮은 가액으로 소각하는 경우에는 감자에 참여한 주주가 손해를 보고 그 손해를 감자에 참여하지 않은 주주가 이익으로 이전받게 되는 과세문제가 발생한다.

 주식의 고가소각 시 파생되는 이익이전

시가보다 높은 가액으로 일부 주주의 주식을 소각하는 경우 감자에 참여한 주주는 보유하고 있던 주식의 평가액보다 높은 감자대가를 수령하여 이익을 얻게 된다.

반면, 감자에 참여하지 않은 주주는 감자된 주식의 평가액보다 더 높은 감자대가가 지급되어 법인에 감자차손이 발생하므로 감자를 통해 손해를 보게 된다.

따라서 모든 주주들의 지분율만큼 균등하게 시가보다 높은 가액으로 주식을 소각한 경우에는 과세문제가 발생하지 않지만 특정주주의 주식만을 시가보다 높은 가액으로 소각하는 경우에는 감자에 참여하지 않은 주주가 손해를 보고 그 손해를 감자에 참여한 주주가 이익으로 이전받게 되는 과세문제가 발생한다.

감자에 대한 과세문제는 불균등감자하는 경우로서 시가보다 낮은 가액으로 소각하는 경우와 시가보다 높은 가액으로 소각하는 경우로 나누어 살펴볼 필요가 있다.

제2절 시가보다 낮은 가액으로 소각하는 경우

CASE

○ 감자 전 현황

비상장법인인 ㈜현인의 증자 전 현황은 다음과 같다.

- 법인세법 및 상속세 및 증여세법상 주식평가액: 100,000원
- 감자 전 자본금: 100,000,000원
- 주주 B의 주식 취득가액: 10,000원

주주	보유주식수	지분율	액면금액	발행주식총수
A	5,000주	50%	10,000원	
B	5,000주	50%	10,000원	
소계	10,000주	100%	10,000원	10,000주

○ 감자 현황

㈜현인은 주식소각의 방법으로 자본금을 50,000,000원으로 하는 것으로 감자결의를 하면서 1주당 소각대가는 액면가인 10,000원을 지급하기로 하였다. 동 감자에 A는 참여하지 않고 B만 참여하여 B의 주식 5,000주가 1주당 10,000원에 소각되어 자본금이 50,000,000원으로 감소되었다.

○ 감자 후 현황

주주	보유주식수	지분율	액면금액	발행주식총수
A	5,000주	100%	10,000원	5,000주
소계	5,000주	100%	10,000원	5,000주

이 경우 A와 B에게 발생하는 과세문제는?

 법인과 법인 간의 거래

A와 B가 법인과 법인인 경우에는 특수관계인 간 거래와 비특수관계인 간 거래에 따라 다음과 같이 과세문제가 달라진다.

1. 저가로 소각되지 않은 비영리법인의 증여세

영리법인은 시가보다 낮은 가액으로 주식을 소각하는 경우에 감자에 참여하지 않아 이익을 얻은 경우에도 증여세가 면제되지만 비영리법인은 증여세가 과세된다.[215)]

가. 특수관계인 간 거래

(1) 감자에 따른 이익의 증여

법인이 시가보다 낮은 가액으로 일부 주주의 주식 등을 소각하는 경우에 주식이 소각되지 않은 주주는 감자와 동시에 보유주식의 평가액이 높아져서 이익을 이전받게 된다.

이 경우 주식이 소각된 주주와 특수관계 있는 대주주등이 이전받은 이익에 대해서는 증여세가 과세된다(상증법 §39조의2①1호).

> **상속세 및 증여세법 제39조의2 【감자에 따른 이익의 증여】**
> ① 법인이 자본금을 감소시키기 위하여 주식등을 소각(消却)하는 경우로서 일부 주주등의 주식등을 소각함으로써 다음 각호의 구분에 따른 이익을 얻은 경우에는 감자(減資)를 위한 주주총회결의일을 증여일로 하여 그 이익에 상당하는 금액을 그 이익을 얻은 자의 증여재산가액으로 한다. 다만, 그 이익에 상당하는 금액이 대통령령으로 정하는 기준금액 미만인 경우는 제외한다. (2015. 12. 15. 개정)
> 1. 주식등을 시가보다 낮은 대가로 소각한 경우: 주식등을 소각한 주주등의 특수관계인에 해당하는 대주주등이 얻은 이익 (2015. 12. 15. 개정)

(2) 증여자와 수증자

시가보다 낮은 가액으로 주식을 소각하는 경우 주식이 소각된 주주는 본인의 주식의 평가액보다 낮은 감자대가를 수령하여 손해를 보는 반면, 감자에 참여하지 않은 주주는 법인

215) 비영리법인의 주식의 일부 또는 전부가 소각되지 않아 주식의 일부 또는 전부가 시가보다 낮은 가액으로 소각된 주주로부터 분여받은 이익에 대해 법인세가 과세되지 않은 것을 전제로 한다.

에 감자차익이 발생하여 감자와 동시에 보유하고 있던 주식의 평가액이 상승하게 된다.

따라서 증여자는 주식이 소각된 주주이며, 수증자는 주식이 소각되지 않은 주주이다.

(3) 특수관계인과 대주주 요건

시가보다 낮은 가액으로 주식이 소각된 경우 주식이 소각되지 않은 주주에 대한 증여세는 주식이 소각된 주주와 상속세 및 증여세법상 특수관계가 성립하는 경우로서 대주주등에 해당하는 경우에 한하여 과세하는 것을 원칙으로 한다(상증법 §39조의2①1호).

여기서 대주주등이란 해당 주주등의 지분 및 그의 특수관계인의 지분을 포함하여 해당 법인의 발행주식총수 등의 100분의 1 이상을 소유하고 있거나 소유하고 있는 주식등의 액면가액이 3억 원 이상인 주주등을 말한다(상증령 §28②).

(4) 가액요건

2016. 2. 5. 이후에는 주식이 소각된 특수관계인으로부터 이전받은 증여재산가액이 감자한 주식 등의 평가액의 100분의 30 이상이거나 3억 원 이상인 경우에 한하여 증여세가 과세된다(상증령 §29조의2②).

2016. 2. 5. 이전에는 감자한 주식 1주당 평가액에서 주식 소각 시 지급한 1주당 금액을 차감한 가액이 감자한 주식 1주당 평가액의 100분의 30 이상이거나 증여재산가액이 3억 원 이상인 경우에 한하여 증여세가 과세된다.

① 30% 요건 ⇒ 요건충족
증여재산가액 ≥ 감자한 주식등의 평가액의 30%
450,000,000 ≥ (100,000×5,000주)의 30%(150,000,000)

② 3억 원 요건 ⇒ 요건충족
증여재산가액(450,000,000) ≥ 3억 원

상속세 및 증여세법 시행령 제29조의2 【감자에 따른 이익의 계산방법 등】

② 법 제39조의2 제1항 각 호 외의 부분 단서에서 "대통령령으로 정하는 기준금액"이란 다음 각호의 금액 중 적은 금액을 말한다. (2016. 2. 5. 신설)

1. 감자한 주식등의 평가액의 100분의 30에 상당하는 가액 (2016. 2. 5. 신설)
2. 3억 원 (2016. 2. 5. 신설)

(5) 증여재산가액

증여재산가액은 감자한 주식등의 1주당 평가액에서 주식등 소각 시 지급한 1주당 금액을 차감한 금액에 특수관계인의 감자주식 수 중 감자 후 대주주등의 지분율에 상당하는 주식 수를 곱한 금액으로 한다(상증령 §29조의2①).

○ 증여재산가액
= (감자한 주식등의 1주당 평가액−주식등 소각 시 지급한 1주당 금액) × 총감자 주식등의 수 × 대주주등의 감자 후 지분비율 × (대주주등과 특수관계인의 감자 주식등의 수 ÷ 총감자 주식등의 수)

○ 증여재산가액(4억 5천만 원)
= (100,000−10,000) × 5,000주 × 100% × (5,000주 ÷ 5,000주)

(6) 증여일

감자에 따른 이익의 증여에 대한 과세 시 증여일은 감자를 위한 주주총회 결의일이다(상증법 §39조의2①).

시가보다 낮은 가액으로 주식을 소각하는 경우 증여세

○ 거래요건
- 시가보다 낮은 가액으로 일부 주주등의 주식을 소각할 것

○ 특수관계인, 대주주 요건
주식이 소각된 주주와 상속세 및 증여세법상 특수관계 있는 대주주등에 해당할 것

○ 가액요건(① 또는 ②를 충족할 것)
① 30% 요건
⇒ 증여재산가액 ≥ 감자한 주식등의 평가액의 30%
② 3억 원 요건
증여재산가액 ≥ 3억 원

○ 증여자와 수증자
- 증여자: 주식이 소각된 주주
- 수증자: 주식이 소각된 주주와 특수관계 있는 대주주등

○ 증여재산가액

(감자한 주식 등 1주당 평가액－1주당 감자지급 대가) × 총감자 주식등의 수 × 대주주등의 감자 후 지분비율 × (대주주등과 특수관계인의 감자 주식등의 수 ÷ 총감자 주식등의 수)

○ 증여일

• 감자를 위한 주주총회 결의일

나. 비특수관계인 간 거래

상속세 및 증여세법 제39조의2는 주식이 소각된 주주와 특수관계 있는 대주주등에 해당하는 경우에 한하여 증여세를 과세하는 것으로 규정하고 있다.

하지만 2004년부터 증여세 포괄과세가 시행되면서부터 2015. 12. 14. 이전까지는 상속세 및 증여세법 제42조【기타이익의 증여 등】에서 감자거래를 통해 비특수관계인이 이익을 얻은 경우로서 정당한 사유가 없는 경우에는 증여세를 과세하는 것으로 규정하고 있어 비특수관계인이 정당한 사유 없이 이익을 얻은 경우에는 증여세를 과세하였다.

또한 2015. 12. 15. 이후부터는 상속세 및 증여세법 제4조 제1항 제6호에서 상속세 및 증여세법 제39조의2【감자에 따른 이익의 증여】와 경제적 실질이 유사한 경우로서 상속세 및 증여세법 제39조의2를 준용하여 증여재산가액을 계산할 수 있는 경우에는 증여세 과세대상에 해당하는 것으로 규정하고 있다.

(1) 2015. 12. 14. 이전

2015. 12. 14. 이전에는 감자거래를 통해 특수관계인으로부터 이익을 이전받은 경우에는 상속세 및 증여세법 제39조의2【감자에 따른 이익의 증여】에 의해 과세하고 감자거래를 통해 비특수관계인으로부터 이익을 이전받은 경우에는 상속세 및 증여세법 제42조【기타이익의 증여 등】에 의해 증여세를 과세하였다.

국세청도 상속세 및 증여세법 제42조를 근거로 거래의 관행상 정당한 사유 없이 일부 주주의 주식이 시가보다 낮은 가액으로 소각되어 비특수관계인이 이익을 얻은 경우에는 증여세가 과세되는 것으로 해석하였다.

구 상속세 및 증여세법 제42조 【기타이익의 증여 등】

① 제33조 내지 제41조, 제41조의3 내지 제41조의5, 제44조 및 제45조의 규정에 의한 증여외에 다음 각호의 1에 해당하는 이익으로서 대통령령이 정하는 기준 이상의 이익을 얻은 경우에는 당해 이익을 그 이익을 얻은 자의 증여재산가액으로 한다. (2003. 12. 30. 개정)

3. 출자・감자, 합병(분할합병을 포함한다. 이하 이 조에서 같다)・분할, 제40조 제1항의 규정에 의한 전환사채등에 의한 주식의 전환・인수・교환(이하 이 조에서 "주식전환등"이라 한다) 등 법인의 자본(출자액을 포함한다)을 증가시키거나 감소시키는 거래로 인하여 얻은 이익 또는 사업양수도・사업교환 및 법인의 조직변경 등에 의하여 소유지분 또는 그 가액이 변동됨에 따라 얻은 이익

③ 제1항의 규정을 적용함에 있어서 거래의 관행상 정당한 사유가 있다고 인정되는 경우에는 특수관계에 있는 자 외의 자 간에는 이를 적용하지 아니한다. (2003. 12. 30. 개정)

【재산세과-164, 2011. 3. 30.】

법인의 주식을 소각함에 있어서 일부주주의 주식만을 소각함에 따라 다른 주주가 이익을 얻은 경우에는 상증법 제39조의2 및 같은 법 제42조 제1항 제3호의 규정에 의하여 증여재산가액을 계산하는 것이며, 이에 해당되는지 여부 는 자기주식의 매입목적, 매입가액, 소각 등 매입・소각에 관한 구체적인 사실에 따라 판단할 사항임.

【서면 인터넷방문상담4팀-1853, 2004. 11. 17.】

상속세 및 증여세법 제39조의2(감자에 따른 이익의 증여) 제1항의 규정에 의하여 법인이 자본을 감소시키기 위하여 주식을 소각함에 있어서 일부주주의 주식만을 매입하여 소각함으로 인하여 그와 특수관계에 있는 대주주가 이익을 얻은 경우에는 그 이익에 상당하는 금액을 당해 대주주의 증여재산가액으로 하는 것이며, 특수관계에 있는 자 외의 자가 이익을 얻은 경우로서 거래의 관행상 정당한 사유가 있다고 인정되지 아니한 경우에는 같은 법 제42조 제1항 제3호, 제3항의 규정에 의하여 증여세가 과세되는 것임.

【서면 인터넷방문상담4팀-1680, 2005. 9. 16.】

일부 주주의 주식만을 매입하여 소각함으로써 그와 특수관계에 있는 대주주가 이익을 얻은 경우 증여세가 과세되며 특수관계에 있는 자 외의 자는 거래 관행상 정당한 사유가 없는 경우 과세됨.

【서면 인터넷방문상담4팀-3042, 2006. 9. 1.】

일부 주주의 주식만을 매입하여 소각함으로써 그와 특수관계에 있는 대주주가 이익을 얻은 경우 증여세가 과세되는 것이며 특수관계가 없는 자는 거래의 관행상 정당한 사유가 없는 경우 증여세가 과세됨.

【서면 인터넷방문상담4팀-1537, 2007. 5. 8.】
일부 주주의 주식이 소각됨으로써 이익을 얻은 자가 특수관계에 있는 자 외의 자인 경우로서 거래의 관행상 정당한 사유가 있다고 인정되지 아니한 경우에는 같은 법 제42조 제1항 제3호, 제3항의 규정에 의하여 그 이익을 얻은 자의 증여재산가액이 되는 것임.

(2) 2015. 12. 15. 이후

2015. 12. 15. 법률 제13557호로 증여세 과세대상에 대해 규정하고 있는 상속세 및 증여세법 제4조 제1항 제6호에서 상속세 및 증여세법 제39조의2에 해당하지 않는 경우라도 감자거래를 통해 이익을 얻은 경우로서 상속세 및 증여세법 제39조의2를 준용하여 증여재산가액을 계산할 수 있는 경우에는 증여세 과세대상에 해당하는 것으로 규정하고 있다(상증법 §4①6호).[216)]

따라서 시가보다 낮은 가액으로 주식이 소각되는 경우에 시가보다 낮은 가액으로 주식이 소각된 주주와 특수관계 없는 대주주등이 이익을 이전받은 경우에도 증여세가 과세될 수 있는 점에 주의하여야 한다.

상속세 및 증여세법 제4조 【증여세 과세대상】
① 다음 각호의 어느 하나에 해당하는 증여재산에 대해서는 이 법에 따라 증여세를 부과한다. (2016. 12. 20. 개정)
4. 제33조부터 제39조까지, 제39조의2, 제39조의3, 제40조, 제41조의2부터 제41조의5까지, 제42조, 제42조의2 또는 제42조의3에 해당하는 경우의 그 재산 또는 이익 (2015. 12. 15. 개정)
6. 제4호 각 규정의 경우와 경제적 실질이 유사한 경우 등 제4호의 각 규정을 준용하여 증여재산의 가액을 계산할 수 있는 경우의 그 재산 또는 이익 (2015. 12. 15. 개정)

216) 거래의 관행상 정당한 사유없이 특수관계인이 아닌 자로부터 감자, 증자, 합병 등 거래를 통해 이익을 분여받은 경우에 대한 과세를 규정하고 있던 상속세 및 증여세법 제42조는 재산사용 및 용역제공 등에 따른 이익의 증여로 개정되었다.

2. 저가로 소각되지 않은 법인의 법인세

가. 특수관계인 간 거래

(1) 내국법인인 경우

법인이 감자 시 지분비율에 의하지 않고 일부 주주등의 주식만을 시가보다 낮은 가액으로 소각하는 것은 자본거래에 대한 부당행위계산부인 대상거래에 해당한다(법령 §88①8호다목).[217)]

따라서 감자에 참여하여 시가보다 낮은 가액으로 주식이 소각된 법인과 법인세법 시행령 제2조 제8항에 의한 특수관계가 성립하는 경우로서 주식이 소각된 법인으로부터 분여받은 이익이 감자한 주식등의 평가액의 30% 이상이거나 3억 원 이상인 경우에는 상속세 및 증여세법 시행령 제29조의2를 준용하여 계산한 분여받은 이익을 익금산입하여야 한다(법령 §11 8호).

〈회계처리〉
없음.

〈세무조정〉
익금산입 유가증권 4억 5천만 원(유보)

법인세법 시행령 제88조 【부당행위계산의 유형 등】

① 법 제52조 제1항에서 "조세의 부담을 부당하게 감소시킨 것으로 인정되는 경우"란 다음 각호의 어느 하나에 해당하는 경우를 말한다. (2011. 6. 3. 개정)

8. 다음 각목의 어느 하나에 해당하는 자본거래로 인하여 주주등(소액주주등은 제외한다. 이하 이 조에서 같다)인 법인이 특수관계인인 다른 주주등에게 이익을 분여한 경우 (2019. 2. 12. 개정)

---

217) 감자에 참여하지 않은 주주는 감자를 통해 ㈜현인에 대한 지분율이 50%에서 100%로 상승하였지만 감자를 통해 과점주주가 된 경우는 과점주주 간주취득세 납세의무가 성립하지 않으므로 ㈜현인이 부동산을 보유하고 있는 경우에도 새롭게 법인의 과점주주가 된 주주A는 과점주주 간주취득세 납세의무를 부담하지 않는다.

【세제-8259, 2015. 6. 4.】

특정주주의 주식을 감자함에 따라 해당 주식의 취득없이 과점주주의 지분이 증가된 경우에는 과점주주에 따른 취득세 납세의무가 없고, 타인의 감자에 따라 과점주주의 지분이 증가된 이후 증자로 인해 주식은 취득하였으나 지분비율의 증가가 없다면 취득세 납세의무가 없으며, 과점주주가 아닌 주주가 주식 취득 없이 타인의 감자에 따라 지분율이 상승하여 과점주주가 되는 경우에도 취득세 납세의무가 없음.

다. 법인의 감자에 있어서 주주등의 소유주식등의 비율에 의하지 아니하고 일부 주주등의 주식등을 소각하는 경우 (1998. 12. 31. 개정)

8호의2. 제8호 외의 경우로서 증자 · 감자 · 합병(분할합병을 포함한다) · 분할, 「상속세 및 증여세법」 제40조 제1항에 따른 전환사채등에 의한 주식의 전환 · 인수 · 교환등 자본거래를 통해 법인의 이익을 분여하였다고 인정되는 경우

(2) 외국법인인 경우

외국법인이 법인세법 시행령 제88조 제1항 제8호, 제8호의2에 해당하는 자본거래를 통해 특수관계 있는 내국법인으로부터 이익을 분여받은 경우 이익을 분여한 내국법인은 국제조세조정에 관한 법률을 적용하지 않고 법인세법상 부당행위계산부인을 적용하여야 한다(국조법 §4②, 국조령 §4 4호).

또한 외국법인이 국제조세조정에 관한 법률 시행령 제2조 제1항 및 법인세법 시행령 제131조 제2항에 해당하는 특수관계인으로부터 법인세법 시행령 제88조 제1항 제8호, 제8호의2에 해당하는 자본거래를 통해 분여받은 이익은 국내원천 기타소득에 해당한다(법법 §93 10호자목).

따라서 소득을 지급하는 자는 국내원천 기타소득에 대한 원천세율 20%를 적용한 원천세를 징수하여 납부하여야 한다(법법 §98①8호).

나. 비특수관계인 간 거래

자본거래를 통해 분여받은 이익을 익금산입하는 것은 특수관계인으로부터 이익을 분여받은 경우에만 적용되므로 특수관계 없는 법인의 주식이 소각되어 이익을 이전받은 경우에는 과세문제가 없다.

3. 저가로 소각되지 않은 법인의 주주의 증여세

가. 특수관계인 간 거래

주식의 일부 또는 전부가 소각되지 않은 법인이 지배주주등의 직 · 간접 지분율이 30% 이상인 특정법인에 해당하고 주식이 시가보다 낮은 가액으로 소각된 법인과 지배주주가 상속세 및 증여세법상 특수관계가 성립하는 경우에도 지배주주의 특수관계인의 주식이 시가보다 낮은 가액으로 소각되어 이익을 이전받은 거래는 상속세 및 증여세법 제45조의5에서

규정하고 있는 특정법인과의 거래를 통한 이익의 증여의제 과세대상거래가 아니므로 과세문제가 없다.

【서면-2021-자본거래-0666, 2021. 3. 23.】
「상속세 및 증여세법」 제45조의5(2020. 12. 29. 법률 제17758호로 개정된 것) 규정은 특정법인이 지배주주의 특수관계인과 같은 법 제1항 제1호부터 제4호까지의 거래를 한 경우에 적용되는 것이므로 불균등 유상감자로 특정법인이 이익을 얻은 경우 「상속세 및 증여세법」 제45조의5 규정이 적용되지 않는 것임.

나. 비특수관계인 간 거래

비특수관계인 간 거래의 경우에도 지배주주의 특수관계인의 주식이 시가보다 낮은 가액으로 소각되어 이익을 이전받은 거래는 상속세 및 증여세법 제45조의5에서 규정하고 있는 특정법인과의 거래를 통한 이익의 증여의제 과세대상거래가 아니므로 과세문제를 검토할 필요가 없다.

4. 저가로 소각된 법인의 법인세

가. 특수관계인 간 거래

법인의 주식이 시가보다 낮은 가액으로 소각되어 주식의 일부 또는 전부가 소각되지 않은 법인세법 시행령 제2조 제8항에 해당하는 특수관계 있는 법인에게 이익을 분여한 경우로서 분여한 이익이 감자한 주식등의 평가액의 30% 이상이거나 3억 원 이상인 경우에는 상속세 및 증여세법 시행령 제29조의2를 준용하여 계산한 분여이익을 익금산입하고 기타사외유출로 소득처분하여야 한다(법령 §88①8호다목, 법령 §89⑥).

〈회계처리〉
D) 보통예금 5천만 원　　　　C) 유가증권(지분법적용투자주식) 5천만 원

〈세무조정〉
익금산입 부당행위계산부인 4억 5천만 원(기타사외유출)

시가보다 낮은 가액으로 주식소각 시 부당행위계산부인 적용

○ 거래요건
- 법인의 주식은 시가보다 낮은 가액으로 소각되고 특수관계인의 주식 전부 또는 일부는 소각되지 않을 것

○ 가액요건
분여한 이익 ≥ 감자한 주식등의 평가액의 30% 또는 3억 원

○ 익금산입액: 상속세 및 증여세법 시행령 제29조의2 준용

나. 비특수관계인 간 거래

법인의 주식이 시가보다 낮은 가액으로 소각되어 주식의 일부 또는 전부가 소각되지 않은 법인세법상 특수관계가 없는 법인에게 이익을 분여한 경우에는 과세문제가 없다.

Ⅱ 법인과 개인 간의 거래

A와 B가 법인과 개인인 경우에는 특수관계인 간 거래와 비특수관계인 간 거래에 따라 다음과 같이 과세문제가 달라진다.

1. 저가로 소각되지 않은 비영리법인의 증여세

영리법인은 법인이 시가보다 낮은 가액으로 주식을 소각하는 경우에 주식의 일부 또는 전부가 소각되지 않아 이익을 얻은 경우에도 증여세가 면제되지만 비영리법인은 증여세가 과세된다.[218)]

가. 특수관계인 간 거래

법인이 시가보다 낮은 가액으로 주식을 소각하는 경우에 주식이 소각된 주주와 상속세 및 증여세법상 특수관계 있는 대주주등의 주식의 일부 또는 전부가 소각되지 않음으로써 특수관계 있는 대주주등이 이익을 이전받은 경우로서 이전받은 이익이 감자한 주식등의 평가액의 30% 이상이거나 3억 원 이상인 경우에는 증여세가 과세된다(상증법 §39조의2①1호).

218) 비영리법인의 주식의 일부 또는 전부가 소각되지 않아 주식의 일부 또는 전부가 시가보다 낮은 가액으로 소각된 주주로부터 분여받은 이익에 대해 법인세가 과세되지 않은 것을 전제로 한다.

○ 증여재산가액
= (감자한 주식등의 1주당 평가액－주식등 소각 시 지급한 1주당 금액) × 총감자 주식등의 수 × 대주주등의 감자 후 지분비율 × (대주주등과 특수관계인의 감자 주식등의 수 ÷ 총감자 주식등의 수)

○ 증여재산가액(4억 5천만 원)
= (100,000－10,000) × 5,000주 × 100% × (5,000주 ÷ 5,000주)

나. 비특수관계인 간 거래

상속세 및 증여세법 제39조의2는 법인이 시가보다 낮은 가액으로 주식을 소각하는 경우에 주식이 소각된 주주와 특수관계 있는 대주주등이 이익을 얻은 경우에 한하여 증여세를 과세하는 것으로 규정하고 있다.

하지만 증여세 포괄과세에 의해 주식이 소각된 주주와 상속세 및 증여세법상 특수관계가 성립하지 않는 경우에도 상속세 및 증여세법 시행령 제29조의2를 준용하여 증여재산가액을 계산할 수 있는 경우에는 증여세가 과세될 수 있는 점에 주의하여야 한다(상증법 §4①6호).

2. 저가로 소각되지 않은 법인의 법인세

가. 특수관계인 간 거래

법인이 감자 시 지분비율에 의하지 않고 일부주주의 주식만을 시가보다 낮은 가액으로 소각하는 것은 법인세법상 자본거래에 대한 부당행위계산부인 대상거래에 해당한다(법령 §88①8호다목).

따라서 감자에 참여하여 시가보다 낮은 가액으로 주식이 소각된 개인과 법인세법 시행령 제2조 제8항에 의한 특수관계가 성립하는 경우로서 상속세 및 증여세법 시행령 제29조의2를 준용하여 계산한 분여받은 이익이 감자한 주식등의 평가액의 30% 이상이거나 3억 원 이상인 경우에는 분여받은 이익을 익금산입하여야 한다(법령 §11 8호).[219]

---

219) 외국법인이 국제조세조정에 관한 법률 시행령 제2조 제1항 및 법인세법 시행령 제131조 제2항에 해당하는 특수관계인으로부터 법인세법 시행령 제88조 제1항 제8호에 해당하는 자본거래를 통해 분여받은 소득은 국내원천 기타소득에 해당한다(법법 §93 10호자목).
따라서 소득을 지급하는 자는 국내원천 기타소득에 대한 원천세율 20%를 적용한 원천세를 징수하여 납부하여야 한다(법법 §98①8호).

〈회계처리〉
없음.

〈세무조정〉
익금산입 유가증권 4억 5천만 원(유보)

나. 비특수관계인 간 거래

자본거래를 통해 분여받은 이익을 익금산입하는 것은 특수관계인으로부터 이익을 분여받은 경우에 한하여 적용되므로 특수관계 없는 개인의 주식이 소각되어 이익을 이전받은 경우에는 과세문제가 없다.

3. 저가로 소각되지 않은 법인의 주주의 증여세

가. 특수관계인 간 거래

주식이 소각되지 않은 법인이 지배주주등의 직·간접 지분율이 30% 이상인 특정법인에 해당하고 주식이 소각된 개인과 지배주주가 특수관계가 성립하는 경우에도 지배주주의 특수관계인의 주식이 시가보다 낮은 가액으로 소각되어 이익을 이전받은 거래는 상속세 및 증여세법 제45조의5에서 규정하고 있는 특정법인과의 거래를 통한 이익의 증여의제 과세대상거래가 아니므로 과세문제가 없다.

나. 비특수관계인 간 거래

비특수관계인 간 거래의 경우에도 일부 주주의 주식이 시가보다 낮은 가액으로 소각되어 이익을 이전받은 거래는 상속세 및 증여세법 제45조의5에서 규정하고 있는 특정법인과의 거래를 통한 이익의 증여의제 과세대상거래가 아니므로 과세문제를 검토할 필요가 없다.

4. 저가로 소각된 개인의 소득세

가. 특수관계인 간 거래

자본거래를 통해 분여받은 이익은 사업소득, 기타소득에 해당하지 않는다.

따라서 개인의 주식이 시가보다 낮은 가액으로 소각되어 주식의 전부 또는 일부가 소각되지 않은 국세기본법 시행령 제1조의2 제2항, 제3항 제1호에 해당하는 특수관계 있는 법인에게 이익을 분여한 경우는 소득세법 시행령 제98조의 부당행위계산부인 대상거래에 해당하지 않으므로 과세문제가 없다.

나. 비특수관계인 간 거래

주주 간에 특수관계 성립 여부와 관계 없이 개인이 자본거래를 통해 이익을 분여한 경우에는 소득세 과세문제가 발생하지 않는다.

개인과 법인 간의 거래

A와 B가 개인과 법인인 경우에는 특수관계인 간 거래와 비특수관계인 간 거래에 따라 다음과 같이 과세문제가 달라진다.

1. 저가로 소각되지 않은 개인의 증여세

가. 특수관계인 간 거래

법인이 시가보다 낮은 가액으로 일부 주주의 주식을 소각하는 경우에 주식이 소각된 법인주주와 주식의 일부 또는 전부가 소각되지 않은 상속세 및 증여세법 시행령 제2조의2 제1항 제2호부터 제8호까지에 해당하는 특수관계 있는 대주주등인 개인이 이익을 이전받은 경우로서 이전받은 이익이 감자한 주식 등의 평가액의 30% 이상이거나 3억 원 이상인 경우에는 증여세가 과세된다(상증법 §39조의2①1호).

○ 증여재산가액
= (감자한 주식등의 1주당 평가액－주식등 소각 시 지급한 1주당 금액) × 총감자 주식등의 수 × 대주주등의 감자 후 지분비율 × (대주주등과 특수관계인의 감자 주식등의 수 ÷ 총감자 주식등의 수)

○ 증여재산가액(4억 5천만 원)
= (100,000－10,000) × 5,000주 × 100% × (5,000주 ÷ 5,000주)

나. 비특수관계인 간 거래

상속세 및 증여세법 제39조의2는 법인이 시가보다 낮은 가액으로 주식을 소각하는 경우에 주식이 소각된 주주와 주식의 일부 또는 전부가 소각되지 않은 특수관계 있는 대주주등이 이익을 얻은 경우에 한하여 증여세를 과세하는 것으로 규정하고 있다.

하지만 증여세 포괄과세에 의해 주식이 소각된 주주와 상속세 및 증여세법상 특수관계가 성립하지 않는 경우에도 상속세 및 증여세법 제39조의2를 준용하여 증여재산가액을 계산할 수 있는 경우에는 증여세가 과세될 수 있는 점에 주의하여야 한다(상증법 §4①6호).

2. 저가로 소각되지 않은 개인의 소득세

가. 특수관계인 간 거래

(1) 거주자

법인이 시가보다 낮은 가액으로 일부 주주의 주식을 소각하는 경우에 주식이 소각된 국세기본법 시행령 제1조의2 제2항, 제3항 제1호에 해당하는 특수관계 있는 법인주주로부터 주식의 일부 또는 전부가 소각되지 않은 개인이 분여받은 이익은 소득세법상 과세대상이 아니므로 과세문제가 없다.

또한 이익을 얻은 개인에게 증여세가 과세된 경우에는 법인이 부당행위계산부인 적용 시 배당, 상여, 기타소득이 아닌 기타사외유출로 소득처분하므로 법인이 부당행위계산부인을 적용하는 경우에도 소득세가 과세되지 않는다.

(2) 비거주자

거주자는 특수관계인으로부터 자본거래를 통해 분여받은 이익에 대해 소득세가 과세되지 않지만 비거주자의 경우 국제조세조정에 관한 법률 시행령 제2조 제1항 또는 소득세법 시행령 제26조의2 제8항 제1호 가목 또는 나목에 해당하는 특수관계인으로부터 법인세법 시행령 제88조 제1항 제8호, 제8호의2에 해당하는 자본거래를 통해 비거주자의 주식등의 가치가 증가한 경우에는 국내원천 기타소득에 해당한다(소법 §119 12호, 소령 §179⑮).

따라서 비거주자에게 해당 소득을 지급하는 자는 국내원천 기타소득에 대한 원천징수세율 20%를 적용한 원천세를 징수하여 납부하여야 한다(소법 §156①8호).

나. 비특수관계인 간 거래

개인이 자본거래를 통해 특수관계 없는 법인으로부터 분여받은 이익에 대해서는 거주자, 비거주자 모두 소득세가 과세되지 않는다.

3. 저가로 소각된 법인의 법인세

가. 특수관계인 간 거래

(1) 부당행위계산부인

법인의 주식이 시가보다 낮은 가액으로 소각되어 주식의 전부 또는 일부가 소각되지 않은 법인세법 시행령 제2조 제8항에 해당하는 특수관계 있는 개인에게 이익을 분여한 경우로서 분여한 이익이 감자한 주식등의 평가액의 30% 이상이거나 3억 원 이상인 경우에는 부당행위계산부인 대상거래에 해당하므로 상속세 및 증여세법 시행령 제29조의2를 준용하여 계산한 분여이익을 익금산입하여야 한다(법령 §88①8호다목, §89⑥).

(2) 소득처분

소득처분 시 분여받은 이익에 대해 특수관계 있는 개인에게 증여세가 과세된 경우에는 증여세가 우선 과세되므로 배당, 상여, 기타소득이 아닌 기타사외유출로 소득처분하여야 한다(법령 §106①3호자목).

〈회계처리〉
D) 보통예금 5천만 원　　　　C) 유가증권 5천만 원

〈세무조정〉
익금산입 부당행위계산부인 4억 5천만 원
(증여세가 과세된 경우 ⇒ 기타사외유출)
(증여세가 과세되지 않은 경우 ⇒ 배당, 상여, 기타소득)

나. 비특수관계인 간 거래

주주 간에 법인세법 시행령 제2조 제8항에 의한 특수관계가 성립하지 않는 경우에는 법인의 주식이 시가보다 낮은 가액으로 소각되어 법인세법상 특수관계가 없는 개인에게 이익을 분여한 경우에도 과세문제가 없다.

 개인과 개인 간의 거래

A와 B가 개인과 개인인 경우에는 특수관계인 간 거래와 비특수관계인 간 거래에 따라 다음과 같이 과세문제가 달라진다.

1. 저가로 소각되지 않은 개인의 증여세

가. 특수관계인 간 거래

법인이 시가보다 낮은 가액으로 일부 주주의 주식을 소각하는 경우에 주식이 소각된 개인주주와 지분율만큼 주식이 소각되지 않은 상속세 및 증여세법 시행령 제2조의2 제1항 제1호부터 제3호까지에 해당하는 특수관계 있는 대주주등인 개인이 이익을 얻은 경우로서 증여재산가액이 감자한 주식 등의 평가액의 30% 이상이거나 3억 원 이상인 경우에는 증여세가 과세된다(상증법 §39조의2①1호).

○ 증여재산가액
= (감자한 주식등의 1주당 평가액－주식등 소각 시 지급한 1주당 금액) × 총감자 주식등의 수 × 대주주등의 감자 후 지분비율 × (대주주등과 특수관계인의 감자 주식등의 수 ÷ 총감자 주식등의 수)

○ 증여재산가액(4억 5천만 원)
= (100,000－10,000) × 5,000주 × 100% × (5,000주 ÷ 5,000주)

나. 비특수관계인 간 거래

상속세 및 증여세법 제39조의2는 법인이 시가보다 낮은 가액으로 주식을 소각하는 경우에 주식이 소각된 주주와 지분율만큼 주식이 소각되지 않은 특수관계 있는 대주주등이 이익을 얻은 경우에 한하여 증여세를 과세하는 것으로 규정하고 있다.

하지만 증여세 포괄과세에 의해 주주 간에 상속세 및 증여세법상 특수관계가 성립하지 않는 경우에도 상속세 및 증여세법 시행령 제29조의2를 준용하여 증여재산가액을 계산할 수 있는 경우에는 이전받은 이익에 대해 증여세가 과세될 수 있는 점에 주의하여야 한다(상증법 §4①6호).

2. 저가로 소각되지 않은 개인의 소득세

가. 특수관계인 간 거래

법인이 시가보다 낮은 가액으로 일부 주주의 주식을 소각하는 경우에 주식의 전부 또는 일부가 소각되지 않은 개인이 시가보다 낮은 가액으로 소각된 국세기본법 시행령 제1조의2 제1항, 제2항에 해당하는 특수관계 있는 개인주주로부터 분여받은 이익은 소득세법상 과세대상이 아니므로 과세문제가 없다.[220)]

나. 비특수관계인 간 거래

개인이 자본거래를 통해 분여받은 이익이 소득세 과세대상이 아닌 것은 특수관계인 간 거래와 비특수관계인 간 거래가 동일하다.

3. 저가로 소각된 개인의 소득세

가. 특수관계인 간 거래

자본거래를 통해 얻은 이익은 사업소득, 기타소득에 해당하지 않는다.

따라서 시가보다 낮은 가액으로 개인의 주식이 소각되어 주식의 전부 또는 일부가 소각되지 않은 국세기본법 시행령 제1조의2 제1항, 제2항에 해당하는 특수관계 있는 개인에게 이익을 분여한 경우는 소득세법 시행령 제98조 제2항의 부당행위계산부인 대상거래에 해당하지 않으므로 과세문제가 없다.

나. 비특수관계인 간 거래

주주 간에 특수관계 성립 여부와 관계 없이 개인이 자본거래를 통해 이익을 분여한 경우에는 소득세 과세문제가 발생하지 않는다.

---

220) 거주자는 자본거래를 통해 분여받은 이익에 대해 소득세가 과세되지 않지만 비거주자의 경우 국제조세조정에 관한 법률 시행령 제2조 제1항 또는 소득세법 시행령 제26조의2 제8항 제1호 가목 또는 나목에 해당하는 특수관계인으로부터 법인세법 시행령 제88조 제1항 제8호, 제8호의2에 해당하는 자본거래를 통해 비거주자의 주식등의 가치가 증가한 경우에는 국내원천 기타소득에 해당한다(소법 §119 12호, 소령 §179⑮). 따라서 비거주자에게 해당 소득을 지급하는 자는 국내원천 기타소득에 대한 원천징수세율 20%를 적용한 원천세를 징수하여 납부하여야 한다(소법 §156①8호).

제3절 시가보다 높은 가액으로 소각하는 경우

CASE

○ 감자 전 현황

비상장법인인 ㈜현인의 감자 전 현황은 다음과 같다.

- 법인세법 및 상속세 및 증여세법상 주식평가액: 5,000원
- 감자 전 자본금: 100,000,000원
- 주주 A의 1주당 취득가액: 10,000원

주주	보유주식수	지분율	액면금액	발행주식총수
A	5,000주	50%	10,000원	
B	5,000주	50%	10,000원	
소계	10,000주	100%	10,000원	10,000주

○ 증자 현황

㈜현인은 주식소각의 방법으로 자본금을 50,000,000원으로 하는 것으로 감자결의를 하면서 1주당 주식소각 대가로 20,000원을 지급하기로 하였다.

동 감자에 B는 참여하지 않고 A만 참여하여 A의 주식 5,000주가 소각되어 자본금이 50,000,000원으로 감소되었다.

○ 감자 후 현황

주주	보유주식수	지분율	액면금액	발행주식총수
B	5,000주	100%	10,000원	5,000주
소계	5,000주	100%	10,000원	5,000주

이 경우 A와 B에게 발생하는 과세문제는?

I 법인과 법인 간의 거래

A와 B가 법인과 법인인 경우에는 특수관계인 간 거래와 비특수관계인 간 거래에 따라 다음과 같이 과세문제가 달라진다.

1. 고가로 소각된 비영리법인의 증여세

영리법인은 특수관계 있는 대주주등의 주식은 소각되지 않고 본인의 주식은 시가보다 높은 가액으로 소각되어 이익을 얻은 경우에도 증여세가 과세되지 않지만 비영리법인은 증여세가 과세된다.[221)]

가. 특수관계인 간 거래

(1) 감자에 따른 이익의 증여

법인이 주식을 시가보다 높은 가액으로 소각하는 경우에 주식의 전부 또는 일부가 소각되지 않은 대주주등의 상속세 및 증여세법상 특수관계인의 주식이 고가로 소각되어 이익을 얻은 경우에는 고가로 소각되어 얻은 이익에 대해 증여세가 과세된다(상증법 §39조의2①2호).

> **상속세 및 증여세법 제39조의2 【감자에 따른 이익의 증여】**
> ① 법인이 자본금을 감소시키기 위하여 주식등을 소각(消却)하는 경우로서 일부 주주등의 주식등을 소각함으로써 다음 각호의 구분에 따른 이익을 얻은 경우에는 감자(減資)를 위한 주주총회결의일을 증여일로 하여 그 이익에 상당하는 금액을 그 이익을 얻은 자의 증여재산가액으로 한다. 다만, 그 이익에 상당하는 금액이 대통령령으로 정하는 기준금액 미만인 경우는 제외한다. (2015. 12. 15. 개정)
> 2. 주식등을 시가보다 높은 대가로 소각한 경우: 대주주등의 특수관계인에 해당하는 주식등을 소각한 주주등이 얻은 이익 (2015. 12. 15. 개정)

(2) 증여자와 수증자

법인이 시가보다 높은 가액으로 주식을 소각하는 경우에는 법인에 감자차손이 발생하므로 감자에 참여하지 않은 주주는 손해를 보지만 주식이 고가로 소각된 주주는 시가보다 높은 감자대가를 수령하여 이익을 보게 된다.

따라서 증여자는 주식이 소각되지 않은 대주주등이고 수증자는 주식이 고가로 소각된 주주이다.

221) 비영리법인에게 주식이 높은 가액으로 소각되어 이전받은 이익에 대해 법인세가 과세되지 않은 것을 전제로 한다.

(3) 주식 등의 1주당 평가액 요건

감자한 주식등의 평가액이 액면가액 이상인 경우로서 감자한 주식등의 평가액보다 높은 가액으로 주식이 소각되는 경우에는 감자대가와 액면가액의 차액에 대해 의제배당으로 배당소득세가 과세된다.

배당소득세가 과세된 경우에는 증여세가 과세되지 않으므로 주식등의 평가액이 액면가액 이상인 경우로서 주식 등의 평가액보다 높은 가액으로 소각되는 경우에 대해서는 증여세를 과세하는 것으로 규정할 필요가 없다(상증법 §4조의2③).

따라서 시가보다 높은 가액으로 주식을 소각하는 경우에 대한 증여세 과세대상은 주식등의 1주당 평가액이 액면가액(감자대가가 액면가액에 미달하는 경우에는 감자대가)에 미달하는 경우에만 증여세 과세대상에 해당한다(상증령 §29조의2①2호).

○ 주식등의 평가액 요건 감자한 주식 등의 평가액 〈 액면가액 또는 감자한 주식 등의 평가액 〈 1주당 감자대가(감자대가 〈 액면가액)

(4) 특수관계인 요건

주식이 시가보다 높은 가액으로 소각되어 이익을 얻은 자에 대한 증여세는 주식이 고가로 소각된 주주가 주식이 소각되지 않은 대주주등과 상속세 및 증여세법상 특수관계가 성립하여야 하는 것을 원칙으로 하고 있다.

(5) 가액요건

2016. 2. 5. 이후에는 주식이 소각된 주주가 얻은 증여재산가액이 감자한 주식등의 평가액의 100분의 30 이상이거나 3억 원 이상인 경우에 증여세가 과세된다(상증령 §29조의2②).

2016. 2. 25. 이전에는 주식소각 시 지급한 1주당 금액에서 감자한 주식 1주당 평가액을 차감한 가액이 감자한 주식 1주당 평가액의 100분의 30 이상이거나 증여재산가액이 3억 원 이상인 경우에 한하여 증여세가 과세된다.

동 사례의 경우 3억 원 요건은 충족하지 않지만 30% 요건을 충족하므로 증여세 과세대상에 해당한다.

① 30% 요건 ⇒ 요건 충족
증여재산가액 ≥ 감자한 주식등의 평가액의 30%
25,000,000 ≥ (5,000×5,000주)의 30%(7,500,000)

② 3억 원 요건 ⇒ 요건 불충족
증여재산가액(25,000,000) ≥ 3억 원

(6) 증여재산가액

가) 원칙

증여재산가액은 주식등의 소각 시 지급한 1주당 대가에서 감자한 주식등의 1주당 평가액을 차감한 금액에 대주주등과 특수관계 있는 주주의 소각된 주식수를 곱하여 계산한다(상증령 §29조의2①2호).

나) 의제배당으로 과세된 금액이 있는 경우

감자대가가 액면(취득)가액을 초과하여 의제배당금액으로 과세된 금액이 있는 경우에는 의제배당금액을 차감하여 증여재산가액을 계산하여야 한다.

○ 증여재산가액(75,000,000)
=〔(주식등의 소각 시 지급한 1주당 금액－감자한 주식등의 1주당 평가액) × 해당 주주등의 감자한 주식 등의 수〕
=(20,000－5,000) × 5,000주

○ 의제 배당금액 차감 후 증여재산가액(25,000,000)
=증여재산가액－의제배당금액〔(소각대가－1주당 취득가액) × 소각주식수〕
=75,000,000－〔(20,000－10,000) × 5,000주〕

【상속증여세과－270, 2014. 7. 22.】
법인이 자본을 감소시키기 위하여 일부 주주의 주식만 소각함에 있어서 그 주식의 1주당 소각대가가 감자한 주식 1주당 평가액을 초과하여 지급되는 경우 소각대가와 평가액과의 차액 상당액에 대한 증여세를 과세하는 것이고, 이때 의제배당으로 소득세가 과세되는 금액을 차감하여 계산함.

【서면 인터넷방문상담4팀－1310, 2008. 5. 29.】
그 차액에 대하여 소득세법상 의제배당으로 소득세가 과세되지 아니하는 경우에 상속세 및 증여세법상 예시규정에 규정되어 있지 않음에도 불구하고 감자에 따른 이익으로 보아 증여세를 과세할 수 있는지 여부임.
주식을 소각함에 있어 1주당 평가액을 초과하여 감자대가를 지급하는 경우 평가액과 감자대가와의 차액은 증여세가 과세됨.

(7) 증여일

감자에 따른 이익의 증여에 대한 과세 시 증여일은 감자를 위한 주주총회 결의일이다(상증법 §39조의2①).

나. 비특수관계인 간 거래

상속세 및 증여세법 제39조의2는 법인이 시가보다 높은 가액으로 주식을 소각하는 경우에 대주주등의 주식은 소각되지 않고 대주주등의 특수관계인의 주식이 소각되는 경우에 한하여 증여세를 과세하는 것으로 규정하고 있다.

하지만 증여세 포괄과세에 의해 상속세 및 증여세법 제39조의2를 준용하여 증여재산가액을 계산할 수 있는 경우에는 증여세가 과세될 수 있는 점에 주의하여야 한다(상증법 §4①6호).

시가보다 높은 가액으로 주식을 소각하는 경우 증여세 과세

○ 거래요건
- 시가보다 높은 가액으로 일부 주주 등의 주식을 소각할 것

○ 주식등의 평가액 요건
감자한 주식 등의 평가액 〈 액면가액
또는 감자한 주식 등의 평가액 〈 1주당 감자대가(감자대가 〈 액면가액)

○ 특수관계인, 대주주 요건
대주주 등과 특수관계 있는 주주의 주식이 고가로 소각될 것

○ 가액요건(① 또는 ②를 충족할 것)

① 30% 요건
증여재산가액 ≥ 감자한 주식등의 평가액의 30%
② 3억 원 요건
증여재산가액 ≥ 3억 원

○ 증여자와 수증자
- 증여자: 주식이 소각되지 않은 대주주등
- 수증자: 주식이 소각된 대주주등의 특수관계인

○ 증여재산가액

[(1주당 감자대가 – 감자한 주식등의 1주당 평가액)
× 대주주등의 특수관계인의 감자주식수] – 의제배당금액

○ 증여일
- 감자를 위한 주주총회 결의일

2. 고가로 소각된 법인의 법인세

가. 특수관계인 간 거래

(1) 내국법인

가) 의제배당

법인이 자본감소로 인하여 취득하는 금전 등이 동 주식등을 취득하기 위하여 사용한 금액을 초과하는 경우에는 의제배당에 해당하여 법인세가 과세된다(법법 §16①1호).

① 의제배당금액의 계산

의제배당금액의 계산은 주식소각 시 지급받은 대가에서 1주당 취득가액을 차감한 가액에 소각된 주식수를 곱하여 계산한다.

② 의제배당금액의 수입시기

의제배당금액의 수입시기는 주주총회·사원총회 또는 이사회에서 주식의 소각, 자본 또는 출자의 감소, 잉여금의 자본 또는 출자에의 전입을 결의한 날(이사회의 결의에 의하는 경우에는 「상법」 제461조 제3항에 따라 정한 날)로 한다(법령 §13).

③ 세무조정

법인이 보유하고 있던 유가증권이 취득가액보다 높은 가액으로 소각되는 경우에는 유가증권처분이익으로 법인세가 과세된다.

따라서 의제배당으로 과세될 금액이 유가증권처분이익으로 과세되었으므로 세무조정은 없다.

〈회계처리〉

D) 보통예금	100,000,000	C) 유가증권(지분법적용투자주식)	50,000,000
		유가증권처분이익	50,000,000

〈세무조정〉

감자대가와 취득가액 차액이 유가증권처분이익으로 계상되어 법인세가 과세되었으므로 세무조정 없음.

○ 의제배당금액
= (1주당 감자대가 20,000 - 1주당 취득가액 10,000) × 5,000주

법인세법 제16조 【배당금 또는 분배금의 의제】

① 다음 각호의 금액은 다른 법인의 주주 또는 출자자(이하 "주주등"이라 한다)인 내국법인의 각 사업연도의 소득금액을 계산할 때 그 다른 법인으로부터 이익을 배당받았거나 잉여금을 분배받은 금액으로 본다. (2018. 12. 24. 개정)

1. 주식의 소각, 자본의 감소, 사원의 퇴사·탈퇴 또는 출자의 감소로 인하여 주주등인 내국법인이 취득하는 금전과 그 밖의 재산가액의 합계액이 해당 주식 또는 출자지분(이하 "주식등"이라 한다)을 취득하기 위하여 사용한 금액을 초과하는 금액
(2018. 12. 24. 개정)

법인세법 시행령 제13조 【배당 또는 분배의제의 시기】

법 제16조 제1항에 따라 이익을 배당받았거나 잉여금을 분배받은 날은 다음 각호의 구분에 따른 날로 한다. (2019. 2. 12. 개정)

1. 법 제16조 제1항 제1호부터 제3호까지의 경우: 그 주주총회·사원총회 또는 이사회에서 주식의 소각, 자본 또는 출자의 감소, 잉여금의 자본 또는 출자에의 전입을 결의한 날(이사회의 결의에 의하는 경우에는 「상법」 제461조 제3항에 따라 정한 날을 말한다. 다만, 주식의 소각, 자본 또는 출자의 감소를 결의한 날의 주주와 「상법」 제354조에 따른 기준일의 주주가 다른 경우에는 같은 조에 따른 기준일을 말한다) 또는 사원이 퇴사·탈퇴한 날 (2019. 2. 12. 개정)

나) 분여받은 이익의 익금산입

주식을 시가보다 높은 가액으로 소각하는 경우에 주주등의 소유주식 등의 비율에 의하지 아니하고 특수관계인의 주식등을 소각하는 경우로서 법인세법상 부당행위계산부인 요건을

충족하는 경우에는 상속세 및 증여세법 제29조 제1항 제2호를 준용하여 계산한 특수관계 있는 법인으로부터 분여받은 이익을 익금에 산입하여야 한다.

하지만 해당 사례의 경우 시가 감자 시에는 25,000,000원의 유가증권처분손실이 계상되어야 하나 시가보다 높은 가액으로 소각됨으로써 50,000,000원의 유가증권처분이익이 계상되어 의제배당금액(50,000,000원)과 분여받은 이익(25,000,000원)의 합인 75,000,000원만큼 각 사업연도 소득금액이 증가하여 법인세가 과세되었으므로 익금산입할 금액이 없다.

〈회계처리〉

D) 보통예금	100,000,000	C) 유가증권(지분법적용투자주식)	50,000,000
		유가증권처분이익	50,000,000

〈시가 감자 시 법인의 회계처리〉

D) 보통예금	25,000,000	C) 유가증권(지분법적용투자주식)	50,000,000
유가증권처분손실	25,000,000		

* 의제배당금액을 제외한 분여받은 이익
⇒ (액면가액 10,000 - 주식평가액 5,000)×5,000주
⇒ 이미 과세되었으므로 익금산입액 없음.

■ 주식이 시가보다 높은 가액으로 소각된 법인의 법인세

○ 의제배당금액 우선 과세(감자대가와 취득가액과의 차이)
⇒ 분여받은 이익 계산 시 의제배당으로 과세된 금액 차감
⇒ 유가증권처분이익으로 법인세 과세

○ 분여받은 이익(취득가액과 평가액과의 차이)
⇒ 유가증권처분이익으로 법인세 과세
∴ 세무조정 없음.

(2) 외국법인

가) 국내원천 배당소득

외국법인도 자본감소로 인하여 취득하는 금전등이 동 주식을 취득하기 위하여 사용한 금액을 초과하는 경우 취득가액을 초과하는 금액은 국내원천 배당소득에 해당한다(법법 §93 2호).

따라서 해당 소득을 지급하는 자는 배당소득에 대한 원천징수세율 20%를 적용한 원천세를 징수하여 납부하여야 한다(법법 §98①2호).

나) 국내원천 기타소득

외국법인이 특수관계 있는 내국법인으로부터 법인세법 시행령 제88조 제1항 제8호, 제8호의2에 해당하는 자본거래를 통해 이익을 분여받은 경우 이익을 분여한 내국법인은 국제조세조정에 관한 법률을 적용하지 않고 법인세법상 부당행위계산부인을 적용하여야 한다(국조법 §4②, 국조령 §4 4호).

또한 외국법인이 국제조세조정에 관한 법률 시행령 제2조 제1항 및 법인세법 시행령 제131조 제2항에 해당하는 특수관계인으로부터 자본거래를 통해 분여받은 소득 중 의제배당금액을 초과하는 금액은 국내원천 기타소득에 해당한다(법법 §93 10호자목).

따라서 소득을 지급하는 자는 국내원천 기타소득에 대한 원천세율 20%를 적용한 원천세를 징수하여 납부하여야 한다(법법 §98①8호).

나. 비특수관계인 간 거래

주식이 소각되지 않은 주주와 특수관계가 없는 경우에도 법인이 자본감소로 인하여 취득하는 금전 등이 동 주식등을 취득하기 위하여 사용한 금액을 초과하는 경우에는 의제배당에 해당하여 법인세가 과세된다(법법 §16①1호).

이 경우 법인주주의 경우 취득가액을 초과하여 수령한 감자대가에 대해서는 유가증권처분이익으로 계상되어 법인세가 과세되었으므로 세무조정으로 익금에 산입할 금액은 없다.

〈회계처리〉

D) 보통예금	100,000,000	C) 유가증권(지분법적용투자주식)	50,000,000
		유가증권처분이익	50,000,000

〈세무조정〉

유가증권처분이익으로 과세되었으므로 세무조정 없음.

3. 고가로 소각된 법인의 주주의 증여세

가. 특수관계인 간 거래

주식이 시가보다 높은 가액으로 소각되어 주식이 소각되지 않은 특수관계 있는 대주주등으로부터 이익을 이전받은 거래는 특정법인과의 거래를 통한 이익의 증여의제 과세대상거래가 아니므로 주식이 고가로 소각된 법인의 지배주주등에게 증여세 과세문제는 발생하지 않는다(상증법 §45조의5).

나. 비특수관계인 간 거래

비특수관계인 간 거래의 경우에도 주식이 시가보다 높은 가액으로 소각되어 주식이 소각되지 않은 특수관계 없는 대주주등으로부터 이익을 이전받은 거래는 특정법인과의 거래를 통한 이익의 증여의제 과세대상거래가 아니므로 과세문제를 검토할 필요가 없다(상증법 §45조의5).

4. 고가로 소각되지 않은 법인의 법인세

가. 특수관계인 간 거래

시가보다 높은 가액으로 주식이 소각되는 경우에 법인세법 시행령 제2조 제8항에 해당하는 특수관계 있는 법인의 주식은 고가로 소각되고 법인의 주식은 소각되지 않아 법인세법 제2조 제8항에 해당하는 특수관계 있는 법인에게 이익을 분여한 경우로서 분여한 이익이 감자한 주식등의 평가액의 30% 이상이거나 3억 원 이상인 경우에는 법인세법상 자본거래에 대한 부당행위계산부인 대상거래에 해당하므로 상속세 및 증여세법 시행령 제29조의2를 준용하여 계산한 분여이익을 익금산입하고 기타사외유출로 소득처분하여야 한다(법령 §88①8호다목, §89⑥).

〈회계처리〉
없음.

〈세무조정〉
익금산입 부당행위계산부인 75,000,000(기타사외유출)

법인세법 시행령 제88조 【부당행위계산의 유형 등】
① 법 제52조 제1항에서 "조세의 부담을 부당하게 감소시킨 것으로 인정되는 경우"란 다음 각호의 어느 하나에 해당하는 경우를 말한다. (2011. 6. 3. 개정)
다. 법인의 감자에 있어서 주주등의 소유주식 등의 비율에 의하지 아니하고 일부 주주등의 주식등을 소각하는 경우 (1998. 12. 31. 개정)

시가보다 높은 가액으로 주식 소각 시 부당행위계산부인 적용

○ 거래요건
- 시가보다 높은 가액으로 주식이 소각되는 경우일 것
- 특수관계인의 주식은 소각되고 법인의 주식의 전부 또는 일부는 소각되지 않을 것

○ 가액요건
분여한 이익 ≥ 감자한 주식등의 평가액의 30% 또는 3억 원

○ 익금산입액: 상속세 및 증여세법 시행령 제29조 제1항 제2호 준용

나. 비특수관계인 간 거래

주주 간에 특수관계가 성립하지 않는 경우에는 자본거래를 통해 이익을 분여한 경우에도 법인세 과세문제가 발생하지 않는다.

 법인과 개인 간의 거래

A와 B가 법인과 개인인 경우에는 특수관계인 간 거래와 비특수관계인 간 거래에 따라 다음과 같이 과세문제가 달라진다.

1. 고가로 소각된 비영리법인의 증여세

영리법인은 대주주등인 특수관계인의 주식은 소각되지 않고 본인의 주식은 시가보다 높은 가액으로 소각되어 이익을 얻은 경우에도 증여세가 면제되지만 비영리법인은 증여세가 과세된다.[222)]

222) 비영리법인에게 주식이 높은 가액으로 소각되어 이전받은 이익에 대해 법인세가 과세되지 않은 것을 전제로 한다.

가. 특수관계인 간 거래

(1) 감자에 따른 이익의 증여

법인이 주식을 시가보다 높은 가액으로 소각하는 경우에 대주주등인 개인의 주식의 전부 또는 일부는 소각되지 않고 대주주등과 상속세 및 증여세법 시행령 제2조의2 제1항 제2호, 제4호, 제5호, 제8호에 해당하는 특수관계 있는 비영리법인의 주식은 시가보다 높은 가액으로 소각되어 대주주등인 개인으로부터 이익을 분여받은 경우로서 증여재산가액이 감자한 주식등의 평가액의 30% 이상이거나 3억 원 이상인 경우에는 분여받은 이익에 대해 증여세가 과세된다(상증법 §39조의2①2호).

(2) 증여재산가액의 계산

증여재산가액은 주식등의 소각 시 지급한 1주당 금액에서 감자한 주식등의 감자 전 1주당 평가액을 차감한 가액에 대주주등의 특수관계인의 소각된 주식수를 곱한 금액으로 계산한다(상증령 §29조의2①2호).

○ 증여재산가액
= (주식등의 소각 시 지급한 1주당 금액－감자한 주식등의 1주당 평가액)
× 대주주등의 특수관계인의 감자한 주식수

○ 증여재산가액(75,000,000)
= (20,000－5,000) × 5,000주

나. 비특수관계인 간 거래

상속세 및 증여세법 제39조의2는 법인이 시가보다 높은 가액으로 주식을 소각하는 경우에 대주주등의 주식은 소각되지 않고 대주주등의 특수관계인의 주식이 소각되어 이익을 얻은 경우에 한하여 증여세를 과세하는 것으로 규정하고 있다.

하지만 증여세 포괄과세에 의해 상속세 및 증여세법 제39조의2를 준용하여 증여재산가액을 계산할 수 있는 경우에는 증여세가 과세될 수 있는 점에 주의하여야 한다(상증법 §4①6호).

2. 고가로 소각된 법인의 법인세

가. 특수관계인 간 거래

(1) 의제배당

법인이 자본감소로 인하여 취득하는 금전 등이 동 주식등의 취득가액을 초과하는 경우 취득가액을 초과하여 수령하는 감자대가는 의제배당에 해당하여 법인세가 과세된다(법법 §16①1호).[223)]

이 경우 법인이 보유하고 있던 주식이 취득가액을 초과하여 소각되는 경우 감자대가와 취득가액과의 차액은 유가증권처분이익으로 계상되어 법인세가 과세되므로 세무조정으로 익금에 산입할 금액은 없다.

〈회계처리〉

D) 보통예금	100,000,000	C) 유가증권(지분법적용투자주식)	50,000,000
		유가증권처분이익	50,000,000

〈세무조정〉

감자대가와 취득가액 차액이 유가증권처분이익으로 계상되어 법인세가 과세되었으므로 세무조정 없음.

(2) 분여받은 이익의 익금산입

법인이 주식을 시가보다 높은 가액으로 소각하는 경우에 법인세법 시행령 제2조 제8항에 의한 특수관계 있는 개인의 주식은 소각되지 않고 법인의 주식은 시가보다 높은 가액으로 소각되는 경우로서 법인세법상 부당행위계산부인 대상거래요건을 충족하는 경우에는 상속세 및 증여세법 제29조 제1항 제2호를 준용하여 계산한 특수관계 있는 개인으로부터 분여받은 이익을 익금에 산입하여야 한다.[224)]

---

223) 외국법인도 자본감소로 인하여 취득하는 금전 등이 동 주식을 취득하기 위하여 사용한 금액을 초과하는 경우 취득가액을 초과하는 금액은 국내원천 배당소득에 해당한다(법법 §93 2호).
따라서 소득을 지급하는 자는 국내원천 배당소득에 대한 원천징수세율 20%를 적용한 원천세를 징수하여 납부하여야 한다(법법 §98①2호).

224) 외국법인이 국제조세조정에 관한 법률 시행령 제2조 제1항 및 법인세법 시행령 제131조 제2항에 해당하는 특수관계인으로부터 자본거래를 통해 분여받은 소득 중 의제배당금액을 초과하는 금액은 국내원천 기타소득에 해당한다(법법 §93 10호자목).
따라서 소득을 지급하는 자는 국내원천 기타소득에 대한 원천세율 20%를 적용한 원천세를 징수하여 납부하여야 한다(법법 §98①8호).

해당 사례의 경우 시가 감자 시에는 25,000,000원의 유가증권처분손실이 계상되어야 하나 시가보다 높은 가액으로 소각됨으로써 50,000,000원의 유가증권처분이익이 계상되어 분여받은 이익(75,000,000원)만큼 각 사업연도 소득금액이 증가되어 법인세가 과세되었으므로 익금산입할 금액은 없다.

〈회계처리〉

D) 보통예금	100,000,000	C)	유가증권(지분법적용투자주식)	50,000,000
			유가증권처분이익	50,000,000

〈시가 감자 시 법인의 회계처리〉

D) 보통예금	25,000,000	C)	유가증권(지분법적용투자주식)	50,000,000
유가증권처분손실	25,000,000			

* 의제배당금액을 제외한 분여받은 이익
⇒ (액면가액 10,000 – 주식평가액 5,000) × 5,000주
⇒ 이미 과세되었으므로 익금산입액 없음.

나. 비특수관계인 간 거래

주식이 소각되지 않은 주주와 특수관계가 없는 경우에도 법인이 자본감소로 인하여 취득하는 금전등이 동 주식등을 취득하기 위하여 사용한 금액을 초과하는 경우 그 초과하는 금액은 의제배당에 해당한다.

주주 간에 특수관계가 성립하지 않는 경우에도 법인이 보유하고 있던 주식이 취득가액보다 높은 가액으로 소각되는 경우에는 유가증권처분이익으로 법인세가 과세되므로 익금에 산입할 금액은 없다.

3. 고가로 소각된 법인의 주주의 증여세

가. 특수관계인 간 거래

주주 간에 상속세 및 증여세법상 특수관계가 있는 경우로서 주식이 시가보다 높은 가액으로 소각되어 주식이 소각되지 않은 특수관계 있는 대주주등으로부터 이익을 이전받은 거래는 상속세 및 증여세법 제45조의5에서 규정하고 있는 특정법인과의 거래를 통한 이익의 증여의제 과세대상거래가 아니므로 과세문제를 검토할 필요가 없다.

나. 비특수관계인 간 거래

주주 간에 상속세 및 증여세법상 특수관계가 없는 경우에도 주식이 시가보다 높은 가액으로 소각되어 주식이 소각되지 않은 특수관계 없는 대주주등으로부터 이익을 이전받은 거래는 상속세 및 증여세법 제45조의5에서 규정하고 있는 특정법인과의 거래를 통한 이익의 증여의제 과세대상거래가 아니므로 과세문제를 검토할 필요가 없다.

4. 고가로 소각되지 않은 개인의 소득세

가. 특수관계인 간 거래

자본거래를 통해 얻은 이익은 사업소득, 기타소득에 해당하지 않는다.

따라서 주주 간에 국세기본법 시행령 제1조의2 제2항, 제3항 제1호에 의한 특수관계가 성립하는 경우로서 시가보다 높은 가액으로 주식을 소각하는 경우에 법인의 주식은 고가로 소각되고 주주등인 개인의 주식 일부 또는 전부는 소각되지 않아 특수관계 있는 법인에게 이익을 분여한 경우에도 자본거래는 소득세법상 부당행위계산부인 대상거래에 해당하지 않으므로 과세문제가 없다.

나. 비특수관계인 간 거래

주주 간에 특수관계 성립 여부와 관계 없이 개인이 자본거래를 통해 이익을 분여한 경우에는 소득세 과세문제가 발생하지 않는다.

 개인과 법인 간의 거래

A와 B가 개인과 법인인 경우에는 특수관계인 간 거래와 비특수관계인 간 거래에 따라 다음과 같이 과세문제가 달라진다.

1. 고가로 소각된 개인의 증여세

가. 특수관계인 간 거래

(1) 감자에 따른 이익의 증여

법인이 주식을 시가보다 높은 가액으로 소각하는 경우에 대주주등인 법인의 주식의 전부 또는 일부는 소각되지 않고 대주주등과 상속세 및 증여세법 시행령 제2조의2 제1항 제2호부터 제8호까지에 해당하는 특수관계 있는 개인의 주식의 전부 또는 일부는 고가로 소각되어 대주주등인 법인으로부터 이익을 분여받은 경우로서 증여재산가액이 감자한 주식등의 평가액의 30% 이상이거나 3억 원 이상인 경우에는 분여받은 이익에 대해 증여세가 과세된다(상증법 §39조의2①2호).

(2) 증여재산가액의 계산

증여재산가액은 주식등의 소각 시 지급한 1주당 금액에서 감자한 주식등의 1주당 평가액을 차감한 가액에 대주주등의 특수관계인의 감자한 주식수를 곱한 금액에서 의제배당으로 과세된 금액을 차감하여 계산한다.

○ 증여재산가액
=〔(주식등의 소각 시 지급한 1주당 금액－감자한 주식등의 1주당 평가액) × 대주주등의 특수관계인의 감자한 주식등의 수〕－의제배당금액

○ 증여재산가액(25,000,000)
=〔(20,000－5,000) × 5,000주〕－50,000,000

나. 비특수관계인 간 거래

상속세 및 증여세법 제39조의2는 법인이 시가보다 높은 가액으로 주식을 소각하는 경우 대주주등의 주식은 소각되지 않고 대주주등과 특수관계 있는 주주의 주식이 소각되어 대주주등의 특수관계인이 이익을 얻은 경우에 한하여 증여세를 과세하는 것으로 규정하고 있다.

하지만 증여세 포괄과세에 의해 상속세 및 증여세법 제39조의2를 준용하여 증여재산가액을 계산할 수 있는 경우에는 증여세 과세대상에 해당할 수 있는 점에 주의하여야 한다(상증법 §4①6호).

2. 고가로 소각된 개인의 소득세

가. 특수관계인 간 거래

(1) 분여받은 이익에 대한 과세

가) 거주자인 경우

개인이 국세기본법 시행령 제1조의2 제2항, 제3항 제1호에 해당하는 특수관계 있는 법인

으로부터 법인세법 시행령 제88조 제1항 제8호 다목에 해당하는 자본거래를 통해 분여받은 이익은 소득세 과세대상이 아니므로 소득세 과세문제가 발생하지 않는다.

나) 비거주자인 경우

비거주자가 국제조세조정에 관한 법률 시행령 제2조 제1항 또는 소득세법 시행령 제26조의2 제8항 제1호 가목 또는 나목에 해당하는 특수관계인으로부터 법인세법 시행령 제88조 제1항 제8호, 제8호의2에 해당하는 자본거래를 통해 의제배당으로 과세한 금액을 초과하여 이익을 얻은 경우에는 국내원천 기타소득에 해당한다(소법 §119 12호, 소령 §179⑮).

따라서 해당 소득을 지급하는 자는 국내원천 기타소득에 대한 원천징수세율 20%를 적용한 원천세를 징수하여 익월 10일까지 납부하여야 한다(소법 §156①8호).

(2) 의제배당

가) 거주자의 경우

주식이 소각되면서 수령한 감자대가가 주식 또는 출자를 취득하기 위하여 사용한 금액을 초과하는 경우에는 의제배당에 해당하여 배당소득세가 과세된다(소법 §17②).

이 경우 주식소각 대가를 지급하는 ㈜현인은 감자를 결정한 날을 수입시기로 보아 배당소득세를 원천징수하여 납부하여야 한다(소령 §46 4호, 소령 §191 1호).

○ 의제배당금액(50,000,000)
(1주당 감자대가 20,000－1주당 취득(액면)가액 10,000) × 5,000주

나) 비거주자의 경우

비거주자의 경우에도 주식 또는 출자지분을 취득하기 위하여 소요된 금액을 초과하여 수령한 감자대가는 국내원천 배당소득에 해당한다(소법 §119 2호).

따라서 해당소득을 지급하는 자는 국내원천 배당소득에 대한 원천징수세율 20%를 적용한 원천세를 징수하여 익월 10일까지 납부하여야 한다(소법 §156①2호).

나. 비특수관계인 간 거래

감자대가가 주식 또는 출자지분을 취득하기 위해 소요된 금액을 초과하는 경우 배당소득으로 보아 배당소득세가 과세되는 것은 주주 간에 특수관계 성립 여부와 관계없이 동일하다.

소득세법 제17조 【배당소득】

① 배당소득은 해당 과세기간에 발생한 다음 각호의 소득으로 한다. (2009. 12. 31. 개정)

3. 의제배당(擬制配當) (2009. 12. 31. 개정)

② 제1항 제3호에 따른 의제배당이란 다음 각호의 금액을 말하며, 이를 해당 주주, 사원, 그 밖의 출자자에게 배당한 것으로 본다. (2009. 12. 31. 개정)

1. 주식의 소각이나 자본의 감소로 인하여 주주가 취득하는 금전, 그 밖의 재산의 가액(價額) 또는 퇴사·탈퇴나 출자의 감소로 인하여 사원이나 출자자가 취득하는 금전, 그 밖의 재산의 가액이 주주·사원이나 출자자가 그 주식 또는 출자를 취득하기 위하여 사용한 금액을 초과하는 금액 (2009. 12. 31. 개정)

소득세법 시행령 제191조 【배당소득 원천징수시기에 관한 특례】 (2010. 12. 30. 제목개정)

다음 각호의 어느 하나에 해당하는 배당소득에 대해서는 다음 각호에 따른 날에 그 소득을 지급한 것으로 보아 소득세를 원천징수한다. (2010. 12. 30. 개정)

1. 의제배당 (2000. 12. 29. 개정)
   제46조 제4호 또는 제5호에 규정된 날

소득세법 시행령 제46조 【배당소득의 수입시기】

배당소득의 수입시기는 다음 각호에 따른 날로 한다. (2010. 2. 18. 개정)

4. 법 제17조 제2항 제1호·제2호 및 제5호의 의제배당 (2005. 2. 19. 개정)
   주식의 소각, 자본의 감소 또는 자본에의 전입을 결정한 날(이사회의 결의에 의하는 경우에는 「상법」 제461조 제3항의 규정에 의하여 정한 날을 말한다)이나 퇴사 또는 탈퇴한 날

3. 고가로 소각되지 않은 법인의 법인세

가. 특수관계인 간 거래

(1) 부당행위계산부인

법인이 시가보다 높은 가액으로 주식을 소각하는 경우에 법인세법 시행령 제2조 제8항에 해당하는 특수관계 있는 개인의 주식은 고가로 소각되고 법인의 주식의 일부 또는 전부는 소각되지 않아 특수관계 있는 개인에게 이익을 분여한 경우로서 분여한 이익이 감자한 주식등의 평가액의 30% 이상이거나 3억 원 이상인 경우에는 법인세법상 자본거래에 대한 부당행위계산부인 대상거래에 해당하므로 상속세 및 증여세법 시행령 제29조의2를 준용하여 계산한 분여이익을 익금산입하여야 한다(법령 §88①8호다목, §89⑥).

(2) 소득처분

부당행위계산부인에 대한 소득처분 시 이익을 분여받은 개인에게 증여세가 과세된 경우에는 증여세가 우선 과세되므로 기타사외유출로 소득처분하여야 한다(법령 §106①3호자목).

〈회계처리〉 없음. 〈세무조정〉 익금산입 부당행위계산부인 75,000,000 (증여세가 과세된 경우 ⇒ 기타사외유출) (증여세가 과세되지 않은 경우 ⇒ 배당, 상여, 기타소득)

나. 비특수관계인 간 거래

주주 간에 특수관계가 성립하지 않는 경우에는 자본거래를 통해 이익을 분여한 경우에도 법인세 과세문제가 발생하지 않는다.

 개인과 개인 간의 거래

A와 B가 개인과 개인인 경우에는 특수관계인 간 거래와 비특수관계인 간 거래에 따라 다음과 같이 과세문제가 달라진다.

1. 고가로 소각된 개인의 증여세

가. 특수관계인 간 거래

(1) 감자에 따른 이익의 증여

법인이 주식을 시가보다 높은 가액으로 소각하는 경우에 대주주등인 개인의 주식의 전부 또는 일부는 소각되지 않고 대주주등과 상속세 및 증여세법 시행령 제2조의2 제1항 제1호부터 제3호까지에 있는 특수관계 있는 개인의 주식은 고가로 소각되어 대주주등인 개인으로부터 이익을 분여받은 경우로서 증여재산가액이 감자한 주식등의 평가액의 30% 이상이거나 3억 원 이상인 경우에는 분여받은 이익에 대해 증여세가 과세된다(상증법 §39조의2①2호).

(2) 증여재산가액의 계산

증여재산가액은 주식등의 소각 시 지급한 1주당 금액에서 감자한 주식등의 감자 전 1주당 평가액을 차감한 가액에 대주주등의 특수관계인의 소각된 주식수를 곱한 금액에서 의제배당금액을 차감하여 계산한다(상증령 §29조의2①2호).

○ 증여재산가액
=〔(주식등의 소각 시 지급한 1주당 금액－감자한 주식등의 1주당 평가액) × 대주주등의 특수관계인의 감자한 주식수〕－의제배당금액

○ 증여재산가액(25,000,000)
=〔(20,000－5,000) × 5,000주〕－50,000,000

나. 비특수관계인 간 거래

상속세 및 증여세법 제39조의2는 법인이 시가보다 높은 가액으로 주식을 소각하는 경우에 대주주등의 주식은 소각되지 않고 대주주등과 특수관계 있는 주주등의 주식이 소각되어 이익을 얻은 경우에 한하여 증여세를 과세하는 것으로 규정하고 있다.

하지만 증여세 포괄과세에 의해 상속세 및 증여세법 제39조의2를 준용하여 증여재산가액을 계산할 수 있는 경우에는 증여세 과세대상에 해당할 수 있는 점에 주의하여야 한다(상증법 §4①6호).

2. 고가로 소각된 개인의 소득세

가. 특수관계인 간 거래

개인이 자본거래를 통해 국세기본법 시행령 제1조의2 제1항, 제2항에 해당하는 특수관계 있는 개인으로부터 분여받은 이익은 소득세 과세대상에 해당하지 않는다.[225)]

225) 비거주자가 국제조세조정에 관한 법률 시행령 제2조 제1항 또는 소득세법 시행령 제26조의2 제8항 제1호 가목 또는 나목에 해당하는 특수관계인으로부터 법인세법 시행령 제88조 제1항 제8호, 제8호의2에 해당하는 자본거래를 통해 의제배당으로 과세한 금액을 초과하여 이익을 얻은 경우에는 국내원천 기타소득에 해당한다(소법 §119 12호, 소령 §179⑮).
따라서 비거주자에게 해당 소득을 지급하는 자는 국내원천 기타소득에 대한 원천징수세율 20%를 적용한 원천세를 징수하여 납부하여야 한다(소법 §156①8호).

다만, 이 경우 주식의 소각 시 지급받은 대가가 주식 또는 출자지분을 취득하기 위하여 사용한 금액을 초과하는 경우에는 의제배당에 해당하여 배당소득세가 과세된다(소법 §17②).[226)]

○ 의제배당금액(50,000,000)
(1주당 감자대가 20,000－1주당 취득(액면)가액 10,000) × 5,000주

나. 비특수관계인 간 거래

감자대가가 주식 또는 출자지분의 취득금액을 초과하는 경우 의제배당에 해당하여 배당소득세가 과세되는 것은 특수관계 여부와 관계없이 동일하다.

3. 고가로 소각되지 않은 개인의 소득세

가. 특수관계인 간 거래

자본거래를 통해 얻은 이익은 사업소득, 기타소득에 해당하지 않는다.

따라서 법인이 시가보다 높은 가액으로 주식을 소각하는 경우에 국세기본법 시행령 제1조의2 제1항, 제2항에 해당하는 특수관계 있는 개인의 주식은 고가로 소각되고 개인의 주식의 일부 또는 전부는 소각되지 않아 주식이 소각된 특수관계 있는 개인에게 이익을 분여한 경우에도 소득세법상 자본거래는 부당행위계산부인 대상거래에 해당하지 않으므로 과세문제가 없다.

나. 비특수관계인 간 거래

주주 간에 특수관계 성립 여부와 관계 없이 개인이 자본거래를 통해 이익을 분여한 경우에는 소득세 과세문제가 발생하지 않는다.

---

226) 비거주자의 경우에도 주식 또는 출자지분을 취득하기 위하여 소요된 금액을 초과하여 수령한 감자대가는 국내원천 배당소득에 해당한다(소법 §119 2호).
따라서 해당소득을 지급하는 자는 국내원천 배당소득에 대한 원천징수세율 20%를 적용한 원천세를 징수하여 익월 10일까지 납부하여야 한다(소법 §156①2호).

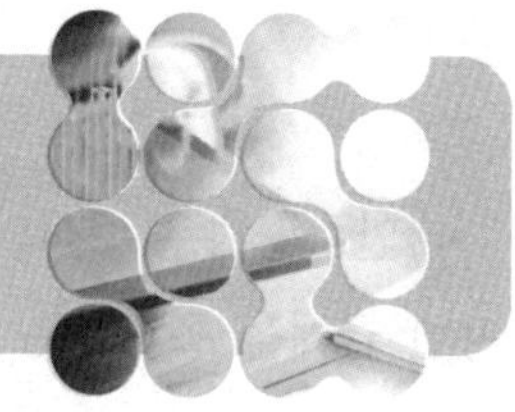

제5장

합병거래에 대한 과세문제

제1절 합병에 대한 개관

Ⅰ 개요

합병이란 기업의 효율성 및 이윤 증대, 경영의 안정성과 성장력의 동기 부여, 기업 간 시너지(Synergy) 효과를 극대화하기 위한 목적으로 두 개 이상의 회사가 상법에서 규정된 절차에 따라 청산절차를 거치지 않고 하나의 회사가 되는 것을 말한다. 합병을 통해 존속하거나 신설하는 회사는 소멸된 회사의 모든 권리의무를 승계하므로 소멸회사는 존속 또는 신설회사에서 계속적으로 사업을 영위하는 효과가 있다(상법 §235).

합병은 흔히 M&A(Mergers & Acquisitions)라 통용되는데 여기에서 Mergers(합병)는 둘 이상의 기업이 법률적으로 하나의 기업이 되는 것을 의미하며, Acquisitions(인수)는 기업의 주식을 취득하여 경영권을 획득하는 것을 의미하므로 세법상 합병에 대한 과세문제는 M&A가 아닌 Mergers(합병)에 대한 문제라 할 수 있다.

합병은 합병당사회사 중 하나가 청산하여 소멸되면서 다른 합병당사회사에 모든 권리의무를 승계하는 흡수합병과 신설회사를 설립하여 합병당사회사들의 모든 권리의무를 신설회사에 승계한 후 소멸하는 신설합병으로 구분할 수 있다.

Ⅱ 합병비율과 과세문제

합병비율은 합병 시 소멸하는 회사의 주식과 존속 또는 신설하는 회사의 주식과의 교환비율을 의미한다. 합병비율이 정해지는 경우 존속 또는 신설회사는 소멸회사의 주주에게 합병비율을 고려하여 합병대가를 지급하게 되는데, 대개의 경우 현금지급이 아닌 존속회사 또는 신설회사의 신주를 발행해서 교부한다.

합병비율을 정하는 것은 합병계약 시 가장 중요한 사항으로, 합병당사회사의 주식가치의 비율을 고려하여 공정하게 정해진 경우에는 과세문제가 없다.

하지만 합병당사회사 중 어느 하나의 회사의 주식을 과대평가하거나 과소평가하여 합병비율이 불공정하게 정해지는 경우에는 합병비율이 불리하게 정해진 합병당사회사의 주주의 경우 합병 후 주식평가액이 하락하고 합병법인에 대한 지분비율이 하락하는 반면, 합병비율이 유리하게 정해진 합병당사회사의 주주의 경우 합병 후 주식평가액이 상승하고 합병법인에 대한 지분비율이 상승하게 된다. 즉, 합병비율이 불리한 법인의 주주가 합병비율이 유리한 법인의 주주에게 이익을 이전하는 결과가 된다.

이러한 점을 이용하여 특수관계인 간에 재산의 직접적인 이전이 아닌 우회적인 방법으로 합병비율을 조작하는 방식의 조세회피를 시도할 수 있는바 세법은 특수관계 있는 법인 간 불공정 합병에 대한 과세문제를 규정하고 있다.

따라서 세법상 합병에 대한 과세문제는 합병비율이 불공정한 불공정합병에 대한 과세문제라 할 수 있다.

제2절 불공정합병에 대한 과세문제

CASE

비상장법인인 甲법인과 乙법인은 甲법인이 乙법인의 주주에게 합병신주를 교부하는 방식으로 흡수합병하기로 하였다. 합병에 대한 사항은 다음과 같다. 이 경우 합병당사법인의 주주인 A와 B의 과세문제는?

○ 甲법인(존속법인)

• 합병 전 주식평가액: 25,000원

주주	보유주식수	지분율	액면금액	발행주식총수
B	10,000주	100%	10,000원	
소계	10,000주	100%	10,000원	10,000주

○ 乙법인(소멸법인)

• 합병 전 주식평가액: 5,000원

• 주주A의 주식 취득가액: 10,000원

주주	보유주식수	지분율	액면금액	발행주식총수
A	10,000주	100%	10,000원	
소계	10,000주	100%	10,000원	10,000주

○ 합병비율

합병 시 합병비율은 乙법인의 주식을 25,000원으로 과대평가하여 1 : 1로 하였으며, 합병비율에 따라 소멸법인의 주주A에게 甲법인 주식 10,000주를 발행하였다.

○ 합병 후 존속법인인 甲법인 현황

주주	보유주식수	지분율	액면금액	발행주식총수
A	10,000주	50%	10,000원	
B	10,000주	50%	10,000원	
소계	20,000주	100%	10,000원	20,000주

○ 적격 합병(합병비율 1 : 5)인 경우 존속법인인 甲법인 현황

주주	보유주식수	지분율	액면금액	발행주식총수
A	2,000주	16.67%	10,000원	
B	10,000주	83.33%	10,000원	
소계	12,000주	100%	10,000원	12,000주

Ⅰ 법인과 법인 간의 거래

A와 B가 법인과 법인인 경우에는 특수관계인 간 거래와 비특수관계인 간 거래에 따라 다음과 같이 과세문제가 달라진다.

1. 합병비율이 유리한 비영리법인의 증여세

영리법인은 주식이 과대평가되어 합병비율이 유리하게 산정됨으로써 합병을 통해 이익을 이전받은 경우에도 이전받은 이익에 대해 증여세가 면제되지만 비영리법인은 이전받은 이익에 대해 증여세가 과세된다.[227)]

227) 비영리법인에게 합병비율이 불리한 법인의 주주로부터 이전받은 이익에 대해 법인세가 과세되지 않은 것을 전제로 한다.

가. 특수관계인 간 거래

(1) 합병에 따른 이익의 증여

소멸법인의 주식을 과대평가하지 않고 시가대로 공정합병하였을 경우 합병비율인 1 : 5로 합병 시에는 존속법인인 甲법인이 소멸법인인 乙법인의 주주A에게 2,000주의 신주를 발행하면 되므로 甲법인에 대한 B주주의 지분율은 83.33%이고 소멸법인 A주주의 지분율은 16.67%가 된다.

하지만 소멸법인의 주식을 과대평가하여 1 : 1 비율로 합병함에 따라 소멸법인의 주주A는 甲법인에 대한 지분율이 50%가 되어 합병법인에 대한 지분율이 16.67%에서 50%로 상승함에 따라 주식평가액이 상승하여 이익을 얻게 되었지만 존속법인의 주주였던 주주B는 합병법인에 대한 지분율이 83.33%에서 50%로 하락함에 따라 주식평가액이 하락하여 손해를 보게 된다.

이처럼 특수관계 있는 법인 간의 합병으로 인하여 소멸하거나 흡수되는 법인 또는 신설되거나 존속하는 법인의 대주주등이 이익을 얻은 경우에는 분여받은 이익에 대해 증여세가 과세된다(상증법 §38①).

상속세 및 증여세법 제38조【합병에 따른 이익의 증여】
① 대통령령으로 정하는 특수관계에 있는 법인 간의 합병(분할합병을 포함한다. 이하 이 조에서 같다)으로 소멸하거나 흡수되는 법인 또는 신설되거나 존속하는 법인의 대통령령으로 정하는 대주주등(이하 이 조 및 제39조의2에서 "대주주등"이라 한다)이 합병으로 인하여 이익을 얻은 경우에는 그 합병등기일을 증여일로 하여 그 이익에 상당하는 금액을 그 대주주등의 증여재산가액으로 한다. 다만, 그 이익에 상당하는 금액이 대통령령으로 정하는 기준금액 미만인 경우는 제외한다. (2015. 12. 15. 개정)

(2) 증여자와 수증자

증여자는 합병 후 주식평가액이 하락한 합병비율이 불리한 법인의 주주등이고, 수증자는 합병 후 주식평가액이 상승한 합병비율이 유리한 법인의 대주주등이다.

(3) 특수관계인 요건

가) 합병법인 간 특수관계 요건

불공정합병에 따라 이익을 얻은 대주주등에 대한 증여세는 합병등기일이 속하는 사업연도의 직전 사업연도 개시일(그 개시일이 서로 다른 법인이 합병한 경우에는 먼저 개시한 날)부터 합병등기일까지의 기간 중 다음 중 어느 하나에 해당하는 특수관계에 있는 법인 간에 합병하는 경우에 한하여 과세된다(상증령 §28①).

다만, 주권상장법인이 자본시장과 금융투자업에 관한 법률 제165조의4에 따라 다른 법인과 합병하는 경우에는 특수관계에 있는 법인 간 합병으로 보지 않는다(상증령 §28①단서).

① 법인세법 시행령 제2조 제8항에 따른 특수관계에 있는 법인
② 본인이 속한 독점규제 및 공정거래에 관한 법률 시행령 제4조 각호의 어느 하나에 해당하는 기업집단에 속하는 계열회사
③ 동일인이 임원의 임면권의 행사 또는 사업방침의 결정 등을 통하여 합병당사법인의 경영에 대하여 영향력을 행사하고 있다고 인정되는 관계에 있는 법인

상속세 및 증여세법 시행령 제28조 【합병에 따른 이익의 계산방법 등】

① 법 제38조 제1항 본문에서 "대통령령으로 정하는 특수관계에 있는 법인 간의 합병"이란 합병등기일이 속하는 사업연도의 직전 사업연도 개시일(그 개시일이 서로 다른 법인이 합병한 경우에는 먼저 개시한 날을 말한다)부터 합병등기일까지의 기간 중 다음 각호의 어느 하나에 해당하는 법인 간의 합병을 말한다. 다만, 다음 각호의 어느 하나에 해당하는 법인 간의 합병 중 「자본시장과 금융투자업에 관한 법률」에 따른 주권상장법인이 다른 법인과 같은 법 제165조의4 및 같은 법 시행령 제176조의5에 따라 하는 합병은 특수관계에 있는 법인 간의 합병으로 보지 아니한다. (2016. 2. 5. 개정)

1. 「법인세법 시행령」 제2조 제5항에 따른 특수관계에 있는 법인 (2019. 2. 12. 개정)
2. 제2조의2 제1항 제3호 나목에 따른 법인 (2016. 2. 5. 개정)
3. 동일인이 임원의 임면권의 행사 또는 사업방침의 결정 등을 통하여 합병당사법인(합병으로 인하여 소멸·흡수되는 법인 또는 신설·존속하는 법인을 말한다. 이하 같다)의 경영에 대하여 영향력을 행사하고 있다고 인정되는 관계에 있는 법인
(1996. 12. 31. 개정)

나) 주주 간 특수관계 요건

합병비율이 유리한 법인의 대주주등에 대한 증여세는 특수관계 있는 법인 간 불공정합병하는 경우만을 요건으로 하며, 합병비율이 유리한 법인의 주주와 합병비율이 불리한 법인의 주주 간에 특수관계가 성립하는 것은 요건으로 하지 않는다.

따라서 특수관계 있는 법인 간에 불공정합병하는 경우에는 합병당사법인의 주주 간에 특수관계 성립 여부와 관계없이 증여세가 과세된다.

(4) 대주주등 요건

불공정합병에 따라 이익을 얻은 자에 대한 증여세 과세는 합병비율이 유리한 법인의 주주 중 대주주등에 해당하는 경우에 한하여 과세한다.

여기서 대주주등이란 해당 주주등의 지분 및 그의 특수관계인의 지분을 포함하여 해당 법인의 발행주식총수등의 100분의 1 이상을 소유하고 있거나 소유하고 있는 주식등의 액면가액이 3억 원 이상인 자를 말한다(상증령 §28②).

(5) 가액요건

가) 합병대가를 주식등으로 받는 경우: 30%와 3억 원 요건

합병대가를 주식등으로 받는 경우에는 증여재산가액이 합병 후 신설 또는 존속하는 법인의 주식등의 평가가액의 30%와 3억 원 중 적은 금액 이상인 경우에 한하여 과세한다(상증령 §28④1호).

이 경우 3억 원 이상인지 여부에 대한 판단은 대주주등을 기준으로 적용하여 판단하는 것이 아닌 대주주 1인을 기준으로 적용하여 판단하여야 한다(상증법 통칙 38-28…3).

나) 합병대가를 주식등 외 재산으로 받는 경우: 3억 원 요건

합병대가를 주식등 외 재산으로 받는 경우로서 합병대가가 취득가액을 초과하는 경우에는 합병대가와 액면가액의 차액이 의제배당에 해당한다(법법 §16①5호). 따라서 합병대가를 주식등 외 재산으로 받는 경우로서 1주당 평가액이 액면가액을 초과하는 경우에는 의제배당으로 과세되므로 증여세 과세문제가 발생하지 않는다.

하지만 합병당사법인의 1주당 평가가액이 액면가액에 미달하는 경우로서 그 평가가액을 초과하여 합병대가를 지급받는 경우에는 합병대가와 취득가액과의 차액에 대해 의제배당으로 과세되지 않으므로 증여세를 과세하지 않는 경우에는 세부담이 없이 이익을 분여받는 결과가 된다.

따라서 합병대가를 주식등 외 재산으로 수령하는 경우에는 합병당사법인의 1주당 평가가액이 액면가액에 미달하는 것을 과세요건으로 하고 있으며 증여재산가액이 3억 원 이상인 경우에 한하여 증여세가 과세된다(상증령 §28③2호, ④2호).[228]

---

228) 합병대가를 주식으로 교부받은 경우에 대해 주식평가액이 액면가액에 미달할 것에 대한 요건이 없는 것은 실무상 합병대가를 주식으로 교부받는 경우에는 적격합병 요건을 충족하여 의제배당으로 과세되는 금액이 없으므로 이를 고려한 것이라 할 수 있다.

① 합병대가를 주식등으로 교부받은 경우: 30%와 3억 원 요건
증여재산가액 ≥ Min(①, ②)
(① 합병 후 법인의 주식등 평가가액의 30%, ② 3억 원)

② 합병대가를 주식등 외 재산으로 지급받는 경우
○ 주식등의 평가액 요건: 주식등의 평가액 〈 액면가액
○ 증여재산가액 요건: 증여재산가액 ≥ 3억 원

(6) 증여재산가액

가) 합병대가를 주식등으로 교부받은 경우

① 증여재산가액의 계산

합병대가를 주식등으로 교부받은 경우 증여재산가액은 합병 후 법인의 1주당 평가액에서 합병비율을 반영한 주가 과대평가법인의 합병 전 1주당 평가액을 차감한 금액에 대주주등이 합병으로 교부받은 주식수를 곱한 금액으로 한다(상증령 §28③1호).

○ 합병대가를 주식등으로 교부받은 경우 증여재산가액
[(①-②) × ③]
① 합병 후 신설 또는 존속하는 법인의 1주당 평가가액
② 주가가 과대평가된 합병당사법인의 1주당 평가가액 × 주가가 과대평가된 합병당사법인의 합병비율
③ 대주주등이 합병으로 교부받은 주식수

○ 합병대가를 주식등으로 교부받은 경우 증여재산가액(1억 원)
100,000,000원 = [15,000원 - (5,000원×10,000주/10,000주)] × 10,000주

② 합병 후 신설 또는 존속하는 법인의 1주당 평가액

비상장법인의 경우에는 합병 직전 합병당사법인의 주식등 가액의 합을 합병 후 주식수로 나눈 금액(단순평균액)으로 하며 주권상장법인등의 경우에는 단순평균액과 합병등기일로부터 2월이 되는 날까지의 최종시세가액의 평균액 중 적은 금액으로 한다(상증령 §28⑤).

○ 비상장법인(단순평균액)

$$\frac{\text{합병 전 합병·피합병법인의 주식가액 합계액}}{\text{합병 후 주식수}}$$

15,000원 = (25,000원×10,000주+5,000원×10,000주) / 20,000주

* 합병 후 주식평가액(3억 원) = 15,000원 × 20,000주

○ 주권상장법인등: Min(①, ②)
① 단순평균액
② 합병등기일로부터 2월이 되는 날까지의 최종시세가액의 평균액

③ 합병 직전 주식등의 가액

비상장법인은 상법상 대차대조표 공시일을 평가기준일로 하여 상속세 및 증여세법 제60조 및 제63조 제1항 나목을 준용하여 평가한 금액으로 하며 주권상장법인 등의 경우에는 대차대조표 공시일, 합병의 증권신고서 제출한 날 중 빠른 날 이전 2개월간 최종시세가액의 평균액과 비상장주식 평가방법을 준용하여 평가한 가액 중 적은 금액으로 한다(상증령 §28⑤, ⑥).

○ 비상장법인
• 평가기준일: 상법 제522조의2에 따른 대차대조표 공시일
• 평가액: 상속세 및 증여세법 제60조 및 제63조 제1항 나목을 준용한 평가가액

○ 주권상장법인 등
• 평가기준일: 대차대조표 공시일과 합병의 증권신고서 제출한 날 중 빠른 날
• 평가액: Min(①, ②)
① 평가기준일 전 2개월간 최종시세가액의 평균액
② 상속세 및 증여세법 제60조 및 제63조 제1항 나목을 준용한 평가가액

나) 합병대가를 주식등 외 재산으로 지급받은 경우

합병당사법인의 1주당 평가가액이 액면가액에 미달하는 경우에 그 평가가액을 초과하여 합병대가를 지급받는 경우로서 합병대가를 주식등 외의 재산으로 지급받은 경우에는 1주당 합병대가(액면가액을 초과하는 경우 액면가액)에서 합병 전 평가액을 차감한 가액에 대주주등의 주식등의 수를 곱한 금액으로 한다(상증령 §28③2호).

○ 합병대가를 주식등 외의 재산으로 지급받은 경우 증여재산가액
- 합병대가가 액면가액에 미달하는 경우: (합병대가 - 합병당사 법인 주식등의 평가액) × 대주주등의 주식수
- 합병대가가 액면가액을 초과하는 경우: (액면가액 - 합병당사 법인 주식등의 평가액) × 대주주등의 주식수

다) 의제배당으로 과세된 금액이 있는 경우

합병비율이 유리한 법인의 주주에게 의제배당으로 과세된 금액이 있는 경우에는 의제배당금액을 차감하여 증여재산가액을 계산한다.[229)]

상속세 및 증여세법 기본통칙 38-28…2

【합병 시 증여재산가액에 의제배당금액이 가산된 경우】

영 제28조 제3항 제1호의 규정에 의하여 계산한 금액에 「소득세법」 제17조 제2항 제4호의 의제배당금액이 포함된 경우에는 이를 차감한다.

【재산상속46014-465, 2000. 4. 17.】

합병 시 합병대가를 주식등 외의 재산으로 지급한 경우 증여의제가액계산상 '의제배당금액' 해당액은 차감하고 증여세 과세함.

(7) 증여일

합병에 따른 이익에 대해 증여세 과세 시 증여일은 합병등기일이다(상증법 §38①).

불공정합병의 경우 주주에 대한 증여세 과세

○ 거래요건
- 주식등의 시가에 비례하여 합병비율을 산정하지 않은 불공정합병일 것
- 주권상장법인이 「자본시장과 금융투자업에 관한 법률」 제165조의4에 따라 다른 법인과 합병하는 경우가 아닐 것

○ 특수관계 요건
- 합병당사법인 간 특수관계인 요건

  합병등기일이 속하는 사업연도의 직전 사업연도 개시일부터 합병등기일까지의 기간

229) 실무상 합병은 거의 대부분 적격합병으로 진행되고 적격합병의 경우 의제배당에 대한 과세문제가 발생하지 않으므로 실무상 증여세 과세 시 의제배당으로 과세된 금액을 차감하는 경우는 거의 없다고 할 수 있다.

중 법인세법상 특수관계 있는 법인, 기업집단소속기업, 동일인이 사실상 영향력 행사하는 법인 간 합병일 것

- 합병당사법인의 주주 간 특수관계인 요건
  합병당사법인의 주주 간 특수관계인 요건은 없음.

○ 대주주등 요건
합병비율이 유리한 법인의 대주주등에 해당할 것

○ 가액요건(① 또는 ②를 충족할 것)

① 30%와 3억 원 요건(합병대가를 주식등으로 교부받은 경우) • 증여재산가액 ≥ Min(합병 후 법인 주식등 평가액의 30%, 3억 원) ② 주식평가액과 3억 원 요건(합병대가를 주식등 외 재산으로 지급받은 경우) • 주식평가액 요건: 주식평가액 〈 액면가액 • 증여재산가액 ≥ 3억 원

○ 증여자와 수증자
- 증여자: 합병비율이 불리한 법인의 주주
- 수증자: 합병비율이 유리한 법인의 주주

○ 증여재산가액(의제배당금액으로 과세된 금액 차감)
- 합병대가를 주식등으로 교부받은 경우

[합병 후 법인 1주당 평가액 - (합병 전 1주당 평가액×합병비율)] × 대주주등의 주식수

- 합병대가를 주식등 외 재산으로 지급받은 경우

[합병대가(액면가액) - 합병 전 1주당 평가액] × 대주주등의 주식수

○ 증여일
- 합병등기일

나. 비특수관계인 간 거래

합병에 따른 이익에 대한 증여세는 합병당사법인 간 특수관계 성립만을 요건으로 할 뿐 합병당사법인 주주 간 특수관계 성립은 요건으로 하지 않으므로 합병당사법인의 주주 간에 상속세 및 증여세법상 특수관계가 성립하지 않는 경우에도 증여세가 과세된다.

2. 합병비율이 유리한 법인의 법인세

가. 특수관계인 간 거래

(1) 분여받은 이익의 익금산입

가) 내국법인인 경우

특수관계 있는 법인 간에 합병당사법인의 주식등을 시가보다 낮거나 높게 평가하는 불공정합병하는 경우에 합병당사법인의 주주 간에 법인세법 시행령 제2조 제5항에 의한 특수관계가 성립하는 경우로서 법인세법 시행령 제88조 제1항 제8호 또는 제8호의2의 부당행위계산부인 대상거래 요건을 충족하는 경우에는 상속세 및 증여세법 시행령 제28조 제3항을 준용하여 계산한 분여받은 이익을 익금산입하여야 한다(법령 §11 8호).

〈회계처리〉
D) 유가증권(지분법적용 투자주식 甲) 1억 원
C) 유가증권(지분법적용 투자주식 乙) 1억 원

〈세무조정〉
익금산입 자산수증이익 1억 원(유보)

나) 외국법인인 경우

외국법인이 특수관계 있는 내국법인으로부터 법인세법 시행령 제88조 제1항 제8호, 제8호의2에 해당하는 자본거래를 통해 이익을 분여받은 경우로서 분여받은 이익이 의제배당금액을 초과하는 경우 이익을 분여한 법인은 국제조세조정에 관한 법률을 적용하지 않고 법인세법상 부당행위계산부인을 적용하여야 한다(국조법 §4②, 국조령 §4 4호).

또한 외국법인이 국제조세조정에 관한 법률 시행령 제2조 제1항 및 법인세법 시행령 제131조 제2항에 해당하는 특수관계인으로부터 자본거래를 통해 분여받은 이익은 국내원천 기타소득에 해당한다(법법 §93 10호).

따라서 소득을 지급하는 자는 국내원천 기타소득에 대한 원천세율 20%를 적용한 원천세를 징수하여 익월 10일까지 납부하여야 한다(법법 §98①8호).

(2) 비적격합병의 경우 의제배당

가) 내국법인인 경우

① 원칙

합병대가로 신주를 교부받은 경우로서 교부받은 신주의 시가가 피합병법인 주식등을 취득하기 위하여 소요된 금액을 초과하는 경우 합병대가에서 피합병법인 주식등의 취득을 위해 소요된 금액을 차감한 금액은 의제배당에 해당하여 법인세가 과세된다(법법 §16①5호).[230]

② 분여받은 이익을 익금산입한 경우 합병대가 산정

합병당사법인의 주주 간에 특수관계가 성립하는 경우로서 자본거래를 통해 분여받은 이익을 익금산입한 경우에는 교부받은 신주의 시가에서 분여받은 이익을 차감한 가액을 합병대가로 보아 의제배당금액을 계산한다(법령 §14①1호라목).

익금산입한 분여받은 이익은 상속세 및 증여세법 시행령 제28조 제3항의 증여재산가액 계산방식을 준용하여 계산하는 것으로, 증여재산가액에는 의제배당금액이 포함되어 있는 바 분여받은 이익을 익금산입한 경우에는 의제배당으로 과세되는 금액이 없다.

○ 의제배당금액
　= (합병으로 교부받은 신주의 가액－주식등의 취득가액)
　* 합병으로 교부받은 신주의 가액(합병대가)
　　= 합병으로 취득한 합병법인 주식의 시가－분여받은 이익의 익금산입액

○ 의제배당금액(없음)
　= [(15,000 × 10,000주)－1억 원]－(10,000 × 10,000주)

230) 실무상 합병대가를 주식으로 교부받은 경우에는 거의 적격합병에 해당하여 의제배당으로 과세되는 금액이 없지만 의제배당으로 과세되는 경우에 대한 과세문제를 설명하기 위해 비적격합병에 해당하는 경우를 가정하여 과세문제를 설명하기로 한다.

법인세법 제16조【배당금 또는 분배금의 의제】

① 다음 각호의 금액은 다른 법인의 주주 또는 출자자(이하 "주주등"이라 한다)인 내국법인의 각 사업연도의 소득금액을 계산할 때 그 다른 법인으로부터 이익을 배당받았거나 잉여금을 분배받은 금액으로 본다. (2018. 12. 24. 개정)

5. 피합병법인의 주주등인 내국법인이 취득하는 합병대가가 그 피합병법인의 주식등을 취득하기 위하여 사용한 금액을 초과하는 금액 (2018. 12. 24. 개정)

② 제1항 제5호 및 제6호, 제44조 및 제46조에서 합병대가와 분할대가는 다음 각호의 금액을 말한다. (2018. 12. 24. 신설)

1. 합병대가: 합병법인으로부터 합병으로 인하여 취득하는 합병법인(합병등기일 현재 합병법인의 발행주식총수 또는 출자총액을 소유하고 있는 내국법인을 포함한다)의 주식등의 가액과 금전 또는 그 밖의 재산가액의 합계액 (2018. 12. 24. 신설)

법인세법 시행령 제14조【재산가액의 평가 등】

① 법 제16조 제1항 각호에 따라 취득한 재산 중 금전 외의 재산의 가액은 다음 각호에 따른다. (2016. 2. 12. 개정)

1. 취득한 재산이 주식 또는 출자지분(이하 "주식 등"이라 한다)인 경우에는 다음 각목의 금액 (2009. 2. 4. 개정)

   라. 그 밖의 경우: 취득 당시 법 제52조에 따른 시가(이하 "시가"라 한다). 다만, 제88조 제1항 제8호에 따른 특수관계인으로부터 분여받은 이익이 있는 경우에는 그 금액을 차감한 금액으로 한다. (2019. 2. 12. 개정)

나) 외국법인인 경우

비적격합병의 경우에는 외국법인도 합병대가에서 피합병법인 주식등의 취득을 위해 소요된 금액을 차감한 금액은 국내원천 배당소득에 해당한다(법법 §93 2호).

이 경우 외국법인의 합병에 따른 의제배당금액 계산 시에는 분여받은 이익을 차감하지 않으므로 합병대가에서 피합병법인 주식등의 취득에 소요된 금액을 차감한 금액이 국내원천 배당소득금액으로 계산된다.

따라서 소득을 지급하는 자는 국내원천 배당소득에 대한 원천징수세율 20%를 적용한 원천세를 징수하여 납부하여야 한다(법법 §98①2호).

(3) 적격합병의 경우 의제배당

법인세법 제44조에서 규정하고 있는 적격합병 요건 중 일정 요건을 갖춘 경우에는 교부받은 신주의 가액을 종전 주식의 장부가액으로 보므로 의제배당으로 과세되는 금액이 없다.

가) 적격합병

법인세법은 적격합병에 대한 요건을 규정하고 적격합병에 해당하는 경우에는 피합병법인의 이월결손금 승계 인정, 세무조정사항 일괄 승계, 세액공제 승계, 피합병법인 자산의 양도손익 과세이월 등의 혜택을 부여하고 있다.

적격합병이란 다음 요건을 갖춘 경우를 말하는 것으로 합병비율에 대한 요건은 없는바 불공정합병인 경우에도 적격합병에 해당할 수 있다(법법 §44②).

① 합병등기일 현재 1년 이상 사업을 계속하던 내국법인 간의 합병일 것[231)]

② 피합병법인의 주주등이 합병대가의 80% 이상을 주식으로 교부받는 것 등에 해당할 것

③ 합병법인이 합병등기일이 속하는 사업연도의 종료일까지 피합병법인으로부터 승계받은 사업을 계속할 것

④ 합병등기일 1개월 전 당시 피합병법인에 종사하는 법인세법 시행령 제80조의2 제6항에서 정하는 근로자 중 합병법인이 승계한 근로자의 비율이 100분의 80 이상이고, 합병등기일이 속하는 사업연도의 종료일까지 그 비율을 유지할 것[232)]

나) 적격합병의 경우 피합병법인 주주에 대한 과세특례

적격합병 요건 중 합병등기일 현재 1년 이상 계속 사업을 영위한 내국법인 간 합병, 합병대가의 80% 이상을 주식으로 교부받는 요건을 충족하는 경우에는 교부받은 신주의 가액을 종전 주식의 장부가액으로 평가하되 합병대가 중 일부를 금전이나 그 밖의 재산으로 받은 경우로서 교부받은 주식의 시가가 종전의 장부가액보다 적은 경우에는 시가로 평가한다(법령 §14①1호나목).

따라서 합병대가가 종전 주식의 장부가액이 되므로 의제배당금액이 0이 되어 의제배당으로 과세되는 금액이 없다.

실무상 거의 모든 합병은 적격합병 요건 중 의제배당에 대해 과세하지 않는 요건인 1년 이상 계속 사업을 영위한 내국법인 간의 합병, 합병대가의 80% 이상을 주식으로 교부하는 요건을 충족하므로 내국법인과 외국법인 간에 합병하는 경우를 제외하고는 합병 시 의제배당으로 과세되는 경우는 거의 없다.

---

231) 다만, 다른 법인과 합병하는 것을 사업목적으로 하는 「자본시장과 금융투자업에 관한 법률 시행령」 제6조 제4항 제14호에 따른 기업인수목적회사로서 같은 호 각목의 요건을 모두 갖춘 법인은 제외한다.

232) 다만, 다른 법인과 합병하는 것을 사업목적으로 하는 「자본시장과 금융투자업에 관한 법률 시행령」 제6조 제4항 제14호에 따른 기업인수목적회사로서 같은 호 각목의 요건을 모두 갖춘 법인은 제외한다.

○ 적격합병 시 피합병법인 주주가 교부받은 주식의 평가 특례
- 요건
  - 1년 이상 계속 사업을 영위한 내국법인 간 합병일 것
  - 합병대가의 80% 이상을 주식으로 교부받을 것
- 주식만 교부받은 경우: 종전 주식의 장부가액
- 주식과 그 외 재산을 받은 경우: Min[①, ②]
  (① 교부받은 주식의 시가, ② 종전 주식의 장부가액)

주주 간에 특수관계 성립 시 이익을 분여받은 법인의 법인세

○ 비적격합병 시 합병대가를 주식으로 교부받는 경우
- 특수관계인으로부터 분여받은 이익: 익금산입
- 의제배당금액: 분여받은 이익을 차감한 금액을 합병대가로 산정
  ⇒ 의제배당으로 과세되는 금액 없음.

(4) 피합병법인 주주의 합병법인 주식 취득가액

피합병법인 주주의 합병법인 주식 취득가액은 종전 주식의 장부가액에 분여받은 이익의 익금산입액과 의제배당으로 과세된 금액을 가산한 금액에서 합병대가로 교부받은 주식 외의 금전이나 기타 재산가액을 차감하여 계산한다(법령 §72②5호).

따라서 피합병법인 주주의 합병법인 주식의 취득가액은 2억 원이 되어 합병법인 주식의 세무상 평가액인 1억 5천만 원(15,000원×10,000주)과 차이가 있는 문제점이 있다.

○ 피합병법인 주주의 합병법인 주식 취득가액(2억 원)
= 종전 주식 장부가액(1억 원)+분여받은 이익 익금산입액(1억 원)
+의제배당 금액(0)－합병대가로 교부받은 금전 등

법인세법 시행령 제72조【자산의 취득가액 등】

② 법 제41조 제1항 및 제2항에 따른 자산의 취득가액은 다음 각호의 금액으로 한다. (2010. 12. 30. 항번개정)

5. 합병 또는 분할(물적분할은 제외한다)에 따라 취득한 주식등: 종전의 장부가액에 법 제16조 제1항 제5호 또는 제6호의 금액 및 제11조 제8호의 금액을 더한 금액에서 법 제16

조 제2항 제1호에 따른 합병대가 또는 같은 항 제2호에 따른 분할대가 중 금전이나 그 밖의 재산가액의 합계액을 뺀 금액 (2019. 2. 12. 개정)

나. 비특수관계인 간 거래

(1) 분여받은 이익의 익금산입

주주 간에 특수관계가 성립하지 않는 경우에는 자본거래를 통해 이익을 분여받은 경우에도 분여받은 이익을 익금에 산입하지 않으므로 과세문제가 없다.

(2) 의제배당

가) 적격합병의 경우

적격합병인 경우에는 합병법인으로부터 교부받은 신주의 가액이 종전 주식의 장부가액이 되므로 의제배당금액이 0이 된다.

나) 비적격합병의 경우

의제배당계산 시 차감할 분여받은 이익이 없으므로 합병법인으로부터 교부받은 신주의 시가에서 종전 주식의 장부가액을 차감한 가액에 대해 의제배당으로 법인세가 과세된다.

○ 적격합병의 경우
의제배당: 없음.

○ 비적격합병의 경우
- 의제배당
(합병으로 취득한 합병법인 주식등의 가액 – 주식등의 취득가액)
- 의제배당(5천만 원) = (15,000×10,000주) – (10,000×10,000주)

3. 합병비율이 유리한 법인의 주주의 증여세

가. 특수관계인 간 거래

합병비율이 유리한 법인이 지배주주등의 직·간접 지분율이 30% 이상인 특정법인에 해당하는 경우에도 불공정합병으로 인해 이익을 분여받는 거래는 상속세 및 증여세법 제45조의5에서 규정하고 있는 특정법인과의 거래를 통한 이익의 증여의제 과세대상거래가 아니므로 과세문제가 없다.

나. 비특수관계인 간 거래

비특수관계인 간 거래의 경우에도 합병비율이 유리하게 산정되어 이익을 분여받은 경우는 상속세 및 증여세법 제45조의5에서 규정하고 있는 특정법인과의 거래를 통한 이익의 증여의제 과세대상거래가 아니므로 과세문제를 검토할 필요가 없다.

4. 합병비율이 불리한 법인의 법인세

가. 특수관계인 간 거래

특수관계 있는 법인 간에 불공정합병 시 합병당사법인의 주주 간에 법인세법 시행령 제2조 제8항에 의한 특수관계가 성립하는 경우로서 합병비율이 유리한 법인의 주주에게 분여한 이익이 합병 후 신설 또는 존속하는 법인의 주식등의 평가가액의 100분의 30과 3억 원 중 적은 금액 이상인 경우에는 부당행위계산부인 대상거래에 해당한다(법령 §88①8호가목).

이 경우 불공정합병에 대한 부당행위계산부인은 적격합병 여부와 관계없이 부당행위계산부인 요건을 충족하는 경우에는 무조건 적용하여야 한다.

따라서 상속세 및 증여세법 시행령 제28조 제3항을 준용하여 계산한 특수관계 있는 법인에게 분여한 이익을 익금산입하고 거래상대방이 법인이므로 기타사외유출로 소득처분하여야 한다.

〈회계처리〉
없음.

〈세무조정〉
익금산입 부당행위계산부인 1억 원(기타사외유출)

불공정합병의 경우 부당행위계산부인 적용

○ 거래요건
- 주식을 시가보다 높거나 낮게 평가한 불공정합병일 것
- 주권상장법인이 「자본시장과 금융투자업에 관한 법률」 제165조의4에 따라 다른 법인과 합병하는 경우가 아닐 것

○ 특수관계 요건
- 합병당사법인 요건
  특수관계 있는 법인 간의 합병일 것
- 합병당사법인의 주주 요건
  합병당사법인의 주주 간에 특수관계가 성립할 것

○ 가액요건(① 또는 ②를 충족할 것)

① 30% 요건(합병대가를 주식등으로 교부받은 경우)
분여한 이익 ≥ Min(합병 후 법인 주식등 평가액의 30%)
② 3억 원 요건(합병대가를 주식등 외 재산으로 지급받은 경우)
분여한 이익 ≥ 3억 원

| 합병에 따른 이익의 증여 vs 부당행위계산부인 |

구분	합병에 따른 이익의 증여	부당행위계산부인
합병당사법인 특수관계 요건	합병당사법인 간 특수관계가 성립할 것	합병당사법인 간 특수관계가 성립할 것
합병당사법인 주주의 특수관계 요건	주주 간 특수관계 필요없음.	주주 간 특수관계 성립할 것

나. 비특수관계인 간 거래

주주 간에 특수관계가 성립하지 않는 경우에는 불공정합병을 통해 합병비율이 유리한 법인의 특수관계 없는 주주에게 이익을 분여한 경우에도 법인세법상 과세문제가 없다.

Ⅱ 법인과 개인 간의 거래

A와 B가 법인과 개인인 경우에는 특수관계인 간 거래와 비특수관계인 간 거래에 따라

다음과 같이 과세문제가 달라진다.

1. 합병비율이 유리한 비영리법인의 증여세

영리법인은 주식이 과대평가되어 합병비율이 유리하게 산정됨으로써 이익을 이전받은 경우에도 이전받은 이익에 대해 증여세가 면제되지만 비영리법인은 이전받은 이익에 대해 증여세가 과세된다.[233)]

가. 특수관계인 간 거래

특수관계 있는 법인 간 불공정합병으로 인해 주식이 과소평가되어 합병비율이 불리한 법인의 주주로부터 주식이 과대평가되어 합병비율이 유리한 법인의 대주주등이 분여받은 이익이 합병 후 주식등의 평가액의 30%와 3억 원 중 적은 금액 이상인 경우에는 이전받은 이익에 대해 증여세가 과세된다(상증법 §38).

나. 비특수관계인 간 거래

불공정합병 시 합병비율이 유리한 법인의 대주주등에 대한 증여세는 합병당사법인의 주주 간에 특수관계 성립을 요건으로 하지 않으므로 주주 간에 상속세 및 증여세법상 특수관계가 성립하지 않는 경우에도 주주 간에 상속세 및 증여세법상 특수관계가 성립하는 경우와 동일하게 증여세가 과세한다.

2. 합병비율이 유리한 법인의 법인세

가. 특수관계인 간 거래

(1) 분여받은 이익 익금산입

특수관계 있는 법인 간 불공정합병하는 경우에 합병당사법인의 주주 간에 법인세법 시행령 제2조 제8항에 의한 특수관계가 성립하는 경우로서 법인세법 제88조 제1항 제8호 또는 제8호의2의 부당행위계산부인 요건을 충족하는 자본거래를 통해 이익을 분여받은 경우에는 분여받은 이익을 익금산입하여야 한다(법령 §11 8호).

233) 비영리법인에게 합병비율이 불리한 법인의 주주로부터 이전받은 이익에 대해 법인세가 과세되지 않은 것을 전제로 한다.

이 경우 익금산입한 분여받은 이익은 합병법인 주식의 취득가액에 가산한다(법령 §72④ 3호).

〈회계처리〉
D) 유가증권(지분법적용투자주식 甲) 1억 원
C) 유가증권(지분법적용투자주식 乙) 1억 원

〈세무조정〉
익금산입 자산수증이익 1억 원(유보)

(2) 의제배당

가) 적격합병의 경우

교부받은 신주의 가액을 종전 주식의 장부가액으로 평가하므로 주식의 취득가액을 초과하여 합병대가를 수령하는 경우에도 의제배당으로 과세되는 금액은 없다.

나) 비적격합병의 경우

합병대가로 교부받은 신주의 시가에서 피합병법인의 주식등 취득에 소요된 금액을 차감한 금액은 의제배당에 해당한다. 하지만 특수관계인으로부터 분여받은 이익을 익금산입한 경우에는 합병대가에서 익금산입한 분여받은 이익을 차감한 금액을 합병대가로 하여 의제배당금액을 계산하므로 의제배당으로 과세되는 금액이 없다.

○ 의제배당금액
= 〔합병으로 교부받은 신주의 가액(합병으로 취득한 합병법인 주식의 시가－이익분여액의 익금산입액)〕－주식등의 취득가액
* 합병으로 교부받은 신주의 가액
= (합병으로 취득한 합병법인 주식의 시가－이익분여액의 익금산입액)

○ 의제배당금액(없음)
= 〔(15,000×10,000주)－1억 원〕－(10,000×10,000주)

나. 비특수관계인 간 거래

(1) 분여받은 이익의 익금산입

주주 간에 특수관계가 없는 경우에는 자본거래를 통해 이익을 분여받은 경우에도 분여받은 이익을 익금에 산입하지 않으므로 과세문제가 없다.

(2) 의제배당

가) 적격합병의 경우

적격합병의 경우에는 합병법인으로부터 교부받은 신주의 가액을 종전 주식의 장부가액으로 보므로 의제배당금액이 0이 된다.

나) 비적격합병의 경우

주주 간에 특수관계가 성립하지 않는 경우에는 의제배당금액 계산 시 합병대가에서 차감할 분여받은 이익이 없으므로 합병으로 인해 교부받은 신주의 시가에서 피합병법인 주식등 취득에 소요된 금액을 차감한 금액에 대해 의제배당으로 법인세가 과세된다.

○ 적격합병의 경우 의제배당: 없음. ○ 비적격합병의 경우 • 의제배당 =(합병으로 취득한 합병법인의 주식등의 가액－주식 등의 취득가액) • 의제배당(5천만 원)＝(15,000×10,000주)－(10,000×10,000주)

3. 합병비율이 유리한 법인의 주주의 증여세

가. 특수관계인 간 거래

합병비율이 유리한 법인이 지배주주등의 직·간접 지분율이 30% 이상인 특정법인에 해당하는 경우에도 불공정합병으로 인해 이익을 분여받는 거래는 상속세 및 증여세법 제45조의5에서 규정하는 특정법인과의 거래를 통한 이익의 증여의제 과세대상거래가 아니므로 과세문제가 없다.

나. 비특수관계인 간 거래

비특수관계인 간 거래의 경우에도 합병비율이 유리하게 산정되어 특수관계 없는 주주로부터 이익을 분여받은 경우는 상속세 및 증여세법 제45조의5에서 규정하는 특정법인과의 거래를 통한 이익의 증여의제 과세대상거래가 아니므로 과세문제를 검토할 필요가 없다.

4. 합병비율이 불리한 개인의 소득세

가. 특수관계인 간 거래

자본거래를 통해 분여받은 이익은 소득세법 제19조, 제21조의 사업소득, 기타소득에 해당하지 않는다.

따라서 특수관계 있는 법인 간에 불공정합병하는 경우에 합병당사법인의 주주 간에 국세기본법 시행령 제1조의2 제2항, 제3항 제1호에 의한 특수관계가 성립하는 경우로서 합병비율이 불리한 법인의 개인주주가 합병비율이 유리한 법인의 주주에게 분여한 이익이 합병 후 주식평가액의 30%와 3억 원 중 적은 금액 이상인 경우에도 소득세법 시행령 제98조 제2항의 부당행위계산부인 대상거래가 아니므로 과세문제가 없다.

나. 비특수관계인 간 거래

주주 간에 특수관계 성립 여부와 관계 없이 개인이 자본거래를 통해 이익을 분여한 경우에는 소득세 과세문제가 발생하지 않는다.

Ⅲ 개인과 법인 간의 거래

A와 B가 개인과 법인인 경우에는 특수관계인 간 거래와 비특수관계인 간 거래에 따라 다음과 같이 과세문제가 달라진다.

1. 합병비율이 유리한 개인의 증여세

가. 특수관계인 간 거래

(1) 합병에 따른 이익의 증여

특수관계 있는 법인 간에 불공정합병으로 인해 주가가 과소평가된 합병비율이 불리한 법인의 주주로부터 주가가 과대평가된 합병비율이 유리한 법인의 대주주등이 이익을 분여받은 경우로서 분여받은 이익이 합병 후 주식등의 평가액의 30%와 3억 원 중 적은 금액 이상인 경우에는 이전받은 이익에 대해 증여세가 과세된다(상증법 §38).

(2) 의제배당으로 과세된 금액이 있는 경우

비적격합병의 경우로서 합병비율이 유리한 개인에게 의제배당으로 과세된 금액이 있는 경우에는 증여재산가액 계산 시 의제배당으로 과세된 금액을 차감하여 계산한다.

○ 의제배당금액 차감 후 증여재산가액(5천만 원) =전체 증여재산가액(1억 원) - 의제배당금액[(15,000 - 10,000)×10,000주] ○ 총 증여재산가액의 구성(주식평가액과 합병대가와의 차액) =의제배당금액 차감 후 증여재산가액(액면가액과 주식평가액의 차액) +의제배당금액(액면가액과 합병대가와의 차액)

(3) 양도소득금액 계산 시 주식의 취득가액 산정

해당 주식을 양도 시 필요경비 계산 시에는 취득가액에 증여재산가액을 가산하여 취득가액을 산정한다(소령 §163⑩1호).

나. 비특수관계인 간 거래

불공정합병으로 분여받은 이익에 대한 증여세는 합병당사법인 간에 특수관계가 성립하는 것을 요건으로 할 뿐 합병당사법인 주주 간에 특수관계 성립은 요건으로 하지 않으므로 합병당사법인 주주 간에 상속세 및 증여세법 시행령 제2조의2 제1항에 의한 특수관계가 성립하지 않는 경우에도 합병당사법인 주주 간에 특수관계가 성립하는 경우와 동일하게 증여세가 과세된다.

2. 합병비율이 유리한 개인의 소득세

가. 특수관계인 간 거래

(1) 분여받은 이익에 대한 과세

가) 거주자의 경우

법인이 자본거래를 통해 특수관계인으로부터 이익을 분여받은 경우에는 분여받은 이익을 익금산입하지만 개인은 자본거래를 통해 국세기본법 시행령 제1조의2 제2항, 제3항 제1호에 해당하는 특수관계 있는 법인으로부터 이익을 분여받은 경우에도 개인이 자본거래를 통해 분여받은 이익은 소득세 과세대상이 아니므로 소득세 과세문제가 발생하지 않는다.

나) 비거주자의 경우

거주자와 달리 비거주자의 경우 국제조세조정에 관한 법률 시행령 제2조 제1항 또는 소득세법 시행령 제26조의2 제8항 제1호 가목 또는 나목에 해당하는 특수관계인으로부터 법인세법 시행령 제88조 제1항 제8호, 제8호의2에 해당하는 자본거래를 통해 의제배당으로 과세한 금액을 초과하여 이익을 얻은 경우에는 국내원천 기타소득에 해당한다(소법 §119 12호, 소령 §179⑮).

따라서 해당 소득을 지급하는 자는 국내원천 기타소득에 대한 원천징수세율 20%를 적용한 원천세를 징수하여 납부하여야 한다(소법 §156①8호).

(2) 의제배당

가) 적격합병인 경우

합병으로 소멸한 법인의 주주가 합병 후 존속하는 법인 또는 합병으로 설립된 법인으로부터 교부받은 주식의 가액이 피합병법인의 주식등을 취득하기 위해 소요된 금액을 초과하는 경우 그 초과하는 금액은 의제배당에 해당하여 배당소득세가 과세된다(소법 §17②4호).

이 경우 합병등기일 현재 1년 이상 사업을 계속하던 내국법인 간의 합병으로서 합병대가의 80% 이상을 주식으로 교부받아 적격합병의 요건 중 의제배당에 대해 과세하지 않는 요건을 충족하는 경우에는 피합병법인 주식의 취득가액으로 교부받은 신주를 평가하므로 의제배당금액이 0이 된다(소령 §27①1호나목).

소득세법 시행령 제27조 【의제배당의 계산】

① 법 제17조 제2항 각호의 의제배당에 있어서 금전 외의 재산의 가액은 다음 각호의 구분에 따라 계산한 금액에 따른다. (2016. 2. 17. 개정)

1. 취득한 재산이 주식 또는 출자지분(이하 이 조에서 "주식등"이라 한다)인 경우에는 다음 각목의 어느 하나에 해당하는 금액

   나. 법 제17조 제2항 제4호 또는 제6호에 따른 주식등으로서 「법인세법」 제44조 제2항 제1호 및 제2호(주식등의 보유와 관련된 부분은 제외한다) 또는 같은 법 제46조 제2항 제1호 및 제2호(주식등의 보유와 관련된 부분은 제외한다)의 요건을 갖추거나 같은 법 제44조 제3항에 해당하는 경우에는 피합병법인, 분할법인 또는 소멸한 분할합병의 상대방법인(이하 이 목에서 "피합병법인등"이라 한다)의 주식등의 취득가액. 다만, 합병 또는 분할로 법 제17조 제2항 제4호 또는 제6호에 따른 주식등과 금전, 그 밖의 재산을 함께 받은 경우로서 해당 주식등의 시가가 피합병법인등의 주식등의 취득가액보다 적은 경우에는 시가로 한다. (2016. 2. 17. 개정)

나) 비적격합병의 경우

① 거주자인 경우

비적격합병의 경우에는 피합병법인의 주주가 합병법인으로부터 교부받은 신주의 시가에서 피합병법인의 주식등을 취득하기 위해 소요된 금액을 차감한 금액에 대해 의제배당으로 배당소득세가 과세된다(소법 §17②4호).

○ 의제배당금액
 = 합병으로 교부받은 신주의 시가－주식의 취득 등에 소요된 금액

○ 의제배당금액(5천만 원)
 = (15,000×10,000주)－(10,000×10,000주)

소득세법 제17조 【배당소득】

① 배당소득은 해당 과세기간에 발생한 다음 각호의 소득으로 한다. (2009. 12. 31. 개정)

3. 의제배당(擬制配當) (2009. 12. 31. 개정)

② 제1항 제3호에 따른 의제배당이란 다음 각호의 금액을 말하며, 이를 해당 주주, 사원, 그 밖의 출자자에게 배당한 것으로 본다. (2009. 12. 31. 개정)

4. 합병으로 소멸한 법인의 주주·사원 또는 출자자가 합병 후 존속하는 법인 또는 합병으로 설립된 법인으로부터 그 합병으로 취득하는 주식 또는 출자의 가액과 금전의 합계액이 그 합병으로 소멸한 법인의 주식 또는 출자를 취득하기 위하여 사용한 금액을 초과하는 금액 (2009. 12. 31. 개정)

② 비거주자인 경우

비거주자의 경우에도 주식등을 취득하기 위하여 소요된 금액을 초과하여 수령한 합병대가는 국내원천 배당소득에 해당한다(소법 §119 2호).

따라서 해당 소득을 지급하는 자는 국내원천 배당소득에 대한 원천징수세율 20%를 적용한 원천세를 징수하여 익월 10일까지 납부하여야 한다(소법 §156①2호).

나. 비특수관계인 간 거래

(1) 적격합병의 경우

적격합병의 경우에는 합병으로 교부받은 신주의 시가를 피합병법인 주식의 취득가액으로 보므로 의제배당금액이 0이 된다.

(2) 비적격합병의 경우

법인의 경우 주주 간에 법인세법 시행령 제2조 제8항에 의한 특수관계가 성립하는 경우에는 분여받은 이익을 먼저 익금산입하고 합병대가에서 익금산입액, 피합병법인의 주식취득 등에 소요된 금액을 차감하여 의제배당금액을 계산하므로 과세되는 의제배당금액이 없다. 하지만 주주 간에 법인세법 시행령 제2조 제8항에 의한 특수관계가 성립하지 않는 경우에는 분여받은 이익을 익금산입하지 않으므로 피합병법인 주식등의 취득가액을 초과하는 합병대가는 의제배당으로 과세된다.

반면 개인의 경우에는 주주 간에 특수관계가 성립하는 경우에도 분여받은 이익을 익금에 산입하지 않으므로 주주 간에 특수관계 성립 여부와 관계없이 의제배당으로 과세되는 금액이 동일하다.

○ 의제배당금액
= 합병으로 교부받은 신주의 시가－주식의 취득 등에 소요된 금액

○ 의제배당금액(5천만 원)
= (15,000×10,000주)－(10,000×10,000주)

3. 합병비율이 불리한 법인의 법인세

가. 특수관계인 간 거래

특수관계 있는 법인 간 불공정합병 시 합병당사법인의 주주 간에 법인세법 시행령 제2조 제8항에 의한 특수관계가 성립하는 경우로서 주식이 과대평가되어 합병비율이 유리한 법인의 개인주주에게 합병비율이 불리한 법인의 법인주주가 분여한 이익이 합병 후 신설 또는 존속하는 법인의 주식등의 평가가액의 100분의 30과 3억 원 중 적은 금액 이상인 경우에는 법인세법 시행령 제88조 제1항 제8호 가목의 부당행위계산부인 대상거래에 해당한다.

이 경우 불공정합병에 대한 부당행위계산부인은 적격합병 여부와 관계없이 부당행위계산부인 대상거래에 해당하는 경우에는 무조건 적용한다.

따라서 상속세 및 증여세법 제28조 제3항을 준용하여 계산한 분여한 이익을 익금산입하고 이익을 분여받은 개인에게 증여세가 과세된 경우에는 기타사외유출로 소득처분하여야 한다.

〈회계처리〉
없음.

〈세무조정〉
익금산입 부당행위계산부인 1억 원
(증여세가 과세된 경우 ⇒ 기타사외유출)
(증여세가 과세되지 않은 경우 ⇒ 배당, 상여, 기타소득)

나. 비특수관계인 간 거래

불공정합병 시 합병비율이 불리한 법인의 법인주주가 주식이 과대평가되어 합병비율이 유리한 법인의 특수관계 없는 개인 주주에게 이익을 분여한 경우에는 법인세법상 과세문제가 발생하지 않는다.

 개인과 개인 간의 거래

A와 B가 개인과 개인인 경우에는 특수관계인 간 거래와 비특수관계인 간 거래에 따라 다음과 같이 과세문제가 달라진다.

1. 합병비율이 유리한 개인의 증여세

가. 특수관계인 간 거래

(1) 적격합병의 경우

특수관계 있는 법인 간 불공정합병으로 인해 주식이 과소평가되어 합병비율이 불리한 법인의 주주로부터 주식이 과대평가되어 합병비율이 유리한 법인의 대주주등이 이익을 분여받은 경우로서 분여받은 이익이 합병 후 주식등의 평가액의 30%와 3억 원 중 적은 금액 이상인 경우에는 이전받은 이익에 대해 증여세가 과세된다(상증법 §38).

증여재산가액 계산 시 의제배당으로 과세된 금액이 있는 경우에는 의제배당금액을 차감하여 계산하여야 하는데, 적격합병의 경우 의제배당으로 과세된 금액이 없으므로 상속세 및 증여세법을 준용하여 계산한 금액이 증여재산가액이 된다.

○ 합병대가를 주식등으로 교부받은 경우 증여재산가액(1억 원)
100,000,000=〔15,000−(5,000×100%)〕×10,000주

(2) 비적격합병의 경우

비적격합병의 경우로서 합병비율이 유리한 법인의 주주에게 의제배당으로 과세된 금액이 있는 경우에는 의제배당금액을 차감하여 증여재산가액을 계산하여야 한다.

○ 의제배당금액 차감 후 증여재산가액(5천만 원)
= 전체 증여재산가액(1억 원)−의제배당금액〔(15,000−10,000)×10,000주〕

나. 비특수관계인 간 거래

불공정합병으로 분여받은 이익에 대한 증여세는 합병당사법인 간에 특수관계가 성립하는 것을 요건으로 할 뿐 합병당사법인 주주 간에 상속세 및 증여세법상 특수관계가 성립하는 것은 요건으로 하지 않으므로, 합병당사법인 주주 간에 상속세 및 증여세법상 특수관계가 성립하지 않는 경우에도 합병당사법인 주주 간에 특수관계가 성립하는 경우와 동일하게 증여세가 과세된다.

2. 합병비율이 유리한 개인의 소득세

가. 특수관계인 간 거래

(1) 적격합병인 경우

가) 분여받은 이익에 대한 과세

개인은 자본거래를 통해 국세기본법 시행령 제1조의2 제1항, 제2항에 해당하는 특수관계 있는 개인으로부터 이익을 분여받은 경우에도 자본거래를 통해 분여받은 이익은 소득세 과세대상이 아니므로 분여받은 이익에 대해 소득세가 과세되지 않는다.[234]

---

234) 거주자와 달리 비거주자가 국제조세조정에 관한 법률 시행령 제2조 제1항의 규정에 따른 특수관계인 또는 소득세법 시행령 제26조의2 제8항 제1호 가목 또는 나목에 해당하는 특수관계인으로부터 법인세법 시행령 제88조 제1항 제8호 또는 제8조의2에 해당하는 자본거래를 통해 의제배당으로 과세한 금액을 초과하여 얻은 이익은 국내원천 기타소득에 해당한다(소법 §119 12호, 소령 §179⑮).
따라서 해당 소득을 지급하는 자는 국내원천 기타소득에 대한 원천징수세율 20%를 적용한 원천세를 징수

나) 의제배당

합병으로 소멸한 법인의 주주가 합병 후 존속하는 법인 또는 합병으로 설립된 법인으로부터 교부받은 주식의 가액이 피합병법인의 주식을 취득하기 위해 소요된 금액을 초과하는 경우 그 초과하는 금액에 대해서는 의제배당으로 배당소득세가 과세되지만 적격합병의 경우에는 피합병법인이 교부받은 신주를 피합병법인 주식의 취득가액으로 평가하므로 의제배당금액이 0이 된다.

(2) 비적격합병의 경우

가) 분여받은 이익에 대한 과세

비적격합병의 경우에도 개인이 국세기본법 시행령 제1조의2 제1항, 제2항에 해당하는 특수관계 있는 개인으로부터 자본거래를 통해 분여받은 이익에 대해서는 소득세가 과세되지 않는다.

나) 의제배당

합병법인으로부터 교부받은 신주의 시가에서 피합병법인의 주식등을 취득하기 위해 소요된 금액을 차감한 금액은 의제배당에 해당하여 배당소득세가 과세된다(소법 §17②4호).[235]

○ 의제배당금액
= 합병으로 교부받은 신주의 시가－주식의 취득 등에 소요된 금액

○ 의제배당금액(5천만 원)
= (15,000×10,000주)－(10,000×10,000주)

나. 비특수관계인 간 거래

(1) 적격합병의 경우

적격합병의 경우에는 주주 간에 특수관계 성립 여부와 관계없이 의제배당금액이 0이 된다.

하여 익월 10일까지 납부하여야 한다(소법 §156①8호).

235) 비거주자의 경우에도 주식 또는 출자지분을 취득하기 위하여 소요된 금액을 초과하여 수령한 합병대가는 국내원천 배당소득에 해당한다(소법 §119 2호).
따라서 해당 소득을 지급하는 자는 국내원천 배당소득에 대한 원천징수세율 20%를 적용한 원천세를 징수하여 익월 10일까지 납부하여야 한다(소법 §156①2호).

(2) 비적격합병의 경우

비적격합병의 경우에는 주주 간에 특수관계 성립 여부와 관계없이 교부받은 신주의 시가에서 피합병법인의 주식 취득 등에 소요된 금액을 차감한 금액은 의제배당에 해당하여 배당소득세가 과세된다.

3. 합병비율이 불리한 개인의 소득세

가. 특수관계인 간 거래

개인이 자본거래를 통해 분여받은 이익은 소득세법 제19조, 제21조의 사업소득, 기타소득에 해당하지 않는다.

따라서 특수관계 있는 법인 간 불공정합병하는 경우에 합병당사법인의 주주 간에 국세기본법 시행령 제1조의2 제1항, 제2항에 의한 특수관계가 성립하는 경우로서 합병비율이 불리한 법인의 개인주주가 합병비율이 유리한 법인의 개인주주에게 분여한 이익이 합병 후 주식평가액의 30%와 3억 원 중 적은 금액 이상인 경우에도 개인이 자본거래를 통해 특수관계 있는 개인에게 이익을 분여한 경우는 소득세법 시행령 제98조 제2항의 부당행위계산부인 대상거래가 아니므로 과세문제가 없다.

나. 비특수관계인 간 거래

특수관계 성립 여부와 관계없이 개인이 자본거래를 통해 이익을 분여한 경우에는 소득세 과세문제가 발생하지 않는다.

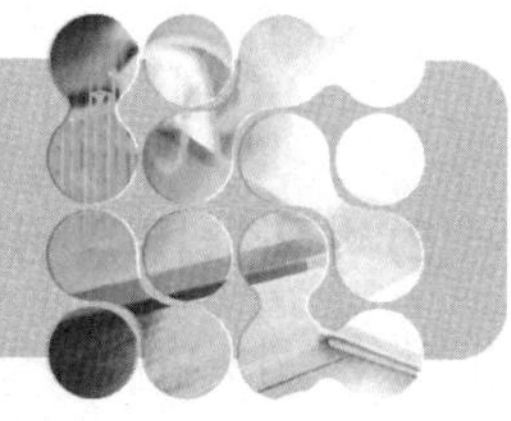

제 6 장

금전 대여·차입거래에 대한 과세문제

제1절 금전 대여에 대한 개관

Ⅰ 개요

금전은 그 자체가 거래의 대상이 되는 것이 아닌 거래에 대한 교환수단이 되는 것으로 시장에서 거래되는 상품이 아닌 점에서 재화나 용역과 차이가 있다.

금전은 상품이 아니므로 금전 자체는 세법상 과세객체에 해당하지 않지만 이자를 받고 금전을 대여하는 거래와 이자를 지급하고 금전을 차입하는 거래는 세법상 과세대상거래에 해당한다.

Ⅱ 자산, 용역거래와 차이점

자산, 용역의 경우 동일한 자산, 용역인 경우를 제외하고는 개별자산, 용역마다 가치가 달라 개별자산, 용역의 재산적 가치를 근거로 가격이 형성되므로 세법상 적용할 수 있는 일률적인 시가를 정할 수 없다. 따라서 자산, 용역의 가치에 근거하여 불특정다수인 사이에 자유롭게 거래된 객관적인 교환가치가 반영된 가격을 시가로 인정한다.

반면 모든 금전의 경우 동일한 가치를 가지고 있어 금전의 시가를 산정할 필요가 없으므로 금전 대여거래 시 결정되는 이자율도 각각의 금전의 가치에 근거하여 결정되는 것이 아닌 대여 당시 대여자의 대여이자율과 그 외 개별적인 상황 또는 차입 당시 차입자의 차입이자율과 그 외 개별적인 상황에 의해 결정된다.

따라서 세법은 법인의 경우 가중평균 차입이자율을 시가로 인정하는 것 외에는 불특정다수인 사이에 자유롭게 거래된 이자율을 시가로 인정하지 않고 일률적으로 정한 당좌대출이자율을 이자율의 시가로 규정하고 있다.

 이자율과 과세문제

금전을 무상 또는 세법상 시가보다 낮은 이자율로 대여한 경우에는 대여자의 과세소득이 감소하게 되며 차입자는 대여자로부터 이익을 이전받게 되는 결과가 된다.

반면 금전을 세법상 시가보다 높은 이자율로 대여하는 경우에는 차입자의 과세소득은 감소하게 되며 대여자는 높은 이자를 수수함으로 인해 차입자로부터 이익을 이전받게 되는 결과가 된다.

따라서 금전 대여거래에 대한 과세문제는 금전을 무상으로 대여하는 경우, 금전을 시가보다 낮은 이자율로 대여하는 경우, 금전을 시가보다 높은 이자율로 대여하는 경우로 나누어 과세문제를 살펴볼 필요가 있다.

제2절 금전을 무상으로 대여한 경우

CASE

B는 A에게 5억 원을 2년간 무상으로 대여하였다. 이 경우 A와 B에게 발생하는 과세문제는?

* 대여자가 법인인 경우 대여법인의 가중평균차입이자율: 3%
* 차입자가 법인인 경우 차입법인의 가중평균차입이자율: 2%
* A와 B가 개인사업자인 경우 법인세법 시행령 제89조 제3항을 준용한 이자율: 4.6%

Ⅰ 법인과 법인 간의 거래

A와 B가 법인과 법인인 경우에는 특수관계인 간 거래와 비특수관계인 간 거래에 따라 다음과 같이 과세문제가 달라진다.

1. 무상으로 차입한 비영리법인의 증여세

영리법인은 금전을 무상으로 차입하여 이익을 얻은 경우에도 증여세가 면제되지만 비영리법인은 금전을 무상으로 차입함으로써 이전받은 이익에 대해 증여세가 과세된다.

가. 특수관계인 간 거래

(1) 금전 무상대출 등에 따른 이익의 증여

타인으로부터 무상 또는 적정이자율보다 낮은 이자율로 금전을 대출받은 경우에는 그 금전을 대출받은 날에 대출금에 적정이자율을 곱한 금액에서 실제 수령한 이자상당액을 차감한 금액을 대출받은 자의 증여재산가액으로 하여 증여세가 과세된다(상증법 §41조의4①).

상속세 및 증여세법 제41조의4【금전 무상대출 등에 따른 이익의 증여】

① 타인으로부터 금전을 무상으로 또는 적정 이자율보다 낮은 이자율로 대출받은 경우에는 그 금전을 대출받은 날에 다음 각호의 구분에 따른 금액을 그 금전을 대출받은 자의 증여재산가액으로 한다. 다만, 다음 각호의 구분에 따른 금액이 대통령령으로 정하는 기준금액 미만인 경우는 제외한다.

1. 무상으로 대출받은 경우: 대출금액에 적정 이자율을 곱하여 계산한 금액

(2) 특수관계인 요건

특수관계인으로부터 금전을 무상으로 대출받은 경우뿐만 아니라 비특수관계인으로부터 거래의 관행상 정당한 사유 없이 무상으로 대출받은 경우에도 증여세가 과세된다.

(3) 가액요건

가) 대출금액 요건(2015. 12. 31. 이전)

2015. 12. 31.까지는 대출금액 요건이 있어 1억 원 이상의 금전을 대출받은 경우에만 증여세 과세대상에 해당한다.

○ 대출금액 ≥ 1억 원

나) 증여재산가액 요건(2016. 1. 1. 이후)

2016. 1. 1. 이후에는 대출금액 요건이 증여재산가액 요건으로 개정되어 증여재산가액이 1천만 원 이상인 경우에 한하여 증여세가 과세된다(상증령 §31조의4②).

○ 증여재산가액 ≥ 1천만 원

(4) 적정 이자율

가) 개인으로부터 대출받은 경우

적정이자율은 기획재정부령이 정하는 당좌대출이자율을 의미하며 2016. 3. 21. 이후부터 현재까지 적정이자율은 4.6%이다(상증령 §31조의4①, 상증칙 §10조의5).

기간	2002. 1. 1.부터 2010. 11. 4.까지	2010. 11. 5.부터 2016. 3. 20.까지	2016. 3. 21. 이후
적정이자율	9%	8.5%	4.6%

나) 법인으로부터 대출받은 경우

2014. 2. 21. 이후부터는 법인으로부터 대출받은 경우 대여법인의 가중평균차입이자율(당좌대출이자율을 적용이자율로 신고하거나 가중평균차입이자율을 적용할 수 없는 경우에는 당좌대출이자율)을 적정이자율로 본다(상증령 §31조의4①단서).

(5) 증여재산가액

증여재산가액은 금전을 대출받은 날을 기준으로 하여 대출금에 적정이자율을 곱한 금액으로 계산한다(상증법 §41조의4①1호, 상증령 §31조의4).

증여재산가액이 1천만 원 이상인 경우에 한하여 증여세가 과세되므로 금전을 무상차입한 경우로서 적정이자율이 적용되는 경우에 증여세가 과세되지 않는 대출금액은 217,391,000원 이하인 경우이다.

해당 사례의 경우 법인으로부터 대출받았으므로 적정이자율 적용 시 4.6%가 아닌 대여법인의 가중평균 차입이자율 3%를 적용하여 증여재산가액을 계산하여야 한다.

대여법인의 가중평균 차입이자율인 3%를 적용하여 계산한 증여재산가액은 15,000,000원이므로 가액요건을 충족한다.

○ 증여재산가액
= 대출금액(5억 원)×적정이자율(3%)
* 법인으로부터 대출받았으므로 법인의 가중평균 차입이자율 적용

○ 3% 가중평균 차입이자율 적용 시 증여세가 과세되지 않는 대출금액
333,333,000원 이하

○ 적정이자율 적용 시 증여세가 과세되지 않는 대출금액
217,391,000원 이하

(6) 증여일과 과세기간

가) 증여일

금전을 무상으로 차입함으로써 얻는 이익에 대한 증여세 과세 시 증여일은 대출받은 날이다.

나) 과세기간

대출기간이 정해지지 아니한 경우에는 그 대출기간을 1년으로 보아 1년이 되는 날까지의 증여이익을 계산하여 증여세를 과세한다. 또한 대출기간이 1년 이상인 경우에는 1년이 되는 날의 다음 날에 매년 새로 대출받은 것으로 보아 증여재산가액을 계산하므로 매 1년을 과세기간 단위로 하여 과세하는 것이라 할 수 있다(상증법 §41조의4②).

동 사례의 경우 2년간 5억 원을 무상으로 차입하였으므로 대출받은 날을 증여일로 하여 1년간 15,000,000원이 과세되고 1년이 되는 날의 다음 날에 다시 15,000,000원이 과세된다.

다) 경정청구

1년을 대출기간으로 하여 증여세를 신고·납부하였으나 1년 전에 상환한 경우에는 신고·납부한 증여재산가액에서 대출일부터 상환일까지로 계산한 증여이익을 차감한 금액에 대해서는 경정청구가 가능하다(상증법 §79②2호).

(7) 증여세 면제

금전 무상대출 등에 따른 이익의 증여로 증여세가 과세되었으나 수증자가 증여세를 납부할 능력이 없다고 인정되는 경우로서 강제징수를 하여도 조세채권을 확보하기 곤란한 경우에는 증여세의 일부 또는 전부가 면제되며, 증여자의 연대납세의무도 없다(상증법 §4조의2 ⑤·⑥).

금전 무상대출 등에 따른 이익의 증여 증여세 과세요건

○ 거래요건
  • 금전을 무상으로 대출받을 것(저리로 대출받는 것도 해당)

○ 특수관계 요건
  • 비특수관계인 간 거래인 경우에도 정당한 사유가 없는 경우 과세대상

○ 가액요건

•1천만 원 요건 1년간 증여재산가액 ≥ 1천만 원 (2015. 12. 31. 이전 – 대출금액이 1억 원 이상)

○ 증여재산가액

= 대출금액 × 적정이자율 * 적정이자율 •개인으로부터 대출받은 경우: 4.6% •법인으로부터 대출받은 경우: 대여법인의 가중평균 차입이자율(또는 당좌대출 이자율) * 상증법상 적정이자율 적용 시 증여세가 과세되지 않는 대출금액: 217,391,000원 이하

○ 증여시기: 대출받은 날

○ 증여세 면제: 수증자가 납부할 능력이 없는 경우로서 강제징수를 하여도 조세채권 확보가 어려운 경우(증여자의 연대납세의무도 면제)

나. 비특수관계인 간 거래

(1) 2012. 12. 31. 이전

2012. 12. 31. 이전에는 대통령령으로 정하는 특수관계인으로부터 1억 원 이상의 금전을 무상 또는 적정 이자율보다 낮은 이자율로 대출받은 경우를 과세대상으로 규정하고 있었다.

또한 대법원은 증여세 포괄과세에 의해 증여세 과세대상에 해당하더라도 개별가액산정 규정이 특정한 유형의 거래·행위를 규율하면서 그 중 일정한 거래·행위만을 증여세 과세대상으로 한정하고 그 과세범위도 제한적으로 규정하고 있는 것은 과세대상이나 과세범위에서 제외된 거래·행위에 대해서는 증여세를 과세할 수 없으며 금전대여의 경우 용역거래가 아니므로 상속세 및 증여세법 제42조【그 밖의 이익의 증여】에 의해서도 증여세를 과세

할 수 없는 것으로 판결하였다(대법원 2014두37924, 2015. 10. 15.).

따라서 2012. 12. 31. 이전에는 특수관계 없는 자로부터 금전을 무상 또는 저리로 대출함으로써 얻은 이익에 대해서는 증여세가 과세되지 않는다.

【대법원 2014두37924, 2015. 10. 15.】
원고가 특수관계에 있지 아니한 자로부터 금전을 무상으로 대여받은 경우에 해당하므로 그로 인하여 원고가 얻은 이익에 대하여는 법 제2조 제3항 등에 의하여 증여세를 부과할 수 없고, 또한 이러한 이익이 법 제42조 제1항 제2호에서 규정한 '무상으로 용역을 제공받음으로써 얻은 이익'에 해당하지 아니하므로, 결국 법 제2조 제3항, 제41조의4 제1항 제1호, 제42조 제1항 제2호 등을 적용하여 원고에게 증여세를 부과한 이 사건 각 처분은 증여세 과세의 한계를 벗어난 것으로서 위법함.

(2) 2013. 1. 1. 이후

2013. 1. 1. 법률 제11609호로 "타인"으로부터 금전을 무상 또는 시가보다 낮은 이자율로 대출받은 경우를 과세대상거래로 규정하고 특수관계 없는 자로부터 대출받은 경우에도 정당한 사유가 없는 경우에는 증여세 과세대상에 해당하는 것으로 개정되었다.

따라서 2013. 1. 1. 이후부터는 특수관계 없는 자로부터 차입한 경우에도 거래의 관행상 정당한 사유가 없는 경우에는 증여세가 과세된다.

상속세 및 증여세법 제41조의4 【금전 무상대출 등에 따른 이익의 증여】
③ 특수관계인이 아닌 자 간의 거래인 경우에는 거래의 관행상 정당한 사유가 없는 경우에 한정하여 제1항을 적용한다.

2. 무상으로 차입한 법인의 법인세

가. 특수관계인 간 거래

법인이 법인세법 시행령 제2조 제8항에 해당하는 특수관계 있는 법인으로부터 금전을 무상으로 차입한 경우에는 이자비용이 감소함으로써 각 사업연도 소득금액이 증가할 뿐 그 외 과세문제는 발생하지 않는다.

나. 비특수관계인 간 거래

법인이 특수관계 없는 법인으로부터 금전을 무상으로 차입한 경우에도 이자비용이 감소함으로써 각 사업연도 소득금액이 증가할 뿐 그 외 과세문제는 없다.

3. 무상으로 차입한 법인의 주주의 증여세

가. 특수관계인 간 거래

(1) 특정법인과의 거래를 통한 이익의 증여의제

금전을 무상으로 대출받는 거래는 상속세 및 증여세법 제45조의5【특정법인과의 거래를 통한 이익의 증여의제】 과세대상거래에 해당한다.

따라서 무상으로 차입한 법인이 지배주주등의 직·간접 지분율이 30% 이상인 특정법인에 해당하고 지배주주와 무상으로 대여한 법인이 상속세 및 증여세법상 특수관계가 성립하는 경우로서 지배주주등이 얻은 증여이익이 1억 원 이상인 경우에는 특정법인의 지배주주등에게 증여세가 과세된다.

(2) 특정법인의 이익

특정법인의 이익 계산 시 무상으로 재산을 증여받은 경우와 채무면제·인수·변제를 제외하고는 법인세법 시행령 제89조의 시가를 준용하지만 금전대여거래에 대해서는 상속세 및 증여세법 제41조의4【금전 무상대출 등에 따른 이익의 증여】를 준용하여 계산한다(상증령 §34조의5⑦).

해당 사례의 경우 법인세 상당액 차감 전 특정법인의 이익이 15,000,000원에 불과하므로 증여세 과세요건을 충족하지 않는다.

금전을 무상으로 차입하는 경우는 거의 대부분 특수관계인이 가수금을 불입하는 경우이다. 지배주주 1인의 지분율이 100%이고 적정이자율이 4.6%인 경우를 가정 시 21.73억 원 이상의 가수금을 불입하는 경우에는 지배주주에게 증여세가 과세되는 문제가 발생하므로 법인에 거액의 가수금이 있는 경우에는 주의하여야 한다.

또한 특정법인과의 거래를 통한 이익의 증여의제는 증여세 합산배제대상이 아니므로 부모가 각각 자녀가 지배주주인 법인에 금전을 무상 또는 저리로 대여하는 경우에는 부와 모의 거래를 각각 계산하는 것이 아닌 부와 모의 거래를 합산하여 과세요건 및 증여재산가액을 산정하는 점을 주의하여야 한다(상증법 §47).

○ 특정법인의 이익(15,000,000원－법인세 상당액)
 = 차입금(5억 원)×대여법인의 가중평균 차입이자율(3%)－〔법인세×(15,000,000/각 사업연도 소득)〕

○ 특정법인의 주주에게 증여세가 과세될 수 있는 가수금의 규모
2,173,913,048원 이상인 경우
(부모가 각각 자녀가 지배주주인 법인에 금전대여시: 부모의 거래이익을 합산하여 판정)
* 가정: 지배주주 지분율 100%, 적정이자율 4.6%, 법인세 상당액 없음.
* 특정법인에 해당하는 경우 지배주주등 1인의 지분율을 감안하여 지배주주등 1인별 증여의제이익이 1억 원 미만이 되도록 특수관계인의 가수금 규모를 결정해야 함.

상속세 및 증여세법 시행령 제34조의5 【특정법인과의 거래를 통한 이익의 증여의제】
⑦ 법 제45조의5 제1항 제2호 및 제3호에서 "현저히 낮은 대가" 및 "현저히 높은 대가"란 각각 해당 재산 및 용역의 시가와 대가(제6항 제2호에 해당하는 경우에는 출자한 재산에 대하여 교부받은 주식등의 액면가액의 합계액을 말한다)와의 차액이 시가의 100분의 30 이상이거나 그 차액이 3억 원 이상인 경우의 해당 가액을 말한다. 이 경우 금전을 대부하거나 대부받는 경우에는 법 제41조의4를 준용하여 계산한 이익으로 한다.

나. 비특수관계인 간 거래

비특수관계인 간 거래의 경우 특정법인의 지배주주와 금전을 대여한 법인이 특수관계가 성립하는 경우를 가정하기 어려우므로 과세문제를 검토할 필요가 없다.

4. 무상으로 대여한 법인의 법인세

가. 특수관계인 간 거래

(1) 가지급금 인정이자 익금산입

법인이 법인세법 시행령 제2조 제8항에 해당하는 특수관계 있는 법인에게 무상으로 금전을 대여하는 것은 부당행위계산부인 대상거래에 해당하며 무상으로 대여한 금전은 업무관련성 유무와 관계없이 가지급금에 해당한다(법법 §88①6호).

따라서 시가와 대가와의 차액을 익금산입하고 거래상대방이 법인이므로 기타사외유출로 소득처분하여야 한다.

> **법인세법 시행령 제88조 【부당행위계산의 유형 등】**
> ① 법 제52조 제1항에서 "조세의 부담을 부당하게 감소시킨 것으로 인정되는 경우"란 다음 각호의 어느 하나에 해당하는 경우를 말한다.
> 6. 금전, 그 밖의 자산 또는 용역을 무상 또는 시가보다 낮은 이율 · 요율이나 임대료로 대부하거나 제공한 경우

(2) 가액요건

특수관계인에게 금전을 대여한 경우 부당행위계산부인 적용은 시가와 대가와의 차액이 시가의 5% 이상이거나 3억 원 이상인 경우에 한하여 적용한다.

(3) 익금산입액의 계산

가) 원칙

금전 대여 시 이자율에 대한 시가는 법인세법 시행령 제89조 제1항의 시가를 적용하지 않고 가중평균 차입이자율을 원칙으로 하되 가중평균 차입이자율을 적용할 수 없는 등의 사유가 있는 경우에는 당좌대출이자율을 시가로 적용한다(법령 §89③).

나) 대여법인의 가중평균차입이자율이 차입법인의 가중평균차입이자율보다 높은 경우

대여금리 또는 대여법인의 가중평균차입이자율이 차입법인의 가중평균차입이자율보다 높은 경우 대여법인의 가중평균차입이자율은 없는 것으로 보며 당좌대출이자율을 시가로 적용하여야 한다(법칙 §43).

해당 사례의 경우 대여법인의 가중평균차입이자율(3%)이 차입법인의 가중평균차입이자율(2%)보다 높으므로 3%를 시가로 보아 부당행위계산부인을 적용해서는 안되며 당좌대출이자율인 4.6%를 시가로 보아 부당행위계산부인을 적용하여야 한다.

> ○ 익금산입액(23,000,000원)
> = 금전 대여액(5억 원) × <u>당좌대출이자율(4.6%)</u>

법인세법 시행규칙 제43조 【가중평균차입이자율의 계산방법 등】

① 영 제89조 제3항 각호 외의 부분 본문에서 "기획재정부령으로 정하는 가중평균차입이자율"이란 자금을 대여한 법인의 대여시점 현재 각각의 차입금 잔액(특수관계인으로부터의 차입금은 제외한다)에 차입 당시의 각각의 이자율을 곱한 금액의 합계액을 해당 차입금 잔액의 총액으로 나눈 비율을 말한다. 이 경우 산출된 비율 또는 대여금리가 해당 대여시점 현재 자금을 차입한 법인의 각각의 차입금 잔액(특수관계인으로부터의 차입금은 제외한다)에 차입 당시의 각각의 이자율을 곱한 금액의 합계액을 해당 차입금 잔액의 총액으로 나눈 비율보다 높은 때에는 해당 사업연도의 가중평균차입이자율이 없는 것으로 본다.

(4) 미수이자를 계상한 경우

상환기간 및 이자율 등에 관한 약정이 있어 미수이자를 계상한 경우에는 익금산입은 하되 특수관계인에게 소득처분은 하지 않는다. 다만, 다음 사유가 발생한 경우에는 사유가 발생한 날이 속하는 사업연도에 미수이자 상당액을 익금불산입함과 동시에 미수이자와 가지급금을 익금산입하고 특수관계인에게 소득처분하여야 한다(법령 §11 9호).

① 특수관계가 소멸한 경우

② 이자발생일이 속하는 사업연도 종료일부터 1년이 되는 날까지 회수하지 못한 경우

법인세법 시행령 제11조 【수익의 범위】

9. 법 제28조 제1항 제4호 나목에 따른 가지급금 및 그 이자(이하 이 조에서 "가지급금등"이라 한다)로서 다음 각목의 어느 하나에 해당하는 금액. 다만, 채권·채무에 대한 쟁송으로 회수가 불가능한 경우 등 기획재정부령으로 정하는 정당한 사유가 있는 경우는 제외한다.
   가. 제2조 제8항의 특수관계가 소멸되는 날까지 회수하지 아니한 가지급금등(나목에 따라 익금에 산입한 이자는 제외한다)
   나. 제2조 제8항의 특수관계가 소멸되지 아니한 경우로서 법 제28조 제1항 제4호 나목에 따른 가지급금의 이자를 이자발생일이 속하는 사업연도 종료일부터 1년이 되는 날까지 회수하지 아니한 경우 그 이자

(5) 무상으로 담보를 제공한 경우

법인이 특수관계인에게 무상으로 금전을 대여한 경우뿐만 아니라 무상으로 담보를 제공한 경우도 부당행위계산부인 대상거래에 해당하므로 주의하여야 한다.

【서울행정법원 2020구합59338, 2021. 4. 22.】
특수관계법인에게 대출금에 대한 무상담보제공 행위는 비정상적인 거래로 이익분여에 해당함.

〈회계처리〉
D) 대여금(가지급금) 5억 원 　　　　　　　　C) 보통예금 5억 원

〈세무조정〉
익금산입 부당행위계산부인(가지급금 인정이자) 23,000,000(기타사외유출)

금전대여에 대한 부당행위계산부인 적용요건

○ 거래요건
- 특수관계인에게 금전을 무상 또는 시가보다 낮은 이자율로 대여할 것
- 업무관련 대여인 경우에도 적용

○ 이자율의 시가
- 가중평균차입이자율
- 당좌대출이자율을 적용이자율로 신고하거나 가중평균차입이자율을 적용할 수 없는 경우: 당좌대출이자율
- 대여금리 또는 대여법인의 가중평균차입이자율 〉 차입법인의 가중평균차입이자율: 당좌대출이자율

○ 가액요건

○ 5% 또는 3억 원 요건
(시가 - 대가) ≥ 시가의 5% 또는 3억 원

나. 비특수관계인 간 거래

법인이 특수관계 없는 법인에게 무상으로 자금을 대여한 경우에는 기부금 또는 접대비로 보지 않으므로 과세문제가 없다.

【서이46012-11622, 2003. 9. 9.】
법인이 특수관계 없는 법인에게 시중금리 또는 국세청장이 정하는 당좌대월이자율보다 낮은 이율로 금전을 대여한 경우, 시중금리 등에 의한 이자상당액과의 차액은 '기부금 및 접대비' 관련 손금불산입 규정을 적용하지 않음.

Ⅱ 법인과 개인 간의 거래

A와 B가 법인과 개인인 경우에는 특수관계인 간 거래와 비특수관계인 간 거래에 따라 다음과 같이 과세문제가 달라진다.

1. 무상으로 차입한 비영리법인의 증여세

영리법인은 금전을 무상으로 차입하여 이익을 얻은 경우에도 증여세가 면제되지만 비영리법인은 금전을 무상으로 차입함으로써 이전받은 이익에 대해 증여세가 과세된다.

가. 특수관계인 간 거래

비영리법인이 상속세 및 증여세법 시행령 제2조의2 제1항 제2호, 제4호, 제5호, 제8호에 해당하는 특수관계 있는 개인으로부터 금전을 무상으로 대출받은 경우로서 대출금액에 적정이자율(4.6%)을 곱한 금액이 1천만 원 이상인 경우에는 대출받은 날을 증여일로 하고 대출금액에 4.6%를 곱한 금액을 증여재산가액으로 하여 증여세가 과세된다(상증법 §41조의4①).

○ 증여재산가액(23,000,000원)
= 대출금액(5억 원) × 적정이자율(4.6%)

나. 비특수관계인 간 거래

2013. 1. 1. 이후부터는 특수관계 없는 개인으로부터 거래의 관행상 정당한 사유없이 금전을 무상으로 대출받은 경우로서 증여재산가액이 1천만 원 이상인 경우에는 이전받은 이익에 대해 증여세가 과세된다(상증법 §41조의4③).

2. 무상으로 차입한 법인의 법인세

가. 특수관계인 간 거래

법인이 법인세법 시행령 제2조 제8항에 해당하는 특수관계 있는 개인으로부터 금전을 무상으로 차입한 경우에는 이자비용이 감소함으로써 각 사업연도 소득금액이 증가할 뿐 그 외 과세문제는 발생하지 않는다.

나. 비특수관계인 간 거래

법인이 특수관계 없는 개인으로부터 금전을 무상으로 차입한 경우에도 이자비용이 감소함으로써 각 사업연도 소득금액이 증가할 뿐 그 외 과세문제는 없다.

3. 무상으로 차입한 법인의 주주의 증여세

가. 특수관계인 간 거래

금전을 무상으로 차입하는 거래는 특정법인과의 거래를 통한 이익의 증여의제 과세대상 거래에 해당한다.

따라서 무상으로 대출받은 법인이 지배주주등의 직·간접 지분율이 30% 이상인 특정법인에 해당하고 지배주주와 무상으로 대여한 개인이 상속세 및 증여세법 시행령 제2조의2 제1항 제1호부터 제3호까지에 의한 특수관계가 성립하는 경우로서 지배주주등 개인별 증여의제이익이 1억 원 이상인 경우에는 특정법인의 주주에게 증여세가 과세된다(상증법 §45조의5).

이 경우 증여이익의 계산은 상속세 및 증여세법 제41조의4【금전 무상대출 등에 따른 이익의 증여】를 준용하여 계산한다.

해당 사례의 경우 법인세 상당액 차감 전 특정법인의 이익이 23,000,000원에 불과하므로 과세요건을 충족하지 않는다.

○ 특정법인의 이익(23,000,000원－법인세 상당액)
= 차입금(5억 원) × 적정이자율(4.6%)－〔법인세 × (23,000,000 / 각 사업연도 소득)〕

○ 특정법인의 주주에게 증여세가 과세될 수 있는 가수금의 규모
2,173,913,048원 이상인 경우
* 가정: 지배주주 지분율 100%, 적정이자율 4.6%, 법인세 상당액 없음.

나. 비특수관계인 간 거래

비특수관계인 간 거래의 경우 특정법인의 지배주주와 금전을 대여한 개인이 특수관계가 성립하는 경우를 가정하기 어려우므로 과세문제를 검토할 필요가 없다.

4. 무상으로 대여한 개인의 소득세

가. 특수관계인 간 거래

(1) 금전대부업을 영위하는 자

금전대부업등 금융업을 영위하는 자가 금전대부업에 사용하는 여신용 금전[236]을 국세기본법 시행령 제1조의2 제2항, 제3항 제1호에 해당하는 특수관계 있는 법인에게 무상 또는 낮은 이자율로 대여한 경우로서 시가와 대가와의 차액이 시가의 5% 이상이거나 3억 원 이상인 경우에는 소득세법상 부당행위계산부인 대상거래에 해당한다(소령 §89②2호).

이 경우 시가는 법인세법 시행령 제89조 제3항을 준용하여 산정한다.

소득세법 시행령 제98조 【부당행위계산의 부인】

② 법 제41조에서 조세 부담을 부당하게 감소시킨 것으로 인정되는 경우는 다음 각호의 어느 하나에 해당하는 경우로 한다. 다만, 제1호부터 제3호까지 및 제5호(제1호부터 제3호까지에 준하는 행위만 해당한다)는 시가와 거래가액의 차액이 3억 원 이상이거나 시가의 100분의 5에 상당하는 금액 이상인 경우만 해당한다.

2. 특수관계인에게 금전이나 그 밖의 자산 또는 용역을 무상 또는 낮은 이율 등으로 대부하거나 제공한 경우. 다만, 직계존비속에게 주택을 무상으로 사용하게 하고 직계존비속이 그 주택에 실제 거주하는 경우는 제외한다.

소득세법 집행기준 16-0-2 【비영업대금의 이익과 금융업의 구분】

① 금전의 대여로 인한 소득의 구분은 다음과 같다.

1. 금전의 대여행위가 사업적인 것인 경우에는 금융업으로 본다.
2. 금전의 대여행위가 사업적인 것이 아닌 경우에는 비영업대금의 이익으로 본다.

② 금전의 대여행위가 사업적인 것인지의 여부는 금전거래의 경위, 목적, 규모, 횟수, 계속성, 반복성 등 제반사정을 고려하여 사회통념에 비추어 판단한다.

236) 이자비용을 비용으로 계상한 차입한 금전 등을 의미한다.

(2) 금전대부업을 영위하지 않는 자

소득세법상 부당행위계산부인 대상소득은 공동사업에서 분배받는 배당소득, 사업소득, 기타소득만이 해당하므로 금전을 대여한 개인이 수령한 이자에 대해 이자소득으로 과세되는 개인에 해당하는 경우에는 소득세법 시행령 제98조 제2항의 부당행위계산부인 대상거래에 해당하지 않는다.

소득세법 시행령 제26조 【이자소득의 범위】
③ 법 제16조 제1항 제11호에 따른 비영업대금(非營業貸金)의 이익은 금전의 대여를 사업목적으로 하지 아니하는 자가 일시적 · 우발적으로 금전을 대여함에 따라 지급받는 이자 또는 수수료 등으로 한다.

소득세법 제41조 【부당행위계산】
① 납세지 관할 세무서장 또는 지방국세청장은 배당소득(제17조 제1항 제8호에 따른 배당소득만 해당한다), 사업소득 또는 기타소득이 있는 거주자의 행위 또는 계산이 그 거주자와 특수관계인과의 거래로 인하여 그 소득에 대한 조세 부담을 부당하게 감소시킨 것으로 인정되는 경우에는 그 거주자의 행위 또는 계산과 관계없이 해당 과세기간의 소득금액을 계산할 수 있다.

소득세법 집행기준 41-98-11 【이자소득의 부당행위계산 대상 여부】
출자금 또는 사업에서 발생한 이익금을 인출하여 그 금액을 특수관계법인에게 무상대여한 경우에는 부당행위계산의 대상이 되지 않는다.

【재소득46073-123, 2001. 6. 16.】
호텔업 영위 거주자가 출자금 또는 사업에서 발생한 이익금을 인출해 특수관계법인에게 무상대여한 경우, '이자소득'이므로 부당행위계산부인대상 아님.

나. 비특수관계인 간 거래

개인이 특수관계 없는 법인에게 금전을 무상으로 대여한 경우에는 소득세 과세문제가 발생하지 않는다.

■ 개인사업자의 금전 대여 또는 차용시 시가

소득세법 집행기준 41－98－7【금전의 대여 또는 차용의 경우 시가의 계산방법】

① 특수관계인 간 금전의 대여 또는 차용의 경우에는 가중평균차입이자율을 시가로 한다.

$$\text{가중평균차입이자율} = \frac{\text{(자금대여시점의 각각의 차입금잔액} \times \text{차입당시 각각의 이자율)의 합계액}}{\text{자금대여시점의 차입금잔액의 총액}}$$

㉠ 차입금잔액은 자금대여시점별로 계산하되, 특수관계인으로부터의 차입금과 채권자 불분명사채, 비실명채권 등의 발행으로 조달된 차입금, 연지급수입이자 발생 차입금의 경우에는 제외한다.

㉡ 차입당시 각각의 이자율: 변동금리로 차입한 경우에는 차입 당시의 이자율로 차입금을 상환하고 변동된 이자율로 그 금액을 다시 차입한 것으로 본다.

② 다음의 경우에는 당좌대출이자율을 시가로 한다.

1. 가중평균차입이자율의 적용이 불가능한 경우로서 특수관계인이 아닌 자로부터 차입한 금액이 없는 경우, 차입금 전액이 채권자가 불분명한 사채 또는 매입자가 불분명한 채권·증권의 발행으로 조달된 경우, 가중평균차입이자율이 없는 것으로 보는 경우
2. 대여기간이 5년을 초과하는 대여금이 있는 경우 등 대여한 날(계약을 갱신한 경우 갱신일)부터 해당 사업연도 종료일(해당 사업연도에 상환하는 경우 상환일)까지의 기간이 5년을 초과하는 대여금이 있는 경우
3. 과세표준 신고와 함께 당좌대출이자율을 시가로 선택하는 경우 당좌대출이자율을 시가로 하여 선택한 사업연도와 이후 2개 사업연도는 당좌대출이자율을 시가로 함.

Ⅲ 개인과 법인 간의 거래

A와 B가 개인과 법인인 경우에는 특수관계인 간 거래와 비특수관계인 간 거래에 따라 다음과 같이 과세문제가 달라진다.

1. 무상으로 차입한 개인의 증여세

가. 특수관계인 간 거래

(1) 금전 무상대출 등에 따른 이익의 증여

개인이 상속세 및 증여세법 시행령 제2조의2 제1항 제2호부터 제8호까지에 해당하는 특

수관계 있는 법인으로부터 무상으로 금전을 대출받은 경우로서 무상으로 금전을 차입함으로써 얻은 증여이익이 1천만 원 이상인 경우에는 대출받은 날을 증여일로 하고 대출금액에 적정이자율을 곱한 금액을 증여재산가액으로 하여 증여세가 과세된다(상증법 §41조의4①).

이 경우 대여자가 법인인 경우에는 대여법인의 가중평균 차입이자율을 적정이자율로 하여 증여재산가액을 계산한다(상증령 §31조의4①).

○ 증여재산가액
　= 대출금액 × 적정이자율

○ 증여재산가액(15,000,000원)
　= 5억 원 ×3%
　　(법인으로부터 대출받았으므로 대여법인의 가중평균 차입이자율 적용)

○ 수증자 무자력자인 경우 증여세 납부의무 면제(증여자의 연대납세의무도 면제)

(2) 법인세법상 부당행위계산부인이 적용된 경우

대여법인과 법인세법 시행령 제2조 제8항에 의한 특수관계가 성립하는 경우로서 대여법인이 부당행위계산부인 적용 시 가중평균 차입이자율에 의한 금액으로 소득금액을 재계산하면서 특수관계 있는 개인에게 소득처분하여 소득세가 과세된 경우에는 증여세가 과세되지 않는다(상증법 §4조의2③).

○ 금전을 무상 또는 저리로 대출받음으로써 얻는 이익에 대해 소득처분
　소득세 과세 〉 증여세 과세
　⇒ 부당행위계산부인 적용 시 소득세가 과세된 경우 증여세 과세 안함.

나. 비특수관계인 간 거래

2013. 1. 1. 이후부터는 특수관계 없는 법인으로부터 거래의 관행상 정당한 사유없이 금전을 무상으로 대출받은 경우로서 증여재산가액이 1천만 원 이상인 경우에는 이전받은 이익에 대해 증여세가 과세된다(상증법 §41조의4③).

2. 무상으로 차입한 개인의 소득세

가. 특수관계인 간 거래

사업을 영위하는 자가 국세기본법 시행령 제1조의2 제2항, 제3항 제1호에 해당하는 특수관계 있는 법인으로부터 금전을 무상으로 차입한 경우에는 이자비용이 감소하여 사업소득금액이 증가할 뿐 그 외 소득세 과세문제는 발생하지 않는다.

다만, 무상으로 차입한 개인이 대여법인과 법인세법 시행령 제2조 제8항에 의한 특수관계가 성립하는 경우로서 대여법인이 가중평균 차입이자율에 의한 금액으로 소득금액을 재계산하면서 특수관계 있는 개인에게 소득처분하는 경우에는 소득처분금액에 대해 소득세가 과세된다.

나. 비특수관계인 간 거래

개인이 특수관계 없는 법인으로부터 금전을 무상으로 차입한 경우에는 소득세 과세문제가 발생하지 않는다.

3. 무상으로 대여한 법인의 법인세

가. 특수관계인 간 거래

법인이 법인세법 시행령 제2조 제8항에 해당하는 특수관계 있는 개인에게 무상으로 대여한 금전은 업무관련 여부와 관계없이 가지급금에 해당하므로 가중평균차입이자율(당좌대출이자율을 적용이자율로 신고하거나 가중평균차입이자율을 적용할 수 없는 경우에는 당좌대출이자율)에 의해 계산한 이자상당액을 익금산입하고 특수관계 있는 개인에게 배당, 상여, 기타사외유출, 기타소득으로 소득처분하여야 한다.

〈회계처리〉
D) 대여금(가지급금) 5억 원　　　　　　C) 보통예금 5억 원

〈세무조정〉
익금산입 부당행위계산부인(가지급금 인정이자) 15,000,000
⇒ 상대방이 개인이므로 법인의 가중평균차입이자율 3% 적용
(배당, 상여, 기타사외유출, 기타소득)

나. 비특수관계인 간 거래

법인이 특수관계 없는 개인에게 무상으로 금전을 대여한 경우에는 기부금 또는 기업업무추진비로 보지 않으므로 법인세 과세문제가 발생하지 않는다.

Ⅳ 개인과 개인 간의 거래

A와 B가 개인과 개인인 경우에는 특수관계인 간 거래와 비특수관계인 간 거래에 따라 다음과 같이 과세문제가 달라진다.

1. 무상으로 차입한 개인의 증여세

가. 특수관계인 간 거래

개인이 상속세 및 증여세법 시행령 제2조의2 제1항 제1호부터 제3호까지에 해당하는 특수관계 있는 개인으로부터 무상으로 금전을 대출받은 경우로서 대출금액에 적정이자율 4.6%를 곱한 금액이 1천만 원 이상인 경우에는 대출받은 날을 증여일로 하고 대출금액에 적정이자율 4.6%를 곱한 금액을 증여재산가액으로 하여 증여세가 과세된다(상증법 §41조의4①).

이 경우 타인 간에는 2.17억 원 이하의 금전을 무상으로 차입한 경우에는 증여재산가액이 1천만 원 미만이 되므로 증여세 과세문제가 없지만 가족으로부터 2.17억 원 이하의 금전을 무상으로 차입한 경우에는 대출금액에 4.6%를 곱한 금액이 1천만 원 미만인 경우라 하더라도 이자상당액이 아닌 차입금액 전체에 대해 증여세가 과세될 수 있으므로 반드시 이자지급 사실을 남겨야 하는 점을 주의하여야 한다.

또한 무상으로 차입한 경우뿐만 아니라 타인의 부동산을 담보로 하여 대출을 받은 경우에도 대위변제자인 부동산 소유자로부터 대위변제액을 무상으로 차용한 것으로 보아 금전무상대출등에 따른 이익의 증여(상증법 §41조의4) 또는 재산사용 및 용역제공등에 따른 이익의 증여(상증법 §42)로 증여세가 과세되므로 부모소유 부동산을 담보로 대출을 받는 경우에는 증여세 과세문제가 발생할 수 있는 점을 주의하여야 한다.

○ 증여재산가액(23,000,000원)
= 대출금액(5억 원) × 적정이자율(4.6%)

○ 수증자 무자력자인 경우 증여세 납부의무 면제(증여자의 연대납세의무도 면제)

【조심2022중5763, 2022. 10. 27.】
피상속인은 대위변제의 후속조치로 상속인을 채무자로 하여 주택에 근저당권을 설정하였고, 특별한 사정이 없는 한 상속인이 대위변제자인 피상속인으로부터 대위변제금액만큼 차용하였다고 봄이 상당하며, 상속인이 피상속인에 이자를 지급하지 아니한 이상 금전무상대출에 따른 이익 증여에 해당함.

■ 가족 간 금전대여 · 차입거래시 주의사항

〈가족 간 금전대여 · 차입거래가 현금증여로 과세되는 경우〉
- 금전소비대차계약서가 없는 경우
  (금전소비대차계약서가 있는 경우라 하더라도 형식상 요건을 갖추지 못한 경우)
- 담보권 설정이 없는 경우
- 정기적으로 이자지급 사실이 없는 경우
  (상환 시 한꺼번에 이자지급약정은 이자지급으로 인정 안됨)

〈가족 간 금전대여 · 차입거래를 현금증여로 과세할 수 없는 경우: 아래 모두 충족〉
- 이자율, 이자지급일, 상환기일에 대해 약정한 금전소비대차계약서가 있는 경우
- 차입자의 재산에 담보권을 설정한 경우
- 정기적으로 금융계좌를 통해 이자를 지급한 경우
- 이자지급 시 원천징수하고 원천징수이행상황신고서 제출, 지급조서 제출한 경우

나. 비특수관계인 간 거래

2013. 1. 1. 이후부터는 특수관계 없는 개인으로부터 거래의 관행상 정당한 사유 없이 금전을 무상으로 대출받은 경우로서 증여재산가액이 1천만 원 이상인 경우에는 이전받은 이익에 대해 증여세가 과세된다(상증법 §41조의4③).

2. 무상으로 차입한 개인의 소득세

가. 특수관계인 간 거래

사업을 영위하는 자가 국세기본법 시행령 제1조의2 제1항, 제2항에 해당하는 특수관계 있는 개인으로부터 금전을 무상으로 차입한 경우에는 이자비용이 감소함으로써 사업소득금액이 증가할 뿐 그 외 과세문제는 없다.

나. 비특수관계인 간 거래

개인이 특수관계 없는 개인으로부터 금전을 무상으로 차입한 경우에는 소득세 과세문제가 발생하지 않는다.

3. 무상으로 대여한 개인의 소득세

가. 특수관계인 간 거래

(1) 금전대부업을 영위하는 자

금전대부업을 영위하는 자가 국세기본법 시행령 제1조의2 제1항, 제2항에 해당하는 특수관계 있는 개인에게 금전대부업에 사용하는 여신용 금전을 무상 또는 시가보다 낮은 이자율로 대여하는 것은 소득세법상 부당행위계산부인 대상거래에 해당하므로 시가에 상당하는 금액을 총수입금액에 산입하여야 한다(소령 §89②2호).

이 경우 시가는 법인세법 시행령 제89조 제3항을 준용하여 산정하여야 한다.

(2) 금전대부업을 영위하지 않는 자

소득세법상 부당행위계산부인 대상소득은 공동사업에서 분배받은 배당소득, 사업소득, 기타소득만이 해당하므로 금전을 대여한 개인이 이자소득으로 과세되는 개인에 해당하는 경우에는 소득세 과세문제가 발생하지 않는다.

나. 비특수관계인 간 거래

개인이 특수관계 없는 개인에게 무상으로 금전을 대여하는 경우에는 소득세 과세문제가 발생하지 않는다.

제3절 금전을 시가보다 낮은 이자율로 대여한 경우

CASE

B는 A에게 연 2%의 이자율로 5억 원을 대여하였다. 이 경우 A와 B에게 발생하는 과세문제는?

* 대여자가 법인인 경우 대여법인의 가중평균차입이자율: 2%
* 차입자가 법인인 경우 차입법인의 가중평균차입이자율: 4.6%
* A와 B가 개인사업자인 경우 법인세법 시행령 제89조 제3항을 준용한 이자율: 4.6%

Ⅰ 법인과 법인 간의 거래

A와 B가 법인과 법인인 경우에는 특수관계인 간 거래와 비특수관계인 간 거래에 따라 다음과 같이 과세문제가 달라진다.

1. 낮은 이자율로 차입한 비영리법인의 증여세

영리법인은 적정이자율보다 낮은 이자율로 금전을 차입하여 이익을 이전받은 경우에도 증여세가 면제되지만 비영리법인은 적정이자율보다 낮은 이자율로 금전을 차입함으로써 이전받은 이익에 대해 증여세가 과세된다.

가. 특수관계인 간 거래

(1) 금전의 무상대출 등에 따른 이익의 증여

비영리법인이 상속세 및 증여세법 시행령 제2조의2 제1항 제4호부터 제8호까지에 해당하는 특수관계 있는 법인으로부터 적정이자율보다 낮은 이자율로 금전을 대출받은 경우로서 증여재산가액이 1천만 원 이상인 경우에는 이전받은 이익에 대해 증여세가 과세된다(상증법 §41조의4①).

(2) 법인으로부터 대출받은 경우

법인으로부터 대출받은 경우에는 대여법인의 법인세법 시행령 제89조 제3항의 이자율(가중평균차입이자율)을 적정이자율로 보므로 법인으로부터 대여법인의 가중평균 차입이자율로 차입한 경우에는 적정이자율로 차입한 경우에 해당하여 증여세 과세대상에 해당하지 않는다(상증령 §31조의4①).

해당 사례의 경우 대여법인의 가중평균차입이자율로 차입하였으므로 증여세 과세문제가 발생하지 않는다.

나. 비특수관계인 간 거래

비영리법인이 특수관계 없는 법인으로부터 대여법인의 가중평균차입이자율로 금전을 대출받은 경우는 적정이자율로 금전을 대출받은 것에 해당하므로 증여세 과세대상에 해당하지 않는다.

2. 낮은 이자율로 차입한 법인의 법인세

가. 특수관계인 간 거래

(1) 분여받은 이익 익금산입 문제

특수관계인으로부터 이익을 분여받는 경우 익금에 산입하는 것은 자본거래에 한하므로 법인이 법인세법 시행령 제2조 제8항에 해당하는 특수관계 있는 법인으로부터 금전을 시가인 4.6%보다 낮은 이자율로 차입하여 이익을 얻은 경우에는 이자비용이 감소하여 각 사업연도 소득금액이 증가할 뿐 추가 과세문제는 없다.

(2) 이자소득 원천징수 및 지급명세서 제출

가) 원천징수

법인이 특수관계 있는 법인에게 이자지급 시에는 비영업대금 이익에 대한 원천징수세율 25%를 적용한 원천세를 징수하여 납부하여야 한다(법법 §73①1호).

이 경우 법인에게 이자를 지급하는 경우 원천징수의무가 발생하는 원천징수의무자에 대해서는 제한을 두고 있지 않으므로 내국법인·외국법인, 거주자·비거주자가 모두 원천징수의무자에 해당한다.

나) 지급명세서 제출

또한 법인에게 이자소득을 지급하는 자는 지급일이 속하는 과세연도의 다음 연도 2월 말까지 지급명세서를 제출하여야 한다(법법 §120①).

다) 가산세

내국법인에게 이자지급 시 원천징수를 하지 않은 경우에는 납부하지 아니한 세액의 3%의 원천징수 등 납부지연가산세(미납세액의 50% 한도)가 부과된다(국기법 §47조의5①).

법인에게 이자지급하고 지급일이 속하는 과세연도의 다음 연도 2월 말까지 지급명세서를 제출하지 않은 경우에는 미제출금액의 1%의 가산세가 부과된다(법법 §75조의7①1호).

나. 비특수관계인 간 거래

법인이 특수관계 없는 법인으로부터 법인의 가중평균차입이자율(4.6%)보다 낮은 이자율(2%)로 금전을 차입하여 이익을 얻은 경우에는 이자비용이 감소함으로써 각 사업연도 소득금액이 증가할 뿐 그 외 추가 과세문제는 없다.

다만, 법인이 특수관계 없는 법인에게 이자 지급시에는 25%의 원천세를 징수하여 납부하고 지급일이 속하는 다음 연도 2월 말까지 지급명세서를 제출하여야 한다(법법 §73①).

> **법인세법 제73조 【내국법인의 이자소득 등에 대한 원천징수】** (2018. 12. 24. 제목개정)
> ① 내국법인(대통령령으로 정하는 금융회사 등의 대통령령으로 정하는 소득은 제외한다)에 다음 각 호의 금액을 지급하는 자(이하 이 조에서 "원천징수의무자"라 한다)는 그 지급하는 금액에 100분의 14의 세율을 적용하여 계산한 금액에 상당하는 법인세(1천 원 이상인 경우만 해당한다)를 원천징수하여 그 징수일이 속하는 달의 다음 달 10일까지 납세지 관할 세무서등에 납부하여야 한다. 다만, 「소득세법」 제16조 제1항 제11호의 비영업대금의 이익에 대해서는 100분의 25의 세율을 적용하되, 「온라인투자연계금융업 및 이용자 보호에 관한 법률」에 따라 금융위원회에 등록한 온라인투자연계금융업자를 통하여 지급받는 이자소득에 대해서는 100분의 14의 세율을 적용한다. (2022. 12. 31. 개정)
> 1. 「소득세법」 제16조 제1항에 따른 이자소득의 금액(금융보험업을 하는 법인의 수입금액을 포함한다) (2018. 12. 24. 개정)

3. 낮은 이자율로 차입한 법인의 주주의 증여세

가. 특수관계인 간 거래

특정법인과의 거래를 통한 이익의 증여의제 과세대상거래 판단 시 금전대여 거래에 대한 과세요건 판단 시에는 상속세 및 증여세법 제41조의4 【금전 무상대출 등에 따른 이익의 증여】를 준용하여 판단한다.

상속세 및 증여세법 제41조의4는 법인으로부터 차입한 경우에는 대여법인의 가중평균 차입이자율을 적정이자율로 보므로 동 사례의 경우처럼 대여법인의 가중평균 차입이자율로 금전을 차입한 경우에는 과세대상거래에 해당하지 않는다.

나. 비특수관계인 간 거래

비특수관계인 간 거래의 경우 특정법인의 지배주주와 금전을 대여한 법인이 특수관계가 성립하는 경우를 가정하기 어려우므로 과세문제를 검토할 필요가 없다.

4. 낮은 이자율로 대여한 법인의 법인세

가. 특수관계인 간 거래

대여법인의 가중평균차입이자율이 차입법인의 가중평균차입이자율보다 낮은 경우로서 법인이 법인세법 시행령 제2조 제8항에 해당하는 특수관계 있는 법인에게 가중평균차입이자율로 금전을 대여하는 것은 시가로 대여한 것에 해당하므로 과세문제가 없다.

만약 해당 사례에서 차입법인의 가중평균차입이자율이 대여법인의 가중평균차입이자율인 2%보다 낮은 경우에는 대여법인의 가중평균차입이자율은 없는 것으로 보고 당좌대출이자율 4.6%를 시가로 보아야 하므로 부당행위계산부인 대상거래에 해당한다(법칙 §43).

따라서 법인이 법인에게 대여법인의 가중평균차입이자율로 대여하는 경우에는 차입법인의 가중평균차입이자율이 대여법인의 가중평균차입이자율보다 낮은지 여부를 반드시 검토하고 진행하여야 한다.

| 법인과 법인 간의 금전 대여거래 시 부당행위계산부인 적용 |

구분	대여법인	차입법인
대여법인의 가중평균차입이자율 3% 〉 차입법인의 가중평균차입이자율 2% ⇒ 3%로 대여 시	• <u>시가: 당좌대출이자율 4.6%</u> • 부당행위계산부인 대상 ⇒ 시가보다 낮게 대여 대여금액×(4.6% - 3%)	• 시가: 가중평균차입이자율 2% • 부당행위계산부인 대상 ⇒ 시가보다 높게 차입 대출금액×(3% - 2%)

구분	대여법인	차입법인
대여법인의 가중평균차입이자율 3% < 차입법인의 가중평균차입이자율 4% ⇒ 3%로 대여 시	• 시가: 가중평균차입이자율 3% • 부당행위계산부인 대상 아님. ⇒ 시가대로 대여한 경우 해당	• 시가: 가중평균차입이자율 4% • 부당행위계산부인 대상 아님. ⇒ 시가보다 낮은 이자율로 차입
대여법인의 가중평균차입이자율 2% < 차입법인의 가중평균차입이자율 3% ⇒ 3%로 대여 시	• 시가: 가중평균차입이자율 2% • 부당행위계산부인 대상 아님. ⇒ 시가보다 높은 이자율로 대여	• 시가: 가중평균차입이자율 3% • 부당행위계산부인 대상 아님. ⇒ 시가대로 차입

나. 비특수관계인 간 거래

법인이 특수관계 없는 법인에게 금전을 시가대로 대여한 경우에는 법인세 과세문제를 검토할 필요가 없다.

 법인과 개인 간의 거래

A와 B가 법인과 개인인 경우에는 특수관계인 간 거래와 비특수관계인 간 거래에 따라 다음과 같이 과세문제가 달라진다.

1. 낮은 이자율로 차입한 비영리법인의 증여세

영리법인은 금전을 적정이자율보다 낮은 이자율로 차입하여 이익을 이전받은 경우에도 증여세가 면제되지만 비영리법인은 금전을 적정이자율보다 낮은 이자율로 차입함으로써 이전받은 이익에 대해 증여세가 과세된다.

가. 특수관계인 간 거래

비영리법인이 상속세 및 증여세법 시행령 제2조의2 제1항 제2호, 제4호, 제5호, 제8호까지에 해당하는 특수관계 있는 개인으로부터 적정이자율인 4.6%보다 낮은 이자율로 금전을 차입하여 이익을 이전받은 경우로서 증여재산가액이 1천만 원 이상인 경우에는 이전받은 이익에 대해 증여세가 과세된다(상증법 §41조의4①1호).

이 경우 증여재산가액은 대출금액에 적정이자율을 곱한 금액에서 실제 지급한 이자상당액을 차감하여 계산한다.

○ 증여재산가액
= (대출금액 × 적정이자율 4.6%) − 실제 지급한 이자상당액

○ 증여재산가액(13,000,000원 ⇒ 과세요건 충족)
= (500,000,000 × 4.6%) − (500,000,000 × 2%)

나. 비특수관계인 간 거래

2013. 1. 1. 이후부터는 특수관계 없는 개인으로부터 거래의 관행상 정당한 사유 없이 적정이자율보다 낮은 이자율로 금전을 차입한 경우로서 대출금액에 적정이자율을 곱한 금액에서 실제 지급한 이자상당액을 차감한 금액이 1천만 원 이상인 경우에는 대출금액에 적정이자율을 곱한 금액에서 실제 지급한 이자상당액을 차감한 금액을 증여재산가액으로 하여 증여세가 과세된다(상증법 §41조의4③).

2. 낮은 이자율로 차입한 법인의 법인세

가. 특수관계인 간 거래

(1) 분여받은 이익의 익금산입 문제

법인이 법인세법 시행령 제2조 제8항에 해당하는 특수관계 있는 개인으로부터 법인의 가중평균차입이자율(4.6%)보다 낮은 이자율로 금전을 차입한 경우에는 이자비용이 감소함으로써 각 사업연도 소득금액이 증가할 뿐 그 외 법인세 과세문제는 발생하지 않는다.

(2) 이자소득 원천징수

법인이 개인에게 이자를 지급하는 경우에는 이자지급액의 27.5%(지방소득세 포함)를 원천징수하여 익월 10일까지 납부하여야 한다(소법 §127①1호, 소령 §129①1호나목).

납세지 관할 세무서장은 원천징수의무자가 원천징수를 하지 않은 경우 해당 원천징수세액에 3%의 가산세(국기법 §47의5①)를 가산하여 원천징수의무자로부터 징수하여야 한다(소법 §85③).

다만, 납세의무자가 신고·납부한 과세표준금액에 원천징수하지 아니한 원천징수대상

소득금액이 이미 산입된 경우나 원천징수하지 아니한 원천징수대상 소득금액에 대해서 납세의무자의 관할 세무서장이 그 납세의무자에게 직접 소득세를 부과·징수하는 경우에는 가산세만 징수한다(소법 §85③, 단서).

개인에게 이자를 지급하는 경우 원천징수의무가 발생하는 원천징수의무자에 대해서는 별도로 규정하고 있지 않으므로 내국법인·외국법인, 거주자·비거주자를 불문하고 개인에게 이자를 지급하는 모든 자는 원천징수의무자에 해당한다.

소득세법 제127조 【원천징수의무】

① 국내에서 거주자나 비거주자에게 다음 각호의 어느 하나에 해당하는 소득을 지급하는 자(제3호의 소득을 지급하는 자의 경우에는 사업자 등 대통령령으로 정하는 자로 한정한다)는 이 절의 규정에 따라 그 거주자나 비거주자에 대한 소득세를 원천징수하여야 한다. (2010. 12. 27. 개정)

1. 이자소득 (2009. 12. 31. 개정)

소득세법 제129조 【원천징수세율】

① 원천징수의무자가 제127조 제1항 각호에 따른 소득을 지급하여 소득세를 원천징수할 때 적용하는 세율(이하 "원천징수세율"이라 한다)은 다음 각호의 구분에 따른다. (2009. 12. 31. 개정)

1. 이자소득에 대해서는 다음에 규정하는 세율 (2009. 12. 31. 개정)
   가. (삭제, 2017. 12. 19.)
   나. 비영업대금의 이익에 대해서는 100분의 25. 다만, 자금을 대출받으려는 차입자와 자금을 제공하려는 투자자를 온라인을 통하여 중개하는 자로서 관련 법률에 따라 금융위원회에 등록하거나 금융위원회로부터 인가·허가를 받는 등 이용자 보호를 위한 대통령령으로 정하는 요건을 갖춘 자를 통하여 2020년 12월 31일까지 지급받는 이자소득에 대해서는 100분의 14로 한다. (2018. 12. 31. 단서신설)

소득세법 제85조 【징수와 환급】

③ 납세지 관할 세무서장은 원천징수의무자가 징수하였거나 징수하여야 할 세액을 그 기한까지 납부하지 아니하였거나 미달하게 납부한 경우에는 그 징수하여야 할 세액에 「국세기본법」 제47조의5 제1항에 따른 가산세액을 더한 금액을 그 세액으로 하여 그 원천징수의무자로부터 징수하여야 한다. 다만, 원천징수의무자가 원천징수를 하지 아니한 경우로서 다음 각호의 어느 하나에 해당하는 경우에는 「국세기본법」 제47조의5 제1항에 따른 가산세액만을 징수한다. (2013. 1. 1. 개정)

1. 납세의무자가 신고·납부한 과세표준금액에 원천징수하지 아니한 원천징수대상 소득금액이 이미 산입된 경우 (2009. 12. 31. 개정)

2. 원천징수하지 아니한 원천징수대상 소득금액에 대해서 납세의무자의 관할 세무서장이 제80조 및 제114조에 따라 그 납세의무자에게 직접 소득세를 부과·징수하는 경우 (2009. 12. 31. 개정)

(3) 지급명세서 제출

개인에게 이자소득을 지급하는 자는 지급명세서를 지급일이 속하는 과세기간의 다음 연도 2월 말까지 제출하여야 한다(소법 §164①).

지급명세서를 미제출한 경우에는 1%의 가산세가 부과된다(소법 §81의11).

나. 비특수관계인 간 거래

법인이 특수관계 없는 개인으로부터 법인의 가중평균차입이자율보다 낮은 이자율로 금전을 차입하여 이익을 이전받은 경우에는 과세문제를 검토할 필요가 없다.

다만, 법인이 특수관계 없는 개인에게 이자를 지급하는 경우에는 이자지급액의 27.5%를 원천징수하여 익월 10일까지 납부하여야 한다(소법 §127①1호, 소법 §129①1호나목).

3. 낮은 이자율로 차입한 법인의 주주의 증여세

가. 특수관계인 간 거래

금전을 적정이자율보다 낮은 이자율로 대출받은 거래는 특정법인과의 거래를 통한 이익의 증여의제 과세대상거래에 해당한다.

따라서 적정이자율보다 낮은 이자율로 대출받은 법인이 지배주주등의 직·간접 지분율이 30% 이상인 특정법인에 해당하고 지배주주와 낮은 이자율로 대여한 개인이 상속세 및 증여세법 시행령 제2조의2 제1항 제1호부터 제3호까지에 의해 특수관계가 성립하는 경우로서 이전받은 이익이 1억 원 이상인 경우에는 특정법인의 지배주주등에게 증여세가 과세된다(상증법 §45조의5).

이 경우 증여이익의 계산은 상속세 및 증여세법 제41조의4 【금전 무상대출 등에 따른 이익의 증여】를 준용하여 계산한다.

해당 사례의 경우 법인세 상당액 차감 전 특정법인의 이익이 13,000,000원에 불과하므로 과세요건을 충족하지 않는다.

○ 특정법인의 이익(13,000,000원－법인세 상당액)
= 차입금 × 〔적정이자율(4.6%)－지급이자율(2%)〕－〔법인세 × (13,000,000 / 각 사업연도 소득)〕

나. 비특수관계인 간 거래

비특수관계인 간 거래의 경우 특정법인의 지배주주와 금전을 대여한 개인이 특수관계가 성립하는 경우를 가정하기 어려우므로 과세문제를 검토할 필요가 없다.

4. 낮은 이자율로 대여한 개인의 소득세

가. 특수관계인 간 거래

(1) 금전대부업을 영위하는 자

금전대부업을 영위하는 사업자가 국세기본법 시행령 제1조의2 제2항, 제3항 제1호에 해당하는 특수관계 있는 법인에게 금전대부업에 사용하는 여신용 금전을 무상 또는 낮은 이자율로 대여하는 것은 사업소득에 대한 부당행위계산부인 대상거래에 해당한다(소령 §89②2호).

따라서 시가와 대가와의 차액이 시가의 5% 이상이거나 3억 원 이상인 경우에는 부당행위계산부인을 적용하여 총수입금액에 산입하여야 한다.

소득세법상 부당행위계산부인 적용 시 시가는 법인세법 시행령 제89조 제3항을 준용하여 산정하여야 한다.

(2) 금전대부업을 영위하지 않는 자

소득세법상 부당행위계산부인 대상소득은 공동사업에서 분배받는 배당소득, 사업소득, 기타소득만이 해당되므로 금전대부업을 영위하지 않는 개인이 특수관계 있는 법인에게 시가보다 낮은 이자율로 금전을 대여한 경우에는 과세문제가 없다.

나. 비특수관계인 간 거래

개인이 특수관계 없는 법인에게 시가보다 낮은 이자율로 금전을 대여한 경우에는 금전대부업을 영위하는 경우에도 기부금 또는 기업업무추진비로 보지 않으므로 소득세 과세문제가 없다.

Ⅲ 개인과 법인 간의 거래

A와 B가 개인과 법인인 경우에는 특수관계인 간 거래와 비특수관계인 간 거래에 따라 다음과 같이 과세문제가 달라진다.

1. 낮은 이자율로 차입한 개인의 증여세

가. 특수관계인 간 거래

개인이 상속세 및 증여세법 시행령 제2조의2 제1항 제2호부터 제8호까지에 해당하는 특수관계 있는 법인으로부터 적정이자율보다 낮은 이자율로 금전을 차입한 경우로서 분여받은 이익이 1천만 원 이상인 경우에는 증여세가 과세된다(상증법 §41조의4).

다만, 법인으로부터 차입한 경우에는 대여법인의 가중평균 차입이자율을 적정이자율로 보므로 해당 사례의 경우처럼 대여법인의 가중평균 차입이자율 2%로 차입한 경우에는 적정이자율로 차입한 경우에 해당하여 증여세 과세대상거래에 해당하지 않는다(상증령 §31조의4①).

나. 비특수관계인 간 거래

개인이 특수관계 없는 법인으로부터 거래의 관행상 정당한 사유 없이 적정이자율보다 낮은 이자율로 금전을 차입한 경우로서 증여재산가액이 1천만 원 이상인 경우에는 증여세 과세대상에 해당하지만 대여법인의 가중평균 차입이자율로 금전을 차입한 경우에는 적정이자율로 차입한 경우에 해당하므로 증여세 과세문제가 발생하지 않는다.

2. 낮은 이자율로 차입한 개인의 소득세

가. 특수관계인 간 거래

개인사업자가 국세기본법 시행령 제1조의2 제2항, 제3항 제1호에 해당하는 특수관계 있는 법인으로부터 시가보다 낮은 이자율로 금전을 차입한 경우에는 이자비용이 감소함으로써 사업소득금액이 증가할 뿐 추가 과세문제는 없다.

다만, 개인이 법인에게 이자를 지급 시에는 이자지급액의 27.5%를 원천징수하여 익월 10일까지 납부하여야 하고 지급일이 속하는 사업연도 다음 연도 2월 말까지 지급명세서를 제출하여야 한다(법법 §73①1호, 법법 §120①).

나. 비특수관계인 간 거래

특수관계 없는 법인으로부터 시가보다 낮은 이자율을 금전을 차입한 경우에는 소득세 과세문제를 검토할 필요가 없다.

다만, 비특수관계인 간 거래의 경우에도 개인이 법인에게 이자지급 시에는 이자지급액의 27.5%를 원천징수하여 익월 10일까지 납부하여야 하여야 하고 지급일이 속하는 사업연도 다음 연도 2월 말까지 지급명세서를 제출하여야 한다(법법 §73①1호, 법법 §120①).

3. 낮은 이자율로 대여한 법인의 법인세

가. 특수관계인 간 거래

법인이 법인세법 시행령 제2조 제8항에 해당하는 특수관계 있는 개인에게 법인의 가중평균 차입이자율로 금전을 대여한 경우는 시가대로 대여한 것에 해당하여 법인세법상 부당행위계산부인 대상거래에 해당하지 않으므로 과세문제가 없다.

나. 비특수관계인 간 거래

법인이 특수관계 없는 개인에게 시가대로 금전을 대여한 경우에는 과세문제를 검토할 필요가 없다.

Ⅳ 개인과 개인 간의 거래

A와 B가 개인과 개인인 경우에는 특수관계인 간 거래와 비특수관계인 간 거래에 따라 다음과 같이 과세문제가 달라진다.

1. 낮은 이자율로 차입한 개인의 증여세

가. 특수관계인 간 거래

개인이 상속세 및 증여세법 시행령 제2조의2 제1항 제1호부터 제3호까지에 해당하는 특수관계 있는 개인으로부터 적정이자율인 4.6%보다 낮은 이자율로 금전을 차입하여 이익을 이전받은 경우로서 증여재산가액이 1천만 원 이상인 경우에는 이전받은 이익에 대해 증여세가 과세된다.

이 경우 증여재산가액은 대출금액에 적정이자율을 곱한 금액에서 실제 지급한 이자 상당액을 차감하여 계산한다(상증법 §41조의4①1호).

○ 증여재산가액(13,000,000원)
=〔대출금액(5억 원) × 적정이자율(4.6%)〕－실제 지급한 이자상당액(1천만 원)

나. 비특수관계인 간 거래

2013. 1. 1. 이후부터는 특수관계 없는 개인으로부터 거래의 관행상 정당한 사유 없이 적정이자율인 4.6%보다 낮은 이자율로 금전을 차입하여 이익을 이전받은 경우로서 증여재산가액이 1천만 원 이상인 경우에는 이전받은 이익에 대해 증여세가 과세된다(상증법 §41조의4③).

2. 낮은 이자율로 차입한 개인의 소득세

가. 특수관계인 간 거래

(1) 분여받은 이익

사업자가 특수관계 있는 개인으로부터 금전을 시가보다 낮은 이자율로 차입한 경우에는 이자비용이 감소하여 사업소득금액이 증가할 뿐 그 외 소득세 과세문제는 없다.

(2) 원천징수 의무 지급조서 제출의무

사업자가 아닌 개인 간에, 특히 가족 간에 이자지급시 원천징수하고 원천징수세액을 신고·납부하는 경우는 거의 없다. 하지만 개인 간에 이자지급 시에도 반드시 25%의 원천징수세액을 원천징수하여야 한다(소법 §127①1호).

납세지 관할 세무서장은 원천징수의무자가 원천징수를 하지 않은 경우 해당 원천징수세액에 3%의 가산세를 가산하여 원천징수의무자로부터 징수하여야 한다(소법 §85③).

다만, 납세의무자가 신고·납부한 과세표준금액에 원천징수하지 아니한 원천징수대상 소득금액이 이미 산입된 경우나 원천징수하지 아니한 원천징수대상 소득금액에 대해서 납세의무자의 관할 세무서장이 그 납세의무자에게 직접 소득세를 부과·징수하는 경우에는 가산세만 징수한다(소법 §85③, 단서).

(3) 지급조서 제출의무

개인이 개인에게 이자를 지급하는 경우에도 지급일이 속하는 다음 연도 2월 말까지 지급명세서를 제출하여야 한다(소법 §164).

지급조서를 제출하지 않은 경우에는 미제출금액의 1%의 가산세가 부과된다(소법 §81조의11).

나. 비특수관계인 간 거래

특수관계 없는 개인으로부터 시가보다 낮은 이자율로 금전을 차입하여 이익을 이전받은 경우에는 과세문제를 검토할 필요가 없다.

다만, 개인 간에 이자지급 시에도 반드시 25%의 원천징수세율을 적용하여 원천징수하여야 하며, 지급일이 속하는 다음 연도 2월 말까지 지급명세서를 제출하여야 하는 점을 주의하여야 한다.

3. 낮은 이자율로 대여한 개인의 소득세

가. 특수관계인 간 거래

(1) 금전대부업을 영위하는 자

금전대부업을 영위하는 사업자가 금전대부업에 사용하는 여신용 금전을 국세기본법 시행령 제1조의2 제1항, 제2항에 해당하는 특수관계 있는 개인에게 시가보다 낮은 이자율로 대여한 경우로서 시가와 대가와의 차액이 시가의 5% 이상이거나 3억 원 이상인 경우에는 부당행위계산부인 대상거래에 해당한다(소령 §98②2호).

이 경우 이자율에 대한 시가는 법인세법 시행령 제89조 제3항을 준용하여 산정하여야 한다.

(2) 금전대부업을 영위하지 않는 자

소득세법상 부당행위계산부인 대상소득은 공동사업에서 분배받는 배당소득, 사업소득, 기타소득만이 해당하므로 금전대부업을 영위하지 않는 자가 국세기본법 시행령 제1조의2 제1항, 제2항에 해당하는 특수관계 있는 개인에게 시가보다 낮은 가액으로 금전을 대여하여 수령한 이자는 이자소득에 해당하므로 소득세 과세문제가 발생하지 않는다.

나. 비특수관계인 간 거래

개인이 특수관계 없는 개인에게 시가보다 낮은 이자율로 금전을 대여하여 이익을 분여한 경우에는 금전대부업을 영위하는 자인 경우에도 기부금 또는 기업업무추진비로 보지 않으므로 과세문제가 없다.

제4절 시가보다 높은 이자율로 대여한 경우

CASE

A는 B에게 연 8%의 이자율로 5억 원을 대여하였다. 이 경우 A와 B에게 발생하는 과세문제는?

* A와 B가 법인인 경우 가중평균차입이자율: 4.6%
* A와 B가 개인사업자인 경우 법인세법 시행령 제89조 제3항을 준용한 이자율: 4.6%

I 법인과 법인 간의 거래

A와 B가 법인과 법인인 경우에는 특수관계인 간 거래와 비특수관계인 간 거래에 따라 다음과 같이 과세문제가 달라진다.

1. 높은 이자율로 대여한 비영리법인의 증여세

가. 특수관계인 간 거래

(1) 상속세 및 증여세법 제42조에 의해 과세가능 여부

금전 대여거래를 통해 얻는 이익에 대한 증여예시규정인 상속세 및 증여세법 제41조의4【금전 무상대출 등에 따른 이익의 증여】는 금전을 무상 또는 적정이자율보다 낮은 이자율로 대출받는 경우만을 과세대상으로 규정하고 있다. 따라서 적정이자율보다 높은 이자율로 금전을 대여하여 이전받은 이익에 대해서는 상속세 및 증여세법 제41조의4에 의해 증여세를 과세할 수 없다.

상속세 및 증여세법 제41조의4에 의해 증여세를 과세할 수 없다면 재산의 고저가 사용 및 용역의 고저가 거래를 통해 이전받은 이익에 대한 증여예시규정인 상속세 및 증여세법

제42조【재산사용 및 용역제공 등에 따른 이익의 증여】에 의해 과세가 가능한지 여부를 검토할 필요가 있다.

상속세 및 증여세법 제42조는 과세대상거래를 규정함에 있어 시가보다 높은 대가를 받고 재산을 사용하게 하는 경우에 대해서는 부동산과 금전을 제외하고 있다. 반면 시가보다 높은 대가를 받고 용역을 제공한 경우는 과세대상으로 규정하고 있으므로 금전을 시가보다 높은 이자율로 대여하는 것이 용역의 고가제공에 해당하는 경우에는 상속세 및 증여세법 제42조에 의해 증여세 과세가 가능하다.

(2) 용역의 고가제공에 해당하는지 여부

세법상 용역의 공급에 대해 정의하고 있는 것은 부가가치세법이 유일하므로 부가가치세법상 용역의 공급의 정의를 보면, 용역의 공급이란 역무를 제공하거나 시설물, 권리 등 재화를 사용하게 하는 것을 말한다(부법 §11①).

이 경우 금전이 재화에 해당하는 경우에는 금전의 대여가 용역의 공급에 해당하지만 금전은 그 자체가 거래대상이 아닌 교환대상이며 용역의 범위를 정하고 있는 부가가치세법 시행령 제3조에서도 금전을 대여하는 것은 용역의 범위로 정하고 있지 않다(부령 §3, 부법 통칙 4-0-3).

따라서 금전을 시가보다 높은 이자율을 받고 대여하는 것은 용역을 고가로 제공하는 경우에 대한 증여예시규정인 상속세 및 증여세법 제42조의 과세대상거래에도 해당하지 않는다.

부가가치세법 기본통칙 4-0-3【유가증권 등】
수표·어음 등의 화폐대용증권은 과세대상이 아니다.

(3) 증여세 포괄과세

증여예시규정에서 과세대상으로 규정하고 있는 경우에는 증여예시규정을 준용하여 과세하지만 증여예시규정에서 과세대상으로 규정하고 있지 않지만 경제적 실질이 유사한 경우로서 증여예시규정을 준용하여 증여재산가액을 계산할 수 있는 경우에는 증여세 과세대상에 해당한다(상증법 §4①6호).

따라서 금전을 적정이자율보다 높은 이자율로 대여하여 이익을 이전받은 경우에는 상속세 및 증여세법 제41조의4【금전 무상대출 등에 따른 이익의 증여】를 준용하여 실제 수령한 이자에서 대여금액에 적정이자율을 적용한 이자상당액을 차감한 금액이 1천만 원 이상인 경우에는 실제 수령한 이자에서 대여금액에 적정이자율을 곱하여 계산한 금액을 차감한 금액을 증여재산가액으로 하여 증여세가 과세될 수 있다.

(4) 법인세, 소득세가 과세된 경우

사인 간에 금전대여 계약을 체결하고 수수하는 이자는 법인세와 소득세가 과세되는 원천징수대상 소득이므로 적정이자율보다 높게 수령한 이자에 대해서는 개인의 경우 소득세가 과세되며 법인의 경우 법인세가 과세되며 비영리법인도 이자수입이 고유목적사업에 해당할 수는 없으므로 원칙적으로 법인세가 과세된다.[237)]

이 경우 소득세, 법인세가 과세된 경우는 증여세가 과세되지 않지만 소득세, 법인세가 과세된 경우에 증여세를 과세하지 않는 경우는 자산수증이익처럼 증여재산에 대하여 직접적으로 소득세가 과세된 경우에 한하므로 시가보다 높은 이자율로 이자를 수령한 금액에 대해서는 증여세가 과세될 수 있을 것으로 생각된다(조심2010부3567, 2011. 6. 23.).[238)]

나. 비특수관계인 간 거래

비특수관계인에게 거래의 관행상 정당한 사유없이 적정이자율보다 높은 이자율로 금전을 대여한 경우에는 상속세 및 증여세법 제41조의4를 준용하여 증여세가 과세될 수 있다(상증법 §4①6호).

2. 높은 이자율로 대여한 법인의 법인세

가. 특수관계인 간 거래

법인이 법인세법 시행령 제2조 제8항에 해당하는 특수관계 있는 법인에게 시가보다 높은 이자율로 금전을 대여한 경우로서 시가와 대가와의 차액이 시가의 5% 이상이거나 3억 원 이상인 경우라 하더라도 각 사업연도 소득금액이 증가하여 조세의 부담이 부당하게 감소되지 않았으므로 과세문제가 없다.

---

237) 다만, 비영리법인의 경우 고유목적사업준비금 전입을 통해 수익사업소득금액이 0이 되는 경우에는 원천징수된 이자소득세를 전액 환급받을 수 있다.

238) 다만, 이자를 높게 수령한 경우에 대해 증여세 과세가능 여부에 대해서는 명확한 유권해석이나 결정례가 없는 상태이므로 이에 해당하는 경우에는 사전질의등을 통해 정확한 과세문제를 확인한 후 진행할 필요가 있다.

나. 비특수관계인 간 거래

특수관계 없는 법인에게 시가보다 높은 이자율로 금전을 대여하여 각 사업연도 소득금액이 증가한 경우에는 법인세 과세문제를 검토할 필요가 없다.

3. 높은 이자율로 대여한 법인의 주주의 증여세

가. 특수관계인 간 거래

금전을 시가보다 높은 이자율로 대여한 법인이 지배주주등의 직·간접 지분율이 30% 이상인 특정법인에 해당하고 높은 이자율로 차입한 법인이 지배주주와 상속세 및 증여세법 시행령 제2조의2 제1항 제2호부터 제8호까지에 의해 특수관계가 성립하는 경우로서 증여의제이익이 1억 원 이상인 경우에는 지배주주등에게 증여세가 과세된다.[239)]

해당 사례의 경우 법인세 상당액을 감안하지 않더라도 특정법인의 이익이 17,000,000원에 불과하므로 증여세 과세문제가 없다.

○ 특정법인의 이익
　= 5억 원 × (8%−4.6%)−법인세 상당액

나. 비특수관계인 간 거래

비특수관계인 간 거래의 경우에는 금전을 대여한 법인의 지배주주와 금전을 차입한 법인이 특수관계가 성립하는 경우를 가정하기 어려우므로 과세문제를 검토할 필요가 없다.

4. 높은 이자율로 차입한 법인의 법인세

가. 특수관계인 간 거래

법인이 법인세법 시행령 제2조 제8항에 해당하는 특수관계 있는 법인으로부터 시가보다

---

239) 특정법인과의 거래를 통한 증여의제 과세대상거래를 규정하고 있는 상속세 및 증여세법 제45조의5 제1항 제1호는 재산 또는 용역의 무상, 고·저가 양도, 양수, 제공거래를 과세대상으로 규정하면서 재산에서 금전·부동산을 제외하지 않고 있으며 동법 시행령 제34조의5 제7항은 금전대여 거래에 대한 증여재산가액 계산방식을 규정하고 있어 금전대여거래가 과세대상거래에 해당하는 것을 명확하게 하고 있다.
따라서 금전을 적정이자율보다 높은 이자율을 받고 대여한 경우도 특정법인과의 거래를 통한 증여의제 과세대상거래에 해당한다.

높은 이자율로 금전을 차입하여 이자비용을 과대계상함으로써 각 사업연도 소득금액을 감소시킨 것은 법인세법 시행령 제88조 제1항 제7호의 부당행위계산부인 대상거래에 해당하므로 대가와 시가와의 차액이 시가의 5% 이상이거나 3억 원 이상인 경우에는 부당행위계산부인을 적용하여 익금산입하고 거래상대방이 법인이므로 기타사외유출로 소득처분하여야 한다.

이 경우 법인은 이자지급 시 부당행위계산부인과 관계없이 실제 이자지급액의 27.5%를 원천징수하여 익월 10일까지 납부하여야 하며, 지급일이 속하는 과세연도의 다음 연도 2월 말까지 지급명세서를 제출하여야 한다(법법 §73①1호, 법법 §120①).

내국법인에게 이자지급 시 원천징수를 하지 않은 경우에는 납부하지 아니한 세액의 3%의 원천징수 등 납부지연가산세(미납세액의 50% 한도)가 부과되며, 법인에게 이자지급하고 지급일이 속하는 과세연도의 다음 연도 2월 말까지 지급명세서를 제출하지 않은 경우에는 미제출금액의 1%의 가산세가 부과된다(국기법 §47조의5①, 법법 §75조의7①1호).

〈회계처리〉

D) 이자비용 40,000,000	C) 보통예금 40,000,000

〈세무조정〉

익금산입 부당행위계산부인 17,000,000(기타사외유출)

* 차입금(5억 원) × [지급이자율(8%) − 가중평균차입이자율(4.6%)]

법인세법 시행령 제88조 【부당행위계산의 유형 등】

① 법 제52조 제1항에서 "조세의 부담을 부당하게 감소시킨 것으로 인정되는 경우"란 다음 각호의 어느 하나에 해당하는 경우를 말한다. (2011. 6. 3. 개정)

7. 금전, 그 밖의 자산 또는 용역을 시가보다 높은 이율·요율이나 임차료로 차용하거나 제공받은 경우 (2016. 2. 12. 개정)

나. 비특수관계인 간 거래

법인이 특수관계 없는 법인으로부터 법인의 가중평균 차입이자율보다 높은 이자율로 금전을 차입한 경우에는 기부금 또는 기업업무추진비로 보지 않으므로 실제 이자지급액에 27.5%를 적용한 원천세를 징수하여 납부하고 지급명세서를 제출하면 될 뿐 그 외 추가 과세문제는 없다(법법 §73①1호).

Ⅱ 법인과 개인 간의 거래

A와 B가 법인과 개인인 경우에는 특수관계인 간 거래와 비특수관계인 간 거래에 따라 다음과 같이 과세문제가 달라진다.

1. 높은 이자율로 대여한 비영리법인의 증여세

가. 특수관계인 간 거래

비영리법인이 상속세 및 증여세법 시행령 제2조의2 제1항 제2호, 제4호, 제5호, 제8호에 해당하는 특수관계 있는 개인에게 적정이자율보다 높은 이자율로 금전을 대여하여 이익을 얻은 경우는 금전대여거래에 대한 증여예시규정인 상속세 및 증여세법 제41조의4에서 규정하고 있는 과세대상거래는 아니지만 상속세 및 증여세법 제41조의4와 경제적 실질이 유사한 경우로서 해당 증여예시규정을 준용하여 증여재산가액을 계산할 수 있는 경우에는 이 전받은 이익에 대해 증여세가 과세될 수 있다(상증법 §4①6호).

나. 비특수관계인 간 거래

비영리법인이 특수관계 없는 개인에게 거래의 관행상 정당한 사유없이 적정이자율보다 높은 이자율로 금전을 대여하여 이익을 얻은 경우로서 상속세 및 증여세법 제41조의4를 준용하여 증여재산가액을 계산할 수 있는 경우에는 증여세가 과세될 수 있다(상증법 §4①6호).

2. 높은 이자율로 대여한 법인의 법인세

가. 특수관계인 간 거래

법인이 법인세법 시행령 제2조 제8항에 해당하는 특수관계 있는 개인에게 시가보다 높은 이자율로 금전을 대여한 경우로서 대가와 시가와의 차액이 시가의 5% 이상이거나 3억 원 이상인 경우라 하더라도 각 사업연도 소득금액이 증가하여 조세의 부담이 감소되지 않았으므로 과세문제가 없다.

나. 비특수관계인 간 거래

법인이 특수관계 없는 개인에게 시가보다 높은 이자율로 금전을 대여하여 각 사업연도

소득금액이 증가한 경우에는 과세문제를 검토할 필요가 없다.

3. 높은 이자율로 대여한 법인의 주주의 증여세

가. 특수관계인 간 거래

금전을 시가보다 높은 이자율로 대여한 법인이 지배주주등의 직·간접 지분율이 30% 이상인 특정법인에 해당하고 지배주주와 높은 이자율로 차입한 개인이 상속세 및 증여세법 시행령 제2조의2 제1항 제1호부터 제3호까지에 의해 특수관계가 성립하는 경우로서 증여의제이익이 1억 원 이상인 경우에는 지배주주등에게 증여세가 과세된다(상증법 §45조의5).

해당 사례의 경우 법인세 상당액을 감안하지 않더라도 특정법인의 이익이 17,000,000원에 불과하므로 지배주주등의 증여세 과세문제는 발생하지 않는다.

○ 특정법인의 이익(17,000,000원－법인세 상당액)
= 5억 원 × (8%－4.6%)－법인세 상당액

나. 비특수관계인 간 거래

비특수관계인 간 거래의 경우에는 시가보다 높은 이자율로 금전을 대여한 법인의 지배주주와 금전을 차입한 개인이 특수관계가 성립하는 경우를 가정하기 어려우므로 과세문제가 없다.

4. 높은 이자율로 차입한 개인의 소득세

가. 특수관계인 간 거래

사업을 영위하는 개인이 국세기본법 시행령 제1조의2 제2항, 제3항 제1호에 해당하는 특수관계 있는 법인으로부터 시가보다 높은 이자율로 금전을 차입하여 사업소득금액 계산 시 이자비용으로 계상한 경우로서 대가와 시가와의 차액이 시가의 5% 이상이거나 3억 원 이상인 경우는 소득세법상 부당행위계산부인 대상거래에 해당한다(소법 §98②3호).

따라서 대가와 시가와의 차액을 필요경비불산입하고 기타로 소득처분하여야 한다.

이 경우 개인은 이자지급 시 부당행위계산부인 적용과 관계없이 실제 이자지급액에

27.5%를 적용한 원천세를 징수하여 익월 10일까지 납부하여야 하며, 과세연도의 다음 연도 2월 말까지 지급명세서를 제출하여야 한다(법법 §73①1호, 법법 §120①).

〈회계처리〉
D) 이자비용 40,000,000 C) 보통예금 40,000,000

〈세무조정〉
필요경비불산입 부당행위계산부인 17,000,000[기타(기사)]

* 차입금(5억 원) × [실제차입이자율(8%) - 대여법인의 가중평균차입이자율(4.6%)]

소득세법 시행령 제98조 【부당행위계산의 부인】
② 법 제41조에서 조세 부담을 부당하게 감소시킨 것으로 인정되는 경우는 다음 각호의 어느 하나에 해당하는 경우로 한다. 다만, 제1호부터 제3호까지 및 제5호(제1호부터 제3호까지에 준하는 행위만 해당한다)는 시가와 거래가액의 차액이 3억 원 이상이거나 시가의 100분의 5에 상당하는 금액 이상인 경우만 해당한다. (2010. 2. 18. 개정)
3. 특수관계인으로부터 금전이나 그 밖의 자산 또는 용역을 높은 이율 등으로 차용하거나 제공받는 경우 (2012. 2. 2. 개정)

나. 비특수관계인 간 거래

사업을 영위하는 개인이 특수관계 없는 법인으로부터 시가보다 높은 이자율로 금전을 차입한 경우에는 기부금 또는 기업업무추진비로 보지 않으므로 실제 지급한 이자금액에 27.5%를 적용한 원천세를 징수하여 납부하고 지급명세서만 제출하면 될 뿐 추가 과세문제는 없다(법법 §73①1호).

 개인과 법인 간의 거래

A와 B가 개인과 법인인 경우에는 특수관계인 간 거래와 비특수관계인 간 거래에 따라 다음과 같이 과세문제가 달라진다.

1. 높은 이자율로 금전을 대여한 개인의 증여세

가. 특수관계인 간 거래

개인이 상속세 및 증여세법 시행령 제2조의2 제1항 제2호부터 제8호까지에 해당하는 특수관계 있는 법인에게 적정이자율보다 높은 이자율로 금전을 대여하여 이익을 얻은 경우는 금전 대여거래에 대한 증여예시규정인 상속세 및 증여세법 제41조의4에서 규정하고 있는 과세대상거래는 아니지만 상속세 및 증여세법 제41조의4와 경제적 실질이 유사한 경우로서 해당 증여예시규정을 준용하여 증여재산가액을 계산할 수 있는 경우에는 증여세 과세대상에 해당할 수 있다(상증법 §4①6호).

나. 비특수관계인 간 거래

개인이 특수관계 없는 개인에게 거래의 관행상 정당한 사유없이 적정이자율보다 높은 이자율로 금전을 대여하여 이익을 얻은 경우에는 상속세 및 증여세법 제41조의4를 준용하여 계산한 증여재산가액에 대해 증여세가 과세될 수 있다(상증법 §4①6호).

2. 높은 이자율로 금전을 대여한 개인의 소득세

가. 특수관계인 간 거래

개인이 국세기본법 시행령 제1조의2 제2항, 제3항 제1호에 해당하는 특수관계 있는 법인에게 시가보다 높은 이자율로 금전을 대여한 경우에는 금전대부업자의 경우 실제 수령한 이자를 기준으로 사업소득세가 과세되고, 사업을 영위하지 않는 개인은 실제 수령한 이자를 기준으로 이자소득세가 과세된다.

나. 비특수관계인 간 거래

개인이 특수관계 없는 법인에게 시가보다 높은 이자율로 금전을 대여한 경우에는 수령한 이자에 대해 사업소득세, 이자소득세가 과세될 뿐 소득세 과세문제를 검토할 필요가 없다.

3. 높은 이자율로 차입한 법인의 법인세

가. 특수관계인 간 거래

(1) 부당행위계산부인

법인이 법인세법 시행령 제2조 제8항에 해당하는 특수관계 있는 개인으로부터 가중평균차입이자율보다 높은 이자율로 금전을 차입한 경우로서 대가와 시가와의 차액이 시가의 5% 이상 또는 3억 원 이상인 경우에는 부당행위계산부인 대상거래에 해당한다(법령 §88①7호).

따라서 대가와 시가와의 차액을 익금산입하고 귀속자가 개인이므로 배당, 상여, 기타사외유출, 기타소득으로 소득처분하여야 한다.

또한 법인은 이자지급 시 부당행위계산부인과 관계없이 실제 지급한 이자금액에 27.5%를 적용한 원천세를 징수하여 익월 10일까지 납부하여야 하며, 지급일이 속하는 과세기간의 다음 연도 2월 말까지 지급명세서를 제출하여야 한다(소법 §127①1호, 소법 §164①).

〈회계처리〉

D) 이자비용 40,000,000	C) 보통예금 40,000,000

〈세무조정〉

익금산입 부당행위계산부인 17,000,000

(배당, 상여, 기타사외유출, 기타소득)

* 차입금(5억 원) × [지급이자율(8%) - 가중평균차입이자율(4.6%)]

(2) 소득처분에 따른 소득세 이중과세 문제

개인이 법인으로부터 수령한 이자는 소득세법 제12조의 비과세소득에 해당하는 경우가 없으므로 예외 없이 사업소득세 또는 이자소득세로 소득세가 과세된다.

이 경우 특수관계 있는 개인이 금전대부업을 영위하여 수령한 이자수입이 사업소득을 구성하는 경우에는 법인이 부당행위계산부인 시 기타사외유출로 소득처분하므로 소득세 이중과세문제가 발생하지 않는다.

하지만 특수관계 있는 개인이 수령한 이자에 대해 이자소득으로 과세되는 자에 해당하는 경우에는 이자소득에 대해 소득세가 과세되고 소득처분금액에 대해 상여, 배당, 기타소득으로 소득세가 과세되는 이중과세문제가 발생한다.

나. 비특수관계인 간 거래

법인이 특수관계 없는 개인으로부터 가중평균차입이자율보다 높은 이자율로 금전을 차입한 경우에는 기부금 또는 기업업무추진비로 보지 않으므로 실제 지급한 이자금액에 27.5%를 적용한 원천세를 징수하여 납부하고 지급명세서만 제출하면 될 뿐 추가 과세문제는 없다(소법 §127①1호).

Ⅳ 개인과 개인 간의 거래

A와 B가 개인과 개인인 경우에는 특수관계인 간 거래와 비특수관계인 간 거래에 따라 다음과 같이 과세문제가 달라진다.

1. 높은 이자율로 금전을 대여한 개인의 증여세

가. 특수관계인 간 거래

개인이 상속세 및 증여세법 시행령 제2조의2 제1항 제1호부터 제3호까지에 해당하는 특수관계 있는 개인에게 적정이자율보다 높은 이자율로 금전을 대여하여 이익을 이전받은 경우는 증여예시규정인 상속세 및 증여세법 제41조의4에서 규정하고 있는 과세대상거래는 아니지만 상속세 및 증여세법 제41조의4와 경제적 실질이 유사한 경우로서 해당 증여예시규정을 준용하여 증여재산가액을 계산할 수 있는 경우에는 증여세가 과세될 수 있다(상증법 §4①6호).

나. 비특수관계인 간 거래

개인이 특수관계 없는 개인에게 거래의 관행상 정당한 사유없이 적정이자율보다 높은 이자율로 금전을 대여하여 이익을 이전받은 경우에는 상속세 및 증여세법 제41조의4를 준용한 증여재산가액에 대해 증여세가 과세될 수 있다(상증법 §4①6호).

2. 높은 이자율로 금전을 대여한 개인의 소득세

가. 특수관계인 간 거래

개인이 국세기본법 시행령 제1조의2 제1항, 제2항에 해당하는 특수관계 있는 개인에게 시가보다 높은 이자율로 금전을 대여한 경우에는 금전대부업자의 경우 실제 수령한 이자를 기준으로 사업소득세가 과세되고 그 외의 자의 경우에는 실제 수령한 이자를 기준으로 이자소득세가 과세되며 그 외 추가적인 과세문제는 없다.

나. 비특수관계인 간 거래

개인이 특수관계 없는 개인에게 시가보다 높은 이자율로 금전을 대여한 경우에도 실제 수령한 이자를 기준으로 사업소득세 또는 이자소득세가 과세될 뿐 추가적인 과세문제는 없다.

3. 높은 이자율로 차입한 개인의 소득세

가. 특수관계인 간 거래

사업을 영위하는 개인이 국세기본법 시행령 제1조의2 제1항, 제2항에 해당하는 특수관계 있는 개인으로부터 시가보다 높은 이자율로 금전을 차입하여 사업소득금액 계산 시 이자비용으로 계상한 경우로서 대가와 시가와의 차액이 시가의 5% 이상이거나 3억 원 이상인 경우는 부당행위계산부인 대상거래에 해당하므로 대가와 시가와의 차액을 필요경비불산입하여야 한다(소령 §98②3호).

이 경우 개인은 이자지급 시 부당행위계산부인 적용과 관계없이 실제 지급한 이자지급액에 27.5%를 적용한 원천세를 징수하여 익월 10일까지 납부하여야 하며, 지급명세서를 지급일이 속하는 과세기간의 다음 연도 2월 말까지 제출하여야 한다(소법 §127①1호, 소법 §164①).

〈회계처리〉

D) 이자비용 40,000,000	C) 보통예금 40,000,000

〈세무조정〉

필요경비불산입 부당행위계산부인 17,000,000[기타(상여, 기타소득)]

* 차입금(5억 원) × [실제차입이자율(8%) - 당좌대출이자율(4.6%)]

나. 비특수관계인 간 거래

사업을 영위하는 개인이 특수관계 없는 개인으로부터 시가보다 높은 이자율로 금전을 차입하여 사업소득금액이 감소한 경우에는 기부금 또는 기업업무추진비로 보지 않으므로 실제 이자지급액에 27.5%를 적용한 원천세를 징수하여 납부하면 될 뿐 추가 과세문제는 없다.

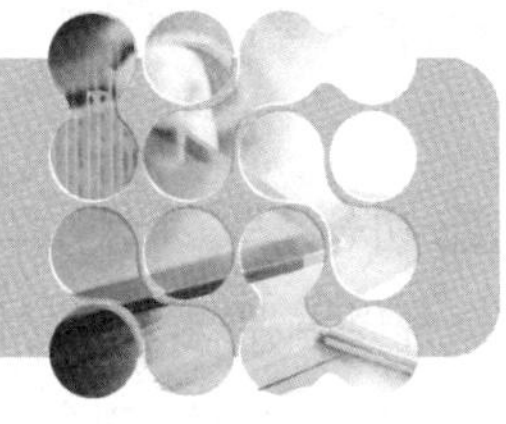

제7장

부동산 임대차거래에 대한 과세문제

제1절 부동산 대여에 대한 개관

 개요

부동산은 주거생활을 영위하거나 사업활동을 영위하는 데 있어 필수적인 구성요소로서 한정적인 특성과 타자산에 비해 가치가 높아 이에 대한 사용이 필요한 경우 일반적인 상품처럼 구입하는 방식이 아닌 임대료를 지불하고 임차하는 방식을 취하는 경우가 많다.

따라서 금전 외의 자산 중 임대·임차방식으로 가장 많이 거래되는 자산이므로 세법은 부동산의 양도·양수에 대한 과세문제뿐만 아니라 부동산의 임대·임차에 대한 과세문제도 견고하게 규정하고 있다.

Ⅱ 임대료와 과세문제

부동산은 객관적으로 그 경제적 가치를 산정하기가 용이하므로 부동산 사용에 대한 임대료는 부동산 가치에 통상적인 임대료율을 적용하여 결정된다.

부동산의 임대인과 임차인이 주고받는 임대료가 불특정다수인 사이에 통상적으로 주고받는 임대료 수준인 경우에는 과세문제가 없지만 부동산을 무상 또는 일반적인 임대료 수준보다 낮은 임대료를 받고 임대하는 경우에는 임대인의 경우 임대소득에 대한 세부담이 감소하며 임차인의 경우에는 부동산을 낮은 가액으로 이용함에 따라 이익을 이전받게 된다.

반면 부동산을 일반적인 임대료 수준보다 높은 임대료를 받고 임대하는 경우에는 임대인의 경우 높은 임대료를 지불하는 자로부터 이익을 이전받게 되면서 높게 책정된 임대료를 기준으로 하여 법인세, 소득세가 과세되는 반면 높은 임대료를 지불하는 자는 높은 임대료를 비용으로 계상함으로써 과세소득이 감소하게 된다.

세법은 무상 또는 시가보다 낮은 임대료를 받고 임대한 경우 또는 시가보다 높은 임대료를 받고 임대한 경우에 대한 과세문제를 규정하고 있으므로 각각의 경우로 구분하여 살펴볼 필요가 있다.

제2절 무상으로 임대한 경우

CASE

B는 A에게 시가 20억 원의 부동산을 2년간 무상으로 임대하였다. 이 경우 A와 B에게 발생하는 과세문제는?

* 부동산 임대용역에 대한 시가는 불분명함.
* A: 10%, 50% 한도 공익법인, 공익단체등이 아님.

Ⅰ 법인과 법인 간의 거래

A와 B가 법인과 법인인 경우에는 특수관계인 간 거래와 비특수관계인 간 거래에 따라 다음과 같이 과세문제가 달라진다.

1. 무상으로 사용한 비영리법인의 증여세

영리법인의 경우 부동산을 무상으로 임차하여 이익을 이전받은 경우에도 증여세가 면제되지만, 비영리법인이 부동산을 무상으로 임차하여 이익을 이전받은 경우에는 증여세가 과세된다.

가. 특수관계인 간 거래

(1) 부동산 무상사용에 따른 이익의 증여

타인의 부동산을 무상으로 사용함에 따라 이익을 이전받은 경우에는 상속세 및 증여세법

제37조에 의해 증여세가 과세된다.

> **상속세 및 증여세법 제37조【부동산 무상사용에 따른 이익의 증여】**
> ① 타인의 부동산(그 부동산 소유자와 함께 거주하는 주택과 그에 딸린 토지는 제외한다. 이하 이 조에서 같다)을 무상으로 사용함에 따라 이익을 얻은 경우에는 그 무상사용을 개시한 날을 증여일로 하여 그 이익에 상당하는 금액을 부동산 무상 사용자의 증여재산가액으로 한다.

(2) 증여자와 수증자

증여자는 부동산을 무상으로 임대한 자이고 수증자는 부동산을 무상으로 임차한 자이다.

이 경우 수인이 부동산을 사용하는 경우로서 실제 사용면적이 불분명한 경우에는 각 사용자를 수증자로 보지만 임대인과 임차인 중 2명 이상이 상속세 및 증여세법상 친족관계에 있는 특수관계가 성립하는 경우에는 부동산 소유자와 최근친인자, 최근친인자가 2명 이상인 경우에는 최연장자 1인을 수증자로 본다(상증령 §27②, 상증칙 §10①).[240)]

(3) 특수관계인 요건

부동산을 무상으로 사용함에 따라 얻는 이익에 대한 증여세는 특수관계가 없는 경우에도 거래의 관행상 정당한 사유가 없는 경우에는 과세된다(상증법 §37③).

(4) 증여재산가액

증여재산가액은 각 연도의 부동산 무상사용이익을 부동산 무상사용기간을 감안하여 기획재정부령이 정하는 방법에 따라 환산한 가액으로 한다. 이 경우 각 연도의 부동산 무상사용이익은 부동산 가액에 1년간 부동산사용료를 감안하여 기획재정부령이 정하는 이자율(2%)을 곱한 금액으로 한다(상증령 §27③, 상증칙 §10② · ③).[241)]

---

240) 2019. 2. 11. 이전에는 수인이 부동산을 사용하는 경우에 당해 부동산의 실지사용자, 실지사용자가 불분명한 경우에는 부동산 소유자와의 근친관계 및 당해 부동산사용자들의 재산상태 · 소득 · 직업 · 연령 등을 고려할 때 실지사용자로 인정되는 자를 수증자로 보았다.

241) 부동산 무상사용에 따른 증여세 과세는 부동산을 무상사용함에 따라 얻게 되는 5년간 이익을 무상사용을 개시한 날에 일시에 과세하기는 하지만 1년분 적정임대료를 부동산 가액의 2%로 보고 있어 일반적인 임대료율을 고려 시 낮은 과세금액이 산출되는 편이다. 또한 증여재산가액이 1억 원 이상인 경우에 한하여 과세하므로 1,318,986,000원 이하의 부동산을 무상으로 사용하는 경우에는 증여세과세문제가 발생하지 않는다. 특히 부동산의 시가가 확인되지 않아 보충적 평가방법으로 부동산을 평가하는 경우에는 더욱 그러하다.

○ 증여재산가액

$$\frac{\text{각 연도 부동산 무상사용 이익}}{\left(1+\frac{10}{100}\right)^{n}}$$

(간편법: 부동산 가액 × 2% ×3.79079)

* 각 연도의 부동산 무상사용이익(40,000,000원)
= 부동산가액(2,000,000,000원) × 2%

○ 증여재산가액(151,631,600원)
= 각 연도의 부동산 무상사용이익(40,000,000원) ×3.79079

○ 무상사용 시 증여세가 과세되지 않는 부동산가액
1,318,986,000원 이하인 경우

(5) 가액요건

부동산을 무상으로 사용함에 따라 위 (4)를 준용하여 계산한 증여재산가액이 1억 원 이상인 경우에 한하여 증여세가 과세된다(상증령 §27④). 이 경우 증여재산가액이 1억 원 이상이 되는 경우는 부동산 가액은 1,318,986,000원으로 부동산을 무상으로 임차하는 경우에는 해당 부동산의 시가가 확인되는지 여부, 부동산 평가가액이 13.18억 원 이상인지 여부를 검토한 후 진행할 필요가 있다.

(6) 증여일과 과세기간

가) 증여일

증여일은 부동산의 무상사용을 개시한 날로 한다.

나) 과세기간

부동산을 무상으로 사용하는 경우에 대한 증여세는 5년을 과세기간 단위로 한다. 이 경우 무상사용기간이 5년을 초과하는 경우에는 5년이 되는 날의 다음 날에 다시 해당 부동산의 무상사용을 개시한 것으로 본다(상증령 §27③후단).

다) 경정청구

5년을 과세기간으로 하여 증여세가 과세되므로 5년이 경과하기 전 동 부동산을 상속 또는 증여받거나 무상사용 하지 않게 된 경우에는 무상으로 사용하지 않는 날부터 3개월 내에 경정청구가 가능하다(상증법 §79②1호).

해당 사례의 경우 계약기간인 2년 후 무상사용을 하지 않게 된 경우에는 경정청구가 가능하다.

(7) 증여세 면제

부동산 무상사용에 따른 이익의 증여로 증여세가 과세되었으나 수증자가 증여세를 납부할 능력이 없다고 인정되는 경우로서 강제징수를 하여도 조세채권을 확보하기 곤란한 경우에는 증여세의 일부 또는 전부가 면제되며, 증여자의 연대납세의무도 없다(상증법 §4조의2⑤ · ⑥).

상속세 및 증여세법 제79조【경정 등의 청구 특례】 (2010. 1. 1. 제목개정)

② 다음 각호의 어느 하나에 해당하는 경우에는 그 사유가 발생한 날부터 3개월 이내에 대통령령으로 정하는 바에 따라 결정 또는 경정을 청구할 수 있다. (2010. 1. 1. 개정)

1. 제37조에 따른 증여세를 결정 또는 경정받은 자가 대통령령으로 정하는 부동산 무상사용기간 중 부동산소유자로부터 해당 부동산을 상속 또는 증여받거나 대통령령으로 정하는 사유로 해당 부동산을 무상으로 사용하지 아니하게 되는 경우 (2010. 1. 1. 개정)

부동산 무상사용에 따른 이익의 증여에 대한 증여세 과세요건

○ 거래요건
- 부동산을 무상으로 사용할 것

○ 특수관계 요건
- 비특수관계인 간 거래인 경우에도 정당한 사유가 없는 경우 과세대상

○ 가액요건

○ 1억 원 요건
무상사용기간을 5년으로 하여 계산한 증여재산가액 ≥ 1억 원

○ 무상사용 시 증여세가 과세되지 않는 부동산가액
1,318,900,000원 미만의 부동산

○ 증여재산가액
= 각 연도의 부동산 무상사용이익 ×3.79079
* 각 연도의 부동산 무상사용이익: 부동산 가액 × 2%

○ 증여시기: 무상사용을 개시한 날

○ 증여세 면제: 수증자가 납부할 능력이 없는 경우로서 강제징수를 하여도 조세채권 확보가 어려운 경우(증여자의 연대납세의무도 면제)

나. 비특수관계인 간 거래

부동산 무상사용에 따라 얻는 이익에 대한 증여세 과세취지는 특수관계인의 부동산을 무상사용함으로써 이전받은 이익에 대해 과세하고자 하는 것으로 비특수관계인의 부동산을 무상으로 사용하는 것은 과세대상이 아니었다.

하지만 2015. 12. 15. 법률 제13557호로 비특수관계인의 부동산을 무상으로 사용하는 경우로서 거래의 관행상 정당한 사유가 없는 경우에는 증여세를 과세하는 것으로 개정되어 2016. 1. 1. 이후부터는 비특수관계인의 부동산을 무상으로 사용하는 경우에도 증여세가 과세된다.

2. 무상으로 사용한 법인의 법인세

가. 특수관계인 간 거래

법인이 법인세법 시행령 제2조 제8항에 해당하는 특수관계 있는 법인의 부동산을 무상으로 사용하는 경우로서 시가와 대가와의 차액이 시가의 5% 또는 3억 원 이상인 경우라 하더라도 지급임차료가 비용으로 계상되지 않음으로써 각 사업연도 소득금액이 증가하여 조세의 부담을 부당하게 감소시킨 경우에 해당하지 않으므로 과세문제가 없다.

나. 비특수관계인 간 거래

법인이 특수관계 없는 법인의 부동산을 무상으로 사용하여 지급임차료가 감소됨에 따라 각 사업연도 소득금액이 증가한 경우에는 과세문제를 검토할 필요가 없다.

3. 무상으로 사용한 법인의 주주의 증여세

가. 특수관계인 간 거래

(1) 특정법인과의 거래를 통한 이익의 증여의제

무상으로 사용한 법인이 지배주주등의 직·간접 지분율이 30% 이상인 특정법인에 해당하고 특정법인의 지배주주와 무상으로 임대한 법인이 상속세 및 증여세법 시행령 제2조의2 제1항 제2호부터 제8호까지에 의해 특수관계가 성립한 경우로서 지배주주등이 얻는 이익이 1억 원 이상인 경우에는 특정법인의 지배주주등에게 증여세가 과세된다(상증법 §45조의5).

(2) 특정법인의 이익

특정법인의 이익계산 시 금전대여거래에 대해서는 상속세 및 증여세법 제41조의4(금전무상대출 등에 따른 이익의 증여)를 준용하여 계산하는 것으로 규정하고 있지만 무상으로 부동산 임대용역을 제공받는 경우에 대해서는 상속세 및 증여세법 제37조(부동산 무상사용 등에 따른 이익의 증여)를 준용하는 것으로 규정하고 있지 않다.

이 경우 고가, 저가 거래를 통해 특정법인이 이익을 얻은 경우 적용되는 시가는 법인세법 시행령 제89조를 준용하지만 재산 또는 용역을 무상으로 제공받은 경우는 제외되므로 상속세 및 증여세법 제42조(재산사용 및 용역제공 등에 따른 이익의 증여)를 준용하여야 할 것으로 생각된다[242](상증령 §34조의5).

따라서 해당 거래와 유사한 상황에서 불특정다수인 간 통상적인 지급대가가 시가가 되며 시가가 불분명한 경우에는 (부동산 가액×2%)를 시가로 보아 적용한다(상증령 §32②).

해당 사례의 경우 부동산 가액에 2%를 적용하는 경우 임대료의 시가가 40,000,000원에 불과하여 특정법인의 이익이 1억 원 미만이므로 특정법인의 지배주주등에게 증여세 과세 문제는 발생하지 않는다.

특정법인 지배주주 1인의 지분율이 100%인 것을 가정 시 특정법인이 부동산을 무상으로 사용하여 특정법인의 지배주주에게 증여세 과세문제가 발생하는 부동산의 가액은 부동산 가액이 50억 원 이상인 경우(법인세 상당액 없는 경우 가정 시)이다.

---

242) 이에 대해서는 유권해석이나 결정례가 존재하고 있지 않으므로 해당 사례에 해당하는 경우에는 질의등을 통해 과세문제를 정확하게 파악하고 진행할 필요가 있다.

○ 특정법인의 이익(40,000,000원－법인세 상당액)
＝〔(2,000,000,000×2%－〔법인세×(40,000,000 / 각 사업연도 소득)〕

○ 지배주주등의 이익
＝ 특정법인의 이익 × 지분율

○ 특정법인의 주주에게 증여세가 과세되는 부동산 가액
50억 원 이상의 부동산[243)]

(* 지배주주 1인의 지분율 100%, 법인세 상당액 없는 경우 가정 시)

나. 비특수관계인 간 거래

비특수관계인 간에는 무상으로 사용한 법인의 지배주주와 무상으로 대여한 법인이 특수관계가 성립하는 경우를 가정하기 어려우므로 과세문제를 검토할 필요가 없다.

4. 무상으로 임대한 법인의 법인세

가. 특수관계인 간 거래

(1) 부당행위계산부인

법인이 법인세법 시행령 제2조 제8항에 해당하는 특수관계 있는 법인에게 부동산을 무상으로 대여한 경우는 부당행위계산부인 대상거래에 해당하므로 임대용역의 시가를 익금산입하고 기타사외유출로 소득처분하여야 한다(법령 §88①6호).

(2) 익금산입액의 계산

부당행위계산부인 시 부동산 임대용역에 대한 시가가 불분명한 경우에는 법인세법 시행령 제89조 제4항 제1호를 준용하여 계산한 가액을 적용한다.

임대료에 대한 시가가 불분명한 경우 적용되는 법인세법상 시가는 부동산 가액에 50%를 곱한 금액에서 전세보증금 상당액을 차감한 가액에 2%를 곱한 금액으로 2021. 1. 1. 이후 개시하는 사업연도부터 2022년까지의 기간에 개시하는 사업연도의 경우 1.2%의 정기예금

243) 법인이 부동산을 무상으로 사용하는 경우 해당 부동산은 통상 비주거용 부동산이므로 임대인의 경우에는 임대료 세금계산서 발행대상으로서 특수관계인에게 시가보다 낮은 가액으로 임대하는 경우에는 부당행위계산 부인대상이며 무상으로 임차하여 지배주주별 증여의제이익이 1억 원 이상이 되려면 최소 50억 원 이상의 부동산을 무상으로 사용하여야 하므로 실무적으로 부동산을 저가, 무상으로 사용하여 특정법인의 지배주주등에서 증여세가 과세되는 경우는 거의 없을 것으로 생각된다.

이자율이 적용되어 굉장히 낮은 금액이었지만 2023. 1. 1. 이후 개시하는 사업연도부터는 2.9%의 정기예금이자율이 적용되므로 약 2.4배 정도 부동산 임대용역의 시가가 높아졌고 2024. 1. 1. 이후 개시하는 사업연도부터는 3.5%의 정기예금이자율이 적용되므로 약 3배 정도 부동산 임대용역의 시가가 높아졌다.

예컨대 2021년부터 2022년까지 법인이 100억 원의 부동산을 대표이사등에게 무상으로 제공하는 경우 시가는 60,000,000원에 불과하였지만 2023. 1. 1. 이후 개시하는 사업연도부터는 145,000,000원이 되고 2024. 1. 1. 이후 개시하는 사업연도부터는 175,000,000원이 된다.

〈회계처리〉
없음.

〈세무조정〉
익금산입 부당행위계산부인 35,000,000(기타사외유출)

* 익금산입액(2024. 1. 1. 이후 개시 사업연도부터)
= [(부동산 가액 2,000,000,000×50%) - 전세보증금]×3.5%
* 법인이 100억 원의 부동산을 대표이사등에게 무상으로 대여시 시가: 175,000,000원

법인세법 시행령 제89조 【시가의 범위 등】

④ 제88조 제1항 제6호 및 제7호의 규정에 의한 자산(금전을 제외한다) 또는 용역의 제공에 있어서 제1항 및 제2항의 규정을 적용할 수 없는 경우에는 다음 각호의 규정에 의하여 계산한 금액을 시가로 한다. (2021. 2. 17. 개정)

1. 유형 또는 무형의 자산을 제공하거나 제공받는 경우에는 당해 자산 시가의 100분의 50에 상당하는 금액에서 그 자산의 제공과 관련하여 받은 전세금 또는 보증금을 차감한 금액에 정기예금이자율을 곱하여 산출한 금액 (2000. 12. 29. 개정)

법인세법 시행규칙 제6조 【정기예금이자율】

영 제11조 제1호 단서에서 "기획재정부령으로 정하는 이자율"이란 연간 1천분의 35를 말한다. (2024. 3. 22. 개정)

| 법인세법상 부동산 임대용역의 시가 산정시 적용되는 정기예금이자율 |

개시 사업연도	정기예금이자율	개시 사업연도	정기예금이자율
2017. 1. 1. 이후	1.6%	2018. 1. 1. 이후	1.8%
2019. 1. 1. 이후	2.1%	2020. 1. 1. 이후	1.8%
2021. 1. 1. 이후	1.2%	2023. 1. 1. 이후	2.9%
2024. 1. 1. 이후	3.5%		

나. 비특수관계인 간 거래

(1) 업무와 관련 없는 경우

특수관계 없는 법인에게 일반적인 용역을 무상으로 제공한 경우에는 기부금으로 보지 않지만 부동산 임대용역을 무상으로 제공한 경우에는 법인세법 시행령 제35조가 적용되어 시가를 기부금으로 본다(법법 통칙 24-35…1). 이는 일반적인 용역과 달리 부동산 임대용역의 경우에는 무상제공을 포착하는 것이 어렵지 않고 시가산정이 용이한 점을 고려한 것이라 할 수 있다.

따라서 거래상대방이 일정한도 내에서 기부금 손금용인되는 공익법인이 아닌 경우에는 부동산 임대용역의 시가상당액이 손금불산입되므로 법인이 특수관계 없는 자에게 무상으로 부동산을 임대하는 경우에는 임대료를 수취하지 않았음에도 불구하고 각 사업연도 소득금액이 증가할 수 있으므로 주의하여야 한다.

〈회계처리〉
없음.

〈의제기부금(35,000,000)〉 ⇒ 부동산 임대용역의 시가
시가: [(부동산 가액 2,000,000,000×50%) - 전세보증금] ×3.5%

〈세무조정〉
손금불산입 비지정기부금 35,000,000(기타사외유출)

(2) 업무와 관련 있는 경우

법인이 업무와 관련 있는 자에게 업무의 원활한 진행을 위하여 일반적인 용역을 무상으로 제공한 경우에는 과세문제가 없지만 부동산 임대용역을 업무의 원활한 진행을 위하여 무상으로 제공한 경우에는 시가상당액을 기업업무추진비로 보아 기업업무추진비 시부인

계산하여야 한다.

법인세법 기본통칙 24－35…1【부동산을 무상 또는 저가임대 시 기부금 의제】
법인이 영 제2조 제5항에 따른 특수관계인 외의 자에게 해당 법인의 사업과 직접 관계없이 부동산을 무상으로 임대하거나 정당한 사유없이 정상가액보다 낮은 가액으로 임대하는 경우에는 영 제35조의 규정이 적용된다. (2019. 12. 23. 개정)

【재법인46012－143, 2002. 9. 6.】
법인이 법인세법 제87조에 규정된 특수관계 없는 자에게 당해 법인의 사업과 직접 관계없이 부동산을 무상으로 임대하는 경우에는 법인세법 시행령 제35조 제1호의 규정이 적용되어 법인세법 시행령 제89조의 규정에 의한 시가상당액을 기부금으로 보는 것이며, 부동산을 시가보다 낮은 가액으로 임대하는 경우에는 법인세법 시행령 제35조 제2호의 규정이 적용되어 정상가액과의 차액이 기부금에 해당하는 것임.

5. 무상으로 임대한 법인의 부가가치세

가. 특수관계인 간 거래

사업자가 용역을 무상으로 제공하는 것은 용역의 공급으로 보지 않지만 특수관계인에게 부동산 임대용역을 무상으로 제공하는 것은 용역의 공급으로 본다(부법 §12②). 따라서 용역의 시가를 공급가액으로 하여 부가가치세가 과세된다.

이 경우 시가가 불분명한 경우에는 법인세법 시행령 제89조 제4항을 준용하므로 법인세법상 부당행위계산 시 익금산입된 금액을 공급가액으로 하여 부가가치세가 과세된다.

부가가치세법 제12조【용역 공급의 특례】
② 사업자가 대가를 받지 아니하고 타인에게 용역을 공급하는 것은 용역의 공급으로 보지 아니한다. 다만, 사업자가 대통령령으로 정하는 특수관계인(이하 "특수관계인"이라 한다)에게 사업용 부동산의 임대용역 등 대통령령으로 정하는 용역을 공급하는 것은 용역의 공급으로 본다. (2013. 6. 7. 개정)

부가가치세법 시행령 제62조【시가의 기준】
법 제29조 제3항 및 제4항에 따른 시가(時價)는 다음 각호의 가격으로 한다.
(2013. 6. 28. 개정)
3. 제1호나 제2호에 따른 가격이 없거나 시가가 불분명한 경우에는 「소득세법 시행령」 제98

조 제3항 및 제4항 또는「법인세법 시행령」제89조 제2항 및 제4항에 따른 가격 (2013. 6. 28. 개정)

나. 비특수관계인 간 거래

특수관계 없는 법인에게 부동산 임대용역을 무상으로 제공한 경우에는 용역의 공급으로 보지 않으므로 과세문제가 없다.

Ⅱ 법인과 개인 간의 거래

A와 B가 법인과 개인인 경우에는 특수관계인 간 거래와 비특수관계인 간 거래에 따라 다음과 같이 과세문제가 달라진다.

1. 무상으로 사용한 비영리법인의 증여세

영리법인의 경우 부동산을 무상으로 임차하여 이익을 이전받은 경우에도 증여세가 면제되지만, 비영리법인은 부동산을 무상으로 임차하여 이전받은 이익상당액에 대해 증여세가 과세된다.

가. 특수관계인 간 거래

비영리법인이 상속세 및 증여세법 시행령 제2조의2 제1항 제2호, 제4호, 제5호, 제8호에 해당하는 특수관계 있는 개인의 부동산을 무상으로 사용함에 따라 이전받은 이익이 1억 원 이상인 경우에는 상속세 및 증여세법 제37조에 의해 증여세가 과세된다.

○ 증여재산가액(151,631,600원)
　= 각 연도의 부동산 무상사용이익(40,000,000원)×3.79079

* 각 연도의 부동산 무상사용이익(40,000,000원)
　= 부동산 가액(2,000,000,000원)×2%

나. 비특수관계인 간 거래

2015. 12. 15. 이후에는 정당한 사유없이 비특수관계인의 부동산을 무상으로 사용하는 경우로서 이전받은 이익이 1억 원 이상인 경우에는 증여세가 과세된다(상증법 §37③).

2. 무상으로 사용한 법인의 법인세

가. 특수관계인 간 거래

법인이 법인세법 시행령 제2조 제8항에 해당하는 특수관계 있는 개인의 부동산을 무상으로 사용하는 경우로서 시가와 대가와의 차액이 시가의 5% 또는 3억 원 이상인 경우라 하더라도 지급임차료가 비용으로 계상되지 않음으로써 각 사업연도 소득금액이 증가하여 조세의 부담을 부당하게 감소시킨 경우에 해당하지 않으므로 과세문제가 없다.

나. 비특수관계인 간 거래

법인이 특수관계 없는 개인의 부동산을 무상으로 사용하여 지급임차료가 감소됨에 따라 각 사업연도 소득금액이 증가한 경우에는 법인세 과세문제를 검토할 필요가 없다.

3. 무상으로 사용한 법인의 주주의 증여세

가. 특수관계인 간 거래

무상으로 사용한 법인이 지배주주등의 직·간접 지분율이 30% 이상인 특정법인에 해당하고 특정법인의 지배주주와 무상으로 대여한 개인이 상속세 및 증여세법 시행령 제2조의2 제1항 제1호부터 제3호까지에 의해 특수관계가 성립하는 경우로서 지배주주등이 얻는 이익이 1억 원 이상인 경우에는 특정법인의 지배주주등에게 증여세가 과세된다(상증법 §45조의5).

이 경우 부동산을 무상으로 사용함으로써 얻은 특정법인의 이익은 상속세 및 증여세법 시행령 제32조 제2항을 준용하여 계산하여야 할 것으로 생각된다(상증령 §34조의5).

해당 사례의 경우 법인세 상당액 차감 전 특정법인의 이익이 40,000,000원에 불과하므로 지배주주등에게 증여세 과세문제는 발생하지 않는다.

○ 특정법인의 이익(40,000,000원－법인세 상당액)
=〔(2,000,000,000×2%－〔법인세×(40,000,000/각 사업연도 소득)〕

○ 지배주주등의 이익
= 특정법인의 이익×지분율

나. 비특수관계인 간 거래

비특수관계인 간에는 무상으로 사용한 법인의 지배주주와 무상으로 임대한 개인이 특수관계가 성립하는 경우를 가정하기 어려우므로 과세문제를 검토할 필요가 없다.

4. 무상으로 임대한 개인의 소득세

가. 특수관계인 간 거래

부동산 임대업을 영위하는 개인이 국세기본법 시행령 제1조의2 제2항, 제3항 제1호에 해당하는 특수관계 있는 법인에게 무상으로 부동산을 임대하는 것은 부당행위계산부인 대상거래에 해당하므로 분여한 이익을 총수입금액에 산입하여야 한다(소령 §98②2호).

이 경우 총수입금액에 산입할 금액은 법인세법 시행령 제89조의 시가를 준용하여 계산하므로 법인이 부당행위계산부인 시 익금산입한 금액과 동일한 금액을 총수입금액에 산입한다.

다만 이 경우 임대료의 시가가 불분명한 경우로서 법인세법 시행령 제89조 제4항 제1호를 준용하는 경우에는 실제 1.75% 정도의 임대료율이 적용되는 것과 같으므로 무상으로 임대한 법인 또는 개인에게 부당행위계산부인을 적용하여 과세하는 경우에는 임대당시 임대료를 소급하여 감정평가받은 후 해당 감정평가한 임대료를 기준으로 과세할 수 있음을 주의하여야 한다.

〈회계처리〉
없음.

〈세무조정〉
총수입금액산입 부당행위계산부인 35,000,000[기타(기사)]

* 필요경비산입액(법령 §89④준용)(가정: 부동산 임대용역의 시가 불분명)
=[(부동산 가액 2,000,000,000×50%)－전세보증금 0원]×3.5%

나. 비특수관계인 간 거래

개인이 특수관계 없는 법인에게 부동산 임대용역을 무상으로 제공한 경우에는 법인의 경우를 준용하여 기부금 또는 기업업무추진비로 볼 수 있으므로 주의하여야 한다.[244)]

5. 무상으로 임대한 개인의 부가가치세

가. 특수관계인 간 거래

개인이 국세기본법 시행령 제1조의2 제2항, 제3항 제1호에 해당하는 특수관계 있는 법인에게 무상으로 부동산을 임대하는 것은 용역의 공급으로 본다(부법 §12②).

따라서 시가가 불분명한 경우에는 법인세법 시행령 제89조 제4항 제1호를 준용한 금액을 공급가액으로 하여 부가가치세가 과세된다.

나. 비특수관계인 간 거래

특수관계 없는 법인에게 부동산을 무상으로 임대한 경우에는 용역의 공급으로 보지 않으므로 과세문제가 없다.

 개인과 법인 간의 거래

A와 B가 개인과 법인인 경우에는 특수관계인 간 거래와 비특수관계인 간 거래에 따라 다음과 같이 과세문제가 달라진다.

1. 무상으로 사용한 개인의 증여세

가. 특수관계인 간 거래

(1) 부동산 무상사용 등에 따른 이익의 증여

개인이 상속세 및 증여세법 시행령 제2조의2 제1항 제2호부터 제8호까지에 해당하는 특

244) 개인이 특수관계 없는 자에게 부동산 임대용역을 무상 또는 정상가격보다 낮은 가격으로 임대한 경우에 대해서는 별도로 규정하고 있는바가 없고 유권해석도 존재하지 않는다.
따라서 해당 사례에 해당하는 경우에는 사전답변 등을 통해 명확하게 과세문제를 확인한 후 진행할 필요가 있다.

수관계 있는 법인의 부동산을 무상으로 사용함에 따라 얻는 이익이 1억 원 이상인 경우에는 상속세 및 증여세법 제37조에 의해 증여세가 과세된다.

○ 증여재산가액(151,631,600원)
 = 각 연도의 부동산 무상사용이익(40,000,000원)×3.79079

* 각 연도의 부동산 무상사용이익(40,000,000원)
 = 부동산 가액(2,000,000,000원)×2%

(2) 법인세법상 부당행위계산부인이 적용된 경우

무상으로 임대한 법인세법 시행령 제2조 제8항에 해당하는 특수관계 있는 법인이 부당행위계산부인 시 특수관계 있는 개인에게 소득처분하여 소득세가 과세된 경우에는 증여세가 과세되지 않는다(상증법 §4조의2③).

이 경우 개인이 법인의 부동산을 무상으로 사용하는 경우는 통상 대표이사가 법인의 사택등을 무상으로 사용하는 사례가 많은데 대표이사가 법인부동산을 무상으로 사용하는 경우에는 증여세가 과세되지 않고 법인이 부당행위계산부인 적용시 소득처분한 금액에 대해 소득세가 과세되는 결과가 된다.

나. 비특수관계인 간 거래

2016. 1. 1. 이후에는 정당한 사유없이 비특수관계인의 부동산을 무상으로 사용하는 경우로서 이전받은 이익이 1억 원 이상인 경우에는 증여세가 과세된다(상증법 §37③).

2. 무상으로 사용한 개인의 소득세

가. 특수관계인 간 거래

개인이 국세기본법 시행령 제1조의2 제2항, 제3항 제1호에 해당하는 특수관계 있는 법인의 부동산을 무상으로 사용하는 경우로서 시가와 대가와의 차액이 시가의 5% 또는 3억 원 이상인 경우라 하더라도 지급임차료가 비용으로 계상되지 않음으로써 사업소득금액이 증가하여 조세의 부담을 부당하게 감소시킨 경우에 해당하지 않으므로 과세문제가 없다.

나. 비특수관계인 간 거래

개인이 특수관계 없는 법인의 부동산을 무상으로 사용하여 지급임차료가 감소됨에 따라 사업소득금액이 증가한 경우에는 과세문제를 검토할 필요가 없다.

3. 무상으로 임대한 법인의 법인세

가. 특수관계인 간 거래

법인이 법인세법 시행령 제2조 제8항에 해당하는 특수관계 있는 개인에게 부동산을 무상으로 임대한 경우에는 부당행위계산부인 대상거래에 해당하므로 임대용역의 시가가 불분명한 경우에는 법인세법 시행령 제89조 제4항 제1호에 의한 금액을 시가로 보아 배당, 상여, 기타사외유출, 기타소득으로 소득처분하여야 한다.

이 경우 법인이 대표이사에게 부동산을 무상으로 사용하여 부당행위계산부인을 적용하는 경우에는 법인세법 시행령 제89조 제1항 제1호의 금액, 즉 약 1.45% 정도의 임대료율이 적용된 금액을 시가로 적용하지 않고 소급감정을 통해 임대료의 시가를 감정평가한 후 해당 금액을 기준으로 부당행위계산부인으로 과세할 수 있음을 주의하여야 한다.

또한 통상적으로 세무조사시 법인이 대표이사에게 법인소유 부동산을 무상으로 임대하는 것은 무조건 과세대상으로 체크될 수 있음을 주의하여야 한다.

〈회계처리〉
없음.

〈세무조정〉
익금산입 부당행위계산부인 35,000,000
(배당, 상여, 기타사외유출, 기타소득)

* 익금산입액
= [(부동산 가액 2,000,000,000×50%) - 전세보증금 0원]×3.5%

나. 비특수관계인 간 거래

(1) 업무와 관련 없는 경우

법인이 특수관계 없는 개인에게 일반적인 용역을 무상으로 제공한 경우에는 기부금으로 보지 않는 것과 달리 부동산 임대용역을 무상으로 제공한 경우에는 법인세법 시행령 제35조를 준용하여 시가를 기부금으로 본다.

따라서 거래상대방이 일정한도 내에서 기부금 손금용인되는 공익단체 등이 아닌 경우에는 부동산 임대용역의 정상가액이 손금불산입되므로 법인이 부동산을 무상으로 임대하는 경우에는 주의하여야 한다.

〈회계처리〉
없음.

〈의제기부금(35,000,000)〉 ⇒ 부동산 임대용역의 시가
(부동산 임대용역의 시가: 35,000,000원)

〈세무조정〉
손금불산입 비지정기부금 35,000,000(기타사외유출)

(2) 업무와 관련 있는 경우

법인이 업무와 관련 있는 자에게 업무의 원활한 진행을 위하여 일반적인 용역을 무상으로 제공한 경우에는 과세문제가 없지만 부동산 임대용역을 업무의 원활한 진행을 위하여 무상으로 제공한 경우에는 시가상당액을 기업업무추진비로 보아 기업업무추진비 시부인 계산하여야 하므로 주의하여야 한다.

4. 무상으로 임대한 법인의 부가가치세

가. 특수관계인 간 거래

법인이 일반적인 용역을 무상으로 제공한 경우에는 용역의 공급으로 보지 않지만 법인세법 시행령 제2조 제8항에 해당하는 특수관계 있는 개인에게 부동산 임대용역을 무상으로 제공한 경우에는 용역의 공급으로 보므로 시가가 불분명한 경우에는 법인세법 시행령 제89조 제4항 제1호를 준용한 금액을 공급가액으로 하여 부가가치세가 과세된다(부법 §12②).

나. 비특수관계인 간 거래

특수관계 없는 개인에게 부동산 임대용역을 무상으로 공급한 경우에는 용역의 공급으로 보지 않으므로 과세문제가 없다.

 개인과 개인 간의 거래

A와 B가 개인과 개인인 경우에는 특수관계인 간 거래와 비특수관계인 간 거래에 따라 다음과 같이 과세문제가 달라진다.

1. 무상으로 사용한 개인의 증여세

가. 특수관계인 간 거래

(1) 부동산 무상사용에 따른 이익의 증여

개인이 상속세 및 증여세법 시행령 제2조의2 제1항 제1호부터 제3호까지에 해당하는 특수관계 있는 개인의 부동산을 무상으로 사용함에 따라 얻는 이익이 1억 원 이상인 경우에는 상속세 및 증여세법 제37조에 의해 증여세가 과세된다. 따라서 가족 간에 부동산을 무상으로 사용하는 해당 부동산 가액이 13.18억 원 이상 되는지 여부를 검토하고 진행하여야 한다.

○ 증여재산가액(151,631,600원)
　= 각 연도의 부동산 무상사용이익(40,000,000원)×3.79079

* 각 연도의 부동산 무상사용이익(40,000,000원)
　= 부동산 가액(2,000,000,000원)×2%

【조심2009서3303, 2009. 12. 14.】
토지 무상임대에 대하여 부당행위계산부인을 통하여 소득세를 과세하고, 토지무상사용자에게는 증여세를 과세한 것은 정당함.

(2) 가족 간 부동산 무상사용시 증여세 과세되지 않는 경우

① 주택을 무상으로 사용하는 경우로서 주택소유자가 함께 거주하는 경우

주택을 무상으로 사용하는 경우(부수토지 포함)로서 주택소유자가 함께 거주하는 경우에는 증여세가 과세되지 않는다(상증법 §37①). 증여세가 과세되지 않는 경우는 주택소유자가 함께 거주하는 경우에 한하므로 가족 간에 13.18억 원 이상의 주택을 무상으로 사용하게 하는 경우에는 주택소유자가 함께 거주한 사실이 입증되는지 여부를 검토할 필요가 있다.

② 부동산 임대업을 공동으로 하는 경우

배우자 또는 부모 또는 자녀가 토지를 소유하고 토지의 지분이 없는 가족이 토지소유자와 공동으로 건물을 신축하여 부동산 임대업을 하는 사례를 많이 볼 수 있는데 이러한 경우에는 토지지분이 없는 자에게 부동산 무상사용이익에 대해 증여세가 과세되지 않는다.

이 경우 부동산 무상사용에 따른 이익의 증여로 증여세가 과세되지 않는 경우는 토지소유자가 부동산 임대업을 반드시 공동으로 운영하여야 하는 것으로 토지지분이 없는 자가 가족의 토지를 무상으로 사용하여 건물을 신축하여 단독으로 부동산 임대업을 영위하는 경우에는 부동산 무상사용에 따른 이익의 증여로 증여세가 과세되는 점을 주의하여야 한다.

상속세 및 증여세법 집행기준 37-27-4 【부동산 무상사용자가 임대사업을 영위하는 경우】

① 부동산 무상사용자가 특수관계자의 부동산을 이용하여 발생한 소득에 대하여 소득세를 부담하더라도 부동산 무상사용이익에 대한 증여세는 면제되지 아니한다.

② 토지와 건물의 소유자가 특수관계자인 경우에도 당해 소유자들이 부동산임대업 등의 사업을 공동으로 운영하면 부동산 무상사용이익에 대하여 증여세를 과세하지 아니한다.

⇒ 배우자·부모의 토지 위에 토지의 지분이 없는 자녀가 당해 토지 위에 건물을 신축하고 공동사업을 할 경우에는 부동산 무상사용이익에 대한 증여세는 부과하지 아니한다.

나. 비특수관계인 간 거래

2016. 1. 1. 이후에는 정당한 사유없이 비특수관계인의 부동산을 무상으로 사용하는 경우로서 이전받은 이익이 1억 원 이상인 경우에는 증여세가 과세된다.

2. 무상으로 사용한 개인의 소득세

가. 특수관계인 간 거래

개인이 국세기본법 시행령 제1조의2 제1항, 제2항에 해당하는 특수관계 있는 개인의 부동산을 무상으로 사용하는 경우로서 시가와 대가와의 차액이 시가의 5% 또는 3억 원 이상인 경우라 하더라도 지급임차료가 비용으로 계상되지 않음으로써 사업소득금액이 증가하여 조세의 부담을 부당하게 감소시킨 경우에 해당하지 않으므로 소득세 과세문제가 없다.

나. 비특수관계인 간 거래

개인이 특수관계 없는 개인의 부동산을 무상으로 사용하여 지급임차료가 감소됨에 따라 사업소득금액이 증가한 경우에는 소득세 과세문제를 검토할 필요가 없다.

3. 무상으로 임대한 개인의 소득세

가. 특수관계인 간 거래

개인이 국세기본법 시행령 제1조의2 제1항, 제2항에 해당하는 특수관계 있는 개인에게 무상으로 부동산을 임대하는 경우는 부당행위계산부인 대상거래에 해당하므로 시가가 불분명한 경우에는 법인세법 시행령 제89조 제4항 제1호를 준용하여 계산한 금액을 총수입금액 산입하여야 한다(소법 §41, 소령 §98②2호).

다만, 직계존비속에게 주택을 무상으로 사용하게 하고 직계존비속이 해당 주택에 실제 거주하는 경우에는 부당행위계산부인 대상거래에서 제외된다(소령 §98②2호단서). 증여세 과세와 달리 가족에게 주택을 무상으로 임대한 경우 소득세 부당행위계산부인 적용제외 대상거래는 주택소유자가 함께 거주할 것을 요건으로 하지 않는 차이가 있다.

〈회계처리〉
없음.

〈세무조정〉
총수입금액산입 부당행위계산부인 35,000,000[기타(상여, 기타소득, 기사)]

* 익금산입액
= [(부동산 가액 2,000,000,000×50%) - 전세보증금 0원]×3.5%

※ 주택을 직계존비속에게 무상임대하고 그 직계존비속이 실제 거주하는 경우: 과세문제 없음.

소득세법 제98조 【부당행위계산의 부인】
② 법 제41조에서 조세 부담을 부당하게 감소시킨 것으로 인정되는 경우는 다음 각호의 어느 하나에 해당하는 경우로 한다. 다만, 제1호부터 제3호까지 및 제5호(제1호부터 제3호까지에 준하는 행위만 해당한다)는 시가와 거래가액의 차액이 3억 원 이상이거나 시가의 100분의 5에 상당하는 금액 이상인 경우만 해당한다.
2. 특수관계인에게 금전이나 그 밖의 자산 또는 용역을 무상 또는 낮은 이율 등으로 대부하

거나 제공한 경우. 다만, 직계존비속에게 주택을 무상으로 사용하게 하고 직계존비속이 그 주택에 실제 거주하는 경우는 제외한다.

나. 비특수관계인 간 거래

개인이 특수관계 없는 개인에게 부동산 임대용역을 무상으로 제공한 경우에는 법인의 경우를 준용하여 기부금 또는 기업업무추진비로 볼 수 있으므로 주의하여야 한다.

4. 무상으로 임대한 개인의 부가가치세

가. 특수관계인 간 거래

개인이 국세기본법 시행령 제1조의2 제1항, 제2항에 해당하는 특수관계 있는 개인에게 무상으로 부동산을 임대한 경우에는 용역의 공급으로 본다.

따라서 시가가 불분명한 경우에는 법인세법 시행령 제89조 제4항 제1호를 준용하여 계산한 금액을 공급가액으로 하여 부가가치세가 과세된다.

나. 비특수관계인 간 거래

개인이 특수관계 없는 개인에게 부동산 임대용역을 무상으로 제공하는 것은 용역의 공급으로 보지 않으므로 과세문제가 없다.

가족 간 무상·고저가 부동산 임대차거래 시 과세되지 않는 경우

○ 증여세가 과세되지 않는 경우
 * 13.18억 원 이하의 부동산을 무상으로 사용하는 경우
 (시가의 70%보다 낮은 대가를 지급하고 사용하는 경우 - 과세)
 * 주택을 무상으로 사용하는 경우로서 주택소유자와 함께 거주하는 경우
 (특수관계인 여부를 불문하고 동일하게 적용)
 * 시가의 70%를 초과하는 가액으로 부동산을 임차하는 경우
 * 시가의 130% 미만 가액으로 임대하는 경우
 * 토지를 무상으로 사용하면서 건물을 신축하여 토지소유자와 공동사업을 영위하는 경우

○ 소득세 부당행위계산부인이 적용되지 않는 경우
 * 직계존비속에게 무상으로 임대하는 경우로서 그 직계존비속이 거주하는 경우
 ⇒ 주택소유자가 같이 거주할 필요 없음
 ⇒ 직계존비속 외의 자에게 무상임대하거나 직계존비속에게 시가보다 낮은 대가를 받고 임대하는 경우는 부당행위계산부인 적용

제3절 시가보다 낮은 가액으로 임대한 경우

CASE

B는 A에게 시가 20억 원의 부동산을 1년간 2,000,000원의 임대료를 받고 2년간 임대하였다. 이 경우 A와 B에게 발생하는 과세문제는?

* 부동산 임대료에 대한 시가는 불분명함.
* A: 10%, 50% 한도 공익법인, 공익단체 등이 아님.

I 법인과 법인 간의 거래

A와 B가 법인과 법인인 경우에는 특수관계인 간 거래와 비특수관계인 간 거래에 따라 다음과 같이 과세문제가 달라진다.

1. 낮은 가액으로 임차한 비영리법인의 증여세

영리법인은 부동산을 시가보다 낮은 가액으로 임차하여 이익을 이전받은 경우에도 증여세가 면제되지만 비영리법인은 증여세가 과세된다.

가. 특수관계인 간 거래

(1) 용역제공 등에 따른 이익의 증여

세법상 용역은 역무를 제공하거나 재화, 시설물, 권리를 사용하게 하는 것으로 부동산을 임대하는 것은 용역에 해당한다.

이 경우 부동산을 무상으로 임차한 경우에는 상속세 및 증여세법 제37조【부동산 무상사용에 따른 이익의 증여】에 의해 증여세가 과세되지만 시가보다 낮은 가액으로 임차하거나 시가보다 높은 가액으로 임대하여 이익을 이전받은 경우에는 상속세 및 증여세법 제42조【재산사용 및 용역제공 등에 따른 이익의 증여】에 의해 증여세가 과세된다.

상속세 및 증여세법 제42조 【재산사용 및 용역제공 등에 따른 이익의 증여】
(2015. 12. 15. 제목개정)
① 재산의 사용 또는 용역의 제공에 의하여 다음 각호의 어느 하나에 해당하는 이익을 얻은 경우에는 그 이익에 상당하는 금액(시가와 대가의 차액을 말한다)을 그 이익을 얻은 자의 증여재산가액으로 한다. 다만, 그 이익에 상당하는 금액이 대통령령으로 정하는 기준금액 미만인 경우는 제외한다. (2015. 12. 15. 개정)
3. 타인에게 시가보다 낮은 대가를 지급하거나 무상으로 용역을 제공받음으로써 얻은 이익 (2015. 12. 15. 개정)

【상속증여세과-438, 2014. 11. 11.】
특수관계인이 시가보다 낮은 대가를 지급하고 부동산 임대용역(불특정다수인 간에 통상적인 지급 대가가 1천만 원 이상인 것만 해당함)을 제공받음으로써 이익을 얻은 경우에는 증여세가 과세됨.

【조심2012서4004, 2013. 4. 10.】
특수관계자의 부동산을 무상사용함에 따라 이익을 얻은 경우에는 명문으로 제37조를 적용하도록 규정하고 있으므로 제42조보다 우선하여 적용하여야 할 것으로 해석되는 점 등을 고려할 때, 처분청이 상증법 제42조를 적용하여 청구인에게 증여세를 과세한 처분은 잘못이 있음.

(2) 특수관계인 요건

부동산을 시가보다 낮은 가액으로 사용함으로써 얻은 이익에 대한 증여세는 비특수관계인 간 거래의 경우에도 거래의 관행상 정당한 사유가 없는 경우에는 과세된다(상증법 §42③).

(3) 가액요건

시가와 대가와의 차액이 시가의 30% 이상인 경우에 한하여 증여세가 과세된다(상증령 §32②2호). 이 경우 부동산을 무상사용하는 경우 적용되는 부동산 무상사용에 따른 이익에 대한 증여세(상증법 §37)는 부동산가액이 1,318,986,000원 이하인 경우에는 과세되지 않지만, 부동산을 시가보다 낮은 가액으로 사용하는 경우에는 부동산 가액과 관계없이 임대용역의 시가와 대가와의 차액이 30% 이상이면 증여세가 과세되는 점을 주의하여야 한다.

○ 30% 요건
(시가－대가) ≥ 시가의 30%

상속세 및 증여세법 시행령 제32조
【재산사용 및 용역제공 등에 따른 이익의 계산방법 등】 (2016. 2. 5. 조번・제목개정)
① 법 제42조 제1항 각호 외의 부분 본문에 따른 이익은 다음 각호의 구분에 따라 계산한 금액으로 한다. (2016. 2. 5. 개정)
2. 시가보다 낮은 대가를 지급하고 재산을 사용하거나 용역을 제공받은 경우: 시가와 대가와의 차액 상당액 (2016. 2. 5. 개정)
② 법 제42조 제1항 각호 외의 부분 단서에서 "대통령령으로 정하는 기준금액"이란 다음 각호의 구분에 따른 금액을 말한다. (2016. 2. 5. 개정)
2. 제1항 제2호 및 제3호의 경우: 시가의 100분의 30에 상당하는 가액 (2016. 2. 5. 개정)

(4) 증여재산가액

부동산 임대용역을 시가보다 낮은 가액으로 제공받은 경우 증여재산가액은 시가와 대가와의 차액 상당액으로 한다(상증령 §32①).

여기서 시가란 해당 거래와 유사한 상황에서 불특정다수인 간 통상적인 지급대가를 말하는 것으로 부동산 무상사용에 대한 증여세 과세 시 무조건 적정임대료를 기준으로 증여재산가액을 계산하는 것과는 차이가 있다(상증령 §32③1호).

시가가 불분명한 경우에는 상속세 및 증여세법을 준용하여 계산한 증여재산가액에 기획재정부령이 정하는 이자율 2%를 곱한 금액을 시가로 본다(상증령 §32③단서).

해당 사례와 달리 임대료 없이 임대보증금만 지급하는 것으로 계약한 경우 임대보증금의 대가는 임대보증금에 법인세법 시행령 제89조 제4항 제1호의 정기예금이자율을 곱한 금액으로 한다(재산세과-110, 2011. 3. 2.).

○ 증여재산가액
　= (시가－대가)

* 시가: 해당 거래와 유사한 상황에서 불특정다수인 간 통상적인 지급대가
* 시가가 불분명한 경우: 부동산가액 × 2%
* 대가가 임대보증금인 경우: 임대보증금(100,000,000)×3.5% ⇒ 3,500,000원

○ 1년간 증여재산가액(38,000,000원)
　= (2,000,000,000×2%)－2,000,000

【재산세과-110, 2011. 3. 2.】
임대보증금의 대가는 임대보증금에 「법인세법 시행령」 제89조 제4항 제1호의 규정에 의한 정기예금이자율을 곱하여 산출한 가액으로 하는 것임.

(5) 과세기간

부동산을 무상으로 임차한 경우에 대한 증여세 과세는 5년을 과세기간 단위로 하지만, 시가보다 낮은 가액으로 부동산 임대용역을 제공받은 경우에 대한 증여세 과세는 1년을 과세기간 단위로 한다.

따라서 임대기간이 1년 이상인 경우에는 1년이 되는 날의 다음 날에 매년 새로 임대를 하는 것으로 보며 임대기간이 정해지지 않은 경우에는 그 기간을 1년으로 본다(상증법 §42②).

부동산 임대용역을 시가보다 낮게 제공받은 경우에 대한 증여세

○ 거래요건
  • 부동산 임대용역을 시가보다 낮은 가액으로 제공받을 것

○ 특수관계 요건
  • 비특수관계인 간 거래인 경우에도 정당한 사유가 없는 경우 과세대상

○ 가액요건

○ 30% 요건
(시가 - 대가) ≥ 시가의 30%
○ 부동산가액의 규모와 관계없음
(vs 부동산 무상사용 등에 따른 이익의 증여: 부동산가액이 1,318,986,000원 이하인 경우 과세 제외)

∴ 부동산가액이 13.18억 원 이하인 경우로서 시가의 30%보다 낮은 가액으로 임차하는 경우에는 무상사용이 더 유리함.

○ 증여재산가액

(시가 - 대가)
* 시가: 해당 거래와 유사한 상황에서 불특정다수인 간 통상적인 지급대가
* 시가가 불분명한 경우: 부동산 가액 × 2%

나. 비특수관계인 간 거래

비영리법인이 특수관계 없는 법인으로부터 거래의 관행상 정당한 사유 없이 부동산 임대용역을 시가보다 낮은 가액으로 제공받는 경우로서 시가와 대가와의 차액이 시가의 30% 이상인 경우에는 시가와 대가와의 차액 상당액에 대해 증여세가 과세된다(상증법 §42③).

> **상속세 및 증여세법 제42조【재산사용 및 용역제공 등에 따른 이익의 증여】**
> (2015. 12. 15. 제목개정)
> ③ 특수관계인이 아닌 자 간의 거래인 경우에는 거래의 관행상 정당한 사유가 없는 경우에 한정하여 제1항을 적용한다. (2015. 12. 15. 개정)

| 무상 VS 시가보다 낮은 가액으로 임차한 경우 증여세 |

구분	무상으로 임차한 경우	낮은 가액으로 임차한 경우
근거규정	상증법 제37조 【부동산 무상사용에 따른 이익의 증여】	상증법 제42조 【재산사용 및 용역제공 등에 따른 이익의 증여】
거래요건	부동산을 무상으로 임차할 것	부동산을 시가보다 낮은 가액으로 임차할 것
특수관계인 요건	비특수관계인 간 거래인 경우에도 거래의 관행상 정당한 사유가 없는 경우 과세	
과세기간 단위	5년	1년
가액요건	증여재산가액 ≥ 1억 원 * 부동산가액이 1,318,986,000원 이하인 경우 과세 제외	(시가 - 대가) ≥ 시가의 30% * 부동산가액이 1,318,986,000원 이하인 경우라도 시가와 대가와의 차액이 30% 이상인 경우는 과세대상
증여재산가액	부동산 가액×2%×3.79079	(시가 - 대가)
시가	상속세 및 증여세법 제42조의 용역의 시가를 준용하지 않고 (부동산 가액 ×2%×3.79079)를 기준으로 과세	* 시가: 해당 거래와 유사한 상황에서 불특정다수인 간 통상적인 지급대가 * 시가가 불분명한 경우: 부동산 가액 × 2%
증여세 면제	수증자가 무자력자인 경우 면제	수증자가 무자력자인 경우 면제

2. 낮은 가액으로 임차한 법인의 법인세

가. 특수관계인 간 거래

법인이 법인세법 시행령 제2조 제8항에 해당하는 특수관계 있는 법인으로부터 부동산 임대용역을 시가보다 낮은 가액으로 제공받는 경우에는 지급임차료가 감소하여 각 사업연도 소득금액이 증가할 뿐 추가적인 과세문제는 없다.

나. 비특수관계인 간 거래

법인이 특수관계 없는 법인으로부터 부동산 임대용역을 시가보다 낮은 가액으로 제공받은 경우에는 과세문제를 검토할 필요가 없다.

3. 낮은 가액으로 임차한 법인의 주주의 증여세

가. 특수관계인 간 거래

시가보다 낮은 가액으로 임차한 법인이 지배주주등의 직·간접 지분율이 30% 이상인 특정법인에 해당하고 특정법인의 지배주주와 낮은 가액으로 임대한 법인이 상속세 및 증여세법 시행령 제2조의2 제1항 제2호부터 제8호까지에 의해 특수관계가 성립하는 경우로서 법인세법 시행령 제89조의 시가와 대가와의 차액이 시가의 30% 이상이거나 3억 원 이상이며 지배주주등이 얻는 증여이익이 1억 원 이상인 경우에는 특정법인의 지배주주등에게 증여세가 과세된다(상증법 §45조의5, 상증령 §34조의5⑦).

해당 사례의 경우 현저히 낮은 가액요건은 충족하나 특정법인의 이익이 1억 원 이상이 되지 않으므로 지배주주등의 지분율과 관계없이 증여세 과세문제가 없다.

○ 현저히 낮은 가액 요건(요건 성립)
- (법인세법상 부동산 임대용역의 시가－대가) ≥ 법인세법상 시가의 30% 또는 3억 원
- (35,000,000－2,000,000) ≥ (35,000,000×30%) 또는 3억 원

* 법인세법상 부동산 임대용역의 시가(35,000,000원)
[(2,000,000,000 × 50%) - 0원] ×3.5%

나. 비특수관계인 간 거래

비특수관계인 간에는 낮은 가액으로 임차한 법인의 지배주주와 시가보다 낮은 가액으로

임대한 법인이 특수관계가 성립하는 경우를 가정하기 어려우므로 과세문제를 검토할 필요가 없다.

4. 낮은 가액으로 임대한 법인의 법인세

가. 특수관계인 간 거래

법인이 법인세법 시행령 제2조 제8항에 해당하는 특수관계 있는 법인에게 시가보다 낮은 가액으로 부동산을 임대하는 경우로서 시가와 대가와의 차액이 시가의 5% 이상이거나 3억 원 이상인 경우는 법인세법상 부당행위계산부인 대상거래에 해당한다(법령 §88①6호).

따라서 시가와 대가와의 차액을 익금산입하고 거래상대방이 법인이므로 기타사외유출로 소득처분하여야 한다.

이 경우 부동산 임대용역의 시가가 불분명한 경우에는 부동산 가액에 50%를 곱한 금액에서 전세보증금을 차감한 가액에 정기예금이자율을 곱한 금액을 시가로 본다(법령 §89④1호).[245)]

따라서 시가가 불분명한 경우 법인세법상 부동산 임대용역의 시가로 보는 금액은 상속세 및 증여세법상 시가로 보는 금액보다 낮다.

〈회계처리〉
D) 보통예금 2,000,000 C) 수입임대료 2,000,000

〈세무조정〉
익금산입 부당행위계산부인 33,000,000(기타사외유출)

* 익금산입액(27,000,000원)
=[(부동산 가액×50%) - 전세보증금]×3.5% - 대가(2,000,000원)
=[(2,000,000,000원×50%)×3.5%] - 2,000,000원

---

245) 해당 사례를 전세보증금 100,000,000원을 받고 임대한 경우로 가정 시 시가는 31,500,000원이 된다.
31,500,000=[(2,000,000,000 × 50% - 100,000,000) ×3.5%]
이러한 경우 31,500,000원은 전세보증금을 차감한 가액이므로 시가가 아닌 시가보다 낮게 수령한 임대료를 의미하는 것이므로 시가보다 5% 또는 3억 원 낮은 가액 여부는 어떻게 판단하여야 하느냐의 문제가 발생한다.
사견으로는 시가 계산 시 임대보증금을 차감하지 않은 가액 35,000,000원을 시가로 보고, 3,500,000원(100,000,000×3.5%)을 대가로 보아 판단하여야 할 것으로 생각된다.

법인세법 시행령 제89조 【시가의 범위 등】

④ 제88조 제1항 제6호 및 제7호의 규정에 의한 자산(금전을 제외한다) 또는 용역의 제공에 있어서 제1항 및 제2항의 규정을 적용할 수 없는 경우에는 다음 각호의 규정에 의하여 계산한 금액을 시가로 한다. (2021. 2. 17. 개정)

1. 유형 또는 무형의 자산을 제공하거나 제공받는 경우에는 당해 자산 시가의 100분의 50에 상당하는 금액에서 그 자산의 제공과 관련하여 받은 전세금 또는 보증금을 차감한 금액에 정기예금이자율을 곱하여 산출한 금액 (2000. 12. 29. 개정)

나. 비특수관계인 간 거래

(1) 업무와 관련 없는 경우

법인이 용역을 특수관계 없는 법인에게 정상가액보다 낮은 가액으로 제공하는 경우에는 기부금으로 보지 않는다.

하지만 용역 중 부동산 임대용역을 정상가액보다 낮은 가액으로 제공한 경우에는 정상가액과 대가와의 차액을 기부금으로 본다(법법 통칙 24-35…1).

따라서 거래상대방이 10%, 50% 한도기부금 공익법인이 아닌 경우에는 정상가액과 대가와의 차액을 손금불산입하여야 한다.

〈회계처리〉

D) 보통예금 2,000,000　　　　C) 수입임대료 2,000,000

〈의제기부금〉 (정상가액 24,500,000 - 대가 2,000,000)

• 정상가액(24,500,000원)
　=[(2,000,000,000×50%) - 0]×3.5%×70%

〈세무조정〉

손금불산입 비지정기부금 22,500,000(기타사외유출)

(2) 업무와 관련 있는 경우

법인이 업무와 관련 있는 자에게 업무의 원활한 진행을 위하여 용역을 시가보다 낮은 가액으로 제공한 경우에는 기업업무추진비로 보지 않는다.

하지만 법인이 부동산 임대용역을 업무의 원활한 진행을 위하여 업무와 관련된 자에게 시가보다 낮은 가액으로 제공한 경우에는 시가와 대가와의 차액을 기업업무추진비로 보므로 기업업무추진비 시부인 계산하여야 한다.

〈회계처리〉
D) 보통예금 2,000,000 C) 수입임대료 2,000,000

〈접대비〉 33,000,000원 ⇒ 접대비 시부인 계산
=[(2,000,000,000×50%)－0]×3.5%－2,000,000

5. 낮은 가액으로 임대한 법인의 부가가치세

가. 특수관계인 간 거래

법인이 법인세법 시행령 제2조 제5항에 해당하는 특수관계 있는 법인에게 부당하게 낮은 대가를 받고 용역을 공급한 경우에는 공급한 용역의 시가를 공급가액으로 한다(부법 §29④ 2호).

이 경우 부가가치세법상 시가가 불분명한 경우에는 법인세법 시행령 제89조 제4항 제1호를 준용하므로 법인세법상 시가 35,000,000원을 공급가액으로 하여 부가가치세가 과세된다(부령 §62 3호).

○ 시가보다 낮은 가액으로 공급하는 경우 공급가액(35,000,000원)
=〔(부동산 가액 2,000,000,000×50%)－전세보증금〕×3.5%

나. 비특수관계인 간 거래

특수관계 없는 법인에게 부동산을 시가보다 낮은 가액으로 임대한 경우에는 거래가액을 공급가액으로 보므로 과세문제가 없다.

Ⅱ 법인과 개인 간의 거래

A와 B가 법인과 개인인 경우에는 특수관계인 간 거래와 비특수관계인 간 거래에 따라 다음과 같이 과세문제가 달라진다.

1. 낮은 가액으로 임차한 비영리법인의 증여세

영리법인은 부동산을 시가보다 낮은 가액으로 임차하여 이익을 이전받은 경우에도 증여세가 면제되지만, 비영리법인은 이전받은 이익에 대해 증여세가 과세된다.

가. 특수관계인 간 거래

비영리법인이 상속세 및 증여세법 시행령 제2조의2 제1항 제2호, 제4호, 제5호, 제8호까지에 해당하는 특수관계 있는 개인으로부터 부동산을 시가보다 낮은 가액으로 임차한 경우로서 시가와 대가와 차액이 시가의 30% 이상인 경우에는 상속세 및 증여세법 제42조에 의해 증여세가 과세된다.

○ 증여재산가액
=(시가－대가)

* 시가: 해당 거래와 유사한 상황에서 불특정다수인 간 통상적인 지급대가
* 시가가 불분명한 경우: 부동산 가액×2%

○ 증여재산가액(38,000,000원)
=(2,000,000,000×2%)－2,000,000

나. 비특수관계인 간 거래

비영리법인이 특수관계 없는 개인으로부터 거래의 관행상 정당한 사유 없이 부동산 임대용역을 시가보다 낮은 가액으로 제공받는 경우로서 시가와 대가와의 차액이 시가의 30% 이상인 경우에는 시가와 대가와의 차액 상당액에 대해 증여세가 과세된다(상증법 §42③).

2. 낮은 가액으로 임차한 법인의 법인세

가. 특수관계인 간 거래

법인이 법인세법 시행령 제2조 제8항에 해당하는 특수관계 있는 개인으로부터 부동산 임대용역을 시가보다 낮은 가액으로 제공받은 경우에는 지급임차료가 감소하여 각 사업연도 소득금액이 증가할 뿐 추가적인 과세문제는 없다.

나. 비특수관계인 간 거래

법인이 특수관계 없는 개인으로부터 부동산 임대용역을 시가보다 낮은 가액으로 제공받은 경우에는 과세문제를 검토할 필요가 없다.

3. 낮은 가액으로 임차한 법인의 주주의 증여세

가. 특수관계인 간 거래

시가보다 낮은 가액으로 임차한 법인이 지배주주등의 직·간접 지분율이 30% 이상인 특정법인에 해당하고 특정법인의 지배주주와 낮은 가액으로 임대한 개인이 상속세 및 증여세법 시행령 제2조의2 제1항 제1호부터 제3호까지에 의해 특수관계가 성립하는 경우로서 법인세법상 부동산 임대용역의 시가와 대가와의 차액이 시가의 30% 이상이거나 3억 원 이상이며 지배주주등이 얻는 증여이익이 1억 원 이상인 경우에는 특정법인의 지배주주등에게 증여세가 과세된다(상증법 §45조의5, 상증령 §34조의5⑦).

하지만 50억 원의 부동산을 무상으로 사용하는 경우에도 특정법인의 이익이 1억 원(법인세 상당액 차감 전)에 해당하므로 해당 사례의 경우 과세문제가 없다.

나. 비특수관계인 간 거래

비특수관계인 간에는 시가보다 낮은 가액으로 임차한 법인의 지배주주와 낮은 가액으로 임대한 개인이 특수관계가 성립하는 경우를 가정하기 어려우므로 과세문제를 검토할 필요가 없다.

4. 낮은 가액으로 임대한 개인의 소득세

가. 특수관계인 간 거래

부동산 임대업을 영위하는 개인이 국세기본법 시행령 제1조의2 제2항, 제3항 제1호에 해당하는 특수관계 있는 법인에게 부동산을 시가보다 낮은 가액으로 임대하는 경우로서 시가와 대가와의 차액이 시가의 5% 이상이거나 3억 원 이상인 경우에는 소득세법상 부당행위계산부인 대상거래에 해당한다(소령 §98②2호).

따라서 법인세법 시행령 제89조를 준용한 시가와 대가와의 차액을 총수입금액 산입하여야 한다. 다만 실무적으로 법인과 특수관계 있는 대표이사등이 법인에 시가보다 낮은 가액으로 부동산을 임대하는 경우는 많지 않은 것이 현실이다.

〈회계처리〉
D) 보통예금 2,000,000　　　　　　C) 수입임대료 2,000,000

〈세무조정〉
총수입금액산입 부당행위계산부인 33,000,000[기타(기사)]
* 총수입금액 산입액(35,000,000원)
=[(부동산 가액 2,000,000,000×50%) - 전세보증금]×3.5% - 대가(2,000,000)

나. 비특수관계인 간 거래

개인이 특수관계 없는 법인에게 부동산을 시가보다 낮은 가액으로 임대한 경우에는 법인의 경우를 준용하여 업무와 관련 없는 경우에는 정상가액과 대가와의 차액을 기부금으로 보고 업무와 관련 있는 경우에는 시가와 대가와의 차액을 기업업무추진비로 볼 수 있으므로 해당 사례에 해당하는 경우에는 사전답변 등을 통해 과세문제를 정확하게 판단한 후 진행할 필요가 있다.

5. 낮은 가액으로 임대한 개인의 부가가치세

가. 특수관계인 간 거래

개인사업자가 국세기본법 시행령 제1조의2 제2항, 제3항 제1호에 해당하는 특수관계 있는 법인에게 용역을 공급하는 경우로서 부당하게 낮은 대가를 받은 경우에는 공급한 용역의 시가를 공급가액으로 하며 시가가 불분명한 경우에는 법인세법 시행령 제89조 제4항 제1호에 의한 가액 35,000,000원을 공급가액으로 하여 부가가치세가 과세된다(부법 §29④2호, 부령 §62 3호).

나. 비특수관계인 간 거래

개인사업자가 특수관계 없는 법인에게 부동산을 시가보다 낮은 가액으로 임대한 경우에는 거래가액을 공급가액으로 보므로 과세문제가 없다.

 개인과 법인 간의 거래

A와 B가 개인과 법인인 경우에는 특수관계인 간 거래와 비특수관계인 간 거래에 따라 다음과 같이 과세문제가 달라진다.

1. 낮은 가액으로 임차한 개인의 증여세

가. 특수관계인 간 거래

(1) 재산사용 및 용역제공 등에 따른 이익의 증여

개인이 상속세 및 증여세법 시행령 제2조의2 제1항 제2호부터 제8호까지에 해당하는 특수관계 있는 법인으로부터 부동산을 시가보다 낮은 가액으로 임차하는 경우로서 시가와 대가와의 차액이 시가의 30% 이상인 경우에는 상속세 및 증여세법 제42조에 의해 증여세가 과세된다.

○ 증여재산가액
 = (시가－대가)

* 시가: 해당 거래와 유사한 상황에서 불특정다수인 간 통상적인 지급대가
* 시가가 불분명한 경우: 부동산가액×2%

○ 증여재산가액(38,000,000원)
 = (2,000,000,000×2%)－2,000,000

(2) 법인세법상 부당행위계산부인이 적용된 경우

법인세법 시행령 제2조 제8항에 해당하는 특수관계 있는 임대법인이 부당행위계산부인 적용 시 시가보다 낮은 가액으로 임차한 개인에게 소득처분하여 소득세가 과세된 경우에는 증여세가 과세되지 않는다(상증법 §4조의2③).

이 경우 부동산을 시가보다 낮은 가액으로 임차함으로써 이익을 얻은 경우에는 자산의 저가양수의 경우와 달리 법인이 수취한 임대료가 법인세법상 시가에 해당하여 부당행위계산부인이 적용되지 않은 경우에도 증여세가 과세된다.[246)]

246) 임대용역의 시가가 불분명한 경우 법인세법 시행령 제89조 제4항 제1호의 시가로 적용하는 금액은 1.45%의 임대료율이 적용된 것과 같으므로 2% 임대료율이 적용되는 상속세 및 증여세법 시행령 제32조 제3항 제1호의 시가보다 낮으므로 상속세 및 증여세법 시행령 제32조 제3항 제1호의 금액보다 낮은 가액으로 거

나. 비특수관계인 간 거래

개인이 특수관계 없는 법인으로부터 거래의 관행상 정당한 사유 없이 부동산 임대용역을 시가보다 낮은 가액으로 제공받는 경우로서 시가와 대가와의 차액이 시가의 30% 이상인 경우에는 시가와 대가와의 차액 상당액에 대해 증여세가 과세된다(상증법 §42③).

2. 낮은 가액으로 임차한 개인의 소득세

가. 특수관계인 간 거래

사업을 영위하는 개인이 국세기본법 시행령 제1조의2 제2항, 제3항 제1호에 해당하는 특수관계 있는 법인으로부터 부동산 임대용역을 시가보다 낮은 가액으로 제공받는 경우에는 지급임차료가 감소하여 사업소득금액이 증가할 뿐 추가 과세문제는 없다.

나. 비특수관계인 간 거래

사업을 영위하는 개인이 특수관계 없는 법인으로부터 부동산 임대용역을 시가보다 낮은 가액으로 제공받은 경우에는 소득세 과세문제를 검토할 필요가 없다.

3. 낮은 가액으로 임대한 법인의 법인세

가. 특수관계인 간 거래

법인이 법인세법 시행령 제2조 제8항에 해당하는 특수관계 있는 개인에게 부동산을 시가보다 낮은 가액으로 임대하는 경우로서 시가와 대가와의 차액이 시가의 5% 이상이거나 3억 원 이상인 경우는 법인세법상 부당행위계산부인 대상거래에 해당한다.

따라서 시가와 대가와의 차액을 익금산입하고 거래상대방이 개인이므로 배당, 상여, 기타사외유출, 기타소득으로 소득처분하여야 한다.

이 경우 법인이 개인에게 시가보다 낮은 가액으로 부동산을 임대하는 경우는 통상 대표이사등 특수관계인에게 임대하는 경우가 많은데 시가보다 낮은 가액으로 대표이사등에게 임대한 법인에게 부당행위계산부인 적용시에는 법인세법 시행령 제89조 제4항 제1호의 금액이 아닌 소급감정을 통해 임대료의 시가를 산정하여 과세할 수 있음을 주의하여야 한다.

래한 경우에는 법인세법상으로는 시가에 해당하여 부당행위계산부인 대상거래에 해당하지 않을 수 있지만 증여세 과세대상에는 해당할 수 있다.

〈회계처리〉
D) 보통예금 2,000,000　　　　C) 수입임대료 2,000,000

〈세무조정〉
익금산입 부당행위계산부인 33,000,000
(배당, 상여, 기타사외유출, 기타소득)

* 익금산입액(33,000,000원)
=[(부동산 가액 2,000,000,000×50%) - 전세보증금]×3.5% - 대가(2,000,000)

나. 비특수관계인 간 거래

(1) 업무와 관련 없는 경우

법인이 용역을 특수관계 없는 개인에게 정상가액보다 낮은 가액으로 제공하는 경우에는 기부금으로 보지 않는다.

하지만 용역 중 부동산 임대용역을 정상가액보다 낮은 가액으로 제공한 경우에는 정상가액과 대가와의 차액을 기부금으로 본다(법법 통칙 24-35…1).

따라서 거래상대방이 10%, 50% 한도 기부금 공익법인이 아닌 경우에는 정상가액과 대가와의 차액을 손금불산입하여야 한다.

〈회계처리〉
D) 보통예금 2,000,000　　　　C) 수입임대료 2,000,000

〈의제기부금〉 (정상가액 24,500,000 - 대가 2,000,000)
• 정상가액(24,500,000원)
=[(2,000,000,000×50%) - 0]×3.5%×70%

〈세무조정〉
〈손금불산입〉 비지정기부금 22,500,000(기타사외유출)

(2) 업무와 관련 있는 경우

법인이 업무와 관련 있는 자에게 업무의 원활한 진행을 위하여 용역을 시가보다 낮은 가액으로 제공한 경우에는 기업업무추진비로 보지 않는다.

하지만 부동산 임대용역을 업무의 원활한 진행을 위하여 시가보다 낮은 가액으로 제공한 경우에는 시가와 대가와의 차액을 기업업무추진비로 보아 기업업무추진비 시부인 계산하여야 한다.

〈회계처리〉
D) 보통예금 2,000,000　　　　　　　　　C) 수입임대료 2,000,000

〈기업업무추진비〉 33,000,000원 ⇒ 기업업무추진비 시부인 계산
=[(2,000,000,000×50%)-0]×3.5%-2,000,000

4. 낮은 가액으로 임대한 법인의 부가가치세

가. 특수관계인 간 거래

법인이 법인세법 시행령 제2조 제8항에 해당하는 특수관계 있는 개인에게 부당하게 낮은 대가를 받고 용역을 공급한 경우에는 공급한 용역의 시가를 공급가액으로 한다(부법 §29④ 2호).

이 경우 부가가치세법상 시가가 불분명한 경우에는 법인세법 시행령 제89조 제4항 제1호를 준용하므로 법인세법상 시가 35,000,000원을 공급가액으로 하여 부가가치세가 과세된다(부령 §62 3호).

○ 시가보다 낮은 가액으로 공급하는 경우 공급가액(35,000,000원)
=〔(부동산 가액 2,000,000,000×50%)-전세보증금〕×3.5%

나. 비특수관계인 간 거래

특수관계 없는 개인에게 부동산을 시가보다 낮은 가액으로 임대한 경우에는 거래가액을 공급가액으로 보므로 과세문제가 없다.

 개인과 개인 간의 거래

A와 B가 개인과 개인인 경우에는 특수관계인 간 거래와 비특수관계인 간 거래에 따라 다음과 같이 과세문제가 달라진다.

1. 낮은 가액으로 임차한 개인의 증여세

가. 특수관계인 간 거래

개인이 상속세 및 증여세법 시행령 제2조의2 제1항 제1호부터 제3호까지에 해당하는 특수관계 있는 개인으로부터 부동산을 시가보다 낮은 가액으로 임차하여 이익을 이전받은 경우로서 시가와 대가와의 차액이 시가의 30% 이상인 경우에는 상속세 및 증여세법 제42조에 의해 증여세가 과세된다.

따라서 직계존비속 간에 부동산 임대를 하는 경우에는 이러한 과세문제를 사전에 면밀하게 검토하여 진행하여야 하며 부동산 가액이 13.18억 원 이하인 경우에는 무상으로 사용하는 것이 증여세 과세측면에서는 유리할 수 있다.

○ 증여재산가액
= (시가－대가)

* 시가: 해당 거래와 유사한 상황에서 불특정다수인 간 통상적인 지급대가
* 시가가 불분명한 경우: 부동산 가액×2%

○ 증여재산가액(38,000,000원)
= (2,000,000,000×2%)－2,000,000

나. 비특수관계인 간 거래

개인이 특수관계 없는 개인으로부터 거래의 관행상 정당한 사유 없이 부동산 임대용역을 시가보다 낮은 가액으로 제공받은 경우로서 시가와 대가와의 차액이 시가의 30% 이상인 경우에는 시가와 대가와의 차액 상당액에 대해 증여세가 과세된다(상증법 §42③).

2. 낮은 가액으로 임차한 개인의 소득세

가. 특수관계인 간 거래

사업을 영위하는 개인이 국세기본법 시행령 제1조의2 제1항, 제2항에 해당하는 특수관계 있는 개인으로부터 부동산 임대용역을 시가보다 낮은 가액으로 제공받는 경우에는 지급임차료가 감소하여 사업소득금액이 증가할 뿐 추가적인 과세문제는 없다.

나. 비특수관계인 간 거래

사업을 영위하는 개인이 특수관계 없는 개인으로부터 부동산 임대용역을 시가보다 낮은 가액으로 제공받은 경우에는 소득세 과세문제를 검토할 필요가 없다.

3. 낮은 가액으로 임대한 개인의 소득세

가. 특수관계인 간 거래

부동산 임대업을 영위하는 개인이 국세기본법 시행령 제1조의2 제1항, 제2항에 해당하는 특수관계 있는 개인에게 시가보다 낮은 가액으로 부동산을 임대하는 경우로서 시가와 대가와의 차액이 시가의 5% 이상이거나 3억 원 이상인 경우는 소득세법상 부당행위계산부인 대상거래에 해당한다.

따라서 법인세법 시행령 제89조를 준용한 시가와 대가와의 차액을 총수입금액 산입하여야 한다. 이 경우 직계존비속에게 주택을 무상으로 사용하게 하고 직계존비속이 실제 거주하는 경우에는 소득세 부당행위계산부인 대상거래에 해당하지만 저가로 임대한 경우에는 부당행위계산부인 대상거래에 해당할 수 있는 점을 주의하여야 한다(소령 §98② 2호).

〈회계처리〉

D) 보통예금 2,000,000　　　　C) 수입임대료 2,000,000

〈세무조정〉

총수입금액 산입 부당행위계산부인 33,000,000[기타(상여, 기타소득, 기사)]

* 총수입금액 산입액(33,000,000원)
=[(부동산 가액 2,000,000,000×50%) - 전세보증금] ×3.5% - 대가(2,000,000)

나. 비특수관계인 간 거래

개인이 특수관계 없는 법인에게 부동산을 시가보다 낮은 가액으로 임대한 경우에는 법인의 경우를 준용하여 업무와 관련 없는 경우에는 정상가액과 대가와의 차액을 기부금으로 보고 업무와 관련 있는 경우에는 시가와 대가와의 차액을 기업업무추진비로 볼 수 있으므로 해당 사례에 해당하는 경우에는 사전답변 등을 통해 과세문제를 정확하게 판단한 후 진행할 필요가 있다.

4. 낮은 가액으로 임대한 개인의 부가가치세

가. 특수관계인 간 거래

개인사업자가 국세기본법 시행령 제1조의2 제1항, 제2항에 해당하는 특수관계 있는 개인에게 부동산 임대용역을 부당하게 낮은 대가를 받고 공급하는 경우에는 공급한 용역의 시가를 공급가액으로 하며 시가가 불분명한 경우에는 법인세법 시행령 제89조 제4항 제1호에 의한 가액을 공급가액으로 하여 부가가치세가 과세된다(부법 §29④2호, 부령 §62 3호).

○ 시가보다 낮은 가액으로 공급하는 경우 공급가액(35,000,000원)
=〔(부동산 가액 2,000,000,000×50%)－전세보증금〕×3.5%

나. 비특수관계인 간 거래

개인사업자가 특수관계 없는 법인에게 부동산을 시가보다 낮은 가액으로 임대한 경우에는 거래가액을 공급가액으로 보므로 과세문제가 없다.

제4절 시가보다 높은 가액으로 임대한 경우

CASE

A는 B에게 시가 20억 원의 부동산을 연간 임대료 1억 원을 받고 2년간 임대하였다. 이 경우 A와 B에게 발생하는 과세문제는?

* 부동산 임대료에 대한 시가는 불분명함.

Ⅰ 법인과 법인 간의 거래

A와 B가 법인과 법인인 경우에는 특수관계인 간 거래와 비특수관계인 간 거래에 따라 다음과 같이 과세문제가 달라진다.

1. 높은 가액으로 임대한 비영리법인의 증여세

영리법인은 부동산을 시가보다 높은 가액으로 임대하여 이익을 이전받은 경우에도 증여세가 면제되지만 비영리법인은 증여세 납부의무가 있다.[247)]

가. 특수관계인 간 거래

비영리법인이 상속세 및 증여세법 시행령 제2조의2 제1항 제4호부터 제8호까지에 해당하는 특수관계 있는 법인에게 부동산을 시가보다 높은 가액으로 임대한 경우로서 대가와 시가와의 차액이 시가의 30% 이상인 경우에는 대가와 시가와의 차액에 대해 증여세가 과세된다(상증법 §42①4호, 상증령 §32②2호).

○ 요건
(100,000,000−40,000,000) ≥ 시가의 30%(12,000,000)
⇒ 요건충족

○ 증여재산가액(60,000,000원)
= (100,000,000−40,000,000)

* 시가(40,000,000원): 부동산가액(2,000,000,000)×2%

나. 비특수관계인 간 거래

비영리법인이 특수관계 없는 법인에게 거래의 관행상 정당한 사유없이 시가보다 높은 가액으로 부동산을 임대한 경우로서 대가와 시가와의 차액이 시가의 30% 이상인 경우에는 대가와 시가와의 차액에 대해 증여세가 과세된다(상증법 §42③).

2. 높은 가액으로 임대한 법인의 법인세

가. 특수관계인 간 거래

법인이 법인세법 시행령 제2조 제8항에 해당하는 특수관계 있는 법인에게 부동산을 시가보다 높은 가액으로 임대한 경우로서 대가와 시가와의 차액이 시가의 5% 또는 3억 원 이상

247) 부동산임대수입은 수익사업소득으로 비영리법인이 부동산을 임대하는 경우 법인세가 과세되지 않는 경우는 없지만 과세내용을 설명하기 위해 비영리법인에게 시가보다 높은 가액으로 부동산을 임대하여 발생한 소득에 대해 법인세가 과세되지 않은 것을 전제로 한다.

인 경우라 하더라도 시가보다 높은 가액으로 임대하여 조세의 부담이 감소되지 않았으므로 과세문제가 없다.

나. 비특수관계인 간 거래

법인이 특수관계 없는 법인에게 부동산을 시가보다 높은 가액으로 임대한 경우에는 높게 책정된 임대료를 기준으로 각 사업연도 소득금액에 대한 법인세만 부담할 뿐 그 외 과세문제는 없다.

3. 높은 가액으로 임대한 법인의 주주의 증여세

가. 특수관계인 간 거래

부동산을 시가보다 높은 가액으로 임대한 법인이 지배주주등의 직·간접 지분율이 30% 이상인 특정법인에 해당하고 특정법인의 지배주주와 임차법인이 상속세 및 증여세법 시행령 제2조의2 제1항 제2호부터 제8호까지에 의해 특수관계가 성립하는 경우로서 대가와 법인세법 시행령 제89조의 시가와의 차액이 시가의 30% 또는 3억 원 이상이며 지배주주등이 얻은 이익이 1억 원 이상인 경우에는 지배주주등에게 증여세가 과세된다(상증법 §45조의5, 상증령 §34조의5⑦).

해당 사례의 경우 대가와 시가와의 차액이 시가의 30% 이상이어서 현저히 높은 가액요건은 충족하나 법인세 상당액 차감 전 특정법인의 거래이익이 1억 원 미만(65,000,000원)이므로 증여세 과세문제는 발생하지 않는다.

○ 현저한 높은 가액 요건(요건충족)
(대가 100,000,000－시가 35,000,000) ≥ 시가의 30% 또는 3억 원

○ 특정법인의 이익
(100,000,000－35,000,000)－〔법인세×(65,000,000 / 각 사업연도 소득)〕

* 시가(35,000,000원)
[(2,000,000,000×50%)－0]×3.5%

나. 비특수관계인 간 거래

비특수관계인 간에는 시가보다 높은 가액으로 임대한 법인의 지배주주와 임차법인이 특수관계가 성립하는 경우를 가정하기 어려우므로 과세문제를 검토할 필요가 없다.

4. 높은 가액으로 임차한 법인의 법인세

가. 특수관계인 간 거래

법인이 법인세법 시행령 제2조 제8항에 해당하는 특수관계 있는 법인으로부터 부동산을 시가보다 높은 가액으로 임차한 경우로서 대가와 시가와의 차액이 시가의 5% 또는 3억 원 이상인 경우는 법인세법상 부당행위계산부인 대상거래에 해당하므로 대가와 시가와의 차액을 손금불산입하여야 한다(법령 §88①7호).

〈회계처리〉

D) 지급임차료 1억 원　　　　C) 보통예금 1억 원

〈세무조정〉

손금불산입 부당행위계산부인 65,000,000(기타사외유출)

* 법인의 부동산 임대용역의 시가(35,000,000원)
=[(부동산의 시가×50%) - 전세보증금]×3.5%
=[(2,000,000,000×50%) - 전세보증금]×3.5%

나. 비특수관계인 간 거래

(1) 업무와 관련 없는 경우

법인이 특수관계 없는 법인으로부터 정상가액보다 높은 가액으로 부동산을 임차한 경우에는 부동산의 저가임대의 경우를 준용하여 기부금으로 볼 수 있으므로 주의하여야 한다.

(2) 업무와 관련 있는 경우

법인이 업무와 관련 있는 특수관계 없는 법인으로부터 업무의 원활한 진행을 위하여 부동산을 시가보다 높은 가액으로 임차한 경우로서 통상적이지 않은 경우에는 대가와 시가와의 차액을 기업업무추진비로 볼 수 있으므로 주의하여야 한다.

5. 높은 가액으로 임차한 법인의 부가가치세

가. 특수관계인 간 거래

법인이 법인세법 시행령 제2조 제8항에 해당하는 특수관계 있는 법인으로부터 부동산을 시가보다 높은 가액으로 임차하면서 거래가액의 10%를 거래징수당하고 매입세액 공제받은 경우에는 과세문제가 없다.

나. 비특수관계인 간 거래

법인이 특수관계 없는 법인으로부터 부동산을 시가보다 높은 가액으로 임차하면서 거래가액을 기준으로 매입세액 공제받은 경우에는 과세문제가 없으나, 대가와 시가와의 차액이 기업업무추진비에 해당하는 경우에는 접대관련 매입세액이 되어 매입세액 불공제될 수 있다.

Ⅱ 법인과 개인 간의 거래

A와 B가 법인과 개인인 경우에는 특수관계인 간 거래와 비특수관계인 간 거래에 따라 다음과 같이 과세문제가 달라진다.

1. 높은 가액으로 임대한 비영리법인의 증여세

영리법인은 부동산을 시가보다 높은 가액으로 임대하여 이익을 이전받은 경우에도 증여세가 면제되지만 비영리법인은 증여세 납부의무가 있다.[248)]

가. 특수관계인 간 거래

비영리법인이 상속세 및 증여세법 시행령 제2조의2 제1항 제2호, 제4호, 제5호, 제8호까지에 해당하는 특수관계 있는 개인에게 부동산을 시가보다 높은 가액으로 임대한 경우로서 대가와 시가와의 차액이 시가의 30% 이상인 경우에는 대가와 시가와의 차액에 대해 증여세가 과세된다(상증법 §42①4호, 상증령 §32①3호, ②2호).

○ 증여재산가액(60,000,000원)
= (대가 100,000,000−시가 40,000,000)

* 시가(40,000,000원): 부동산 가액(2,000,000,000)×2%

나. 비특수관계인 간 거래

비영리법인이 특수관계 없는 개인에게 거래의 관행상 정당한 사유없이 시가보다 높은 가

248) 시가보다 높은 가액으로 부동산을 임대한 소득에 대해 비영리법인에게 법인세가 과세되지 않은 것을 전제로 한다.

액으로 부동산을 임대한 경우로서 대가와 시가와의 차액이 시가의 30% 이상인 경우에는 대가와 시가와의 차액에 대해 증여세가 과세된다(상증법 §42③).

2. 높은 가액으로 임대한 법인의 법인세

가. 특수관계인 간 거래

법인이 법인세법 시행령 제2조 제8항에 해당하는 특수관계 있는 개인에게 부동산을 시가보다 높은 가액으로 임대한 경우로서 대가와 시가와의 차액이 시가의 5% 또는 3억 원 이상인 경우라 하더라도 시가보다 높은 가액으로 임대하여 조세의 부담이 감소되지 않았으므로 과세문제가 없다.

나. 비특수관계인 간 거래

법인이 특수관계 없는 개인에게 부동산을 시가보다 높은 가액으로 임대한 경우에는 높게 책정된 임대료를 기준으로 각 사업연도 소득금액에 대한 법인세만 부담할 뿐 그 외 과세문제는 없다.

3. 높은 가액으로 임대한 법인의 주주의 증여세

가. 특수관계인 간 거래

부동산을 시가보다 높은 가액으로 임대한 법인이 지배주주등의 직·간접 지분율이 30% 이상인 특정법인에 해당하고 특정법인의 지배주주와 임차한 개인이 상속세 및 증여세법 시행령 제2조의2 제1항 제1호부터 제3호까지에 의해 특수관계가 성립하는 경우로서 대가와 법인세법 시행령 제89조의 시가와의 차액이 시가의 30% 또는 3억 원 이상이며 지배주주등이 얻은 이익이 1억 원 이상인 경우에는 지배주주등에게 증여세가 과세된다(상증법 §45조의5, 상증령 §34조의5⑦).

해당 사례의 경우 현저히 높은 가액요건은 충족하지만 특정법인이 얻은 이익이 1억 원 미만이므로 지배주주등의 지분율이 100%인 경우에도 증여세가 과세되지 않는다.

○ 현저히 높은 가액요건
(대가 100,000,000−시가 35,000,000) ≥ 시가의 30% 또는 3억 원

○ 지배주주등이 얻은 이익
특정법인의 이익×지배주주등의 지분율

* 시가(35,000,000원)
[(2,000,000,000 × 50%) − 0]×3.5%

나. 비특수관계인 간 거래

비특수관계인 간에는 시가보다 높은 가액으로 임대한 법인의 지배주주와 높은 가액으로 임차한 개인이 특수관계가 성립하는 경우를 가정하기 어려우므로 과세문제를 검토할 필요가 없다.

4. 높은 가액으로 임차한 개인의 소득세

가. 특수관계인 간 거래

개인사업자가 국세기본법 시행령 제1조의2 제2항, 제3항 제1호에 해당하는 특수관계 있는 법인으로부터 부동산을 시가보다 높은 가액으로 임차한 경우로서 대가와 시가와의 차액이 시가의 5% 또는 3억 원 이상인 경우에는 소득세법상 부당행위계산부인 대상거래에 해당하므로 대가와 법인세법 시행령 제89조를 준용한 시가와의 차액을 필요경비 불산입하여야 한다(소법 §41, 소령 §98②3호).

〈회계처리〉
D) 지급임차료 1억 원　　　　C) 보통예금 1억 원

〈세무조정〉
필요경비불산입 65,000,000[기타(기사)]

* 법인의 부동산 임대용역의 시가(35,000,000원)
=[(부동산의 시가 2,000,000,000×50%) − 전세보증금]×3.5%

나. 비특수관계인 간 거래

개인이 특수관계 없는 법인으로부터 정상가격보다 높은 가액으로 부동산을 임차한 경우

에는 기부금으로 볼 수 있으므로 주의하여야 한다.

또한 임대인이 업무와 관련된 자로서 원활한 업무의 진행을 위하여 시가보다 높은 임차료를 지급한 경우로서 통상적이지 않은 경우에는 대가와 시가와의 차액을 기업업무추진비로 볼 수 있으므로 주의하여야 한다(법규과-219, 2009. 1. 16.).

5. 높은 가액으로 임차한 개인의 부가가치세

가. 특수관계인 간 거래

개인사업자가 국세기본법 시행령 제1조의2 제2항, 제3항 제1호에 해당하는 특수관계 있는 법인으로부터 부동산을 시가보다 높은 가액으로 임차하면서 거래가액의 10%를 부가가치세로 부담하고 매입세액 공제받은 경우에는 과세문제가 없다.

나. 비특수관계인 간 거래

개인사업자가 특수관계 없는 법인으로부터 부동산을 시가보다 높은 가액으로 임차하면서 거래가액을 기준으로 매입세액 공제받은 경우에는 과세문제가 없으나, 대가와 시가와의 차액이 기업업무추진비에 해당하는 경우에는 접대관련 매입세액이 되어 매입세액 불공제된다.

 개인과 법인 간의 거래

A와 B가 개인과 법인인 경우에는 특수관계인 간 거래와 비특수관계인 간 거래에 따라 다음과 같이 과세문제가 달라진다.

1. 높은 가액으로 임대한 개인의 증여세

가. 특수관계인 간 거래

(1) 용역제공 등에 따른 이익의 증여

개인이 상속세 및 증여세법 시행령 제2조의2 제1항 제2호부터 제8호까지에 해당하는 특수관계 있는 법인에게 시가보다 높은 가액으로 부동산을 임대한 경우로서 대가와 시가와의 차액이 시가의 30% 이상인 경우에는 상속세 및 증여세법 제42조에 의해 증여세가 과세된다.

○ 증여재산가액(60,000,000원)
= (100,000,000−40,000,000)

* 시가(40,000,000원): 부동산 가액(2,000,000,000)×2%

(2) 사업소득으로 소득세가 과세된 경우

부동산 임대소득은 사업소득으로 시가보다 높은 가액으로 임대한 개인은 높게 책정된 임대료를 수입금액으로 하여 사업소득세가 과세된다.

이 경우 증여재산 자체에 대해 직접적으로 소득세가 과세된 경우에는 증여세가 과세되지 않지만 간접적으로 소득세를 부담한 경우에는 증여세 과세가 가능하므로 시가보다 높은 가액으로 임대하여 시가와 대가와의 차액에 대해 소득세를 부담한 경우라도 증여세가 과세될 수 있다[249](조심2010부3567, 2011. 6. 23.).

나. 비특수관계인 간 거래

개인이 특수관계 없는 법인에게 거래의 관행상 정당한 사유없이 시가보다 높은 가액으로 부동산을 임대한 경우로서 대가와 시가와의 차액이 시가의 30% 이상인 경우에는 증여세가 과세된다(상증법 §42③).

2. 높은 가액으로 임대한 개인의 소득세

가. 특수관계인 간 거래

개인이 국세기본법 시행령 제1조의2 제2항, 제3항 제1호에 해당하는 특수관계 있는 법인에게 시가보다 높은 가액으로 부동산을 임대한 경우로서 대가와 시가와의 차액이 시가의 5% 또는 3억 원 이상인 경우라 하더라도 높은 가액으로 임대함으로써 사업소득금액이 증가하여 조세의 부담이 감소되지 않았으므로 과세문제가 없다.

나. 비특수관계인 간 거래

개인이 특수관계 없는 법인에게 시가보다 높은 가액으로 부동산을 임대한 경우에는 높게

249) 다만 부동산임대용역을 고가로 제공한 경우에 대해서는 명확한 유권해석이나 결정례가 없는 상태이므로 이 사례에 해당하는 경우에는 사전질의등을 통해 명확하게 판단한 후 진행할 필요가 있다.

책정된 임대료를 기준으로 소득세를 부담할 뿐 그 외 과세문제는 없다.

3. 높은 가액으로 임차한 법인의 법인세

가. 특수관계인 간 거래

법인이 법인세법 시행령 제2조 제8항에 해당하는 특수관계 있는 개인으로부터 시가보다 높은 가액으로 부동산을 임차한 경우로서 대가와 시가와의 차액이 시가의 5% 또는 3억 원 이상인 경우는 법인세법상 부당행위계산부인 대상거래에 해당한다.

따라서 대가와 시가와의 차액을 익금산입하고 소득의 귀속자가 사업을 영위하는 개인으로서 대가와 시가와의 차액이 부동산 임대소득으로 사업소득을 구성한 경우에는 기타사외유출로 소득처분하여야 한다.

이 경우 법인이 특수관계 있는 개인으로부터 시가보다 높은 가액으로 부동산을 임차하는 경우는 대표이사가 법인에게 대표이사 부동산을 임대하는 경우가 많은 비중을 차지한다. 대표이사가 법인으로부터 부동산을 임차한 경우에는 소급감정을 통해 임대료의 시가상당액으로 과세하는 것과 달리 대표이사가 법인에게 임대하는 경우에는 상대적으로 낮은 가액이 산정되는 법인세법 시행령 제89조 제1항 제4호의 1.75% 정도의 임대료율이 적용된 가액을 기준으로 과세하는 경향이 있다.

〈회계처리〉
D) 지급임차료 1억 원 C) 보통예금 1억 원

〈세무조정〉
손금불산입 부당행위계산부인 65,000,000(기타사외유출)

나. 비특수관계인 간 거래

(1) 업무와 관련 없는 경우

법인이 특수관계 없는 개인으로부터 부동산을 정상가액보다 높은 가액으로 임차한 경우에는 부동산의 저가임대의 경우를 준용하여 기부금으로 볼 수 있으므로 주의하여야 한다.

(2) 업무와 관련 있는 경우

법인이 업무와 관련 있는 특수관계 없는 개인으로부터 업무의 원활한 진행을 위하여 시가보다 높은 가액으로 부동산을 임차한 경우로서 통상적이지 않은 경우에는 대가와 시가와의 차액을 기업업무추진비로 볼 수 있으므로 주의하여야 한다.

4. 높은 가액으로 임차한 법인의 부가가치세

가. 특수관계인 간 거래

법인이 법인세법 시행령 제2조 제8항에 해당하는 특수관계 있는 개인으로부터 부동산을 시가보다 높은 가액으로 임차하면서 거래가액의 10%를 거래징수당하고 매입세액 공제받은 경우에는 과세문제가 없다.

나. 비특수관계인 간 거래

법인이 특수관계 없는 개인으로부터 부동산을 시가보다 높은 가액으로 임차하면서 거래가액을 기준으로 매입세액 공제받은 경우에는 과세문제가 없다. 다만, 대가와 시가와의 차액이 기업업무추진비에 해당하는 경우에는 접대관련 매입세액이 되어 매입세액 불공제될 수 있다.

Ⅳ 개인과 개인 간의 거래

A와 B가 개인과 개인인 경우에는 특수관계인 간 거래와 비특수관계인 간 거래에 따라 다음과 같이 과세문제가 달라진다.

1. 높은 가액으로 임대한 개인의 증여세

가. 특수관계인 간 거래

개인이 상속세 및 증여세법 시행령 제2조의2 제1항 제1호부터 제3호까지에 해당하는 특수관계 있는 개인에게 시가보다 높은 가액으로 부동산을 임대한 경우로서 대가와 시가와의 차액이 시가의 30% 이상인 경우에는 상속세 및 증여세법 제42조에 의해 증여세가 과세된다.

○ 증여재산가액(60,000,000원)
= (100,000,000－40,000,000)

* 시가(40,000,000원): 부동산 가액(2,000,000,000)×2%

나. 비특수관계인 간 거래

개인이 특수관계 없는 개인에게 거래의 관행상 정당한 사유없이 시가보다 높은 가액으로 부동산을 임대한 경우로서 대가와 시가와의 차액이 시가의 30% 이상인 경우에는 증여세가 과세된다.

2. 높은 가액으로 임대한 개인의 소득세

가. 특수관계인 간 거래

개인이 특수관계 있는 개인에게 시가보다 높은 가액으로 부동산을 임대한 경우로서 대가와 시가와의 차액이 시가의 5% 또는 3억 원 이상인 경우라 하더라도 시가보다 높은 가액으로 임대함으로써 사업소득금액이 증가하여 조세의 부담이 감소되지 않았으므로 과세문제가 없다.

나. 비특수관계인 간 거래

개인이 특수관계 없는 개인에게 시가보다 높은 가액으로 부동산을 임대한 경우에는 높게 책정된 임대료를 기준으로 사업소득세를 부담할 뿐 그 외 과세문제는 없다.

3. 높은 가액으로 임차한 개인의 소득세

가. 특수관계인 간 거래

사업을 영위하는 개인이 국세기본법 시행령 제1조의2 제1항, 제2항에 해당하는 특수관계 있는 개인으로부터 부동산을 시가보다 높은 가액으로 임차한 경우로서 대가와 시가와의 차액이 시가의 5% 또는 3억 원 이상인 경우에는 부당행위계산부인 대상거래에 해당하므로 대가와 법인세법 시행령 제89조를 준용한 시가와의 차액을 필요경비 불산입하여야 한다.

〈회계처리〉
D) 지급임차료 1억 원　　　　　　　　C) 보통예금 1억 원

〈세무조정〉
필요경비불산입 부당행위계산부인 65,000,000[기타(기사)]

나. 비특수관계인 간 거래

개인이 특수관계 없는 개인으로부터 업무와 관련없이 부동산을 정상가액보다 높은 가액으로 임차한 경우에는 기부금으로 볼 수 있으므로 주의하여야 한다.

또한 임대인이 업무와 관련된 자로서 원활한 업무의 진행을 위하여 시가보다 높은 가액으로 임차한 경우로서 통상적이지 않은 경우에는 기업업무추진비로 볼 수 있으므로 주의하여야 한다.

4. 높은 가액으로 임차한 개인의 부가가치세

가. 특수관계인 간 거래

사업자인 개인이 국세기본법 시행령 제1조의2 제1항, 제2항에 해당하는 특수관계 있는 개인으로부터 부동산을 시가보다 높은 가액으로 임차하면서 거래가액의 10%를 거래징수당하고 매입세액 공제받은 경우에는 과세문제가 없다.

나. 비특수관계인 간 거래

사업자인 개인이 특수관계 없는 개인으로부터 부동산을 시가보다 높은 가액으로 임차하면서 거래가액을 기준으로 매입세액 공제받은 경우에는 과세문제가 없지만, 시가를 초과하여 지급한 임대료가 기업업무추진비에 해당하는 경우에는 접대관련 매입세액이 되어 매입세액 불공제될 수 있다.

| 100억 원의 부동산을 무상 또는 저가로 사용한 경우 시가 |

<table>
<tr><th>구분</th><th>무상임대</th><th>저가임대</th><th>고가임대</th></tr>
<tr><td>상속세 및 증여세법상 시가</td><td rowspan="2">부동산 가액 × 2% × 3.79079
(5년간 임대료 기준)
* 시가의 개념은 아님.
* 758,158,000원(5년간)
151,631,600원(1년간)
* 법인과의 거래로서 소득세 과세된 경우 과세 제외</td><td colspan="2">해당 거래와 유사한 상황에서 불특정다수인 간 통상적인 지급대가</td></tr>
<tr><td>상속세 및 증여세법상 시가가 불분명한 경우</td><td colspan="2">부동산 가액×2%
* 200,000,000원(1년간)
* 법인과의 거래로서 소득세 과세된 경우 과세 제외</td></tr>
<tr><td>법인세법, 소득세법상 시가</td><td colspan="3">건전한 사회 통념 및 상거래 관행과 특수관계인이 아닌 자 간의 정상적인 거래에서 적용되거나 적용될 것으로 판단되는 임대료
(유사사례가액 또는 소급감정 임대료)</td></tr>
<tr><td>법인세법, 소득세법상 시가가 불분명한 경우</td><td colspan="3">[(부동산 가액×50%) − 전세보증금]×3.5%
* 175,000,000원</td></tr>
</table>

| 저 | 자 | 소 | 개 |

■ 안 성 희(세무사)

[학력]

- 고려대학교 법무대학원 법학 박사(조세법 Phd)
- 경희대학교 경영대학원 경영학 석사

[경력]

(현)

- 세무법인 현인 대표세무사
- 한국세무사회 세무연수원 교수
- 서울지방세무사회 연수교육위원회 위원장
- 한국조세연구소 외부자문위원
- 한국여성세무사회 연구부회장
- 한국세무사고시회 감사
- 국세청 행정개혁위원회 성실납세지원분과위원
- 조세금융신문 칼럼리스트

(전)

- 경희대학교 경영대학원 겸임교수
- 국세청 국세심사위원
- 서울지방국세청 국세심사위원
- 삼성세무서 과세적부심사위원
- 한국여성세무사회 연수이사

[저서]

- 가지급금 정리 백서
- 성공적인 가업승계와 절세전략
- 세법상 특수관계인 범위와 과세문제
- 법인결산 세무조정 · 신고실무
- 상법 & 세무회계 실무
- 현명한 CEO의 핵심절세전략

[전문분야]

- 가지급금, 이익잉여금, 가수금 정리
- 성공적인 가업승계 지원 컨설팅
- VIP 자산승계 컨설팅
- 가업미승계 법인 exit 전략 수립 및 M&A
- 명의신탁주식 실명전환 컨설팅
- 기업절세, 성장 위한 맞춤 컨설팅

개정증보판 **세법상 특수관계인 범위와 과세문제**

2021년 1월 20일 초판 발행
2024년 5월 3일 4판 발행

저 자 안 성 희
발 행 인 이 희 태
발 행 처 **삼일인포마인**

저자협의 인지생략

서울특별시 용산구 한강대로 273 용산빌딩 4층
등록번호 : 1995. 6. 26 제3-633호
전 화 : (02) 3489-3100
F A X : (02) 3489-3141
I S B N : 979-11-6784-262-6 93320

♣ 파본은 교환하여 드립니다. **정가 85,000원**